U0516523

知识产权文集

# 国际公约与外国法卷（一）

刘丽娟　编

**图书在版编目（CIP）数据**

郑成思知识产权文集·国际公约与外国法卷．一、二 / 刘丽娟编．—北京：知识产权出版社，2017.1

ISBN 978-7-5130-4656-5

Ⅰ.①郑… Ⅱ.①刘… Ⅲ.①知识产权法—中国—文集 ②知识产权法—世界—文集 Ⅳ.①D923.404-53 ②D913.404-53

中国版本图书馆CIP数据核字（2016）第296537号

**内容提要**

本卷收录了郑成思教授著述中有关国际公约和外国法方面的内容。与其他各卷不同的是，为了阅读方便，本卷按照公约的性质、名称以及国别进行编排，而未采取其他各卷依著作或论文以及出版时间的编排体例。在公约部分，则进一步按照：TRIPS、版权与邻接权、工业产权、地区性公约进行排列。郑成思教授亲自翻译的公约译文也一并收录，附于该公约的评述之后。

**责任编辑**：龙　文　龚　卫　　　**责任校对**：董志英
**装帧设计**：品　序　　　　　　**责任出版**：刘译文

郑成思知识产权文集

《郑成思知识产权文集》编委会

**国际公约与外国法卷（一）**

Guojigongyue yu Waiguofa Juan

刘丽娟　编

出版发行：知识产权出版社有限责任公司　　网　　址：http：//www.ipph.cn
社　　址：北京市海淀区西外太平庄 55 号　　邮　　编：100081
责编电话：010-82000860 转 8123/8120　　责编邮箱：longwen@cnipr.com
发行电话：010-82000860 转 8101/8102　　发行传真：010-82000893/82005070/82000270
印　　刷：三河市国英印务有限公司　　经　　销：各大网上书店、新华书店及相关专业书店
开　　本：880mm × 1230mm　1/32　　总 印 张：37.125
版　　次：2017 年 1 月第 1 版　　印　　次：2017 年 1 月第 1 次印刷
总 字 数：950 千字　　总 定 价：270.00 元（本卷二册）
ISBN 978-7-5130-4656-5

# 《郑成思知识产权文集》编委会

（以姓氏拼音为序）

# 编辑体例

《郑成思知识产权文集》共分《基本理论卷》（一册）、《版权及邻接权卷》（两册）、《专利和技术转让卷》（一册）、《商标和反不正当竞争卷》（一册）、《国际公约与外国法卷》（两册）以及《治学卷》（一册），总计六卷八册，基本涵盖郑成思教授各个时期的全部重要著作和文章。

为了便于读者阅读，《郑成思知识产权文集》每卷都是在照顾学科划分的基础上，将之前的各部专著和论文适当集中、重新编排而成；除对个别文字错误有校改以及由编者对因时代发展带来的变化加注外，文集全部保持作品原貌（包括原作注释），按照先著作、后论文的顺序并按发表时间排列。

《郑成思知识产权文集》各卷之间除个别文章具有多元性而有同时收录的情况外，尽量避免内容重复；一卷之中，为了体现郑成思教授学术思想的演进，个别内容会有适当重叠；每一部分著作和论文均由编者注明出处。

为方便读者阅读，《郑成思知识产权文集》每卷均由执行编委撰写本卷导读，介绍汇编的思路，并较为详细地梳理郑成思教授在该领域的学术脉络、特点和贡献。

为便于检索，各卷附有各个主题的关键词索引，可以快速查阅郑成思教授的相关论述。

# 序

郑成思教授逝世于2006年9月10日。那天是中国的教师节。在纪念他逝世一周年的时候，中国社会科学院知识产权中心委托周林教授汇编出版《不偷懒 不灰心——郑成思纪念文集》，该书收录了诸多友人和学生纪念他的文章。在纪念他逝世三周年的时候，中国社会科学院知识产权中心组织召开学术会议，出版了郑成思教授逝世三周年的纪念文集《〈商标法〉修订中的若干问题》，收录论文25篇。在纪念他逝世五周年的时候，中国社会科学院知识产权中心再次组织召开学术会议，出版郑成思教授逝世五周年的纪念文集《实施国家知识产权战略若干问题研究》，收录论文30篇。

当郑成思教授逝世10周年的纪念日来临的时候，他的家人与几位学生商定，汇编出版《郑成思知识产权文集》，以志纪念。顾名思义，称“知识产权”者，应当是只收录知识产权方面的文字，而不收录其他方面的文字。至于称“文集”而非“全集”者，则是因为很难将先生所有的有关知识产权的文字收集齐全。经过几位汇编者的辛勤劳动，终于有了这部六卷八册的《郑成思知识产权文集》。其中《基本理论卷》一册，《版权及邻接权卷》两册，《专利和技术转让卷》一册,《商标和反不正当竞争卷》一册,《国际公约与外国法卷》两册,《治学卷》一册, 约 500 万字。再次翻阅那些熟悉的文字,与浮现在字里行间的逝者对话，令人感慨良多。

郑成思教授的文字，反映了他广阔的国际视野。他早年酷爱英文，曾经为相关单位翻译了大量的外文资料，包括有关知识产权的资料。正是在翻译、学习和领悟这些资料的过程中，他逐渐走上了知识产权法学的研究之路。知识产权法学是一门国际性的学问。由于从外文资料入手，他一进入知识产权法学的研究领域，就站在了国际化的制高点上。1982 年，他前往英伦三岛，在伦敦经济学院师从著名知识产权法学家柯尼什教授，系统研习了英美和欧洲大陆的知识产权法学。在随后的学术生涯中，他不仅着力向中国的学术界介绍了一系列知识产权保护的国际条约，而且始终站在国际条约和欧美知识产权法学的高度，积极推进中国知识产权制度的建设。

从某种意义上说，中国的知识产权学术界是幸运的。自 1979 年开始，郑成思教授发表和出版了一系列有关《巴黎公约》《伯尔尼公约》及 TRIPS 协议等国际公约的论著以及有关欧美各国知识产权法律的论著。正是这一系列论著，不仅使得与他同时代的一些学人，而且也使得在他之后的几代学人，很快就站在了全球知识产权法学的高度上，从而免去了许多探索和弯路，有幸不会成为只见树木不见森林的“井底之蛙”。从某种意义上说，中国的知识产权制度建设也是幸运的。当中国的《商标法》《专利法》《著作权法》和《反不正当竞争法》制定之时，包括这些法律修订之时，以郑成思教授为代表的一批学人，参考国际公约和欧美各国的法律制度，为中国相关法律的制定和修改提出了一系列具有建设性的建议。这样,中国的知识产权立法,从一开始就站在了国际化的高度上，并且在短短三十多年的时间里，完成了与国际知识产权制度的接轨。

郑成思教授的文字，体现了他深深的民族情怀。与中国历代的优秀知识产权分子一样，他始终胸怀天下，以自己的学术研究服务于国家和民族的利益。自 1979 年以来，他在着力研究和介绍国外知识产权法学的同时，积极参与了我国《商标法》《专利法》《著作权法》《反不正当竞争法》的制定和修订，参与了上述法律的实施条例和单行条例的制定和修订。在从事学术研究的同时，他还依据国际知识产权制度的最新动向，依据科学技术的最新发展和商业模式的变迁，向国家决策高层提出了一系列调整政策和法律的建议。例如，适时保护植物新品种，积极发展电子商务，重视互联网络安全，编纂中国的知识产权法典，等等。随着研究视角的深入，他并不满足于跟随国外的知识产权法学，而是结合中国和广大发展中国家的需要，积极推动民间文艺、传统知识和遗传资源的保护。他甚至以“源和流”来比喻民间文艺、传统知识和遗传资源与专利、版权的关系，认为在保护“流”的同时，更要注重对于“源”的保护。

或许，最能体现他深深的民族情怀的事情，是他在生命的最后时期，满腔热情地参与了国家知识产权战略的制定。一方面，他是国家知识产权战略制定领导小组的学术顾问，参与了总体方案的设计和每一个重要阶段的工作。另一方面，他又参与了中国社会科学院承担的“改善国家知识产权执法体制”的研究工作，为课题组提出了一系列重要的建议。2006 年 8 月底，在国家知识产权战略制定领导小组向国务院汇报的前夕，他还拖着沉重的病体，逐字审阅了中国社会科学院的汇报提纲。这个提纲所提出的一系列建议，例如知识产权的民事、行政和刑事案件的三审合一，专利复审委员会和商标评审委员会转变为准司法机构，设立知识产权上诉法院等等，最终纳入了 2008 年国务院发布的《国家知识产权战略纲要》之中。仍然是在生命的最后时期，他在 2006 年 5 月 26 日为中共中央政治局的集体学习讲授“国际知识产权保护”，针对国际知识产权保护和科学技术发展的新动向，提出了我国制定知识产权战略应当注意的一系列问题。党的十七大提出的建设创新型国家的战略，党的十八大提出的创新驱动发展战略，都显示了他所提出的建议的印迹。

郑成思教授的学术研究成果，属于中华民族伟大复兴的时代。中国自 1978 年推行改革开放的国策，开启了新的历史进程。其中的对外开放，一个很重要的内容就是与国际规则（包括知识产权规则）接轨，对于当时的中国而言，知识产权法学是一个全然陌生的领域。然而，就是在这样一个蛮荒的领域中，郑成思教授辛勤耕耘，一方面将国际上最新的知识产权理论、学说和制度引进中国，另一方面又结合中国知识产权立法、司法的现实需要，撰写了一篇又一篇、一部又一部的学术论著。这些论著的发表和出版，不仅推动了中国知识产权法律制度的建立及其与国际规则的接轨，而且推动了中国知识产权学术研究与国外知识产权学术研究的对话和接轨。特别值得一提的是，郑成思教授不仅将国际上的知识产权理论、学说和制度引入中国，而且还在中国现实需要的沃土之上，创造性地提出了一系列新的理论和学说，例如工业版权和信息产权，反过来贡献给了国际知识产权学术界。

中国的经济社会正处在由传统向现代的转型过程中。随着产业升级和发展模式的转变，“知识产权”四个字已经深入人心，走进了社会的各个层面。人们不再质疑，人的智力活动成果对于社会经济发展发挥着巨大的作用。当我们谈论知识经济的时候，当我们谈论创新型国家建设的时候，当我们谈论创新驱动发展的时候，我们不得不庆幸的是，在以郑成思教授为代表的专家学者的努力之下，我们已经对“知识产权”的许多方面进行了深入而细致的研究，我们已经在 2001 年加入世界贸易组织之前，建立了符合国际规则的现代知识产权制度。加入世界贸易组织之后，面对一系列我国知识产权保护水平过高、保护知识产权就是保护外国人利益的喧嚣，郑成思教授明确指出，在当今的时代，知识产权保护的水平不是一个孤立的问题，而是与国际贸易密切结合的。如果降低知识产权保护的水平，就意味着中国应当退出世界贸易体系，就意味着中国在国际竞争中的自我淘汰。郑成思教授还特别指出，一个高水平的知识产权保护体系，在短期之内可能对我们有所不利，但是从长远来看，一定会有利于我们自身的发展。这真的是具有穿透时空力量的论断。

郑成思教授的文字，充满了智慧和情感。初读他的文字，深为其中的渊博学识所折服。对于那些深奥的理论和抽象的原则，他总是以形象的案例、事例或者比喻加以阐发，不仅深入浅出，而且令人难以忘怀。阅读他的文字，那充满了智慧的珍珠洒落在字里行间，我们不仅可以随时拾取，而且忘却了什么是空洞的说教和枯燥的理论。初读他的文字，也为那处处流淌的真情实感所吸引。在为国家和民族建言的时候，他大声疾呼，充满了赤子之情。在批评那些似是而非的论调时，他疾言厉色，直指要害并阐明正确的观点。在提携同事和后进的时候，他总是鼓励有加，充满了殷切的期望。毫无疑问，那位中气十足的学者，不仅在演讲时让人感受到人格的魅力和学识的冲击力，而且已经将他的人格魅力和学术生命力倾注在了我们眼前的文字之中。阅读他的文字，我们是在与他进行智慧和情感的对话。

郑成思教授离开我们已经 10 年了。遥想当年，那位身形瘦弱的青年伏案疾书，将一份份有关知识产权的外文资料翻译成中文，并最终走上了知识产权法学的研究之路。遥想当年，那位即将走进中年的“老学生”，专心致志地坐在伦敦经济学院的课堂上，汲取国际知识产权学术的丰富营养，以备将来报效祖国之用。遥想当年，那位意气风发的中年学者，出入我国知识产权立法、行政和司法部门，以自己扎实的学术研究成果推动了中国知识产权制度的建设和发展。遥想当年，那位刚刚步入花甲之年的学术泰斗，拖着久病的躯体，参与国家知识产权战略的制定，为中共中央政治局的集体学习讲授知识产权的国际保护，并为此而付出了最后的体力。遥想当年，遥想当年，有太多、太多值得我们回顾的场景。

秋日的夜晚，仰望那浩瀚的星空，我们应当以怎样的情怀，来纪念这位平凡而伟大的学者？

李明德

2016 年 8 月

# 导读

刘丽娟[*]

郑成思先生最引人注目的贡献之一，是他对于知识产权国际公约和外国法的翻译和介绍，这应该是早期他在专业领域的主要工作。在不长的几年时间里，他几乎逐条阅读、翻译并研究了所有的知识产权国际公约，其中不仅包括《巴黎公约》《伯尔尼公约》《马德里协定》等重要公约，还包括非洲的《班吉协定》《哈拉雷协定》、南美洲的《安迪斯协定》、早期的经互会组织的《莱比锡协定》这样不太受关注的公约。不仅如此，先生终生保持着对这些公约后续发展的关注，并在自己的著作中及时更新。

在先生数量庞大且包罗万象的著述中，有五本书可说是其在国际公约领域的主要成就，值得向读者重点推荐，也是本卷国际公约部分的主要收录来源。

---

* 法学博士，2004年师从郑成思教授，北京外国语大学法学院副教授，知识产权法中心执行主任。

1985 年出版的《工业产权国际公约概论》，是先生第一次全面介绍工业产权的专著，该书写于我国第一部《专利法》(1984 年)刚刚颁布之后，先生收集了“1984 年 1 月为止缔结的全部世界性工业产权公约及一些主要地区性公约”，其中“对于较有影响的公约讲的详细些，对于刚刚生效或尚未生效的公约讲的简略些”。[①]书中引用的公约条文，基本是先生本人译自世界知识产权组织的公开出版物。

1986 年先生出版《版权国际公约概论》，当时我国《著作权法》尚未制定，该书详细介绍了《伯尔尼公约》和《世界版权公约》的内容，并且对它们进行了比较分析，帮助我们的政策制定者了解并选择参加。在这本书中，先生重新翻译了上述两个版权公约，并附于书后。自此，先生逐渐着手翻译一些主要公约，并随时附于出版的著作中，这些译文作为先生的独创性成果，也都收录于本书。在这些译文中，很多专业词汇从未出现于中文中，无前人成果可供遵照借鉴，先生根据自己对公约的理解加以明确，这些译法，现大多已成为通行的中文称谓。

1992 年出版《版权公约、版权保护与版权贸易》时，我国第一部《著作权法》已经颁布，虽然仍主要是关于版权公约的著作，但先生的关注点已有所变化，从单纯的介绍转向了比较，对比我国的《著作权法》相关规定与主要的版权公约的不同，以及我国应采取的态度。

1995 年出版的《知识产权与国际贸易》一书中的亮点，是对一些地区性公约的介绍，主要包括欧共体的一些知识产权公约、北美自由贸易协定、非洲的《班吉协定》、安迪斯组织的《卡塔赫那协定》，

① 原文引自郑成思:《工业产权国际公约概论》，北京大学出版社 1995 年版，前言部分。

这些内容基本被本卷收录。

1996年出版的《世界贸易组织与贸易有关的知识产权》是先生关于TRIPS协议论述的集大成著作，在本卷中也全书收录。先生对TRIPS协议的关注是最多的，关于TRIPS协议的专著前后共出版了三部以上。较早的TRIPS协议专著是《关贸总协定与世界贸易组织中的知识产权——关贸总协定乌拉圭回合最后文件〈与贸易有关的知识产权协议〉详解》（以下简称《详解》），该书按照条目详尽介绍分析了新出现的TRIPS协议。但仅在2年之后，即1996年，先生有感于参加国际会议时新的发现和心得，对《详解》一书进行了大范围的修改和增补，同时保留了《详解》一书的精华内容，撰写了《世界贸易组织与贸易有关的知识产权》一书。这本书是先生关于TRIPS协议最全面、最深入的论述，在本卷中全文收录。虽然2001年又出版了《WTO知识产权协议逐条讲解》一书，且影响巨大，但由于该书是为了方便人们理解TRIPS协议，按照协议条目逐条重新编排，基本内容都已出现在1996年书中，而未予收录。

出于对国际公约的特殊兴趣和关注，先生在其撰写的一般性知识产权著述中，往往也会附上相关的国际公约，并不断修改自己的认识。因此，先生对于公约的论述，还散落在各个时期不同的著作中。这些先后发表的著述中，对同一个国际公约的论述，随着时间的推移，会有所不同，有些观点会被保留，有些观点有所修改。这使得文集的汇编工作变得比较棘手。作为汇编者，我经常在对于同一内容的先后的几个版本的论述中反复琢磨，究竟应该收录哪些，而哪些内容，需要放弃。也是因此，本卷虽然尽力寻找先生所有的相关论述，但并不敢自称“全集”。

外国法部分，郑成思教授20世纪80年代初留学英伦，深入学习并研究了英国知识产权制度，这方面的著述比较丰富。在他第一部知识产权体系性著作《知识产权法通论》(1986年)中,对美、英、德、法、日、苏联这些主要国家的知识产权制度进行了介绍。同时期出版的论文集《知识产权法若干问题》(1985年)中，收录了他这段时间撰写的研究外国知识产权制度的许多文章。这些文章，连同后来撰写的一些研究外国制度的文献，都收录在本卷的外国法部分。

《国际公约与外国法卷》部分的编辑体例，与文集的其他部分有所不同。本部分以公约性质和名称、国别编排，而未采取其他部分的以著述形式和论文编排体例，这主要是为了方便读者的理解。公约译文，也附在该公约的相关著述之后。

先生原在中国社科院法学所的国际法室工作，最初接触知识产权是因其杰出的英语水平，被委以翻译一些从国际知识产权会议中带回的资料，这些资料是当时急需加入国际体系的我国迫切需要了解的。正是缘于对这些材料的艰难翻译，郑成思先生萌发了对知识产权这种当时国人非常陌生的学科的兴趣。可以说，先生对知识产权的研究，始于对国际公约和外国法的翻译和研究，后来才逐渐转向对于知识产权一般性问题的研究上来的。这样的研究路径，意味着先生的学问从一开始，且自始至终，都是一种为国家利益服务，面对现实问题、实用主义的研究范式，也在很大程度上决定了我国知识产权学科诸多与众不同且意味深长的现象。

先生的研究兴趣和关注点，具有明显的前瞻性，而这种前瞻性缘于先生对国际公约新发展的关注。以TRIPS协议为例,早在我国“入世”近十年前，先生就早早觉察到“乌拉圭回合”将知产议题纳入WTO框架的新形势，并马上开始深入研究，拿出了翔实且令人信服的研究成果。当决策者开始考虑“入世”时，对其中的知识产权这个WTO中的新问题，已经心中有数。

先生治学，从来都是以问题导向、即通过关注国际前沿领域的发展，以及我国立法的需要、司法的疑难问题、实业的需要等等，确定自己的研究方向。从另一方面看，先生很少进行抽象概念和理论的探讨。这种治学方式,倒是暗合了胡适先生提出的"多研究些问题，少谈些主义"的主张，也体现了一种英美式的"实用主义"研究偏好。正是因为这种研究思路，先生总是能够及时地了解实务部门和社会中出现的问题，并迅速深入研究，拿出解决方案，客观上成为立法机构、司法机关、甚至很多新型的企业的可以依靠、值得信任的支持者和求助对象，这是他所以产生一般学者难以达到的巨大社会影响力的重要原因。

作为一名深谙国际规则的学者，先生还表现出明显的国家利益、民族利益至上的情怀，这可能是他那一代学人的共同意识。在他的心中，虽然全球联结越来越紧密，相互交流变得越来越重要，但主权和民族利益仍是决定对一切制度的态度的基本出发点，不能脱离民族利益抽象讨论知识产权制度的价值。正是因此，先生始终坚定地站在发展中国家立场，在晚年，他明确表示支持发展中国家倡导的对传统知识、遗传资源进行保护的倡议，因为发展中国家在现有知识产权体系中处于劣势，而传统知识、遗传资源这些客体，是发展中国家蕴含丰富、可以拿来与发达国家进行抗衡和谈判的砝码。[①]

然而，先生的民族情怀是建立在理性和长远的考虑之上。在他最后的论著中，面对"入世"后越来越热闹的认为我国知识产权保护过高，从而要求"弱化"知识产权保护的呼声，先生却一再呼吁我国一定要坚持留在国际体系，我国的问题绝不能靠降低知识产权

① 郑成思："国际知识产权保护与我国面临的挑战"，原载于《法制与社会发展》2006年第6期，本文集已收录。

保护，或“退出”世贸组织等高标准保护体系来解决，因为时代已经改变，新的时代是以经济全球化、技术领先进行国际合作的时代，20 世纪 40 年代的美国或 20 世纪 60 年代的日本那种通过压低知识产权保护水平，从而使本国获得一段自由发展时间的做法，在新的时代不但无法实现，而且会使我国在国际竞争中“自我淘汰”。[①]先生特别对所谓“盗版有助于发展我国经济”的观点进行了批评，他说：“我认为恰恰相反：盗版直接妨碍了我国经济的发展。第一，盗版者的非法收入，绝没有上缴国家以用来发展经济；而且对这一大笔非法收入是无法去收税的。从这里漏掉的税款，对国家就是个不小的损失。第二，盗版活动的主要受害者是国内企业。仅仅以软件盗版为例，它是我国自己的软件产业发展不起来的直接原因”。“对音像制品、图书等的盗版如果不给予有力打击，结果也是一样”。

这番话，是当时已身患重病的先生，对我国当权者和理论界、实务界最后一次提醒。

---

① 郑成思：“国际知识产权保护与我国面临的挑战”，原载于《法制与社会发展》2006 年第 6 期，本文集已收录。

# 目录


## 概　述

国际知识产权制度与我国知识产权法 / 002

知识产权国际公约概述 / 014

国际知识产权保护和我国面临的挑战 / 022

世界贸易组织与中国知识产权法 / 044

## 与贸易有关的知识产权协议

《世界贸易组织与贸易有关的知识产权》 / 074

前　言 / 074

绪　论 / 077

第一章　TRIPS 的基本原则 / 105

第二章　版权与有关权 / 163

第三章　商标与地理标志 / 202

第四章　外观设计、专利及拓扑图 / 255

第五章　反不正当竞争 / 290

第六章　知识产权的执法 / 331

第七章　TRIPS 的后四个部分 / 358

公约译文 / 385

世界贸易组织协定中《与贸易有关的知识产权协议》 / 385

## 版权和邻接权公约

《保护文学艺术作品伯尔尼公约》 / 422

评述部分 / 422

第一章 《伯尔尼公约》（1986） / 422

第二章 《伯尔尼公约》（1992） / 458

公约译文 / 491

《保护文学艺术作品伯尔尼公约》 / 491

《世界版权公约》 / 534

评述部分 / 534

第一章 《世界版权公约》(1986) / 534

第二章 《世界版权公约》（1992） / 568

第三章 版权公约对发展中国家使用作品的优惠 / 581

公约译文 / 585

《世界版权公约》（1992） / 585

《保护表演者、录音制品制作者与广播组织罗马公约》 / 604

评述部分 / 604

第一节 《罗马公约》（1986） / 604

第二节 《罗马公约》（1992） / 609

公约译文 / 615

《保护表演者、录音制品制作者及广播组织罗马公约》 / 615

《录音制品日内瓦公约》 / 627

评述部分 / 627

第一节 《录音制品公约》（1986） / 627

第二节 《录音制品公约》（1992） / 630

公约译文 / 634

《保护录音制品制作者防止未经授权复制其制品公约》 / 634

《印刷字体的保护及其国际保存维也纳协定》 / 640

第一节 《印刷字体保护及其国际保存协定》（1986） / 640

第二节 《印刷字体保护及其国际保存协定》（1992） / 642

《卫星公约》 / 644
第一节 《卫星公约》（1986） / 644
第二节 《卫星公约》（1992） / 646
《集成电路知识产权条约》 / 650
评述部分 / 650
公约译文 / 651
《集成电路知识产权条约》 / 651
《视听作品国际登记条约》 / 664
《避免对版权使用费收入重复征税多边公约》 / 665
《解决计算机系统用于利用作品或创作作品引起的版权问题的建议》/ 672
《在电缆传播的节目中保护作者、表演者、录制者及广播组织的注释原则》 / 678
我国与基本公约之外的版权公约可能发生的关系 / 684

## 工业产权公约

《保护工业产权巴黎公约》 / 688
《专利合作条约》 / 721
《专利国际分类协定》 / 733
《国际承认用于专利程序的微生物保存条约》 / 736
《保护植物新品种国际公约》 / 740
《国际技术转让法》及其他有关技术转让的国际惯例 / 744
《科学发现的国际登记条约》 / 766
《保护计算机软件示范法条》 / 769
《工业品外观设计国际备案海牙协定》 / 778
《工业品外观设计国际分类协定》 / 784
《国际商标注册马德里协定》 / 786
《商标注册条约》 / 794
《为商标注册目的而使用的商品与服务的国际分类尼斯协定》 / 799
《制裁商品来源的虚假或欺骗性标志协定》 / 802

《保护原产地名称及其国际注册协定》 / 804
《商标图形国际分类协定》 / 807
《商标法条约》 / 809
《保护奥林匹克会徽条约》 / 810
《反不正当竞争示范法》 / 812

## 地区性国际公约

欧共体——欧盟 / 818
《北美自由贸易协定》 / 877
《班吉协定》 / 887
非洲工业产权组织的《哈拉雷议定书》 / 921
《中美洲工业产权协定》 / 924
安第斯组织的《卡塔赫那协定》中的工业产权条例 / 928
经互会国家的《莱比锡协定》 / 936

## 外国法

美　　国 / 940
英　　国 / 969
德　　国 / 1030
法　　国 / 1056
西 班 牙 / 1072
瑞　　典 / 1083
日　　本 / 1086
新 加 坡 / 1106
澳大利亚 / 1110
苏　　联 / 1113
东　　欧 / 1122

学术索引 / 1129

# 概述

# 国际知识产权制度与我国知识产权法 *

在当代，绝大多数国家的知识产权法，都既是国内法，又是涉外法。除去极度闭关锁国的个别国家外，它们的知识产权法在当代（而不是在这些法律刚刚产生的那个时代）的重要作用之一，是使本国国民的权利能够在国外受到某种保护，同时也为外国国民的相应权利提供保护。在我国也将是如此。不过，就知识产权法的三个主要分支——商标法、专利法、版权法来说，其对内与对外两种作用的侧重点是不一样的。在订立涉外法（以及订立后使之不断完善）的过程中，我们一般都要在保持我国特色及社会主义性质的前提下，参考有关的国际惯例，以便减少在对外交往中可能产生的障碍。研究各种知识产权法的侧重点，有助于我们更有选择地参考和吸收国际知识产权保护制度中对我国有益的内容。

这里讲的对内对外所起作用的不同侧重点，指的是：有的知识产权法的主要作用在于调节国内民事关系，为发展本国经济服务；有的知识产权法的主要作用则在于调节涉外民事关系，以促进国际交往（当然其最终作用仍然是为发展本国经济服务，但不像前者那

---

* 编者注：该文最早发表在《中国法学》1984 年第 4 期。

么直接）。

## 一、商标法

各国商标法按照获得商标权的不同方式可以归纳为4种：（1）靠使用获得商标权（例如美国的商标法）；（2）靠使用与靠注册都能获得商标权（例如英国的商标法）；（3）商标注册使用与不注册使用都合法，但只有注册才能获得商标权（例如法国的现行商标法）；（4）靠注册获得商标权，不注册则不允许使用（例如苏联的商标法）。这几种商标法中，第一种比较原始，即使在实行它的国家里，也要求外商经销的商品所用的商标靠注册获得专用权；这些国家出口的商品所用的商标，也靠在异国申请注册求得保护。所以它对于调节对外贸易活动非常不便，而它在美国之所以能行得通，主要由于它在对内起作用上还没有太多的不便。美国各州都有独立的商标立法权和司法权，在一个州经销商品的人，没有必要取得商标的联邦注册。第二种制度的主要缺点则反映在对内的作用上：商标局不可能对本国享有商标权的所有人数目及专有商标的种类全面掌握，不利于管理本国市场。实行这种商标法的英国已经在设法弥补这个缺点。[①] 第四种制度也称为“全面注册制”，仅仅对于那些只实行“计划经济”而无“市场经济为辅”的国家，这种商标法才不会遇到太多的不便。苏联等国实行这种制度，正是基于商标法的对内作用（全面注册制有利于计划经济，注册与不注册并行则可能冲击计划经济，这是他们的基本理论）。

第三种商标法是目前多数国家所采用的，它体现了“管而不死，活而不乱”的原则。西方法学家常把法国作为实行这种法的代表，

---

① 参见英国议会文件1974年第14卷5601章，134节。United Kingdom Parliamentary Paper 1974（14）Cmnd 5601，

而法国在1964年之前并未实行它。法国之所以改行这种制度，也主要是国内要求改革的呼声强烈，法国工商业者认为这种制度能为他们的商标提供更可靠的保护。[①] 我国在1983年3月之前，实际上采用的是第四种法。[②] 为了适应我国“搞活经济”的政策，“全面注册制”显然不适宜了。1982年《中华人民共和国商标法》（1983年3月生效）所采用的就是第三种制度。

从上面的概述中（尤其是美国、法国的具体例子中）可以看出：一个国家选择哪种商标保护制度，主要是从那种制度的对内作用出发去考虑的。发展中国家尤其如此。发达国家的法学家们也承认这一点。[③] 我国在实行对外开放政策之前的30年里，商标管理上一直有相应的法规，而且该法规的实施基本未曾间断过。这可以说明：商标法的对内作用的发挥，在任何情况下都是不可或缺的。

当然，同样是在侧重考虑对内的作用而订立商标法时，我国的着眼点与资本主义国家又是截然不同的。我国商标法的一个显著特点是把制止欺骗消费者的行为作为商标管理工作的一项重要任务。[④] 与此同时（并服从于此），我们也保护商标权所有人的利益。而在资本主义国家，商标法正日渐作为“公平竞争法”的一个部分而存在，说明它们的商标法的对内作用，主要是调节贸易经营人之间的关系，而不是保护消费者的利益。

---

① 参见联邦德国马克斯·普兰克学会贝尔教授：《英、美、法、德商标法基本特点》，Beier, Basic Features of Anglo-American，French and German Trade Mark Law，（1975）3IIC 298。（“IIC”系马克斯·普兰克学会的学术刊物《国际工业产权与版权》的英文字头缩略字母，下同）

② 参见我国1963年《商标管理条例》第2条。

③ 参见柯尼什，菲利浦：《商标的经济作用》，Comisb and Phillips，The Economic Function of the Trade Mark，（1982）1. Ⅱ C。

④ 参见国家工商行政管理局商标局汇编：《中华人民共和国商标法》，工商出版社1983年版第12页。

为了体现保护消费者利益这个对内作用，我国商标法中制定了一些与许多国家都不相同的条文。例如，对商标侵权诉讼的起诉人，没有作任何限制（而许多国家规定仅仅“利害关系人”有起诉权）；我们规定了国家有权干预侵权行为；我们规定了便利人民群众诉讼的程序（例如：被侵权人对于侵权活动既可以在县级以上工商管理部门要求处理，也可以向人民法院起诉）。我们所特有的这些规定无疑是十分必要的。在这里我想提出考虑的是：为了更有效地保护消费者的利益，我国商标法中还应吸收国际商标保护中共有的一些做法。起码下面几点是值得参考的：

**1. 对驰名商标的特别保护**

我国商标法既然允许不注册的商标合法存在，那么某个未注册商标一旦成为驰名商标，而第三者以相同或相似的商标抢先申请注册时，应如何处理呢？我国《商标法》第 18 条规定：“两个或两个以上的申请人，在同一种商品或者类似商品上，以相同或者近似的商标申请注册的，初步审定并公告申请在先的商标。”如果这对驰名商标也同样适用，那就可能在消费者中产生欺骗性后果。许多国家的商标法都专门规定：驰名商标即使尚未注册，也能够阻止其他人的相同或近似的商标进入注册簿。这看上去是保护了驰名商标所有人靠“使用”建树起来的“商誉”，实质上是有效地保护了消费者的利益，以免他们本想买驰名商品却错买了相似商标所标示的其他商品。

**2. 对产地名称及厂商名称的明文保护**

有九十多个国家参加的《保护工业产权巴黎公约》，对产地名称及厂商名称的国际保护都给予了承认。此外，1891 年在马德里，1958 年在里斯本，又分别有几十个国家缔结了保护这两种名称的专门条约。可见国际上对这两种标记的保护是十分重视的。它们对我国国内市场的管理是否没有太大的作用呢？并不是。我国商标法并未把保护商品的产地名称或厂商名称作为一项内容；在其他法律中也没有相应的保护规定。在实践中已经越来越反映出这是个缺陷。近年来，中央和地方报刊上已经不止一次地刊登消费者的这种意见：消费者买到了划不着的火柴，或买到一发动就坏的机动玩具，等等，想要寻找厂方交涉，却只能在产品上看到“中国制造”几个字。有意不注明厂商名称，已经成为一些生产质次价高的产品的企业逃避责任的途径。这从反面说明了厂商名称的重要。在产地标记上的反映虽然还不太多，但人们不难设想，如果并非青岛牌啤酒而注有“山东崂山产”，并非茅台酒而注有“贵州茅台县产”，即使这些商品的经销人没有假冒他人的商标，其欺骗消费者的后果难道不是一样的吗？产地名称虽不是某一企业所专有的，但在那些质量及特点与产地有密切联系的商品上，应当禁止滥用有关产地的标记。厂商名称则是与商标的作用不相上下的专有标记。对这两种标记，应当作为使商标法更有效地实施的辅助内容而加以保护。在1982年生效的非洲知识产权组织《产地名称统一保护法》中，甚至规定了如果滥用产地名称而使公众错误地把产品的质量、特点与该名称联系起来，则使用者要负刑事责任。[①]

## 二、专利法

在当初讨论我国是否需要制定专利法时，就已经涉及专利法对内与对外的作用问题。同意立法的意见中，有人侧重于论述它对开展国际经济、技术交往的作用，尤其对引进新技术的作用；有人则侧重于讲它对于管理国内技术及鼓励发明创造的作用。不错，专利法颁布后，它将兼有这两方面的作用。但是，哪个为主呢？

---

① 参见世界知识产权组织：《工业产权法律与条约汇编》，第6卷，*Industrial Property Laws and Treaties Volume Ⅵ*，*WIPO*，TexT 1–005。

我认为我国专利法的主要作用是对外的，从它产生的背景和它的内容里，都可以看出这一点（这在后面将要详谈）。不仅如此，我还认为现代世界上大多数国家本国的专利法的作用，也主要是对外的。后面这一点，可以从国际上的专利法与版权法的对比中，明显地看到。

专利法与版权法产生之始，都以保护本国国民的专有权为主要目的。这主要反映在它们所具有的“严格的地域性”上：专利权也罢，版权也罢，都仅仅在其依法产生的那个国家内才有效；一越出国境，这些专有权就得不到任何承认了。但随着世界市场的扩大，国际交往的发展，专利法的作用与版权法的作用的侧重点，就开始向不同方向变化了。以美国为例，它的第一部专利法与第一部版权法同是在 1790 年颁布的；专利法中为外国人在美国提供专利保护，开始于 1836 年，而版权法中为外国人的作品提供保护却始于 1891 年。版权涉外保护不仅比专利迟了半个多世纪，而且还附加了“必须把作品拿到美国或加拿大印制”这个额外条件。这反映出美国在保护外国人的专利权方面比保护外国作者的版权要积极得多。人们知道，一个国家要参加保护某种知识产权的国际公约，就必须相应地调整其国内法，使之在国际保护中发挥它的应有作用。美国在 19 世纪末就参加了保护专利的国际公约，而直到 20 世纪 50 年代它才参加了保护版权的国际公约，这也说明它在发挥专利法的对外作用方面，比发挥版权法的对外作用要积极得多。

目前，除少数国家外，一般国家所颁发的专利证，大多数都由外国专利权人持有。就是说，在大多数国家，主要不是本国国民向自己的专利局申请专利，而是外国国民拿了他们的先进技术前来申请专利的。就连近年出现的“欧洲专利”这种跨国专利也不例外。据统计，《欧洲专利公约》的 11 个成员国中，只有联邦德国一家的国民所持有的“欧洲专利”超过成员国之外的美国或日本国民持有的“欧洲专利”（在100项“欧洲专利”中，联邦德国占25%，美国占24%，日本占13%，法国占11%，英国占9%，瑞士占5%，荷兰占3.5%，意大利占3.3%，瑞典占1.4%，等等）[①]，可是，就日本自己来讲，它所颁发的专利证，又是大部分由外国人所有的，就连日本自己也承认它至今仍旧是个“技术进口国”。

日本人常把专利制度称为其经济发展的一种“原动力”。有人曾把这解释为日本专利制度鼓励了本国的发明创造活动。这是不全面的。日本专利制度的主要作用，在于引进了外国先进技术。同时，日本善于吸收这些先进技术，经过消化而变成自己的东西，再加以改革。这是它经济发展的关键，这后一方面的作用，即吸收、消化与改革外国技术的作用，不是直接由专利法所起到的；而引进外国技术，即吸引外国人拿了先进技术来日本申请专利，这个作用（也就是对外的作用），却是直接由专利法起到的。

有的同志把我国专利法的作用论述为主要是对内管理科学技术。他们忘记了，我国的专利法只是随着党的十一届三中全会实行对外开放政策才被提到日程上来的；我国第一部正式承认专利是一种“工业产权”的法律，也正是调节对外开放经济关系的《中外合资经营企业法》。而在实行经济开放前的30年里，我国并没有迫切感到建立专利制度的必要。同时，另一点值得注意的是：我国商标法颁布时，宣布了它一旦生效，原商标条例即废止；而在颁布专利法时，则没有宣布原有的发明奖励条例在专利法生效后废止。这说明在管理科学技术方面，原有条例（在经过必要修改后）还将起着

---

① 参见华尔士:《今日欧洲专利组织》, Wallace, *The European Patent Organization Today*, (1983) 6, IIC。

它的对内作用。

我国专利法中采取了大多数国家专利法中共有的程序和有关的国际惯例，使我国专利法能够更有效地发挥它对外的作用。从审查程序上讲，国际上的专利制度可以分为不审查制（即注册制），部分审查制和完全审查制三种。实行最后一种制度的国家居多，我国专利法也采用了这种制度。不同申请人就同一项发明分别申请专利时，如何确定谁享有优先权？在这个问题上国际上分为先发明者获优先权与先申请者获优先权两种制度。实行后一种制度的国家占大多数，我国专利法也采用了这一制度。从专利保护形式上讲，国际上分为发明证书与专利并行的“双轨制”和仅仅授予专利的单一制。实行后一种制度的国家占大多数，我国也采用了后一种制度。

近年来，许多国家修改了或准备修改自己的专利法。重要原因之一就是为了与多数国家相一致，保证专利法的对外作用。例如过去实行不审查制的国家（法国、西班牙等），大都已改变成了审查制或部分审查制；以“先发明获优先权”为传统制度的美国，正在考虑改为先申请获优先权；曾经实行“双轨制”的匈牙利、罗马尼亚等国，都已经改成了单一制。英国 1977 年修订专利法时，把原先要求的“相对新颖性”改为“绝对新颖性”，为的是与大多数国家相一致；联邦德国 1980 年修订专利法时，第一次承认了独占许可证的合法性，也是由于在国际上这种许可证作为利用专利的形式已越来越重要。如此等等，都可以看到专利法的对外作用的重要。

就我国专利法的对内作用来讲，它是与多数外国不相同的。在我国国内，保护专利权不是专利法的目的，推广专利技术才是目的。这不是与传统中“专利”的概念正相反吗？确实，对内来讲，我国专利法不仅产生了专利权，而且（更为重要的是）限制了这种专利权。我国将推广专利技术的酌定权下放到地方政府及国务院各部，这在外国（双轨制国家除外）是很少见到的。同时，也正是为了保证专利法对外的作用（即引进先进技术的作用）不致因此被减弱，可以被推广的专利，仅仅限于我国企业和我国国民所获得的专利。这样一来，外国专利权人实际享有了高于国民待遇的权利，所以不会因担心我们“一家引进，百家共享”而不敢向我国出口先进技术了。

为了更有效地发挥我国专利法的对外作用，有哪些国际上的共同做法值得我们进一步考虑呢？首先，我认为是参加《保护工业产权巴黎公约》的问题。参加这个公约，可以免去我们同外国一个个订立双边专利申请或专利保护协定的麻烦，也有利于我国的发明在更多的国家受到保护。其次，是加强专利司法的问题。如果只有一部较好的专利法，但实施工作跟不上，尤其是对侵权的制裁，权利冲突的解决跟不上，则没有实际上的有效保护，外国先进技术的占有人对于是否来我国申请专利还难以下决心。

## 三、版权法

在前面与专利法的对比中，实际已得出“版权法的作用是侧重对内”的结论，但有待于进一步论证。

我国始终没有颁布过版权法，这里讲到我国版权法的对内对外作用时，只能讲它将要起的作用了。

版权与专利、商标不同的主要一点是：在大多数建立了版权制度的国家里，版权的获得并不需要在行政机关履行什么手续。只要作品一旦创作成功（在有些国家是一旦发表）即享有版权。维护这种权利，比维护专利权及商标权都更困难。因此，版权的国际保护也更困难。同时，版权保护方式在各国并不像专利法那样趋向统一，反倒是趋向于保持各国自己的特有内容，即趋向于“分道扬镳”。法国早在 19 世纪就第一个宣布对外国作品无条件地单方面给予保护，而它的现行版权法却从这种“国际化”道路上退了回来：要求在“互惠”原则下保护外国作品了。美国原定于1982年失效的版权法中的“印制条款”（即前面讲过的保护作品的附加条件），到期时却又再延长了四年；苏联至今不保护已发表的作品的“广播权”；国际性版权保护上也要分别产生出两个差异较大的公约，才能把多数国家带到版权国际保护中。这些都说明了多数国家首先强调的是版权法对内作用的一面，认为版权法在国际交往上的作用必须服从对内的作用。

版权法对内的作用是保护作者的合法权益，发展本国的文化教育。它的这种作用，有时却以“对外”的形式表现出来。不过它不像专利法那样，通过保护专利权以吸引外国先进技术，而是正相反：通过保护外国人的版权而防止外国作品涌进来。

近年来，一些发达国家的法学家发现：一些发展中国家开始对发达国家的作品提供较高水平的保护，而且对于两个国际版权公约中“优待”发展中国家的强制许可证颁发权也很少行使。[①] 他们认为这反映出发展中国家的法学工作者及立法机关接受了西方传统的版权观念。我却认为这里反映出的是另一个问题：发展中国家重视了本民族文化的发展，并认识到这种发展的前提条件之一，就是防止外国作品充斥本国文化市场。

允许自由或较自由地利用（如翻译、改编甚至抄袭）外国作品，从短期看，对一个国家减少外汇支出有一定作用；从长远看，则有外国作品占领本国文化领域的弊病。例如，无偿地利用外国作品的状况，会使一些出版部门乐于尽快出版翻译作品（尤其是小说）而

---

① 参见孔茨·霍斯顿：《发展中国家的版权立法新趋向》，Kunz-Hallstein，*Recent Trends in Copyright Legislation of Developing Countries*，（1982）6IIC。

积压本国作者的稿件（尤其是学术作品）。此外，在大量地涌进的外国作品中，不可避免有较高比例的低水平作品，或对本国人民有害的作品，所以，为外国作品提供版权保护，有偿地利用外国作品，倒可以迫使本国文化部门有选择地、有限制地引进外国的精神成果。多少年来，印度一直未参加《保护工业产权巴黎公约》，但却参加了两个国际性版权公约。原因之一，是他们在担心太积极地保护外国人的专利会影响本国技术发展（当然，这种认识值得商榷）的同时，却一直坚信印度的文化成果对外国（主要是西方）有压倒的优势，保护外国作品反而会有益于发展本国文化。

我国在版权立法上的争论，实际上最终也落在“保护外国作品是否于我有利”的问题上。从上面的分析中，可以看到：这不但是有利的，而且是为发展本国文化所必要的。当前一些发展中国家版权立法的趋向，很值得我们研究。而且，苏、美等大国在版权保护上长期作的特殊保留，也给我们以这样的启示：为了保障本国文化的发展和保护本国经济利益，一个国家在版权法的某些（但不是大部分）规定上，可以与国际惯例很不一致。这是由版权法对内的主要作用决定的。当然，我们在考虑保留内容时，也要反映出我国的特色，不能照搬别人的保留内容。

从目前我国国内的情况看，也确实需要有法律来调整作者、出版者与作品使用者之间的关系。最引人注目的是：近年来存在一些特殊的“作品使用者”——抄袭者，他们除了被报纸上点名批评外，几乎不受任何法律制裁。而在大多数有版权法的国家，抄袭是要负刑事责任的。一个国家的文化要发展，它就不能听任抄袭者逍遥法外。除抄袭之外，未经同意翻印、复制或编辑他人作品出售而获利者，也不乏其人。这些现象不能再听任其继续下去了。

由于调节国内关系的需要已经很紧迫，所以我国虽然还没有版权法，但文化领域的一些部门已经发出了一些保护某些作品或版权中的某些权利的通知、规定或条例。有的规定中不但已经第一次提出由法院解决有关的权利争端，而且提出了国际上也还没有普遍保护的权利（如表演者权）。例如，广播电视部1982年年底制定的《录音录像制品管理暂行规定》中指出："音、像制品出版单位应保障作者、表演者的合理权益"；"没有原音像制品出版单位的授权，其他任何单位不得翻录复制，或擅自删节、改头换面另行出版"；"违反者，原音像制品出版单位可以向司法机关控告"①。今后，其他单位也可能根据需要，颁发一些类似规定。我认为，与其各个部门不系统地分别发通知、规定，为什么不颁布一部系统、全面的版权法呢？

## 四、结论

我国的商标法有待进一步完善，以便真正起到它的保护消费者利益的作用；我国的专利司法要跟上立法的步伐，同时我们应考虑参加必要的国际公约，以便发挥专利法的吸引外国先进技术的作用；我国的版权法应当尽早起草和颁布，以便保障我国文化健康地发展。而在这三个方面，国际知识产权制度中都有我们可以借鉴的东西。

---

① 《中华人民共和国国务院公报》1983年第1期。

# 知识产权国际公约概述*

## 一、多边公约——主要的国际保护途径

知识产权的国际保护，大致可通过下面几种途径：

（1）单方保护外国的知识产权；

（2）互惠保护；

（3）双边知识产权保护条约；

（4）多边知识产权公约。

其中第（1）种，法国在一百多年前曾经于版权领域实行过，今天则极少见了。[①]当时通过这种方式，曾在唤起其他国家保护外国作品、进而缔结知识产权保护的国际公约方面，起过积极作用。这种方式在今天则显得既不可能，又不必要。因为知识产权贸易的收益及知识产权利用上的其他收益，在一个国家的经济收入中占的比例，已经是不容忽视的。在现代，只是有个别文章从理论上谈论

---

* 编者注：该文收录自郑成思著：《知识产权法》，法律出版社 2003 年版。

① 1852 年法国专门颁布了一条法令，声明作者复制权的涉外保护，不受《法国民法典》中关于互惠原则的约束。但法国在 1964 年版权法中已取消了这一单方涉外保护规定。有些曾随法国在早年采用单方保护的国家（如比利时），取消得比法国更早。

过单方面保护外国作品的意见。但这种意见在实践中只可能被个别地区采纳。

第（2）种途径是有些国家在参加知识产权国际公约前，甚至在制定知识产权法之前，与其他国家之间开展知识产权保护的一种特殊途径。这在当代也已经是比较少见的，并被看作一种“没有办法的办法”、是“不正常的”。例如，中国参加巴黎公约前，曾分别与许多国家在商标保护上实行互惠。当然，只是在把它作为涉外保护的主要途径时，才能说是不正常的。因为在现有的许多双边条约与多边公约中，仍旧看得见一些互惠原则的痕迹。

我国在著作权法颁布之前较长时间及之后不长时间里，有些行政管理机关、有些民间文化团体，曾通过互惠的途径与国外某些行政机关及公司，开展有限的知识产权贸易。当时，每当看到或听到新闻媒介报道说：“某外国发行公司向我国购买某国产影片的知识产权”，或看到或听到有的外国公司在我国的广播电视节目中声明它对某部作品享有知识产权、“翻录必究”等，有些稍懂知识产权的人就会斥之“胡闹”。因为他们想：中国并未参加任何知识产权公约，也未与该外国公司所在国缔结过双边知识产权条约，这相互之间的“知识产权保护”从何说起呢？其实，这些报道及声明大多数并非胡闹，而是一种互惠保护的表现，是在当时情况下开展文化交流的一种没有办法的办法。

第（3）种保护途径，从历史上看，曾是知识产权国际公约的起源；从当代看，在未参加知识产权国际公约的国家之间及这种国家与公约成员国之间，以及公约成员国之间，都仍旧被广泛采用着。

对于我国，今后在知识产权国际保护方面，主要采取的，将是参加多边知识产权公约并履行公约义务这一途径。因此，对于我国广大读者最有必要了解的，就是上述第（4）种途径了。

在现有的世界性知识产权诸公约中，覆盖工业产权与版权的真正“知识产权公约”，实际只有两个，一个是《建立世界知识产权组织公约》与世界贸易组织中的《与贸易有关的知识产权协议》。

## 二、世界知识产权组织及其管理的公约①

19世纪末，在缔结了《保护工业产权巴黎公约》并由此而建立“巴黎联盟”，缔结了《保护文学艺术作品伯尔尼公约》并由此建立了“伯尔尼联盟”后，分别成立了两个联盟的“国际局”，以便管理两个公约。1893年，这两个国际局合并，成为后来的“保护知识产权联合国际局”。1967年，在斯德哥尔摩修订上述两个工业产权与版权领域的主要公约的同时,签订了《建立世界知识产权组织公约》,该公约于1970年生效。这个公约生效后，依照公约的“过渡条款”，原“保护知识产权联合国际局”的全部职能，即转给世界知识产权组织兼管。“过渡条款”还规定：一旦巴黎联盟与伯尔尼联盟成员国全部成为世界知识产权组织的成员国后，两个联盟的事务局应不复存在，两联盟事务局的全部权利、义务及财产，均应转归世界知识产权组织国际局。到目前为止，伊朗等巴黎联盟成员国，尚未加入世界知识产权组织。

1974年，世界知识产权组织成为联合国系统的一个专门机构。1979年，这个公约对个别条文作出一些修正。

我国于1980年批准参加《建立世界知识产权组织公约》，成为该组织的成员国。这是我国参加的第一个知识产权国际公约。

在1986年之前，世界知识产权组织可以说是唯一一个在知识产权国际保护方面对各国影响较大的国际组织；它所管理的国际条

---

① 编者注：本部分内容最早出现在1993年出版的《知识产权法教程》中，2003年的《知识产权法》一书对之稍加修改。本书收录内容为2003年《知识产权法》的相关内容。

约，也构成知识产权多边国际保护的主要内容。但在1986年《关税与贸易总协定》的乌拉圭回合谈判之后，这种情况发生了重大变化。乌拉圭回合使知识产权的国际保护直接与国际贸易挂钩，并使后者成为影响前者的重要因素。这样一来，另一个不属于联合国的国际组织，在知识产权国际保护上的作用已不容忽视了。

《建立世界知识产权组织公约》为世界知识产权组织规定了两条主要宗旨：（1）通过国家间的合作，以及与其他国际组织的协作，促进国际范围对知识产权的保护；（2）保证各种知识产权公约所建立的联盟之间的行政合作。第（1）点主要体现在鼓励缔结新的知识产权条约，促进各国知识产权立法的国际化与现代化等方面。第（2）点，则体现在由世界知识产权组织把绝大多数知识产权国际联盟的行政工作集中在该组织的国际局，加以管理。

那么，世界知识产权组织（通过其国际局）管理的国际公约有哪些呢？

在工业产权领域，它管理下面15个公约。

（1）《保护工业产权巴黎公约》（简称“巴黎公约”），1883年于巴黎缔结，1967年于斯德哥尔摩最后修订（1979年又作了个别修正）。我国于1985年参加了该公约。

（2）《制裁商品来源的虚假或欺骗性标志协定》，1891年于马德里缔结，1958年在里斯本最后修订（又于1967年再次补充）。

（3）《商标国际注册马德里协定》（简称“马德里协定”），1891年于马德里缔结。1967年于斯德哥尔摩最后修订（又于1979年作了个别修正），1989年又增订了议定书。我国于1989年参加了该协定。

（4）《工业品外观设计国际备案协定》，1925年于海牙缔结，1967年于斯德哥尔摩最后修订（后又于1975年增加了议定书，

1979 年作了个别修正)，1992 年 2 月，世界知识产权组织又为进一步修订该协定起草出意见书。

（5）《为商标注册目的而使用的商品与服务的国际分类协定》（简称“尼斯协定”），1957 年于尼斯缔结，1977 年于日内瓦最后修订（又于 1979 年作了个别修正），1994 年 9 月，我国参加了该协定。

（6）《保护原产地名称及其国际注册协定》（简称“里斯本协定”），1958 年于里斯本缔结，1967 年于斯德哥尔摩最后修订（又于 1979 年作了个别修正）。

（7）《工业品外观设计国际分类协定》（简称“洛迦诺协定”），1968 年于洛迦诺缔结，于 1979 年作了个别修正。我国于 1996 年参加了该协定。

（8）《专利合作条约》，1970 年于华盛顿缔结，于 1979 年及 1984 年作了个别修正及更改，到 1997 年 1 月为止，已有 89 个成员国。我国已于 1993 年加入该条约。

（9）《专利国际分类协定》，1971 年在斯德拉斯堡缔结，于 1979 年作了个别修正。我国于 1997 年参加了该协定。

（10）《商标图形国际分类协定》（简称“维也纳协定”），1973 年于维也纳缔结。

（11）《为专利申请程序的微生物备案取得国际承认条约》（简称“布达佩斯条约”），1977 年于布达佩斯缔结，于 1980 年作了个别修正。我国于 1995 年参加了该条约。

（12）《商标注册条约》，1980 年于维也纳缔结，到 1996 年 1 月为止，成员国没有统计数字，因为其中的原苏联解体后，“独联体”国家或俄罗斯在该条约上的态度还不清楚。

（13）《商标法条约》，1994 年在日内瓦缔结，1996 年 5 月 1 日生效。

（14）《保护植物新品种国际公约》，1961 年缔结，1991 年于日内瓦最后修订；已全面生效的最后修订文本是 1978 年于日内瓦修订的文本。我国于 1999 年参加了该公约。

（15）《欧亚专利公约》，1994 年由世界知识产权组织主持缔结，其成员均系苏联加盟共和国。该公约 1995 年生效。

在既非工业产权，又非版权领域，或兼有工业产权与版权的领域，世界知识产权组织管理着下列 3 个公约：

（1）《科学发现的国际登记条约》，1978 年于日内瓦缔结，至今尚未生效。

（2）《保护奥林匹克会徽条约》，1981 年于内罗毕缔结。

（3）《集成电路知识产权条约》，1989 年于华盛顿缔结，至今尚未生效。

在版权领域，世界知识产权组织管理下面 9 个公约：

（1）《保护文学艺术作品伯尔尼公约》（简称“伯尔尼公约”），1886 年于伯尔尼缔结，1971 年于巴黎最后修订（又于 1979 年作了个别修正）。我国于 1992 年参加了该公约。

（2）《保护表演者、录音制品制作者与广播组织公约》（简称“罗马公约”），1961 年于罗马缔结。

（3）《保护录音制品制作者防止未经许可复制其制品公约》（简称“录音制品公约”或“唱片公约”），1971 年于日内瓦缔结。我国于 1993 年参加了该公约。

（4）《印刷字体的保护及其国际保存协定》，1973 年于维也纳缔结，1996 年 3 月 20 日生效。

（5）《关于播送由人造卫星传播的载有节目信号公约》（简称“布鲁塞尔卫星公约”），1974 年于布鲁塞尔缔结。

（6）《避免对版权使用费收入重复征税多边公约》，1979 年于马德里缔结，至今尚未生效。

（7）《视听作品国际登记条约》，1989年于日内瓦缔结，同年生效。

（8）《WIPO版权条约》（即WCT），1996年12月缔结，2002生效。

（9）《WIPO表演与录音制品条约》（即WPPT），1996年12月缔结，2002生效。

在上述公约中，罗马公约是世界知识产权组织与联合国教科文组织、国际劳工组织共同管理的。

在知识产权的国际保护领域，还有一些公约并不是由世界知识产权组织管理，也无该组织参加管理。这些公约主要是地区性的。例如，1962年缔结的《比（利时）荷（兰）卢（森堡）商标公约》、1966年缔结的《比荷卢外观设计公约》、1953年西欧与亚、非几个国家缔结的《专利申请形式要求欧洲公约》、1963年西欧部分国家缔结的《统一发明专利实体法公约》、1973年西欧部分国家缔结的《欧洲专利权授予公约》、1962年部分法语非洲国家缔结的《利波维尔协定》（后于1977年修订为《班吉协定》）、1976年部分英语非洲国家缔结的《建立非洲工业产权组织卢萨卡协定》、1958年及1960年、1965年西欧部分国家及个别亚洲国家缔结的三个广播电视协定，等等。当然，也有非地区性的知识产权领域国际公约，不是由世界知识产权组织管理的。例如，《世界版权公约》即由联合国教科文组织管理。

世界知识产权组织公约共有21条。其中，属于实体条款的，仅有第2条8款，即该公约为“知识产权”所下的定义。

按照这一定义，知识产权应包括下列权利：

（1）与文学、艺术及科学作品有关的权利。这主要指作者权，或一般所称的版权（著作权）。

（2）与表演艺术家的表演活动，与录音制品及广播有关的权利。这主要指一般所称的邻接权。

（3）与人类创造性活动的一切领域内的发明有关的权利。这主要指就专利发明、实用新型及非专利发明享有的权利。

（4）与科学发现有关的权利。

（5）与工业品外观设计有关的权利。

（6）与商品商标、服务商标、商号及其他商业标记有关的权利。

（7）与防止不正当竞争有关的权利。

（8）一切其他来自工业、科学及文学艺术领域的智力创作活动所产生的权利。

由于公约第16条明文规定了“对本公约，不得作任何保留”，故可以认为，世界上大多数国家（包括我国）均已对上述关于知识产权的定义表示接受。

依照公约的规定，世界知识产权组织的总部设在日内瓦。在成为联合国系统的一个专门机构之后，该组织在纽约的联合国总部设有联络处。

依照公约的规定，任何巴黎公约或伯尔尼公约的参加国，只要同时批准或加入巴黎公约的1967年斯德哥尔摩文本，或伯尔尼公约的1967年斯德哥尔摩文本（如不批准或参加伯尔尼公约该文本，则批准或参加伯尔尼公约1971年巴黎文本的行政条款也可），或已宣布受这些文本之一约束，即可以成为世界知识产权组织成员国。其他国家，只要具备下列3个条件之一：（1）联合国、联合国专门机构或原子能机构成员国；（2）国际法院规约参加国；（3）受WIPO大会邀请，参加WIPO公约的国家，也都可以在向该组织总干事交存加入书之后，参加该组织。

# 国际知识产权保护和我国面临的挑战 *

## 一、背景

中国知识产权的立法已经基本完备。与尚未在理论上讨论清楚、又未产生基本部门法的那些国内法领域相比，知识产权领域更先进一些。与国际上大多数发展中国家相比，它也更先进一些。联合国世界知识产权组织历任总干事都称"中国知识产权立法是发展中国家的典范"。中国的知识产权立法在2001年年底"入世"时，就已经完全达到了WTO中的TRIPS所要求达到的保护标准。这是毋庸置疑的，否则中国也不可能被WTO所接纳。有些立法，还不止于WTO的要求。例如2001年10月修订的《著作权法》与2006年5月颁布的《信息网络传播权保护条例》，已经不断与国际上发展了的数字技术对知识产权保护的新要求同步。在司法方面，中国知识产权法庭的法官素质，高于中国法官的总体平均水平。中国法院在知识产权领域的一些判决，水平也不低于发达国家，甚至美国法院。例如，北京法院较近的2004~2005年对中国社会科学院七学者诉北

* 编者注：该文原载于《法制与社会发展》2006年第6期。

京书生数字有限公司侵权一案的判决[①]，较远的1999年王蒙等六作家诉世纪互联网有限公司一案的判决[②]，都是实例。中国建立了知识产权制度后，企业自主知识产权（包括自主品牌）的拥有量和竞争力，已经超过了多数发展中国家和极少数发达国家（如澳大利亚、西班牙）的企业。这些正面的成绩，是必须首先看到的。知识产权制度激励人们搞发明、搞创作；激励企业重视、维护和不断提高企业信誉。总的讲，我国20多年的实践已表明。这是一个可取的法律制度。

不过，对知识产权制度的利弊、对于在今天我国知识产权制度的走向应当如何选择，确实存在不同的意见。

近年因国际上南北发展越来越失衡，国内外批判TRIPS的很多。例如，澳大利亚学者Drahos的著作、2002年的英国《知识产权报告》建议发展中国家把力量放在批判乃至退出WTO的TRIPS上[③]；在国内，许多人主张弱化我国因WTO压力而实行的"已经超高"的知识产权保护，等等。这些表面上看是顾及了中国利益。那么，我们应当作何选择呢？

在经济全球化中，已经"入世"的中国不应也不能以"退出"

---

① 参见北京海淀法院（2004）海民初字第12509号判决书；北京一中院（2005）一中民终字第3463号判决书。另见《数字图书馆不少盗版者的挡箭牌》，载《人民日报》，2005-07-27，以及《中国新闻出版报》2005年7月28日、《人民法院报》2005年7月19日等报道。

② 参见《中华人民共和国最高人民法院公报》，2000（1）。

③ 作为非官方组织的英国知识产权委员会的2002年报告《知识产权与发展政策的整合》（Integrating Intellectual Property Rights and Development Policy），作为官方文件的2003年美国联邦贸易委员会的报告《鼓励创新——竞争与专利法律及政策的适当平衡》（To Promote Innovation——The Proper Balance of Competition and Patent Law and Pollcy），作为法哲学学者澳大利亚Peter Drahos的专著《信息封建主义》（*Information Feudalism*），日本知识产权学者中山信弘2003年的专论《知识产权法律制度的展望》。这些都是对知识产权制度（除美国联邦贸易委员会文件外，主要是WTO中TRIPS展现的知识产权制度）的猛烈批评。

的方式自我淘汰。在 WTO 框架内“趋利避害”，争取 WTO 向更有利于我国的方向变化是我们正走的路。在这种变化发生之前，可以争取现有框架中更有利于我们的结果。例如，在近年人们经常提起的 DVD 涉外专利纠纷中，我们本来可以依据 TRIPS 协议不按照 6C 集团的要求支付超高额的“专利使用费”。与 DVD 一案相对的，是 2004 年中国碱性电池协会应对美国“专利权人”在美国依照 337 条款的诉讼一案，中国企业取得了胜利。这一胜一败很能说明问题。前者是我们的企业在知识产权战中“不战而降”的一例，后者则是我们的企业真正明白了什么是知识产权。

中央正确地提出了建设创新型国家的目标，而要落实它，我们就不能不重视与加强对创新者、创新企业所作出的创新成果的知识产权保护。在这方面，了解国际上的发展趋势并作出正确的选择，是非常重要的。

## 二、主要国家、地区知识产权制度与相关国际条约对我国的影响

### （一）几个有代表性的国家和地区知识产权制度的状况

#### 1. 美国

虽然美国建国只有二百多年的历史，但却是世界上最早建立知识产权法律和制度的国家之一。美国独立后即在其《宪法》中明文规定发明人、作者的创作成果应当享有知识产权，并于 1790 年颁布了《专利法》和《版权法》，时间早于绝大多数其他国家。这表明，美国建国之初就把保护知识产权作为其基本国策之一。

值得指出的是，美国在其科技和文化创新能力低于欧洲发达国家的历史阶段，曾在知识产权制度上采取明显的本国保护主义。例如，美国早期的专利制度拒绝为外国申请人提供与本国申请人同等

的待遇，尤其歧视当时世界首强英国的申请人；长期拒不参加当时由欧洲国家发起制定的知识产权国际条约，例如直至1988年才参加了《保护文学艺术作品伯尔尼公约》。20世纪中期之后，随着美国逐渐成为世界第一强国，其国内知识产权制度也不断完善。美国一方面注重为权利人提供有效的知识产权保护，例如大力促进其版权产业的形成和壮大，将能够获得专利保护的范围扩大到微生物、与计算机程序有关的商业方法等，规定大学和科研机构对利用国家投资完成的发明能够享有并自主处置专利权等等；另一方面也注重知识产权权利人利益与公众利益之间的合理平衡，美国是世界上最早建立反垄断体系并将其用于规制知识产权权利滥用行为的国家，它还通过其最高法院近10年来的一系列重要判决，制止对专利权的保护范围作出过宽的解释，以免其他人使用先进技术有随时“触雷”的危险。

自20世纪80年代以来，美国在其对外知识产权政策方面一直从维护本国利益出发，进攻性地参与和推动知识产权国际规则的制定和调整。美国在双边交往中也不断强制推行自己的“知识产权价值观”，与相关国家签订双边协议，使对方在知识产权保护上比世界贸易组织的《与贸易有关的知识产权协议》更严格、要求更高。例如，2005年开始的澳大利亚新一轮知识产权法修订，就是按照2005年1月的《澳美自由贸易协议》的要求进行的。[①] 此外，早在20世纪八九十年代，美国就曾推动许多国家以版权法保护计算机软件，要求许多发展中国家为药品发明提供专利保护，并将这些主张体现在世界贸易组织的规则中；美国频频运用其《综合贸易法》的“特别

---

① 实际上，到目前为止，美国已经与日本、新加坡、马来西亚、印度尼西亚、澳大利亚等十多个国家签订了这种“自由贸易协定”，而且还在继续推进这种协定。

301 条款”和《关税法》的“337 条款”，对其认为侵犯美国知识产权的国家和企业进行威胁和制裁。美国是对知识产权国际规则的形成和发展影响最大的国家。

2. 欧盟国家

欧盟各国的知识产权制度可以放在一起了解和把握，因为这一地区知识产权法律“一体化”的进程已经基本完成。早期的欧共体于 1973 年制定了《欧洲专利公约》，于 1978 年成立欧洲专利局，在很大程度上统一了欧共体各国专利权的授予；1991 年至 1996 年统一了欧共体国家的大部分版权法规；1993 年制定了《共同体商标条例》，后又制定了一系列的条例、指令等法律文件，进一步缩小欧盟国家在知识产权制度各个方面的差异。

作为知识产权制度的诞生地[①]，又是当今世界上最大的发达国家群体，欧盟国家对知识产权保护十分重视，其知识产权法律和制度以及相配套法律和制度都较为完善。在知识产权保护的某些方面，欧盟的立场甚至比美国更为严格。例如，对仅有资金投入而无创造性劳动成果的数据库，欧盟自 1996 年起即予以知识产权保护；而美国至今未予保护。再如，欧盟将大小型卡拉 OK 厅使用音乐作品一律纳入版权法的规范范围；而美国在 21 世纪初欧盟把其告到世界贸易组织的争端解决委员会之前，一直认为小型卡拉 OK 厅使用音乐作品不应受版权法限制。在知识产权国际规则的形成和发展方面，欧盟国家与美国具有较多的共同利益，因而总体而言持基本一致的立场。但是，欧美之间也存在分歧。例如，美国从维持其计算机软件方面的巨大优势出发，极力主张其他国家也将与计算机程序有关的商业方法纳入可以受专利保护的范围；而欧盟则以授予专利权的

① 世界上第一部版权法与专利法均出自英国，第一部注册商标法则出自法国。

方案必须具有技术属性为由予以抵制。再如，以法国为代表的欧盟国家极力主张扩大地理标志的范围，以保护其拥有的传统优势产品（如葡萄酒、奶酪、香水等）；而美国、澳大利亚等在这方面处于劣势地位的移民型国家则坚决予以反对。这些分歧的产生主要并不是由于在法学理论方面的不同观点，而是出于维护各自经济利益的考虑。①

3. 日本

日本于1885年制定《专利法》，时间与德国大致相同，在亚洲国家中是最早的。20世纪70年代以来，日本每年受理的专利申请数量长期高居世界各国之首。

第二次世界大战之后，日本通过引进美国和欧洲的先进技术并对其进行消化和再创新，建立了世界上最好的有形产品制造体制，被称为“日本模式”。然而，20世纪90年代却被称为日本“失落的十年”。日本总结教训，认为一个重要的原因在于日本囿于曾经十分成功的传统工业经济发展方式，没有及时对“日本模式”进行改造，而这一期间的国际环境已经发生了巨大变化，一些国家低价生产大批量产品的能力迅速接近甚至超过日本，结果是日本传统的以高质量生产产品的经济策略已经不再有效。

所以，日本提出了“信息创新时代，知识产权立国”的方针，于2002年制定了《知识产权战略大纲》和《知识产权基本法》，提出从创新、应用、保护以及人才等方面抢占市场竞争制高点。同年，日本内阁成立了“知识产权战略本部”，由首相任本部长，并设立了“知识产权推进事务局”，每年发布一次“知识产权推进计划”，

---

① 对地理标志是否保护、采取什么途径保护，曾经是世界贸易组织成立前的谈判中美、欧争议的焦点；是否扩大与加强对地理标志的保护，又成为多哈会议后多次世界贸易组织谈判中美、欧争议的焦点。

对国家主管部门、教学科研单位、各类企业的相关任务与目标都作了规定。2005年，日本成立了“知识产权上诉法院”，统一审理知识产权民事和行政上诉案件，以简化程序，优化司法审判资源配置，从而更有效地保护知识产权。[①]这种做法在国际上已经是一个明显的发展趋向，韩国、新加坡、我国台湾地区近年来也先后采取了与日本相似的知识产权司法架构。

日本是最早在我国设立知识产权特派员的国家，目前和美国、欧盟一样采取各种方式在知识产权领域对我国施加压力。

**4. 韩国**

韩国是一个依托知识产权由贫穷落后的发展中国家迅速崛起的典型。2005年，韩国的发明专利和实用新型的申请量达到近20万件，专利权的授予量从1981年的1808件上升到2005年的73 509件，增长了41倍。从统计图表看，韩国发明专利和实用新型申请量的增长与其人均GDP的增长几乎完全吻合。这表明，知识产权与经济实力的增长之间存在紧密关联。

从20世纪后期开始，韩国的产业结构不断发生变化。从20世纪60年代到80年代初期，韩国工业主要集中在纺织品、胶合板、鞋子等轻工业家用产品方面；从80年代初期到1996年，韩国实现了向钢铁、造船、汽车、化学等领域的拓展；从1996年到现在，韩国又在移动电话、半导体器件、存储器、液晶显示器、计算机软件等高技术领域取得长足进步；据介绍，韩国近年来在生命科学和生物技术的研究与应用方面作了巨大投入，很可能在不久的将来形成新的产业亮点。韩国十分重视学习、收集和研究中国传统知识（特

① 从2005年年底到2006年年初，日本知识产权上诉法院判决的“佳能墨盒”等三个有名的案例，已经对国际知识产权界产生了重大影响，也对我国企业产生了重大影响。

别是中医药）方面的优秀成果，并将其产业化，迅速投入国际市场。值得注意的是：韩国使用中药方制成的药品，从来不标注“汉药”或“中药”，而是标注“韩药”。

韩国像许多发达国家那样，开始制定自己的知识产权战略。它重视自己的知识产权在国外获得保护，它在发达国家申请专利的数量远远高于我国。韩国也十分注重在我国申请获得专利，从1999年起进入在我国申请专利最多的10个国家之列，到2005年已经位居第三。目前，随着我国成为韩国最大的贸易伙伴，韩国企业投诉我国企业侵犯其知识产权的案件正在增加。[①]可以预计，涉外知识产权纠纷的压力不仅来自发达国家，也将会来自发展较快的发展中国家。对此，我们现在就必须开始重视。

**5. 印度**

印度与大多数“英联邦”国家一样，其知识产权制度的框架基本上源于英国。在20世纪40年代独立后的很长时间里，印度对知识产权制度否定多于肯定。[②]但自从世贸组织成立，特别是在印度的涉外知识产权纠纷被诉诸世界贸易组织的“争端解决委员会”后，上述状况发生了重大变化。一方面，印度政府采取多方面措施完善其知识产权制度，遵从世界贸易组织规则，逐步减少在医药专利、作品版权方面与外国的纠纷，并不断加强知识产权保护，尤其是不断完善版权立法，加强版权执法，以保障自己信息产业的发展。印度的软件产业因此从90年代中期之后得到迅速发展，其软件产品及

---

① 比较有影响的，例如2004年韩国三星集团在北京一中院诉我国盛大集团的网络游戏软件版权纠纷。

② 参见赵元果:《中国专利法的孕育与诞生》，第56、第164、第191页，知识产权出版社2003年版。20世纪80年代初，当中国向印度专利局局长请教专利制度的好处时，他甚至认为“专利法对发展中国家的好处等于零”。印度在《保护工业产权巴黎公约》生效100多年后，才参加了该公约。

软件服务业进入国际市场，成为印度主要外汇来源之一。另一方面，印度十分注意在加强知识产权保护的同时维护其本国的利益，积极立法保护自己的遗传资源、传统知识和民间文艺（主要是印度医药、瑜伽及印度民间文学艺术），并在国外监视侵害印度传统知识的任何活动。例如，到 2005 年年末，印度在海外监测到：美国已批准 150 项与印度瑜伽功有关的专利；英国批准了至少 10 项与印度瑜伽功有关的商标；德国及日本也有类似情况。印度还组织了专门工作组开展对这些外国专利、商标的撤销或无效投诉，并建立起“印度传统知识图书馆”，将馆藏内容译成 5 种文字，与世界各国专利审批部门联网，以求外国在行政审批中驳回涉及印度传统知识的申请。同时，印度在许多国际谈判场合，积极推动制定传统知识、基因资源保护的国际规范，以最终使国际条约这一层面承认传统知识的特殊知识产权地位作为自己的目标。

### （二）相关国际条约

#### 1. 主要的知识产权国际条约

在 1883 年之前，知识产权的国际保护主要是通过双边国际条约的缔结实现的。今天，这种保护虽然主要是通过多边国际条约来实现，但双边条约并没有完全失去它的作用。自 21 世纪初以来，美国正通过签订一个个双边知识产权条约，进一步提高世界贸易组织规定的知识产权保护水准。

1883 年《保护工业产权巴黎公约》问世后，《保护文学艺术作品伯尔尼公约》《商标国际注册马德里协定》等相继缔结。在一个世纪左右的时间里，世界各国主要靠这些多边国际条约来协调各国之间差距很大的知识产权制度，减少国际交往中的知识产权纠纷。

世界贸易组织的《与贸易有关的知识产权协议》是 1994 年与世界贸易组织所有其他协议一并缔结的。与过去的知识产权国际条约相比，该协议具有如下突出特点：

第一，是第一个涵盖了绝大多数类型知识产权类型的多边条约，既包括实体性规定，也包括程序性规定。这些规定构成了世界贸易组织成员必须达到的最低标准，除了在个别问题上允许最不发达国家延缓施行之外，所有成员均不得有任何保留。这样，该协议就全方位地提高了全世界知识产权保护的水准。

第二，是第一个对知识产权执法标准及执法程序作出规范的条约，对侵犯知识产权行为的民事责任、刑事责任及保护知识产权的边境措施、临时措施等都做了明确规定。

第三，最为重要的是，引入了世界贸易组织的争端解决机制，用于解决各成员之间产生的知识产权纠纷。过去的知识产权国际条约对参加国在立法或执法上违反条约并无相应的制裁条款，《与贸易有关的知识产权协议》则将违反协议规定直接与单边及多边经济制裁挂钩。《与贸易有关的知识产权协议》是迄今为止对各国知识产权法律和制度影响最大的国际条约。

**2. 管理知识产权的主要国际机构**

世界知识产权组织是联合国所属15个专门机构之一，是主要的知识产权国际机构，负责管理20多个知识产权国际条约。另外，国际劳工组织、联合国教科文组织也参与某些知识产权事务的管理。

世界贸易组织的“与贸易有关的知识产权协议理事会”管理《与贸易有关的知识产权协议》，近年来在知识产权国际事务方面也发挥着重要作用。

**3. 国际知识产权法律和制度的发展动向**

近年来，知识产权国际规则的制定和发展有如下两方面的趋势。

一方面，美、欧、日等继续大力推动各国知识产权法律和制度的进一步协调、统一使其向发达国家的标准看齐。

世界知识产权组织于1996年缔结了两个互联网版权条约，以强化数字时代的版权保护；于2000年缔结了《专利法条约》以统一各国授予专利权的形式和程序性条件，现在正在进行《实体专利法条约》的制定，以统一各国授予专利权的实质性条件。缔结这些条约的总体目的在于进一步强化知识产权保护，压缩《与贸易有关的知识产权协议》留给各国的自由选择空间。

需要特别注意的是，发达国家正在加紧推动“世界专利”的进程。直到现在，即使按照《与贸易有关的知识产权协议》，各国仍有独立地授予专利权的自由，即针对同样的发明，可以自行决定是否授予专利权以及授予具有何种保护范围的专利权。所谓“世界专利”，就是要改变上述现有模式，由一个国际组织或者某几个国家的专利局统一授予专利权，在世界各国均能生效，各国不再进行审批。这种“世界专利”制度显然对发展中国家不利。

另一方面，发展中国家在知识产权保护问题上维护自身利益的呼声在不断增强，主动参与知识产权国际规则制定的意识明显提高。

在2004年举行的世界知识产权组织成员国大会上，巴西和阿根廷等14个发展中国家提出了“知识产权与发展议程”的提案，指出：现行知识产权制度对保护发展中国家的利益重视不够，导致富国与穷国之间的差距不是缩小而是扩大；知识产权制度的发展不应当无视各国发展水平的不同而设立更高的保护水准，应当保障所有国家建立知识产权制度所获得的利益大于付出的代价。该提案在国际社会上引起了强烈反响。

《与贸易有关的知识产权协议》强制性地规定各成员均必须对药品授予专利权，给广大发展中国家的民众以能够支付得起的价格获得治疗各种流行疾病的药品带来了负面影响。在发展中国家的大力推动下，2001 年在多哈召开的世界贸易组织部长级会议通过了《关于知识产权协议与公共健康的宣言》。该宣言承认许多发展中国家所面临公共健康问题的严重性，强调需要将《与贸易有关的知识产权协议》的相应修改作为国际社会解决公共健康问题举措中的一部分。依照该宣言的要求，世界贸易组织总理事会于 2003 年通过了落实多哈宣言的决议，并在 2005 年于香港召开世界贸易组织部长级会议之前通过了对《与贸易有关的知识产权协议》的相应修改方案。

另外，发展中国家还在积极推动制定保护遗传资源、传统知识和民间文艺的国际规则，以抗衡发达国家在专利、商标、版权等知识产权方面的巨大优势，维护自己的利益。虽然是否将这种保护纳入知识产权法律与制度的框架还有争议，但应当给予保护则是相当多国家（包括一些发达国家）的共识。

上述两个方面的趋势都很引人注目，但是必须承认，在知识产权国际规则的制定和发展方面，发达国家明显占据主导地位。我们必须密切关注并妥善应对国际知识产权保护进一步强化的问题。

## 三、各国及国际的知识产权保护中一些值得借鉴的做法

### （一）把知识产权法与知识产权战略放在重要位置

发达国家在 20 世纪末之前的一二百年中，以其传统民事法律中有形财产法律制度为民商事法律领域的重点。原因是在工业经济中，机器、土地、房产等有形资产的投入起关键作用。20 世纪八九十年代以来，与知识经济的发展相适应，发达国家及一批发展中国家（如新加坡、韩国、菲律宾、印度等），在民商事立法领域，逐步转变为以知识产权法律制度为重点。这并不是说人们不再靠有形财产为生，也不是说传统的有形财产法不再需要了，而是说重点转移了。原因是：

在知识经济中，发明专利、商业秘密、不断更新的计算机程序、驰名商标等知识产权在起关键作用。随着生产方式的变动，上层建筑中的法律层面的重点也必然变更。一批尚未走完工业经济进程的发展中国家已经意识到：在当代，仍旧把注意力仅仅盯在有形资产的积累上，反倒使有形资产的积累永远上不去，其经济实力也将永远赶不上发达国家。必须以自主知识产权的积累促进有形资产的积累，才有可能赶上发达国家。①

另外，美、欧从 20 世纪末，日本及许多国家从 21 世纪初开始，都纷纷着手制定自己的知识产权战略，以便在国际竞争中保持强势或者赶上原来的强势国家。这也是将知识产权法律与制度放在突出位置的表现。

### （二）知识产权司法与行政管理及行政执法相对集中

建立知识产权法院，将知识产权案件相对集中审理，将知识产权民事、刑事、行政案件统由知识产权专门审判庭审理，美、欧多数国家早在日本之前就做了，一批发展中国家和地区在日本前后也做了。另外，绝大多数国家的工业产权（专利、商标等等）均由一个行政机关统一管理，相当一部分国家和地区（如我国台湾地区）的知识产权（即工业产权加版权）全部由一个行政机关统一管理。这样做的好处是有利于减少乃至防止“冲突判决”的产生，便利权利人维权，节约有限的司法与行政资源，更有效地保护知识产权。②

---

① 应当注意，许多并没有“民法典”的发达国家及发展中国家，在 21 世纪都没有把立法重点放在制定“民法典”上，而是把重点放在多方完善已经有的知识产权法上。也有许多把重点放在知识产权法典化上。2005 年出现的《意大利工业产权法典》在这方面特别值得注意，它已经有了“总则”，不再像法国知识产权法典那种编纂式的。

② 我国法学家早就提出了这类建议，可惜多年未被采纳。参见《我国应设立专利法院》，载《法制日报》，2002-12-19。

### （三）在履行国际知识产权保护义务的同时，注意本国的经济利益

在国际知识产权保护体系已经由世界贸易组织的知识产权协议画上句号之后，各国必须履行参加协议时所承诺的国际知识产权保护义务。一是按照协议调整国内法，这点几乎所有国家都已经做了。二是无论作为世界贸易组织知识产权争端解决第一案的美国诉印度的专利争端，还是其后欧盟诉美国的商标与版权争端，败诉一方都无例外地执行了或正在执行世界贸易组织争端解决委员会的裁决。这是问题的一个方面。另一方面，许多国家在履行国际知识产权保护义务的同时，还十分注意本国的经济利益，甚至把本国的经济利益放在首位。发达国家基本上都是如此、发展中国家，如前所述的印度、韩国也是如此。印度不是简单地在国际压力下加强版权保护，而是借助这种保护积极发展自己的软件产业，使之在国际市场最终占领了相当大的份额。同时它又积极推动把自己传统的长项纳入国际知识产权保护规则中。

## 四、国际知识产权保护的发展与我国面临的挑战及机遇

### （一）要看到全球化中知识产权保护强化对我们不利的一面；更要看到“保护”在建设创新型国家中的重要作用

为什么过去知识产权没有对我国的对外交往产生显著影响，如今却日益成为我国与其他国家之间产生纠纷的焦点问题呢？其中主要有两方面的原因：第一，自我国 20 世纪 80 年代以来全球化与世界经济格局的深刻变化。第二，我国的迅速崛起。自改革开放以来，我国参与国际市场竞争的能力明显增强。这使许多国家，特别是发达国家感到多了一个强劲的竞争对手。在我国经济规模和市场占有份额很小时，发达国家可以不大在乎；在我国成为其竞争对手之后，

它们就不会坐视不管了。

面对挑战和压力，有人抱怨我国依照加入世界贸易组织的承诺而修改后的知识产权法律保护水平“太高”。他们经常提到美国20世纪40年代、日本20世纪六七十年代与我国目前经济发展水平相似，而当时它们的知识产权保护水平则比我们现在低得多。这种对比，如果用以反诘国外对我国知识产权保护的不合理的指责，是可以的；但如果用来要求降低我国目前知识产权保护立法的水平或批评我国不应依照世界贸易组织的要求提高知识产权保护水平，则属于没有历史地看问题。20世纪70年代之前，国际上“经济全球化”的进程基本没有开始。我们如果在今天坚持按照我们认为“合理”的水平保护知识产权而不愿考虑经济全球化的要求、国际知识产权保护发展的趋向以及我国已经参加的相应国际条约的要求，那么在一国的小范围内看，这种坚持可能是合理的；而在国际竞争的大环境中看，其唯一的结果只可能是我们在国际竞争中“自我淘汰”出局。

实际上，发达国家对我国施加的知识产权压力将会使我国人民懂得真正的核心技术是市场换不到的，也是花钱买不来的，除了自主创新，奋发图强，没有别的出路。从这种意义上说，上述压力也能转化为我国发展的机遇和动力。

我国企业要在尚不熟悉知识产权法律与制度的情况下，应对发达国家跨国公司利用知识产权国际规则向我们施加压力，是我们面对的另一方面的挑战。

面对国际上要求我们加强知识产权保护的压力，在修订与完善有关知识产权法及加强执法方面，我们都已经做了大量的工作。但在提高企业的知识产权保护意识方面，仍显得有些欠缺。例如，最近还能听有的人讲：盗版有助于发展我国的经济，打击盗版主要是保护了外国（尤其是发达国家）的作品及产品。这实际上反映了一部分人的看法。我认为恰恰相反：盗版直接妨碍了我国经济的发展。第一，盗版者的非法收入，绝没有上缴国家，以用来发展经济；而且对这一大笔非法收入是无法去收税的。从这里漏掉的税款，对国家就是个不小的损失。第二，盗版活动的主要受害者，是国内企业。仅仅以软件盗版为例，它是我国自己的软件产业发展不起来的直接原因。像微软这样的外国企业，它的视窗软件等行销全球的产品，即使在中国一盘也卖不出去，它仍旧可以靠英文原版产品，以及“韩化”“日化”的产品在许多国家及美国本国的市场赚到钱。而我们自己企业开发的“中文之星”“五笔汉字”等软件，如果在中国因为盗版猖獗而没有了市场，它们在国外的市场就非常有限了，这些中国软件企业就非倒闭不可。对音像制品、图书等的盗版如果不给予有力打击，结果也是一样。因为这些汉字、汉语的文化产品的市场主要在中国。说到假冒商标等侵害知识产权的活动，就更是如此了。我国的许多名牌在国外的市场上，并不是被外国竞争者打垮的，反倒是被我们自己的冒牌货打倒的。这样的例子很多。

另一方面，许多企业对知识产权实际上没有真正了解，于是在自己本来可以抗争时却放弃的例子也不少。例如，专利不像版权与商标，不存在“部分侵权”。如果你的产品只包含他专利中的部分技术特征而不是全部，那就仍然不能定为侵权。美国的柯达公司被诉侵害他人感光技术专利，抗争了九年，才最后被认定侵权。我们有的企业则是外国公司一告侵权、甚至还没有告，就“不战而降”了。有的跨国公司持其专利向我国企业要高价，同时“捆绑许可”其专利，我们的企业应当知道这是违反《与贸易有关的知识产权协议》的，境外已经有反过来告它滥用权利、拒付高额许可费的例子。我们的一些企业却在同样情况下逆来顺受了。这也是没有知识产权意识的表现。

我们的企业还应当知道的是：无论在国内还是国外，我国的企业及个人已经享有的知识产权，同样可能遭到外国公司的侵害。像“海信”“同仁堂”这样著名的商标，都曾被外国公司抢注过。我国企业要注意依法维护自己的知识产权。

当然，最重要的，是要鼓励我国企业积极开发享有我们自主知识产权的成果。袁隆平在我国还没有颁布《专利法》之前，就已经在美国、澳大利亚申请了杂交水稻育种技术的专利；我国的中石化公司在最近几年，在世界范围就某些化工技术申请了多国的多项专利，初步建立起自己的“市场保护圈”，使外国企业想进入这个圈制售有关化工产品的，都要向中石化取得许可。还有一些公司通过自己的努力创新，也开始在国际竞争中站住了脚。不过这类企业在中国还太少。为了发展我国的经济，我们不能拒绝引进他人的创新成果。但我们最终能够依靠的还是我国人民自己的创新精神。给予创新成果以知识产权保护，是对发扬创新精神的最有效的鼓励。

### （二）知识产权保护的源与流和我们对自己长项的保护

提升我国传统优势领域的知识产权保护力度，是我们可能有效应对外来挑战的一个方面。其中特别应当重视的是我国中医药的知识产权保护状况面临的挑战。中医药更是我国的瑰宝。对传统知识提供有效的知识产权保护，不仅符合我国的利益，而且有利于在世界范围内弘扬中华文化。我们在国际竞争中面临的状况是：第一，我国作为中医药原创国的主体地位受到了一些外国的威胁。中医药作为我国具有原创性的自主知识产权，目前在国际上正面临被混淆来源的危险。其中一个重要迹象是将中医药名称“去中国化”。除了韩国已立法将“汉医学”更名为“韩医学”,将“汉药”改称“韩药”外，日本也正在酝酿更名问题。第二，真正体现中医药特色的中药复方，难以通过源于西方的专利制度获得有效保护，于是成为世界免费大餐。第三，中草药缺乏知识产权保护，使我国中药出口贸易的高附加值大多流向国外竞争对手。应对这方面的挑战，我们不能再居被动，必须积极主动对中医药这一我国原创的成果进行专门立法保护。目前可以做的至少有三点：（1）对于中医医疗中具有核心价值的中药复方进行特殊保护或技术秘密保护；（2）对于中草药采用地理标志保护；（3）对于中草药新品种提供植物新品种保护。这些保护将有利于促进中医药的健康发展。此外，我们还须抓紧研究其他保护方案。由于中医药有廉价便民的优势，积极保护与发扬它，不仅可以应对国际上的挑战，而且对于构建有中国特色的医疗卫生体系和建设社会主义和谐社会也具有重大的社会经济意义。可惜的是，目前国家中医药管理局开始起草的保护法，自己也“去中国化”，定名为“传统医药保护法”而不敢称“中医药保护法”。国际组织及国际条约称“传统医药”，原因是它不能单指某一个国家；我们自己的部门法也不称“中医药”（按新中国成立后的习惯及已有的法律解释，中医药已经既包括了汉医药，也包括了蒙医药、藏医药等少数民族医药），是不对的。但这是我们的另一个建议中将去详细讨论的了。

“中国民间文学艺术”与“中医药”这两部分，在我国都是长项，如果我们只是在发达国家推动下对他们的长项（专利、驰名商标等等）加强保护，对自己的长项则根本不保护，那么将是一个重大失误。即使传统知识的这两部分不能完全像专利、商标一样受到保护，也应受“一定的”保护。

在我们以现有的由发达国家早已决定好框架的“知识产权”为基础制定知识产权战略时，切切不可忽视了一大部分尚未列入国际知识产权保护框架内的信息财产。因为这一部分恰恰是我国的长项。

近年来，发达国家一再把知识产权保护水平拔高，而发展中国家则提出了保护现代文化及高技术之源的问题，这两部分利益不同的国家实际上在不同的“两端”上，不断争论着。所谓“两端”，实质上是在“源”上的智力成果与在“流”上的智力成果。[①]

21 世纪将是中国逐步完成工业化、进而从工业经济向知识经济转变的时期。党和国家提出的“建设创新型国家”，是促进这一转变尽早完成的正确途径。

美国从 1996 年开始至今，版权产业中的核心产业（即软件业、影视业等等）的产品出口额，几乎每年都超过了农业、机器制造业（即飞机制造、汽车制造等等）的产品出口额。美国知识产权协会把这当作美国已进入“知识经济”发展时期的重要标志。我国从 2000 年起，信息产业开始成为第一支柱产业。这一方面说明我国确实在向知识经济迈进，另一方面也说明我们的差距还相当大。

在中国“入世”前后，关于如何转变政府职能，关于如何修改与世贸组织的要求有差距的国内法、关于如何使行政裁决均能受到司法审查，等等，人们关心得较多，报刊上讲得较多，立法与行政机关围绕这些问题采取的相应措施也较多。应当说，这都是对的。但我们更需要思考深一步的问题。

我们如果认真分析一下，就不难看到：第一，世贸组织时代与“关贸总协定”时代相比，无形财产的重要性大大提高了；从而规范服务、规范知识产权的国际规则显得十分重要了。第二，如本文前面所述，知识经济与工业经济（及至农业经济）时代相比，知识成果的投入开始取代土地、厂房、机器等有形财产的投入，起到关键作用；从而规范知识成果的知识产权法，开始取代有形财产法，在市场规范中起关键作用。第三，信息网络化的时代与公路、铁路乃至航空网络时代相比，无形市场（网络市场）已经开始在促进有形市场的发

---

① 有关详细论证，可参见郑成思：《传统知识与生物多样化两类知识产权的保护》，载《法制日报》，2002-07-28。

展上起关键作用；从而电子商务法将取代货物买卖（保管、租赁等）合同法起关键作用。这些，并不是说有形财产法、传统合同法等不再需要了，只是说重点转移了；也不是说人类可以不再依赖有形财产去生存，只是说有形财产的积累和有形市场的发展，在当代要靠无形财产的积累和无形市场的发展去推动。

目前，中国在知识产权、特别是“自主知识产权”的拥有及利用上，从总体看不占优势。这主要是因为发明专利、驰名商标、软件与视听作品等等的版权主要掌握在少数发达国家手中。而要增强我们的地位、至少使我们避免处于过于劣势的地位，我们有两条路可走。一是力争在国际上降低现有专利、商标、版权的知识产权保护水平，二是力争把中国占优势而国际上还不保护（或者多数国家尚不保护）的有关客体纳入国际知识产权保护的范围，以及提高中国占优势的某些客体的保护水平。走第一条路十分困难。从 1967 年到 1970 年《伯尔尼公约》的修订过程看，从世界贸易组织的《与贸易有关的知识产权协议》形成的历史看,走第一条路几乎是不可能的。

就第二条路来说，我们应力争把“生物多样化”“传统知识”纳入知识产权保护。

现有知识产权制度对生物技术等等高新技术成果的专利、商业秘密等保护，促进了发明创造；现有知识产权制度对计算机软件、文学作品（包含文字作品及视听作品等）的版权保护，促进了工业与文化领域的智力创作。对现有知识产权制度无疑是在总体上应予肯定的。但在保护今天的各种智力创作与创造之“流”时，人们在相当长的时间里忽视了对它们的“源”的知识产权保护，则不能不说是一个缺陷。而传统知识尤其是民间文学的表达成果，正是这个“源”的重要组成部分。

“传统知识”，是在世贸组织成立时，印度等国就提出应在世贸框架中保护的内容。近年世界知识产权组织已召开多次国际会议讨论这一问题，并于 2000 年成立了专门委员会来研究这一问题。世贸组织在 2001 年 11 月的多哈会议的“部长声明”第 18~19 条已列为多边谈判应考虑的议题。发展中国家安第斯组织在其 2000 年的《知识产权共同规范》中，已要求该组织成员在国内法中予以保护。

“传统知识”按世贸组织、世界知识产权组织及国外已有的立法中的解释，主要包含“民间文学艺术”与“地方传统医药”两大部分。其中“民间文学”部分，已经暗示保护或明文保护的国际条约与外国法很多。如《伯尔尼公约》第 15 条，英国 1988 年《版权法》第 169 条，是“暗示”性规定的典型。实际上，世界知识产权组织在给《伯尔尼公约》第 15 条加标题时，已明文加上“民间文学艺术”。

“地方传统医药”的保护，虽然亚、非一些发展中国家早就提出，却是在 1998 年印度学者发现了某些发达国家的医药、化工公司，把印度的传统药品拿去，几乎未加更多改进，就申请了专利这一事实后，在发展中国家引起更大关注的。发展中国家认为，像无报酬地拿走民间文学艺术去营利一样，无报酬地拿走地方传统医药去营利，也是对这种知识来源地创作群体极不公平的。发展中国家的安第斯组织已在其《知识产权共同规范》总则第 3 条中，把“传统知识”（即包含上述两部分）明文列为知识产权保护客体。

对“生物多样化”给予知识产权保护，主要是保护基因资源。基因资源与传统知识相似，可能是我国的又一个长项。许多发展中国家，以及基因资源较丰富的发达国家（如澳大利亚），已经开始重视这方面的保护。我国仅仅在《种子法》等法律中开始了有限的行政管理。把基因资源作为一种民事权利，特别是作为知识产权来保护，我国与一些外国相比，还非常不够。

传统知识与生物多样化两种受保护客体与世界贸易组织中已经

保护的地理标志有许多相似之处。例如，它们的权利主体均不是特定的自然人。同时，传统知识与生物多样化两种受保护客体又与人们熟悉的专利、商标、版权等等的受保护客体有很大不同。所以，有人主张把它们另外作为知识产权的新客体，而不是与其他客体一样并列在一起。不过,必须给予一定的保护,在这一点上,则是需要力争的。“力争”的第一步，就是本国的立法与执法首先把它们保护起来。

这种保护，首先是应当要求使用者尊重权利人的精神权利。例如，要求使用者指出有关传统知识或者生物品种的来源。如果自己创作的新作品或者开发的新技术方案是以有关传统知识或者生物品种作为基础的，必须说明；如果自己推向市场的商品或服务本身就是他人已有的传统医药、民间文学艺术等，就更需说明。近年拿了中国人开发并使用了千百年的中药乃至中成药推入国际市场，却引世人误以为该中成药出自日本、韩国等国者，并不在少数。这对中国的传统知识是极大的不尊重。2002 年北京第二中级人民法院受理、2003 年年底由北京高级人民法院终审的“乌苏里船歌”版权纠纷，实质上也首先是原告希望有关民间文学的来源这项精神权利受到尊重。其次,这种保护必然涉及经济利益,即使用人支付使用费的问题。至于法律应当把付费使用的面覆盖多广，以便既保护了“源”，又不妨碍“流”（即文化、科技的发展），则是个可以进一步研究的问题。

中国人在知识创新方面，并不比任何人差。我们其实可以不必去考虑如何去要求降低国际上现有的知识产权高端的保护制度（因为实际上也不可能降下来）。我们应当做的是：一方面利用知识产权制度业已形成的高端保护推动国民在高新技术与文化产品领域搞创造与创作这个“流”，另一方面积极促成新的知识产权制度来保护我们目前可能处于优势的传统知识及生物多样化这个“源”。这样，才更有利于加快我们向“知识经济”与和谐社会发展的进程。

# 世界贸易组织与中国知识产权法*

在1999年11月之前，中国知识产权保护（主要指执法）如何发展的问题，主要与数字技术（尤其是互联网络）的应用有关。因为，尚不打算与解决数字技术环境下知识产权保护新发展（如1996年WIPO的两个条约）接轨的中国权利人及司法机关，遇上了已经与数字技术环境下出现的侵权新方式接轨的侵权活动。例如，在版权与商标保护方面，对实际结果如同盗版与假冒（乃至比传统盗版与假冒干得更容易、对权利人危害也更大）的“违法”活动，司法机关很难找到“违”了哪一条法。

于是，数字技术的应用，明显地推动着中国的知识产权研究、立法与司法。

自1999年11月之后，另一个因素有可能取代这一主要影响，或与数字技术的应用一道，从另一角度对中国知识产权法的发展共同构成主要影响——那就是中国将进入世界贸易组织这一事实。

世界贸易组织及其前身GATT在国际法领域中是十分特殊的。例如，在世界贸易组织成立之前，所有世界性知识产权公约都只允

* 编者注：该文最早发表在《云南大学学报（法学版）》2001年第3期。

许以国家为主体参加，而世界贸易组织的知识产权协议（TRIPS）则允许以非国家出现的“特别关税区”参加。原有的实体性知识产权公约都仅仅对成员国的实体法提出要求，TRIPS 则除了实体法之外，还对执法内容乃至执法程序提出了要求。

由于这种特殊性，我们不能不在这里先讲一讲有关国际公法与国际私法的几个基本问题。

国际公法亦即人们所称的国际法，只有它才以国家间的关系为主要调整对象，才在两个以上国家发生法律效力。国际私法实质是国内法，而不属于国际法所包括的内容。它主要涉及涉外民事诉讼程序问题，它不可能在两个以上国家发生效力。由于冠以“国际”二字，又由于“涉外”，故常常被误认为真的属于“国际”法。当然，目的在于统一国家间涉外民事诉讼的某些程序的国际私法公约，则又属于国际法了。因为它的调整对象又是国家这种主体了。

世界贸易组织既有对成员方实体法方面的最低要求，又有对成员方诉讼法方面的要求，此外还涉及非国家主体的“特别关税区”这方面的要求。

虽然早自 20 世纪 90 年代初，中国的知识产权法的修订及制定，都或多或少参考了世贸组织成立前后的《与贸易有关的知识产权协议》（即 TRIPS）。但在当时，达到 TRIPS 的最低要求，并非中国应尽的义务。现在，这却成了中国实实在在的应该履行的国际条约的义务。中国的知识产权保护与 TRIPS 最低要求是否有差距，如果有，有多大差距，是否需要缩小差距，怎样缩小有关差距，等等，成为中国知识产权立法研究与执法研究中不能不考虑的问题。

当西雅图会议将“电子商务”纳入世贸组织协定、将“电子商务中的知识产权保护”纳入 TRIPS 之后，数字技术与 TRIPS，就必然共同成为影响中国知识产权保护的主要因素了。在起草

TRIPS 时，人们的共识是："与贸易有关"中所说的"贸易"，也包括冒牌货的"贸易"；从知识产权保护角度看，还应当重点关注这种"贸易"。同样，与电子商务有关的知识产权保护，也包括假冒他人注册商标推销产品或直销盗版的文化、信息产品的"电子商务"。从这点来看，在将来，即西雅图会议的结果开始实施之后，数字技术与世贸组织的规则，不可能不结合在一起，影响中国的知识产权制度。

## 一、中国知识产权保护前景的两种选择

### （一）第一种选择

中国知识产权保护与 TRIPS 之间的差距是显而易见的。在工业产权领域，部分专利权与全部商标协议的"确权"，不应由行政主管部门作终局裁决；在版权领域，权利限制不应与作品的正常利用相冲突；在商业秘密领域，合格的受保护信息并无"实用性"要求，等等，都是 TRIPS 明文规定的，也均属于人们经常议论的"差距"。

虽然有差距，但早在 1995 年，中国对外经贸部参加"入世贸谈判"的人员曾申明：中国即使不修订其现有的知识产权法，也能够符合世界贸易组织的最低要求。这话又并不错。原因在于中国的民法通则把知识产权包括在了民法的大范围内，而民法通则、民事诉讼法等等法律在民事法律的适用或涉外民事特别条款中，都规定：

国际条约同中华人民共和国的民事法律有不同规定的，适用国际条约的规定，但中华人民共和国声明保留的条款除外。[①]

尽管学术界对于中国的执法机关能否直接应用国际条约来判案尚有争议，中国司法部门在实践中已经直接引用国际条约的条文作

① 参见《民法通则》第 142 条，《民事诉讼法》第 238 条，等等。

出过判决。[①]

所以，中国加入世贸组织后，即使不修订现有的知识产权法，也未必会如世贸组织成员印度及印度尼西亚那样，被其他成员方指为“违约”而诉到知识产权协议理事会。只要中国执法部门在处理涉外知识产权纠纷中，把TRIPS的最低要求直接作为国内法的一部分应用于执法。这可以是中国使其知识产权法与世界贸易组织的TRIPS自动接轨的一种选择。事实上，根据世贸组织知识产权部负责人欧登的统计，到1999年7月为止，当时的一百三十多个世贸组织成员中，只有35个成员的国内法完全符合了TRIPS的要求（亦即近百个国家不符合要求）。[②]而当时TRIPS理事会受理的投诉案却只有15件。[③]我想，在那“未达标”的近百成员中，就不乏直接将TRIPS视为处理涉外纠纷的国内法的成员方，因此才未引起成百件投诉。

### （二）第一种选择将遇到的主要问题与第二种选择

不过，对中国来讲，不修订现有知识产权法而直接援引TRIPS，在有些场合会面对其他成员方均不会面临的难题。这个难题既是由世贸组织协定中“国民待遇”与“最惠待遇”双重原则的特殊结合决定的，也是由TRIPS与世界知识产权组织所辖多边国际条约的特殊关系决定的。

“国民待遇”与“最惠待遇”原则虽适用于世贸组织的一切成员，但只有中国才与几个非“国家”成员有直接关系。这也是我1994年首次把TRIPS译成中文时，使用“最惠待遇”，而不用“最惠国待遇”

---

① 参见《中华人民共和国最高人民法院公报》，1996（4），138页。

② 参见Otten在1999年AIRIP年会上的讲话稿第1页第2段（ATRIP/GVA/25）。

③ 参见Otten在1999年AIRIP年会上的讲话稿，ATRIP/GVA/2，511～512页。

的主要原因。

由于世贸组织成立之前的“关贸总协定”，并不过问知识产权国际保护问题；与知识产权相关的公约，绝大多数当时都由联合国世界知识产权组织（即 WIPO）去管理。世贸组织把“知识产权”与“货物买卖”、“服务贸易”并列，作为该组织的三大支柱之后，就有必要将 TRIPS 与世界知识产权组织所辖条约的关系搞清楚。

TRIPS 明确了它与世界知识产权组织的四个含有知识产权保护实体法要求的主要条约的关系。这四个条约是:《保护工业产权巴黎公约》《保护文学艺术作品伯尔尼公约》《保护表演者、录音制品制作者与广播组织罗马公约》《保护集成电路知识产权华盛顿条约》。

TRIPS 第 2 条及第 9 条等条款中，规定了它与这四个公约关系的总则，即世贸组织的成员“均应符合《巴黎公约 1967 年文本》第 1 至 12 条及第 19 条之规定”,“均不得有损于成员之间依照巴黎公约、伯尔尼公约、罗马公约及保护集成电路知识产权条约已经承担的现有义务”，“全体成员均应遵守伯尔尼公约 1971 年文本第 1 至 21 条及公约附录”（但伯尔尼公约中有关保护作者精神权利的规定除外）。

这就是说，在涉及（包含工业产权、版权等在内的）全部知识产权保护时，世贸组织成员若已经参加了四个公约，则必须继续承担其公约义务。在涉及版权保护时，无论世贸组织成员是否参加了伯尔尼公约,均须依照TRIPS的规定遵守伯尔尼公约实体条款。此外，TRIPS 在第 14 条、第 16 条、第 35 条等条款中，也规定了无论世贸组织成员原先是否参加了罗马公约、巴黎公约或华盛顿条约，也均须依照 TRIPS 的要求，遵守这几个公约的相关规定。

TRIPS 在第 1 条第 2 款，又专门对该协议有关“国民”的特指含义，作了一个注解。这就是该协议的注 1 所解释的，所谓“国民”，包括独立税区的“居民”。这条注解,对我国有特别重要的意义。因为,即将进入世界贸易组织的中国台湾地区，不是上述四个国际公约中任何一个公约的“成员”。而中国香港、澳门地区，尚可以由其原先的殖民地宗主国参加公约后沿用至该地。所以，海峡两岸均成为世界贸易组织的成员之后，将都要适用世界贸易组织的知识产权协议。在两岸贸易中，给彼岸的居民以相当此岸居民的相同待遇，又不用“国民”一语，有利于两岸离开政治敏感问题而发展贸易交往和互相保护知识权。

此外，知识产权协议在其注 2 中，在“国民待遇”的标准方面，专门强调了对巴黎公约来讲，要符合其 1967 年斯德哥尔摩文本：对伯尔尼公约来讲，要符合其 1971 年巴黎文本。

TRIPS 的第 4 条，是“最惠待遇”条款。最惠待遇条款包含两方面内容。一方面是说：在知识产权保护上，一个国家或地区成员给予任何另一个成员的利益、优惠、特权、豁免之类，均必须立即无条件地给予所有其他成员。另一方面是说：在四种特例下，可以不实行最惠待遇原则。这实际上又是对最惠待遇的修正与限制。

既制定了大量国际贸易中的规范条款，又辅之以大量的修正及限制，是当年关贸总协定的一大特点。早在关贸总协定中的知识产权协议形成之前多年，关贸总协定总则第 1 条的“无条件最惠待遇”原则,就受到“历史特惠安排”“关税同盟及自由贸易区”“授权条款”等例外的限制，实际上成为“有条件的最惠待遇”。所以，想要通过“入关”而一劳永逸地解决同某一个或几个国家的贸易谈判问题，往往是不切实际的。

具体讲到在知识产权保护上的最惠待遇，中国与外国或世界贸易组织的成员地区之间，不会发生大的障碍。从中国方面看，在公约之外给予个别缔约方的特别保护，莫过于 1992 年分别与美、日及欧盟签订的知识产权谅解备忘录中的有关承诺了，而这些特别保护，许多外国及地区在与美国知识产权谈判中也几乎都已接受。甚至（在有关外国与美国的协议中）还多了一项保护享有版权制品的“进口权”，即控制“平行进口”的权利。

对中国来讲，可能产生问题的倒是原在公约保护范围之内，但又在中国知识产权法保护之外的一些特例，有可能必须适用于对祖国大陆外地区居民的或外国人权利的保护了。例如，对祖国大陆作品来讲，按《著作权法》第52条，实用艺术作品一大部分不享有版权。而按照1992年9月的《实施国际著作权条约的规定》，享有公约保护的外国作者、中外合资或外资企业的作者，其实用艺术作品则享有25年保护。这些“外”国，大都是世贸组织成员国。因此，我国台湾地区居民在台湾地区“入世”之后，完全可能依照TRIPS中的最惠待遇原则，要求如其他成员的作者一样，享有对其实用艺术作品的保护。

这种原先存在的国内外在版权保护上差别待遇的例子还不少。如计算机软件的登记程序问题、《著作权法》第43条广电部门的免费使用等等。当两岸“入世”之前，祖国大陆把台湾地区作者视为本国国民而不保护其实用艺术作品，要求其软件先登记后诉讼、免费使用其音乐作品等等，如果还能说通的话，在两岸分别入世贸之后，把中国台湾地区作者作为另一缔约方的居民而如此对待，就说不通了。这样一来，我们就可能将面对至少三部分享有高于国民待遇的本国国民，即世贸成员香港居民、世贸成员澳门居民、世贸成员台湾居民。解决这一困难局面的唯一可行途径，似乎应当是修改中国的著作权法，使之与伯尔尼公约全面地处在同一水平，以改变现行版权保护的内外差别待遇。

至于知识产权协议中所规定的对最惠待遇的修正与限制，亦即在 4 种情况下，可不实行最惠待遇原则的规定，均包含在 TRIPS 第 4 条（a）到（d）项中。

其中第一种情况，即已经签订的司法协助双边或多边国际协议（而且并非专对知识产权保护签订的这类协议），如果产生出什么优惠来，可以不适用到其他成员国家或地区。到目前为止，中国至少已经参加了 1965 年的《海牙送达公约》、1958 年的《纽约仲裁公约》，又至少与法国、比利时、西班牙、泰国、蒙古等许多国家签订了“民商事司法协助双边协定”。中国与现有的世贸“成员地区”之间，目前至少与我国香港特区之间就仲裁裁决的执行，有了类似的协定。

第二及第三种情况，是按伯尔尼公约与保护邻接权罗马公约中的选择性条款而在某些国家之间所特有的保护（即带一定互惠性质的保护）。同时，知识产权协议中未列入的一部分表演者、录制者及广播组织权，即使承认这些权利的成员之间互相予以保护，也可以不沿用到未加保护的其他成员。例如，表演者的精神权利、表演者具体的经济权利（请注意，罗马公约及 TRIPS 中表演者的经济权利可以说是“不具体”的，它们只提供使表演者防止某些行为的“可能性”）。这些内容，我国著作权法中均有，我国台湾地区“著作权法”中也有。但我国法律中有的广播组织权，我国台湾地区则没有。这样一来，如果我国给德国或西班牙等国广播组织某些经济权利以互惠保护，则我国台湾地区未必能依“最惠待遇”原则要求同样的保护。

第四种情况，即 TRIPS 1995 年生效之前，该成员已经与另一成员特别签订的协定中产生出的优惠或特权，可以不对其他成员适用。例如，早在 1992 年中国与美国，其他一些成员国或成员地区与美国，分别都签订了知识产权保护协议。墨西哥、我国台湾地区等与美国之间至少多承认一项版权的“进口权”。如果中国加入世界贸易组织，并接受 TRIPS 约束后，我国大陆作者也未必能依据知识产权协议的最惠待遇原则，要求在我国台湾地区享有版权项下的“进口权”（但我国大陆专利权人届时如果有可能在台湾地区获专利，则显然可以依最惠待遇原则在台湾地区享有专利权项下的“进口权”）。

TRIPS 中规定的最惠待遇（以及国民待遇）还有一个例外。这就是协议第 5 条中指出的：凡参加了世界知识产权组织主持的、含有获得及维护知识产权的程序的公约的成员，没有义务向未参加这类公约的成员提供这些公约产生的、在程序上的优惠待遇。例如，我国作为微生物备案布达佩斯条约的参加国，可以强制性要求我国台湾地区发明人必须提交活微生物标本，而不能只提交他在某个国际交存标本机构已交存活标本的证明书，否则驳回其申请案。而对于布达佩斯条约的参加国国民，则仅仅要求提交证明书就足够了。

换句话说，也就是 TRIPS 只要成员们去履行四个已有公约（巴黎公约、伯尔尼公约、罗马公约及集成电路布图设计公约）中实体条文规定的义务，不论该成员是否参加了这四个公约；而对于这四个公约之外的已有公约，尤其程序性已有公约，则未参加公约的成员，不能凭借世贸组织的 TRIPS，要求参加公约的成员对其尽义务。

明确了“最惠待遇”及其可排除的例外之后，我们就可以进一步来探讨那些不能作为例外的情况，即作为成员的中国必须给权利人以“最惠待遇”范围内保护的情况。

由于关贸总协定发展到世贸组织之后，“特别关税区”只剩下了我国港、澳、台这三个地区。它们又分别都是中国的一部分。如果中国现有知识产权法某些地方与 TRIPS 有差距，那么达不到 TRIPS 最低要求的那部分，在适用于对我国大陆居民的知识产权给以保护时，尚可仅仅按照国内现有法条行事；而在适用于对外国国民知识产权给以保护时，就必须直接援引 TRIPS，以弥补这些差距了。那么，对我国港、澳、台居民知识产权的保护，应当如何呢？依照 TRIPS 的规定，只要中国对任何外国国民的知识产权保护上曾直接适用过 TRIPS（或适用过从 TRIPS“转致”的伯尔尼公约、巴黎公约等等），就必须对我国港、澳、台居民也直接适用 TRIPS（或伯尔尼公约、巴黎公约等）。否则，该有关特别关税区，就有权向 TRIPS 理事会投诉中国违反了 TRIPS 的最惠待遇原则。

这样看来，由于进入了世贸组织，不仅中国知识产权法与 TRIPS 的差距难以保留下去，就连过去遗留下来的与伯尔尼公约等四个有关公约在实体法上的差距，也难以继续保留了。

除此之外，中国现有民法、民事诉讼法领域，所有法律中的涉外条款,均有一个共同的漏洞。它们只说了国内法与国际公约“不同”时，以公约为准，却没有讲如果国内法根本没有规定，而国际公约有规定时，应如何处理。[①]TRIPS 中明文要求保护的集成电路布图设计、地理标记等等，均在中国现有知识产权法中是空白。如果中国的立法或司法解释不将“国内法没有、国际公约有”的情况也解释为等同于“不同规定”，那么靠直接适用 TRIPS 就会发生困难了。但若真的想要作出这种解释，又至少会遇到逻辑上的障碍。因为现有国内法条文均讲法律“有”不同规定时适用国际条约，排除了国内法“没有”规定而可以适用国际条约的情况。

所以，恐怕较好的选择还是另一个，即修订现有知识产权法、增定属于空白的领域。

---

① 值得研究的是:《民法通则》中说了国内法与国际条约“均无规定”时怎么办，反倒把国内法无规定而公约有规定的情况跳过去了。

## 二、TRIPS 中有关不同类型知识产权保护的共有特殊问题及中国法律的修订

### （一）“权利穷竭”“平行进口”与专利“进口权”问题

TRIPS 第 6 条谈到了知识产权的权利穷竭问题（也有人翻译为“权利一次用尽”）。对这个问题，不同国家的法律会很不相同。例如德国的版权法规定：如果版权人本人，或经版权人同意，将有关作品的复制本投入市场后，这一批复制本随后怎样发行，怎样分售等等，权利人都无权再过问了。这也就是说，该权利人所享有的版权中的“发行权”在他行使了一次之后，就不能再行使了，这项权利“穷竭”了，或者说“用尽”了；而在法国、比利时等国，经权利人许可投入市场的复制品，该权利人一直有权控制到“最终使用者”这一层。也就是说在这些国家,版权中的权利永远不会“穷竭”。而对专利权穷竭的问题，多数国家的规定比较一致。正像我国专利法所规定的那样，专利权人许可制造的专利产品售出之后，其他人无须再经过许可就有权使用或者再销售该产品。

在商标领域，情况也大致相同。该原则指的是：经商标权人许可而将其有效注册商标附贴在商品上，有关商品的进一步转销、分销，乃至分销时分包装（分包装时改变了商品的质量的除外），如再加附同样商标，均无须再度获得许可。

这条原则，在承认它的国家的法律或司法实践中，本来是清清楚楚的。但由于在国际贸易的大环境下，有的国家认为：许可在一国发行，权利人的发行权并不会在另一国“穷竭”；有的国家则认为：只要权利人已许可发行，则不论在任何国家，他均不应再行使其发行权了（亦即主张“国际穷竭”原则）。当然，还由于法国等国家根本就不承认这一原则，所以，TRIPS 在第 6 条中，不允许成员国或

成员地区在解决它们之间的争端时，用本协议中的条款去支持或否定权利穷竭问题，以免本来差距就很大的各成员立法，在有关争端中产生更多的矛盾。但如果某个国家的法律对本国国民不适用“国际穷竭”原则,那么它对外国国民也不能适用该原则。即不允许“差别待遇”。

如果一个国家承认“权利穷竭”原则，就等于在立法或（和）执法中，对权利人的知识产权增加了一条“权利限制”。但无论增加什么样的权利限制，都以不剥夺权利人起码的专有权为限。这种对权利限制又附加的“限制”，就版权领域而言，在伯尔尼公约中，在 TRIPS 中，均有明文规定。

无论国际条约还是外国法、中国法，在承认“权利穷竭”的原则时，均有一个不可缺少的前提：须经过权利人许可。未经权利人许可的任何使用，绝不会导致权利穷竭。否则，知识产权保护制度就失去了意义。以未经许可为基础去“研究”“讨论”权利穷竭问题，其结论均只能离题越来越远。就是说，“权利穷竭”原则在任何国家均仅仅适用于合法制作的制品或复制品。至于非法制作的制品（如盗版制品冒牌产品等），不存在“权利穷竭”问题，权利人有权追究任何一个环节的发行人。

商标权的情况与专利权及版权有所不同。因为商标是把一企业与他企业的产品区分开的标志，无论用在哪一个国家，均不应改变，否则会使消费者对同一来源的商品产生“不同来源”的误解，不利于市场安定，也不利于商标权人自己。这与商标权的地域性并不冲突。澳大利亚 1986 年由新南威尔士最高法院作出的一则判例，对这个问题曾作过精辟的分析。1994 年 6 月欧共体的欧洲法院曾就 Ideal Standard 一案作出过一项裁决，其中认为：无经济联系的境外同一商标的所有人向境内进口带有该商标的产品，境内有关的商标所有人有权禁止；而境外的进口人如系境内商标权人的“被许可人”，则说明二者之间有经济联系。此时境内所有人即无权禁止了。这一案例说明：即使在商标权领域承认权利穷竭的地域性，与专利领域也是有极大不同的。①

当然，欧洲法院1996年裁决Silhouette一案时，对《共同体商标立法一号指令》中“商标专有权”权利范围作出的解释，已使商标权人有权禁止任何从欧盟之外向欧盟国家从事的与商标有关的“平行进口”，从而否认了商标权“国际穷竭”原则，肯定了商标穷竭的地域性原则。②即使如此，这一解释并未能阻止欧盟成员国仍旧坚持商标权“国际穷竭”。本来，欧洲法院的裁决中的解释，是欧盟国家法院在处理相同案件时不能违背的。但英国高等法院的雷迪（Laddie）法官，却在1999年5月对Davidoff一案进行判决时，绕开了欧洲法院在Silhouette一案中所做的解释，判定被告“平行进口”带Cool Water商标的商品，并不构成侵害原告（Cool Water商标所有人）的商标权。因为原告在许可销售时，并未申明地域限制，故其商标权已经在国际范围一次用尽了。③

即使在本无争议的专利领域，日本最高法院1997年维持的东京高等法院对BBS一案的判决，也挑起了新的争议。该判决认定：专利权人享有的“进口权”，未必能够禁止“平行进口”。只要专利权人原先没有在与被许可人的协议中，规定必须在有关专利产品上注明“禁止向日本进口”之类标示，则他就无权禁止有关产品进入日本，原因也是其销售权在曾经经其许可之后，一次用尽了。发展中国家的许多学者（例如，印度知识产权法学家维尔玛教授）认为

---

① 参见欧洲法院3CML-R857（European Court of Justice 22，June，1994）。

② 参见International Trade Law Review，伦敦版，1999（1），第11~13页。

③ 参见E.T.M.R1999（9），第700~727页。

这一判决是合理的。[①]

日本的判决与维尔玛的评论，在 TRIPS 中均能找到依据。TRIPS 在第 28 条肯定了专利权人享有“进口权”的同时，在脚注中却又对该项“专有权”作了“权利穷竭”的限制。[②]就是说，专利“进口权”与专利权人享有的其他专有权（如使用权、制造权等）性质不同，它是一项在授权同时就受到权利限制的专有权。

在版权领域，承认“国际穷竭”原则的国家越来越多。大洋洲的两个主要国家澳大利亚与新西兰，早在 20 世纪 90 年代初就于一系列法院判决中认定了这一原则。欧洲国家，如瑞士，在其 1998 年的“任天堂游戏程序”一案中，也认定了“国际穷竭”原则。[③]值得注意的是：瑞士法院认定版权“国际穷竭”原则的理由，几乎与日本法院认定专利权“国际穷竭”的理由完全一样，即“平行进口”有利于消费者；应在保护知识产权的同时，注意到社会公众利益。

就连向来不承认“国际穷竭”原则的美国，其最高法院在 1998 年 3 月的 Quality King 一案的判决中，也认为至少在“出口转内销”的“平行进口”中，应适用“国际穷竭”原则。[④]

实际上，明确地在立法中禁止版权产品“平行进口”（亦即不承认版权“国际穷竭”）的国家或地区，只是少数，其中我国香港特区是这些“少数”中的一个典型。香港特区法虽然不禁止与商标有关的“平行进口”，却对版权产品的平行进口加以民事制裁与刑事制裁双重禁止。

---

① 参见 IIC1998（5），第 541 ~ 543 页。

② 参见 TRIPS 注 6：“这项权利，如同依照本协议享有的有关商品使用、销售、进口或其他发行权利一样，均适用上文第 6 条。”

③ 参见 EIPR 1999（7），第 373 页。

④ 参见 NO.96-1470，1998 u.s.Lexis 1606（Mar.9.1998）。

不过，任何对版权产品“平行进口”予以禁止的现有法律，都可能在很大范围内很快失去实际意义。因为版权产品的大部分，可以通过“服务”的方式或“直接电子商务”的方式，经国际互联网从一国向另一国“进口”，而这是任何禁止“平行进口”的法律及边境措施所阻止不了的。可见，“现代”立法如果根本不考虑新技术的影响，从任何角度都可能产生漏洞。

中国在“亚洲金融危机”的几年中，由于人民币坚挺，而一度成为相对（与部分邻国相对）的高价位市场。那时“平行进口”问题也一度烦扰过中国知识产权权利人及独占被许可人。于是有的执法机关认为中国应在立法中否定“国际穷竭”原则，全面禁止平行进口。但是，从对TRIPS综合研究的结果看，从国际上的发展趋势看，从中国长时间内基本上仍旧只可能是低价位市场的实际看，我认为不宜过早在立法中禁止“平行进口”。对个别既违反公平竞争，又无利于公众的进口活动，未必以知识产权法去管辖。有关意见的更详细阐述，已另发表过文章①，其中提到了与上文提到的雷迪法官类似的观点。“平行进口”虽然并不全是合同问题，但依合同法予以辅助解决，不失为一条可取的途径。

在立法与修法过程中，切忌就事论事地受一时一地具体案件的干扰而偏离正确方向，而要做到这一点，研究有关国际条约的相关内容、跟踪国际相关领域的发展趋势，是十分必要的。TRIPS之所以只对专利规定了“进口权”，而且还使之受到成员国可能适用的“权利穷竭”的限制，是有其道理的。在条约允许我们放宽之处，我们作为发展中国家如果保护得比一些发展国家更严，历史可能会回过头来告诉我们，这是一种失策。

---

① 载《中国专利与商标》，1999（3、4）。

## （二）“即发侵权”与“无过错责任”“侵权四要件”

TRIPS 并无条文直接规定侵害知识产权的归责原则。但协议中却有条款明确规定了在哪些特殊场合，“有过错”方才负侵权责任或无过错就不负侵权责任。较典型的，一是第 37 条（1）款，即有关对集成电路知识产权保护的条文；另一是第 44 条（1）款，即对进口、购买或订购侵权物品的情况所做的规定。

从逻辑上讲，如果 TRIPS 主张认定侵权的总原则是“过错责任”（即有过错方负侵权责任），那就完全没有必要再专门在有限的几处点出无过错则不负侵权责任（如第 37 条、第 44 条那样）。既然有专门点出过错责任的条款，就应推断凡未点出之处，均暗示着“无过错责任”（即只看侵权事实、不看行为人的主观状态）。例如，无论从 TRIPS 第 11 条增设的版权保护、第 16 条（1）（3）两款强调的商标保护、第 28 条开列的专利权排他范围，均得不出“有过错方构成侵权”的结论。

但由于对知识产权领域的侵权归责问题，在中国一直有争议，上述推论就很难被一部分人所接受了。

中国民法理论界过去一直从解释《民法通则》第 106 条出发，基本无争议地在知识产权领域适用着过错责任原则。只是从 1996 年年底开始，理论界对这种解释才真正提出质疑并开展了广泛的讨论。应当明确指出的是：知识产权领域的“无过错责任”论者，从来没有坚持过在知识产权领域要全面适用“无过错责任”。对于“在线服务公司”这种新服务提供者，对于在某些侵权活动中被追加的第三者、共同被告或间接侵权人，“无过错责任”论者依旧认为他们只应负过错责任；而“过错责任”论者，则始终认为一切知识产权的侵权，均只有具备“过错”方可构成，只存在“过错责任”。因为这是从传统民法理论的所谓“侵权四要件”顺理成章地推出的。这种传统理论认为，除民法通则中点出的几条例外之外，一切行为若被认定为侵权，必须具备4个条件：加害行为的违法性；侵权事实；行为人的主观过错；实际损害（也有的著述表述为“加害行为与所造成损害之间的因果关系”）。

在1996~1998年，亦即讨论的开始阶段，“过错责任”论者一直坚持上述传统理论，即只有四要件具备，才构成侵害知识产权。不过在讨论过程中，一部分人渐渐看到了以“侵权四要件”来认定侵权，在实践中多有说不通之处。于是有人提出了“认定侵权无须看有无主观过错；判定是否承担侵权责任，要看有无主观过错”。以这种方式解释“过错责任”，比传统的“侵权构成四要件”理论在知识产权执法实践中应当说是进了一大步，也显得更可行一些，但在逻辑上仍有值得研究之处。因为，这种解释，等于说相当一部分被认定为侵权的侵权人，并无侵权责任可负。这在逻辑上似有不通。

实际上，这种解释是以侵权中的“赔偿责任”这一点，代替了侵权责任的全部。侵权责任绝不仅仅包含赔偿责任。被侵害人到司法机关诉侵权人，也绝不仅仅要求损害赔偿。他们会首先要求司法机关认定自己是权利所有人，要求对方停止侵害活动（例如中止生产或查封其生产线等等），封存或没收、销毁其侵权产品及直接用于侵权活动的物品，然后才是要求损害赔偿。有的原告，甚至只要求停止生产、查封生产线及销毁侵权物就够了。可见在权利人看来，侵权人应负的侵权责任，不仅仅是赔偿，而且首要的并不一定是赔偿（当然，“赔偿”对多数权利人又并不是可有可无的）。认为侵权责任仅仅是赔偿责任，有以偏概全之嫌。而且，在诉讼中，物权人往往是将“物权请求”（认定权利归属、停止侵权等）与“债权请求”（即损害赔偿）一并提出的。如果司法人员在处理案件时仅仅把注意力放在“债权请求”上，仅仅要侵权人相应负赔偿责任，就是“舍源逐流”或“舍本逐末”了。那就会事实上不可能真正制裁侵权，也不可能制止侵权活动的继续。

TRIPS 的“执法”部分，对损害赔偿的具体规定并不多，大量条款却对停止侵权生产、停止侵权销售活动，销毁冒牌及盗版产品等，作了相当具体的规定。它要求各成员着眼的“侵权责任”重点在何处，也是不言而喻的。

中国过去的立法中，也并非没有“赔偿”之外的，无过错者应负的侵权责任的概念。例如《计算机软件保护条例》第 32 条第 1 款第 2 句话即是。无过错的持有者,必须销毁(自己花钱买来的)软件。虽然可能只有一件，非常微不足道，但毕竟是要求持有者负侵权责任的一种方式。

至于传统民法理论所称一切侵权的认定均须以已经造成的实际损害为条件,“无损害即无责任”[①],等等,这些适用到知识产权领域,麻烦就更大了。在多数外国似未见到采用这一要件的知识产权立法。在中国，若适用这一要件，现有的专利法、商标法、著作权法恐怕都要重新起草。例如,专利法中规定专利权人享有“制造权”这一条,在多数场合就无法适用“实际损害”这一要件。未经许可的制造者如果仅仅处于制造他人专利产品这个阶段，而尚未推向市场，即未出售（也就是尚未侵犯到专利权人的“销售权”），则在大多数场合不可能对专利权人造成什么实际损害。按照过错责任的这一构成条件的要求，专利法中的使用权与销售权是必要的，“制造权”则是无意义的了。因为权利人若无法证明他人的制造行为给自己带来了什么样的“实际损失”，那么他指对方行为“侵权”就不能成立。

---

① 张新宝:《中国侵权行为法》，中国社会科学出版社 1998，第 92 页。

1999年，北京法院真的碰上了这样一个实践与传统民法“理论”冲突的案子。一个非商标权人的库房里存放了上百个带有商标权人商标瓶贴的酒瓶（商标标识是真的，不是非法印制的），商标权人很清楚该存放人制造不出正牌的酒，肯定下一步是装上假酒出售。但由于存放者还没有装，还没有出售，亦即没有对权利人造成“实际损害”，法院就无法认定存放者为侵权人，无法没收其带商标的酒瓶。必须等到该存放者走了下步，把装上假酒的产品拿到市场上去出售了，其“侵权”才能被认定，才能对其采取措施。而商标权人最担心的正是这种结局。因为假酒一旦上市，就砸了真酒的牌子。日后虽可能通过法院判决的宣传，将自己的声誉作一定程度的挽回，但“覆水再收岂满杯”。肯定在一部分消费者中，仍会留下“某某名酒在市上有假酒混杂”的印象，大大影响其真酒的销路。

TRIPS第50条，正是要求成员方当局能禁止这种“即发侵权”，把侵权产品制止在进入流通渠道之前，而不是之后。对“即发侵权”（imminent infringement）的制止，在许多国家（包括欧陆法系国家）知识产权法中均有明文规定。而在绝大多数欧陆法系国家的民法典中则无规定。原因主要有两个：第一，无形的知识产权作为“财产”受到的保护，与有形物之作为财产受到的保护，是完全不同的。正如WIPO在其教科书中所说：有形物的所有人一般可通过占有其“物”而达到保护其财产不受侵害的目的；而知识产权所有人不能通过占有其发明、作品或商标来达到保护其财产的目的。[①] 第二，知识产权保护的客体，均具有“难开发”“易复制”的特点。一个人偷了汽车厂的一辆车，他最多只能靠卖掉这辆车去获利。一个人偷了软件公司开发中的软件，则可以立即复制出成千上万份的软件去获

---

① 引自郑成思：《知识产权论》，法律出版社1998，第39页。

利。所以，认定某些“即发”（而未发）的行为也属于侵权，把侵害制止在“实际损害”发生之前，对知识产权权利人来讲，有时确实是至关重要的。

实际上，中国民法理论工作者应当了解到：欧陆法系国家的“债权法”（主要包含侵权之债与合同之债）理论及立法，也是在不断发展变化的。过去只在合同法中被动地承认守约一方的“不安抗辩”权的德、法等国，在1980年缔结《国际货物买卖合同维也纳公约》时，接受了英、美法系早已实行的以主动方式保护守约一方的“预期违约”理论。而按照“预期违约”理论，即使“违约”行为并未实际发生，亦即在不守约一方应履约的时间尚未到来之前，守约方也不仅可以诉对方违约，甚至可以要求对方赔偿。这在陈腐的民法原理看来，本是说不通的。

应当承认，中国在起草合同法之初，亦即1994年到1997年，并未注意到欧陆法系的这一发展。所以在先出现的几份草案中，并未引入“预期违约”条款。但毕竟在合同法出台前，欧陆法系的这一发展受到了重视，该条款被引入了。于是中国合同法在这一点上，没有显露出滞后。

侵权法中的“即发侵权”理论与合同法中的“预期违约”理论是相应的。无论国内法还是国际公约，都不可能只引入一个而否定另一个。于是，同样是国际公约的TRIPS，与国际贸易合同领域的公约相应，规定了对“即发侵权”的制止，是理所当然的。已经在合同法中引入了“预期违约”的中国，在法律中认定侵犯知识产权时是否应引入“即发侵权”？我想答案应当是不言自明的。

谈到这里我们再回过头来看所谓“侵权四要件”，其（至少在知识产权领域）不恰当之处就已十分明显了。

当中国的民法论著论及外国民法常说及的“加害行为（tortious

action）是否违法”[①]这一要件时，可能没注意到它的外文原文已先认定了这是一种“侵权”行为（tort 即英文中的“侵权”）。再要讲它是否违法,其意义已经不大。如果我们前面（关于“无过错责任”与“即发侵权”）的议论能站住脚的话，“四要件”就只剩下一个了——侵权事实。

在实践中，我国的多数执法部门也正是这样做的。当他们发现显然未经权利人许可的生产线时，总会立即设法把它停下来；发现库存的仿制专利品或冒牌货、盗版书时，总会立即封存，或没收、销毁。就是说，一经发现侵权事实，大都会首先认定这是侵权，并使侵权人尽早负其部分侵权责任，而不是依照陈腐的“法理”去先探究有关人员的主观状态，以及是否给权利人造成了实际损失。如果所有执法人员真的都按“四要件”去执法，中国知识产权保护现状恐怕比现在更糟。正如上面举的那个实例，就在眼看假酒即将注入瓶中时,只能听之任之,而等到其进入市场后才可以去没收、销毁。届时实际已收不完、毁不尽了。

已经走到世贸组织门前来的中国，其法学界确应重新认识一些传统理论了。否则，不仅中国知识产权立法与国外有差距，中国的理论、立法与自己的执法本身也有了较大的差距。当然，我并没有从根本上否定“四要件”的意思。归纳上面的议论，其一是说，它至少在知识产权领域难以完全适用。其二是说，在认定侵权和决定一部分主要的侵权责任时，不应考虑主观状态及已有的实际损害。这并不排除在确定“侵权赔偿”这种责任时，应把有无主观过错和已造成的损害当成考虑或依据的重要内容。

上面两个分题，说的是 TRIPS 实体条文与执法条文两个主要部

---

① 张新宝:《中国侵权行为法》，中国社会科学出版社 1998，第 80 页。

分中的两个共同问题。下面打算分别就中国各种知识产权部门法的有关问题，作进一步论述。

## 三、中国现有法律分别与 TRIPS 的差距

### （一）版权法

中国现有的版权保护与 TRIPS 的差距主要体现在达不到 TRIPS 第 13 条的要求，这在前文已有提及。虽然 1992 年的《实施国际著作权条约的规定》似乎可以顺延下来弥补这些差距，但却难补 TRIPS 所要求的对我国港、澳、台地区的“最惠待遇”。况且，当年匆匆出台的那部“规定”本身，也有许多不明之处。顺延下来，麻烦会很多。

此外，中国著作权法中所缺少的对网络时代（特别是电子商务中）如何保护版权的专门规定，虽然可能与世界贸易组织今后的发展有差距，却并不会与现有的 TRIPS 形成差距。但它确实会给我们自己执法带来不便，即难以应付已经与国际侵权活动“接轨”的侵权人。这也是进入世贸组织后的修法中应予考虑的。

### （二）商标法

中国知识产权法与 TRIPS 的差距，更多地体现在商标保护方面。

在 1993 年修订商标法时，TRIPS 是主要的参照。但与 TRIPS 相比，现行中国商标法还存在一些差距；当然，也有许多已经一致的地方。

#### 1. 关于注册条件

商标权与版权不同，它虽然也属于知识产权的一种，但需要经过一定的行政程序才可能产生。在 TRIPS 有关版权的条款中，虽然并没有明文规定“自动保护”原则（即作品一旦创作完成，版权就依法自动产生，无须经行政程序，也无须符合一定形式）。但由于有

关条款强调了版权保护要符合伯尔尼公约的原则，而伯尔尼公约第5条正是“自动保护”原则。

TRIPS 的商标一节，开宗明义就对注册条件作出规定。因为，在今天大多数国家的国内商标制度中，“获得注册”是取得商标权的唯一途径。就是说，商标权一般不能自动产生，而需要向一定的行政主管部门提出申请，经审查、批准之后才可产生。如果一个申请中的商标标识不符合注册条件，就会在审查中或在审查之后被驳回或在注册后被撤销。

TRIPS 第15条第1款，把“视觉能够识别”作为可以获得注册的条件之一。这样就把“音响商标”（例如有的银行把硬币被倒出的声音作为自己的服务商标）、“气味商标”（例如有的厂家把某种特殊香味作为自己产品的商标）排除在可以注册的对象之外了。但是第15条的这项要求，显然没有把“立体商标”及随数字技术而产生的“过程商标”（例如小鸡破壳而出的活动过程）排除在外。不过15条的这一要求不是强制性的，因为第15条在规定这一要求时使用了“可以”（may），而没有用“必须”（shall）。

但对于另一项注册条件的要求，则是强制性的了。这就是：能够注册的标识必须具有“识别性”，即能够把一个企业的商品或服务与其他企业的商品或服务区分开。如果一个企业使用“自行车”作为自己的自行车商品的商标，显然无法通过它把该企业的商品与其他企业的自行车商品区分开。这个标识就属于不具有识别性的标识。但是如果一个经营服装的企业使用“自行车”作为其商品的商标，则可以通过该商标与其他企业的服装商品相区别。所以，是否具有识别性，并不在于有关标记本身采用了什么样的文字或图形，而要看有关文字或图形是否与它所标示的商品的通用名称、主要功能、主要原料等等相重合。一般讲，如果重合了，该标识就不具有识别性。

我国在商标行政管理实践中，曾拒绝为“立体商标”提供注册。这种做法是否会违反 TRIPS 第 15 条第 1 款呢？不会的。因为第 15 条第 2 款又补充规定：只要不背离巴黎公约，则成员国或成员地区仍可以依据知识产权协议没有列出的其他理由，拒绝给某些商标以注册保护。

请注意，我国商标没有特别规定什么样的标识不能获得注册，倒是在《商标法》第 8 条中更广地规定了什么样的标识根本就不能作为商标使用（当然更谈不上注册了）。

第 8 条中的（1）到（4）项，与巴黎公约的要求是相同的。（5）（6）（8）三项，与国际惯例是相符的；（7）（9）两项则结合了我国的具体情况。这些要求，均不能说是与巴黎公约相背离，因而也符合知识产权协议的原则。

此外，我国《商标法》第 7 条明文规定：“识别性”这项条件，也不限于注册商标，同样广而及于一切商标（不论是否注册）。这点也比知识产权协议的要求更高。

知识产权协议还在第 16 条第 1 款中，把“不得损害已有的在先权”，作为获得注册及至使用商标的条件之一。

可以对抗注册商标的“在先权”，在协议也没有明确包括哪些权利。但在巴黎公约的修订过程中，在一些非政府间工业产权国际组织的讨论中以及在 WIPO 的示范法中，比较一致的意见，认为至少应包括下面这些权利：

（1）已经受保护的厂商名称权（亦称“商号权”）；

（2）已经受保护的工业品外观设计专有权；

（3）版权；

（4）已受保护的地理名称权；

（5）姓名权；

（6）肖像权；

（7）商品化权；

（8）已获得一定市场信誉的商标在先使用权。

我国《商标法实施细则》在1993年修订之后，已经把“在先权”这一概念引入了该细则第25条之中，但（除了应当细化之外）与TRIPS的差距主要在于中国的商标法及实施细则均强调了行为人的“主观状态”。如果行为人不是“以欺骗手段或其他不正当手段取得注册的”，那么所有的在先权人就无能为力了。实际上，至少对于版权、外观设计权、肖像权等在先权来讲，不应强调在后者的主观状态。TRIPS就并没有把在后申请者的主观状态作为保护在先权的前提或要件。

**2. 关于使用要求**

在绝大多数国家，靠注册是获得商标权的唯一途径。但的确有少数国家依照自己的传统，把“在贸易活动中实际使用商标”，作为取得商标权的途径，而“注册”反倒仅仅是对业已存在的商标权给予的行政确认。虽然这类国家已经越来越少，但毕竟还存在。所以，知识产权协议第15条第3款照顾了这种现存的事实。它从正面允许美国一类国家把“使用商标”作为行政机关判定可以批准注册的一条根据。但协议又不允许从反面把“未使用”作为驳回注册的唯一理由。我国有人曾鉴于商标“抢注”现象的存在，建议把“未使用”作为驳回或撤销注册的理由，实是对TRIPS缺乏了解。

但是，一般讲到对于注册商标的“使用要求”，则是指的另一个意思。这就是TRIPS第19条所涉及的内容，即：注册商标如果连续三年无正当理由不使用，则行政管理机关可以撤销其注册。在我国，以及在许多国家，商标法对“使用”的解释是比较宽的。例如，仅仅在广告中使用了某个注册商标或仅仅在展览会上使用了某个注册商标，或虽然自己没有使用但许可他人使用了某个注册商标，都被认为符合“使用要求”。协议第 19 条第 2 款,仅仅明文规定了“在商标注册人控制下的他人使用”( 主要指被许可人的使用),符合“使用要求”。这就是说，还有其他什么样的活动也符合“使用要求”，可以由各成员自己去依法确定。但是，如果某个成员的政府在三年中不允许进口某种商品，它的商标行政管理机关就无权因该商品上商标不合“使用要求”而撤销其注册。此外，其他因成员的政府行为而使某注册商标在一定时期不可能使用的，也均应被认为是“有正当理由”而没有使用，故不能因此被撤销。因为，在这些场合，都不是注册商标权人自己不用，而是政府的特殊行为阻止了他们正常的使用。我国《商标法》二次修订时，有人草率地建议撤掉一切未使用的商标。这至少是忽视了“未使用”的一些特殊情况。因此是不可取的。

### 3. 关于“相同与近似”“同一与类似”——商标权的行使范围

TRIPS 第 16 条第 1 款在讲到商标权人的可行使的权利时，突出强调了他有权制止其他人使用与其注册商标相同或近似的标记，去标示同一或类似的商品或服务。这一点，我国商标法以及大多数国家商标法也都作了规定。经常遇见有人问：按照上面这种规定，商标权人难道不应当有权自己使用与自己的注册商标“近似”的标识，或把自己的商标用到“类似”的商品上吗？这是不行的。依照我国《商标法》第 30 条，如果注册人不仅使用被批准注册的商标，而且使用了与该注册商标“近似”的其他标志，他的行为就属于“自行改变注册商标的文字、图形或者其组合”，商标局将会给予处理，甚至会撤销其注册。擅自把注册商标使用到注册时并未指定的其他商品上（即是“类似”商品上），后果也会招致处理或撤销。于是又有人曾经问道：“照这样说，难道商标权人享有的正、反两方面的权利（即‘自己使用’与‘禁止他人使用’）范围是不统一的？”确实如此。这就是商标权的特点之一，也是确认商标侵权的难点之一。此外，说到商标权人“自己使用”这项专有权，虽然在许多国家的商标法中均有规定，我国商标法中却无规定。因此，前些年发生在我国的商标“反向假冒”案才只能依反不正当竞争法处理。不过这与 TRIPS 无关，这里就不多论了。

在为“防御商标”和“联合商标”提供注册保护的国家，大都不是不加区别地允许一切注册商标所有人取得这两种特殊商标的注册的。一般讲，也只有驰名商标的权利人才会获准注册这两种商标。近年，为减少“注而不用”的商标，一些国家取消了“联合商标”制度，只保留“防御商标”的注册。

在法律或行政法规中明文保护驰名商标，正是 TRIPS 所要求的，也是中国商标制度所缺少的。

在侵权认定时，如果原告是驰名商标的所有人，则行政执法或司法机关判定被告与其商标“近似”的可能性就大一些。在德国，甚至曾判定日本的“三菱”商标与德国的“奔驰”商标相近似。主要因为“奔驰”是驰名商标。这是对驰名商标的一种特殊保护。在欧洲法院 20 世纪 90 年代中后期裁决的“佳能”（Canon）、“彪马”（Puma）等案件中，也都是首先认定有关商标是否驰名，然后再来看争议商标标识本身是否近似或所涉商品是否类似。

由于中国法律法规中没有对驰名商标保护作具体规定，所以 TRIPS 第 16 条第 3 款将保护扩大到不类似的商品及服务，就显得中国法律的差距更大了。中国《商标法实施细则》虽涉及在注册方面保护知名商标，其致命的缺陷在于又以双重前提把不当注册者的主观状态加以强调，于是在客观上使中国法仍旧与 TRIPS 有较大差距。

此外，TRIPS 第 17 条规定了对商标权的限制。中国商标法却对权利限制未置一词。这不仅表现出商标法与 TRIPS 的差距，也表现出与中国其他知识产权法的差距（中国专利法、著作权法都规定了权利限制）。

**4. 关于数字技术带来的新问题**

这与中国所应尽义务的 1994 年 TRIPS 文本无关，而可能与我们自己执法将遇到难题有关，故也不多讲了。无非是商标与域名的冲突问题、商标许可合同的地域性与网络的无国界性冲突问题等等。由于在版权、商标领域，我国合同法把商标许可等问题留给了专门法，所以商标法修订时不应忽视对商标合同（尤其是网络时代的商标合同）的必要规范。

### （三）专利法

中国专利法的实体条文部分早在 1992 年修订时，就参照了 TRIPS 的前身（邓克尔文本），故那次修订之后，与 TRIPS 差距已经不大。但关于“三种专利权人”这个“中国特色”现在是否需要继续保留，尤其是国有企业对自己的专利只能“持有”、在转让及质押等活动中都受重重限制是否必要，确应好好研究了。这虽然与 TRIPS 的具体条文并无关系，但与中国进入世贸组织、国有企业改革要加速的大环境有关。

“国有财产”（包括知识产权这种无形财产）的主体是不是只能是作为中央政府的国务院？这在《专利法》第 14 条已经作了否定的回答。这一条实际已承认了地方政府也可以作为主体去享有及处置属于“国有”的知识产权。那么，从实际出发，为何不可以再走出一步呢？因为，目前国有企业“持有”专利的状况，已经使国企处于非常为难的地位。专利法颁布多年来，“职务发明”专利的申请量在国有企业一直上不去。无论专利管理机关怎样“宣传教育”，国企领导人面临的则是现实问题。“不是自己的孩子不心疼”。有关专利又不属我国企所有，我凭哪一条要尽心尽力去获得、维护和利用它呢？作为知名品牌商品制作者的国企，当然的是有关注册商标所有人；作为软件开发者的国企，也当然是软件版权的所有人。怎么一到专利领域，就只能“持有”呢？这在中国知识产权法律体系中，也显然不顺。

如果实在不肯突破作为国务院及地方政府的专利权主体这条线，至少走财产“信托”的途径也比现有的状态要好。至少国企作为“一物两权”的受托人，将更关心部分属于自己的、无须动一动就得上级主管“批准”的专利权。

至于根据“集体所有制”作为主体的专利权人，在改革实践中已无存在的必要。对此许多民法学者在谈及有形财产所有制时已详细谈及[①]，这里不再赘述。

从条文看与 TRIPS 的差距，现行中国专利法的差距是最小的。但从财产权主体的规范看，中国现行专利法却是最保守的。事实上，若不承认专利权可以由国企“所有”，则国企在“债转股”中，在与中外企业“合资”经营中，在走向世界市场的经营者的信誉方面（包括一旦破产，若仅其专利尚有价值，能否将该专利视为清偿财产，使人存有疑虑），均会有不可逾越的障碍。至于国家（国务院）希望控制国企中的腐败分子（或其他“败家子”）、以防止专利等国有无形资产流失，完全可以通过其他法律去实现。以专利法去控制，结果只可能限制了企业的运营，束缚了有才干的国企经营者，却根本阻止不了国有财产流失。

---

① 例如，参见《中国法学》，1999（5），《物权法基本范畴及主要制度的反思》等文章。

# 与贸易有关的知识产权协议

# 《世界贸易组织与贸易有关的知识产权》*

## 前 言

在 1994 年 4 月的马拉喀什国际会议上签署了关贸总协定的乌拉圭回合的最后文本之后，为有助于中国读者了解其中的“与贸易有关的知识产权协议”，我曾为该协议写过一部“详解”。

但在其后的一年多里，特别是 1995 年，世界贸易组织开始运转，并逐步全面取代关贸总协定之后，我越来越感到有必要尽快全面更新该“详解”。一方面是要从理论的深度上加强，不止步于一种对条约条款的解释；另一方面要增加该“详解”未涉及而应涉及的问题、更改原有叙述中不确切之处。之所以有这种感觉，是因为在这段时间里，参加了几项有关活动，使我对世界贸易组织中的知识产权保护有了一些新的认识，同时更加强烈地认为：无论我国是否参加了世界贸易组织，国内有关部门及企业均很有必要了解这一国际组织中的知识产权保护，否则会不利于对外的经济交往。

在我参加的 1995 年 2 月的中美知识产权谈判中，美方代表曾

---

* 编者注：此部分收录郑成思著:《世界贸易组织与贸易有关的知识产权》，中国人民大学出版社 1996 年出版。此书是郑成思教授关于 TRIPS 的集大成著述，此处全书收录。

提出的一些有关商标权取得、驰名商标认定、行政机关“依职权”执法等等的观点，我认为不符合世界贸易组织中的保护要求，从而促使我进一步去研究该组织的知识产权协议。

我所参加的亚太经济合作组织的1995年5月悉尼大会，专门讨论世界贸易组织的知识产权保护问题。为准备赴会发言，推动我又一次研究了有关文件；在会上有幸与该组织知识产权部负责人当面讨论，又确认或否认了自己的一部分原有看法。

1995年7月底，我参加了斯特拉斯堡国际知识产权学术会，同年11月，参加了联合国贸发会召开的专家会，这两个会原论题并非仅限于世界贸易组织中的知识产权，却因为不同国家代表均对这个议题很感兴趣而一再“集中”到该议题上。在与欧共体、美国、日本、瑞士、印度、加纳等国代表的讨论中，加深了我对一些问题的认识，并获得了许多有益的信息及资料。

除这几项活动之外，国外与国内在知识产权司法中的新判例，也为深入论述有关问题增加了活的素材。这些，都使得在更高的层次上写一部《世界贸易组织与贸易有关的知识产权》一书成为可能。

在修改原“详解”中的一部分不很确切的论述方面，李顺德同志提出不少好的意见。尤其是他读书极细，原“详解”一书第83页末将TRIPS第15条误印为第14条、第73页中将TRIPS第14条6款误印为第16条第6款，等等，均是由他发现的。

何育红同志对于个别我的原译文不确切之处，也提出了很好的修正意见。例如，TRIPS第7条我原译为“生产者与技术知识的使用者”，她提出综合全文来看应译为“技术知识的生产者与使用者”。我与她在悉尼同WTO知识产权部负责人共同讨论时，该负责人证实了她的建议是对的，所以我再出书时加以改正。这里也特别予以说明。

至于有的同志虽然提出一些修改意见，但因其对 TRIPS 缔结过程，以及对国外、国内知识产权立法过程缺乏了解，有关意见未必正确，也应在这里向读者说明。例如，有的人认为 TRIPS 第 9 条中的“Procedures”不应译为“工艺”，而应译为“程序”或“过程”，这是一种望文生义。

“Procedures”在英汉辞典中，固然有程序或过程的含义，但 TRIPS 第 9 条要讲的是版权不保护什么。版权不保护“过程”，是与它不保护“运动”“行走”等无关的行为或活动一样，这是不言而喻的，没有必要在这里强调。美国在制定其 1976 年版权法时，为专门指明美国专利法所保护的“工艺”（Procedures）是版权法所不保护的，于是明文把这一点写在了版权法中。TRIPS 的起草，又主要听取了美国的意见。而美国对伯尔尼公约中不去明文划清版权与专利的界线感到不足，希望把美国版权法的这一段论述移来。在 TRIPS 最后文本中也确实写上了。至于将美国专利法中的上述一词译为“工艺”，这是 1979 年为起草中国专利法作准备时，朱晋卿等老译者所译。我也完全同意译为“工艺”，于是沿用。由于该译法虽正确，却并非我的独创，故也借机在此说明。

在这里，我还要特别感谢为我提供外文材料的世界知识产权组织发展中国家司司长王正发先生、世界贸易组织知识产权部负责人奥登先生、国际商标协会执行委员罗尔芙女士。

这本经诸多行家关心并热心提出建议后，在新出现的国际动向及相关资料基础上的新著，可能对读者有更多帮助。本书的出版，得到中国知识产权教育发展基金管理委员会的资助，特在此表示感谢。

# 绪 论

## 第一节 知识产权与国际关系

### 一、一个外来语、两个公约与三次热点

“知识产权”这个术语，最早在18世纪中叶出现在西方活字印刷术的诞生地德国。在当时，它主要指文化领域中作者的创作成果所享有的专有权，亦即我们称为“版权”或“著作权”的这种无形产权（现在仍有个别国家如西班牙、菲律宾等沿用“知识产权”仅表示版权）。18世纪，法国也曾一度使用“工业产权”这一术语，它指的是除版权之外的智力成果专有权与商业标记专有权。在后来的发展中，尤其在60年代之后，“知识产权”逐渐被绝大多数国家及所有世界性国际条约、国际组织采用，它包含一切智力创作成果的专有权。

“知识产权”是个“外来语”，即德文中的Gestiges Egentum，英文中的Intellectual Property。把这个外文词译成汉语时，中国译为“知识产权”、香港译为“智力产权”、中国台湾译为“智慧财产权”。日本在使用汉字表达时，译为“无体财产权”。

知识产权一般包含版权、专利权、商标权、禁止不正当竞争权。这最后一项，主要指的是商业秘密权以及商品样式、商品装潢等等的专用权。

在1883年，国际上缔结了《保护工业产权巴黎公约》，并形成了缔约国的“巴黎联盟”；1886年，又缔结了《保护文学艺术作品伯尔尼公约》，并形成“伯尔尼联盟”。此后，管理这两个公约的联

盟分别形成了两个“国际局”。1893 年，两个国际局合并，形成后来的“保护知识产权联合国际局”。1967 年，在斯德哥尔摩修订上述两个公约的同时，缔结了《建立世界知识产权组织公约》。1970 年公约生效时，原“保护知识产权联合国际局”的全部职能转给了世界知识产权组织。1974 年，世界知识产权组织成为联合国系统中的一个专门机构。

当今世界上，除个别国家外（如伊朗、汤加），绝大多数国家已经建立起了知识产权保护制度，并已参加世界知识产权组织。

中华人民共和国成立后，曾在 50 年代初实行过短期的专利保护制度与商标保护制度，以及对版权中的印刷复制权的有限承认。但这些随着 1957 年后的一系列政治运动而中止了。唯一留下的商标制度，也剩下只有强制注册却无专有权可谈的制度，并没有把商标的专用看作一种“财产权”。

1973 年，以任建新为团长的中国国际贸易促进会代表团首次出席了世界知识产权组织的领导机构会议，回国后任建新在写给周总理的报告中，首次使用了“知识产权”这一术语。

党的十一届三中全会确定了改革开放方针。1980 年中国参加了世界知识产权组织。1982 年，我国颁布了《商标法》、1984 年颁布了《专利法》、1990 年颁布了《著作权法》，1993 年颁布了《反不正当竞争法》。至此，我国法制建设总框架中的知识产权保护体系基本形成。继参加世界知识产权组织之后，我国于 1985 年参加了《保护工业产权巴黎公约》，1989 年参加了《商标注册马德里协定》，1992 年参加了《保护文学艺术作品伯尔尼公约》《世界版权公约》，1993 年参加了《录音制品公约》《专利合作条约》，1994 年参加了《为商标注册而实行的商品国际分类尼斯协定》，1995 年参加了《微生物备案布达佩斯条约》，等等。从以上不难看出，在相当短的时间内，我国在知识产权的国际保护方面做了大量的工作，取得了令人瞩目的成果。

国内对知识产权的关心，乃至知识产权几次形成“热点”，主要是因几次国际双边谈判而引起的。

1979 年,当中国首次与美国签订《中美高能物理协定》以及《中美贸易协定》时，吃惊地看到对方执意坚持非订入不可的，是一个“知识产权保护条款”。据对方称，按照美国总统的指示，不含知识产权条款的科技、文化及贸易的双边协定，美方代表无权签署。

作为中方来讲，我们也不可能贸然签订一个包含我们还没有完全弄懂其条款含义的条约。因此,我们也必须开始研究“知识产权”了。

这次“知识产权热”涉及的面并不大，但它确是产生出我国知识产权领域第一批专家的一个动力。他们中有的人已去世，有的人仍旧在这一领域耕耘着。

第二次“知识产权热”，是现在的大多数人还记得的 1991~1992 年中美知识产权谈判。我国加入的一大批国际知识产权条约，正是在那之后。

第三次，则是 1995 年 2 月前后的又一次中美知识产权谈判及协议的最后签署。

所以，说起“知识产权”与“国际关系”之间的联系，许多中国人并不感到陌生。

## 二、国际关系、国际法与国内法

“国际关系”，在这里指的是以国家为主体，或以政府间国际组织为主体而发生的一系列关系。与知识产权相关联的，主要是国际经济贸易关系。当然，近年来，在国际事务中反映出的与知识产权相关的国际政治关系，也日渐增多了。

1992 年 1 月的《中美知识产权谅解备忘录》，甚至为涉外知识产权保护的需要，首次改变了一个国家传统的实施国际公约的程序，使我国国务院在同年9月发布了一个《实施国际著作权条约的规定》。无论在这之前还是在这之后，我国所参加的其他任何国际公约，除我国参加时声明保留的条款之外，均自动构成我国国内法的一部分，从而不会需要另外制定任何“实施”它们的专门“规定”。[①]

在以与我国相同程序实施知识产权国际公约的其他大陆法系国家，一般也不需要这种将国际法转化为国内法的专门规定。法院在判案时，一旦遇到本国法中没有而国际公约中有此实体条款，必须用作判案依据时，会直接引用公约条文来判案。这种例子是很多的。[②]

国际法之优先于国内法，在与知识产权涉外保护相关联时，不仅对世界范围的国际公约适用，而且对地区性国际公约也适用。1992年欧洲经济共同体的欧洲法院，就曾依照欧共体《罗马条约》推翻了英国最高法院（上议院）的判决，而认定英国广播公司（BBC）的广播电视节目时间表不享有版权，并判BBC禁止其他公司转载其时间表的行为属于“不正当竞争”行为。[③]1993年，欧洲法院也曾判定依德国版权法在德国本来不受保护的一位英国艺术家的知识产权，应当依《罗马条约》受到保护。[④]

在那些不能直接适用国际法，而必须通过立法程序先变国际法为国内法，然后再适用的英美法系国家，则必须首先将国内法中与有关知识产权公约相冲突的地方更改，然后再参加有关公约。美国

---

① 我国参加《专利合作条约》（PCT）后，中国专利局曾发布过一个部门规章性质的“实施细则”，与全国人大或国务院发布的法规不属一类。部门规章仅是法规判案的“参考”，全国人大与国务院的法规才属于法院判案的依据，属于国家法范围。

② 参见郑成思著：《著名版权案例评析》，专利文献出版社1991年版，第199页。

③ 参见EIPR 1992年6~10期。

④ 参见EIPR 1994年1期。

在参加伯尔尼公约前废除其版权法中的“印制条款”，曾是一例。后来，美国在考虑批准《国际商标注册马德里协定》及其 1989 年议定书时，也就相应考虑至少要变更其国内法中与该协定及议定书冲突的许多规定。例如：依照美国商标法，从申请到获得商标注册，大都要经历一年以上时间。而马德里协定要求成员国考虑接受或拒绝国际申请案的时间，不得超过一年。又如，依照 1988 年已修订过的美国商标法，美国虽放弃了原来的“先使用”要求，但仍旧要求注册申请人有证据证明自己确实有意图在贸易活动中使用有关商标，方能予以注册，而马德里协定并无这样的要求；马德里协定议定书甚至允许一项国际注册申请在国外先于在其本国被批准注册。在讨论美国加入马德里协定的外交会议上，许多国家代表要求就这一点修改美国商标法；美国代表则要求在议定书中增加申请人的“真诚使用意图”这一先决条件。

在国际经济、技术、文化交流如此发达的现代社会，越来越多的知识产权领域的侵权行为，带有“跨国”性质。有时，发生在许多个国家的同一类型的某个侵权活动，均是总部设在某一特定国家的侵权人所为。例如，一个设定在韩国的制造商，将其侵犯索尼公司专利权的产品，分别在韩国、日本、美国、法国销售，而索尼公司在这些国家又都获得了专利。再如，一个住在中国的中国抄袭者，将另一中国作者享有版权的、在澳大利亚出版的英文作品，抄袭后以自己的名义在美国出版。按传统的司法管辖权及民事诉讼规则，被侵权人在前一种场合必须分别在数国对侵权起诉，主张自己的权利；在后一种场合也只能在美国起诉，而不能在中国起诉。无论这看起来对被侵权人是怎样地不公平与麻烦。

但是，1993 年初，荷兰的海牙地方法院，却作出了完全不同的回答。它认为：在当代，对待跨国知识产权的侵权活动，一国法院不仅有权管辖在其地域内的侵权人，而且有权管辖在其地域之外的侵权活动。[①]而当该案在荷兰作出的判决于1994年要在法国执行时，法国的巴黎上诉法院也从法理上认同了荷兰法院这种“跨国管辖”的效力。[②]

与知识产权保护相关联的许多国际关系问题，往往表现为知识产权这种“私权”的权利人（一般不是国家），为了在国外造成有利于保护其私权的环境（主要指法律环境），也推动其政府向另一个或另一些国家施加影响，乃至施加压力。1985年，日本、澳大利亚等国在计算机软件保护上的立法转向及匆忙立法，首次明显地反映出因知识产权保护而产生的这种特殊国际关系。[③]1991~1992年，一些发展中国家对个别发达国家在本国未申请专利的部分发明给予“行政保护”的特别措施，再一次反映了这种特殊国际关系。[④]

不同经济及技术发展水平的国家，对国际上一些知识产权保护制度发展的趋势，对于知识产权立法的基本理论，往往有着截然相反的认识。例如，在1992年美国全国研究协会（U. S. National Research Council）召开的“科学与技术中的知识产权”研讨会上，美国学者认为：国际上知识产权法统一的进程（尤其通过关贸总协定乌拉圭回合促进后的这一进程），有利于发展世界的高技术市场。而巴西代表则认为：当前的所谓“统一”进程，不过是美国施加经济压力而使发展中国家依美国的模式改变国内法。[⑤]

即使在发达国家之间，认识也往往是不一致的。1993年底几乎

① 参见《专利世界》（英文）1993年第10期。

② 参见EIPR 1995年第3期。

③ 参见《计算机、软件与数据的法律保护》，法律出版社1987年版，第111~122页。

④ 参见中美、墨（西哥）美、巴（西）美等有关知识产权保护的双边协定。

⑤ 参见《科技中的全球方位知识产权》一书（英文），美国1993年版。

使关贸总协定乌拉圭回合功亏一篑的美法之间有关视听制品自由流通问题的争论，就是典型一例。这个问题从1993年上半年争论起。开始时仅是法国反对美国的提议，即反对把视听制品（包括电影、电视、录像、光盘等）的自由流通列入关贸总协定之中。法国的出发点是“保护欧洲文化”及“保护法国电影产业”。到1993年末，法国的立场已经得到西班牙、意大利、希腊及德国等欧共体国家的支持。最后，双方未在这个问题上达成一致意见。乌拉圭回合的最后文件实际上回避了这个问题，或者可以说把这个问题“挂”起来了。

在1993年10月的美国与法国的谈判中，法国就这个问题所提出的建议，是法国应享有类似加拿大依照《北美自由贸易协定》第2106条所享有的某些特殊权利。亦即法国希望：如果把视听制品的自由流通写入关贸总协定，则至少法国（也许还应包括其他西欧国家）应有权禁止某些美国的享有版权的作品及其复制品自由入境，因为它们的自由入境可能损害法国某些产业。美国则坚决表示：它给北美自由贸易伙伴的某些特权，其他关贸总协定缔约方（如法国）不能享有，正如欧洲经济共同体成员国之间的某些优惠，共同体之外的国家也无权享有一样。

这样看来，美法之间谈判的“卡壳”，是卡在世界性条约与地区性条约保护知识产权的差异上。这两种范围不同的国际条约中的知识产权保护所引发的诸多国际关系方面的难题，在20世纪90年代之后，受到越来越多的关注。[①]

即使在已形成的一个自由贸易区之中，不同国家之间因为在知

---

① 参见《版权世界》1993年第11期；《福特哈姆——知识产权法、媒介及娱乐法杂志》1993年夏季号“关贸总协定与北美自由贸易区”一章，等等。

识产权法上的差异而引起的国家之间的纠纷（或潜在的纠纷），也远远没有最后解决。它们中有些可能要靠日后对某些具体案例的讨论，逐步解决，有些则可能永远无法解决。例如，多年前在欧洲经济共同体成员国之间，关于“版权穷竭”（也称“销售权一次用尽”）原则是否普遍适用的问题，不同成员国即曾依自己国内法作出完全不同的回答。现在，“北美自由贸易区”内，也出现了类似的问题。

专利产品的“平行进口”问题，北美自由贸易区成员国之间不存在太大分歧了。从承认专利权人的“进口权”出发，这些国家均认为在跨国贸易中不再适用“专利权穷竭”（也称“专利销售权一次用尽”）原则。这在多数国家（尤其是已成为巴黎公约成员国或世界贸易组织成员的国家）也已不成为问题。但“版权穷竭”原则，在北美自由贸易区三国中就未必意见一致。至于“商标权穷竭”，分歧则是明显存在的。大多数国家均承认“商标权穷竭”原则。反过来讲，也就是大多数国家认为：非假冒但未经认可进口的商品上，带有商标权人的注册商标，不应构成侵犯商标权。也就是说，对带商标产品的“平行进口”问题,应与专利产品的“平行进口”区别对待。在专利领域构成侵权，在商标领域则不构成侵权。

美国联邦法院在许多商标纠纷中，早已确认了商标“平行进口”也构成侵犯商标权，这是与多数国家不同的。按照墨西哥 1991 年修订后的《工业产权法》，商标“平行进口”却不被视为侵权。[①] 这一点则与多数其他国家相同，而《北美自由贸易区协定》并未对此作出明确规定。所以，这一知识产权保护中的特殊问题，就只能留待将来美国与墨西哥之间的国际经济关系的进一步发展中去解决了。

当然，在知识产权保护领域，在不同国家间的国际关系中起了

① 参见墨西哥 1991 年《工业产权法》第 92 条。

最大作用的，应当说是关贸总协定了。

《保护工业产权巴黎公约》自1967年后，多次试图修订，均因发展中国家与发达国家在国际保护上的利益不一致，而迟迟未能成功。关贸总协定乌拉圭回合谈判于1991年底形成的“邓克尔文本”及1993年底形成的最后文件“一边倒”地突破了这一僵局。就连美国教授理查曼都直言不讳地承认：乌拉圭回合中形成的TRIPS（即“与贸易有关的知识产权分协议”）至少在四个方面完全依照发达国家的意愿作出了规定，即：

（1）扩大了专利保护领域（主要指对药品、化工品的保护）；

（2）统一了20年的发明专利保护期；

（3）确认了“进口权”；

（4）在确认侵权时，承认了“方法延伸到直接生产的产品”原则。

他认为：发展中国家要想参与世界贸易市场并享有优惠（亦即进入关贸总协定），就不得不接受它们在修订巴黎公约时所不愿接受的专利保护标准。①

至于发达国家间尚未统一认识的一些领域在TRIPS中则一般都回避了。例如：美国坚持为动物新品种授予专利权而欧共体国家反对；美国坚持为计算机程序（在不与硬件结合的情况下）授予专利权而欧共体国家、日本等持保留态度等等。这些领域，TRIPS中均未提及。

在作了上述这些介绍及分析后，我想到了看清我们落脚点的时候了。研究“知识产权与国际关系”之间的联系，对我们的实践究竟有什么意义呢？我想，可以通过三个例子使这个问题不言而喻。

第一个例子：在20世纪70年代末，瑞典一家酿酒企业在选择其将使用的商标时，选用了“纯伏特加”。原因之一是当时苏联出兵

---

① 参见联合国贸易与发展大会1993年11月第73号文件，“TRIPS草案的含义”。

阿富汗，使西方许多消费者对“俄国伏特加”表示厌恶，却又欢迎“伏特加”这种烈性酒。后来的市场情况表明，该企业选商标时考虑到国际关系因素，确实使自己的商标在打开销路上获得了“绝对”的成功（瑞典文 Absolut 及英文 Absolute 既有“纯”的含义，又有“绝对”的含义）。

第二个例子：在日本技术尚处于低水平，从而不得不大量引进外国技术的年代，日本并没有设法阻止外国技术的涌入（而有些发展中国家一直认为阻止外国技术引入是保存本国外汇储备、发展本国技术的正确策略），而是鼓励这种“涌入”。但同时日本以引进的先进技术生产的本国产品，则鼓励使用本国企业自己的商标。这样一来，等于用外国先进技术为本国商标扩大了知名度，亦即为本国产品创了牌子。后来的事实证明，日本的这种做法最终对发展本国经济是大有益处的。

第三个例子：在联邦德国 1965 年修订其当时的版权法时，曾考虑过要将一切类型的版权合同均收入一部版权法。但事实证明了这样做的难度太大，而终于搁置了。至今德国的版权合同中的出版合同的一部分，仍然由其 1901 年的《出版法》去规范。西班牙版权法算是收版权合同条款最全的，但也未能收尽。版权合同确实是一类极复杂的合同。世界知识产权组织 1991 年所组织的专家的考察研究结果表明：世界上只有瑞士将版权合同尽收于“债权法”中，巴西将版权合同尽收“民法典”中，其他国家都或是有专门单行法，或是收入版权法。瑞士在 1992 年修订版权法时，至少已将物权转让与版权转让合同的区别、计算机程序合同的特殊条款、集体代理协会合同的特殊条款，列入了版权法中。这足以说明在这些“个别”国家，一般合同法也极难全面调节过于复杂的版权合同。

上面前两个例子说明某些外国或外国企业怎样利用了国际关系

间可利用的因素，在获得维护与扩展自己的知识产权方面取得的成功。而我国的诸如将“美加净”这样的知名商标卖给外商被压下不用，从而使产品销售受到巨大妨碍的例子，则不在少数。[①]

上面第三个例子表明各国在一些立法历史（不局限于知识产权法）上，有着惊人的相同或近似之处。我们要想不走历史的弯路，就应了解国际上在某一领域的历史与现状，以为借鉴。如果有的国家的立法者连一般有形物权与知识产权之间的差异尚未弄懂，就试图搞一部不仅包揽版权合同，而且包揽一切知识产权合同的“合同法”，则虽在胆量上已大大超过1965年的德国学者，在实际结果上则是令人担忧的。

## 三、将来与国际关系相连的知识产权新课题

在美国政府1993年底提出建立“信息高速公路”的计划后，日本、西欧国家相继响应，我国在1994年也就此与美国一些公司订立了有关协议。

1994年7月，美国政府发表了《知识产权与NII、III（国内国际信息基础设施）》绿皮书。[②]这份文件把知识产权与国际关系中的法律问题（包括法律冲突问题）进一步摆在全世界面前。我认为，“知识产权与国际关系”这一研究课题，在20世纪末、21世纪初，很可能成为社会科学领域的一个研究热点。至少，已有人认为：伯尔尼公约国民待遇基本原则中的“作品来源国”，在信息高速公路各终

① “美加净”商标在市场上见不到，是1991~1993年的事。后该商标的原中方所有人认识到该商标的重要，又将商标权购回，终避免了受更大损失。现在我们在市场上又能见到使用“美加净”商标的日用品了。

② 绿皮书英文全称为“*Intellectual Property and the National information In Frastructure.*”，缩写仅仅是“NII”，但绿皮书中确有大量篇幅说及“国际信息基础设置”（III）问题。

端使用的多媒体作品上，已经难以确认；如何保护作者精神权利中的“保证作品完整性”一项权利，也将变得十分困难。[①]

我国有人认为：这些都离我国的现状太远，似乎我们尚无必要下力量研究这方面的问题。

对信息产业，我不很熟，对于我国是否应当或何时应当起步建设信息高速公路，无从置言。但是，我深感与信息高速公路有关的知识产权问题，尤其是知识产权保护中的国际私法问题，则从现在起就必须加强研究了。否则，又会如当年对计算机软件的开发及其中知识产权的保护一样，看起来离我们很远，而当它一下子摆在我们面前，成为非解绝不可的问题时，我们又将感到手足无措。何况在 1994 年，就已经有外国信息产业与我国企业签订了信息高速公路联网的合同。事实上，在知识产权的国际保护中，解决因信息高速公路带来的国际私法新问题，已经离我们不远了。很可能在一两年之内，就会有这类知识产权纠纷提交到我国法院或行政主管机关。

信息高速公路在知识产权领域，会带来多媒体作品的特殊保护问题、认定侵权及取证的难度增加问题，等等。在国际保护中，它首先带来的是法律适用问题与诉讼地的选择问题。这两者均属国际私法问题。

如果一位已去世刚满 50 年的德国作者的作品，在中国被输入计算机，却被法国的一位联网的终端使用人主动调用。该德国作品的现存版权人若认为侵犯了该作品的版权，只能选择在法国起诉。因为该作品在中国已进入公有领域，唯保护期长达 70 年的德、法等国，仍视该作品处于专有领域（即受版权保护）。但如果该作品的作者健在，则这时的诉讼地及适用法，就至少有中国及中国法、法国

① 该观点引自美国教授 Paul Geller 与本文作者的通信及该教授 1994 年发表的系列论文。

及法国法了。如果信息高速公路的联网在数十个国家以上，就会发生更复杂的国际私法问题。

如果不同国家的终端调用的多媒体作品中包含广告，而广告又涉及未经中国某商标权人授权的商标标识，该商标只在一部分国家取得了注册，在另一些国家则没有。这时选择诉讼地就又有研究了。在个别国家（如“使用在先”国家），未注册的使用未必不构成侵权。另有的国家虽然采用注册在先原则，又未必将广告中使用视为“使用”，因而未必视为侵权。

这一类因信息高速公路而带来的知识产权法律问题，在广播事业（尤其是卫星广播）早已很发达的地区，可能不是新问题。因为它们在跨国广播中已经发生过。法国在 1989 年、奥地利在 1991 年、英国在 1992 年，均发生过在甲国合法（或非法）制作的节目，经过卫星在乙国非法（或合法）播出而引起的知识产权纠纷及相应的国际私法问题。1991 年底，一位阿根廷的知识产权学者在我国国家版权局与广电部合办的研讨会上，也提出过同样的问题加以讨论，说明至少在当时，他们已经注意到了这类问题。

我国则至今未发生过这类纠纷。1994 年，在南方确曾发生过版权与国际私法相联系的案例。一部在境外创作完成的职务作品在境内未经授权被使用。这时境外的作者到境内来主张权利。依我国著作权法，该作品的版权可以属于该作者；而依该境外版权法，职务作品的版权属于单位，该作者根本就不是版权人。我国法院在确认是否侵权时自然适用中国法，但能否依中国法确认该作者是有权诉讼之人，就是另一个问题了。

在信息高速公路开通的时代，这种问题会在极短时间内以十倍乃至百倍的数量提到我们面前。我们既不能把侵权定为不侵权，又不能把非权利人认定为权利人（真正的权利人随后再诉上门来怎么办？)。在知识产权执法方面，我们会因信息高速公路而增加更多的难题——但又都是必须解决的难题。

当然，本书只能提出上面这一新课题，而本书的主要内容，仍旧是摆在我们面前的、一个现实的业已存在的“世界贸易组织”，以及当年的关贸总协定留给它的“与贸易有关的知识产权协议”(即TRIPS)。这个协议中，并未涉及全部高新技术带来的新的知识产权问题。另一些在它前后缔结的地区性国际条约反倒可能涉及了。例如，《北美自由贸易区协定》(即NAFTA)在第1707条中，规定了凡擅自破译他人享有版权的跨国卫星节目的密码的，视为侵权。在司法实践中，北美有的法院也已将专门从事加密软件的“解密”的活动，视为侵权，而不论解密者本人是否从事解密后的软件的复制、销售活动。这些问题，TRIPS均未涉及。计算机跨国联网后产生的一系列国际私法问题，TRIPS也没有作具体回答。

## 第二节　国际法与民法中两个怪物的结合

### 一、关贸总协定——国际法中的特例

《关税与贸易总协定》(GATT)，即人们一般称为“关贸总协定”的国际条约，是个在国际法领域较特殊的条约。

首先，该协定中从不出现“成员国”“缔约国”等字样，而只称“缔约方”(Contracting Party)，这是与该协定产生时，还存在一些当时殖民地宗主国管辖的“独立关税区”这一历史相联系的。在今天，作为含义更广，但地域更窄的“独立关税区”，仍有中国香港、中国澳门(及不久后的中国台湾)地区。就是说，在条约参加者主体方面，关贸总协定有它的特殊性。在过去，除使用“缔约方”之外，“成员”(Member)也是关贸总协定中的常用词。1993年底结束乌拉圭回合谈判后的文件中，大都以“成员”取代了“缔约方”的称谓。

在个别条文中,也时而出现“成员国家”( Member Country )的字样了。但文件在统称“成员”的场合,则仍然不与“国家”连用。

其次,直到 1993 年底前,关贸总协定居然一直没有一个“正式生效”日;1948 年 1 月生效的,仅仅是该协定的“临时适用议定书”。然而这一协定又一直在国际上起着如此重要的作用,以致它与国际货币基金组织及世界银行一道,被称为“世界金融与贸易体系的三大支柱”。这又与前一个特殊性一样,是历史的原因造成的。

第二次世界大战之后,在经济实力相对较强的美国推动下,原准备建立保持国家间的汇率平衡的制度,建立处理长期国际投资事宜的几个国际组织及国际贸易组织。40 年代末,国际货币基金组织与世界银行相继成立,而拟议中的“国际贸易组织”则因为它的“宪章”在美国国会未能通过,而迟迟不能生效。于是,建立国际贸易组织的计划就搁浅了。这样一来,原先在日内瓦签署的一项关税减让的“一般协定”,即关贸总协定[①]“暂时”取代了原有设想,起着世界贸易组织原打算起的作用。这一“暂时”,竟然长达 40 多年。

随着 1993 年底乌拉圭回合谈判的结束,这一奇特的协定的作用,也很快将成为历史。

再有,在乌拉圭回合结束之前,与这一协定相应的,并不存在一个联盟( Union )。诸如巴黎公约、伯尔尼公约等,则均有相应的巴黎联盟、伯尔尼联盟等。从而,也当然不存在关贸总协定(联盟)大会( Assembly )。虽然全体缔约方每年通常要开会一次,决定一些事宜。但这种缔约方聚集在一起,只被称为“缔约方全体”,英文中即把 Party 表述为复数。只是在乌拉圭回合多边贸易谈判中,才提出建立一个与总协定相应的“多边贸易组织”的问题。当然,在这

① 英文中的 General,既有“总”的意思,又有“一般”的意思。

种特殊情况下的"缔约方全体"（而不应加"大会"二字），也更谈不上无产阶级专政政体中常用的"最高权力机构"了。并非"缔约方"的国家，也曾在当年的多边谈判中起重大作用。例如，1991年底，形成知识产权分协议"邓克尔（当时的关贸总协定总干事）文本框架文件"的"10加10谈判"，其中10个发展中国家之一，即是尚未"复关"的我国。这一点似乎也可以从反面否定全体"缔约方"的"最高权力机构"地位。

我国曾经是关贸总协定的23个创始国之一，由于历史原因，从50年代初开始，我国与该协定的关系一度中断。1986年7月，我国正式提出了恢复我国的关贸总协定缔约国地位的要求。我国虽一直未"复关"，却又始终参加了乌拉圭回合的全部议题的谈判。

## 二、知识产权——民事权利中的特例

关贸总协定之为国际法领域的一个极特殊的协定。在今天，它又与民事法律领域中的一项极特殊的权利联系在一起了。在开始对我们面临的主要国际法文件——世贸组织中的知识产权协议论述之前，读者应当对知识产权的一些特殊之处有所了解。

知识产权（或智慧财产权），作为民事权利中的一类极特殊的权利，不论在过去还是在今天，也不论在国际上还是在我们中国，均引起过并继续引起无穷的问题与争议。国际条约与国内法，一再尝试着侧重于在实践中解决有关问题，并从争议中解脱出来以利国际经济与国内经济的发展。当然，条约及法律往往在确实解决了一部分问题的同时，在另一部分问题上仍旧在困境之中或重新陷入困境。各国的知识产权法学者或民法学者们，则一再尝试着侧重于从理论上解决有关问题，也往往更多地陷入更深的困境——尤其当有人只希望把知识产权与其他财产权放在同一个框架中去对待时，或只希望把知识产权贸易与有形货物买卖放在同一个框架中去对待。

多年之前，有人读到伯尔尼公约中有关作者的精神权利作为一项“权利”，至少应保护到作者死后50年时，曾认为这是起草伯尔尼公约后几个文本的专家们的“重大失误”。因为，从民法原理看，主体死亡了，精神权利（有些国家及伯尔尼公约的有些语种直称为“人身权”）仍存在，而且要保护至少50年，简直是荒谬的。1991年，在中国版权研究会的学术讨论中，有人再度“批判”伯尔尼公约中有关“死后精神权利”的条文，提出：作者死后，绝不可能仍有精神权利；那时的“保护”，只能是“国家的公行为”对署名、作品完整性等等的保护。这种“有保护而无权利”的议论，至今不衰。后来又辅之以“无保护但有权利”的另一种议论。这些，都是议论者自己陷入更深的困境的实例。因为，“依法律保护的灭失了的权利”与“法律明文宣布不予保护的依法产生的权利”这两个命题，不仅违背了民法原理，而且违背了形式逻辑。

几年前，一位研究生在看到国际条约及国内法以及知识产权学者论著中强调知识产权的“法定时间性”特点时，反驳说：有形财产权中的主要项目是所有权，而所有权具有“永恒性”（在许多年前台湾地区出版的史尚宽先生的《物权法论》、董世芳先生的《民法概要》等著作中，我们早已读到过这些论断——台湾地区“民法”论著对大陆一些学人影响是很大的）；至于“物权标的”时间性，则不应与知识产权中“权利”的时间性混为一谈。这位研究生忘记了：有形财产所有权的“永恒性”，是以有关财产“标的”的存在为前提的。房屋作为“物”倒塌后，其原所有人此时只是一堆砖头的“所有权”人了。一张桌子如果被火烧成灰，其原所有权人就可能“无所有”了。而知识产权中的所有权，不以有关物的灭失为转移。这种所有权才真正本应具有“永恒性”，但法律却断然限定了它只在一定时间（如专利20年、版权50年）内有效。此外，作为产权“标的”，只能拿知识产权中的“权”，与有形财产权中的“物”相比。各国立法中对此都是明白的。例如，各国担保法中，均把知识产权作为“以权利为标的的质权”或称“权利质权”,绝没有称之为“作品质权”或“发明质权”的，更不会有称之为“图书（文字作品的载体）质权、建筑物(建筑艺术作品的载体)质权”的。在知识产权领域,“权利标的”、受保护“客体”及有关“载体”，都必须分得清清楚楚、不容混淆。在有形财产权领域，标的、客体及载体，往往同是一个。在所有国际公约中，在大多数国家的立法中，知识产权与有形财产权的这种不同，一般也是清楚的。

当有人读到《美国版权法》第203条时曾吃惊地“发现”：多年来最不提倡作品“人身权”的美国，居然在这里如此强调作品中的人身（应称“精神”）因素。不论原签订的版权转让合同期为多久，也不管签约时作者如何确认，均可在35年后“反弹”回作者手中。这岂不是连衡平法中极重要的Estoppel原则都不顾了。如果美国立法者简单地给予回答，那可能是:“这正是知识产权的特殊性”。

当我们的立法机关希望制定一部无所不包的全面合同法时，我曾提议：请将知识产权转让合同视为例外。据我所知，仅以版权合同的规范为例，世界上只有极个别的国家把它们列入民法典或债权法典；有一部分国家有单行的部分版权权项转让法（如德国的“出版合同法”、希腊的“图书出售合同法”“戏剧作品合同法”等等）；而大多数国家都把版权合同规范列入单行的版权法中。这理由简单讲也就是：知识产权的特殊性。

知识产权的特殊性，在我国近年还在不同场合表现为对它的研究或管理可以被许多学科或部门所排斥，又几乎可以同样被这些学科或部门所吸收。在遇到棘手的需处理的知识产权事务时，民事部门可以推说它们（至少专利与商标）是经济部门的事，外贸部门可以推说它们（至少版权）是文化部门的事，乃至有“谁的孩子谁抱走”之说。遇到有“经济效益”或权力效益的知识产权事务时，则又往往以其他部门“技术上不通”“业务上不熟”等等为由，往自己部门揽。在建学科时，在有些场合，知识产权法被说成不属于民法（仅其中版权属于），不属于经济法（仅有专利、商标属于），不属于国际法（仅有关国际公约似属于），以使他人立不起研究项目，建不起学位授予点。在另一些场合，则被民法界说成属于民法，经济法界说成属于经济法。此外，国际法、科技法乃至行政法教科书中，也都把他们列入自己的教学及研究范围。与这两种“推”与“拉”的状况相比，应该说北京市中高两级法院比某些学人们更明白一些。他们率先成立起独立的（既不属民庭，又不属经济庭的）“知识产权庭”。应当说，这才是确实看到了知识产权的特殊性。

## 三、乌拉圭回合

那么，是什么把国际法领域与民事法律领域这两个“怪物”结合在一起的呢？是“乌拉圭回合”。

关贸总协定的缔结与发展是通过多次多边谈判实现的。习惯上把各次谈判称为“回合”（即 Round），也就是“一轮”谈判的意思。如果把缔结关贸总协定的 1947 年的第一轮谈判算作第一个“回合”的话，到 1993 年底已经经历了 8 个回合的谈判。在前几个回合的谈判中，仅仅以降低关税为谈判的主要目标，并不涉及知识产权。

1948 年，也就是关贸总协定的“临时适用议定书”刚刚生效时，即在法国安纳西举行了第二轮谈判（通称“安纳西回合”）；1950 年 9 月到 1951 年 4 月在英国的托奎举行了第三轮谈判（通称“托奎回合”）；1956 年 1 月到 5 月在日内瓦举行了第四轮谈判（通称“日内瓦回合”）；1960 年到 1961 年在日内瓦举行了第五轮谈判（通称“迪龙回合"）。这几个回合均只涉及关税减让问题。其中，只是偶尔在第 12 条（3），第 18 条（10）及第 20 条（d）中提及"知识产权"。不过，这并不是在保护知识产权的意义下，而是在"免责"的意义下提起的。

1964 年 5 月到 1967 年 6 月在日内瓦举行的第六轮谈判（通称"肯尼迪回合"）第一次在关税减让之外，涉及了反倾销问题。1973 年 9 月到 1979 年 7 月在东京发起、在日内瓦结束的第七轮谈判（通称"东京回合"，又称"尼克松回合"）还涉及非关税壁垒（主要是技术壁垒）问题。读者可以看到：从那时开始，"关税"与贸易总协定已开始超出关税范围，向其他领域扩展。

几乎所有的"回合"，均是在美国提议和推动下开始的。所以，很多次"回合"都被人们以美国代表（例如"迪龙"）或当时的美国总统（例如"肯尼迪""尼克松"）的名字称谓。

1978 年，在东京回合谈判的过程中，美国与欧共体代表就曾联合提出了一份有关反假冒商品贸易的草案。这已经初步触及了知识产权问题，只不过东京回合并没有就该草案达成任何协议。

1985 年，美国又在关贸总协定的一次专家会上，再度提出假冒商品贸易活动中的侵犯知识产权问题。这些，可以看作是乌拉圭回合上正式提出知识产权议题的"序曲"。

实际于 1986 年 9 月 15 日在乌拉圭的埃斯特角城发起、于 1993 年 12 月 15 日在日内瓦结束的第八轮谈判（通称"乌拉圭回合"），则把谈判的范围进一步扩大。在乌拉圭的部长级会议上，瑞士等二十个国家提出提案，要求把"服务贸易""投资保护"和"知识产权"，作为三个新的议题纳入谈判范围。美国代表甚至提出"如果不将知识产权等问题作为新议题纳入，美国代表将拒绝参加第八轮谈判"。一些发展中国家的代表则认为："知识产权等问题根本不属于关贸总协定规范和管理的内容，不应当纳入谈判。”巴西代表还曾认为，如果把知识产权等问题放到关贸总协定中去，就如同把病毒输入计算机一样，其结果只会进一步加剧国际贸易中已经存在的不平衡。

1988 年年底，在加拿大的蒙特利尔举行的又一次乌拉圭回合的部长级会议，也没有能够对于是否把知识产权保护问题纳入关贸总协定取得基本一致的意见。在这一时期，学术界对这一问题实际上认识也不一致。联邦德国马克斯 - 普兰克学会的知识产权研究所在这一时期举办过关贸总协定与知识产权问题的学术讨论会，会后汇集的论文集书名叫作《要关贸总协定还是要世界知识产权组织？》。这说明，即使是发达国家的知识产权法学者，也未必从理论上赞成把知识产权等问题纳入关贸总协定。

但是，国际上的许多问题都远远不是纯理论问题。如果不打破乌拉圭回合的僵局，多数国家在对外贸易的实践中都会受到不利影响。在 1990 年底乌拉圭回合的布鲁塞尔部长级会议上，把知识产权问题纳入关贸总协定基本成为定局。1991 年年底，关贸总协定总干事邓克尔提出了乌拉圭回合的最后文本草案的框架。其中的“与贸易（包括假冒商品贸易在内）有关的知识产权协议”基本获得通过。后来成为最后文本达成一致意见的主要障碍的，是欧共体与美国之间关于农产品出口的问题，而不再是知识产权问题。在 1993 年 12 月于日内瓦结束乌拉圭回合谈判之前，几乎使谈判功亏一篑的，也只是欧美之间关于视听制品的自由流通（属于“服务贸易”范围）的争论。在知识产权问题上，则绝大多数国家意见已基本一致了。

## 四、与贸易有关的知识产权

与“贸易”有关，这里的“贸易”主要指有形货物的买卖。服务贸易也是一种贸易，但是从乌拉圭回合最后文件的分类来看，“与贸易有关的知识产权协议”中并不涉及服务贸易，而另外有一个“服务贸易总协议”，去规范服务贸易问题。

与“贸易”有关，这里的“贸易”，既包括活动本身可能是合法的贸易，也包括假冒商品贸易，即活动本身肯定是不合法的贸易。在前一种贸易活动中，有时存在知识产权的保护问题。在后一种贸易活动中，则始终存在打击假冒、保护知识产权的问题。所以，过去有的中文译本，把关贸总协定中的知识产权分协议的标题翻译为：“与贸易有关的知识产权协议，包括假冒商品贸易在内”，这虽然从外文的文字顺序上对照，让人感到是逐字翻译出来的、是无懈可击的。但这种译法可能使一部分人看不懂是什么意思；使另一部分人误认为“知识产权”中包括“假冒商品贸易”，而这又决非原意。所以这种译法并不确切。我的译本则倒过来译为：“与贸易（包括假冒商品贸易在内）有关的知识产权协议”。这主要是便于使中文读者看清楚：这个文件既要规范与一般贸易活动有关的知识产权，更要规范与假冒商品贸易有关的知识产权。这样，读者才可能对该文件的实际内容通过标题有较确切的理解。

“知识产权”，有广义、狭义之分。广义知识产权中的科学发现权、与民间文学有关的权利等等，一般与贸易关系不大，所以这份文件中并不涉及。狭义知识产权中的实用技术专有权的一部分，该协议中也未加规范（例如“实用新型”）。可见，这个协议中所涉及的知识产权既非人们通常理解的狭义知识产权，也非“建立世界知识产权组织公约”中所定义的广义知识产权。这一协议中的知识产权自有它特定的范围。这一范围，是由国际贸易实践中的需要（更确切些说，是由某个或某些经济大国在对外贸易中保护本国利益的实际需要）而决定的。这在下面逐一对该协议各部分进行详解时，会具体论及。

在本书的一般场合，将把关贸总协定下的“与贸易（包括假冒商品贸易在内）有关的知识产权协议”简称为“知识产权协议”或“知识产权分协议”，甚至用其国际上通行的英文缩写“TRIPS”，以期省些笔墨。

在体例上，基本按该协议条文的顺序作详细讲解——其中必然带有作者自己的论点及论据。但本书又不同于一般的“逐条释义”。它不是纯解说式的，也不是纯理论性的，而是与实际结合的论述式的。这样可能对更多的读者有益。有一些程序条文无需讲解，因为它们是不言自明的；而有一些条文则需把有关术语逐个讲解，否则会使读者莫名其妙。在必须讲解的条款中，属于带基本原理性质的，会占篇幅长一些，不属这类性质的，则可能占篇幅短一些；对实体条款的讲解会占篇幅长些，对程序条款的讲解，则相对短一些。

## 第三节　世界贸易组织、TRIPS 理事会与“知识产权及投资部”

1994 年 4 月的《马拉喀什宣言》虽然宣布了要成立一个“世界贸易组织”来代替“关贸总协定”，但并未指出具体的成立日期。只是 1994 年 12 月 8 日“世界贸易组织协定”的执行会议在日内瓦才最后决定了世界贸易组织于 1995 年 1 月 1 日成立。中国到 1994 年底之时，尚未完成进入世界贸易组织的谈判。但由于中国政府全面参加了关贸总协定乌拉圭回合的谈判，并在该回合的最后协议上签了字。所以，中国代表仍旧以正式成员的身份参加了 12 月 8 日的执行会议。

1994 年 12 月 20 日，中国“复关”谈判未达成协议。其中主要问题是美国坚持把中国作为“发达国家”对待，而事实上中国的经济状况远未达到发达国家水平。所以，1995 年 1 月 1 日，世界贸易组织成立时，中国也尚未进入该组织。

世界贸易组织成立后的三个多月里，该组织的总干事人选首先是个举世瞩目的问题。起初，墨西哥、韩国及意大利（实际是欧洲联盟）各有一名人选。由于1995年年初，墨西哥发生金融危机，墨国内舆论认为作为墨西哥候选人的萨利那斯（墨前总统）有不可推卸的责任。故该候选人退出。不久，韩国候选人也宣布退出。3月23日，世界贸易组织的成员及关贸总协定缔约方代表们，就任命意大利候选人鲁杰罗（Renato Ruggiero）为总干事一事，达成了一致意见。5月1日，鲁杰罗成为世界贸易组织首任总干事。

由于马拉喀什会议上决定由关贸总协定向世界贸易组织过渡，应当有个过渡期。1994年12月8日的执行会议决定，这个过渡期为一年。就是说，在1995年全年内，“关贸总协定”与“世界贸易组织”并存。这主要是由于当时尚有20多个关贸总协定的缔约方，在世界贸易组织成立之日尚不能完成对乌拉圭回合全部协议的审批程序（至1994年4月，关贸总协定共有128个缔约方）。

1995年5月17日，上任不到一个月的世界贸易组织总干事，就遇到了日美关于汽车贸易的纠纷。该纠纷由于未能在两国间以谈判解决,美国总统克林顿于5月10日宣布授权对日本采取报复行动，日本即诉诸世界贸易组织，认为美国的行为违反世界贸易组织规定的基本国际贸易原则。①

到目前为止，尚无任何国家间的知识产权纠纷投诉世界贸易组织。

在《建立世界贸易组织协定》的第4条里，规定了该组织设立一个“总理事会”，同时设立“货物贸易理事会”“服务贸易理事会”及“与贸易有关的知识产权理事会”（简称TRIPS理事会）。实际上，

---

① 该纠纷后由日、美双方自己达成了协议，贸易纠纷初步得到解决。

1986年乌拉圭回合之始提出的三项新议题中，“投资保护”不再成为一个单项，而是列入“货物贸易协议”这个大项之下。所以，没有再设一个“投资保护理事会”。

在1995年1月31日的世界贸易组织总理事会上，选出香港地区的哈宾森（Stuart Harbinson）为“与贸易有关的知识产权理事会”主席。

TRIPS理事会的各项具体职能，均规定在《与贸易有关的知识产权协议》中。《建立世界贸易组织协定》只是规定了TRIPS理事会应在总理事会指导下开展工作。

协定也是在第4条中，规定了各理事会可以按照需要去设立附属机构。而在世界贸易组织的直接领导下，也设立了一些职能机构。其中之一，就是“知识产权与投资部”（或译为“司”——Division）。它的首任领导是英国人奥登（Adrian Otten），它并不是TRIPS“理事会”的机构。

在《建立世界贸易组织协定》中，规定了WTO的五项主要工作。

（1）促进本协定及多边贸易协议（系指包括货物贸易、服务贸易、知识产权保护在内的几个多边协议）、多种贸易协议（系指包括政府采购、民用航空器协议等在内的几个不属于“多边贸易协议”的其他协议）的管理与实施；

（2）为世界贸易组织的成员之间的谈判提供讲坛；

（3）解决成员间的贸易争端；

（4）实施贸易政策审查机制；

（5）与国际货币基金组织及世界银行合作。

世界贸易组织的职能由（至少两年举行一次的）成员部长级会议行使。部长级会议休会期间，由“总理事会”行使。

协定规定由总干事设立秘书处（而马拉加什会议已确定将关贸

总协定原秘书处工作人员转为世界贸易组织秘书处人员）。

协定还规定：WTO具有法人资格。

协定规定：如果要修改TRIPS协议的第4条（即“最惠待遇”条款），必须经世界贸易组织的全体成员同意。可见超越了《保护工业产权巴黎公约》及《保护文学艺术作品伯尔尼公约》的“最惠待遇”原则，对世界贸易组织多么重要。

关贸总协定的原缔约方，以及欧洲共同体，凡批准乌拉圭回合1994年的最后协议文件并承担义务的，均是世界贸易组织的“创始成员”（Original Members）。

《建立世界贸易组织协定》最后要求所有成员均有义务使自己的法律、条例及行政程序与协定一致，并且对协定不得作任何保留（但对于协定所附的某些协议，可以按协议的条件作出保留）。

在《建立世界贸易组织协定》之下，共有6大“附件”，它们是：

附件1. A. 货物贸易多边协议

在这个协议之下，又有13个分项，其中第（1）项之下，还有7个次分项，即：

（1）1994年关税与贸易总协定

ⅰ. 对解释1994年关税与贸易总协定第2条1款（b）项的谅解

ⅱ. 对解释1994年关税与贸易总协定第17条的谅解

ⅲ. 对1994年关税与贸易总协定有关收支差额规定的谅解

ⅳ. 对解释1994年关税与贸易总协定第24条的谅解

ⅴ. 对于依照1994年关税与贸易总协定免除有关义务的谅解

ⅵ. 对解释1994年关税与贸易总协定第28条的谅解

ⅶ. 1994年关税与贸易总协定马拉喀什议定书

（2）农产品协议

（3）卫生与植物卫生措施的适用协议

（4）纺织品与服务协议

（5）贸易的技术壁垒协议

（6）与贸易有关的投资措施协议

（7）实施 1994 年关税与贸易总协定第 6 条（反倾销）的协议

（8）实施 1994 年关税与贸易总协定第 7 条（海关估价）的协议

（9）装运前检验协议

（10）来源规则协议

（11）进口许可证程序协议

（12）保障协议

附件 1.B. 服务贸易总协议

附件 1.C. 与贸易有关的知识产权协议

附件 2. 对解决争端的规范及程序的谅解

附件 3. 贸易政策复审机制

附件 4. 多种贸易协议

（1）民用航空器贸易协议

（2）政府采购协议

（3）国际奶制品协议

（4）国际牛肉协议

在乌拉圭回合结束时，形成正式的“最后文件”共计 425 页。如果加上各成员在货物买卖的关税减让、服务贸易等问题上达成的协议附件，则共计 26 000 页。1994 年 6 月，由当时尚未“交权”的关贸总协定秘书处编辑印制成书的《多边贸易谈判的乌拉圭回合成果》（其中包括《马拉喀什宣言》等等），也长达 558 页。

世界贸易组织共（应）有法定工作人员人数为 420 人。其总部设在日内瓦的“威廉·拉柏德中心”（Centre William Rappard），该组织的“知识产权与投资部”，也在这个总部中。

世界贸易组织将其现有的成员分为三类：第一，发达国家成员（大约 30 个）；第二，发展中国家成员（大约 70 个）；第三，最不发达国家成员（初步定 26 个）。个别国家的归类尚未最后确认。成员国（及地区）的部长级会议已决定，将成立一个“贸易与发展委员会”，定期调查和了解最不发达国家的状况，并向世界贸易组织提议采取相应措施予以帮助。

根据世界贸易组织 1995 年 7 月发布的文件，该组织把成员分为“有投票权的成员”和“无投票权的参加国”两类。第一类有 100 个，它们是：

安提瓜和巴布达、古巴、几内亚比绍、阿根廷、哥斯达黎加、圭亚那、澳大利亚、科特迪瓦、洪都拉斯、奥地利、捷克、香港、巴林、丹麦、匈牙利、孟加拉国、吉布提、冰岛、巴巴多斯、多米尼加、印度、比利时、多米尼加共和国、印度尼西亚、伯利兹、欧共体、爱尔兰、博茨瓦纳、埃及、以色列、文莱达鲁萨兰、萨尔瓦多、意大利、布基纳法索、芬兰、牙买加、加拿大、法国、日本、中非、德国、肯尼亚、智利、希腊、韩国、哥伦比亚、加纳、科威特、莱索托、巴基斯坦、坦桑尼亚、卢森堡、巴拉圭、瑞士、澳门、秘鲁、瑞典、马拉维、菲律宾、泰国、马来西亚、波兰、多哥、马尔代夫、葡萄牙、特立尼达和多巴哥、马里、罗马尼亚、突尼斯、马耳他、圣卢西亚、土耳其、毛里塔尼亚、圣文森特与格林纳丁斯、乌干达、墨西哥、塞内加尔、联合王国、摩洛哥、新加坡、美国、缅甸、斯洛伐克、乌拉圭、纳米比亚、南非、委内瑞拉、荷兰、西班牙、赞比亚、新西兰、斯里兰卡、津巴布韦、尼日利亚、苏里南、巴西、挪威、斯威士兰、加蓬、毛里求斯。

第二类（无投票权的参加国）有 22 个：

安哥拉、贝宁、玻利维亚、布隆迪、喀麦隆、乍得、刚果、塞浦路斯、斐济、冈比亚、危地马拉、几内亚、海地、列支敦士登、马达加斯加、莫桑比克、尼加拉瓜、尼日尔、卢旺达、塞拉利昂、斯洛文尼亚、扎伊尔。

此外，到1995年12月为止，有下列28个国家或地区正在进行加入世界贸易组织的谈判：阿尔巴尼亚、阿尔及利亚、亚美尼亚、贝拉卢、保加利亚、柬埔寨、中国、克罗地亚、厄瓜多尔、爱沙尼亚、约旦、拉脱维亚、立陶宛、南斯拉夫、马其顿、摩尔多瓦、蒙古、尼泊尔、俄罗斯、沙特阿拉伯、塞舌尔、苏丹、中国台湾、乌克兰、乌兹别克、越南、瓦努阿图、巴拿马。

1995年12月22日，世界贸易组织与联合国世界知识产权组织缔结了一项协议，原则上规定了两国际组织间在知识产权国际保护中应当合作。这是又一种国际协定。不过，早在TRIPS的条文中，实际已规定了两组织及其所辖公约的关系。

# 第一章　TRIPS的基本原则

## 第一节　前序部分

### 一、“成员”

本书前面提到，关贸总协定在统称该协定的参加者时，一般避免使用“国家”这一概念，而使用“缔约方”。在1991年底初步达成的知识产权协议中，也全文沿用了“缔约方”这一概念。前面又提到过，关贸总协定原先除了“缔约方”之外，还经常使用“成员”这一概念。由于在1993年底乌拉圭回合结束时，已经就建立一个40年代末即曾试图建立的国际性的、实际存在的贸易组织达成一致意见，所以知识产权协议在1994年文本中将原先使用的“缔约方”全部改用“成员”，即新建立起的“世界贸易组织”的成员。从协议的行文技术角度看，改用“成员”（Member）后，发生误解或混淆的可能性也会更少一些。因为，“缔约方”在英文中是“Party”，这与我们常说的诉讼中或合同中的“一方”（Party）是同一个词。虽然凡指“缔约方”时，Party一词应以大写字母开头，而纠纷、诉讼或合同中的“一方”一般不用大写开头，所以在一般情况下不会混淆。但如果“一方”这个词在条文的句首出现，就也必须以大写开头了。这时，在理解上就容易引起混淆。知识产权协议第三部分第41条第4款就是一个例子，它也确曾引出过错误的翻译。

相比之下，巴黎公约与伯尔尼公约中，均使用地域意义上的“国家”（Country），罗马公约则使用政治意义上的“国家”（State）。这些公约，均不使用“成员”。巴黎公约之下的马德里协定及专利合作条约，以及集成电路知识产权条约也使用了“缔约方”（Contracting Party）。但它是在更广的内涵下使用，指两国及两国以上的联盟，如欧共体、非洲知识产权组织，等等，而不是指“独立关税区”。

## 二、知识产权为私权

知识产权本质上是一种特定主体所专有的财产权，这在多数国家的法律中很久以来就得到承认，而我国曾有一度因极“左”的影响，批判“知识私有”，不承认知识产权为私权，取消了曾经有过的、尚不完善的保护（例如50年代初曾有过的对专利权、发明权的有限保护）。我国重新以立法形式承认知识产权是一种私权，是一种可以在贸易中使用并获得收益的专有权，是在1979年制定的《中华人民共和国中外合资经营企业法》中。不过，当时仅仅承认到“工业产权”为止。本协议中的版权以及与版权有关的权利，当时尚未得到承认。

本协议要求全体成员承认知识产权为私权，这是写在协议前序中的一条原则性的共识。

我国现有的专利法、著作权法等，是符合这一原则的。虽然专利法中，归全民企业“持有”的专利，实质由国家享有；著作权法中，无人继承的权利，由国家享有，但在这两种情况下，均不改变相应的专利权、版权之为私权的性质。但是，我国原有的《发明奖励条例》所规定的“获奖发明可以由任何企业去使用”的原则，则否定了有关“发明权”的私权性质,而我国《民法通则》却又把“发明权”归入“知识产权”中。这种“知识产权”是否属于“私权”，就得画上一个问号了。

“私权”是属于具体的、特定的主体的权利。与之相对应的则是“公权”。“公权”是不特定的、公众中的任何人均可以行使的权利。选举权以及在一般国有公路上的通行权等等，即属于“公权”。

知识产权属于私权，即决定了它的“专有性”。未经权利人许可的使用，一般即构成侵权。只有在法定的例外场合，才会允许不经许可而对知识产权的使用。这些，在协议条文中，也都有具体规定。

## 三、“国内”与“域内”

在协议的前序部分中出现了“国内”（National）法与“域内”（Domestic）法两个不同的术语。虽然在前序中，这两种不同的使用并没有特别突出的不同含义，但是在随后的协议条款中，这两种用法经常分别指向显然不同的需要加以区别的场合。正如本书绪论中所说，参加关贸总协定的主体不一定必须是主权国家，也可以是独立的关税地区。在有关成员属于独立的关税地区的场合，如果协议中的条款正好包含了对这类地区的要求，则该条款使用“国内”一词显然不太合适。只有在有关条款明显地不包括独立关税地区成员的场合，使用“国内”一词才是确切的。过去曾有的翻译文本，对这两个关键外文词不加区分，一律翻译为“国内”。这是不对的。我在本书后所附的我自己的中译本，特别注意了这两个词的不同译法。

## 四、世界知识产权组织

协议从它的“前序”开始,多次提到它与世界知识产权组织（即WIPO）的关系。所以很有必要把这个组织以及建立这个组织的公约向读者作个介绍。

19 世纪末，在缔结了《保护工业产权巴黎公约》并由此而建立“巴黎联盟”、缔结了《保护文学艺术作品伯尔尼公约》并由此建立“伯尔尼联盟”后，分别成立了两个联盟的“国际局”，以便管理两个公约。1893 年，这两个国际局合并，成为后来的“保护知识产权联合国际局”。1967 年，在斯德哥尔摩修订上述两个工业产权与版权领域的主要公约的同时，签订了《建立世界知识产权组织公约》，该公约于 1970 年生效。这个公约生效后，依照公约的“过渡条款”，原“保护知识产权联合国际局”的全部职能，即转给世界知识产权组织兼管。“过渡条款”还规定：一旦巴黎联盟与伯尔尼联盟成员国全部成为世界知识产权组织的成员国后，两联盟的事务局应不复存在，两联盟事务局的全部权利、义务及财产，均应转归世界知识产权组织国际局。到目前为止，伊朗等巴黎联盟成员国，尚未加入世界知识产权组织。

1974 年，世界知识产权组织成为联合国系统的一个专门机构。

1979 年，这个公约对个别条文作出一些修正。

我国于 1980 年批准参加《建立世界知识产权组织公约》，成为该组织的成员国。这是我国参加的第一个知识产权国际公约。

到1996年1月为止，共有157个国家参加了这个公约。

在1986年之前，世界知识产权组织可以说是唯一一个在知识产权国际保护方面对各国影响较大的国际组织。它所管理的国际条约，也构成知识产权多边国际保护的主要内容。但在1986年《关税与贸易总协定》的乌拉圭回合谈判之后，这种情况发生了重大变化。乌拉圭回合使知识产权的国际保护直接与国际贸易挂钩，并使后者成为影响前者的重要因素。这样一来，另一个不属于联合国的国际“组织”，在知识产权国际保护上的作用已不容忽视了。

《建立世界知识产权组织公约》为世界知识产权组织规定了两条主要宗旨:（1）通过国家间的合作，以及与其他国际组织的协作，促进国际范围对知识产权的保护;（2）保证各种知识产权公约所建立的联盟之间的行政合作。前者主要体现在鼓励缔结新的知识产权条约，促进各国知识产权立法的国际化与现代化等方面。后者则体现在由世界知识产权组织，把绝大多数知识产权国际联盟的行政工作，集中在该组织的国际局加以管理。

那么，世界知识产权组织（通过其国际局）管理的国际公约有哪些呢?

在工业产权领域，它管理下面14个公约:

（1）《保护工业产权巴黎公约》（简称“巴黎公约”），1883年于巴黎缔结，1967年于斯德哥尔摩最后修订（1979年又作了个别修正），到1996年1月为止，已有136个成员国。

（2）《制裁商品来源的虚假或欺骗性标志协定》，1891年于马德里缔结，1958年在里斯本最后修订（又于1967年再次补充），到1996年1月为止，已有31个成员国。

（3）《商标国际注册马德里协定》（简称“马德里协定”），1891年于马德里缔结，1967年于斯德哥尔摩最后修订（又于1979年作了个别修正），1989 年又增订了议定书，到 1996 年 1 月为止，已经有 51 个成员国。

（4）《工业品外观设计国际备案协定》，1925 年于海牙缔结，1967 年于斯德哥尔摩最后修订（后又于 1975 年增加了议定书，1979 年作了个别修正），1992 年 2 月，世界知识产权组织又为进一步修订该协定起草出意见书，到 1996 年 1 月为止，已有 25 个成员国。

（5）《为商标注册目的而使用的商品与服务的国际分类协定》（简称“尼斯协定”），1957 年于尼斯缔结，1977 年于日内瓦最后修订（又于 1979 年作了个别修正），到 1996 年 1 月为止，已有 42 个成员国。

（6）《保护原产地名称及其国际注册协定》（简称“里斯本协定”），1958 年于里斯本缔结，1967 年于斯德哥尔摩最后修订（又于 1979 年作了个别修正），到 1996 年 1 月为止，已有 17 个成员国。

（7）《工业品外观设计国际分类协定》（简称“洛迦诺协定”），1968 年于洛迦诺缔结，于 1979 年作了个别修正，到 1996 年 1 月为止，已有 25 个成员国。

（8）《专利合作条约》，1970 年于华盛顿缔结，于 1979 年及 1984 年作了个别修正及更改，到 1996 年 1 月为止，已有 83 个成员国。我国已于 1993 年加入该条约。

（9）《专利国际分类协定》，1971 年于斯德拉斯堡缔结，于 1979 年作了个别修正，到 1996 年 1 月为止，已有 33 个成员国。

（10）《商标图形国际分类协定》（简称“维也纳协定”），1973 年于维也纳缔结，到 1996 年 1 月为止，已有 5 个成员国。

（11）《为专利申请程序的微生物备案取得国际承认条约》（简称“布达佩斯条约”），1977 年于布达佩斯缔结，于 1980 年作了个别修正，到 1996 年 1 月为止，已有 35 个成员国。我国于 1995 年 3

月 30 日加入该条约。

（12）《商标注册条约》，1980 年于维也纳缔结，到 1996 年 1 月为止，已无统计，因其中的原苏联解体后，“独联体”国家或俄罗斯在该条约上的态度还不清楚。

（13）《保护植物新品种国际公约》，1961 年缔结，1991 年于日内瓦最后修订，但 1991 年文本尚未生效；已生效的最后修订文本是 1978 年于日内瓦修订的文本。到 1996 年 1 月为止，该公约已有 30 个成员国。

（14）《商标法条约》，1994 年缔结，1996 年 5 月 1 日生效，生效时有 5 个成员国。

在既非工业产权、又非版权领域，或兼有工业产权与版权的领域，世界知识产权组织管理着下列 3 个公约：

（1）《科学发现的国际登记条约》，1978 年于日内瓦缔结，至今尚未生效。

（2）《保护奥林匹克会徽条约》，1981 年于内罗毕缔结，到 1996 年 1 月为止，已有 36 个成员国。

（3）《集成电路知识产权条约》，1989 年于华盛顿缔结，至今尚未生效。

在版权领域，世界知识产权组织管理下面 7 个公约：

（1）《保护文学艺术作品伯尔尼公约》（简称“伯尔尼公约”），1886 年于伯尔尼缔结，1971 年于巴黎最后修订（又于 1979 年作了个别修正），到 1996 年 3 月为止，已有 117 个成员国。

（2）《保护表演者、录音制品制作者与广播组织公约》（简称“罗马公约”），1961 年于罗马缔结，到 1996 年 1 月为止，已有 50 个成员国。

（3）《保护录音制品制作者防止未经许可复制其制品公约》（简称“录音制品公约”或“唱片公约”），1971 年于日内瓦缔结，到

1996 年 1 月为止，已有 53 个成员国。

（4）《印刷字体的保护及其国际保存协定》，1973 年于维也纳缔结，1996 年 3 月 20 日生效，生效时有 7 个成员国。

（5）《关于播送由人造卫星传播的载有节目信号公约》（简称“布鲁塞尔卫星公约”），1974 年于布鲁塞尔缔结，到 1996 年 1 月为止，已有 20 个成员国。

（6）《避免对版权使用费收入重复征税多边公约》，1979 年于马德里缔结，至今尚未生效。

（7）《视听作品国际登记条约》，1989 年于日内瓦缔结，同年生效，到 1996 年 1 月为止，已有 12 个成员国。

在上述公约中，罗马公约是由世界知识产权组织与联合国教科文组织、国际劳工组织共同管理的。

在知识产权的国际保护领域，还有一些公约并不是由世界知识产权组织管理也无该组织参加管理，这些公约主要是地区性的。例如，1962 年缔结的《比（利时）荷（兰）卢（森堡）商标公约》、1966 年缔结的《比荷卢外观设计公约》、1953 年西欧与亚、非几个国家缔结的《专利申请形式要求欧洲公约》、1963 年西欧部分国家缔结的《统一发明专利实体法公约》、1973 年西欧部分国家缔结的《欧洲专利权授予公约》、1962 年部分法语非洲国家缔结的《利波维尔协定》（后于 1977 年修订为《班吉协定》）、1976 年部分英语非洲国家缔结的《建立非洲工业产权组织卢萨卡协定》、1958 年及 1960 年、1965 年西欧部分国家及个别亚洲国家缔结的三个广播电视协定，等等。当然，也有非地区性的知识产权领域国际公约，不是由世界知识产权组织管理的。例如，《世界版权公约》即由联合国教科文组织管理。

世界知识产权组织公约共有 21 条。其中，属于实体条款的，仅有第 2 条（8）款，即该公约为“知识产权”所下的定义。

按照这一定义，知识产权应包括下列权利：

（1）与文学、艺术及科学作品有关的权利。这主要指作者权，或一般所称的版权（著作权）。

（2）与表演艺术家的表演活动、与录音制品及广播有关的权利。这主要指一般所称的邻接权。

（3）与人类创造性活动的一切领域内的发明有关的权利。这主要指就专利发明、实用新型及非专利发明享有的权利。

（4）与科学发现有关的权利。

（5）与工业品外观设计有关的权利。

（6）与商品商标、服务商标、商号及其他商业标记有关的权利。

（7）与防止不正当竞争有关的权利。

（8）一切其他来自工业、科学及文学艺术领域的智力创作活动所产生的权利。

由于公约第 16 条明文规定了“对本公约，不得作任何保留”。故可以认为，世界上大多数国家（包括我国）均已对上述关于知识产权的定义表示接受。

依照公约的规定，世界知识产权组织的总部设在日内瓦。在成为联合国系统的一个专门机构之后，该组织在纽约的联合国总部设有联络处。

依照公约的规定，任何巴黎公约或伯尔尼公约的参加国，只要同时批准或加入巴黎公约的 1967 年斯德哥尔摩文本，或伯尔尼公约的 1967 年斯德哥尔摩文本（如不批准或参加伯尔尼公约该文本，则批准或参加伯尔尼公约 1971 年巴黎文本的行政条款也可），或已宣布受这些文本之一约束，即可以成为世界知识产权组织成员国。其他国家，只要具备下列三个条件之一，也都可以在向该组织总干事交存加入书之后，参加该组织:（1）联合国、联合国专门机构或原子能机构成员国;（2）国际法院规约参加国;（3）受 WIPO 大会邀请，参加 WIPO 公约的国家。

## 五、其他

1993 年乌拉圭回合结束时形成的知识产权协议文本，在框架上与 1991 年底形成的“邓克尔文本”没有大的差别。但在许多条款的内容上，以及许多用语上，都做了实质性的变动或增删。读者对此一定要加以注意。对条款的增删在下文具体谈到某个条款时将会详细叙述。用语的变更除了前面讲到的“缔约方”变为“成员”之外，从前序开始，凡是提到“关贸总协定”的地方都会专门强调它指的是“1994 年关贸总协定”，以示与 1993 年底乌拉圭回合结束前的关贸总协定的内容相区别。凡是 1993 年底之前的文本把关贸总协定作为一个国际贸易组织来提的场合（例如在谈到关贸总协定与世界知识产权组织或其他国际组织的关系时），原文本中的“关贸总协定”统统改成了“世界贸易组织”。这样就使关贸总协定最终“名正言顺”了。因为“总协定”毕竟不是一个组织，过去把它作为一个组织对待，实出于不得已。

1994 年 4 月 15 日（很巧，乌拉圭回合的发起日、结束日也均是在“15 日”）上午，乌拉圭回合部长级会议在摩洛哥中西部城市马拉喀什通过了《马拉喀什宣言》，其中指出:“世界贸易组织的建立，标志着世界经济合作进入了一个新时代”。随着乌拉圭回合最后文件的通过和签订，“关贸总协定向世界贸易组织的过渡随即开始”。当天下午，我国对外经贸部副部长谷永江在马拉喀什参加了乌拉圭回合最后文件及“世界贸易组织协定”签字仪式，并在两个文件上签了字。

最后，请读者注意，“世界贸易组织”这个名称本身，在 1993

年 12 月乌拉圭回合谈判结束后，到 1994 年 4 月各国在最后文件上签字之前，又变动了一次。1993 年 12 月文本上，出现的是“多边贸易组织”（MTO）。大概美国不太愿意把自己算作与其他国平起平坐的“多边”中的“一边”,所以力主把“M”（Multilateral）倒过来，成为“W”（World）。在签署最后文件之前，这个 M 终于倒过来了。

在下文中，为简洁起见，提及“世界贸易组织”之处，大都以 WTO 的简称代替；但提到“世界贸易组织协定”时，则一般不用简称。

## 第二节　WTO 的知识产权协议与 WIPO 的知识产权公约的关系

### 一、TRIPS 中的“知识产权”

在 WTO 的知识产权协议的第一部分第一条中划出了协议中所包含的知识产权的范围，它们是：

（1）版权与邻接权；

（2）商标权；

（3）地理标志权；

（4）工业品外观设计权；

（5）专利权；

（6）集成电路布图设计（拓扑图）权；

（7）未披露过的信息专有权。

由于关贸总协定中的知识产权协议是在美国的强烈要求下缔结的；又由于协议中明确规定对作者的精神权利可以不予保护，可以看出，这个协议偏向于“版权”（Copyright）理论，而不是“作者权”（droit de auteur）理论。所以，协议中的“Copyright”翻译为“版权”更恰当一些。至于“邻接权”，协议中所使用的是最早出自意大利与德国的用法，即“有关权”。这二者没有本质的不同。

协议中所涉及的对未披露过的信息的保护，实际上主要指对“商业秘密”的保护，其中自然也包括对Know-How的保护。多年以来，知识产权法理论界以及司法界，关于商业秘密究竟能不能作为一种财产权来对待，一直是争论不休的。但是关贸总协定的知识产权协议至少在国际贸易领域作了肯定的回答，从而给这场争论画了一个句号。

商业秘密实质上是“反不正当竞争权”中的一部分。多数有法律保护它的国家，都是纳入反不正当竞争法的轨道去保护的，我国也是如此。商业秘密的权利人有权把其秘密作为技术转让或其他贸易活动之标的，在这个意义上，它同专利权一样，是一种“积极权利”。绝不像有人认为的那样，反不正当竞争法所保护的一切权利都“没有赋予当事人以一种积极的权利”。

已经有人注意到：在TRIPS开列的几种类型的知识产权中，缺少一项近年越来越多的国家都越来越重视的“商品化（形象）权”（The Right of Merchandizing）。

“形象权”是个新的、未定型的概念。在一般民法的人身权与版权之间，以及在商标权、商号权、商誉（Goodwill）权与版权之间，存在着一个边缘领域。正像把工业版权领域的问题无论放到工业产权领域还是版权领域解决，都不尽合理一样，把这一边缘领域的问题无论单放到人身权（或商标权等）领域还是单放到版权领域解决，也都难得出令人满意的答案。国外已出现“公开权”（Right of Publicity）、“商品化权”（Merchandising Right）等术语来说明这一领域中的一部分问题。“形象权”正是其中一部分。所谓“形象”，包括真人的形象（例如，在世人的肖像）、虚构人的形象、创作出的人及动物形象、人体形象等等。这些形象被付诸商业性使用（或称营利性使用）的权利，我把它统称“形象权”。下列几种形象权，均与版权有密切关系。

## （一）真人形象权与版权

真人形象权指的是真人的姓名或（和）肖像被付诸商业性使用的权利。这项权利与民法一般人身权中的姓名权及肖像权有何不同呢？如果说，以自然人为主体的姓名权及肖像权在人死后即随之失灭的话，与版权相邻的形象权却在该形象所反映的主体死后犹存很长时间，因为它主要是一种经济权利，这可以说是二者的主要不同。

强调人身权在人死时即逝的人们大都吃惊地发现：不少国家的版权法中规定了一个人死后若干年，其肖像权由谁行使的问题。例如，《苏俄民法典》第 514 条规定，肖像的被制作人死后，其肖像的发表、复制或散发均须取得其子女及其配偶许可。《印度尼西亚版权法》第 18 条规定：肖像被制作人死后 10 年内，肖像作品之版权人在复制或发行其作品前，均须征得肖像被制作人的子女同意。这至少说明：这些版权法条款中所指的“肖像权”，已经不同于一般民法人身权中的肖像权了，它们是可以脱离原主体而存在的。

还应提到：有些国家的版权法把“冒他人之名发表自己的作品”视为侵犯版权，而不是侵犯一般民法中的姓名权。在这些场合，姓名权也是被作为与版权相邻的形象权，而不是作为人身权来对待的。

有些国家认为，真人的形象权只有名人才具有。一个人之成为“名人”后，就部分丧失了他的民法中的肖像权与隐私权，而获得了形象权。①

1982 年，奥地利最高法院在一个判例里，曾很清楚地区分了版权、肖像权与形象权。一个自认为较有名气的运动员被一名摄影师

---

① 参见《欧洲知识产权》月刊，1988 年第 8 期，第 227 页。

拍了照片，后来他的照片未经他许可被一家体育用品商店连同其他许多运动员的照片一起使用在商品广告上。该运动员向法院诉商店侵犯其版权与肖像权，并要求按每件商品销售价的一定比例提成，来作为侵权赔偿。最高法院认为：该照片版权依奥地利版权法属摄影人所有，商店对运动员不存在侵犯版权问题。该运动员的肖像被商业性使用，确实应视为侵犯肖像权。但至于应按什么标准赔偿，或应当不应当赔偿，要看商店在实际销售中，该运动员的肖像究竟起了多大作用。如果从消费者那里抽样取证的结果表明：顾客购物时根本没有注意到广告中该特定运动员的肖像，那就说明该运动员的名气尚不足以使他具有形象权，即不具有利用该肖像在商业中获利的实际权利。于是就可能不存在赔偿问题，商店可能只需要声明道歉并停止继续使用而已。①

### （二）扮演者的形象权与版权

这里要讲的，实际上是我国许多报刊讨论过的“剧照的肖像权”问题。但民法对人身权中一般的肖像权的规定，显然远不能解决这一边缘领域的问题。许多争论最后没有令人满意的结局，从反面说明了必须引入“形象权”这一新概念。

扮演者的“剧照”不能一概而论，它至少包含以下几种不同情况：（1）观众不认识的（不知名的）演员扮演虚构人物；（2）观众不认识的演员表演真实人物；（3）观众认识的（知名的）演员扮演虚构人物；（4）观众认识的演员扮演真实人物。

在第（1）种情况下，未经许可而商业性利用剧照（指单独镜头）不存在侵犯演员形象权问题，只存在侵犯作品版权；在保护水平高的国家，还可能存在侵犯表演者权问题。

① 参见《欧洲知识产权》月刊，1982年第10期，第211页。

在第（2）种情况下，不存在侵犯演员形象权问题。但如果演员与真实人物极其相似，以致观众多数在离开影、剧的场合无从区分，则存在侵犯该真实人物形象权问题；如果该真实人物系在世人，则还可能侵犯该人物民法人身权中的肖像权。同时，这种商业性使用肯定也侵犯有关作品的版权或表演者权。

在第（3）种情况下的多数场合，会有侵犯演员形象权问题。例如电影演员杨再葆，不论他再扮演什么虚构人物，他的剧照一旦单独拿出来，人们也都会认为这是杨再葆。其他一些多次获奖的名演员都会有类似的形象权。就是说，人们看到从影、剧中抽出付诸商业使用的有关单独剧照后，将不再把它与有关作品故事情节相联系，而是直接与演员本人相联系。当然，这时也会同时存在侵犯作品版权或表演者权问题。

第（4）种情况，名人表演者所扮的真实人物，也存在一个知名度问题。邓世昌可以算“名人”，表演他的李默然也是名演员。但邓世昌的知名度是有限的，不学历史的人可能并不知道他，而他们可能认识李默然。这时李可能享有有限的形象权。另一方面，名演员扮演知名度极高的名人（例如领袖人物）越逼真，他在事业上就越成功，他就越可能不享有剧照形象权；而他在剧照形象权上的“所失”，换来的是他在文艺界的更高知名度和其他相应权利。始终保留着自己形象权的、扮演名人的演员，则可能说明他在扮演时总与其应有的角色相差很大距离。这种“形象权的保留”对他并非好事。他可能最终因此不得不离开文艺界，从名人变为非名人，从而完全丧失其形象被商业利用的可能性，即丧失其形象权。

### （三）人体形象与版权

1988 年年底，北京中国美术馆的“油画人体艺术大展”及与该大展同时发行的人体艺术画册，曾引起了模特的诉讼。随后不到一个月的另一次、在同样地点的人体画展（《陈皖山人体油画展》），却没有引起什么风波（至少没有立即引起诉讼）。其中可能有前者委托作画的合同（无论书面还是口头合同）不及后者完善，更可能是前者的商业性使用成分大大高于后者。

人体画像的版权肯定就属于绘画人吗？不一定。有的国家规定其版权属于被画人；有的国家规定由绘画人与被画人的合同商定；也有的国家规定属于绘画人。多数国家即使规定了第一种或第三种方案，也都允许在第二种方案中选择。可见，不能简单地认为这种情况下，作品的版权必然归作者。

人体模特也不一定享有形象权［虽然他（她）们肯定享有肖像权］。在出版人体画册之外可能付诸商业使用的人体形象并不多见。但是，一旦某个绘画艺术家的较高创作水平使某个模特因其人体画而出名，付诸其他商业性使用的可能就产生了。

不过，我国发生在1988~1989年的有关纠纷，实际是中国特殊国情的产物。首先，是一方可能扩大了对原有（口头或书面）合同的理解，以违约方式扩大了有关作品的使用范围。其次，也是更重要的，在多数发达国家主要是肖像权问题的人体画，在我国则主要是隐私权问题。因为，我国毕竟不像西方从古代罗马、古代希腊起，就把人体美充分地表现在绘画、雕塑等作品中。总之，该纠纷本身并不是因形象权引起的。

### （四）作者创作之形象的形象权与版权

上面三种形象权的权利主体与客体（肖像、剧照、人体画）之间都存在着同一性。现在来谈主体与客体不存在同一性的形象权。

作者在绘画或其他造型艺术中创作的形象，它们作为作品享有版权是无疑的。这些形象并不是全部可以在其创作目的之外付诸商业使用的。例如鲁迅写《阿Q正传》后，有不少画家都创作出他们心目中的“阿Q”的画像。这些作为绘画作品享有版权的形象，很难在其他商品的装潢、广告或厂商招幌上使用，以便获利。但张乐平创作的“三毛”形象，除了出版画册、拍摄电影外，就可能被用作儿童用品的广告内容或招幌内容。这样一来，“三毛”的作者除享有版权外，还可能享有某种类似商誉权的形象权。美国沃尔特·迪士尼公司创作出的“白雪公主”形象、“七个小矮人”形象，事实上已经在享有版权的同时，获得了许多国家、许多类商品的商标注册。

可享有形象权的创作形象，还远不只人物形象。许多动物形象也包括在内。人们熟悉的米老鼠和唐老鸭就是已经享有这种权利的形象。中国亚运会吉祥物的设计图，也曾经成为这种形象。在动物形象中，同样也存在虚构动物与真实动物的区别。例如，米老鼠那种具有人手，穿衣戴帽的动物显然是虚构的，而珍奇动物中国大熊猫、澳大利亚树熊的形象，则是真实的。这后一类形象在艺术家笔下可能各式各样。但是，在确认真实动物形象的版权与形象权时，就应当慎重得多，不能把公有领域中的东西划入专有领域。

此外，有些历史人物的形象，也往往被商业化了。例如，在我国小有名气的“曹操酒”“杜康酒”均是典型。这就与版权无关，也与“人身权”无关了。它相当于一般“标记化”的商业化权。

与版权无关，但可能与其他民事权利有关的商业化权，还有名演员的姓名、体育明星的姓名、影星的姓名作商业化使用。与版权及一般民事权利均无关，却可能产生市场信誉的商业化使用，则有将历史事件或过去与将来的体坛大事件作为标记的例子。例如“登月球”“2000奥运会”等等。这一类，如果想求得保护向商标法靠拢会更可行一些。

总之，“商业化权”在国际上出现的时间远不如专利权、版权、商标权、商业秘密权等时间久，但已经在市场经济中起着很大的作用，因而也受到人们重视。在我国，对这方面的研究还不多，更见不到专为保护它而成立的团体，而在有些发达国家，则在研究及实务上均已有很快的发展。1995 年 6 月与中国商标协会共同创办《中日商标与商品通讯》的，正是“日本商品化权资料中心”。

由于“形象权”“商业化权”与已有知识产权（尤其是版权及商标权）的交叉问题较复杂，现在（到 1996 年为止）尚没有一个国家制定了专门法保护这种权利。

在国际保护工业产权协会的 1994 年执委会上，美国、法国、日本等许多国家均主张一切“商业化”的标志，均应可以作为商标加以保护。从上面讲的形象权与版权的关系看，形象权的一大部分又可以在版权法框架内受到保护。所以，“商品化权”可能根本用不着作为专项知识产权加以保护，这正是 TRIPS 未把它专门列出的主要原因。

## 二、巴黎公约

知识产权协议从第 1 条起，多次提到它与世界知识产权组织（WIPO）的四个原有公约的关系。故应首先把这四个公约逐一向读者作个介绍。

《保护工业产权巴黎公约》(简称“巴黎公约”) 缔结于 1883 年，它是各种知识产权公约中缔结最早、成员国也最广泛的一个综合性公约。到 1996 年 1 月，它已经有 136 个成员国，其中大多数国家已批准了公约的最新文本（即 1967 年斯德哥尔摩文本）。

在巴黎公约中，规定了“国民待遇”等基本原则和一些对成员国国内立法的最低要求。这就保证了一个成员国的国民在申请和取得专利、注册商标等工业产权方面，在其他成员国内享有某些统一的、最低限度的权利，因此有利于专利技术在国际上的转让活动。巴黎公约的主要内容有：

### （一）国民待遇

国民待遇在巴黎公约中有两方面的含义。其一是说：在保护工业产权方面，各成员国必须在法律上给予其他成员国的国民以本国国民能够享受到的同样待遇。这反映在公约第2条中。其二是说：即使对于非公约成员国的国民，只要他在某一个成员国内有住所，或有实际从事工、商业活动的营业所，那就也应当享有同该成员国国民一样的待遇。这反映在公约第3条中。对公约成员国的国民，则不要求其在成员国内有居住地或营业所。例如，我国参加巴黎公约之后，居住在印度（非巴黎公约成员国）的我国国民，在各成员国申请和获得专利方面，均能享有国民待遇。

国民待遇原则在巴黎公约以及在其他知识产权的国际公约中，都占头等重要的位置。一般说来，对于外国人，如果是有资格享受国民待遇的，在申请及维护其工业产权方面，巴黎公约成员国就不能给他们低于本国国民的待遇。当然，巴黎公约并不排斥各成员国在工业产权的保护上，在某些方面给外国人以高于本国国民的待遇。

所谓“国民”，既包括自然人，也包括法人。作为自然人的国民，指的是根据一国的国籍法享有该国国籍的人。对于具有双重或多重国籍的人来讲，只要其中有一国是巴黎公约的成员国，这个人就具有享受国民待遇的资格了。至于法人，它的具体含义在不同国家还有所不同。例如，国家在工业产权的保护方面是否有资格作为享受国民待遇的法人存在，至今还是有争论的。不过在一般国家里，凡被法律承认的、具有民事权利及行为能力的社会组织，都可以作为法人而享受国民待遇。

巴黎公约并不像欧共体的《欧洲专利公约》或法语非洲国家的

《班吉协定》。它不产生任何具有跨国效力的工业产权。《巴黎公约》第2条中规定：在提供国民待遇时，以各国自己的国内法为依据。各国国内法，既包括成文法，也包括法院判例及工业产权管理部门的行政惯例。

巴黎公约第2条划出了一个在实行国民待遇时允许保留的范围。这就是：凡涉及保护工业产权的有关司法及行政程序、司法管辖权、文件送达地址、代理人资格等问题的法律，都可以声明保留。

## （二）优先权

巴黎公约第4条规定：如果有资格享有国民待遇的人，以一项发明首先在任何一个成员国中提出了专利申请（或其他工业产权申请），自该申请提出之日起12个月内（对发明专利与实用新型专利是12个月，对商标注册或外观设计专利是6个月），他如果在其他成员国也提出了同样的申请，则这些成员国都必须承认该申请案在第一个国家递交的日期为本国申请日。这就是“国际优先权”,或“按照巴黎公约取得的优先权”。优先权的作用主要是使申请人在第一次提出申请后，有充裕的时间考虑自己是否还有必要在哪些国家再提申请；并有时间选择在其他国家代办手续的代理人。他不必担心在这段时间里有其他人以相同的发明或商标在其他国家抢先申请专利或注册，因为他的第一次申请日是“优先”的。

“优先权”（Priority）这个词，在巴黎公约之外的工业产权领域，还有些其他含义。例如美国专利法中的优先权，可能指的是同一项发明的首先发明人比首先申请专利的人，地位要优先。在一些实行“国内优先权”制度的国家，它又可能指的是在本国提交申请后又改进了有关发明，再申请时可享有原先的申请日。所以，巴黎公约中的优先权往往要特别写明是“国际优先权”，以示与其他含义的优先权相区别。

巴黎公约的优先权原则并不是对一切工业产权都适用。对于商号、商誉、产地名称等等，均不适用。

巴黎公约中规定的12个月（或6个月）的优先权期，并不妨碍其他条约或成员国国内法加以延长。例如,《专利合作条约》就把优先权期延长到20至25个月。

优先权作为一种权利，也可以连同专利申请案或商标注册申请案一道转让。所以，有些工业产权申请案的最初申请人与后来享有优先权的人，可能并不是同一个人。

应当知道，在巴黎公约的大多数成员国内，专利局或商标局都不会自动承认申请人在国外已取得的优先权。所以，申请人在第二次及以后在各成员国申请有关工业产权时，一定要同时提出“优先权请求”（或比申请案稍迟提出，但最迟一般不应迟于申请案提交后3个月）。

### （三）临时性保护

巴黎公约在第11条对临时性保护作出了规定，即：公约各成员国必须依本国法律，对于在任何一个成员国内举办的、经官方承认的国际展览会上展出的商品中可以申请专利的发明、实用新型或外观设计，可以申请注册的商标，给予临时保护。保护期限与优先权期相同。在临时保护期内，各国均不允许展品所有人之外的人以展出的任何内容申请工业产权。如果展品所有人在临时保护期内申请了专利或商标注册，则申请案的优先权日在有的国家就不再从第一次提交申请案起算，而从展品公开展出之日起算。

临时保护也不会自动产生。要求得到临时保护的展品所有人，必须取得举办国际展览会的公约成员国有关当局的书面证明。应证明的内容，一是公开展出的日期，二是有关产品是否确属该展览会的展出物。

### （四）宽限期

巴黎公约第 5 条是关于撤销一项工业产权时给予一定宽限期的规定。例如，未按时交专利年费，或注册商标的续展费，就将被撤销有关专利或有关注册。公约要求各成员国在这类期限届满后，再提供 6 个月宽限；只有过了宽限期仍未交付有关费用，才能宣布撤销有关的专有权。又如，有的国家要求注册商标必须在贸易活动中使用,否则也将撤销其注册。公约要求只有连续不使用一定期限（三年或五年）后，才能予以撤销。这也是一种宽限期。

### （五）其他关于专利等保护的规定

上面几点都是对保护各种工业产权的最低要求。除此之外，巴黎公约还分别就专利保护、商标保护及不公平竞争等问题提出了一些最低要求。下面对这几方面分别作些具体介绍。

#### 1. 专利的独立性

在巴黎公约成员国内享有国民待遇的人，就其同一项发明在不同成员国内享有的专利权，彼此是互相独立、互不影响的。这是公约第 4 条之 2 提出的要求。这项要求也适用于在成员国享有国民待遇的人在成员国之外获得的专利。这就是专利的独立性原则。它包括三个方面的含义：第一,一个成员国（即使是专利申请人所在国）批准了一项专利，并不能决定其他成员国是否批准同一发明的专利申请；第二,一个成员国（即使是专利申请人所在国）驳回了一项专利申请，并不妨碍其他成员国批准同一发明的专利申请；第三,一个成员国（即使是专利权人所在国）撤销了一项专利，或宣布它无效，并不影响其他成员国就同一发明已经批准的专利继续有效。

提出专利的独立性这项要求，首先，因为不同国家的专利制度很不相同。例如，有的国家专利保护期只有十几年，有的国家则长达 20 年（大部分成员国）。不能因为同一发明的专利在前一类国家保护期届满，就使它在后一类国家的保护期被砍掉一半。其次，如果专利权人在甲国因未交专利年费而专利权被撤销，但他在乙国却交了年费，总不能因为发明是同一项发明，就使其在乙国的专利也跟着被撤销。

**2. 发明人的署名权**

巴黎公约在第 4 条之 3 中规定：发明人有权要求在专利证书上写明自己为发明人。这一条是为保障发明人的“精神权利”。当发明人与专利权人并不是同一个人时，这项权利尤其重要。

**3. 对驳回专利申请（或撤销专利）的几点限制**

巴黎公约第 4 条之 4 规定：如果某个成员国的法律禁止或限制销售某些商品，则不得以此为理由驳回与该商品有关的发明专利申请案，或宣布已批准的这类专利无效。公约第 5 条 A 项规定：专利权人本人（或经其同意）把专利产品从一个成员国输入另一个批准该专利的成员国，不应成为后一国宣布该专利无效的理由。在同一项中还规定：在制裁专利权人滥用其专有权时，只有颁发了强制许可证后仍不足以制止滥用行为，才可以宣布其专利无效。

**4. 强制许可证颁发条件**

巴黎公约第 5 条 A 项规定：对于专利权人不实施（也不许可他人实施）其专利，或某项专利必须借助其他人的专利才能实施的情况，有权颁发强制许可证。颁发时必须符合下列条件：(1）专利权人在专利被批准后 3 年内或申请专利后 5 年内没有实施，才可颁发强制许可证；(2）强制许可证只能是非独占性的；(3）强制许可证不可转让；(4）被许可人仍须向专利权人支付使用费。

**5. 对专利权的限制**

各国专利法中，都规定了对专利权人行使权利的一些限制，但各不相同。巴黎公约第 5 条之 3 对于各国都必须实行的这种限制作出了规定。即：暂时进入或通过某个成员国的领土（包括领水、领空）的其他成员国的交通工具上，如果使用了某项该国的专利技术或专利产品，该国不能以侵犯专利权论处。所谓交通工具上使用的产品，仅仅指那些构成有关交通工具的不可分的部件，为使交通工具能够运转而必不可少的装置。如果交通工具上装载着其他国家的专利产品，或以其他国家的专利技术制作的产品，而又未获得有关的专利权人的许可，那就必定要按侵权论处了。

《保护工业产权巴黎公约》中，除了对各国专利保护提出最低要求外，对商标保护也提出了最低要求，这主要包括下面五个方面。

**1. 商标的独立性**

商标的独立性原则与前面讲过的专利独立性原则相似，它反映在巴黎公约第 6 条中。这一条规定：如果一项商标没能够在本国获得注册，或它在本国的注册被撤销，不得影响它在其他成员国的注册申请被批准（对于已批准了的注册商标来讲，不能因此被撤销）。

**2. 商标独立性原则的例外**

商标独立性原则与专利独立性原则有一个不同之处，这就是商标所有人在本国的商标注册，对于他就同一商标在其他成员国的注册虽不能有否定性的影响，但却可以有肯定性的影响。巴黎公约第 6 条之 5 规定：如果一项商标在其本国已获得了合法注册，那么在一般情况下，它在其他巴黎公约成员国的申请就不应当被拒绝。

商标独立性原则的这种例外情况，是由商标不同于专利的性质决定的。商标的作用是标示商品，以便把来源于不同企业的同类产品区别开。以同样的商标标示来源相同的商品，既符合商标所有人的利益，也符合用户的利益。由于各国商标注册制度存在着差别，如果使商标在不同国家具有像专利那样的完全独立性，就可能使一些在本国获得了注册的商标，却在外国不能获得注册。如果真这样，就会使在不同国家里，来源相同的商品以不相同的商标去标示的情况增加。巴黎公约关于商标独立性例外的规定，有助于减少这种后果的发生。

巴黎公约对商标独立性的例外还规定了一些附加条件。例如，如果某个商标的原注册国实行的是“形式审查制”，另一个巴黎公约成员国则实行“实质审查制”，那么该商标的所有人虽然在其本国获得了注册，也未必能在另一个成员国获得。再如，某个商标在其本国使用时，不会产生什么不良后果，但由于传统习惯、社会制度或其他原因，它在另一国使用就可能同该国“公共秩序”相冲突，或可能在该国产生欺骗性后果。那么，该商标即使已在本国获得注册，也不可能在另一国获得。

**3. 不得因商品的性质而影响商标的注册**

巴黎公约第7条规定：在任何情况下，都不允许成员国以商品的性质为理由，拒绝给有关商品所使用的商标以注册。这条规定的作用，在于避免因商品的销售活动而影响工业产权的获得。例如，在有的国家里，食品卫生法规定了某种食品必须经检验合格后，才可以销售。在检验未完成时，这种食品就处于“不能销售”的特殊状态。这种状态只是暂时的，它不应当影响该食品所用的商标获得注册。如果拒绝了这种商标的注册申请，就可能为第三者以相同商标取得注册创造条件，从而使原商标所有人在其食品通过检验之后，反倒失去了商标权，这显然不合理。

**4. 对驰名商标的特别保护**

巴黎公约第6条之2规定：各成员国的国内法，都必须禁止使用与成员国中的任何已经驰名的商标相同或近似的标记，并应拒绝这种标记的注册申请；如已批准其注册，则一旦发现其与已驰名商标相重复，应予撤销。应受到特别保护的驰名商标，不仅包括已注册的，也包括尚未注册的。就是说，按照“特别保护”的要求，未注册的驰名商标，可以阻止与其相同或近似的商标获得注册。至于撤销已注册的与驰名商标相同或近似的商标的注册，则要依不同情况而定。如果这种注册不是以欺骗手段获得的，也不用于欺骗目的，那么只有当驰名商标所有人在5年之内提出争议，才予以撤销。如果该争议在5年之后才提出，就不能再撤销了。如果该商标属于“非善意注册”，即采取了欺骗手段，或使用于欺骗目的，那就不论驰名商标所有人何时提出争议，均将予以撤销。

在这个问题上要注意的是：只有当某个商标与驰名商标相同或近似，而且所标示的商品也相同或近似，各成员国才不予注册。如果申请注册的商标虽与驰名商标相同，但用于不同商品，该驰名商标又没有作为“防御商标”取得注册，那么该相同商标的注册申请就不应被拒绝。所谓“防护商标”，指的是在有些国家，驰名商标虽然只用在一种商品上，却可以在两种以上的商品类型中都取得注册，以制止他人在其他商品上使用这种商标。目前许多国家不为防御商标提供注册保护。

**5. 禁止当作商标使用的标记**

世界上各国商标法中所开列的、禁止作为商标使用的标记，是有所不同的。有的国家禁用带有民族或种族歧视性质的标记，有的国家禁用作为主权象征的标记，多数国家禁用带有欺骗性或可能在公众中引起混淆的标记，等等。巴黎公约第6条之2中，要求成员国都应禁用两种标记：一是外国（仅仅包括巴黎公约成员国）国家的国徽、国旗或其他象征国家的标记；二是政府间（仅仅包括成员国政府之间）国际组织的旗帜、徽记、名称及其缩略语。但这两条禁例要服从下面这些条件：

第一，如果某个成员国的法律允许将本国的国徽、国旗或其他类似图案当作商标使用，则上述禁例不再适用。

第二，“政府间国际组织”仅仅指国家一级政府间的组织。像加拿大的省、美国的州一级政府间的国际组织，或一般国家省、市之间的组织所用的标志，也不适用上述禁例。

第三，已经受到某个现行国际协定保护的商标，也不适用上述禁例。

第四，某成员国在加入巴黎公约之前已在本国善意使用着的商标，即使与上述两种禁用的标记相同，也不在被禁之列。

第五，某些商标虽与上述禁例中的图案相似，但在贸易活动中使用时，不会使人误认为它们与有关国家或国际组织有什么联系，则不在被禁之列。

第六，由于禁止把其他国家的国旗作为商标使用的规定，是1925年生效的巴黎公约海牙文本中增加的禁例，故在这之前已经注册的商标，不在被禁用之列。

第七，巴黎公约各成员国必须把本国不允许作为商标使用的象征性标记列出清单，交给巴黎联盟国际局（目前亦即世界知识产权组织国际局），以便转达给其他成员国。否则，其他成员国可以不禁用。但各国国旗是互相清楚的，所以不必列入上述清单，各成员国也应禁用。

关贸总协定及继后的世界贸易组织协定在其知识产权协议中，有多处重申或重复了巴黎公约的上述内容。

## 三、伯尔尼公约

《保护文学艺术作品伯尔尼公约》因为缔结于瑞士的伯尔尼，一般简称为“伯尔尼公约”。我国台湾地区按英文发音又译作“伯恩公约”。该公约于1886年缔结；1896年在巴黎增补一次；1908年在柏林修订一次；1914年在伯尔尼又对柏林文本增补一次；1928年、1948年、

1967年及1971年又分别在罗马、布鲁塞尔、斯德哥尔摩和巴黎进行了修订。该公约现有的最新文本即1971年巴黎文本。虽然对这个文本的个别行政条款，于1979年作了一些小修改，改后的文本仍称为“1971年巴黎文本”。到1996年3月为止，已经有117个国家参加了伯尔尼公约，其中绝大多数均已批准了公约的巴黎文本。

伯尔尼公约包括下列主要内容。

**1. 国民待遇原则**

国民待遇原则贯穿于伯尔尼公约的大部分实体条文，其中又集中体现在第3条、第4条与第5条。国民待遇原则在伯尔尼公约中的含义是：

（1）伯尔尼公约成员国国民，其作品不论是否出版，均应在公约的一切成员国中享有公约最低要求所提供的保护。这是公约的“作者国籍”标准，也称“人身标准”。

（2）非伯尔尼公约成员国的国民，其作品只要是首先在某个成员国出版的，或在某个成员国及其他非成员国同时出版的，就也应当在一切成员国中享有公约提供的保护。这是公约的“作品国籍”标准，也称“地点标准”。

（3）非伯尔尼公约成员国的作者而在成员国有惯常居所，也适用“人身标准”。

（4）对电影作品的作者,即使不具备上述（1）（2）（3）中任何一条，但只要电影制片人总部或制片人的惯常居所在伯尔尼公约成员国境内，则适用“地点标准”。

（5）建筑作品及建筑物中的与建筑相连的艺术作品的作者，即使不具备上述（1）（2）（3）的任何一条，但只要有关建筑物建于公约成员国境内，则有关建筑作品或有关艺术作品，均适用“地点标准”。

### 2. 自动保护原则

伯尔尼公约第 5 条（2）款规定：依国民待遇而享有版权（即“著作权”），不需要履行任何手续（如注册、登记），也不要求加注任何主张权利保护的标示（如“版权所有、翻印必究”之类）。按“人身标准”享有国民待遇者，其作品一经创作完成，即自动享有版权；按“地点标准”享有国民待遇者，其作品一经在成员国首次出版（或影片一经发行、建筑物一经建成）就自动享有版权。

### 3. 版权独立性原则

也是在伯尔尼公约第 5 条（2）款中，作出了这样的规定：享有国民待遇的作者在公约任何成员国所得到的版权，均须依照“权利要求地法”，而不应依赖“作品来源地法”去保护。例如，一位美国作者的作品在日本被人擅自复制，这位美国人在日本为此提起侵权诉讼，日本法院只依日本法律进行处理。版权独立性原则所表明的是：虽然伯尔尼公约实行“自动保护原则”，但并没有因此就突破了版权的地域性特点。

### 4. 经济权利

伯尔尼公约要求各成员国至少须保护下列经济权利：

（1）翻译权（公约第 8 条）；

（2）复制权（公约第 9 条）；

（3）表演权（公约第 11 条）；

（4）无线广播与有线传播权（公约第 11 条之 2）；

（5）公开朗诵权（公约第 11 条之 3）；

（6）改编权（公约第 12 条）；

（7）录制权（公约第 9 条及第 13 条）；

（8）制片权（公约第 14 条）。

此外，在公约第 14 条之 3 还提出了可以对“追续权”给予保护。

追续权指的是作者就其艺术作品原件或文字、音乐作品手稿的再次转售，有权获得一定比例的报酬。伯尔尼公约成员国中保护这项权利的国家并不多。

“经济权利”也就是我国著作权法中所说的“财产权”。在伯尔尼公约的法文本、德文本中，也使用“财产权”这一概念。

**5. 精神权利**

伯尔尼公约要求各成员国至少保护下列精神权利：

（1）署名权，也称为“表明作者身份权”（公约第 6 条之 2）；

（2）保护作品完整权（公约第 6 条之 2）。

“精神权利”亦即我国著作权法中所指的“人身权”。公约的法文本、德文本也称“人身权”。

伯尔尼公约所要求保护的经济权利与精神权利各分项的具体含义，与我国《著作权法》第 10 条中所涉及的相应权利的含义，没有太大的区别。限于篇幅，在这里就不一一解释了。

**6. 权利保护期**

伯尔尼公约要求对一般作品的经济权利保护期，不少于作者有生之年加死后 50 年；摄影作品及实用艺术作品，不少于作品完成后 25 年；电影作品不少于同观众见面后 50 年或摄制完成后 50 年；匿名或假名作品，不少于出版后 50 年；合作作品不少于最后一个去世的作者死后 50 年。这些规定均在公约第 7 条中。

伯尔尼公约要求，精神权利的保护期至少要与经济权利的保护期相等，也可以提供无限期保护。就是说，至少在作者死后 50 年，或在作者死后更长时间里，作者的精神权利（或称“人身权”）依然存在着并受到公约的保护。

**7. 追溯力**

伯尔尼公约第 18 条（1）项规定：公约对一切成员国在提供

版权保护方面的最低要求，不仅适用于各成员国参加公约之后来源于其他成员国的受保护作品，而且适用于在一个成员国参加公约之前已经存在于其他成员国，而在其来源国尚未进入公有领域的作品。例如，卢旺达是在 1984 年 3 月 1 日正式成为伯尔尼公约成员国的。在这一天之前，已经有 70 多个国家参加了该公约，来源于这些国家的作品在卢旺达是可以被自由使用的。在这一天之后，那些一直被自由使用的作品如果在其来源国还没有超过保护期，卢旺达就必须给予保护。同样的原则也适用于我国参加了伯尔尼公约之后。

当然，也有个别国家在加入伯尔尼公约时，宣布追溯力条款对其不适用。1988 年 10 月 31 日，美国参加伯尔尼公约时，即在其《实施伯尔尼公约法》（即“美国公法第 100–568 号”）第 12 条中，明确宣布其不适用追溯力条款，声明“对于凡已在美国进入公有领域的作品，一律不再提供版权保护”。

1994 年 12 月 13 日，俄罗斯宣布加入伯尔尼公约时，也在其加入书中声明：“伯尔尼公约将不适用于在俄罗斯联邦已经进入公有领域的作品”。

到目前为止，尚无其他国家在加入伯尔尼公约时作出类似声明。

**8. 对发展中国家的优惠**

1967 年修订伯尔尼公约时，曾作出过一些有利于发展中国家使用外国作品的规定。但由于一些发达国家的反对，该公约 1967 年文本的实体条款无法生效，于是才产生出 1971 年的巴黎文本。在 1971 年文本中，把 1967 年文本有利于发展中国家的条款加以删改与限制，形成了现有的“公约附件”，亦即“对发展中国家的优惠”条款。

按照这一附件的规定，只要任何成员国被联合国大会承认属于

"发展中国家"，该国在翻译与复制来源于其他成员国的作品时，就可以由主管当局依照一定条件颁发"强制许可证"。这里的"一定条件"是非常具体、又比较复杂的，甚至可以说，是不容易具备的。而且，依强制许可证翻译或复制之后，仍旧要按照国际标准向版权人付酬。所支付的又必须是硬通货。所以，在公约附件生效后的20多年里，实际上颁发的这种强制许可证是屈指可数的。

伯尔尼公约的1971年巴黎文本的基本形成，距今已超过20年，由于科学技术的发展及版权国际保护进一步与国际贸易挂钩，使它的主管组织——世界知识产权组织，不能不考虑对公约的进一步修订。从1991年开始，世界知识产权组织主持召开了一系列专家讨论会，讨论对伯尔尼公约进行实际修订的"议定书"。其中主要包括：将计算机程序、数据库、通过计算机制作的作品，列入伯尔尼公约的"受保护客体"，将录音制品制作者的权利，列入伯尔尼公约所保护的权利范围，以及增加一些经济权利项目，等等。

## 四、罗马公约

1961年，由联合国国际劳工组织、教科文组织及（当时尚未成为联合国机构的）世界知识产权组织共同发起，在罗马缔结了《保护表演者、录音制品录制者与广播组织公约》，简称"罗马公约"。这是版权邻接权国际保护中第一个世界性公约。它的管理机关即是上述三个组织。到1996年1月为止，已有50个国家参加。该公约是"非开放性"的，并非任何国家都可以参加它。只有参加了伯尔尼公约或《世界版权公约》的国家，才能进而参加这个公约。现将罗马公约的最低要求及其他主要问题作一综述。

### （一）国民待遇原则

在起草罗马公约时，也曾有人打算引入伯尔尼公约中"来源国"的概念，以便首先确认表演活动、录制品或广播节目的来源，然后再进一步考虑国民待遇原则如何适用。后来，人们发现对于邻接权的保护客体来讲，确认来源国不像对作品那么容易。在公约正式文本里，最终避开了“来源国”概念，而针对不同情况对国民待遇作出三种不同规定。

第一，表演者享有国民待遇的前提可以是下列三条中任何一条:（1）表演活动发生在罗马公约的成员国中;（2）表演活动已被录制在依照罗马公约受到保护的录制品上;（3）表演活动未被录制，但在罗马公约所保护的广播节目①中播放了。从这几条中可以看到:表演者在成员国中是否具有国籍或具有住所，反倒不是享有国民待遇的前提。就是说，一个罗马公约成员国的表演者如果在非成员国表演，该表演又未在特定情况下被录制或广播，则该表演者就不能在罗马公约其他成员国中就该表演享有表演者权。

第二，录音制品录制者享有国民待遇的前提可以是下列三条中任何一条:（1）该录制者（自然人或法人）系罗马公约成员国国民;（2）录音制品系首先在罗马公约成员国中录制;（3）录音制品系首先在罗马公约成员国中出版发行。这就是说，在录制者享有国民待遇方面，可以适用“国籍标准”“录制标准”或“发行标准”。其中，“发行标准”上存在一些应说明的问题。“发行”与伯尔尼公约及《世界版权公约》中的“出版”使用的英文词是一个（Publication）。在这里我称之为“发行”，主要是该公约第3条（d）款对该词的解释，侧重于“向公众提供、分销”的意思。再有，这里讲的“首先出版发行”，必须是经权利人许可的发行活动，不包括非法的发行活动。最后，如果某一部录制品在罗马公约成员国与非成员国同时首先发

---

① 在整个罗马公约的正文中，始终未出现过“节目”这个词，只是在世界知识产权组织对罗马公约的解释中，说明公约中所说的“广播”，即指“广播节目”。但对于表演，则该组织也不认为指所表演的节目。

行,则也符合“发行标准”。所谓“同时”的幅度,以30天之内为限。这些，都与伯尔尼公约及《世界版权公约》中给“同时出版”下的定义相同。

第三，广播组织享有国民待遇的前提可以是下面两条中任何一条:（1）该广播组织的总部设在罗马公约成员国中;（2）有关的广播节目是从罗马公约成员国中的发射台首先播出的。

## （二）邻接权的内容

罗马公约中并未涉及任何受保护主体的精神权利，故“权利内容”仅指经济权利。

表演者权包括：防止他人未经许可而广播或向公众传播其表演（但专为广播目的而演出者除外）；防止他人未经许可而录制其未被录制过的表演；防止他人未经许可而复制载有其表演内容的录制品（公约另有规定除外）。在这里，表演者有权防止的“录制”，不再限于录音，而且包括录像或其他可能出现的录制活动。因为，在叙述表演者权时，并没有使用录制者权中用的“Phonogram”（录音制品），甚至没有使用“Record”（录制），而是使用了“Fixation”，即“固定”。就是说，以任何物质形式将表演者的表演固定下来，或复制该固定后的载体，都是表演者有权防止的。

录制者权包括许可或禁止他人直接或间接复制其录音制品。

广播组织权包括许可或禁止同时转播其广播节目；许可或禁止他人将其广播节目固定在物质形式上、（包括录音、录像等），以及许可或禁止他人复制固定后的节目载体。

必须注意：在规定表演者权时，罗马公约使用了“防止”（Preventing）这个概念；而在规定录制者权及广播组织权时，却使用了“许可或禁止”（Authorise or Prohibit）。就是说，公约留给其成员国在国内立法中保护表演者权的余地，要多于保护录制者与广播组织。

换句话说，即公约提供的对表演者权的保护水平低于录制者与广播组织。[①]

## （三）录制者权的非自动保护原则

罗马公约对于表演者就表演享有部分邻接权、广播组织就广播节目享有全部邻接权，并没有提出专门的程序要求或形式要求。但对录制者就其录制品享有邻接权，则提出了形式上的要求；对于表演者就载有其表演的录音所享有的邻接权，也提出了同样的形式要求。这就是，受保护的录音制品的一切复制件上都必须标有：（1）表示“录制品邻接权保留”的符号P[②]（外加一圆圈）;（2）首次发行年份;（3）主要表演者及权利人姓名。但如果录制品的包装上或其他地方已注明了表演者及其他权利人，则上述第（3）项可以免去。这种形式要求与《世界版权公约》对已出版的作品的要求很相似。

## （四）权利保护期

罗马公约要求成员国提供的最短保护期均不得少于20年。这20年的起算日，依受保护客体的不同而有所不同。对于录音制品及已载于录音制品中的表演来说，自录制之日起算；对于未录制在录音制品中的表演，从表演活动发生之日起算；对于广播节目，则从播出之日起算。

前面讲过，表演者权的内容中的一部分是以“固定”在物质形式上为条件的，未必局限于“录音”。而表演者权的保护期中的一部分则仅以“录音”日期为起算点。这一区别是必须注意的。

---

① 实际上，罗马公约在第7条规定表演者权的行文中，不仅仅使用了“防止”一词，而且使用了“防止的可能性”（the Possibility of Preventing）这个词组。就是说：成员国只需通过法律，使表演者有可能防止他人固定表演，就足够了；未必非授予表演者某些经济权利不可；如果成员国仅通过刑法去制裁侵权人，而不给表演者任何得到民事赔偿的权利，也被视为符合公约的要求。

② “P”在这里是“录音制品”（Phonogram）的英文缩写字头。

### （五）对权利的限制

罗马公约中规定了在利用他人的邻接权时可以不经权利人许可、也无须支付报酬的四种例外情况：（1）私人使用；（2）在时事报道中有限地引用；（3）广播组织为便于广播而暂时将受保护客体固定在物质形式上；（4）仅为教学、科研目的而使用。同时，公约还允许成员国对邻接权颁发强制许可证。此外，公约允许成员国在国内法中，与文学艺术作品版权的权利限制相应地规定对邻接权的其他限制。当然，邻接权与文学艺术作品的版权之间毕竟存在相当大的差别。因此，与版权限制相应地规定邻接权限制，有时在道理上就讲不通。仅以罗马公约第 15 条中讲到的“为科研目的”而使用有关的表演、录音制品或广播中的邻接权，在实践中就是很少遇到的。

### （六）邻接权主体的范围

罗马公约本身虽然对它所保护的主体是规定得很严格的，即表演者、录制者与广播组织。其中，“表演者”仅仅包括“表演文学艺术作品”之人。但该公约又在第 9 条中，间接地承认了那些不表演文学艺术作品之人（如杂技演员）同样是“表演者”，只不过不是罗马公约所规定必须保护的表演者。各成员国有权在自己的国内法中，把罗马公约中提供的保护扩大适用到那些不表演文学艺术作品的表演者身上。

### （七）各种保留

罗马公约明文规定了成员国可以在国内法中对公约作出的各种保留。这主要包括：

第一，任何成员国均可通过致函联合国秘书长的形式[①]，声明

① 因罗马公约由联合国的三个组织共同管理，故在成员国发声明时不能仅致函其中某一组织的总干事。

在对录制者的保护中，不采用“录制标准”或不采用“发行标准”。也可声明在对广播组织的保护中，只有同时具备了“总部设于成员国”以及“广播节目从成员国发射台播出”两个条件，才授予邻接权。

第二，任何成员国都可以通过致函联合国秘书长的形式，声明它们对表演者权、录制者权及广播组织权的“二次使用”给予一定限制。例如，录制了表演实况的录音制品在广播中播放时，表演者将无权要求广播组织（即“二次使用者”）向其支付报酬。

第三，某些成员国还可以按同样方式，声明其在保护录制者权时仅仅采用“录制标准”，不采用“国籍标准”与“发行标准”。这类国家必须是在罗马公约缔结之前就一直在国内法中仅采取一种标准的。

第四，除上述几点外，公约不再允许其他任何保留。例如，对公约的解释发生争议而成员国之间无其他途径解决时，应提交国际法院。对这类程序方面的规定也是不容保留的。

### （八）追溯力

罗马公约第 20 条是一个“无追溯力”条款。该条作了两个方面的规定：

第一，公约不影响在某个成员国参加它之前，已经受到保护的那些权利。

第二，公约不要求其成员国对它们参加公约前已发生的表演、广播或已录制的录音制品给予保护。

### （九）版权保护条款

由于邻接权公约是为传播作品的媒介提供保护的，它们必须注意不要因此损害了作品的版权。罗马公约在第 1 条中就明确宣布：不得从本公约的任何规定中，作出有损于作品版权保护的解释。因此，这一条可以被看作是该邻接权公约中的“版权保护条款”。从这一条中还可以推出另一个结论：联合国的三个组织对作品的“版权”与传播作品的“邻接权”是作了明显的区分的。

## 五、集成电路知识产权条约

随着美国、日本及许多西欧国家半导体芯片保护法的先后制定，由世界知识产权组织主持，在 1989 年 5 月的华盛顿外交会议上，缔结了一项《集成电路知识产权条约》，以期促进半导体芯片的国际保护。这个条约所保护的是“半导体芯片上的电路设计”，实质上相当于美国芯片法中所称的“掩膜作品”。受保护的条件是“独创性”与创作之时在创作者与制作者中显示出的“非一般性”。[①] 这后面一条，是要求有一定的技术先进性，即类似于（但未达到）对专利发明的要求。

这个条约最关键的内容，是要求成员国建立起对芯片掩膜的“注册保护制”。但这种注册申请案无须具有新颖性。就是说：芯片掩膜的所有人在其产品投入商业领域后两年之内提交注册申请就可以。成员国对于取得注册的芯片掩膜至少应提供 10 年保护期。

条约规定了国民待遇原则，这就是：各成员国对于其他成员国的国民或居民[②]，只能要求像本国国民一样地履行手续，并给予同样的保护。这种国民待遇，也与《保护工业产权巴黎公约》相似，而不同于诸版权公约中的国民待遇。

---

① 在讨论条约草案法文本时，“一般性”使用了法文 Courant，意即“通用的”；当时法语国家专家反对使用与英文“一般”一词相应的 banal。所以，“非一般性”这个条件，也可以解释为“非通用性”。

② 这里未要求居民具有户籍或“惯常居所”。

至今尚没有任何一个发达国家在该条约上签字。[①]这一公约也尚未生效。

## 六、TRIPS 与四个原有公约的关系

世界贸易组织协定中的知识产权协议，明文规定了它与 4 个已有公约的关系是：第一，其主要部分均与巴黎公约实体条款及另外三个公约相符合；第二，适用协议的“全体成员（亦即“世界贸易组织”的成员）均应遵守伯尔尼公约 1971 年文本”的实体条款，以及其他三个公约的实体条款。

除协议明文表示不适用伯尔尼公约保护精神权利的规定外，几乎没有排除这四个公约的其他条款。但是从四个公约缔结的总目的上看，与知识产权协议的总目的，则是大相径庭的。伯尔尼公约在前言中申明该公约缔结的总目的是：

“为了以尽可能有效的统一方式保护作者就其文学艺术作品享有的权利。”

巴黎公约在第 1 条 1 款申明其总目的是：“保护工业产权”。

罗马公约在前言中也申明了它的总目的：“为保护表演者、录音制品制作者及广播组织的权利。”

集成电路条约没有专门的条文陈述其缔结目的。

而知识产权协议在第 7 条中，则明确指出，这一条约的目的是：“促进技术的革新、技术的转让与技术的传播，以有利于社会及经济福利的途径、促进技术知识的生产者与使用者互利，并促进权利与义务的平衡。”

这与四个公约大都突出强调权利的保护，形成鲜明的对照。

---

① 在缔约时，中国、埃及、加纳、危地马拉、印度、利比里亚、南斯拉夫、赞比亚在条约上签字。

难怪世界知识产权组织在其 1994 年 6 月（于巴黎）举办的“未来版权与邻接权研讨会”上，开诚布公地指出：伯尔尼公约中无论对作者精神权利的保护，还是对其经济权利的保护，都是当作“人权”来保护的，因此与“世界人权宣言”是一致的。而知识产权协议所讲的“保护知识产权”,在理论上和目的上,均与伯尔尼公约“根本不同”（differ fundamentally）。

几个原有知识产权公约的国民待遇原则，在上面已作了解释。

知识产权协议在第 1 条 2 款，又专门对该协议有关“国民”的特指含义作了一个注解。这就是该协议的注 1 所解释的，包括独立关税区的“居民”。这条注解，对我国具有特别重要的意义。因为，将进入 WTO 的中国台湾地区，不是上述四个国际公约中任何一公约的“成员”，而香港、澳门地区，尚可以由于英国和葡萄牙参加公约后沿用至该地。所以，海峡两岸均成为世界贸易组织的成员之后，将都要适用知识产权协议。在两岸贸易中，给彼岸的居民以相当此岸居民相同的待遇，又不用“国民”一语，有利于海峡两岸离开政治敏感问题而发展贸易交往和互相保护知识产权。

此外，知识产权协议在其注 2 中，对于“国民待遇”的标准，专门强调了对巴黎公约要符合其 1967 年斯德哥尔摩文本；对伯尔尼公约要符合其 1971 年巴黎文本。

就巴黎公约而言，目前绝大多数参加国均已批准了它的 1967 年文本的实体条文（1~12 条）；全部参加国均已批准了该文本的行政条款（13~30 条）。故无必要对其老文本作更多讲解。只需使读者了解以下两点就可以了。

第一，巴黎公约的文本有：（1）1900 年布鲁塞尔文本；（2）1911 年华盛顿文本；（3）1925 年海牙文本；（4）1934 年伦敦文本；（5）1958 年里斯本文本；（6）1967 年斯德哥尔摩文本。

第二，对前三个老文本，已没有任何国家适用。WTO 成立时，适用伦敦文本实体条款的国家还有加拿大、黎巴嫩、新西兰、斯里兰卡、叙利亚。适用里斯本文本的还有阿根廷、巴哈马、伊朗、马耳他、尼日利亚、菲律宾、坦桑尼亚、赞比亚，其中绝大多数国家也都将依照关贸总协定而改为适用 1967 年斯德哥尔摩文本。

就伯尔尼公约而言，则还有相对较多的国家仍在适用老文本。所以，有必要对该公约诸文本的不同之处，作较详细的讲述，以使读者有个全面的轮廓。

伯尔尼公约缔结后曾多次修订，形成多个文本:（1）1908 年柏林文本;（2）1928 年罗马文本;（3）1948 年布鲁塞尔文本;（4）1967 年斯德哥尔摩文本；以及（5）最后一次修订形成的 1971 年巴黎文本。巴黎文本共有 38 条，其中第 1~21 条为实体条款，是我们需要了解的重点；第 22~38 条为行政条款，其中有些文字在 1979 年又作过改动，但对一般人（而不是作为成员国的“国家”）来讲并不重要。在第 38 条之外，还有个“公约附件”，其中包含 6 条，是对发展中国家颁发强制许可证的有关优惠作出的规定。

还有一些国家虽然参加了伯尔尼公约，但只批准了早年修订后形成的 1928 年罗马文本或 1948 年布鲁塞尔文本的实体条款。有的国家只批准了斯德哥尔摩文本的行政条款。

布鲁塞尔文本与罗马文本相比的主要变化是:（1）在第 2 条（受保护客体条款）中，增加了“电影作品”及“实用艺术作品”。在罗马文本中尚无“电影作品”。而当时把“实用艺术作品”表述为“应用于工业目的的艺术作品”，其范围实际比“实用艺术作品”窄得多。（2）在第 4 条中，增加了“在几个国家同时出版”“已出版的作品”“出版”“来源国”等概念。当然，对这些概念当时尚未作更多解释。（3）在第 7 条中，明确了版权最低保护期对一般作品应为 50

年。（4）在第10条中，明确了某些“合理使用”的范围，同时强调了引用他人作品时，必须注明出处（注明原作者姓名），方构成“合理使用”。（5）将“公开表演权”明确列为公约必须保护的经济权利之一，而不是像罗马文本中，仅列为“可选择保护的权利”。（6）把“追续权”作为“可选择保护的权利”列入第14条之2。

巴黎文本与布鲁塞尔文本（及罗马文本）相比的主要变化是：

（1）在“国民待遇”原则中，规定了不仅公约成员国作者未出版的作品以及在成员国境内首先出版的作品，均受到保护；而且规定他们在非成员国出版的作品，也均受到保护。后面这一项，是早先各文本中均没有的。

（2）对“来源国”“已出版的作品”等概念进行了明确解释。

（3）明确了“复制权”是经济权利中的一项，而在早先的文本中，则只能推断出这项权利的存在，并未出现过“Right of Reproduction”这个概念。

（4）在明确“复制权”的同时，也规定了对该项权利的限制。

（5）对于受保护的作品是否必须固定在物质载体上，作了可选择的规定。

（6）对于把精神权利作为一种“权利”加以保护，并将其保护期延续到作者死后，作了更明确的规定。

（7）明确规定了电影作品保护期不少于50年，实用艺术作品与摄影作品不少于25年。这些作品在早先的文本中被当成“非一般作品”，所以原先并未明确其最低保护期。

（8）增加了第14条之2，规定了电影作品本身享有的版权。将布鲁塞尔文本中规定“追续权”的原第14条之2改为第14条之3。

（9）对“朗诵权”属于经济权利中的一项，作出了明确规定。

（10）对发展中国家在翻译及复制外国作品时可享有的优惠条

件，作出了规定。

TRIPS 中第一部分的第 2 条集中地规定了知识产权协议与上述四个公约的关系。总的原则是：知识产权协议中的前四个部分，与四个公约已经对成员产生的义务并不冲突。

第 2 条第 1 款专门提到了巴黎公约 1967 年文本第 19 条。该第 19 条讲的是：在与巴黎公约不冲突的情况下，公约成员国可以缔结一些保护工业产权的专门国际条约。在上文中提到的、由世界知识产权组织所管理的工业产权公约中，除了《保护植物新品种国际公约》外，基本上都是以巴黎公约第 19 条为依据而产生的专门条约。如果说巴黎公约是“母公约”的话,那些工业产权条约则是“子公约”。参加这些“子公约”，都必须以首先参加巴黎公约为前提。知识产权协议第 2 条第 1 款专门提到了巴黎公约第 19 条，并把它与知识产权协议中有关知识产权的效力、范围和利用标准、知识产权的执法、知识产权的获得程序等结合起来，说明这个协议也承认《专利合作条约》《商标注册马德里协定》等巴黎公约所覆盖的子公约的有效性。

在伯尔尼公约中也有一条类似巴黎公约第 19 条的条款，这就是伯尔尼公约第 20 条。那么，知识产权协议为什么不专门提出伯尔尼公约中的这一条呢？原来，依照伯尔尼公约第 20 条而产生的、属于该公约的“子公约”的，主要就是保护邻接权的罗马公约。在现有的多数其他版权公约中,都作了“开放性”的规定。例如卫星公约、录音制品公约等等都不要求以参加伯尔尼公约为前提。只是罗马公约才要求：只有参加了伯尔尼公约（或者《世界版权公约》）的国家，才能参加它（请注意：录音制品公约同样是由主管伯尔尼公约以及主管“世界版权公约”的两个组织共同管理的，但却没有规定以参加这两个公约之一为前提）。相比之下，前面提到的多数工业产权公约则都必须以首先参加巴黎公约为前提。

因为罗马公约已经被知识产权协议专门提出，伯尔尼公约第 20 条也就不再有必要像巴黎公约第 19 条那样被专门提出了。

读者还应当注意到知识产权协议第 2 条仅仅规定了该协议第一、二、三、四部分与四个公约不相冲突的原则。至于该协议第五、六、七这三个部分，则可能与四个公约的规定很不相同，尤其在成员国或成员地区之间的争端解决方式及程序上，协议与原有公约的规定是大不相同的。此外，对罗马公约提供的权利，知识产权协议作了较大保留。这在下文中还会专门谈到。

除了知识产权协议专门指出的四个公约以及巴黎公约第 19 条所能覆盖的工业产权专门公约之外，对于无论世界知识产权组织管理的其他公约（诸如保护植物新品种公约、卫星公约、录音制品公约、保护奥林匹克会徽条约等等）或并非世界知识产权组织管理的其他公约（如“世界版权公约”），知识产权协议就都不要求其成员尽任何义务了,虽然这些与协议“无关”的公约也都在知识产权领域，有些还与“贸易”关系极为密切。例如保护奥林匹克会徽条约的主要目的，正在于防止随便在贸易活动中使用该会徽。

## 第三节　TRIPS 中的国民待遇与最惠待遇及其例外

### 一、国民待遇及其例外

知识产权协议在第 3 条第 1 款中，专门提到了伯尔尼公约第 6 条和罗马公约第 16 条第 1 款（b）项。这两个条款原都是允许成员国在特殊场合以“互惠”原则取代国民待遇原则。现在，知识产权协议仍旧允许在这个范围内的“取代”。在这两条所涉及的范围之外，关贸总协定的成员在其域内法律中依照原有的 4 个公约对保护知识产权作出过其他例外规定，即可以用互惠原则或其他原则来代替国民待遇了。在这两条范围之内，关贸的成员有权选择以“互惠”取代国民待遇，但须通知与贸易有关的知识产权理事会。

伯尔尼公约第6条是怎样规定的呢？这一条规定：

（1）任何非本同盟成员国如未能充分保护本同盟某一成员国国民作者的作品，成员国可对首次出版时系该非同盟成员国国民而又不在成员国内有惯常居所的作者的作品的保护加以限制。如首次出版国利用这种权利，则本同盟其他成员国对由此而受到特殊待遇的作品也无须给予比首次出版国所给予的更广泛的保护。

（2）前款所规定的任何限制均不影响在此种限制实施之前作者在本同盟任一成员国出版的作品已经获得的权利。

（3）根据本条对版权之保护施加限制的本同盟成员国应以书面声明通知世界知识产权组织总干事（以下简称“总干事”），说明保护受到限制的国家以及这些国家国民的作者的权利所受的限制。总干事应立即向本同盟所有成员国通报该项声明。

在这里，该条中最重要的实体款项是第1款。

由于在1971年伯尔尼公约的巴黎文本制定时，以及该文本之前的诸文本制定时，世界上多数国家尚未参加伯尔尼公约。但该公约又规定了可享有国民待遇的双重标准——作者国籍与作品国籍。对于因作者国籍（即对在公约成员国有惯常居所的作者）而可以享有国民待遇，多数成员国意见不大。对于仅仅因作品国籍（即对首先在成员国出版的作品）而使无居所之作者转而成为有资格享有国民待遇的人，不少成员国就有些意见了。这些作者自己的所在国可能不仅没有参加伯尔尼公约，而且根本连版权法都没有。所以，成员国的作品在这些国家可能被“无法无天”地复制或作其他使用，而成员国反过来却必须给这些作者首先在成员国出版的作品以完全的国民待遇标准的保护，使人感到不太公平。于是出现了第 6 条第 1 款，允许在非成员国保护水平太低的情况下，对其因“作品国籍”原应当享有的国民待遇，代之以近似“互惠”的保护。但这又不完全是互惠。如果完全是互惠，则对无版权法之国的作品将完全不予保护。可以称这种互惠为“有限互惠”；从另一个角度看也就是“有限的国民待遇”了。

该第 6 条第 2 款则是规定这种以“有限互惠”取代国民待遇的做法，不能够具有追溯效力。也就是说，对于在版权保护上施加限制之前，一部作品已经享有的版权保护，不得降低保护水平。第 3 款是讲：如果真的要以有限互惠取代国民待遇，则必须通知管理伯尔尼公约的国际组织——世界知识产权组织。

此外，伯尔尼公约第 30 条，也规定了：对于那些实行“翻译权 10 年保留”[①] 的国家，其他成员国可以反过来也只在 10 年内保护它们作品的翻译权。

所以，从伯尔尼公约的上述原则可以推断，对于个别不实行伯尔尼公约追溯保护条款的国家，其他国家也有权以“互惠”形式不给这些国家的作品以追溯保护。否则，对其他追溯保护的国家就将显得不公平。例如，在 1995 年纪念反法西斯战争胜利 50 周年时，俄罗斯有关出版单位印制我国抗战时期照片、文字作品，视同使用“公有领域”的作品，而我国出版单位复制苏联卫国战争图集等，却要“追溯保护”，要支付报酬，是多么不合理。

关贸总协定及世界贸易组织协定中的知识产权协议第 3 条第 1 款的后半部分，也正是讲的与上述相同的意思。所不同的只是该款要求通知管理知识产权协议的“与贸易有关的知识产权理事会”，而

---

① 即只保护其他成员国作品翻译权 10 年，而不是“作者有生之年加死后 50 年”。

不是世界知识产权组织。

罗马公约第16条第1款（b）项的基本内容，在程序上与伯尔尼公约第6条第3款相同，只不过受限制的享有国民待遇的主体不是作者而是广播组织，受限制的权利仅限于“电视传播权”。

由于知识产权协议引述了上面这几个其他公约的条款，所以在这里作一些解释，以供读者参考。

“国民待遇”虽然是一切既带实体条款又带程序条款的知识产权公约的首要的一项原则，但它并不是绝对的。至少，在司法及行政程序上，任何人都很难要求在另一国取得完全的国民待遇。这是各国传统法律制度决定的，是国际惯例早已承认的，也是巴黎公约、伯尔尼公约等原有知识产权公约业已承认的。

例如，为了司法诉讼的方便及保证对本国法律的了解及应用，多数国家的诉讼法都规定了外国人在本国诉讼，只能请本国律师代理。我国从1993年后，已经允许了许多国家的外国律师事务所在我国开业。但这些事务所只能经办与该外国法有关的业务，它们无权就中国法律提供咨询或服务。我国现行的民事诉讼法在“涉外民事诉讼程序的特别规定”一编中，专门强调，“外国人、无国籍人、外国企业和组织在（中国的）人民法院起诉、应诉，需要委托律师代理诉讼的，必须委托中华人民共和国的律师”。此外，该民诉法在提交委托书、法院管辖权等许多其他问题上，也都作了外国诉讼主体不同于中国诉讼主体的规定。在其他国家，也都有类似的规定。这是与知识产权协议第3条第2款完全符合的。

在行政程序方面，情况也是一样。为了便于有关文件的交换、送达等等，必须对于在本国地域内无居所（因而无法直接联络）的外国自然人与法人，作出不同于本国国民或居民的要求。否则，专利申请案的更改、商标注册中的异议答复等等，都可能被延误，最终仍旧不利于有可能获得权利的外国人或已获权利的外国人。所以，在这些程序上，“非国民待遇”是应当允许存在的。

在我国现行专利法中，专门规定了：

在中国没有经常居所或者营业所的外国人、外国企业或者外国其他组织在中国申请专利和办理其他专利事务的，应当委托中华人民共和国国务院指定的专利代理机构办理。

中国单位或者个人在国内申请专利和办理其他专利事务的，可以委托专利代理机构办理。

这里显示出鲜明的“非国民待遇”。中国人申请专利，“可以”委托代理机构，当然也可以不委托，而由申请人自己办理。同时，这种代理机构也是可随意选择的，而在中国无居所的外国人，则“必须”委托代理机构，而且是“指定的”机构。请注意：中国法中的“应”，均只能作“必须”解，是强制性的。中国法律条文中有关“应”的这一用法并不妥当。但它一直这样用着，我们也就不必专门去纠正它了。不过我们要记住：与外国法律及条约用语中相应的词，应该是“Shall”，而不是“Should”，虽然后者在文学语言中才确实译为“应”。这也是在法条的“英译中”或“中译英”过程中必须加以区别的。

此外，在我国现行《专利法实施细则》中，还作了如下具体规定：

在中国没有经常居所或者营业所的申请人，申请专利或者要求外国优先权的，专利局认为必要时，可以要求其提供下列文件：

（1）国籍证明；

（2）申请人是企业或者其他组织的，其营业所或者总部所在地的证明文件；

（3）外国人、外国企业、外国其他组织的所属国，承认中国公民和单位可以按照该国国民的同等条件，在该国享有专利权、优先权和其他与专利有关的权利的证明文件。

除了专利申请，在专利批准后的异议程序、专利年费的缴纳，等等，也都适用必须委托中国国务院指定的专利代理机构的规定。

目前，国务院指定了中国贸促会专利（商标）部、中国专利与商标（香港）代理公司、香港永新专利代理公司、上海专利事务所、柳沈知识产权律师事务所、中国科学院专利事务所等机构作这项代理。随着改革开放的发展，被授权作这项代理的机构还将进一步增多。

我国的商标法，曾作出的规定比专利法更严。不仅是在中国无居所的外国人，而且是一切“外国人或外国企业”，如果要在中国申请商标注册或办理其他商标事宜（包括续展注册、更改注册人地址、商标转让登记等等），均须委托国家指定的组织代理。而对中国申请人就更宽，连“可以”委托代理的规定都没有。

1995 年前，国家指定的涉外商标代理组织有中国专利与商标（香港）代理公司、中国贸促会专利商标代理部、中国商标事务所等。由于现在国内的商标申请以及办理其他商标事宜，也开始从过去的核转制（即由地方工商行政管理部门向商标局核转）逐渐向代理制过渡，所以有权从事涉外商标代理的组织也已经大量增加。

1995 年 2 月结束的中美知识产权谈判，在双方协议（即双方政府部门换文）的附件 1 中，中方承诺将取消中国境内的商标代理组织“涉外”与不涉外的区别，即全面放开涉外商标代理。这是商标代理方面又一次重大变更。

## 二、最惠待遇及其例外

知识产权协议的第 4 条，是“最惠待遇”条款。最惠待遇条款包含两方面内容：一方面是说：在知识产权保护上，一个成员给予任何另一个成员的利益、优惠、特权、豁免之类，均必须立即无条件地给予所有其他成员。另一方面是说：在四种特例下，可以不实行最惠待遇原则。这又是对最惠待遇原则的修正与限制。

既制定了大量国际贸易中的规范条款，又补之以大量的修正及限制，是关贸总协定的一大特点。早在关贸总协定中的知识产权协议形成之前多年，关贸总协定总则第1条的"无条件最惠待遇"原则，就受到"历史特惠安排""关税同盟及自由贸易区""授权条款"等例外的限制，实际上成为"有条件的最惠待遇"。所以，想要通过"入关"而一劳永逸地解决同某个或某几个国家的贸易谈判问题，往往是不切实际的。

通过上文介绍几个由WIPO管理的国际条约，可以看到，过去在知识产权的国际保护中，只有"国民待遇"原则，而没有"最惠待遇"原则。因关贸总协定的乌拉圭回合而新建的世界贸易组织中的知识产权国际保护，则在"国民待遇"之外，增加了"最惠待遇"。不论这种增加的待遇在实际上是有条件的，还是无条件的，都已经使WTO中的知识产权保护与WIPO的知识产权保护相比，有了很大的不同。

具体讲到在知识产权保护上的最惠待遇，中国与外国或世界贸易组织的成员地区之间，不会发生大的障碍。从中国方面看，在公约之外给予个别缔约方的特别保护，莫过于1992年分别与美、日及欧共体签订的《知识产权谅解备忘录》中的有关承诺了。这些特别保护，许多外国及地区在与美知识产权谈判中也几乎都已接受，甚至还多了一项保护享有版权制品的"进口权"，即控制"平行进口"。

对中国来讲，可能产生问题的倒是原在公约保护范围之内，但又在中国知识产权法保护之外的一些特例，有可能必须适用于对中国以外地区居民的或外国人权利的保护了。例如，对中国作品来讲，按《著作权法》第52条，实用艺术作品中一大部分不享有版权。而按照1992年9月的《实施国际著作权条约的规定》，享有公约保护的外国作者、中外合资或外资企业的作者，其实用艺术作品则享有

25 年保护。这些“外”国，大都是 WTO 的成员国。因此，中国台湾地区居民在台湾地区进入 WTO 之后，完全可能依照知识产权协议中最惠待遇原则，要求像其他成员的作者一样，享有对其实用艺术作品的保护。

这种原先存在的国内外在版权保护上差别待遇的例子还不少。如计算机软件的登记程序问题等等。两岸进入 WTO 之前，中国大陆把台湾地区作者视为本国国民而不保护其实用艺术作品，要求其软件先登记、后诉讼等等，如果还说得通的话，在两岸进入 WTO 之后，把台湾地区作者作为另一缔约方的居民而如此对待，就说不通了。这样一来，我们就可能将面对至少三部分享有高于国民待遇的本国国民——WTO 成员香港居民、WTO 成员澳门居民、WTO 成员台湾居民。解决这一困难局面的唯一可行途径，似乎应当是修改中国的著作权法，使之与行将增补的伯尔尼公约全面地处在同一水平，以改变现行版权保护的内外差别待遇。

至于知识产权协议中所规定的对最惠待遇的修正与限制，亦即在 4 种情况下，可不实行最惠待遇原则的规定，均包含在该协议第 4 条的（a）到（b）项中。

其中第一种情况，即原先已经签订的司法协助双边或多边国际协议，而且并非专对知识产权保护签订的这类协议，如果产生出什么优惠来，可以不适用到其他成员国家或地区。到目前为止，中国至少已经参加了 1965 年的《海牙送达公约》、1958 年的《纽约仲裁公约》，又至少与法国、比利时、西班牙、泰国、蒙古等十多个国家签订了《民商事司法协助双边协定》。但是中国与现有的 WTO“成员地区”之间，尚不可能有这类双边协定。

第二及第三种情况，是按伯尔尼公约与保护邻接权罗马公约中的选择性条款而在某些国家之间所特有的保护（即带一定互惠性质的保护）。同时，知识产权协议中未列入的一部分表演者、录制者及广播组织权，即使承认这些权利的成员之间互相予以保护，也可以不延伸到未加保护的其他成员。例如，表演者的精神权利、表演者具体的经济权利（请注意，罗马公约及知识产权协议中表演者的经济权利可以说是"不具体"的，它们只提供使表演者防止某些行为的"可能性"）。这些，中国著作权法中均有，中国台湾地区"著作权法"中也有。但大陆法中有的广播组织权，台湾地区则没有。这样一来，如果中国给德国或西班牙等国广播组织某些经济权利以互惠保护，则台湾地区表演者未必能够依知识产权协议的最惠待遇原则享有同样的保护。

第四种情况，即知识产权协议对某成员生效之前，该成员已经与其他成员特别签订的协定中给予优惠或特权。前面讲过一例：在进入 WTO 之前，中国与美国，其他一些成员国或成员地区与美国，分别签订了知识产权保护协议。有些成员与美国之间，至少多承认一项版权的"进口权"。如果中国进入 WTO 后，并接受知识产权协议约束后，中国作者也未必能依据知识产权协议的最惠待遇原则，要求在中国台湾地区享有版权项下的"进口权"（但中国专利权人届时如果有可能在台获专利，则显然可以依最惠待遇原则在台享有专利权项下的"进口权"）。

在这里还有一点要说明：对"表演者"的保护，不同国家在法律中所划的范围可能很不相同。例如我国《著作权法实施条例》规定："表演者指演员或其他表演文学艺术作品的人。"这就是说，不表演作品的人，不能成为法律意义上的"表演者"，他们的表演（如果能称为表演的话）是不能享有版权或邻接权的。然而法国 1985 年的版权法以及 1995 年的版权法（亦即现行有效的版权法）都规定：除表演作品之外的其他人，也可以享有表演者权。例如，杂技演员依照法国法也是版权法意义上的"表演者"。在巴西，表演者的范围就划得更广了。就连足球赛也可以享有表演者权。在另一些国家，表演者无论是否表演作品都不受版权法保护，不享有邻接权。

知识产权协议并没有强求成员们采用广义的或狭义的“表演者”作为其保护的对象，而是采用了罗马公约中能够被多数国家接受的“表演者”概念，这就是只有表演作品的人才是“表演者”。至于所表演的作品本身是否享有版权，则并不影响表演者受保护的资格。例如，表演莎士比亚作品（没有版权）的演员，可以享有表演者权；表演老舍的作品（享有版权）的演员，也享有表演者权。

最后，协议中规定的最惠待遇（以及国民待遇）还有一个例外。这就是在协议第 5 条中指出的：凡参加了世界知识产权组织主持的、含有获得及维护知识产权的程序的公约的成员，没有义务向未参加这类公约的成员提供这些公约产生的以及在程序上的优惠待遇。例如，一个微生物备案布达佩斯条约的参加国，可以强制性要求一个非参加国国民必须提交活微生物标本，而不能只提交他在某个国际交存标本机构已交存活标本的证明书，否则将驳回其申请案。而对于布达佩斯条约的参加国国民，则仅仅提交证明书就足够了。

换句话说，也就是知识产权协议只要求成员们去履行四个已有公约（巴黎、伯尔尼、罗马及集成电路）的义务，不论该成员是否参加了这四个公约；而对于这四个公约之外的已有公约，尤其对程序性已有公约，则未参加公约的成员，不能凭借 WTO 的知识产权协议，要求参加公约的成员对其尽义务。

## 第四节　其他有关问题

### 一、“权利穷竭”原则的适用问题

知识产权协议第 6 条谈到了知识产权的权利穷竭问题（也有人翻译为“权利一次用尽”）。对这个问题，不同国家的法律也会有很不相同的回答，尤其在版权领域是如此。例如德国法律规定，如果版权人本人，或经版权人同意，将有关作品的复制本投入市场后，这一批复制本随后怎样发行、怎样分售等等，权利人都无权再过问了。这也就是说，该权利人所享有的版权中的“发行权”在他行使了一次之后，就不能再行使了，这项权利“穷竭”了，或者说“用尽”了。在法国、比利时等国，经权利人许可投入市场的复制品，该权利人一直有权控制到“最终使用者”这一层。也就是说在这些国家，版权中的权利永远不会“穷竭”，而对专利权穷竭的问题，多数国家的规定是一致的。正像我国《专利法》第 62 条第 1 款所规定的那样，专利权人制造或者经专利权人许可制造的专利产品售出之后，其他人无需再经过许可就有权使用或者再销售该产品。对于商标权的穷竭问题，绝大多数国家都承认无论在本国还是在国际市场都存在。就是说，都承认合法制作与售出的商品上的商标，不会因再销售或进口、出口而“侵犯商标权”。迄今为止，认为商标权不会穷竭，从而对再次销售人或进口人作出侵权判决的司法判例，只在极少数国家能够见到。美国曾有过多起这样的判例。意大利在 1994 年初，也由一个基层法院判决过这样一起案子。但意大利法学界总的评论是不同意该法院的判决。

所以，知识产权协议不允许成员国或成员地区在解决它们之间的争端时，用本协议中的条款去支持或否定权利穷竭问题，以免因本来差距就很大的各成员立法，在有关争端中产生更多的矛盾。但如果某个国家的法律对本国国民不适用“权利穷竭”原则，那么它对外国国民也不能适用该原则。即不允许“差别待遇”。

从我个人的观点来看，知识产权权利穷竭与知识产权权利本身一样，都是具有“地域性”的。就专利权与版权来说，权利（例如销售权）在一国的穷竭，并不导致它在国际市场上穷竭。例如，一位中国专利权人许可将其专利产品在中国制造并销售，并不导致他的权利在美国穷竭。如果他在美国也获得了该产品的专利，则该专利权人在中国的被许可人没有获得该权利人许可而在美国销售，肯定会侵犯该权利人的（就同一产品享有的）美国专利。反过来，如果一个美国专利权人在向中国进行有关专利产品的贸易，情况也是同样。中美两国在专利法中都规定了专利权人享有“进口权”，这实际上就是以立法形式承认了权利穷竭的地域性理论。

但是商标权的情况与专利权及版权完全不同。因为商标是把一企业与他企业产品区分开的标志，无论用在哪一个国家，均不应改变，否则会使消费者对同一来源的商品产生“不同来源”的误解，不利于市场安定，也不利于商标权人自己。这与商标权的地域性并不冲突。澳大利亚 1986 年由新南威尔士最高法院作出的一则判例，对这个问题曾作过精辟的分析。1994 年 6 月，欧共体的欧洲法院曾就 Ideal Standard 一案作出过一项裁决，其中认为，无经济联系的境外同一商标的所有人向境内进口带有该商标的产品，境内有关的商标所有人有权禁止；而境外的进口人如系统内商标权人的“被许可人”，则说明二者之间有经济联系。此时境内所有人即无权禁止了。这一案例说明：即使在商标权领域承认权利穷竭的地域性，与专利领域也是有极大不同的。[①]

最后有一点要说明的是，“权利穷竭”原则在任何国家均仅仅适用于合法制作的制品或复制品。至于非法制作的制品（如盗版制品等），不存在“权利穷竭”问题，权利人有权追究任何一环的发行人。

---

① 欧洲法院案参见 3CML-R857（European Court of Justice 22，June，1994）。

## 二、几个用语问题

### （一）“所有人”与“持有人”

知识产权协议从第一部分开始，在讲到权利人的时候经常使用两个不同的词。在有的场合使用知识产权的“所有人”（Owner）；在又一些场合则使用了知识产权的“持有人”（Holder）。过去有些人翻译知识产权协议的老文本时，没有注意这一区别，一律翻译成“所有人”,这是不确切的。虽然知识产权协议中在提到“持有人”时，显然与我国专利法中所说的作为国有企业的“专利持有人”含义完全不同，但仍旧与“所有人”也有所不同，不应画等号。

### （二）“成员”

在知识产权协议第1条第3款中提到了“世界贸易组织的全体成员”。在这里,“成员”这个词和该协议贯穿始终的“成员”一样，是以大写字母开头的。从这一用法可以看出：知识产权协议的“成员”与世界贸易组织的“成员”应当是一致的。不会有虽参加了世界贸易组织但却没有参加知识产权协议的成员国或成员地区；也不会有虽然批准了知识产权协议但却没有参加世界贸易组织的成员国或成员地区。

### （三）个别差异

前面讲过，乌拉圭回合结束后公布的知识产权协议文本，与1991年底形成初步框架的“邓克尔文本”有许多差异。这些差异中有些是意义重大的、不可忽略的，也有些是无足轻重的，甚至可能是重新行文时的疏漏。关贸总协定的工作人员经常抱怨，一次又一次地修改各项分协议，给他们的工作带来许多麻烦，其中之一就是重写有关条款时经常发生疏漏。但这些疏漏一般不影响条款的基本含义。例如，协议第4条（a）项在1991年的文本中比1994年的文本多一个“权利”。但这个“权利”在中文中是译不出来的。“知识产权”在英文中一般表述为“Intellectual Property”。但是也有一些文章或法条表述为“Intellectual Property Rights”。这两种表述完全是一个意思。如果咬文嚼字地去钻研二者有何不同，是没有任何意义的。

## 三、对成员的最低要求或“最低保护标准”问题

像一些原有的知识产权公约一样，TRIPS 在第 1 条第 1 款规定了成员自己的立法可以高于协议的保护水平，但又没有义务一定要高于这个水平。当然，成员的国内法不能低于协议的保护水平。协议所规定的水平是个“最低标准”。例如，西欧多数国家已经决定把版权保护期规定为作者有生之年加死后 70 年。这显然高于协议要求的保护水平。我国给予版权的保护期是作者有生之年加死后 50 年，这与协议的要求是相同的。我国就没有义务要向 70 年的标准看齐。

有些国家，在知识产权双边谈判中，总是要求其他国家“不能满足于多边条约的最低标准”，意即应把某些外国保护水平超过多边条约的标准，作为双边谈判的基础。但恰恰又是这些国家，把原有国际条约中已被多数成员公认的最低标准（如对作者精神权利的保护）取消，在对本国不利的保护条件上，坚守最低标准。这是国际交往中的“双重标准”做法，是始终遭到多数国家谴责的。

当然，如果某个国家在成为一个多边条约（包括 TRIPS）的成员之前，其国内法对知识产权的保护已经高于该条约的最低标准，则它在加入条约后，一般也不能再降下来。例如，我国给予商标的注册保护期是 10 年。TRIPS 中规定的最低保护期是 7 年。一旦我国进入世界贸易组织，开始适用 TRIPS，我们也不会把已实行了很久的 10 年保护期减为 7 年。

此外，对于 TRIPS 来讲，其最低保护标准，还应当联系协议后

面的“过渡条款”去采用。对于发展中国家以及最不发达国家，乃至对于从中央计划经济向市场经济转轨的国家，TRIPS 均允许它们在采用最低标准之前，有一段“宽限期”。而这段“宽限期”的起算时间，不依不同国家进入世界贸易组织日期的不同而不同。它是一个固定的日子，即 1995 年 1 月 1 日。对发达国家来讲，“宽限期”可到 1996 年 1 月 1 日。对发展中国家来讲，可到 2000 年 1 月 1 日。对最不发达国家来讲，可到 2005 年 1 月 1 日。这就是说，如果某个发展中国家在 2000 年才参加世界贸易组织，则对它就不存在“宽限期”的问题，其国内法自参加之日起就必须符合 TRIPS 的最低标准。

## 四、创作者与使用者、权利人与社会公众的利益平衡问题

协议第 7 条是讲知识产权作为一种“专有”的利权，如何与公共利益平衡的问题。就是说，不可把任何一个侧面强调得过了头，以致对另一个侧面产生消极影响。第 8 条第 1 款暗示允许成员为公共利益及社会发展而采取措施（包括立法等）对知识产权进行一些限制；所限制的程度，又要以不妨碍本协议对知识产权的保护规定为限。至于第 8 条第 2 款所说“限制贸易行为”，则属非法限制，在协议第二部分第 8 节中作出了详细规定。

这里需要明白的是：TRIPS 第 7 条，将智力成果的创作者，称为“技术知识的生产者”。这个用语对我国不少读者可能很陌生。之所以这样用，是因为整个知识产权协议，是在“世界贸易”的框架中去制定的，它主要强调知识产权作为经济利益的方面。

实际上，TRIPS 第 7 条、第 8 条，均暗示了知识产权的权利持有人的利益应与社会公众利益相平衡。有人不理解为什么财产权中“永恒”的所有权，在最应“永恒”的知识产权领域，出现了“法定时间性”。那么答案也正在于考虑到与社会公众利益的平衡问题。不保护知识产权，将不利于社会文化、科技、经济的发展；把它们

作为“永恒”的专有权保护起来，同样不利于社会的发展。

# 第二章　版权与有关权

“版权”，亦即我国法律中所称的“著作权”，有广义与狭义之分。广义的版权包括作者权与传播者权（亦即“邻接权”或“有关权”）。狭义的版权则与作者权的覆盖面相似。

在当初关贸总协定的乌拉圭回合谈判中，以及后来世界贸易组织协定的最终文件中，提到版权时，总是附以“有关权”。但这又不足以说明 TRIPS 只是把版权作狭义理解。在协议后半部提及执法时，对于非法复制他人录音制品（属“有关权”保护对象），也同样视为“侵犯版权”，而不另外提出“侵犯有关权”这类概念。可见，TRIPS 中使用的“版权”，在有些场合是狭义的，在有些场合又是广义的。不过这也并不影响人们对整个协议的理解与执行。

对版权与有关权作出保护规定的实体条款，集中在 TRIPS 第 9 条到第 14 条。此外，在后面第 61 条、第 70 条等条款中，也有一些涉及版权与有关权的实体条款。

## 第一节　TRIPS 所保护的权利及客体的范围

### 一、受保护的权利

TRIPS 第 9 条要求其成员保护伯尔尼公约实体条文中所明文保护的一切经济权利，此外还增加了一项伯尔尼公约中未加明确的“出租权”。

伯尔尼公约列为各成员国必须授予的经济权利共有 8 项，即：（1）翻译权（第 8 条）；（2）复制权（第 9 条（1）款）；（3）公开表演权（第 11 条）;（4）广播权（第 11 条之 2）;（5）朗诵权（第 11 条之 3）;（6）改编权（第 12 条）;（7）录制权（第 9 条（3）款及第 13 条）;（8）制片权（第 14 条）。在伯尔尼公约中，“追续权”虽列在经济权利一类，但不是最低要求。

TRIPS 第 11 条的标题是“出租权”，这是伯尔尼公约 8 项经济权利之外的。但读者应当注意，这里的“出租权”与很多国家版权法中所说的出租权是不完全相同的。当然也有一部分国家并不承认版权中包含出租权。这种“不承认”一部分是从前面讲到过的“权利穷竭”原理出发的，还有一部分认为所“出租”的已经属于有形物权，是利用有形物的方式，不应属于版权法规范的内容。

我国版权法是承认出租权的。我国的《著作权法》第 10 条（5）项规定了版权人都享有发行权。《著作权法实施条例》第 5 条第（5）项指出：

“发行，指为满足公众的合理需求，通过出售、出租等方式向公众提供一定数量的作品复制件。”

这就是说，按照我国法律，任何作品的版权人都可能享有出租权。任何非版权人想要将版权人作品的复制件向他人出租以收取报酬，都必须经版权人许可，否则即构成侵权。从理论上讲，承认出租权可以由版权人享有，与销售权一次用尽的原则并不矛盾。“出租”并没有把作品的载体投入流通之中，而是租后还要收回的。在这里，复制件作为“物”的所有人并没有改变。这与一批复制品经许可出售后，再行分销的情况是不同的，而与买到一本书之后拿该书去复制，从中营利的情况则是相近的。所以，“出租权”作为版权中的一项，不应当因作品复制件的一次销售而穷竭。

知识产权协议照顾到完全不承认出租权和承认一切作品的版权人均享有出租权这两种差距很大的传统，要求成员至少对两种在出租中利润可能很高的作品给予出租权。这就是计算机程序与电影作品。在这一条里，有几个用语是值得注意的。一是“电影作品”在行文上并没有使用近年来多数国家的立法和有关的国际公约所使用的“视听作品”这个术语。其主要原因是因为视听作品中包含的电视作品（在其转换为以胶片或磁带为载体的与电影相同的作品之前）是无法出租的。二是该条中所指的出租对象既包括作品的复制件，也包括作品的原件。这种提法比上面讲的我国法律中的提法要更确切一些。因为许多作品的原件显然是可以出租的。难道作者对自己作品的复制件都享有出租权，而对其原件反倒不享有这项权利了吗？三是出租权的主体，该条规定为“作者或作者的合法继承人”。而在整个涉及版权的第二部分第 1 节中，协议主要使用“版权持有人”这一概念。可以从这种用词的选择上推断“出租权”不适用于版权贸易中的被许可人，即使他获得的是独占性的许可证。

第 11 条还允许那些对电影作品的保护已经很完善的成员，不把“出租权”明文纳入其版权法中。

至于计算机程序，虽然它被规定为出租权的客体，要求一切成员予以承认，但如果出租的主要对象是一台计算机，而其中附有为该计算机运行而必备的计算机程序，则这时协议第 11 条 2 款就把“出租权”的适用排除在外了。可见，强制性地规定给程序以出租权，主要目的在于制止在贸易活动中大量出租他人享有版权的程序去牟利，而不在于禁止善意的租用。

“出租权”的译法。有人把英文中的 Rental Rights 翻译成“租赁权”。这样译法从文字上看固然不错，但从版权意义上则不可取。因为“租赁”具有双向含义。出租人把东西租出可以称“租赁”；承租人把东西租入也可以称“租赁”。但版权意义上的 Rental Rights 显然不包含后一种含义，它是单向的，仅仅指租出去的那种权利。

所以，为避免被人误解为后一种含义或误解为包含后一种含义，以翻译为“出租权”为好。之所以想到作这个解说，是因为我写的大多数文章或专著，凡涉及出租权的地方，几乎都曾无例外地被出版单位的责任编辑改成了“租赁权”。在我有机会校对的场合，我又都不能不改了回来。

对于“精神权利”，知识产权协议则采取了完全不同的态度。

知识产权协议第 9 条 1 款像第 2 条 1 款提及巴黎公约实体条款那样，提到了伯尔尼公约的实体条款（即第 1~21 条及公约附录）。但是这一款又偏偏把伯尔尼公约第 6 条之 2 排除在外了。那么，伯尔尼公约中被排除的这一条是什么意思呢？这一条的原文是。

（1）不受作者经济权利的影响，甚至在经济权利转让之后，作者仍保有要求其作品作者身份的权利，并有权反对对其作品的任何有损其声誉的歪曲、割裂或其他更改，或其他损害行为。

（2）根据以上第 1 款给予作者的权利，在其死后应至少保留到作者经济权利期满为止，并由被要求给予保护的国家本国法所授权的人或机构行使之。但在批准或加入本公约文本时，其法律中所未包括有保证在作者死后保护以上第一款承认的全部权利的各国，有权规定对这些权利中某些权利在作者死后不予保留。

（3）为保障本条所承认的权利而采取的补救方法由被要求给予保护的国家的法律规定。

结合我国《著作权法》第 10 条的（1）~（4）项，可以更好地理解伯尔尼公约第 6 条之 2 的规定。这 4 款是：

（1）发表权，即决定作品是否公之于众的权利；

（2）署名权，即表明作者身份，在作品上署名的权利；

（3）修改权，即修改或者授权他人修改作品的权利；

（4）保护作品完整权，即保护作品不受歪曲、篡改的权利。

上述权利我国著作权法称为“人身权”的权利，实际正是许多国家称为“精神权利”的东西。伯尔尼公约上述条款中第1款，包括了“署名权”与“保护作品完整权”这两项精神权利。

相当多的一部分国家都在法律中规定了对精神权利的保护。从一开始就强调精神权利的大陆法系国家自不待言，就连英美法系国家的代表之一英国以及加拿大等国也在80年代中后期把“修改权”与“保护作品完整权”这两项精神权利，增加为版权法的两项重要内容了。但是英美法系的主要国家美国，至今在其最主要的联邦版权法中，仍没有全面保护精神权利的内容。此外也还有一大批英联邦国家尚未保护精神权利。美国虽然在90年代初的“艺术品保护法”中首次以联邦法的形式部分承认了作者的精神权利，但保护期却仅仅到作者死亡之时为止。这显然不符合上面引述的伯尔尼公约第6条之2的第2款的精神。因此，主要由于美国坚持而放入关贸总协定中的知识产权协议，将保护精神权利的要求排除在外，也就不足为怪了。

此外，“与贸易有关”的知识产权，当然主要是知识产权中的经济权利。从这个意义上讲，把精神权利排除在外，也是说得通的。但是WIPO的专家们认为：伯尔尼公约的第6条之2不是孤立的。该公约在第10条（3）款（要求引用他人作品者指明原作者姓名）、第11条之2（要求不得损害作者精神权利）等条款中，均有涉及。TRIPS排除了第6条之2，实际是把这些相关条款也统统排除了。

不过协议中的这种排除，与我们有些民法界的人因始终弄不懂精神权利的内容及怎样去保护，而主张把它排除在研究领域之外或教学领域之外，是完全不同的。在行政与司法实践中，我国已面临大量的涉及精神权利的知识产权纠纷。实际工作者与理论工作者，均不应回避这个议题，而应当作进一步的研究。

## 二、受保护的客体

有些在知识产权领域外研究法理的人，认为凡是版权法中未直接明文规定不予保护的作品，均应受到保护。也有人认为，只要不是抄袭或剽窃而成的作品，就都应当受保护。伯尔尼公约认为上述两种看法是常识性的错误，故并未专门加以反驳。而 TRIPS 则更细地针对常识作了某些规定。

伯尔尼公约中，只详述了版权应保护什么。至于版权不应保护什么，该公约只提到了一条——“纯新闻报道”。为了更突出“不应保护”的这一面，知识产权协议在第 9 条 2 款中，把思想（也可以译作“构思”“设计”等等）、工艺、方法及概念与它们的“表达”，作了一个明显的区分。

这一明显区分，反映出两个重大的基本的理论问题。

其一是知识产权法中三种不同法之间的关系问题，即专利法、版权法与商标法的关系问题。其二是“思想”与“表达”“形式”与“内容”的关系问题。弄清这两个问题，我们才可能进入知识产权之门。

我们先来看第一个问题。

正如在实用技术领域，专利法保护着依照某种或某些科学思想或理论而开发出的技术实施方案，但并不保护这些思想或理论本身；版权法则保护着某种或某些科学思想或理论的表达、表述，也不保护思想或理论本身。可以说，专利法与版权法在这种情况下各自侧重保护着智力创作成果不同的一端。例如,作为科学理论之一的“焦耳定律”，即 $Q=I^2RT$，它本身既不可能受专利法保护，也不可能受版权法保护。但依据该定律搞出的带有实际技术解决方案的发明，可以受到专利法的保护。阐发、论述或讲解该定律的文章、专著，则可以受到版权法的保护。

这个在理论上本应界线分明的问题，只是在近年许多国家对计算机软件采用（或不得不采用）版权法去保护的潮流中，在一些司法活动中被混淆在一起了。其原因正在于许多软件本身即包含某种实际技术解决方案，却又偏偏被划入版权法保护范围。这样，在计算机软件领域，专利法与版权法的关系，可以说在理论上是清楚的，在实践（立法与司法实践）中则是不得不模糊的。

就专利法与商标法的关系而言，前者保护着新产品或新产品的制作方法，或新方法所延及的已有产品，后者则保护着产品来源的信誉，指示着产品的质量（当然，并不一定指示产品的“高质量”，而是指示着特定产品的“一贯质量”）。专利法与商标法的不同作用，在绝大多数场合不会使人发生专利法与版权法关系上的那种混淆。同一厂家本来只能靠商标专用获得的信誉，有可能借助产品的专利权得到加强。同时，产品依专利法受到的保护，也有可能借助商标法得到实际上的延长。例如，当某一厂家的某一专利产品创出牌子在市场上驰名后，专利期一旦届满，其他厂家均可以合法地仿制这同一种产品，但却仍旧不能使用原厂家创出牌子使用的特定商标。这样，该享有原专利的厂家，依旧可以靠它仍在专用着的商标，在市场上占有如同该产品未丧失专利权条件下一样的优势。在许多国家，如果在使用注册商标的同时，将自己未获专利的产品上标示“已获专利”的字样，将被视为违反商标法。这种规定正是基于上述专利法与商标法在市场竞争中存在的实际关系而制定的。

就版权法与商标法的关系而言，商标法所保护的专用商标的文字或图形，必须具有“识别性”，以使公众能够把商标权人的产品与来源于其他人的相同或类似商品相区分。如果说专利法中的“新颖性”有时可能被人与版权法中的“独创性”相混淆，那么应当说“识别性”与“独创性”相去甚远，一般不易被混淆。

商标法与版权法有时也各自保护着同一智力创作成果的不同一端。有些组成商标标识的美术字或图画中的一部分，也属于版权法所保护的“美术作品”；作为注册商标的标识，它们当然也受商标法保护。不过，在这种场合，版权人与商标权人往往并不是同一个人。如果商标权人系未经版权人许可而将有关美术作品用作商标并获得注册专用权的，则该版权人应有权以“在先权利人”的身份请求将有关商标作为“注册不当商标”撤销注册。在一些国家的商标法中(如意大利、日本等国商标法中)，就有这种明文规定。我国商标法从1988年实施细则开始，也为版权人提供了提出这种请求的机会。商标权人如系经版权人许可将有关美术作品用作商标，则其注册专用权一旦成立，即有权排斥包括版权人在内的一切他人将相同或近似的美术作品，在商业活动中复制于相同或类似商品上或商品广告上。但商标权人绝无超出这一范围的任何许可或禁止他人复制该美术作品的权利。如果日后有人要汇编出版商标图案美术作品集，希望收入有关商标图案，他应当去找该美术作品（图案）的版权人，而不是去找商标标识中含有该图案的商标权人去取得使用许可。

在许多建立了版权制度及注册商标制度多年的国家，如果某公司既是某注册商标的权利人，又是有关商标图案的版权人，则他们很清楚可以利用版权法与商标法对本公司的利益进行双重保护，于是无例外地在商标（及商品装潢）的图案上加注版权保留标记。在知识产权的国际保护中，有时一公司的商标在其他国家被人未经许可使用，依商标法构不成侵权，依版权法则构成了侵权。“双重保护”的益处在这时就显示出来了。1986年爱尔兰一家公司在澳大利亚法院正是依版权法实际维护了自己的商标专用权的。同样在1986年，我国的某啤酒厂又正是因为不懂得这种双重保护的作用，而在美国法院丧失了本来应属于该厂的商标使用权。

应当承认，在以同一个美术作品为对象时，可能反映出专利法、商标法与版权法之间的许多错综复杂的关系。其中最应提出并使人们了解的是这三部法对同一对象的重叠保护关系、选择保护关系与权利冲突关系。

某一美术作品具有独创性，它自然符合版权法保护的条件。如果这幅作品作为图案（或美术字），附在商品上又具有识别性，则它又可以符合可注册商标的条件。如果它同时又是一幅富有美感并可在工业上应用的新设计，则还可能获得专利法的保护。三法重叠保护同一对象（但保护角度完全不同），在实践中并不罕见。

在两种法中选择一种，去保护本来可以重叠保护的客体，最明显的是伯尔尼公约第 2 条（7）款的规定。这一款的原意是讲，如果某成员国已有专门法保护实用美术品，则可以不在版权法中保护它。正是基于这一点，WIPO 总干事曾指出，中国著作权法即使不保护实用美术品，也不违背伯尔尼公约（因为中国专利法可被视为保护实用美术品的某种“专门法”）。1988 年前的英国知识产权法宣布，实用美术品如果经版权人许可而投放工业复制领域，版权将自动丧失，也是“选择保护”的一例。

但目前多数国家在处理三种主要知识产权法在美术作品上体现出的关系时，更倾向于重叠保护。德国、美国等一些国家，更是在专利、版权领域明文保护外观设计之余，又制定或拟议制定单行外观设计版权法。因为，选择保护的结果，往往使一部分智力创作成果完全失去保护。1988 年，美国沃尔特·迪士尼公司打算制止中国南方某厂以米老鼠等造型制作塑料玩具时，居然发现其“权利主张”几乎无法可依。该公司以有关造型在中国绝大部分商品类型上取得了商标注册。但南方某厂并未使用这些造型的商标。当时中国尚无版权法，而依照专利法，有关造型早已丧失新颖性，不可能取得外观设计专利。当年国家工商行政管理局虽然以行政干预方式，从禁止不正当竞争角度处理了这一纠纷，但米老鼠等造型难以找到法律保护依据的事实，使美方在中美知识产权谈判中一直作为一个问题提出。又由于考虑到把专利法作为保护实用美术品的专门法，将使多数已无新颖性但确有独创性的作品处于“三不管”地界。所以，中国著作权保护对象中只能把实用“美术品”解释进去。这样做的缺点将是可能冲击专利法保护外观设计的作用。因为，版权法保护实用美术品是无需任何手续的自动保护，保护期又大大长于专利保护期。美术作品即使具备新颖性，其创作者又有什么必要费钱费时费力地去申请获得保护期更短的专利权呢?

除上述三种关系外，不同知识产权法之对于同一客体，还存在如上所述的延长保护关系，也往往存在交叉保护关系。“交叉”一般只存在于版权法与专利法之间。诸如多数国家的半导体集成电路保护法以及国际上的《集成电路知识产权公约》、一些国家的专项外观设计法（如德国）、国际上的印刷字型公约等，均是专利法与版权法交叉（而不是重叠）保护的实例。国际上的保护奥林匹克会徽公约，则是较少见的版权法与商标法交叉保护的实例。

在这里，把版权应当保护什么、不保护什么以及版权法与其他知识产权部门法之间的区别与关系搞清，有助于我们了解知识产权协议第二部分的其他类型知识产权。

知识产权协议第 9 条 2 款除暗示了版权保护与其他保护之区别外，还提示了一个我们在理论上及司法实践中常遇到的问题。在版权领域，“只保护作品的形式，不保护作品的内容”这条原则是正确的吗？应当说，这条原则一是避免了把本来应当由专利法保护的东西放到版权领域来保护；二是在一定程度上防止了把公有领域的东西列进专有领域之中。从这两点来看，该原则有它合理的一面。但进一步的分析会使人看到，不加严格限制地适用这一原则，或把它扩大适用到不应适用的范围，则会把许多专有领域的东西划入公有领域，给“原文照抄”之外的绝大多数侵权活动开了绿灯，从而最终使版权保护制度基本落空。从这个意义上看，又可以说该原则并不正确。

从哲学的角度讲，我们举不出任何不涉及形式的内容。当我问及你一部小说（或一篇论文）的内容是什么时，你的回答本身必然（也只能）是表述该小说（或论文）的某种形式。当然,在版权领域，可能对内容与形式不应作哲学概念上的那种解释。例如，可以说绘画与文字是两种完全不同的表达形式。画一幅“山瀑无声玉虹悬”的北国冬景，再加上几枝梅花，绝不至于被视为侵犯了“已是悬崖百丈冰，犹有花枝俏”诗句的版权。但是，若以连环画的形式去反映文字小说（例如《钟鼓楼》）的内容，则在中外都会无例外地被视为侵犯了该小说的“改编权”。在这一例中，侵权人究竟使用了小说的形式还是内容，真是个难以一语说清的问题了。

从各国立法的角度看，绝大多数国家都没有讲究竟版权法保护形式还是保护内容，尤其不会明文规定“不保护内容”。倒是有一些国家的版权法指出：如果作品包含了某些不应有的内容，则不受保护。由此可以从反面推出这样的结论；该法在确定是否将某作品列为受保护客体时，将顾及该作品的内容。例如，我国《著作权法》第 4 条即规定，“依法禁止出版、传播的作品，不受本法保护”。而当有关法律（如新闻出版法）决定禁止某作品出版时，着眼点自然在该作品的内容上。

### （一）不受保护的表现形式

当人们说起“版权只保护形式不保护内容”时，还可能被误解为一切称为“形式”的，均可以受版权保护。事实上，不受版权保护的表现形式是大量存在的。

首先，许多国家（包括我国）都在法律中把一部分（虽然的的确确属于“作品”的）表现形式，排除在版权保护之外了。新闻报道、通用表格、法律条文等等，均属于这一类。此外，许多国家的版权法（或对版权法的司法解释），还把作为发明方案、设计方案的主要表现形式的“专利说明书”按一定条件排除在版权保护之外。例如在联邦德国，专利说明书一经专利局“早期公开”（一般是申请后18个月），即不再受版权保护。

其次，任何从来就处于公有领域中的作品（例如古代作品），它们的表现形式当然不受版权保护，因为这些作品本身就无版权可言。大部分曾处于专有领域的、已过保护期的作品，其表现形式也不复享有版权保护。

最后，一切虽有美感的、可供欣赏的形式，但只要非人的思想的表达形式（即非创作的造型），如自然的造型，也不会受到版权的保护。例如，雕有乐山巨型坐佛的那座山，在一定距离之外望去又正是一尊躺倒的巨型佛像。这个睡佛造型，显然谈不上享有版权。即使人工培育出的、具有独特形状的动植物，也较难享受版权保护。①

谈到这里，我们遇上了一个不同于“内容的表现形式”，但与之相近的概念——“思想的表达形式”。的确，我认为这后一概念使用在版权保护领域，应当说比前一概念更确切些。把某种创作思想表达出来后，实际上这被表达的成果中既包括了内容，也包括了形式。在这里，“表达形式”不再是先前讲的、引入版权领域后扯不清的那种与哲学上“内容”相对的形式，而是某种途径、某种方式。作为表达出来了的东西（包括形式与内容），与未表达出的思想是可

① 含有人的创造性劳动成果的动植物，即使在专利领域，提供保护的国家也极其有限。

以分得清的。人们常说：优秀作家写出的东西，往往是许多人“心中有，笔下无”的东西。就是说，作为某种思想（或叫构思、构想），可能许多人都有，但这些人均不能就其思想享有版权。唯独某个作家把这种思想表达出来了，这表达出的东西（文章、小说或绘画、乐谱等等），才成为版权保护的对象。

“峨眉高出西极天，罗浮直与南溟连”，这是我们伟大祖国从西南到东南的景色。这个画面可能在许多人脑子中（心目中）都存在着。但这幅景色作为自然造型，不会享有版权；作为思想中的（心目中的）内容，也不会享有版权。一旦“名工绎思挥彩笔”，把人们心目中的这幅景色画出来，作为思想的表达而出现的这幅画，如果创作于现代，毫无疑问是享有版权的。

用“思想与表达”代替“内容与形式”之后，我们在回答“版权领域的受保护客体究竟是什么”这个问题时，陷入窘境的机会可能会少一些。当然，我们也可以在“表达”后面加上“形式”，以使它更符合汉语习惯。但与思想相对的表达形式，已不同于与内容相对的形式。因为，在表达形式中，既有表达方式，也有所表达出的内容。或者可以说:“表达形式”既包括“外在形式”，也包括“内在形式”。德国的迪茨博士曾举过很恰当的例子说明这一点。从他人的小说中直接取出对话，放到自己的剧本中，固然构成侵权；根据他人小说的已有情节，自己在剧本中创作对话，也构成侵权。正像前面举过的例子：根据他人的小说，创作连环画，也构成侵权。在这些例子中，虽然看起来改编人没有使用原作者的思想的表达形式，但实际使用了前者思想已被表达出的“内在形式”，或者说得更明确些：使用了前者已表达出的内容。

### （二）不受保护的内容

笼统地把作品的内容都排除在版权保护之外，是站不住脚的。

当然，也不能因此就倒过来，把一切“内容”都置于版权保护之下。因为这样倒过来的结果，可能把许多不应被专有的东西划为专有，从而扩大了侵权的认定范围，使本来不应负侵权责任的人被视为侵权人。

首先，那些无具体内容的“内容”，是不应享有版权保护的。例如，未塑造成型的、尚未完成的创作构想，过于空泛的创作轮廓，可包含完全不同具体内容的标题，等等。某画家在纸上涂了两个大墨点，意在画成一幅熊猫图，但实际上他就此搁笔了；另一画家利用这两个墨点画成了两只黑猫。不能认为后者侵犯了前者的“版权”。因为版权产生于作品完成之时，而前一“作品”尚未完成（连“阶段性完成”也达不到）。“星球大战”电视剧的版权人曾诉里根“星球大战”计划侵犯了其作品标题的版权而未能胜诉，原因正在于两人各自的标题下具有毫不相干的内容。

无具体内容的“内容”，往往也可以被视为某种“思想”。例如，“相对论”是构成爱因斯坦重大科学发现的主要内容，也是他提出的一种理论或思想。赞同这一思想的科学家，尽可以去著书阐发这一思想，不会因此侵犯爱因斯坦的版权；但如果抄袭爱因斯坦发表的《相对论》论文（即有具体内容的“内容”）或改头换面将该论文作为自己的新作，就必然侵犯爱因斯坦的版权。

其次，有些作品的内容，只有唯一的一种表达形式，这样的内容，也不能够受到版权保护。

1990年，美国第五巡回上诉法院终审判决了一起版权纠纷，判决中认定一幅加利福尼亚某居民区的天然气地下管道图不受版权保护。判决的主要理由是：该图毫无差错地反映了该区地下管道的真实走向。任何人在任何情况下独立地绘制该区管道图（如果不出误差的话），也只能与这幅已有的图一模一样。该图的绘制人只是将实际存在的管道走向，毫无（也不可能有）独创性地再现在纸上。[①]

许多国家的法律或司法解释，均认为广播节目时间表不享有版权，原因也正在于这种时间表是客观内容的唯一表达形式。任何人把它稍加一点改动，都会招致实践中的麻烦，即将与实际播出的节目不相符。

几乎一切被确认了的公式，作为反映某客观定律的内容，也不会受到版权的保护。在这里无论讲起有关定律的内容，还是反映该内容的公式，都不在受版权保护之列。讲到这里，我们甚至可以感到：在版权领域，有时区分“形式”与“内容”的必要性完全不存在了。凡在内容无法受保护的场合，形式也一样无法受保护。相类似的例子，还有历法本身、运算方法本身，等等。当然，这里讲这些东西不受版权保护，并不意味着它们不受一切保护。例如，定律的第一个发现人，运算方法的首先使用人，均可能受到“科学发现权”的保护。但那毕竟与版权保护不同。

由于在“作品”所涉范围，存在着一大批只有唯一表达形式的客体，以版权保护了这类客体，就会妨碍科学与文化的发展，所以不同国家在版权司法实践中，都注意以各种方式避免把这类客体纳入受保护范围。例如，美国把一切作品分为“事实作品”与“艺术作品”，认为前一类中，具有“唯一表达形式”者居多，在认定侵权时必须慎重。[②] 德国学者则把作品分为社会科学作品与自然科学作品，认为后一类中具有“唯一表达形式”者居多，其“内容要保护的可能性”比起前一类要小。

---

① 参见《美国专利季刊》第 14 卷 2，第 1898 页。

② 参见美国《电子与信息时代的知识产权》，第 66~73 页。

最后，凡已进入公有领域的作品，或自始即处于公有领域的作品，正如前面讲到的它们的表达形式不受保护一样，它们的内容也绝不受版权保护。

### （三）怎样才是较正确的提法

从上面的论述中可以看到：在版权领域提出“内容”与“形式”的区别，并认定一个不受保护，另一个受到保护，是有许多漏洞的。在事实上，保护某作品的形式时，往往离不开它的内容；而许多内容不受保护的作品，其形式同样不受保护。

在世界知识产权组织编写的《伯尔尼公约指南》中，确实出现过“内容”与“形式”两个词，但使用它们的目的，绝不在于要说明把其中之一排除在版权保护之外。该指南只是为了讲明，某些作品受保护，不是因为它们具有某些特定内容，因为，作品的内容如何，并不能作为受保护的前提条件。作品究竟采用什么表达形式，也不应作为是否受保护的前提条件。

正相反，伯尔尼公约第6条规定了作者就其作品享有“保护完整性权”，而其指南对此的解释是，有权禁止对其作品内容的某些修改。我国《著作权法》第33条，进一步从正反两方面重申了这一意思，即“报社、杂志社可以对作品作文字性修改、删节，对内容的修改，应当经作者许可”。这段规定甚至在特定情况下把许多人过去的理解倒过来了，它明确指出了对作品形式的保护可能受到限制，而对作品内容的保护则是不容忽视的。

可见，无论从伯尔尼公约的角度，还是从我国国内法的角度，都不宜再把“只保护形式，不保护内容”作为一条原则加以应用了。

事实上，许多国家的版权法，都具有与伯尔尼公约及其指南相类似的表述方式。在这些表述中，均找不到只保护形式，不保护内容的结论。

例如,《法国版权法》第 2 条规定：不论精神创作成果的作品种类或表达形式如何，均应受到保护。

《美国版权法》第 102 条则从另一个方面，规定下列内容不论采用什么表达形式均不受保护：方案、程序（不指“计算机程序”，而指司法、行政等程序）、工艺、系列、操作方法、概念、原则或发现。应当指出，像美国这样明确规定了一大批内容不受保护的，在各国版权法中并不多见。因为，具体哪些作品或作品的哪些内容不论如何表达均不受保护，如果由法院按不同纠纷给予不同处理，会比作硬性规定效果更好。1986 年，美国在一起计算机程序侵权案中，实际认定了该程序的设计方案及操作方法均受版权法保护，致使参与美国版权法起草之人对这项判决都很难言之成理。当然，世界上大多数国家（包括西欧国家与日本）对美国在计算机程序的版权保护上的水平过高，都有不同看法。

那么，如果我们放弃了“保护形式，不保护内容”的提法，又应当以怎样的提法去代替它，才更准确，更合理些呢？实际上，保护什么，不保护什么，在一个国家的版权立法中一般都十分明确了。我国著作权法的“总则”一章中，也作了较详细的规定。一定要用一句简单的原则去概括这些规定，往往会弄巧成拙。当然，如果说到在实施这些规定时，应当注意把哪些法律中没有明文指出但又确实属于不受保护的东西排除出去，则可以有多种建议或提法。但无论怎样提，也不外依旧要从正、反两个方面把问题说清，即在面临具体版权纠纷（主要是侵权纠纷）时，一方面依旧要弄清不保护什么，另一方面还要弄清保护什么。

总起来讲，一切处于公有领域或其他知识产权法保护领域的东西，应当被排除在版权保护之外。具体讲，至少应包括下面几项：（1）思想（Thought）或理论。因为它们没有“可复制性”，对它们在版权意义上的“侵权”无从发生，故谈不上保护。对这一点，多数国家在司法实践中是明确的，也有少数国家在成文法中作了规定。（2）发明方案（Idea）或设计方案。因为它们是处于专利法保护之下的。（3）一切已处于公有领域中的作品。对此不保护的理由已在前文讲过。（4）法律规定的不受保护的作品。（5）只有“唯一表达形式”的作品。

在我国，上面第（4）项即《著作权法》第4条列出的禁止出版、传播的作品，以及第5条列出的法律、法规、国家机关的决议、决定、命令和其他具有立法、行政、司法性质的文件，及其官方正式译文；时事新闻；历法、数表、通用表格和公式。有时，“法律规定不予保护的”与“唯一表达形式的”作品有重合部分。例如“历法”即是。

上述第（1）、第（3）两项是各国相同的。第（2）项中的设计方案之是否受版权保护，不同国家可能有不同回答。第（4）项则会依不同国家的法律而有所不同，少数国家的法律还根本不规定哪些不受版权保护。

至于另一方面的问题，在版权领域应当保护什么？如果作为对著作权法的进一步解释，可以说应当保护“带有独创性的作品”。因为我国的著作权法并没有要求受保护的作品另外还得具有艺术高度或创作高度。所以，根据《著作权法》第3条、第11条、第13条等条款，应当认为只要作品是创作的（即带有独创性的），就应受到保护。综上所述，世界贸易组织的知识产权协议第9条2款对伯尔尼公约作另一侧面的补充，是必要的。同时，这一款中使用的是“Expression”，而不是“Form of Expression”。所以，更确切的中译应当是“表达”，而不是“表达形式”。

## 第二节 TRIPS 在权利与客体范围内对三个已有公约的更改

### 一、计算机程序的保护——超伯尔尼公约

知识产权协议第 10 条第 1 款规定：成员国或成员地区都必须把计算机程序作为伯尔尼公约中所指的“文字作品”给予保护。这一款还特别指出它所说的“伯尔尼公约”指该公约的 1971 年文本。

大家知道，在 1971 年的时候，计算机程序还没有作为一种重要商品出现在任何国家的技术市场上或文化市场上，也没有作为重要商品出现在国际市场上。世界上第一部保护计算机程序的版权法是 1972 年才出现于菲律宾的。就连极力主张把计算机程序纳入版权保护轨道的美国，也只是到了 1980 年才把这项受保护客体增加到版权法中。因此，伯尔尼公约的 1971 年文本形成时，其中所说的“文字作品”，无论明示或者暗示，都绝不可能包含计算机程序。而关贸总协定中的知识产权协议，无论是 1991 年的“邓克尔文本”，还是乌拉圭回合结束后的文本，又都先于伯尔尼公约 1971 年文本的附加“议定书”出现。所以先出现的知识产权协议规定把计算机程序，作为尚未出现在伯尔尼公约议定书中“伯尔尼公约所指的文字作品”加以保护，在逻辑上是说不通的。但这又是为保护许多发达国家（首先是美国）的利益所必需的。因此，人们把知识产权协议中的这一款，称为“超伯尔尼条款”。在这里，我们又一次看到在国际贸易关系中，一旦法的理论（乃至逻辑）与大国的经济利益发生冲突时，前者往往要给后者让路。

至于对数据库的保护，协议本来可以从伯尔尼公约第 2 条第 5 款中推导出来。这一款规定：“文学或艺术作品的汇编，诸如百科全

书和选集，凡由于对材料的选择和编排而构成智力创作的，应得到相应的、但不损害汇编内每一作品的版权的保护。”

只不过知识产权协议要突出它所保护的有关数据库，不仅包含享有版权的材料的汇编，而且包含了不享有版权的材料的汇编。但对这后一种汇编成果，只有汇编劳动属于创作性智力劳动时，数据库本身才有受保护的资格。所以，协议在这里并未引述伯尔尼公约，而是专门制定了一个“第10条第2款”。[①]至于什么样的汇编劳动才属于“创作性”的？很难有一套既定标准。但至少从版权法的原理讲，如果某种对已有数据的汇编方式是仅有的一种方式，不可能再找到第二种，或是极有限的方式，则肯定不会被视为“创作性”劳动。

## 二、邻接权的保护——低于罗马公约

在上一部分的讲解中，已经提到过，知识产权协议在“最惠待遇”等条款中，均把邻接权的保护（即表演者权、录音制品制作者权与广播组织权的保护）作为例外，允许成员国或成员地区降低保护标准。在该协议第14条中，甚至允许成员对邻接权中的有些权利不加保护（例如广播组织权）。

这是因为有相当一部分国家在版权法中并不保护邻接权。在关贸总协定中举足轻重的美国，其联邦版权法把录音制品制作者权纳入作者的“版权”之中。对于表演者则只通过普通法（而不是联邦法）给予有限保护。至于“广播组织权”的概念，在其版权法中是找不到的。因此，与“超伯尔尼公约”对计算机程序的保护相比，可以用“低于罗马公约”来描述该协议对邻接权的保护。

---

① 读者应注意到：协议中对“数据库”的范围界定，比1996年前的欧共体法及许多国家的法律要宽，即不仅包括“电子数据”，而且包括非电子数据。在制定协议第10条时，美国与欧共体曾进行了长期争论，最后基本吸收了美国的意见，对“数据库”作了广义解释。

不过在邻接权的保护期上，协议规定了实际比罗马公约更长的时间。只是对其中的广播组织权，仍旧按罗马公约的原有水平来规定。对保护表演者权、录制者权与广播组织权之间的这点差别，在理论上还是讲得通的。广播组织可享有的权利本来就比其他版权人或邻接权人可享有的要窄得多。如果一部电视剧是由一家广播电台制作的，则该广播电台是作为“版权人”享有该电视剧的“版权”。在这里，并不存在“邻接权”问题。只有对该广播电台自己的非作品的节目（例如该电台被授权进行的独家体育竞赛现场广播，该电台自己安排的与某一观众进行的面对面的问题讨论节目现场直播，或自己组织的猜谜语、智力测验、高考咨询等节目的现场直播），该电台才是“广播组织权”的主体。因此，我国著作权法把广播组织权规定为“广播电台、电视台对其制作的广播、电视节目”享有的权利,是不确切的。这种规定从一方面不合理地扩大了邻接权的客体;从另一方面讲，在某些场合电台、电视台实际是版权人时，却被当作邻接权主体对待了。这又降低了这些主体应当享受到的保护水平。

最后，还有必要对罗马公约及 TRIPS 中的两个术语作一些解释，即“固定”与“录制”。在罗马公约、录音制品公约、知识产权协议乃至伯尔尼公约中，都多次出现过“Fix”这个词。在罗马公约及录音制品公约中，它固然主要指的是“录音”或“录制”，但也不尽然。把表演形象固定在照片上（即摄影）算不算？有些国家的判例也算。对这个问题还有争论。把表演形象固定在连环画册上算不算？现在还没有发现认为这种固定也算上述各公约所讲的“Fix”的司法判例，但已有表演者提出要求认为应当算。在伯尔尼公约中使用“Fix”的大多数场合，并不指“录制”。所以，我在翻译知识产权协议时，仍按该词的原意“固定”来翻译，并且认为若译成“录制”，在今天或在将来都有“以偏概全”之嫌。

## 三、排除录音制品公约的条款

知识产权协议第 14 条第 6 款中的第二句话是有极重要含义的。

该协议并没有直接提起与录音制品公约（即《保护录音制品制作者禁止未经许可复制其制品公约》）的关系，但规定了这样一条：伯尔尼公约第 18 条适用于录音制品的保护。这样一来，就等于间接指出了世界贸易组织与录音制品公约的关系。

伯尔尼公约第 18 条是“追溯力”条款。它规定：对于在作品来源国尚处于专有领域的作品，新参加公约的成员国应给予追溯保护。而录音制品公约中则有个“第 7 条”。该条是“无追溯力”条款。它规定新参加公约的成员国，可以对其原先未加保护的录音制品仍旧不予保护，即使该制品在其来源国尚处于专有领域。世界贸易组织要求其所有的成员均在录音制品保护上适用伯尔尼公约第 18 条，实质上就等于规定：世界贸易组织的成员如果也参加了录音制品公约，则不能再援引该公约第 7 条的“无追溯力”条款。这样一来，没有从正面提及录音制品公约的知识产权协议，实质上从另一面把该公约完全排除在成员的权利、义务之外了。

我国的企业、事业（如出版）单位及外贸部门，对于知识产权协议第 16 条第 6 款所提到的伯尔尼公约追溯力条款的普遍适用性，千万应有清醒的认识。

如果按照无追溯力条款去尽成员方的义务，我们只需要注意不要复制或销售在我国加入 WTO 之后录制出版的录音制品就够了。对于过去我国未曾保护过的制品，尚可以继续“不保护”。按照追溯力条款，则我们不但有义务保护加入 WTO 后出现的新制品，而且对过去曾自由复制、发行过的制品，要回过头去加以保护。也就是说，继续复制、发行那些过去曾合法复制、发行的制品，就会构成侵权了。

还应当注意的是：追溯力条款也适用于表演者权。如果某项表演活动（无论表演者是中国人或是 WTO 成员中的外国人）是在我国加入 WTO 之前未经许可而被录制的，则发行该录制品，在过去可能不侵犯表演者权，而在加入 WTO 后就必然侵犯表演者权了。至于伯尔尼公约追溯力条款适用于一切受保护作品，则是不言而喻的。我国国家版权局已于 1993 年 4 月 20 日下发了通知，要求任何单位在 1993 年 10 月 15 日之后，均不得继续在无许可的情况下销售其在我国加入伯尔尼公约前复制的外国作品。虽然这些作品在当时复制及销售均是合法的，但"追溯力"条款已使它们在今天的继续（未经许可）销售成为不合法的了。许多出版单位对国家版权局的通知不理解，认为"管得太严了"。殊不知如果真的按伯尔尼公约第 18 条认起真来，那就应当在 1992 年 10 月就不再允许出版社继续销售无许可的外国作品。实际上，国家版权局的通知不是严了，而是相当宽了。

## 第三节　限制与例外

### 一、TRIPS 中有关版权限制与例外的规定

知识产权协议对版权保护中可以允许的权利限制与邻接权保护中可以允许的权利限制，是分别作出规定的。这一点，很像 1988 年之前的英国版权法以及现行的新加坡版权法和相当一批英联邦国家的版权法，把这两种不同权利的权利限制分别作出不同的规定是合理的。但经常有些人，甚至包括知识产权领域有名的专家，都曾对于这种有区别的法律做了无区别的理解，从而犯了错误。例如德国著名学者迪茨，在其 20 世纪 70 年代出版的《EEC 版权法》一书中，就曾

混淆过英国当时作了明显区分的两种权利限制。

协议对版权权利限制所作的规定，见诸第 13 条。这一条的行文，与 1992 年 1 月 17 日签署的《中美知识产权备忘录》几乎逐字相同。应当说是备忘录受了知识产权协议“邓克尔文本”的影响。因为“邓克尔文本”先于该备忘录两个月就出现了。第 13 条实际上是对权利限制的限制。它强调的并不是怎样去限制对版权的保护，而是强调权利限制不能够影响作品的正常使用，也不能不合理地损害版权持有人（既包括版权所有人，也包括独占被许可人或可能的其他持有人）的合法利益。请注意，这一条根本不引述伯尔尼公约。这似乎可以暗示伯尔尼公约有关权利限制的规定，并未得到协议的认可。

相比之下，伯尔尼公约则除了在第 9 条做了与协议第 13 条相同的原则性规定之外，还至少明文规定了下列几种具体的权利限制：

（1）从一部合法公之于众的作品中摘出引文，包括以报刊提要形式引用报纸期刊上的文章，并注明了出处；

（2）以出版物、广播或录音录像形式为教学解说而使用作品，并注明了出处；

（3）通过报刊、广播，复制已在报刊上发表的有关经济、政治或宗教的时事文章，或具有同样性质的已经广播过的作品（只要原发表时未声明保留），并指明了出处；

（4）用摄影、电影、广播或其他报道时事新闻的传播方式，在报道中使用无法避免使用的有关作品；

（5）对于已经由作者授权录制的音乐作品的再次录制；

（6）对“翻译权”保护的 10 年保留；

（7）专门对发展中国家作出的有关强制许可的规定。

我国著作权法所允许的权利限制就更宽了，而且没有“不得损害作品的正常使用及不得不合理地损害权利人的合法利益”这条原则。我国纳入权利限制范围的，有下列这些内容：

（1）为个人学习、研究或者欣赏，使用他人已经发表的作品；

（2）为介绍、评论某一作品或者说明某一问题，在作品中适当引用他人已经发表的作品；

（3）为报道时事新闻，在报纸、期刊、广播、电视节目或者新闻纪录影片中引用已经发表的作品；

（4）报纸、期刊、广播电台、电视台刊登或者播放其他报纸、期刊、广播电台、电视台已经发表的社论、评论员文章；

（5）报纸、期刊、广播电台、电视台刊登或者播放在公众集会上发表的讲话，但作者声明不许刊登、播放的除外；

（6）为学校课堂教学或者科学研究，翻译或者少量复制已经发表的作品，供教学或者科研人员使用，但不得出版发行；

（7）国家机关为执行公务使用已经发表的作品；

（8）图书馆、档案馆、纪念馆、博物馆、美术馆等为陈列或者保存版本的需要，复制本馆收藏的作品；

（9）免费表演已经发表的作品；

（10）对设置或者陈列在室外公共场所的艺术作品进行临摹、绘画、摄影、录像；

（11）将已经发表的汉族文字作品翻译成少数民族文字在国内出版发行；

（12）将已经发表的作品改成盲文出版。

以上这些使用都必须注明出处才可以不经权利人许可和不支付报酬。我国著作权法规定这十几条权利限制也都适用于对邻接权的权利限制。这与知识产权协议将版权限制与邻接权限制区别对待的方式不尽相同。

我国著作权法中还有更多的“自愿法定许可制度”“强制许可制度”等其他限制。在我国进入 WTO 之后，如果想要适用知识产权协议，就非修订著作权法不可了。

知识产权协议在第 14 条第 6 款中对邻接权权利限制所做的规定，比较具体一些。它直接引述了罗马公约所允许的限制以及罗马公约允许的例外和保留。

罗马公约所允许的权利限制主要有四项：

（1）私人使用；

（2）在时事报道中有限地引用（这两条的使用条件都与伯尔尼公约相同）；

（3）广播组织为便于广播而临时将受保护客体固定在物质形式上；

（4）仅仅为教学、科研目的的使用。

罗马公约允许的保留主要有以下四点：

（1）在对录制者的保护中不采用“录制地点标准”，或者不采用“发行地点标准”；

（2）只保护同时具备了“总部设在罗马公约成员国内”以及“广播节目从罗马公约成员国内的发射台播出”两个条件的广播组织；

（3）对录制者及广播组织从事的“二次使用”活动给予优惠；

（4）对录制者权的保护仅仅采用“录制地点标准”，不采用“国籍标准”与“发行地点标准”。

当然，知识产权协议第 14 条第 6 款对邻接权的限制又进行了一层限制。这就是前面讲过的对表演者和录制者权利的保护都必须适用追溯力条款（即伯尔尼公约第 18 条）。

TRIPS 第 70 条是对第 11 条和第 14 条第 4 款的解释，也等于一条“权利限制”。读者如要理解知识产权协议的条文，应当把前后互相涉及、互相补充或互相说明的条款结合起来读。例如，对有关版权及邻接权，第 11 条和第 14 条规定了具体保护要求，而同一协议在第 70 条中又打了折扣。这也可以算作第 70 条对上述两条的附加说明。在这里仅提出这个例子，提请读者注意。

在第 70 条第 5 款中，协议规定，如果某个成员国或成员地区在受协议的效力约束之前，已经购买了某些计算机程序或电影作品（无论是母盘还是复制件），并把它们用于出租；它们仍可以在受协议约束后继续出租这些享有版权的作品，而无需征得权利人许可。

单从协议看，这一点可能对我国的许多“软件公司”或“计算机公司”非常重要，也对出租视听作品的单位、企业乃至个体户非常重要。他们必须在我国正式适用 WTO 的知识产权协议之日画一道线。在这条线之前购入的程序、电影，仍可继续自由出租。在这条线之后购入的，如要出租，则须经权利人同意了，否则将构成侵权。但从我国已有的著作权法实施条例看，我国的单位又很难利用协议第 70 条。因为我国早在 1991 年已承认一切作品均享有出租权，即使进入世界贸易组织，也不能“食言”了。

TRIPS 第 14 条第 4 款中所规定的对有关权（邻接权）的限制，有一个关键日。在该日之前未达到 TRIPS 最低保护标准的，在有关权的领域内，可不视为违约。

这个关键日即“1993 年 12 月 15 日”。知识产权协议从第 14 条开始，经常提到“部长级会议结束乌拉圭多边贸易谈判之日”，并以这个日子作为允许成员国或成员地区进行某些保留的标志日期。这个日子就是 1993 年 12 月 15 日。它既不是 1994 年签署乌拉圭回合最后文件的 4 月 15 日，也不是 1995 年 1 月 1 日世界贸易组织成立之日。

## 二、实践中区分权利限制与侵权的困难

TRIPS 在第 13 条与第 14 条第 6 款中，讲了版权与有关权的例外以及权利限制的总原则。从条文上看是非常清楚的。但在实践中，遇到版权纠纷时，需要认定某个行为属于侵权还是可以靠权利限制条款而免除侵权责任，往往并不容易。

例如，“为教学目的”而有限地使用有关受保护作品（或邻接权保护的制品），很有可能被视为权利限制允许的范围。但不同国家（甚至同一个国家）对大致相同的两件版权纠纷，经常会作出截然相反的判定。

1995 年 2 月，澳大利亚发表了一个判例。其案情及判决如下：

维多利亚理工大学是一所社会事业性质的教育机构。在 90 年代初，该校的教师为课堂教学目的，就不同的作品而进行了摘要汇编，汇编中包含取自不同作品中片段复印件。学校后来在自己的印制车间将这些摘要汇编本印制成图书，按选修某一课程学生人数，每种印制 150 册左右，以成本价（加 30% 的售书处经营成本）在本校的售书处出售。该校售书处不仅仅是对校内学生开放的，外来人也可以在那里购书。对于这些摘要汇编本，显然只有本校某些科目的学生，才可能作为听课的辅导材料去购买使用。不过并不能完全排除有个别校外感兴趣的读者购买该汇编本的情况。

1994 年，被摘编了作品的部分版权人及这些版权人的集体管理组织 CAL 一起作为原告，在澳大利亚联邦法院起诉，告维多利亚理工大学侵权，要求后者停止印制及销售摘编本，并赔偿原告损失。

1994 年 9 月，联邦法院一审判决侵权不成立，原告不服审判，上诉到联邦上诉法院。

1995 年 2 月澳大利亚上诉法院作出判决：维持一审原判。

一审法院否定侵权的主要理由是：第一，被告所售摘编本是按最低成本价销售的；第二，按照《澳大利亚版权法》第 135 条（ZL 分条（1）款），仅为学校教学目的，可以不经许可复印有关教学资料；第三，由于被告学校的有关课程的特殊性（例如护士的护理技术课程涉及诸多方面），学生不可能从一本主教科书理解教师讲授的全部内容，必须辅之以一些摘编材料。在这里，“为教学目的”并非可有可无，而是缺之不可的。所以，应视为“合理使用”。上诉法院只是重申并强调了被告并无营利目的，学生购买的摘编本只可能在课堂教学时使用，不可能移作他用。因此，这种印制、出售行为，不能判为侵犯版权。

我国颁布版权法之后，特别是参加伯尔尼公约之后，为教学目的而使用他人作品是否会构成侵权，经常成为教学单位时常警惕的问题。应当说，大多数单位的版权意识提高了。

在注意尊重和保护版权人的权益的同时，我们在教学上也不是每动一动都肯定会发生侵权。例如，按上述澳大利亚的判例，一届选修某课的学生有近 150 人，于是学校印制 150 册。在法院辩论时，学校也承认并非每个去听课的学生都购买了该复印本，所以学校把剩下的复印本仍放在售书处，以待下一届学生或其他人还能购买。我国有不少大学的专业课，每一门每一讲的听课人可达三五百人，为这种课堂教学而印三五百份，按成本价售给学生，似乎也在“合理”范围。

不过我国过去发生较多并构成侵权的，主要是一些出版社为营利（而不是学校为自己的课堂教学）不经许可而出版教科书，或是有的学校为函授，而不是课堂教学，整本地复制他人作品（而不是摘编）“按成本价”出售。这些情况，恐怕是不能与澳大利亚的判例中维多利亚理工大学的使用目的及方式相类比的。此外，如果开办以营利为目的的“培训班”、举办以营利为目的的“讲座”，这时需要教材而去自行复制他人作品（即使不是整部作品而是“摘要”）。或者，如果某出版社为向市场销售，而出版类似维多利亚理工大学的摘编本，恐怕也要另当别论了。

最后，“以营利为目的”并不一定看经营者是亏了还是赚了。自己经营不善，虽“以营利为目的”，结果可能仍旧亏了。“亏了”，并不能否定有关经营活动的“营利”性质。

不过，不论怎么说，自行印制，又在自己的售书处公开出售，而购书者又不限于本校“为课堂教学目的”而使用该书的学生，结果却判了被告“不侵权”。这种判例在国外（尤其发达国家）非常少见。所以这仍旧可算是难得的一例。

1983 年，美国法院曾经就案情大致相同的另一个版权纠纷，作出过完全不同的判决。

联合教育服务协会（简称 BOCES）是 1958 年按照美国《纽约州教育法》成立的在伊利郡地区为公立学校教学提供服务的非营利性法人团体。从 1966 年开始，该协会即使用录像带复制它认为有教学价值的电视节目。从 1968 年开始，该公司向它所提供服务的学校教师公开散发它所录制的录像带节目单，并进行征订。该协会所提供服务的学校共有 100 多个。

只要电视上播出有教学价值的节目，该协会就录下一盘完整节目的原影带（Master video tape）。它所录的大部分电视作品均是地方公共电视广播频道播出的，另有少部分是商业电视台播出的。如果任何学校的教师认为节目单上有某个录下的电视节目对自己教学有用，他可以通过学校向 BOCES 协会订购。订购时要提交一份空白录像带，并交付复制成本费，两周后协会就把复制的录像带交给有关教师。BOCES 协会在提供录像复制品时申明：不允许学校或教师因使用录像带教学而向学生增加收费。该协会提供录像复制品的范围从未扩大过（仅限于该100余所学校）。这些学校有些录像带用毕之后，仍交还BOCES协会销毁；有些则留在本校图书馆中为本校教学作再次复制之用。至于未交回录像带的学校，是否还以录像带派作教学之外的用场乃至营利性使用，BOCES协会在提供录像复制品时未曾申明禁止，也从未过问或检查过。BOCES协会自己所保留的原影带，一般过一段时期后即自行销毁。除1974~1975教学年度外，BOCES协会每年都要复制大量的录像带向学校提供。例如，仅1976~1977教学年度，该协会复制的录像带就达1万套。

BOCES协会认为自己这样做的主要原因是：虽然这些有教学价值的电视作品也是电视台反复播出的，但播出时间并不一定与学校的教学进程完全合拍。有时，某校正需要观看某个教学电视节目，而电视台正好未安排该节目。这时录像带的作用就发挥出来了。

为复制电视节目，BOCES协会购置了50万美元的设备，雇用了5~8名（按时期不同而定员不等）专职从事录制、复制、提供等服务活动的人员。BOCES协会一直认为这种复制活动是合理的，是为公共教学所必需的，并不侵犯任何人的版权。不过，从1969年开始，BOCES协会却与“美国教学公司”（简称LCA）订立了复制该公司所制的电影片（也是以录像带复制）的许可证合同，并每年向LCA公司支付复制权使用费。仅1977年就支付了10. 7万多美元（最多的一年是1976年，支付12. 6万多美元）。LCA公司的一部分电影片也曾在电视上播放，BOCES协会从电视上复制这部分影片后，一直按照许可证合同向LCA公司付费；而BOCES协会从电视上复制的大部分节目，属于三个美国公司的作品，LCA公司只是其中之一。另外两个公司是时代生活公司与不列颠百科全书公司。1976年，LCA公司偶然收到BOCES协会向教师散发的复制节目表及征订单，发现其中复制了LCA公司的某些电视作品而未付使用费。同时，发现被复制的还有另两个公司的大量作品。于是 LCA 公司通知另两个公司，并与之一道要求 BOCES 协会停止复制活动，但遭到 BOCES 协会拒绝。1977 年，LCA 等三个公司联合向纽约西区联邦法院起诉。

LCA 等三个公司是营利性商业公司，专门从事教学影片及其他音、像制品的制作，并向教学单位发放使用许可证。三个公司的主要营业收入即来自与电视广播公司及教学单位签订使用许可证合同而收取的使用费。三个公司认为：它们是有关电视作品的版权所有人；仅它们自己才有权复制[①]和分销有关电视节目的录像带。此外，《美国版权法》（指 1909 年版权法，因为这场诉讼开始时，现行《版权法》尚未生效）还规定版权人享有“播放权”，故录像带的播放，也应取得三公司的许可。

BOCES 协会承认上述三公司对协会所复制的大部分电视作品享有版权，但它认为自己的复制活动并不属于侵权。因为，非商业性的、仅为学校课堂教学目的而复制享有版权的作品，应列入“合理使用”范围。此外，BOCES 协会拿出证据，表明时代生活公司自 1972 年，另两个公司自 1973 年就对 BOCES 复制电视作品的活动有所了解（只是未得到复制表及征订单而已），但三个公司直至 1977 年才起诉，这暗示自 1972~1977 年，三个公司已对协会的复制认可。而且，BOCES 协会在 1977 年正在与美国传播媒介产品协会进行谈判，谈判的主要题目即希图确认为教学目的而录制任何电视作品的录像带，均系“合理使用”。LCA 等三个公司都是传播媒介产品协会的成员。

1983 年 3 月，美国纽约西区联邦法院作出判决：（1）BOCES 协

---

① 这里讲的“复制”，不是指 BOCES 协会从电视上录下“原影带”的复制活动，而仅指从“原影带”复制录像复制品的复制活动。因为从电视上直接录下节目，至少在当时还是美国法律与司法实践所允许的，这类复制大量存在于家庭录像、录音活动中。

会的复制行为属于侵犯三个公司的版权，应立即停止，已复制的录像带不得继续使用；（2）三个公司对被侵权的作品，有权取得赔偿，BOCES 协会支付赔偿费，应按每复制原告有版权的一部作品（即一部完整的电视节目）向原告支付 250 美元的数额来计算；（3）因诉讼开始时的原版权法中，尚找不到对“电视作品”的保护规定，故对侵权一方不再作其他处理。BOCES 协会没有对这一判决提出不服上诉，故该判决为终审判决。

判决中还写道：之所以将 BOCES 协会仅为教学的非营利复制判为侵权，主要原因是如此大量的复制，明显损害了三个公司受版权保护作品的“市场效益”。除 BOCES 协会外，还有许多美国的教学单位在从事复制不列颠百科全书公司电视节目的活动，也都是为了教学目的，但那些单位都无例外地同该公司签订了许可证合同。

上述案例的实质，是对 BOCES 协会是否侵犯了 LCA 等三个公司的“电视作品”版权作出判断。案例前的小标题却未写“电视作品”，而冠以“录像带制品”。这主要是因为：三个公司起诉的主要依据，并不在于 BOCES 协会把电视作品录成原影带的活动，而在于 BOCES 协会从原影带大量复制录像带的活动。

这个案例的起因及起诉开始，是在现行美国版权法生效前，而判决则在现行美国版权法生效后。从原版权法的条文看，很难判断是否侵权。因为 1909 年制定原版权法时，尚不存在电视广播这种传播媒介。但从版权法的一般原理，以及现行版权法颁布前，美国国会已多次公布的版权法修订报告中的基本出发点，法院仍旧确认了被告复制活动的侵权性质。这种情况在其他国家也会见到。

对上述 BOCES 协会侵权案作出判决时，还有一个很重要的依据，那就是 BOCES 协会对由它提供的录像带复制品在学校中的进一步使用，未作任何控制。在这种状况下，即使 BOCES 协会自己的复制活动是合法的，复制品的进一步使用却完全可能变成商业性的、非教学目的的、非法的活动。许多国家的版权法在有关合理使用的条款中都补充规定：为合理目的而复制有限份数的他人原作后，一旦“合理目的”告终（例如有关教学过程结束）就应自行销毁有关复制件。这类规定的主要目的正是为防止从合理使用中延伸出不合理的使用。LCA 等三个公司对于 BOCES 协会的大量复制、提供录像带而对进一步使用又不加控制的担心，也是合理的。因为，如果从 BOCES 协会的“漏洞”漏出的未经许可的复制品流向市场，则三个公司与其他营利及非营利使用人的许可证合同都会落空——其他使用人均能另通过（“漏洞”提供的）渠道获得有关录像带，还有什么必要与版权人谈判合同和支付使用费呢？

从法理上讲，上述澳大利亚判决与美国判决又似乎都讲得通。TRIPS 在上述两国的生效，也不可能把两国司法机关对 TRIPS 第 13 条、第 14 条的不同解释统一起来。

不过，对于不言而喻的侵权行为，如盗版及销售盗版产品，则在大多数国家不会发生“区分困难”的问题。除非执法人员贪赃枉法。TRIPS 的权利限制中较难掌握的是，什么样的“例外”才构成“不合理地损害权利持有人的合法利益”。

## 第四节　保护期

### 一、版权保护期

TRIPS 中对版权保护期的规定，与伯尔尼公约形成鲜明对照。

伯尔尼公约把自然人作者视为原始版权人，所以它规定保护期的多数款项，均是与“作者”相联系的，而且首先以作者“有生之年”来计算，从而也暗示只有自然人才能成为作者。

伯尔尼公约有关保护期规定在第 7 条与第 7 条之 2，即：

第 7 条

（1）本公约提供的保护期，为作者有生之年加死后 50 年。

（2）但对于电影作品，成员国可规定保护期仅为经作者同意而向公众提供之后 50 年；如果作品完成后 50 年内未向公众提供，则保护期为作品完成后 50 年。

（3）对于匿名或假名作品，本公约提供的保护期为公众合法获得作品后 50 年。但如果作者所用的假名足以证明其身份，则保护期仍与本条（1）款相同。如果匿名或假名作者于上述期间内表露了身份，则保护期仍与本条（1）款相同。只要能合理推断匿名或假名作者去世已超过 50 年，即不得再要求成员国对其作品予以保护。

（4）只要摄影作品及实用艺术品作为艺术作品在本联盟某成员国受到保护，该国即可自行以立法决定其保护期。但该保护期至少须维持到作品完成之后 25 年。

（5）作者死后及本条（2）（3）（4）款所指的保护期，均从作者去世之日或上述各款所指的事项发生之日起算；但通常从作者去世后或所指事项发生后的次年 1 月 1 日起计算。

（6）成员国可以提供比上述各款的规定更长的保护期。

（7）适用本公约之罗马文本的成员国，如果在签署现行文本时，国内法律规定了比上述各款更短的保护期，则有权在批准或加入现行文本时维持原定保护期不变。

（8）在任何情况下，保护期的确定均适用提供保护的国家的法律；但除该国法律另有规定外，保护期均不得比作品来源国规定的期限更长。

第 7 条之 2

上条规定适用于共同作品，所谓“作者死后”应以共同作者中最后去世的作者为准。

而“与贸易有关的”版权保护期，在TRIPS中则不以作者的生卒时间为标志。除伯尔尼公约第11条外，几乎不提及“作者”，甚至连“版权人”都很少提到，而代之以包括版权被许可人在内的“版权持有人”。

但由于TRIPS在第9条（即适用伯尔尼公约条款）中，并未排除伯尔尼公约的第7条及第7条之2，我们可以推断TRIPS为保护期作规定的第12条，只是在基本承认伯尔尼公约以作者生卒年份计时的基础上，所作的必要补充。

TRIPS同样把摄影作品与实用艺术品放入了“另册”。这是我国著作权法起草时，一部分人始终不同意的。但伯尔尼公约原已将它们入了“另册”；现在TRIPS又沿用了这种待遇，我们似乎就有必要重新考虑并研究“为什么”了。当然，无论伯尔尼公约还是TRIPS，在保护期上讲的也是“最低标准”。它们均不妨碍成员们给摄影作品及实用艺术品更长的保护期。所以我国给摄影作品的50年保护期也并不“违约”。

值得注意的一个动向是：在世界贸易组织尚未从关贸总协定那里把TRIPS接过去之前，西欧国家就已纷纷接受了更长的保护期，即作者有生之年加70年，或在不以自然人有生之年计算时，自作品合法出版之年年终起70年。美国则在世界贸易组织接手管理TRIPS之后，也积极酝酿要效仿西欧，延长版权保护期。这有可能形成国家性地延长版权保护期的一种大趋势。

## 二、有关权（即邻接权）保护期

TRIPS将“有关权”中的表演者权与录音制品录制者权的保护期，拉得与一般作品的保护期（不以自然人有生之年计算的情况）等长。只将广播组织权的保护期仍留在罗马公约的水平上。

这倒是与我国版权法从一开始就延长了有关权的保护期相一致

的。只是我国在计算表演者权的保护期方面，有一个较大的漏洞。现在也可以说是与 TRIPS 之间存在的一个较大的差距。

我国 1990 年颁布的《著作权法》，“忽略”了表演者权的保护期。1991 年颁布的实施条例，在第 44 条作了弥补，即如果固定为音像制品，则保护期从制品首次出版后 50 年；如果被广播组织转播，则从节目首次播放后 50 年。

那么，如果将表演固定为音像制品而后从未出版，或者有关的表演既未被固定为音像制品，又未被广播，难道有关的表演就不受保护或者没有保护期了？

TRIPS（以及原有的罗马公约）将表演者权的保护期规定为：“有关的表演被固定，或有关的表演发生之年”，起算共 50 年。

这种规定比我国的规定漏洞小，因此更加可取、可行。

以“固定”而不以固定物的出版为起算日，就填补了“不出版”这种特殊情况的小漏洞。

以“表演发生”之年起算，则进一步填补了未被固定也未被广播这种常见情况的大漏洞。

在起草我国著作权法时，以“表演发生”计时的建议并非没有提出过。只是当时有人认为：如果一场表演既未被录制也未被广播，那么表演完了也就完了，没有留下任何看得见摸得着的东西，有什么可保护的呢？

这种看法，是没有认识到知识产权保护对象的特点的一种反映。

当我们讲以“固定”日为起算日时，我们均指经表演者权的权利人许可的录制活动，而未经许可的录制活动，有一部分是难以抓住证据的；另有一部分，在录制时又不是法律所禁止的。例如为了个人欣赏而录制，在录制时既无“再复制”该录制品的意图，也没有拿了所录的原声带（或录影带）去出租营利的任何意图。

现在我们设想一位名演员表演的《李尔王》首次发生在1978年。当时并未录制或广播。但有个别观众为个人欣赏目的在现场录了像。其再次表演同一个剧目是在1980年。这一次经其许可有了录音、录像并随后出版。这两次上演之间，主演人在动作、语调等方面，作了较大改进，观众普遍能分清这两次“表演活动”之差别。现在另有一个剧团，在1979年获得了1978年李尔王的原属个人的录像带，在全国模仿并上演。该名演员是否有权禁止呢？

如果有人认为：未经许可的“固定”也同样视为“固定”，则除了在上述纠纷中，原告会面临拿不到被告的录像带证据的困难之外，还有另一种可能，如果被告剧团是通过全体表演人员多次现场观看（一直未被“固定”过，因而未开始计保护期的）《李尔王》，然后全部模仿下来，是否不侵犯任何人的表演者权呢？

另外，我国著作权法中，规定所保护的是有关的“节目”，而不是活表演本身，是与TRIPS及罗马公约的又一大差距。

如果保护的是“节目”，保护期又从有关的表演节目“首次播放”算起50年，这就可能对表演者极不公平了。同样设想一位表演莎士比亚剧目《李尔王》的演员，其50年一直表演这个剧目。在其20岁首次表演这一节目时，节目被播出了，从而保护期开始计算。到他70岁时，他表演同一个节目已经由于多年舞台经验，达到了“炉火纯青”，应当说70岁时的这场表演最应受到保护，但“依法”该“节目”的保护期却已届满了。

所以，在考虑我国著作权法的有关用语时，无论对TRIPS还是罗马公约中的现有术语，我们均可以“信手拈来”，完全不必自己另搞一套，以免出现漏洞。

## 三、保护期届满后的侵权诉讼问题

乍一看，可能会认为这个标题是句缺乏常识的废话。保护期既已届满，就不会发生侵权问题了（除非国内某些外行人的所谓“有版权、无保护”论可以成立）。但这里要说的，并不是对版权保护期届满后的未经许可使用作品行为起诉，这里问的是：如果某人的未经许可使用行为发生在版权保护期届满之前，但当年的版权人却在保护期届满之后（但诉讼时效尚未过之时）起诉，法院是否应受理，或在同样情况下向行政执法机关提请处理，该机关是否应受理。

这个问题在专利、商标领域均会存在，而且会比版权领域更早地提出。因为我国已有一批专利权及注册商标权（如果未续展）保护期开始届满。

我国法律并未回答这个问题。如果留待法院或行政机关去回答，又可能出现不同机关给予差异极大的答案。

## 四、保护期内“版权部分转让”问题

TRIPS 中只涉及商标转让，而对版权转让完全没有作规定。这一是因为版权之能否转让，在不同国家法律中差异太大；二是因为有关版权转让问题，在凡是允许转让的国家都由于多年的实践而不成为问题了。

但这在我国则一直是个问题，尤其版权在保护期内转让数年，又回归原版权人的“部分转让”问题。

在 1987 年之前的版权法诸草案中，均写入了“有限期转让”条款。只是在该年末的一次征求意见会上，几位民法学者认为，“转让”出去的财产权岂能返转回来？“这不符合民法原理”，“这实质上是一种许可，而不是转让”。于是，尽管起草人在原先写出这一条确有美国版权法、西班牙版权法等诸多英美法系与大陆法系国家的成例为证，终不能说服与会者保留下来，最后在草案中删去了“部分转让”。应当说，这是很可惜的一个结局。

且不说在外国法律、国际条约中，早有“部分转让”的成例，更不用说“独占被许可人”与“部分转让的受让人”在以版权设质等民事活动中的不同地位是显而易见的，版权的“部分转让”从中国法律中被删去，已经在其他方面也产生出诸多不便。

例如，当中国音乐家协会希望能以自己的名义维护其成员的版权时，曾失望地发现，如果要求成员将其版权永远转让给该协会，则大多数成员在协会建立之初尚不放心。如果仅要求成员将版权许可给它，则它又在许多场合无权以自己的名义维护有关版权。在国外，许多音乐家协会正是借助在实践中“部分转让”版权而走出这种困境的。允许部分转让版权的大陆法系国家瑞士，其音乐家协会原主席乌腾哈根为笔者提供的一系列“成员与协会之间的权利转让合同”中，都明白无误地写明：在合同期五年内，作者的一切权利均转让给（Transfer and assign）音乐家协会。同样，英美法系国家加拿大音乐家协会（SOCAN）波尔施普金提供的该协会格式合同，也明白无误地写着：“在两年期内，将本人作品的表演权转让（Assign）给协会”，到期后如果仍愿由协会去行使并维护其权利，则可续展合同，如不愿，则权利自动回归音乐家。

总之，我们在版权保护期及转让问题上，确应看到版权也具有不同于传统民事权利的特点，尤其是不同于有形财产权的特点。

## 第三章　商标与地理标志

在20世纪90年代初，国际保护工业产权协会（AIPPI）曾将“知识产权”分为“创作性成果权”与“识别性标记权”。在后一类中，该会以未穷尽的列举方式列出了商标、地理标志、商号（厂商名称）、与制止不正当竞争有关的标记（诸如商品装潢、商品专用名称、作品名称等等)。[①]

在 TRIPS 中，只涉及这些标记中的商标与地理标志两项。对于厂商名称，虽在我国曾于 1985 年、1991 年两次颁发注册保护条例，而《保护工业产权巴黎公约》第 8 条恰恰不允许成员国以注册为其保护前提。当年关贸总协定乌拉圭回合的主导国，又主要是以普通法而不以成文法对厂商名称加以保护。至于商品专用名称(Housemark)则在乌拉圭回合谈判时期尚未被多数国家使用。总之，TRIPS 只对商标及地理标志作出规定，与乌拉圭回合谈判时的背景是分不开的。

## 第一节　注册商标权保护的客体及注册条件

商标权与上面讲到的版权不同，它虽然也属于知识产权的一种，但需要经过一定的行政程序才可能产生。在知识产权协议有关版权的条款中，虽然并没有明文规定“自动保护”原则(即作品一旦创作完成，就依法自动产生，无需经过行政程序或符合一定形式)，但由于有关条款强调了版权保护要符合伯尔尼公约的原则，而伯尔尼公约第 5 条又正是“自动保护”原则。

协议的商标一节，开宗明义就对注册条件作出了规定。因为，在今天的国际保护中，以及在大多数国家的国内商标制度中，“获得注册”是取得商标权的唯一途径。就是说，商标权一般不能自动产生，而需要向一定的行政主管部门提出注册申请，经审查、批准之后才能产生。如果一个申请中的商标标识不符合注册条件，就会在审查中或在审查之后被驳回或在注册后被撤销。

知识产权协议第 15 条 1 款，把“视觉能够识别”作为可以获

① 参见 AIPPI1992 年 4 月《东京大会报告》。

得注册的条件之一。这样就把“音响商标”（例如，有的银行把硬币被倒出的声音作为自己的服务商标）、“气味商标”（例如，有的厂家把某种特殊香味作为自己产品的商标）排除在可以注册的对象之外了。但是知识产权协议第 15 条的这项要求，显然没有把“立体商标”排除在外。不过知识产权协议第 15 条的这一要求不是强制性的。因为该条在规定这一要求时使用了“可以”（May），而没有用“必须”（Shall）。

但对于另一项注册条件的要求，则是强制性的了。这就是：能够注册的标识必须具有“识别性”，即能够把一个企业的商品或服务与其他企业的商品或服务区分开。如果一个企业使用“自行车”作为自己的自行车商品的商标，显然无法通过它把该企业的商品与其他企业的自行车商品区分开。这个标识就属于不具有识别性的标识。但是如果一个经营服装的企业使用“自行车”作为其商品的商标，则可以通过该商标与其他企业的服装商品相区别。所以，是否具有识别性，并不在于有关标记本身采用了什么样的文字或图形，而要看有关文字或图形是否与它所标示的商品的通用名称、主要功能、主要原料等等相重合。一般讲，如果重合了，该标识就很难具有识别性。

我国在商标行政管理实践中，曾拒绝为“立体商标”提供注册。这种做法是否会违反知识产权协议第 15 条第 1 款呢？不会的。因为该协议第 15 条第 2 款又补充规定到：只要不背离巴黎公约，则成员国或成员地区仍旧可以依据知识产权协议没有列出的其他理由，拒绝给某些商标以注册保护。

在这里请读者注意，我国商标法没有特别规定什么样的标识不能获得注册，倒是更广地规定了什么样的标识根本就不能作为商标使用（当然就更谈不上注册了）。对此我国《商标法》第 8 条作了明确规定。

商标不得使用下列文字、图形：

（1）同中华人民共和国的国家名称、国旗、国徽、军旗、勋章相同或者近似的；

（2）同外国的国家名称、国旗、国徽、军旗相同或者近似的；

（3）同政府间国际组织的旗帜、徽记、名称相同或者近似的；

（4）同“红十字”、“红新月”的标志、名称相同或者近似的；

（5）本商品的通用名称和图形；

（6）直接表示商品的质量、主要原料、功能、用途、重量、数量及其他特点的；

（7）带有民族歧视性的；

（8）夸大宣传并带欺骗性的；

（9）有害于社会主义道德风尚或者有其他不良影响的。

县级以上行政区划的地名或者公众知晓的外国地名，不得作为商标，但是，地名具有其他含义的除外；已经注册的使用地名的商标继续有效。

这里的（1）至（4）项，与巴黎公约的要求是相同的。（5）（6）（8）3 项，与国际惯例是相符的；（7）（9）两项则结合了我国的具体情况。这些要求，均不能说是与巴黎公约相背离，因而也符合知识产权协议的原则。

此外，我国《商标法》第 7 条明文规定：“识别性”这项条件，也不限于注册商标，同样广而及于一切商标（不论是否注册）。这点，也比知识产权协议的要求更高。

有些标识，形式上似乎不具有“识别性”，但实质上则在使用中已经产生了“识别性”。这就是协议第 15 条 1 款中提到的产生了“第二含义”的标识。

“第二含义”，指的是有些本来不可以取得注册的文字或图形，因为它们反映的是商品的通用名称、一般功能、主要原料或产地等等。但如果这些文字或图形在使用过程中，已经不给市场上的商品购买者提示商品名称、功能、原料等等，而是使人直接与该商品的特别来源相联系，则可以获得注册，从而获得商标权。例如:“五粮液”，本意指该酒的主要原料，但消费者见到这一标记，联想的多不是原料，而是该酒的特有牌子、联想该酒产自四川五粮液酒厂。这就是对消费者产生了“第二含义”。再如“青岛”牌啤酒，也是另一角度“第二含义”的实例。

我国商标法禁用县以上地名为商标。但是,地名具有“其他含义”的除外。

国际商标保护中，多年来使用“第二含义”这个术语，而不使用“其他含义”，是有其道理的。第二含义在这里指某一标识虽确系地名，但使用者在商业活动中，已使顾客一见到它就联想到商品的制造者，而不是有关地理来源。例如香槟、茅台，等等。这里并不管有关地名本身原先有没有“其他含义”。例如，“长春”这个地名当然有“其他含义”，它可以表示“永不衰老”“四季常青”等等，但这些则完全不能成为可以把“长春”作为商标使用（或注册）的理由。

知识产权协议还在第 16 条第 1 款中，把“不得损害已有的在先权”，作为获得注册乃至使用商标的条件之一。

可对抗注册商标的“在先权”，在协议中也没有明确包含哪些权利。但在巴黎公约的修订过程中，在一些非政府间工业产权国际组织的讨论中，比较一致的意见，认为至少应包括下面这些权利:

（1）已经受保护的厂商名称权（亦称“商号权”）;

（2）已经受保护的工业品外观设计专有权；

（3）版权；

（4）已受到保护的原产地地理名称权；

（5）姓名权；

（6）肖像权。

我国《商标法实施细则》在1993年修订之后，已经把“在先权”这一概念引入了该细则第25条之中，在商标行政管理机关对这一概念进行解释时，也至少将包含上面列出的6项，可能还会解释出更多的项目。

知识产权协议第15条第3款是比较让人理解起来绕弯子的一条规定。如果我们从弯子中绕出来，明明白白地讲出它的含义，那就应当是：

第一，可以把“是否使用”作为“是否具备注册资格”的条件。

第二，但不能把“是否实际上使用过”某个标识，作为“是否有资格提交注册申请”的条件。

申请人既然已提出了注册申请，就必须在提出申请后三年期满即在贸易活动中主动使用该标识；但如果仅仅在未满三年的申请后期限中未主动使用有关标识，则不能以此作为驳回注册申请的理由。

这样，就把获得注册前的“驳回”依据，与获注册后的“撤销”依据统一起来了。就是说，都必须以超过三年期限仍未使用为依据。

第15条最后一款规定：“在有关商标获注册之前或即在注册之后，成员应予以公告，并应提供请求撤销该注册的合理机会。此外，成员还可提供对商标的注册提出异议的机会。”

在这里，“公告”，可在注册批准之前或之后；“请求撤销”注册的机会，则只能在有关商标获得注册之后提供。而“异议”机会，则没有硬性规定在获注册之前还是获注册之后。如果在获注册之前提异议，就类似我国现行《商标法》第19条。但在实践中，我国规定的“三个月”异议期内，很少有人提出异议。原因是大多数市场上的经营者不可能在三个月之内看到“商标公告”，并不知道哪些商标已被初步审定。所以，“三个月”批准注册前的异议期，在一般人看来只是无意义地把批准日拖了三个月。这与我国《专利法》1992年修订前的专利异议程序效果差不多。

如果采用批准注册后的异议制，就与我国1992年后专利法采用的制度一样了。这种制度已被实践证明，对申请人及行政机关均有利。注册后的异议,提出的理由及程序均与注册后的撤销请求（即我国现行《商标法》第27条管辖范围）不同,而且前者比后者容易，故不会导致异议程序与撤销请求程序重合或重复。我国商标法在修订时，是可以参考专利法修订时的经验。

而且，目前多数修订商标法的国家，均是朝着“批准注册后方才开始异议程序”的方向发展的。

此外，“异议”的提出，要有个时间限制。“撤销请求”的提出，也应当有个时间限制。除去对恶意注册情况可无限制之外，巴黎公约对驰名商标的注册撤销请求，都有个“五年”之限。一般商标也应有这种限制。否则，设想某商标获注册并使用9年，其原先可能表示了产品的一定质量的商标标识，但9年后已具备了“第二含义”。这时突然有人以《商标法》第27条（第一句的前半句——“违反本法第8条”）而请求撤销，就虽然合乎我国现有法律，却违背了国际惯例，而且，对该商标权人也显然不合理。

以一定时限（五年左右）来确认一批“无争议商标”，是国际条约及许多国家早已实行的制度。这样做的结果有利于鼓励人们创名牌，也有利于名牌的所有人有一种“稳定感”“安全感”，因此也就有利于市场经济的发展。否则，某企业花了七八年，乃至十多年时间去“创名牌”。由于其技术先进，产品质量稳定，打开了销售渠道等各方面原因，也确实创下了名牌。此时另一企业却以“在先权”

或其他理由对其注册效力提出争议。那么，有关理由即使从现有法律上看再站得住脚，对该名牌企业也显然不公平。

## 第二节 注册商标权的权利范围

知识产权协议第 16 条讲的是“既获注册之后”的权利范围。但读者不要忘记了：在提交申请之后与获得注册之前，申请人还享有着一项依《保护工业产权巴黎公约》而产生的“优先权”。这项权利也具有“排他性”。在申请日一经确定的六个月之内，在整个 WTO 的成员中，如果另有人以相同标识，在相同商品或服务上申请注册，均应被驳回。

这是一项尤其不应被企业家们忘记的权利。否则，我国的许多商标，在国外被他人“抢注”的危险性就更大。“更大”指的是我国商标被抢注的事例已经够多、对我国企业占领国际市场构成的威胁已经够大了。

当然，商标注册“优先权”这项权利，并没有在 TRIPS 中明文写出。但由于 TRIPS 要求 WTO 的成员均须遵行巴黎公约第 4 条，该条对商标注册申请的优先权又有明确规定，故可以认为这项权利已“暗示”在 TRIPS 中了。

知识产权协议第 16 条 1 款在讲到商标权人的可行使的权利时，突出强调了他有权制止其他人使用与其注册商标相同或近似的标记，去标示相同或类似的商品或服务。这一点，我国商标法以及大多数国家商标法也都作了规定。经常遇见有人问：按照上面这种规定，商标权人难道不应当有权自己使用与自己的注册商标“近似”的标识或把自己的商标用到“类似”的商品上吗？这是不行的。如果注册人不仅使用被批准注册的商标，而且使用了与该注册商标“近似”的其他标志，他的行为就属于“自行改变注册商标的文字、图形或者其组合”，依照我国《商标法》第30条，商标局将会给予处理，甚至会撤销其注册。擅自把注册商标使用到注册时并未指定的其他商品上（即使是“类似”商品上），后果也会招致处理或撤销。于是又有人曾经问道：照这样说，难道商标权人享有的正、反两方面的权利（即“自己使用”与“禁止他人使用”）范围是不统一的？确实如此。这就是商标权的特点之一，也是确认商标侵权的难点之一——难就难在“近似”到什么程度，才属于商标权人有权禁止的。

也正是由于这种“近似”与“类似”，在行使“禁止”权时，扩大了商标权人“禁止”权的范围，因此出现了“防御商标”与“联合商标”这两种特殊商标。

专利侵权的认定与否定，有专利申请书中的“权利请求书”作了明确的限定。正像为一家人的“私宅”地区画了一个圈，他人进入这个“圈”即构成“侵权”；而商标侵权则由于在“类似”商品上，使用“近似”商标也依法构成侵权，则在原来似乎明白的“侵权”认定圈外又划出一个“模糊”区。

在多数国家，商标法中出现了“类似”商品及“近似”商标这些术语的，均会提供对“防御商标”及联合“商标的注册”保护。

因为，从一般原理上讲，“侵权”者，应系你侵了我享有的权。这里讲的“权”，一般有肯定与否定、有“行”与“禁”两方面的含义。例如我对我写的一部书享有版权，这句话指的是：一方面，我有权复制它；另一方面，我有权禁止他人复制它。在商标领域，则不尽然了。当他人使用了与我的商标相同的标识时，我一方面有权禁止他使用；另一方面有权自己使用。这是无异议的。但如果他人使用了与我的商标“近似”的标识，我一方面有权禁止他使用；另一方面却无权自己使用这种“近似”标识。同时，何谓“近似”，又无法下一个明确的定义。有的人就会在侵权中逃避责任。于是，确实已建立起市场信誉的商标权人,就希望能够把他认为与其注册商标“近似”的那些文字及图形统统注册。其注册目的不是为了自己“专用”,而只是为了禁止他人使用,以免造成混淆。这就是有必要保护“联合商标”的主要理由。

防御商标则是从商品“类似”的角度,与上文同样道理,商标权人在所有“类似”(乃至广而及于不类似)的商品上均以其注册商标予以注册,目的也不是自己在这些商品上使用,而只是禁止他人在这些不同商品上使用同一个商标。

这是从两种完全不同的方向来扩大同一个注册商标专有权的方式。顺便说一句:曾有商标法教材或文章,把“联合商标”与“防御商标”说成一回事,是不对的。

在我国商标法中,缺少注册保护防御商标与联合商标两种商标的规定,既不符合国际上的发展趋势,又不符合我们自己的商标管理实践。多年前,“米老鼠”“唐老鸭”等实际已在中国商标局取得过相当于防御商标的注册。同时(如上所述)从逻辑上也与商标法认定侵权时纳入“类似”与“近似”的模糊区不合拍。

目前许多国家都在商标法中明文规定了“防御商标”与“联合商标”的注册;允许已被确认属于“驰名商标”的标识进行这两种特殊注册,这不失为保护驰名商标的一种有效措施。

在为“防御商标”和“联合商标”提供注册保护的国家大都不是不加区别地允许一切注册商标所有人取得这两种特殊商标的注册的。一般讲,也只有驰名商标的权利人才会获准注册这两种商标。目前国际新趋势是更注重“防御商标”的注册。

在协议第 16 条第 1 款中,强调了商标权人的专有权行使不得损害他人的在先权,也不得影响成员国或成员地区“依使用而确认”商标专有权的可能性。这里除重申权利限制(在后面另有专款规定)

之外，主要是给美国的“依使用”而确权的制度留下了余地。

在我国现行商标法中，关于注册商标权人的权利范围，主要见第38条。其中第（1）项与TRIPS第16条第1款的原则完全一致，第（3）（4）两项则是进一步的扩展（其中第（4）项还有商标法实施细则的具体解释）。但第（2）项中，把“明知”作为确认侵权活动的条件，则是TRIPS及绝大多数国家的商标法所见不到的。

知识产权协议在“执法”部分中，把“明知”作为刑事制裁的条件。这倒是大多数国家的商标法中已有的成例。在知识产权领域，不仅因过失而不知绝不能作为逃避侵权责任的依据，无过失而不知是否也能免除侵权责任，尚且有争论。而我国专利法1984年就引入了“不知”不视为侵权的错误原则，1992年修订时并未改正。1982年的原商标法本无“不知者不为罪”[①]的原则。1993年修订商标法时却引入了该原则。1994年，我国商标侵权活动（尤其是销售假冒商品的活动）比前几年更严重，而诉诸行政机关及诉诸法院请求处理的数目却比前几年大大下降了。据国家商标局解释，主要原因是被假冒者很难出示假冒者“明知”的证据，因此不能“依法”保护自己。

这种把刑事责任条件与一般侵权责任条件相混淆的失误，既已在实践中证明对保护商标权不利，就有必要考虑尽早加以修改了。

对于认定商标侵权的总原则，即对商品来源造成误认或引起混淆，TRIPS并没有规定在多大范围造成误认或引起混淆，才可以确认为侵权。在不同国家的实践中（或在商标法中），至少有三种不同答案。

一大批英联邦国家（英国、加拿大、澳大利亚、爱尔兰等国）认为：必须在公众中的“足够数量”或“实质性部分”造成了误认，方构

① 这里借用古语“罪”，不是指今日之刑事责任，只一般指侵权责任。

成侵权。美国法律则认为：消费者中如果有“适当数量”的人发生混淆，则构成侵权。日本、北欧国家的司法实践则从反面回答这一问题，即如果对公众中仅有很少一部分（Very small part）人造成了误认或混淆，则不足以认定构成侵权。

由于知识产权协议第 16 条（乃至有关商标的其他条）仅仅使用了“商标所有人”二语，故可以推论，TRIPS 所达成的有关商标注册后的排他权的协议，只适用于“所有人”（Owner），不适用于商标权的被许可人（Licensee）。但笔者 1995 年 5 月在悉尼的亚太经合组织大会上，曾当面问过 WTO 的知识产权部门负责人奥登先生，他却认为不一定能作出这种反推结论。

除笔者之外，国外也另有专家提出了与我相同的反推结论。例如，1995 年 9 月在国际商标协会举办的研讨会上，加拿大发言者马塞路（Marsellus）即公开发表了这种看法。

## 第三节 服务商标与驰名商标

### 一、概述

这两种商标不是并列关系，本不应并入一节。但知识产权协议在第 16 条第 2 款、第 3 款中却正是将这二者并列起来讲的。这是由于要深化巴黎公约的原规定而不得不如此。

巴黎公约直至 1967 年文本形成时，尚未规定一定要给服务商标以注册保护。该公约只是要求参加它的国家，都要保护服务商标。至于怎样保护，则不同国家可根据自己的情况自由选择不同的方式。例如，判例法国家如果只依据普通法而不以成文法，不通过注册途径保护它，也被认为是合乎要求的。

所以，巴黎公约第 6 条之 2 的规定，在行文上本来均是针对驰名的商品商标的，并没有指服务商标。该条规定：

（1）对驰名商标应给予特殊保护，与其相同或部分相同的标识应当被排斥在注册之外。

（2）驰名商标自注册之日五年内，其他人可以提出撤销其注册的要求（意即五年之后，驰名商标的注册就不会再因为第三者的争议而被撤销，也就是成为“无争议商标”了）。

（3）但是，如果有关的驰名商标的注册是以非善意方式取得的，则争议时间不受五年限制。

也就是说，巴黎公约第6条之2原来是仅对商品商标中驰名的那一部分给予的特殊保护。现在，知识产权协议第16条第2款要求这些规定原则上也应适用于驰名的服务商标。

我国《商标法》在1993年修定之后的第4条最后一段中，增加了一项规定，即“本法有关商品商标的规定适用于服务商标”。有了这条总的原则，就像知识产权协议一样，许多条文就无需再把“服务商标”与商品商标的有关规定并列地加以重复，这样法律条文显得比较简练。

但是，我国《商标法》即使在1993年修定之后，该法本身仍无条款对驰名商标应获得的特殊保护给予明文规定。虽然我国商标管理机关在管理实践中，曾给驰名商标以特殊保护，但是司法机关在判案时，就很难以行政机关的实践作为法律依据了。所以，曾有人认为司法机关在保护驰名商标的问题上，可以直接引用巴黎公约第6条之2。因为，巴黎公约是我国参加的公约之一。按照《民法通则》第142条的规定，在民事法律领域，凡我国参加的公约，除参加时声明保留的条款之外，均构成我国国内法，甚至在有的场合高于国内法。我是同意这种观点的。而且，我认为，一旦知识产权协议对我国生效，该协议的第16条也同样可以直接被司法（以及行政）机关引用，作为保护驰名商标的法律依据。

虽然我国商标法规定了对商品商标适用的条款，均适用于服务商标，但是反过来却不行。就是说，适用于服务商标的规定，有些未必适用于商品商标，它们可能是在1993年之后专门为服务商标作出的规定。例如，1993年修订后的《商标法实施细则》第48条规定：

连续使用至1993年7月1日的服务商标，与他人在相同或者类似有关服务的已注册的服务商标（公众熟知的服务商标除外）相同或者近似的，可以依照国家工商行政管理局有关规定继续使用。

这就是对服务商标专门作出的规定。只是在这条规定里才有对驰名服务商标给予特殊保护的暗示。因为驰名服务商标显然包含在"公众熟知的服务商标"之中。按照这条规定，非公众熟知的服务商标，可能发生两个相同注册标识在我国"同时使用"的情况。这种情况会部分打破注册商标的"专有"权。例如，可能在上海有个"锦江"饭店的服务商标获准注册，在新疆也有一个"锦江"获得了注册。对于这种"同时使用"，商标局将注意把握以不至于在公众中引起混淆为前提。

这种"同时使用"（即英文中的concurrent use），与下文要解释的"共同使用"不是一回事。"同时使用"并不被知识产权协议所禁止。在有些国家，商品商标多年以来就存在"同时使用"，只不过其中一个（或两个都在内）只许在自己原使用的地区内使用，不允许发生交叉或重合，以免在公众中引起混淆。

## 二、TRIPS及其他国际条约中的新规定

TRIPS比巴黎公约更进了一步的是：第一，宣布巴黎公约的特殊保护延及驰名的服务商标；第二，把保护范围扩大到禁止在不类似的商品或服务上使用与驰名商标相同或近似的标识；第三，对于

如何认定驰名商标，也作了原则性的简单规定。

不过巴黎公约及TRIPS虽已涉及，却又并未完全解决有关问题。其中主要是对于如何认定驰名商标，基本没作具体回答，而这对于正在建立驰名商标保护制度的我国，又特别重要。

在现有的几个有影响的地区性商标国际条约中，1993年12月形成的《北美自由贸易区协定》、1993年10月修订的《卡塔赫那协定》及1993年12月形成的《欧共体（统一）商标条例》，均不同程度地涉及了这方面的问题。

在《北美自由贸易区协定》第1708条中规定：在确认某个商标是否驰名时，应考虑有关领域的公众对该商标的知晓程度，包括在一国地域内通过宣传促销而使公众知晓的程度；但贸易区的成员国（目前系指美、加、墨）不应要求该商标在与有关商品或服务有正常联系的公众之外，也具有知名度。例如，与计算机商品及服务毫无联系的公众中，很可能有不少人虽然知道IBM、苹果等商标，但不知道荷花（Lotus）、宏基（ACER）等商标，不能仅仅因此就判定后者不是驰名商标。

在《欧共体商标条例》第8条中，重申了巴黎公约保护驰名商标的原则。此外，它还特别加了一款："如果某商标已在欧共体内驰名，则在其后的相同或近似标识即使申请在不类似的商品或服务上注册，也应被驳回"。原因是后一商标如果在其他商品或服务上取得注册，仍旧可能在市场上误使消费者认为该商标所有人提供的商品或服务，来源于原驰名商标的所有人。

在条文上对确认驰名商标的条件规定得最细的，倒是拉丁美洲安第斯组织的《卡塔赫那协定》。这一协定在20世纪70年代出现时，与当时的国际保护标准差距甚远。1992年，该协定已作了一次大修改，目的是向国际标准迈进。在不到短短一年的时间里，为达到 TRIPS 即将形成的最后文本的保护标准，该协定又全面修订了一次。该协定的 1993 年修订文本在第 84 条中，以“未穷尽”的列举方式，指出了认定驰名商标的四条标准，即：

（1）有关商标在消费者大众中的知名度（在法国，20% 消费者知晓的，可初定为驰名；在德国，则要 40% 左右）；

（2）该商标的广告或其他宣传传播的范围；

（3）该商标使用的年头及持续使用的时间；

（4）该商标所标示的商品的产、销状况。

由于这一列举是“未穷尽”的，所以还可以辅之以更多的其他标准。

## 三、部分外国立法与司法

在司法与行政管理实践中，法国也为我们提供了值得参考的经验。

在 1984 年的一则巴黎上诉法院判例中，法院认定“Liberty”商标系驰名商标，其主要依据之一，是该商标自 1893 年起就成功地获得了注册（从未中断过续展），从 1962 年起，就在法国有名的商标事典上被记载过。在 1989 年的一则巴黎初审法院判例中，“Foker”商标主要因其所标示的果酱商品年销售量高达 8500 万瓶，而被认定为驰名商标。当然，法院在判决中同时指出：不能仅仅以某种商标标示的商品已经行销两个以上国家为由，而确认其为驰名商标。在 1983 年、1984 年等多起初审及上诉判例中，法国法院也都明确了将有关商标的宣传范围或其标示的商品促销的范围，作为认定驰名商标的依据。在另外的多起判例中以及上述 1989 年的 Foker 判例中，法国法院还重申了以公众的知晓程度作为判断驰名商标的依据。后面这两类判例，与前面引述过的其他国家的有关规定是相似的，而前面的两类（Liberty 与 Foker）判例中所依据的理由，则是值得我们在实践中参考的。

法国法院从 1974 年到 1991 年，曾通过诉讼中的判决，认定了以下商标为驰名商标：

可口可乐（饮料）；米其林（Michelin）（橡胶产品、旅游指南及地图）；布尔加利（Bulgari）（珠宝首饰）；Guerlain（香水）；Foker（果酱）；索尼（视听产品）；Château Latour（葡萄酒）；Chanel（皮包、香水、手表等）；Wrangler（牛仔裤）；Château Margaux（葡萄酒）；Anne de Sol é ne（布类）。

法国的实践表明："驰名商标"并不需要"评定"那么一批放在那里，而是在市场上发生侵权纠纷或权利冲突纠纷，有必要认定某个商标是否驰名，因而是否应受到特殊保护时，才由法院（或行政主管机关）根据情况去认定。

法国与其他一些国家的实践表明：驰名商标的认定与驰名商标的保护是密切联系在一起的。仅仅靠一部分社会团体或一部分消费者"评选",甚至靠商标所有人自己出钱去"评选"而认定"驰名商标"，以争得"驰名"之"名"来促销自己的商品，而不是靠促销去获取实际的真实的"驰名"，均不符合国际条约保护驰名商标的初衷。

在商标纠纷中去认定驰名,从而一方面从横向将与驰名商标"近似"的标识范围扩大，另一方面从纵向将驰名商标所标示的商品或服务类别扩大，达到给其以特殊保护的目的，才符合商标保护的基本原理，也才是制定国际条约的初衷。

当然，各国认定驰名商标并给予特殊保护时，在法律许可的限度内，均会尽可能考虑本国经济利益。从法国法院认定的上述驰名商标中，可以看到多数是法国商标。在国际商标纠纷中，也曾出现过德国法院（及行政主管机关）将日本"三菱"商标判为与德国"奔驰”图形近似，将日本“田边制药”判为与德国“拜尔制药”文字排列近似的例子，虽然从一个第三国的法官去看，它们之间就未必近似了。

在管理机关受理注册申请的实践中，许多国家也给驰名商标以特殊照顾，诸如放宽“不可注册标记”的限制等。我国商标局在80年代中批准境外的“维他奶”商标（用于豆奶商品）的注册申请，也是这种例子。此外，许多国家及地区通过在注册申请审查中认定驰名商标，而给以“防御商标”及“联合商标”的注册，也就是在注册时就事先给了横向与纵向的扩大保护。我国商标法中虽一直无防御及联合商标的规定，但在管理实践中，为驰名商标提供相当于防御商标注册的实例也是有的。现在我们应当考虑的是：是否有必要进而在中国的商标立法上明文对这种实践加以肯定。我认为至少明文增加“防御商标”的注册是有必要的。

美国保护驰名商标,更着重于依据州立的“反淡化法”。1947年，美国马萨诸塞州首立《商标反淡化法》，随后商业最发达的纽约州等相继颁行同样法规。目前已有25个州订立了这种法。1996年初美国国会正式通过了联邦反淡化法。

“淡化”指的是来自三个方面对某驰名商标的损害：第一，以一定方式丑化有关驰名商标。例如，有家经营食品的公司使用一个微笑的人物头像作为其商标；另一家家庭用具公司则将同一个头像的帽子稍加修改形成一个马桶盖状，在自己的商品装潢上使用。这就属于一种丑化。第二，以一定方式暗化有关驰名商标。例如，美国曾有人把“柯达”（胶卷上的驰名商标）用于钢琴，被法院判为企图“暗化”驰名商标。因为这样用下去,“柯达”在胶卷上的驰名程度，会变得不像过去那样鲜明，乃至渐渐失去其知名度。第三，以间接的曲解方式使消费者将商标误解为有关商品普通名称。例如在辞典、教科书中将“柯达”注解为“胶卷”而不是“胶卷的商标”，将“飞鸽”注解为“自行车”（而不是“自行车的商标”）。

但是，商标必须是驰名的，在美国才有权禁止他人“淡化”。依照美国 1992 年州立商标示范法的规定，确认驰名商标须考虑以下因素：

（1）有关商标固有的或通过使用而产生的识别性（显著性）；

（2）有关商标在既定商品或服务上已经使用的时间及范围；

（3）有关商标在广告宣传上出现的时间及范围；

（4）带有该商标的商品或服务被提供的地域；

（5）带有该商标的商品或服务被提供的渠道，亦即客户（消费者）的广度；

（6）其他商品或服务领域中，对该商标的知晓程度；

（7）其他人使用该商标的状况。

在 1995 年的中美知识产权谈判中，美方一再强调并坚持：“驰名”与否，不是以认定驰名的那个特定国家为准，而是以有关商标是否在国际市场驰名为准。如果某个商标在国际上驰名，则即使它在某一特定国家鲜为人知，该国也必须认定它为“驰名”。这种观点，与近年发达国家知识产权法理论界中某种“知识产权无国界”论是一致的。荷兰的上诉法院副院长在 1994 年曾撰文认为：对于侵犯了“外国专利”的活动，本国法院也应下达禁令。这反映出某些发达国家从司法上扩大知识产权效力范围的趋势。

但是，韩国最高法院在 1993 年的一个判例中，则明确宣布了美国的“吉普”商标应被视为“汽车”商品的通用名称，不能获得注册。在初审及二审时，韩国法院曾认为“吉普”作为驰名商标的证据不足。于是“吉普”的商标所有人收集了吉普在一系列国家作广告及取得注册的凭证。韩国最高法院则判定，“吉普”在国外驰名的事实，并不导致韩国一定要确认它驰名。这是韩国在遵循国际条约时，看重维护本国利益的突出一例。这也说明，在国际条约规定了原则的情况下，各国适用该原则仍有因地制宜的余地。世界知识产权组织在其 1996 年的备忘录解释 TRIPS 第 16 条“在有关公众”中的知名度时，认为它仅仅指本国的“有关公众”，而不广延为“本国之外的公众”。

## 四、我国应如何保护驰名商标

前文已提到过在我国商标法中有必要增加防御商标及联合商标的注册,以保护驰名商标。至于“反淡化”,目前在我国尚显得“超前”了一些。即使在西欧发达国家中,也仅有德国等有限国家将“反淡化”列入保护驰名商标的主要措施之中。当然，在个别案中如发现确有违反了《反不正当竞争法》，同时又起到淡化他人驰名商标作用的，仍可以依法禁止。只是没有必要在起步最早的美国尚未将“反淡化”订入联邦法之时，我们倒来个“后来居上”。

在实践中，我国要注意的是不能再搞既不科学又不合法的“群众”（实际未必是群众）“评选”驰名商标的“活动”了。至于是否需要由行政主管机关认定一批驰名商标，这是个值得研究的问题。

多数国家仅仅是在处理注册商标权属纠纷或侵权纠纷时，必须确认或否认某一商标为驰名，否则无法下判决或裁决时，方才去认定。很少有认定一批驰名商标摆在那里的。因为，被认定为驰名的很大一部分商标，有可能随着时间的推移而不再驰名。国家给它们一个不变的头衔，也会妨碍市场经济的运转。有些未被认定“驰名”摆在那里的，可能在侵权纠纷中反倒证实了自己的驰名。正像我国教育界原实行的“博士生导师”头衔授予制，曾使一部分已过世或已离退休或无力再“导”的教授一直有该头衔，另一部分确有能力去导，也有学生愿报考其名下的中青年，却无此头衔，这不利于发展教育。现在，教育管理部门已经认识到固定一批头衔的模式是不可取的，工商管理部门似无必要在另一领域重蹈覆辙，再“交学费”。

另外，在保护驰名商标方面，应特别注意万勿使我国有限的驰名商标在“合资”或以其他方式的转让中，不仅被淡化，而且被消灭。

近年，我国不少企业的主管单位，把“商标权入股”“商标权作高价（未必真‘高’）出售”当作一种时髦。须知在大多数情况下，这并不是好事。

在发达国家，一个企业的商标稍一知名（即使未达到“驰名”），就特别注意不允许他人的商标与之合用；更不会允许竞争者把它设法压下不用。我国有些知名乃至驰名商标的所有人正相反。花费了多年的力气使自己的商标刚刚知名或驰名，就想方设法要“卖”出去，至少要有价地交给某个外方，与外方的不知名商标“合用”，在我国为该外方闯牌子（在国外则仍无我方商标的地位）；甚至把自己的名牌交给外方（或“合资企业”）压下不再用，听任外方的牌子在我国长驱直入（在国外自然仍无我方的份）。

应当知道，在合资经营中作为出资方式的，可以是我方商标权的转让，也可以是我方商标权的使用许可。在后一种方式下，我方在合资之外，仍保留了自己使用的权利。以这种方式出资，我方的驰名商标被消灭、被压下不用的可能性就比较小。

## 五、一则 TRIPS 最后文件签字时的外国判例说明的问题

《世界贸易组织协定》于 1994 年 4 月在马拉喀什签字缔结，这也正是 TRIPS 最后文件的签字日。恰在此后不到一个月的一则在世界上有影响的加拿大判例有助于我们加深对驰名商标如何认识的理解。

在加拿大，一家经营咖啡加工、咖啡加工器具出售，以及咖啡与茶叶的“咖啡屋”申请将 Mc Beans 作为该公司的商品及服务商标。麦当劳公司提出异议，认为该标志，会与“Mc Donald”的开头字母“Mc”相混淆。况且，为了防止混淆，麦当劳公司早已就 Mc Chicken、Mc Muffin 等注册为联合商标（后二者有“快餐鸡”“快餐甜点”的意思）。但加拿大商标局在异议程序中部分驳回了麦当劳的异议，准许 Mc Beans 作为咖啡屋公司的商品商标获得注册，但拒绝批准将其作为服务商标注册。麦当劳与咖啡屋公司均不服，同时起诉到加拿大联邦法院，麦当劳请求撤销 Mc Beans 在商品上的注册，咖啡屋则请求在商品及服务上均获得注册。

1994 年 5 月 6 日法院驳回了麦当劳的诉讼请求，却认可了咖啡屋的诉讼请求。于是 Mc Beans 在商品及服务上均获得了注册。法院判决的主要理由是，麦当劳在快餐领域之成为驰名商标，并不能使其享有在非快餐领域的“排他权”。咖啡屋公司的“Mc”字母开头的商标，无论使用在咖啡器具、咖啡或茶叶商品上，还是使用在该公司所提供的服务上，均不会在消费者中产生混淆。

对驰名商标的保护幅度可以延伸何种程度，在国际上并没有一个统一的标准。《保护工业产权巴黎公约》只是提到了应给予特别保护。在一般国家里，从横向讲，认定与驰名商标是否“近似”，其范围要比认定与一般商标是否近似宽得多。例如，一幅“虎头”图案的商标，如果定为“驰名”，可能他人使用任何肉食动物头形图案标识，均被划入“近似”范围；而如果它不驰名，则可能只将猫头划入与之“近似”的范围。从纵向讲，所标示的商品或服务是否“类似”，对驰名商标也会更宽。例如，用于汽水的“北冰洋”商标如确认为“驰名”，则除汽水外，如雪糕乃至低度酒等商品，均可划入与汽水“类似”的商品。如不驰名，可能仅将冰棍列为“类似”。

只是到了世界贸易组织的知识产权协议（TRIPS），才在纵向上一直宽到驰名商标有权禁止他人在“不类似”的商品或服务使用相同标识。但这种加宽也有个限度，即“如果将相同商标用于该不类似的商品或服务，就会暗示与驰名商标有某种联系，从而损害驰名商标所有人的利益”。

加拿大的上述判例虽出在TRIPS尚未生效（《世界贸易组织协定》于1995年1月1日生效，TRIPS也应在该日生效）之时，但却是在乌拉圭回合结束、并于马拉喀什签署了最后文本之后。况且，加拿大参加的《北美自由贸易协定》中有内容相近的条款。这就说明，至少加拿大法院认为，它这样判决，是不违反TRIPS规定的。就是说，它不认为咖啡屋公司以自己的方式使用带“Mc”的那个文字商标，会在消费者中暗示它所卖的咖啡或加工咖啡用具与麦当劳有任何联系，不认为这种用法会损害麦当劳的利益。

这也为我国的司法及行政主管机关在遇到类似纠纷（特别是涉外纠纷）时提供了一个可参考的实例。说到底，无论是对驰名商标的认定，还是认定之后确认对它的保护幅度，都是提供保护的那个国家自己司法或行政管辖之内的事。在一国所参加的国际条约规定的范围内，要由实施该条约（或通过国内立法实施该条约）的国内执法机构去具体解决纠纷。

在1995年2月的中美知识产权谈判中，知识产权协议第16条2款中的“有关公众”，曾经是谈判双方争论的一个焦点。

中方代表及法律顾问认为，协议中所称“应顾及有关公众”对商标的知晓程度，从上下文看，显然指的是行使其权力去确认某商标是否“驰名”的特定国家的公众。如果要求中国商标局去确认一个美国厂商的商标是否驰名，必须看中国的“有关公众”对它的知晓程度。

美方代表则坚持认为，这里的“有关公众”主要指的是国际市场上的公众。即使中国“有关公众”中的大多数不知某个美国商标，而该商标已在美国及其他一些国家知名，中国商标局也应认定它为“驰名商标”。

1995 年 5 月，亚太经济合作组织在澳大利亚悉尼召开讨论 TRIPS 的大会。笔者在大会上就这个问题，请当年亲自参加并主持过知识产权协议从起草到定稿的世界贸易组织知识产权与投资部负责人奥登先生（A. Otten）谈谈他的看法。奥登先生认为：巴黎公约第 6 条之 2 明白无误地规定：特定国家只应考虑商标在该国的知名情况；TRIPS 第 16 条既然是顺着巴黎公约写下来的，不可能与巴黎公约不一致。此外，奥登还谈到认定商标是否驰名，是一个国家主权范围内的事，TRIPS 不可能要求成员们必须把其他国国民的知晓程度作为本国判定商标驰名与否的主要依据。

奥登的回答很有说服力。当时在场的各国代表均无异议，包括在场的 11 名美国代表（其中 10 位来自美国总统贸易代表署，1 位还参加过 1995 年 2 月一轮的中美谈判）。

所以我认为，中美当初在谈判中的争论，可以以中方意见正确而画一个句号了。

## 第四节　权利限制

知识产权协议第 17 条称为商标权保护之“例外”的，指的是权利限制。

在过去，国际条约与多数国家的商标法中，均未对商标权作出权利限制的规定。反倒是对于商标权不允许实行“强制许可”制度。现有的国际条约中，世界性的（如 TRIPS），地区性的（如《北美自由贸易区协定》《欧共体商标条例》等），都有禁用强制许可的明文规定。

近年在许多地区性商标条约及一些国家的国内法中，也都明文规定出对商标权的限制，虽然这类规定远远少于版权法中的相应规定，也相对少于专利法中的相应规定。

在1993年《卡塔赫那协定》第105条中规定：商标权人无权禁止他人善意使用其本人的姓名、笔名、住址名称及商品来源地名称，只要他人的这种使用不产生误导公众的效果。

在《北美自由贸易区协定》第1708条中，规定了允许贸易区成员国自己在商标法中规定出对商标权的限制，如使用“说明性术语”之类。

《欧共体商标条例》第12条也有类似《卡塔赫那协定》的条款。

在日本1991年修订后的商标法中，对商标权的权利限制规定得尤其详细。该法第26条指出，商标权人无权禁止下列行为：

（1）他人以正常方式使用自己的肖像、姓名、惯用的（驰名的）假名、艺名或笔名及这些名称的人所共知的缩略语；

（2）他人以正常方式指示商品或服务的名称、来源、出售地点、质量、原料、功能、效用、形状、价格等等；

（3）他人以正常方式对商品或服务所作的说明；

（4）他人以正常方式对商品或服务的名称、来源、出售地点等等所作的说明。

但上述之（1）不适用于某人蓄意以违反公平竞争的方式，在他人取得注册之后的使用。

日本1991年商标法进一步在第29条及第32条中，规定了商标权人无权在可能与在先外观设计（意匠）权人或在先版权人的权利发生冲突的范围内，行使自己的商标权。商标权人也无权禁止在先的相同（近似标志）的使用人以不违反公平竞争的方式继续使用其标志，但有权要求该在先使用人：

（1）将其使用局限在其原使用范围；

（2）在使用中以明显的方式指示出其商品或服务与商标权人的商品或服务并非同一来源，以防误导公众。

美国商标法甚至在 1052 条规定：如不会发生混淆，“在先使用人”可以获得“共同注册”。这种“在先使用人”的有关规定，原先只是在各国专利法中才有普遍规定。

我国商标法至今未对商标权作出权利限制，给人的印象是商标权是绝对的，而不像版权那样有个第 22 条加以限制，也不像专利权那样有个第 62 条加以限制。在主要是打击假冒商标活动的今天，“无限制”的商标权还看不出太大的弊病。如果我国市场经济进一步发展，反不正当竞争的重要性进一步明显之后，可能就看出商标法中缺少“权利限制”的不便了。现有的几个难以结案的商标纠纷（例如茅台酒与贵州醇酒之间的纠纷），我感到在一定程度上与商标法中缺少权利限制有关。

在国际条约中，与商标权权利限制关系密切的另一个问题是“权利穷竭”问题。从根本上讲，这二者是一个问题——“权利穷竭”正是一种权利限制。但在多数条约的规定中，这二者是被分开来规定的。

例如，《欧共体商标条例》第 13 条，即对于“权利穷竭”的专门规定。“权利穷竭”，也称为“权利用尽”，主要讲的是在销售活动中，权利人只可正常行使一次其权利。如果商标权人自己许可了一批商品的出售，则他人再如何转售这批商品，该商标权人无权过问。如果转售人违背与初售人订的合同，将商品卖到指定的地域之外，或卖给了非指定买主，而被该买主再转卖，则初售人可以依合同法诉后者违约，而不能因转售及再转售的商品上带有权利人的商标，诉转售人或再转售人侵犯商标权。

《欧共体商标条例》第 13 条认为：任何经商标权人许可而投入共同体市场上的商品上所带的商标，均不会在转售中构成侵犯商标权，除非转售人在转售之前改变了有关商品的原样。

在《卡塔赫那协定》中，也有类似规定。

与“权利穷竭”相联系的是商品“平行进口”中的商标权问题。如果如前所述，经商标权人许可而将带有其商标的商品投放市场后，任何转售均不再构成侵犯商标权，那么，经商标权人许可在甲国出售某批商品，而该商品却被转售到乙国，商标权人也在乙国取得了同样商标的注册，而这批商品在乙国带有该商标出现在市场上，显然未经商标权人许可。这时，向乙国转售之人是否侵犯了商标权人的商标权呢?

对这个国际贸易中的问题，各国的回答就大相径庭了。

美国的判例历来认为这种“平行进口”行为无疑侵犯了商标权。与此相应，美国商标法（兰哈姆法）中，并不承认商标权在一次使用后会“穷竭”。

而同与美国处于《北美自由贸易区协定》约束下的墨西哥，则在其 1991 年工业产权法第 92 条中，明文规定了“权利穷竭”原则。依照这条原则，墨西哥法院认为商品的“平行进口”不导致侵犯商标权。

早在 1986 年，澳大利亚法院也曾作出过判决：“平行进口”可能构成侵犯专利权或版权，但不可能构成侵犯商标权。

应当说，过去多数国家的答案，与澳大利亚的司法及墨西哥的立法所作的回答是相同的。但最近国际上又有了一些变化。1994 年 1 月，意大利报道了意大利法院处理的一起商标诉讼案。在该案中，美国加利福尼亚的一家公司，作为商标“Maui and Songs”的注册所有人，将商标以独占许可证方式许可意大利厂商甲使用，而意大利厂商乙则从美国直接购买了带有“Maui and Songs”的商品转销意大利。于是厂商甲以独占被许可人的身份请求法院下禁令禁止这种“平行进口”。该独占被许可人胜诉。就是说，意大利法院承认了在“平行进口”中可能发生商标侵权。

这个案子判决之后，意大利教授弗兰索斯立即表示了反对，并重申了他于1990年发表在当时德国马普学会会刊上的观点，即“平行进口”不会构成侵犯商标权。

由于各国，乃至同一国中司法界与法学界对商标权“权利穷竭”的看法不同，现有的世界性国际条约中，均未就此作出结论。这是个允许继续讨论的问题。中国也不必在其立法中明文作出任何规定。

在有的国家，商标权的限制还体现在侵权救济上。例如《美国商标法》第1114条规定：如果因为在新闻媒介（报刊、电子通信手段等）上作广告而侵犯了他人的商标权，侵权人已被认定出于“不知”而侵权，则商标权人在诉讼中只有权禁止侵权人在今后出版的媒介上停止侵权，而无权要求获得其他救济。这种规定在各国商标法中并不很普遍。也有人对此持反对意见，认为无论行为人是否知其行为系侵权，均不应影响商标权人取得赔偿的权利。但我认为这种规定总比起我国一些法律中干脆将“不知”者的行为不视为侵权，显得合理得多了。

## 第五节　商标转让、许可与价值评估

### 一、商标权的转让

在版权一节或专利一节，协议都没有针对许可与转让提出太具体的要求。在版权领域，这种具体要求是很难提的。因为不同国家版权法差距太大。例如，在有些国家，版权可以部分转让，也可以全部转让，甚至可以转让尚未创作出来的作品的“将来版权”。而在另一些国家，版权只能通过合同许可他人利用，版权转让则根本不允许。还有一些国家，允许部分转让而不许全部转让，或允许转让现有版权但不许转让“将来版权”。在专利领域，强制许可制度在不同国家差别很大，而自愿许可制度或专利权转让，一般只受反不正当竞争的限制。这后一方面内容，协议第二部分第8节有专门规定。

至于商标的许可与转让，就确有不少内容应予以规范了。例如，在许多英联邦国家，过去不仅商标转让需要登记（也称“注册”），即使是商标的使用许可证合同，也需要登记，要在被许可人被行政主管机关认定为“注册使用人”之后，其使用才是合法的。这种要求，从一方面讲，有利于控制产品质量不致下滑、保护消费者利益；从另一方面讲，也有可能给经营者带来额外负担，不利于搞活经济。例如，在我国一个涉外合资企业的建立合同中，如果包含合资的一方许可整个合资企业（或许可合资中的另一方）使用其商标的条款，那么，该合同是否要在主管审批合资企业合同的机关（经贸委）批准之前（或同时），由商标主管部门对商标许可再进行登记审查呢？如果后者延误或未批准登记申请，是否整个合资企业合同即无效呢？幸亏在我国，商标法规定“许可”合同可采取“先斩后奏”的方式，即事后在管理机关备案，没有要求经批准程序。

对于商标许可证合同问题，协议允许各成员自定条件。这正是照顾到各国立法中原有的差异。但对于转让中曾见于一部分国家的一项特殊要求（“连同企业的经营一道转让”），协议则作了部分禁止，即无论连同或不连同经营一道转让，成员国或地区的立法都应当允许。我国台湾地区原有“商标法”就曾规定商标只有连同经营一道，方可转让。1994年该地区修改“商标法”时，已经按照关贸总协定改了过来。我国商标法的原有规定，在这点上已符合国际条约，故无需修改了。

对商标权，不允许搞“强制许可”。这不仅是知识产权协议的规定，而且是绝大多数国家原有商标法所一致赞同的。

协议第21条前两句所指的“商标”，也包括注册商标之外的商标。就是说，在贸易活动中，可以作为无形财产权转让的，未必都是“注册商标”权。未注册的商标，如果在使用中有了一定市场信誉，在普通法法系国家，多能够享有“普通法商标权”。在欧陆法系（即大陆法系）的有些国家,也可以获得“反不正当竞争法”的保护。在这里,我们又一次遇到了“反不正当竞争权”中的一项“积极权利”。至少，WTO的知识产权协定承认了它可以作为转让标的。

在国际保护中，商标权转让的一般问题已经在TRIPS第21条中解决了，即商标权可以连同或不连同企业经营一道转让。但有些特殊问题则世界性国际条约并未涉及。

在转让问题上,《欧共体商标条例》规定得比较细。该条例在第17~19条规定:

（1）商标权可以全部转让,也可以部分转让,可以连同企业经营,也可以不连同;

（2）但企业经营的全部转让，则必须连同商标权一道;

（3）除司法判决商标转让的情况之外，一切商标转让活动必须有书面合同，否则无效;

（4）商标转让必须在主管部门登记，否则无效；如主管部门认为有关的转让活动可能误导公众，则应驳回登记；但如果受让方同意将商标的使用局限于不致误导公众的范围内，则应准予登记;

（5）可由当事人中的一方请求登记及将登记公告;

（6）未经登记的受让人之继承人，无权继承有关的商标权;

（7）如果有人以商标权人之代理人（agent）或代表（representative）的名义作转让登记，而实际未获商标权人同意，则商标权人有权追回权利；

（8）商标权可以不连同企业经营一道被当作质权标的。

这里的“部分转让”“继承”“质权标的”等重要问题，都是我国商标法（乃至继承法等相关法规）未曾涉及的，应算我国法律中的一个缺陷。

在瑞士1992年商标法中，有关于“部分转让”的更详细规定。

在意大利商标法中，则有关于继承问题的更详细规定。

在日本商标法中，则有对商标设定为质权的更详细规定。该法第34条规定：

（1）商标权本身，商标的独占许可使用权或非独占许可使用权，均可以设定为质权标的（即作为担保“物”而当出钱来用）；

（2）质权人无权使用设质的商标；但担保合同中另有规定除外；

（3）质权人有权如同商标权许可人一样收取商标使用费；

（4）商标设定为质权的活动应在商标主管部门登记，否则无效；

（5）以商标的非独占许可使用权设质，若未经登记，则不能对抗第三方。

法国1992年《知识产权法典》则进一步明确：商标权可以全部也可以部分设定为质权；以商标权设质必须采取书面形式，否则无效。

上面提到过的商标权的继承，在多数地区性国际条约中并不见有规定，原因是大多数国家的继承法或民法已解决了这一问题。我国的在商标法中竟不涉及这一问题；在继承法中又偏偏也把它“忘掉”了（我国《继承法》第3条只提专利权与版权中的财产权可以继承）。

由于商标注册申请案可能在商标局停留一年或更长一些时间，申请案中的权利可否转让及如何转让，在许多外国商标法中也有明确规定。我国商标法缺少这方面规定，而实践中则已发生了申请案权利的纠纷，并已使法院及仲裁庭感到无所适从（即无法可依）。

在商标转让与续展发生联系时，经常会产生一些纠纷。下面我们举一个较新的比利时判例来说明这个问题。

德马赫公司是比利时一家经营啤酒的公司，1991 年 2 月 10 日之前，它使用 Chimay 商标并获得了注册。1991 年 2 月 10 日，该公司将 Chimay 商标的专有权转让给了同样是经营啤酒的斯克蒙公司，转让合同已依法于 1991 年 7 月 10 日在比荷卢商标局登记（比利时、荷兰、卢森堡三国有统一商标法，并由统一商标局管理商标事宜）。

在转让合同登记之前，Chimay 商标的注册已到了续展期。于是德马赫公司仍旧以自己的名义在 1991 年 3 月 5 日办理了续展手续。

1994 年，斯克蒙公司发现德马赫公司将其使用的新商标 Ciney 设计成草书，与 Chimay 非常近似。待到斯克蒙公司打算诉德马赫公司侵权，以维护自己的商标权时方发现 Chimay 商标的注册续展仍旧是在德马赫的名义下进行的，自己面临着连商标权人都不是的危险。

于是斯克蒙公司向布鲁塞尔商法院起诉：第一，要求德马赫公司停止使用与 Chimay 近似的文字设计；第二，要求就判原所有人的注册续展无效。

1994 年 10 月，比利时布鲁塞尔商法院判决：德马赫公司停止使用与 Chimay 近似的标志；该公司 1991 年 3 月的续展无效。法院指出：按照民法的规定，德马赫公司无权处置自己已经转让给他人的财产权。虽然比荷卢商标法规定了“注册商标权的转让合同，若未经比荷卢商标局登记，不能有效对抗第三方”。但在转让与受让方双方之间，该转让合同仍是有效的。再者，比荷卢商标局作为商标的行政管理机构，不属于“第三方”。因此，即使在转让合同登记之前与实际转让开始之后这段时间里，比荷卢商标局也不应再将德马赫公司视为该注册商标的所有人，不应认为它仍有权去办理续展手续。

在看上去已经规定得很细的知识产权各部门法及其实施细则中，仍旧会有不少立法时不可能完全预见到的缺口。精通知识产权法的权利人，在实践中会看到这类缺口并设法弥补它。例如，在受让注册商标权之后毫不迟误地去主管机关登记，以防从受让到登记之间出什么岔子。但是，有时再加留意，也难免有疏漏，或有实际上单靠当时人是弥补不了的缺口。例如，周五转让合同签字生效，周六是大周末，只有下周一再去登记，而转让方正在这中间的两天就恶意再行使已不属于他的商标权。事实上，上面这个案件中从转让到登记的期间已经很短，很难料到恰在这中间有个办理续展的问题。这时，就要靠司法（或行政主管）机关对法律的正确解释和应用，来弥补缺口了。

## 二、商标权的许可

与商标转让相邻的，是商标许可问题。

通过许可证合同的缔结，将自己的注册商标许可给他人使用，本是商标权人的权利之一。由于不同厂家使用同一个注册商标，有可能给商品的买主带来欺骗性后果。这主要是指被许可人的产品质量与许可人相同产品的质量之间差距太大的情况。

所以，过去不少国家的商标法对商标许可给了较严格的限制。例如，英国及一大批英联邦国家的商标法，长期以来均要求商标许可证合同的被许可一方在行政管理机关登记为“注册使用人”之后，方能合法使用。

随着市场经济的发展，注册商标的权利人越来越重视自己的“牌子”，不顾及他人产品质量而盲目许可的情况越来越少；商标保护与消费者权利保护由不同法律去规范的趋势又在世界上越来越占上风。1994 年，实行“注册使用”制的英国改变了其近 60 年来实行的制度，转而采用了许可证合同的选择登记制。这一变化必将影响几十个英联邦国家。我们在国际商标许可贸易中，必须注意到这一重要变化。

## 三、商标权的价值评估

与商标转让与许可相关联的，是商标作为无形财产的估价问题。这个问题虽然 TRIPS 中并不直接涉及，但我感到很有必要在这里论述一下。1995 年 4 月 12 日，在一家全国性专业报纸头版读到一则新闻之后，更使我感到不能不让人们对这个问题有所认识。

该报道如下：

**以无形资产作价 1000 万元入股**

在保护知识产权的呼声日益高涨之际，杭州东宝电器公司日前在与美资中国制冷控股有限公司的合资中，成功地对“东宝”商标和 19 件专利评估作价 1000 万元人民币入股，创下了杭城无形资产评估最高纪录。

杭州东宝电器公司的专利工作起步虽晚，但由于公司领导的重视、措施得力而进展迅速，三年来已连迈三大步。1993 年 5 月，公司作出了所有新产品、新设计必须申请专利和对专利设计人进行奖励规定。该规定极大地激发了科技人员发明创造积极性。不到一年时间，该公司即申请专利 19 件，名列 1993 年全国专利申请最多的十家企业之一，迈出了第一大步。去年全公司上下努力，促产促销，创下了专利产品销售额 23 594 万元、利税 1542 万元的好成绩，迈出了第二大步。杭州东宝电器公司实施专利的成功，引起了外资企业的兴趣，并最终双方合资成功。该公司的无形资产作价1000万元人民币入股，约占中方股份的1/5，为企业的发展迈出了第三步。

外加近二十件专利，才将一个地方知名商标的价格评为1000万人民币，而报道人的看法，显然认为这已经评估得“够高了”。这使我想起美国的“可口可乐”作为商标估价300亿美元。而我国有人将我们的饮料名牌“健力宝”“评估”为几千万人民币（即不及上述美国商标价值的百分之一），还认为评得“够高”了。

我们把中外对中外商标估价的这种巨大反差分析一下，会感到有不少值得注意的问题。

曾有不止一个杂志讲过：某国际驰名的商标，作价上百亿美元。就是说，如果某一夜该商标的所有人在全球的企业统统毁灭，第二天也会有不止一个银行因承认其无形商标权的百亿价值而前来贷款。就是说，有形的企业不复存在之后，该无形的商标权仍旧能“保值如初”。

我总是对这一说法表示怀疑。商标权固然可以不连同企业一道转移，但商标的知名度及其专用权的价值，又往往离不开有关产品或服务的提供水平（如销售量、质量是否稳定，等等）。一个不再有任何产品供应市场的企业的商标的价值，不会从过去的顶端跌下来，是很难让人相信的。

我感到至少应当把商标的价值看作一个变量。它可能随时间而有很大变化，也可能随地域有很大变化。这里讲“地域”，不仅有法律上的商标地域性问题，还有习惯上的“地域性”问题。例如，20世纪70年代末我国有名的电池商标“白象”，无论在我国能估多高的价，在许多西方国家肯定是不值钱的，它在习惯上被看作“大而无用”的象征。我们有的厂商用菊花作商标，而法国则把菊花与丧事相联系，因此这种商标在法国也难估出好价钱。

宣传一个商标投入的广告费，只能作为计算商标成本的一项参考内容，它也并不必然就构成商标价值的一部分。曾有一个企业在投入上千万元宣传“自己的”某个尚未申请注册的服务商标近半年之后，突然发现它与另一个他人的已申请注册的服务商标重合了，而且使用在相同的服务上，于是只好重新设计服务商标。这上千万的“成本”，将计入哪里呢?

我国近年有些不很成功的中外合资企业里，较多的中方经济损失（或潜在的巨大损失），集中地表现在中方不懂得自己掌握的知识产权的价值，轻易以低价转让给外方，从而丧失了自己在市场的优势地位。例如，在发达国家，大公司极注重自己的商标、商誉（如销售渠道等），绝不随便转让给其他人；对于自己已经有名气的商标，甚至不允许其他人（包括与自己合资的人）的商标与其“合用”，以防止将自己的名牌“淡化”。

在当今的国际市场上，中国的名牌不是多了，而是太少了。然而，国内有些国营部门的领导出于对知识产权的无知，或者决定低价出售名牌商标、商誉，或者指令下级工厂低价出售。这样下去，必将造成比有形国有资产流失后果更严重的无形资产流失。仅在商标领域，就可能使我国的“名牌”永远在国际市场上形不成一支力量。

1993 年前，上海家用化工品厂（使用“美加净”商标）在与美国“庄臣”合资时，曾以低价转让其商标。转让后自己只能改用“明星”商标，而后一商标不为消费者接受。于是该厂在一年销售中的库存积压就超过了卖商标所得的转让费。这一教训使厂领导了解到“美加净”商标的价值，又下决心以高价再买回来。

后来，北京某厂又在走同样的死路，花更多的“学费”。该厂生产的一个名牌产品，在配方与生产技术上超过了德国某化工公司的同类产品，中国厂所用商标的声誉在中国及一些东南亚国家也不低于该德国商标。而该厂的上级领导为促成尽快与外企合资，竟然将该厂厂房、设备等有形资产与销售渠道等商誉（无形资产）一并仅作价 3000 万元人民币，目的是把资金数目压低到本单位即有权审批的范围内。此外，还决定将该厂的商标权以 2000 万人民币转让给外方，或将该商标权的 60% 转让给外方。就是说，一旦合资企业合同生效，外方有权压下中方这个牌子不再使用，也不允许中方使用，从而使这个北京地区名牌之一的商标从此销声匿迹。外方却能够利用已得到的中方销售渠道，进一步提高其商标的声誉，打开中国及东南亚市场。

据了解，现在还有不止一个国内国有企业在谈判或签订类似的合同。有些合同还允许外方将中方更先进的技术（有些是技术秘密，有些是专利，均属知识产权）搁置或“封存”，以利外方技术提高身价。这是又一种国有知识产权的无形损失。

北京某该厂一旦停止使用其名牌商标，其三年之内因滞销而造成的损失就不止 2000 万——这就是无形商标“专用权”的实际价值。

为制止这类国有知识产权的损失，在制定中外合资企业的合同中，应有一项强制性规定，即中方只可将已成为名牌的商标以许可证方式许可合资企业或外方使用，不得转让或部分转让（部分转让的后果与全部转让相同，因为掌握了部分商标权的外方，可以阻止中方自行处理有关商标）。

我认为商标权的估价是一个值得研究的问题。作为“变量”它可能永远不会有一个“一劳永逸”的答案，但又不是不可以估价的。在各种“无形财产评估公司”蜂拥而起的今天，我们应当做的是冷静下来认真研究切实可靠的评估方法，其中包括借鉴在知识产权的国际保护中国外已有的经验，例如研究国外 80 年代已有的知识产权评估的专著。这样，才可以避免再出现以过低的价格把我们自己的已有一定知名度的商标卖给外人的失误，也才能够在与国外企业的合作中恰当地估价外方作为出资的商标权（及其他知识产权），或作为许可与转让标的，乃至出质（担保）标的的商标权（及其他知识产权）。这里应提醒人们注意的是，知识产权作为无形资产的评估，与知识产权在许可证贸易中使用费额的估价，是有内在联系的。很难想象从未涉足知识产权许可证贸易的人（或公司）能够胜任知识产权评估的工作，这也是企业在选择诸多已涌现出的“评估公司”时应予注意的。

## 第六节 商标的其他问题

### 一、使用要求

前面讲过，在绝大多数国家，靠注册是获得商标权的唯一途径。但的确有少数国家依照自己的传统，把“在贸易活动中实际使用商标”，作为取得商标权的途径，而“注册”反倒仅仅是对业已存在的商标权给以行政确认。虽然这类国家已经越来越少，但毕竟还存在，而且有的还举足轻重（例如美国）。所以，知识产权协议第 15 条第 3 款照顾了这种现存的事实。它从正面允许美国一类国家把“使用商标”作为行政机关判定可以批准注册的一条根据。但协议又不允许从反面把“未使用”作为驳回注册的唯一理由。

但是，一般讲到对于注册商标的“使用要求”，则是指的另一个意思，这就是知识产权协议第 19 条所涉及的内容，即注册商标如果连续三年无正当理由不使用，则行政管理机关可以撤销其注册。在我国，以及在许多国家商标法对“使用”的解释是比较宽的。例如，仅仅在广告中使用了某个注册商标或仅仅在展览会上使用了某个注册商标，或虽然自己没有使用但许可他人使用了某个注册商标，都被认为符合“使用要求”。协议第 19 条第 2 款，仅仅明文规定了“在商标注册人控制下的他人使用”（主要指被许可人的使用），符合“使用要求”。

这就是说，还有其他什么样的活动也符合“使用要求”，可以由各成员自己去依法确定。但是，如果某个成员的政府在3年中不允许进口某种商品，它的商标行政管理机关就无权因该商品上的商标不合“使用要求”而撤销其注册。此外，其他因成员的政府行为而使某注册商标在一定时期不可能使用的，也均应被认为是“有正当理由”而没有使用，故不能因此被撤销。因为，在这些场合，都不是注册商标权人自己不用，而是政府的特殊行为阻止了他们正常使用。

协议中既肯定“使用”对确认商标权的作用，又否定了以“使用”作为驳回注册申请的条件，也是欧共体及其他一些国家与美国的关贸谈判代表长期争论的调和产物。

## 二、共同使用

知识产权协议在第20条中指出：“商标在贸易中的使用，不得被不合理的特殊要求所干扰。”什么叫作“特殊要求”呢？该条举了三个例子：

（1）与（其他企业的）其他商标共同使用；

（2）以特殊的形式使用；

（3）以不利于使商标将一企业的商品或服务与其他企业的商品或服务相区分的方式使用。

首先，我们应当注意：这一条所指的“商标”，既包括注册商标，也包括未注册的商标。

其次，应当认为上述三例中，（2）（3）两例是合理的。以第（2）例而论，有些商标，可能是直接印制（甚至烧结或以化学方式刻蚀）在商品的包装上，而不是以印制出的商标标识贴在包装上，或包装物本身即为商标。这种使用，不应遭到禁止。也就是说，不应要求商标只能采用与包装可分的标识贴加形式使用。第（3）例的合理性是不言而喻的。如果要求商标以不具备“识别性”的方式使用，这项要求本身就是与商标注册的要件相冲突的。

但上述第（1）例，在许多发展中国家看来，就未必合理。20世纪80年代中后期一大批发展中国家的商标法，均对涉外合资企业的商标使用作过“共同使用”的特殊规定，即合资的外方企业商标，应当于本地一方企业的商标在商品上“共同使用”。这样要求的主要目的，是借助外方已较有名或已驰名的商标，打开合资企业产品的销路，进而闯出本地企业的“牌子”（即商标）。这对发展中国家的本地企业诚然有利，而对外方企业也未必无利（如果产品质量稳定的话）。关贸总协定现在强制性地禁止了这种做法，应当说对发展中国家不尽有利、也不尽合理。

当然,发展中国家还可以选择其他路子为自己的商标“闯牌子”。例如通过引进外国先进技术，提高自己企业的某种产品的质量、从而提高企业所用商标的知名度。但不论怎么说，上述第（1）禁例，至少堵死了发展中国家企业闯牌子的一条曾行之有效的路。

不过，如果中外双方在合资企业合同或其他合同中，自行商定共同使用双方的商标，则TRIPS并不过问，它只是禁止以法律形式强制性要求把共同使用作为必要条件。

## 三、保护期

“法定时间性”是专利权、版权以及商标权的共同特点之一。有的民法学者总爱谈有形物权中所有权的“永恒性”。其实，物权的“永恒性”是以有关物的存在而且不改变其形态为前提的。一张桌子被烧成了灰，其所有人享有的“永恒”的物权当然不复存在了。一张桌子经年日久成了一堆碎木片，其原所有人再享有的，也就不可能是对原来那张桌子的“永恒”所有权了。

但知识产权权利人享有的有关所有权，不会因“物”本身（有关载体）的并非永恒而消失。无论对专利、版权、商标权，均是如此。而且，有时商标标识之作为“物”，尚未印制出来，它通过广播（如果仅是文字商标）或通过电视（如果是图形或图、文商标）已经可以被宣传、被使用。这样看来，反倒是知识产权的所有权，应当是真正“永恒”的。然而顾及权利人与社会公共利益的平衡，法律却断然规定了只承认权利人在一定时期的所有权。

不过，对商标权来讲，在实践中并不排除这样的可能性，某个注册商标由于符合一切法定要求，而永久处于专有领域之中。这就是因为对商标权的保护有首期与展期之分，如果符合一切法定要求，有可能一次又一次地得到续展保护，这一点是专利权与版权都不可比的。

知识产权协议在第 18 条规定，注册商标保护期不应少于 7 年。就是说，如果仅从首期或一次续展的保护看，商标权保护期在 3 种主要知识产权中是最短的。第 18 条中讲的“续展次数应为无限”。但这不是无条件的，在各国均必须符合法定条件才可能得到续展，至少应符合下列条件：

（1）符合使用要求，即没有在 3 年时间中连续不使用。

（2）该标识未变为商品通用名称。美国的阿司匹林、暖水瓶等，都曾是专有的商标，只因变为商品通用名称而丧失了专有权。

（3）按照商标法要求去使用。例如，不擅自更改标识、注册人名义、注册人地址等等。

（4）按时办理续展手续。

我国商标法从 1982 年开始即规定了保护期的首期与展期均为 10 年；也有的国家更长些，例如 20 年，还有的国家更短些。但最短不得短于 7 年。像英国注册商标保护期，从 1938 年起就规定为 7 年，直到 1994 年，才改为 10 年。

在专利保护中，也有一些国家曾采用或仍旧在采用“首期”与“展期”保护。例如，我国1992年前的专利法，在保护“实用新型专利”及“外观设计专利”时，就规定了首期5年、展期3年的保护。但专利的“展期”绝不会无休止地续展下去。在版权领域，则只有极个别国家的极个别作品，获得过首期保护后的续展保护，一般作品也是不会有展期的。

## 四、商标领域的几个概念

### 1. 是“商标权”“商标所有权”，还是“商标专用权”

在用语上，中国商标法使用“商标专用权”。

虽然台湾地区在先制定的“商标法”也使用的是“商标专用权”，但世界上绝大多数国家和地区的商标法，乃至包含商标保护的国际公约，均使用“商标权”。因为，商标经注册后，其所有人获得的权利远远不只是“专用”。在商标权可以设定为质权的国家，它可能根本“不用”而体现出其财产权的性质。事实上，“许可”他人使用，“转让”，也都是商标权人的权利。这些权利，也都不是什么“专用权”。

“商标专用权”的范围大大窄于“商标权”。应当说，在商标法中，它是个不恰当的用语。

世界贸易组织中的知识产权协议使用了“商标权”是合适的。还应注意到：在“版权”一节中，协议多次使用过“持有人”一词，而在“商标”一节中，则仅仅使用“所有人”一词。“商标权”与“商标所有权”，含义大致相同。二者与“商标专用权”之间，则有较大差异。

### 2. “商标”与“商标权”

许多国家的法律条文、一些国际公约以及一些国外的学术专著，往往对“商标”与“商标权”不加区分地交叉使用。这一用法也在知识产权协议中多次出现。在与版权许可相关时，我们只见得到“版权许可”的表述方式，见不到或极少见到“作品许可”的表述方式。但在商标权许可的规定中，常见表述为“商标许可”。实质上，正如版权许可是把版权中的复制权或翻译权许可给他人行使一样，所谓“商标许可”，也是把商标的使用权许可给他人行使。如协议第21条所讲的“商标许可”“商标转让”，不言而喻地都是指商标权的许可及权利的转让。这是因为，在商标领域，权利与权利保护的客体，在主要称谓上是大部分相重合的（即“商标”），而在版权领域，客体是“作品”而不是“版”。如称“著作权”，则虽然也有重合，但“著作转让”会使人误解为把有形的手稿或复制品转让了，而不是指无形权利的转让。专利权保护的客体是发明成果。如果讲“发明转让”，就有可能引起多种误解。至少可能被误解为非专利发明权的转让、发明的专利申请权的转让，等等，而在商标领域，以“商标”代“商标权”，引起上述误解的可能性不大。

所以，以“商标”代“商标权”的交叉使用，是很常见的。读者倒用不着去死抠字眼。例如，英国知识产权知名学者柯尼什所写的教科书，就叫作《知识产权——专利、商标、版权与其他权利》。我国曾有人认为其中用“商标”不确切，应改为“商标权”。但实际这种咬文嚼字并没有什么意义。现在我们又一次看到：在世界贸易组织中，也是这样使用的。

### 3. 注册与强制注册

协议在多数商标一节的条款中，讲的都是如何保护注册商标。但协议又没有讲不注册的商标就不能使用，即没有要求成员全面实行强制注册。同时，协议也没有禁止成员采用强制或部分强制注册的制度。在过去，社会主义国家一般都实行强制注册制度。

从1982年开始，中国改变了过去作为社会主义计划经济产物的“全面强制注册”制度，规定了只有商标使用者“需要取得商标专用权的”，方有必要申请注册，这对于20世纪80年代的社会主义商品经济及90年代的社会主义市场经济的发展无疑是有益的。与此同时，我国商标法及实施细则又规定了药品、烟草及卷烟所使用的商标，一律应先注册、后使用。这是一种“部分强制注册”的制度，在相当多的国家中都在实行着。

**4. 商标“所有人”**

在TRIPS实体条款中，凡提及专利、版权等权利人时，都使用“持有人”（holder），至少是“持有人”与“所有人”（Owner）混用。偏偏在“商标”一节中，仅仅使用“所有人”，一直未出现过“持有人”。只是在有关商标执法的程序条款中，才出现过“持有人”。

我认为：这主要说明就有权申请与取得注册者而言，就必须是商标所有人。商标所有人即使在美国一类不以注册确立专有权的国家，也不会允许其被许可人以原所有人的名义去申请注册。他们只能要么自己申请注册，要么委托代理人去申请注册。

这个问题也曾在1995年2月的中美知识产权谈判中争论过。当时美方要求中国允许其商标所有人不委托在中国的代理机构来申请注册，而由其被许可人来申请注册。中方代表及法律顾问正引用了TRIPS“商标”一节中采用“所有人”这一特别概念，首先说服了美方法律顾问沃尔什，继而使美方不再坚持自己的意见。

## 五、假冒商标的反向行为

TRIPS及其他现有国际条约中明文禁止的，都是以自己的产品挂上他人的商标去出售的假冒行为。而在一些国家进入市场经济的初期，一些急功近利的厂家（或代销商）却往往从事着相反的假冒活动，即拿了别人的产品，挂上自己的商标去出售。典型的一例即是1994年春发生在北京的北京服装厂（“枫叶”服装厂）诉新加坡“鳄鱼”厂商的北京代销人一案。

这种行为，在有些国家的商标法中找不到认定为侵权的依据。因为它显然没有使用他人商标，顺理推之，有人认为当然也就谈不上侵犯他人的商标权。

但我们应当记得：我国《著作权法》第46条第（7）项，将“制作、出售假冒他人署名的美术作品”，认定为侵犯了他人的版权。而在这种场合，侵权人也显然并未触及他人的作品（只用了他人一个“名”），怎么谈得上版权意义的侵权呢？然而，这一条又并非中国立法者的首创，它早已见诸德国等一些国家及地区的版权法。

所以，我的意见是先不忙立即否定反向假冒行为中存在侵犯商标权的可能性（不是从法条上，因为中国商标法确无此规定，而是从法理上研究这种可能性），说实在话，在中国确有其他本是名牌的厂家并不珍视自己的牌子，为了牟利而自己拿了他人的劣质货或普通货，挂上自己的牌子广为销售的。这样的厂家已倒了一些，还有一些没有倒。如果能从保护商标权出发而给这类行为一定的遏制，未必不是好事。

还是在1995年5月的悉尼TRIPS研讨会上，本书作者提出上述问题，请教其他国家的立法与司法经验。美国代表指出：《美国商标法（兰哈姆法）》第43条A（即反不正当竞争条款），已被法院通过司法解释，确认适用于“反向假冒”行为（Reverse Palming-off）。它与英国法中的反“Passing-off”稍有不同，但基本原则一样。菲律宾代表认为该国也有如同美国一样的司法解释。加拿大、意大利、葡萄牙等国商标法，均视反向假冒为侵权；澳大利亚及香港地区等商标法，则视反向假冒为刑事犯罪。

总之，在许多国家都并非没有办法制止或制裁这种反向假冒活动。

## 六、司法判决及仲裁裁决与商标权的归属问题

以司法判决改变商标权的归属，在国外的立法中是有明文规定的，在有的地区性国际条约（如《欧共体商标条例》）及世界性国际条约（如 TRIPS）中，也有明示或暗示。但我国现行商标法尚做不到。因为确权的终局决定权，依我国商标法，不在法院。但是，TRIPS 第 41 条及第 62 条，已经要求一切成员国在商标方面的行政确权决定，须经过“司法复审”。如果我国想要实施 TRIPS，就应重新考虑原有的确权制度了。

至于仲裁裁决与商标权归属的问题，是与司法判决既相近，又完全不同的。

1994 年，贸促会的仲裁委员会受理了这样一个纠纷：一家中外合资企业的甲方，在合资企业成立合同中，同意将其商标权作为出资方式，成为合资企业的无形财产；而在实际上，该方始终以自己（甲方）而不是以合资企业的名义申请商标注册并获得了商标权。合资企业成立三年后因纠纷要解散。这三年中，合资企业通过产、销已使该商标的知名度大大提高。在裁定解散时，甲方是违约方（因并未将其应投入合资企业的商标权实际投入）。仲裁庭理应裁决该商标归属守约的乙方，至少应裁决双方在合资企业解散后均有使用权。但商标法却不会承认仲裁庭的这一权力。这样一来，企业解散后，商标还不得不归甲方专用，乙方无权使用。于是守约方反倒不得不吃亏了。这是非常不合理的，但却是“合法”的。

这一例从反面告诉我们，对于商标权在特殊情况下的归属确有必要重新加以研究。

## 七、优先权问题

这个问题在 TRIPS 中未直接提出。

商标注册申请中的一般国际优先权问题，在巴黎公约中已有，并被多数人所重视了；而与商标注册申请相关的在“国际展览会”上展示而发生的类似于优先权的问题，实际上也在巴黎公约中提出过，但却是作为“临时保护”的内容而不是作为“优先权”的内容提出的。在同样是巴黎公约成员国的众多国家中，对于应给予临时保护的有关“国际展览会”的解释，又有所不同。有的国家认为：两个以上国家共同举办的、经政府认可的展览会，就符合“国际展览会”的条件；而另外一些国家则认为只有符合 1928 年《国际展览会公约》中的条约，又经政府认可的两个国家以上举办的展览会，才可以给予临时保护。

按照后一种理解，就出现了另一个问题，如果某国虽然参加了巴黎公约，但并未参加《国际展览会公约》，亦即不受后一公约约束，那么应当怎样办呢？

所以说，这一“临时保护”问题属于既已在原则上解决了，但在实践中又没有完全解决的问题。

## 第七节　地理标志

### 一、“地理标志”指的是什么？怎样保护

“地理标志”是协议中提出应予保护的又一商业标记。这一标记，又称“原产地标记”。原产地问题，倒不是乌拉圭回合才提出的。因为它标示的是商品，所以在关贸总协定一产生时，就应当涉及原产地问题。总协定也确实涉及了这一问题，这就是总协定的第 1 条第 1 款。该款规定了对“原产于”或输向任何缔约方的产品，应给予怎样的待遇。这里使用“原产于”“来源于”，甚至版权公约中译本中不太合文法的“起源于”之类的词，在法律意义上都没有大错。

只是现有不少关贸总协定的中译本,译成了“来自”某缔约方的产品。这下就失去了产品“来源”的本意。如“来自”沙特阿拉伯的某产品,其原产地或“来源”国可能是美国或其他什么国家。“来自”在关贸总协定中没有实际法律意义,因而也不可能出现在它的正式文本中。这一问题,早已由中国社会科学院的赵维田教授指出过。

协议中讲的原产地标记,是从它含有的无形产权的意义上讲的。尤其对于酒类商品,原产地标记有着重要的经济意义,因此有时表现出一种实在的“财产权”。设想黑龙江某厂产的啤酒如果加注“青岛啤酒”的标签,将会给该厂带来多大的本不应得到的利润!协议总的讲是禁止使用原产地标记作商标使用的。但如果已经善意取得了这种标记的商标的注册,又不会在公众中引起误解的,则可以不撤销其注册,不禁止其使用。我国的“茅台”酒、“泸州”老窖,等等,均属于这种善意而又不至于引起混淆的“原产地标记”型商标。1991 年,瑞士最高法院也确认过瑞士的“瓦尔司”(瑞士地名)牌矿泉水的注册商标可以合法地继续使用。

知识产权协议在第 22 条中,讲明了什么是“地理标志”。它可能包含国名(例如“法国白葡萄酒”)、也可能包含一国之内的地区名(例如“新疆葡萄干”),还可能包含一地区内的更小的地方名(例如“景德镇瓷器”)。只要有关商品与该地(无论大小)这个“来源”,在质量、功能或其他某个特征上密切相关,这种地理名称就构成了应予保护的“地理标志”。这种标志与一般的商品“制造国”落款(有人称之为产地标志)有所不同。制造国落款一般与商品特性毫无关系。日本索尼公司的集成电路板,如果是其在新加坡的子公司造的,可能落上“新加坡制造”字样。这并不是应予保护的“地理标志”。在 80 年代末,我国有的行政部门曾在其部门规章中,把这二者弄混了,把“Made in China”当作了“地理标志”。当然,也并不是说,凡是国名就统统只可能是制造国落款（产地标志）的组成部分。知识产权协议第22条放在首位的，正是以国名构成的地理标志。“地理标志”有时可以涵盖制造国标记，但反过来却不行。

“地理标志”的覆盖面较宽。一个地区或地方的地理标志，不大可能只被一个企业所专有；一个国家的地理标志，就更不可能被一家专有了。所以，对地理标志的保护，主要是从“禁”的一面着手，即禁止不正当使用、保护正当的经营者。其主要保护原则，与巴黎公约第10条之2中的“反不正当竞争”原则是一致的。

协议第22条第4款，初读起来可能令人费解：为什么使用了明明是表示商品来源地的地理标志，也会误导公众呢？但一结合实例就容易理解了。例如，多年前，我国最有名的黑白电视机是天津电视机厂出的“北京牌”电视机。国内用户一般都熟知这种电视机出自天津。如果这时北京电视机厂的出品包装上标出醒目的“北京电视机”字样（不是“北京牌”、也不是“北京制造”字样），就很可能使相当多的消费者误认为它们出自天津电视机厂。如果这个例子离“地理标志”的实质还较远，我们还可以设想另一个例子。如果英国剑桥的陶瓷商品在新西兰消费者中较有名气，这时一家美国波士顿的厂商就把自己的陶瓷商品也拿到新西兰销售，商品包装上标明“坎布里奇”陶瓷。“坎布里奇”实实在在是波士顿地区的一个地方，英文却正是“剑桥”的意思。这种标示法，显然会使得用惯了英国陶瓷的新西兰消费者，误认为该商品不是来自美国的坎布里奇，而是来自英国剑桥。所以，该美国厂商如想以“坎布里奇”作为商标在新西兰获得注册，则应被新西兰主管当局依照协议第22条第4款驳回。

在保护地理标志方面，关贸的成员们既可以依照利害关系人的请求，驳回或撤销有关混淆来源的商标的注册（或申请），也可以主动“依职权”去加以保护。国内近年常有从事一般民法研究的学者，在知识产权保护上，过分强调“行政少干预民事权利”。这种强调从民法原理上看可能是对的，但从知识产权这种特殊权利的保护上看，则有它的片面性。知识产权协议在第22条以及在其他一些条款中，都强调了行政当局对某些问题的主动干预（即不仅仅依权利人的主张而干预），是考虑到了许多国家的现有实践的。

## 二、酒类商品的地理标志

地理标志这一节，重点是对酒类商品地理标志如何保护所作的特殊规定。这些特殊规定集中在第23条中。但在其他条款中也可以见到一些（例如第24条第4款、第6款等）。算起来，一共只占三条的“地理标志”这一节，对酒类的特殊规定就占了一半的篇幅。酒类商品在许多国家（不包括伊斯兰国家）都是利润较高的商品。而酒类商品的特征、质量等又往往和它的原产地关系特别密切。所以对这一类商品地理标志的保护也就有特别重要的意义。我国在20世纪80年代中期以前，到处可见国产的“小香槟”“香槟”之类的酒。在我国参加巴黎公约之后，国家工商局就曾下指示，禁止这种“酒类名称”的使用。因为“香槟”是法国著名葡萄酒的来源地，也就是“地理标志”，是不能随便当作商品名称乱用的。可见，在关贸总协定中纳入知识产权保护之前，巴黎公约就已经开始保护地理标志了。

知识产权协议不仅不允许使用与商品的真正来源地不同的地理标志来标示该商品，也不允许使用同样会使人误解的其他一些表达方式（如某某“型”、某某“式”等等）。例如，在山西产的白酒上标出“泸州型白酒”、在中国产的葡萄酒标上“法国式葡萄酒”、在广州产的葡萄酒标上“类通化葡萄酒”等等，都肯定会误导消费者，并损害该类商品真正来源地的经营者的利益。TRIPS 中第 23 条，几乎逐字与《保护原产地名称里斯本协定》第 3 条的禁例相同。这说明 TRIPS 在起草过程中，的确大量地借鉴了 WIPO 所管理的已有知识产权条约。

在知识产权协议第 42 条中，要求成员们通过司法程序，避免酒类商品的地理标志对公众产生误导。但在第 23 条的“注 4”中，也允许成员不采用司法而采用行政程序。在实践中，我国进行这项工作就主要是通过行政程序，它主要是由工商行政管理机构去做的。多年来，尤其是改革开放以来的经验，也表明该行政机构通过行政程序做这项工作，是基本成功的。这里又一次反映出，关贸总协定只是禁止成员国或成员地区滥用行政权力，但并不笼统地禁止（也不笼统地表示不赞成）采用行政程序。

## 三、地理标志保护中的例外

对地理标志的使用权的保护，与那些一般只有一人（法人或自然人），至多几人（在“同时使用”的场合）专有某一商业性标记的保护，情况有所不同，故有关的“例外”，就比其他知识产权要更多一些。知识产权协议在第 24 条中，举出了五种例外。

### 1.“善意或在先使用”与“善意注册等权”的例外

“善意或在先使用”中的“在先”，指的是 1993 年 12 月 15 日之前，已经使用了某个其他成员的地理标志，并且使用至少 10 年以上。“善意”使用则指在 1993 年 12 月 15 日之前，不是恶意的已经进行的使用。例如，为了与另一成员的与其竞争的企业对抗、有意误导公众对两个企业商品来源发生混淆，则属恶意使用。符合了“善意”与“在先”两个条件中任何一个，就仍可以继续使用。但这个例外的适用范围极窄——只适用于葡萄酒或白酒类商品及服务。

“善意注册等权”，指的是在协议第六部分所规定的三种不同类型成员（发达成员、发展中成员与最不发达国家成员）适用知识产权协议的过渡期之前，或者在某个地理标志的来源国开始保护该标志之前，就已经善意获得某个商标的注册，而该商标与上述地理标志相同或近似。对于这些情况，知识产权协议均不应妨碍该注册商标权人行使其权利。这一规定还适用于另外两种情况，即在上述日期前已善意申请注册的人，以及（在不经过注册也可以获商标权的国家内）已通过善意使用获得了商标权的人，行使他们的已有权利。

最后，只要不是出于恶意，则在第 24 条第 7 款规定的日期之前，有关人还可以提出请求，请有关行政当局允许他们把某个地理标志作为商标使用，或以该标志作为自己的商标，获得注册。

**2.“通常用语”的例外**

“通常用语”也就是在一个国家的公有领域中的用语。如果只因它与某个受保护的地理标志相同，就禁止一般人使用它，会显得不合理。例如，China 的字头小写时，在许多英语国家是称呼“瓷器”的通常用语。不能因为它同时又是“中国”的意思，就不允许一般人用在瓷器商品上了。固然，瓷器也还可以用其他英语去表述（如 Porcelain）。但如果因为地理标志关系而限制了 China 的用法而只许用 Porcelain，显然是行不通的。还有一些商品，其原有的地理标志可能是专指的（即仅指来源于该地并在特点上与该地有关的商品），但人们用久了，也会进入“通常用语”领域，在这种场合也有可能要适用协议第 24 条第 6 款了。例如，“汉堡包”，在许多国家都用来称“一种食品”。即使是产在当地而不产在汉堡的该食品。

**3.“名称权”的例外**

“名称权”属于“在先权”的一种。它指人们有权在贸易活动中使用自己的姓名或自己继承下来的企业名称。即使它们与某个受保护的地理标志相冲突，仍可以继续使用。但如果某地理标志保护在前，而某人或某企业起名（或更名）在后，则将不适用这一例外。

因为，这种“在后”使用，往往不是善意的。例如“青岛”啤酒在市场上卖红了，某人（或某企业）即更改自己的姓名或企业名称为“青岛”，以便在市场上借用“青岛”这个地理标志已获得的信誉。这就属于一种“在后”使用。此外，即使是行使自己的名称权，也必须以“不致误导公众”为限。这也是在协议中明文规定的。

**4. 来源国不保护或已停用的例外**

一旦某个成员国对它原先保护着的某个地理标志停止保护了，这说明该国已将它从专有领域释放到公有领域之中；如果某个国家对在其国内的某地理名称从来就不当成“地理标志”予以保护，则说明它始终处于公有领域之中。如果某个成员国原有的地理标志，后来本国都不再用了（例如苏联 1960 年前的“斯大林格勒”、1992 年前的“列宁格勒”），再要求其他人不使用这些名称，仍旧把它们作为“地理标志”去保护，就不合理了。

**5. 葡萄品种的特例**

协议对原有的葡萄品种的“惯用名称”，给了特别的优惠待遇，这就是：只要在 1995 年 1 月（即“建立世界贸易组织协定”生效）之前，已经作为某个或某些成员的葡萄品种的“惯用名称”使用的文字，如果与其他成员的葡萄酒产品来源地的地理标志相同，则该“惯用名称”仍可以照常使用。

## 四、我国商标法中地理标志保护的差距

如果断言我国商标法中根本不涉及地理标志保护，可能有些偏颇。至少，在 1993 年修订后的《商标法》第 8 条，规定了“县级以上行政区划的地名或者公众知晓的外国地名，不得作为商标”。你看，不仅有地理标志保护，而且有涉外保护。

不过，我国《商标法》第 8 条并未强调与商品特定质量、信誉或其他特征相关联的地理标志，当然这还不是最重要的。

最重要的是：TRIPS 在第 22 条第 2 款中，首先要求禁止的是“不论以任何方式，在商品的名称或表达方面，明示或暗示有关商品来源于并非其真正来源地”的表达方式；然后在同一条第 3 款中，才是防止给这样的标志注册为商标。

在我国的《反不正当竞争法》第 5 条（2）项中，也只禁止使用他人特别商品名称以致造成误认的情况。

可见，TRIPS 中对地理标志的保护，表现在 4 个方面：

第一，禁止以不当方式作商品名称、称谓使用；

第二，禁止以不当方式作商品的说明使用；

第三，禁止以不正当竞争方式使用；

第四，禁止给以不当注册。

我国法律仅仅涉及上述第四点的一部分。这是我国日后修订商标法时应考虑填补的一处空缺。

此外，在 TRIPS 第 24 条第 6 款原文中，使用了“Vine”这样一个词，按照原意，是“葡萄藤”。如果照样翻译出来，不仅语言上不通，也与上下文无法合拍。我只能把它看作是“Wine”或“Vino”之误，仍依上下文之间的联系，译成“葡萄酒”。否则，无论是葡萄藤上的除葡萄酒外的任何产品还是加工成品（葡萄、葡萄干或葡萄果汁等等），都绝不像葡萄酒那样在国际市场上有特别重要的位置，从而需要关贸总协定特别为它们作出规定。

## 第四章　外观设计、专利及拓扑图

在知识产权协议列出的七种专有权中，外观设计、专利与拓扑图属于“发明创造”类型的智力成果。商业秘密中固然有相当一部分也可归入发明创造中，但其中又有一大部分诸如销售渠道、经营方法、促销手段等等信息，又将另当别论。所以，本书还是把商业秘密另立一章去论述为好。

外观设计、专利及拓扑图的重点在专利，而协议却将外观设计放在了专利前面。这也许是外观设计与版权以及与商标关联的商品装潢均有交叉，故以它过渡，进入纯发明创造领域的专有权。

在这三种专有权的保护方面，TRIPS 留给各成员争议的余地不多。不像版权一节中，留下了“进口权”、权利限制的具体范围、受保护与不受保护的作品的具体范围等等许多悬而未决的问题。在商标及地理标志两节，也留下了诸如驰名商标的具体认定标准等问题。

## 第一节　外观设计

### 一、工业品外观设计——特殊工业版权

知识产权协议只把“工业品外观设计”单独提出来作为一节，却没有专门提到“实用新型”，甚至始终没提它，是什么原因呢？

虽然我国专利法把发明专利、工业品外观设计与实用新型同时放在一部法中并统统称为“专利”，但并不是多数国家都为实用新型专门提供保护。在为数较少的保护实用新型的国家，又大都不称之为“专利”。只有我国及我国台湾等更少的国家和地区称之为“专利”。其他保护新型的国家有的仅称为“实用新型专有权”“实用证书”等。在称之为“专利”的国家，也有的仅仅称之为“小专利”。[①] 早年缔结的巴黎公约，虽然提到了保护实用新型，但并没有作为该公约的一项最低要求。

对工业品外观设计则不然。巴黎公约作为一项最低要求，规定

① “小专利”还包括对低一级的方法发明的保护，故保护范围实际比“实用新型专利”更广。

各成员国都必须给予保护。当然，巴黎公约并没有具体要求采用什么样的法律去保护。例如某国采用版权法，而不采用工业产权领域的专门法或专利法去保护，仍旧符合“保护工业产权”巴黎公约的要求。

在今天的世界上，大多数国家都保护工业品外观设计。

工业品外观设计与“实用艺术品”（即版权法的保护对象），在有些国家被视同一律。工业品外观设计可以说是“工业版权”的第一个保护对象，也是使“工业版权”这种特殊权利出现的第一个推动因素。

早在1806年，法国就颁布了工业品外观设计专门法，给它以工业产权的保护。此后不久，法国法院感到：有些美术创作成果如果已经受到1806年法的保护，是否还应当受到1793年法国版权法的保护，是经常遇上的难题。于是法国法官们引入了一个“纯艺术性”概念，打算用它来划分1806年法与1793年法所保护的不同对象的界线。但后来法官们发现：几乎一切能够付诸工业应用的、受1806年法保护的外观设计，都不缺乏“纯艺术性”的一面。后来，他们又试图采用一些其他划分界线的标准。例如他们规定：如果有关的设计当初创作的目的是为工业应用，则不应该享有版权保护；如果有关设计仅仅能够以手工制作，则可以享有版权，但如果能以机器制作，则不应当享有版权。如果有关设计的首要特征是“纯艺术性”，第二特征才是“工业应用性”，则可以享有版权，反之则不能享有版权，等等。在将近100年的时间里，法国法院作了多次尝试，结果发现，无论用什么标准，都无济于事。哪些外观设计只能由工业产权法保护而不能受版权法保护。对这个问题，始终没有获得满意的答案。

1902年，法国在其成文法中公开承认，企图在外观设计的工业产权保护与版权保护之间划一条线，是没有意义的。同年颁布的法国版权法规定，一切工业品外观设计（包括已经受到工业产权法保护的外观设计在内）都可以享有版权。这可以说是对工业品外观设计给以双重保护的第一部法律。

1968 年，英国颁布了一部外观设计版权法，它也是英国法院在外观设计保护的工业产权与版权之间企图寻找界线而徘徊了多年的产物，按照这部法律，外观设计在英国受到的保护可以概括为以下几点：

（1）在一般情况下,外观设计都可以作为艺术品而自动享有版权。

（2）凡是享有版权的外观设计，一旦经版权人同意应用到工业上，则原享有的版权丧失，转而享有“特别工业版权”。

（3）按照英国“外观设计注册法”获得“类专利”的外观设计，可以同时享有该法（属于工业产权法）以及版权法双重保护。但其中享有的版权保护只有 15 年保护期。

上述“应用到工业上”的标准是采用有关外观设计批量生产的产品超过了 50 件，并且都已经投放市场。

可以说，从 1968 年开始，“特别工业版权”的概念正式出现了。此后，一些国家在工业品外观设计的保护上，也效仿了英国的做法。例如，新加坡 1987 年颁布的版权法，几乎完全以英国的上述保护为样板。

1986 年，联邦德国颁布的《工业品外观设计版权法》，也是“特别工业版权法”的典型。该法认为：如果把某个外观设计的一部分以书面形式复制，不一定构成侵权；而如果将某个工业品外观设计的一部分应用到工业产品上，则必定构成侵权。这是明显的工业产权保护原则。该法又要求受保护客体应具有“原创性”。这又是版权保护的原则。1987 年，美国有关部门也曾把一份《外观设计版权法》的草案提交国会讨论。

所以，知识产权协议在专门把工业品外观设计的保护加以强调的同时，又允许各成员自由选择以什么样的法律加以保护，这是符合工业品外观设计保护的历史与现状的。

## 二、保护要求

知识产权协议要求全体成员都必须保护工业品外观设计。至于具备什么样的条件才可以享有保护，协议作了选择性的规定。即：

（1）独立创作的、具有新颖性的；或者

（2）独立创作的、具有原创性的。

但是对于什么样的已有外观设计可以否定新出现的外观设计的新颖性或原创性，标准又都是一样的。这就是，如果某个外观设计和已有的设计（或与已有的设计之特征的组合）相比，没有明显的区别，则可以判定该设计不具有新颖性或原创性，因而可以不予保护。

在这里，协议允许成员采用"拼图式"的测试法去否定一项外观设计的新颖性，而这在有些国家的专利审查中尚且不允许。这种水平较高的测试标准，是受了美国专利法与专利审查实践对外观设计保护的影响。

协议还强调对外观设计的保护，重在保护"外观"。所以，成员可以规定，对主要由技术因素或功能因素构成的设计，不给予"工业品外观设计"的保护。

读者应当注意到，协议要求成员保护外观设计，这是强制性的。在这里使用了"必须"（也就是我国法律用语中使用的"应"）。而对于采用"拼图式"测试法，以及不保护技术与功能因素，则是"非强制性"的。在这里使用了"可以"。这些区别，都可以在第 25 条中见到。

协议专门要求成员在纺织品外观设计的保护上，不能附加不合理的条件，这是强制性的。关贸总协定很早就把纺织品作为国际贸易中最重要的商品之一。在关贸总协定框架内缔结的“多纤维协议”，一直受到原关贸缔约方的特别重视。我国尚未“复关”时，就已经是“多纤维协议”的参加国。知识产权协议的有关纺织品外观设计的规定，主要是要求成员把对于纺织品作为商品本身的要求，与对该商品的外观设计的保护，区分开来，不能因前者而影响后者。

## 三、权利与权利限制

从协议赋予工业品外观设计所有人的权利来看，它强调的仍是“工业产权”的内容。这种权利包括制造权、销售权及进口权。因为，如果强调的是版权保护的一面，则至少还应当有“演绎权”。而协议并没有提上述三项权利之外的任何权利。当然，协议使用了“实质性复制”这个概念。这倒是许多国家的版权法（以及我国著作权法的实施条例）中所使用的术语。它一般指版权领域中的改头换面的抄袭，或稍加改动的复制。

协议并没有专门规定对工业品外观设计权作什么限制。在多数以工业产权法保护外观设计的国家，并不允许对外观设计采用强制许可制度。我国专利法也只规定了对发明专利与实用新型专利的强制许可。但是协议允许成员对工业品外观设计权给予一定限制。这种限制必须符合三个前提：

（1）它们必须是为保证第三方的合法利益不至于受到外观设计专有权不应有的影响。

（2）它们不能妨碍有关设计的正常利用，这里就包含了不能妨碍合法的被许可人的利益。

（3）它们不能超过合理限度，以致损害权利人的利益。

上面最后这一条件与协议中“版权”一节对权利限制所规定的

总原则十分相似。

协议既没有明文禁止也没有明文允许对工业品外观设计专有权采用强制许可制度。在这点上，可能留下了一个值得探讨的问题。

在我国现有的法律中，规定了对发明专利、实用新型专利、版权等，可以采用强制许可。没有规定对商标权、外观设计专利权采用强制许可。实践中，我国从不对这后两种权利强制许可，而知识产权协议则是一方面规定了可对发明专利、版权等采用强制许可；另一方面又明确规定了不得对商标权采用强制许可。这样，只剩下工业品外观设计的强制许可问题未置可否了。

## 四、其他

### 1. 保护期

协议要求对工业品外观设计的保护期不少于 10 年。如果依照版权法保护，伯尔尼公约里已规定不少于 25 年。我国《专利法》原规定工业品外观设计保护期为 5 年，可续展 3 年。1992 年修改专利法时，已达到“不少于 10 年”的标准。

美国原外观设计专利保护期是可选择的。可选择 3 年半、7 年或 14 年不等。为符合 TRIPS 的要求，美国已于 1994 年 12 月将外观设计专利的保护期一律改为 14 年。

### 2. 不提“专利”

协议的“工业品外观设计”一节，始终没有提“工业品外观设计专利”。前面讲过，这是照顾了多数国家法律的现状。我国法律称这种权利为“专利”，至少已经产生了一种副作用。有的人获得外观设计专利后，总是在其销售的产品上标出“已获专利”，但极少有标出“已获外观设计专利”的。这实际上起到了欺骗（至少是误导）消费者的作用。因为消费者往往把“专利”与“发明专利”联系起来。

在多数国家，消费者的这种联想并不发生“误导”的后果，正因为在他们那里，外观设计权并不被称为“专利”。

**3. 版权“法”**

在协议第 25 条第 2 款中，原 1991 年的邓克尔文本的最后一个词是“版权”。乌拉圭回合结束后的最后文件则是“版权法”。这二者在该款中虽然区别不大，但应当说，使用“版权法”更确切一些。邓克尔文本很可能是无意漏掉了一个“法”字。邓克尔文本还有其他较大的疏漏。例如，“第二部分”在正文中出现时，整个大标题在原文中全部被漏掉。所以这里我推测是旧文本之“漏”而不是最后文本的不应有之“增”，并非想当然的。

## 第二节　专利的保护客体与权利范围

### 一、可以获得与不可以获得专利的智力成果

在大多数国家的专利法中，都只明确规定什么样的智力成果不能够获得专利。例如，我国《专利法》第 25 条规定，对下列各项，不授予专利权：

（1）科学发现；

（2）智力活动的规则和方法；

（3）疾病的诊断和治疗方法；

（4）动物和植物品种；

（5）用原子核变换方法获得的物质。

对上款第（4）项所列产品的生产方法，可以依照专利法规定授予专利权。

而美国专利法则比较特殊，它并没有规定什么成果不能获得专利权，只规定了什么成果可以获得专利权。

知识产权协议照顾了这两种不同的立法传统。在第 27 条前一款中，它规定了什么成果可以获得专利，在后两款中又规定了什么成果不可以获得专利。

可以获得专利的成果除第 27 条前一段讲的“各种领域”的成果外，还必须具有“三性”，即“新颖性、创造性与实用性”。在这里，协议专门注明所谓“创造性”与“非显而易见性”是同义语。主要原因，是美国专利法使用“非显而易见性”这个术语。在解释这两个术语时，不同国家的表述是不太一样的。例如我国对“创造性”的解释是：“指同申请日以前的已有技术相比，有关发明具有突出的实质性特点和显著的进步”；而美国专利法对“非显而易见性”的解释是：对于有关发明的技术领域中的中等水平的技术人员来说，不是显而易见的。

在专利法学界，多年来对美国的“非显而易见性”标准批评意见很多。因为美国专利法中设想了一个“中等技术水平的人”，这只会给本来已经很复杂的专利审查标准带来更加难以捉摸的内容。难怪有人说：“对某个人是显而易见的东西，对另一个与其技术水平相当的人来说，可能是非显而易见的。”美国标准中的主观因素很大。

对于“新颖性”，协议没有作任何注解或说明。这就是说，不同成员国或成员地区，可以自由选择“绝对新颖性”标准、“相对新颖性”标准或“混合新颖性”标准。如果专利审查中可以引用世界范围内的任何出版物或实际活动，去否定一项发明的新颖性，就叫作“绝对新颖性”标准；如果只能引用一国之内的出版物或实际活动，则称“相对新颖性”标准；如果在出版物上采用世界范围，在实际活动上则采用一国范围，则称“混合新颖性”标准。我国专利法对于发明专利采用的是“混合新颖性”标准，它是这样规定的：

“新颖性，是指在申请日以前没有同样的发明或者实用新型在国内外出版物上公开发表过、在国内公开使用过或者以其他方式为公众所知，也没有同样的发明或者实用新型由他人向专利局提出过申请并且记载在申请日以后公布的专利申请文件中。”

“新颖性”是专利审查中的第一道关。在有些国家，专利审查程序中甚至只审查有关发明创造有无新颖性。但是，无论 TRIPS、巴黎公约，还是大多数国家的专利法，均没有对新颖性问题作特别详细的规定。多数国家是由行政主管机关及司法机关的实践来回答一些问题的。

例如，因“实际活动”可以使一项发明创造丧失新颖性。这种“活动”包括在社会上公开使用过有关发明创造，是不成问题的。至于这种“活动”是否包括以口头形式在公众中讲述过有关发明创造，从而披露了申请案中的内容，是否丧失新颖性？不同国家的答案就不一样了。

德国的行政与司法实践认为，不论何时、何地、以何种形式公开披露过有关发明创造，均使新颖性丧失。因此，口头披露包含在“实际活动”之中，在德国是没有疑问的。

但美国、澳大利亚等国则认为：以“口头披露过”作为丧失新颖性的标准之一，在实践中难以举证。

即使对于以“文字出版物”披露过有关发明创造，也存在一个披露范围多大才构成丧失新颖性的问题。匈牙利、意大利、日本等国认为：哪怕有关文字出版物只有一个不负保密义务的人得到，也构成新颖性的丧失。而芬兰、南斯拉夫等国则认为：应当有相当数量的人获得有关出版物，才丧失新颖性；“一个人”无论如何不足以构成新颖性的丧失。

此外，对于“实验性使用”是否构成新颖性丧失等问题，不同国家也有不同答案。

协议中特别指出，不能仅仅因为某成员国或成员地区在其域内禁止某种发明的使用，就宣布不授予该发明以专利权。但如果禁止使用的目的，是为保护公共秩序、社会公德、环境等等，则可以不授予有关发明以专利。此外，动植物品种，以及诊疗方法，均可以不授予专利。

不授予动物“新品种”以专利，是除美国以外的大多数国家的通例。1992 年，在美国获专利的“哈佛鼠”，在欧洲专利局申请专利即被驳回。

我国专利法也不授予动物新品种以专利。

协议要求：成员可以不授予植物新品种以专利，但必须以其他专门法给予保护，不允许在这项智力成果的保护上留下空白。

我国专利法不保护植物新品种。同时我国也没有任何专门法保护这项智力成果。我国最早在国外获专利的“杂交水稻育种方法”，只是就“方法”获得过保护，而各种杂交品种至今都未曾在国内获得过专利或其他保护。这对于稳定我国农业科技队伍，对于发展我国的农林业实用技术，都是非常不利的。同时，我国在植物新品种保护方面的空白状态，也不符合 WTO 的要求。

协议在第 27 条规定，对于是否给植物新品种以立法保护，知识产权理事会将于 1999 年进行检查。

在 1991 年之前，《植物新品种保护公约》只允许其成员以专门法保护植物新品种；1991 年该公约的修订文本，已经与 TRIPS 一样，提供了专利法与专门法两种选择。虽然到 1995 年为止，该公约的新文本尚未生效，但由于几乎所有的发达国家均表示了支持该文本，故可望在不久的将来即会生效。

在 TRIPS 提及受保护与不受保护的客体时，并未对计算机软件作出规定。西欧多数国家认为，给计算机软件授予专利，会妨碍软件的开发。因此，在《欧洲专利公约》中，至今把“计算机程序”

保留在“不能授予专利”的项目中。美国则自20世纪80年代以来，就已多次为纯计算机软件（不与硬件相关联）授予专利权。我国专利法对于是否授予软件专利权，在法中未作明文规定。在中国专利局的审查实践中，专利局已批准过多项“与硬件结合能产生明显技术进步”的软件以专利权。但由于法律的规定不明确（虽然从法理上讲本应当是十分清楚的），在行政与司法对获专利的软件权项范围作解释时，有扩大解释的苗头。例如，将某种计算机输入方法的优化方案所获的专利，解释为整个输入法本身，已引发了国内一些知名软件开发公司间的“专利纠纷”。人们担心这种状况会阻碍本来即很不发达的中国软件产业的发展[①]，不是没有道理的。

此外，在研究TRIPS“专利”部分的第1条，亦即整个协议第27条时，人们会注意到：协议规定不得因“发明地点不同”而给予歧视。过去，美国在专利申请的审查中，虽然对本国（及加拿大、墨西哥）的发明，以“发明行为在先”来决定优先受理。对其他国家申请人向美国提的申请，则只以其申请日为决定优先受理的因素（即使该申请人能提出先于申请日的发明行为的证据）。这实际是一种“歧视待遇”。

为符合TRIPS的要求，美国已经在1994年12月12日修订其专利法，使北美之外的国家作出的发明，也能享有北美三国申请人同样的待遇。

## 二、权利范围

专利权的内容，包括制造权、使用权与销售权。至于“销售权”中是否包含“进口权”，过去是众说不一的。现在，则国际上的总趋

① 参见《光明日报》1994年9月17日第二版的报道：“‘王码’‘联想’将对簿公堂”。

势是授予专利权人以“进口权”。

“进口权”的含义是：专利权人有权制止其他人未经许可进口其享有“产品专利”的产品，或进口依照其享有的“方法专利”而直接制造的产品。在这里必须十分清楚：进口权虽是专利权中包含的一项权利，但它所控制的对象是“产品”这种有形物，而所谓其有权控制的“专利产品”，必须是在进口之国（而不是出口之国）获得了专利的产品或方法。例如：一个美国发明人在美国获得了一项专利，而一个中国厂商未经其许可把含有该专利所控制的产品向美国销售（即从中国出口而到美国进口），该美国人自然有权加以制止。但如果该美国人并没有就同一发明在中国获得专利，则任何人向中国出口该同一产品，该美国人均无权控制中国进口商的进口活动。这是由专利的地域性所决定的。

再有一点必须清楚的是，“进口权”控制的是产品的进口，绝不是专利的进口。由知识产权的地域性特点所决定，一国专利一出国境，就不再有效。因此，“专利”本身，是不可能“出口”的。知识产权协议在第 27 条第 1 款中，强调不得因产品系国产还是系进口这点区别，对有关产品所覆盖的可获专利性予以歧视，也是就“产品”这种有形物而言。协议在行文时很注意这种区别。

如果总结一下，那就是：

（1）有形“产品”可以进口，无形“专利”权不可能进口；

（2）无形“专利”权可以控制有形“产品”的进口，这就是专利权中的“进口权”；

（3）仅仅在本国获得的专利权项中，才含有控制产品向本国进口的“进口权”；在外国获得的专利，无权控制产品向本国进口。

因此，从事技术引进的企业或单位一定要明白，如果所引进的技术仅仅是 Know-How 技术，则与专利无关；如果引进的技术中含

“专利”技术，则只有在该专利已获中国专利局批准的情况下，才能以“专利”对待。海关部门也应当注意，当某个专利权人声称进口货物中涉及其本人享有的专利，请求“中止放行”或请求作进一步处理时，必须要该权利人出示中国专利局签发的“中国专利证书”。如果没有专利证书，或如果只能出示外国专利证书，则说明该人无权在中国行使其“进口权”，即无权要海关扣押货物或检查货物。即使他提交了保证金或作了其他担保，他仍旧没有这种权利。

专利权人所赋有的权利，无论在我国《专利法》第 11 条中，还是在 TRIPS 第 28 条中，都主要是以“禁”的方式表述的，即专利应赋予其所有人下列专有权：

（1）如果该专利所保护的是产品，则有权制止第三方未经许可的下列行为：制造、使用、提供销售、销售，或为上述目的而进口该产品；

（2）如果该专利保护的是方法，则有权制止第三方未经许可使用该方法的行为，以及下列行为：使用、提供销售、销售或为上述目的进口至少是依照该方法而直接获得的产品。

专利所有人还应有权转让或通过继承转移其专利，应有权缔结许可证合同。

就是说，只是在提及专利权人以转让或缔结许可证合同时，才从正面“行”的角度表述。

这样的表述，也是便于减少误解和漏洞。

因为，在知识产权领域，仅仅商标权的所有人，在其获注册专用权之后，即有权自己专用，或许可他人使用其商标。

版权所有人中的一大部分，就不同时具有“禁”与“行”两方面的权利了。例如，翻译作品的作者（即译者）虽有权禁止他人复制自己的译本，但如果他想许可第三者从他的译本再转译，则必须再经原作者许可。他只有完整的“禁”权，并无完整的“行”权。于是，凡像我国《著作权法》第 10 条那样从正面（而不从“禁”的角度）表述版权范围的法，就都同时要附加像我国《著作权法》第 12 条、第 13 条、第 14 条那种避免在行使权利时侵犯原作著作权的条件。

专利领域也有与版权极类似的发明创造成果，这就是协议在第 31 条最后一款中提及的基本专利(第一专利)与从属专利(第二专利)的情况。第二专利的权利人有权禁止他人使用自己的发明，也有权转让自己的发明。但他如果想自己实施自己的发明，则要先取得第一专利的权利人的许可，否则就相当于在版权领域的译者侵犯了原作的著作权。

了解这一点的重要性，在于我们的企业在进口技术时，对技术供方提供的专利，很有必要搞清楚它们是不是“第二专利”。如果是的话，则虽然供方是真正的（而不是假冒的）权利人，受方拿到技术后依然不能合法实施。在谈判这种技术引进合同时，就有必要低估一下对方专利的价值。否则，就等于把他人（至少他人占一部分）的专利的价值估到了供方的名下。即使不在技术转让中，而是在平时的企业无形资产评估中，也切不可将第二专利与完全能独立行使“禁”与“行”双向权利的专利等同看待。

专利保护的“权利范围”，还有另一层意思，即如何解释专利权的各项内容。例如，“使用权”中的“使用”二字，在商标法领域一般均包含在广告中使用。如果某人在广告中用他人的注册商标，宣传推销自己的商品，无疑将构成侵犯他人商标权。1994 年，在欧洲发生过这样一个案子：A 公司在广告中宣称自己的产品是使用某专利技术制造的；而该项专利属于 B 公司所有，B 公司并未许可 A 公司使用该专利，于是 B 公司到法院诉 A 公司侵犯其专利权。法院经查实A公司在生产中并未真正使用该专利，仅仅在广告宣传中“使用”了。法院认为，这种“使用”并不构成专利法中所禁止的使用，故不侵犯B公司的专利权。当然，在一些国家，类似的纠纷如果依“反不正当竞争法”起诉，专利权所有人则有胜诉的可能。

## 三、“模糊区”与专利侵权认定问题

专利侵权的认定或否定，与商标权、版权相比，客观性及确定性都更强。这主要是因为比商标及版权制度历史更长的专利制度，在其发展过程中，产生出了“权利要求书”（Claim）制度，而这种制度又在这种较长的发展中，得以不断完善。

17世纪上半叶产生了近代专利制度；一百年后产生了“专利说明书”制度；又是一百多年后，从法院在处理侵权纠纷时的要求开始，才产生出“权利要求书”制度。①

从理论上讲，“权利要求书”由专利权人（尚且是“申请人”时）把自己要求得到保护的发明范围，清清楚楚地划出来，并在公开后的专利文件中昭示公众：切勿未经许可进入这个圈里来。正如在西方国家驾车驰在公路上，会不时见到路边的岔路上有牌子写着“Private”，以示公路与属于私人的地产部分的“私路”的界线。当然，稍有不同的是：在“专利要求书”所划的圈子之外，未必均是“公有领域”的技术。属于他人在先已经专有、目前依旧专有的技术，也会在这个圈子之外。

专利的“权利要求书”所划的这个“圈子”本来在理论上应当十分清楚，却从两个方面在实践中变得看上去有些模糊了。

一方面，专利权人当初在申请专利时，希望专利审查部门把“权

① 参见W. Cornish:《知识产权：专利、商标、版权与有关权》，S&M出版社，伦敦1989年版。

利要求书”的内容解释得越窄越好，以免稍不留意就“宽”到“已有技术”（Existing Art，也可以译为“现有技术”。但在我国专利法中却同时出现这两种不同的译法或用法，来表达同一个意思，这是立法技术上应当避免的）之中，从而否定了所要求保护之内容的专利性。

另一方面，已经成为专利权人之人，在侵权诉讼中，又总希望行政主管机关和（或）法院将“权利要求书”的内容解释得越宽越好，以便把凡是权利人认为是“侵权”的行为，均划入圈内即认定为侵权。

为把这个人为的“模糊区”尽可能缩小，有些国家从立法上想了一些办法。如美国的“方法加功能权利要求”。美国的判例法又在1994年进一步发展和完善了对这种权利要求的解释。[①]有些地区性国际公约，也从理论上给以进一步的阐明。如《欧洲专利公约》，专为解释该公约第69条（有关“权利要求书”条款）而另行缔结了“议定书”。

在实践中，这个人为的“模糊区”可能被缩得更小。这一是由于许多专利申请与“权利要求书”相配套，还举出了“实施例”。如果这些“实施例”不曾被专利局的审查员要求修改或删除，则它们就形成“权利要求”这个圈子的实实在在的篱笆墙的一部分。任何人都很难在自己冒冒失失地撞进这堵墙后却推说并未看见它。二是凡出现专利侵权纠纷、又一时难以认定或否定侵权时，多有专利审批程序或异议程序中曾记录下的事实，提供出客观、准确的依据。例如，在申请专利的过程或异议过程中，为使原先申请的内容不至于全部被驳回或被异议掉，而自愿削减掉的那部分权利要求内容，在侵权诉讼中自然不应被重新纳入“模糊区”。所以，有的法庭在专利侵权纠纷案的审理中，花费一定时间清理原专利审批过程，确是

① 参见《美国专利季刊》第29卷之2，1845页，Donaldson一案。

缩小“模糊区”，以最终达到认定或否定侵权的可取途径。

经过上述理论上与实践上的处理，从法律意义上看，专利侵权认定与否的“模糊区”，可以被缩得很小，至少与商标或版权的侵权纠纷相比，其“模糊区”相对可以更小些。反过来讲，就是认定或否定的客观性与确定性更强些。

当然，与其他知识产权的侵权纠纷相似，在一大部分专利侵权纠纷中，被指为侵权的一方，往往会反诉对方的专利无效。在专利的无效诉讼中，是找对方之专利缺乏“新颖性”的证据。因为不属于专利可保护的发明创造的范围，在法律中是比较明确的，只在特殊情况下会误授专利权；而在“技术进步性”标准中，要由行政执法人员或法院先去选择和确认在相关技术领域中，一个有中等技术水平的人，还要看看有关技术对他是不是“显而易见”的。于是使这条试图走向“客观性”终点的道路上，已经布满了主观性的荆棘。“实用性”标准中同样引进了这样一位要由主观去认定的“所属领域的技术人员”。至于“实用性”中的其他因素,就似乎比“技术进步性”更缺少确定性了。

“新颖性”标准，在各国都有分明的界线。此申请日为关键日，在它之前的出版物或行为，均可起到否定作用。

但各国由于对出版物或（和）行为的解释差异，有时也会出现认定或否定专利效力的“模糊区”。

例如，在我国，同一个申请人在先申请（尚未公布）的内容，是否构成对自己新颖性的否定？《专利法》第22条回答：不构成。对此的法理解释是：如果同一个人的前后两个申请均可以获专利，专利局可以要申请人自己选择一项。[①] 但这里的法理解释似乎只考

① 参见汤宗舜著:《专利法解说》，专利文献出版社1994年版，第99页。

虑到同一个申请人只在中国专利局前后两次申请内容相同的专利的情况。如果我们把眼界扩大，也就会看到问题了。如果同一个人于中国专利法实施前夕，先在美国申请一项美国专利，三年后又在中国就同样内容又申请中国专利。而这三年之中，美国并未公布其申请案；其间又没有“第三者插足”（即没有他人独立自己搞出同样发明在任何国家申请专利的），则该申请人不仅无必要依巴黎公约请求12个月内的优先权，而且实际上反而比公约优先权延长了三倍。如果美国仍旧不公布该申请案，则实际的“优先权”还将继续延长，这只是问题之一。如果该申请人在中美两项申请后来均批准了，依中国专利法，该两“专利”均应有效，由于地域性原因，这种“重复授权”的有效性，似乎不会出大问题。但是，如果3年后申请的中国专利，申请人将该申请日作为巴黎公约的“优先权”日，依中国专利法也应是合法的。这时，至少会出现以下问题：

（1）该申请人是否可依后一申请的优先权日在国外申请专利？

（2）该申请人是否可依中、美两项均有效的、独立的“首次申请日”在中、美要求享有两个“优先权”日？

（3）如果申请人在“优先权”期内获专利批准，又将中美两专利分别转让不同两方，该两方又均在一个不审查制国家均获得互相独立的专利。日后两家在该国发生专利冲突，法院应认定哪项专利有效？

可能还有一些未列举出的问题。

正因为这些问题在实际中可能发生过，一大批国家（加拿大、捷克、芬兰、挪威、法国、德国、匈牙利、意大利、荷兰等）才在法律或审查指南中，认为同一个人自己的在先（未公布）申请，同样可以否定自己在后申请案的新颖性。

如果我国《专利法》第22条中的“他人”被删去，在认定与否定专利权效力方面的“模糊区”，就可能会更缩小一些。当然，从理论上及立法、司法上，我国都还可以进一步研究和讨论这一类问题。

## 第三节　专利的权利限制

知识产权协议的“专利”一节，主要篇幅是用在对专利的“权利限制”所作的规定上，这种规定包含三个方面的内容：一是规定了允许成员进行什么范围的权利限制；二是不允许成员进行什么范围的权利限制；三是在允许的范围内必须符合哪些条件。

对于一般的权利限制，协议只作了原则的规定。这就是成员可以对专有权规定出例外（当然，也可以不规定例外）。“例外”，也就是“权利限制”。协议规定了例外应当符合的条件，这与协议第26条中涉及工业品外观设计权时的规定一样，即：（1）必须是为了不使专利权妨碍第三方的合法利益而进行的限制；（2）这种限制不能与专利的正常使用冲突（包括不能损害专利“被许可使用人”的利益）；（3）这种限制不能够不合理地损害专利权人的利益。这是在第30条中规定的。

我国《专利法》第62条对权利限制是这样规定的：

有下列情形之一的，不视为侵犯专利权：

（1）专利权人制造或者经专利权人许可制造的专利产品售出后，使用或者销售该产品的；

（2）使用或者销售不知道是未经专利权人许可而制造并售出的专利产品的；

（3）在专利申请日前已经制造相同产品、使用相同方法或者已经做好制造、使用的必要准备，并且仅在原有范围内继续制造、使用的；

（4）临时通过中国领土、领水、领空的外国运输工具，依照其所属国同中国签订的协议或者共同参加的国际条约，或者依照互惠原则，为运输工具自身需要而在其装置和设备中使用有关专利的；

（5）专为科学研究和实验而使用有关专利的。

其中，第（1）项是本书第一章中所讲过的“权利穷竭”问题。第（2）项则有些片面，这将在下文论及集成电路时详细讲解。第（3）项是“先用权”问题。就是说，专利权人的专有权利，不应妨碍其他在其之前独立搞出相同发明创造（但未申请专利）的人，在合理范围内使用有关成果。第（4）项是巴黎公约专门允许的限制。第（5）项是一部分国家的专利法中也有的内容，只是对于其中的“为实验而使用”，许多国家持不同意见。因为，有的实验是企业把产品推向市场前而进行的商业性实验。很多人认为，这种实验不应当作为例外，而应当受到专利权人的控制。

与一般的权利限制相对应的，是特殊权利限制。它规定在知识产权协议第 31 条。所谓“特殊限制”，主要是指对专利所覆盖的内容的强制使用。

对于强制使用，与其说是协议规定了权利限制，不如说是规定了对权利限制的限制。因为，第 31 条的 12 项，基本都是要求成员在实行强制许可制度时应当符合一定的条件。

美国专利法中没有强制许可制度。美国贸易代表在与其他国家进行知识产权谈判时，一般都会要求对方取消其强制许可制度；在无法取消时，则会要求对方限制其强制许可制度。所以，知识产权协议对强制许可的限制规定得如此详细，是与美国的国内立法及美国在国际谈判中其谈判代表的影响分不开的。

多数国家实行的专利强制许可制度，归纳起来适用于下列 5 种情况：

（1）专利权人未实施或未充分实施其专利；

（2）从属专利（即“第二专利”）的权利人要实施其专利，却受到基本专利（即“第一专利”）的权利人不合理的阻止；

（3）国家出口的需要；

（4）国家为公共利益或在紧急状态下的需要；

（5）专利所有权从原始权利人手中转让给其他人之后，原始权利人善意希望实施，但得不到受让人的许可。

我国《专利法》对强制许可也作了较详细的规定，这就是：

第五十一条　具备实施条件的单位以合理的条件请求发明或者实用新型专利权人许可实施其专利，而未能在合理长的时间内获得这种许可时，专利局根据该单位的申请，可以给予实施该发明专利或者实用新型专利的强制许可。

第五十二条　在国家出现紧急状态或者非常情况时，或者为了公共利益的目的，专利局可以给予实施发明专利或者实用新型专利的强制许可。

第五十三条　一项取得专利权的发明或者实用新型比前已经取得专利权的发明或者实用新型在技术上先进，其实施又有赖于前一发明或者实用新型的实施的，专利局根据后一专利权人的申请，可以给予实施前一发明或者实用新型的强制许可。

在依照上款规定给予实施强制许可的情形下，专利局根据前一专利权人的申请,也可以给予实施后一发明或者实用新型的强制许可。

第五十四条　依照本法规定申请实施强制许可的单位或者个人，应当提出未能以合理条件与专利权人签订实施许可合同的证明。

第五十五条　专利局作出的给予实施强制许可的决定，应当予以登记和公告。

第五十六条　取得实施强制许可的单位或者个人不享有独占的

实施权，并且无权允许他人实施。

第五十七条　取得实施强制许可的单位或者个人应当付给专利权人合理的使用费，其数额由双方商定；双方不能达成协议的，由专利局裁决。

第五十八条　专利权人对专利局关于实施强制许可的决定或者关于实施强制许可的使用费的裁决不服的，可以在收到通知之日起三个月内向人民法院起诉。

可以看到，在我国的强制许可中，不存在上述第（3）种和第（5）种情况。而上述第（3）种情况甚至在一些发达国家的专利法中反倒能够见到（例如大多数西欧国家的专利法）。

除上述第（5）种情况外，知识产权协议第31条中暗示了成员国可以在其他有关4种情况下实行强制许可。应当强调的是，协议所提出的条件中，有些我国的专利法以及专利法实施细则均没有突出强调，或者根本未作规定。这就有可能使我国获得强制许可证的企业或单位不加注意，以至在我国进入世界贸易组织后与外国权利人发生纠纷。所以，这里有必要把这些条件强调一下。这就是：

（1）对强制许可（或者政府使用），必须“个案处理”，不能把某一个强制许可证的授予经验，作为常规或通则普遍适用。

（2）在申请或批准强制许可证之前，都应当参考伯尔尼公约附件中关于版权强制许可证的规定。因为，知识产权协议基本上把伯尔尼公约中的颁发强制许可证的条件借用到专利强制许可制度中来了。只是TRIPS中引入了“国家紧急状态”及“其他特别紧急情况”。

（3）如果有关专利涉及半导体技术，则颁发强制许可证的限制就更多一些。这是对半导体技术专利权人的特殊保护。

（4）一切强制许可证，都只能是“非专有”的、“非独占”的。就是说，在政府强制许可第三方使用某项专利的内容之后，该专利权人本人仍旧有权自己使用，或通过合同许可其他人使用。

（5）强制许可证一般不得转让，除非与企业或企业的商誉一道转让。

（6）使用强制许可证制作出的产品，主要供应国内市场。

（7）一旦导致强制许可的条件消失并且不会再发生，则应当停止使用。

（8）对于强制性地许可“第二专利”所有人使用“第一专利”的内容的情况，应当受到更多的限制。这就是第31条最后一项中所规定的三点特别限制。

（9）法定交叉许可证制度。“Cross-license”，有人译为“相互许可”，也有人译为“交叉许可”，这都是一个意思。1979年，中国人民大学的刘丁教授首次于我国出版许可证贸易的专论时，译为“交叉许可”。为纪念这位已故学者，我采用了这后一译法，并在此说明。

“交叉许可”如果是两个或几个大企业为了垄断专利的实施，在它们之间达成协议，只许这一圈子内的企业相互实施专利，而不许圈外人实施，则是带Patent Pool（专利俱乐部）性质的交叉许可。这在许多国家是反垄断法所禁止的，而知识产权协议中的交叉许可，则是完全不同的另一种情况。它有利于防止“第一专利”权人及“第二专利”权人双方（尤其是防止后者）不合理地阻止对方实施相关专利。这一规定虽然与“强制许可”并收在一条中，但实质属于“法定许可”。一般讲来，“强制许可”制度可以由公众中不确定的人利用，“法定许可”制度在这里只能由确定的人（第二或第一专利所有人之一）去利用。

（10）所有“非自愿许可”，都须支付使用费，不得无偿征用。

（11）凡作出非自愿许可的决定，均须为权利人提供要求复审的机会；对于非自愿许可场合支付使用费的数额，也应提供复审的机会。

在整个 TRIPS 中，只有第 31 条在规定（由行政机关）作出强制许可决定或作出支付使用费数额的决定时，可接受司法复审，或者“显然更高一级的（行政）主管当局”的复审。在其他任何场合，一切行政决定均须有司法复审的机会，而不能由“显然更高一级的行政当局”去复审。

此外，上述对强制许可的限制条件中，有关半导体技术专利的特别规定，并不见于 1991 年 TRIPS 的“邓克尔文本”。它是最后文本上增加的。至于为什么专门加这样一条，笔者在 1995 年 5 月的悉尼会上，特别请教了 WTO 的知识产权部长奥登先生。他认为该内容的增加并没有太多的道理好讲，只是美国代表认为美国半导体技术较发达，在各成员获专利的机会较多，故成员要想强制实施这种专利，就应受到更多限制。所以，美国代表坚持要加上这条特别限制。

## 第四节　专利的其他问题

### 一、保护期

对于协议中的“专利保护期”，本来没有太多需要解释或议论的。这一条（即第 33 条）是只有二十几个字的简短条款，即：

“可享有的保护期，应不少于自提交申请之日起的 20 年年终。”

在这样简短的条文中，却曾经出过理解上的重大失误。

有的中文译本，曾经把“提交申请之日”翻译成“申请日”。应当知道，“申请日”在有些情况下与“提交申请之日”并不是同一个日子。它们之间最多可以相差到 12 个月。例如，一个人在中国 1994 年 1 月 1 日向中国专利局提交了 1 份专利申请，又于 1994 年 12 月 30 日向美国专利局提交了就同一发明的专利申请。对于这个人日后获得的“中国专利”来说，他的“申请日”与“提交申请之日”（如果中间没有提出“国内优先权”的请求，或没有其他特殊情况）是同一个日子。但是，如果他在美国的申请过程中要求了享有巴黎公约提供的“国际优先权”，则这个人日后获得的“美国专利”的“申请日”是 1994 年 1 月 1 日，而在美国“提交申请之日”则是 1994 年 12 月 30 日。

此外，协议的保护期条款专门有一个注脚“8”。这个注脚中说：“对于无原始批准制度的成员，保护期应自原始批准制度的提交申请之日起算。”这种情况，过去在一些发展中的英联邦国家（如坦桑尼亚等）或英国实行殖民统治的地区（如我国的香港地区）居多。这些国家和地区，并不设专利实质审查机构，一般要在英国专利局提交申请，经批准后，再拿到这些国家或地区登记。按照协议的规定，后来的登记日不能当作保护期的起算日。中国加入 WTO 以后，香港地区无论在 1997 年之前还是在 1997 年之后，都可能依旧没有原始批准制度。所以，对于在香港登记的专利如何计算保护期，是我国在香港的企业或我国的涉港企业应当加以注意的。

在谈到“无原始批准制度”的成员时，有一点应当加以注意：并非这样的成员国（或地区）就一定没有自己的专利法。例如，新加坡至今仍旧是靠英国批准专利后，在新加坡登记，然后给予保护的。但新加坡有自己独立的专利法。该法虽然从大的原则及体系上，来自英国专利制度，但决非与英国专利法一模一样。1995 年 2 月，新加坡上诉法院在“西得芝医药产品公司”案中，曾驳回了该公司依《英国专利法》第 70 条提出的上诉请求，原因是新加坡专利法中并无与英国相同规定；新加坡法院只能依新加坡专利法判案。[①]

关于保护期，有相当一批国家原先未达到“发明专利 20 年保护期”，均在世界贸易组织协定生效前修订了专利法。例如，美国

① 参见《欧洲知识产权》月刊，1995 年 4 月号。

即在1994年12月，将原有的17年保护期改为20年。我国则早在1992年修订专利法时，已将原15年保护期改为20年。

## 二、举证责任

我国《专利法》在第60条规定："在发生侵权纠纷的时候，如果发明专利是一项新产品的制造方法，制造同样产品的单位或者个人应当提供其产品制造方法的证明。"

这是1992年修改《专利法》之后的新规定。不少人在谈这条新规定时，总是看不出它和老规定有什么区别。即使把两条规定放在一起，也找不出有什么区别。1984年《专利法》中的老规定是这样写的：

"在发生侵权纠纷的时候，如果发明专利是一项产品的制造方法，制造同样产品的单位或者个人应当提供其产品制造方法的证明。"

细心的人可以看到，新条款中在"产品"前面多一个"新"字。而这也正是WTO的知识产权协议第34条所要求的。此外，该条还特别提到，在要求被告举证时，应当注意保护被告的秘密信息。有时，被告确实使用的是自己的秘密技术，而不是原告的专利方法。如果硬要他在公开审理的情况下举证，则可能给他造成不应有的损失。

因此，应当把"方法专利""举证责任"与必要的保密措施，放在一起考虑。TRIPS第34条的三款相加，正是这种综合考虑的结果，即：

第一，在侵犯专利所有人的方法专利的民事诉讼中，如果专利的内容系获得产品的方法，司法当局应有权责令被告证明其获得相同产品的方法，不同于该专利方法。所以，成员应规定：至少在下列情况之一中，如无相反证据，则未经专利所有人许可而制造的任何相同产品，均应视为使用该专利方法而获得：

（1）如果使用该专利方法而获得的产品系新产品；

（2）如果该相同产品极似使用该专利方法所制造，而专利所有人经合理努力仍未能确定其确实使用了该专利方法。

第二，任何成员均应有自由规定：只有满足上述（1）或（2）规定之条件，被指为侵权人的一方，才应承担本条第1款所说的举证责任。

第三，在引用相反证据时，应顾及被告保护其制造秘密及商业秘密的合法利益。

我国专利法对前两项已有明确规定，第三项则可以从我国现行民事诉讼法中解释出来。只要不作某些“法解释学”家那种根本违反知识产权法常识的任意解释，则我国现有法律基本不动，也完全可视为与TRIPS在这一点上相符。

而不少发达国家原有的专利法，在举证责任上并未对方法专利的侵权情况作特殊规定。这样一来，为符合TRIPS的规定，就不得不修改专利法了。1994年底，澳大利亚政府在向议会提交的《为适应建立世界贸易组织协定的专利法修订案》中，就专门纳入了“举证责任的倒转”一项。[①]

## 三、无效与撤销程序

协议要求对撤销专利或宣布专利无效的任何决定都应当给予原权利人提交司法审查（如果决定是行政机关作出的）的机会，或司法复审（如果决定是下级法院作出的）的机会。幸好知识产权协议中所说的“专利”，仅仅指发明专利。否则，我国不给实用新型及外观设计专利撤销与无效决定提供司法审查的做法，就会不符合要求了。

不过，如果联系TRIPS第62条（知识产权的获得与维持及有关当事人之间的程序），我国对外观设计专利的规定，在某些场合又

① 参见澳大利亚Watermark杂志，1994年12月。

可能不完全符合要求。这在下文论及程序条款时再讲。

## 四、“持有人”与“所有人”

在“版权”一节，协议始终使用“持有人”（Rightholder）一词。在“商标”一节，协议又始终使用“所有人”（Rightowner）一词。在“专利”一节，则是有的条款使用“所有人”（例如第30条），有些条款又使用“持有人”（例如第31条的某些款）。读者应当注意到这种差别。一般说来，持有人的范围宽一些，它既包括所有人，也包括独占被许可人；如果专利许可证合同允许一般的非独占被许可人发“从属许可证”的话，就还包括这种特殊的非独占被许可人。

## 五、协议最后文本与邓克尔文本的差别

在专利一节中，最后文本的文字与老文本（邓克尔文本）不同的地方较多。除了“缔约方”改成“成员”等其他节也普遍存在的改动之外，在第27条中还增加了“在符合本协议第70条第8款的前提下”。协议第70条本身，也有相当大的改动。这在后面还要专门讲。

在第31条（c）项中，最后文本与老文本比，还专门增加了这样一段话，“如果所使用的是半导体技术，则仅仅应进行公共的非商业性使用，或经司法或行政程序已确定为反竞争行为而给予救济的使用”。这就是上面说过的，对半导体技术的附加特别保护。

## 六、“专利申请权”问题

在协议中没有出现过“专利申请权”这个概念，但在这里应当说上几句。

“专利申请权”，说到底，是搞出发明创造后谁有权申请专利的问题。这个问题理应在一进入申请程序后，就不复存在了。在进入申请程序之前，确认谁有权申请专利，主要应由劳动合同（及劳动法）

过问，而不是由专利法过问。但在中国专利法及细则中，“专利申请权”概念贯穿始终。

“专利申请案中的权利”，指的是申请日之后产生的初期权利，它在专利被最终批准（或申请被驳回）之前一直存在着。它确实是只能由专利法过问的。中国专利法在申请程序开始后，实际把“专利申请权”混同于这后一个概念了。1989 年底的专利法修正草案中，曾试图引入这后一概念，并把二者分清。只可惜一些人始终不明白二者的区别，认为“没有必要”，从而又恢复了旧有的提法。

在实践中，1990 年上海已有实例说明这两个概念不容混同。有一人（甲）搞出一项发明，但无经费也无意申请专利，于是同另一人（乙）订一合同，讲明，仅将专利申请权转让给乙；如获专利，专利属乙，而甲依合同得实施的使用费分成；如不获专利，则发明仍旧归甲；在获专利之前，实施该发明（或许可他人实施该发明）之权也仍旧归甲。就是说，在这一例中，“专利申请权”虽归乙，而“专利申请案中的权利”则部分仍归甲，二者是完全不同的。

这种事例在国外已多次出现过，而在绝大多数国家专利法及地区性专利公约中，只有“专利申请案中的权利”概念，没有“专利申请权”概念。

当然，日本专利法（及我国台湾地区“专利法”）中，确有“专利申请权”概念。这种用法在该国（地区）法中是否合理，可另外讨论。但有一点：日本原专利有效期起算日为“专利公告之日起 15 年”（但自申请日起不超过 20 年），它不承认公告之前存在“申请案中的权利”，从法理上讲得通。中国专利有效期从来不与“公告日”发生关系，仅从申请日起算，从而中国专利法中仿照日本不承认“申请案中的权利”，就讲不通了。

中国专利法及其实施细则认为：专利申请人在专利批准前（公

告后)"有权"向实施人要求支付使用费。这里的"权",绝不是什么"申请权",而实实在在是处于"申请案中的权利"(即使是潜在权利)。

### 七、专利权人与发明人

在版权领域,作者在绝大多数国家都是第一个版权人。在专利领域,则在许多国家、许多情况下,发明人与专利申请人或专利权人并不是同一个人。所以,协议在这方面用语是很注意的。例如,在第 29 条第 1 款中,讲到"最佳实施方案"时,仅仅与"发明人所知"相联系,这是十分确切的。与此对照我国专利法就不太确切。我国《专利法实施细则》第 18 条则要求提供"申请人"所认为的最佳方式。申请人如果并非发明人,他可能对有关技术领域一窍不通,哪里谈得上了解"最佳"方式呢?

此外,我国近年出现的众多"知识产权"专著及论文中,有许多谈及"专利权人的署名权""专利权人的精神权利(人身权)",这也是对专利权人与发明人未加区分的误解。在专利领域,多数国家(包括我国)的专利法,只承认发明人享有署名权,作为非发明人的专利权人,则不享有署名权,从而谈不上什么"专利权人的精神权利"。当然"专利权中的精神权利"也是一种错误表述。因为,发明人的署名权(即精神权利)产生在"专利"尚未产生之时。有的论文甚至谈起过一切知识产权权利人的精神权利,则更是不着边际了。至今,尚无人将"商标权人的精神权利"究竟是什么讲得清楚。

## 第五节　集成电路布图设计(拓扑图)

### 一、集成电路知识产权保护的历史与现状

由于集成电路知识产权问题对多数读者来说比较陌生,所以有必要在历史、现状及基本概念方面先多说几句。

集成电路布图设计，有些译本译作“拓扑图”。后一种译法既照顾到音译，又照顾到意译。在知识产权协议的标题上，把这两种表述形式都写上了。正像我国《民法通则》里表述“著作权（版权）”一样，是为了说明这两种表述形式是同一个意思，是“同义语”。

在一开始，技术界与法律界都把这种受保护客体称为“半导体芯片”上的“掩膜作品”。第一部保护这种客体的美国法律即称为“半导体芯片保护法”。这种客体与前面讲过的工业品外观设计很相似，属于“特别工业版权法”所保护的内容。与工业品外观设计不同的是：集成电路布图设计之所以应当受版权保护，不是因为它具有“艺术性”，而是因为它像其他受版权保护的作品一样容易被复制。半导体芯片是集成电路的主要原件。20 世纪 70 年代后，集成电路的制造工艺进入工业标准化阶段。其中半导体芯片上的掩膜的版图设计，已经与芯片作为产品的制造分离开了。掩膜的设计图可以依照版权法受到保护。由芯片组成的集成电路组装成能完成一定任务，具有特定功能的零件或设备之后，又可以依照专利法受到保护；而夹在设计图与产品之间的芯片掩膜，却往往成为版权法管不了、专利法又管不到的对象。在有些国家，版权法不承认对“立体物”的非接触性复制是版权所禁止的。掩膜作品即使再薄，也有一定厚度，与制作它的设计图相比，它显然应当被看作是“立体的”。当时，在英国等一些英联邦国家，版权法虽然规定：不论按照他人的平面设计或立体模型去复制立体物，均视为侵犯版权。但在确认侵权时，又有个特殊标准。这就是：作为非专家的第三者，必须能够感觉到复制后的立体物与被复制的平面图是相同的。这个标准，使掩膜作品在这一类国家也难享有版权了。因为，任何“非专家”都很难看出掩膜作品与掩膜的平面设计图有什么相同或不同。如果拿了掩膜作品去申请专利，从经济上看又是不合算的。因为这种体积很小，更新换代又很快。不等专利批下来，新一代作品又问世了，原申请的专利就失去了实际作用。

这样一来，并非掩膜设计开发人的第三者，靠复制掩膜作品去营利，就经常受不到任何知识产权法的限制了。所以，在20世纪80年代初，窃取与复制他人开发的芯片上的电路，甚至作为一种专门技术和专门“产业”发展了起来。可见，无保护状态对于鼓励开发更新更高级的掩膜作品显然不利。于是，在1984年，美国率先通过了《半导体芯片保护法》。

有人曾经问：美国为什么不把掩膜作品直接列为版权法保护的客体，而要另立一部专门法呢？加利福尼亚州的著名美国律师斯考特1986年访问中国时，曾直言不讳地回答：因为在20世纪80年代初，美国的计算机软件在国际市场上占主导地位，所以美国希望各国都用版权法保护软件，进而能通过已经有的国际版权公约自动保护美国在国际市场的利益；而当时集成电路产品在国际上占主导地位的是日本而不是美国，美国当然不愿意借助版权的自动保护与借助已有的版权公约，在国际上保护日本人的利益。

从1985年到1989年，日本、西欧及澳大利亚等十几个国家和地区，也陆续通过了与美国类似的法律。其中，欧共体委员会还为统一西欧十几个国家的立法而通过了保护芯片的“指令”。在这个“指令”中，欧共体使用了“拓扑图”这个名称代替美国法中的“掩膜作品”。1989年，世界知识产权组织主持缔结的公约则称为“集成电路知识产权条约”。世界贸易组织中的知识产权协议就同时采用了“集成电路”与“拓扑图”这两种表述形式。

## 二、协议与集成电路知识产权条约的关系

虽然协议在第一部分的“总条款”中规定了它与集成电路等已有条约的关系，但那只是原则性的规定。在集成电路这一节中，则

把这种关系具体化了。

首先，协议排除了集成电路条约第 6 条第 3 款。因为这一款是允许该条约的参加国采用强制许可等非自愿许可的制度的条件。这就说明知识产权协议虽然一般允许对专利权、版权的强制许可采用原有公约的条件，但不允许对集成电路的布图设计专有权的强制许可采用该条约中的条件。此外，知识产权协议在实体条款方面还排除了集成电路条约第 8 条。因为，该条所提供的保护期是 8 年，而协议所提供的保护期是 10 年（或 15 年）。

在成员国或成员地区之间发生争端时，协议显然也不能采用集成电路条约中规定的解决途径。所以该条约中这一类的程序性条款自然也被协议统统排除了。

在程序性条款中，协议特别提出了应遵守集成电路条约中的第 12 条与第 16 条第 3 款。第 12 条讲的是集成电路条约的缔结，不得影响成员国履行伯尔尼公约与巴黎公约要求履行的义务。第 16 条第 3 款等于一个“无追溯力”条款。它允许成员国不保护在其加入条约前已经出现的集成电路布图。知识产权协议居然能够容得下这个条款，与它在版权与邻接权保护上要求“有追溯力”，形成鲜明的对照。这主要因为集成电路布图保护期短、更新快，对它的保护要求“追溯力”是没有多大意义的。此外，也如上文说过的，美国在乌拉圭回合谈判中，精力也更集中在其占有优势的计算机软件，强调对它们必须追溯保护，而并不强调对日本（乃至韩国）占有优势的集成电路保护的追溯力。

## 三、保护范围与权利限制

协议在谈到保护范围时，并没有直接以明文规定权利人享有“复制权”。人们知道，当初之所以把集成电路布图设计的保护问题提出来，主要就是因为未经许可的复制活动太猖獗。但是，协议只暗示了未经许可的复制是非法的。其明文规定权利人享有的权利仅仅包括“进口权”“销售权”“其他形式的发行权”。这体现出“与贸易有关的”知识产权的特色——它强调的是权利人在贸易活动中的专有权。

协议对于权利限制，主要是从“善意侵权”可减少侵权责任这个角度去规定的。就是说，因为“不知”所销售的物品中含有非法复制的集成电路布图设计，不应视为侵权。但是，协议紧接着又规定了三个条件：

（1）在原来因为“不知”而从事某项活动的人得到明确的通知，从而“知道”所经营的是侵权物品时，他只能继续经营完库存或预购的物品，而不能超过这个限度；

（2）在变“不知”为“已知”之后，经营者有责任向权利人支付报酬；

（3）支付报酬的额度应相当于双方当事人经谈判而达成的协议许可证在一般情况下规定的使用费标准。

这样，协议对“善意侵权”既宽容、又不是“宽大无边”。这种规定比较合理。

我国目前还没有集成电路保护法。在现有的专利法中，也对“善意侵权”的情况作了规定（这就是《专利法》第62条（2）项）。但该规定只讲了一面道理（即“不知”者不视为侵权），但对于从“不知”变为“已知”之后应作何处理，则不置一词了。这应当说是一个缺陷。而且，多数外国法中的“不知”不视为侵权，仅仅适用于拓扑图，因为它太微小，不易分辨。很少有在专利或版权等领域适用“不知则不视为侵权”原则的。

协议并没有正面允许成员对集成电路布图设计权采用强制许可，只是说，如果成员采用非自愿许可的话，应当符合“专利”一节第 31 条中所规定的大部分条件。

### 四、其他

#### 1. 保护期的三种起算方法

第 38 条对保护期的三种规定中，有一部分是重合的。简单讲，可归结为下列起算法：

（1）无论是否要求注册，保护期均应不少于付诸商业使用起 10 年；

（2）如要求注册，也可定为注册之日起 10 年；

（3）如果从创作完成之日起算，则须定为 15 年。

#### 2. 新旧文本文字排列的差距

细心的读者可以注意到：协议的最后文本与 1991 年邓克尔文本比，在第 36 条等条款中，颠倒了不少处原文的排列顺序。例如把原有的“holder of the right”改为“right holder”。这些于理解条文的含义无大影响，不必去深究。

## 第五章　反不正当竞争

1992 年，当中国法学界有人把争论集中在“不正当竞争”与“不公平竞争”有何区别时，把注意力集中在禁止拿回扣、打破地方封锁等反不正当竞争措施以及还在议论反不正当竞争与保护知识产权究竟有没有关系时，两个与中国有关的国际法领域的文件摆在了我们面前。一个是《中美政府关于保护知识产权的谅解备忘录》，其中第 4 条提到“为确保根据保护工业产权巴黎公约第 10 条之 2 的规定有效地防止不正当竞争”，中国政府将向立法机关提交反不正当竞争法议案。另一个是当年关贸总协定的“知识产权协议”（邓克尔文本）。

无论人们对上述两个文件的评论是肯定的还是否定的，这两个文件对中国起草反不正当竞争法进程的影响则是积极的，至少是将理论界一些无谓的争论推到了一边，把反不正当竞争的重点——保护知识产权强调了出来。

今天，在我国反不正当竞争法已实施一段时间后，我们再来对知识产权协议的最后文本有关条款作一些研究，认识肯定会比 20 世纪 90 年代初更进一步。况且，近几年我国市场经济的实践，也再次证实了反不正当竞争法中保护知识产权的部分（尤其是保护商业秘密部分）的极端重要性。

## 第一节　有关的国际法与国内法

### 一、历史与现状

“反不正当竞争”的概念，起源于 19 世纪 50 年代的法国。它的立法来源是《法兰西民法典》第 1382 条。而这一条又同时是法国商标法（亦即现代注册商标制度）的来源。当然，这一条也是大陆法系“侵权法”的来源。所以，从来源上，我们至少可以看到，反不正当竞争与商标权的保护是“同源”的。

在中国参加的第一个保护知识产权的国际公约，即《建立世界知识产权组织公约》第 2 条第（8）款中明文规定：“对反不正当竞争活动给予保护”是“知识产权”的一项内容。中国参加的第二个保护知识产权的国际公约，即巴黎公约，更是在其第 10 条之 2 中，进一步列出了反不正当竞争的范围。

除此之外，一些国际民间组织也多次指出反不正当竞争，应主要立足于对知识产权的保护。例如，《国际保护工业产权协会》（AIPPI）在 1992 年东京大会的文件中指出，知识产权分为“创作成果权”与“识别性标示权”，前一类中包括专利、Know-How、版权等等，后一类则包括商标、商号、反不正当竞争。其中，该文件列为可作为反不正当竞争而得到保护的标示，至少有徽记（包括国徽、国旗、区徽、民间团体徽记）、口号、书名、杂志名等等。从这里，我们也不难看到反不正当竞争与商标保护及版权保护之间的某种微妙、密切的联系。

当然，近年来一些通过专门立法制止不正当竞争的国家，把“不正当竞争”的范围越划越广，已及于许多同知识产权毫无关系的领域。在今天，如果仍想把反不正当竞争仅仅局限在知识产权领域，确实会脱离实际。不过，如果在反不正当竞争的立法中，不把握住保护知识产权这个重点，同样会脱离实际。反不正当竞争立法较新的匈牙利，在其1990年《禁止不正当市场行为法》的第一章中，仍旧是把传统的（即巴黎公约中的）禁止假冒他人商品放在首位。而这种保护，在英美法系国家始终看作是受保护人的“普通法知识产权”。

巴黎公约在当年纳入斯德尔摩文本的第10条之二时，着眼点主要在假冒商品及其他与商标有关，但商标法又管辖不到的问题上。近年来，保护商业秘密，尤其是其中的技术秘密，又成为反不正当竞争的另一个热点。这是传统知识产权法中的专利法所管辖不到的，是与发明创造成果的保护有关的又一个侧面。本文开始时提到的两个文件，恰恰强调的是当年未作为重点的这个侧面。正是这个侧面，在我国尚未引起人们的注意。

中国“反不正当竞争”的概念，在新中国成立后的法规中，首次出现是在1985年的《广告管理暂行条例》第4条中。其后在《民法通则》第4条、第5条、第7条（主要是第4条）中，反映出反不正当竞争的原则（却并未出现反不正当竞争的概念）。1990年，山东临沂中级人民法院及山东省高级法院，依照《民法通则》的上述条款，对一起假冒他人酒类商品的案件作出了判决，保护了当事人的知识产权。1991 年 5 月，北京海淀区人民法院依照同样的反不正当竞争原则，处理了《辘辘、女人和井》录音磁带侵权案。该案被国内外多数人误解为是“中国著作权法出台后的第一个版权纠纷案”。实际上，当时出台的中国著作权法尚未实施，如果依照当时有效的行政规章，被发现的非法复制甚至可以被视为“合法”。而依照反不正当竞争，则有效地保护了当事人的知识产权。在这两个案子处理之后很长时间，国内外仍有不了解中国实际的人声称，中国的“人民法院也从没有依《民法通则》的原则性条文对不正当竞争加以制止”。

此外，中国的武汉、江西、上海在 20 世纪 80 年代中后期也都出现了地方反不正当竞争的规章。

## 二、关于“不正当竞争”的行为

世界知识产权组织在其 1993 年 2 月草拟的“对反不正当竞争的保护”这份综合性文件中，把不正当竞争行为分为两大类：一类是巴黎公约中已涉及的（只占少数）；另一类是巴黎公约中未涉及的（占大多数），总起来包括：

（1）混淆商品或服务的来源；

（2）以夸大等方式进行欺骗，使人对所提供的商品或服务产生误解；

（3）贬毁竞争对手；

（4）侵犯商业秘密；

（5）不合理地利用他人的已被消费者承认的成果；

（6）以对比方式做广告；

（7）有奖销售等其他行为；

在 WTO 的知识产权协议中，至少还增列了下面一项：

（8）滥用知识产权专有权的行为；

我国理论界和有关部门，又至少增列了下面这几项：

（9）倾销；

（10）回扣等“贿赂推销”方式；

（11）强买强卖、欺行霸市，或以其他威胁、强迫等手段从事交易；

（12）串通投标等非法联合方式；

（13）投机倒把、囤积居奇；

（14）地区封锁、地方保护主义；

（15）各种形式的妨碍竞争的垄断；

（16）其他不真实并损害经营者、消费者利益的行为。

在世界知识产权组织列出的7项中，前六项均与保护知识产权有直接或间接关系，或本身就属于对知识产权的保护。“有奖销售”则在相当一部分国家中，并不被列为不正当竞争行为，或不一般性地被列为不正当竞争行为。

知识产权协议增列的第八项，主要对滥用专利、Know-How等技术成果专有权。它指的是国际技术转让合同中的“限制性贸易条款”（亦即我国《技术引进合同管理条例》中禁止使用的几种合同条款）。它也是直接与知识产权有关，但出发点是限制这种专有权。在专利法（乃至技术合同法）中引入了“强制许可”制度的国家，如果同时在其他法规中规定了对限制性贸易条款的禁用，则这个问题也不再是该国反不正当竞争法管辖的内容了。

至于中国依照本国实际情况增列的多数不正当竞争行为，均已有或应有其他法律去管辖。例如，回扣如果构成贿赂，则应由刑法中行贿、受贿的有关规定去管；投机倒把在什么情况下才违法，尚在争论中。但无论如何，把它列为“不正当竞争”似乎欠妥。强买强卖、欺行霸市等，似乎现在就可依已有的其他法规禁止，而且对这些行为只提到“不正当竞争”程度，似乎太低了一些。“倾销”在物价水平总的讲还较低的我国，暂时不成为一个问题，将来若真的成了问题，又绝不是靠反不正当竞争法能制止的，而必须有美、日、西欧那样制裁极为具体的专项“反倾销法”。至于串通投标，它在有的国家确实被列为反不正当竞争法的管辖对象。但在中国的特殊环境里，它又仅仅是各种“关系学”或“走后门”及贿赂等不正之风中的一种，而且可能还不是最突出的一种。如果把它列入，跟着就可能提出的问题将是各种基金的资助立项等。企业改革、国家机构改革中，乃至更细一些的职称评定、学科设立、机构与项目审批中，如何“反不正当竞争”？这些，如同地方封锁及其他形式的地方保护主义一样，不管不行，却又绝不是一部“反不正当竞争法”能管得了的。反不正当竞争与商标法一样涉及保护消费者利益。商标法并未把“保护消费者利益”作为其重点，反不正当竞争法也不能以此为重点。因为（至少在中国）还另有单独的“消费者权益保护法”。至于垄断，它诚然是不正当竞争的一种形式，但其情况较复杂。有些以国家出面的“垄断”（如烟草专卖）可能是必要的；有些由个人或法人出面的垄断，恰恰又是传统知识产权的组成部分（如专利）。所以，如果把“垄断”作为反不正当竞争法的管辖对象之一，就同时要划出“垄断的例外”（即不构成“不正当竞争”的合法垄断）。波兰在前几年走了一段弯路之后得出结论：必须把反垄断与反不正当竞争分成两部法律去制定，而不能合在一起。反垄断立法起步最早的美国也把反垄断法与反不正当竞争法分为两个领域，只在个别法规上有交叉。美国的联邦反垄断法由《谢尔曼法》《克莱顿法》及《贸易委员会法》构成，而其联邦反不正当竞争法则由《兰哈姆法》（个别章节）、《统一欺骗性贸易活动法》《统一商业秘密法》《统一消费者购物活动法》（这三部法有“示范法”性质）以及《贸易委员会法》

构成。

## 三、对中国立法选择的分析

从以上论述中可以看到，在现有的或中国已参加或缔结的国际条约中，凡涉及反不正当竞争的，均是把它放在保护知识产权的框架中。我们还可以看到，有些不正当竞争行为即使反不正当竞争法不管它，也有其他法（可能更有效地）去管。与保护知识产权有关的一些活动，如果反不正当竞争法不去管，就找不到其他法去管了。有人曾形象地把传统知识产权的三项主要法律（专利法、商标法、版权法）比作三座浮在海面的冰山，而把反不正当竞争法比作在下面托着这三座山的水。的确，专利法管不到的商业秘密、商标法管不到的假冒商品活动、版权法管不到的利用相同书名、刊名制造混乱，如果反不正当竞争法也不管，受侵害人真要“起诉无门”了。用版权法一概规定书名、刊名或其他享有版权的作品的名称也享有版权，是不合理的。例如，《渴望》译成英文用的是“Great Expectation”，这与狄更斯的小说拍成的现代电影《孤星血泪》的英文名称（“Great Expectation”）完全相同，但并不会产生任何混淆；而 1989 年，国外有人采用“人民日报（海外版）”名称出中文报纸，这显然会在该地读者中造成混淆，因而也可以依当地的反不正当竞争法去制止。在上海，带有虎猫形象的“阿咪”商标奶糖很受欢迎，如果另一厂家使用“虎猫”二字作为商标（既不用虎猫形象，又不用“阿咪”二字），显然是商标法所管不了的，但其使用后果必然使消费者对商品来源产生误解，因而也应依照反不正当竞争法去制止。否则，“阿咪”奶糖厂家的知识产权将得不到真正的保护。

在起草中几经修改的我国反不正当竞争法注意了与中国参加及缔结的国际条约接轨，摘除了反垄断的大部分内容，突出了保护知识产权这个重点。所以，这部法的起草基本是成功的。至于仍有些内容可增或可摘除，则是可以继续研究和讨论的，也是多数法律的第一个文本出台时不可避免的，但这属于枝节问题。

反不正当竞争法肯定与已有的传统知识产权法（专利法、商标法、版权法）有很大不同。其不同之处，并不像有的人所想象的那样，是因为反不正当竞争法没有赋予当事人一种积极的权利，不是因为“只有当事人的权益受到他人不正当竞争行为侵害时，才能提起诉讼加以制止”是这种法的特色。事实上，传统知识产权都有这种特色。例如版权，只有在版权人的权益受到他人违反版权法行为的侵害时，版权人才能在提起诉讼加以制止的过程中显示出自己的“权利人”地位。也正因为如此，英、美、法的法律辞典中，才把版权称为“诉讼中的准物权”。它们之间的不同，也不在于反不正当竞争有更多的行政干预。实际上，版权保护中的行政干预少些，这点与反不正当竞争及专利、商标保护都不同；而版权并不依行政批准而产生，这点与专利权、商标权不同，却又与对 Know-How 的保护及商标之外的反假冒保护相近了。在这些方面寻找反不正当竞争法与传统知识产权法之间的异同，是不会有什么结果的。

反不正当竞争这种保护与传统知识产权保护的主要不同在于：有权对不正当竞争行为提出制止主张的权利人，其权利比专利权、商标权与版权更不确定。在传统知识产权中，专利权人的“专利请求书”划出了专利所及范围，他人进入这一范围即构成侵权。这种权利的专有性（即排他性）是最确定的。商标法在确认侵权时有了“相同或近似”这种模糊标准，已出现了一定程度的不确定性。版权因依法自动产生而更加不确定。但毕竟有版权法把各种精神及经济权利、权利的限制等都加以明确规定，使不确定性得到一定弥补。而反不正当竞争法尚未发展到版权法那么完备，其中的不确定性很少得到弥补，这给行政与司法机关在执法上带来较大困难，也给正当的竞争者维护自己的权利带来较大困难。而传统知识产权均有地域性特点，而有权禁止不正当竞争的 Know-How 或其他商业秘密所有人，则靠保密享有的实际专有权，往往不受地域限制。再有，通过反不正当竞争来维护的知识产权，多不受“时间性”的限制。专利保护期 20 年，版权 50 年或更长一些，商业秘密的保护期可能只有很短时间（如果泄了密），也可能是永久的（如果永远保密）。反商品假冒也没有“保护期”的问题。专利、商标、版权都具有“公开性”，它们都与某种公开的信息相关联。专利与公布的发明说明书相关联。商标是商品与服务来源的公开标志。版权保护的对象则是各类信息的表达形式，除未发表的作品外，均是公开的，而侵犯未发表的作品的唯一途径，即未经许可将其发表了，所以这时被要求保护的客体也已经公开了。当然,在版权法中不列“发表权”的一些国家（如英国），未发表之作品所受到的禁止他人发表的保护，正是通过商业秘密法（亦即反不正当竞争法的组成部分）去实施的。反不正当竞争法所保护的对象中，有一大部分是不公开的，即使公开的那部分，也在相当大的程度上并不像专利、商标、版权那样与某种明显的公开信息相联系。例如，“不正当地利用他人的已被消费者承认的成果”，其中就有些“成果”是仅仅感觉得到，却看不见摸不着的。像某特定厂家的某种商品的特有“功能”，就属于这一类。1986 年，当美国法院认为一公司的软件与另一公司的软件在（已被消费者承认的）功能上相同而构成侵犯版权时，使用了人们对二者“观感”相同的鉴定方法。笔者在 1987 年出版的《计算机、软件与数据的法律保护》一书中即指出，这种通过感觉而认定功能相同，进而认定侵权,顶多应是反不正当竞争法管辖（而不是版权法管辖）的问题。

最后，反不正当竞争法中的这些“更不确定”性，还反映在前面提到的（世界知识产权组织 1993 年 2 月起草的）“对反不正当竞争的保护”这份综合性文件的“结论”部分，至今仍旧空缺着。

对国际上有了多年立法和国际保护经验而尚未下结论的反不正当竞争领域，不可能要求我们刚刚起步的国内法是无懈可击的。我们只能要求这部法在将来修改时是朝正确方向越改越好，要求它与我们参加及缔结的国际条约不相冲突，而这些则已经做到了。这主要反映在中国的这部国内法，虽没有把反不正当竞争局限于对知识产权的保护内，又确实把这种保护当作为该法的重点（或核心）。在实施这部法的过程中，我们还有可能进一步发现新的问题，不断完善这部法律。

## 第二节　商业秘密

### 一、商业秘密的构成条件与商业秘密法

在巴黎公约 1967 年文本中，“反不正当竞争”只涉及假冒商品及其他违背诚实、信用原则的商业行为，而世界贸易组织的知识产权协议则主要强调保护商业秘密。协议并没有提“商业秘密”这个术语,只是提到“未披露过的信息”。但从协议给“未披露过的信息”下的定义来看,它主要就是指商业秘密,而不指仅与个人的“隐私权”等有关的秘密信息。

协议所指的商业秘密，必须符合下列全部条件：

（1）它们必须是秘密的、没有被公开过；

（2）它们必须因为被保密才具有商业上的价值；

（3）合法控制它们的人已经为保密而采取了措施。

这种商业秘密的权利人，有权制止其他人未经许可而披露、获得或使用有关信息。就是说，与传统的知识产权（专利权、商标权、版权）相比，商业秘密的权利人多了两项权利：制止他人披露，制

止他人获得有关信息。如果说专利、商标、版权所覆盖的是公开信息的话，那么商业秘密所覆盖的则是保密信息。

我国1993年9月颁布的《反不正当竞争法》第10条也作了类似的规定。这就是：

经营者不得采用下列手段侵犯商业秘密：

（一）以盗窃、利诱、胁迫或者其他不正当手段获取权利人的商业秘密；

（二）披露、使用或者允许他人使用以前项手段获取的权利人的商业秘密；

（三）违反约定或者违反权利人有关保守商业秘密的要求,披露、使用或者允许他人使用其所掌握的商业秘密。

第三人明知或者应知前款所列违法行为，获取、使用或者披露他人的商业秘密，视为侵犯商业秘密。

本条所称的商业秘密，是指不为公众所知悉、能为权利人带来经济利益、具有实用性并经权利人采取保密措施的技术信息和经济信息。

我国法律中保护商业秘密的缺陷是：没有强调如何保护向政府主管部门提供的商业秘密，而这一点在协议中作了专门规定，尤其突出了有关化工产品秘密数据的保护。因为，有一些采用新化学成分的药品或农业上使用的化工品，如果想在政府主管部门获得进入市场的许可证，就必须把有关秘密数据提供给政府主管部门。反过来，如果政府主管部门不担负替他们保密的义务，则开发出这些新产品的人的智力成果就可能从专有领域不合理地流入公有领域了。

对商业秘密，协议在第一部分中讲明了其“财产权”的属性。虽然到目前为止，理论界与司法界仍旧在争论“商业秘密究竟能否被当作一种财产权来对待”，该争论至少对世界贸易组织的成员没有多大意义了。

对商业秘密作出规定的，只是协议中的第39条。其中对权利限制没有作具体规定。但该条暗示，如果出于保护公众的需要，则可以对这种权利实行某些限制。

第39条也没有谈到商业秘密权的保护期问题。在协议列出的7种知识产权中，只有“地理标志”不存在保护期问题。地理标志的特殊性在于，它虽然受到保护，但很难被少数企业所专有。不过，地理标志一节的结尾实际上讲出了这种客体的不确定的保护期。这就是，如果标志的来源国不再保护它、停止保护它或已经不再使用它，则可以说，对该标志的保护就到期了；而在第39条中，连这种可以推断的保护期都没有任何规定。这也是很自然的。商业秘密的专有权是靠保密去维持的。权利人若能永久保密，则其专有权的保护期就是无限的；如果只能保密一个月或一年，则其保护期也只能有一个月或一年。这是人们的常识所了解的，没有必要当作条文写在协议中。

根据世界知识产权组织1994年的统计，当时世界上仅瑞典有单行的《商业秘密法》；美国、加拿大等国有相当于“示范法”性质的《统一商业秘密法》；大多数国家对商业秘密的保护，均纳入反不正当竞争法的轨道。

无论在中国还是在外国，目前商业秘密纠纷都主要表现为雇员（或前雇员）如何对雇主（或前雇主）的商业秘密承担保密义务方面。

## 二、几则判例

1992年，以色列的特拉维夫法院就一起商业秘密案所作的判决，有一定代表性。案中的被告原非以色列国民，他多年在苏联政权的高级职位上，从事国际贸易活动。原告则是一家长期在以色列从事国际贸易，特别是从事对苏贸易的公司。后来被告迁居以色列并办了移民证。原告即雇用了被告作其雇员，并利用被告原职位的优势，令其在公司中主要与苏联的各共和国进行贸易往来。在从事这项工作 1 年之后，被告向原告辞职，自己开办了一家独立的公司，从事包括与苏联各共和国在内的国际贸易。原告即向法院起诉，告该前雇员的独立公司侵犯了原告的国际贸易渠道（包括与原告有贸易往来的苏联公司名单、档案等）。

法院判决被告在离开原告公司的一年之内，不得利用他所掌握的任何属于原告的商业秘密，其中包括原告先已建立起来的与苏联公司的联系，以及靠被告在受雇期间的协助而后建立起的与苏联一些公司的联系。法院认为：虽然被禁用的商业秘密中，有一部分是唯有借助被告的作用方能产生的财产权，但其又须是在被告受雇期间产生的，均应属原告公司所有。法院之所以只判“一年内禁用”，即是已经考虑到被告为这些商业秘密的产生所作的贡献。

另外，商业秘密的保护，有时还会与其他知识产权的保护相重叠。在许多技术转让合同中，都既包含专利技术，又包含称为 Know-How 的商业秘密。

在计算机软件，尤其是“用户软件”的保护中，往往在以版权保护为主的同时，还辅之以商业秘密保护。在 1992 年美国有名的“国际软件公司诉阿尔泰”一案中，虽然联邦巡回法院判定侵犯版权不能成立，但原告后来又依其普通法的商业秘密专有权的起诉，则终成为胜诉方。

有时，针对同一侵权活动，法院也可能作出被告既侵犯了版权，又侵犯了商业秘密权的判决。下面这个发生在 20 世纪 80 年代中后期的印度判例就是个典型。

约翰·布莱迪是一位美国籍人，他发明了一种饲料制作机。该机的主要功能是不论外界气候条件如何，它都能制出牲畜喜爱吃的饲料。布莱迪已经将这项发明在 18 个国家申请并获得了专利（在印度虽已申请，但尚未获得专利）。这项发明中有一部分细节及机器的操作指南，主要是以机械设计图及说明书的形式体现的；这一部分并没有申请专利，而是被布莱迪作为 Know-How 保留下来，未曾公开过。与这部分设计图相应的，还有一些文字说明，也是布莱迪保留下的 Know-How。这部分设计图与文字以及整个制作机的设计与说明书，都是布莱迪自己绘制及写作的，并非抄自任何其他人的作品。

在印度申请专利之后，布莱迪着手在印度建立一个合资企业，以期制造和经销饲料制作机。布莱迪请印度化工设备公司替他加工饲料制作机的热控制板及其他一些部件。为使加工合格，他将饲料制作机的设计与说明书，以及未申请专利的那部分 Know-How 设计及操作指导全部交付给了化工设备公司。交付之前，化工设备公司向他口头承担了对有关 Know-How 保密的义务。但由于后来布莱迪未能应化工设备公司的要求提供有关加工的原料，该公司与布莱迪之间始终未签订加工部件的书面合同。

印度化工设备公司得到布莱迪饲料制作机的全部资料后，开始自己生产一种与之类似的饲料制作机并投放市场。为此，布莱迪于 1987 年初向印度德里高等法院起诉，请求法院对化工设备公司的生产经营活动下达禁令，并要求该公司把销售其饲料制作机的全部利润转付给原告，以作为侵权赔偿。布莱迪认为：化工设备公司制造和销售与其技术设计图及说明书相同的机器，违反了该公司关于不泄露原告 Know-How 的承诺，侵犯了原告的商业秘密权；化工设备公司按设计图制出产品的行为，是一种将平面作品以立体形式非法复制的行为，侵犯了原告的版权。① 由于布莱迪在印度的专利申请

① 印度版权制度及大多数英联邦国家的版权制度，都认为以立体形式复制平面作品也属于版权法所禁止的"复制"行为。

案尚未“早期公开”[①]，故原告未依照印度专利法起诉。但印度化工设备公司则认为：（1）世界上许多年前已有人根据溶液培养学理论制造过饲料制作机；布莱迪的设计图也是依照同样原理设计的，化工设备公司制作的机器可以说同样是依照了原已存在的这一原理，所以并不侵犯布莱迪的什么专有权。（2）原告与被告之间并没有签订任何书面合同；即使被告承担的保密义务，也并未形成合同。（3）被告造出的饲料制作机，并不完全与原告设计图相同，其中有一些重大区别。所以，被告否认其行为构成侵权。

1987 年 7 月，德里高等法院作出判决：（1）下达禁令禁止化工设备公司继续制造和销售饲料制作机；（2）化工设备公司的行为侵犯了布莱迪的商业秘密权与版权。判决中并未要求被告向原告支付赔偿费（判例报告中未说明原因，可能因被告的产、销活动尚未取得任何利润）。

法院在判决中写道：虽然原、被告之间就保守技术秘密问题未形成过任何书面合同，但按照印度衡平法原则对商业秘密权给予的保护，可以认定被告以取得原告的 Know-How 作为跳板，自行进入应属于原告的饲料制作机市场，侵害了原告的利益。按照《印度版权法》第 44 条、第 45 条的规定，在司法诉讼中，确认版权人的初步依据是原告主张享有版权的作品是否在印度版权局登记。但根据印度所参加的《保护文学艺术作品伯尔尼公约》及《世界版权公约》，这条登记要求不能适用于公约其他成员国的国民。美国当时已是《世界版权公约》成员国。故布莱迪的设计图在印度自动享有版权保护。按照《印度版权法》，对于某一立体物（作品或产品）是否侵犯

---

① 印度专利制度也实行“早期公开”，即专利局在申请后第 18 个月主动公布专利申请案，自公布之日起申请人即可以根据专利法，对未经许可而实施其申请案中技术的人提起侵权诉讼。

了另一平面作品的版权，可以由并不熟悉该技术领域的第三者验证。如果在这位第三者看来，立体物是平面物的复制品，则可以认定侵权。虽然化工设备公司认为自己造出的机器与布莱迪的设计图有重大区别，但经第三者验证认为二者是相同的。同时，被告举不出证据说明其制造饲料机所用的资料不是来自布莱迪原准备委托其制造部件的资料。故可以认定被告是非法复制了原告的设计图。至于被告举出不受专有权保护的科学原理的公有性为自己辩护，则是完全站不住脚的。①

在英美法系国家，有不少侵犯商业秘密权的案例与版权紧密联系着。只要有关秘密技术的设计图有自己独创性的造型，它被实施而形成产品后就可能构成这些国家版权法中所禁止的“复制”。在一些英美法系国家的版权法尚不保护作者的精神权利（或虽保护精神权利，但不保护所谓“发表权”）时，未经许可而发表他人不打算发表或尚未发表的作品，也可能被法院判为侵犯了作者的商业秘密权与版权。例如英国 1848 年的著名判例“阿尔伯特亲王诉施特辛格”即是如此。英国 1988 年颁布、1989 年实施的新版权法中虽然增加了保护精神权利的条款，但其中并不包括对发表权的保护。而且，依照该法，仅仅侵犯了作者的精神权利，未必负民事赔偿责任。所以，今后有人要依英国法保护自己的发表权，尤其是打算获得侵权赔偿，恐怕仍旧要借助商业秘密法。

在那些版权法不认为将平面转换为立体属于复制的国家，对上述印度判例可能就会有另一种完全不同的结论了。1984 年 3 月，联邦德国最高法院受理了一起诉讼案。一项输油管道的设计人诉联邦

① 案例载英文《亚洲知识产权》杂志（IPASIA）1987 年 10 月 20 日刊，第 22 页（John Brady case）。

德国政府未经许可按其设计图施工，因而侵犯了其设计图的版权。法院则认为“实施图纸”构不成侵犯版权；如果该设计获得了专利，则原告最多可以依照工业产权法起诉。[①]

我国某省的版权管理机关也曾遇到过类似的纠纷：某人在出版自己的专著时，把他人研究出的中药配方也收录其中，作为自己作品的一部分（并且未注明配方的原写作者或研制者）；而原配方所有人一直把该配方作为自己的“秘方”保存着。在这种场合，未经许可的出书人也可能在侵犯他人版权的同时，还侵犯了他人的商业秘密权（如果秘方所有人确实采取了保密措施）。

## 三、TRIPS 中未回答与已回答的问题

知识产权协议第 39 条第 2 款对构成商业秘密的条件，虽然已作出了以往任何国际条约均未作出的具体规定，但仍旧存在一系列有待各国立法，乃至各国司法进一步回答的问题。

第 39 条说，属于商业秘密的，必须是“并非通常从事有关信息工作之领域的人所普遍了解或容易获得的”未披露过的信息。那么，如果在一个成员国尚未披露过，在另一成员国却已有所披露，应如何对待？如果在一个成员国不是有关人员普遍了解的，而在另一成员国却已是有关人员普遍了解的，又如何对待？在我国，确实发生过这样的纠纷：甲企业从乙企业获得了一项国人尚不知的“商业秘密”的实施权并订立了保密 5 年、支付使用费 5 年的合同。后在出国考察中却发现在某一外国，该技术已经被“有关领域之人普遍了解”，在该另一国已不是商业秘密，于是回国后要求宣布合同无效。

在第 39 条的注 10 中，将“因严重过失而不知”，列为“违背

① 参见联邦德国最高法院判决（Bundesgerichtshof），1984 年 3 月 29 日，Case No，I.ZR327。

诚实商业行为”。何谓“严重”，在这里又有个幅度要各国去自己解释了。

不过，第 39 条至少回答了一个多年来国内外的技术转让活动的供方所关心的重大问题。

我国于 1985 年颁布了《技术引进合同管理条例》，1988 年又颁布了该条例的施行细则。在该细则第 13 条规定：引进技术秘密的合同中，不能将保密义务期限规定地比合同有效期限更长。这样一来，任何技术秘密的供方只要把技术交给受方，就可能失去了在合同届满后对有关秘密的专有权，因为受方依合同应履行的保密义务只到合同终结为止。供方不能依合同要求受方永不披露其商业秘密。

现在 TRIPS 第 39 条明确规定了，在任何情况下（根本无合同的情况下或合同到期后的情况下），商业秘密所有人均有权防止他人未经许可而以违背诚实商业行为的方式去披露、获得或使用处于其控制下的秘密。

如果中国进入世界贸易组织并受 TRIPS 约束，则技术秘密的受方，在合同届满后，仍无权随便泄露秘密的所有人依商业秘密法（而不是依合同）享有的专有技术。

在谈到 TRIPS 第 39 条时，人们可能会注意到：在该条之前的条款、“部分”与“节”，多是作出实体规定的条款，内容较多。每一部分，及每一部分的“节”之下，均会有两条或两条以上内容，故部分、节、条都需要有个标题。从第 39 条开始，有时一节只有一条，或整个一部分只有一条（如第四部分）。这样，节或部分的标题，就与条的标题重合了，所以出现有条序、无标题的情况。

在 TRIPS 最后文本已被马拉喀什会议认可之后，国际上仍旧对 TRIPS 中有关商业秘密的定义有不同看法，也对 TRIPS 第 39 条中未回答的问题作过进一步探讨。其中较有影响的，是“国际工业产权保护协会”（AIPPI）执委会的1994年哥本哈根会议与1995年蒙特利尔会议对该问题所作的一些决议与探讨。

在哥本哈根决议中，AIPPI认为TRIPS第39条有关商业秘密必须具有“商业价值”这个条件应予取消。如果取消这一条件，则个人隐私、个人档案、数据等等，均可以作为商业秘密加以保护。

TRIPS第39条仅仅提到了凡“以违背诚实商业行为的方式”获得他人商业秘密的，商业秘密权利人有权禁止其使用。那么，如果不是以违背诚实商业行为的方式而是善意获取了他人的商业秘密，是否权利人还有权禁止获取人使用呢？

AIPPI会议的大多数代表均认为，商业秘密的权利人，对善意获取者不能行使其“禁”权。只有匈牙利代表认为：在对善意获取者进行了经济补偿的情况下，可以禁止其继续使用。斯洛伐克与南斯拉夫代表则认为：商业秘密权利人对一切未经许可而获取其秘密者，都有权禁止其使用，不论这种获取是善意的还是恶意的。

## 第三节 “协议许可证”及限制性贸易条款

TRIPS第8节的标题对有些英文很通的人也是个难题。“Contractual Licences”这个英文词组，有人译成“合同许可证”。这从字面上看并不错，但却没有译出真正的含义。还有人翻译成“许可证合同”，这无论从字面上还是从含义上都很难说是正确的了。

我翻译成“协议许可证”，是因为这一节中提到的许可证是与知识产权协议的前文中多次出现的“强制许可证”及其他类型的“非协议”许可证（例如法定许可等等）相对照、相区别的。它指的是通过平等主体之间的合同谈判而签订的许可证（我国的多数法规中称之为“协议许可合同”或“协议许可”，为的是避免使用“证”这个字）。

对这个标题的翻译，是非常重要的。如果译不出它的实质含义，我们就无法理解为什么要规定出一个第 40 条来。

第 40 条目的是防止知识产权权利人在缔结合同的谈判中滥用自己的专有权。这个问题，在国际组织中是由联合国贸发会于 1975 年首先提出的，并以这个问题为中心议题之一，开始起草“国际技术转让行为法”。这个法今天虽然已经基本流产了，但其中有关“限制性贸易条款”的规定（特别是 1981 年、1983 年等草案文本）为许多国家制定技术进出口法规提供了参考意见。例如，我国 1985 年颁布的“技术引进合同管理条例”就曾参考过这个文件。在那个条例中，我国规定了如果技术引进合同包含下列 9 种限制性贸易条款中的任何一种，审批机关都可以不批准该合同：

（1）要求受方接受同技术引进无关的附带条件，包括购买不需要的技术、技术服务、原材料、设备或产品；

（2）限制受方自由选择从不同来源购买原材料、零部件或设备；

（3）限制受方发展和改进所引进的技术；

（4）限制受方从其他来源获得类似技术或与之竞争的同类技术；

（5）双方交换改进技术的条件不对等；

（6）限制受方利用引进的技术生产产品的数量、品种或销售价格；

（7）不合理地限制受方的销售渠道或出口市场；

（8）禁止售方在合同期满后，继续使用引进的技术；

（9）要求售方为不使用的或失效的专利支付报酬或承担义务。

我国的“技术引进合同管理条例”已颁布十多年了，现已需要修订，以便使它更加符合现有的国际条约及惯例。

知识产权协议只采取了未穷尽的列举方法，提到了几种限制竞争的行为（意即原先人们常说的“限制性贸易行为”），这就是：独占性返授条件、禁止对知识产权有效性提出挑战的条件或强迫性的一揽子许可证。详列的缺点不仅仅在于可能“挂一漏万”，还可能把那些随着时间推移被证明不恰当的条款以固定形式安放在法规中，造成执法时的困难。

详列的优点则是使当事人能把“禁区”范围看得较清楚，以免在订立许可证合同时误入禁区；也使执法者感到更有操作性。过去，有些非强制性的国际组织的文件，及有些国家的立法中，也有详列的范例，不妨在这里举出，供读者参考，尤其是不同范例中都同样禁止的，我们不妨把其引为“国际通例”。

## 一、世界知识产权组织的有关文件

世界知识产权组织在20世纪80年代初提出的《技术转让合同管理示范法》在第305条列出了17种限制性贸易条款。如果技术引进合同包含它们中的任何一条，政府主管机关可要求当事人修改，否则对有关合同不批准登记。这17种条款是：

（1）要求受方进口在本国即能够以相同或更低代价取得的技术；

（2）要求受方支付过高（即与所引进的技术应有使用费不相当）的使用费；

（3）搭卖条款；

（4）限制受方选择技术或选择原材料的自由（但为保证许可证产品质量而限制原材料来源的情况除外）；

（5）限制受方使用供方无权控制的产品或原料的自由（但为保证许可证产品质量而实行这种限制除外）；

（6）要求受方把按许可证生产的产品大部或全部出售给供方或供方指定的第三方；

（7）条件不对等的反馈条款；

（8）限制受方产量；

（9）限制受方出口自由（但供方享有工业产权地区不在此列）；

（10）要求受方雇用供方指定的、与实施许可证中技术无关的人员；

（11）限制受方研究与发展所引进的技术；

（12）限制受方使用其他人提供的技术；

（13）把许可证合同范围扩大到与许可证目标无关的技术，并要求受方为这类技术支付使用费；

（14）为受方的产品固定价格；

（15）在受方或第三方因供方的技术而造成损害时，免除或减少供方的责任；

（16）合同期届满后限制受方使用有关技术的自由（但未到期的专利除外）；

（17）合同期过长（但只要不超过所提供的专利的有效期，即不能认为是“过长”）。

## 二、联合国贸发会的有关文件

从20世纪70年代中后期到80年代中期，联合国贸发会曾致力于起草一部《国际技术转让行为规范》。但由于当时的发展中国家77国集团、西方国家B集团与当时的东欧国家D集团意见不一，始终未能成功，该文件一直处于“草案”状态。随着WTO的出现、TRIPS的产生及其他国际形势的变化，这部“行为规范”已经不可能再出台。不过，在这里我们对其中协议许可证禁用的限制性条款可以作一大致介绍，以便读者参考。

### （一）各国一致同意禁用的限制性贸易条款

草案开列了20种目前存在于国际技术转让合同中的限制性贸易条款及合同条件，发达国家的“B集团”与发展中国家的“77国集团”一致同意禁止使用的，只有下面三种：

（1）限制受方的以下行为：从事与供方技术相同的或可能有竞争性的技术的研究或产品的生产；从其他供方那里获得与原供方有竞争可能的技术。

（2）限制受方的销售行为（例如要求受方把销售独占权或代理权交给供方，或供方指定的第三方）。

（3）要求受方在供方的工业产权保护期届满后，仍旧为他们支付使用费。

B 集团对上面第（3）种禁用的条款作了一点补充说明：虽然对一切过期工业产权均不应再付使用费，但在特殊情况下，仍应当为某些过期工业产权提供一定程度的法律保护。例如，在有的注册商标因未办续展手续而失效后，各国商标管理机关在数年之内仍不应允许其他人以相同或相似的商标取得注册，否则会引起消费者对商品来源发生误解。

### （二）各国基本同意禁用的限制性贸易条款

“行动法”草案中开列了八条限制性贸易条款，它们属于各国基本同意禁用的。稍有分歧的是 77 国集团认为这些条款在任何情况下都应禁用；B 集团则认为只有当这些条款不公平、不合理或不恰当时，才应予禁用。这些条款是：

（1）供方为受方的产品或服务项目固定价格的条款。

（2）搭卖条款。

（3）限制受方研究与发展技术的条款。

（4）限制受方雇用本地人员的条款。

（5）限制受方因地制宜地使用供方所提供的技术的条款。

（6）限制受方作广告或为推销产品而作其他宣传的条款。

（7）独占性反馈条款。77 国集团认为一切要求受方以独占许可证形式向供方反馈技术的条款均应禁止；B 集团认为只有要求受方无偿反馈或不等价反馈，才应禁止。77 国集团认为受方在引进技术基础上发展的新技术成果应当归受方所有；B 集团认为这种成果应由供、受双方共有。

（8）限制受方出口产品的条款。

### （三）各国对于是否应禁用，意见基本不一致的条款

77 国集团与原东欧国家的 D 集团建议把下列条款也归入限制性贸易条款加以禁用，但 B 集团没有表示同意：

（1）限制受方的产量及经营范围的条款；

（2）对受方的产品进行受方所不能接受的质量控制的条款；

（3）要求受方必须使用某种商标的条款；

（4）要求受方允许供方参与其企业管理的条款；

（5）将技术转让合同期定得过长的条款；

（6）限制受让人引进技术之后自由使用的条款。

### （四）各国对技术转让当事人义务的意见分歧，贸发会中的三个集团对于第五章怎样制定，意见基本不一致

77 国集团与 D 集团认为：这一章所规定的义务，是合同当事人“必须”遵守的；B 集团则认为它们仅仅是当事人“应当”遵守的。

77 国集团与 D 集团认为：供方必须保证受方按照合同的规定实施有关技术就能够达到预期的效果；供方必须负责培训受方人员，使之掌握引进的技术；供方必须在特定时期内按照一般价格为受方提供必要的附件、配件、零件或其他设备；合同中规定的使用费和其他费不能带有歧视性，即不能高于相同技术的其他受方所支付的费用；供方在受方要求下提供商品或服务时，价格不得高于国际市场上同类商品或服务；供方从受方那里购买商品或取得服务时，价格不得低于国际市场上的同类商品或服务；按照合同的规定实施引进的技术而发生损害事故时，应由供方负责赔偿，等等。对于这些，

B 集团都表示了不能同意。

三个集团只是在下列一些问题上取得了原则性的一致意见：

（1）国际技术转让活动当事人都应当遵守“公平贸易”的国际惯例；

（2）合同的条件都应当合理；

（3）供方有义务向受方提供必要的技术服务，必要的技术信息，向受方说明有关技术对环境、安全、人体健康的影响；

（4）供方应保证所提供的技术合乎合同的规定；

（5）供方必须担保：受方采用其技术，不会导致对第三方工业产权的侵犯；

（6）受方有义务向供方说明本国的实施条件以及本国的有关法律；

（7）受方有义务按时支付使用费；

（8）受方有义务为供方的秘密技术资料保密；

（9）受方如果使用供方商标，则有义务保证产品质量不低于供方的同类产品。

## 三、联合国工业发展组织的有关文件

从 20 世纪 70 年代初到 80 年代初，联合国工业发展组织提出过十多份有关技术转让的文件。

在这些文件中，1979 年的《合同评价指南》集中总结了国际技术转让的一些问题，内容也不算陈旧。下面对它作一些介绍，借此对工业发展组织在技术转让问题上的观点可以有所了解。这份文件涉及的面很广，从专利许可证，Know-How 许可证，技术服务合同到商标许可证，商标、商号的特许合同，技术的选择，使用费的计算等等，应有尽有。这里只着重介绍其中几项有关的内容，以便同其他联合国机构的文件及前面介绍过的有关国家的立法相比较。

### （一）专利许可证谈判中受方可向供方提出的要求

（1）供方在合同中申明自己已经在合同将履行的地域内，就有关技术获得了专利权；

（2）供方开列专利细目，注册各项专利的批准日期；

（3）供方写明他还在哪些国家就相同技术取得了专利权（受方将向这些国家出口专利产品）；

（4）供方写明他准备将哪些专有权授予受方（即制造权、使用权还是销售权）；

（5）供方负责制止受方国内及受方产品出口国侵犯专利权的行为，制止侵权的费用由供方承担，或由双方按谈判中商定的份额分担；

（6）供方担保受方不会因使用他所提供的技术而侵犯第三方的专有权，如发生这类侵权，则由供方承担一切责任；

（7）不论供方的专利因何原因在受方国内失效，受方均可停付使用费；

（8）由供方负责维持有关专利的效力，并支付一切有关费用；

（9）供方应授权受方在整个专利有效期（包括合同期届满之后）使用其专利；

（10）供方应给受方的待遇不低于他的第一个受方；

（11）供方将提供的技术改进之后，应在不提高使用费的前提下继续提供给受方。

### （二）Know-How 合同谈判中受方可提出的要求

（1）在合同中对“Know-How”下确切定义；

（2）供方应指明，并非一切技术情报都是秘密的，并指明其中哪一部分是秘密的；

（3）供方应提供为实施 Know-How 的其他必要的辅助情报；

（4）供方应为受方达到技术目标提供恰当的、足够的情报；

（5）供方应指出所提供的技术系现有的（非陈旧的）技术；

（6）把 Know-How 与“原料”“产品”“生产工艺”“生产能力”等术语相联系，并为这些术语下明确的定义；

（7）供方应保证他有权向受方提供 Know-How（亦即保证有关 Know-How 不是从第三方窃取的）；

（8）供方应证明 Know-How 可用于生产阶段（即证明其中的技术已渡过实验阶段）；

（9）供方应表明所有 Know-How 及有关技术情报待合同一旦生效即可开始提供。

## 四、欧共体的有关立法

欧共体委员会于 1984 年曾通过一个对共同体国家均有约束力的立法性文件《专利许可证条例》，1989 年又通过了一个《Know-How 许可证条例》。这两个条例于 1995 年 7 月修订后合并为一个《技术转让条例》开始适用。

这个条例主要从许可证的许可人（供方）、被许可人（受方）各自的义务及共同义务方面，规定了哪些许可证条款属于合法的，哪些属于含“限制性贸易做法”（Restrictive Trade Practice）的条款，亦即非法条款。此外，条例还规定了它的适用范围，以及共同体委员会可对许可证合同行使的某些权力。

### （一）有关供方义务的合法条款

在专利及 Know-How 许可证中如果包含着下列有关供方义务的条款，将不以违反罗马条约论处：

（1）要求供方承担义务，在许可证有效期内不允许受方之外的其他企业在共同体的全部或部分地域内应用已经许可给受方的发明。

这一条实际是允许在共同体内发放“独家”许可证。

（2）要求供方本人承担义务，在许可证有效期内以及在许可证所划地域内不实施已经许可给受方的发明。

这一条实际是允许在共同体内发放“独占”许可证。当然，按照上一节讲过的“玉米种”判例的规则，这种独占只能是相对的，不能是绝对的。

（3）要求供方在本许可证中订立比同一供方向其他被许可人提供的条款更加优惠的条款。

### （二）有关受方义务的合法条款

许可证中如果包含下列有关受方义务的条款，也不以违反罗马条约论处：

（1）要求受方不在共同市场的那些供方本人已保留“平行专利”的地域内，应用许可证中提供的专利发明。

“平行专利”即指同一个专利权人就同一项发明在不同国家分别取得了专利的情况。

（2）要求受方不在共同市场的那些同一供方的其他被许可人行使权利的地域内，应用有关的专利发明及 Know-How。

（3）要求受方不以竞争性方式在上述“（2）”所指的范围内销售有关的专利制品、作销售广告、设立分公司或经营分销点。

（4）要求受方于供方或其他被许可人将同样专利产品首次投放市场的五年之内，不在上述“（1）（2）”所指的范围内将其专利产品投放市场。

（5）在允许受方注明自己系产品制造者的前提下，要求受方使用供方指定的商标及产品样式。

（6）为充分发挥所提供的专利发明的技术效力而要求受方从供方或供方指定的第三者那里取得有关的商品或服务项目。

（7）要求受方支付的提成费不少于某个最低限额，或要求受方的产品数量须达到某个最低限额，或要求对所提供的技术的应用，达到某个最低限度的指标。

（8）要求受方仅限于在供方所提供的专利技术可应用的某一个或某几个技术领域（而不是一切领域）应用该技术。

（9）要求受方不得发放从属许可证（分售许可证）。

（10）要求受方在产品上标示出专利权人的名字、专利标记或专利许可证标记。

（11）要求受方不泄露供方所提供的 Know-How，并可以要求受方在许可证合同到期后，仍负这项保密义务。

（12）要求受方将专利被侵犯的情况告知供方；要求受方对侵权人依法起诉；要求受方在供方对侵权人起诉时予以协助；但不得要求受方放弃对供方的专利有效性提出争议的权利。

（13）要求受方依照说明书保持产品的质量标准，并使供方有权为此对受方进行必要的检查。

### （三）有关双方共有义务的合法条款

许可证中如果包含下列涉及双方义务的条款，也不以违反罗马条约论处：

（1）上述“一、二”中列举的供、受各方的义务，只有在受方自己、受方的有关企业（例如占至少一半股权的受方的合资企业、合作企业等）或经供方许可的从属许可证被许可人生产相应的产品的情况下，才能适用。

（2）要求双方在许可证合同有效期内，将自己就有关转让中的技术所作的改进或应用该技术时取得的新经验向对方传递，并要求双方就所改进的成果发放交叉许可证。但交叉许可证不能是独占性的。因为独占性交叉许可证实质使供、受双方共同垄断了专有技术的实施权，这就违反了罗马公约第 85 条。

## （四）有关双方义务的非法条款

如果许可证中包含下列条款，即“限制性贸易做法”条款，则将被看作违反罗马条约：

（1）禁止受方对于供方（及与之有关的企业）在共同市场内享有的专利或其他工业产权或商业产权的有效性提出争议。

对此应补充的是：禁止受方提争议的条款虽属于非法，但如果供方在受方提出争议时要求中止许可证合同，则是合法的（即不被看作违反罗马条约）。

（2）在许可证中的原专利失效后，供方又补充提供新获得的专利，并以此自动延长许可证的合同期。

这样的条款之所以非法，是因为供方如果不断用新专利补充已过时的原专利，就会使许可证合同期无限制地延续下去，这就妨碍了受方与其他同一技术领域的专利所有人签许可证的自由。但如果在这样的条款中补充规定了受方中止合同的权利，则该条款就合法了。此外，宣布这类条款非法，并不排斥供方在原专利已过期，但与该专利相联系的 Know-How 尚未进入公有领域时，继续向仍旧使用该专利及 Know-How 技术的受方收取使用费。

（3）一方限制另一方在共同体内，在研究、发展、生产、使用、销售等方面同该方或与该方有关的企业开展竞争。

（4）在（并非由于受方的过失而导致）供方提供的 Know-How 进入公有领域之后，仍要求受方为 Know-How 支付使用费；要求受方为并非用供方的（或并非全部用供方的）专利所生产的产品支付完全的使用费。

对此应补充的是：如果在签订许可证前的谈判中，为照顾受方，使其便于支付，而把支付金额平摊在整个许可证合同期内，则在 Know-How 或其他专有技术进入公有领域后仍要求受方支付，就不属于非法的了。

（5）限制受方的生产或销售数量，或不允许受方充分发挥供方所提供的技术的效力。

（6）一方对另一方销售有关产品时的价格、价格成分或折价销售等等进行限制。

（7）一方从争顾客的目的出发，对另一方的产品的销售对象进行限制，尤其是对销售对象的范围或销售方式进行限制。

对此应补充的是：如果供方对受方的上述限制属于本节之二中某些合法条款的范围内，受方对供方的限制属于本节之一第（1）种条款的范围内，则不以非法论处。

（8）要求受方将其在供方所提供之专利基础上改进的成果，全部或部分地转让给供方。

（9）在签订许可证的谈判中，诱使受方接受其本来不需要的专利、商品或服务项目。

（10）除允许的合理限制之外，限制受方从许可证有效地域内向其他共同市场区域销售其产品。

（11）任何一方对另一方的销售活动所作的其他限制。例如，无正当理由而阻止另一方向用户或分销商供货。

因为包含这 11 条中任何一条的许可证，都有妨碍公平竞争的后果，故不能被免除违背欧共体的基本法——罗马条约的责任。

## 五、《班吉协定》的有关规定

1977 年十几个法语非洲国家（即原“非洲—马拉喀什组织”的多数成员国）在中非首都班吉，通过了一项建立《非洲知识产权组织协定》，简称《班吉协定》。该协定共包含 9 个附件。

按照其附件一、二、四的规定，无论专利所有权的转让合同，还是专利使用权的许可证合同，都必须以书面形式表达，否则无效。合同缔结后 12 个月内，必须提交雅温得总部登记，否则合同对第三方无效（但仍可约束合同双方当事人）。涉外的转让或许可证合同，即合同双方都不是非洲知识产权组织成员国国民，或虽然一方当事人为成员国国民，但该方将向另一方非成员国国民支付使用费，那么合同的生效、修改或续展，都必须经过有关成员国的主管部门批准，然后提交雅温得总部，在特别注册簿上登记。

要求涉外专利转让合同或许可证合同报批和登记，主要目的是审查合同中有没有限制性贸易条款。《班吉协定》列举了 4 种非法的限制性贸易条款即：

（1）强迫受方为不能实施的技术支付使用费，或强迫受方在尚未实施专利之前支付使用费；

（2）搭卖条款（但为保证受方产品质量而必须进口的情况除外）；

（3）阻止受让人的产品向其他非洲知识产权组织的成员国出口（或要求受方为取得这种出口权而增付使用费）；

（4）限制受方在其本国的竞争能力。

《班吉协定》对于哪些限制性条款属于合法的,也作了相应规定。例如，在专利实施范围、专利使用期限等方面的限制，为阻止受方从事有损专利效力的活动而作的限制，即为合法限制。

## 六、东南亚国家的有关法律

东南亚地区的国家很多，这里只以泰国、马来西亚与菲律宾三个东盟国家为例，对该地区的技术转让法作一些介绍。其他在东南亚的国家或地区，有关法律不及这三国典型，故不复一一介绍了。

### （一）泰国的技术转让法

1980 年，泰国颁布的《专利法》第 39 条，对于以专利技术发放许可证作了如下原则性规定：

（1）专利权人不得强加于被许可人任何有损国家工业、手工业、农业或商业发展的条件，限制或使用费条款。具体标准将在行政条例中规定；

（2）专利权人不得要求被许可人在专利期满后支付使用费。

凡违反上述原则的许可证合同条款一律无效。

同年，泰国根据这一条颁布了《行政条例》。它实质上是一部技术转让法，其中规定，在专利许可证中的任何下列条款均属无效：

（1）在不公平的条件下要求受方（即被许可人）反馈有关专利技术；

（2）要求受方对供方专利不提出争议；

（3）要求受方支付的使用费额，与同一供方的其他被许可人相比，明显地不公平；

（4）要求受方搭买与许可证中的技术无关的实物，或虽然为实施有关技术必须从供方处购买某些实物，但价格明显地不公平；

（5）限制受方购买实物时的供货人，或限制受方使用任何原材料的自由（但如果为保证专利产品质量而必须作这种限制，则不在此列）；

（6）要求受方将产品出售给供方指定的人；

（7）限制受方产品产量；

（8）限制受方出口专利产品的自由；

（9）强迫受方雇用供方指定的、与实施有关技术没有关系的人员；

（10）限制受方研究与发展任何技术的自由；

（11）限制受方实施许可证中所不包括的其他发明；

（12）强迫受方接受其并不需要的技术，并为这种技术支付使用费；

（13）为受方的产品固定价格；

（14）不合理地免除供方在许可证的履行中的责任，或缩小其责任；

（15）许可证合同有效期过长。

### （二）马来西亚的技术转让法

马来西亚的专利制度与原香港地区近似，即该国本国专利局只起个登记处的作用，申请和获得专利的手续要在英国办理。马来西亚专利的保护范围、有效期、利用方式及构成侵权的条件，都完全与英国专利法相同。

马来西亚用以管理技术转让的专门法规是《技术转让政策与指导原则》，其中对技术转让合同的应有内容作了如下规定：

（1）定义。在合同的“定义”条款中，必须把供方提供的技术的主要特点、产品达到的主要指标写清楚。如果提供技术协助与服务，也必须写清楚。

（2）最新发展成果。供方必须提供其有关技术的最新发展成果，所提供的材料必须充分、完整。

（3）技术使用费。合同中应将支付方式规定明确，采用一次总付或提成支付方式均可。支付总额应为有关产品净销售额的1%~5%。不提倡（但也不绝对禁止）外方技术供应人以技术作为出资方式在马来西亚投资。

（4）合同期。总原则是参考受方吸收有关技术所需要的时间与专利技术的保护期，来规定合同期。具体地讲，合同期不应超过5年，如果不够，届满之前可申请续展。

（5）技术培训。技术培训可在供方企业进行，也可在受方企业进行。如果在供方企业培训，必须将培训范围、受训时间及受训人员应达到的水平作出明确规定。

（6）工业产权。如供方提供专利技术，必须附带必要的Know-

How。如果合同期满后专利仍有效，受方应有权继续实施该专利技术。

（7）保密。受方的保密义务只能在合同有效期内承担。

（8）担保与保证。供方至少要对所提供的技术的特点、用它生产出的产品的质量与功能作出担保。

（9）税收。国家对供方所得的使用费将抽税15%。

（10）适用法与争端解决地。任何在马来西亚履行的技术转让合同都必须适用马来西亚法律。合同争端也必须在马来西亚并应用马来西亚法律仲裁。

### （三）菲律宾的技术转让法

菲律宾的技术转让合同，由工业部下属的技术转让局（Technology Transfer Board）依照政府颁布的《评价政策指导原则》进行管理，主要是对提交登记的合同进行审查。这个指导原则于1977年颁布，其中主要有下面五项内容：

（1）引进有关的技术或工业产权必须具有必要性与可行性。

（2）合同中不准许包含限制性贸易条款。

菲律宾认为下列10条属于这种条款：

① 合同期满后限制受方使用任何技术的条款；

② 合同中的工业产权保护期过后或中途失效后，仍要受方支付使用费的条款；

③ 限制受方取得供方所改进的有关技术的条款；

④ 要求受方将自己的改进成果无偿反馈给供方的条款；

⑤ 禁止受方对供方的专利权提出争议的条款；

⑥ 禁止非独占许可证的受方使用其他人的有竞争性的技术的条款；

⑦ 搭卖条款；

⑧ 直接或间接限制受方产品出口的条款；

⑨ 限制受方产量、产品销售价格的条款；

⑩ 限制受方的研究与改进活动的条款。

（3）合同的使用费必须合理。

（4）合同必须适用菲律宾法律。

（5）合同期一般不得超过五年。如果需要续展，不能自动续展，必须经申请、批准并登记。

## 七、印度法律的有关规定

1969 年，印度颁布了《反垄断与限制性贸易惯例法》（简称 MRTP），其中对于技术转让合同中哪些条款妨碍了正常竞争，作出了规定。这样的条款主要有：

（1）限制受方出口地区的条款。印度只允许合同限制向某些国家、在一定时间内出口，不允许无限期地全面限制出口。

（2）搭卖条款。除了为保证受方产品质量所必需之外，任何规定受方必须买供方的非专利产品或材料的条款均属非法。

（3）合同期满后的限制。印度坚决反对在 Know-How 合同中要求受方于合同期满后不得继续使用有关 Know-How。但是，与前面介绍过的墨西哥的有关规定不同，印度认为合同期满后，如果 Know-How 尚未进入公有领域，受方就有义务继续为供方保密。

（4）反馈条款。印度不允许合同中要求受方将改进的成果无偿转让给供方，但允许以有偿的非独占许可证形式把使用权转让给供方。

（5）专利有效性不争议条款。印度只一般地禁止在许可证中订立专利有效性不争议条款。但在供方因受方不履行合同而起诉，要求受方履行合同的情况下，如果要求受方对专利有效性不争议，则是合法的。

（6）限制转售价格的条款。在一般合同中，限制转售价格都属于非法。但对于专利许可证合同来说，限制转售（批发与零售均在内）专利产品的价格，是非法的；在从属许可证中订立调节（限制）专利产品价格的条款，则是合法的。

另外，印度用于管理技术进口的法规，还有1973年颁布的《外汇管理法》，1977年的《印度政策声明》，1979年颁布的《工业发展管理法》，以及许多由政府主管部门掌握的审查技术转让合同的准则。

在印度履行的技术转让合同（包括以合资、合作等形式引进技术的合同），都必须交政府主管部门审批，审批时的主要标准是看合同对印度产品的出口与外汇平衡有无不利影响。具体讲，合同必须符合下列条件：

（1）为了避免印度的不同企业重复进口相同或相似的技术，某些许可证的国外供方必须准许印度的受方向国内其他企业发放从属许可证。

（2）供方为受方提供技术人员，必须事先得到印度中央银行（亦即印度的储备银行）的同意。

（3）为引进技术而同时进口设备或原料，一要符合印度进口政策，二必须是为保证产品质量而非进口不可，三要对进口原料事先作检查。

（4）合同期一般不超过五年，到期后一般不得续展。

（5）咨询服务一般须交印度的工程公司承担。

（6）使用费一般不超过产品净销售额的5%。但如果产品中的大部分用于出口，则可以适当提高使用费。合同中不得在不过问生产总额和产品价格的情况下要求受方支付最低限额使用费。

（7）提供技术服务的条款必须具体。

（8）如果合同系合资合同或合作合同，必须选择印度法律为合同适用法。

（9）用于内销的产品不得使用外国商标。

如果签订了技术引进（或包含技术引进内容的）合同而没有提交主管部门审批和登记，则作为供方的外方当事人不得把使用费、利润或其他所得汇回本国。

合同应首先提交给工业部的工业审批秘书处 Secretariat of Industrial Approval，在听取技术评价委员会等部门的意见后，由外资局决定批准还是驳回。

## 八、巴西法律的有关规定

巴西在 1975 年颁布了第 15 号《标准法》，这是一部关于技术转让合同提交登记的法律。

该法规定，在许可证合同中，不允许出现与许可证无关的任何协议，不允许出现下列限制性贸易条款：

（1）限制生产、销售、价格、广告、出口、雇佣人员等等（但供方所在国的工业产权法或巴西所参加的国际公约中所允许的限制，不在此列）；

（2）对于受方向供方购买零部件、原材料等附加额外的条件；

（3）在专利失效后，仍限制自由使用与它有关的数据及资料；

（4）限制受方的研究与改进活动；

（5）阻止受方对供方所有的工业产权提出权利争议；

（6）免除由履行许可证合同而引起的供方责任；

（7）将供方维持工业产权所需费用的负担转嫁给受方。

## 九、日本法律的有关规定

《日本反垄断法》第 6 条中关于禁止在贸易活动中签订含有限制性商业做法的条款的一般原则，适用于专利许可证。日本的“公平贸易委员会”，在 1968 年按照《反垄断法》第 6 条的原则颁布了一系列“准则”，它们的全称是《国际许可证合同的反垄断法准则》。它们适用于涉及日本的国际技术转让合同，主要是技术引进合同。

对于一切技术引进合同,“公平贸易委员会”将按照它颁布的“准则”去审查。该准则适用于专利、实用新型或Know-How的引进合同。在“准则”颁布之前，审查的依据是当时日本的《外国投资法》。

被“准则”列为违反《反垄断法》的许可证合同条款有：

（1）限制受方出口产品地域的条款。但下列情况除外：①供方在所限制的地域内享有专利；②供方在所限制的地域内从事经常性销售活动；③供方在该地域内已向其他人发放了独占性销售许可证。

（2）限制受方出口价格、出口数量及限制出口经销人的条款。

（3）限制受方制造、销售有竞争性的产品或使用有竞争性的技术的条款。但下列情况除外：受方所得到的是独占许可证，该许可证对于已经制造、销售或使用的产品或技术均未加限制。

（4）限制受方原材料、零部件来源的条款。

（5）限制受方产品的销售人的条款。

（6）限制受方在日本转销产品的价格的条款。

（7）“反馈”条款。但下列情况除外：供方也承担相应义务，并且条件与受方相同（例如，规定供方免费继续提供改进技术，受方免费反馈改进技术的合同条款，即不违法）。

（8）对并非应用许可证中的技术所制造的产品也收提成费的条款。

（9）限制原材料、零部件或专利产品的质量的条款。但下列情况除外：从维护供方商标的信誉或从技术效果的角度进行质量限制。

《国际许可证合同的反垄断法准则》中列为不违反《反垄断法》的合同条款有：

（1）对受方授权上的限制条款（如只授予制造权，不授予销售权等）。

（2）对受方应用有关技术的期限或应用地域进行限制的条款。

（3）对受方应用技术的领域进行限制的条款（如一项专利技术既能应用于生产电视机，又能应用于生产收录机，供方只许可受方在前一领域内应用）。

（4）对受方生产专利产品的范围及产品销售范围进行限制的条款。

（5）对受方生产专利产品的数量、产品销售数量及专利方法使用的次数进行限制的条款。

从上面非法条款第 2 条与合法条款第 5 条的比较中可以看到，日本采取措施鼓励出口。供方可以限制受方的生产数量，却不能限制其出口数量。

根据日本“公平贸易委员会”的统计，在审查中被定为应改动或应删除的合同条款中，“反馈”条款占的数量最多。

《日本反垄断法》第 6 条第（3）项规定：一次性交易合同，其中交货期又不超过一年的，无须报“公平交易委员会”备案。由于这种合同不以连续性交易为前提，合同中含有限制性贸易条款的可能性较小，因此没必要由“公平交易委员会”审查。对于专利许可证合同来讲，即只要合同期不超过一年，就不必备案。但事实上不到一年的许可证很少，所以绝大多数还是要提交备案的。

## 十、美国法律的有关规定及司法实践

多年来，美国司法部根据美国法院的判例，发表过一些“准则”（Guidelines），列举了一些违反美国反垄断法的 Know-How 或商业秘密许可证合同条款，可以把它们归纳如下：

（1）以搭卖商品作为发放 Know-How 许可证的条件，即属非法。这点与法律对专利许可证的要求相同。

（2）通过“固定价格”条款，或通过交叉许可证，达到限制竞争目的，即属非法。这一点要求得比对专利许可证要严得多了，原因是商业秘密并不是经联邦法律批准的无形产权，它的专有性不能与专利相比，可“免责”范围也自然要窄一些。

（3）在许可证中对有关产品在美国出售之后的使用、处置方式以及对使用人或处置人加以限制，即属非法。

（4）许可证的受方通过许可证限制供方向第三方发放许可证的自由，即属非法。按照这个准则，在美国一般不准许受方要求取得绝对独占性的 Know-How 许可证，因为这种许可证显然限制了供方向其他人发许可证的自由。

（5）供方在许可证中为受方使用 Know-How 制作的产品限定“最低价格”，即属非法。

（6）受方要求把支付低得不合理的使用费作为接受许可证的条件，属于非法。

（7）供方要求受方对已进入公有领域的 Know-How 仍旧支付使用费，属于非法。

最后，读者应当知道：“限制性技术贸易合同条款”只包含了知识产权权利人“滥用专有权”的一部分，而不是全部。长期以来，除美国之外的绝大多数国家，都认为专利权人不实施或不充分实施其专利，也是一种“滥用专有权”的表现。即“滥用”可以表现为“作为”（如在技术转让合同中强迫对方担负一些不合理的义务），也可以表现为“不作为”（如不实施专利）。

在乌拉圭回合 TRIPS 的谈判过程中，美国与其他国家的代表曾就禁止权利人滥用权利的范围应有多宽，进行过多次争论。最后达成的妥协意见反映在两方面：一方面，TRIPS 第 30 条、第 31 条规定了对“不作为”的滥用情况给予有限制裁；另一方面，第 40 条对于“作为”的滥用情况给予有限制裁。所以，可以认为 TRIPS 第 40 条与第 30~31 条是一个问题的两个侧面。

# 第六章　知识产权的执法

我把知识产权协议第三部分翻译为“知识产权的‘执法’”是从“香港法律改革委员会”1993年底的“版权法改革研究报告”中借鉴来的。“Enforcement”是个很难译的词。它既有知识产权权利人“行使”自己权利，以禁止他人非法利用的含义，也有主管当局依法保护知识产权，以制止非权利人的非法利用的含义。它与另一个词“Implementation”是相对的。后面这个词译为“实施”是较合适的，它主要是从正面表达主管当局如何贯彻某部法律以保护某种权利，而Enforcement的侧重点，则在于表达如何从反面制止违法活动，以保护某种权利。把它译成“保护”，不仅与“Protection”的中文译法相冲突，而且也与Implementation的一部分相重叠；译成“实施”,就完全与Implementation的中文译法区分不开了；译成“行使”，则又与文中出现过的“Exercise”相冲突。所以，我很长时间未找到一个合适译法。后来读到了香港地区那份文件的中英两个文本，见其将Enforcement均译为“执法”，感到是个既与已有词汇的中文译法不冲突，又较确切地反映了原义的译法，于是也就借鉴过来了。

之所以把这个词的译法的来龙去脉在这里讲一讲，一是它的中文译法并不是我的独创，而是借鉴来的，应当向读者讲清楚。二是我感觉对法条的翻译，与对文学作品的翻译一样，有时会遇到长期难解的如何选词的困难。与文学作品不同的是：对于法条，译者不能采取浪漫方式迂回，也不能靠加字或减字去弥补。这样，就更需要译者多下功夫寻找较合适的词汇，做到尽量对只能读中文的读者（有的是不懂外文，也有的是虽懂外文但得不到国际条约的外文文本）负责任。从学术研究上讲，有时即使对某个已经由官方正式中译本或文件确认了的不确切译法，我们仍旧应去寻找更合适的替代词。例如，将 Know-How 译为“专有技术”，虽在十多年前就由行政领导“拍板定论”，但我一直认为那是在尚未了解“专利”、未了解专利是更“专有”的技术的历史条件下的不确切译法，它可能误导只懂中文的读者与执法者，故在 20 世纪 80 年代初期与中期，连续写了几篇论文探讨它的译法。再如，法国的“初审法院”，在许多中译本中，照原文译成“大审法院”，实在让人看不懂是什么意思。但是如果对照该法文词组的英译本，就会发现原来指的是“First Instance Court”，即“首审”或“一审”法院，法文中“一”“首”与“大”是同一个词。这样借鉴英译本而改译成“初审法院”，人们就可以知道它是与“上诉法院”相对应的法院了。

不过，“执法”这个译法，有时可能显得在语法上，词的搭配失调。例如，美国把州的警察局、联邦调查局乃至联邦司法部，称为 Law Enforcement Group。我们若译成“法律的执法机构”，就会显得别扭。在这种场合，不妨译为“法律的执行机构”。因为，只是在这里，Enforcement 才主要强调了以国家的行为“执法”的一面，而不是权利人“行使”其权利的另一面。

## 第一节　成员的总义务

### 一、程序条款

知识产权协议从第 41 条到第 73 条这后半部分，属于程序性的条款。它们的作用，是规定成员国或成员地区，通过怎样的途径，以及通过什么样的成员之间的争端的解决方式，以保证协议前半部分所承认的那些“私权”能够既得到行使，又不至于妨碍了国际贸易活动。

在程序条款中，有相当具体的规定，也有非常原则的规定，还有一些是既具体又原则的规定。例如，有关临时保护措施的规定，有关海关中止放行的规定，都十分具体。有关执法程序必须“公平合理”，就显得十分原则了；而关于不能进行“无保障的拖延”的规定，则既具体又原则，它并没有规定民事、行政或刑事程序必须作出最后判决或决定的具体时间限制。复杂的知识产权侵权案（例如柯达公司专利侵权案），八九年才结案，也不能算作“拖延”；而一目了然的侵权案（例如使用与他人注册商标相同的标识），则一年之内结案，也可能显得拖延了。

协议后半部分属于行政条款，并不意味着前半部分完全不存在程序条款。像专利侵权的举证责任等规定，就属于带程序性的条款。在后半部分中，也存在个别暗示性的实体条款，例如“刑事程序”一节中的条款。

作为一般读者，他们应当了解自己的权利有哪些，自己应怎样避免侵犯他人的权利，以及这类权利在我国加入 WTO 前后有什么差别，等等。所以，了解的重点应当是实体条款，而作为律师或其他知识产权事宜的代理人，作为司法、行政管理部门的工作人员，虽然也必须了解实体条款，但程序条款可能对他们相对更重要一些。

## 二、对行政终局决定的司法审查；对司法初审判决的复审

协议在第 41 条第 4 款中，规定了对于初审的司法判决，在符合一定条件的前提下，应使当事人有上诉提请复审的机会。对于行政部门的终局决定或裁决，在任何情况下，都应使当事人有机会要求司法审查。这一款对于我国立法可能有重要影响。

我国现有的版权法，与这一款是完全相符的。因为，版权法根本没有给版权行政主管机关以任何最终确权的权力；至于行政机关

对侵权纠纷的处理，也给了当事人以提起行政诉讼的机会。

但在我国专利法及商标法中，有些问题就值得探讨了。

我国《专利法》中，至少有三条中含有不尽符合协议的内容，这就是：

第四十三条　专利局设立专利复审委员会。对专利局驳回申请的决定不服的，或者对专利局撤销或者维持专利权的决定不服的，可以自收到通知之日起三个月内，向专利复审委员会请求复审。专利复审委员会复审后，作出决定，并通知专利申请人、专利权人或者撤销专利权的请求人。

发明专利的申请人、发明专利权人或者撤销发明专利权的请求人对专利复审委员会的复审决定不服的，可以自收到通知之日起三个月内向人民法院起诉。

专利复审委员会对申请人、专利权人或者撤销专利权的请求人关于实用新型和外观设计的复审请求所作出的决定为终局决定。

第四十九条　专利复审委员会对宣告专利权无效的请求进行审查，作出决定，并通知请求人和专利权人。宣告专利权无效的决定，由专利局登记和公告。

对专利复审委员会宣告发明专利权无效或者维持发明专利权的决定不服的，可以在收到通知之日起三个月内向人民法院起诉。

专利复审委员会对宣告实用新型和外观设计专利权无效的请求所作出的决定为终局决定。

第六十三条（后半部分）　将非专利产品冒充专利产品的或者将非专利方法冒充专利方法的，由专利管理机关责令停止冒充行为，公开更正，并处以罚款。

在这几条中，首先，对于任何“确权”纠纷，如果发生在实用新型与外观设计上，则专利局的终局决定无需再经司法审查程序。正相反，我国最高法院的有关规定，倒是要求法院在遇到诉诸法院的侵权纠纷中如出现需要专利局确权的情况时，应中止审理，等待专利局的结论。这样一来，不仅没有司法审查机会，反倒是在涉及新型与设计时，需要“法院等专利局的结论”。其次，对于专利管理机关对假冒专利的行政处理,也未规定当事人“不满意”有关决定时，可否向法院起诉。

虽然《专利法》第 60 条规定了，在专利管理机关处理侵权纠纷后，不满意者仍可向法院起诉。但如果我们设想某件侵权纠纷涉及侵犯外观设计专利。权利人先请专利机关处理，行政判定为“不侵权”。于是该权利人向法院起诉。在诉讼中，被告反诉原告的专利无效。此时法院又只能中止审判,等专利局确权。这样一来,法院的“司法复审”等于零，它转了一个圈又回过头来仍要以行政机关的终局决定为准了。这很难说是符合知识产权协议的要求。

我国商标法情况也与此相近，但又多少有点差别。

虽然在商标法修订的全过程中，不断有人提出“确权”之权应在法院。但有人援引了 1992 年已修订的专利法。由于该法仍把实用新型及外观设计专有权的最后确认留给了专利局，故商标权的最后确认仍留给了工商行政管理局，似乎也不出大格。当然，专利领域的“发明专利”最终确权定在了法院，版权则从理论上讲只能由法院确权。相比之下，却不存在任何商标权由法院确认的余地。商标行政管理机关在“确权”这点上，显得有些“得天独厚”。

在工商行政管理机关调处侵权纠纷上，则最终效果也与专利法一样，即对那一部分可能被告反诉商标注册无效的案子，终局决定权又回到了商标局，而且不再接受司法复审的监督。

如果我们考虑国内立法的程序性条款也有必要与国际“接轨”，则对上述这些问题似乎应进一步研究。而且，主动研究与修改，比起一旦发生成员间的纠纷，其他成员通过“与贸易有关的知识产权理事会”迫使我们去修改，会更好一些。

## 三、知识产权的特殊保护与非特殊诉讼程序

知识产权是一种较特殊的民事权利。有些国家的知识产权法也确有专门规定，指出该国民法中哪些条款不适用于知识产权保护。但 WTO 并不要求其成员在执法程序上，一定要给知识产权以“特殊待遇”。这主要体现在知识产权协议的第 41 条第 5 款。

在多数国家，知识产权执法所适用的程序，均见于该国总的民事诉讼法、刑事诉讼法及行政诉讼法中。即使为知识产权执法而专门设立“专利法院”“知识产权审判庭”的国家，也一般不会为这些法院或法庭另立一套诉讼程序。例如在我国，已经成立起来的知识产权审判庭，均主要是按照现有的《中华人民共和国民事诉讼法》中规定的程序去执法的。

从知识产权协议不要求“特殊程序”这一规定可以推断出：1992 年 1 月，在中美知识产权谈判中，美方一定要中方承诺颁布一项“执行国际著作权条约的规定”,是违反当时的关贸总协定原则的。当时虽然乌拉圭回合最后文本尚未形成，但在后来形成的最后文本中，知识产权协议第 41 条与 1991 年邓克尔文本相比，并无大变化。尤其是第 41 条第 5 款，除“缔约方”改成“成员”之外，毫无变化。而中美谅解备忘录的最后签署，则在邓克尔文本形成后两个月。

第 41 条第 5 款规定：不得要求为知识产权的执法，而另立一套制度。众所周知，中国执行国际公约的法律制度，与美国完全不同。按照中国的制度，我国参加某个知识产权公约后，除我国已宣布保留的条款外，该公约即构成我国国内法的一个部分。我们根本用不着也从来没有专门立一个法，将国际公约转化为国内法，然后再去实施。因美国谈判代表的要求，使得 1992 年 9 月 28 日，我国颁布

了《实施国际著作权条约的规定》。这是专为版权涉外保护颁布的特殊法，在我国执行国际条约中也是绝无仅有的一部。至少在实施版权国际公约的程序上，我们开创了一个“不同于一般法律的”程序。如果我们当时对关贸总协定的知识产权协议，特别是对其中的第 41 条能有较多的了解，在这一问题上就有可能驳回美方的要求。

在 1994 年至 1995 年的又一次中美知识产权谈判中，美方再一次提出相当数量的，为知识产权执法而改变中国现行司法程序的要求，中方则主要依据 TRIPS 第 41 条，最终驳回了这些要求，使协议在更加平等及合理的基础上达成。例如，在谈判中，美方代表曾依据个别美国大企业及个别美国在华开业的律师事务所的要求，提出在知识产权诉讼中改变中国民事诉讼法的规定，使美国律师能够同中国律师一样进行诉讼代理。中方代表驳回这一要求时，就援引了 TRIPS 第 3 条第 2 款（国民待遇原则的例外），以及第 41 条。

## 四、防止侵权、制止侵权及阻止进一步的侵权

在第 41 条中，世界贸易组织对其成员在知识产权执法上，提出的最低要求是全方位的，即防止、制止与阻止。

防止侵权的救济，在我国知识产权法中很难找到。这主要指对于“即发侵权”之类可预见到又并非无根据地推断出的侵权准备活动，从法律上及执法上加以限制的措施。这里并不包含诸如全民普法教育一类的“防止侵权”措施。因为这一类措施不属于“侵权救济”，也不属于行政或司法当局“执法”活动的一部分。

“制止”侵权，是对已经发生的侵权活动采取的执法措施。例如下达临时禁令等等，属于这类救济。

“阻止”进一步侵权，是针对将来可能继续发展的侵权活动所采取的措施。例如下达永久禁令，应属这一类。

## 五、公平合理的程序

在第 41 条第 2 款中，对于“公平合理”的程序列出了至少如下四个方面的内容：

（1）不得过于复杂；

（2）不得花费过高；

（3）不得包含不合理的时效；

（4）不得无保障地拖延。

如果联系其他款，可以看到“公平合理”的程序至少还应加上：

向当事各方提供就有关证据作出陈述的机会；

对行政决定提供司法复审的机会；

既能避免造成合法贸易的障碍，又能防止有关程序的滥用。

这些构成“公平合理”要件的内容，既有“硬”的（即无需进一步解释就能适用的），也有“软”的，例如，什么叫作“花费过高”？在中美 1994 年至 1995 年的知识产权谈判中，美方代表认为中国法院在民事（及经济）纠纷诉讼中，超过一定金额的案子，要按诉讼标的一定比例收取诉讼费，应被视为“过高”，因而“不合理”。当中方代表举出德国等其他国家法院也按类似的方式收费时，美方代表认为这些国家的方式一概“不合理”，而唯有美方代表建议的不论诉讼标的大小，一律按 200 美元诉讼费标准，方为“合理”。但是，如果真的按 200 美元诉讼费作出规定，对众多中国公民的小额诉讼就显得太不合理了，而在民事诉讼中，小额诉讼目前仍旧占大多数。所以，最后权衡各方面的利益，中方决定不改变现有收费标准，对大多数人才是合理的。

但是，在诉讼时效上，中国知识产权法确有不合理的因素。例如，侵犯版权的诉讼时效，有些国家是三年，有些国家是六年，我国则规定为两年（从已知或应知侵权发生开始）。在数量占相当比例的出版物侵权中，时常发生这样的事：出版物上所标示的出版日期，一般均在该出版物上市场销售之前，有的可以长达销售前半年乃至一年。又由于国内新华书店这一销售渠道长期不畅通（尤其对学术书是如此），被侵权人往往在出版物上市后又一段相当长时间里，难以发现含有抄袭或非法复制内容的出版物。待到发现时，可能已经很临近乃至超过了按所示出版日期起算 2 年。法院又基本以出版物上标示的出版日期来推定被侵权人已知或应知侵权发生的日期，这使一大批被侵权者在发现侵权时，已无可奈何。

## 第二节 民事、行政与刑事程序

### 一、三种程序的联系

在废除了以行政登记作为版权产生的前提之后，有些过去的“登记制”国家，仍保留了以行政登记作为到法院提起民事诉讼、主张权利的前提，这样的典型国家是美国。

在相当多的国家中，依行政程序而产生的专利权与商标权，最终的确权、撤销或无效程序，则均转到司法部门。我国则只是专利中的一部分有这种移转。这在前面已谈过了。

我国在最初制定计算机软件的保护条例时，曾考虑过以行政登记作为民事诉讼的前提，并确实这样规定在条例中。但 1992 年为执行国际版权条约而颁布的规定，又不再把外国人的登记作为诉讼前提了。这样，使中国及中国之外的软件版权人，均有一些非议。针对这种情况及其他一些情况，最高人民法院在 1993 年底下发了一个通知。因为该通知有助于我们了解民事与行政程序的关系在我国的特殊表现，故从《著作权》杂志 1994 年第 1 期摘录在这里，供读者参考，这个“通知”实际是司法机关取消立法机关发布的法定程序的特例。

这份“通知”的全文如下：

各省、自治区、直辖市高级人民法院：

自《中华人民共和国著作权法》颁布实施以来，各地人民法院按照最高人民法院“关于认真学习、宣传和贯彻执行著作权法的通知”要求，积极开展工作，正确、及时地审理了一批著作权案件，保护了当事人的合法权益，取得了较好的效果，并积累了一些经验。当前我国已相继加入《伯尔尼保护文学和艺术作品公约》、《世界版权公约》、《保护录音制品制作者防止未经许可复制其录音制品公约》等国际著作权条约，并与美国签订《中美关于保护知识产权的谅解备忘录》。形势的发展要求各级人民法院的民事审判人员，进一步提高著作权理论水平，增强审理著作权案件的业务能力，以适应审判工作的需要。现就有关问题通知如下：

（一）各级人民法院要组织有关审判人员联系审判工作实际，认真学习和研究有关的国际著作权条约，尽快熟悉和掌握这些条约的主要内容和基本精神。

（二）凡自一九九一年六月一日以后发生的涉外著作权侵权纠纷，当事人向人民法院起诉的，人民法院应当按照《中华人民共和国民事诉讼法》的有关规定审查受理。涉外著作权案件的范围，应根据《最高人民法院关于适用〈中华人民共和国民事诉讼法〉若干问题的意见》第三百零四条的规定确定。

人民法院审理涉外著作权案件，适用《中华人民共和国著作权法》等有关法律、法规；我国国内法与我国参加或缔结的国际条约有不同规定的，适用国际条约的规定，但我国声明保留的条款除外；国内法与国际条约都没有规定的，可以根据案件的具体情况，按对等原则并参照国际惯例进行审理。

（三）计算机软件著作权案件，按分工由各级人民法院民事审判庭受理（设立知识产权审判庭的，由该庭受理）。凡当事人以计算机软件著作权纠纷提起诉讼的，经审查符合《中华人民共和国民事诉讼法》第一百零八条规定，无论其软件是否经过有关部门登记，人民法院均应予以受理。

由于计算机软件著作权保护的技术性和专业性强，人民法院审理此类案件时，应注意征询有关部门和专家的意见。对需要鉴定的，应请由有关专家组成的软件技术鉴定组织就技术方面的问题作出鉴定。

（四）加强调查研究，不断总结审理著作权案件的经验。对案情复杂、社会影响大、法律规定不明确的疑难案件，各级人民法院应在切实查清事实的基础上，就适用法律问题上的难点需要请示的，要加强研究，提出意见，逐级请示，以确保案件的审理质量。

有的法院为了说明这一通知与行政法规“并不矛盾”“起不到取消行政法规的作用”，解释道:《计算机软件保护条例》在第 24 条规定了“向软件登记管理机构办理软件著作权的登记，是根据本条例提出软件权利纠纷行政处理或者诉讼的前提”。依照最高人民法院通知不登记的软件，可以不根据该条例提出诉讼，而根据著作权法提出诉讼。所以,“通知”与“条例”并不矛盾。

事实上，著作权法里有没有如何保护软件的条款呢？有，而且只有一条，该条是这样说的:“计算机软件的保护办法由国务院另行规定”，而这“另行规定”的法规，恰恰是《计算机软件保护条例》。于是，法律适用上的“反致”，在这里以特殊形式出现了。个别法院人员的解释并没有能跳出这个怪圈。

关于行政程序与刑事程序的关系，知识产权协议并没有专门作什么规定。

知识产权协议对行政程序的规定非常简单，专门规定只有一条，即第49条。不过，从这一条中可以看出，知识产权协议并没有一概否定通过行政程序来确认案件的是非，也没有一概否认通过行政程序发出民事救济命令的可行性。它只要求以行政程序发布这种命令时，应当大致符合协议中为民事程序规定的原则。

知识产权协议涉及刑事程序的条文也很少，专门条文也只有第61条。在这一条中，也只是突出强调了对盗版行为以及有意假冒商标行为应当采取刑事惩罚（包括处以监禁或处以罚金，或二者并处）。

通常在知识产权领域，由行政机关依照职权主动查处一些侵权活动时，或经当事一方的请求，判断及查处侵权活动时，发现有的活动已经构成犯罪，这时就要移交司法机关处理了。因为任何国家的法律，以及国际条约，都没有给行政机关以对当事人作出刑事处罚决定的权力。而倒过来，从刑事程序转为行政程序的知识产权案例则比较少见。

我国专利法与商标法都在首次立法时就规定了对严重侵权人给予刑事制裁。对假冒商标给予刑事制裁的规定，甚至早于商标法的出台。在修订后的商标法中规定了：对假冒他人注册商标的，任何人都可以向工商行政管理机关或者检察机关控告和检举；向前者控告和检举的，行政机关将依照有关行政处罚的规定给予处理；如果所控告和检举的情节严重，构成犯罪的，由司法机关依法追究刑事责任。

我国制定著作权法时，没有规定侵权的刑事责任。这就从实体法角度使刑事程序不可能适用于版权了。在1994年全国人大为著作权保护颁布特别刑事条款之前，侵犯版权的行为无论如何严重，均不会构成犯罪。这显然与知识产权协议不太符合。因此，由全国人大另立专门刑事条款是很有必要的。当初制定中国著作权法时，的确考虑了行政处罚与刑事处罚的关系。《著作权法》第46条划定的侵权行为，多是应负刑事责任的行为。只因多数立法参加人感到侵犯版权处以刑罚太重，才代之以行政处罚。这部分反对引入刑罚的人，也只是认为“以行政（处罚）代刑”可行，而无人提议“以民事（处罚）代刑”的。

侵权本来指的是侵犯民事权利。一般通过民事诉讼，被侵权人可以主张自己的权利。但是，侵权严重的，就有可能被司法机关判定为构成了犯罪，这样就要进入刑事程序了。在规定了刑事惩罚的知识产权法中，情况又分为两种。一种是仅仅规定了侵权者应负的刑事责任，却没有规定任何民事责任。这样，被侵权人只能通过刑事诉讼去主张自己的民事权利。作出这种规定的法律比较少，但确实存在。另一种情况是，有关知识产权法同时规定了侵权的民事与刑事两种责任。被侵权人就可以选择提起刑事诉讼还是提起民事诉讼更符合有关侵权活动的性质，以及怎样做，对自己才更有利。如果被侵权人直接提起刑事诉讼，他也有权提起“附带民事诉讼”。我国第一部刑诉法（1979年刑诉法）第53条就提供了这种“刑事附带民事诉讼”的程序。在有些国家和地区，知识产权的被侵权人经常选择刑事附带民事诉讼。因为，这对于迅速制止侵权活动的继续是十分有利的。

读者应当注意到：知识产权协议是把“民事”与“行政”的程序及救济，放在同一节中，要求成员按照相同原则作出规定的。这又与我国一些起步较晚的“民法”或“罗马法”领域的学者意见相去甚远了。在各国国内贸易及各国涉外贸易的实践中，在理论上仍坚持“三权分立”的典型国家，近年来越来越重视发展其“第四权力机构”，或称“准司法”的行政机构。例如美国海关、美国“国际贸易委员会”等等，均属于这类机构。在英国，则很久以前就存在由专利局（行政机构）受理专利侵权纠纷的实际做法。我国的一些人则不然，他们的“行政不应干预民事权利”的理论非常彻底，并要求全部在实践中实行。他们认为“行政”不应干预“民事”领域的问题，以行政程序及救济去保护民事权利，他们感到是“越俎代庖”。这种彻底的“理论”，作为改变我国过去行政权力过大的状况，以适应市场经济的发展，是有它积极一面的。但切不可“彻底”得过了头，否则，就走向另一个极端。至少在实践中已无法与现有的国际惯例“接轨”了。

## 二、“赔偿”“适当赔偿”及其他救济

在民事与行政程序的一节中，“赔偿”，指认定侵权之后，侵权人对被侵权人的支付。“适当赔偿”，则指自称被侵权之人，如果滥用了知识产权执法的民事或行政程序，以致给被指控为侵权者之人带来损害，则应由前者向后者支付的赔偿。协定把这两面都规定到了，又用了不同的措辞，这是值得我们注意、也值得我们借鉴的。在我国的知识产权执法程序及救济中，往往缺少这后一面。殊不知缺少了这一面，也同样不利于真正的智力创作者，不利于鼓励智力成果的创作。

《末代皇帝的后半生》作者，曾被人无由指控为抄袭了他人作品。法院经过极艰苦的调查、取证及专家论证，花费很长时间和很多精力，最后否认了侵权的存在。这对作者应当说已经非常公道了。但该书作者在长达两年多时间里应诉的开支，过度操劳而留下的疾病（甚至是不治之症），均得不到任何补偿——因为没有法律依据。以至于该作者后来又确实被他人侵权时，只想离法律远远的，感到“再也打不起那个官司、操不起那份心”了。应当说，在《末代皇帝的后半生》一书的官司中，法官是公正的，判案水平也是很高的，社会舆论也是公平的，而最后被告胜诉，却落下一个对通过法律途径

公正解决问题的“后怕”，不能不说我国法律中缺少知识产权协议中那样全面的规定，是一个很大的遗憾。

讲到除赔偿之外的“其他救济”，虽然专有一个“第46条”，但实际上在第44条（禁令）、第47条（获得信息权）中，也包含“其他救济”的内容。应当说，第46条的“其他救济”，倒是一些“特殊救济”，是与“赔偿”“禁令”等一般救济相对应的。的确，由于知识产权这种民事权利的特殊，在对它施加保护时，只采用一般民事救济，往往很不够。但是，即使在考虑到知识产权的保护需要多于一般民事救济的特殊救济的同时，协议也仍旧没有忘记：第一，不能因特殊救济而损害第三方（非侵权人）的利益；第二，使用的救济方法（例如销毁侵权商品等）应当与侵权活动的严重程度相协调，例如，抄袭他人专著而只按专著的应有稿酬赔偿被侵权人，这种“救济”肯定不会对侵权有任何“威慑”作用。但如果一部百万字的书中只有一万字系盗版内容，则要求销毁已印制完的上万册图书，就可能显得“不协调”，同时也可能损害第三方利益。

我国现有的知识产权法与诉讼法中，又很难找到这种要求救济适度的具体规定或原则性规定。这样一来，刚刚开始接触知识产权问题的法官，却有了极大的自行酌处的权力，因而使许多案子判得“不协调”，却又是在所难免的。改变这种状况的第一步，也似乎应是修改现有法律。这里倒主要不是与国际条约“接轨”的问题，而是如何借鉴国际条约中有关的合理规定的问题。

## 三、再论“不知”与“已知”

在民事及行政程序一节中，再次对因“不知”而侵权作出规定时，就没有像在第二部分的“集成电路”一节那样“不视为侵权”了。从这点也可以看到，集成电路产品的销售者因不知而销售非法复制品不视为侵权，仅仅是知识产权领域的“特殊例外”。在一般情况下，针对其他知识产权而发生的销售或其他活动，即使出于“不知”，也绝不可能免除侵权责任，而只是在处罚上与“已知”（明知）故犯者应区别对待。这在第45条的两款中，作了十分明确的规定。如果再联系第61条（刑事条款）来看，这种区别就更明确了：刑事处罚适用的两种活动（假冒商标与盗版），也仅适用于“有意”从事这种活动的人，亦即明知故犯者。

从协议条文中可以分析出：如果因“已知”而侵权，除侵权本身给权利人造成的损失，应计算入“损害赔偿”外，还应算入被侵权人的有关“开支”。这里使用了“Expenses”，足见不止一项“开支”。例如，被侵权人按照有些国家（包括我国）的诉讼法，可能必须到侵权人所在地或主营业地去起诉或要求行政机关处理。“开支”中即包括路费、住宿费之类。

协议中专门强调的是“律师费”。但应当注意，“责令侵权人向权利持有人支付其开支”一句，前面使用了“必须”（即我国法律惯用的“应”）；而“包括适当的律师费”，前面则用的是“可”，这并非强制性的。因为，不同国家，甚至相同国家的法院对待不同的诉讼案时，律师费是否应由侵权人一并支付，不能一概而论。有些既费时、费力、法律关系又很复杂的纠纷，当事人自己很难办理，需要由律师代理的，则一般在认定侵权后，由侵权人支付律师费是合理的。如果诉讼标的本来很小（例如未经许可转载了一篇权利人声明不得转载的百字短文），法律关系又很清楚，权利人完全可以自诉，却花上万元聘请高级律师。这种情况要侵权人支付律师费，就显然属于上一题中讲到的“侵权活动”与“救济措施”不协调了。但我国司法界中有些人认为：任何案子均可以由被侵权人自诉，因而任何情况下均不应判侵权人支付律师费。这又是另一个角度的不公平。按照诉讼法的条文，虽然“自诉”都合法，但常有起诉人的时间、精力乃至体力不允许的情况，更有起诉人自己极不通有关领域的法律的情况，从而非请律师不可，而如果胜诉的结果是：对方的赔偿尚不足弥补原告的律师费开支，则原告只是个理论上的胜者，却是经济上的失败者。这将妨碍后来的被侵权人积极靠司法程序主张自己的权利。

协议中几次提到“法定赔偿额”，甚至允许司法当局判侵权人在返还所得非法利润的同时，支付法定赔偿额。这是真正能起到阻止侵权活动蔓延的措施。我国自实施几项主要的知识产权法以来，侵犯知识产权（尤其是商标权与版权）的活动有增无减，原因之一，就是各法中均无“法定赔偿额”，当然更没有将非法利润及法定赔偿额“二者并处”的任何规定了。于是，在“非法利润”无法计算时（请注意，侵犯知识产权的“非法利润”或被侵权人的“实际损失”，在多数场合都是无法计算的），就完全由有关法院的法官全权酌处了。这样一来，所判赔偿基本合理的固然有之，所判赔不抵损的也有之，所判赔偿为损失之零头的更有之。这对多数侵权人“不伤筋、不动骨”，他们当然还会照样干下去，同时还鼓励了一些过去想从事而尚未敢于从事侵权活动的人放开胆子去干。当然，这更打击了权利人维护自己权利的信心与积极性。知识产权协议中的有关规定，确实值得我国在法制建设中借鉴。

在第 45 条中协议还专门强调：即使对于那些因“不知”而从事侵权活动的侵权人，司法当局仍可以责令其返还所得利润或支付法定赔偿额，或二者并处。读者应当清楚：因“不知”而侵权，是一种过失违法行为，它与有意违法虽有区别，却又不同于“无过失”。对“不知”者规定的民事处罚，并不是要其负“无过失责任”。与协议第 45 条相对照，我们可以再次看到我国《专利法》第 62 条第 2 款的不适宜。

## 四、其他

### 1. 对假冒商标的商品本身的处理

过去国内法理界、工商管理部门以及消费者中有一种议论，认为有的商品虽冒用了他人的注册商标，但商品本身仍不失为一种物质财富，销毁了可惜。因此主张对于这类商品，在拿掉上面的冒牌商标后，还应允许它们继续在市场上出售。看来这种议论不仅中国有，外国也有，而且还较普遍。知识产权协议在第46条结尾处，专门对此作出规定："对于假冒商标的商品，除了个别场合，仅将非法附着在商品上的商标拿掉，尚不足以允许这类商品投放商业渠道。"这一规定，应联系第59条的规定去理解。

### 2. 刑事程序及实体法

在标题为"程序"的第5节中，实际也讲到了实体法问题。这就是：成员国或成员地区均须以立法对假冒商标或盗版活动实行刑事制裁。而且讲"至少"如此，并不妨碍成员对更多的侵权活动施以刑罚。在这一节中涉及实体法是必然的。如果刑法中根本没有制裁有关侵权的实体条文，何来"刑事程序"呢？对于刑事制裁，协议要求成员"必须"（即"应"）设置。这是一条强制性规定。

### 3. 取证

协议第43条，如果按"意译"的话，标题应是"取证"。它讲的是：如果诉讼中，举证责任原在甲方，而甲方有充分证据，说明必须提交法院的重要证据，实际上由乙方掌握着。这时，法院有权要乙方把证据拿出来。我国尚无专门的"证据法"；在已有的诉讼法中，对这种情况规定得也欠具体。协议的这一条，可供立法机关在将来的立法中借鉴；也可供司法机关在目前的司法实践中借鉴。

### 4. 获得信息权

把"获得信息权"作为被侵权的知识产权权利人的一项权利（第

47 条），也是可供我们参考的。总之，协议中许多条款，都贯穿着鼓励权利人起来主张权利、制止侵权的精神。当然，这一条使用的是选择性的“可”。就是说，成员国也可以不给被侵权人以“获得信息权”。这就要看如果判决侵权人向被侵权人提供销售渠道等信息，是否会“与侵权的严重程度不协调。”这是第 47 条是否适用的一个前提。

1994 年，当沃尔特·迪士尼公司在北京起诉北京出版社侵权时，也曾试图提出要对方提供销售渠道的诉讼请求。北京法院正是考虑北京出版社侵权的严重程度，尚不足以使之受这样重的制裁，故说服原告取消了这一请求。

5. 对被告的赔偿

在中美知识产权谈判中，美方始终只讲作为被侵权人一方的原告应获怎样的赔偿。在实践中，却经常发生因原告滥用知识产权执法程序,使被告误受暂时禁令或其他执法措施的侵害的事。因为,“侵权”成立与否，往往要到证据较齐备了才能最后定论。如果应原告的请求，被告备受查、抄、扣、停产、停止销售等执法机关命令的干扰，又当获什么补赔呢？作为国际上的多边条约，TRIPS 远不像美国贸易代表在双边谈判中表现得那么片面，它在第 48 条中，专门规定，如果原告滥用执法程序，则司法当局有权令原告向被告提供适当赔偿。此外，司法当局还有权令原告为被告支付损害赔偿之外的开支，其中包括聘请律师所应支付的费用。

我国行政执法部门，在对侵权活动采取“特别行动”时，就应当注意，只有对那些有把握认定为侵权（例如赤裸裸的盗版活动、假冒商标活动），方宜“依职权”去查处。对不能最后确定为侵权的活动，则要把自己的执法行为限制在当事人一方（自称为被侵权的一方）请求处理的范围内。因为，第 48 条还有个“第二款”，这一款规定，在对涉及知识产权的保护或行使的任何法律进行行政执法的场合，只有政府当局及官员们在这种执法的过程中，系善意采取或试图采取特定的救济措施时，有关成员国才应依法免除他们为采取措施而应负的过失责任。

**6. 对行政程序的专门规定**

前文已讲过，TRIPS 并不排斥以行政程序进行民事救济。这种“不排斥”原则集中体现在第 49 条。1995 年的中美谈判中，美方代表一再强调行政机关的执法作用，不能仅限于行政处罚，而应扩大到民事救济，也一再拿出 TRIPS 第 49 条为依据。这一条不足 50 字，却复述了从 42 条开始的一系列原则，即：

原告应有权依有关程序维护自己的权利；

被告应获得及时、内容完整的书面通知；

双方均有权以独立的法律顾问充当代理人；

不应增加双方额外的经济负担；

双方均应有充分陈述的机会；

对纠纷中必要的秘密信息应有保密措施；

应有权责令掌握证据的一方提供证据；

应合理确定损害赔偿；

应有权在不进行任何补偿的情况下，将已发现的侵权商品排除出商业渠道；

在与侵权严重程度相当时，应使被侵权人有“获得信息权”；

在原告滥用执法程序时，应使被告获得损害赔偿等等。

## 第三节　临时措施与边境措施

### 一、两种措施的必要性

协议在第三部分的第三节、第四节中作出规定，要求成员必须授权司法当局采取临时措施、授权司法或行政当局采取边境措施，以有效地制止侵犯知识产权的商品在市场上流通。这两种措施，对于把侵权活动制止在未发或初发阶段，阻止它们的进一步扩展，从而保障权利人的利益，是十分必要的。

在这里，“临时措施”，主要是由“司法当局”去采取的。当然，协议在第50条第8款中，也允许行政当局在符合相同原则的前提下，采取这种措施。司法当局采取这种措施有如下作用：

（1）制止将要发生的侵权；

（2）阻止已发生的侵权进一步扩大，其中包括：如果海关已经放行了侵权商品，则在其尚未进入或尚未大量地、广泛地进入流通之前被制止住；

（3）保全诉讼中被指为侵权的物证。

与前面一些条款所反映出的特点一样，“临时措施”只是在流通领域采取的。至于生产、制造领域的侵权活动，协议则未作为重点。读者请随时记住协议的总题目——“与贸易有关的”知识产权，它当然不会去强调与贸易无直接关系的环节。

至于“边境措施”，协议允许成员授权司法当局或行政当局去下令采取，但并未强调以谁为主。当然，直接（在接到司法或行政当局的命令后）去采取行动的，则仅是行政主管部门——海关。海关采取的边境措施有两方面的目的：

（1）中止放行进口的侵权商品；

（2）制止侵权商品的出口。

对于后一个目的，有时要达到可能有困难。因为，有的出口商品，在本国可能是合法制作的，如果仅销向本国市场，则销售行为仍旧是合法的；如果销往国外，可能仅在一部分国家才构成侵权。例如，一专利产品，在中国经权利人许可而制造和销售；该同一产品在英、美也申请了专利，在日本则未申请专利。在这种情况下，未经该权利人许可，向英、美出口则构成“侵权产品”，向日本出口则构不成“侵权产品”。所以，协议在第51条中，对于中止进口放行，使用了“必须”（“应”）；对于制止出口，则使用了选择性的“可”。可见，这第二个目的，不是强制性的。对这一点，我国海关及有出口业务的企业均应特别注意。

从协议的边境措施条款中还可以看到：“临时措施”有可能针对一切侵权商品而采取；“海关措施”的强制性的一面，则仅仅针对假冒商标的商品及盗版商品这两种侵权商品。对其他侵权活动，则仅仅是“可”采取边境措施。从这里我们又可以进一步推断出：“海关措施”的强制性的一面，仅仅管那些制造活动本身即违法的商品的进口，而不管那些制造活动虽不侵权、进口则可能构成侵权的商品。也就是说，对“平行进口”活动的控制，并没有在边境措施一节作专门规定。“平行进口”即指在国外合法制造的专利产品，向专利权人获得了专利的国家内进口，又未获权利人向这里进口的许可。正如前文所说，“平行进口”问题，不同国家在国际谈判中只在专利领域达成了基本一致的意见；在版权领域还一直在争论；在商标权领域则只有极少数国家认为平行进口构成侵权。

## 二、诉讼保全与保证金

经常遇到有人（包括一些律师）把英文中的诉讼保证金翻译成了“诉讼保全”。个别初入诉讼法领域的人甚至在中文中也分不清二者。在协议的“临时措施”及“边境措施”这两节中，正好把这二者同时放入同一个条款中使用，这样就不容人们混淆了。例如，细读第50条，并对照它们的中、英文，就可以很明白地看到这二者的区别。

协议中并未出现“诉讼保全”这个术语。但在它提到“为保存被诉为侵权的有关证据”，提到“一旦有任何迟误……有关证据显然有被销毁的危险”时，它指的正是“诉讼保全”。在协议中，重点强调的是证据的保全，而不是为执行最后判决而必需的财产保全。当然，第 50 条第 2 款中，也可以理解为含有财产保全的内容。

而在同一条中所讲的，知识产权的权利人在申请保全时需要向司法当局提交一笔钱（或与之相当的担保），以免日后判定为不侵权或出其他意外，而使司法当局或被告所受的损失无法弥补。这笔提交的钱，称为“诉讼保证金”。

在我国原民诉法的正式英译本中，诉讼保全被译为“Preservative Measure”，其他文章则有称为“Precaution Measure”的。“诉讼保证金”在我国原民诉法英译本中未出现过。国外法律中一般称为“Deposit of Security”，或简单称为“Deposit”。这个术语要看上下文再选择译法。如果是在司法程序中提交的译为“诉讼保证金”，如果是在行政程序中提交的，则只译为“保证金”。因为，虽然在很多英语国家中，通过行政程序解决侵权纠纷的活动，也称“行政诉讼”（Administrative Proceedings），但我国在“行政诉讼法”立法过程的理论界讨论中，已按多数人的意见，否认了由行政机关处理纠纷称为“诉讼”的意见。在我国，一提“行政诉讼”，则指对行政机关处理决定不服时，到法院去诉该行政机关的诉讼活动。

## 三、采取“临时”与“边境”两种措施的程序

协议并未明文允许司法当局“依职权”主动采取临时措施。协议强调了司法当局在有关利害关系人提出请求后，可以“依请求”而采取有关措施。所以，在“临时措施”一节中，主要规定了利害关系人的申请程序，以及司法当局采取与撤销有关措施的程序。当然，协议也没有否认当局有权主动采取临时措施。

如果由当事人一方提出请求采取临时措施的申请，则该申请人

还应提供证明自己是知识产权权利人的证据，提供侵权肯定会马上发生或已经发生的证据，提供保证金，提供能使司法当局去认证侵权商品的必要信息。如果临时措施已采取之后，申请人并未在规定时期内真正起诉，则当局将撤销该措施。如果临时措施被撤销，或虽然没有被撤销，但事后发现申请人所指控的侵权事实并不存在，则当局将要求申请人向被告赔偿损失。

在我国的现有知识产权法中，还找不到制止"即发侵权"（尚未发生，但马上确实会发生的侵权）的法律依据。我们进入"世界贸易组织"后，如果知识产权权利人遇到"即发侵权"的情况，而如果届时我们仍未修订现有法律，则该权利人就可以依照知识产权协议第50条，请求司法机关采取临时措施了。这一点，对于那些真正热心于开发新产品、"创名牌"的企业和个人，制止不法分子的侵权活动，也许是十分重要的。

对于"边境措施"，协议明文突出了"依请求"与"依职权"两种程序。

按照"依请求"而采取边境措施的程序，请求人应当向主管的司法当局或行政当局提交书面申请（而在"临时措施"一节中，没有强调"书面"申请），请求海关中止放行侵权的进口商品。申请人必须有证据证明"依照进口国法律"，有关商品的进口已构成侵权，这一点很重要。如果一个德国作者去世刚满50年，他的作品在德国未经版权人许可而复制，则属侵权（因为德国版权有效期直到作者死后70年），而该复制品在中国"依照进口国法律"却构不成侵权。

申请人也如同申请临时措施所要求的那样，还应提供使海关能识别侵权商品的有关信息，提交保证金或担保。主管当局（不是海关而是向海关下命令的当局），则应当在一定期限内通知申请人，其申请是被接受了，还是被驳回了。如果接受了申请，则应通知海关何时采取“中止放行”措施。海关在实际“中止放行”后，也必须通知申请人及进口人。

按照“依职权”采取行动的程序，则无需权利人的书面申请，但主管当局可以要求权利人提供有关信息等。

此外，“边境措施”一节中，对于在何种情况下可以恢复放行等等也作了规定。在这一节的第58条，有一款与第48条第2款相同。它们所规定的都是：在行政部门依职权主动采取行动的情况下，由于没有了当事人“保证金”的保障，所以，如果因行动而给当事人另一方造成了不应有的损失，则一般应由该行政部门给予补偿。但如果该部门是善意采取的应有措施，而有关损失仍没有能够避免，则可以不要求该部门给予补偿。这也是比较全面地说明了两方面的理由：一方面，因主动行为失误而给人带来损失，一般应当赔偿；另一方面，如果并非滥用职权（非善意）引起失误，而是有关损失难以避免，则可以不负赔偿责任。这样，就既照顾到实践中难以预料的特殊情况，又防止了主管部门在“依职权”的行为中滥用职权。在无论第48条还是第58条中，实际都强调的是任何“依职权”的行为，尤其是行政机关的行为，都必须是“善意的”，才能免除过失责任，而不允许任何成员国或成员地区任意免除其过失责任。这样，才会真正有利于知识产权的保护，而避免造成漏洞，避免给某些官员以机会打着“保护知识产权”的幌子，行贪赃枉法之实。应当说，协议既没有一概排斥行政机关在民事权利保护中的作用，又没有允许行政机关毫无约束地去起这种作用，这种考虑是比较周到的。

## 四、“可”忽略不计的进口

协议第60条又使用了“可”字，这又是一个选择性条款。

在过去，大多数国家的版权法都规定：为个人使用而不经许可复制他人作品仅一份，不构成侵权。当然，携带这种未经许可的复制品进出海关，也一般不以侵权论处了。

但即使在过去，有的国家（如英国）的版权法，并不问复制目的，一律不允许复制他人作品的全部（哪怕只复制一份）。从法律意义上讲，携带一份未经许可的复制品进入英国，也会构成侵权。1985年，德国在其版权法中也作出了类似英国的规定，即为了个人使用而复制一份他人享有版权的作品，必须是在他人的作品脱销满一年而没有重制（重印或再版）的情况下，才是合法的，否则也构成侵权，携带一份这种复制品进入海关，也可以扣住。

现在，在越来越多的发达国家中，版权法允许"个人使用"等合理使用的范围，有一再被限制、被缩小的趋势。

至于个人携带假冒商标的物品入境，一般国家的商标法均没有专门的免责条款。

说到未经许可而制作的专利产品，则巴黎公约及多数国家的专利法，只允许临时进入其领土的交通器上不可避免地带有它们，尚很少见到明文规定个人可携带入境的免责条款。

所以，协议并不强求各成员一律应对这类进口"忽略不计"，而只规定"可"不予计较。曾有个外国人半开玩笑地批评"可忽略不计个人携带物品"的规定，说："如果一个上百人的旅游团，或上千人的旅游团，每人带一条假冒名牌商标的牛仔裤入境，那可能不比专门输入冒牌商品的进口人的一次进货要少"。他的这种批评也有一定道理。无论冒牌商品或盗版印刷品，均不会因为它们是"少量"的而改变性质。但是，如果要求各国海关都去追究无辜的旅客（他们一般都只为个人使用、而不为再出售而购买了侵权产品，许多人购买时并不可能知道该产品是侵权的），也显得不尽合理。

## 五、其他

### 1.“边境措施”的适用范围

“边境措施”并不适用于成立了自由贸易区的国家之间，例如欧共体成员国之间，美、加、墨之间，等等。这是在注脚“12”中讲明的。

### 2.“实质性部分”

在注脚“14”中，使用了一个“实质性部分”。这个术语，在我国《著作权法实施条例》及许多国家的版权法中，都能见得到。它本来是界定侵犯作品版权，尤其是抄袭他人作品的一个术语。在版权领域，在当代，全文抄袭及全部复制，一般比较少见。改头换面的抄袭及部分复制，则比较多。如果取走了他人创作成果的实质性部分，就将被判为侵权。现在，这一界定侵犯版权的术语，又沿用到商标权领域了。在商标权领域，它与“使用同他人商标近似的标识”含义相差不远。

### 3. 对英文原文的几处理解问题

在“临时措施”及“边境措施”这两节中，有许多英文的原文容易弄错。除了上面讲到的“保证金”之外，再如第 58 条标题中的“Action”。这个词虽在诉讼法中经常当作“诉讼”使用（例如：to bring an action against，即“对某人起诉”），但在这里，显然指的是主管当局的主动“行为”。在这两节中，均只讲到当事人在申请采取措施后，应自行起诉，绝不涉及行政当局起诉的问题，当然更不会有司法当局起诉的问题了。所以，有的中译本译成“诉讼”，显然是弄错了。

又如，第 57 条中，有句条文的本意是讲：主管当局应有权允许进口人或中止放行的申请人找人去检查被指控为侵权的物品，未必是他们自己去检查。所以，在这里使用了“to have such products inspected”。这在英文中是“让别人去”做某事的惯用词组。如果译成自己去做，就离开了原意，曲解了协议的条文。过去的中译本中，确有人译成了“使进口人能够去检查被扣商品”。这种译法从上述英文惯用语角度是错了，从实践中的行政或司法程序看也错了。因为，怎么能够为进口人（他正是被指控为“侵权”之人）提供机会去接触被控为侵权的物品呢？他在接触中作了手脚怎么办？

**4. 损害赔偿**

应当特别注意到：在 TRIPS 的“临时措施”与“边境措施”两节中，都不涉及主管当局令侵权一方交付损害赔偿的问题。在 1995 年 2 月的中美知识产权谈判中，美方代表却一再强调中国行政执法机关在对侵权活动采取“临时措施”时，必须考虑责令侵权人向被侵权人提供损害赔偿的问题。这不仅超越了 TRIPS 的规定，而且在实践中也很难做到。因为,“临时措施”及“边境措施”采用的结果，除了阻止侵权在流通渠道中进一步发展或制止住“即发侵权”之外，还要求自认为系被侵权之人，必须在至多 31 天之内，为最终解决纠纷提起诉讼。行政主管当局怎么能在诉讼提起之前就去决定损害赔偿额呢？

## 第七章　TRIPS 的后四个部分

TRIPS 的第四、五、六、七部分,有些实质性内容在前文已讲清（如权利的获得与维护等），有些则是要按整个世界贸易组织的体制去运行的（如成员之间的争端解决）,还有些则是多边条约的例行条款（如过渡条款、最后条款等），值得深入研究的问题虽还有一些，但已不太多。故把它们统一归入一章之中。

## 第一节　关于协议第四部分

凡知识产权，均存在获得、维持、保护与利用（自己利用或许可与转让）四个方面问题。只是由于版权是依法自动产生，不经行政程序批准或认可，也不经行政程序维持有效，故对它只是后两个问题比较突出。商业秘密权则主要靠保密去维持，一般讲，只要符合法定条件（如知识产权协议第39条、我国《反不正当竞争法》第10条所定条件），也会自动产生和自行维持有效，它也仅面临后两个问题。

所以，在涉及“知识产权的获得与维持”部分时，协议允许成员以符合程序而作为权利获得前提的，仅指第二部分第2~6节中覆盖的知识产权，即商标权、地理标志权、工业品外观设计权、专利权与集成电路布图设计权。在这里，“维持”，指的是诸如按时交付专利年费、改变商标注册人地址时必要的登记，等等行政程序，也就是“当事人与行政主管部门之间的程序”。

此外，这一部分还突出规定了“当事人之间的程序”，这是指并非由行政主管部门依职权而撤销、审查有关专有权的程序，而是由公众中的利害关系人对权利人的产权是否应当授予提出的异议，对其既已获得的产权提出的无效请求或提起的无效诉讼，或对其既已获得的产权提出的撤销请求。

在第二部分第2~6节的几类知识产权中，如果工业品外观设计在某个成员国里只作为版权保护对象，则也不存在行政批准获得等问题。在可以靠“使用”获得商标权的国家，有时商标权也不存在这些问题。所以，协议在第62条第1款中，使用了“可”，而不是“必须”。就是说，不强制性地要求成员一定要把版权及商业秘密之外的知识产权的获得与维持，都放在符合法定程序与形式的前提之下。

在第二部分“商标”一节中，引用了巴黎公约第6条之2，以适用于服务商标。该条是指对驰名商标的特别保护。在第四部分中，再次引用了巴黎公约，不过是其中的第4条，宣布该条也适用于服务商标。这一条指的是商标注册申请中的“国际优先权”。如果一个人在巴黎公约某成员国申请了商标注册，则在6个月之内，其他任何人若再以相同的标识在相同的商品上，于任何其他成员国申请注册，均应被驳回。现在，知识产权协议又宣布把这条原则应用在服务商标的注册上了。

一旦知识产权协议对我国生效，商标注册的主管机关及申请商标注册的人就应当注意到：我国已经是巴黎公约成员，应当依巴黎公约第4条给予我国及其他成员国申请人以优先权，自不必说。如果有的国家或地区（如中国台湾地区）并非巴黎公约成员，但它的申请人在其本地申请注册之后，可能将依照知识产权协议第62条，在我国商标主管机关要求享有“国际优先权”。

在知识产权的获得及维持程序中，以及在当事人之间的异议、无效等程序中，成员也必须实行第三部分（知识产权执法）中要求的公平合理原则、不得无休止拖延原则，以及仅仅根据证据作出判决或决定等原则。

我国目前须经一定程序方能获得及维护的知识产权，仅有商标（包括服务商标）权与专利（包括工业品外观设计）权两种。法律中对它们的有关程序的规定，基本符合知识产权协议第62条。

有关商标权的程序见诸《商标法》的第二章、第三章与第五章，以及第四章中的一条。这就是：

**第二章　商标注册的申请**

第十一条　申请商标注册的，应当按规定的商品分类表填报使用商标的商品类别和商品名称。

第十二条　同一申请人在不同类别的商品上使用同一商标的，应当按商品分类表提出注册申请。

第十三条　注册商标需要在同一类的其他商品上使用的，应当另行提出注册申请。

第十四条　注册商标需要改变文字、图形的，应当重新提出注册申请。

第十五条　注册商标需要变更注册人的名义、地址或者其他注册事项的，应当提出变更申请。

## 第三章　商标注册的审查和核准

第十六条　申请注册的商标，凡符合本法有关规定的，由商标局初步审定，予以公告。

第十七条　申请注册的商标，凡不符合本法有关规定或者同他人在同一种商品或者类似商品上已经注册的或者初步审定的商标相同或者近似的，由商标局驳回申请，不予公告。

第十八条　两个或者两个以上的申请人，在同一种商品或者类似商品上，以相同或者近似的商标申请注册的，初步审定并公告申请在先的商标；同一天申请的，初步审定并公告使用在先的商标，驳回其他人的申请，不予以公告。

第十九条　对初步审定的商标，自公告之日起三个月内，任何人均可以提出异议。无异议或者经裁定异议为不能成立的，始予核准注册，发给商标注册证，并予公告；经裁定异议成立的，不予核准注册。

第二十条　国务院工商行政管理部门设立商标评审委员会，负责处理商标争议事宜。

第二十一条　对驳回申请、不予公告的商标，商标局应当书面通知申请人。申请人不服的，可以在收到通知十五天内申请复审，由商标评审委员会做出终局决定，并书面通知申请人。

第二十二条　对初步审定、予以公告的商标提出异议的，商标局应当听取异议人和申请人陈述事实和理由，经调查核实后，做出裁定。当事人不服的，可以在收到通知十五天内申请复审，由商标评审委员会做出终局裁定，并书面通知异议人和申请人。

此外还有第四章中涉及续展程序的一条：

**第四章　注册商标的进展、转让和使用许可**

第二十四条　注册商标有效期满，需要继续使用的，应当在期满前六个月内申请续展注册；在此期间未能提出申请的，可以给予六个月的宽展期。宽展期满仍未提出申请的，注销其注册商标。

每次续展注册的有效期为十年。

续展注册经核准后，予以公告。

**第五章　注册商标争议的裁定**

第二十七条　已经注册的商标，违反本法第八条规定的，或者是以欺骗手段或者其他不正当手段取得注册的，由商标局撤销该注册商标；其他单位或者个人可以请求商标评审委员会裁定撤销该注册商标。

除前款规定的情形外，对已经注册的商标有争议的，可以自该商标经核准注册之日起一年内，向商标评审委员会申请裁定。

商标评审委员会收到裁定申请后，应当通知有关当事人，并限期提出答辩。

第二十八条　对核准注册前已经提出异议并经裁定的商标，不得再以相同的事实和理由申请裁定。

第二十九条　商标评审委员会做出维持或者撤销注册商标的终局裁定后，应当书面通知有关当事人。

我国商标局在审批实践中，一般均会在申请提交后一年左右批准（或驳回），故也符合《知识产权协议》第62条所转述的第41条的要求。

我国《专利法》中，将有关程序集中规定在第三章、第四章（其中第44条系实体条款）以及第五章的46条、第47条、第48条与第49条：

## 第三章　专利的申请

第二十六条　申请发明或者实用新型专利的，应当提交请求书、说明书及其摘要和权利要求书等文件。

请求书应当写明发明或者实用新型的名称。发明人或者设计人的姓名，申请人姓名或者名称、地址，以及其他事项。

说明书应当对发明或者实用新型作出清楚、完整的说明，以所属技术领域的技术人员能够实现为准；必要的时候，应当有附图。摘要应当简要说明发明或者实用新型的技术要点。

权利要求书应当以说明书为依据，说明要求专利保护的范围。

第二十七条　申请外观设计专利的，应当提交请求书以及该外观设计的图片或者照片等文件，并且应当写明使用该外观设计的产品及其所属的类别。

第二十八条　专利局收到专利申请文件之日为申请日。如果申请文件是邮寄的，以寄出的邮戳日为申请日。

第二十九条　申请人自发明或者实用新型在外国第一次提出专利申请之日起十二个月内，或者自外观设计在外国第一次提出专利申请之日起六个月内，又在中国就相同主题提出专利申请的，依照该外国同中国签订的协议或者共同参加的国际条约，或者依照相互承认优先权的原则，可以享有优先权。

申请人自发明或者实用新型在中国第一次提出专利申请之日起十二个月内，又向专利局就相同主题提出专利申请的，可以享有优先权。

第三十条　申请人要求优先权的，应当在申请的时候提出书面声明，并且在三个月内提交第一次提出的专利申请文件的副本；未提出书面声明或者逾期未提交专利申请文件副本的，视为未要求优先权。

第三十一条　一件发明或者实用新型专利申请应当限于一项发明或者实用新型。属于一个总的发明构思的两项以上的发明或者实用新型，可以作为一件申请提出。

一件外观设计专利申请应当限于一种产品所使用的一项外观设计。用于同一类别并且成套出售或者使用的产品的两项以上的外观设计，可以作为一件申请提出。

第三十二条　申请人可以在被授予专利权之前随时撤回其专利申请。

第三十三条　申请人可以对其专利申请文件进行修改，但是，对发明和实用新型专利申请文件的修改不得超出原说明书和权利要求书记载的范围，对外观设计专利申请文件的修改不得超出原图片或者照片表示的范围。

## 第四章　专利申请的审查和批准

第三十四条　专利局收到发明专利申请后，经初步审查认为符合本法要求的，自申请日起满十八个月，即行公布。专利局可以根据申请人的请求早日公布其申请。

第三十五条　发明专利申请自申请日起三年内，专利局可以根据申请人随时提出的请求，对其申请进行实质审查；申请人无正当理由逾期不请求实质审查的，该申请即被视为撤回。

专利局认为必要的时候，可以自行对发明专利申请进行实质审查。

第三十六条　发明专利的申请人请求实质审查的时候，应当提交在申请日前与其发明有关的参考资料。

发明专利已经在外国提出过申请的，申请人请求实质审查的时候，应当提交该国为审查其申请进行检索的资料或者审查结果的资料；无正当理由不提交的，该申请即被视为撤回。

第三十七条　专利局对发明专利申请进行实质审查后，认为不符合本法规定的，应当通知申请人，要求其在指定的期限内陈述意见，或者对其申请进行修改；无正当理由逾期不答复的，该申请即被视为撤回。

第三十八条　发明专利申请经申请人陈述意见或者进行修改后，专利局仍然认为不符合本法规定的，应当予以驳回。

第三十九条　发明专利申请经实质审查没有发现驳回理由的，专利局应当作出授予发明专利权的决定，发给发明专利证书，并予以登记和公告。

第四十条　实用新型和外观设计专利申请经初步审查没有发现驳回理由的，专利局应当作出授予实用新型专利权或者外观设计专利权的决定，发给相应的专利证书，并予以登记和公告。

第四十一条　自专利局公告授予专利权之日起六个月内，任何单位或者个人认为该专利权的授予不符合本法有关规定的，都可以请求专利局撤销该专利权。

第四十二条　专利局对撤销专利权的请求进行审查，作出撤销或者维持专利权的决定，并通知请求人和专利权人。撤销专利权的决定，由专利局登记和公告。

（第四十三条在本书第四章第一节已引述过，这里不再重复）

## 第五章　专利权的期限、终止和无效

第四十六条　专利权人应当自被授予专利权的当年开始缴纳年费。

第四十七条　有下列情形之一的，专利权在期限届满前终止：

一、没有按照规定缴纳年费的；

二、专利权人以书面声明放弃其专利权的。

专利权的终止，由专利局登记和公告。

第四十八条　自专利局公告授予专利权之日起满六个月后，任何单位或者个人认为该专利权的授予不符合本法有关规定的，都可以请求专利复审委员会宣告该专利权无效。

我国专利局局长曾于1992年宣布：专利法生效的当年(1985年)提交的专利申请案，已全部处理（批准或驳回）完毕。这说明，我国专利申请案的“未决”期，没有超过7年。这也完全符合了知识产权协议第62条所转述的第41条的要求。

当然，前面评论过：如果细加分析，我国《专利法》第43条及第49条，可能不完全符合知识产权协议的要求。

此外，由于专利局内复审工作的力量相对薄弱一些，到1994年初时，已有相当大量的案件积压在复审委员会。如果在数年内不能加强这方面的力量，而我国又加入了WTO，则可能引起关贸的有关成员向“与贸易有关的知识产权理事会”告我行政机关“无保障地拖延”。所以，这一个看来只是程序上的问题，从现在起就应引起我们的足够重视了。

TRIPS在第四部分，似乎并没有把其规定的适用范围局限于专利与商标，而是广而及于一切“须经授权或注册”方可获得的权利。就是说，如果工业品外观设计、集成电路布图设计等专有权，要经过行政授权或注册方能获得，则也应适用。

这样看来，我国专利法中有关外观设计的获得与维持以及当事人之间的程序，就与TRIPS有了一定差距。

因为，外观设计专有权，在我国是由行政机关做终局决定的，无司法复审程序可言。虽然TRIPS第62条第5款认为：只要在无效诉讼中，有关的异议或撤销决定之不成立能够得到处理，就无须先经司法复审。但由于我国法律及最高人民法院的通知，规定了即使在无效诉讼中，受理外观设计纠纷的法院，也须先中止审理，转而等专利局的终局决定。所以，在这里又发生了“反致”问题。说到底，我国的外观设计获得与维护程序，不加修改仍不能符合世界贸易组织的要求。

## 第二节　防止与解决争端

协议第五部分所说的“争端”，是指成员国或成员地区之间，就知识产权保护问题产生的争端，不指权利人之间或权利人与非权利人之间的争端。

这一部分，首先要求各成员的法律、条例、可普遍适用的司法终审判决及行政终局决定，以及成员政府之间的协议，只要与知识产权有关，就都要有透明度。“透明度”实际上是防止争端产生的重要条件。

在英文中，“法律”一般指立法机关颁布的法律、法令等；“条例”则包含行政机关颁布的法规、规章。这就是说，要求具有“透明度”的，不仅仅限于法律。

所以，如果任何成员国或地区的有关行政规章作为“内部条例”实施，如果任何成员的终局行政裁决不公之于世，如果任何两个成员政府之间达成秘密的“谅解协定”，等等，就都会被视为违反知识产权协议。

协议要求：在一般情况下，上述法律或具有法律性质的文件都必须“颁布”。如果没有“颁布”的可能或必要（例如区、县法院的已成终审的判决书），则也必须使公众（即非特定人）能够得到。否则，就不视为具有透明度。

我国过去“内部规章、条例”较多。自从改革开放后，尤其从“复关”谈判（1986年）开展之后，至少在知识产权领域，已经逐步作到了使协议中规定的几类文件均能够被国内外的非特定人所获得。

协议要求的“透明度”，还不仅仅限于“颁布”。成员应进而把有关文件的内容全部通知“与贸易有关的知识产权理事会”，以便由该理事会检查执行情况，防止有的成员只颁法，不执法，“有法无天”，使知识产权的保护成为空谈。

此外，各成员均有义务在其他成员要求得到某些涉及其立法、司法情况的通知时，满足其他成员的要求。

但对“透明度”义务的履行，也并不要求损害成员国或地区的公共或私人利益。所以，在第63条第4款中，又专门对“透明度”义务做了适当的限制。

在争端解决方面，协议规定采用原关贸总协定解决争端的总机制。

原关贸总协定中解决缔约方之间争端的途径，与我们已知的大多数原有知识产权公约中“提交国际法院解决”完全不同。总协定条文要求，在缔约方之间协商解绝不成的情况下，可提交缔约方全体裁决。实际中则是由关贸总协定理事会裁决的。缔约方全体还可能（通过理事会）授权一个或一个以上缔约方，停止对某缔约方原应承担的义务。这种听起来不像“国际法院”的解决结果那么有权威性的途径，事实上对缔约方的约束力要强得多——因为它会直接影响到受制裁的缔约方的经济利益。

在乌拉圭回合结束，“缔约方”变为“世界贸易组织”的“成员”之后，该争端解决机制仍未变。

请读者特别注意乌拉圭回合最后文件的第64条与1991年邓克尔文本的重大区别。最后文件在这一条中增加了两款，即第二、第三两款。由于新增的两款与原有的一款均提及原关贸总协定第22条与第23条有关解决争端的条文,故有必要将这两条以及“东京回合”中对这两条的进一步解释转引于下，以供读者参考：

### 第22条　协　商

1. 当一缔约方对影响本协定执行的任何事项向另一缔约方提出要求时，另一缔约方应给予同情的考虑，并应给予适当的机会进行协商。

2. 经一缔约方提出请求，缔约方全体对经本条第一款协商但未达成圆满结论的任何事项，可与另一缔约方或另几个缔约方进行协商。

### 第23条　利益的丧失或损害

1. 如一缔约方认为，由于

（a）另一缔约方未能实施其对本协定所承担的义务，或

（b）另一缔约方实施某种措施（不论这一措施是否与本协定的规定有抵触），或

（c）存在着任何其他情况，

它根据本协定直接或间接可享受的利益正在丧失或受到损害，或者使本协定规定的目标的实现受到阻碍，则这一缔约方为了使问题能得到满意的调整，可以向其认为有关的缔约方提出书面请求或建议。有关缔约方对提出的请求或建议应给予同情的考虑。

2. 如有关缔约方在合理期间内尚不能达成满意的调整办法，或者困难属于第一款（c）项所述类型，这一问题可以提交缔约方全体处理。缔约方全体对此应立即进行研究，并应向它所认为的有关缔约方提出适当建议，或者酌量对此问题作出裁决。缔约方全体如认为必要，可以与缔约各方、与联合国经社理事会和任何国际机构进行协商。如缔约方全体认为情况严重以致有必要批准某缔约方斟酌实际情况对其他缔约方暂停实施本协定规定的减让或其他义务，它可以如此办理。如对一缔约方的减让或其他义务事实上已暂停实施，则这一缔约方在这项行动采取后的六十天内，可以书面通知缔约方

全体执行秘书长拟退出本协定，而自秘书长收到通知书后的六十天开始，退出应即正式生效。

此外，在“东京回合”中，还对争端解决问题作了进一步解释，即“关于关贸总协定第22条的协议”中的12、13两条：

### （东京回合协议之2）第12条　磋商

1. 当某一缔约方有理由认为另一缔约方以违背本协议规定的方式给予或维持出口补贴时，该缔约方可要求同该另一缔约方磋商。

2. 上述第1款的磋商要求应备有关于补贴的存在及其性质的现有证据的说明。

3. 当某一签约国有理由认为另一缔约方给予或维持任何补贴，而这种补贴或者对其国内工业造成损害，或者抵消或减损其从总协定中得到的利益或严重损害其利益，则该缔约方可要求同该另一缔约方举行磋商。

4. 上述第3款的磋商要求应备有下列证据，说明（1）有关补贴的存在及其性质，（2）对国内工业造成的损害，如属抵消或减损或严重损害，对要求磋商的缔约方利益造成的不利影响。

5. 一经收到上述第1款和第3款所说的磋商要求，被认为给予或维持补贴措施的缔约方应迅速进行磋商。磋商的目的应为澄清事实真相和达成相互可以接受的解决办法。

### 第13条　调解、争端的解决和经核准的反措施

1. 就第12条第1款的磋商而言，如提出磋商要求后30天内仍来达成双方可接受的解决办法，任一参加磋商的当事方均可按第六部分规定将此事提交调解委员会。

2. 就第12条第3款的磋商而言，如提出磋商要求后60天内仍未达成双方均可接受的解决办法，则任一参加磋商的当事方均可按第六部分规定将此事提交调解委员会。

3. 由本协议产生的争端若经磋商或调解得不到解决，该委员会可按照请求根据第五部分关于解决争端的程序审理此事。

4. 若审理结果使该委员会断定出口补贴是以违背本协议规定的方式给予的，或补贴是以造成损害、抵消或减损或严重损害他方利益的方式给予或维持的，则该委员会可向各当事方提出可能适合解决问题的各项建议；如各当事方不遵守这些建议，该委员会可遵照第五部分有关规定，在考虑了经查明的不利影响的程度和性质后，允许采取适当的反措施。

这些本来仅适用于有形货物国际贸易中的争端解决方式，现在统统适用于解决成员之间有关知识产权的纠纷了。

难怪世界知识产权组织在 1994 年 6 月的巴黎研讨会上，指出知识产权协议的“争端解决”，重在强调“国家之间”采取非传统方式；它与伯尔尼公约等公约的方式大不相同。伯尔尼公约仅仅在第 36 条原则性地规定:“成员国应采取必要措施保证本公约实施；”“成员应依照其国内法，实施本公约的规定”，而绝没有像知识产权协议那样具体地去规定成员应怎样去做。

如果把关贸总协定原第 22 及第 23 条与东京回合有关协议综合起来,就可以看到,世界贸易组织暨“与贸易有关的知识产权理事会”解决成员之间争端的步骤如下:

（1）磋商，并可伴之以由总干事主持的斡旋、协商及调解。

（2）如果 60 日之内争端不能解决，则任何成员均有权要求成立工作小组(Panel)以解决争端。世界贸易组织的“争端解决委员会”（DSB）在召开不超过两次会议，即应决定工作小组的成立。

（3）工作小组在 20 日内组成并确定调查内容。

（4）在 6 个月内（如情况紧急，则在 3 个月内），工作小组与争端双方并与事端之外的成员开会，进行调查、审查；同时还可以成立“专家审查小组”（Expert Review Group）。

（5）工作小组将审查报告交争端双方评论。

（6）工作小组将审查报告交“争端解决委员会”。

（7）在60日内，如果争端双方均无申诉，则“争端解决委员会”通过该报告；如果有申诉，则在90天内对申诉进行审查，并在审查后30天内通过申诉审查报告。

（8）“争端解决委员会”确定合理期限，在该期限内，监督争端双方对所通过的工作小组报告或申诉审查报告的执行。如果此时争端双方能够谈判解决问题，则可暂缓执行有关报告；如果“合理期限”届满60天，则“争端解决委员会”将授权采取报复措施。

## 第三节　过渡条款

在任何一部新制定或修订的法律或一项条约与现有的、规范同一领域关系的法律或条约相比，有了较多改变时，一般均要有一个或一些“过渡条款”，以使新、旧之间可以衔接。

例如，我国制定著作权法时，考虑到我国版权保护的从无到有，与专利、商标法的从无到有，具有一些重大差别。版权是作品创作完成后自动依法产生的，无需像专利权、商标权的产生那样由行政机关批准。所以，版权法一旦颁布，至少会在3个较大的方面引起问题：第一，颁法之前早已创作完成，依法未过保护期的作品，如何对待？第二，依原有法规（如《图书、期刊版权条例》）已进入公有领域但依本法尚未过保护期的作品，是否返回专有领域？第三，依原有法规不构成侵犯版权的行为，依本法却构成侵权（或者反过来），而对利害关系人来讲又尚未超过诉讼时效的有关版权纠纷，如何处理？已经处理过、从本法看来又显然不合理的纠纷，是否要重新处理？

这三个问题在立法时讨论过很长时间。曾有人因这些问题而担心版权法一旦颁布，会“天下大乱”。但是，由于法中的过渡条款制定基本得当,人们终于没有见到“天下大乱”的局面出现。这个“过渡条款”即版权法第55条：

本法规定的著作权人和出版者、表演者、录音录像制作者、广播电台、电视台的权利，在本法实施之日尚未超过本法规定的保护期的，依照本法予以保护。

本法施行前发生的侵权或者违约行为，依照侵权或者违约行为发生时的有关规定和政策处理。

如果人们有机会对照1986年至1990年的几次版权（著作权）法草案，可以看出在如何作过渡安排的问题上，立法者们确实下了不少功夫，过渡条款的修改也是一次比一次更成功的。当然，现有的过渡条款（第55条）仍旧有过于简单的不足。1991年后的实践表明，它仍未能将有些应规定的特殊情况规定进去。

我国1984年《专利法》于1992年修订后，提高了专利保护范围及水平，延长了保护期，于是也需要有过渡条款衔接新旧专利及新旧专利申请案中的权利。只不过该过渡条款是制定在《专利法实施细则》中的，即第96条：

本细则施行前提出的专利申请和根据该申请授予的专利权，适用根据一九九二年九月四日第七届全国人民代表大会常务委员会第二十七次会议《关于修改〈中华人民共和国专利法〉的决定》修改前的专利法的规定和一九八五年一月十九日国务院批准、一九八五年一月十九日中国专利局发布的《中华人民共和国专利法实施细则》的相应规定。但是，专利申请在本细则施行前尚未依照修改以前的专利法第三十九条、第四十条的规定公告的，该专利申请的批准和专利权的撤销、宣告无效的程序适用修改后的专利法第三十九条至

第四十四条、第四十八条的规定和本细则的相应规定。

我国《商标法》1993年修订幅度很小，主要只是增加了对服务商标的保护。所以，我国《商标法实施细则》中，也仅仅为此列了一个针对服务商标注册的过渡条款。这在前文中已经介绍过了。

在现有的两个主要的知识产权国际公约（即伯尔尼公约与巴黎公约）中，最后一条也均是“过渡条款”，而且内容都差不多。我们可以参阅一下伯尔尼公约的过渡条款：

第38条 1.凡未批准或加入此公约文本以及不受斯德哥尔摩文本第二十二至二十六条约束的本同盟成员国，如果愿意，均可在一九七五年四月二十六日前，行使上述各条规定的权利，就像受它们约束的那样。任何愿意行使上述权利的国家均可为此目的向总干事交存一份书面通知，该通知自收到之日起生效。直到上述日期为止，这些国家应视为大会成员国。

2.在本同盟成员国尚未全部成为产权组织成员国之前，产权组织国际局同时作为本同盟的局进行工作，总干事即该局局长。

3.在本同盟所有成员国均成为产权组织成员国时，本同盟局的权利、义务和财产即归属产权组织国际局。

可以看到：这一过渡条款，是因伯尔尼公约缔结在先（1886年），世界知识产权组织成立在后（1967年），为协调已有的伯尔尼公约参加国的“伯尔尼同盟”与世界知识产权组织之间的关系，才制定的。

知识产权协议中的过渡条款，重点是为适应发展中国家与最不发达国家从过去水平较低的保护向水平较高的、世界贸易组织中的水平过渡而制定的。

这里，我们应特别注意条款中对发展中国家与最不发达国家的区别规定。我国最多可能争取归入前一类，绝不可能归于后一类。发展中国家可以延迟适用知识产权协议的期限，与“计划经济向市场经济过渡的成员”是相同的。

此外，无论延期多久去适用协议，协议中关于“国民待遇”与“最惠待遇”的规定，则须立即适用。第 65 条第 4 款的“再延迟五年”的规定，虽然也是发展中国家可以援引的，但由于我国已经在 1992 年修改专利法时，把产品专利扩大到了医药产品与化工产品等技术领域，所以这一款的“延期适用”对我国已失去了意义。

在适用“过渡条款”方面，“从中央计划经济向市场自由企业经济转轨”、并且正在进行知识产权制度改革的国家，享有发展中国家的待遇，即可以延迟 5 年适用 TRIPS。

应当注意：过渡条款中所说的“延迟适用”“再延迟 5 年”（即 10 年）指自 1995 年 1 月 1 日起计算，而不是自某个国家或地区成为世界贸易组织成员之日起计算。这是在第 65 条第 1 款中讲明的。就是说，如果某个发展中国家在 2005 年方才成为世界贸易组织成员，则“过渡条款”已对它毫无意义了。

“过渡条款”中的“技术合作”，以及有关鼓励发达国家向最不发达国家进行技术转让等，则均不是强制性规定。它们仅仅是在整个 TRIPS 更有利于保护发达国家的知识产权这个总趋势下，不得不列出的一些“样子货”了。

## 第四节　机构及最后条款

知识产权协议的第七部分，相当于许多法律或条约列在最后的“附则”（也有的称为“杂项”或“其他条款”）。其内容是很难归入前面任何一部分，但又必须具备的一些条款。

其中有关“机构安排”的条款，实际只有第 68 条，即有关成立（协议前文中多次提到的）“与贸易有关的知识产权理事会”的规定。

应当说，第 68 条，在于解除人们对于世界贸易组织是否打算取代世界知识产权组织的职能问题上的疑虑。但不可否认的是：自世界贸易组织开始运转之后，许多过去仅有世界知识产权组织参加的国际会议，现在至少有世界贸易组织与世界知识产权组织两方面的代表参加了。而且，在发言中可以明显地听出两组织代表的差异。

当然，与贸易无关的知识产权问题还很多。在理论上，可能还多于与贸易有关的知识产权问题。况且，世界贸易组织的任何协议，包括 TRIPS，均不含有排斥世界知识产权组织涉足与贸易有关的知识产权问题。这样看来，可以认为 WIPO 的职能范围包含两方面内容，而世界贸易组织中的“与贸易有关的知识产权理事会”，只在其范围中包含一方面内容。可见世界知识产权组织的作用仍旧不可取消，也不可低估。

在我国，以及在一些其他国家，TRIPS 并不涉及或被 TRIPS 明文排除的知识产权问题，依然大量存在着。例如：在越来越多的国家（包括英美法系国家）从不保护作者的精神权利向保护这项权利“转轨”的今天，我国居然有人主张取消精神权利的保护，乃至取消这个概念，原因是他们对此“说不清楚”。

在广告宣传虽已越来越被国内企业所重视、积极采用的同时，包括一些学者、司法人员在内的相当一部分人，仍旧分不清广告内容（可能享有知识产权）与广告所宣传的商品或服务（也可能享有知识产权）的区别。有的论文立论的基础在于：提供广告所付出的劳动，与提供有关商品或服务所付出的劳动之间是画等号的。根据这样的前提，必然产生司法中的误判。

在我国专利领域（而在其他国多不在专利领域）的外观设计，侵权认定时应以用户（或消费者）对原告、被告产品的观感为准，还是以专家将外观设计申请案中的图形与被告产品比较为准？不少专家及司法人员多年一直选择了前者，而须知前者是将外观设计作为版权保护对象时的侵权认定途径。应当选择后者的理由很简单：同一专利法保护下的发明、实用新型，都以后一方式认定或否定侵权，不应对外观设计给予特殊待遇。

诸如此类的问题还很多，远不是 TRIPS 所能覆盖得了的。

在知识产权领域，与贸易实践相结合研究问题固然不可忽视，弄清与贸易有关或无关的基本理论问题，也是不可缺的。正如在其他应用法学领域同样不可缺少对基础理论的研究一样。

在 TRIPS 最后条款中的第 69 条中，重申了（而且更加明确了）成员们缔结这一协议的目的，在于“消灭侵犯知识产权的国际商品贸易”。这又一次证实了我在前面论及协议标题的译法时的意见。“假冒商品贸易”是被包括在国际商品“贸易”中,而不是被包括在“知识产权”中的。

同时，在这里又一次强调了各成员打击的重点是“假冒商标的商品及盗版商品”。

“消灭侵犯知识产权的国际商品贸易”，是总的目标，也是合法从事贸易的知识产权持有人的共同愿望。正是为此，世界贸易组织的成员们应加强合作。

但如果把“消灭侵权”作为某国或某地在某一特定时间内的具体任务，则又是不现实的。因为，我们只可能向“消灭侵权”迈进，而不可能在特定时间里完成这项任务。

在 1994~1995 年的中美知识产权谈判中，美方在其原协议方案中，正是要求中方在特定时间内（从 6 个月到 5 年），“消灭侵权”。我们只想反问一句：“在这段时间里，美国自己能消灭在美国发生的侵权吗？”对方就明白了自己所提要求的荒谬性。最后，协议中采用“打击侵权”取代“消灭侵权”的提法,又在总目标中保留了“消灭侵权”的愿望，则是合理的。

还是这个第69条，也曾成为中美达成另一条协议的基础。美方在谈判开始时，曾要求中方随时将打击侵权（主要是对美国音像制品的盗版活动及假冒商标活动）的情况通报美方。中方代表则引用TRIPS第69条，提出应是双方随时交换有关打击侵权的信息，而不是一方向另一方通报。由于这是白纸黑字写在TRIPS上的。而且，中国当时不是世界贸易组织成员，尚且愿意按该组织的知识产权协议行事。美国已是该组织成员，更无理由在协议之外别出心裁。最后美方也只能接受了中方的提议。

TRIPS第70条的标题，又常是条约或外国法律条文翻译中的一个难点。“Subject-Matter”在英汉辞典上是“主题、项目、内容”等等。在一般文学作品中，照辞典的范例去译并不错。但在法律用语中，一般的辞典只给译者指示一个方向。有许多词，尤其是法律术语，是无法从辞典上照搬的。“Subject”虽与“Object”相对应，有“主观”的意思，但讲到知识产权领域受保护的“Subject-Matter”，其本意恰恰是指受保护的“客体”。早在1979年，我第一次接触知识产权法的外国法条及条约，即翻译世界知识产权组织的“80国商标法概要”时，经多方求教并参考各种辞典，决定译成“受保护客体”。15年后翻译这份协议时，仍感到这个译法是比较恰当的。

第70条第1款所讲的，与我国《著作权法》第55条后半部所讲的该法生效前发生的版权纠纷不适用该法，是一个意思。如果没有这一款，权利人拿了协议，要求对过去被认定为部分侵权的行为重新认定为全部侵权，或要求对过去否认属侵权的行为重新确认为侵权，就会扰乱了社会秩序，也会有失公平。但接下去的一款（第2款）又讲道：只要原先已产生的受保护客体符合协议规定的条件，成员就有义务在适用协议后仍旧保护它们。这就是说，不能因第1款排除了以前发生的行为，就把以前创作出的智力成果（仍符合受保护条件的）也一并排除出去不管了。这一款又相当于我国《著作权法》第 55 条前半部分所讲的，过去的创作成果未超过保护期的，仍“依照本法予以保护”。可见不同国家的立法者及条约起草者，在对待以往的行为与以往产生的知识产权客体上，意见是完全一致的。

这一款还重申了在第二部分保护邻接权的条款中已经申明过的对录音制品的保护，适用伯尔尼公约的“追溯力”条款，而不能适用录音制品公约的“无追溯力”条款。在这里，尤其强调了无论是作品中的作者权，还是体现在录音制品中的录制者权与表演者权，一概应予追溯保护。

如果粗一看,读者可能感到这一款（第 2 款）与第 3 款是矛盾的。第 2 款要求追溯保护，第 3 款又讲“成员无义务保护已进入公有领域的原有受保护客体”，这是什么意思呢?

原来，伯尔尼公约第 18 条的“追溯力”，亦即协议第 70 条第 2 款援引的追溯力原则，指的是在某个国家适用协议之前，在该国已进入公有领域，但在客体的来源国仍处于专有领域，同时在非来源国也尚未超过保护期的情况。对这种情况，该成员国必须改变原先的不保护状态，追溯为保护状态。第 3 所讲的则是依照某成员现有法律的保护条件，该客体已经不应该再受保护，甚至该客体在其来源国都已经不再受保护的情况。

例如，美国作家哈里创作的《根》一书，我国译成中译本时，我国与美国尚无互相保护版权的协定，也未同受一个版权公约的约束。所以，那时《根》在我国处于不受保护的公有领域。但 1992 年之后,《根》在其来源国美国仍处于享有版权的状态。依我国著作权法，哈里死后也远远不到 50 年。这样，我国就必须改过去不保护《根》这部作品的状态为保护它,“追溯承认”它在我国享有版权。《根》的中译本如果再版或重印，均须获得美国版权人的许可了。这就属于第 70 条第 2 款所指的情况。但对于马克·吐温(1910 年去世)的任何小说，我国过去不保护，现在和今后也无需去追溯保护，它属于第 70 条第 3 款所指的那种进入公有领域的情况。

TRIPS 第 70 条第 4 款，指的是对在先使用的法定许可。这种法定许可之所以没有在协议第二部分述及各种知识产权保护的实体条款“权利限制”中去讲，一是因其具有“附则”或“最后条款”的补充说明性质，二是因为它涉及不止一种知识产权。它可能涉及版权、有关权、外观设计权、专利权、地理标志权、集成电路布图设计权（但不大可能涉及商标权或商业秘密权）。与此相似的例子，也会存在于其他公约对某个国家从不适用到适用的“转轨”时期。例如，我国开始适用《保护文学艺术作品伯尔尼公约》的 1992 年 10 月，不少出版社按过去自由翻译出版日本、英国等国家依伯尔尼公约享有版权、依中国法尚不受保护的作品。它们为支付翻译费、校审费、排版费、征订、印刷、装订等，已作了大量投资。到适用伯尔尼公约之日，刚好处于图书上市阶段，或已经在市场上销售。这时如果“一刀切”地要求它们全部停下来，再去征得版权人的许可后，方继续销售。倘得不到许可则永远停止销售，必然给中国出版者带来不合理的损失。从这个意义上看，国家版权局 1993 年第 28 号文（即要求各出版社已有的涉及外国版权人作品的“特定物”，可以销到 1993 年 10 月），与 TRIPS 第 70 条第 4 款的原则是一致的。

在中美 1994~1995 年知识产权谈判初期与中期，美方代表曾多次提出要中方撤销 28 号文，认为它违背版权国际保护原则。而 1995 年 2 月重开最后一轮谈判时，美方则主动取消了上述要求。我认为这是美方代表在谈判过程中，逐步认清了中国国家版权局的文件与 TRIPS 原则的一致性，也应当承认这是对方的一个进步。

第 70 条第 4 款很难适用于世界贸易组织的新成员“在先使用”

某个商标的情况。因为，在新成员国内（或地区内）原已使用的商标，如果被已有成员的驰名商标排斥出专有领域，则无论依《保护工业产权巴黎公约》，还是依TRIPS的第16条，它都不可能被允许继续使用——无论在先使用人进行了怎样的投资；而如果已有成员的商标未被认定为驰名商标，因而不可排斥新成员已使用着的商标，则又谈不上后者的使用“构成侵权”，谈不上后者向前者支付“公平的使用费”。

第70条第4款也不大可能适用于商业秘密。因为各自独立地获得的商业秘密，是互不排斥的。况且，如果新成员已就利用某一技术投入大量资金，而该技术在新成员域内不属专有领域的技术，则依照TRIPS第39条第2款的条件，已有成员持有的该项技术也将不会被当作商业秘密对待。

对我国的行政主管部门及许多提供计算机软件、影视及音像服务的企业来讲，具有特别重要意义的，是TRIPS第70条第5款。

把这一款译成人们一读就懂的话，应当是：在中国进入世界贸易组织之前，任何企业或单位已购买的任何外国计算机软件、电影片、录音制品或录像制品（无论所购买的是原件还是合法的复制件），都有权用于出租，而无需取得权利人许可。这种出租活动在中国进入世界贸易组织之后，也仍是合法的。

不过，在日后中国企业如果真的需要依照这一条款享有出租方面的优惠待遇，就有必要对中国《著作权法》的1991年实施条例第5条（5）项作出合理解释了。

如果把这一条解释为中国在进入世界贸易组织之前，法律已经授予了权利人以出租权，则TRIPS第65条第5款不允许新成员为享有优惠待遇而降低已有的保护——只要该保护符合TRIPS的原则。而中国《著作权法实施条例》第5条（5）项显然是符合TRIPS原则的。这样一来，中国有关企业就很难在 TRIPS 第 70 条第 5 款中找到好处了。

但道路又没有完全被堵死，如果细分析一下，可以看到：中国《著作权法实施条例》第 5 条（5）项只给了“作品”（版权保护客体）以出租权，并未赋予音像“制品”（有关权保护客体）以出租权。而 TRIPS 第 14 条所指的出租权，是“制品”的制作者享有的。中国既然在进入世界贸易组织前并未依法保护这一侧面的出租权，进入之后也就不妨碍音像制品的出租者继续出租了。

当然，即使按照这种解释真正可行的话，也应注意：那些买了盗版音像制品而出租之人，仍旧是侵权人；而且这种侵权人不可能依照 TRIPS 第 70 条的任何一款免责或减轻侵权责任。

第 70 条第 6 款提到了 TRIPS 第 31 条。该条主要内容是：如果从限制专利权人的权利出发，由政府主管部门颁发强制许可证或其他非权利人的自愿许可，均须符合多达 12 项的要求。

在大多数国家，尤其是发展中国家，对于强制许可虽然均规定了一些前提条件，但都不像 TRIPS 第 31 条规定得那样细致和那样严格。所以，一旦某个原无此类严格规定的国家进入世界贸易组织，其进入前已由主管部门颁发的专利强制许可证，是否继续有效呢？第 70 条第 6 款的答案是，继续有效。不仅如此，如果该成员在进入世界贸易组织前专门对某些技术领域的专利颁发非自愿许可证，则在进入该组织后，有关专利的持有人也无权依照 TRIPS 第 27 条指责该成员因技术领域而“歧视”其专利权。

TRIPS 第 70 条第 7 款、第 8 款对我国将不会有太大影响。因为，我国在 1992 年就已经使我国专利保护在权利范围及受保护客体上，提高到了 TRIPS 的标准。一旦进入世界贸易组织，也不会再有什么与目前不同的“提高后的保护”了。当然，如果把我国“植物新品种”

列入专利法保护范围，则另当别论。只是在目前我国一直考虑把这种保护放在农业主管部门的专门条例中。

第70条的第8款（1）项在协议的最后文本中，已修改得与1991年邓克尔文本完全不同了。旧文本是“均应从本协议生效之日起，规定出使上述发明的专利申请案可被提交的措施”。新文本则是：“不论上文第六部分（过渡条款）如何规定，均应自‘建立世界贸易组织协定’生效之日起，规定出使上述发明的专利申请案可被提交的措施”。

第70条第9款是个非常重要的款项。从实践意义上讲，它开了一个特例，即在该款所指的特殊场合，应当保护在外国取得了专利、而在本国未获专利的发明！这岂不是部分否认了专利的地域性吗？不错，正是如此。在1992年初达成协议的中美知识产权谈判中，中方也提出过这个问题，但美方坚持在这时“只讲实践，不讲理论”了。可以认为，这一款也正是美国的关贸谈判代表所坚持的。从理论意义上讲，这一款中实际讲到了“专利申请案中的权利”。这一理论问题在前面第二章的“专利”一节已展开讲解过。如果我国的专利法（以及日本及中国台湾地区“专利法”）仍坚持“专利申请权”这个概念，它们与国际条约中的理论就很难合拍了。

我国有不少人，虽然在多次国际交往中，多次听到所谓专利申请案中专有权的“行政保护”“管道保护”等等，在理论上也曾坚持自己的正确意见，不同意某些国家“打破专利地域性”的做法，但始终没有把这些概念与我国专利法中欠妥的“专利申请权”相联系。1993年之后，依照1992年《中美知识产权谅解备忘录》，我国医药、化工行政管理部门所实施的《药品行政保护条例》及《农业化学物质产品行政保护条例》，正是在于保护一部分外国人的，在外国的“专利申请案中的权利”。

在1995年7月至8月的萨尔茨堡国际知识产权研讨会上，印度孟买的一位律师哈伯卡(Hebalkar)曾向我问道:“中国是否考虑过，像保护民间文学那样，保护在中国已不再可能受专利法保护的民间医药（诸如蒙医蒙药、藏医藏药、中医中药）等等。为什么发达国家可以要求‘管道保护’，发展中国家就不可以相应增加对自己强项智力成果的特殊保护呢？”我认为他的提议很有道理，确实是个值得研究的问题。

第71条第2款，与旧文本相比，也作了很大的改动，增加了很多内容。它们都是有关修订协议的程序问题。在可以预见的时期内，与读者关系还不大，故这里不去详述了。

现有的巴黎公约及伯尔尼公约，均允许成员国对某些条款声明保留。知识产权协议则一般不允许任何保留。除非某一成员的保留经其他全体成员一致同意了。这是规定在协议第70条中的。但如果仔细分析，又可以看出这一条竟然不是强制性的。它使用的是“May not”而不是“Shall not”。在已有的禁止保留的公约中，这种条款一般都是“不得”保留，而不是“可以”或“不可以”。例如，世界版权公约是个不允许保留的公约。它的第20条就明明白白地写着:“Reservations to this Convention shall not be permitted”。

难道知识产权协议还给成员“保留”某些条款不予执行留下一条小小的通道吗？这是可能的。而且，有些早已参加了关贸总协定的国家一直就在实践中保留了某些条款不执行。例如，美国在国际贸易中常引用“特别301”或“超级301”条款，单方面声称要制裁其他国家。这就没有遵守关贸总协定第22条、第23条有关“多边解决”（即提交理事会）的规定。难怪1994年3月，当克林顿宣布要重新起用“超级301”条款制裁日本时，日本立即指责美国违反关贸总协定。1995年5月，当美国真的列入对日本“贸易制裁”

的清单时，日本也就真的向世界贸易组织控告美国了。这成为世界贸易组织开始运转之后遇到的第一起成员间的纠纷争议。

在我国进入世界贸易组织之后，美国如果认为我国保护知识产权有不力之处，也应依知识产权协议的争端解决程序。如果届时它仍通过单方面将中国列入“特别 301 条款”的制裁对象，我们能否指责它违反协议？这就真的需要我们来研究协议的后四个部分了。

## 公约译文

# 世界贸易组织协定中《与贸易有关的知识产权协议》*

## 目　录

第一部分　总条款与基本原则

第二部分　有关知识产权的效力、范围及利用的标准

1. 版权与有关权
2. 商标
3. 地理标志
4. 工业品外观设计
5. 专利
6. 集成电路布图设计（拓扑图）
7. 未披露过的信息的保护
8. 协议许可证中对限制竞争行为的控制

---

* 译文来自郑成思著:《世界贸易组织与贸易有关的知识产权》，中国人民大学出版社 1996 年版，第 309~346 页。

第三部分　知识产权执法

1. 总义务

2. 民事与行政程序及救济

3. 临时措施

4. 有关边境措施的专门要求

5. 刑事程序

第四部分　知识产权的获得与维持及有关当事人之间的程序

第五部分　争端的防止与解决

第六部分　过渡协议

第七部分　机构安排；最后条款

全体成员：

期望着减少国际贸易中的扭曲与阻力，考虑到有必要促进对知识产权充分、有效的保护，保证知识产权执法的措施与程序不至于变成合法贸易的障碍；

认识到欲达此目的，有必要制定与下列内容有关的新规则与制裁措施：

（a）1994 年“关税与贸易总协定”的基本原则及有关知识产权的国际协议或公约的基本原则的可适用程度；

（b）涉及与贸易有关的知识产权的效力、范围及利用的适当标准与原则的规定；

（c）涉及与贸易有关的知识产权执法的有效与恰当的措施规定，并顾及各国法律制度的差异；

（d）以多边方式防止及解决政府间争端的有效及快速程序规定；

（e）目的在于全面接受谈判结果的过渡安排；

承认为处理国际假冒商品贸易而在原则、规则、纪律上建立多边结构的必要性；

承认知识产权为私权；

承认保护知识产权的诸国内制度中被强调的保护公共利益的目的，包括发展目的与技术目的；

也承认最不发达的国家成员在其域内的法律及条例的实施上享有最高灵活性的特殊需要，以使之能建立起健全、可行的技术基础；

强调通过多边程序解决与贸易有关的知识产权争端，从而缓解紧张的重要性；

期望着在世界贸易组织与世界知识产权组织及其他有关国际组织之间建立相互支持的关系；

就此达成如下协议：

## 第一部分　总条款与基本原则

### 第 1 条　成员义务的性质与范围

1. 成员均应使本协议的规定生效。成员可在其域内法中，规定宽于本协议要求的保护，只要其不违反本协议，但成员亦无义务非作这类规定不可。成员有自由确定以其域内法律制度及实践实施本协议的恰当方式。

2. 对于本协议，“知识产权”术语，系指第二部分第 1 至第 7 节中所包括的所有类别的知识产权。

3. 成员均应将本协议提供的待遇，赋予其他成员的国民。[①] 对有关的知识产权，“其他成员的国民”应理解为合乎巴黎公约 1967 年文本、伯尔尼公约 1971 年文本、罗马公约及集成电路知识产权条

① 本协议所说“国民”，在世界贸易组织的成员是“独立关税区”的情况下，系指居住于该区内或在该区内有实际有效之工商营业所的自然人或法人。

约所规定的标准，从而可享有保护的自然人或法人，[①] 就此而言，世界贸易组织的全体成员亦应视为上述公约的全体成员。任何可能适用罗马公约第5条第3款或第6条第2款的成员，应依照规定通知“与贸易有关的知识产权理事会”。

### 第2条　知识产权公约

1. 就本协议第二、第三及第四部分而言，全体成员均应符合巴黎公约1967年文本第1条至第12条及第19条之规定。

2. 本协议第一至四部分之所有规定，均不得有损于成员之间依照巴黎公约、伯尔尼公约、罗马公约及集成电路知识产权条约已经承担的现有义务。

### 第3条　国民待遇

1. 除巴黎公约1967年文本、伯尔尼公约1971年文本、罗马公约及集成电路知识产权条约已规定的例外，各成员在知识产权保护上，[②] 对其他成员之国民提供的待遇，不得低于其本国国民。就表演者、录音制品制作者及广播组织而言，该义务仅适用于本协议所提供的权利。任何成员如果可能适用伯尔尼公约第6条或罗马公约第16条第1款（b）项者，应依照规定通知“与贸易有关的知识产权理事会”。

2. 在司法与行政程序方面，包括在某成员司法管辖范围内，服务地址的确定或代理人的指定，成员均可自行适用本条第1款允许

---

① 在本协议中，“巴黎公约”系指“保护工业产权巴黎公约”；“巴黎公约1967年文本”系指1967年7月14日该公约之斯德哥尔摩文本。“伯尔尼公约”系指“保护文学艺术作品伯尔尼公约”；“伯尔尼公约1971年文本”系指1971年7月24日该公约之巴黎文本。“罗马公约”系指1961年10月26日在罗马通过的“保护表演者、录音制品制作者与广播组织国际公约”。“集成电路知识产权条约”系指1989年5月26日在华盛顿通过的该条约。

② 就本协议第3条、第4条而言，所谓“保护”，既应包括涉及本协议专指之知识产权之利用的事宜，也应包括涉及知识产权之效力、获得、范围、维护及行使的诸项事宜。

之例外，只要其为确保不违背本协议之法律及条例的实施所必需，只要其未以构成潜在性贸易限制的方式去应用。

第 4 条　最惠国待遇

在知识产权保护上，某一成员提供其他国国民的任何利益、优惠、特权或豁免，均应立即无条件地适用于全体其他成员之国民。但一成员提供其他国国民的任何下述利益、优惠、特权或豁免，不在其列：

（a）由一般性司法协助及法律实施的国际协定引申出且并非专为保护知识产权的；

（b）伯尔尼公约 1971 年文本或罗马公约所允许的不按国民待遇、而按互惠原则提供的；

（c）本协议中未加规定的表演者权、录音制品制作者权及广播组织权；

（d）"建立世界贸易组织协定"生效之前业已生效的知识产权保护国际协议中产生的，且已将该协议通知"与贸易有关的知识产权理事会"，并对其他成员之国民不构成随意的或不公平的歧视。

第 5 条　获得或维持保护的多边协议

上述第 3 条至第 4 条之义务，不适用于由世界知识产权组织主持缔结的多边协议中有关获得或维持知识产权的程序。

第 6 条　权利穷竭

在符合上述第 3 条至第 4 条的前提下，在依照本协议而进行的争端解决中，不得借本协议的任何条款，去涉及知识产权权利穷竭问题。

第 7 条　目　标

知识产权的保护与权利行使，目的应在于促进技术的革新、技术的转让与技术的传播，以有利于社会及经济福利的方式去促进技术知识的生产者与使用者互利，并促进权利与义务的平衡。

第8条 原 则

1. 成员可在其国内法律及条例的制定或修订中，采取必要措施以保护公众的健康与发展，以增加对其社会经济与技术发展至关紧要之领域中的公益，只要该措施与本协议的规定一致。

2. 可采取适当措施防止权利持有人滥用知识产权，防止借助国际技术转让中的不合理限制贸易行为或消极影响的行为，只要该措施与本协议的规定一致。

## 第二部分 有关知识产权的效力、范围及利用的标准

### 第1节 版权与有关权

第9条 与伯尔尼公约的关系

1. 全体成员均应遵守伯尔尼公约1971年文本第1条至第21条及公约附录。但对于伯尔尼公约第6条之2规定之权利或对于从该条引申的权利，成员应依本协议而免除权利或义务。

2. 版权保护应延及表达，而不延及思想、工艺、操作方法或数学概念之类。

第10条 计算机程序与数据的汇编

1. 无论以源代码或以目标代码表达的计算机程序，均应作为伯尔尼公约1971年文本所指的文字作品给予保护。

2. 数据或其他材料的汇编，无论采用机器可读形式还是其他形式，只要其内容的选择或安排构成智力创作，即应予以保护。这类不延及数据或材料本身的保护，不得损害数据或材料本身已有的版权。

第11条 出租权

至少对于计算机程序及电影作品，成员应授权其作者或作者之合法继承人许可或禁止将其享有版权的作品原件或复制件向公众进行商业性出租。对于电影作品，成员可不承担授予出租权之义务，

除非有关的出租已导致对作品的广泛复制，其复制程度又严重损害了成员授予作者或作者之合法继承人的复制专有权。对于计算机程序，如果有关程序本身并非出租的主要标的，则不适用本条义务。

第 12 条 保护期

除摄影作品或实用艺术作品外，如果某作品的保护期并非按自然人有生之年计算，则保护期不得少于经许可而出版之年年终起 50 年，如果作品自完成起 50 年内未被许可出版，则保护期应不少于作品完成之年年终起 50 年。

第 13 条 限制与例外

全体成员均应将专有权的限制或例外局限于一定特例中，该特例应不与作品的正常利用冲突，也不应不合理地损害权利持有人的合法利益。

第 14 条 对表演者、录音制品制作者及广播组织的保护

1. 对于将表演者的表演固定于录音制品的情况，表演者应有可能制止未经其许可而为的下列行为：对其尚未固定的表演加以固定，以及将已经固定的内容加以复制。表演者还应有可能制止未经其许可而为的下列行为：以无线方式向公众广播其现场表演，向公众传播其现场表演。

2. 录音制品制作者应享有权利许可或禁止对其作品的直接或间接复制。

3. 广播组织应享有权利禁止未经其许可而为的下列行为：将其广播以无线方式重播，将其广播固定，将已固定的内容复制，以及通过同样方式将其电视广播向公众传播。如果某些成员不授予广播组织上述权利，则应依照伯尔尼公约 1971 年文本，使对有关广播之内容享有版权之人，有可能制止上述行为。

4. 本协议第 11 条有关计算机程序之规定，原则上适用于录音

制品制作者，适用于成员域内法所确认的录音制品的任何其他权利持有人。在部长级会议结束乌拉圭回合多边贸易谈判之日，如果某成员已实施了给权利持有人以公平报酬的制度，则可以维持其制度不变，只要在该制度下录音制品的商业性出租不产生实质性损害权利持有人的复制专有权的后果。

5. 依照本协议而使表演者及录音制品制作者享有的保护期至少应当自有关的固定或表演发生之年年终延续到第 50 年年终。而本条第 3 款所提供的保护期则应自有关广播被播出之年年终起至少 20 年。

6. 任何成员均可在罗马公约允许的范围内，对本条第 1 款至第 3 款提供的权利规定条件、限制、例外及保留。但伯尔尼公约 1971 年文本第 18 条应在原则上适用于表演者权及录音制品制作者权。

## 第 2 节　商　标

### 第 15 条　可保护的客体

1. 任何能够将一企业的商品或服务与其他企业的商品或服务区分开的标记或标记组合，均应能够构成商标。这类标记，尤其是文字（包括人名）字母、数字、图形要素、色彩的组合，以及上述内容的任何组合，均应能够作为商标获得注册。即使有的标记本来不能区分有关商品或服务，成员亦可依据其经过使用而获得的识别性，确认其可否注册。成员可要求把“标记应系视觉可感知”作为注册条件。

2. 不得将上述第 1 款理解为阻止成员依其他理由拒绝为某些商标注册，只要该其他理由未背离巴黎公约 1967 年文本的规定。

3. 成员可将“使用”作为可注册的依据，但不得将商标的实际使用作为提交注册申请的条件，不得仅因为自申请日起未满 3 年期不主动使用而驳回注册申请。

4. 申请注册的商标所标示的商品或服务的性质，在任何情况下均不应成为该商标获得注册的障碍。

5. 在有关商标获注册之前或即在注册之后，成员应予以公告，并应提供请求撤销该注册的合理机会。此外，成员还可提供对商标的注册提出异议的机会。

### 第 16 条　所授予的权利

1. 注册商标所有人应享有专有权防止任何第三方未经许可而在贸易活动中使用与注册商标相同或近似的标记去标示相同或类似的商品或服务，以造成混淆的可能。如果确将相同标记用于相同商标或服务，即应推定已有混淆之虞。上述权利不得损害任何已有的在先权，也不得影响成员依使用而确认权利效力的可能。

2. 巴黎公约 1967 年文本第 6 条之 2，原则上适用于服务。确认某商标是否系驰名商标，应顾及有关公众对其知晓程度，包括在该成员地域内因宣传该商标而使公众知晓的程度。

3. 巴黎公约 1967 年文本第 6 条之 2，原则上适用于与注册商标所标示的商品或服务不类似的商品或服务，只要一旦在不类似的商品或服务上使用该商标，即会暗示该商品或服务与注册商标所有人存在某种联系，从而注册商标所有人的利益可能因此受损。

### 第 17 条　例　外

成员可规定商标权的有限例外，诸如对说明性词汇的合理使用之类，只要这种例外顾及了商标所有人及第三方的合法利益。

### 第 18 条　保护期

商标的首期注册及各次续展注册的保护期，均不得少于 7 年。商标的续展注册次数应系无限次。

### 第 19 条　使用要求

1. 如果要将使用作为保持注册的前提，则只有至少 3 年连续不使用，商标所有人又未出示妨碍使用的有效理由，方可撤销其注册。

如果因不依赖商标所有人意愿的情况而构成使用商标的障碍，诸如进口限制或政府对该商标所标示的商品或服务的其他要求，则应承认其为“不使用”的有效理由。

2. 在商标受其所有人控制时，他人对商标的使用，亦应承认其属于为了保持注册所要求的使用。

第 20 条　其他要求

商标在贸易中的使用不得被不合理的特殊要求所干扰，诸如要求与其他商标共同使用、以特殊形式使用或以不利于商标将一企业的商品或服务与其他企业区分开的方式使用。本规定不排除在使用某商标以区分不同企业之商品或服务的同时，要求使用另一商标来区别同一企业的特殊商品或服务。但这两个商标之间未必有联系。

第 21 条　许可与转让

成员可确定商标的许可与转让条件；而“确定条件”应理解为不得采用商标强制许可制度，同时，注册商标所有人有权连同或不连同商标所属的经营一道，转让其商标。

## 第 3 节　地理标志

第 22 条　地理标志的保护

1. 本协议的地理标志，系指下列标志：其标示出某商品来源于某成员地域内，或来源于该地域中的某地区或某地方，该商品的特定质量、信誉或其他特征，主要与该地理来源相关联。

2. 在地理标志方面，成员应提供法律措施以使利害关系人阻止下列行为：

（a）不论以任何方式，在商品的称谓或表达上，明示或暗示有关商品来源于并非其真正来源地，并足以使公众对该商品来源误认的；

（b）不论以任何使用方式，如依照巴黎公约 1967 年文本第 10 条之 2，则将构成不正当竞争的。

3. 如果某商标中包含有或组合有商品的地理标志，而该商品并非来源于该标志所标示的地域，于是在该商标中使用该标志来标示商品，在该成员地域内即具有误导公众不去认明真正来源地的性质，则如果立法允许，该成员应依职权驳回或撤销该商标的注册，或者依一方利害关系人的请求驳回或撤销该商标的注册。

4. 如果某地理标志虽然逐字真实指明商品之来源地域、地区或地方，但仍误导公众以为该商品来源于另一地域，则亦应适用本条以上三款。

第 23 条　对葡萄酒与白酒地理标志的补充保护

1. 各成员均应为利害关系人提供法律措施，以制止用地理标志去标示并非来源于该标志所指的地方的葡萄酒或白酒，即使在这种场合也同时标出了商品的真正来源地，即使该地理标志使用的是翻译文字，或即使伴有某某“种”、某某“型”、某某“式”“类”某某，或相同的表达方式，[①] 也均在制止之列。

2 如果某葡萄酒或白酒的商标中包含有或组合有标示该酒的地理标志，则对于所标示者并非该酒之来源地的商标，如果域内立法允许，成员应依职权驳回或撤销该商标的注册，或应根据一方利害关系人的请求，驳回或撤销该商标的注册。

3. 在遵守上述第 22 条第 4 款的前提下，如果诸多葡萄酒使用同音字或同形字的地理标志，则保护应及于每一标志。各成员均应在顾及确保给有关生产者以平等待遇而且不误导消费者的情况下，确定出将有关同音字或同形字地理标志之间区别开的实际条件。

4. 为有利葡萄酒地理标志的保护，应在“与贸易有关的知识产

---

① 虽然本协议第 42 条第一句规定了应采用民事程序，但成员在履行此项义务时，可以不采用民事程序而采用行政程序。

权理事会”中举行谈判，以建立葡萄酒地理标志通告及注册的多边体系，使加入该体系的成员在保护地理标志方面可利用该体系。

第 24 条　国际谈判；例外

1. 全体成员同意：进行目的在于依上述第 23 条加强保护各个地理标志的谈判。成员不得借本条第 4 款至第 8 款的规定拒绝谈判或拒绝缔结双边或多边协议。在谈判中，全体成员均应自动顾及本条第 4 款至第 8 款对原先曾经是谈判对象的各地理标志的继续适用程度。

2. “与贸易有关的知识产权理事会”应经常对本节规定的实施进行审查，首次审查应在“建立世界贸易组织协定”生效起两年之内。凡影响履行依本节规定产生之义务的任何事宜，均可送审理事会。在有关事宜已经不可能通过相关成员双边或多边协商获满意结果时，根据某一成员请求，理事会应当就该事宜与一方或多方成员协商。理事会应采取可能达成一致的行动，促使实现及发展本节要达到的目的。

3. 成员在实施本节规定时，不得降低“建立世界贸易组织协定”生效日临近前业已存在的该成员保护地理标志的水平。

4. 如果某成员之国民或居民已连续在该成员地域内，于相同或有关的葡萄酒或白酒商品或服务上，使用了另一成员用于标示有关商品或服务的地理标志，同时，其于部长级会议结束乌拉圭回合谈判之前已使用至少 10 年，或在该日前系善意使用，则本节之任何规定均不应要求该成员制止其继续以同样方式使用。

5. 如果在某成员适用下文第六部分规定之前或在有关地理标志于来源国获得保护之前，某商标已善意申请或获得注册，或已通过善意使用获商标权，则本节措施的实施不得因该商标与某地理标志相同或近似，而损害该商标注册的利益或效力，或损害该商标的使用权。

6. 如果某成员在其地域内的商品或服务上以惯用的通常语文作为通常名称使用时，与其他成员地理标志相同，则本节并不要求该成员适用本节之规定。如果在“建立世界贸易组织协定”生效之日，某成员地域内已有的葡萄品种的惯用名称与其他成员葡萄酒产品之地理标志相同，则本节并不要求该成员适用本节之规定。

7. 成员可作出规定：依本节而提出的任何有关（将地理标志作为商标）使用或注册的请求，均须在受保护的地理标志不被作为地理标志使用在该成员域内已经为人所共知之后的5年内提出，如果该商标在注册之日已被公布，并且公布之日早于上述“人所共知”之日，则须在该商标注册后5年内提出，只要对该地理标志的使用或注册不是恶意的。

8. 本节不得损害任何人在贸易活动中对其姓名或其继续用之营业名称的使用权，但若以误导公众的方式使用，则不在其列。

9. 对于在其来源国不受保护或中止保护的地理标志或在来源国已废止使用的地理标志，依本协议无保护义务。

## 第4节　工业品外观设计

### 第25条　保护要求

1. 对独立创作的、具有新颖性或原创性的工业品外观设计，全体成员均应提供保护。成员可以规定：非新颖或非原创，系指某外观设计与已知设计或已知设计特征之组合相比，无明显区别。成员可以规定：外观设计之保护，不得延及主要由技术因素或功能因素构成的设计。

2. 各成员应保证其对保护纺织品外观设计的要求，特别是对成本、检验或公布的要求，不至于不合理地损害求得保护的机会。成员有自由选择用工业品外观设计法或用版权法去履行本款义务。

### 第 26 条 保 护

1. 受保护的工业品外观设计所有人，应有权制止第三方未经许可而为商业目的制造、销售或进口带有或体现有受保护设计的复制品或实质性复制品之物品。

2. 成员可对工业品外观设计的保护规定有限的例外，只要在顾及第三方合法利益的前提下，该例外并未与受保护设计的正常利用不合理的冲突，也未不合理地损害受保护设计所有人的合法利益。

3. 可享有的保护期应不少于 10 年。

## 第 5 节 专 利

### 第 27 条 可获专利的发明

1. 在符合本条下述第 2 款至第 3 款的前提下，一切技术领域中的任何发明，无论产品发明或方法发明，只要其新颖、含创造性并可付诸工业应用[①]，均应有可能获得专利。在符合第 65 条第 4 款、第 70 条第 8 款及本条第 3 款的前提下，获得专利及享有专利权，不得因发明地点不同、技术领域不同及产品之系进口或系本地制造之不同而给予歧视。

2. 如果为保护公共秩序或公德，包括保护人类、动物或植物的生命与健康，或为避免对环境的严重破坏所必需，各成员均可排除某些发明于可获专利之外，可制止在该成员地域内就这类发明进行商业性使用，只要这种排除并非仅由于该成员的域内法律禁止该发明的使用。

3. 成员还可以将下列各项排除于可获专利之外：

（a）诊治人类或动物的诊断方法、治疗方法及外科手术方法；

（b）除微生物之外的动、植物，以及生产动、植物的主要是生物的方法；生产动、植物的非生物方法及微生物方法除外；

---

① 本条所指的"创造性"及"可付诸工业应用"，与某些成员使用的"非显而易见性""实用性"系同义语。

但成员应以专利制度或有效的专门制度，或以任何组合制度，给植物新品种以保护。对本项规定应在“建立世界贸易组织协定”生效的 4 年之后进行检查。

### 第 28 条 所授予的权利

1. 专利应赋予其所有人下列专有权：

（a）如果该专利所保护的是产品，则有权制止第三方未经许可的下列行为：制造、使用、提供销售、销售，或为上述目的而进口该产品；[①]

（b）如果该专利保护的是方法，则有权制止第三方未经许可使用该方法的行为以及下列行为：使用、提供销售、销售或为上述目的进口至少是依照该方法而直接获得的产品。

2. 专利所有人还应有权转让或通过继承转移其专利，应有权缔结许可证合同。

### 第 29 条 专利申请人的条件

1. 成员应要求专利申请人以足够清楚与完整的方式披露其发明，以使同一技术领域的技术人员能够实施该发明，并可要求申请人指明在申请日或（如提出优先权要求）在优先权日该发明的发明人所知的最佳实施方案。

2. 成员可要求专利申请人提供其相应的外国申请及批准情况的信息。

### 第 30 条 所授权利之例外

成员可对所授的专有权规定有限的例外，只要在顾及第三方合法利益的前提下，该例外并未与专利的正常利用不合理的冲突，也并未不合理地损害专利所有人的合法利益。

---

① 这项权利，如同依照本协议享有的有关商品使用、销售、进口或其他发行权利一样，均适用上文第 6 条。

### 第31条　未经权利持有人许可的其他使用

如果成员的法律允许未经权利持有人许可而就专利的内容进行其他使用[①]，包括政府使用或政府授权的第三方使用，则应遵守下列规定：

（a）对这类使用的（官方）授权应个案酌处；

（b）只有在使用前，意图使用之人已经努力向权利持有人要求依合理的商业条款及条件获得许可，但在合理期限内未获成功，方可允许这类使用。一旦某成员进入国家紧急状态，或在其他特别紧急情况下，或在公共的非商业性场合，则可以不受上述要求约束。但在国家紧急状态或其他特别紧急状态下，应合理可行地尽快通知权利持有人。在公共的非商业使用场合，如果政府或政府授权之合同人未经专利检索而知或有明显理由应知政府将使用或将为政府而使用某有效专利，则应立即通知权利持有人；

（c）使用范围及期限均应局限于原先允许使用时的目的之内；如果所使用的是半导体技术，则仅仅应进行公共的非商业性使用，或经司法或行政程序已确定为反竞争行为而给予救济的使用；

（d）这类使用应系非专有使用；

（e）这类使用不得转让，除非与从事使用的那部分企业或商誉一并转让；

（f）任何这类使用的授权，均应主要为供应授权之成员域内市场之需；

（g）在适当保护被授权使用人之合法利益的前提下，一旦导致授权的情况不复存在，又很难再发生，则应中止该使用的授权。主管当局应有权主动要求审查导致授权的情况是否继续存在；

---

① "其他使用"，系指除第30条允许之外的使用。

（h）在顾及有关授权使用的经济价值的前提下，上述各种场合均应支付权利持有人使用费；

（i）关于这种授权之决定的法律效力，应接受司法审查，或显然更高级主管当局的其他独立审查；

（j）任何规范这类使用费的决定，均应接受司法审查，或接受该成员的显然更高级主管当局的其他独立审查；

（k）如果有关使用系经司法或行政程序业已确定为反竞争行为的救济方才允许的使用，则成员无义务适用上述（b）项及（f）项所定的条件。确定这类情况的使用费额度时，可考虑纠正反竞争行为的需要。一旦导致授权的情况可能再发生，主管当局即应有权拒绝中止该授权；

（l）如果这类授权使用是为允许开发一项专利（“第二专利”），而若不侵犯另一专利（“第一专利”）又无法开发，则授权时应适用下列条件：

① 第二专利之权利要求书所覆盖的发明，比起第一专利之权利要求书所覆盖的发明，应具有相当经济效益的重大技术进步；

② 第一专利所有人应有权按合理条款取得第二专利所覆盖之发明的交叉使用许可证；

③ 就第一专利发出的授权使用，除与第二专利一并转让外，不得转让。

### 第 32 条　撤销与无效

撤销专利或宣布专利无效的任何决定，均应提供机会给予司法审查。

### 第 33 条　保护期

可享有的保护期，应不少于自提交申请之日起的 20 年年终。[①]

---

① 对于无原始批准制度的成员，保护期应自原始批准制度的提交申请之日起算。

### 第 34 条　方法专利；举证责任

1. 在第 28 条第 1 款（b）项所指的侵犯专利所有人之权利的民事诉讼中，如果专利的内容系获得产品的方法，司法当局应有权责令被告证明其获得相同产品的方法，不同于该专利方法。所以，成员应规定：至少在下列情况之一中，如无相反证据，则未经专利所有人许可而制造的任何相同产品，均应视为使用该专利方法而获得：

（a）如果使用该专利方法而获得的产品系新产品；

（b）如果该相同产品极似使用该专利方法所制造，而专利所有人经合理努力仍未能确定其确实使用了该专利方法。

2. 任何成员均应有自由规定：只有满足上述（a）或（b）规定之条件，被指为侵权人的一方，才应承担本条第 1 款所说的举证责任。

3. 在引用相反证据时，应顾及被告保护其制造秘密及商业秘密的合法利益。

## 第 6 节　集成电路布图设计（拓扑图）

### 第 35 条　与集成电路知识产权条约的关系

全体成员同意，依照“集成电路知识产权条约”第 2 条至第 7 条（其中第 6 条第 3 款除外）、第 12 条及第 16 条第 3 款，为集成电路布图设计（即拓扑图，下称“布图设计”）提供保护；此外，全体成员还同意遵守下列规定。

### 第 36 条　保护范围

在符合下文第 37 条第 1 款前提下，成员应将未经权利持有人①许可而从事的下列活动视为非法：为商业目的进口、销售或以其他方式发行受保护的布图设计；为商业目的进口、销售或以其他方式

① 本节中“权利持有人”一语，应理解为含义与“集成电路知识产权条约”之“权利的持有者”相同。

发行含有受保护布图设计的集成电路；或为商业目的进口、销售或以其他方式发行含有上述集成电路的物品（仅以其持续包含非法复制的布图设计为限）。

第 37 条　无需获权利持有人许可的活动

1. 对于第 36 条所指的从事任何含有非法复制之布图设计的集成电路或含有这类集成电路之物品的活动，如果从事或提供该活动者，在获得该物品时不知、也无合理根据应知有关物品中含有非法复制的布图设计，则不论第 36 条如何规定，任何成员均不得认为该活动非法。成员应规定：在上述行为人收悉该布图设计原系非法复制的明确通知后，仍可以就其事先的库存物品或预购的物品，从事上述活动，但应有责任向权利持有人支付报酬，支付额应相当于自由谈判签订的有关该布图设计的使用许可证合同应支付的使用费。

2. 上文中第 31 条（a）至（k）项规定的条件，原则上应适用于有关布图设计的任何非自愿许可证，或政府使用的或为政府而使用的、未经权利持有人授权的活动。

第 38 条　保护期

1. 在要求将注册作为保护条件的成员中，布图设计保护期不得少于从注册申请的提交日起或从该设计于世界任何地方首次付诸商业利用起 10 年。

2. 在不要求将注册作为保护条件的成员中，布图设计保护期不得少于从该设计于世界任何地方首次付诸商业利用起 10 年。

3. 无论上述第 1 款、第 2 款如何规定，成员均可将保护期规定为布图设计创作完成起 15 年。

## 第 7 节　未披露过的信息的保护

第 39 条

1. 在保证按照巴黎公约 1967 年文本第 10 条之 2 的规定为反不

正当竞争提供有效保护的过程中，成员应依照本条第 2 款，保护未披露过的信息；应依照本条第 3 款，保护向政府或政府的代理机构提交的数据。

2. 只要有关信息符合下列三个条件：

——在一定意义上，其属于秘密，就是说，该信息作为整体或作为其中内容的确切组合，并非通常从事有关该信息工作之领域的人们所普遍了解或容易获得的；

——因其属于秘密而具有商业价值；

——合法控制该信息之人，为保密已经根据有关情况采取了合理措施；

则自然人及法人均应有可能防止他人未经许可而以违背诚实商业行为的方式①，披露、获得或使用合法处于其控制下的该信息。

3. 当成员要求以提交未披露过的实验数据或其他数据，作为批准采用新化学成分的医药用或农用化工产品上市的条件时，如果该数据的原创活动包含了相当的努力，则该成员应保护该数据，以防不正当的商业使用。同时，除非出于保护公众的需要，或除非已采取措施保证对该数据的保护、防止不正当的商业使用，成员均应保护该数据以防其被泄露。

## 第 8 节　协议许可证中对限制竞争行为的控制

### 第 40 条

1. 全体成员一致认为：与知识产权有关的某些妨碍竞争的许可证贸易活动或条件，可能对贸易具有消极影响，并可能阻碍技术的转让与传播。

---

① 在本节中，“以违背诚实商业行为的方式”，应至少包括诸如违约、泄密及诱使他人泄密的行为，还应包括通过第三方以获得未披露过的信息（无论该第三方已知或因严重过失而不知该信息的获得将构成违背诚实商业行为）。

2. 本协议的规定，不应阻止成员在其国内立法中具体说明在特定场合可能构成对知识产权的滥用，从而在有关市场对竞争有消极影响的许可证贸易活动或条件。如上文所规定，成员可在与本协议的其他规定一致的前提下，顾及该成员的有关法律及条例，采取适当措施防止或控制这类活动。这类活动包括诸如独占性返授条件、禁止对有关知识产权的有效性提出异议的条件或强迫性的一揽子许可证。

3. 如果任何一成员有理由认为作为另一成员之国民或居民的知识产权所有人正从事违反前一成员的有涉本节内容之法规的活动，同时前一成员又希望不损害任何合法活动、也不妨碍各方成员作终局决定的充分自由，又能保证对其域内法规的遵守，则后一成员应当根据前一成员的要求而与之协商。在符合其域内法律，并达成双方满意的协议以使要求协商的成员予以保密的前提下，被要求协商的成员应对协商给予充分的、真诚的考虑，并提供合适的机会，并应提供与所协商之问题有关的、可公开获得的非秘密信息，以及该成员能得到的其他信息，以示合作。

4. 如果一成员的国民或居民被指控违反另一成员的有涉本节内容的法律与条例，因而在另一成员境内被诉，则前一成员应依照本条第 3 款之相同条件，根据后一成员的要求，提供与之协商的机会。

## 第三部分　知识产权执法

### 第 1 节　总义务

#### 第 41 条

1. 成员应保证本部分所规定的执法程序依照其国内法可以行之有效，以便能够采用有效措施制止任何侵犯本协议所包含的知识产权的行为，包括及时的防止侵权的救济，以及阻止进一步侵权的救济。这些程序的应用方式应避免造成合法贸易的障碍，同时应能够为防止有关程序的滥用提供保障。

2. 知识产权的执法程序应公平合理。它们不得过于复杂或花费过高或包含不合理的时效或无保障的拖延。

3. 就个案的是非作出的判决，最好采取书面形式，并应说明判决的理由。有关判决至少应及时送达诉讼当事各方。对各案是非的判决应仅仅根据证据，应向当事各方就该证据提供陈述机会。

4. 对于行政的终局决定，以及（在符合国内法对有关案件重要性的司法管辖规定的前提下）至少对案件是非的初审司法判决中的法律问题，诉讼当事人应有机会提交司法当局复审。但是对刑事案件中的宣布无罪，成员无义务提供复审机会。

5. 协议本部分之规定被认为并不产生下列义务：为知识产权执法，而代之以不同于一般法律的执行的司法制度，本部分也不影响成员执行其一般法律的能力。本部分的任何规定均不产生知识产权执法与一般法的执行之间涉及财力物力分配的义务。

## 第 2 节　民事与行政程序及救济

### 第 42 条　公平合理程序

成员应为权利持有人[①]提供本协议所包括的任何知识产权的执法的民事司法程序。被告应有权获得及时的、足够详细的、包含权利主张之依据的书面通知。应允许独立的法律顾问充当各方当事人的代理人，有关的程序不得强行规定强制当事人本人出庭以增加额外负担。应正式赋予程序中的当事各方证明其权利主张以及出示一切有关证据的权利。该程序应提供措施以便识别和保护秘密信息，除非有关措施与现行宪法的要求相背离。

### 第 43 条　证据的提供

1. 如果一方当事人已经提供足够支持其权利主张的、并能够合

---

① 本部分之“权利持有人”，包括有合法地位主张这类权利的联盟与协会。

理取得的证据，同时指出了由另一方当事人控制的证明其权利主张的证据，则司法当局应有权在适当场合确保对秘密信息给予保护的条件下责令另一方当事人提供证据。

2. 如果诉讼的一方当事人无正当理由主动拒绝接受必要的信息，或在合理期限内未提供必要的信息，或明显妨碍与知识产权之执法的诉讼有关的程序，则成员可以授权司法当局在为当事人对有关主张或证据提供陈述机会的前提下，就已经出示的信息（包括受拒绝接受信息之消极影响的当事人一方所提交的告诉或陈述），做出初步或最终确认或否认的决定。

第 44 条　禁　令

1. 司法当局应有权责令当事人停止侵权，尤其有权在海关一旦放行之后，立即禁止含有侵犯知识产权的进口商品在该当局管辖范围内进入商业渠道。对于当事人在已知或有充分理由应知经营有关商品会导致侵犯知识产权之前即已获得或已预购的该商品，成员无义务授予司法当局上述权力。

2. 不论本部分的其他条文如何规定，在符合第二部分规定的无权利持有人许可的政府使用或政府授权第三方使用的条件下，成员可规定：针对这类使用的救济仅限于依照上文第 31 条（h）项，支付使用费。在其他情况下，则应适用本部分所规定的救济，或如果这类救济不符合国内法，则应作出确认权属的宣告并给予适当补偿。

第 45 条　损害赔偿

1. 对已知或有充分理由应知自己从事之活动系侵权的侵权人，司法当局应有权责令其向权利人支付足以弥补因侵犯知识产权而给权利持有人造成之损失的损害赔偿费。

2. 司法当局还应有权责令侵权人向权利持有人支付其开支，其中可包括适当的律师费。在适当场合即使侵权人不知或无充分理由应知自己从事之活动系侵权，成员仍可以授权司法当局责令其返还所得利润或令其支付法定赔偿额，或二者并处。

第 46 条　其他救济

为了对侵权活动造成有效威慑，司法当局应有权在不进行任何补偿的情况下，将已经发现的正处于侵权状态的商品排除出商业渠道，排除程度以避免对权利持有人造成任何损害为限，或者，只要不违背现行宪法的要求，应有权责令销毁该商品。司法当局还应有权在不进行任何补偿的情况下，责令将主要用于制作侵权商品的原料与工具排除出商业渠道，排除程度以尽可能减少进一步侵权的危险为限。在考虑这类请求时，应顾及第三方利益，并顾及侵权的严重程度和所下令使用的救济之间相协调的需要。对于假冒商标的商品，除了个别场合，仅将非法附着在商品上的商标拿掉，尚不足以允许这类商品投放商业渠道。

第 47 条　获得信息权

成员可规定，只要并非与侵权的严重程度不协调，司法当局均应有权责令侵权人将卷入制造和销售侵权商品或提供侵权服务的第三方的身份及其销售渠道等信息提供给权利持有人。

第 48 条　对被告的赔偿

1. 如果一方当事人所要求的措施已经采取，但该方滥用了知识产权的执法程序，司法当局应有权责令该当事人向误受禁止或限制的另一方当事人对因滥用而造成的损害提供适当赔偿。司法当局还应有权责令原告为被告支付开支，其中包括适当的律师费。

2. 在对涉及知识产权的保护或行使的任何法律进行行政执法的场合，只有政府当局及官员们在这种执法的过程中，系善意采取或试图采取特定的救济措施时，成员才应免除他们为采取措施而应负的过失责任。

第 49 条　行政程序

在以行政程序确认案件的是非并责令进行任何民事救济时，该行政程序应符合基本与本节之规定相同的原则。

## 第 3 节　临时措施

第 50 条

1. 为了：

（a）制止侵犯任何知识产权活动的发生，尤其是制止包括刚由海关放行的进口商品在内的侵权商品进入其管辖范围的商业渠道；

（b）保存被诉为侵权的有关证据。

司法当局应有权下令采取及时有效的临时措施。

2. 如果认为适当，司法当局应有权在开庭前依照一方当事人请求，采取临时措施，尤其是在一旦有任何迟误则很可能给权利持有人造成不可弥补的损害的情况下，或在有关证据显然有被销毁的危险的情况下。

3. 司法当局应有权要求临时措施之请求的申请人提供任何可以合法获得的证据，以使该当局自己即足以确认该申请人系权利持有人，确认其权利正在被侵犯或侵权活动发生在即，该当局还应有权责令申请人提供足以保护被告和防止申请人滥用权利的诉讼保证金，或提供与之相当的担保。

4. 如果临时措施系开庭前依照单方请求而采取，则应及时通知受此影响的当事各方，至少在执行该措施之后不得延误该通知。在通知之后的合理期限内根据被告的请求应提供复审，包括给被告以陈述的权利，以决定是否须修改、撤销或确认该临时措施。

5. 可要求提出请求的申请人提供其他必要信息，以使将要执行临时措施的司法当局认证有关商品。

6. 在不妨害本条第 4 款的前提下，如果合理期限内未提起判决案件是非的诉讼，则应根据被告的请求，撤销依照本条第 1 款、第 2 款而采取的临时措施，或中止其效力。如果国内法律允许，则上述期限由发出临时措施令的司法当局确定。如果无司法当局的确定，则上述期限不得超过 20 个工作日或 31 个日历日，以二者中期限长者为准。

7. 如果临时措施被撤销，或如果因申请人的任何行为或疏忽失效，或如果事后发现始终不存在对知识产权的侵犯或侵权威胁，则根据被告的请求，司法当局应有权责令申请人就有关的临时措施给被告造成的任何损害向被告提供适当赔偿。

8. 如果行政程序的结果可以责令采取任何临时措施，则该程序亦应符合基本与本节规定相同的原则。

## 第 4 节　有关边境措施的专门要求[①]

### 第 51 条　海关当局中止放行

成员均应在符合下文之规定的前提下，采用有关程序[②]，以使有合法理由怀疑假冒商标的商品或盗版商品[③]的进口可能发生的权利持有人，能够向主管的司法或行政当局提交书面申请，要海关中止放该商品进入自由流通。对其他侵犯知识产权的活动，成员也可以规定同样的申请程序，只要其符合本节的要求。成员还可以提供相

---

① 如果一方成员与另一方成员均参加了同一海关联盟，因此已经基本取消了二者边境间商品跨界流通的一切控制，则不得要求在其边境适用本节规定。

② 应认为成员无义务对权利持有人本人或经其许可，而投放另一国家市场的商品的进口或商品的运输适用这一程序。

③ 对于本协议：——假冒商标的商品，系指任何下列商品（包括包装）：其未经授权使用了与在该商品上有效注册的商标相同的商标，或者使用了其实质部分与有效注册的商标不可区分的商标，因而依照进口国的法律侵犯了该商标所有人的权利；——盗版商品，系指任何下列商品：其未经权利持有人本人或在商品制造国的被正当授权之人许可而复制，其直接或间接依照某物品制造，而该物品的复制依据进口国的法律已经构成侵犯版权或有关权利。

应的程序，对于意图从其地域内出口的侵权商品，由海关当局中止放行。

### 第52条 申 请

凡申请采用上文第51条之程序的权利持有人，均应提供适当证据足以向主管当局证明，依照进口国法律对其知识产权的侵犯，已经不言而喻地存在；同时还应提供使海关当局可以及时识别侵权商品的有关该商品的足够详细的说明。主管当局应在合理期限内通知申请人是否已经接受其申请，如果由主管当局决定时间，则还应将海关采取行动的期限通知申请人。

### 第53条 保证金或与之相当的担保

1. 主管当局应有权要求申请人提供足以保护被告和该主管当局并防止申请人滥用权利的保证金或与之相当的担保。这类保证金或相当的担保不得不合理地妨碍上述程序的采用。

2. 如果根据本节规定的申请，经海关当局依照非司法当局或非其他独立当局的决定，中止了含有工业品外观设计、专利、布图设计或未披露之信息的商品的放行，而经正式授权的当局未能在下文第55条所规定的期限内批准临时救济，而此时有关进口的一切其他条件又均已符合，则有关商品的所有人、进口人或收货人在提交保证金的前提下，应有权获得该商品的放行，这一保证金数额应足够保护权利持有人受到的任何侵犯。这一保证金的交付不应妨害权利持有人能够获得的任何其他救济。应当认为：如果权利持有人未能在合理期限内行使其权利提起诉讼，则当局应交还上述保证金。

### 第54条 中止放行通知

根据上文第51条对商品放行的中止,应立即通知进口人和申请人。

### 第55条 中止放行期限

如果在向申请人发出中止通知后不超过10个工作日的期限内，

海关当局未被通知除被告之外的当事人已经就判决案件的是非提起诉讼，或未被通知经合法授权的当局已决定采取临时措施延长对该商品的放行中止期，则该商品应予放行，只要进口或出口的一切其他条件均已符合；在适当场合，这一期限可以再延长10个工作日。如果已提起判决案件是非的诉讼，则在合理期限内，根据被告的请求，应进行复审，包括给被告以陈述的权利，以便确定是否应修改、撤销或确认这些措施。尽管有本条上述规定，如果依照临时司法措施执行或继续中止放行，则仍应适用上文第50条第6款。

第56条　对进口人及商品所有人的赔偿

对于误扣商品造成的损失、或按照上文第55条的规定已放行的商品因扣留而造成的损害，有关当局应有权责令申请人向该商品的进口人、收货人及商品的所有人支付适当补偿。

第57条　检查权及获得信息权

在不妨害对秘密信息给予保护的前提下，成员应授权主管当局为权利持有人提供足够的机会请人检查海关扣下的任何产品，以便证实其权利主张。该主管当局还应有权向进口人提供同样机会以请人检查任何该产品。如果案件确系侵权已有定论，则成员可授权该主管当局将发货人、进口人及收货人的姓名、地址以及有关商品数量等信息提供给权利持有人。

第58条　依职权的行为

如果成员要求主管当局在其已获得初步证据表明有关商品侵犯知识产权时，主动采取行动，中止放行，则：

（a）该主管当局可以随时向权利持有人索取可能有助于其行使权力的任何信息；

（b）应立即将中止放行通知进口人及权利持有人。如果进口人已向该主管当局提出反对中止的申诉，则该项中止行为原则上应遵守上文第 55 条的规定；

（c）只有对政府当局及官员们系善意采取或试图采取特定救济措施的情况，成员才应免除其为采取措施而应负的过失责任。

第 59 条　救　济

在不妨害权利持有人有自由采取行动的其他权利，并使被告有权寻求司法当局进行复审的前提下，主管当局应有权依照上文第 46 条的原则，责令销毁或处置侵权商品。对于假冒商标的商品，除个别场合外，主管当局不得允许该侵权商品按照原封不动的状态重新出口，或以不同的海关程序处理该商品。

第 60 条　可忽略不计的进口

成员可将旅客个人行李中携带的或在小件托运中运送的少量非商业性商品，排除于上述规定的适用范围之外。

## 第 5 节　刑事程序

第 61 条

全体成员均应提供刑事程序及刑事惩罚，至少对于有意以商业规模假冒商标或对版权盗版的情况是如此。可以采用的救济应包括处以足够起威慑作用的监禁，或处以罚金，或二者并处，以符合适用于相应严重罪行的惩罚标准为限。在适当场合，可采用的救济还应包括扣留、没收或销毁侵权商品以及任何主要用于从事上述犯罪活动的原料及工具。成员可规定将刑事程序及刑事惩罚适用于侵犯知识产权的其他情况，尤其是有意侵权并且以商业规模侵权的情况。

## 第四部分　知识产权的获得与维持及有关当事人之间的程序

第 62 条

1. 成员可要求把符合合理程序及符合合理形式，作为获得或维持本协议第二部分第 2 节至第 6 节中所指的知识产权的条件。这类程序及形式应与本协议的规定一致。

2. 如果某种知识产权须经授权或注册方可获得，则在符合获得该权利的实质条件的前提下，成员应使授权或注册程序能够保证在合理期限内批准授权或注册，以免无保障地缩短保护期。

3. 巴黎公约 1967 年文本第 4 条应原则上适用于服务商标。

4. 有关获得和维持知识产权的程序，以及国内法规定的程序、行政撤销及诸如当事人之间的异议、无效和撤销程序，均应适用第 41 条第 2 款、第 3 款所规定的总原则。

5. 经本条第 4 款所指的任何程序作出的终局行政决定，均应接受司法或准司法当局的审查。但在异议不成立或行政撤销不成立的场合，应无义务对该决定提供司法审查，只要该程序的依据能够在无效诉讼中得到处理。

## 第五部分　争端的防止与解决

### 第 63 条　透明度

1. 各成员所实施的、与本协议内容（即知识产权之效力、范围、获得、执法及防止滥用）有关的法律、条例，以及普遍适用的终审司法判决和终局行政裁决，均应以该国文字颁布；如果在实践中无颁布的可能，则应以该国文字使公众能够获得，以使各成员政府及权利持有人知悉。一方成员的政府或政府代理机构与任何他方政府或政府代理机构之间生效的与本协议内容有关的各种协议，也应予颁布。

2. 成员均应将本条第 1 款所指的法律及条例通知“与贸易有关的知识产权理事会”，以便协助该理事会检查本协议的执行情况。该理事会应力图减轻各成员履行这一义务的负担。如果同世界知识产权组织之间关于建立接收上述法律及条例的共同登记机构的协商获得成功，则将有关法律及条例直接通知该理事会的义务可以决定撤销。该理事会还应就此考虑被要求提交的来源于巴黎公约 1967 年文本第 6 条之 3 与符合本协议义务的通知所必需的措施。

3. 各成员均应有准备依照另一方成员的书面请求提供本条第 1 款中所指的一类信息。如果某一成员有理由相信知识产权领域的某一特殊司法判决或行政裁决或双边协议影响了其依照本协议所享有的权利，也可以书面请求获得或者请求对方通知该特殊司法判决、行政裁决或双边协议的足够详细的内容。

4. 如果披露有关秘密信息将妨害法律的执行或违反公共利益，或损害特定的公有或私有企业的合法商业利益，则本条第 1 款至第 3 款均不要求成员披露该秘密信息。

### 第 64 条　争端解决

1. 除本协议的特殊规定之外，1994 年“关税与贸易总协定”文本就解释及适用总协定第 22 条及第 23 条而达成的解决争端的规范和程序的谅解协议，应适用于就本协议而产生的争端的协商与解决。

2. 1994 年“关税与贸易总协定”第 23 条第 1 款（b）项及（c）项，在“建立世界贸易组织协定”生效的 5 年期限内，不得适用于解决就本协议而产生的争端。

3. 在本条第 2 款所指的期限内，“与贸易有关的知识产权理事会”应审查实施第 2 款所指的第 23 条第 1 款（b）项与（c）项类型的依照本协议提出的意见，并将理事会的建议提交部长级会议批准。该部长级会议为批准有关建议或延长本条第 2 款期限所作的任何决定均必须一致通过，通过后的建议无需更多的批准程序即应对全体成员生效。

## 第六部分　过渡协议

### 第 65 条　过渡协议

1. 在符合本条第 2 款至第 4 款的前提下，任何成员均无义务在“建立世界贸易组织协定”生效之日后一年内适用本协议的规定。

2. 任何发展中国家成员均有权在本条第 1 款规定的时间之外再

延迟四年适用本协议，但本协议第一部分第3条至第5条除外。

3. 正在从中央计划经济向市场自由企业经济转轨以及正进行其知识产权制度的体制改革并面临知识产权法的准备及实施的特殊问题的任何其他成员，也可享受本条第2款预示的延期适用。

4. 如果某发展中国家成员按照本协议有义务将产品专利的保护扩大到其适用本协议之日前在其地域内不受保护的技术领域，则其在该技术领域适用本协议第二部分第5节的规定可再延迟5年。

5. 任何享有本条第1款至第4款中任何一款提供的过渡期的成员均应确保在过渡期内其域内法律、条例及司法实践的任何变更不得导致降低符合本协议水平的保护。

第66条　最不发达国家成员

1. 考虑到最不发达国家成员的特殊需要和要求，考虑到其经济、金融和行政压力，考虑到其为造就有效的技术基础而对灵活性的需要，不得要求这类成员在上文第65条第1款所指的适用日起10年内实施本协议的规定，但本协议第3条至第5条除外。理事会应根据最不发达国家成员主动提出的正当请求，准许延长该期限。

2. 发达国家成员应鼓励其域内企业及单位发展对最不发达国家成员的技术转让，以使最不发达国家成员能造就良好的、有效的技术基础。

第67条　技术合作

为利于本协议的实施，发达国家成员应根据要求并依照相互协商一致的条款与条件，提供使发展中国家成员和最不发达国家成员受益的技术和金融合作。这类合作应包括协助后者制定保护知识产权、知识产权执法以及防止知识产权滥用的国内立法，还应包括支持建立或健全与此有关的国内官方及代理机构，其中包括对人员的培训。

## 第七部分　机构安排；最后条款

### 第 68 条　与贸易有关的知识产权理事会

“与贸易有关的知识产权理事会”应监督本协议的实施，尤其是监督全体成员对本协议所定义务的履行，并应当为成员提供机会，协商与贸易有关的知识产权问题。该理事会应完成成员们指定的其他任务，尤其应提供成员们在争端解决过程中要求的任何协助。理事会在履行职责的过程中，可以同它认为合适的任何方面协商或向其求得信息。理事会通过与世界知识产权组织的协商，应在其第一次会议后一年内，寻求建立与该组织的机构合作的适当安排。

### 第 69 条　国际合作

为消灭侵犯知识产权的国际商品贸易，全体成员同意互相合作。为此，成员应在其国内行政机关中建立联络处，并通告其联络处，应随时交换有关侵权商品贸易的信息。成员们尤其应促进其海关当局之间对有关假冒商标的商品及盗版商品贸易的信息交换与合作。

### 第 70 条　对已有客体的保护

1. 本协议对有关成员适用本协议之日前发生的行为，不产生任何义务。

2. 除本协议另有规定外，本协议对有关成员适用本协议之日前的已有客体均产生义务，只要该客体在有关成员适用本协议之日即受保护，或该客体已符合或即将符合依照本协议受保护的条件所定的标准。对于本款和本条第 3 款、第 4 款，已有作品的版权保护义务，应只依照伯尔尼公约 1971 年文本第 18 条而定，对已有录音制品中的制作者权与表演者权的保护义务，在适用本协议第 14 条第 6 款时，也只依照伯尔尼公约 1971 年文本第 18 条而定。

3. 对于在有关成员适用本协议之日已进入公有领域的客体，应无义务恢复保护。

4. 对体现受保护客体的特定物，如果对其从事的任何活动，依照符合本协议的立法中的规定，构成侵权，而该活动在该成员批准“建立世界贸易组织协定”之日前已经开始，或已经作了重大投资，则任何成员均可对权利持有人在该成员适用本协议之后该活动被继续进行而可以获得的救济予以限制。但在这种场合，成员应至少规定向权利持有人支付公平的使用费。

5. 对于本协议在有关成员适用之日前购买的原件或复制件，该成员无义务适用本协议第 11 条及第 14 条第 4 款。

6. 如果在本协议成为公知之前，经成员政府授权在未经权利持有人许可情况下使用了某专利，则不得要求该成员适用第 31 条，或适用第 27 条第 1 款有关专利权的享有应不依技术领域而异的要求。

7. 如果知识产权的保护以注册为先决条件，则应允许修改在有关成员适用本协议之前提交的未决注册申请案，以便要求本协议提供的任何提高后的保护。这类修改不得加进新客体。

8. 如果在“建立世界贸易组织协定”生效之日，某成员尚未在医药化工产品及农用化工产品的专利保护上，符合本协议第 27 条规定的义务，则该成员：

（1）不论上文第六部分如何规定，均应自“建立世界贸易组织协定”生效之日起规定出使上述发明的专利申请案可以提交的措施；

（2）在适用本协议之日，即应对上述专利申请案适用本协议所规定的可获得专利的标准，视同这些标准从申请案提交到该成员之日即已适用；如果可享有优先权而且申请人也要求了优先权，则视同这些标准从申请案的优先权日即已适用；

（3）对于凡是符合本条（2）项所指的保护标准的申请案，应当按照本协议，从其专利的批准起，对尚未届满保护期的剩余时间，按本协议第 33 条规定的申请案提交之日计算的保护期，提供专利保护。

9. 如果某产品系在某成员域内依照上文第 8 条（1）项而提交的专利申请案中的内容，则不论本协议第六部分如何规定，在该产品于该成员地域获投放市场许可后五年或该产品专利之申请被批准或被驳回之前（以二者中时间居短者为准），该成员应授予该产品以独占投放市场权，只要在“建立世界贸易组织协定”生效之后，该专利申请案已在另一成员提交、并已在该另一成员域内获产品专利及获准投放市场。

## 第 71 条　审查与修订

1. 在上文第 65 条第 2 款所指的过渡期届满之后，“与贸易有关的知识产权理事会”应审查对本协议的实施情况。该理事会还应在考虑到其实施中已有经验的情况下，于首次审查之日起两年后再审查一次，其后固定为每两年审查一次。在发现有可能成为本协议之更正或修订理由的新动向时，该理事会也可以开展审查。

2. 对于仅仅以提高知识产权的保护水平为目的的修订，如果在其他多边协议中已采用并已生效，而世界贸易组织的全体成员已接受该协议中的修订，则可以按照“建立世界贸易组织协定”第 10 条第 6 款，在“与贸易有关的知识产权理事会”一致同意的基础上，提交部长级会议讨论。

## 第 72 条　保　留

未经其他成员同意，不可以对本协议中的任何条款予以保留。

## 第 73 条　属于保证安全的例外

不得将本协议中任何内容解释为：

1. 要求任何成员提供在它认为是一旦披露即会与其基本安全利益相冲突的信息；或

2. 制止任何成员为保护其基本安全利益而针对下列问题采取它认为是必要的行动：

（1）涉及可裂变物质或从可裂变物质衍生的物质；

（2）涉及武器、弹药及战争用具的交易活动，或直接、间接为提供军事设施而从事的其他商品及原料的交易活动；

（3）在战时或国际关系中的其他紧急状态时采取的措施；或

3. 制止任何成员为履行“联合国宪章”中有关维护国际和平与安全的义务而采取任何行动。

# 版权和邻接权公约

# 《保护文学艺术作品伯尔尼公约》

## 评述部分

### 第一章 《伯尔尼公约》(1986)*

《伯尔尼公约》于一八八六年九月在瑞士首都伯尔尼缔结，它的全称是《保护文学艺术作品伯尔尼公约》。这个公约于一八八七年底生效，一八九六年在巴黎又增补了一份补充文本及一份“解释声明”(Interpretation Declaration)。此后，公约于一九〇八年在柏林修订一次，一九一四年在伯尔尼增补一次，一九二八年在罗马修订一次，一九八四年在布鲁塞尔修订一次，一九六七年在斯德哥尔摩修订一次，一九七一年在巴黎修订一次。

到一九八五年一月为止，这个公约已经有七十六个成员国，它们是：

阿根廷、澳大利亚、奥地利、巴哈马、巴巴多斯、比利时、贝宁、巴西、保加利亚、喀麦隆、加拿大、中非、乍得、智利、刚果、哥斯达黎加、塞浦路斯、捷克斯洛伐克、丹麦、埃及、斐济、芬兰、法国、加蓬、民主德国、联邦德国、希腊、几内亚、梵蒂冈、匈牙利、

* 编者注：该文论述收录自郑成思著:《版权国际公约概论》，中国展望出版社 1986 年版，“章、节”由编者所加。

冰岛、印度、爱尔兰、以色列、意大利、象牙海岸、日本、黎巴嫩、利比亚、列支敦士登、卢森堡、马达加斯加、马里、马耳他、毛里塔尼亚、墨西哥、摩纳哥、摩洛哥、荷兰、新西兰、尼日尔、挪威、巴基斯坦、菲律宾、波兰、葡萄牙、罗马尼亚、卢旺达、塞内加尔、南非、西班牙、斯里兰卡、苏里南、瑞典、瑞士、泰国、多哥、突尼斯、土耳其、英国、上沃尔特、乌拉圭、委内瑞拉、南斯拉夫、扎伊尔、津巴布韦。

下面介绍《伯尔尼公约》产生前的几个典型国家的版权制度，版权的国际保护及第一个版权公约的形成过程。

## 第一节　一八八六年前一些国家的版权保护状况与公约的产生

### 一、版权法的产生与英国早期对外国国民作品的保护

在活字印刷技术被采用之前，任何文字作品的传播范围都是非常有限的，所以，保护作者权利的问题，不会被提到日程上来。我国宋代发明活字印刷后，很快就出现了靠地方官吏的命令，禁止他人翻版某些作品的事例。这被认为是最早出现的对版权的保护（参看联合国教科文组织编辑的《版权基本知识》——The ABC of Copyright）。但这种靠命令的保护一是不普遍，二是大多数受保护对象，并不是当时尚在世的作者的作品，而是一些古籍。所以，还无法称为版权法或版权保护制度。

十五世纪中后期，活字印刷在欧洲被德国人古登堡采用，并很快推广，于是在当时商业较发达的威尼斯也出现了对个别印刷商人出版某些书籍的活动授予垄断权的制度。这大约是一四七六年的事（有的历史资料认为是一四九五年）。威尼斯的制度首先被法国所效仿，后来才被英国沿用。在英国沿用之后，这种制度进一步发展，

一直延续到世界上第一部版权法的产生。

英国的理查三世在位时，仅仅颁布过鼓励印制图书、允许图书进口的敕令。在一五三四年，英国采用活字印刷术后，就取消了图书进口的自由，并由皇家授予英国出版商禁止外国图书进口、垄断英国图书市场的特许令。一五五六年后，英国玛丽女王在位时，颁布过一系列控制出版活动的“星法院令”。一六六二年，英国又颁布了第一个《许可证法》，其中提到了禁止非经许可而翻印或进口有关书籍。到此为止，现代的“版权”这个概念还没有真正形成。一些特许权的专有性与地域性，还仅仅反映在“出版权”方面；而且，这种特许权仅仅是作为君主御赐的特权而存在的。

十七世纪的英国资产阶级革命之后，“产权”这一总概念发生了深刻的变化。虽然财产仍旧都是私有的，但社会制度则由封建社会变成了资本主义社会，私有制也要从封建私有制向资本主义私有制转化。要求废除君主的原有特权的呼声，不仅反映在处理有形财产方面，而且反映在处理无形财产方面。在广大作者及其他对作品享有所有权的人们的压力下，英国议会于一七〇九年通过一部《安娜法》（因当时英王安娜在位），这被认为是世界上第一部版权法。该法于一七一〇年生效。这部法律有两个突出的特点。第一，它首次确认作者是法律所保护的主体。该法第一条就规定：已经出版的作品、其作者如果未把自己的权利转让他人，则享有自该法生效之日起二十一年的独占权，以许可或禁止别人印刷和销售其作品；该法生效时尚未出版的作品，其作者未将权利转让他人，则可享有十四年的独占权，如果十四年届满而作者未去世，还可以再续展十四年。第二，它规定了对侵犯作者独占权将给予的制裁。这是在该法第四、五、六条中规定的。

随后，英国又不断扩大版权保护的范围。一七三四年与一七六六年，英国分别通过了两部《雕刻版权法》（适用于平面雕刻作品）；一七八七年，又通过了《纺织品设计法》（亦即英国现行外观设计法的前身）；一七九八年与一八一四年，又通过了两个《雕塑版权法》（适用于立体雕塑作品）；一八六二年，通过了《美术作品版权法》。一八八二年又通过了《音乐作品版权法》，在十九世纪末，版权保护在英国已日臻完备。

不过，所有上述法律都只限于对英国国民的作品提供保护。对外国国民的作品也并非完全不予保护，但只是靠当时英国与个别外国签订的双边条约，靠有限的几个判例，以及靠枢密院会同英王颁布的个别法令。

一八八四年，英国综合了原有判例及法令，颁布了一部《国际版权法》，宣布在互惠的原则下，保护任何外国作者的作品。由于当时英国的印刷出版业在世界上居于前列，因此它一直是个图书出口国。为保护本国经济利益及本国作者在国外的利益，英国一直积极主张将版权保护国际化，并参加了当时第一个版权公约的准备。

## 二、美国对保护外国国民的专利权与版权的不同态度

美国取得独立之后，在首次颁布宪法时就提出了保护作者的版权问题，并于一七九〇年通过了第一部联邦专利法与第一部联邦版权法。而在这之前，有些州已经颁布过本州的版权法；没有版权法的州，也以普通法为版权提供保护。就是说，对版权的保护，在美国先于对专利的保护。在联邦专利法颁布后不到五十年，美国就把专利保护扩大到一切外国国民，即不论任何国籍的发明人，都有权在美国申请专利和行使专利权。讲述美国实用技术发展史的著作，都不仅提到美国发明家爱迪生，而且必然提到在美国实用技术发展上起了重大作用的曾身为外国发明家的美国专利所有人，像亚列克森（Ericsson）、贝尔（Bell）、戴斯勒（Tesla）等等。很显然，保护外国人在本国的专利，有利于吸引先进技术。当一个国家经济、技

术还不发达时，这种保护对国家是有益的。

但在版权保护上，美国的情况就完全不同了。在联邦版权法颁布一百多年后，美国才宣布在有限的条件下，对极有限的几个外国的国民的作品予以版权保护。有限的国家指英国、法国、瑞士与比利时四国。有限的条件指：第一，外国作者的所在国，也必须同样保护美国作者的作品。这是当时多数国家都实行的互惠原则。第二，外国作者的作品必须在美国排版、印刷、装订，才能享有版权。这就是美国所“特有”的条件了。第二个条件，就是美国从一九〇九年起一直沿用至今的版权法中“印制条款”的前身。一九八二年，本来按美国现行版权法的规定，应使“印制条款”失效。但美国国会经讨论认为取消“印制条款”将有损美国经济，又决定把有效期延长到一九八八年。

由于美国在保护外国国民的作品上采取的这种态度，在历史上（以至今天），很少有人对美国的版权国际保护有什么好评。倒是狄更斯对美国不保护其作品的抱怨（见狄更斯著作《美国纪实》The American Notes）给人们留下的印象很深。

美国在版权国际保护上的态度说明：当一个国家的出版、印刷业或其他传播文化成果的手段尚不发达时，保护外国人的版权，往往会使本国受到经济损失。

美国在一百年来就没有参加《伯尔尼公约》，至今也还没有参加这个公约。不过，美国及其他一些国家在历史上放任国内自由翻印欧洲作品的严重情况，倒是使欧洲主要国家急于缔结一个能使美国接受的版权国际公约的重要因素。

## 三、法国早期的版权制度与巴黎“国际文学艺术联合会”

继威尼斯之后，法国从一五〇七年开始，由国王对出版商授予出版上的独占权。一五二九年，法国国王颁发了一部《出版权法》，其内容与英国同期的“星法院令”相似，旨在把出版业及书籍检查控制在王室手中，它与今天的“版权法”完全是两回事。

从十六世纪到十八世纪，法国巴黎出版商一直与地方出版商存在着尖锐的矛盾，经常发生辩论。原因是国王把大部分出版独占权都授给了巴黎出版商。巴黎出版商在为自己的优越地位辩护时，提出的理由之一是：作品在首都出版，更有利于保障作者的权利。我们且不管这个理由是否站得住脚，这场辩论的主要成果是产生了至今在版权领域使用的一个概念——“作者权”。

一七七七年，法王路易十六颁发了六个《印刷出版法令》，在这些法令中，开始承认作者享有出版与出售自己作品的某些权利。

一七八九年，法国大革命中建立的“立宪会议”决定对作者权予以明确保护。从此，作者权作为“天赋人权”的一项内容出现在法国法律中，过去靠国王赐予特权的保护方式被废除了。一七九一年，法国颁布了保护直接传播作者的作品的法律——《表演权法》。法国是第一个把作品的利用方式分为“直接传播”（表演）与“间接传播”（复制）的国家。后来，其他国家及某些地区性公约中也沿用了这种分类法。一七九三年，法国又颁布了保护作品的间接传播方式的《复制权法》。这两部法律后来合为一体，形成《作者权法》，亦即版权法。

十九世纪初，法国的印刷出版业已经比较发达，法国的作品在国外得不到保护的状况，使它感到版权的国际保护问题的紧迫性。例如，它的两个使用法语的邻国（荷兰及比利时）当时都大量不经许可而翻印、出版法国作者的享有版权的作品。比利时在一个很长时期中，一直是非法出版法国作品的中心。许多法国书籍在那儿复制后，廉价返销法国，以至销遍欧洲。这当然会给法国作者及出版商造成损失。而且，许多法国作品在比利时出版比在法国更早，因而更有利于占领法国及欧洲市场。像左拉的名著《陷阱》就是这种作品中的一部。

从一八四〇年起，法国用了十多年时间，积极争取与邻国订立双边或多边版权保护协定，但一直没有多大进展。于是，在一八五二年，法国第一个宣布：它将单方面保护所有外国作者在法国的作品，不问作者国籍或作品首次出版地。人们认为，这是版权国际保护历史上的一个里程碑。虽然法国现行的版权法（一九五七年版权法）已经取消了这种单方面保护，但当时法国的那种单方面保护，确实促进了版权国际公约的产生。

在一八六〇年前后，法国与二十多个国家签订了版权保护的双边协定（同一时期，其他一些国家间也签订了不少这种协定）。

法国在建立版权国际保护上一直十分积极。所以，虽然一八五八年，第一次"国际作者与艺术家大会"在布鲁塞尔举行，制定国际版权保护统一法的设想也是在这个会上提出的，但着手把这一设想付诸实际行动的，则是在巴黎成立的"国际文学艺术联合会"。

一八七八年，"国际文学艺术联合会"一经成立，就开始起草一份关于版权国际保护的文件。这个文件对于建立起一个保护文学艺术作品的"联盟"（当时设想叫作"协会"），提供国民待遇的保护，保护的内容，参加联盟的程序，等等，都提出了具体意见。后来，这个文件就成了《伯尔尼公约》的基础。

## 四、《伯尔尼公约》的缔结与发展

经过瑞士政府同意，欧洲、亚洲、非洲及美洲一些国家的代表，从一八八四年到一八八六年，在瑞士首都伯尔尼举行了三次外交会议，讨论缔结一个版权国际公约的问题。参加讨论的，有英国、法国、瑞士、比利时、德国、西班牙、意大利、利比里亚、突尼斯、日本、阿根廷、哥斯达黎加、美国、海地、萨尔瓦多、洪都拉斯、巴拉圭等。一八八六年九月，由上述国家中的十个（英国、法国、瑞士、比利时、意大利、德国、西班牙、利比里亚、海地、突尼斯）发起，缔结了《保护文学艺术作品伯尔尼公约》。到一八八七年九月，除利比里亚外，九个国家批准了该公约，因此公约于三个月后生效。

在一八八六年缔结公约的会上，宣布成立了由公约成员国组成的“伯尔尼联盟”，并选出了联盟的国际局，规定了以后参加国应履行的手续、公约的修订程序。

一八九六年，《伯尔尼公约》成员国代表在巴黎举行了一次增补公约内容的会议。这次增补的主要内容有：（1）国民待遇原则将不仅适用于公约成员国国民，而且适用于将其作品于公约成员国首次出版的非公约成员国国民。（2）对“出版”下了定义，指出仅有“间接传播方式”（复制）属于出版，展览、演出等“直接传播方式”不属于出版。（3）延长了翻译权的保护期。

一九一四年，第一次世界大战刚刚爆发时，对公约作了第二次增补。这次增补的内容是英国建议的，旨在对交战中的敌国不保护或降低保护其国家的作品以予报复。具体内容是：对于非公约成员国国民、又不在本国居住的外国作者，即使其作品在成员国中首次出版，也可以对其保护作某些限制。这项内容后来一直保留在《伯尔尼公约》中。

除增补之外，《伯尔尼公约》还进行了五次修订，每一次都产生一个新的文本。

一九〇八年的第一次修订，改变了公约原有的大部分条款。主要的变动有：（1）取消了对版权国际保护所要求的一切附加标记或手续，实行“自动保护”原则。（2）扩大了受公约保护的客体的范围（增加了舞蹈、哑剧、电影、摄影及建筑学方面的作品）。（3）规定把翻译权保护期延长到与作品整个版权的保护期相同（但允许成员国对此予以保留）。（4）确定了作品整个版权保护期为“作者有生之年加死后五十年”。

一九二八年第二次修订公约时，增加了下列内容：（1）对广播作品开始保护。（2）把口头作品（如即席讲演）归入受公约保护的范围。（3）宣布对作者的“精神权利”给予保护。（4）对公约的实体条款赋予追溯效力。

一九四八年，为进一步统一公约成员国的国内法，对于因科学技术发展而出现的新型作品增加保护，对公约进行了第三次修订。新文本中增加了下列几项内容：（1）国际法的规范对于成员国国内法来讲，应处于制约地位。例如，如果成员国尚未通过立法为公约规定应保护的权利提供保护，则该成员国有义务在司法实践中提供这种保护。（2）将实用艺术品增加为公约保护的对象。（3）将文学艺术作品的汇集（如百科全书、资料汇编）增加为公约保护的对象；不过在保护它们时，不能妨碍被收入汇集的作品的原作者行使自己的权利。（4）法律条文、政府文件及其译本（原先均不受保护）被列为“可保护”对象。（5）对广播作品的保护方式进一步具体化。（6）对“合理使用”及其他限制版权的规定进一步具体化。（7）把“追续权”列为“可保护”内容。（8）对“出版”下了进一步的具体定义（即：必须以制作大量复制本并使公众可以获得的方式进行传播）。（9）对“国民待遇”的适用范围进一步扩大。（10）对不同作品的保护期的计算方法分别作出具体规定。

一九六七年，即世界知识产权组织成立的同一年，在斯德哥尔摩举行了第四次修订《伯尔尼公约》的大会。当时，许多发展中国家已经参加了公约。由于过去长期殖民统治的结果，这些国家的经济、技术、文化都比较落后，因此要求在参加版权国际保护的公约后，能够较自由地获得和使用它们所需要的科技、文化作品。由这些国家发起，在这次修订会上通过了一份作为《伯尔尼公约》的一个组成部分的“关于发展中国家的议定书”。议定书的主要内容是：（1）发展中国家参加公约后，仍可以只提供作者有生之年加死后二十五年的版权保护期。（2）作品出版后，如果在较短时间内无译本出现，发展中国家即可以颁发翻译权强制许可证；按强制许可证翻译外国作品时，只向原作者支付发展中国家本国规定的付酬额，而不按“国际标准”付酬。（3）作品在出版后如果在发展中国家无复制本上市，则这些国家可在较短时间内颁发复制权强制许可证。（4）允许发展中国家为非商业目的而颁发广播权强制许可证。由于可能被发展中国家使用（主要是翻译）的作品主要来源于发达国家，所以这个议定书虽然在修订大会上被通过，但一直没有被发达国家所承认，并遭到发达国家的反对和抵制。又由于斯德哥尔摩文本规定了议定书仅仅能够约束承认它的那些成员国，所以在实际上这个议定书起不了什么作用。到一九七一年修订《伯尔尼公约》时，该文本在第二十九条之二及第三十四条第（二）款中，对斯德哥尔摩议定书作出了失效的规定。

一九七一年，《伯尔尼公约》的第五次修订会议是与《世界版权公约》的修订同时进行的。修订后，《伯尔尼公约》的实体条文与一九四八年文本比，没有原则上的变动，它的行政条文则是绝大多数成员国已经批准了的。所以，在书中讲解和评论这一公约时，即以一九七一年文本为准。

到目前为止，只有下列成员国尚未批准《伯尔尼公约》的一九七一年文本的实体条文：

泰国（批准 1908 年柏林文本实体条文）

津巴布韦、巴基斯坦、黎巴嫩、罗马尼亚、新西兰、冰岛、波兰、马耳他、加拿大。

（上述九国批准一九二八年罗马文本实体条文）

阿根廷、巴哈马、荷兰、比利时、乍得、挪威、斐济、芬兰、菲律宾、印度、爱尔兰、南非、以色列、列支敦士登、瑞士、马达加斯加、摩洛哥、土耳其、英国。

（上述十九国批准一九四八年布鲁塞尔文本实体条文）

## 第二节 《伯尔尼公约》的基本内容

《伯尔尼公约》共有三十八条及一个附录。其中第一条至第二十一条以及附录，是实体条文；第二十二条至第三十八条是行政条文。这是要介绍和分析的，主要是实体条文。在对《伯尔尼公约》和《世界版权公约》进行对比分析时，则将涉及它们的行政条文。

公约的实体条文构成对成员国国内相应法律的最低要求。这些要求可以归纳为八个方面。

### 一、国民待遇原则

像《保护工业产权巴黎公约》一样，在各成员国中确定国民待遇这一原则，是最初缔结《伯尔尼公约》所要达到的主要目的，也是公约的最主要的原则。这个原则贯穿于《伯尔尼公约》的大部分实体条文中，在第三条、第四条，以及第五条的（一）（三）（四）几款中，又作了集中的表述。

在版权保护上取得国民待遇，与《保护工业产权巴黎公约》中专利与商标等保护取得国民待遇相比，除了看作者的国籍、住所之外，还可以看作品的出版地。这后一个因素，常被人们称为“作品国籍”。归纳起来，国民待遇原则包含下述五项内容：

（1）凡参加了《伯尔尼公约》的国家，身为其国民的作者，不论他的作品是否已经发表，都可以在公约的所有成员国内，享有公约所提供的保护。

（2）凡没有参加《伯尔尼公约》的国家的国民，只要其作品的第一版是在公约的某个成员国首先出版的，或者在某个成员国及其他非成员国同时出版的，则可以在公约成员国内享有公约提供的保护。这一项亦即“作品国籍”原则。

（3）虽然不是公约成员国国民，但在某个成员国有经常住所的作者，在版权保护上也以该成员国国民对待。由于版权不属于“工业产权”，作者的营业地（如果作者兼为工商业者，就会有营业地）在确定国民待遇上不起作用。这点也是与《保护工业产权巴黎公约》不相同的《巴黎公约》在确定是否以国民同等对待时，可以依据发明人（或商标所有人）的住所，也可以依据他们的“实际营业所”。

（4）对于电影作品的作者来说，则营业所有时就起作用了。如果某个电影作品的作者既不是《伯尔尼公约》成员国国民，又在任何成员国中无经常住所，其作品又不是首先在任何成员国发行的，那么，只要该电影的制片人的总部或他的经常住所在《伯尔尼公约》的某个成员国中，这个电影作品的作者也可以在一切成员国享有版权保护上的国民待遇。

（5）建筑作品及艺术作品的作者的受保护地位也与电影作品的作者类似。就是说，即使他不符合上述（1）（2）（3）中任何一项的条件，但是只要他的作品建造于某个《伯尔尼公约》的成员国中，或是他的艺术作品构成位于成员国境内的建筑物中的一部分（例如，他刻的浮雕构成某个建筑物的立柱的一部分，而这个建筑物又建于某个成员国中），那么他的作品也可以在一切成员国受到版权保护。这一项，实质上也是“作品国籍”原则。只是它不表现为作品的出版地，而表现于作品的“出示”地。

由于在国民待遇问题上，本国国民的作品与享有国民待遇而非本国国民的作品之间，在保护范围上，有出版与否的区别（只有本国国民的未出版作品才受保护）。所以，什么才算“已经出版的作品”，就需要特别加以明确。《伯尔尼公约》认为：凡是经过作者的同意而交付出版的作品，就应算作已经出版的作品。就作品的性质来说，不论复制原作是采用铅印、影印、木刻版印、静电复印或其他古老的或先进的复制方式，只要复制本可以满足公众的合理需要，就应算作出版。但是，戏剧作品、戏剧与音乐的混合作品、音乐作品、电影作品等等公开表演或上映，文学作品公开朗诵，通过电台广播文学艺术作品，或以有线广播工具广播某个作品，以及艺术品的展出，建筑物的建造，等等，都不能算是出版。

至于公约中所说的“同时出版”，并不一定指一部作品在两个国家里同一天出版。但“同时”毕竟有个时间界限，这个界限不能宽到一年或几个月。按照公约的规定，只要一部作品在三十天之内在两个或两个以上的国家先后出版（必须是第一版的首次出版），就被认为是同时出版。在这里需要附带说一句：以三十天为限，是以发达国家的出版印刷技术与出版速度为依据的。如果按我国大多数出版社目前出版一本书的周期长达一年到两年的速度，任何外国作者把他的作品同时交付我国出版社及外国出版社，都难于指望导致《伯尔尼公约》所讲的同时出版。

把作者国籍与作品国籍同时予以考虑，就产生“作者所在国”与“作品起源国”两个概念。前一个概念在上文中已作了解释，后一个概念在三种情况下各不相同。在了解了什么是出版，以及什么是同时出版之后，我们就可以进一步对这三种情况加以分析了。

第一种情况：如果作品在《伯尔尼公约》的某个成员国首先出版，那么这个成员国就被认为是起源国；如果作品在两个以上的成员国同时首先出版，而这些国家的版权保护期又各不相同，那么，哪个国家的版权法中规定的保护期最短，哪个国家就被认为是起源国。这种确定作品起源国的方式，对于《伯尔尼公约》的成员国来讲是有其重要意义的。因为，该公约在实行国民待遇的总原则下，允许各成员国在保护期方面以互惠原则代替国民待遇。比如，甲国版权保护期为作者有生之年加死后七十年，乙国则为加作者死后五十年（即保护期比甲国少二十年），则甲国有权对起源国为乙国的作品，授予比本国国民少二十年的保护。

第二种情况：如果作品在《伯尔尼公约》之外的某个国家以及公约内的某个成员国同时出版，那自然就应把后一个国家当作起源国。

第三种情况：未出版的作品。这包括上文所说的电影的公映，建筑物的建造等，因为这些都不能算出版，也包括那些虽在公约的成员国之外首先出版、却未在公约的任何一成员国中同时出版的作品。这种作品的受保护地位要作具体分析。如果作品的作者不是任何一个公约成员国的国民，当然作品就受不到公约的任何保护了。因为作者国籍与作品国籍都被排除在公约之外。如果作者是公约成员国的国民，确定作品的起源国还要进一步看作品的性质及与作品有关的其他人的住所等因素。如果作品是电影作品，那么该电影的制片人（包括法人，即制片厂、影业公司，等等）的总部或经常住所只要设在任何一个成员国中，这个成员国就被当作作品的起源国了。如果作品是建筑物，或者是艺术品，那么只要它建造于某个成员国中，或构成某成员国中建筑物的一部分，这个成员国即被当作作品的起源国。

所谓国民待遇，其具体定义可见于《伯尔尼公约》的第五条第（一）款。大体讲，这种待遇包括两方面的内容。一是享有各成员国依本国法律现在已经授予或将来可能授予其国民的权利，二是享有《伯尔尼公约》所专门明确规定的那些权利（即使成员国国内法未提供或未明确提供这些权利）。

这里讲到依“各成员国的国内法”享有国民待遇，“国内法”不仅包括有关国家的版权法，而且包括涉及版权保护的其他成文法，如民法、刑法，等等；此外，还包括普通法国家（即英美法系国家）

涉及版权保护的司法判例以及衡平法原则，等等。就是说，要对“国内法”这个概念作广义的理解。但要注意的是：各国保护版权的国内法，可能存在不少差异，甚至存在重大差异。一个作者的同一部作品在甲国享受的国民待遇保护中，可能有些内容在乙国就不存在。例如“公共借阅权”，即作者的作品如果被公共图书馆使用，供读者阅览，则作者有权按照该书被借阅的次数收取一笔“使用费”。这种制度只在少数国家被法律所认可；在这些少数国家中，又有一部分国家规定仅仅具有本国国籍的作者方能享有“公共借阅权”，也就是说，不给其他成员国的作者以相同待遇。所以，作者可能在甲成员国享有这种待遇，到了乙成员国就享受不到了。但不论各成员国的版权保护制度怎样不同，《伯尔尼公约》中明确了必须向作者提供的那些权利（即“最低保护标准”），则是各国在提供保护时不能打折扣的（允许保留的情况除外，这在下面还要讲到）。

《伯尔尼公约》所规定的国民待遇保护原则，使作品能够在比较广的范围内受到比较有效的保护。在公约的七十多个成员国中，无论哪儿发生了侵犯版权的行为，有关的可享有国民待遇的作者都有权在侵权发生国起诉，要求得到司法救济。在这时，作者本人是不是公约成员国国民，就显得无关紧要了；作品是否在侵权发生国出版的，也显得无关紧要了（当然，作品必须是在某个成员国出版的）。例如，一个中国作者，在英国首次出版了自己的一部作品，这部作品在法国被人非法复制，那么，这个中国作者就有权在法国提出侵权诉讼，要求法国法院依法国国内法对其作品予以保护。虽然中国并未参加《伯尔尼公约》，虽然作品并不是在法国首次出版的。了解这一点，对我国作者来说是很重要的。近年来，我国在外留学、进修或考察的自然科学及社会科学工作者，已发表了数量相当可观的作品；还有的作家在国内用外文写成原作，首版是在国外发表的；

还有一些作品，是我国出版社与外国出版社合作出版的。只要这些作品的首次发表(如系合作出版的作品,只要与之合作的一方)在《伯尔尼公约》或《世界版权公约》的成员国，作品就可以在七十多个国家受到保护。不要以为我国尚未颁布版权法，又未参加任何版权保护的国际公约,我国作者的作品就只能听任别人复制、改编,等等。当然，如果我国作者的作品是首先在国内出版，然后才介绍到国外，在国外再版，或在国外译成其他文字，那就享受不到上面说的公约提供的国际保护了。

## 二、自动保护原则

在知识产权的其他领域，一项在本国已依法取得法定专有权的专利或商标，在其他国家要再取得对这种专有权的确认，就必须再履行一定的申请与审批手续，即使其他国家同该产权所有人的所在国订有双边协定，或两国共同为某个公约的成员国，也不能缺少这种手续。《保护工业产权巴黎公约》只为不同成员国的专利或商标注册申请人在办理手续方面提供了某些优先权，但并不能使一个成员国的专利所有人的专利权，在另一个成员国不办手续就受到保护。

《伯尔尼公约》则不然，它为各成员国规定的国民待遇保护，所遵循的是一种不办任何手续的“自动保护原则”。这项原则主要体现在该公约第五条第（二）款中。这一款规定：受保护的作品在一切成员国依法享有国民待遇时，无须经过任何手续。

在有些国家，作品出版之后方能受到版权保护；并且还必须将有关作品在版权管理部门登记或交存一定数量的样书或缴纳一笔手续费，等等，方能合法享有版权。有的国家的版权法，以及有的国际公约，则要求出版后的作品上，必须带有一定标记，方能享有版权。《伯尔尼公约》所说的“无须经过任何手续”，包括无须登记、无须交存样书、无须交费，也无须任何特别标记。无论本国国民已出版或未出版的作品，还是外国国民在公约成员国首先出版的作品，均享有完全的自动保护。

那么，也许有人要问:《伯尔尼公约》的自动保护原则岂不是突破了版权的地域性特点吗？初看起来，只要作者或作品的国籍在某个成员国，作者就能就在所有成员国就其作品享有保护，这确实很像突破了地域性。也许正是为了避免这种误解,《伯尔尼公约》在规定自动保护原则的同一款中，又规定了另一条原则。

## 三、版权独立性原则

《伯尔尼公约》第五条第（二）款的后半部分规定：作者就其作品所享受的国民待遇保护，不依赖于作品在来源国受到的保护；又规定：在符合公约的前提下，作品受保护的程度，以及为保护作者的权利所提供的司法救济方式，完全适用提供保护的国家的法律。

之所以在后面这句话下加着重号，为的是使读者清楚:《伯尔尼公约》并没有突破版权的地域性。一部享有国民待遇的作品，虽然在七十几个成员国都自动受到版权保护，但却是七十几种不同的版权保护。例如，一部享有法国版权的作品，其作者除了从作品被他人合法利用中收取版税之外，还享有“收回”该作品的权利，即作者一旦改变了观点，有权从流通领域收回全部印制品。而同一作品在享有英国版权时，则不可能享有“收回”权。再如一部享有版权的作品，如果在英国被人为个人娱乐目的而复制，哪怕只限一份，也将被视为侵犯版权。而同一部作品如果在联邦德国、在同样条件下被复制，则不会被视为侵权。所以，作者的作品在《伯尔尼公约》的保护下，并没有产生某种统一的，在各成员国中普遍适用的版权；仅仅产生了一个个具体的、按有关国家法律才成立的版权，如英国版权、法国版权、联邦德国版权，等等。这些具体的版权只在有关国家地域内才有效，一部作品出了英国而进入法国后，其“英国版权”即不复存在，只能依法国法律享有“法国版权”了。因此，《伯尔尼公约》并不是一部“跨国版权法”，没有从任何意义上突破版权的地域性。

所谓作品在其他成员国所受到的保护“不依赖于作品在起源国受到的保护”，指的是下列几种情况：

（1）有些来源国的国内法，可能要求作品在本国出版后必须履行一定手续（包括必须附带一定标记）才能享有版权，这是该国自己的事，公约不加过问。但这些国家的作品在其他成员国享受版权时，其他成员国不能因其来源国要求履行手续，就专门要求这些作品必须履行手续。反过来也是一样，要求在本国出版的书必须履行手续的国家，不能要求其他成员国出版的书也必须在它这里履行手续后，才给予保护。总之，还是表明这样一个意思：各国版权制度是互相独立的，并不因参加了公约而影响其独立性。

（2）有时，某种利用作品的方式依甲国法不构成侵权，依乙国法却构成侵权；这种利用活动发生在乙国，而甲国却是作品的起源国。在这种情况下，乙国必须依法将有关活动判为侵权活动，不能因为在其起源国不构成侵权而不受理有关的侵权诉讼。

（3）一般说来，一部作品如果在起源国依法受到的保护范围较小，它在其他成员国所受的保护范围，应以其他成员国的法律来划定，而不能依起源国来划。例如，在罗马尼亚等社会主义国家，已出版的作品在被报刊或电台利用时，作者的权利就受到一定限制。但这些作品如果出口到西欧国家，这些国家的报刊或电台利用它们时，就不能仿照罗马尼亚的国内法来限制作者的权利。当然，对于这一点，《伯尔尼公约》允许其成员国作某些保留，这在后面要详细论述。

版权独立性原则与《保护工业产权巴黎公约》中规定的专利独立性原则有某些相似之处，可以参看该巴黎公约第二条与第三条。

## 四、受保护客体的范围

《伯尔尼公约》在第二条第（一）款中，比较详细地开列了应当在各成员国受到保护的“文学艺术作品”。这里要说明一点，“文学”是从英文直译过来的一个词,即 Literary。这个词实际上还有“文字”的意思，如果译为“文字作品与艺术作品”，也许还更确切些。从这个公约列出的受保护客体看，显然文学之外的（如哲学、史学、自然科学）作品也都包括在内。

第二条第（一）款中所没有列入的客体，每个成员国也有权自行加以保护。就是说，成员国有权扩大公约规定的受保护客体范围。

具体讲，公约所开列的客体有：图书、小册子和其他著作物；讲课、讲演、布道（诸如佛教的法师讲经、基督教的牧师讲道等等）和其他同类性质的作品；戏剧作品、戏剧加音乐作品、舞蹈作品、哑剧作品；乐曲或配有词的乐曲；电影作品及使用与拍摄电影类似的方法表现的作品；单色图画、彩色绘画、建筑、立体雕塑、平面雕刻及版画作品；摄影作品（即通常所说的“照片”，而不是前面已列出的“电影作品”）及使用与摄影类似的方法表现的作品；实用艺术作品；插图、地图、设计图、草图、立体模型。

上述作品中，有些必须依附于一定物质形式，即以一定方式固定下来。例如，图书、摄影作品、实用艺术作品等。但有些则不一定表现为以物质形式固定下来的客体。例如，没有讲稿的即席讲演或布道、舞蹈、哑剧等。在英美法系的多数国家中，要求作品必须以某种物质形式加以固定，否则不予保护。按照这些国家的法律，讲演必须有讲稿或有录音，受到保护的将是以固定物体现的稿子或录音带，而不是作者讲演现场的“口头作品”。但多数大陆法系国家则不要求作品必须采取物质形式加以固定，它们对口头作品也加以保护。《伯尔尼公约》对此未作硬性限制，它允许成员国国内法自行规定是否以物质固定形式作为受保护的前提条件。在一九六七年之前，《伯尔尼公约》曾硬性要求舞蹈、哑剧等作品必须采取物质形式加以固定，才能受到保护；一九六七年在斯德哥尔摩修订该公约时，取消了这一要求。此外，电视台编排节目的现场转播，如果电视台自己没有录制下来，那么在观众的电视屏幕上显示的节目，也属于没有被“固定”下来的作品了。这种作品按上述英美法系国家的版权法，就不会受到保护（但在美国，即使不受联邦版权法保护，还有可能受各州的普通法保护，这是英美法系国家中的特殊情况）。在大陆法系国家则受版权法保护。就是说，如果除电视台之外的人，未经许可而用录像机把屏幕上的节目镜头录制下来，就构成了侵犯版权。

“图书、小册子和其他著作物”包括了几乎一切文字（包括非文字符号，如密码）出版物。但在多数国家里，传统版权法对于立法的条文、政府文件及其他法律性质的文件，是不授予版权的。公约对此也未作硬性规定，而是允许各成员国自己选择对这类文件是否予以保护。

随着科学技术在二十世纪七十年代以来的迅速发展，在“图书、小册子和其他著作物”的范围内，又出现了一种新的可以受到保护的“作品”，这就是计算机软件。以孔洞形式出现的程序被称为“计算机语言”或“计算机文字”，它们也可以被视为“著作物”；程序的说明书则是不折不扣的著作物——程序及其说明书是构成软件的主要内容。现在，有些国家已将软件列入本国版权法保护范围，并把《伯尔尼公约》第二条第（一）款解释为包括软件在内；另一些国家则将软件排除在版权法保护外，对该公约也作出与前者完全相反的解释。由于公约的最后一次修订文本产生于一九七一年，而当时计算机软件的法律保护问题还没有受到足够重视。近几年，管理《伯尔尼公约》的世界知识产权组织已经会同其他一些国际组织，着手研究和解决这一问题，并将很快拿出具体方案。

随着技术与文化的进一步发展，《伯尔尼公约》肯定还会在受保护客体中增加新的内容，或对原有内容作出更广的解释。

## 五、经济权利

版权制度是从保护作者及出版者的经济权利开始的。虽然经过了几个世纪的发展，经济权利仍旧是版权制度的支柱。无论大陆法系的西方法学家们怎样在学术著作中强调精神权利的重要，任何人也还是明白这一点：经济权利才是最根本的；靠版税为生的作者尤其不可能空着肚子去追求任何精神权利。

《伯尔尼公约》对于作者能够享有的经济权利作了十分详细的规定，共有七大项。

### （一）翻译权

公约第八条规定：凡是受本公约保护的作品的作者，在他的原作受保护的整个期间，享有翻译自己的作品或授权他人翻译自己的作品的专有权。在各国文化交流日益频繁的近、现代，一个语种的作品被翻译成其他语种的情况很多，因此公约把翻译权作为第一项经济权利提出来。这项权利是在一百年前缔结《伯尔尼公约》时，就明确写在公约文本中的。所谓“翻译权”，主要是作者许可他人或禁止他人翻译自己的作品的权利。因为在实际生活中，作者亲自把自己的作品译成外文的情况是比较少的。

不过，《伯尔尼公约》所规定的翻译权，受到三个方面的限制。

第一，一八九六年在增补该公约时，增加了“翻译权十年保留”制度，这种制度体现在公约的现行文本第三十条第（二）款，以及附件第五条中。第二，版权制度中的“合理使用”，例如，为评论外国作品而翻译并引用该作品的一部分，为教学时讲解某个作品或介绍某个作者而翻译与引用有关作品，都无需获得作者的授权。第三，强制许可证制度。本书第三部分将详细讲解。

按照公约第二条第（三）款的规定，得到原作作者允许而翻译出的译作，在不损害原作版权的情况下，应享有如同原作一样的版权。

### （二）复制权

公约第九条规定：凡是受本公约保护的作品的作者，享有授权他人通过任何方式、采用任何形式来复制其作品的专有权。

人们可以从公约第八条与第九条的对比中，看出翻译权与复制权的一点明显差别：原作作者有权自己翻译以及授权他人翻译其作品；作品的作者只有权授权他人复制自己的作品，至于自己是否有权复制自己的作品，《伯尔尼公约》则没有作任何说明。之所以有这点区别，是因为翻译与复制的后果是截然不同的。两个以上不同的人将同一作品译成同一种外文，不同译本就可能有不同的水平及不同的特点，各种译本都可以分别像原著一样享有版权。这是不相冲突的。不同的人将同一作品译成不同语种的外文，就更不会发生冲突了，从我国人们所熟悉的书来讲，除了原作或译本在我国一直不享有完全的版权这点之外，也存在许多同一书有许多不同译本的情况。例如，《资本论》，就有两种中译本；《共产党宣言》就有多种中译本；在小说中，像马克·吐温的《汤姆历险记》，新中国成立以来就起码有钱晋华（上海文艺联合出版社）与张友松（人民文学出版社）的两种译本。因此，作者本人翻译与授权他人翻译，一般是不会冲突的。而复制的后果则不然。复制的最主要形式即印刷出版。作者一般把手稿交给出版社复制，均是按独占许可证形式或按转让形式把出版权授给出版社的。如果作者自己也自行复制出版，则肯定与他授权的出版社相冲突。因为这无异于一种变相的“一稿两投”了。复制的后果，产生出的是同一作品的相同复制品，与重复翻译而产生的不同译本是不能相提并论的。

当然，近、现代实用技术的发展，早已使复制不限于印刷一种形式了。光电复印、录音、录像、拍摄等等技术，也都可以用来复制某些作品。但能称为“复制”的，必须以一定可见、可触摸到的复制品的形式重现原作品。像“表演”一部作品这类以可见、可闻，但无固定物质形式的重现原作品的，就不能列入“复制”一类了。

要注意的是，复制权中有时并不包括发行复制品的权利。但是，按照有些国家的版权立法或版权司法的惯例，作者把出版权交给出版者之后，发行复制品的权利就属于出版者了。许多国家把发行权看作随出版行为而产生的权利，不应由作者享有。《伯尔尼公约》为照顾到这些国家的实际情况，在整个条文中没有涉及一般文字作品的发行权问题，以便各成员国按自己的惯例去处理。在有些国家，合同法规定作者在与出版者订立出版合同时，有权建议其作品的复制品不在哪些地区发行，或提出发行的数量。但在更多的国家，发行权是与复制权毫不相干的另一项权利。这项权利只能行使一次，随即就“穷竭”了。作者对于已经经其同意而上市的作品的复制品如何分销、如何转销等等，均无权过问。近年来，已有版权学者提出：在《伯尔尼公约》中，可以考虑把发行权作为一项单独权利列入。估计在下次修订该公约的大会上，将讨论这个问题。

但在《伯尔尼公约》第十四条中，确实对电影作品的发行权问题专门作了规定。这是由电影不同于其他作品的特殊性质决定的。

复制权同翻译权一样，也受到几个方面的限制。一是“强制许可证”，这与翻译权受到的限制相似。再有一条，就是公约第九条第（二）款中规定的特别限制。这一条规定：本公约的成员国可以自行在其国内法中允许在特殊情况下复制有关作品，只要这种复制活动同作品的正常利用不相冲突，同时也不会不合理地损害作者的合法利益。这一条，实际就是版权法的“合理使用”原则在复制权方面的应用。诸如为教学目的、科研目的、个人使用目的等等而复制，一句话，“非营利性”的复制，都可能属于“合理使用”。各国对“合理使用”所下的具体定义有较大差别。公约里的这条规定，只是个一般原则。

### （三）表演权，也称公演权

《伯尔尼公约》第十一条规定：戏剧作品、音乐作品或戏剧与音乐混合作品的作者，享有授权他人公演其作品的专有权以及把演出实况公开传播的专有权。

在了解表演权时，首先要注意的是把它与“表演者权”相区别。表演权是作者就自己的作品所享有的一项权利；表演者权则是表演者就其表演动作、演奏或演唱而享有的权利。严格地讲，表演者权并不是版权的内容，而是版权邻接权的内容；但从广义上讲，它也被包括在版权领域。

保护表演权的原则，是在缔结《伯尔尼公约》的一八八六年就已经确定下来的。但表演权这一概念则是一九〇八年修订公约后产生出的柏林文本里首次使用的。公约的一九二八年罗马文本中又进一步明确了这一概念。

作者所享有的表演权，仅限于“公演”；不公开的演出，用不着取得作者的许可。但公演并不一定是直接在公共场所演出。如果把演出录了音或录了像，再拿到公共场所去播放，也属于公演。凡是公演，就必须取得作者的许可；作者也有权从演出的营利中收取一定比例的“版税”。行使表演权也要受到某些限制。最明显的，就是受“合理使用”原则的限制。例如，为了教育和训练戏剧学校的学员，教师为学员演唱某个曲子，或表演某段戏剧，是用不着得到作者许可的。此外，在一九四八年的布鲁塞尔文本中，还专门确定了一条例外：军乐队在节口典礼上演奏有版权的作品，也无需取得作者的许可。

表演权中包括表演实况的传播权。这里讲的传播，并不包括用无线电台传播。因为以无线电传播属于版权中的另一项经济权利，即广播权。诸如表演实况录音或录音录像带的发行、演出时拍摄的照片的发行等等，均属于传播。

### （四）广播权

《伯尔尼公约》第十一条之二规定：文学艺术作品的作者有权授权其他人（包括法人，即广播组织）将其作品向公众广播。这里所说的广播，包括无线电广播，电视广播，有线广播，甚至包括用扬声器广播。应当注意的是，广播权中不包含录制权。如果某个广播组织得到了广播某部作品的授权，为了广播的目的，它把作品先录下音来，那么，在广播完毕后的一定时期内，它必须销毁有关的录音制品,或把录制品交由专门的档案部门保存。因为,前面讲到过，录制一部作品，属于复制权的范围；而作者授予广播组织以广播权时，一般并不同时把作品的复制权也授予它。

《伯尔尼公约》中对行使广播权实行的限制，主要是强制许可证制度。这是在第十一条之二的第（二）款中规定的。

在最近一次修订《伯尔尼公约》时，显然还没有把技术的最新发展中的一些因素考虑进去。例如，利用微波或利用激光，等等，定向（即不是向一般用户，而是向特定用户）传播某些节目，是否属于“广播权”的范围。在七十年代后期，这类问题已经被提出。世界知识产权组织已经于一九八四年颁布了一份文件，对解决新技术引起的新的广播权问题及其他版权问题，提出了详细的建议。估计下一次修订《伯尔尼公约》时，会把这些因素考虑进去。

## （五）朗诵权

公约在第十一条之三规定：文学作品的作者，享有专有权允许或禁止别人以任何方式公开朗诵他的作品，以及向公众传播朗诵的实况。这项权利是在一九四八年修订《伯尔尼公约》之后，加在公约的布鲁塞尔文本上的。这项权利与公约第十一条中的“公演权”是相对应的。第十一条讲的是音乐作品或戏剧作品（或二者混合的作品）的表演：这一条则讲文学作品的朗诵。二者都是通过某种活动来表现原作，而不是以固定物的形式来复制原作（如复印、印刷、录音等等）。公演权与朗诵权还有一点相同之处，就是作者不仅就其原作品享有这两项权利，而且就其作品的翻译本（不论是不是作者本人翻译的）享有这两项权利。因此,在《伯尔尼公约》的成员国中，要公开表演或朗诵某个受公约保护的作品的译本，就要得到“双重许可证”。即一方面要有原作者的许可,另一方面还要有译者的许可。例如，甲用德文写了一个剧本，乙把它译成了英文，丙要根据英文本组织公开表演，就必须同时从甲、乙两方取得两个许可证。甲的专有权是公约第十一条第（二）款及第十一条之三第（二）款所赋予的。乙的专有权则是公约第二条第（三）款所赋予的,这一款规定:文学艺术作品的翻译、改编，乐曲的整理，以及用其他方式改变了原作之后形成的作品，在不损害原作之版权的条件下，享有同原作一样的保护。

## （六）改编权

《伯尔尼公约》第十二条规定：文学艺术作品的作者享有专有权允许或禁止别人改编、整理其作品，或对其作品进行其他改动。在许多国家的版权法中，改编权与翻译权同是“演绎权”这个大项目下的两个内容。但《伯尔尼公约》中并没有使用演绎权这个概念。

而且把改编权与翻译权分别作为两项权利，从历史上看，翻译权是一八八六年缔结公约时就写入原始文本中的；改编权则是一九〇八年作为原则写入公约、一九四八年才具体化的。

所谓改编，包括把小说编为戏剧、电影、连环画，把戏剧编为小说，等等许多形式。

### （七）追续权

《伯尔尼公约》第十四条之三第（一）款规定：对于艺术品的原作，对于文学作品、音乐作品的手稿，有关的作者（如果作者已死，则由法律授权的代理人或机构代替）对于艺术品或手稿从作者手中第一次转让出之后的每次转售，都有权取得一定收入。例如，一个画家把自己的一幅油画出售给甲，他出售时已经获得一笔收入；如果日后甲把油画又卖给乙，原画家就有权从甲的卖画所得中收取一定比例的钱。画家的这种权利即称为追续权。

“追续权”来自法文的 Droit de Suite。英美法系国家的版权法大都没有这项权利。在《伯尔尼公约》中，也是一九四八年之后才加上的。它是大陆法系的版权法的产物。虽然它是一项经济权利，但却很有些与精神权利相似的特点。例如，在多数承认追续权的国家，都规定这项权利是“不可转让”的。《伯尔尼公约》第十四条之三也作了类似的规定。但是，许多国家按传统版权法却不承认这项权利。英国版权法修改委员会在不久之前还宣布过：英国将来的版权法，也不会承认追续权。所以，作为一项经济权利，追续权在《伯尔尼公约》中属于可以变通的一条最低要求。同时，公约也允许承认追续权的国家在外国作品是否享有该权利的问题上，实行互惠原则，而不实行国民待遇原则。这些，都反映在公约第十四条之三的第（二）款中。

## 六、精神权利

精神权利不是版权制度一经产生就有的，如前所述，它只是法国大革命的产物。因此，精神权利并不是所有国家的成文版权法中都承认的。但是，大致讲来，几乎所有建立了版权制度的国家，都或多或少，以成文法或判例法肯定了作者应当就自己的作品享有精神权利。根本否认作者的这种权利的国家还没有。即使尚未建立版权制度的国家（例如我国），也在实际上承认作者有权发表或不发表自己的作品、有权允许或不允许别人改动自己的作品。

《伯尔尼公约》从一九二八年的文本起，就规定了对精神权利的保护。当时曾有人指责英国版权法中不承认这种权利，英国参加伯尔尼联盟大会的代表解释道：英国的衡平法原则早就为精神权利提供了保护。其他一些虽参加了《伯尔尼公约》又没有在版权法中明文保护精神权利的国家，也都有类似的自我辩解方式。所以，人们不能因此认为这些国家违反了公约的最低要求。

精神权利原应包括四项内容：（1）发表权，即作者有权发表或不发表自己的作品；（2）署名权，即作者有权在自己的作品上标示出自己的作者身份，也有权不在作品上表露自己的身份，即不署名或署假名；（3）保证作品内容完整权，即作者有权反对任何对其作品的歪曲、篡改或修饰及修改，反对以损害作者声誉的方式贬抑其作品；（4）收回权，即作者有权在改变了观点时，收回已出版发行的、表达了原来观点的作品（但要赔偿出版者的经济损失）。《伯尔尼公约》在第六条之二的第（一）款中，仅仅对上述（2）（3）两项作了规定，因为只有这两项才是大多数《伯尔尼公约》的成员国所能够接受的。至于上述第（4）项，某些从传统上就承认精神权利的国家，也不承认作者有这种权利。上述第（1）项则在绝大多数英美法系国家行不通。因为，按英美法系国家的版权法，“职务作品”的原始版权所有人不是作者，而是作者的工作单位或作者的雇主；作者无权表示同意还是不同意发表他的职务作品。

《伯尔尼公约》规定：作者的精神权利是不依赖其经济权利而独立存在的。即使作者把自己某部作品的版权（即经济权利）全部转让给了出版者或广播组织，后者也无权篡改他的作品，无权从作品上勾掉作者的名字。在一九四八年的《伯尔尼公约》布鲁塞尔文本中，专门加了一句话："即使在作者转让了经济权利之后"，精神权利仍旧归作者所有。

## 七、保护期

《伯尔尼公约》现行文本中规定了七种不同的版权保护期。同时，在公约的历次文本中，保护期也各不相同。从总的趋势来说，公约规定的保护期是一次比一次更具体。在一九四八年之前的公约文本中，对保护期并没有作十分具体的规定。

（1）一般作品的保护期。《伯尔尼公约》第七条第（一）款规定：本公约所提供给一般作品的保护期，是作者有生之年加死后五十年。在这里，实际只规定了版权保护期届满的日子（这一条第（五）款还进一步明确："五十年"应从作者死去的第二年一月一日开始计算），而没有规定版权保护的开始日。因为，有的国家，对有的作品，是从它创作完成后开始施加保护的；而对另一些作品则是从它出版后或发行后开始施加保护的。所以，对于一般作品很难规定一个保护期的起始日，而只能笼统地讲作品的作者"有生之年"。但对于特殊的作品，则可以规定具体的保护期开始日。

（2）电影作品。根据《伯尔尼公约》第七条第（二）款，公约成员国对于电影作品的保护期可以规定为：经作者同意而使电影与公众见面之日起五十年，如果作品完成后五十年未与公众见面，则保护期为该电影作品完成之日起五十年。之所以这样规定，是因为电影作品与一般作品不同，它的作者往往由编剧、导演、配乐乐曲作者、摄影者等等许多人组成，按上述（1）的方法就不易计算保护期了。从“与公众见面”之日算起，只会遇到一个问题：如果有的影片摄制成之后一百年，方才与公众见面，它的保护期岂不是延长为一百五十年了？如果有的影片一直未与公众见面，它的保护期岂不是无限长了？所以，公约又加了一句话：对于五十年内未曾与公众见面的影片，就从完成摄制之日起计算保护期。

（3）匿名作品或假名作品。《伯尔尼公约》第七条第（三）款规定：匿名与假名作品的版权保护期，均为作品与公众见面之后五十年。但这种保护期有两个前提：一是如果作者所用的假名可以使别人辨认出他的身份，那么作品的保护期仍旧按上述（1）中一般作品的保护期计算；二是如果未露身份的匿、假名作者，在作品与公众见面后的五十年之中表露了身份，作品保护期也仍按一般作品计算。

（4）摄影作品及实用艺术品。公约只规定这类作品的保护期不得少于作品完成后二十五年。公约之所以只提出一个最低限度的、较短的保护期，是因为公约的成员国国内法对于这类作品的保护存在较大的差异。许多国家的传统版权法根本不为实用艺术品提供保护。关于这类作品的保护期，只是到了一九六七年在斯德哥尔摩修订《伯尔尼公约》时，才加到公约文本中的。它订在公约第七条第（四）款。

（5）共同作品。共同作品指的是：一部由两个以上作者共同完成的作品，作品的各部分由哪个作者所完成，又不可能分开。仅由一个作者创作的作品固然不成其为共同作品；而两个以上作者共同创作的作品，如果每个作者自己所写的部分能够与别的作者区分开，也不能称为共同作品。例如，编写一部统编教材，作者甲写第一章、乙写第二章、丙写第三章……这种作品的版权即应按不同章节分别授予其保护期各为作者有生之年加死后五十年。因为这种作品不是“共同作品”。如果编教材时，甲开列提纲，乙提供资料，甲、乙、丙共同讨论后，由丙执笔。这种作品中，各人所承担的部分就无法分开了，于是就形成共同作品。这种作品作者死后五十年的保护期，在《伯尔尼公约》第七条之二中作了规定，应从作者中最后一个去世者去世的次年一月一日起计算。在上述例子中，即使作者丙执笔，如果作者甲最后一个去世，作品的保护期也应当是甲的有生之年加死后五十年。

有一种作品，虽然它不是共同作品，但保护期却又可以按共同作品的原则来计算，因此可以称“类共同作品”。这就是电影作品。在许多英美法系国家（以及大陆法系的荷兰），电影作品的作者是不易查找的。因为这种作品的原始版权所有人是法人，而不是自然人。法人即制片公司。这种“人”的“有生之年”是无法确定的。所以，公约为电影的保护期专门作了规定。但《伯尔尼公约》的成员国不一定非按公约的专门规定行事不可。因为，在有些国家（主要是大陆法系国家），电影作品按每个参加者的贡献而把版权分别授予每个人。编剧就其电影剧本享有版权，配乐作曲家就其乐曲享有版权，导演就其具体指导的表演活动享有版权，等等。但这些不同作者各人享有的部分，与一本书中不同作者享有不同章节的版权的情况又有所不同。书中的不同章节单独拿出来之后，往往仍不失为论述或讲解某个专题的独立作品。而一部电影删除了导演、主要演员、摄影师付出的劳动，就不成其为一部电影作品了。当然，电影剧本和电影配乐可以单独存在，但如果这样，它们也只是作为文字作品和音乐作品，而不再是电影作品了。因此，在电影版权分别归各个作者（自然人）所有的情况下，整个版权在行使时还是不便分开的。所以，也有些国家规定：电影作品的版权，为参加制片的作者中最后一个去世者的有生之年加死后五十年。以这种方式计算电影的版权保护期，就比按上述（2）的方式计算要多出许多年。

（6）精神权利。精神权利的保护期在多数（承认这种权利的）国家是无限长。不过也有一些国家规定：只要作者一死，他就自己的作品所享有的精神权利当然应该不复存在了。为了调和这两种差异很大的规定，一九六七年在斯德哥尔摩修订《伯尔尼公约》时，规定：精神权利保护期至少应当与经济权利保护期同样长。由于精神权利是不可转让的，所以公约又规定：在作者死后，继续存在的精神权利由国家法律所授权的个人或机构来行使。

## 八、公约的追溯力

《伯尔尼公约》的保护范围，不仅限于那些在公约生效时在各成员国均应当受到保护的作品，而且适用于那些虽在一些成员国已经进入公有领域，但在起源国仍处于受保护状态的作品。就是说，这个公约是有追溯效力的。公约的追溯力条款，即其现行文本第十八条。这条中所讲的“公约生效时”，不仅指公约的某一最新文本生效的日期，而且指任何原来的非成员国加入公约后，公约对该国生效的日子。例如，委内瑞拉在一九八一年宣布参加《伯尔尼公约》后，一九八二年十二月三十日公约对该国生效。在这个日子之前，原有的七十三个公约成员国出版的作品，在委内瑞拉都是已进入公有领域的作品。但只要在这个日期之后作品的保护期在原产国还没有届满，委内瑞拉就有义务为这些作品提供保护。

也许有一些国家，在参加《伯尔尼公约》之前，就在版权保护的追溯力问题上订有双边或多边的专门条约；也可能有些国家在参加《伯尔尼公约》之后，又与其他国家订立了这类专门条约。那么，这些国家在适用追溯效力的问题上，就可以按专门条约行事。但这些专门条约只能适用于缔结它的那些国家的作品，对于《伯尔尼公约》其他成员国的作品，还必须适用公约第十八条所规定的追溯力。

## 第三节 《伯尔尼公约》成员国对公约的重大保留

《伯尔尼公约》是一个允许其成员国对某些重要规定予以保留的公约。其中最主要的，是对翻译权的保留以及在解决争端程序上的保留。这些保留，有的涉及公约最低要求，有的则涉及公约所规定的程序。在参加公约时或参加公约之后，宣布本国法律对公约有所保留的，既有发达国家，也有发展中国家，既有资本主义国家，也有社会主义国家。此外，还有些国家虽然没有明确宣布对公约的某一条款持保留态度，但却可以从它们的国内版权制度分析出它们作了实际上的保留。而这类保留又与上述两种保留不同，它并不是公约所允许的保留。

### 一、发达国家实行保留的例子

（1）日本版权法中的翻译权十年保留制。

《伯尔尼公约》第三十条及附件第五条中，均规定：允许任何国家在参加公约时，宣布本国不实行公约现行文本第八条关于翻译权的规定，而实行公约一八九六年文本第五条的规定。这就是“翻译权十年保留制”。

一八九六年的《伯尔尼公约》增补文本规定：如果某种外文作品在首次出版之后的十年内，没有被翻译成某成员国通用语言的文本并出版发行，那么该国就可以宣布该作品的翻译权已经丧失，本国的任何人都可以自由翻译它。但是，如果一个国家（发展中国家除外）实行了翻译权十年保留制，其他国家对于该国的作品，也只保留十年翻译权，而不再提供国民待遇。如果一个国家翻译外国作品的机会较多，而该国文字被翻译的机会较少，它当然愿意选择翻译权十年保留制。在发达国家中，日本曾是一个这样的典型。

日本是最早参加《伯尔尼公约》的国家之一。它一八九九年参加公约，一九七五年批准了公约的现行文本。但由于日本文教界、科技界对外国作品的大量需求，它长期一直实行十年保留制，以便介绍国外的先进科学技术知识及基本理论。直到20世纪七十年代后，日本已经成为经济与技术极为发达的国家，才于一九八〇年通知世界知识产权组织（亦即《伯尔尼公约》的管理机关）放弃翻译权的十年保留。原因很简单，现在世界各国翻译日文的作品，已经超过了日本翻译外国作品的数量。 日本现行版权法（即日本昭和五十六年著作权法）附则第八条规定：在日本放弃翻译权十年保留期之前已经出版了十年而未译成日文的作品，仍旧适用原有保留，即不再重新为这些作品提供翻译权的保护。

关于实行翻译权十年保留制，有一点要特别注意的是：不能把保留范围扩及其他权利。例如，一九八〇年之前，要把英文译成日文，如果合乎保留条件，可以不征得英文原作的作者许可。但如果要广播从英文原作译成的日文译本，或把日本译文编成剧本，等等，就涉及原作作者的广播权、改编权等等了。这时就仍旧需要取得英文原作作者的许可（同时还要取得日文译者的许可）。

在日本放弃翻译权十年保留制后，发达国家中还只有冰岛等有限的几个国家仍旧保留这种制度。

（2）英美法系成员国对公约第一条的实际保留。

按照英美法系大多数国家（以及大陆法系中的荷兰）的版权法，一部作品创作完毕之后，可以不由作者本人，而由他的雇主（自然人）或他所在的单位（法人）享有版权。大陆法系国家的版权法则是采用另一种方式处理这个问题。即使是职务作品，在创作完成后，作品版权也只能归作者本人所有；但他原先可能已经在劳动合同或雇佣合同中宣布：版权将由他的雇主去行使，就是说，他以独占许可证的方式早把这种权利授给了雇主。

《伯尔尼公约》第一条规定：本公约的目的是保护作者对自己的作品所享有的权利。就是说，公约并不保护作者之外的版权所有人享有的权利。多数大陆法系国家的版权法是符合这条规定的。而英国、澳大利亚、新西兰、加拿大这些英美法系国家以及荷兰的版权法，就在实际上扩大了《伯尔尼公约》的保护主体的范围。这个问题已经在几年前被大陆法系的一些版权法学者提出，但还没有人作出令人满意的回答。虽然英美法系国家在版权法修订过程中已经注意到把更多的权利授予作者本人，但并不可能全部消除雇主或单位直接享有版权的状况。因此，这种实际上的保留还会继续存在下去。这种保留已经在版权国际保护中引起过一些争端。例如，同一个意大利的作曲家，在不同时期曾分别受雇于一家英国广播公司和一家联邦德国广播公司。他在前一公司作的曲可以不经他的同意就灌制唱片，只要公司同意就行了；而在后一公司作的曲就必须经他许可后才能作广播之外的其他用途。在意大利本国，情况与联邦德国一样。因此，他可能认为英国广播公司侵犯了他的权利。而按照英国版权法，该公司在乐曲创作完成后即享有版权，作者本人则不享有什么权利，因此不存在侵权问题。如果拿《伯尔尼公约》的规定来衡量，则可以认为英国的版权法是违约的。不过至今却没有哪个国家正式提出、英国自己也不承认它的版权法违反该公约。

这种成员国国内法不尽符合公约的现象，在工业产权领域也同样存在，例如《保护工业产权巴黎公约》的一些成员国的立法或司法判例，就不尽符合该公约的最低要求。

## 二、发展中国家实行保留的例子

（1）翻译权的十年保留制。

由于在近代史上，发达国家多是殖民地的宗主国，所以多数适用面很广的“大语种”，是发达国家的通用语，这些语种的作品被翻译的机会要多些，因此发达国家实行翻译权十年保留制的就很少。而适用地区较窄的“小语种”则多是一些发展中国家的通用语。所以，发展中国家实行翻译权十年保留制的就相对多一些。像泰国、土耳其、南斯拉夫等，都实行这种制度。

以南斯拉夫版权法为例，该法第四十三条到四十八条是有关翻译权的。涉及翻译权十年保留制的主要是第四十四条。该条规定：作者享有授权翻译其作品的专有权；对于用外文出版、并受《伯尔尼公约》保护的作品，如果自出版之日起十年内未译成一种南斯拉夫官方文字或民族文字，或在同一时期内作者没有授权他人进行这种翻译，那么可不经作者许可而将该作品译成上述文字；但作者仍可享有对翻译其作品取得报酬的权利，以及作者应享受到的其他权利。在这里，作者可以取得的报酬，与作者有权转让翻译权（即授权他人翻译其作品）时取得的报酬就不同了。在后一种情况下，作者可以与译者讨价还价，而在前一种情况下，则视译者所愿意承担的支付额而定。但不论怎样，这种规定说明了南斯拉夫在保留翻译权的十年期满之后，虽然译者不必再取得原作品作者的同意，但仍须支付一定报酬。至于其他实行十年保留制的国家，则未必都这样规定。

（2）解决争端程序上的保留。

《伯尔尼公约》在解决国与国之间的版权争端方面规定：两个或两个以上成员国之间，如果对公约的解释或公约条款的适用发生争议，除了争议国之间协商同意以其他方式解决外，可以按照国际法院的规约，提交国际法院解决。这里指的争端，必须是国与国之间的，而不能是一个国家与另一国自然人或法人之间，或不同国家的自然人或法人之间的争端。在一九四八年之前，对这条规定是不允许有保留的。从一九六七年的斯德哥尔摩修订文本开始，附加了允许保留的条款。这就是现行公约文本第三十三条第（二）款。这一款允许任何国家在参加《伯尔尼公约》时，声明本国在解决与其他国争端时不受公约规定程序的约束。从《伯尔尼公约》成员国的现状看，作出这种声明的大多数是发展中国家。像保加利亚、罗马尼亚、捷克斯洛伐克、匈牙利、印度、利比亚、马耳他、泰国、突尼斯、埃及等国都声明了对解决争端程序的保留。

事实上，至今为止，在未声明程序保留的国家中，并没有发生过因国家间的版权争端而向国际法院起诉的事。

此外，《伯尔尼公约》还允许对一些条款实行保留。这将在下文与《世界版权公约》作对比分析时讲到。

## 第二章 《伯尔尼公约》（1992）*

在早几年出版的几本书中，我曾叙述过伯尔尼公约的产生与发展的历史。[①] 而本书的主要目的在于使读者明了在我国参加伯尔尼公约后，我们应注意些什么。所以在这里重点放在伯尔尼公约的现状上，不再复述其历史。

### 第一节 概 况

伯尔尼公约原是版权国际保护领域唯一的世界性多边公约；在《世界版权公约》等公约出现后的30余年里，它一直是成员国最多的版权公约。1984年，《世界版权公约》的成员国与它相等了，

---

* 编者注：该处论述收录自郑成思著:《版权公约、版权保护与版权贸易》，中国人民大学出版社1992年版，第7~40页。

① 参见《版权国际公约概论》，中国展望出版社1986年出版，及《版权法》，中国人民大学出版社1990年出版。

1985 年该公约成员国数量还一度超过了伯尔尼公约。不过，由于伯尔尼公约在实体条文中对于版权领域、版权保护及版权的国际保护领域中许多概念下了明确的定义，对许多问题作了明确的、详细的回答，它对各国版权立法的影响，在各种版权公约中始终占着首位。

伯尔尼公约缔结后曾多次修订，其最后一次修订形成的文本是 1971 年巴黎文本。该文本共有 38 条，其中第 1~21 条为实体条款，是我们需要了解的重点；第 22~38 条为行政条款，其中有些文字在 1979 年又做过改动，但对一般人（而不是作为成员国的“国家”）来讲，并不重要。在第 38 条之外，还有个“公约附件”，其中包含 6 条，是对发展中国家颁发强制许可证的有关优惠作出的规定，这部分的主要内容将放在第三编的涉外版权贸易中去讲。

伯尔尼公约的巴黎文本并不是唯一现行有效的文本。尚有少数国家虽然参加了伯尔尼公约，但只批准了早年修订后形成的 1928 年罗马文本或 1948 年布鲁塞尔文本的实体条款。有些只批准了这两个早期文本的国家，可能在与我国创作者或使用者（如出版单位）的涉外版权贸易中会有交往，故有必要了解一下这几个文本实体条款之间的主要差距。

布鲁塞尔文本与罗马文本相比的主要变化是：（1）在第 2 条（受保护客体条款）中，增加了“电影作品”及“实用艺术作品”。在罗马文本中尚无“电影作品”。而当时把“实用艺术作品”表述为“应用于工业目的的艺术作品”。其范围实际比“实用艺术作品”窄得多。（2）在第 4 条中，增加了“在几个国家同时出版”“已出版的作品”“出版”“来源国”等概念。当然，对这些概念当时尚未作更多解释。（3）在第 7 条中，明确了版权最低保护期对一般作品应为 50 年。（4）在第 10 条中，明确了某些“合理使用”的范围，同时强调了引用他人作品时，必须注明出处（注明原作者姓名），方构成“合理使用”。（5）将“公开表演权”明确列为公约必须保护的经济权利之一，而不是像罗马文本中，仅列为“可选择保护的权利”。（6）把“追续权”作为“可选择保护的权利”列入第14条之2。

巴黎文本与布鲁塞尔文本（及罗马文本）相比的主要变化是：

（1）在“国民待遇”原则中，规定了不仅公约成员国作者未出版的作品，及在成员国境内首先出版的作品，受到保护；而且规定他们在非成员国出版的作品，也均受到保护。后面这一项，是早先各文本中均没有的。

（2）对“来源国”“已出版的作品”等概念进行了明确解释。

（3）明确了“复制权”是经济权利中的一项。而在早先的文本中，则只能推断出这项权利的存在，并未出现过“Right of Reproduction”这个概念。

（4）在明确“复制权”的同时，也规定了对该项权利的限制。

（5）对于受保护的作品是否必须固定在物质载体上，作了可选择的规定。

（6）对于把精神权利作为一种“权利”加以保护，并将其保护期延续到作者死后，作了更明确的规定。

（7）明确规定了电影作品保护期不少于50年，实用艺术作品与摄影作品不少于25年。这些作品在早先的文本中被当成“非一般作品”，所以原先并未明确其最低保护期。

（8）增加了第14条之2，规定了电影作品本身享有的版权。将布鲁塞尔文本中规定“追续权”的原第14条之2改为第14条之3。

（9）对“朗诵权”属于经济权利中的一项，作出了明确规定。

（10）对发展中国家在翻译及复制外国作品时可享有的优惠条件，作出了规定。

到1992年1月为止，已经有90个国家参加了伯尔尼公约。其中批准了伯尔尼公约 1971 年巴黎文本实体条文的国家有 65 个，它们是：

澳大利亚　奥地利　巴巴多斯　贝宁　巴西　保加利亚　布基纳法索　喀麦隆　中非共和国　智利　哥伦比亚　刚果（布）　哥斯达黎加　象牙海岸　塞浦路斯　捷克和斯洛伐克　丹麦　厄瓜多尔　埃及　芬兰　法国　加蓬　德国　加纳　希腊　几内亚　几内亚比绍　梵蒂冈　洪都拉斯　匈牙利　印度　意大利　日本　莱索托　利比里亚　利比亚　卢森堡　马拉维　马里　毛里塔尼亚　毛里求斯　墨西哥　摩纳哥　摩洛哥　荷兰　尼日尔　巴拉圭　秘鲁　葡萄牙　卢旺达　塞内加尔　西班牙　苏里南　瑞典　多哥　特利尼达和多巴哥　突尼斯　英国　美国　乌拉圭　委内瑞拉　南斯拉夫　刚果（金）　赞比亚　马来西亚

可见，绝大多数可能与我们发生版权贸易关系的国家，均已批准了巴黎文本的实体条文。

尚未批准 1971 年巴黎文本实体条文、但已经批准了 1948 年布鲁塞尔文本实体条文的国家有 14 个，它们是：

阿根廷　巴哈马　比利时　乍得　爱尔兰　以色列　斐济　列支敦士登　马达加斯加　挪威　菲律宾南非　土耳其　瑞士

仅批准了 1928 年罗马文本的实体条文的国家有 10 个，它们是：

加拿大　冰岛　黎巴嫩　马耳他　新西兰　巴基斯坦　波兰　罗马尼亚　斯里兰卡　津巴布韦

最后，还有一个只批准了伯尔尼公约的 1908 年柏林文本的实体条文的国家，即泰国。

## 第二节　伯尔尼公约的主要内容

这里所讲的伯尔尼公约主要内容，是仅就公约实体条文部分而言。因为公约的行政条文部分，只对我国批准该条约的机构（全国人大）及外交部、国家版权局等少数单位才显得重要。而对广大读者，了解公约的实体条文也就够了。下面几章要论及的《世界版权公约》及其他公约，也是同样。

伯尔尼公约的主要内容由三项基本原则与其他一些对公约成员国国内法的最低要求组成。

## 一、国民待遇原则

伯尔尼公约现行文本中关于国民待遇原则的规定，最终形成于1967年。有人认为，公约的这项基本原则的形成，在很大程度上受到《法国民法典》中的国际私法原则和瑞士1891年国际私法法令中有关住所地与居所地规定的影响。[①] 不过，在该公约缔结之前已出现的《保护工业产权巴黎公约》中，就有了大致相同的原则，应当说伯尔尼公约受该公约的影响更大些。与巴黎公约一样，当初缔结伯尔尼公约的主要目的，即在成员国中确立国民待遇原则。国民待遇原则贯穿于伯尔尼公约的大部分实体条文中，又集中体现在公约第3、4条和第5条（1）（3）（4）诸款中。可享有国民待遇的，是下列几种人：

（1）伯尔尼公约成员国的国民，其作品不论是否已出版，均应在一切成员国中享有公约最低要求所提供的保护。这是公约中的“作者国籍”标准，也称为“人身标准”。

（2）非伯尔尼公约成员国的国民，其作品只要是首先在任何一个成员国出版的，或首次出版同时发生在某成员国及其他非成员国，则也应在一切成员国中享有公约最低要求所提供的保护。这是公约中的“作品国籍”标准，也称为“地点标准”。

---

① 参见施特瓦德著:《国际版权与邻接权》，1983年英文版第33~34页。

（3）非伯尔尼公约成员国国民而在成员国中有惯常居所，也适用上述（1）中的“人身标准”。应当注意，伯尔尼公约在第3条（2）款、第5条（3）款等条款中提及“惯常居所”时，使用的是Habitual Residence，而不是巴黎公约第3条在提及同样问题时使用的Domicile。前一词组的确切含义是“居所地”后一词则是“户籍地”（或“住所地”）。一个人可能在世界上有许多居所地，但一般只有一个户籍地。这两种不同用语，说明伯尔尼公约在版权国际保护上将非成员国的作者视为成员国国民时所用的标准，比巴黎公约更宽一些，这与下面要讲到的“自动保护原则”是密切相关的。巴黎公约提供的工业产权国际保护，以各成员国自己的申请、审批程序为基础；在申请、审批等活动中常有主管部门与申请人之间的文件往来，因此成员国要求申请人在本国有一个更可靠的住所（或实际营业所），也就不足怪了。

（4）对于电影作品的作者来说，即使不符合上述（1）（2）（3）中任何一个标准，而只要有关电影的制片人的总部或该人的惯常居所在公约成员国中，则该成员国被视为有关电影作品的“来源国”①，其作者被视同上述（2）中应享有国民待遇的人。

（5）建筑作品及建筑物中的艺术作品的作者，即使不符合上述（1）（2）（3）中任何一个标准，而只要有关建筑物位于公约成员国地域内，或建筑物中的艺术品位于公约成员国地域内，则该成员国被视为有关建筑作品或艺术作品的“来源国”，其建筑作品及建筑物中的艺术品的作者被视同上述（2）中应享有国民待遇的人。

上述各种人中，“非公约成员国国民”的作者也包括无国籍人。

“国民待遇”在伯尔尼公约中具体指什么样的待遇，可以从公

---

① 对“来源国”的详细分析，放在本章第三节。在一般情况下，“来源国”系指首次出版发行某作品的那个公约成员国，或作者国籍所在的那个公约成员国。

约第5条（1）款中分析出来。大体讲，这种待遇包括两方面内容：第一，享有公约各成员国依本国法律已经为其本国国民提供的版权保护；第二，享有公约专门提供的保护。这后一方面内容，实质即指公约提出的最低保护要求。前一方面内容则含义很广，它不仅包括成员国的单行版权法，而且包括与版权保护有关的民法、民事诉讼法、刑法、刑事诉讼法、税法等，包括版权管理机关的行政管理惯例，包括英美法系国家的版权纠纷判例，等等。就是说，前一方面的保护，在不同成员国可能有很大不同。同一部艺术作品的作者，在英国（1989年以前）受到的保护中没有完整的精神权利、没有追续权，在法国受到的保护则有这些权利。但后一方面的保护则为成员国之间的差异划了一个“下限”，使这些差异不至于大到一国作者在另一国（公约成员国）得不到起码的保护。

享有国民待遇的人，在成员国享有“诉权”。无论在哪个成员国发生了侵犯其版权的活动，该人均有权在该国起诉，要求维护自己的版权。在国际民事诉讼中，对侵犯版权的诉讼，只能在侵权发生国提出。这倒不是固守国际私法中“侵权行为地法”（Iex loci delicti commissi）[①]的传统原则，而是版权的地域性特点决定了在一国构成侵权的，而在另一国往往不一定构成侵权。

在知识产权领域讲国际保护中的国民待遇，特别应注意传统知识产权（专利权、商标权、版权）的地域性特点。这一特点使得人们虽然也会像在国际私法的其他领域中一样，常常遇到“法律适用”问题；但又与其他领域很不相同，即很少遇到“法律冲突”问题。原因很简单：绝大多数国家都承认知识产权只能适用其依法产生并

① 在版权国际保护中，“侵权行为地法”与“保护要求地法”是相同的。伯尔尼公约第5条（2）款、第16条（3）款等条款中，充分说明了这一法律适用的原则。此外，“权利要求地法”与“保护要求地法”，在版权国际保护中也完全相同。

依法受到保护的那个国家的法。[①] 在其他领域，例如涉及人的民事行为能力问题，《法国民法典》第 3 条规定其国民不论居于何地，均只能适用法国法；我国《民法通则》第 143 条则规定：中国公民定居国外，可适用定居国法。两种关于法律适用的规定有如此重大的差异，这在知识产权领域是非常罕见的。

从伯尔尼公约第 5 条（1）款中，反映出版权国际保护方面的国际私法与国际公法两类法律问题：各成员国只能依本国国内法为享有国民待遇的外国国民（或无国籍人）提供版权保护；任何成员国提供的保护又不能低于公约所特别规定的最低要求。虽然如此，大多数知识产权法学家仍旧把伯尔尼公约作为国际公法的一个组成部分来对待。即使是专门就统一各国国际私法原则而缔结的公约，也只能归入国际公法之中。因为，它们都是以国家（而不是自然人或其他法人）为主体而缔结的、构成国家间权利义务关系的、有约束力的协议。

## 二、自动保护原则

伯尔尼公约第 5 条（2）款规定：享有及行使依国民待遇所提供的有关权利时，不需要履行任何手续。这就是自动保护原则。按照这一原则，公约成员国国民及在成员国有长期居所的其他人，在作品创作完成时即自动享有版权；非成员国国民又在成员国无长期居所者，其作品首先在成员国出版时即享有版权。

不过，伯尔尼公约允许成员国保留“固定要求”，即虽不能以履行手续为获得版权的前提，但仍旧可以“将作品固定在有形物上”

---

① 个别民法学者认为在版权国际保护中也可以适用“作品来源地法”，从而提出了法律冲突问题。但绝大多数国家的版权司法实践并不承认适用这种法；伯尔尼公约也仅仅把来源地法作为保护要求地降低保护水平时的参考，而不作为适用法。

作为获得版权的前提。“固定要求”之所以与自动保护原则不相冲突，是因为这项要求仅仅等于把某些类型的作品（如口头作品）排除在版权保护之外，并没有要求履行任何手续。

“不需要履行任何手续”，既包括无须注册（或登记）、无须交纳样书等，也包括无须在作品上加注任何版权保留的标记。但事实上，确有许多要求注册或要求加注标记的国家，很久以来一直是伯尔尼公约的成员国（如阿根廷、智利），有些甚至是该公约的发起国（如西班牙），这又如何解释呢？这类国家参加公约之后，不一定要修改本国的登记制或在国内法中删除加注标记的条款。只要它们把这些手续上的要求仅限于本国国民，就不被看作违反了伯尔尼公约的自动保护原则。

伯尔尼公约的自动保护原则给知识产权国际保护带来了任何工业产权国际公约都未曾带来过的问题。尤其在版权国际贸易中，版权人经常要在许可合同（或转让合同）中谈判自己同一作品在“全世界”的出版权、翻译权、改编权如何利用等条款。确实，只要符合了“人身标准”或“地点标准”中的一项，一部作品就可以自动在90多个国家享有版权。这就很容易使人把伯尔尼公约看作一部“跨国版权法”，把自动保护看作是对版权地域性特点的根本突破。为了避免误解，与自动保护原则相应，伯尔尼公约规定了“版权独立性原则”。

## 三、版权独立性原则

伯尔尼公约第5条（2）款还规定：享有国民待遇的作者在公约任何成员国所得到的版权保护，不依赖其作品在来源国受到的保护；在符合公约中最低要求的前提下，该作者的权利受到保护的水平、司法救济方式等等，均完全适用提供保护的那个成员国的法律。在国际私法中的法律适用问题上，把这称为“权利要求地法”或“权利主张地法”（The Laws of the country where Rights are claimed）。这就再清楚不过地表明，伯尔尼公约并没有突破版权的地域性。

与知识产权中的专利权及商标权国际保护所不同的是:《保护工业产权巴黎公约》虽然也强调了工业产权独立性的原则。但专利权及商标权的独立性表现在适用“权利登记地法”，而不是像自动产生的版权那样，适用“权利要求地法”。按照“权利登记地法”，在美国申请了专利而在英国未就同一发明申请的人，只在美国享有专利权。其专利申请案在美国被公布（亦即被批准）之日，申请案中的发明在英国即成为公有领域中的东西——不具有专有性了。而在西班牙就某一作品享有版权的人，按照“权利要求地法”，即使只在西班牙登记（西班牙 1986 年前一直实行版权登记制），却依然能够在英国、联邦德国等国享有他所要求的版权。只不过版权内容依国家的不同而不同，在英国享有“英国版权”，在联邦德国享有“联邦德国版权”，绝不会在这些国家里享有“西班牙版权”。这就体现了版权独立性原则及地域性特点。

至于作者在公约成员国受到的版权保护不依赖于其作品在来源国受到的保护，主要包括三种情况。第一，公约成员国中，有些国家的版权法可能要求其国民的作品要履行一定手续才能受保护。这是该国自己的事，公约并不过问；但有关作者在其他成员国要求版权保护时，其他国家不能因其本国要求履行手续而专门要求他们也履行手续。此外，如前文所说，要求履行手续的国家也不能要求其他成员国的作者履行手续。第二，一位作者居住地及作品首次出版地都在某一成员国的作品，在该国以某种方式利用不构成侵权，在另一成员国以同样方式利用却构成侵权，那么后一国如遇这种利用版权的活动，不能因其在作品来源国不视为侵权而拒绝受理有关的侵权诉讼。例如，在英国，为个人娱乐目的而复印（或翻录）一份享有版权的作品，将构成侵权；在巴西同样的利用方式却被视为“合理使用”。一本巴西作品如果在英国被复印了一份，英国必须依自己的版权法认定这种复印属于侵权，而不能依巴西版权法否认其为侵权。第三，不能因作品来源国的保护水平低，而其他成员国就只给有关作者以低水平保护。当然，伯尔尼公约允许成员国在公约最低要求限度内，适当降低保护水平。

版权独立性原则，不仅适用于其中的经济权利，而且适用于其中的精神权利。这是在1928年修订伯尔尼公约时就确定下来的，它反映在公约第6条之2的（3）款中。该款尤其强调了：对于版权中精神权利的保护，同样适用“权利要求地法”。

## 四、经济权利的内容

伯尔尼公约列为各成员国必须授予的经济权利共有8项，即：（1）翻译权（第8条）；（2）复制权（第9条（1）款）；（3）公演权（第11条）；（4）广播权（第11条之2）；（5）朗诵权（第11条之3）；（6）改编权（第12条）；（7）录制权（第9条（3）款及第13条）；（8）制片权（第14条）。在伯尔尼公约中，第14条之3所规定的“追续权”虽列在经济权利一类，但不是最低要求之一，成员国不是非授予作者这项权利不可。

上述8项权利中的大多数，在编者的其他论著中[①]，与我国著作权法相比较进行详细讨论。只是“录制权”在这里作一点专门讨论。在过去，如果说印刷是间接传播作品的活动，那么录制则是间接的间接传播，因为它是一种间接的复制。无论音乐作品还是戏剧加音乐作品，总要表演者（或演奏者）先把作品表现在活的表演之中，

---

① 编者注：参见郑成思著：《版权公约、版权保护与版权贸易》中的“第二编版权公约与我国著作权法”。

才可能再去把表演中的声音录下来。[①]电子器乐加录音设备发展起来后，这种“间接的间接”传播有了一些改变：光电识谱仪可以直接扫描乐谱而使电子乐器(不经表演者)发出的声音录入磁带。当然，也有人仍旧认为这与过去的“录制”在版权领域的含义没有根本的区别。扫描仪器及电子乐器的程序设计人，被视为不露面的“演奏者”，只有通过他们，音乐作品才能被复制到磁带上去。但不论怎样讲，1967 年在修订伯尔尼公约时，把一切形式的录制，统统放在“复制”一类中，不论是间接复制还是直接复制。

伯尔尼公约中所允许的“强制许可”制度（除了对发展中国家的特殊规定外），只适用于音乐（及音乐加戏剧）作品的录制，既不适用于其他录制，也不适用于其他权项的行使。在“制片权”条款中，公约还专门强调了音乐作品的录制权强制许可，不能适用到制片权中去。[②]

## 五、精神权利的内容

伯尔尼公约第 6 条之 2，将“署名权”与“修改权”列入成员国必须保护的精神权利。这表明，公约成员国有权选择是否为“发表权”及“收回权”提供保护。

公约中所说的署名权，包括：（1）作者有权以任何方式在自己的作品上署名（署真名、假名或匿名）；（2）作者也有权禁止他人在并非其作品上署其名（即禁止“冒名”）；（3）作者还有权反对未

---

① 伯尔尼公约第 13 条说的“录制”，不包括录像，只包括录音；在录音中，又只包括对音乐或音乐加戏剧作品的录制，不包括文字作品的录制。伯尔尼公约第 9 条（3）款说的“录制”，则包括一切形式的录制。

② 伯尔尼公约中作出这种专门的区别，主要为避免人们把电影制片中胶片边缘的“声槽”（Soundtracks）录音与一般唱片、磁带的录音相混淆。在一般情况下，“录制权”仅仅指声槽之外的录制活动。

作出应有贡献的他人强行作为“合作作者”在自己的作品上署名；（4）作者尤其有权反对他人在作品上删除自己的名字而署以他人的名字。公约中所说的“修改权”，则范围比较窄。它只包括禁止他人对其作品进行有损其声誉的歪曲，而不包括作者自己有权修改作品的意思。这后一方面意思如果包括进去，就可能为“收回权”敞开大门（因为收回作品无非是自行修改的一种特殊形式），而多数国家不同意授予作者以“收回权”。

公约规定精神权利是不依赖于经济权利而独立存在的；经济权利转让后，精神权利仍是作者的。至于作者死后由谁代其行使精神权利，则也依照“权利要求地法”去决定。

公约虽然规定了精神权利保护期至少与经济权利相等，但允许在 1967 年之前按照其传统法律（成文法或普通法）只在作者有生之年给以精神权利保护的国家，继续实行已有的规定。

## 六、对权利限制的限制

前面讲过，各国版权法中都规定了程度不同的权利限制。如果各成员国无限扩大权利限制的范围，就会使公约提供的最低限度精神权利及经济权利保护受到影响。因此，公约在对成员国提出的最低要求中，还必须把各国版权法的权利限制条款，限制在一定范围内。

公约第 2 条之 2 允许在成员国中，为提供信息目的，不经作者许可将讲课、讲演等公开发表的口头作品，以印刷、广播等方式复制并传播。但是，这类口头作品的“汇编权”，仍旧属于作者。公约第 10 条及第 10 条之 2，允许在成员国中不经作者许可而摘录已发表的作品，或为教学目的，以讲解的形式在出版物、广播或录制品中使用已发表的作品。不过“摘录”必须限于合理范围；摘录或其他使用都必须注明原作者及作品出处。在成员国中，可以为时事报道目的而在广播中使用已发表的经济、政治、宗教等时事性文章，但也必须注明作者及作品出处。公约还允许为广播目的而录制有关作品并临时保存该录制品，允许在官方档案保存机关长期保存有关录制品。

对权利限制的限制，还体现在公约关于“强制许可”制度的专门限制上。在一般情况下，公约仅仅允许成员国针对版权中的“广播权”及音乐作品的“录制权”实行强制许可制度。但在实行这种制度时，一不能损害作者的精神权利，二不能损害作者获得公平的经济收入的权利。这是在公约第11条之2（2）款，以及第13条（1）款中规定的。

对强制许可制的限制，还集中体现在公约1971年文本的附件中，亦即对发展中国家“特殊照顾”的条款中。在1967年修订公约时，发展中国家曾提出了为发展这些国家的科技与文化，应在较短时间内（例如一年内）允许它们不履行过多的手续即能发放复制权与翻译权强制许可证，亦即允许对复制权与翻译权作较多的限制。由于一些发达国家的极力反对，1971年修订伯尔尼公约时，实际上对发展中国家要求的对复制权与翻译权的权利限制，进行了限制。这主要体现在：第一，延长了颁发强制许可证的起始时间；第二，增加了颁发强制许可证的前提条件及应履行的手续。

## 七、经济权利保护期

伯尔尼公约规定：一般作品保护期不少于作者有生之年加死后50年（见第7条（1）款）；电影作品不少于同观众见面起50年，若50年尚未与观众见面，则为摄制完成起50年（见第7条（2）款）；匿名及假名作品不少于出版后50年（见第7条（3）款）；摄影作品及实用艺术品不少于作品完成后25年（见第7条（4）款）；共同作品（合作作品）或被视为共同作品的其他作品（例如有些国家的电影作品）为共同作者中最后一个去世者有生之年加死后50年。

伯尔尼公约的绝大多数成员国在版权法中所规定的保护期，都不低于上述要求。有些国家在把新的受保护客体增加到本国版权法中时，也考虑到至少要与上述几种保护期中的某一种相等。例如，法国于1985年曾经把计算机软件的保护期定为创作完成后25年，即与摄影作品及实用艺术品保护期相符。

## 第三节 伯尔尼公约的几个特殊问题

伯尔尼公约在缔结后的一百多年里，不断进行着修订；每次修订，又都是在数十个国家知识产权专家的共同努力下完成的。因此，可以说该公约不仅在保护水平上越来越高，而且在行文上、技术上也是越来越完善的。曾有个别人，出于对公约中一些特殊问题缺乏研究，认为该公约有些概念或提法“前后矛盾”“违背法理”。甚至曾有人提出该公约应受到“批评”乃至“批判”。所以，在一般了解该公约的主要内容之外，还应进一步了解和研究其中的一些特殊问题。在我们不是去“批判”而是必须去实施该公约的今天，了解这些特殊问题就显得更加必要。在版权国际公约领域，切不要草率地把自己尚不懂的东西都指责为“错误的”。

### 一、权利主体

伯尔尼公约在第1条即宣布其缔结目的在于保护作者就文学艺术作品享有的权利。但在整个公约中，并没有给“作者”下明确定义。世界知识产权组织的专家及多数国家的版权法学家都认为：只有直接从事创作活动的自然人,才能被视为作者。20世纪80年代初，在电影作品版权归属问题的国际性争论中，大陆法系的一些版权法学者甚至认为英美法系国家把电影作品版权直接授予制片人（而不是授予参加创作的自然人），是违背伯尔尼公约第1条的。但一些英美法系版权法学家则不同意这种看法。而且，美国版权法甚至认为在雇用状态下，直接从事创作的人不是作者；雇主（可以是自然人，也可以是法人）反倒应被看作是作者。而在美国考虑参加伯尔尼公约时，美国版权局长认为这一点并未与伯尔尼公约相冲突。①

正如回避了给“版权”与“作者权”这两个争议较大的术语下定义一样，伯尔尼公约也回避了给“作者”下定义。实际上，公约允许不同国家按照自己的国内法，去下这个定义。这样，一部分成员国规定了只有自然人可以是作者（如联邦德国），一部分成员国规定法人也可以被视为作者（如日本），还有一部分成员国给“作者”下了详细的定义，却不直接回答他仅仅是自然人还是也包括法人（如英国）。而上述这几种不同国家的版权法中，又都几乎有一条相同的规定：在无相反证据的情况下，在作品上署名之人应被视为作者。

看起来，作者是否只应是自然人这一理论问题，并没有给版权国际保护带来不可逾越的障碍。如果将来伯尔尼公约再次修订时，这一问题的争论尚无基本一致的结论，则公约仍旧会回避它。

## 二、受保护的作品

伯尔尼公约第 2 条对“受保护作品”作了详细说明。

第一，公约指出：一切文学、科学与艺术作品，不论其采取什么表现形式或表达方式，都属于公约保护的“作品”。

第二，公约第 2 条（3）款及（5）款又专门指出了一切演绎作品（包括上面讲的小说改编为戏剧后形成的作品）及汇编作品虽然不能损害原作品的权利，自己毕竟也有独创的成分在内，因此也属于“受保护作品”，享有版权。这与第一点并不矛盾，它既承认了原作品享有演绎权，又承认改编（或翻译）及汇编后的作品同样受到保护。

① 参见世界知识产权组织出版的《版权》月刊，1987 年第 3 册，欧曼（R.Oman）的文章中“美国与伯尔尼公约”部分。

第三，在第 2 条里以列举的方式列出了一系列属于“作品”的客体。以列举的方式有两点好处。一是没有把“作品”范围圈死，给随着技术发展而新出现的客体留下了位置。二是避开了成员国中在“作品”范围上的差异。例如，有些国家把录制品、广播节目等也视为“作品”，但其他国家则不视为作品。

第四，公约允许成员国不将实用艺术品、外观设计等视为“作品”，即允许不用版权法而用工业产权法加以保护。

此外，与“受保护作品”关系最密切、因而必须加以说明的一个问题是：我国曾有不少人提出过“版权（著作权）法只保护形式，不保护内容”，另有不少人则不同意这种提法。这种分歧意见不是纯理论问题，而是构成“侵犯版权”的界线应划在何处的实际问题。了解伯尔尼公约对这个问题的回答，有助于我们在今后的涉外版权保护中避免侵权。由于这个问题比较复杂，下面将引证一些国家（包括我国）版权法的有关条文，以期对伯尔尼公约中的有关提法作更好的说明。

伯尔尼公约第 2 条（1）款提到了不论作品的“表达形式”如何，均应受到保护。可能有人据此即认为该公约也仅保护作品的“形式”，不保作品的“内容”了。但就在同一条的第（5）款，公约又明确规定：由于对作品“内容”的选、编而构成“创作”的汇编作品，应同样受到保护。这又作何解释呢？应当受到保护的，究竟是什么呢？

1980 年，英国一位小说家以一部史书为基础创作出的小说，被认定为侵权。[①] 虽然判决使该小说家服气，却很使我国的一些学者困惑：版权（著作权）不是只保护形式，不保护内容吗？小说与史书是完全不同的两种创作形式，它们之间怎么可能存在“侵权”呢？

① 参见《著名版权案例评析》，专利文献出版社 1990 年版，第 68~70 页。

有人甚至认为在不同创作形式之间找寻侵犯版权的因素，简直是缺乏常识。[①]

从这里，我们接触到了中心问题：在版权领域，“只保护作品的形式，不保护作品的内容”这条原则是正确的吗？应当说，这条原则一是避免了把本来应当由专利法保护的东西放到版权领域来保护，二是在一定程度上防止了把公有领域的东西列进专有领域之中。从这两点来看，该原则有它合理的一面。但进一步的分析会使人看到：不加严格限制地适用这一原则，或把它扩大适用到不应适用的范围，则会把许多专有领域的东西划入公有领域，给“原文照抄”之外的绝大多数侵权活动开了绿灯，从而最终使版权保护制度基本落空。从这个意义上看，又可以说该原则并不正确。

从哲学的角度讲，我们举不出任何不涉及形式的内容。当我问及你一部小说（或一篇论文）的内容是什么时，你的回答本身必然（也只能）是表述该小说（或论文）的某种形式。当然，在版权领域，可能对内容与形式不应作哲学概念上的那种解释。例如，可以说绘画与文字是两种完全不同的表达形式。画一幅“山瀑无声玉虹悬”的北国冬景，再加上几枝梅花，绝不至于被视为侵犯了“已是悬崖百丈冰，犹有花枝俏”诗句的版权。但是，若以连环画的形式去反映文字小说（例如《钟鼓楼》）的内容，则在中外都会无例外地被视为侵犯了该小说的“改编权”。在这一例中，侵权人究竟使用了小说的形式还是内容，真是个难以一语说清的问题了。

从各国立法的角度看，绝大多数国家都没有讲究竟版权法保护形式还是保护内容，尤其不会明文规定“不保护内容”。倒是有一些国家的版权法指出：如果作品包含了某些不应有的内容，则不受保护。

---

① 参见《人民日报》，1988年12月8日。

由此可以从反面推出这样的结论：该法在确定是否将某作品列为受保护客体时，将顾及该作品的内容。例如，我国著作权法第 4 条即规定："依法禁止出版、传播的作品，不受本法保护。"而当有关法律（如新闻出版法）决定禁止某作品出版时，着眼点自然在该作品的内容上。

### （一）不受保护的表现形式

当人们说起"版权只保护形式不保护内容"时，还可能被误解为一切称为"形式"的，均可以受版权保护。事实上，不受版权保护的表现形式是大量存在的。

首先，许多国家（包括我国）都在法律中把一部分（虽然的的确确属于"作品"的）表现形式,排除在版权保护之外了。新闻报道、通用表格、法律条文，等等，均属于这一类。此外，许多国家的版权法（或对版权法的司法解释），还把作为发明方案、设计方案的主要表现形式的"专利说明书"按一定条件排除在版权保护之外。例如在德国，专利说明书一经专利局"早期公开"（一般是申请后 18 个月），即不再受版权保护。

其次，任何从来就处于公有领域中的作品（例如古代作品），它们的表现形式当然不受版权保护，因为这些作品本身就无版权可言。大部分曾处于专有领域的、已过保护期的作品，其表现形式也不复享有版权保护。

最后，一切虽有美感的、可供欣赏的形式，但只要非人的思想的表达形式（即非创作的造型），如自然的造型，也不会受到版权的保护。例如，雕有乐山巨型坐佛的那座山，在一定距离之外望去又正是一尊躺倒的巨型佛像。这个睡佛造型，显然谈不上享有版权。即使人工培育出的、具有独特形状的动、植物，也谈不上受版权保护。[①]

---

① 含有人的创造性劳动成果的动、植物，即使在专利领域，提供保护的国家也极其有限。

谈到这里，我们遇上了一个不同于“内容的表现形式”，但与之相近的概念——“思想的表达形式”。的确，我认为这后一概念使用在版权保护领域，应当说比前一概念更确切些。把某种创作思想表达出来后，实际上这被表达的成果中既包括了内容，也包括了形式。在这里，“表达形式”不再是先前讲的、引入版权领域后扯不清的那种与哲学上“内容”相对的形式，而是某种途径、某种方式。作为表达出来了的东西（包括形式与内容），与未表达出的思想，是可以分得清的。人们常说：优秀作家写出的东西，往往是许多人“心中有，笔下无”的东西。就是说，作为某种思想（或叫构思、构想），可能许多人都有，但这些人均不能就其思想享有版权。唯独某个作家把这种思想表达出来了，这表达出的东西（文章、小说或绘画、乐谱，等等），才成为版权保护的对象。

“峨眉高出西极天，罗浮直与南溟连”，这是我们伟大祖国从西南到东南的景色。这个画面可能在许多人脑子中（心目中）都存在着。但这幅景色作为自然造型，不会享有版权；作为思想中的（心目中的）内容，也不会享有版权。一旦“名工绎思挥彩笔”，把人们心目中的这幅景色画出来，作为思想的表达而出现的这幅画，如果创作于现代，毫无疑问是享有版权的。

用“思想与表达”代替“内容与形式”之后，我们在回答“版权领域的受保护客体究竟是什么”这个问题时，陷入窘境的机会可能会少一些。当然，我们也可以在“表达”后面加上“形式”，以使它更符合汉语习惯。但与思想相对的表达形式，已不同于与内容相对的形式。因为，在表达形式中，既有表达方式，也有所表达出的内容。或者可以说：“表达形式”既包括“外在形式”，也包括“内在形式”。德国的迪茨博士曾举过很恰当的例子说明这一点。从他人的小说中直接取出对话，放到自己的剧本中，固然构成侵权；根据他人小说的已有情节，自己在剧本中创作对话，也构成侵权。正像前面举过的例子：根据他人的小说，创作连环画，也构成侵权。在这些例子中，虽然看起来改编人没有使用原作者的思想的表达形式，但实际使用了前者思想已被表达出的“内在形式”，或者说得更明确些：使用了前者已表达出的内容。

### （二）不受保护的内容

笼统地把作品的内容都排除在版权保护之外，是站不住脚的。当然，也不能因此就倒过来，把一切“内容”都置于版权保护之下。因为这样倒过来的结果，可能把许多不应被专有的东西划为专有，从而扩大了侵权的认定范围，使本来不应负侵权责任的人被视为侵权人。

首先，那些无具体内容的“内容”，是不应享有版权保护的。例如，未塑造成型的、尚未完成的创作构想，过于空泛的创作轮廓，可包含完全不同具体内容的标题，等等。某画家在纸上涂了两个大墨点，意在画成一幅熊猫图，但实际上他就此搁笔了；另一画家利用这两个墨点画成了两支黑猫。不能认为后者侵犯了前者的“版权”。因为版权产生于作品完成之时，而前一“作品”尚未完成（连“阶段性完成”也达不到）。“星球大战”电视剧的版权人曾诉里根“星球大战”计划侵犯了其作品标题的版权而未能胜诉，原因正在于两人各自的标题下具有毫不相干的不同内容。

无具体内容的“内容”，往往也可以被视为某种“思想”。例如，“相对论”是构成爱因斯坦重大科学发现的主要内容，也是他提出的一种理论或思想。赞同这一思想的科学家，尽可以去著书阐发这一思想，不会因此侵犯爱因斯坦的版权；但如果抄袭爱因斯坦发表的《相对论》论文（即有具体内容的“内容”）或改头换面将该论文作为自己的新作，就必然侵犯爱因斯坦的版权。

其次，有些作品的内容，只有唯一的一种表达形式，这样的内容，也不能够受到版权保护。

1990 年，美国第五巡回上诉法院终审判决了一起版权纠纷，判决中认定一幅加利福尼亚某居民区的天然气地下管道图不受版权保护。判决的主要理由是：该图毫无差错地反映了该区地下管道的真实走向。任何人在任何情况下独立地绘制该区管道图，（如果不出误差的话）也只能与这幅已有的图一模一样。该图的绘制人只是将实际存在的管道走向，毫无（也不可能有）独创性地再现在纸上①。

许多国家的法律或司法解释，均认为大多数地图的“底图”不享有版权，原因也正在于这种底图是客观内容的唯一表达形式。任何人把底图稍加一点自己的独创性，都会招致实践中的麻烦（例如稍改动一点国家地图的边界线走向，将引起外交纠纷）。

几乎一切被确认了的公式，作为反映某客观定律的内容，也不会受到版权的保护。例如，不同的物理书在解释“焦耳定律”的内容时，只能表达成：$Q=I^2RT$，或相应的文字，而不可能表达成其他文字或公式。所以，在这里无论讲起该定律的内容，还是反映该内容的公式，都不在受版权保护之列。讲到这里，我们甚至可以感到：在版权领域，有时区分“形式”与“内容”的必要性完全不存在了。凡在内容无法受保护的场合，形式也一样无法受保护。相类似的例子，还有历法本身、运算方法本身，等等。当然，这里讲这些东西不受版权保护，并不意味着它们不受一切保护。例如，定律的第一个发现人，运算方法的首先使用人，均可能受到“科学发现权”的保护。但那毕竟与版权保护不同。

由于在“作品”所涉范围，存在着一大批只有唯一表达形式的客体，以版权保护了这类客体，就会妨碍科学与文化的发展，所以

---

① 参见《美国专利季刊》第 14 卷 2，第 1898 页。

不同国家在版权司法实践中，都注意以各种方式避免把这类客体纳入受保护范围。例如，美国把一切作品分为“事实作品”与“艺术作品”，认为前一类中，具有“唯一表达形式”者居多，在认定侵权时必须慎重。[①] 德国学者则把作品分为社会科学作品与自然科学作品，认为后一类中具有“唯一表达形式”者居多，其“内容要保护的可能性”比起前一类要小。

最后，凡已进入公有领域的作品，或自始即处于公有领域的作品，正如前面讲到的它们的表达形式不受保护一样，它们的内容也绝不受版权保护。

### （三）怎样才是较正确的提法

从上面的论述中可以看到：在版权领域提出“内容”与“形式”的区别，并认定一个不受保护，另一个受到保护，是有许多漏洞的；在事实上，保护某作品的形式时，往往离不开它的内容；而许多内容不受保护的作品，其形式同样不受保护。

在世界知识产权组织编写的《伯尔尼公约指南》中，确实出现过“内容”与“形式”两个词，但使用它们的目的，绝不在于要说明把其中之一排除在版权保护之外。该指南只是为了讲明：某些作品受保护，不是因为它们具有某些特定内容，因为，作品的内容如何并不能作为受保护的前提条件；作品究竟采用什么表达形式，也不应作为是否受保护的前提条件。

正相反，伯尔尼公约第6条规定了作者就其作品享有“保护完整性权”，而其指南对此的解释是，有权禁止对其作品内容的某些修改。我国《著作权法》第33条，进一步从正反两方面重申了这一意思，即：“报社、杂志社可以对作品作文字性修改、删节，对内容的修改，

---

① 参见美国《电子与信息时代的知识产权》，第66~73页。

应当经作者许可。”这段规定甚至在特定情况下把许多人过去的理解倒过来了。它明确指出了对作品形式的保护可能受到限制，而对作品内容的保护则是不容忽视的。

可见，无论从伯尔尼公约的角度，还是从我国国内法的角度，都不宜再把“只保护形式，不保护内容”作为一条原则加以应用了。

事实上，许多国家的版权法，都具有与伯尔尼公约及其指南相类似的表述方式。在这些表述中，均找不到只保护形式，不保护内容的结论。

例如，《法国版权法》第 2 条规定：不论精神创作成果的作品种类或表达形式如何，均应受到保护。

《美国版权法》第 102 条则从另一个方面，规定下列内容不论采用什么表达形式，均不受保护：方案、程序（不指“计算机程序”，而指司法、行政等程序）、工艺、系列、操作方法、概念、原则或发现。应当指出，像美国这样明确规定了一大批内容不受保护的，在各国版权法中并不多见。因为，具体哪些作品或作品的哪些内容不论如何表达均不受保护，如果由法院按不同纠纷给予不同处理，会比作硬性规定效果更好。1986 年，美国在一起计算机程序侵权案中，实际认定了该程序的设计方案及操作方法均受版权法保护，致使参与美国版权法起草之人对这项判决都很难言之成理。当然，世界上大多数国家（包括西欧国家与日本）对美国在计算机程序的版权保护上的水平过高，都有不同看法。

那么，如果我们放弃了“保护形式，不保护内容”的提法，又应当以怎样的提法去代替它，才更准确，更合理些呢？实际上，保护什么，不保护什么，在一个国家的版权立法中一般都十分明确了。我国著作权法的“总则”一章中，也作了较详细的规定。一定要用一句简单的原则去概括这些规定，往往会弄巧成拙。当然，如果说到在实施这些规定时，应当注意把哪些法律中没有明文指出、但又确实属于不受保护的东西排除出去，则可以有多种建议或提法。但无论怎样提，也不外乎依旧要从正、反两个方面把问题说清，即：在面临具体版权纠纷（主要是侵权纠纷）时，一方面依旧要弄清不保护什么，另一方面还要弄清保护什么。

总起来讲，一切处于公有领域或其他知识产权法保护领域的东西，应当被排除在版权保护之外。具体讲，至少应包括下面几项：（1）思想（Thought）或理论。因为它们没有“可复制性”，对它们在版权意义上的“侵权”无从发生，故谈不上保护。对这一点，多数国家在司法实践中是明确的，也有少数国家在成文法中作了规定。（2）发明方案（Idea）或设计方案。因为它们是处于我国专利法保护之下的。（3）一切已处于公有领域中的作品。对此不保护的理由已在前文讲过。（4）法律规定的不受保护的作品。

在我国，上面第（4）项即《著作权法》第4条列出的禁止出版、传播的作品，以及第5条列出的法律、法规、国家机关的决议、决定、命令和其他具有立法、行政、司法性质的文件，及其官方正式译文；时事新闻；历法、数表、通用表格和公式。

上述（1）、（3）两项是各国相同的。第（2）项中的设计方案是否受版权保护，不同国家可能有不同回答。第（4）项则会依不同国家的法律而有所不同，少数国家的法律还根本不规定哪些不受版权保护。

至于另一方面的问题，在版权领域应当保护什么？如果作为对著作权法的进一步解释，可以说：应当保护“带有独创性的作品”。因为我国的著作权法并没有要求受保护的作品另外还得具有艺术高度或创作高度，所以，根据《著作权法》第3、11、13等条款，应当认为只要作品是创作的（即带有独创性的），就应受到保护。

绝大多数受保护的作品，并不是全部内容都属于它的作者所创作的；一切演绎作品肯定不是全部带有独创性的。著作权法给予特定的作者的特定作品以保护的，仅仅是其作品中那部分确实带有独创性的内容。至于该作品的其他内容，可能是直接取自公有领域之中，也可能经许可或按“合理使用”的限度取自他人享有保护的作品之中。当然，对于那部分应当受到保护的带有独创性的内容，我们也未尝不可称为“带有独创性的表达形式”，因为两种表述的实质并无不同。

放弃了“不保护内容，只保护形式”的提法，而代之以上述两方面大段的议论，这样是使问题更复杂化了，还是使答案更确切、更清楚了？联系伯尔尼公约中的提法，我们的答案应当是:“更清楚了”。

## 三、民间文学

在1967年之前，伯尔尼公约第15条中尚无第（4）款，亦即尚无任何对“民间文学”的规定。民间文学涉及许多版权保护客体的创作之“源”。应当以版权法保护还是应当以其他专门法保护？保护程度怎样才算适当？这些问题至今还在讨论中。从联合国教科文组织与世界知识产权组织目前正另外起草专门的民间文学保护公约这一事实来看，这两个组织并不打算把保护民间文学纳入到两个基本的版权国际公约中。不过，伯尔尼公约第15条（4）款，实际上把民间文学中的一部分，作为“不知作者姓名而又未曾出版过”的特殊“作品”来对待了。

由于公约中没有特别规定这类作品必须以有形方式固定下来，所以世代流传下来的歌曲、讲述等等，都可能包括进去。公约并没有把这部分民间文学作品的保护作为对成员国的最低要求。就是说，公约成员国可以不保护这类作品。如果成员国确要保护这类作品，那就还需要符合两个条件。第一，对有关的既未出版，又不知作者的作品，必须有足够理由推定其作者是公约中某成员国国民；有关成员国应指定主管部门代作者行使权利。第二，有关成员国指定出主管部门后，应以书面声明形式通知世界知识产权组织总干事，总干事须将该声明转达其他成员国。

这里可能出现的问题是：第一，如果这类作品一旦出版了，它即不再符合“未出版”这一条件，那时仍旧由有关部门行使权利，还是转而由出版者行使权利？对此答案是不一致的。第二，如果有足够理由推定这类作品的作者出自某一地区，而该地区跨两个或两个以上公约成员国的地域，那么它应被定为其中哪个成员国的民间文学，哪个成员国有权指定行使权利的机关并通知总干事呢？公约对这些问题并未作出明确回答。只是在“伯尔尼公约指南”中，世界知识产权组织的专家认为民间文学一旦出版，权利即应属于出版者。而这又是许多国家所不同意的。在版权国际保护中，这些都还属于“悬而未决”的问题中的一部分。

## 四、来源国

伯尔尼公约从第5条开始，多次出现作品的“来源国”① 这一概念。而实际上，“来源国”在有些情况下又与“作品”分离，而同作者国籍国或居住国联系起来了。这是一个十分复杂的概念。在下列七种不同情况下，来源国有不同的含义：

第一，如果作品是在伯尔尼公约的成员国中首先出版的，该成员国即为作品的来源国。在这种情况下，作者的国籍或惯常居所不起任何作用。例如，1992年前一个中国作者的作品首先在英国出版

① 有些中译本译为“起源国”。只要把原文中的“源”的意思译出，实质上就无大区别了。本书作者感到“起源”二字，从语言学角度讲，更适用于有生命的对象；而“来源”则较适用于无生命的对象（如作品）；“起源”还可能仅限于某种类型作品的第一部。故译为作品的“来源”国。

了，英国即为该作品的来源国[①]。

第二，如果作品首先在伯尔尼公约的两个以上成员国同时出版，则版权法中保护期较短的那个成员国被视为作品的来源国。由于在成员国中确定来源国的主要目的，在于规定有关作品的保护期。所以，如果两个以上成员国保护期相同，则应当认为它们均可被视为来源国。当然，这只是本书作者的观点。伯尔尼公约条文中并没有对此作进一步解释。[②]

第三，如果作品首先在伯尔尼公约成员国及非成员国同时出版，则该成员国为作品来源国。例如，美国参加伯尔尼公约之前，同时在英、美两国出版的作品，应视英国为来源国。

第四，如果作品首先在某个非伯尔尼公约成员国出版了，但该作品的作者具有某成员国国籍，则该成员国被视为作品来源国。在这种情况下，作品首次出版地不再起作用。例如，1992 年前英国某作者的作品虽然首先在中国出版，英国仍被视为来源国。

第五，如果作品未曾出版过，而其作者具有伯尔尼公约某成员国国籍，则该成员国被视为作品来源国。

在上述四、五两种情况下，伯尔尼公约的有关条文（即第 5 条（4）款）虽然只谈到作者国籍问题，但显然也包含作者居住国在内，即包含虽无成员国国籍，但在成员国有惯常居所的作者。由于公约在第 3 条（2）款中已讲明居所与国籍在公约提供的保护中占有同样位置，对公约其他条款中的“国籍”也应作相应的理解。

第六，如果一部电影作品（系指制成的影片）未曾复制拷贝并

---

① 即使一个法国（伯尔尼公约成员国）作者的作品，如其当时首先在英国出版，作品来源国仍旧是英国，而不是法国。

② 匈牙利版权局局长勃伊塔认为：如果两国保护期相同，则应以实际上在先出版之国（即使在先 1 周或 1 日）为来源国。当然，他同时又承认：“实际上”的在先出版，是很难确认的。

发行放映，或其复制、发行及放映系首先在非公约成员国进行的（亦即在非成员国首先“出版”的），则只要该影片的制片人的惯常居所，或其总部设在公约的某个成员国，该成员国即被视为作品来源国。对电影作品未适用上述四、五两种情况下的“来源国”解释，是因为不同国家对于“谁是电影作品的作者”这个问题，在答案上差距太大。

第七，如果是建筑作品或构成建筑物一部分的艺术作品未曾出版或系首先在非公约成员国出版，则只要有关建筑物建造在公约的某个成员国中，该成员国即被视为来源国。在这里，作者国籍，作品首次出版地都不起作用了。由于伯尔尼公约在第3条（3）款中明确指出，“建筑物的建造不构成出版”。所以，这里讲的“出版”应当指的是建筑表现图或设计图或模型的复制与发行、有关艺术作品的复制与发行。

在上面几种情况里，出现了“同时出版”这个概念，公约对此也作了严格的解释。“同时”不能理解为同一天，甚至同一秒；也不能过宽地理解为在同一年。只要作品在两个或两个以上国家，在30天之内的跨度里先后出版，均应视为“同时出版”。

在作品的首次出版未在公约成员国进行，或虽在成员国进行但作者为非成员国国民时，确定“来源国”对于确定作品是否受公约保护是十分重要的。作品的首次出版在两个以上成员国同时进行时，确定“来源国”又对确定作品的保护期十分重要。因为，虽然伯尔尼公约要求各成员国依自己的国内法保护来源于其他成员国的作品，但有一个例外：在给予作品的版权保护期方面，应以作品来源国的保护期为准（不能比该保护期更长）。这是在公约第7条（8）款中规定的。

## 五、各种保留

伯尔尼公约给各成员国留下了较多的在国内法中作某些保留余地。这些允许的保留，可分为两大类：一类是专门规定的保留，另一类是以互惠原则代替国民待遇原则情况下的推定保留。

专门规定的保留反映在公约第 30 条（1）款中，它主要指三种保留：第一，“翻译权十年保留”。公约允许成员国在加入公约时声明本国不按公约第 8 条的规定行事，即不给作品的翻译权以作者有生之年加死后 50 年的保护。如果某来源于其他成员国的作品在发表后 10 年内，其作者未授权任何人将其译成该国通用文字，则该作品的翻译权在该国失灭。也就是说，作出保留声明的该国届时将允许任何人在上述 10 年后自由翻译该作品。不过，如果作为发展中国家的成员国已声明要求享有颁发翻译权强制许可证的“优惠待遇”，则不能再声明“翻译权十年保留”[①]。第二，争议解决途径保留。公约在第 33 条（1）款要求成员国之间如对公约的解释及适用发生争议，应提交国际法院解决。同时公约又允许成员国在参加公约时，声明本国与其他成员国的争议不通过国际法院解决。[②]第三，公约允许已成为成员国的国家仍适用公约的旧有文本中的实体条文（但必须批准公约最新文本中的行政条文）。

推定保留所包含的内容比较多，它们分散反映在许多条款中。例如，第 30 条（2）款中规定：对于声明了“翻译权十年保留”的国家，其他成员国对来源于该国的作品也不再提供国民待遇保护，只相应

---

① 日本曾经是实行“翻译权十年保留”的伯尔尼公约成员国之一。1980 年，日本修订版权法时放弃了这项保留。现在，伯尔尼公约成员国中还有冰岛、土耳其、塞浦路斯及南斯拉夫仍实行着“翻译权十年保留”。

② 到 1992 年 1 月为止，尚有委内瑞拉、突尼斯、泰国、南非、罗马尼亚、毛里求斯、马耳他、利比亚、利比里亚、莱索托、印度、埃及、保加利亚等国坚持这项保留。

地提供 10 年保护。第 2 条（7）款规定：对于不以版权法保护实用艺术品、外观设计等作品的国家，其他成员国也可以对来源于该国的实用艺术品等不给予版权保护。第 14 条之 3 规定：如果某成员国不保护追续权，其他成员国也可以对来源于该国的作品不提供追续权。第 6 条规定：公约成员国可以对于在本国首先出版、但作者非成员国国民的作品，降低保护标准，其他成员国也可适用该国已降低了的保护标准①。

## 六、追溯力

伯尔尼公约第 18 条规定：公约的最低要求，不仅适用于某个成员国参加公约之后来源于公约其他成员国的作品，而且适用于该成员国参加公约之前即已存在的、虽然对该成员国来说已进入公有领域，但在其来源国仍受保护的作品。这就是说，伯尔尼公约对于新参加它的国家来讲，在作品的保护范围上是有追溯效力的。例如，卢旺达是 1984 年 3 月 1 日正式成为公约成员国的。在这一天之前，伯尔尼公约的已有 70 多个国家的作品在卢旺达均被视为进入了公有领域，即不受保护。而在这一天之后，只要这些作品在其来源国仍受保护，则卢旺达也就应按照伯尔尼公约开始承担保护它们的义务了。

这个追溯力条款，使得一些经济不发达、文化产品出口又较少的国家，在参加伯尔尼公约后会感到突然增加了需要支付外国版税的外汇负担。这是一些国家没有参加伯尔尼公约的原因之一。

为使这种突然增加的负担有可能减轻，公约允许成员国之间订

---

① 伯尔尼公约中允许成员国国内法加以保留（或自行酌定）的有关条款还有：第 2 条（2）款、（4）款，第 2 条之 2（1）、（2）款，第 6 条之 2（2）款，第 7 条（2）、（4）款，第 9 条（2）款，第 10 条（2）款，第 10 条之 2（1）、（2）款，第 11 条之 2（2）款，第 13 条（1）款，第 14 条之 2（2）款，第 15 条（4）款，第 18 条（3）款等。

立双边或多边条约来限制公约的追溯力在它们相互间的适用。例如，卢旺达如感到参加伯尔尼公约后，将要重新加以保护的法文作品数量太大，可以同法国及其他已参加公约的法语非洲国家缔结双边条约，在条约中规定不再保护某些原已进入卢旺达公有领域的法文作品。

对于原先在成员国之间已缔结的、限制追溯力的双边（或多边）协定，伯尔尼公约也承认其依旧有效。

## 七、“伯尔尼联盟”与世界知识产权组织的关系

伯尔尼公约在1886年缔结的同时，即由缔约国组成一个“伯尔尼联盟”，由该联盟的事务局管理公约履行中的一切事务。1967年世界知识产权组织成立之后，该联盟事务局的工作实际都由世界知识产权组织的国际局来承担了。在个别伯尔尼联盟的成员国尚未加入世界知识产权组织时，从理论上讲，该国际局的工作人员负着双重职责：对于已参加世界知识产权组织的国家来讲，他们是国际局工作人员；对未参加该组织的伯尔尼公约成员国来讲，他们又是伯尔尼联盟事务局的工作人员。世界知识产权组织的总干事，也同时是伯尔尼联盟总干事。一旦伯尔尼联盟的成员全部加入世界知识产权组织，该联盟即应不复存在。

## 八、伯尔尼公约的发展趋向

伯尔尼公约的1971年文本形成后的二十多年里，一些对版权保护有重大影响的新技术迅速发展起来；包括版权在内的知识产权贸易，在国际贸易中占的比重越来越大，乃至关税与贸易总协定已经把它作为一个新课题提出。这些情况，使实际管理着伯尔尼公约的世界知识产权组织，以及该公约的一部分成员国（主要是发达国家），在20世纪80年代提出了修订该公约的设想；到20世纪90年代初，则开始具体讨论以增补条文或以“公约议定书”的形式，对

公约进行补充及修改。

到目前（1992 年 6 月）为止，多数成员国倾向于以议定书形式进行增补与修改，其中将可能包含下列内容：

（1）增加伯尔尼公约中的受保护客体。这主要是指：将计算机程序作为一般文字作品给予保护；将数据库作为汇编作品给予保护；将录音制品列入伯尔尼公约对作品保护范围。对通过计算制作的作品如何保护，还有较大争议。主要是能否承认个别国家版权法（如英国版权法）中提到的由计算机“创作”的作品成为受保护客体。[①]此外，专家小组还曾讨论过是否将人工智能系统增加为客体的问题，各成员国对此的答案基本是否定的。

（2）增加某些新的经济权利项目。这主要包括：作品在计算机中的存储权；作品的公共借阅权；作品的出租权；作品通过卫星直接广播权，等等。

（3）明确规定某些在原文本中未加明确的权利项目。例如，作品的公开展示权、进口权等项权利，虽然可以从原有文本第 17 条中推断出它们可能受到保护，但并未明确规定。在议定书中将明文规定这些权利属于作者的经济权利。

（4）对原允许的某些“合理使用”加以限制。例如，为个人使用目的而借助现代化设备复制享有版权的作品，图书馆、档案馆及教育单位的一些复制活动（例如复制计算机程序、数据库等），均不再被视为“合理使用”。

（5）取消原有的某些强制许可。在伯尔尼公约 1971 年文本第 11 条之 2（2）款、第 13 条（1）款等条款，允许在一定条件下不经许可在广播中使用某些作品，或不经音乐作品的作者许可而将经

---

① 许多国家认为，计算机不是自然人，不可能搞“创作”，只应提“计算机制作的作品”。

其许可已经录音并出版的作品，再次以录音方式复制。当然，这些“强制许可”仍未取消作者的获酬权。所以后来人们（包括世界知识产权组织）也把这称为“非自愿许可”。在议定书中将取消这些非自愿许可。

此外，目前西欧有些国家已提议将版权保护期的50年最低限提高到70年。当然,提高后仍旧不是现有版权期中最长的。西班牙、哥伦比亚、巴拿马等一批国家现行版权法的保护期均在（作者有生之年加死后）80年以上。所以，伯尔尼公约提高保护期水平的可能性也是存在的。

总之，预测有关议定书（或以其他形式作出的相同规定）于1994年前后生效。在那之后，受保护作品及权利的范围将更广，合理使用的范围将更窄。因此，在使用外国作品时，需要与外国版权人进行许可证合同谈判的情况会更普遍。我国国内的出版单位及其他使用作品的人必须对此有充分的思想准备。

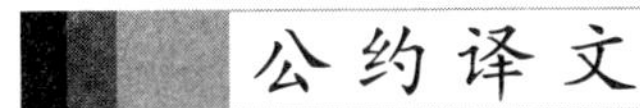


## 《保护文学艺术作品伯尔尼公约》*

1886年9月9日于伯尔尼缔结

1896年5月4日于巴黎增补

1908年11月13日于柏林修订

---

* 编者注：译文首次出现于1986年出版的《版权国际公约概论》，1992年出版《版权公约、版权保护与版权贸易》时，郑成思教授又加以重译，修改了一些关键词的译法。此处收录为1992年译文。

1914年3月20日于伯尔尼增补

1928年6月2日于罗马修订

1948年6月26日于布鲁塞尔修订

1967年7月14日于斯德哥尔摩修订

1971年7月24日于巴黎修订

1979年10月2日修正①

## 目　录②


前　言

第1条　联盟的建立

第2条　受保护作品

（1）定义

（2）可能的固定要求

（3）演绎作品

（4）官方文件

（5）汇编

（6）保护义务；保护的受益人

（7）实用艺术品与工业品外观设计

（8）日常新闻

第2条之2　成员国限制某些作品的保护的权力

（1）演说

（2）讲课及讲演的使用

（3）汇编


---

① 1979年的修正（amend）地点，在各种外文本上均未注明。查1979年10月的“伯尔尼联盟”大会系在巴黎召开，故应系“于巴黎修正”。

② 公约正式文本无“目录”。为便于读者阅读，本书作者按“世界知识产权组织”出版的“Berne Convention”中编写的目录译出。

第 3 条　保护的条件及其他
（1）作者国籍与作品出版地
（2）作者居所
（3）“已出版的作品”的定义
（4）“同时出版的作品”的定义
第 4 条　附则
第 5 条　国民待遇、自动保护、独立保护、来源国
（1）国民待遇原则
（2）自动保护与独立保护
（3）作品来源国的保护
（4）“来源国”的定义
第 6 条　对某些非成员国国民的某些作品的保护可能存在的限制
（1）在首次出版国及在其他国
（2）无追溯力
（3）通知书
第 6 条之 2　精神权利
（1）精神权利的内容
（2）作者死后的精神权利
（3）救济方法
第 7 条　保护期
（1）总则
（2）电影作品保护期
（3）匿名及假名作品保护期
（4）摄影作品及实用艺术品保护期
（5）保护期起算日
（6）较长保护期的可能性

（7）较短保护期的可能性

（8）法律适用；保护期的“比较”

第7条之2　共同作品的保护期

第8条　翻译权

第9条　复制权

（1）总则

（2）例外

（3）音、像制品

第10条　自由使用作品的限制

（1）摘录

（2）教学中的讲解

（3）对出处及作者的标明

第10条之2　其他自由使用

（1）对某些文章或广播作品的自由使用

（2）在时事报道中的自由使用

第11条　公开表演权

（1）公开表演权的范围

（2）作品译本的表演

第11条之2　广播权

（1）广播权的范围

（2）强制许可证

（3）临时录制

第11条之3　公开朗诵权

（1）公开朗诵权的范围

（2）译本的朗诵权利

第12条　改编权

第 13 条　录制音乐作品的权利

（1）强制许可证

（2）过渡条款

（3）对进口录制品的扣押

第 14 条　电影摄制权

（1）原作品作者就其作品拍制影片的权利

（2）电影作品的改编

（3）对音乐作品不实行强制许可证

第 14 条之 2　关于电影作品的特殊规定

（1）与“原”作等同的权利

（2）版权的所有及对作品的某些参加人的权利限制

（3）电影作品的其他参加人

第 14 条之 3　艺术作品及手稿的追续权

（1）转售的获利权

（2）法律的适用

（3）程序

第 15 条　作者身份的推定

（1）一般原则

（2）电影作品

（3）匿名与假名作品

（4）作者身份不详的未出版的作品

第 16 条　侵权复制品的扣押

（1）扣押

（2）进口扣押

（3）法律的适用

第 17 条　政府控制作品流通、表演或展览的权力

第 18 条　公约的追溯效力

（1）一般原则

（2）前款的补充

（3）适用范围

（4）特别情况

第 19 条　本国法律的效力

第 20 条　成员国之间的专门协定

第 21 条　对发展中国家的特殊条款

（1）附件

（2）附件与本公约文本的关系

第 22 条　联盟大会

（1）大会的设立及构成

（2）任务

（3）法定人数；投票；观察员

（4）召集

（5）程序规则

第 23 条　执行委员会

（1）设立

（2）构成

（3）成员数目

（4）地理划分；特别会议

（5）期限；连选连任的限制；选举规则

（6）任务

（7）召集

（8）法定人数；投票

（9）观察员

（10）程序规则

第 24 条　世界知识产权组织国际局

（1）总任务；总干事

（2）一般信息

（3）期刊

（4）为成员国提供的信息

（5）研究与服务

（6）参加会议

（7）修订公约的会议

（8）其他任务

第 25 条　财政

（1）预算

（2）与其他联盟的协调

（3）预算来源

（4）会费

（5）服务费

（6）周转基金

（7）东道国的优惠

（8）审计

第 26 条　对行政条款的修改

（1）大会修改与修订建议

（2）修改案的通过

（3）修改后的条文的生效

第 27 条　公约的修订

（1）修订的目的

（2）代表会

（3）修订案的通过

第 28 条　成员国对公约的接受和公约在该国的生效

（1）批准、接受

（2）实体条文的生效

（3）行政条文的生效

第 29 条　非本联盟成员国对本公约的接受和公约在该国的生效

第 29 条之 2 《世界知识产权组织公约》第 14 条（2）款的适用

第 30 条　保留

（1）有限制的保留

（2）原有保留；翻译权保留；保留的撤销

第 31 条　本公约对某些地域的适用

（1）声明

（2）声明的撤销

（3）生效日

（4）对实际情况不得暗示

第 32 条　巴黎文本与原有文本的适用性

（1）本联盟成员国之间的关系

（2）现有成员国与新成员国之间的关系

（3）利用巴黎文本附件优惠条款的发展中国家与未批准该文本的成员国之间的关系

第 33 条　争议的解决办法

（1）国际法院的管辖权

（2）对管辖权的保留

（3）保留的撤销

第 34 条　对加入原有文本的截止

（1）原有文本

（2）斯德哥尔摩文本

第35条 公约有效期与退约

（1）无限有效期

（2）退约的可能性

（3）退约的生效日

（4）延缓退约权

第36条 实施公约的国内法律保证

（1）采取必要措施的义务

（2）义务产生的时间

第37条 最后的条款

（1）本公约文本的用语

（2）签署

（3）认证文件

（4）登记

（5）通知

第38条 过渡条款

（1）“五年特权”的行使

（2）联盟事务局及其干事

（3）联盟事务局的继任者

附 件

第1条 有权利用优惠条款的国家

（1）优惠条款的利用方法

（2）声明的有效期

（3）不复视为发展中国家之时

（4）存货

（5）关于某些地域的声明

（6）对互惠原则的限制

第 2 条　对翻译权的限制

（1）由主管当局颁发的许可证

（2）至（4）颁发许可证的条件

（5）颁发许可证的目的

（6）许可证效力的终止

（7）以插图为主的作品

（8）作者已行使收回权的作品

（9）向广播组织颁发的许可证

第 3 条　对复制权的限制

（1）由主管当局颁发许可证

（2）至（5）颁发许可证的条件

（6）许可证效力的终止

（7）本条所适用的作品

第 4 条　适用于两种许可证的共同规定

（1）至（2）许可证申请程序

（3）作者与作品题目的标示

（4）至（5）禁止出口复制品

（6）对版权所有者的补偿

第 5 条　对翻译权的“十年保留”

（1）1886 年及 1896 年文本所规定的制度的适用范围

（2）享有优惠的国家不得声明此种保留

（3）选择的时限

第 6 条　预先接受本附件的可能性

（1）声明

（2）声明的备案及其生效

## 伯尔尼公约原文

本联盟各国出于同样迫切的愿望，为了以尽可能有效的统一方式保护作者就其文学艺术作品享有的权利，承认1967年在斯德哥尔摩举行的修订会议的重要性，决定修订斯德哥尔摩会议通过的文本，同时继续维持该文本第1条至20条与第22条至26条不变，据此，在本文本签字的各国全权代表，按正当而恰当的形式行使其全权，达成下述协议：

### 第 1 条

履行本公约的国家，为保护作者就其文学艺术作品享有的权利而结成联盟。

### 第 2 条

（1）“文学艺术作品”一语，包括文学、科学和艺术领域内的一切成果，而不问其表现形式或表现方式如何。诸如图书、小册子和其他文字作品；讲课、讲演、布道和其他同类性质的作品；戏剧或戏剧—音乐作品、舞蹈作品、哑剧作品；配词或未配词的乐曲；电影作品及使用与拍摄电影类似的方法表现的作品；图画、绘画、建筑、雕塑、雕刻及版画作品；摄影作品及使用与摄影相类似的方法表现的作品；实用艺术作品；文字或插图说明，地图，设计图，草图，以及与地理、地形、建筑、科学等有关的立体作品，均包括在内。

（2）但本联盟成员国可自行以立法规定，一般作品或任何特定种类的作品，必须以某种物质形式加以固定，否则不受保护。

（3）文学艺术作品的翻译、改编，乐曲的改写，以及用其他方式改变了原作而形成的作品，在不损害原作版权的情况下，同原作一样受到保护。

（4）本联盟成员国可自行以立法决定对立法条文、行政及法律性质的官方文件以及这些作品的官方译本所提供的保护。

（5）文学艺术作品的汇编，诸如百科全书、文选，由于其内容的选择与编排而构成知识创作，在其本身不损害构成它的各个作品之版权的情况下，同样受到保护。

（6）本条所指的作品，在本联盟的所有成员国中均享有保护。为了作者及其有权继承者的利益，必须实行这种保护。

（7）在符合本公约第7条（4）款的前提下，各成员国可以自行以立法决定本国法律对实用艺术品、工业品平面与立体外观设计等等的适用程度，以及这些艺术品、工业品平面与立体设计的受保护条件。在来源国仅仅作为平面与立体外观设计而受到保护的作品，在其他成员国也可以获得该国给予平面与立体外观设计的特别保护。但如果某成员国没有这种特别保护，则这类作品必须作为艺术作品而受保护。

（8）本公约提供的保护不适用于具有纯粹消息报道性质的日常新闻。

## 第 2 条 之 2

（1）本联盟各成员国可自行以立法全部或部分排除政治演说、法律诉讼中的演说按照本公约上条规定所享有的保护。

（2）本联盟各成员国可自行以立法决定，在某些条件下可按本公约第11条之2第（1）款的规定，为提供信息之目的，将讲课、讲演及其他类似性质的公开发表的作品，以报刊及无线电广播、有线广播等方式复制及向公众传播。

（3）但作者必须享有其汇编上述作品的专有权。

## 第 3 条

（1）本公约提供的保护适用于：

a　具有本联盟成员国国民身份的作者，无论其作品是否已出版；

b　非本联盟成员国国民的作者，其作品首次系于某一成员国出版，或在某成员国及某非成员国同时出版。

（2）为实施本公约，非本联盟成员国国民而在某成员国有惯常居所[①]的作者，须视为等同于该成员国国民。

（3）“已出版的作品”，系指经作者同意而已经出版的作品。就作品的性质而言，无论复制本以何种方式制作，只要可以满足公众的合理需求，即构成出版。戏剧、戏剧—音乐、电影、音乐等作品的表演，文学作品的公开朗诵，以无线或有线广播传播文学艺术作品，艺术作品的展览，建筑物的建造等，均不构成出版。

（4）作品于三十天内在两个或两个以上国家先后首次出版，被视为同时在多国出版。

## 第 4 条

即使不能符合第 3 条的条件，本公约的保护仍适用于：

a　电影作品的作者，只要其作品之制片人的总部或惯常居所在本联盟某个成员国中；

b　建筑作品的作者，只要其作品建造于本联盟某成员国中，或其艺术作品构成位于本联盟成员国之建筑物中的一部分。

## 第 5 条

（1）凡受本公约保护的作品，其作者除了在来源国之外，可在其他成员国享有后者的法律目前授予或今后可能授予其国民的权利，以及本公约所特别授予的权利。[②]

---

① 英文为“Habitual Residence”——译者注。

② “来源国”，英文原文为“the Country of Origin”。多数其他中译本均译为“起源国”。这个术语的关键在“源”上。只要译出“源”的意思，实质差异就不大了。但从语言角度讲，“起源”多针对某类作品在历史上的首次产生而言，如“诗歌起源于中国周代”。因此在这里似使用“来源”更顺一些——译者注。

（2）享有及行使上款所指之权利，无须经过任何手续，同时不依赖于作品在来源国受到的保护。因此，除本公约的规定外，受保护程度及为保护作者权利而提供的救济方式，完全适用提供保护的那个国家的法律。

（3）在来源国受到的保护适用该国国内法。但如果作者非作品来源国国民，其作品又受本公约保护，则该作者仍得在该国享有其国民作者的同等待遇。

（4）来源国系指：

a 如果作品在本联盟某成员国首次出版，则该国为来源国，如果作品在本联盟两个以上成员国同时首次出版，而各国保护期又不相同，则依法提供最短的保护期的那个国家为来源国；

b 如果作品于某非本联盟成员国及本联盟某成员国同时首次出版，则后者为来源国；

c 如果作品系未出版的作品，或在非本联盟成员国首次出版而未同时在本联盟成员国出版，而作者系本联盟某成员国国民，则该国民的国籍国即来源国，但：

1. 如果作品系电影作品，其制片人的总部或惯常居所在本联盟某成员国，则该成员国即为来源国；

2. 如果作品系建于本联盟某成员国的建筑，或该作者的艺术作品构成位于本联盟成员国的建筑物中的一部分，则该成员国即为来源国。

## 第 6 条

（1）如果任何非本联盟成员国未能为本联盟成员国作者的作品提供充分保护，则成员国可对首次于成员国出版其作品之日在成员国内无惯常居所的非成员国国民的作品，在保护上予以限制。如果首次出版该作品的成员国运用了这项限制权，则本联盟其他成员国对于该特定作品提供的保护的范围，无须宽于首次出版国提供的保护。

（2）根据上款而实行的限制，不得影响作者在该限制实施之前已在本联盟成员国出版的作品应获得的权利。

（3）根据本条而运用限制权的本联盟成员国，须以书面声明通知世界知识产权组织总干事（下称“总干事”），指明在保护上受到限制的国家，及该国作者受哪些限制。总干事须立即向所有成员国送达该声明。

### 第 6 条 之 2

（1）不依赖于作者的经济权利，乃至在经济权利转让之后，作者均有权声明自己系作品的原作者，并有权反对任何对其作品的有损作者声誉的歪曲、篡改或其他更改或贬抑。

（2）作者依上款享有的权利，在其死后仍旧有效；至少至其经济权利保护届满为止，由保护该权利的国家依法授权的个人或机构行使这项权利。但如果保护该权利的国家的法律在该国批准或加入本公约文本时，尚未为作者死后提供上款之权利，则可以规定其中部分权利于作者死后不复有效。

（3）为了保障本条提供的权利而采用的救济方法，适用保护有关权利的国家的法律。

### 第 7 条

（1）本公约提供的保护期，为作者有生之年加死后五十年。

（2）但对于电影作品，成员国可规定保护期仅为经作者同意而向公众提供之后五十年；如果作品完成后五十年内未向公众提供，则保护期为作品完成后五十年。

（3）对于匿名或假名作品，本公约提供的保护期为公众合法获得作品后五十年。但如果作者所用的假名足以证明其身份，则保护期仍与本条（1）款相同。如果匿名或假名作者于上述期间内表露了身份，则保护期仍与本条（1）款相同。只要能合理推断匿名或假名作者去世已超过五十年，即不得再要求成员国对其作品予以保护。

（4）只要摄影作品及实用艺术品作为艺术作品在本联盟某成员国受到保护，该国即可自行以立法决定其保护期。但该保护期至少须维持到作品完成之后二十五年。

（5）作者死后及本条（2）（3）（4）款所指的保护期，均从作者去世之日或上述各款所指的事项发生之日算起；但通常从作者去世后或所指事项发生后的次年1月1日起计算。

（6）成员国可以提供比上述各款的规定更长的保护期。

（7）适用本公约之罗马文本的成员国，如果在签署现行文本时，国内法律规定了比上述各款更短的保护期，则有权在批准或加入现行文本时维持原定保护期不变。

（8）在任何情况下，保护期的确定均适用提供保护的国家的法律；但除该国法律另有规定外，保护期均不得比作品来源国规定的期限更长。

### 第7条之2

上条规定适用于共同作品，所谓“作者死后”应以共同作者中最后去世的作者为准。

### 第8条

受本公约保护的文学艺术作品的作者，在其原作的整个权利保护期内，享有翻译其作品及授权他人翻译其作品的专有权。

### 第9条

（1）受本公约保护的文学艺术作品的作者，享有授权他人以任何方式或形式复制其作品的专有权。

（2）本联盟各成员国可自行在立法中准许在某些特殊情况下复

制有关作品，只要这种复制与作品的正常利用不相冲突，也不致不合理地损害作者的合法利益。

（3）为实施本公约，任何录音或录像均被视为复制。

## 第 10 条

（1）本公约准许从公众已经合法获得的作品中摘录原文，只要摘录行为符合公平惯例，摘录范围未超过摘录目的所允许的程度；所谓摘录，包括以报刊提要形式从报刊杂志上进行摘录。

（2）本联盟各成员国可自行立法或依据各成员国之间现有的或行将签订的专门协定，准许在合理目的下、以讲解的方式将文学艺术作品用于出版物、广播、录音或录像，以作为教学之用，只要这种利用符合公平惯例。

（3）根据上款使用某作品时，须标明该作品的出处，如原作品上有作者署名，则须标明作者姓名。

## 第 10 条 之 2

（1）本联盟成员国可自行在立法中准许通过报刊及无线广播或有线广播，复制报纸杂志上关于经济、政治、宗教等时事性文章，以及同类性质的广播作品，只要该文章、作品中未明确保留复制权与广播权。但在任何情况下，均须明确指出作品的出处；若未指出，则由保护有关作品的国家的立法决定其应负的法律责任。

（2）为报道时事之目的，以摄影、电影、有线或无线电广播等方式，在符合报道目的的范围内复制所报道的时事中的文学艺术作品、并向公众传播的条件，均应由本联盟成员国自行以立法加以确定。

## 第 11 条

（1）戏剧、戏剧—音乐及音乐作品的作者，享有专有权以授权：

1. 以任何方法或方式公演其作品；

2. 将其作品的演出向公众作任何传播。

（2）戏剧或戏剧—音乐作品的作者在其原作的保护期内，对作品的译本享有同样的权利。

## 第 11 条 之 2

（1）文学艺术作品的作者享有专有权以授权：

1. 广播其作品，或以任何其他无线电传送信号、音、像的方式将作品传播给公众；

2. 原广播组织之外的广播机构，将其作品以有线传播方式向公众传送，或向公众重播；

3. 以扬声器向公众传播或以同类传播信号、音、像的工具传播其作品。

（2）本联盟各成员国可自行以立法规定执行上款所述权利的条件，但有关条件仅适用于该立法国本国。有关条件在任何情况下均不得损害作者的精神权利，也不得损害作者取得公平报酬的权利。如果在报酬问题上达不成协议，由主管当局确定报酬额。

（3）在无任何相反规定的情况下，本条（1）款的授权中并不包含许可使用录音或录像工具录制所广播的作品。但本联盟成员国可自行以立法决定有关广播组织有权使用自己的工具、为自己广播而临时录制的条件。可以在立法中允许以录制品具有特殊文献性质为由，将其保存在官方档案中。

## 第 11 条 之 3

（1）文学作品的作者享有专有权以授权：

1. 以任何方法或方式公开朗诵其作品；

2. 将这种朗诵向公众传播。

（2）文学作品的作者在其作品的权利保护期内，对作品的译本享有同样的权利。

## 第 12 条

文学艺术作品的作者享有专有权以授权将其作品改编、改写或作其他改动。

## 第 13 条

（1）对于已授权录制其作品的音乐及曲词作品的作者，本联盟各成员国可自行对其再度授权录制的专有权予以保留或附加条件；但这仅仅适用于保留或附加条件的该国，同时在任何情况下均不得损害有关作者获得合理报酬的权利。如果在报酬问题上达不成协议，则由主管当局确定报酬额。

（2）按照 1928 年 6 月 2 日的罗马文本及 1948 年 6 月 26 日的布鲁塞尔文本第 13 条（3）款的规定，在某一国内制成的音乐作品的录制品，在该国国内再录制时无须取得有关作者的同意，直至该国受本 1971 年文本约束后两年为止。

（3）按上述（1）（2）两款制成的录制品，如果未取得另一国有关方面的准许而输入该国，因而被视为侵犯版权的录制品，则应予以扣押。

## 第 14 条

（1）文学艺术作品的作者享有专有权以授权：

1. 将其作品改编为电影作品，并将后者复制、发行；

2. 将经过改编或复制的作品公开演出或以有线电方式向公众传播。

（2）如果将某个从文学艺术作品中演绎出的电影作品改编为任何其他艺术形式，在必须得到电影作品的作者的授权的情况下，也须得到原作作者的授权。

（3）本公约第 13 条（1）款中的规定，不适用于本条。

## 第 14 条之 2

（1）在不损害任何被改编或复制之作品的版权的情况下，须将电影作品视同原作一样予以保护。电影作品的版权所有人享有等同于原作作者的权利，包括第 14 条所指的权利。

（2）a　电影作品的版权所有权由提供保护的国家国内法加以确定。

b　但若有的成员国以立法将电影作品制作过程中作出贡献的作者列为版权所有人，那么只要这些作者已承担其应做的贡献，则在没有相反或特殊规定的情况下，该作者不得反对将作品复制、发行、公演、以有线方式向公众传播、广播或以任何其他方式向公众传播，不得反对在影片上配字幕或配音。

c　为实施本款 b 项，上文所指的作者的承担方式，是否须采用书面合同或有相同效力的书面文件，由电影作品的制片人的总部或惯常居所所在地的国家自行以立法确定。但提供保护的国家有权以法律规定必须采用书面合同或有相同效力的书面文件。作出这种规定的国家必须书面通知总干事。总干事须立即将声明送达所有其他成员国。

d　“相反或特殊的规定”系指与上述承担有关的任何限制条件。

（3）除非某国国内法有相反规定，本条（2）款 b 项不适用于为创作电影作品而作的剧本、对白或音乐作品的作者，也不适用于主要导演。但如果成员国立法中未包含对主要导演适用上款 b 项的规定，则必须书面通知总干事。总干事须立即将声明送达所有其他成员国。

## 第 14 条之 3

（1）对于艺术品原作及作者与作曲人的原稿，有关作者，或其死后由国家法律授权的人或机构，对于作品由作者手中第一次转让后的每一次转售，有权从中收取利益。这项权利不可让渡。

（2）只有在作者所属国家的法律承认上款规定的保护的情况下，

方可以在本联盟成员国获得同样程度的保护。

（3）由成员国国内立法自行决定收取利益的程序及数额。

### 第 15 条

（1）为使文学艺术作品的作者受到本公约保护，只要作者的姓名以通常方式出现在作品上，又无相反证据证明其不实，则须将其视为作品的真正作者而使其有权在本联盟成员国对侵犯版权的行为起诉。如果作者使用的姓名系假名，则只要它能清楚确定作者的身份，也适用本款。

（2）任何个人或法人团体，只要其名字以通常方式出现在电影作品上，又无相反证据证明其不实，则被推定为该作品的制片人。

（3）除本条（1）款所指的情况外，就匿名及假名作品而言，其名称出现在作品上的出版者若无相反证据证明其不实，则被视为代表作者并有权以作者身份保护与行使作者的权利。在作者表露其身份并要求享有作品原作者之权利时，本款即不复适用。

（4）a　对于作品未曾出版，作者身份未详，但却有足够理由推定该作者系本联盟某成员国国民的情况，该成员国可自行以立法指定代表作者的主管当局，以便在各成员国中保护及行使作者的权利。

b　按本款作出上述指定的本联盟成员国，须以书面声明通知总干事，详细开列被指定的当局的全部情况。总干事须立即将声明送达所有其他成员国。

### 第 16 条

（1）如果本联盟任何成员国为某种作品提供法律保护，则须将侵犯该作品版权的复制品于该国扣押。

（2）上款也适用于来自不保护该作品的国家的侵权复制品。

（3）各国均可依据国内法实施扣押。

## 第 17 条

任何本联盟成员国的主管当局认为有必要行使其权利时，本公约的规定不能以任何方式影响成员国政府通过法律或条例行使权力，以批准、控制或禁止任何作品或制品的流通、表演或展览。

## 第 18 条

（1）本公约适用于在其生效之日在来源国尚未因保护期届满而进入公有领域的一切作品，直至作品的保护期届满为止。

（2）但如果作品在此之前保护期已届满，从而在其要求得到保护的国家已进入公有领域，则不得重新受到保护。

（3）适用本原则时须服从本联盟各成员国之间关于追溯力的现有的或行将缔结的专门条约中的规定。如果没有这种规定，有关国家可自行决定适用本原则的条件。

（4）以上规定适用于新加入本联盟的国家，以及那些依本公约第 7 条或因放弃保留权而延长了保护期的情况。

## 第 19 条

本公约的规定不得妨碍作者请求得到本联盟成员国的法律所给予作者的、高于公约规定的保护。

## 第 20 条

本联盟各成员国政府之间有权订立专门协定，只要这种协定授予作者的权利比本公约所授的权利更为广泛，或其中包括并不违反本公约的其他条文。现有协定中的条文只要符合上述条件，也可继续适用。

## 第 21 条

（1）有关发展中国家的特殊条款载于附件。

（2）除第 28 条（1）款 b 项的情况外，附件是构成本公约文本的不可分割的一部分。

## 第 22 条

（1）a　本联盟设立大会，大会由联盟中接受第 22 条至 26 条的成员国组成。

b　各国政府须派一名代表，该代表可由若干副代表、顾问及专家协助。

c　各代表团的开支由派遣代表的政府承担。

（2）a　大会须负责：

1. 处理有关维持及发展本联盟、执行本公约的事项；

2. 对《成立"世界知识产权组织"（下简称 WIPO）公约》中所指的知识产权国际局（下简称"国际局"）作出关于筹备修订会议的指示；对未接受第 22 条至 26 条的国家的意见予以适当考虑；

3. 审查及批准 WIPO 总干事关于本联盟的报告及活动；就联盟主管范围内的事项向总干事作出必要的指示；

4. 选举大会的执行委员会成员；

5. 审批执行委员会的报告及活动；对该委员会作出指示；

6. 确定联盟的工作计划，通过联盟的两个财政预算并批准其决算；

7. 通过联盟的财政条例；

8. 设立联盟工作所需要的专家委员会与工作小组；

9. 决定应当允许哪些非成员国的政府间与非政府间国际组织以观察员身份列席联盟的会议；

10. 通过对第 22 条至 26 条的修订；

11. 采取任何其他的延伸联盟目标的适当活动；

12. 按照本公约行使其他适当职权；

13. 在经大会通过的前提下，行使《成立 WIPO 公约》中所赋予的权利。

b　对于 WIPO 所管理的其他联盟的有关事项，由大会在听取

WIPO 协调委员会的意见之后作出决定。

（3）a　大会的每一成员国均享有一票。

b　大会的法定人数为大会成员国的半数。

c　虽有上述 b 项的规定，如果举行任何大会时，出席的成员国代表不足半数，而等于或多于大会成员国总数的三分之一，则大会仍可作出决议。但除有关大会议事程序的决议外，一切这类决议须符合下列条件方能生效：国际局须向未派代表与会的成员国传达大会决议，并须请他们于决议传达之日起三个月内书面投票或弃权。如果三个月届满而书面投票或弃权的成员国数目可补足大会法定人数，则决议生效。

d　根据第 26 条（2）款的规定，大会的决议须获得参加表决票数的三分之二赞成，方能通过。

e　不得将弃权视为投票。

f　一个代表仅代表一个国家，并以一个国家的名义投票。

g　非大会成员的本联盟成员国，可派代表以观察员身份列席会议。

（4）a　大会的例会每两年举行一次，由总干事召集。如果没有特殊情况，本大会与 WIPO 大会同时同地举行。

b　在执行委员会或大会的四分之一成员国的要求下，可由总干事召开大会的非常会议。

（5）由大会通过自己的程序规则。

## 第　23　条

（1）大会须设一执行委员会。

（2）a　执行委员会成员由大会从大会成员国中选出、组成。根据第 25 条（7）款 b 项，WIPO 总部所在国于执委会中享有当然一席。

b　执行委员会的各国政府可派一名代表，并可由若干副代表、顾问、专家协助。

c 各代表团的开支由派代表的政府承担。

（3）执行委员会成员国数目为大会成员国总数的四分之一。在确定委员席位时，大会成员国总数被四除后的余数，不计于席位数内。

（4）选举执行委员会成员时，大会须适当考虑地理位置上的平均分配问题，并考虑与本联盟有关系的专门协定的成员国加入执行委员会的必要。

（5）a 执行委员会各成员的任期，自选出该执委的大会闭幕时起，至下届大会闭幕时止。

b 执行委员会成员可连选连任，但每次连任的数目不得超过委员会成员总数的三分之二。

c 由大会订立适用于执委会选举及可能的重选的详细规则。

（6）a 执行委员会负责：

1. 拟定大会议程草案；

2. 就总干事所准备的联盟工作计划草案及两年财政预算向大会提出建议；

3.（1979 年删除）

4. 向大会提交总干事的定期报告及年度财政审计报告，及对报告的意见；

5. 根据大会的决议并考虑两届大会之间发生的情况，采取必要措施，以保证总干事执行联盟的工作计划；

6. 按照本公约，行使所分配的其他职权。

b 对与其他由 WIPO 管理的联盟有关的事项，执行委员会须在听取 WIPO 协调委员会的意见后，再作出决定。

（7）a 执行委员会每年须举行例会一次，由总干事召集，尽量与 WIPO 协调委员会同时同地举行。

b　若经总干事提议或者应执行委员会主席或执委会四分之一成员的要求，须由总干事召开执委会特别会议。

（8）a　执行委员会内每一成员国享有一票。

b　会议法定人数为执行委员会委员总数的一半。

c　决议以简单多数票通过。

d　不得将弃权视为投票。

e　一个代表只代表一个国家，只以一个国家名义投票。

（9）非执行委员会委员的本联盟成员国，可以以观察员身份列席会议。

（10）由执行委员会通过自己的程序规则。

## 第 24 条

（1）a　有关本联盟的行政任务，由国际局执行，该局系由本联盟事务局及保护工业产权国际公约联盟的事务局组成的联合机构的延续。

b　国际局主要为本联盟各机构提供秘书处。

c　WIPO 的总干事亦即本联盟的主要执行人，并代表本联盟行事。

（2）国际局须汇集并公布关于版权保护的信息。本联盟各成员国均须尽快将有关版权保护的新法律及官方文件送达国际局。

（3）国际局须出版一份月刊。

（4）应本联盟任何成员国的请求，国际局须为其提供关于版权保护的信息。

（5）国际局须进行旨在促进版权保护的研究，并提供服务。

（6）总干事或由总干事指定的任何工作人员，均可以出席大会、执行委员会及任何其他专家委员会或工作会议，但无投票权。总干事或由其指定的工作人员系上述会议的当然秘书。

（7）a　国际局须按照大会的指示，会同执行委员会，筹备修订本公约除第22条至26条之外的条文的会议。

b　国际局可就修订会议的筹备工作与政府间及非政府间的国际组织协商。

c　总干事及由总干事指定的工作人员，可以出席这些会议，参加讨论，但无投票权。

（8）由国际局执行被指定的其他任务。

## 第 25 条

（1）a　本联盟须有财政预算。

b　联盟的预算包括本联盟的合理收支项目，向各联盟共同开支预算的摊款，以及在可行情况下为WIPO代表大会预算提供的款项。

c　不限于本联盟，而系与WIPO管理的其他一个或多个联盟共同使用的款项，视为各联盟的共同开支。共同开支的摊款，按本联盟在其中享有的利益的比例计算。

（2）制定本联盟预算时，须适当考虑WIPO管理的其他联盟的预算，以求互相协调。

（3）本联盟的预算经费来源如下：

1. 各成员国的会费；
2. 由国际局收取的与本联盟有关的服务项目的收费；
3. 出售由国际局出版的与本联盟有关的刊物及刊物版税的所得；
4. 赠物、赠款及援助；
5. 租金、利息及其他收入。

（4）a　在承担预算方面的应纳会费上，本联盟各成员国须依照下述规定、按所属等级以规定的单位数为基础缴纳年度会费：

第一级——25单位　　　　第三级——15单位

第二级——20单位　　　　第四级——10单位

第五级——5 单位　　　　　　第七级——1 单位

第六级——3 单位

b　除已定级者外，各国均须在递交批准书或加入书时，表明自己愿属哪一级。任何国家均可变更其等级。如果选择变成较低等级，则必须在大会的例会上声明。任何变更均在有关例会之后的下一年度开始时生效。

c　各国的年度会费额在所有成员国对本联盟缴费的总额中所占的比例，须相当于该国的单位数在纳费国总单位数中占的比例。

d　会费于每年 1 月 1 日缴纳。

e　拖欠会费的国家，如果所欠数额等于或多于其前两个整年的会费额，则不复享有其在本联盟任何机构中的表决权。但如果本联盟的任何机构查明该国系出于不可避免的特殊理由而拖欠，则仍可允许其继续享有表决权。

f　如果新财政年度开始时，预算尚未通过，则应根据财政条例，按上一年度预算水平执行。

（5）国际局关于本联盟服务项目的收费额，由总干事核定并报大会和执行委员会。

（6）a　本联盟须设周转基金，由本联盟各成员国一次缴纳。在基金不足时，由大会决定增加。

b　各国的上述基金初纳额或基金增加时的所加份额，依基金建立之年或决定增加之年该国会费的比例而定。

c　纳费比例及条件由大会根据总干事的建议，于听取 WIPO 协调委员会意见后确定。

（7）a　在 WIPO 同其总部所在国订立的总部协定中须规定：在周转基金不足时，由该国予以垫支。垫支款额及条件，由该国与 WIPO 之间按具体情况商定。该国在承担垫支义务期间，得在执行委员会享有当然席位。

b 上述a项中所指的国家及WIPO均有权书面通知废除垫支义务，并于发出通知之年末起三年生效。

（8）按照财政条例，账目审计工作由一个或多个本联盟成员国或外界审计师进行。审计师须由大会与之达成协议后指派。

## 第 26 条

（1）修改第21条、23条、24条、25条及本条的建议，可由大会的任何成员国、执行委员会或总干事提出。有关的建议由总干事在大会审议前至少六个月，通知大会各成员国。

（2）对上款所指各条的修改案，须经大会以四分之三的票数通过；对第22条及本条的修改案，则须以五分之四的票数通过。

（3）对于第（1）款所指各条的修改案的条文，在总干事收到四分之三的参加大会表决的成员国按各国宪法程序表示接受的书面通知书后一个月，即行生效。经此程序的各修改案生效后，将对当时大会的所有成员国及日后成为成员国的国家，均有约束力；但关于增加本联盟成员国财政负担的修改案，只对已通知总干事接受该案的成员国有约束力。

## 第 27 条

（1）如果提出旨在改进本联盟制度的修改建议，则本公约须交付修订。

（2）为此目的，本联盟的成员国代表会议须不加间断地在某个成员国内举行。

（3）如修订第22至26条，则按第26条的规定行事。如修订本公约文本（包括附件），则须获得一致的赞成票。

## 第 28 条

（1）a 已经在本公约文本签字的本联盟成员国，可以批准本文本；未签字者，可以加入本文本。批准书与加入书均须递交总干事备案。

b　本联盟任何成员国均可在其批准书或加入书中声明：其批准或加入并不适用于第1条至21条以及附件。但如果成员国已根据附件第6条（1）款作过声明，则可以在批准书或加入书中声明：其批准或加入仅仅不适用于第1条至20条。

c　本联盟任何成员国如果按b项作出了声明，日后仍可以声明其批准或加入的效力亦适用于原不适用的条款。这一类声明也须递交总干事备案。

（2）a　第1条至21条及附件，须在满足下列两条件后三个月，方能生效：

1. 至少本联盟五个成员国批准或加入了本文本，而且均未依据上款b项作出声明。

2. 法国、西班牙、大不列颠与北爱尔兰、美国已经受1971年7月24日在巴黎修订的《世界版权公约》的约束。

b　本款甲项所指的条款的生效期，只适用于至少在条款生效前三个月已将未依据（1）款b项作出保留的批准书或加入书递交总干事备案的国家。

c　至于那些不在本款b项范围内的本联盟成员国，只要它们批准或加入本公约而未依据（1）款b项作出声明，则总干事通知其已经收悉批准书或加入书后三个月，本公约第1条至21条即对其生效。但如果该国在批准书或加入书中指定了另外的较迟生效日，则第1条至21条及附件应在该指定日对该国生效。

d　本款a项至c项的规定不影响公约附件第5条的适用范围。

（3）任何批准或加入本文本的本联盟成员国，无论是否依据（1）款b项作出了声明，在其接到总干事通知其已收到批准书或加入书后三个月，本公约第 22 条至第 38 条即对其生效。但如果在批准书或加入书中指定了另外较迟的生效日，则第 22 条至第 38 条在该指定日对其生效。

### 第 29 条

（1） 任何在本联盟之外的国家，均可以加入本文本而成为本公约及联盟的成员国。加入书须交总干事备案。

（2）a 根据本款 b 项，在本联盟之外的国家，接到总干事通知其收悉加入书后三个月，本公约即对其生效。但如果在加入书中指定了另外的较迟生效日，则本公约在该指定日对其生效。

b 如果某国按照本款 a 项规定的生效日早于按照第 28 条（2）款 a 项所规定的本文本第 1 条至第 21 条及附件的生效日，则公约对该国生效时,该国只受公约的布鲁塞尔文本第 1 条至第 20 条的约束，而不受本文本第 1 条至第 21 条及附件的约束。

### 第 29 条之 2

为了实施《建立 WIPO 公约》第 14 条（2）款，任何不受斯德哥尔摩文本第 22 条至第 38 条约束的国家，如果批准或加入本文本，即被视为已经批准或加入斯德哥尔摩文本并受其中第 28 条（1）款 b 项 1 目的限制。

### 第 30 条

（1）除本条（2）款、第 28 条（1）款 b 项、第 33 条（2）款及附件所指的情况外，任何国家如果批准或加入本公约，即自动接受所有的条款，并享受本公约的所有利益。

（2）a 根据本公约附件第 5 条（2）款，本联盟任何成员国只要在批准或加入本文本时作出了声明，即可以维持其原有的保留利益。

b 在符合附件第 5 条（2）款的前提下，任何在本联盟之外的国家加入本公约时均可以声明其至少暂时愿以1886年公约文本第5条（于1896年增补）代替本文本第8条关于翻译权的规定，并明确：上述条文仅仅允许将作品翻译为该国的通用语言。按照本文本附件第1条（6）款b项，任何其他国家对声明保留翻译权的作品来源国，均有权只提供相当于该来源国所提供的保护。

c　任何国家均可随时书面通知总干事撤销其保留。

## 第 31 条

（1）任何国家均可以在批准书或加入书中声明或日后随时书面通知总干事，说明本公约适用于该国在批准书、加入书或通知书中所指定的、该国在对外关系中所负责的全部或部分地域。

（2）作出这种声明或通知的国家，可以随时通知总干事：公约停止适用于所指定的全部或部分地域。

（3）a　任何依据本条（1）款所作的声明，均与包含该声明的批准书或加入书同时生效；按该款作出的通知，在总干事通知其收悉该通知后三个月生效。

b　任何依据本条（2）款作出的通知，在总干事收悉通知后十二个月生效。

（4）在任何情况下，均不得将本条理解为包含某成员国承认或默认另一成员国按本条（1）款作出的声明而使本公约对之适用的任何地域的事实状态。

## 第 32 条

（1）本文本在其所适用的本联盟成员国之间关系及适用范围方面，取代1886年伯尔尼公约文本及其后历次修订的文本。对于未批准或加入本文本的本联盟成员国，原已对其生效的文本继续有效，或依照上句而在未被取代的范围内有效。

（2）在符合本条（3）款的前提下，任何非本联盟成员国加入本文本之后，与任何不受本文本约束的本联盟成员国或虽受本文本约束但已按第28条（1）款b项作出声明的国家之间的关系，均适用本文本的规定。这类国家承认，在与有关的成员国之间的关系方面：

1.可以适用约束该成员国的最新的文本；

2.除附件第1条（6）款所指的情况外，它有权获得本文本所提供的保护水平。

（3）任何享有附件所规定的优惠的国家，在与不受本文本约束的本联盟任何成员国之间的关系上，可以将附件中有关享受优惠的条款行使于后一类成员国，只要该国同意适用该条款。

## 第 33 条

（1）两个或两个以上本联盟成员国之间，如果对本公约的解释或适用有争议而不能协商解决时，除有关国家同意以其他途径解决外，均可以根据国际法院的规约，提交国际法院解决。将争议提交国际法院的国家须通知国际局，国际局须将该通知提请本联盟其他成员国注意。

（2）任何国家均可以在签署本文本或提交批准书或加入书时，声明其不受上款的约束，上款的规定即不复适用于该国与本联盟其他成员国之间的争议。

（3）按上文第（2）款作出声明的国家，可以随时书面通知总干事撤回其声明。

## 第 34 条

（1）在符合第29条之2的前提下，任何国家不得在本文本第1条至第21条及附件中各条生效之后，再行批准或加入本公约的原有文本。

（2）任何国家不得于本文本第1条至第21条及附件生效后，

再依据斯德哥尔摩文本中“关于发展中国家的附件”第5条作出声明。

### 第 35 条

（1）本公约无限期有效。

（2）任何国家均可以书面通知总干事退出本公约文本。这种退出也构成退出本公约的一切原有文本。退约仅仅对退出国方生效。本公约对本联盟其他成员国仍旧全部有效。

（3）退约在总干事收到退约通知后一年生效。

（4）任何国家在成为本联盟成员国未满五年之前，不得行使本条所规定的退约权。

### 第 36 条

（1）参加本公约的任何国家均有义务根据其宪法，采取保证实施本公约的必要措施。

（2）上款须理解为：任何国家一旦受本公约的约束，即须使本公约的规定依照其国内法行之有效。

### 第 37 条

（1）a　本文本须签署于用法、英两种文字写成的同一公约文本上。

b　正式条文还将由总干事与有关政府协商后，以阿拉伯文、德文、意大利文、葡萄牙文、西班牙文及大会指定的其他文字形成。

c　如果对不同文字的条文的解释发生分歧，以法文条文为准。

（2）本文本至1972年1月31日止，为开放签署时间。在此之后，上款a项所指的文本交由法国政府备案。

（3）总干事须将经过认证的签署过的文本的复制本，分送各成员国政府及要求得到该文件的其他国政府，一式两份。

（4）总干事须将本文本于联合国秘书处进行登记。

（5）总干事须将签署书、提交的批准书、加入书，以及上述各文件中所包含的或按第 28 条（1）款 c 项、第 30 条（2）款 a、b 两项、第 33 条（2）款所作的声明，关于本文本任何条款的生效，退约通知，按第 30 条（2）款 c 项、第 31 条（1）（2）两款、第 33 条（3）款、第 38 条（1）款及附件所作的通知，通告各成员国政府。

## 第 38 条

（1）本联盟任何成员国如果尚未批准或加入本文本，同时又不受本公约的斯德哥尔摩文本第 22 条至第 26 条的约束，则只要其愿意，该国可以如同已受上述两种文本的约束一样，行使两文本所授予的权利，直至 1975 年 4 月 26 日为止。任何愿意行使这些权利的国家，均须书面通知总干事。该通知书于总干事收悉之日生效，届时该国即被视为大会成员国，直至上述日期为止。

（2）在本联盟的所有成员国未完全成为世界知识产权组织的成员之前，该组织的国际局行使本联盟事务局的职能，该组织总干事即为事务局局长。

（3）一旦本联盟所有成员国全部成为世界知识产权组织的成员，本联盟事务局的权利、义务及财产即移交该组织的国际局。

## 公 约 附 件

## （1971 年巴黎文本）

## 第 1 条

（1）任何依照联合国大会所确认的惯例而被视为发展中国家的，如果批准或加入连同本附件在内的本公约文本，而鉴于本国的经济状况及社会或文化的需求，认为本国不能立即提供本文本所规定的权利保护，则可以在提交批准书或加入书时，书面通知总干事，或依照附件第 5 条（1）款 c 项的规定，于提交批准书或加入书之后的任何时间，声明其享有附件第 2 条或第 3 条所规定的优惠，或同时享有二者。如果不准备享有附件第 2 条的优惠，也可以依照附件第

5条（1）款a项作出声明。

（2）a　任何上款所指的、在本公约第1条至第31条及本附件生效后十年届满而作出的声明，也将依照第28条（2）款的规定而有效，直至该声明实行之后十年有效期届满为止。届时任何声明仍可依照本款a项第二句进行续展。

b　任何按照第（1）款作出的声明，即在本公约第1条至21条及本附件依第28条（2）款生效后十年届满后所作的声明，仍有十年有效期。期满后可依本款a项续展。

（3）本联盟任何成员国如果不再被视为本条（1）款所指的发展中国家，则不再有权按第（2）款的规定续展。无论该国是否正式撤销了声明，在其十年有效期满后，或在该国不再被视为发展中国家满三年后（以两期中较迟届满之期为准），该国即不再享有本条（1）款所指的优惠。

（4）依照本条（1）（2）两款所作的声明失效时，如果按本附件所授的许可证制成的复制本仍有存货，则仍可继续销售，售完为止。

（5）任何受本文本的规定约束的国家，如果依照本公约第31条（1）款，向总干事提交声明或通知，将本文本适用于某特定地域，而该地域的情况被视为与本条（1）款所指的国家类似，则该国可以代表该特定地域，作出本条（1）款所指的声明及（2）款所指的续展通知。只要该声明或通知依旧有效，本附件即适用于该声明或通知所延及的地域。

（6）a　任何享有本条（1）款所指的优惠的国家作为来源国的作品，在其他成员国所受到的保护，不得低于本公约第1条至第20条所规定的标准。

b　如果作品的来源国已经依照附件第5条（1）款作出了声明，则其他成员国不得按第30条（2）款b项第2句对该作品实行互惠原则，直到本条（3）款所指的期限届满。

## 第 2 条

（1）只要作品以印刷形式或类似的复制方式出版，则任何声明其享有本条优惠的国家，均有权由主管当局依下述条件及附件第4条所规定的条件，实行颁发非独占的、不可转让的许可证制度，以代替本公约第8条所提供的翻译专有权。

（2）a 按照下述第（3）款所规定的条件，从作品首次出版之日起满三年之后，或从发证国法律所特别规定的更长期限届满后，如果该作品翻译权所有人未将其作品以发证国的通用语文翻译出版，也未授权他人出版，则该国的任何国民均可以申请许可证，以便用上述语文翻译该作品，并以印刷形式或类似的复制方式出版译本。

b 用上述语文出版的翻译作品的所有版本如果已经绝版，也可以按照本条规定颁发许可证，授权其国民翻译、出版该作品。

（3）a 如果把作品译成本联盟成员国中的一个或一个以上非发达国家的通用语文，则本条（2）款a项所规定的三年期限改为一年。

b 本条（1）款所指的任何国家如果用本款a项之外的语文翻译有关作品，在取得通用该语文的本联盟所有发达国家一致同意后，可按照其协议将本条（2）款所指的三年期限改为更短期限，但不得少于一年。上句的规定，不适用于英文、法文或西班牙文。有关政府如果达成了协议，须通知总干事。

（4）a 在本条所规定的三年期限届满后，任何许可证必须在上列两项条件之一具备之后六个月，方可以颁发；在本条所规定的一年期限届满后，则须在两项条件之一具备之后九个月方可以颁发：

1. 从许可证申请人履行完毕附件第4条的要求；

2. 当作品的翻译权所有人身份或地址不详时，从许可证申请人按第4条（2）款的规定向颁发许可证的主管当局呈交了申请书。

b　在上述六个月或九个月内，如果翻译权所有人或经其授权的其他人，将作品译成了上述申请中所拟译成的语文出版了，则不得再颁发本条所规定的许可证。

（5）任何按本条规定所颁发的许可证，只能为教学、学术或研究的目的而颁发。

（6）如果翻译权所有人或由他授权的其他人，以类似发证国作品的一般合理价格出版了译本，所用语文与许可证所定语文相同，内容基本一致，则任何按照本条规定而颁发的许可证的效力即告终止。终止前已印制的译本存货可继续销售，售完为止。

（7）对于以插图为主的作品，只有具备了附件第3条所规定的条件，才可以颁发翻译其文字、复制其插图并予以出版的许可证。

（8）如果作者从流通领域收回其作品的所有复制品，则任何国家不得依据本条再颁发翻译该作品的许可证。

（9）a　对于已经以印刷形式或其他类似方式复制出版的作品，总部设于本条（1）款所指的国家中的任何广播组织，均可以向该国主管当局申请颁发翻译许可证，但必须符合下列条件：

1. 译本系按有关成员国法律规定而印制及获得的原作之复制本译成；

2. 译本只供广播之用，且只限于用作教学，或向专业人员提供专门技术成果或科研成果之目的；

3. 译本只按本款本项的条件供合法广播（包括广播其合法制作的录音或录像）之用，仅供本国地域内的用户接收；①

4. 译本不得为商业目的而使用。

---

① 这里的“录音或录像”，英文原文为“Sound or Visual Recordings”。而下文译为“视听固定物”之处，原文均为“Audio-Visuat Fixations”——译者注。

b　广播组织按本款的条件取得许可证后所制成的译本的录音或录像，如果为本款 a 项之目的，并经该组织同意，可以供其他总部设于发证国的广播组织使用。

c　如果符合本款 a 项所说的条件，广播组织可获得许可证以翻译任何附于视听固定物中的文字，该视听固定物本身则必须系专为系统教学而制。

d　在符合 a 项至 c 项规定的前提下，本条上述各款适用于任何按照本款颁发与使用的许可证。

## 第 3 条

（1）任何声明其将享有本条所提供的优惠的国家，其主管当局有权依据下列条件及附件第 4 条的条件，实行颁发非独占的、不可转让的许可证的制度，以代替本公约第 9 条所提供的复制专有权。

（2）a　本条（7）款所指的适用本条的作品，

1. 从该作品的特定版本首次出版之日算起的、本条（3）款专指的期限届满后，或

2. 从该作品的特定版本首次出版之日算起的、由本国法律按本条（1）款所定的更长期限届满后，如果该作品特定版本的复制本仍未由复制权所有人或其他获其授权之人按照类似该国同类作品的一般合理价格在该国公开销售，以满足广大公众或系统教学之需要，则该国任何国民均可以获得许可证，以便按相同或更低的价格复制与出版，以供系统教学之用。

对于已经按 a 项销售的作品版本，如果在六个月之内已无合法复制本在该国以类似作品的一般合理价格向公众销售，或为系统教学活动而销售，则也可以根据同样条件颁发复制许可证。

（3）本条（2）款 a 项之 1 所指的适用期限为五年。但下列情况除外：

1. 自然科学及物理学（包括数学）作品、技术作品，期限为三年；

2. 小说、诗歌、戏剧、音乐作品，以及艺术书籍，期限为七年。

（4）a　依照本条而可以在三年之后获得的许可证，必须在下列日期之后的六个月，才可以颁发：

1. 从许可证申请人履行完毕本附件第4条（1）款的规定之日，或

2. 当复制权所有人的身份或地址不详时，从申请人按本附件第4条（2）款向颁发许可证的主管当局递交申请书之日。

b　在其他期限届满后可以获得的，并适用附件第4条（2）款的许可证，必须在许可证申请书送出后三个月，才可以颁发。

c　在本条（4）款的a项及b项所指的六个月或三个月期限内，如果发生本条（2）款a项所说情况，则许可证不得颁发。

d　如果作者从流通领域收回上述许可证所涉及的作品的所有复制本，则许可证不得颁发。

（5）依据本条复制及出版某一作品之译本的许可证，在下列情况下不得颁发：

1. 该译本不是由翻译权所有人或由他授权的其他人出版的，或

2. 译本所用的语文不是许可证中所指的该国通用的语言。

（6）如果作品的特定版本的复制本，由复制权所有人或由经他授权的其他人，在本条（1）款所指的国家中，以同类作品的一般合理价格向公众销售，或用于系统教学活动，而其语文与按本条许可证所复制的作品的语文相同，内容基本一致，则按本条已颁发的许可证的效力即告终止。终止前所制的复制品存货可以继续销售，售完为止。

（7）a　在不排除本款b项的前提下，本条只适用于以印刷形式或类似的复制方式出版的作品。

b　本条也适用于以视听固定方式合法复制的视听固定作品，包括附于其中的任何受保护作品，也适用于任何以许可证颁发国通用语文译出的译本，但视听固定物必须系专为系统教学活动而备制出版的。

## 第 4 条

（1）只有许可证申请人遵照有关国家的程序，证明其曾向版权所有人要求获得出版其译本或复制出版有关版本的授权而遭到拒绝，或申请人尽最大可能而未查悉版权所有人时，方可以根据附件第 2 条或第 3 条颁发许可证。申请人在提出上述要求时，须同时通知下款所指的任何国家的信息中心或国际信息中心。

（2）如果未能查悉版权所有人，许可证的申请人须以航空挂号信将申请书的复制本分别邮给发证当局、原作品上标示的出版者、任何可能被指定的国家的信息中心或国际信息中心，并由认定的出版者的主要营业地所在国的政府，通知总干事备案。

（3）在按照附件第 2 条或第 3 条颁发的许可证而制成的全部译本或复制本上，均须标明作者姓名、作品题目。对于翻译作品，还须将原作品题目在所有复制本上标明。

（4）a　本附件第 2 条或第 3 条中的许可证不适用于复制品的出口，仅仅适用于在申请许可证的一国地域内出版译本或复制本。

b　为实施 a 项，“出口”一词应包括将复制品由任何地域向依据附件第 1 条（5）款作出了声明的国家的有关地域内输送。

c　如果按附件第 2 条颁发了许可证的国家中，政府机关或公共团体把按许可证翻译的作品的复制品向另一国输送，而译本又不是英文、法文或西班牙文，则如能符合下列全部条件，将不视为 a 项中所指的出口：

1. 接受方系某国国民个人或由该国国民个人组成的团体，而该国主管当局业已颁发过该许可证；

2. 复制品系为教学、学术或研究目的而用；

3. 接受复制品的国家与颁发许可证的主管当局所在国已经达成协议，允许接受或销售复制品，或二者兼许，且发证国政府已就此通知了总干事。

（5）按附件第2条或第3条颁发的许可证所出版的所有复制本上，均须有适当文字的备注，以说明该复制本只在许可证适用的国家地域内销售。

（6）a　有关成员国国内须作出适当规定，以保证：

1. 为了翻译权或复制权所有人的利益，在相应情况下，于许可证中规定公平的补偿，即与两个国家个人之间就一般许可证自由协商时的版税额相当；

2. 支付或传送补偿费如遇国家货币条例的干预，主管当局须借助国际机构，尽力确保其可用国际通货或与之相当的货币传送。

b　有关成员国国内立法中须有适当规定，以保证翻译的正确及特定版本复制的准确。

## 第 5 条

（1）a　任何有权声明享受本附件第2条优惠的国家，可以不作这类声明，而在批准或加入本公约文本时作如下声明：

1. 如果该国系公约第30条（2）款a项适用的国家，在翻译权上可依第30条作出声明；

2. 如果该国系第30条（2）款a项所不适用的国家，即使其不是本联盟之外的国家，可以依第30条（3）款a项1目作出声明。

b　如果某国已不再属于附件第1条（1）款所指的发展中国家，则该国依据本款所作的声明，应至附件第1条（3）款的适用期限届满时失效。

c 任何国家在依照本款作出声明后，不得再享有附件第2条的优惠，即使该国日后撤销了上述声明，也不得再享有该优惠。

（2）在符合本条（3）款的前提下，任何国家在享受了附件第2条的优惠后，均不得再依本条（1）款作出声明。

（3）如果任何国家不再被视为附件第1条（1）款所指的发展中国家，可以在该条（3）款适用期限届满前的两年内，作出第30条（2）款b项1目中所指的声明，即使该国不是本联盟之外的国家。该声明于附件第1条（3）款的适用期限届满时生效。

## 第 6 条

（1）本联盟中的任何国家，均可以从本公约文本产生之日起，至其受本公约第1条至第21条及附件的约束止的任何时间作出声明：

1. 如果该国已经受本公约第1条至第21条及附件约束，因而有权享有附件第1条（1）款的优惠，则该国可以声明对下文2所指来源国作品或受公约第1条至第21条及附件约束的国家的作品，适用附件第2条或第3条，或二者兼适用，并承认这两条适用于有关作品。这种声明可以依附件第5条、而不是依附件第2条作出。

2. 声明该国承认按上文1目作出声明的国家或依附件第1条提交通知的国家的来源国的作品，适用本附件。

（2）任何依本条（1）款所作的声明，须书面提交总干事备案。有关声明自提交之日起生效。

# 《世界版权公约》

## 评述部分

## 第一章 《世界版权公约》(1986)[①]

### 第一节 概况

《世界版权公约》简称为UCC，是取这个公约英文Universal Copyright Convention的字头组成的。过去也有人把这个公约译为《万国版权公约》。它由设在巴黎的联合国教科文组织管理。到一九八五年一月，已经有七十八个国家参加了这个公约，它们是：

| | | |
|---|---|---|
| 阿尔及利亚 | 安道尔*[②] | 阿根廷* |
| 澳大利亚 | 奥地利 | 巴哈马 |
| 孟加拉国 | 巴巴多斯 | 比利时* |
| 伯利兹 | 巴西 | 保加利亚 |
| 喀麦隆 | 加拿大* | 智利* |
| 哥伦比亚 | 哥斯达黎加 | 古巴* |

① 编者注：此部分论述收录自郑成思著：《版权国际公约概论》，中国展望出版社1986年版。

② 带“*”标记的，是指仅参加了一九五二年文本而尚未批准一九七一年文本的国家。

| | | |
|---|---|---|
| 捷克斯洛伐克 | 柬埔寨* | 萨尔瓦多 |
| 丹麦 | 多米尼加 | 厄瓜多尔* |
| 斐济* | 芬兰* | 法国 |
| 民主德国 | 联邦德国 | 加纳* |
| 希腊* | 危地马拉* | 几内亚 |
| 海地* | 梵蒂冈 | 匈牙利 |
| 冰岛* | 印度* | 爱尔兰* |
| 以色列* | 意大利 | 日本 |
| 肯尼亚 | 老挝* | 黎巴嫩* |
| 利比里亚* | 列支敦士登* | 卢森堡* |
| 马拉维* | 马耳他* | 毛里求斯* |
| 墨西哥 | 摩纳哥 | 摩洛哥 |
| 荷兰* | 新西兰* | 尼加拉瓜* |
| 尼日利亚* | 挪威 | 巴基斯坦* |
| 巴拿马 | 巴拉圭* | 秘鲁* |
| 菲律宾* | 波兰 | 葡萄牙 |
| 塞内加尔 | 苏联* | 西班牙 |
| 斯里兰卡 | 瑞典 | 瑞士* |
| 突尼斯 | 英国 | 美国 |
| 委内瑞拉* | 南斯拉夫 | 赞比亚* |

《世界版权公约》的成员国中，有五十三个，亦即一半以上，同时是《伯尔尼公约》的成员国。那么，究竟有什么必要订立两个世界范围的版权公约呢？这要从《世界版权公约》的产生说起。

## 一、《世界版权公约》的产生及作用

### 1. 美洲国家的传统版权制度与泛美版权公约

在作品出版后如何取得版权方面，大多数美洲国家很久以来就实行着一种与自动保护制度完全不同的注册保护制度。过去，除加拿大及巴西之外的美洲主要国家，均要求一部作品在出版后一定时期内，必须在国家的版权管理机关登记，交纳样本，交一笔手续费，等等。只有在履行这些手续之后，作品才能受到版权保护；如果逾期不办理手续，作品就永远失去版权。

因此，在世界的东半球产生了《伯尔尼公约》之后，西半球似乎没有受到多大的影响。在开始，只有加拿大与巴西参加了《伯尔尼公约》。同时，美洲国家之间却像要与《伯尔尼公约》分庭抗礼一样，自己订立了一系列的泛美版权公约。这些公约包括：一八八九年在乌拉圭缔结的《蒙得维的亚公约》，一九〇二年在墨西哥缔结的《墨西哥城公约》，一九〇六年在巴西缔结的《里约热内卢公约》，一九一〇年在阿根廷缔结的《布宜诺斯艾利斯公约》，一九二八年在古巴缔结的《哈瓦那公约》，一九四六年在美国缔结的《华盛顿公约》。

《蒙得维的亚公约》允许地理位置不在美洲的国家参加（后来的各项泛美版权公约则不允许）。它像《伯尔尼公约》一样，制定了许多条使成员国必须遵守的最低要求。但这个公约并不实行国民待遇原则。作者就其作品所享受的权利，并不依各成员国自己的国内法而定，却依作品首次出版的那个国家的法律而定。直到缔结《墨西哥城公约》时，才改为采用国民待遇的原则。《里约热内卢公约》曾规定建立一个国际版权注册机构，但实际上并未建立起来。《布宜诺斯艾利斯公约》一直被认为是泛美公约中最重要的一个（它也是唯一的一个有美国参加的泛美公约），因为这个公约作出了一项实质性规定：只要一部作品在该公约的一个成员国取得了版权，同时作品上又附上了“版权标记”，那么这部作品就能在其他成员国受到保护。这里讲的“版权标记”，既不限于使用一种语言，也不限于使用一种表述方式。可以标明“保留版权”，也可以标明“保留一切权利”，还可以使用其他词句。《哈瓦那公约》只是对《布宜诺斯艾利斯》公约的修订。《华盛顿公约》是成员国最多的一个泛美公约，有十四个美洲国家批准了它。但是由于公约中关于批准程序的规定与美国法律有冲突，公约的东道国自己反倒没能够批准它。

### 2.《世界版权公约》的产生及作用

第二次世界大战之后，美国成为西方世界的头号经济大国，许多发达国家都希望能打开美国的图书及其他知识产品的市场。美国在出版、印刷等方面也发展得足以同欧洲发达国家抗衡，它也希望能进入美洲之外的国家的图书市场。这样，建立一套比较统一的国际版权保护制度、改变当时东、西半球两套公约的状况，就成为可能的事了。不过，想用《伯尔尼公约》取代一系列泛美版权公约是困难的。这二者之间不仅存在自动保护与注册保护的区别，在保护期上也存在较大差距。所以，需要另外缔结一个公约，它应当能够调和《伯尔尼公约》与泛美公约之间的差别，以保证有更多的国家参加。

一九四七年，联合国教科文组织宣布承担缔结这样一个公约的准备工作。一九五二年，四十个国家的代表在日内瓦签署了《世界版权公约》；它在一九五五年生效；至今只于一九七一年在巴黎修订过一次。

本来，《世界版权公约》可以同时取代《伯尔尼公约》与泛美版权公约。但由于许多已经为版权提供高水平保护的国家，仍旧希望在国际保护中保留一个高水平保护的范围；美洲国家中的多数，还一时难以改变传统的版权保护制度。所以，《世界版权公约》并没有在条文中宣布废除原有公约，反倒是作出了保证原有公约不致受到损害的规定。

《世界版权公约》第十七条规定：本公约不以任何方式影响《伯尔尼公约》的条款，或影响该公约成员国的资格。此外，《世界版权公约》还对第十七条专门通过一则附加声明，指出：除了经联合国认可的发展中国家之外，任何原先参加了《伯尔尼公约》的国家，如退出该公约转而参加《世界版权公约》，则以这种国家为起源地的作品，在《伯尔尼公约》成员国内将不受《世界版权公约》的保护。由于这个条款的约束，在《世界版权公约》产生后，《伯尔尼公约》的成员国仍然在逐步增加（当然，增加的速度不如《世界版权公约》成员国那么快）。

《世界版权公约》第十八条规定：本公约并不废除已有的或行将缔结的美洲国家之间的多边或双边版权公约与协议。不过，这一条款并没有起多大作用。由于美洲国家近年来在逐步改变自己的传统版权制度（以美国为例,它的版权法中除了特有的“印制条款”外，几乎已改得完全符合《伯尔尼公约》的最低要求了），又由于所有的泛美版权公约的成员国均已加入《世界版权公约》，所以泛美版权公约在实际上已经不起作用了。

《世界版权公约》在其产生的历史上和在后来起着两种不同的作用。在它产生时，它的作用是把版权制度差别较大的美洲国家拉入世界性国际版权保护的圈子里来；在这一任务完成之后，它的作用就是保持一种较低水平的国际版权保护，以使版权保护尚达不到或不愿达到高水平的国家，可以选择它，而不选择《伯尔尼公约》。

《世界版权公约》所定的保护水平，反映在它对成员国国内法的最低要求上。

## 二、《世界版权公约》的基本内容

《世界版权公约》的篇幅只及《伯尔尼公约》的一半。它由七条实体条文与十四条行政条文组成。它的实体条文均不像《伯尔尼公约》规定得那么具体，而是比较笼统。但是，《世界版权公约》不允许参加它的国家作任何保留。从这点上看，它比《伯尔尼公约》

的最低要求更“绝对”一些。

《世界版权公约》的最低要求可以归结为六点。

### 1. 国民待遇原则

《世界版权公约》对国民待遇的规定比《伯尔尼公约》要简单得多。但总的讲，也是兼顾作者国籍与作品国籍。

《世界版权公约》第二条以及一九七一年的两个议定书中规定的国民待遇原则可归纳如下：(1) 成员国国民的已出版作品，不论在何地出版，均在各成员国内享有该国国民已出版的作品的同等保护；(2) 凡在成员国中首次出版第一版的作品，不论作者是否系成员国国民，均享有各成员国给予本国国民已出版的作品同样的保护；(3) 成员国国民的未出版的作品，在每个成员国中均享有该国给予本国国民未出版的作品同样的保护。这里指的“国民”，也可以包括居住在成员国的外籍居民。

### 2. 版权标记

《世界版权公约》的主要作用之一，就是既要使那些不实行自动保护原则的国家能够参加较广泛的国际版权保护，又不至于使实行自动保护原则的国家退出国际保护的行列。所以，公约采取了“两迁就”的办法。它没有要求必须履行任何确认版权的手续，但要求在希望得到版权保护的作品首次出版时，标上版权标记，版权标记由三部分组成：“版权保留”的英文缩略符号©；版权所有人姓名；出版的年份。公约规定：只要有了这个标记，那些把履行手续，如缴送样本、注册登记、刊登启事、办理公证、交付手续费或在本国印刷出版等作为给予版权的先决条件的公约成员国，就不能再要求作者履行那些手续了。在这里要注意的是：必须在作品首次出版时，在所有各册的显著位置标注上述版权标记。如果作品只是在第一版的第二次印刷或以后各次印刷时才加上版权标记，那么不实行自动保护原则的那些国家就有权不给予保护。

由于在作品上附加这样的标记是比较简单的。所以，自从《世界版权公约》生效后，不仅该公约的成员国，而且不少参加了《伯尔尼公约》但未参加《世界版权公约》的国家，也在本国出版的作品上使用上述版权标记。

《世界版权公约》关于版权标记的规定，并不妨碍它的成员国仍旧要求本国国民履行必要的手续，或要求本国国民的作品必须在国内印刷出版才予以保护。如果传统版权法一直是这样要求的，它仍然可以这样要求本国国民，但不能再要求外国作者这样做。事实上，参加了《世界版权公约》的许多拉丁美洲国家，至今仍保留着注册版权制；美国至今仍要求美国作者的作品必须在美国或加拿大印刷出版其第一版。外国作者在这些国家里，在取得版权的程序这一点上，实际享有高于该国国民待遇的待遇。

### 3. 受保护客体

《世界版权公约》只开列了七种受保护的作品[①]：文学作品、音乐作品、戏剧作品、电影作品、绘画、平面雕刻、立体雕塑。公约本身对这些客体没有作进一步的解释或说明。只是在有权解释该公约的机构发出的文件中，有时可以见到一些解释。例如，一九八〇年十月，联合国教科文组织在贝尔格莱德举行大会时，该组织的总干事阿·马·姆鲍（A. M. M'Bow）就发布了一份文件。其中讲道：某些文学作品，可以依公约成员国法律而排除在受保护客体之外，如法律、法令的条文，条例，司法判决，公开集会上的讲演稿，新闻报道，等等。

---

① 当然，该公约并未规定只限于保护这七种作品。各成员国在此之外，还可以自行扩大其保护范围。

4. 经济权利

在缔结《世界版权公约》时，没有列举任何具体的经济权利，仅仅在第一条中笼统地提了一句：必须提供“充分的、有效的保护”。按照这样的规定，成员国国内法的回旋余地就太大了。例如，只批准了《世界版权公约》一九五二年文本的苏联，在国内法律中一直未授予版权所有人以“广播权”。就是说，在苏联，一部已出版的文字作品如果被翻印、被翻译等等，都要取得作者许可，并向他支付使用费；但如果把已出版的作品用于广播，则不需要取得作者的许可，也不必支付使用费。

一九七一年修订的《世界版权公约》规定作者享有的经济权利“应包括保证作者经济利益的各种基本权利”[①]，其中必须包括：复制权、公演权、广播权、翻译权。公约要求：即使有些成员国的法律对保护这几种权利（翻译权除外）已经作了例外的规定，也不能违背公约的精神，同时要给例外范围内的权利以合理的保护。这里讲到的“例外”，也就是《伯尔尼公约》中讲的对版权专有的种种限制，如“合理使用”，“强制许可证”等等。只是《世界版权公约》除了对版权中的翻译权与复制权在某些情况下受到的限制作了具体规定外，对一般的限制只作了原则性规定，而留给成员国制定国内法以较大的回旋余地。

5. 保护期

《世界版权公约》在作品的版权保护期上作了四种不同规定。但这些规定并不是（像《伯尔尼公约》那样）针对不同类型的作品而定的，而是就一般作品的不同情况（或就不同国家传统保护期计算方式）而定的。这几种规定都见于公约第四条。此外，公约对摄

① 规定的基本权利体现在公约第四条之二以及第五条第一款中。原公约的“第四条之二”是单独的一条；第五条第（一）款则是条下的分款。

影作品与实用艺术品作了专门规定。

（1）在一般情况下，各成员国给予作品的保护期不应少于作者有生之年加死后二十五年。

（2）但如果有的成员国在加入《世界版权公约》之前（指的是公约对该国生效之前），已经通过法律对某些作品规定了比上述保护期更短的保护期，那么这些国家仍旧可以保留自己的更短保护期，甚至还可以把短的保护期扩大适用范围。但这种保留的短保护期再短也不得少于作品首次出版之日起二十五年。至于那些在参加《世界版权公约》之前，国内法律原规定的版权保护期不比上述（1）中所说更短，那就不能在参加公约后缩短原有保护期。就是说，不能选择首次出版之日起二十五年的最低限度保护期。

（3）如果有的成员国在参加《世界版权公约》之前，不是按作者有生之年，也不是按作品首次出版之日来计算版权保护期，而是按出版之前在版权管理部门的登记日来计算的，那么，这种国家也可以保留原有的计算方法，但保护期最短不得少于从出版之前的登记日起二十五年。公约并没有提到那些从出版后的登记日开始计算保护期的国家，因为这种规定是不必要的——从首次出版之日起计算的保护期肯定比从出版后的登记日起算的保护期要短，所以前者已经包括了后者。

凡是在参加《世界版权公约》之前没有依法按照作者的有生之年来计算版权保护期的国家，都可以自行选择是按照作品首次出版之日，还是按照首次出版之前的登记日，来确定保护期。

（4）在英国产生第一部版权法时，是将保护期分为初期与续展期两段的。后来，有些国家一直沿用了这种计算方法。《世界版权公约》为了照顾到这些国家的传统法律，专门规定：如果成员国的国内法允许存在两个或两个以上的连续保护期，它们在加入公约后仍可保留原有法律；但初期保护不得少于作品首次出版后二十五年，或从首次出版前的登记日算起二十五年。

从上述规定中我们又可以清楚看到《世界版权公约》在调和不同版权制度方面的作用。

另外，公约还规定：上面四种保护期都不适用于对摄影作品或实用艺术品的保护。有不少未参加任何国际版权公约的国家，并不把摄影作品或实用艺术品列入版权保护的范围。《世界版权公约》允许这些国家在参加公约后继续保留原有法律。但如果成员国要对摄影作品或实用艺术品提供版权保护，保护期就不能少于十年。至于“十年”从何日开始计算，从作品完成之日，还是从作品与公众见面之日，公约并没有讲。不过一般认为应当从作品完成之日开始计算。事实上,无论在《伯尔尼公约》还是在《世界版权公约》的成员国中，只要保护这两种作品，都是从作品完成之日开始计算保护期的。

### 6. 追溯力

《世界版权公约》只适用于在它生效之后处于受保护状态的作品，它不具有追溯力。这一点是在公约第七条中规定的。这一条明确指出:“本公约不适用于当公约在某成员国生效时，已永久进入该国公有领域的那些作品或作品中的权利。”

这一条对于许多原在国际版权保护行列之外的国家来说，是相当重要的。它大大地减少了成员国在参加公约后承担的义务。从这点也可以看到《世界版权公约》的尽可能扩大参加国范围的宗旨。

公约在第七条，即追溯力条款中，提出了两个重大的版权法上的理论问题。

第一，何谓“进入”某个成员国的“公有领域”。

知识产权都是一些专有权，“专有”与“公有”是相对的。由于专有状态并不是无条件，也不是无限期的，所以，它总有一个变为公有的问题。专有权的保护期届满后，自然就进入公有领域，这是比较容易理解的。除此之外，专利权所有人如果不按时交付专利年费，或持有专利而不实施，又不许可别人实施，都可能使自己的权利进入公有领域，即被专利局或法院判为无效。一项发明在本国申请了专利而在外国没有申请，那么本国一将申请案公布，它对于外国来讲，也算是进入了公有领域。注册商标到时不办续展手续，或不在贸易活动中使用，或在一国注册后未在其他国家注册，也都可能使商标专有权进入公有领域。

版权保护，尤其是两个国际公约所规定的国际保护，一般不需要办手续，也没有交付年费问题，版权的不行使（即不允许别人翻译、复制等等），一般也只导致有关当局颁发强制许可证，不会使版权进入公有领域。版权在某国进入公有领域，一般是指不在本国出版的外国国民的作品（其出版国或作者所在国与本国无版权双边保护协定也没有共处于一个国际版权公约），自出版之日起，在本国即处于不受保护状态。是否进入本国公有领域，与本国是否进口了有关作品无关，甚至与本国是否知道了有这样的作品出版也无关。进入本国公有领域的“关键日”，是作品在另一国的出版日。

此外，如前所述，即使参加了《世界版权公约》，如果在作品首次出版时未加版权标记，作品也会自出版之日起就在某些成员国进入公有领域。

第二，何谓“永久”进入公有领域。难道还有“暂时”进入公有领域吗？

在一般情况下，丧失了的专有权不可复得。这就是“进入公有领域不可逆转”的原则。但这毕竟只是“一般情况”。在“特殊情况”下，则允许某些进入公有领域的专有权重新回到受保护状态中。而且，在知识产权法领域，近年各国的新立法中，有把这种“特殊情况”普遍化的趋向。例如，七十年代后许多国家制定的专利法都规定：如果因未交付专利年费而专利权被撤销，原权利人在一定期限内只要拿出证据，证明未交付年费是因“不可抗力”，同时补交了年费及手续费，则可以恢复已撤销的专利权。但如果规定专利保护期为二十年，则二十年之后，原权利人无论以任何方式，都不可能再“恢复”他失去的权利。在这种情况下，他的原有专利就是“永久”进入了公有领域。而在前一种情况下，只能说他的专有权“暂时”进入了公有领域。如果在其权利恢复前有第三方自由使用了原专利所包含的技术，那么在恢复权利后，权利人就有权要求该使用人开始支付使用费。

版权的情况也是如此。

一部作品的版权,起码在三种场合有可能“暂时”进入公有领域。

（1）实行注册版权制的国家，如果要求作者（或出版者）在作品出版后（而不是出版前）到版权管理机关登记，一般都会规定一个时间限制。在规定时间内登记之后，就取得版权；没有登记，则丧失版权像阿根廷版权法第五十七条，哥伦比亚版权法第七十三条及第八十八条，哥斯达黎加版权法第五十三条及第六十三条，等等，都是作出这种规定的条款。以阿根廷版权法为例，该法第五十七条规定:任何作品在出版后的三个月内，出版者必须以三册作品的复制本在国家版权注册处登记，方能确立该作品的版权；如果系艺术作品，作者必须以作品的图案或照片在上述时间内，在上述机构登记；如果系电影作品，则以电影中的一系列镜头照片在上述机关登记，等等。由于有一个时间上的间隔，那么作品从出版到登记之间，就“暂时”进入了公有领域。如果后来按时登记了，作品就从暂时的公有状态，进入专有状态；如果没有按时登记,作品就“永久”进入了公有领域。这种情况目前存在于许多拉丁美洲国家。

（2）许多国家的版权法都规定只有本国国民（或与本国同处于一个国际版权公约中的国家的国民）的未出版的作品才能享受版权保护。如果一个外籍作者（同时也不是任何国际版权公约成员国国民）完成了一部作品，在他尚未在任何一个公约成员国内首次出版之前，对于这些成员国来讲，该作品也“暂时”进入了公有领域。如果后来他在某个成员国中首先出版了作品的第一版，则起码在公约成员国范围内，该作品又从公有转变为专有，因为这些国家都将按“作品国籍”的原则给该作品以版权保护；如果作者在一个非公约成员国出版了该书的第一版,那么对于成员国来说,该书就“永久”进入了公有领域。英国版权法第二条及其他一些发达国家的版权法的相应条款，就作出了这种规定。

（3）有些具有追溯力的国际版权公约规定：在一个国家参加公约之后，对于它原先不予保护的作品，只要作品在起源国还没有过保护期，就必须宣布给予保护。这样，在一个国家没有参加有关公约之前，许多外国作品都“暂时”进入了这个国家的公有领域。在这种情况下，“暂时”这个概念已是名不符实。因为，有些国家是在外国作品出版了几十年之后，才宣布参加与该外国相同的一个国际版权公约的。参加公约后开始保护的那些原出版的作品，即已“暂时”进入公有领域几十年了。本书在前面讲到的《伯尔尼公约》第十八条（即追溯力条款），就是这种情况的典型。

对于《世界版权公约》来讲，第（1）（2）种“暂时”进入公有领域的情况，会经常在成员国之间出现；第（3）种情况显然与《世界版权公约》关系不大，在这里只是作为说明这一理论问题的一个实例。

由于《世界版权公约》的实体条文只有七条，所以仅作上面的介绍，也就足以使读者了解这个公约的主要特点了。至于该公约其他的内容，将在下面与《伯尔尼公约》进行对比时进一步讲述。

## 第二节 与《伯尔尼公约》的共同点、不同点及发展中国家的选择*

作为国际版权保护的基本公约，《世界版权公约》与《伯尔尼公约》有许多相同（或近似）的规定。否则，不可能有那么多的国家同时成为两个公约的成员国。当然，由于产生的历史条件不同，缔结的目的不尽相同，这两个公约也存在着更多的不相同的规定。国际上现有的论述或介绍这两个公约的论文或专著，大都以评述二者的不同点为主（或仅仅涉及不同点），本书则从讲述它们的共同点开始。

### 一、两个公约的共同点

#### 1. 实体条文部分的主要共同点

两个公约都把国民待遇原则作为本公约的一条基本原则。而且两个公约中关于国民待遇的规定也有几点相同之处。第一，都既考虑作者国籍，也考虑作品国籍（即首次出版地）。第二，都将居住于成员国中的外籍国民按本国国民对待。第三，只保护成员国国民的未出版的作品，而不保护非成员国国民未出版的作品。虽然仅仅在《伯尔尼公约》中，才有对一些特殊作品（如电影、建筑物、艺术品等）的国籍如何确定的规定，但《世界版权公约》中并不存在与这些规定冲突的规定，所以并不妨碍履行《世界版权公约》时参照《伯尔尼公约》中的特殊规定。

两个公约都规定了必须对作者的经济权利提供充分的、有效的保护，特别是都列举了复制权、翻译权、广播权、公演权这几项最

---

① 编者注：本书内容引自郑成思著:《版权国际公约概论》，中国展望出版社 1986 年版，第 57 页，原文标题为“两个公约的共同点、不同点及发展中国家的选择”。

基本的经济权利。

正是由于实体条文中的上述两方面的共同点，才保证了两个公约的成员国都具有广泛性，成员国数目也都在逐步增加。

**2. 行政条文部分的主要共同点**

两个公约的行政条文部分的共同点比实体条文部分更多一些。其中既有凡是在国际公约中都不能不相同的内容，也有凡是在国际版权公约中都不能不相同的内容。下面分别对几个共同点作些说明。

（1）《伯尔尼公约》第三十四条及《世界版权公约》第九条，都规定：新参加公约的成员国，都不得批准（或不得仅仅批准）公约的原有文本，而必须批准最新的修订文本。对于这两个公约来讲，即指新的参加国都必须批准一九七一年巴黎文本。拿《伯尔尼公约》来讲，现在它的罗马文本，布鲁塞尔文本都对某些成员国继续有效。如果原先仅仅批准了罗马文本的国家想要升级，批准新文本，那么它只能批准巴黎文本，而不能批准夹在中间的布鲁塞尔文本。《世界版权公约》只有两个文本，新的参加国不能只批准前一文本，只能同时批准两个文本。

要求新参加国必须批准公约最新文本的理由是：版权保护范围和保护方式是随着新技术的采用而不断变化的，新参加国如果只批准适应陈旧技术发展状况的旧文本，就会造成国际版权保护的倒退。此外，任何公约在履行中都会发现新问题，因此可能增补新内容，以使公约更完善。新参加国如果批准不甚完善的旧文本，却不批准更为完善的新文本，在道理上是说不通的。例如，一九六七年之前，《伯尔尼公约》中还没有对电影作品中版权的归属问题作详细规定，而它的现行文本则增加了这方面的规定。新的参加国如果不批准最新文本，就等于还只承认电影业尚不发达的几十年前的国际版权保护原状，而不承认现状。将来，计算机软件的版权保护问题如果已经十分普遍并被写入公约，那时的新参加国如果不批准公约新文本，会使人感到处于信息时代，却只承认机械时代的版权原状是不可思议的。

（2）为了使公约在本国真正生效，《伯尔尼公约》在第三十六条中，《世界版权公约》在第十条中，都规定了成员国必须根据本国的宪法采取必要措施，以确保公约的实施。两个公约的上述两条几乎是逐字相同。上述两条又都是在一九六七年之后才分别增订到两个公约中的。

（3）关于国与国之间在解释或实施公约方面发生争议的解决程序，《伯尔尼公约》第三十三条与《世界版权公约》第十五条都规定：如果争议不能通过谈判解决，争议国之间又没有达成以其他方法解决的协议，那就应当提交国际法院解决。

（4）《伯尔尼公约》第二十条、《世界版权公约》第十九条，都允许其成员国在不违背公约最低要求的情况下，达成关于版权国际保护的其他专门公约或其他多边、双边协定。事实上，在两个公约的原则指导下，已经出现了一些其他的版权公约。在知识产权领域的其他基本公约中，也有类似的规定。例如，《保护工业产权巴黎公约》第十九条就规定："参加公约的国家均有权在不违反本公约规定的前提下，互相订立其他工业产权方面的协定。"按照这一规定，国际上已出现了《专利合作条约》《商标注册条约》这样的世界性专门公约，以及《欧洲专利公约》《非洲知识产权组织公约》这样的地区性国际公约。

（5）《伯尔尼公约》第三十一条、《世界版权公约》第十三条，都规定任何成员国在递交本国对公约的批准书、接受书或加入书时，可以宣布本国所参加的公约不仅对本国有效，而且对本国所负有国际责任的其他国家或地区有效。同时，两个公约又都补充说明：如果某些成员国并未明确宣布上述公约有效性的延伸，则这些成员国加入公约的行为并不暗示公约即对其负有国际责任的其他国家或地区有效。这个相同点是两个公约的最初文本中都有的。这里所说的“其他国家或地区”，即指成员国的殖民地租借地、其他管辖地或与其他国家的共管地，等等。在19世纪末缔结《伯尔尼公约》时，及本世纪五十年代初缔结《世界版权公约》时，殖民地是普遍存在的；即使在今天，租借地、海外管辖地、共管地也还是存在着。所以，两个公约一直各自保留着这一条款。拿我国的香港地区来说，过去它就是以英国租借地的地位，使《伯尔尼公约》与《世界版权公约》先后（在对英国生效的同时）对该地区生效的；在两个公约的各次修订文本出现后，只要它们一旦在英国生效，英国就通过特别法令使之在香港也生效。

（6）《伯尔尼公约》第三十五条、《世界版权公约》第十四条，都规定了已参加公约的国家可以退出公约，并都规定了基本相同的退约程序。

**3. 对发展中国家待遇上的共同点**

一九六七年在斯德哥尔摩修订《伯尔尼公约》后，由于发达国家的激烈反对，该文本中关于对发展中国家给予优惠待遇的“议定书”实际无法生效。后来，一九七一年在巴黎同时修订两个世界性版权公约时，就在两个公约中都订入了（从一九六七年议定书大大地倒退了的）对发展中国家的“优惠”条款。两个公约关于这方面的规定几乎是完全相同的。在《伯尔尼公约》中，订在附件里，并由正文第二十一条规定：附件应为公约的一个不可分割的部分；在《世界版权公约》中，订在第五条之二到第五条之四。

所谓“优惠”，是允许发展中国家在较宽的条件下颁发翻译权强制许可证及复制权强制许可证。

对于一般国家来说，如果一部外文作品出版七年后，作品的版权所有人自己没有翻译也没有授权别人翻译它，该国的主管当局就有权颁发翻译权许可证，使愿意翻译该作品的人不经版权所有人许可就可以翻译了。两个公约中的“优惠”条款，在发展中国家颁发翻译强制许可证方面，把七年期限缩短为三年，如果所译成的文字不是发达国家的通用文字（如英文、法文、西班牙文之类），则七年期限缩短为一年。不过，要享有这种“优惠”并不容易。第一，可享有“优惠”的国家不仅必须是发展中国家，而且必须是被联合国大会的惯例所确认的发展中国家。第二，需要享受“优惠”的国家必须在参加公约后向公约主管机构（即世界知识产权组织或联合国教科文组织）的总干事递交通知书，宣布要求享有“优惠”。第三，发展中国家里要求颁发翻译权强制许可证的人必须出示证据，证明自己曾要求作品的翻译权所有人授权，但被拒绝；或证明自己尽了最大努力而没有找到翻译权所有人。第四，要求颁发强制许可证的人还必须在向本国主管部门提出要求的同时，通知本国所参加的公约的主管机构。第五，上述规定的三年期满后，必须再过六个月才能颁发有关的翻译权强制许可证；所规定的一年期满后，必须再过九个月才能颁发这种许可证。第六，只能为教学目的、学术研究目的才能颁发这种许可证。第七，通过这种许可证而出版的书不得出口。第八，通过这种许可证而出版的书上都必须注明“本书仅限国内发行”。第九，对翻译权所有人仍须支付报酬，支付额要相当于两国间在个人自由谈判版权许可证时通常支付的版税额。第十，要保证用国际通货支付上述报酬。第十一，如果颁发了强制许可证后，翻译权人又自行向别人颁发了许可证，或如果作者从流通中收回自己的原作，则强制许可证不复有效。

关于颁发复制权许可证的前提条件，也不少于上述十一条。

由于过多的条件限制与过于复杂的手续，两个公约在制订了“优惠”条款后的这十多年里，极少有发展中国家的翻译人员要求颁发这种强制许可证的。向两个公约的主管机构宣布要求享有“优惠”的国家，也只有几内亚、墨西哥、突尼斯等有限的几个。所以，这里只是作为比较两个公约的共同点才论及“优惠”条款。而这些条款本身并没有太大的实际意义。

**4. 在非跨国公约性质上的共同点**

论及《伯尔尼公约》时曾讲过，它并没有突破版权的地域性，因此不是一个跨国版权公约。这突出地反映在该公约第六条之二第（三）款，这一款规定：为保障本条提供的权利而采用的司法救济，均适用保护该权利的那个国家自己的法律。在涉及其他版权项目的条款中，也都有类似的规定，只是不像这一款这么明显和直截了当。在《世界版权公约》第一条、第三条、第四条之二中，也都有相同的规定，说明这个公约同样不具有跨国公约的性质。到目前为止，可以称得上跨国版权公约的，仅有一个地区性公约，即非洲知识产权组织在20世纪七十年代末通过的《班吉协定》中的版权附件。

**5. 在一些基本概念上的共同点**

《世界版权公约》对它所使用的大多数概念，都没有像《伯尔尼公约》那样下明确的定义；但就它确实下了定义的几个基本概念来看，与《伯尔尼公约》是大致相同或完全相同的。

关于“出版”的概念，两个公约是大致相同的。《伯尔尼公约》规定：无论作品的复制本是采用何种方式制作的，只要能够满足公众的合理需求，即构成出版（该公约第三条第（三）款）。《世界版权公约》规定：本公约使用的“出版”一词，指的是将作品以一定的有形方式进行复制，并在公众中发行，使公众可阅读或以其他方式观赏。《伯尔尼公约》在其他条款中，也强调了复制必须体现在有形物上，才能称为出版。

对于“同时出版”所下的定义，两个公约是完全相同的，即作品在三十日内先后在两个以上国家首次出版，被视为同时出版。对于在两个以上成员国同时出版的作品应以哪个国家为作品来源国的问题，两个公约的规定也是相同的，即以保护期最短的那个国家为来源国。这些，都规定在《伯尔尼公约》第三条及《世界版权公约》第四条第（六）款中。

## 二、两个公约的不同点

《伯尔尼公约》与《世界版权公约》的不同点，可以归纳为十个方面。这些不同之处是一个尚未参加版权国际保护行列的国家，在考虑选择哪个公约时必须予以充分考虑的。我国就是一个未参加任何版权国际公约的国家。我国有关主管部门曾表示：在国内建立全面的版权制度之后，我们将积极考虑参加版权国际公约。因此，在下文谈两个公约的不同点时，也将相应地分析我国以参加哪一个公约（或首先参加哪一个）为宜。

### 1. 公约所保护的权利主体不同

《伯尔尼公约》开宗明义第一条指出：公约的目的在于“保护作者就其文学艺术作品而享有的权利。”这一条起码明确了这样两个问题：

（1）《伯尔尼公约》所保护的权利主体仅仅是作者，是自然人。曾有些人认为法人也可以是作者，这种认识是不正确的。从事智力活动创作的，只能是具体的某个人。在专利领域也是如此。虽然专利权可以归法人所有，但搞出发明创造的发明人则只可能是自然人。从这个意义上讲，只有发明人享受“精神权利”，即在专利证上署名的权利（虽然这个专利证不一定属于他）。而作为法人存在的专利权人，不会有什么“精神”，因而也不可能享有“精神权利”。这是许多人在专利领域常常弄混淆的一个问题。在版权领域也是如此。唯有作者（自然人）才可能对作品享有精神权利。法人不可能有智力活动，故虽可能占有版权，但不可能成为作者。在第五代电子计算机发展起来的现代，确实有人提出过机器人可以成为作者的意见。如果这个意见成立，作者就可能是法人了（因为机器人一般不属于个人，而属于公司、企业）。可惜这种意见很快遭到了绝大多数人的反对。人们认为：为保护人的知识成果权，而最后把保护范围扩大到保护人的技术成果造成的机器所享有的“权利”，那简直是人类在自己打自己的嘴巴，也是使人回到某种新的“拜物教”的倒退行为。

（2）《伯尔尼公约》在第一条中并没有提出对“版权”予以保护。而且，如果细心查看一下，就会发现在这部“版权公约”中，通篇很少使用“版权”这个概念。在讲复制权时，公约只是讲“作者”就复制其作品所享有的“权利”，在讲翻译权时，也只是讲“作者”就翻译其作品所享有的“权利”，等等。这样看来，《伯尔尼公约》是一个地地道道的“作者权公约”。的确，在一百年前缔结这一公约时，各国代表就考虑到不同国家对版权的不同称呼，因而既没有使用“版权”，也没有直接使用“作者权”。不过，由于当时主要条文及基础文件的准备是在大陆法系国家法国与瑞士进行的，公约还是以“作者”就其作品而享有“权利”的提法，间接使用了“作者权”这个概念。

《世界版权公约》则不然。它在第一条所明确的，是保护“作者及其他版权所有人”的权利。在这里，“其他版权所有人”一句，不仅在英文中是这样表述的，即：other copyright proprietors，而且在使用“作者权”的国家的文字中，例如法文中，也是这样表述的，即：de tous autrestitulaires de ces droits。所以，这个公约的第一条，也明确了两个问题：

（1）《世界版权公约》不仅保护创作作品的作者本人，而且保护那些虽然不从事作品的创作，但却依法享有作品之版权的人。这后一种人，当然既可能是自然人，也可能是法人了。在这里需要提起注意的是：所谓“其他版权所有人”，指的是作品之版权的原始所有人，而不是版权转让活动中的受让人，或权利继承中的继承人。

（2）《世界版权公约》在第一条就提出了“版权”这一概念，并且通篇使用它。这是一部地地道道的“版权公约”。

两个基本公约在保护主体上的这一重大区别，是与两个公约产生的不同背景及目的有关的。前面讲过，《世界版权公约》缔结的目的之一是使美国能参加到版权国际保护的行列中来，而美国传统的版权法一向是既保护作者，又保护其他版权所有者的。

在我国，长期以来出版社在作者的作品上就享有较多的权利。这与我国的编辑工作者，在编校作者的作品上，花费了更多的劳动有很大关系。在将来建立起的版权制度中，我们自然会保护作者与“其他版权所有者”（其中包括出版者、作者所在工作单位等）。因此，《世界版权公约》的规定，将比较符合我国的情况。

最后要重复一点：前面曾讲到过，虽然《伯尔尼公约》宣布了它仅仅保护“作者权”，而不保护其他版权所有者，但许多英美法系国家却参加了这个公约，而且并没有修改国内法中保护“其他版权所有者”的规定。这一类的现象，即成员国国内法不完全符合它所参加的公约的规定的现象，是比较普遍地存在着的。好在这类不相符的情况并不影响大局，所以虽然有人提出责问，但尚没有哪个国家因此提出抗议或者退约。另一方面，参加了《伯尔尼公约》的英美法系国家，也确实在不断扩大作者直接享有版权的范围。

2. 受公约保护的客体不同

《伯尔尼公约》在第二条中详细列举了三十多种应当受到版权保护的客体。《世界版权公约》在初次缔结时只讲了一个极笼统的保护范围——文学、科学、艺术作品；在第一次修订文本中又才列举出七种客体。这是由于《世界版权公约》要考虑使一些保护范围较窄的、刚刚建立版权保护制度的国家能够参加进来。例如，《伯尔尼公约》中宣布保护的“实用艺术品”，就是许多国家的版权法不予保护的。

我国颁布的专利法，对于“不授专利的发明”划了一个较宽的范围，说明我们的专利保护面是比较窄的。这与我国专利制度处于建立初期的现状有关。以此推想，我国开始实行版权保护的初期，保护面也不会很宽。我们只有随着管理经验的积累及我国经济、文化水平的发展而逐步扩大保护范围。因此，（起码在开始阶段）《世界版权公约》中的关于受保护客体的规定比较适应我国（以及多数发展中国家）的情况。

3. 公约追溯力的有无不同

前面已经讲过，《伯尔尼公约》具有追溯力，它要求成员国对于该国参加公约前已经在起源国（必须也是公约成员国）受到保护、尚未超过保护期的作品，统统给予保护。《世界版权公约》则不具有这种追溯力。这个不同点，对于新的参加国尤其对于发展中国家，是相当重要的。如果一个国家在国外需要受到保护的作品很少，而其国内要保护的外国作品的数量却很多，《伯尔尼公约》的追溯力，就会使该国在参加这个公约后，一下子增加大量的支付对外版税的外汇负担。为此，已经在进行着的翻译可能不得不停译，将要上演的外国剧本可能不得不停演。这对于该国在国内的收入，也将是一笔可观的损失。

这样的国家如果参加《世界版权公约》，后果就完全不同了。只要在它参加之前已经出版了的文字作品，已经公开演出的音乐、戏剧作品等等，它都可以不予保护。它不仅用不着为已经在翻译着的外国作品停笔，还可以重新选择本国虽未进口过，但在外国确已出版了的作品，开始翻译或作其他利用，而无需支付版税。因为，凡在该国参加公约前已出版的作品，对于这个国家统统算是进入了公有领域。在这点上，只有一个小小的例外，那就是对于在实行注册版权制的国家已出版、但尚未登记的作品，这个新的参加国还可能要给予保护，因为它们尚未“永久”进入该国公有领域。不过，这部分作品的数量是极少的，绝不至于影响新参加国的外汇开支。

某个公约有无追溯力，不仅是发展中国家在选择公约时必然关注的，而且是一些发达国家在其出版水平还赶不上其他某些国家时，所不得不关注的。美国之所以长期不参加《伯尔尼公约》，原因之一也正是不愿接受该公约的追溯力条款。

我国在建立版权制度后的一个相当时期内，仍然会处于利用外国作品（尤其是科技作品）多，而需要在国外得到保护的作品少的地位。所以，《世界版权公约》的无追溯力条款，将比较适合我国的情况。

**4. 保护期的长短不同**

以作者有生之年来计算保护期的作品，在作者死后受到保护的最低年限，《伯尔尼公约》要比《世界版权公约》长一倍。

保护期的长短，历来被人们当作版权保护水平高低的重要标志保护期越长，保护水平就被认为越高。不过，近年来一种新的版权理论对这种认识提出了疑问。

就一般情况而论，发达国家倾向于高水平版权保护，发展中国家倾向于较低水平的版权保护。发展中国家需要量最大的外国作品，是发达国家的科学技术作品；也就是说，发展中国家在国内要保护的、要为其使用而支付外汇的，主要是外国的科技作品。而在科学技术发展迅速的现代，只有极少的科技作品能保持较长时间的利用价值。大多数科技作品都会在十年之内被论述科技新发展的新作品所代替，因此没人愿意再复制、翻译或以别的方式利用老作品。这样看来，很长的版权保护期对于大多数科技作品是没有实际意义的。

另一方面，文学作品、艺术作品，尤其是优秀的文学作品，则往往随着时间的推移，才越来越显示出它的艺术成就。较长的版权保护期，对文学作品则是十分重要的。但文学艺术作品创作的多少，水平的高低，却与一个国家发达与不发达没有太直接或太密切的关系。有时，一个发展中国家在另一个发达国家中需要受保护的文学艺术作品，会比后者在前者需要受保护的文学艺术作品要多。电影作品的情况也比较类似。但由于电影业的发展与技术有密切关系，所以这一领域与文字表达的文学作品还不能完全等同。

这样，就出现了这样一个问题：较长的保护期对于发达国家出产较多的科技作品并不重要，而对于发展中国家出产的文学艺术作品却十分重要。因此，较长的版权保护期对发展中国家并没有什么不利。于是由此似乎可以得出结论：保护期的长短，并不反映保护水平；发展中国家虽倾向于较低水平的版权保护，但较长保护期的版权制度对它们并无不利。

我国是个发展中国家。在一个相当长的时间内，我们会需要大量利用发达国家的科技作品，这不仅包括文字作品（书籍），而且包括科教影片，录音、录像制品，计算机软件制品等在其原产国享有版权的作品。但中国的文学艺术作品，则一直在世界上享有盛名，是各国人民所喜闻乐见的。在我国没有建立版权制度、没有参加任何版权公约时，就已经反映出我国文学艺术作品在国外受到保护的必要。电影作品在近年来也反映出这个问题。单是一九八二年这一年中，上海金山县的农民画展，就在国外引起轰动；在巴黎举办的中国名家画展，展览图册很快销售一空；在伦敦举办的 BBC 对外广播五十周年绘画比赛中，中国国画《黄山夕照》获头等奖；在巴黎举办的中国图书展览中，中国的儿童读物吸引了成千上万的参观者。以内地导演、演员为主，与香港中原电影公司合拍的影片《少林寺》，曾创香港票房收入最高纪录。由于以香港公司为合作人的影片可以在两个基本版权公约的成员国中享有版权，这部电影发行后，许多国家的电影发行公司都向香港中原公司购买发行权许可证。该公司仅这一项的收入就突破了 1000 万港元。此外，老舍的作品《茶馆》，曹禺的作品《雷雨》等，也多次被搬上外国舞台。

中国在将来很可能属于一个其文学艺术作品需要在国外受到更多保护的发展中国家。所以，有关公约对版权保护期规定得较长，也不会于我们不利。在这一点上，《伯尔尼公约》的规定对我国可能更适合一些。

**5. 经济权利的多少不同；对各项权利的解释详略不同**

《伯尔尼公约》中列出了作者享有的七项经济权利：翻译权、复制权、表演权、广播权、朗诵权、改编权、追续权。《世界版权公约》只列出了四项作者或其他版权所有者享有的权利：复制权、表演权、广播权、翻译权。《伯尔尼公约》对所开列的每一项权利都作了具体解释。《世界版权公约》则仅仅对翻译权作了有限的解释。

任何公约都是一样，条文规定得越细，回旋余地就越小。新建立版权制度的国家，经验不足，自然需要有更多一些的回旋余地，以免搞出一些条款把自己束缚住。因此《世界版权公约》关于经济权利的列举方式，比较适合这样的国家。

### 6. 关于精神权利的规定不同

《伯尔尼公约》把对作者精神权利的保护，作为对成员国国内法的一项最低要求；同时，公约中对于什么是作者的精神权利，必须保障作者的哪些精神权利，规定得十分明确。从这点，也可以看出《伯尔尼公约》反映大陆法系国家在版权领域强调作者权的这一特点。

《世界版权公约》中并没有“精神权利”这一概念。起码，在缔结这个公约时，主要参加国之一美国的版权法还不接受这一概念。不提对精神权利的保护，是公约的妥协措施之一，以便使更多版权制度不同的国家能参加进来。不过，这并不等于说《世界版权公约》丝毫没有涉及精神权利的问题。起码，在该公约的第五条第（二）款，以及第五条之四的第（二）款中，对保护作者的某种精神权利作了暗示。在这两处都提到：如果作者已经从流通领域收回其作品的全部复制品，那么就不能再颁发翻译该作品的强制许可证了。这就等于要求各成员国在颁发强制许可证时，要注意尊重作者享有的“收回权”。上文已经讲过，“收回权”系作者的一项精神权利。

我国虽然长期没有全面的版权保护，但作者的精神权利一直是受到尊重的。作者发表或不发表自己的创作成果的权利，在作品上署名的权利，不允许别人随意修改的权利，一直在实际上被行使着（“十年内乱”期间除外）。从我国的这一传统看，《伯尔尼公约》关于保护精神权利的规定，可能更符合我国情况。不过，《世界版权公约》也并没有禁止它的成员国为作者的精神权利提供保护。

### 7. 在国民待遇方面的例外不同

虽然两个基本公约都实行国民待遇原则，但又都不同程度地规定了可以针对一些例外情况用互惠原则代替国民待遇。不过，《伯尔尼公约》中的这种例外相当多；《世界版权公约》中只有一条例外。

《伯尔尼公约》关于国民待遇的例外有：

（1）保护期较长的成员国，只为保护期较短的成员国国民提供较短保护期，而不提供相当于本国国民的保护期。例如，联邦德国的版权保护期为作者有生之年加死后七十年；英国则是加死后五十年。两国都是《伯尔尼公约》的成员国。英国作者的作品如果不是首先在联邦德国出版的，那么在作者死后五十年，就不再享有它在联邦德国的版权。这一条是在《伯尔尼公约》第七条第（八）款中规定的。

（2）《伯尔尼公约》虽然要求成员国对实用艺术品、设计、模型等等均予以保护，但并没有硬性规定一定要用版权法去保护。因此，有些国家是采用外观设计法保护上述作品的。而外观设计法所提供的保护，有效期一般很短（不多于十五年），权利所有人在侵权诉讼中获得的司法补救也不同于版权法。《伯尔尼公约》在第二条第（七）款中，允许成员国在保护其他成员国的这一类作品时，不采用国民待遇原则，而可以把保护期及其他保护措施降低到与对方国家相同的程度。

（3）《伯尔尼公约》中关于对追续权的保护，是一九四八年修订时增加的，有些至今只承认柏林文本（一九〇八年）或罗马文本（一九二八年）的成员国，并不保护这项权利。因此，公约允许那些为这种权利提供保护的国家，对于不保护这种权利的国家的国民，不承认在自己这里享有追续权。

（4）《伯尔尼公约》在把翻译权的保护期延长到作者有生之年加死后五十年之后，仍旧允许它的成员国保留执行公约原始文本中规定的翻译权十年保护期。但保留十年保护期的国家其国民的作品的翻译权在其他成员国也只能享有十年保护期，不能享有其他成员国国民的较长保护期。这是在《伯尔尼公约》第三十条第（二）款中规定的。

（5）在国民待遇原则中采用了作品国籍的标准后，非公约成员国的作者的作品也可以受到公约成员国的保护了；但公约成员国国民的作品却往往在非成员国中得不到保护。于是有人提出这种现象不合理。为此，《伯尔尼公约》在第六条中规定：如果任何非成员国没有为成员国作者的作品提供充分保护，那么成员国对于非成员国国民而又在成员国中无经常性住所者，即使其作品首先在某个成员国出版，该成员国也可以酌情降低对它的保护；其他成员国则有权按照出版该作品的成员国的标准给予保护。

（6）对“精神权利”的保护是一九四八年在布鲁塞尔修订的公约文本中明确的，也尚有一些只批准了老文本的成员国没有为这种权利提供保护。公约在第六条之二中，允许成员国对于不保护精神权利的国家的作者，也不给予这种保护。

《世界版权公约》中关于国民待遇的例外有：

公约第四条第（四）款规定：任何成员国均有权对作品只提供不长于其作者所在国或作品起源国规定的保护期。这条限制与《伯尔尼公约》相同。

过多地用互惠原则取代国民待遇原则，显然于版权保护水平低的国家不利，因为互惠的结果使它们的国民不仅在国内，而且在国外，都只能受到低水平保护。国民待遇则使低水平成员国的国民能在保护水平高的国家享有高水平保护。因此，《世界版权公约》在这点上也适合于刚刚建立版权制度的发展中国家。

**8. 在国民待遇定义上存在着的不同**

很少有人注意到，《伯尔尼公约》不仅对国民待遇的解释比《世界版权公约》要更具体，而且在下定义时，在一个用词上还有重大区别。

《伯尔尼公约》第三条第（二）款规定：“为实施本公约，非成员国国民而在某个成员国有经常住所的作者，须被视为等同于该国国民。”《世界版权公约》第二条第（三）款规定：“为实施本公约，任何成员国均可按照国内立法将经常居住于该国的任何人按本国国民对待。”在前一个公约中，把居民视同国民是成员国的义务，使用了“须”字；在后一个公约中，这不是一项义务，而是一种选择，使用了“可”字。既然一个成员国可以视他国居民为国民，就也可以不将其视为国民。虽然到今天为止，还没有哪个《世界版权公约》的成员国公开钻这个空子，但如果某个成员国以此为借口对另一国家（非成员国）在其地居住的作者不给予国民待遇，任何人也不能指责该国违约。

总的来讲，发展中国家的经常居住在发达国家的人，比发达国家居住在发展中国家的多。对于中国来说，更是如此。所以，《世界版权公约》中的这一漏洞，于发展中国家是不太有利的。

**9. 允许与不允许保留不同**

《伯尔尼公约》允许其成员国在国内法律中对公约的规定作一些保留，这主要有：

（1）翻译权十年保留。

（2）解决争端程序保留。

（3）经济权利保护期的保留。公约除了允许在保护期方面以互惠代替国民待遇之外，还允许成员国保留比公约规定的最低要求更短的保护期。公约在第七条第（七）款中规定：适用本公约的罗马文本的成员国，如果在签署现行文本（即一九七一年文本）时，国内法律已经规定了比现行文本提供的保护期更短的保护期，那么在批准或加入现行文本之后，仍可以保留原有的较短保护期。

（4）对精神权利有效期的保留。同上一条保留一样，公约允许其成员国保留在批准现行文本前更短的精神权利保护期。例如，有些国家规定作者一旦去世，他享有的精神权利即不复存在。而公约现行文本要求精神权利至少与经济权利保护期相等。上一类国家即有权保留它们关于精神权利的保护期规定。

《世界版权公约》第二十条规定：对本公约不得有任何保留。

准许过多的保留，往往使新建立版权制度的国家不容易掌握参加同一个公约的其他国家国内法的情况；而对于不允许有保留的公约的成员国，只用拿公约的最低要求去衡量其他国家，就可以大体掌握它们的国内法了。是否能掌握同一公约中其他国家的国内法，对于一个国家能否保证本国作者在外国享有的利益，是十分重要的。因此，《世界版权公约》中不允许保留的规定，对于我国是比较合适的。

**10. 管理机关不同**

《伯尔尼公约》的管理机关原来是一个独立办事的机构——“伯尔尼联盟”秘书处。后来，它并入了世界知识产权组织，由该组织代行管理事务。一旦《伯尔尼公约》的成员国全部加入世界知识产权组织，伯尔尼联盟即自动解散。到现在为止，伯尔尼联盟中的委内瑞拉、泰国、马达加斯加、黎巴嫩都还没有参加世界知识产权组织，因此伯尔尼联盟依然存在。不过，讲起公约的管理机关，人们一般都只提实际在起作用的世界知识产权组织了。

《世界版权公约》则是由联合国教科文组织管理的。

这一点不同之处，对于一个国家考虑参加哪一个公约没有多大影响。

从上面的介绍和分析中，可以看到《世界版权公约》的多数特点对刚刚建立版权制度的国家有利；《伯尔尼公约》中只有很少几点对这样的国家有利。因此，我国在颁布版权法之后考虑参加国际版权组织时应全面分析两个公约的不同特点，结合我国当前经济和文化发展的实际状况，选其对我比较有利者先加入之。

## 三、发展中国家选择两个公约的情况

虽然按照上面关于对两个公约不同点的分析，发展中国家以参加《世界版权公约》更为有利些，但两个公约的现有成员国中，却都是既有发展中国家，又有发达国家。而且，参加《伯尔尼公约》的发展中国家似乎还要更多些。不过，如果分析一下《伯尔尼公约》中发展中国家的不同情况，我们就会看到：该公约现有的发展中国家的数量，并不能说明选择这个公约对它们有利。有些现状是历史的原因造成的。当然，也确有少数发展中国家在文化发展及文化产品出口方面应当算一种“发达国家”，它们加入《伯尔尼公约》或同时加入两个公约，确实对本国更有利。

**1. 参加两个公约的发展中国家现状**

只参加了《伯尔尼公约》而未参加《世界版权公约》的发展中国家有二十二个，它们是：

| | | |
|---|---|---|
| 中非 | 乍得 | 刚果 |
| 塞浦路斯 | 埃及 | 加蓬 |
| 象牙海岸 | 利比亚 | 马达加斯加 |
| 马里 | 毛里塔尼亚 | 尼日尔 |
| 罗马尼亚 | 卢旺达 | 苏里南 |
| 多哥 | 土耳其 | 上沃尔特 |
| 乌拉圭 | 扎伊尔 | 津巴布韦 |
| 贝宁 | | |

既参加了《伯尔尼公约》也参加了《世界版权公约》的发展中国家有二十四个，它们是：

| | | |
|---|---|---|
| 阿根廷 | 巴哈马 | 巴巴多斯 |
| 保加利亚 | 喀麦隆 | 智利 |
| 哥斯达黎加 | 捷克斯洛伐克 | 斐济 |
| 几内亚 | 匈牙利 | 印度 |
| 黎巴嫩 | 马耳他 | 墨西哥 |

| | | |
|---|---|---|
| 摩洛哥 | 巴基斯坦 | 菲律宾 |
| 波兰 | 塞内加尔 | 斯里兰卡 |
| 突尼斯 | 南斯拉夫 | 委内瑞拉 |

只参加了《世界版权公约》的发展中国家有十九个，它们是：

| | | |
|---|---|---|
| 阿尔及利亚 | 孟加拉国 | 巴西 |
| 哥伦比亚 | 古巴 | 柬埔寨 |
| 萨尔瓦多 | 加纳 | 危地马拉 |
| 海地 | 肯尼亚 | 老挝 |
| 利比亚 | 马拉维 | 毛里求斯 |
| 尼日利亚 | 巴拿马 | 秘鲁 |
| 赞比亚 | | |

对于只参加了《世界版权公约》的国家，在这里就不作更多分析，因为从上文所述可知它们选择这个公约是合情合理的。对于选择了《伯尔尼公约》的上述国家，可将其选择原因分为几种类型。

**2. 津巴布韦型**

津巴布韦是在一九八〇年参加《伯尔尼公约》的。这样一个发展中国家，在《世界版权公约》已出现后，为什么反倒选择保护水平较高的另一个公约呢？这与它历史上的殖民地地位是分不开的。津巴布韦十九世纪末被英国侵占，成为殖民地，进而被以殖民者罗得斯的名字命名为“罗得西亚”；一九二三年又成为英国的一个“自治领”。直到它于一九六五年被白人种族主义者史密斯当局片面宣布“独立”为止，一直是依照英国版权法而适用《伯尔尼公约》的一块由英国负有国际责任的地域。津巴布韦真正独立之后，国家对那些无损于本国主权的、原宗主国所参加的国际公约，一般采取继续参加的态度。《伯尔尼公约》，就属于这样的一个公约。

在非洲，许多法语国家参加《伯尔尼公约》都是出于同津巴布韦相似的历史原因。

3. 罗马尼亚型

在第二次世界大战后出现的一些社会主义国家里，有的在革命成功之前就是《伯尔尼公约》的成员国。革命成功后，它们也没有必要退出那些旧政权所参加的、又与社会主义制度并不冲突的国际公约。罗马尼亚就是这样的一个典型。传统的罗马尼亚版权法，在许多原则，甚至条文的内容上，都与《伯尔尼公约》很相近。例如它的版权法第九条（关于受版权保护的客体），几乎逐字与《伯尔尼公约》第二条相同。罗马尼亚于一九二七年即已成为《伯尔尼公约》的成员国。在《世界版权公约》出现后，它没有必要为参加这个公约而改变自己传统的版权法。有的这类国家虽参加了《世界版权公约》,但按照行政条文的规定也不能退出原参加的公约。像南斯拉夫、保加利亚等，都属于这种情况。

4. 印度型

有些发展中国家，在出版业、电影业等方面却是相当发达的国家，它们要考虑的是本国出口到外国的版权及受版权保护的作品能否受到高水平的保护。这类国家中虽然也有在取得独立前就参加了《伯尔尼公约》的，但即使要它们现在重新选择，它们肯定也会选择参加这个公约，或选择同时参加两个公约，以便使本国作品（文学作品与电影作品等）受到尽可能多的国家、尽可能高的水平的保护。印度就是这样一个典型。

目前，印度全国有两千多个出版社（相比之下，我国到一九八四年一月只有 291 个），每年以十六种不同文字出版两万多种新书。它一九七九至一九八〇财政年度的图书出口额达到六千六百万卢比，预计一九八四至一九八五年度将达到二亿卢比（约合一千二百五十万美元）。印度出版的许多书籍，尤其是教科书，已经被亚、非许多国家广泛采用。一九八三年在德里举办的书展，成为仅次于法兰克福书展的第二大国际书展。印度已经成为仅次于美国和英国的英语图书出版的第三大国。印度的印刷业也紧跟世界最新印刷技术，不断发展。美国的约翰·威利父子公司甚至决定把印度作为生产软件教材的基地。

随着发展中国家的发展，印度型的例子还会出现。

**5. 新的版权保护理论**

有的版权法学家分析发展中国家参加高水平的国际版权公约时，认为发展中国家里正兴起一种新的版权保护理论。这种理论就是：高水平的国际保护，可以阻止本国盲目地、大量地引进外国文学艺术作品，有利于保证本国文化事业的发展。因为，参加高水平的国际版权保护，意味着要对较多的外国作品提供较长时间的保护，国内出版社就不能放手地出版外国作品而扣压本国作品。①

这种分析也有一定道理，可以供我们参考。该文章中列举的这一类参加了《伯尔尼公约》的国家有马里、斯里兰卡、泰国、几内亚、南斯拉夫等。（前面讲过，南斯拉夫同时属于历史上既成事实一类）。

# 第二章 《世界版权公约》（1992）*

《世界版权公约》保护水平较低，在版权国际保护方面，伯尔尼公约已基本将其覆盖。但由于《世界版权公约》明文规定了受保护主体之一是作为法人的版权人。而我国的作者及出版者在今后与

---

① 可参看联邦德国马克斯·普朗克学会 1982 年第 6 期《国际工业产权与版权》杂 志上的《发展中国家版权立法的新趋势》一文，该文已由本书作者摘译发表于 1983 年第 5 期《法学译丛》。

* 编者注：此部分收录自郑成思著:《版权公约、版权保护与版权贸易》，中国人民大学出版社 1992 年版，第 41–53 页。

英语国家的版权人打交道时（无论许可对方使用我国作品还是取得对方授权使用外国作品），又在多数场合要与“法人”进行谈判；谈到“避免侵权”也多是避免侵犯这些“法人”的版权。

## 第一节　概　况

在工业产权领域，为在国际上保护专利、商标等专有权，只缔结了世界统一的《保护工业产权巴黎公约》。① 而在版权领域，却产生出两个并列的基本公约。这说明不同国家之间版权法上的差异，比起工业产权法要大得多。

当初缔结《世界版权公约》的主要目的，是把美国及“泛美版权公约”中的一批国家纳入世界性国际版权保护范围。或者换一句话说，是希望在伯尔尼公约与泛美版权公约之间达成某种程度的平衡。在这一目的达到后，《世界版权公约》的存在，就为版权保护水平较低的国家提供了另一种国际保护的选择。因此，《世界版权公约》的最低要求及有关的特殊问题，与伯尔尼公约不完全一样。

《世界版权公约》于 1952 年在日内瓦缔结，其后于 1971 年在巴黎修订过一次。该公约共 21 条，并有一份“附加声明”和两项议定书。1971 年巴黎文本与 1952 年日内瓦文本相比，主要改变了以下内容：

1. 增加了第 4 条之 2，即明确了复制权、公开表演权、广播权等，是必须保护的，是作者的基本经济权利。

2. 增加了第 5 条之 2、之 3 与之 4，对发展中国家在翻译与复制外国作品时可享有的优惠条件作出了规定。

---

① 工业产权领域还有另一个基本公约——《保护植物新品种国际公约》。该公约虽与巴黎公约并列存在，但保护的客体不相重叠。这与版权领域为保护同样客体而并存两个基本公约的情况不一样。

3. 对附加声明及两个议定书作了文字上的修改，取消了 1952 年文本原有的第三个议定书。

上述第 1 项修改是意义重大的。由于 1952 年文本只暗含了“复制权”，根本未提表演权与广播权，故如果一个国家仅仅批准了《世界版权公约》的 1952 年文本，又没有参加伯尔尼公约，则该国有可能允许国内表演者与广播组织自由使用外国作品。

到 1992 年 1 月为止，共有 84 个国家参加了《世界版权公约》。其中已经批准了 1971 年巴黎文本的国家有 50 个，它们是：

阿尔及利亚　澳大利亚　奥地利　巴哈马　孟加拉国　巴巴多斯　玻利维亚　巴西　保加利亚　喀麦隆　哥伦比亚　哥斯达黎加　塞浦路斯　捷克和斯洛伐克　丹麦　多米尼加　厄瓜多尔　萨尔瓦多　芬兰　法国　德国　几内亚　梵蒂冈　匈牙利　印度　意大利　日本　肯尼亚　墨西哥　摩纳哥　摩洛哥　荷兰　尼日尔　挪威　巴拿马　秘鲁　波兰　葡萄牙　韩国　卢旺达　圣文森特与格林纳丁斯　瑞典　西班牙　塞内加尔　突尼斯　特利尼达和多巴哥　英国　美国　斯里兰卡　南斯拉夫

只批准了 1952 年日内瓦文本的国家有 34 个，它们是：

安道尔　阿根廷　比利时　伯利兹　柬埔寨　加拿大　古巴　智利　斐济　加纳　希腊　危地马拉　海地　冰岛　爱尔兰　以色列　老挝　黎巴嫩　利比里亚　列支敦士登　卢森堡　马拉维　马耳他　毛里求斯　新西兰　尼加拉瓜　尼日利亚　巴基斯坦　巴拉圭　菲律宾　（原）苏联　瑞士　委内瑞拉　赞比亚

## 第二节 《世界版权公约》的主要内容

由于《世界版权公约》较短，内容也较简单，基本与伯尔尼公约一致的地方，就不多讲了。这个公约也是由三项基本原则及一些其他最低保护要求构成。

## 一、国民待遇原则

《世界版权公约》对该原则的规定，与伯尔尼公约基本相同（只是行文上比伯尔尼公约简单）。不过，在伯尔尼公约第3条（2）款中，提到“必须”将在成员国有惯常居所的非成员国国民，视同成员国国民；在《世界版权公约》第2条（3）款中，却提到“可以”将前者视为后者。这就给《世界版权公约》成员国国内法在对待非成员国在本国的居民问题上，留下了较大的余地。[①]

但总的来讲,《世界版权公约》在适用国民待遇时,也是兼用“人身标准”与“地点标准”[②]。因此,惯常居住地、作品的首先出版地,也都很重要。不过这个公约里对于非成员国国民所要求的，严格说来应是“户籍地”（Domicile）,亦即“住所地”而不仅仅是惯常居所。这一点与巴黎公约的行文相同，而与伯尔尼公约不同。

## 二、非自动保护原则

当初美国及大多数泛美版权公约的成员国不参加伯尔尼公约的原因之一，是这些国家不实行版权的自动保护制。《世界版权公约》为在这些国家与伯尔尼公约成员国之间寻求平衡，采取了“两迁就”的办法。它没有要求以登记、交费或其他程序作为获得版权的前提，也没有确立自动保护原则，而是要求作品在首次出版时，每一份复制品上都标有“版权标记”，即标有英文C并外加一圆圈（表示“版

---

① 值得注意的是:《世界版权公约》在其附加议定书之一中，规定成员国须将在本国有惯常居所的无国籍人及流亡者视为国民。在这里却使用了“必须”，而不是“可以”。因此，也有人以此为据，认为第3条（2）款中使用“可以”，不过是行文上的疏忽，其实际含义仍旧是“必须”。

② 《世界版权公约》议定书之二专门规定：由联合国或所属机构出版的一切作品、由美洲国家组织出版的一切作品，均应视为符合“地点标准”。这是伯尔尼公约中所没有的。

权保留”)，版权人名称，出版年份三项内容。只要标上了版权标记，任何在国内法中要求履行任何手续的成员国，就必须视其为“已经履行了应有的手续”。这就是《世界版权公约》的“非自动保护”原则。

在理解这一原则时必须注意以下几点：

第一，非自动保护原则只适用于已出版的作品[①]，至于未出版的作品，则成员国应给予版权保护，不得要求履行任何手续或符合任何形式（《世界版权公约》第3条（4）款）。

第二，作品必须在“首次”出版时即标有版权标记。如果首次出版时忽略了标记，即使再次印刷时补上，也不可能挽回该作品丧失版权的局面。

第三，必须在出版后的“一切”复制品上都标有版权标记，这并不是说忽略了在少量复制品上的标记，就会使整个作品丧失版权。例如，首次出版时印了1000册的书，如果仅在几册或十几册上没有版权标记，该书的版权仍不丧失；首次只发行了10份拷贝的影片，就有9份上未注标记，则会导致该影片的版权丧失。

第四，所谓“首次出版”必须是经作品版权人同意或授权后的出版；未经其许可而出版，不构成公约中所说的“首次出版”。

第五，对于“版权标记”应出现的部位，《世界版权公约》中未作具体规定。但1957年该公约成员国政府间委员会对此作过一个说明，其中包括：（1）对于书籍（及印制的乐谱）来说，标记应加在书内大标题后的扉页（即我国出版界通称的“版权页”）上，或加在书末；（2）对报纸杂志来说，标记应加在刊物名称下或报头栏

① 《世界版权公约》给“出版”所下的定义，见于该公约第6条，它指的是“以物质形式复制作品，并将复制本在公众中发行，使公众得以阅读或以其他方式欣赏”。

内;（3）对于地图、图片、摄影作品来说，可加于靠近标题的图内，也可加于图外的空白边缘;（4）对于整部书刊中单独要求版权保留的部分（如刊物中的文章、选集中的文章），可加于该单独作品的标题下面;（5）对于电影拷贝来说，可加于影片开始或结尾的镜头上，或载有导演、演员、制片人等名单的镜头上。

第六，加注版权标记仅仅是在《世界版权公约》成员国中获得版权的途径；公约也仅仅限制成员国对于获得版权再要求其他更多的手续。但公约并不限制成员国对于维护版权要求履行更多的手续。例如，有些国家把登记、交纳样书等等，作为在司法诉讼中确认某人确系版权人的条件。对这样的规定，《世界版权公约》是不加限制的[①]。公约在第3条（3）款中对此作了说明。

第七，除加注版权标记外，如果成员国对其本国国民获得版权还有更多的程序上的要求，公约也不加限制。这是在公约第3条（2）款中说明的。

## 三、版权独立性原则

《世界版权公约》虽然只要求在国际保护中加注版权标记，不要求履行其他手续，却也同样没有突破版权的地域性，它也不是一部“跨国版权法”。这个公约同样承认版权独立性原则，只是不像伯尔尼公约集中反映在某一个条款中，而分别反映在第2条、第4条（1）款、第4条之2（2）款等条款中。例如第4条之2（2）款，允许各成员国按国内法对公约列出的经济权利作特别规定，但必须提供合理保护；第4条（1）款明确规定在作品保护期问题上适用“权利要求地法”，等等。

---

① 但如果成员国对本国国民在维护版权上没有专门的履行手续要求，就不能对其他成员国国民或首次在其他成员国出版的作品提出这类要求。

## 四、经济权利的内容

《世界版权公约》作为最低要求列出的经济权利，不像伯尔尼公约那么具体。在《世界版权公约》缔结时，仅仅在第1条要求成员国提供“充分的、有效的保护”。在1971年的修订文本中增加的第4条之2，才进一步较明确地指出：第1条所说的权利，包括为保证作者的经济利益所必需的基本权利。至于这些“基本权利”至少应包括哪些内容，《世界版权公约》却采用了“列举式”说明，又没有像伯尔尼公约那样十分明确地指出哪些权利是“必保护”的，哪些权利只是“可保护”的。这就给成员国国内法留下了较大的余地。不过，从公约第4条之2（1）款及第5条（1）款，可以推断成员国承担保护义务的经济权利中，至少应包括复制权、表演权、广播权、演绎权（翻译权、改编权等）。

此外，《世界版权公约》中没有把保护精神权利专门作为对成员国的最低要求提出。这主要是适应在它缔结时一些主要国家（如美国）尚不保护精神权利的实际状况。但在《世界版权公约》第5条及第5条之2、之3等条款（亦即发展中国家颁发复制权、翻译权强制许可证的“优惠待遇”条款）中，提到了翻译时不可曲解原作的原意、应注明原著的作者、应尊重作者的“收回权”等等。这些可以被看作是公约要求成员国对作者的某些精神权利给予间接承认。

## 五、经济权利保护期

《世界版权公约》虽然没有像伯尔尼公约那样对许多不同类型的作品分别定出最低限度保护期，但它对保护期的规定也是十分详细、十分复杂的。因为这一公约的保护期条款大都是针对一般作品（不分类型）的不同情况或在不同国家的计算方式而定的。此外，这一公约又专门规定了两种特殊作品的保护期。这样，在《世界版权公约》中，经济权利保护期出现了下列五种情况：

第一，在一般情况下，成员国给予作品的版权保护期不应少于作者有生之年加死后25年。

第二，如果某些成员国在参加《世界版权公约》之前，国内法中规定的保护期少于第一种情况，则可以保留原较短保护期，但不得短于自作品首次出版起25年。成员国原定保护期不短于第一种情况的，则不得缩短为首次出版起25年。

第三，如果某些成员国参加公约前是按作品首次出版前的登记日起算保护期的，则可保留原计算方法，但不得短于自登记日起25年。这种情况是第二种情况的一个例外。

第四，如果某些成员国参加公约前将版权保护期分为两段——初期与续展期，则仍可保留这种分期保护方法，但其初期保护不得少于自作品首次出版（或出版前登记日）起25年。

第五，如果成员国对摄影作品或实用艺术品提供保护，则保护期不得少于10年。

由于《世界版权公约》允许各成员国对其他保护期较短的成员国的作品，只给予相应的较短的保护，所以确定作品的“来源国”，在履行公约时也很重要。《世界版权公约》并未像伯尔尼公约那样明确地提出“来源国”这一概念，但在公约第4条（4）款（a）项中有相同的意思，并在第4条（5）（6）两款中，作出了与伯尔尼公约基本一致的对“来源国”的解释。在这些解释中，许多细节也与伯尔尼公约的解释相同。例如，“同时出版”也指在30天内先后在两个或两个以上国家出版。不过，《世界版权公约》并没有对电影作品、建筑作品等在特殊情况下如何确定来源国的问题，作出与伯尔尼公约第5条（4）款相同的回答。对于这些公约中没有回答的问题，就可以由成员国各自依国内法去回答了。从这一点，反映出《世界版权公约》提供的保护不像伯尔尼公约那么严格（亦即保护水平不像伯尔尼公约那么高）。

## 第三节　世界版权公约的几个特殊问题

同伯尔尼公约一样,《世界版权公约》也存在一些特殊问题。

### 一、权利主体

《世界版权公约》在第 1 条中，把“作者及其他版权所有者”列为权利主体。这样一来，权利主体在这个公约中就比在伯尔尼公约中多出了一大部分人（及法人），也随之多出了下面一系列复杂的问题：

第一，在凡是涉及与国民待遇有关而与版权保护期无关的问题时,《世界版权公约》尽量避免使用“作者”这一概念，而仅仅使用“国民”这一概念，以期使人们明白可享有国民待遇的，除作者外，还有包括法人在内的其他版权所有者。这在公约第 2 条中尤为明显；该条与伯尔尼公约第 3 条的用语形成对照。

第二，按照这种权利主体的范围，凡属于雇佣作品或职务作品者，即使作者并非成员国国民，也在成员国无惯常居所，但只要其受雇的公司或工作单位位于某成员国之中，该作品即应被视为符合“地点标准”而享有版权。这样看来,《保护工业产权巴黎公约》中将“实际营业地”作为取得国民待遇的条件之一,与《世界版权公约》就非常相近了。但伯尔尼公约中除对电影作品之外，并无“实际营业地”或公司所在地的标准。

第三，由于“其他版权所有者”可以是权利主体，那么非成员国国民的作者，在成员国又没有惯常居所，其作品又并非首先在成员国中出版，却有可能通过转让或许可活动将其作品的有关权利授予其成员国国民。这样一来,被授权者作为“其他版权所有者”之一，就可以间接地享有了国民待遇。从国际私法的角度讲，该版权受让人的所在国可以不承认该作品在转让前享有版权。但实际上一些国家及一些版权法学家却承认这种版权转让的有效性[①]。

第四，在“谁可以享有版权”这个问题上,《世界版权公约》成员国之间会因对权利主体的传统规定不一致而在答案上差异很大。虽然这时并不一定发生“法律冲突”（因为成员国一致承认：在回答这个问题时，只适用权利要求地法），但作者可能在有些成员国无法要求享有版权。例如，一部首先在我国台湾省拷贝并发行（亦即“出版”）的电影作品，其制片公司老板系美国人，但影片的创作参加人（导演、编剧、音乐作者、主要演员等）均不是美国人，也不是能按《世界版权公约》享有国民待遇的人。则按照美国版权法，该老板被视为作者，这部电影作品享有权版，属于《世界版权公约》保护的客体；按照法国版权法，参加创作电影的每个个人才是作者，因而按照《世界版权公约》不应享有版权。所以，在同样是《世界版权公约》成员国的美国与法国，上例中的有关版权人只能在前一国要求权利，不能在后一国要求。

## 二、受保护的作品

《世界版权公约》所举出的受保护作品虽然比伯尔尼公约少得多,但它倒没采取“列举”的方式,而是指出受保护作品应“包括”[②]：文字作品、音乐作品、戏剧作品、电影作品、绘画作品、雕刻作品

① 关于这一点，可参见现任世界知识产权组织总干事鲍格胥（A.Bogsch）早年的著作《世界版权公约中的版权法》（The Law of Copyright Under UCC），1972 年英文版第 17 页。

② 伯尔尼公约中则使用了“诸如”这个词，表示所列的客体仅仅是说明性的，而不是严格划定的一个范围。

与雕塑作品。这是个较明确的范围。可以理解为成员国的受保护作品不能少于这些。对于“文字”作品，公约使用了不会被理解为“文学”与“文字”双重含义的 Writings（法文使用了相应的 ecrits，西班牙文使用了 escritos）。

此外，《世界版权公约》在其他条款中还提到一些“可保护”的作品，如第 4 条（3）款中提到的摄影作品与实用艺术品。

联合国教科文组织前总干事姆鲍（A.M'Bow）在该组织 1980 年的一份文件中，曾提到《世界版权公约》成员国可以根据本国法律，把法规条文、政府文件、司法判决、纯新闻报道、在公开集会上的演讲等，排除在受保护作品之外。

## 三、版权保留符号的含义及作用

《世界版权公约》规定作为版权保留符号的英文 C（并在外加一圆圈），是英文 Copyright 的缩写字头。该公约作出的这项规定，不仅被成员国中的“版权法”国家（亦即英美法系国家）所接受，而且被成员国中“作者权法”国家（包括大陆法系国家及东欧国家）所接受。许多并未参加《世界版权公约》的国家的出版物上，也越来越普遍地使用这一符号来表示该作品享有版权。从这一点也可以看到：“禁止复制”之权，比起“作者”或“作品”之权（在日本法律中亦即“著作者”或“著作物”之权）在实践中的应用更为普遍。即使是大陆法系国家，也并没有以 W（“作品”或“著作物”缩写语）或 A（“作者”或“著作者”缩写语）来表示版权保留。仅仅从法律的行文及权利保护活动中的用语来看，《世界版权公约》的缔结及其版权符号被广泛使用，确实使“版权”比“作者权”（或“著作权”）占了更大的优势。

## 四、追溯力与“处于公有领域”的几种情况

《世界版权公约》第 7 条规定，该公约不具有追溯力，这也是

该公约与伯尔尼公约的主要区别之一。这一条将大大减少非成员国参加公约后承担的义务。同时第7条的条文本身，又提出了与“处于公有领域”有关的重要理论问题。该条原文是：“本公约不适用于当公约在某成员国生效时，已永久处于该国公有领域的那些作品或作品中的权利。”这里反映出的理论问题有：

第一，“公有领域”在版权（及传统知识产权）国际保护中，也是有“地域性”的。在一国处于公有领域的作品或作品中的权利，在另一国可能仍旧在专有领域之中。

第二，在某成员国地域内已经“永久处于公有领域”的作品或作品中的权利，才可以不受《世界版权公约》的保护。反言之，“暂时”处于该国公有领域的作品，将来仍有可能要受公约的保护。

第三，何谓“暂时”处于公有领域？“进入公有领域的专有权不可逆转”，这条原则在一般情况下对知识产权才是适用的。许多国家的专利法，允许因未交年费而丧失专利权的原权利人，通过一定手续恢复其专利权。这就是“逆转”在工业产权中的一例。在“逆转”之前，有关专有权虽进入了公有领域，但仅仅是“暂时”的。

对版权来讲，至少存在可能“逆转”的三种特殊情况：

（1）实行注册版权制的国家，如果要求作品出版后履行登记手续方享有版权，则出版日到登记日之间，该作品即暂时进入公有领域，登记后方能逆转。若出版后超过规定时间未登记，则永久处于公有领域了。

（2）按照有些国家的版权法，只有本国国民（包括在本国有惯常居所者）的未出版作品方享有版权；非本国国民创作完成的作品，当其未在本国（或与本国同属一版权基本公约的其他成员国）首先出版时，也暂时处于本国的公有领域中。只有在本国或有关成员国出版之后，该作品才进入专有领域（亦即享有版权）。这也是一种从公有向专有的逆转。

（3）伯尔尼公约的追溯力条款，要求非成员国一旦成为成员国，就要对其他成员国尚未过保护期的作品提供版权保护。这样，在该国参加伯尔尼公约前，该公约成员国的大部分作品将都暂时进入该国公有领域；该国参加伯尔尼公约后，这些作品中未过保护期的才又逆转到该国专有领域中。

## 五、对伯尔尼公约的保护条款

在《世界版权公约》中订一条保护伯尔尼公约的条文（即第 17 条）及一个附加声明，主要原因是避免一个保护水平低的公约与一个保护水平高的公约并存，会使后者中成员国大量转移。《世界版权公约》规定：在其生效之后，任何原已参加了伯尔尼公约的国家，可以再参加《世界版权公约》，但不得因此退出伯尔尼公约。否则，即使这样的国家参加了《世界版权公约》，该公约成员国中同时又是伯尔尼公约成员国的国家，将不承认该国能享有《世界版权公约》所规定的国际保护。不过，经联合国认可的发展中国家例外（即可以退出伯尔尼公约而参加《世界版权公约》）。

但无论《世界版权公约》或伯尔尼公约中，都不存在保护《世界版权公约》的条款。就是说，没有条文禁止已参加了《世界版权公约》的国家退出该公约转而参加伯尔尼公约。

## 六、禁止保留条款

从《世界版权公约》的最低要求中可以看出：它提供的国际保护比伯尔尼公约要松散得多，保护水平要低得多。如果成员国再对这种最低要求声明某些保留，就有可能使公约提供的国际保护落空。因此，公约在第 20 条规定："对本公约不得有任何保留"。这条规定，不仅适用于公约的实体条款，也适用于公约的行政条款。就是说,在某些程序问题上,成员国也必须完全按公约的规定去作。例如,成员国之间对公约的解释发生争议时,只能提交国际法院解决。这也是不容保留的。我国在参加《保护工业产权巴黎公约》时,曾声明过对该公约中类似的条款加以保留。在参加《世界版权公约》时,就必须重新认识这项保留了。

由于《世界版权公约》在版权国际保护中的作用已经下降。至今无论管理该公约的联合国教科文组织,还是该公约的绝大多数成员国,都没有提出进一步修订该公约的要求。

## 第三章 版权公约对发展中国家使用作品的优惠 *

在参加版权公约后,想要使用外国作品,主要的渠道就是找版权人,通过订立合同,得到授权使用。但是,如果我国的出版单位或其他使用人打算翻译或复制一部外国作品,却找不到版权人,或虽然找到了版权人,但得不到该人的许可,又怎么办呢?

在伯尔尼公约的附件及《世界版权公约》本文中,都规定有对发展中国家在行使外国作品的翻译权与复制权时可享有的一定优惠,以解决上述找不到版权人或版权人不许使用的问题。具体讲,就是在无从得到外国版权人的许可时,可以通过一定程序,从本国版权管理机关获得"强制许可证",即无需再经版权人许可,便可以翻译或复制有关外国作品,但仍需向版权人支付报酬。

两个主要版权公约对此所作的规定基本相同。

可予颁发强制许可证的客体,仅限于外国作品中的印刷出版物,

* 编者注:此部分论述收录自郑成思著:《版权公约、版权保护与版权贸易》,中国人民大学出版社 1992 年版,第 201–205 页。

以及仅为系统教学用的视听制品。所以，计算机程序，雕刻、雕塑等艺术作品，均不在内。可颁发的强制许可证类型，仅限于翻译许可、翻译广播许可、复制许可三种。就是说，即使对发展中国家，版权公约也不允许版权管理机关颁发诸如“改编强制许可证”、“表演强制许可证”等。

就“翻译权强制许可证”而言，如果两公约其他成员国的任何以印刷形式或类似形式出版的作品，从出版起 1 年后，其版权人（翻译权所有人）没有授权将其作品译成中文出版，则任何使用单位均可以向国家版权局申请获得将该作品译成中文出版的强制许可证。但是，公约的优惠条款中并没有讲：如果外国版权人已经许可大陆之外的使用人将其作品译成中文出版了，是否仍可以申请强制许可证。不过从公约条文中可以看到这样的暗示：只要该外国作品的中文本印刷品在大陆市场上没有出售（即使曾经出售过，但售罄已满 1 年），则也可以申请翻译出版的强制许可证。如果将要翻译的作品主要由图或图画构成，文字不占主要部分，则只能适用有关“复制权强制许可证”的规定。翻译权强制许可证，只允许为教学、学术研究目的而颁发。

我国的广播组织，如果为非营利的广播需要，对于已经以印刷形式出版的外国作品，满一年而未许可译成中文的，也可以向国家版权局申请翻译强制许可证，并可将有关中译本录音、录像，以供本广播组织使用。还可以提供我国其他广播组织使用。如果广播组织为我国系统教学需要，也可以申请强制许可证，以翻译外国视听制品中专为系统教学而创作的作品，以供我国系统教学使用。

就“复制权强制许可证”而言，如果两公约的其他成员国的任何以印刷形式或类似形式出版的作品，自出版后满 5 年，仍旧没有在我国市场发行（指大陆市场），则使用单位可以向国家版权局申请复制出版该作品的强制许可证。对于这种许可证，公约条款并未限定只为“教学、学术或研究”。而是讲“为公众需要成为系统教学”。这样看，复制权强制许可证的适用范围，似乎比翻译权强制许可证要广一些。

如果有关外国作品是数学、自然科学或技术领域的作品，则上述 5 年时间可以缩短为 3 年。

但如果有关作品是小说、诗歌、戏剧、音乐作品或以印刷形式（图书形式）出版的美术作品，则上述 5 年时间延长为 7 年。

如果仅仅为我国的系统教学之用，有关单位也可以在上述期限届满时，向国家版权局申请强制许可证，以复制外国仅为系统教学之用的视听制品。在这里，“视听制品”与“录音、录像”的区别就十分重要了。因为，公约在任何情况下均不允许（即使为教学）强制复制外国版权人享有权利的录音制品。

从允许申请强制许可证的时间限制看来，我国的使用单位强制翻译出版外国作品的可能性更多一些。

不过，必须认识到：版权公约对发展中国家的优惠条款，在过去的实践中并没有起任何重大作用。这种“优惠”在很大程度上只有理论上的意义。优惠条款实施至今已二十余年，两个主要版权公约的发展中国家成员国有好几十个，而颁发的强制许可证全部加在一起，还不到十个。就是说，获得强制许可证的可能性即使不是完全没有，获得的困难也是相当大的。我国的使用单位绝不能把希望寄托在强制许可上。

两个主要版权公约中的优惠条款，是在 1971 年于巴黎同时增入两个公约中的。为什么伯尔尼公约在 1967 年刚刚修订，不满 5 年就又修订一次呢？主要原因是 1967 年的文本中，纳入了真正能够给发展中国家以优惠的实体条款，受到发达国家的普遍反对，从而使依据这一文本开展版权国际贸易成为不可能的事。因此，才不得不于1971年再度修订，以另订的“优惠条款”取代1967年文本中的实质性优惠规定。取代后的条款，亦即现行条款，在条件及程序上，对强制许可证作了严格的限制。这些限制主要包括：

1. 有权颁发强制许可证的国家，必须是联合国大会所确认的惯例视为“发展中”的国家。

2. 打算享受优惠的国家，必须在批准参加公约时（或参加之后），向两公约的管理机关，世界知识产权组织与联合国教科文组织，递交要求享受优惠待遇的“通知声明”。这种声明须每10年续展一次。

3. 申请强制许可的使用人，必须在优惠条款规定的1年期满后，再过9个月，方有权获强制许可证；在规定的3年、5年或7年期满后，也须再过6个月，才有权获强制许可证。

4. 申请人在申请强制许可证时，必须证明自己已经与外国作品翻译权或复制权的所有人联系，要求取得使用许可，而未能得到授权；或证明自己经过了努力，但仍旧无法找到有关权利人。此外，申请人当初在找不到权利人时，必须以航空挂号邮件形式，把自己向国内主管机关申请强制许可的申请书复印件，寄给作品来源国政府指定的有关情报中心。如曾找到权利人，则在当初要求权利人授权时，也必须将其授权要求，以航空挂号邮件形式通知上述情报中心。

5. 按强制许可证翻译出版或复制出版的出版物，在每册上均须注明原作者及作者姓名，注明该出版物仅限在颁发许可证的国家内发行。如用于出口，则须符合特定条件，并通知世界知识产权组织总干事。

6. 按照强制许可证使用作品后，向权利人支付的报酬，必须符合两国之间在自由版权贸易（而不是强制）情况下通常支付的版税。

7. 所支付的货币，必须是国际上可兑换的货币（即通常所说

"硬通货"，如美元、马克等，而不是人民币）。

8. 如果外国作品的作者已行使了"收回权"，即停止其作品在市场的发行，则不论使用国是否承认"收回权"，均不得再发强制许可证。

9. 如果颁发强制许可证后，权利人[①]自己又向他人发出了授权使用的许可，而经授权后翻译出版或复制的印刷品又与依照强制许可而印制的印刷品价格相当，则必须撤销已经颁发的强制许可证。

# 公约译文

## 《世界版权公约》（1992）[*]

1952年9月6日于日内瓦缔结
1971年7月24日于巴黎修订

各成员国出于保证各国对文学、科学及艺术作品的版权予以保护的愿望，确信适用于世界各国并以某种世界公约确定下来的用以补充而不是损害现行国际制度的版权保护制度，将保证对个人权利的尊重及鼓励文学、科学与艺术的发展，相信这种世界版权保护制

① 应注意到，两个版权公约在谈及与精神权利有关的任何场合，均只使用"作者"这一概念，如上文所讲的"收回权"，即精神权利之一项。而在优惠条款中谈及经济权利时，则使用"权利人"或"权利所有人"。

* 编者注：本处译文首次出现于1986年出版的《版权国际公约概论》，1992年出版《版权公约、版权保护与版权贸易》时，郑教授又加以重译，修改了一些关键词的译法，此处收录为1992年译文。

度将促进人类精神产品更加广泛的传播，将增进国际了解，故决定修订 1952 年 9 月 6 日于日内瓦签订的《世界版权公约》(下称“1952 年公约”)，达成如下协议：

### 第 1 条

各成员国承担对文学、科学及艺术作品（包括文字的、音乐的、戏剧的、电影的作品，以及绘画、雕刻与雕塑）的作者及其他版权所有者的权利提供充分、有效的保护。

### 第 2 条

（1）任何成员国国民的已出版的作品，任何于该成员国首次出版的作品，在其他成员国中均享有后者给予其本国国民首次于本国地域内出版之作品同等的保护，并享有本公约所专门授予的保护。

（2）任何成员国国民未出版的作品，在其他各成员国中均享有后者给予其国民之未出版的作品同等的保护，并享有本公约所专门授予的保护。

（3）为实施本公约，任何成员国均可按照国内立法，将住所设定于该国的任何人按本国国民对待。①

### 第 3 条

（1）任何成员国如果按照国内法律，要求履行手续（诸如样本备案、注册、通告、公证、付款或在国内制作出版等）作为版权保护的条件，则对于根据本公约得到保护并在该国地域之外首次出版、作者又非该国国民的一切作品，须视为符合该国上述条件，只要经作者或版权所有者授权出版的作品的一切复制本上，自首次出版之时即标有 © 记，并标明版权所有者姓名、首次出版年份，标明的方式及位置足以使人注意到版权的权利要求。

---

① “住所设定于该国”英文原文为“Domiciled in that State”。请注意这里用语不同于伯尔尼公约第 3 条及第 4 条——译者注。

（2）上款的规定并不妨碍任何成员国要求凡在该国首次出版的作品或该国国民在任何地方出版的作品为取得版权而履行手续，或要求其他条件。

（3）本条（1）款之规定并不妨碍任何成员国作下述规定：请求得到司法救济者，在起诉时须符合有关的程序，诸如起诉人须通过法院所在国律师出庭，起诉人须将诉讼所涉作品交法院或行政当局（或两处并交）备案；但如未能符合程序，亦不得影响版权效力。如果被要求提供版权保护的国家对国民无程序要求，则不得对其他成员国国民提这种要求。

（4）各成员国须在不要求履行手续的前提下，为保护其他成员国国民的未出版的作品采取法律措施。

（5）如果某成员国提供两个以上的版权保护期，其中第一保护期长于第 4 条中的最短保护期之一，则对于第二保护期或其后各期，不得要求适用本条（1）款。

### 第 4 条

（1）根据第 2 条及本条的规定，作品的版权保护期须由有关作品要求提供版权保护的那个成员国的法律确定。

（2）a　本公约保护的作品的保护期不得少于作者有生之年加死后二十五年。但如果任何成员国在本公约对其生效之日，已将某些种类作品保护期规定为自作品首次出版后一定期限，则该国有权保留原规定，并可将原规定延及其他种类作品。但对于所有作品，保护期均不得少于自首次出版起二十五年。

b　任何成员国如在本公约对其生效之日尚未依作者有生之年确定保护期，则有权根据情况从作品首次出版之日或出版前登记之日计算保护期，但不得少于自首次出版日或出版前登记日起二十五年。

c　如果某成员国的立法提供两个或两个以上连续保护期，则其第一期不得少于上述 a、b 二项中最短期限之一。

（3）上款不适用于摄影作品或实用艺术品。但如果成员国对摄影作品或实用艺术品象保护艺术品一样给予保护，则对上述各类作品提供的保护期不得少于十年。

（4）a 不得要求任何成员国对某作品提供的保护期长于作品的首先出版国（如果系未出版的作品，则指作者所属的成员国；如果系已出版的作品，则指首次出版该作品的成员国）的法律对该作品所属的一类作品提供的保护期。

b 为实施上款，如果某成员国的法律提供两个或两个以上连续保护期，则该国保护期须视为所有保护期之和。但如果该国出于某种原因而在第二保护期或其后各期不再提供保护，则不得要求其他成员国在第二或其后各期为有关作品提供保护。

（5）为实施本条（4）款，成员国国民在非成员国首次出版的作品，须与在作者所属成员国内首次出版同样对待。

（6）为实施本条（4）款，如果作品在两个或两个以上成员国同时出版，则该作品被视为在保护期最短的成员国首次出版。任何作品如果在首次出版后三十天内在两个或两个以上成员国出版，则视为在这些成员国同时出版。

### 第 4 条 之 2

（1）本公约第 1 条所指的权利，包括保证作者经济利益的基本权利，诸如以任何方式复制、公演、广播等专有权。本条的规定延及受本公约保护的各种作品，无论其为原作形式或从原作演绎的任何形式。

（2）但成员国可根据其国内立法对上款所指的权利作出符合本公约精神及规定的例外规定。凡通过立法作出了例外规定的成员国，均须对例外所及的作品在合理程度上提供有效保护。

## 第 5 条

（1）第一条所指各项权利中包括作者本人及授权他人翻译受本公约保护的作品及出版译本的专有权。

（2）但任何成员国均可根据其国内立法对作品的翻译权予以限制，不过须符合下述条件：

a 如果作品首次出版满七年后，翻译权所有人本人没有、也未授权他人将该作品以某成员国之通用语文翻译出版，则该成员国的任何国民均可从主管当局获以上述通用语文翻译出版该作品的非独占许可证。

b 该国民须按有关成员国的程序，证明其曾要求授权翻译出版该作品，但遭翻译权所有人拒绝，或其已尽力寻找翻译权所有人而未找到。如果原出版过的该成员国通用语文译本已绝版，则也可依据同样条件颁发许可证。

c 如果未能找到翻译权所有人，则许可证申请人须将申请书复制本送达作品上所标示的出版者；如果已获悉翻译权所有人的国籍，则须将申请书复制本送达该人国籍国外交或领事代表，或该国政府所指定的组织。在申请书复制本发出后若不满两个月，则不得颁发许可证。

d 国内立法中须有相应规定，以保证翻译权所有人得到公平的、符合国际标准的补偿并保证它的支付和传递，保证准确地翻译该作品。

e 所出版的译本的所有复制本上，均须标明原著题目与作者姓名。许可证仅在申请颁发它的成员国内对出版译本有效。译本的复制本在下述条件下可输入另一成员国并销售：另一国通用的语文与译文属同一语种；该国法律也提供同样的许可证；该国法律不禁止复制本的进口与销售。如无这些条件，则进口与销售该复制本之事须适用该国国内法及有关协定。被许可人不得转让其许可证。

f 如果作者已经从流通中收回其作品的全部复制本，则不得颁发该作品的翻译许可证。

### 第 5 条 之 2

（1）如果某成员国依联合国大会确认的惯例，被视为发展中国家，则该国在批准、接受或参加本公约时，或于其后，通过向联合国教科文组织总干事（下称总干事）交存通知书，即可以享有第 5 条之 3 及之 4 中的部分或全部例外规定。

（2）这类通知书均自本公约生效之日起十年有效，或自交存通知书时上述十年期的所余时间内有效；如果在十年期满前三至十五个月，该国向总干事交存了续展通知书，则原通知书可每次部分或全部续展十年。首次通知书也可按本条规定在十年展期内提出。

（3）尽管有上款规定，如果某成员国不再被视为本条（1）款所指的发展中国家，则该国无权续展本条（1）、（2）两款所指的通知书；不论该成员国是否正式撤回其通知书，在现行之十年期届满时，或该国不复被视为发展中国家后三年期届满时（以后届满者为准），该国即不得再享有第 5 条之 3 与之 4 中的例外规定。

（4）按第 5 条之 3 与之 4 的规定而出版的作品的复制本如有存货，则在依本条交存的通知书有效期届满后，仍可以继续销售，售完为止。

（5）任何成员国如按第 13 条关于本公约适用于特定国家或地域的规定而交存了通知书，该特定国家或地域的情况又可以与本条（1）款所指国家相同对待，则该成员国也可依据本条交存与续展其通知书。在通知书有效期内，对上述国家或地域也可适用第 5 条之 3 与之 4 的规定。从上述国家或地域向成员国输出复制本须视为第 5 条之 3 与之 4 所指的出口。

## 第 5 条 之 3

（1）a　凡适用第 5 条之 2 中（1）款的成员国，均可用该国法律规定的三年或多于三年的期限，取代第 5 条（2）款规定的七年期限。但如果作品译成的语文并非本公约或 1952 年公约的一个或多个发达国家成员国的通用语，则上述期限不是三年，而是一年。

b　在参加本公约或仅参加 1952 年公约的发达国家一致同意的情况下，如这些国家通用同一语文，作品又译为这种语文，则适用第 5 条之 2 中（1）款的成员国可将上述各国一致同意的其他期限取代上款的三年期限，但该期限也不得少于一年。本项不适用于英语、法语、西班牙语。上述取得一致意见的通知书须送交总干事。

c　如果申请人按照有关成员国规定的程序，证明其曾要求翻译权所有人授权而遭拒绝，或其尽力寻找翻译权所有人而未能找到，方可以获得许可证。在要求许可证时，申请人须通知联合国教科文组织设立的国际版权信息中心，或出版者主营业地所在的成员国政府于交存总干事的通知书中指定的任何信息中心。

d　如果未能找到翻译权所有人，则许可证申请人须将申请书的复制本以航空挂号寄给作品上所标示的出版者，并同时寄给本款 C 项所指的任何国家或地区的信息中心。如果没有这种中心可寄，则须寄联合国教科文组织设立的国际版权信息中心。

（2）a　按本条而可得的三年之后的许可证，须于三年届满起六个月之后方可颁发，一年后可得的许可证则须于一年届满起九个月后方可颁发。六个月与九个月期限须按（1）款 c 项规定，从申请许可证之日起算，如果翻译权所有人身份、地址不详，则按（1）款 d 项从申请书的复制本寄出之日起算。

b　如果翻译权所有人本人或授权他人在上述六个月或九个月

内已将译本出版，则许可证不得颁发。

（3）本条规定的许可证只能为教学、学术或研究目的而颁发。

（4）a　按本条颁发的许可证仅在申请许可证的成员国内有效，出版物不得出口。

b　按本条颁发的许可证所出版的复制本上，均须以适当语言刊印标示，申明该复制本仅在许可证颁发国内销售。如果原作品上刊有第3条（1）款规定的标示，则译本的各复制本均须刊有相同标示。

c　只要：

1. 复制本进口的接收人系个人或个人组成的组织，而该人系许可证颁发国国民；

2. 复制本系为教学、学术或研究之用；

3. 复制本的送交及其后的发行均无营利目的；

4. 接收该复制本的国家已与出口该复制本的成员国达成协议，同意接受或发行，或兼同意二者，而协议的任何一方的政府已就该协议通知了总干事；则该成员国政府或其他公共团体按本条之许可证将作品译为英、法、西文之外的译本后，向另一成员国传送该译本的复制本，将不适用本款a项关于禁止出口的规定。

（5）须在国家一级作出相应规定，以保证：

a　在颁发上述许可证时给予合理补偿，补偿额须符合有关两国个人之间自由协商版权许可证时通常支付的版税标准。

b　如果补偿的支付与传递受到国家货币条例的妨碍，主管当局须尽力通过国际机构，保证以国际通货或与国际通货相当的货币传递。

（6）如果作品的译本由翻译权所有者本人或获其授权的人在某成员国内出版发行，其语言与该国的许可证所许可翻译出版的语言一样，内容基本相同，价格与该国同类作品的一般合理价格相当，则依本条而颁发的许可证之效力即终止。但许可证终止前出版的译本复制本的存货仍可继续销售，售完为止。

（7）以插图为主的作品，只有具备第5条之4规定的条件，才可以颁发翻译其文字、复制其插图的许可证。

（8）a　对于已经以印刷形式或其他类似方式复制出版的作品，总部设于第5条之2适用的成员国内的广播组织，可申请翻译许可证，但必须符合下列条件：

1. 译本系按有关成员国法律规定而印制及获得的原作之复制本译成；

2. 译本仅为教学或向专业人员提供专门技术成果或科研成果而广播；

3. 译本只按上述第2目所定条件合法广播（包括广播其合法制作的录音或录像）之用，仅供本国地域内的用户接收；

4. 译本的录音或录像只能在许可证颁发国内设有总部的广播组织之间交换；

5. 译本不得为商业目的而使用。

b　如果符合本款a项所列条件，广播组织也可以取得许可证，以翻译任何附于视听固定物中的文字，该视听固定物本身则必须仅为系统教学而制。

c　在符合本款a、b两项的前提下，本条其他各款均适用于按本款颁发及使用的许可证。

（9）在符合本条规定的条件下，依本条而颁发的任何许可证，均须受第5条的制约；即使在第5条（2）款所规定的七年届满后，该许可证仍须受第5条及本条制约。但上述七年届满后，许可证持有人可自行请求更换成仅受第5条制约的许可证。

## 第 5 条 之 4

（1）凡适用第 5 条之 2 第（1）款的成员国，均可采用下述规定：

a 1. 在本款 c 项规定的自本条（3）款所指的文学、科学或艺术作品的特定版本的首次出版日算起的期限届满后，或 2. 在成员国法律规定的更长期限届满后，如果复制权所有人本人或获其授权的人均未将该作品按该国同类作品的通常价格向该国公众发行，或为该国的系统教学活动而发行，则该国的任何国民均可以向主管当局申请非独占的许可证，以上述价格或更低价格、为系统教育活动出版有关版本。上述国民只有按照有关成员国的程序，证明他曾要求授权出版该作品而遭拒绝，或经其努力而未找到版权所有人，方可获得许可证。在请求许可证的同时，该人须通知联合国教科文组织设立的国际版权信息中心，或本款 d 项所指的任何国家或地区的信息中心。b 如果在六个月内，无上项许可出版的作品复制本以该国同类作品的一般合理价格在该国公众中发行或为系统教育活动而发行，则可以根据同样条件颁发许可证。

c 除下列情况外，本款 a 项所规定的期限为五年：1. 自然科学及物理学（包括数学）作品、技术作品，期限为三年；2. 小说、诗歌、戏剧、音乐作品及艺术书籍，期限为七年。

d 如未能找到复制权所有人，许可证申请人须将申请书副本以航空挂号邮寄该作品上注明的出版者，并同时邮寄出版者之主营业所设立地的国家在该国交存总干事的通知书中所指定的国家或地区的信息中心；如无上述通知书，则将副本送交联合国教科文组织设立的国际版权信息中心。在邮出申请书副本之日起三个月内不得颁发许可证。

e 在下列情况下，不得按照本条颁发三年后可得的许可证：

1. 从本款 a 项所指的申请许可证之日起未满三个月；或如果复

制权所有人身份地址不详，则从本款 d 项所指的申请书副本邮出之日起，不满六个月；

2. 在此期间内，本款 a 项所述版本已经开始发行。

f 须将作者姓名及特定版本的标题标明在各复制本上。许可证仅于申请颁发之国有效，复制本不得出口，许可证持有人不得转让其许可证。

g 须在国内立法中作出相应规定，以保证准确复制有关的特定版本。

h 凡属下列情况，均不得依照本条颁发复制许可证；

1. 译本并非翻译权所有人本人或获其授权之人所出版；

2. 译本并非用有权颁发许可证的成员国通用的语言出版。

（2）本条（1）款的例外，须以下列补充规定为前提：

a 依本条颁发的许可证出版的复制本均须以适当的语言申明该复制本仅用于颁发许可证的成员国内发行。如果有关版本上附有第 3 条（1）款所规定的标记，则复制本上均须刊印同样标记。

b 须在国家一级作出相应规定，以保证：

1. 在颁发上述许可证时给予合理的补偿，补偿额须符合有关两国个人之间自由协商版权许可证时通常支付的版税标准。

2. 如果补偿的支付与传递受到国家货币条例的妨碍，主管当局须尽力通过国际机构，保证以国际通货或与国际通货相当的货币传递。

c 如果复制权所有人本人或获其授权之人将作品的某版本的复制本向该国公众发行，或为系统教育活动而发行，其价格与该国同类作品的一般合理价格相当，语文与按照许可证出版的复制本相同，内容基本一致，则依本条而颁发的许可证之效力即终止；但终止前出版的复制本的存货仍可继续销售，售完为止。

d　如果作者已从流通中将该版本的所有复制本收回，则不得再颁发许可证。

（3）a　在符合本款 b 项的前提下，本条所指的文学、科学或艺术作品，仅限于以印刷方式或类似的复制形式出版的作品。

b　本条也适用于以视听固定物复制已合法录制的、包括任何受保护作品在内的视听材料，并适用于将材料中的文字译为颁发许可证的成员国的通用语，只要该材料是专为系统教育活动而备制及出版的。

## 第 6 条

本公约所用的“出版”一词，系指以一定有形方式复制某作品，并将复制本在公众中发行，以供阅读，或以其他方式观赏。

## 第 7 条

本公约不适用于当公约在某成员国生效时，已永久处于该国公有领域的那些作品或作品中的权利。①

## 第 8 条

（1）以 1971 年 7 月 24 日为修订日的本公约须交由总干事保存，它于上述日期起在一百二十天内向 1952 年公约的所有参加国开放签字。本公约须经签字国批准或接受。

（2）未在本公约上签字的国家可加入本公约。

（3）批准、接受或加入本公约须向总干事交存有关文件方有效。

## 第 9 条

（1）本公约将于交存十二份批准书、接受书或加入书后三个月生效。

（2）本公约生效后，对于各个国家将于该国交存批准书、接受

① “永久处于该国公有领域”，英文原文为：“Are Permanently in the Public Domain in the Said Contracting State”——译者注。

书或加入书后三个月生效。

（3）如果加入本公约的国家未曾参加 1952 年公约，则应视为加入了该公约；但如果该国于本公约生效前交存加入书，则其被视为加入 1952 年公约，须以本公约生效为前提。在本公约生效后，任何国家均不得仅仅加入 1952 年公约。

（4）在参加本公约的国家与仅仅参加 1952 年公约的国家之间的关系上，适用 1952 年公约。但仅仅参加 1952 年公约的国家，可向总干事交存通知书，宣布承认 1971 年公约适用于该国国民的作品及在该国首次出版的本公约参加国的作品。

### 第 10 条

（1）各成员国均有义务依照其宪法采取确保本公约实行的必要措施。

（2）上款应理解为：本公约在任何一个成员国生效时，该国须依照其国内法律，使本公约的条款生效。

### 第 11 条

（1）依本公约设立“政府间委员会”，其责任如下：

a 研究有关适用及实施《世界版权公约》的问题；

b 作定期修订本公约的准备工作；

c 与联合国教科文组织、保护文学艺术作品国际联盟、美洲国家组织等各种有关的国际组织合作，研究有关版权的国际保护的其他问题；

d 将该委员会的活动通知《世界版权公约》的参加国。

（2）该委员会由参加本公约或仅仅参加 1952 年公约的十八个国家的代表组成。

（3）该委员会成员的选择须根据各国地理位置、人口、语言及发展程度，对各国利益的合理均衡予以恰当的考虑。

（4）联合国教科文组织总干事、世界知识产权组织总干事及美洲国家组织秘书长或他们的代表，可以顾问身份参加该委员会会议。

第 12 条

政府间委员会认为必要时，或至少十个本公约参加国提出要求时，该委员会须召集会议修改本公约。

第 13 条

（1）任何成员国在交存批准、接受或加入书时，或交存之后任何时间，均可致总干事通知书，宣布本公约适用于该国对其对外关系负责的所有国家或地域，或其中任何国家或地域；据此，本公约于第九条所规定的三个月期限后，将适用于通知中所指的国家或地域。如无该通知书，则本公约不适用于该类国家或地域。

（2）但不得把本条中任何内容理解为暗示某成员国承认或默认另一成员国根据本条使本公约适用于某国或某地域的实际情况。

第 14 条

（1）任何成员国均可用自己名义，或代表上条所指的通知书中涉及的国家或地域，退出本公约。退出本公约须致通知书给总干事。退出本公约也构成退出 1952 年公约。

（2）退出仅对有关成员国或其代表的国家或地域有效，退出将于收悉退约通知书之日起十二个月之后生效。

第 15 条

如果两个或多个成员国对本公约的解释或实施发生争议，通过谈判未能解决，则除非有关国家同意采取其他方法解决，须将争议提交国际法院解决。

第 16 条

（1）本公约用英文、法文、西班牙文三种语言设定。签约时须签于三种文本，该三种文本具有同等效力。

（2）在与有关政府商议后，总干事将设定阿拉伯文、德文、意大利文的正式文本。

（3）一个成员国或多个成员国的集团，有权经总干事而设定它们所选择的语种的其他文本。

（4）所有上述文本均附于本公约的签约文本之后。

## 第 17 条

（1）本公约不以任何方式影响《保护文学艺术作品伯尔尼公约》中的规定，也不影响依照该公约所建立的联盟的成员资格。

（2）为实施上款的规定，本条附有一则声明。对于在 1951 年 1 月 1 日受伯尔尼公约约束的国家，或已受该公约约束、或日后可能受该公约约束的国家，本声明均构成本公约的不可分割的部分。上述国家在本公约签字即构成在该声明签字，若其批准、接受或加入本公约，即包括该声明。

## 第 18 条

本公约不废除美洲各共和国中的两国或多国之间的、目前生效的或可能生效的双边或多边版权公约或协议。此类现存公约的规定或协议如与本公约之规定有分歧，或在本公约生效后可能产生的新的美洲国家间公约或协议与本公约之规定有分歧，以最新制定的公约或协议为准。在本公约生效之前，各成员国内依其现有公约或协议而获得的作品中的权利，不受影响。

## 第 19 条

本公约不废除两个或多个成员国之间有效的双边或多边公约或协议。如果这类公约或协议与本公约的规定有分歧，则以本公约为准。在本公约生效之前，各成员国内依其现有公约或协议而获得的作品中的权利，不受影响。本条规定不影响第 17、18 条中的各款。

## 第 20 条

对本公约不得作任何保留。

## 第 21 条

（1）总干事须将本公约的核证无误的复制本送达有关各国，并送交联合国秘书长登记。

（2）总干事也须将已交存的批准书，加入书和接受书，本公约的生效日，依照本公约发出的通知书及依照第 14 条的退约情况，通知所有有关国家。

## 关于第 17 条的附加声明

保护文学艺术作品国际联盟（下称“伯尔尼联盟”）的成员国及本公约的签字国，希望在该联盟的基础上加强相互关系，避免在伯尔尼公约与《世界版权公约》并存的情况下可能出现的任何冲突，承认某些国家按其文化、社会及经济发展阶段而调整其版权保护水平的暂时需要，经共同协商，接受下述声明中的条款：

a　除下述 b 项之规定外，按照伯尔尼公约凡作品的原出版国于 1951 年 1 月 1 日后退出伯尔尼联盟，该作品即不在伯尔尼联盟成员国地域内受《世界版权公约》的保护。

b　如果某成员国按联合国大会确认的惯例被视为发展中国家，该国在退出伯尔尼联盟时，将一份自认为系发展中国家的通知书交存联合国教科文组织总干事，则只要该国可以引用本公约第 5 条之 2 的例外，本声明 a 项的规定即对其不适用。

c　涉及按照伯尔尼公约对作品保护时，只要该作品原出版国系伯尔尼联盟成员国，则《世界版权公约》不得适用于伯尔尼联盟各国间的关系上。

## 关于第 11 条的决议

修订《世界版权公约》的大会，已考虑到本公约第 11 条提出的政府间委员会的问题，而附加了本决议，决议如下：

（1）委员会创始时须包括依1952年公约第11条及其所附决议而设立的政府间委员会的十二个成员国的代表，此外还须包括下列国家的代表：阿尔及利亚、澳大利亚、日本、墨西哥、塞内加尔、南斯拉夫。

（2）任何未参加1952年公约而在本公约生效后召开的本委员会第一次例会之前未加入本公约的国家，须由委员会根据第11条（2）、（3）两款的规定在第一次例会上选其他国家代替该国。

（3）本公约一旦生效，则依本决议（1）款成立的委员会即被视为依本公约第11条规定组成。

（4）本公约生效后一年内，委员会须举行一次会议，此后至少每两年须举行一次例会。

（5）委员会须选举主席一人、副主席两人，并按下列原则确定自己的程序规则：

a　委员会的成员国任期通常为六年，每两年更换三分之一成员国，但这须理解为：首批三分之一成员国的任期须在本公约生效后召开的第二次例会结束时终止，下一批三分之一成员国的任期须在第三次例会结束时终止，最后一批三分之一成员国的任期在第四次例会结束时终止。

b　委员会补空缺席位的程序、成员国任期的规则、连任资格、选举程序规则，均须基于使成员国连任的需要及与代表轮换的需要相平衡，并以本公约第11条（3）款的考虑为基础。

希望由联合国教科文组织提供委员会秘书处人员。

下列签署人交存全权证书后，在本公约签字，以昭信守。1971年7月24日，以一份正本签订于巴黎。

## 议定书之一

《世界版权公约》1971 年 7 月 24 日巴黎修订本关于本公约适用于无国籍者及流亡者之作品的附件

本议定书及《世界版权公约》1971 年 7 月 24 日巴黎修订本（下称“1971 年公约”）参加国接受下列规定：

（1）为实施 1971 年公约，须将在本议定书参加国有惯常居所的无国籍者与流亡者视为该国国民。

（2）a　本议定书须经签署，并经批准或接受，或加入，如同 1971 年公约第 8 条之规定。

b　本议定书于有关国家交存批准书、接受书或加入书之日起对该国生效，或于 1971 年公约对该国生效之日起生效，以两个日期中在后者为准。

c　本议定书对非 1952 年公约所附议定书之一的参加国生效时，1952 年公约所附议定书之一也视为对该国生效。

下列签署人经正式授权在本议定书签字，以昭信守。

1971 年 7 月 24 日订于巴黎，用英文、法文及西班牙文写成，三种文本具有同等效力。正本一份交存联合国教科文组织总干事。总干事须将核证无误的复制本送达各签字国，并送交联合国秘书长登记。

## 议定书之二

《世界版权公约》1971 年 7 月 24 日巴黎修订本关于本公约适用于某些国际组织之作品的议定书

本议定书及《世界版权公约》1971 年 7 月 24 日巴黎修订本（下称“1971 年公约”）的参加国接受下列规定：

（1）a　1971 年公约第 2 条（1）款中提供的版权保护，适用于联合国及联合国所属各专门机构或美洲国家组织首次出版的作品。

b　1971 年公约第 2 条（2）款同样适用于上述组织或机构。

（2）a　本议定书须经签署，并经批准或接受，也可参加，如同 1971 年公约第 8 条之规定。

b　本议定书于有关国家交存批准书、接受书或加入书之日起对该国生效，或于 1971 年公约对该国生效之日起生效，以两个日期中在后者为准。

下列签署人经正式授权在本议定书签字，以昭信守。

1971 年 7 月 24 日订于巴黎，用英文、法文、西班牙文写成，三种文本具有同等效力。正本一份交存联合国教科文组织总干事，总干事须将核证无误的复制本送达各签字国，并送交联合国秘书长登记。

# 《保护表演者、录音制品制作者与广播组织罗马公约》

## 评 述 部 分

### 第一节 《罗马公约》（1986）*

罗马公约与两个版权基本公约关系较密切、作用也较大，但它并不是版权公约，而是一个版权的邻接权公约。只是从广义上讲，人们把它看作版权领域的公约。

版权邻接权，是指那些传播版权作品的媒介的权利。像表演者、广播组织、录音制品（如唱片录音磁带）的录制者，都是这种媒介。在这里，表演者是自然人；录制者可以是自然人，也可以是法人；广播组织是法人。这些媒介在传播作品时所产生出的成果，也是一种知识成果，也需要享有类似于作品那样的保护。

并不是一切保护版权的国家都保护版权邻接权。在一九六一年之前，保护这种权利的国家还很少。即使在今天，也仍有许多国家

---

* 编者注：此部分论述收录自郑成思著:《版权国际公约概论》，中国展望出版社 1986 年版，第 83–87 页。

不保护它。如南斯拉夫、委内瑞拉等，都属于这种国家。也有些国家只保护上述三种媒介中的一两种的权利。例如美国版权法就只保护录制者权。但也有个别国家把邻接权的范围划得很宽。例如在英国，除上述三种媒介外，电影制片者，印刷版面的专有人，都享有邻接权，而不享有严格意义的版权。不过，就多数保护邻接权的国家来讲，它们的保护对象是表演者权、录音制品录制者权与广播组织权三种。

一九六一年十月二十六日，由联合国的世界劳工组织与管理《伯尔尼公约》的世界知识产权组织（当时尚不是一个联合国机构）及联合国教科文组织共同发起，在罗马缔结了《保护表演者、录音制品录制者与广播组织的国际公约》，简称《罗马公约》。这个公约于一九六四年五月十八日生效。到一九八五年一月，已经有二十七个国家参加了这个公约，它们是：

| | | |
|---|---|---|
| 奥地利 | 巴巴多斯 | 巴西 |
| 智利 | 哥伦比亚 | 刚果 |
| 哥斯达黎加 | 捷克斯洛伐克 | 丹麦 |
| 厄瓜多尔 | 萨尔瓦多 | 斐济 |
| 芬兰 | 联邦德国 | 危地马拉 |
| 爱尔兰 | 意大利 | 卢森堡 |
| 墨西哥 | 尼日尔 | 挪威 |
| 巴拿马 | 巴拉圭 | 瑞典 |
| 英国 | 乌拉圭 | 菲律宾 |

《罗马公约》的基本内容可以归纳为下列七点：

（1）国民待遇原则。任何一个成员国均应依照本国法律，给予其他成员国的表演者、录音制品录制者及广播组织，以相当于本国同类自然人及法人的待遇。但对于上述三种不同的专有权所有者，在国民待遇上作了三种不同规定。

表演者依照《罗马公约》享有国民待遇的条件是：甲、表演行为发生在其他任何一个成员国内（如发生在本国自不待言）；乙、表演活动已被录制在受《罗马公约》保护的录音制品上；丙、表演活动虽未被录制，但在受《罗马公约》保护的广播节目中广播了。录音制品录制者依照《罗马公约》享有国民待遇的条件是：甲、录音制品录制者系其他任何一个成员国的国民（如系本国国民自不待言），这就是所谓“国籍标准”；乙、录音制品首次录制系在任何一个成员国进行，这是所谓“录制标准”；丙、录音制品系在任何成员国内首先发行，这是所谓“发行标准”。广播组织依照《罗马公约》享有国民待遇的条件是：甲、广播组织的总部设于任何一个成员国内；乙、广播节目从任何一个成员国的发射台播放。对于录制者的条件，任何成员国均可保留不采用录制标准或不采用发行标准的权利。对于广播组织的条件，任何成员国均可声明只对总部设在某成员国并且从该国播放节目的广播组织提供国民待遇。

如果某录音制品是在非成员国与成员国同时首次发行，那么也符合上述发行标准。《罗马公约》的原始文本是用英、法、西班牙三种文字写成。英文中讲到“发行”，与我们讲的“出版”是一个词（Publication）。这里对“同时发行”的解释，与两个基本公约中对“同时出版”的解释一样，即在三十天内先后在两个以上国家发行。

（2）在录音制品录制者或表演者就录音制品享有专有权方面，实行非自动保护原则。如果把表演者的演出录制下来，不仅录音制品录制者对录制品享有专有权，表演者也对它享有专有权。例如，想要复制该录音制品的第三者，不仅要取得录音制品录制者的许可，而且要取得被录了表演的表演者的许可。但录音制品录制者与表演者的这种专有权不能自动产生，而必须在录音制品上附加三种标记：

甲、录音制品录制者或表演者的英文（Producer or Performer）字首略语Ⓟ；乙、录音制品首次发行之年；丙、录音制品录制者与表演者的姓名。

这一点与《世界版权公约》要求的版权标记很相似。

（3）专有权内容。甲、表演者权——未经表演者许可，不得广播或向公众传播其表演实况（专为广播目的演出除外），不得录制其从未被录制过的表演实况，不得复制以其表演为内容的录音制品（公约另有规定者除外）。乙、录音制品录制者权——未经录制者许可，不得直接或间接复制其录音制品。丙、广播组织权——未经广播组织许可，不得转播其广播节目，不得录制其广播节目，不得复制未经其许可而制作的对其广播的录音、录像（公约另有规定者除外）。

（4）保护期。三种不同邻接权的保护期是以二十年为最低限，按三者的情况分别规定的。表演者权保护期——如果演出实况没有被录音或录像，则保护期从表演活动发生之年的年底算起二十年；录音制品录制者权保护期——从录音制品录制之年的年底算起二十年；广播者权保护期——从有关的广播节目开始播出之年的年底算起二十年。

从邻接权的保护期的起算方式中，我们可以看到：它们与《伯尔尼公约》中电影作品的保护期的起算法有很相似的地方。因此，有些国家把电影制片者的权利也列为邻接权之一，不是没有一定道理的。

在保护期内，表演者、录音制品录制者及广播组织都可以行使自己的权利，即向经其许可而利用其专有权的人收取合理报酬。这里的“报酬”在英文中与版权“使用费”或“版税”是同一个词，即 Royalty。

当然，《罗马公约》不阻止其成员国提供比二十年更长的保护期。

（5）对邻接权的权利限制。《罗马公约》中规定了在利用邻接权所保护的演出、录音制品及广播节目时，可以不经权利所有人同意、也无需付酬的四种特殊情况：甲、私人使用；乙、在时事报道中有限的使用；丙、广播组织为编排本组织的节目，利用本组织的设备暂时录制；丁、仅仅为教学或科学研究目的而使用。此外，《罗马公约》还允许成员国自行以国内立法规定颁发强制许可证的条件，以防止邻接权所有人滥用自己的专有权。但颁发强制许可证不得与公约的基本原则相冲突。

（6）管理机关。《罗马公约》由联合国的教科文组织、世界劳工组织及世界知识产权组织共同管理，日常事务由该公约的政府间委员会及其秘书处办理。

（7）“闭合性”公约——《罗马公约》与《伯尔尼公约》及《世界版权公约》的基本关系。

在工业产权领域，有不少公约是以参加基本公约（《保护工业产权巴黎公约》）为参加它们的前提条件的，这类公约被称为“闭合性”公约，即它们对《保护工业产权巴黎公约》成员国之外的国家是关闭的。

版权领域也存在一些闭合式公约。由于这一领域的基本公约有两个，而且又并不是所有成员国都同时参加了两个基本公约。因此，版权领域的闭合式公约以参加《伯尔尼公约》或《世界版权公约》为前提条件。《罗马公约》的第二十三条与二十四条就作出了这种规定。

从邻接权的性质上，可以看到，保护它必须以保护作品本身的版权为前提。在国际保护中，也就只有首先承担了保护外国作品的义务，也才可能保护传播外国作品的外国邻接权所有人在本国的权利。因此，只有参加了两个版权基本公约中的一个，才允许参加《罗马公约》，是合情合理的。

## 第二节 《罗马公约》（1992）*

1961 年，由联合国国际劳工组织、教科文组织及（当时尚未成为联合国机构的）世界知识产权组织共同发起，在罗马缔结了《保护表演者、录音制品录制者与广播组织公约》，简称“罗马公约”。这是版权邻接权国际保护中第一个世界性公约。它的管理机关即是上述三个组织。到 1992 年 1 月为止已有 37 个国家参加。该公约是“非开放性”的，并非任何国家都可以参加它，只有参加了伯尔尼公约或《世界版权公约》的国家，才能进而参加这个公约：现将罗马公约的最低要求及其他主要问题作一综述：

### 一、国民待遇原则

在起草罗马公约时，也曾有人打算引入伯尔尼公约中“来源国”的概念，以便首先确认表演活动、录制品或广播节目的来源，然后再进一步考虑国民待遇原则如何适用。后来，人们发现对于邻接权的保护客体来讲，确认来源国不像对作品那么容易。在公约正式文本里，最终避开了“来源国”概念，而针对不同情况对国民待遇作出三种不同规定。

第一，表演者享有国民待遇的前提可以是下列三条中任何一

---

* 编者注：此部分收录自郑成思著:《版权公约、版权保护与版权贸易》，中国人民大学出版社 1992 年版，第 54-60 页。

条:（1）表演活动发生在罗马公约的成员国中;（2）表演活动已被录制在依照罗马公约受到保护的录制品上;（3）表演活动未被录制，但在罗马公约所保护的广播节目[①]中播放了。从这几条中可以看到：表演者在成员国中是否具有国籍或具有住所，反倒不是享有国民待遇的前提。就是说，一个罗马公约成员国的表演者如果在非成员国表演，该表演又未在特定情况下被录制或广播，则该表演者就不能在罗马公约其他成员国中就该表演享有表演者权。

第二，录音制品录制者享有国民待遇的前提可以是下列三条中任何一条:（1）该录制者（自然人或法人）系罗马公约成员国国民;（2）录音制品系首先在罗马公约成员国中录制;（3）录音制品系首先在罗马公约成员国中发行。这就是说，在录制者享有国民待遇方面，可以适用“国籍标准”“录制标准”或“发行标准”。其中,“发行标准”上存在一些应说明的问题。“发行”与伯尔尼公约及《世界版权公约》中的“出版”使用的英文词是一个（Publication）。在罗马公约中所以译为“发行”,主要是该公约第3条（d）款对该词的解释,侧重于“向公众提供、分销”的意思。再有，这里讲的“首先发行”，必须是经权利人许可的发行活动，不包括非法的发行活动。最后，如果某一部录制品在罗马公约成员国与非成员国同时首先发行，则也符合“发行标准”。所谓“同时”的幅度，以30天之内为限。这些，都与伯尔尼公约及《世界版权公约》中给“同时出版”下的定义相同。

第三，广播组织享有国民待遇的前提可以是下面两条中任何一条:（1）该广播组织的总部设在罗马公约成员国中;（2）有关的广播节目是从罗马公约成员国中的发射台首先播出的。

---

① 在整个罗马公约的正文中，始终未出现过“节目”这个词。只是在世界知识产权组织对罗马公约的解释中，说明公约中所说的“广播”，即指“广播节目”。但对于表演，则该组织也不认为指所表演的节目。

## 二、邻接权的内容

罗马公约中并未涉及任何受保护主体的精神权利，故“权利内容”仅指经济权利。

表演者权包括：防止他人未经许可而广播或向公众传播其表演（但专为广播目的而演出者除外）；防止他人未经许可而录制其未被录制过的表演；防止他人未经许可而复制载有其表演内容的录制品（公约另有规定除外）。在这里，表演者有权防止的“录制”，不再限于录音，而且包括录像或其他可能出现的录制活动。因为，在叙述表演者权时，并没有使用录制者权中用的“Phonogram”（录音制品），甚至没有使用“Record”（录制），而是使用了“Fixation”，即“固定”。就是说，以任何物质形式将表演者的表演固定下来，或复制该固定后的载体，都是表演者有权防止的。

录制者权包括：许可或禁止他人直接或间接复制其录音制品。

广播组织权包括：许可或禁止同时转播其广播节目；许可或禁止他人将其广播节目固定在物质形式上（包括录音、录像等），以及许可或禁止他人复制固定后的节目载体。

必须注意：在规定表演者权时，罗马公约使用了“防止”（Preventing）这个概念；而在规定录制者权及广播组织权时，却使用了“许可或禁止”（Authorise or Prohibit）。就是说，公约留给其成员国在国内立法中保护表演者权的余地，要多于保护录制者与广播组织。换句话说，即公约提供的对表演者权的保护水平低于录制者与广播组织。①

① 实际上，罗马公约在第7条规定表演者权的行文中，不仅仅使用了“防止”一词，而且使用了“防止的可能性”（the possibility of preventing）这个词组。就是说：成员国只须通过法律，使表演者有可能防止他人固定表演，就足够了；未必非授予表演者某些经济权利不可；如果成员国仅通过刑法去制裁侵权人，而不给表演者任何得到民事赔偿的权利，也被视为符合公约的要求。

## 三、录制者权的非自动保护原则

罗马公约对于表演者就表演享有部分邻接权、广播组织就广播节目享有全部邻接权，并没有提出专门的程序要求或形式要求。但对录制者就其录制品享有邻接权，则提出了形式上的要求；对于表演者就载有其表演的录音所享有的邻接权，也提出了同样的形式要求。这就是：受保护的录音制品的一切复制件上，都必须标有：（1）表示“录制品邻接权保留”的符号 P（外加一圆圈）[①]；（2）首次发行年份；（3）主要表演者及权利人姓名。但如果录制品的包装上或其他地方已注明了表演者及其他权利人，则上述第（3）项可以免去。这种形式要求与《世界版权公约》对已出版的作品的要求很相似。

## 四、权利保护期

罗马公约要求成员国提供的最短保护期均不得少于 20 年。这 20 年的起算日，接受保护客体的不同而有所不同。对于录音制品及已载于录音制品中的表演来说，自录制之日算；对于未录制在录音制品中的表演，从表演活动发生之日算；对于广播节目，则从播出之日算。

前面讲过，表演者权的内容中的一部分是以“固定”在物质形式上为条件的，而未必局限于“录音”。而表演者权的保护期中的一部分则仅以“录音”日期为起算点。这一区别是必须注意的。

## 五、对权利的限制

罗马公约中规定了在利用他人的邻接权时可以不经权利人许可、也无需支付报酬的四种例外情况：（1）私人使用；（2）在时事报道中有限地引用；（3）广播组织为便于广播而暂时将受保护客体

---

① “P”在这里是“录音制品”（Phonogram）的英文缩写字头。

固定在物质形式上；（4）仅为教学、科研目的而使用。同时，公约还允许成员国对邻接权颁发强制许可证。此外，公约允许成员国在国内法中，与文学艺术作品版权的权利限制相应地规定对邻接权的其他限制。当然，邻接权与文学艺术作品的版权之间毕竟存在相当大的差别，因此，与版权限制相应地规定邻接权限制，有时在道理上就讲不通。仅以罗马公约第15条中讲到的“为科研目的”而使用有关的表演、录音制品或广播中的邻接权，在实践中就是很少遇到的。

## 六、邻接权主体的范围

罗马公约本身虽然对它所保护的主体是规定得很严格的，即表演者、录制者与广播组织。其中，“表演者”仅仅包括“表演文学艺术作品”之人。但该公约又在第9条中，间接地承认了那些不表演文学艺术作品之人（如杂技演员）同样是“表演者”，只不过不是罗马公约所规定必须保护的表演者。各成员国有权在自己的国内法中，把罗马公约中提供的保护扩大适用到那些不表演文学艺术作品的表演者身上。

## 七、各种保留

罗马公约明文规定了成员国可以在国内法中对公约作出的各种保留。这主要包括：

第一，任何成员国均可通过致函联合国秘书长的形式[①]，声明在对录制者的保护中，不采用“录制标准”或不采用“发行标准”；也可声明在对广播组织的保护中，只有同时具备了“总部设于成员国”

---

① 因罗马公约由联合国的三个组织共同管理，故在成员国发声明时不能仅致函其中某一组织的总干事。

以及“广播节目从成员国发射台播出”两个条件，才授予邻接权。

第二，任何成员国都可以通过致函联合国秘书长的形式，声明它们对表演者权、录制者权及广播组织权的“二次使用”给予一定限制。例如，录制了表演实况的录音制品在广播中播放时，表演者将无权要求广播组织（即“二次使用者”）向其支付报酬。

第三，某些成员国还可以按同样方式，声明其在保护录制者权时仅仅采用“录制标准”，不采用“国籍标准”与“发行标准”。这类国家必须是在罗马公约缔结之前就一直在国内法中仅采取一种标准的。

第四，除上述几点外，公约不再允许其他任何保留。例如，对公约的解释发生争议而成员国之间无其他途径解决时，应提交国际法院。对这类程序方面的规定也是不容保留的。

## 八、追溯力

罗马公约第20条是一个“无追溯力”条款。该条作了两个方面的规定：

第一，公约不影响在某个成员国参加它之前，已经受到保护的那些权利。

第二，公约不要求其成员国对它们参加公约前已发生的表演、广播或已录制的录音制品给予保护。

## 九、版权保护条款

由于邻接权公约是为传播作品的媒介提供保护的，它们必须注意不要因此损害了作品的版权。罗马公约在第1条中就明确宣布：不得从本公约的任何规定中，作出有损于作品版权保护的解释。因此，这一条可以被看作是该邻接权公约中的“版权保护条款”。从这一条中还可以推出另一个结论：联合国的三个组织对作品的“版权”与传播作品的“邻接权”是作了明显的区分的。

## 公约译文

# 《保护表演者、录音制品制作者及广播组织罗马公约》*

（1961 年 10 月 26 日于罗马缔结）

全体缔约国出于希望保护表演者、录音制品制作者及广播组织的权利，已达成协议如下：

### 第 1 条

依照本公约而授予的保护，不得损害、也不得以任何方式影响对文学艺术作品之版权的保护。所以，本公约之任何规定，均不可作出妨碍版权保护的解释。

### 第 2 条

1. 就本公约而言，国民待遇系指提供保护的有关缔约国依照其国内法给予下列主体的待遇：

（a）作为该国国民的表演者，就其在该国地域内的表演、广播或首次被固定而享有的待遇；

（b）作为该国国民之录音制品制作者，就其录音制品在该国地域内首次被固定或首次发行而享有的待遇；

（c）作为总部设在该国地域内的广播组织，就其广播被该国地域内的发射台所播放而享有的待遇。

---

* 编者注：此部分源自郑成思著：《关贸总协定与世界贸易组织中的知识产权——关贸总协定乌拉圭回合最后文件〈与贸易有关的知识产权协议〉详解》，北京出版社 1994 年版，第 262–272 页。

2. 国民待遇应符合本公约所专门提供的保护及特别提出的限制。

**第 3 条**

就本公约而言：

（a）“表演者”，系指演员、歌手、乐师、舞蹈家，以及其他演、唱、演说、朗诵、演奏或以其他形式表演文学艺术作品之人；

（b）“录音制品”，系指将表演的声音或其他声音所制成的、只含声响的听觉可感知的固定物；

（c）“录音制品制作者”，系指首次将有关表演声音或其他声音加以固定的人或法人；

（d）“出版”，系指以合理的数量向公众提供录音制品的复制品；

（e）“复制”，系指将固定物制作一个或多个拷贝；

（f）“广播”，系指将声音或音像以无线方式播出，以供公众接收；

（g）“转播”，系指一广播组织将另一广播组织的广播同时播出。

**第 4 条**

只要符合下列条件之一，各缔约国均应给有关表演者以国民待遇：

（a）有关表演活动发生在其他缔约国；

（b）有关表演被包含在依照本公约第 5 条而受到保护的录音制品中；

（c）尚未固定在录音制品中的表演，在依照本公约第 6 条而受到保护的广播中播放。

**第 5 条**

1. 只要符合下列条件之一，各缔约国均应给有关录音制品制作者以国民待遇：

（a）有关录音制品制作者系另一缔约国国民（国籍标准）；

（b）有关录音之首次固定，发生在另一缔约国（录制标准）；

（c）有关录音制品之首次出版发生在另一缔约国（出版标准，

亦称“发行标准”)。

2. 即使某一录音制品系于某一非缔约国首次出版，而该制品在首次出版的30日内又于某一缔约国出版（即同时出版），则应视为该制品的首次出版发生在该缔约国。

3. 任何缔约国，均可以通过向联合国秘书长交存通知的形式，宣布其不适用出版标准，或宣布其不适用录制标准。该通知可以在批准、接受或加入公约时交存，也可在这之后任何时间交存；如果在批准、接受或加入公约之后交存通知，则该通知应于交存后6个月生效。

**第6条**

1. 只要符合下列条件之一，各缔约国均应给有关广播组织以国民待遇：

（a）有关广播组织之总部设在另一缔约国；

（b）有关广播系由设在另一缔约国中的发射台播出。

2. 任何缔约国，均可以通过向联合国秘书长交存通知的形式，宣布只有当有关广播组织总部及发射台均设在同一个其他缔约国时，方保护有关广播。该通知可以在批准、接受或加入公约时交存，也可以在这之后的任何时间交存；如果在批准、接受或加入公约之后交存通知，则该通知应于交存后6个月生效。

**第7条**

1. 本公约所提供的对表演者的保护，应包括防止下列行为的可能性：

（a）未经表演者许可而将其表演向公众广播并传播，除非所广播或公开传播的表演本身已经是广播表演，或该表演来自已经固定的录制品；

（b）未经许可而将尚未固定的表演加以固定；

（c）在下列情况下未经许可而复制其表演的录制品：

（Ⅰ）原始录制品本身即系未经许可而录制；

（Ⅱ）有关复制之目的与表演者所许可的复制目的相异；

（Ⅲ）原始录制品系依照本公约第 15 条而录制，而有关的复制却与该条所许可的复制目的相异。

2.（1）如果有关广播系经表演者许可，则对于转播、为广播目的而录制，以及复制为广播目的而录制的固定物的有关权利，均应由提供保护的缔约国国内法自行确定。

（2）有关广播组织使用为广播目的而录制的固定物的条款及条件，均应由提供保护的缔约国国内法自行确定。

（3）但本条上述（1）（2）两项中所指的国内法，不得使表演者丧失依合同控制其与广播组织之间关系的能力。

## 第 8 条

对于不止一个表演者参加同一场表演的情况，缔约国可以依照国内法律或条例，专门规定出代表诸表演者行使权利的办法。

## 第 9 条

任何缔约国均可以依照其国内法律或条例，将本公约所提供的保护延伸到并不表演文学艺术作品的艺术家。

## 第 10 条

录音制品制作者应有权授权或禁止对其录音制品直接或间接的复制。

## 第 11 条

如果按照某一缔约国国内法，须符合一定的手续，录音制品制作者或表演者（或二者兼有），就有关录音制品享有的权利，方能受到保护，则只要已经出版的、处于商业领域的所有该录制品的复制品上，或在其包装上，带有了标记Ⓟ及首次出版年份，其标示形式足以使人注意到权利保护的要求，则应视为有关手续已经符合；如果在复制品或包装上未说明录音制品制作者或该制作者的被许可人（无论以其名称、商标或其他适当标志说明），则上述应带有的标记中还应包括录音制品制作者权利所有人的名称；而且，如果复制品或包装上未说明主要表演者，则上述标记中还应包括（当录音制品在该国被固定时）表演者权利所有人的姓名。

### 第 12 条

如果录音制品为商业目的而出版，或直接为广播或为向公众传播而复制，则使用者应向表演者或向录音制品制作者（或兼向二者）支付一笔合理报酬。在当事人之间达不成协议的情况下，国内法可以对付酬比例的条件作出规定。

### 第 13 条

广播组织应有权授权或禁止下列行为：

（a）转播其广播的行为；

（b）固定其广播的行为；

（c）下列复制行为：

（Ⅰ）未经其许可而复制其广播的固定物（如录制品）；

（Ⅱ）以不同于本公约第 15 条之目的复制按照第 15 条录制的固定物；

（d）将其广播以电视播送方式传播给收费入场的公众；本项权利的行使条件，应由提供保护之国的国内法自行确定。

### 第 14 条

本公约所授予的保护，其保护期应至少从下列活动发生之年年终起，直到第 20 年年终：

（a）对于录音制品及包含于该录制品中的有关表演，指固定活动；

（b）对于未被包含在录音制品中的表演，指表演发生的活动；

（c）对广播，指广播发生的活动。

## 第 15 条

1. 任何成员国均可以在其国内法律及条例中，对下列情况提供本公约所授予保护的例外：

（a）私人使用；

（b）在报道时事新闻中作少量节录；

（c）广播组织利用自有设备、为自己广播之目的而临时录制；

（d）仅为教学或科研目的而使用。

2. 任何缔约国均可不实行本条上述第 1 款，而在其国内法律及条例中，对表演者、录音制品制作者及广播组织的保护，提供相当于为文学艺术作品版权保护所提供的同样限制。但对强制许可制度，只可在符合本公约的范围内作出规定。

## 第 16 条

1. 任何国家一经参加本公约，即应承担公约义务并享有公约权利。但参加国可以通过向联合国秘书长交存通知的形式，作出如下声明：

（a）对于本公约第 12 条：

（Ⅰ）该国不适用该条规定；

（Ⅱ）该国对某些使用方式不适用该条规定；

（Ⅲ）对于录音制品制作者并非其他缔约国国民的情况，该国不适用该条；

（Ⅳ）对于录音制品制作者系另一缔约国国民的情况，该国将对首次于该国固定的录音制品，在保护期内对该条提供的保护加以限制；但录音制品制作者所在之缔约国对同一个或同一些受保护主体不提供其在发出声明之缔约国所得到的保护，不应被视为保护程度上的差别。

（b）对于本公约第 13 条，该国不适用该条（d）项；如果某缔约国作出了这种声明，则其他缔约国应无义务对总部设在该声明国的广播组织提供第 13 条（d）款所指的权利。

2. 如果上述第 1 款所指的通知，是在批准、接受或加入文件的提交日之后交存的，则有关声明将在交存后 6 个月生效。

### 第 17 条

任何国家如果在 1961 年 10 月 26 日，仅仅依据“录制标准”保护录音制品制作者，则可以在批准、接受或参加公约时，通过向联合国秘书长交存通知的形式，声明其对于本公约第 5 条，仅适用录制标准，对于第 16 条 1 款（a）（Ⅲ）及（Ⅳ），适用录制标准而不适用国籍标准。

### 第 18 条

已经依照本公约第 5 条 3 款、第 6 条 2 款、第 16 条 1 款或第 17 条向联合国秘书长交存了通知的任何国家，均可以再通过向该秘书长交存通知的形式，缩小原通知的范围或撤回原通知。

### 第 19 条

无论本公约如何规定，一旦表演者已经许可将其表演包含进录像固定物或视听固定物后，本公约第 7 条不复适用。

### 第 20 条

1. 本公约不得损害在本公约于有关缔约国实施之日前，在该国已获得的权利。

2. 对于本公约在某缔约国实施之日前发生的表演或广播，或在该日前固定的录音制品，该国应不受本公约规定制约。

### 第 21 条

本公约所提供的保护，不得损害依照其他途径提供给表演者、录音制品制作者及广播组织的保护。

## 第 22 条

缔约国保留在它们之间缔结专门协定的权利，只要有关协定给予表演者、录音制品制作者或广播组织的权利比本公约更广，或其中包含不与本公约冲突的其他规定。

## 第 23 条

本公约应在联合国秘书长处备案。对于任何应邀参加国际保护表演者、录音制品制作者与广播组织外交会议的世界版权公约成员，或国际保护文学艺术作品联盟成员，本公约开放签字，直到 1962 年 6 月 30 日。

## 第 24 条

1. 本公约应交由签字国批准或接受。

2. 对于第 23 条所指外交会议被邀请国或联合国成员国，本公约均应开放接受，只要该国系世界版权公约或国际保护文学艺术作品联盟成员国。

3. 批准、接受或加入，均须通过向联合国秘书长交存文件，方可生效。

## 第 25 条

1. 本公约将于第六份批准、接受或加入文件交存之日起 3 个月后开始实施。

2. 实施之后，本公约对续后批准，接受或加入之国，在其文件交存后 3 个月，在该国实施。

## 第 26 条

1. 各缔约国均承担义务，依照其宪法采取措施确保本公约的施行。

2. 在交存批准、接受或加入文件之时，各国均须按其国内法使本公约的条款生效。

### 第 27 条

1. 任何国家均可以在其批准、接受或加入本公约时，或在此之后，通过致联合国秘书长的通知，声明本公约适用于其他由该国负责国际事务的全部地域或任何一部分地域，只要在该地域内已经适用国际版权公约或保护文学艺术作品国际公约。

2. 本公约第 5 条 3 款、第 6 条 2 款、第 16 条 1 款及第 17、18 条所指的通知，也可以延伸适用于本条上款所指的地域。

### 第 28 条

1. 任何缔约国均可代表自己或代表第 27 条所指的地域，宣布退出本公约。

2. 退约应采用向联合国秘书长致通知方式方可生效；在该通知收悉之日起 12 个月后，退约生效。

3. 在本公约于某一缔约国开始实施五年之期尚未届满时，该国不得行使退约权。

4. 如果某一缔约国已不再是世界版权公约或国际保护文学艺术作品联盟成员，则该国也不再是本公约成员。

5. 如果世界版权公约或保护文学艺术作品国际公约不再适用于第 27 条所指的地域，则本国约也不再适用于该地域。

### 第 29 条

1. 在本公约付诸实施满五年后，任何缔约国均可以通过向联合国秘书长致通知方式，要求召开旨在修订公约的大会。秘书长应将该要求通知全体缔约国。如果在联合国秘书长通知各缔约国的 6 个月内，不少于半数缔约国通知该秘书长，同意修订要求，则秘书长应通知国际劳工组织总干事、联合国教科文组织总干事及国际保护文学艺术作品联盟局干事，由他们按照本公约第 32 条，组成政府间委员会，以召集修订大会。

2. 对本公约任何修订意见的采纳，需经三分之二参加修订大会国家投票赞成；而与会国家中还必须有三分之二的多数是本公约成员国。

3. 一旦通过了全部或部分修订本公约的“修订公约”，则除该修订公约另有规定外：

（a）自“修订公约”开始实施之日起，本公约应停止开放批准、接受或加入；

（b）对于尚未成为“修订公约”成员的原缔约国之间的关系，仍旧适用本公约。

## 第 30 条

两个或两个以上缔约国就本公约的解释或适用发生争议，又不能通过谈判解决，则应依照争议之任何一方的请求，提交国际法院裁决，除非当事各方均同意采取其他方式解决。

## 第 31 条

除本公约第 5 条 3 款、第 6 条 2 款、第 16 条 1 款及第 17 条所指情况之外，对本公约不可以作任何保留。

## 第 32 条

1. 在此设立具有以下职责的政府间委员会：

（a）研究有关适用及施行本公约的问题；

（b）为本公约可能进行的修订收集建议及准备文件。

2. 委员会应由缔约国代表组成，代表名额按地域平均分配。如果缔约国等于或少于 12 国，委员会应有 6 名成员，如果有 13 到 18 个缔约国，委员会应有 9 名成员，缔约国超过 18 个，则委员会应有 12 名成员。

3. 委员会应在本公约开始实施后 12 个月选出，由国际劳工组织总干事、联合国教科文组织总干事及国际保护文学艺术作品联盟局干事，依照多数缔约国事先通过的规则，组织缔约国进行选举，每国享有一票。

4. 委员会应选出其主席及官员。它应建立起自己的规章及程序。这些规章尤其应为委员会日后的运转，以及为日后以确保不同缔约国间交替的方式选举成员而提供依据。

5. 应当由国际劳工组织、联合国教科文组织及国际保护文学艺术作品联盟局的总干事及干事，指定其组织中的官员，组成委员会的秘书处。

6. 在委员会成员的多数认为有必要时，委员会会议应在国际劳工组织总部、联合国教科文组织总部或国际保护文学艺术作品联盟局总部依次召开。

7. 委员会成员的费用应由派出国的政府分别承担。

## 第 33 条

1. 本公约由英文、法文、西（班牙）文写成，三种文本具有同等效力。

2. 此外，本公约的正式文本还将以德文、意（大利）文及葡（萄牙）文表达。

## 第 34 条

1. 联合国秘书长应将下列内容通知应邀参加第 23 条所指会议的国家，并通知联合国的每个成员国，通知国际劳工组织总干事、联合国教科文组织总干事以及国际保护文学艺术作品联盟局干事：

（a）批准、接受及加入文件的交存情况；

（b）本公约的实施开始日；

（c）本公约规定的所有通知、声明或交流的情况；

（d）本公约第 28 条 4、5 两款所指的情况。

2. 联合国秘书长还应向国际劳工组织总干事、联合国教科文组织总干事及国际保护文学艺术作品联盟局干事，通报依第 29 条提交给他的要求，以及诸缔约国对于修订公约的意见交换。

确信已经在本公约下签字者，均系经合法授权。

本公约1961年10月26日以英、法、西文写成同一文本在罗马缔结。经确认的真实副本，应由联合国秘书长交给按第23条被邀请参加大会的全体国家，以及联合国的全体成员国，并交给国际劳工组织总干事、联合国教科文组织总干事以及国际保护文学艺术作品联盟局干事。

# 《录音制品日内瓦公约》

## 评 述 部 分

### 第一节 《录音制品公约》（1986）*

新技术在20世纪六十年代末的发展使录音、录像设备很快普及。复制音、像录制品成为各种邻接权的利用中营利最大的活动。而从上面讲到的《罗马公约》关于三种邻接权的专有权内容上看，对录音制品录制者的权利规定得最简单、最笼统。至少,《罗马公约》中根本没有谈到录音制品录制者是否有权禁止进口或出售未经其许可而复制的录音制品。这样，仅仅禁止未经许可的复制行为就可能成为空话。而且，对于必须经录音制品录制者同意才能广播录音制品这一点,《罗马公约》还在第十六条中允许成员国保留不执行的权利。因此，在《罗马公约》产生后，擅自复制及出售他人的录音制品而牟利的情况，在国际上有增无减。这使各国录音、录像制品的厂商们感到原有公约不足以保护自己的权益，有必要再专门缔结一个保护他们的专有权的公约。

---

* 编者注：此部分收录自郑成思著:《版权国际公约概论》，中国展望出版社 1986 年版，第 88–91 页。

一九七〇年，修订《伯尔尼公约》与《世界版权公约》的筹备委员会正式提出了缔结这样一个专门公约的问题。一九七一年十月，在修订两个基本公约的同时，于日内瓦缔结了《保护录音制品录制者防被擅自复制公约》，简称《录音制品公约》。这个公约从提议到缔结，只用了不到一年半时间，说明了许多国家对于保护录音制品录制者权利的紧迫感。参加这个公约的国家也比参加《罗马公约》的更多，说明了对专门保护录音制品录制者权的普遍要求。这个公约于一九七三年七月生效。到一九八五年一月为止，公约已经有三十八个成员国，它们是：

| | | |
|---|---|---|
| 芬兰 | 摩纳哥 | |
| 阿根廷 | 澳大利亚 | 奥地利 |
| 巴巴多斯 | 巴西 | 智利 |
| 哥斯达黎加 | 丹麦 | 厄瓜多尔 |
| 埃及 | 萨尔瓦多 | 斐济 |
| 法国 | 联邦德国 | 危地马拉 |
| 梵蒂冈 | 匈牙利 | 印度 |
| 以色列 | 意大利 | 日本 |
| 肯尼亚 | 卢森堡 | 墨西哥 |
| 新西兰 | 挪威 | 巴拿马 |
| 巴拉圭 | 西班牙 | 瑞典 |
| 英国 | 美国 | 乌拉圭 |
| 委内瑞拉 | 扎伊尔 | 捷克斯洛伐克 |

下面，也从七个方面，并且与《罗马公约》相对照，来归纳一下《录音制品公约》的基本内容。

（1）国民待遇原则。这个公约的国民待遇原则比较简单：它只为公约成员国的国民、而不为外籍的居住者或经营者提供国民待遇保护。这一点不仅与《罗马公约》不同(《罗马公约》除自然人的国籍外，还考虑到演出、录制、广播等行为的发生地)，而且与两个基本版权公约均不相同。这是需要特别加以注意的。

（2）保护方式。公约允许成员国不以版权法保护录音制品录制者权，而以“不公平竞争法”(或叫作“反垄断法”)、刑法或其他专门的单行法来保护。这一点也是与《罗马公约》及两个基本版权公约均不相同的。与《罗马公约》相同的方面是：这个公约也不实行自动保护，而要求受保护的录音制品上必须附有“Ⓟ”的标记，附有录制年份及录制者姓名(或录制者的继承人、被许可人的姓名)。

（3）专有权内容。录制者的专有权被简洁地定在公约的一个条款（第二条）中，即：甲、禁止未经录制者许可而复制其录音制品；乙、禁止进口未经许可而复制的录音制品；丙、禁止销售未经许可而复制的录音制品。

（4）保护期。《录音制品公约》给予录音制品的保护期比《罗马公约》长，即从录音制品制成的年份的年底算起二十五年，或者从录音制品首次发行的年份的年底算起二十五年。

（5）权利限制。这个公约对录制者权几乎不作任何限制，无论为私人目的还是为科研目的而使用，都不能视为“合理使用”。这又是与其他版权公约所不同的。但这个公约允许有关成员国的主管当局在严格的范围内颁发强制许可证。

（6）管理机关。《录音制品者公约》的管理机关是世界知识产权组织一家。

（7）“开放式”公约。与《罗马公约》不同，《录音制品公约》几乎不对任何国家关闭。只要是联合国或联合国专门机构的成员，或国际原子能机构的成员，或参加了国际法院规约的国家，都可以加入这个公约。从这点上看，这个公约与两个基本版权公约的关系就不那么密切了。原因也很清楚：它既然允许成员国用版权法之外的其他法律保护该公约所保护的权利，自然不必要以参加任何一个基本版权公约为前提了。此外，这公约只保护录音制品，未涉及录像制品。

除上述七点之外，《录音制品公约》还有两个特殊之点。第一，它不允许成员国对公约作任何保留。这一点倒是与《世界版权公约》很相近。不过，《世界版权公约》不允许保留的原因是：它已经为成员国留下了较大的回旋余地，如果成员国对这样的条款再加一定保留，公约将显得太没有约束力了。而《录音制品公约》不允许保留的原因是：缔结它的目的就是要在国际范围坚决禁止非法复制录音制品的活动，没有什么协商或回旋的余地。第二，由于这个公约规定了以唯一的国籍标准来提供国民待遇，而这又可能与某些想禁止非法复制行为的国家的传统法律不太一致。为了使这样的国家能够参加公约，公约在第七条第（四）款规定：成员国可以在参加公约时声明：本国为录音制品提供的保护，将不以国籍为准（即使对本国国民也如此），而以录音制品的首次录制地为准。在前面列出的成员国中，有下列国家作出了这种声明：

芬兰　　　　意大利　　　　瑞典

## 第二节 《录音制品公约》（1992）*

从罗马公约中所规定的受保护权利看，录音制品制作者仅仅享有“复制权”一项。而对于制作者是否有权禁止“销售”未经许可

---

* 编者注：此部分收录自郑成思著：《版权公约、版权保护与版权贸易》，中国人民大学出版社 1992 年版，第 60–63 页。

复制的制品，是否有权禁止其进口，等等，罗马公约均未置一言。而且，由于罗马公约是个“非开放性”公约，限制了许多国家参加它。因此，在罗马公约缔结后近十年里，国际上擅自复制、销售他人录音制品的活动有增无减。这使许多国家感到有必要在罗马公约之外，再缔结一个专门保护录音制品的公约。

1970 年，修订两个主要版权公约的筹委会正式提出缔结录音制品公约。1971 年，在修订伯尔尼公约与《世界版权公约》的同时，在日内瓦缔结了录音制品公约。该公约从提议到正式缔结，历时仅一年多，说明缔结这样一个公约的紧迫感。这个公约在行政条款中规定了一些与联合国教科文组织及国际劳工组织的必要联系，但公约仅由世界知识产权组织一家管理。到 1992 年 1 月为止，共有 43 个国家参加该公约，它们是：

阿根廷　澳大利亚　奥地利　巴巴多斯　巴西　布基纳法索　智利　哥斯达黎加　捷克和斯洛伐克　丹麦　厄瓜多尔　埃及　萨尔瓦多　斐济　芬兰　法国　德国　危地马拉　梵蒂冈　洪都拉斯　匈牙利　印度　以色列　意大利　日本　肯尼亚　卢森堡　墨西哥　摩纳哥　挪威　巴拿马　巴拉圭　秘鲁　韩国　西班牙　瑞典　特利尼达和多巴哥　英国　美国　乌拉圭　委内瑞拉　扎伊尔　新西兰

现将这个公约的内容及特点归纳如下并加以评论。

### （一）国民待遇原则

录音制品公约的国民待遇原则很简单：它只以“国籍”而不以“居住地”为标准。就是说：只有该公约成员国国民才可享有国民待遇。这一点与现有的几个基本的知识产权国际保护公约均不相同。如果有些国家在录音制品公约缔结之前，对录制品的保护不是以录制者国籍为准，而仅仅以录制品的首次录制国为准来确定国民待遇，那么该国在参加公约时可以声明其继续采用“录制标准”而不采用“国籍标准”（但不可以二者均采用）。[①]

### （二）非自动保护原则

受这个公约保护的录音制品，必须加注邻接权标记，标记内容与罗马公约对录音制品的要求相同（即“邻接权保留标记”P，外加一圆圈；首次发行年份；录制者或其合法继承人或其独占被许可人的姓名或名称）。

### （三）成员国国内的适用法

公约要求成员国以版权法、专门法、不公平竞争法或刑法中的任何一种，来防止非权利人擅自复制他人的录音制品。就是说：成员国可以不依赖传统的知识产权法保护录制者的权利。正因为如此，该公约在第9条明确了它是一个“开放性”公约。就是说，参加这个公约，不以参加任何知识产权国际公约为前提条件。任何国家，只要是联合国或联合国专门机构的成员，或国际原子能机构的成员，或批准承认了国际法院规约，即可以加入录音制品公约。

### （四）权利内容

公约要求成员国的立法至少保证享有国民待遇的录制者有下列权利：（1）禁止他人未经许可而复制其录音制品；（2）禁止他人进口未经许可而复制成的录音制品；（3）禁止他人销售未经许可而复制成的录音制品。

这个公约所保护的录音制品，不仅包括对表演者的表演所录的音，而且包括“其他录音”，例如大自然中鸟、兽的声音，鱼类的声音，等等。但公约不保护录像制品，甚至不涉及录像制品。可以说，

---

① 在现有成员国中，仅芬兰与意大利两个国家宣布其只采用录制标准，而不采用国籍标准。

它的受保护客体范围既“宽”又“窄”。

### （五）权利保护期

公约要求成员国至少为录音制品提供20年保护。保护期从首次录制之年年底或录制品首次发行之年年底算起。这与罗马公约中规定的最低保护期是一致的。

### （六）权利限制

录音制品公约几乎对录制者权未明确规定任何限制。由于有的成员国可能使用不公平竞争法（而不用版权法）来保护录制者权，所以，也不可能一般性地要求成员国沿用版权保护中的“合理使用”等原则。因此，可以说这个公约既未肯定“合理使用”原则，也未一概禁止其成员国采用这一原则[①]。不过，公约允许在下列三个前提都具备时，对录制者权颁发强制许可证：(1)复制有关录音制品仅仅为了科研或教学目的；(2)所复制的制品仅在复制国之内使用，不向其他国家出口；(3)向录制者支付合理报酬。

### （七）禁止保留条款

公约在第10条申明：对本公约不得作任何保留。像前面讲的，在确认国民待遇时选择另一种标准，这是公约明确规定为可行的，故不视为一种“保留”。

### （八）无追溯力条款

公约在第7条(3)款规定：任何成员国都没有义务保护在其参加公约之前已经被录制成的录制品，不论这种录制品是在何处录制的。这一条款的效力，已由于美国与许多国家的双边条约中及关

---

① 如果成员国以版权法保护录音制品，尤其是如果某些成员国将录音制品与作品同等看待，它们就可能在保护录制者权时适用“合理使用”这种权利限制。

贸总协定中，均要求追溯力，从而在实际上失去了意义。我国在1992年1月与美国签署的谅解备忘录中，在承担参加录音制品公约义务的同时，承认了在涉外保护录音制品时的追溯效力。

### （九）作者权与表演者权保护条款

由于录音制品中的大部分，都是由表演者表演享有版权的作品而后录制的，故公约在第7条（2）款中规定：各成员国均有权依照国内法，使参与录制活动的表演者，也能在一定条件下享有公约中提供的保护。同时，公约在第7条（1）款中强调：本公约提供的保护，不得损害作者、表演者（以及录制者与广播组织）依各国国内法或其他公约而受到的保护。

## 公约译文

## 《保护录音制品制作者防止未经授权复制其制品公约》*

1971年10月29日于日内瓦

各成员国，

出于关心广泛的与日益增多的未经授权而对录音制品的复制以及由此给作者、表演者及录音制品制作者的利益带来的损害；

确信保护录音制品制作者、防止这类活动，也会有益于那些将其作品及表演录制于录音制品中的作者及表演者；

---

* 编者注：译文收录自郑成思著:《版权公约、版权保护与版权贸易》，中国人民大学出版社1992年版，第306-311页。

承认联合国教科文组织与世界知识产权组织在这一领域所负担的工作的价值；

诚挚希望不以任何方式影响已生效的国际协议，尤其是1961年10月26日的旨在保护录音制品制作者以及表演者、广播组织的罗马公约；

已达成如下协议：

### 第1条

为实施本公约：

(a)“录音制品”系指任何仅听觉可感知的、对表演声音或其他声音固定下来的制品；

(b)“录音制品制作者”系指首次将表演声音或其他声音固定下来的人或法人；

(c)“复制品”系指一制品中的音响直接或间接来自一录音制品，并含有该录音制品中已固定的声音之全部或实质性部分；

(d)“向公众发行”系指直接或间接向公众或公众中的一部分提供录音制品的复制品的任何活动；

### 第2条

各成员国应保护作为其他成员国国民的录音制品制作者，防止不经其同意而制作其复制品，防止进口这类复制品，又要制作或进口的目的在于向公众发行。同时，防止将这类复制品在公众中发行。

### 第3条

实施本公约所采用的方式，应由各成员国国内法自行确定，其中应包括下列一种或几种方式：通过授予版权或其他专门权利加以保护；通过禁止不正当竞争法加以保护；通过刑事制裁的方式加以保护。

### 第4条

给予的保护期应由各成员国国内法自行确定。但如果国内法为这种保护规定了专门的保护期，则该保护期不应少于20年，从录音制品中的声音首次被固定之年年底算起，或从有关的录音制品首次出版之年年底算起。

### 第5条

如果成员国国内法要求符合一定形式，以作为保护录音制品的条件，则只要向公众发行的经授权复制的录音制品复制品上，或其包装上，标有Ⓟ，并附以首次出版年份，其标示方式足以昭示其保护要求，则应视为已经符合所要求的形式；如果在复制品或其包装上没有指明制作者，制作者的合法继承人或独占被许可人（即没有载明其名称、商标或其他适当标记），则上述要求的标示中还应附以制作者名称，其合法继承人名称或其被许可人名称。

### 第6条

以版权或其他专门权利提供保护或以刑事制裁方式提供保护的成员国，可在其国内法中，针对录音制品的保护，作出类似于对文学艺术作品的作者保护时所允许的权利限制的规定。但只有在下列条件均满足时，方可颁发强制许可证：

（a）仅为教学或科学研究目的而进行复制；

（b）复制许可证仅在颁发许可证当局所在国地域内有效，复制品不得用于出口；

（c）有关当局对于依照这种许可证进行的复制，在考虑到将复制的数量的基础上，规定公平的付酬额。

### 第7条

（1）本公约不应以任何方式干扰、限制或损害由任何国内法或国际协议为作者、表演者、录音制品制作者或广播组织另外提供的保护。

（2）如成员国国内法为表演者提供任何保护，则应由成员国国内法自行确定将表演固定于录音制品中的表演者享有保护的范围及享有保护的条件。

（3）不得要求任何成员国对在公约于该国生效前已固定的录音制品，适用本公约的规定。

（4）如果任何成员国在 1971 年 10 月 29 日之前，仅仅以录音制品的首次固定地为依据提供对录制者的保护，可向世界知识产权组织总干事交存一份通知，声明该国将采用首次固定地标准，而不采用录制者国籍标准。

### 第 8 条

（1）世界知识产权组织国际局应汇集并出版有关录音制品保护的信息。各成员国应随时将其在这方面的新法律及新官方文件向该国际局传递。

（2）国际局应根据成员国的要求，向成员国提供有关本公约事宜的信息，并应为促进本公约规定的保护而开展研究与提供服务。

（3）国际局应就与联合国教科文组织及国际劳工组织有关的事项，在行使上述（1）（2）款所述职能方面，与该两个组织合作。

### 第 9 条

（1）本公约应交存联合国秘书长。本公约开放至 1972 年 4 月 30 日，任何联合国成员国，联合国专门机构成员国，国际原子能机构成员国，或参加国际法院规约的国家，均可签字。

（2）本公约应由签字国批准或接受。本公约应允许本条上述（1）中任何国家加入。

（3）批准、接受或加入文件，均应交存联合国秘书长。

（4）毋庸置疑，任何国家一旦受本公约约束，即将因此而依其国内法实施本公约的规定。

### 第 10 条

对本公约不允许保留。

## 第 11 条

（1）本公约应在第 5 份批准、接受或加入文件交存后 3 个月生效。

（2）对于每个在第 5 份批准、接受或加入文件交存后批准、接受或加入本公约的国家来讲，本公约将在其根据第 13 条（4）款将有关文件交存世界知识产权总干事之日起，对该国生效。

（3）任何国家均可以在其批准、接受或加入本公约时，或在此之后，通过致联合国秘书长的通知书声明：本公约适用于由该国负责其国际事务的全部领土或某一领土。该通知书在被收悉后 3 个月生效。

（4）但上款不可被理解为本公约成员国暗示承认或默许另一成员国根据上款作出声明而使本公约对之适用的任何有关领土的事实状态。

## 第 12 条

（1）任何成员国,均可以通过向联合国秘书长致书面通知书方式，代表本国或代表第 11 条（3）款所指的任何领土，宣布退出本公约。

（2）在联合国秘书长收悉通知书后 12 个月，退出声明生效。

## 第 13 条

（1）本公约应以英、法、俄、西四种文字的单一文本签署，四种文字具有同等效力。

（2）正式文本应由世界知识产权组织总干事在征询使用阿拉伯文、荷兰文、德文、意大利文与葡萄牙文有关政府的意见后，予以确定。

（3）联合国秘书长应将下列情况通知世界知识产权组织、联合国教科文组织及国际劳工组织的总干事：

（a）公约的签字情况；

（b）批准、接受或加入文件的交存情况；

（c）公约生效日；

（d）依照第11条（3）款声明情况；

（e）收悉废止通知书的情况。

（4）世界知识产权组织总干事应向第9条（1）款所指国家通报根据第7条（4）款作出的声明，以及上款中所指的有关通知。该总干事还应向联合国教科文组织及国际劳工组织总干事通知根据第7条（4）款作出的声明。

（5）联合国秘书长应将本公约的两份经确认的文本转交第9条（1）款所指的有关国家。

# 《印刷字体的保护及其国际保存维也纳协定》

## 第一节 《印刷字体保护及其国际保存协定》（1986）*

有许多古典的文学艺术名著，以及近、现代的一些仍有出版价值，但已丧失了版权的作品，出版者可以自由地印制它们。不过，第一个出版这种作品的出版者，在设计版面时，特别是在设计印刷字母和数字时，仍要花费较多的精神力量与经济力量。由于光电复印技术的发展，后继的出版者就有可能利用第一个出版者的现成版面来出书，或使用现成的新字体，那么书的成本肯定会低于前者，在市场上的竞争力就会高于前者，这显然是不合理的。除此之外，有版权的作品，对它们印刷出版前所作的版面设计（包括印刷字体的设计），也有些是比较新颖的、前所未有的。作出这种设计的人，也应当享有一定的合法权益。因此，对印刷字体的

* 编者注：此部分收录自郑成思著:《版权国际公约概论》，中国展望出版社 1986 年版，第 95–96 页。

式样提供保护时，并不过问所排的版中涉及的作品本身是否还享有版权。

许多国家已有法律保护版面及印刷字体的式样。为对字体的保护进一步取得国际承认，欧洲十一个国家（即法国、联邦德国、匈牙利、意大利、列支敦士登、荷兰、圣马利诺、瑞士、英国、南斯拉夫、卢森堡）在 1973 年 6 月，于维也纳缔结了《印刷字体保护及其国际保存协定》。至今只有两个国家参加这个协定，即法国、联邦德国。

因此该协定尚未生效。

协定允许各成员国用版权法或外观设计法保护印刷字体；也可以另外制定专门的注册法。同时，协定规定在世界知识产权组织的日内瓦国际局设立印刷字体国际保存处，凡是协定成员国的自然人或法人都可以申请将其印刷字体的式样在该处保存。如此保存的印刷字体式样可在所有成员国中享有 15 年的保护。这个保护期可以分为初期（10 年）与续展期（5 年）。此外，协定另附有一份议定书，参加协定又参加议定书的成员国，将对取得国际保存的版权提供 25 年保护期。

协定所规定的印刷字体所有人的专有权是：未经该所有人许可，不得采用其印刷字体印制书籍，不得进口或销售未经许可而采用他人印刷字体所印制的书籍。

这个协定由世界知识产权组织一家管理。

《印刷字体保护及其国际保存协定》属于一种既不同于《罗马公约》、又不同于《避免对版税收入重复课税多边公约》及《卫星公约》《唱片公约》的“半闭合式”公约。保护印刷字体可采用版权法或外观设计法，而外观设计法又是《保护工业产权巴黎公约》对成员国国内法的最低要求。所以，这个协定规定：只有《伯尔尼公约》成员国或《世界版权公约》成员国或《保护工业产权巴黎公约》成员国，可以参加本协定。所以，这个协定是各版权公约中唯一既可能受基本版权公约约束，又可能受基本工业产权公约约束的公约。

## 第二节 《印刷字体保护及其国际保存协定》（1992）*

长期以来，一些国家，一直把对印刷字体式样，作为出版者的受到版权法保护的一种客体（有些国家把它作为邻接权保护的客体）。不过在国际保护中，这种保护在过去未得到任何多边公约的承认。

1973 年，由欧洲 11 个国家[①] 发起，在维也纳缔结了《印刷字体的保护及其国际保存协定》，以期使字体的保护得到多边承认。不过至今只有两个国家正式批准参加它，它尚未生效。在它生效后，世界知识产权组织将负责该协定的管理。

这个协定是迄今世界性版权公约中较少的被称为“协定”（Agreement）而不称为“公约”（Convention）的多边条约，也是较少见的兼有工业产权与版权国际保护特征的条约。

该协定允许各成员国用版权法或用外观设计法保护印刷字体，也允许另立专门的注册法。依照协定，在世界知识产权国际局设立了“印刷字体国际保存处”，协定成员国的自然人或法人均可以申请将其专用的印刷字体的样式保存于该处。获准保存的字体在所有成员国中可享有 15 年保护期。保护期可分为初期 10 年与展期 5 年。

---

* 编者注：此部分收录自郑成思著:《版权公约、版权保护与版权贸易》，中国人民大学出版社 1992 年版，第 68-70 页。

① 它们是：法国、联邦德国、匈牙利、意大利、列支敦士登、荷兰、圣马利诺、瑞士、南斯拉夫、英国、卢森堡。

另外，协定还附有一份议定书。批准议定书的成员国，将对获准保存的字体提供 25 年保护期。协定要求成员国至少保证印刷字体权利人享有下列专有权:（1）禁止他人未经许可而采用有关字体印制印刷品;（2）禁止他人进口或销售用未经许可的字体印制的印刷品。

这个协定是“半开放性”的，它不只是以参加两个基本版权公约之一为参加它的前提；即使未参加任何版权公约，但参加了《保护工业产权巴黎公约》的国家，也可以参加它。从这一点，也反映出该协定的“工业版权性质”。

协定在第 7 条要求：印刷字体受到保护的条件是具有新颖性，或具有独创性,或二者兼有。在第 8 条中规定：受保护字体的所有人，有权禁止他人使用及复制其字体。在第 4 条中规定：享有国际保护者，可以是协定成员国国民或在成员国有惯常居所者，也可以是将其新字体的首次印刷使用安排在成员国的任何人。这些，也都反映了协定的“工业版权”性质。

协定规定受保护主体可以是自然人，也可以是法人；保护字体的法律可以是外观设计法，也可以是其他法。如果成员国原有的有关法律要求将受保护客体交付登记或履行其他手续，则在参加协定后，只能要求其他成员国的国民在有关字体的印刷品或其他可被注意到的介质上，加注权利标记，而不能提出更多要求。权利标记的内容是：国际通用的版权标记©，字体在出版物上首次使用的年份，权利人名称。

# 《卫星公约》

## 第一节 《卫星公约》（1986）*

在保护录音制品录制者权的专门公约出现后不久，新技术的发展又向广播组织权提出了挑战。人造卫星在广播、通讯方面的广泛使用，使许多国家的广播组织开始考虑要防止其他广播组织截收本组织为自己的被授权人传播的节目信号，以保护节目制作者的利益。因为，一个广播组织制成节目后，通过卫星传给它的被授权人接受，然后再向公众广播，是要向后者收取报酬的。授权人与被授权人之间一般事先都订立了合同。这中间如果有个第三者截收了信号之后自行播放，就不会向节目制作者付酬，制作者肯定会因此蒙受经济损失。

一九七四年五月，美国、瑞士、巴西等十五个国家在布鲁塞尔缔结了《关于播送由人造卫星传播载有节目的信号公约》，简称《卫星公约》。这个公约在一九七九年十一月生效，到一九八五年一月只

---

* 编者注：此部分收录自郑成思著:《版权国际公约概论》，中国展望出版社 1986 年版，第 91–93 页。

有九个国家批准或参加了它，这些国家是：

奥地利、联邦德国、意大利、肯尼亚、墨西哥、摩洛哥、尼加拉瓜、南斯拉夫、美国。

目前，通过人造卫星播送的节目信号分为两种。一种叫作转播信号，它指的是从卫星上先播送到地面信号接收站，再由接收站向用户广播的信号。《卫星公约》所保护的，就是这种信号。另一种叫作直播信号，就是从卫星播出的、地面的用户可以用自己的收音机或电视机直接收听、收看的节目信号，发射这种信号的目的就是要人们自由收听、收看，是用不着《卫星公约》来保护的。

《卫星公约》是个篇幅极短的公约。它规定：在符合其他邻接权公约的前提下，本公约成员国有义务制止任何广播组织（英文原文为 Distributor，实际既包括从事广播的组织、公司，也包括从事广播的个人）在本国地域内播送通过人造卫星发来的、并不是为该组织提供的那种载有节目的信号。这种保护应当是无限期的。但如果成员国国内法与此有冲突，可以声明本国只进行有限期的保护。到目前为止，只有联邦德国一个国家声明：它只在本国地域内、自卫星播出信号之年年底起二十五年期间，保护所播的信号。

《卫星公约》与《罗马公约》一样，对于所保护的信号也允许某些“合理使用”。例如，为时事报道而播送、有限引用其他组织的节目等，均不在被制止之列。但没有关于强制许可证的规定。

《卫星公约》的管理机关与《录音制品公约》相同，即仅仅世界知识产权组织一家。同时，它也是一个“开放式”公约，参加者不受是否参加了基本版权公约的限制。只要是联合国或联合国专门机构的成员，或者是国际原子能机构的成员，或参加了国际法院规约，就可以参加这个公约。

在国际交往中，一些国家的政府间还缔结了许多与卫星及卫星通讯有关的公约或协定；例如：

一九七一年在华盛顿缔结的《国际通讯卫星组织协定》( INTELSAT AGREEMENT );

一九七一年在莫斯科缔结的《采用卫星通讯的国际系统协定》( INTERSPUTNIK AGREEMENT );

一九七六年在伦敦缔结的《国际海事卫星组织公约》( INMAPSAT CONVENTION )；等等。

其中的有些公约，在许多新闻报道、论文或专著中，也被称为“卫星公约”。不过，这些卫星公约都不是知识产权的国际保护范围内的公约，它们与知识产权没有什么联系（至少没有直接的联系）。这些公约,在我国的法学研究中,一般属于“空间法”的研究领域;“空间法”一般被划在“国际公法”范围内。而知识产权的国际保护问题，则一般被划在“国际私法”的范围内。

总之，在诸“卫星公约”中，只有前面介绍过的一九七四年在布鲁塞尔缔结的《关于播送由人造卫星传播载有节目的信号公约》，属于版权（及知识产权）国际保护领域的公约，也只有它才受世界知识产权组织和联合国知识产权有关机构的管理。这是读者应当注意到的。

## 第二节 《卫星公约》（1992）*

1974 年在布鲁塞尔缔结的《关于播送由人造卫星传播的载有节目信号公约》，简称“卫星公约”。这个公约也是由联合国国际劳工

* 编者注：此部分收录自郑成思著:《版权公约、版权保护与版权贸易》，中国人民大学出版社 1992 年版，第 64–66 页。

组织、教科文组织与世界知识产权组织三家共同管理。到 1992 年 1 月，已有 14 个国家参加该公约。

这是版权国际保护中既十分简单、又十分复杂的一个公约。

说它简单，一是因为它的行文很短，一共只有 12 条；二是因为它并不直接保护任何版权或邻接权，只是要成员国承担义务，防止本国广播组织或个人非法转播通过卫星发出、但并非给该组织（或该人）作转播之用的节目信号。从这后一点来看，这个公约与工业产权国际保护领域的《制裁商品来源的虚假或欺骗性标志马德里协定》很相似。该协定也要求成员国承担义务防止带假冒产地或厂商名称的商品进口与销售，但并没有肯定受到侵害的厂商有任何获得赔偿（或其他民事救济）的可能。卫星公约也是如此。它并未像罗马公约那样，指出广播组织有权禁止他人非法使用自己的卫星节目，只是规定：如果提供卫星节目的组织（或个人）系卫星公约其他成员国国民[①]，则作为成员国就有义务防止本国有关组织（或个人）非法转播。

说它复杂，则因为在对它的每一条，以及对它整个作出解释时，都必须注意在技术方面、背景方面、概念方面等等，划清许多界线，否则可能引起混淆。正因为如此，卫星公约是很少的需要有“实施细则”的知识产权国际公约。联合国教科文组织与世界知识产权组织正为此起草为实施它而用的“示范法”以起到细则的作用。从目前看，与这个公约相联系应当弄清的问题至少有：

第一，“卫星公约”所指的是哪一个公约。20 世纪 70 年代，国际上缔结了一系列“卫星公约”。例如，1976 年在伦敦缔结的《国

① 公约第 8 条（2）款允许那些在 1974 年前即不以“国民”而以广播节目播出地作为标准的国家，在参加公约后继续采用自己的标准。

际海事卫星组织公约》，也是一个“卫星公约”。在诸“卫星公约”中提起版权国际保护中的这一公约,一般均称之为“布鲁塞尔公约”,以防把不是知识产权领域的其他卫星公约与之混淆。

第二，“载有节目信号”指的是哪种信号？通过卫星播送的这类信号至少有两种：直接信号与间接信号。只有后一种信号需要由地面广播组织接收后再播出。卫星公约仅适用于第二种信号。

第三，防止非法转播的期限与“保护期”有何区别？前面提到的“马德里协定”中，关于成员国在禁止假冒来源的产品进口的义务方面，是没有期限的。就是说，不论任何时间（即使被假冒的厂商名称已失去专有权），发现了假冒来源的产品，也必须没收，或扣押、销毁。卫星公约在原则上也要求成员国无限期地尽义务。就是说，即使将来其他成员国某组织的节目已通过卫星播出30年，但不是为本国某转播组织播的，本国即仍有义务防止在本国组织转播。但公约又允许成员在参加公约后6个月内（或国内有关法律生效后6个月内），通知联合国秘书长，申明该国只在节目播出后有限期间尽自己的义务。作出这种声明的国家，就似乎给了发出节目的广播组织一个“保护期”了。而实质上这种“有限”的尽义务期限，仍旧不同于保护期。主要原因是这个公约没有肯定任何个人或组织的任何权利。如果把这看作保护期，那么在那些不限时间尽义务的成员国，有关节目的保护期岂不是无限长了？这对于邻接权来讲是说不通的。邻接权保护期一般不应长于它所赖以产生的作品的版权(仅指其中经济权利）保护期。

第四，“来源组织”与“转播组织”有何区别？成员国在履行防止非法转播的义务时，一方面，要看发出节目信号的那个组织（即“来源组织”）的国籍，另一方面要看非法转播有关节目的那个组织（即“转播组织”）的所在地。只有前一种组织具有其他成员国国籍，后一种组织又设在本成员国国内，该成员国方需要尽自己的义务。应当注意公约对这两者提出的标准是不同的。不过，声明继续采用“播出地标准”的国家，在衡量“来源组织”与“转播组织”时，就会出现相同标准了。另一方面，这两种“组织”都既包含“组织”，也包含“个人”。在这一点上，二者则是相同的。

最后，卫星公约也是个无追溯力的、开放式的公约。这些与录音制品公约相同，无需赘述了。

# 《集成电路知识产权条约》

## 评述部分*

随着美国、日本及许多西欧国家半导体芯片保护法的先后制定，由世界知识产权组织主持，在 1989 年 5 月的华盛顿外交会议上，缔结了一项《集成电路知识产权条约》，以期促进半导体芯片的国际保护。这个条约所保护的是“半导体芯片上的电路设计”，实质上相当于美国芯片法中所称的“掩膜作品”。受保护的条件是“独创性”与创作之时在创作者与制作者中显示出的“非一般性”[①]。这后面一条，是要求有一定的技术先进性，即类似于（但未达到）对专利发明的要求。

这个条约最关键的内容，是要求成员国建立起对芯片掩膜的“注册保护制”。但这种注册申请案无需具有新颖性。就是说：芯片掩膜的所有人在其产品投入商业领域后两年之内提交注册申请就可以。

---

* 编者注：此部分收录自郑成思著:《版权公约、版权保护与版权贸易》，中国人民大学出版社 1992 年版，第 70–71 页。在该书中，郑成思教授将本公约作为一种版权公约论述，本文集尊重了作者的这种编排。

① 在讨论条约草案法文本时，“一般性”使用了法文 Courant，意即“通用的”；当时法语国家专家反对使用与英文“一般”一词相应的 banal。所以，“非一般性”这个条件，也可以解释为“非通用性”。

成员国对于取得注册的芯片掩膜至少应提供10年保护期。

条约规定了国民待遇原则，这就是：各成员国对于其他成员国的国民或居民，只能要求像本国国民一样地履行手续，并给予同样的保护。这种国民待遇，也与《保护工业产权巴黎公约》相似，而不同于诸版权公约中的国民待遇。

至今尚没有任何一个发达国家在该条约上签字。这一公约也尚未生效。

## 公 约 译 文

# 《集成电路知识产权条约》*

（1989年5月26日于华盛顿缔结）

目 录

第1条 联盟的建立
第2条 定义
第3条 条约的受保护客体
第4条 保护的法律形式
第5条 国民待遇
第6条 保护范围
第7条 使用；登记；披露
第8条 保护期
第9条 大会
第10条 国际局
第11条 对本条约部分条款的修订

* 编者注：此译文收录自郑成思著：《关税总协定与世界贸易组织中的知识产权 关贸总协定乌拉圭回合最后文件〈与贸易有关的知识产权协议〉详解》，北京出版社1994年版，第273–284页。

第 12 条　对巴黎公约及伯尔尼公约的保障
第 13 条　保留
第 14 条　争议的解决
第 15 条　如何成为本条约缔约方
第 16 条　本条约之付诸实施
第 17 条　退约
第 18 条　条约文本
第 19 条　文本保存者
第 20 条　签字

## 第 1 条　联盟的建立

全体缔约方，为实现本条约的各项目的而自行组成联盟。

## 第 2 条　定　义

就本条约而言，

（Ⅰ）“集成电路”系指某种产品，其最终形式或中间形式的诸元件中，至少有一个有源元件，该诸元件的部分或全部的相互结合体，被集成于一片材料之中或材料之上，或兼而集成于材料之中与之上，以便运行某种电子功能，

（Ⅱ）“布图设计（拓扑图）”系指诸元件无论以何种形式表现出的立体配置，元件中至少有一个有源元件，该诸元件的部分或全部的相互结合体或立体配置，系为制造集成电路而设计，

（Ⅲ）“权利持有人”系指按照所适用的法律将享有第 6 条所指之保护的自然人或法人，

（Ⅳ）“受保护的布图设计（拓扑图）”系指符合本条约所定保护条件的布图设计（拓扑图），

（Ⅴ）“缔约方”系指参加本条约的国家或符合本条第（Ⅹ）款要求的政府间国际组织，

（Ⅵ）“缔约方地域”，如果缔约方为一国家，系指该国地域；如果缔约方为一政府间国际组织，则指成立该组织之条约所适用的地域，

（Ⅶ）“联盟”系指第1条所说联盟，

（Ⅷ）“大会”系指第9条所说大会，

（Ⅸ）“总干事”系指世界知识产权组织总干事，

（Ⅹ）“政府间国际组织”系指世界上任何区域的两个及两个以上国家所组成的、有权参与本条约所辖事宜的组织，该组织有自己的有关布图设计（拓扑图）知识产权保护的立法，该立法对其成员国均有约束效力，该组织依照其内部程序，已被合法授权签署、批准、接受、承认或加入本条约。

## 第3条　条约的受保护客体

（1）〔保护布图设计（拓扑图）的义务〕

（a）各缔约方均应有义务依照本条约在其地域内实施布图设计（拓扑图）的知识产权保护。各缔约方特别应采取适当措施以确保防止依第6条被视为非法之行为发生；该行为一旦发生，则应确保适当的法律救济。

（b）无论有关的集成电路是否被结合在产品中，该电路权利持有人之权利一概适用。

（c）任何缔约方的法律，如果将布图设计（拓扑图）的保护局限于半导体集成电路的布图设计（拓扑图），则无论本条约第2条（1）款怎样规定，该方应有自由依其法律中含有的限制而适用其局限范围。

（2）〔原创性要求〕

（a）本条（1）款（a）项所指之义务，应适用于具有原创性之布图设计（拓扑图）；此处之“原创性”，系指该设计是其创作者自

身智力劳动的成果；同时，在创作之时，该成果在布图设计（拓扑图）创作者中、在集成电路制作者中，均不是平凡一般的。

（b）由本身系平凡一般的原件及组合体组成的布图设计（拓扑图），只有其组成成果作为一个整体，符合上款（a）所指条件时，方应当受到保护。

### 第 4 条　保护的法律形式

各缔约方应有权自行确定在实施本条约义务时，采用布图设计（拓扑图）特别法，或采用该国的版权法、专利法、实用新型法、工业品外观设计法、不正当竞争法或其他法，或任何这类法的结合。

### 第 5 条　国民待遇

（1）〔国民待遇〕

在履行第 3 条（1）款（a）项所指义务的前提下，各缔约方均应在其地域内，就布图设计（拓扑图）的知识产权保护而授予下列人以其本国国民同样的待遇：

（Ⅰ）作为其他缔约方之国民或属于该缔约方地域内之居民的自然人，以及

（Ⅱ）在其他缔约方地域内设有真实、有效的创作布图设计（拓扑图）或生产集成电路之企业的法人或自然人。

（2）〔代理人、服务地址，法院程序〕

虽有上款之规定，任何缔约方均可自行决定：对于指定代理人，或指定服务地址，或对于法院程序之适用于外国人的特殊规则，不适用国民待遇。

（3）〔上述两款之对政府间国际组织的适用〕

如果有关缔约方系政府间国际组织，则上述（1）款中的“国民”，指该组织中任何成员国的国民。

## 第 6 条　保护范围

（1）〔须经权利持有人授权的行为〕

（a）缔约方均应将下列未经权利持有人授权而为之行为视为非法：

（Ⅰ）复制受保护的布图设计（拓扑图）的全部或其中任何部分的行为，无论这种复制是把复制结果结合到集成电路中，还是采取其他形式，但如果将不符合第 3 条（2）款有关原创性要求的部分进行复制，则有关复制行为不在其列，

（Ⅱ）为商业目的而进口、销售或以其他形式发行受保护的布图设计（拓扑图）或其中含有受保护设计的集成电路。

（b）除上述（a）项所列之外，任何缔约方均可自行认定其他未经权利持有人授权而为的行为也属于非法行为。

（2）〔无需权利持有人授权的行为〕

（a）虽有上述（1）款之规定，缔约方均不应将（1）款（a）项（Ⅰ）目所指的行为中，系由第三方为私人目的所为或仅为改进、分析、研究或教学所为之行为，视为非法。

（b）如果上述（a）中所指第三方，在改进或分析受保护的布图设计（拓扑图）（即“第一设计”）的基础上，创作出符合第 3 条（2）款所要求的原创性的设计（即“第二设计”），则该第三方可不经第一设计之权利持有人授权，将第二设计结合到集成电路中，或就第二设计从事本条（1）款所列的活动。

（c）权利持有人不可针对第三方独立创作出的、与持有人之设计相同的、具有原创性的布图设计（拓扑图）行使其权利。

（3）〔不经权利持有人授权而使用的措施〕

（a）虽有本条（1）款之规定，任何缔约方均可在其立法中，规定在非通常情况下，行政或司法当局有可能授予第三方非独占许可证。以便使该方在通过正常商业渠道寻求授权未果时，不经权利持

有人授权而为（1）款所指的任何行为（即"非自愿许可"），只要有关当局认为授予该非自愿许可证是为保障国家利益而迫切需要的；非自愿许可证只应在该国地域内有效行使，并应以支付权利持有人适当报酬为前提。

（b）本条约之规定不应妨碍任何缔约方采取某些措施的自由，其中包括经正式的行政或司法程序，为实施其法律，确保自由竞争及防止权利持有人滥用权利，而颁发非自愿许可证。

（c）按照本款（a）、（b）两项颁发的非自愿许可证，应付诸司法复审。当（a）项中所指的情况不复存在时，应撤销依该项所授予的非自愿许可证。

（4）〔善意获得的侵权集成电路的销售与发行〕

虽有本条（1）款（a）项（Ⅱ）目之规定，而如果为该目所指之行为人在获得有关集成电路时不知，也无合理根据应知其中结合有非法复制的布图设计（拓扑图），则任何缔约方均无义务将该目所指之行为视为非法。

（5）〔权利穷竭〕

虽有本条（1）款（a）项（Ⅱ）目之规定，但如果结合有受保护布图设计（拓扑图）之集成电路已经由权利持有人本人，或经其许可，投放市场，则就该有关集成电路再从事（Ⅱ）目中所指的活动，任何缔约方均无义务视其为非法。

## 第7条 使用；登记；披露

（1）〔使用要求〕

除非某个布图设计（拓扑图）已在世界任何地方结合入集成电路中，或单独地付诸了一般性商业使用，任何缔约方均有自由不给予保护。

（2）〔登记要求及披露〕

（a）任何缔约方均有自由要求布图设计（拓扑图）申请登记后、

符合公开的主管当局要求的形式后或在该主管当局登记后，方给予保护；可以要求凡登记申请均应附有布图设计（拓扑图）的复制品或设计图，如果有关的集成电路已付诸商业使用，则附之以该电路样品，界定该电路运行的电子功能的信息资料；但申请人可保留不附与有关集成电路的制作方法相关的复制品或设计图，只要其所提交的部分，已经足以使人确认有关布图设计（拓扑图）。

（b）如果有关缔约方依上述（a）项提出了登记要求，该缔约方可以要求权利持有人在其将集成电路的布图设计（拓扑图）在世界上任何地方付诸商业使用之日起一定时间内履行登记手续；该时间不应少于自该日起两年。

（c）按（a）项进行的登记可以收费。

## 第 8 条　保护期

保护期至少应持续 8 年。

## 第 9 条　大　会

（1）〔构成〕

（a）本联盟应设一由全体缔约方构成的大会。

（b）每个缔约方应有一名代表，并可辅之以副代表、顾问及专家。

（c）在符合下项（d）项的前提下，代表的费用由指派代表的缔约方承担。

（d）大会可请求世界知识产权组织提供财政资助，以使联合国大会确认的发展中国家的代表能参加本联盟大会。

（2）〔职能〕

（a）大会应处理有关维持及发展本联盟、实施及运作本条约的事宜。

（b）大会应决定召集修订本条约的外交会议，并向总干事递交有关这种外交会议的准备文件。

（c）大会应发挥第14条所规定的职能，并应建立该条指定的程序细节，其中包括财务手续。

（3）〔投票〕

（a）每个缔约方均应享有一票，并应以其自己名义投票。

（b）作为政府间国际组织的任何缔约方，应代其成员国行使投票权，其票数应与其在投票时加入了本条约的成员国数相当。如果这类组织中有任何成员国单独参加了投票，则该组织不应再有权行使投票权。

（4）〔例会〕

大会应由总干事召集，每两年开一次例会。

（5）〔程序规则〕

大会应建立其自己的程序规则，包括召集非常大会，确定法定人数，并在符合本条约的前提下，确定作出各类决议时的有效多数数额。

## 第10条　国际局

（1）〔国际局〕

（a）世界知识产权组织国际局应当：

（Ⅰ）担负本联盟的行政任务及本大会所特别指定的其他任务；

（Ⅱ）在资金允许的情况下，依照被联合国大会确认为发展中国家的缔约方政府的请求，向其提供技术援助。

（b）任何缔约方均不应负有财政义务；特别是不应要求为取得本联盟成员资格而付费。

（2）〔总干事〕

总干事应系本联盟的首席执行官，并应代表本联盟。

## 第11条　对本条约部分条款的修订

（1）〔由大会修订的部分条款〕

大会可以修订包含在第2条（Ⅰ）（Ⅱ）两项中的定义，以及

第3条（1）款（c）项、第9条（1）款（b）项与（d）项、第9条（4）款、第10条（1）款（a）项、第14条。

（2）〔修订建议的提出与通知〕

（a）本条（1）款所指之条款的修订建议，可以由任何缔约方或由总干事提出。

（b）这类建议应由总干事在提交大会考虑之前至少6个月送达全体缔约方。

（c）在本条约第16条（1）款所指的条约付诸实施之日起5年内，不得提出修订建议。

（3）〔有效多数〕

大会若通过本条（1）款所指的修订，应要求投票票数的五分之四。

（4）〔实施〕

（a）本条（1）款所指的任何对本条约条款的修订，应在大会通过修订案时的缔约方的四分之三的国家依各自的宪法程序将书面接受修订案的通知交送大总干事之后三个月，付诸实施。经上述接受程序的修订条款应约束修订大会通过修订票时作为缔约方的全体国家及政府间国际组织，以及其后成为缔约方的国家，除非有关缔约方在修订案付诸实施前已按第17条宣布退约。

（b）上述（a）项所指的四分之三数额，对于政府间国际组织交送总干事的通知来讲，只有其成员国并未单独交送这类通知，该组织的通知方可计算在内。

### 第12条　对巴黎公约及伯尔尼公约的保障

本条约不得影响任何缔约方依照《保护工业产权巴黎公约》及《保护文学艺术作品伯尔尼公约》所承担的义务。

### 第13条　保　留

对本条约不得作任何保留。

## 第 14 条　争议的解决

（1）〔协商〕

（a）如果对本条约的解释或实施发生争议，一缔约方可提请另一缔约方注意，并要求与之协商。

（b）被要求协商的缔约方应立即对所要求的协商提供适当机会。

（c）参加协商的当事缔约方应力图在合理期限内对争议作出相互满意的结论。

（2）〔其他解决方式〕

如果通过本条（1）款所指的协商，在合理期限内不能作出相互满意结论，则争议当事各方可协议采取其他使争议友好解决的途径，诸如斡旋、妥协、调解及仲裁。

（3）〔专门小组〕

（a）如果（2）款（a）项中的方式不能满意解决争议，而当事缔约方又未寻求（2）款（b）项所指其他方式，或（b）项中的方式仍未能在合理期限内解决争议，则大会依照任何一当事缔约方的请求，应当组成一个三成员的专门小组，以审查有关事宜。除非当事各方另有协议，该小组成员不应来自当事任何一方。该小组成员应从大会建立起的经确认的政府专家名单中选择。专家小组的职权范围应由当事各方协议确认。如果在三个月内达不成协议，则由大会与争议各方及小组成员协商后，确定专家小组的职权范围。该专门小组应为当事各方及其他有利害关系的缔约方陈述意见提供充分的机会。如果当事双方均请求停止审查程序，则专门小组应即停止其程序。

（b）大会应制定建立上述专家名单的规则及选择专门小组成员的方法，小组成员应系缔约方政府专家；大会还应制定专门小组程序运转规则，其中应包括程序的保密及进入程序的任何参与者提供的保密资料如何保密等规则。

（c）如果当事各方未能在专门小组结束审查程序之前达成协议，专门小组应尽快准备好书面报告，并提供给当事各方评阅。除非当事各方同意在更长的时间之后，由他们自己按自己的意图达成相互满意的协议，当事各方均应在专门小组指定的合理期限内，将其对报告的评论意见提交专门小组。该小组应考虑该评论意见，并将报告立即转呈大会。报告中应包括争议的事实及建议解决方案，该报告还应附以当事各方的书面评论（如果各方提交了这种评论）。

（4）〔大会的建议〕

大会应立即对报告予以考虑。大会应根据其对本条约的解释，并根据专门小组的报告，向当事各方作出一致建议。

## 第 15 条　如何成为本条约缔约方

（1）〔资格〕

（a）世界知识产权组织或联合国的任何成员国，均可成为本条约缔约方。

（b）符合本条约第 2 条第（X）项要求的任何政府间国际组织，也可成为本条约缔约方。该组织应将其处理本条约所辖事务的主管部门，及日后有关主管部门的变更，通知总干事。该组织及其成员国，均可在不损害本条约义务的前提下，按各自的责任，决定其依照本条约应履行的义务。

（2）〔加入〕

一国家或一政府间国际组织，可通过下述程序成为本条约缔约方：

（Ⅰ）在条约上签字之后，交存批准、接受或承认文件；

（Ⅱ）交存加入文件。

（3）〔文件的交存〕

上款所指之文件应交存总干事。

## 第 16 条　本条约之付诸实施

（1）〔原始实施〕

在第五份批准、接受、承认或加入文件交存总干事之后三个月，本条约即开始在该批准、接受、承认或加入本条约的五个国家或政府间国际组织付诸实施。

（2）〔原始实施未覆盖的国家及政府间国际组织〕

对于上款之原始实施日未覆盖的国家或政府间国际组织，本条约应于该国或该组织向总干事交存批准、接受、承认或加入文件后三个月，于该国或该组织开始实施，除非其在交存文件中另外确定了更迟的实施日；如果文件中另外确定了实施日，则本条约在该日于该国或该组织实施。

（3）〔对实施本条约时已有的布图设计（拓扑图）的保护〕

任何缔约方均应有权，对于本条约在该方实施时已有的布图设计（拓扑图）不适用本条约的保护，只要这种“不适用”不致影响在同一时间里，有关设计于该缔约方地域内依本条约之外的其他国际义务，或依该方法律已经获得的保护。

## 第 17 条　退　约

（1）〔通知〕

任何缔约方均可通过向总干事发出通知的方式退约。

（2）〔生效日〕

在总干事收悉退约通知之日起一年之后，退约方能生效。

## 第 18 条　条约文本

（1）〔原始文本〕

本条约以英文、阿拉伯文、中文、法文、俄文及西班牙文写成一部同一的原始文本，所有文字之文本均具有同等可靠性。

（2）〔正式文本〕

在总干事与有关政府协商后，大会可以指定其他文字的文本为正式文本。

## 第19条　文本保存者

总干事应系本条约之保存者。

## 第20条　签　字

本条约应自1989年5月26日至1989年8月25日，在美国政府之处开放签字，并于1989年8月26日至1990年5月25日，在世界知识产权总部开放签字。

# 《视听作品国际登记条约》*

在录音制品公约缔结后近20年，即1989年4月，世界知识产权组织成员国在一次日内瓦召开的外交大会上，缔结了《视听作品国际登记条约》，简称“视听作品条约”。在缔约的当时即有13个国家签字，公约已经生效。到1992年1月为止，共有5个国家正式参加了该公约。

这个条约与录音制品公约不同。它主要是一个程序性条约，没有多少实体条款。缔结它的主要目的是在国际市场上阻止非法复制的录像带的传播；此外也阻止未经许可播放他人享有版权的电影、电视作品。其主要措施是由世界知识产权组织建立一个“视听作品登记国际局”，成员国可将本国自然人或法人拥有版权的视听作品（包括电影作品、电视作品、以录像带为载体的影、视作品等）的版权人是谁、有关版权人就其作品享有（或在转移部分权利后仍保留）哪些权利，作出书面声明，并在国际局登记。各成员国均有义务保证已作出声明并登记的作品不受侵犯（除非有人举证证明其声明不实），有义务在发现侵权复制品时采取扣押等措施制裁侵权人，并使权利人得到应有的民事救济。

---

* 编者注：该文收录自郑成思著：《版权公约、版权保护与版权贸易》，中国人民大学出版社1992年版，第63-64页。

# 《避免对版权使用费收入重复征税多边公约》*

这个公约是唯一在知识产权领域涉及税收减免内容的文本，它对许多读者来讲，应是“基本知识”的构成部分。

不同国家在确定居民（包括自然人或法人，法人也称税法中的“公司居民”）是否负有纳所得税义务时，通常采用“居住管辖权”或“来源管辖权”原则。按前一原则，只要在一国境内居住满一定时间，则不论其从该国境内外获得的所得，都应依法向该国纳税。按后一原则，不论某居民居住何处，均必须就其从一国境内获得的所得向该国纳税。[①]还有个别国家（如美国、罗马尼亚）还另外采用“国籍管辖权”原则，即不论该国国民居于何处，收入来源于何国，均须向其国籍国纳税。

无论两个或两个以上国家采用相同的原则还是不同的原则，都有可能在国际税收中出现重复征税的现象。由于参加了伯尔尼公约或《世界版权公约》的国家，其国民的作品自动在几十个、上百个

---

* 编者注：该文收录自郑成思著:《版权法（修订本）》，中国人民大学出版社 1997 年版，第 426–432 页。

① 我国现行的《中华人民共和国个人所得税法》第 1 条中，同时采用了这两个原则。

国家产生版权、版权跨国转让或许可的活动非常频繁，版权人（尤其是作者）被重复征税的可能性就更大。因为在这种国际交往中，版权人所获得的版税（或称“版权使用费”）在多数场合并不是由自己的居住国使用人支付的。[①]一个居住在英国的罗马尼亚作者的作品在法国出版后，法国出版社在支付其稿酬时要依法国税法中“来源管辖权”原则预提一笔所得税；稿费邮到英国，该作者还要依英国税法中的“居住管辖权”原则纳一笔税，然后还得依照罗马尼亚税法中的“国籍管辖权”[②]原则再缴纳一笔所得税。

为了使版权人（尤其是作者）能得到合理的收入，避免被重复征税，1979 年，联合国教科文组织与世界知识产权组织共同发起，缔结了《避免对版权使用费收入重复征税多边公约》。公约规定其成员国满 10 个时，即自动生效。但至今只有 4 个成员国，故尚未生效。

这个公约的名称中之所以加上“多边”二字，是因为国际上避免重复征税一般只是通过双边条约形式完成的。

这里讲的“版税”，包括首次出版作品时的稿酬及利用版权时的其他使用费，也包括艺术作品及手稿转卖时享有追续权者的所得，但不包括利用电影作品（或以类似电影作品的摄制方法创作的其他作品）时的使用费。

由于各国实行相同或不同的税收管辖权原则，对作者（或其他版权所有人）征收所得税时，必然发生双重征税问题。这个公约要求成员国之间互相缔结避免双重征税的协定。公约要求成员国之间的双边协定采用豁免法（Exemption）或抵免法（Credit）来避免双重征税。如果采用豁免法，公约提出了普通豁免（Ordinary

① 一个作者居住在英国，又由在英国的版权使用人（无论是出版者、翻译者还是表演者）支付版税，不会出现双重征税问题；但如果该作者是美国籍人，则仍有可能出现双重征税问题。

② 罗马尼亚是极少数几个采用这一原则的国家之一。

Exemption)、累进豁免（Exemption with Progression）及保持应征数额豁免（Exemption with Maintaining Taxable Income）三种方法。如果用抵免法，公约又提出了普通抵免、全抵免（Full Credit)、相应抵免（Matching Credit）及饶让抵免（Tax Sparing Credit）四种方法。

这个公约还附有一份议定书，成员国可以接受它，也可以不接受它。议定书的主要内容是：对于作者之外的受保护主体(如表演者、录制者、广播组织）在行使自己的专有权时所得的收入，也应当采取上述方法避免双重征税。

这个公约将由联合国教科文组织与世界知识产权组织共同管理。它也是一个“开放性”公约，不以参加其他知识产权国际公约为前提条件。

结合这个公约，下面对于我国与外国签订的双边税收协定中，涉及知识产权问题的，选择几个典型，进一步作些介绍。

目前，我国已经分别同日本、英国、法国、美国、奥地利、意大利、德国、新加坡、挪威、丹麦、比利时、马来西亚等许多国家都缔结了避免双重税收的双边协定。这些协定中涉及技术与其他知识产权转让的条款，都大同小异，其他内容也大致相同。这里，以我国与日本签订的协定为例作一下总的介绍，然后补充与其他几个国家的协定中的一些特殊规定。

中、日双边协定的全称是《中华人民共和国和日本国政府关于对所得避免双重征税和防止偷漏税的协定》，协定用中、日、英三种文字写成，三种文本具有同等效力；如果在解释上发生分歧，则以英文本为准。协定中所说的双方税收主管当局，在中国指的是财政部（或财政部授权的代表），在日本指的是大藏省（或大藏省授权的代表)。协定规定了下述总的原则：

（1）缔约国一方居民从位于缔约国另一方的不动产取得的所得，可以在缔约国另一方征税。

（2）缔约国一方企业的利润，应仅在该缔约国征税（但该企业通过设在缔约国另一方的常设机构，在该缔约国另一方进行营业的除外）。

（3）缔约国一方企业以船舶或飞机经营国际运输取得的利润，应仅在该缔约国征税。

（4）缔约国一方居民公司支付给缔约国另一方居民的股息，可以在该缔约国另一方征税。但这些股息也可以按照支付股息的公司是其居民的缔约国的法律，在该缔约国征税。在后一种情况下，如果收款人是该股息的受益人，则所征税款不应超过该股息总额的 10%。

（5）发生于缔约国一方而支付给缔约国另一方居民的利息，可以在该缔约国另一方征税。但这些利息也可以在该利息发生的缔约国，按照该缔约国的法律征税。在后一种情况下，如果收款人是该利息的受益人，则所征税款不应超过利息总额的 10%。

（6）发生于缔约国一方而支付给缔约国另一方的居民的特许权使用费（包括版权、专利、商标、专有技术 Know-How 等等的使用费），可以在缔约国另一方征税（即在专利技术、版权等项目的供方国家征税）。但这类使用费也可以在其发生的缔约国，按照该缔约国的法律征税（即在受方国家征税）。在后一种情况下，如果收款人是有关国家使用费的受益人，则所征税款不应超过使用费总额的 10%。

（7）缔约国一方居民出让位于缔约国另一方的不动产取得的收益，可以在缔约国另一方征税。

（8）缔约国一方居民由于专业性劳务（包括独立的科学、艺术、教育、教学活动，医师、律师、工程师、建筑师、会计师等的活动）或其他独立性活动的所得，应仅在该缔约国征税。

（9）在一般情况下，缔约国一方居民因受雇取得的薪金及其他类似报酬，除在缔约国另一方受雇的情况外，应仅在该缔约国一方征税。但缔约国一方居民作为缔约国另一方居民公司的董事会成员取得的董事费和其他类似款项，可以在缔约国另一方征税。缔约国一方居民作为文艺工作者在缔约国另一方从事个人活动所得，可以在缔约国另一方征税，或按照文化交流计划而免税。缔约国一方居民，作为个人在缔约国另一方公认的教育机构从事教育或研究工作，时间不超过3年的，所得报酬免于征税。缔约国一方居民作为学生、学徒或实习生在缔约国另一方为接受培训目的而收取的所得，也免于征税。

（10）缔约国一方居民在缔约国另一方取得的其他各项所得（指的是双边协定中没有明确规定的所得），可以在缔约国另一方征税。

除了上述10个方面外，这个协定还规定：缔约国一方国民在缔约国另一方负担的税收或有关条件，不应与缔约国另一方国民在相同情况下不同或更重。这就是国际法中的"无差别待遇"原则。

中日双边协定所规定的避免双重征税的方法是一般税收抵免制和税收饶让抵免制。

作为一般税收抵免制，从中国一方来讲，指的是：凡我国居民从日本取得的所得，按照协定规定的对该项所得缴纳的日本税收数额，应允许在对该居民征收的中国税收中抵免，但抵免额不应超过该项所得按照我国税法计算的相应税收数额。如果从日本取得的所得是日本居民公司支付给我国居民公司的股息，而该我国公司拥有日方支付股息公司的股份在10%以上，则该项抵免应考虑支付该股息的公司就该项所得缴纳的日本税收。就日本一方来讲，指的是：日本居民在我国的所得，可以按协定的规定在我国征税，该税额应当允许在日本税收中抵免。如果从我国取得的所得是我国居民公司支付给日本居民公司的股息，而该日本公司拥有中方支付股息公司的选举权股份或总股票在25%以上，则该项抵免应考虑中方支付股息公司所缴纳的中国税收。

饶让抵免制，在国际税法中通常也称为“视同已征税额抵免制”。这种抵免方式，作为对一般抵免的补充，目的在于使纳税人得到真正的实惠。因为，一般的抵免，仅仅是免去纳税人在缔结了双边协定的一方国家已纳的实际税额。如果该人在一方国家虽负有纳税义务但实际上并未纳税，或纳税后又从别的渠道得到补偿，则他在另一方国家就得不到抵免。例如，日本公司A向我国公司B转让技术，A从B得到的使用费，按日本税法应纳税30%；如中国税务机关在中国依法收取了A20%的税金，A在日本就可以依据双边协定只另交10%就够了。而如果中国从鼓励技术引进出发，宣布对A免征技术转让所得税，那么按照一般抵免方法，A在日本仍需纳税30%，原因是A在中国未曾纳税，无从“抵免”。这样一来，中国对A免征所得税的措施，仅仅造成国家之间财政收入的转移，纳税人却未得到任何实惠。如果采取了饶让抵免制，上述例子的后果就不同了。A虽然没有在中国缴纳应纳的20%，但日本政府必须视为已纳了20%，因此仍旧只能再征其10%所得税。这样，A公司就得到了实际好处，日本政府也没有减少原应取得的税收收入，只是我国政府原应得到的一笔收入留给了A公司。这种抵免方式，对双方国家和纳税人都有好处。

在中日避免双重税收协定（及中国与其他几个国家的相同协定）中，对饶让抵免制的适用范围作了严格的限制。这个范围仅限于中国的中外合资企业所得税法第5条、第6条及该法实施细则第3条，外国企业所得税法第4条、第5条所涉及的征税内容。在这个范围之外，我国为促进技术引进或为其他目的而在法律中增加的任何减免税措施，只有在中日（及中国与其他国）双方另外达成协议后，才可能适用饶让抵免制。

此外，在已经缔结的中外双边税收协定中，有三个协定各包含一些比较特殊的规定。

在中美双边税收协定的正文中，没有订入饶让抵免制。只是在该协定的附件（即美国总统写给中国总理的备忘录）中，指出：一旦美国修改了国内税法，或美国与其他国家在双边税收协定中订入了饶让抵免制，则将立即延用到中美税收双边协定中来。

在中法双边税收协定中，对于一部分收入的征税，采取了“累进豁免制”，这与前面讲过的一般抵免制有所不同。累进豁免制指的是一个国家在行使其税收权时，对其居民的境外所得不予征税，但在决定对居民国内所得征税的税率时，有权对居民的国外所得加以综合考虑。而一般抵免制指的是行使居住管辖权的国家，对其居民在国内、国外取得的所得一律予以汇总征税，但该居住国允许居民将其在国外向外国政府已纳的税额，在应向本国纳税时予以扣除。

在中英双边税收协定中，对于知识产权及专有技术（Know-How）的使用费收入征税时，没有采用上述中日协定中提到的10%税率，而是作了一个较特殊的规定：只就应征税收入的70%部分，征收10%的税，这等于只按7%税率征税。

# 《解决计算机系统用于利用作品或创作作品引起的版权问题的建议》*

有人把当前世界上开展着的新技术革命称为“信息革命”或“知识革命”，而信息与知识则都与版权有关。确实，新技术革命已经使版权领域出现许多新问题。如限制为私人利用作品而复制的问题，对计算机软件如何保护的问题，家庭中录制电视节目为自己反复收看之用是否构成侵犯版权的问题，等等。许多国家为适应新技术革命而修订了或准备修订本国的版权法。同样，为了应付在国际版权保护方面出现的新问题，原有版权公约的几个管理机关在近年来也组织了一系列专家组，研究新的版权保护上的国际合作。

专家们认为新的国际合作将主要在两个领域开展：一是计算机程序、计算机储存及产生的作品的保护问题，二是电缆广播节目的保护问题。

关于第一个问题的第一部分，已经由世界知识产权组织在七十年代末起草了一个软件保护的示范法；关于第一个问题的第二部分，

---

* 编者注：该文收录自郑成思著:《版权国际公约概论》，中国展望出版社 1986 年版，第 108-114 页。

一九八二年该组织又会同联合国教科文组织提出了《解决计算机系统用于利用作品或创作作品引起的版权问题的建议》(以下简称《建议》)。由于示范法涉及专利问题，就不在这里谈了。这里把两个组织提出的建议作一些介绍。关于第二个问题，它首先由电缆电视引起，而后从有形电缆扩及一切定向的节目传播(如微波、激光等)，从电视节目扩及一切广播节目。一九八三年初，也是由两个基本公约的管理机关和世界劳工组织提出了一份促进电缆节目的国际保护的建议性文件。这也将在下面作些介绍。

从《建议》的名称就可以看出：它并没有肯定计算机引起的法律保护问题全部是版权问题；同时，它也没有把版权问题与计算机软件联系起来。一方面，它为计算机系统的应用引起的专利问题或其他工业产权问题作出了可以另外解决的暗示。另一方面，它又把多数国家至今仅限于对软件提供的法律保护的范围，扩大到从计算机中储存的及产生出的作品(输出信号)的领域。

一九七九年，当世界知识产权组织召集各成员国的专家们讨论计算机软件的保护时，仅仅把它当作一种工业产权的保护对象来考虑。后来形势的发展表明：软件更适合于在版权领域受到保护。不过，要缔结一个新的国际公约，或者要马上修订《伯尔尼公约》与《世界版权公约》，使之明确包括保护软件的条款，条件也还不成熟(因为多数国家还在讨论如何保护更有利；许多国家还没有正式把这一保护对象写入版权法)。因此，在一九八三年十二月，由联合国教科文组织与世界知识产权组织两家，在巴黎召开的第二届政府间专家委员会讨论计算机引起的版权问题时，先就软件之外的受保护对象的问题提出一份"建议"，以供各国在国内立法中参考，以及为新的国际合作作准备，这就是《解决计算机系统用于利用作品或创作作品引起的版权问题的建议》。

《建议》首先叙述了世界上利用计算机的现状，分析了建立新的国际合作以保护与计算机有关的知识成果的必要性。

目前，几乎各个国家及国际组织，都把“信息”放在十分重要的位置，掌握和运用信息资料，已经成为发展科学、经济、技术、文化教育等等的重要因素。在国际贸易中，信息产品、信息服务开始显得越来越重要。因此，许多国家及国际组织都建立起了由计算机系统来控制的信息网络、数据库等等，以供用户利用。

计算机的使用，带来四种不同的知识产权问题：

（1）计算机本身作为一种机器产品的法律保护。这主要是由专利法解决的。在第一代电子计算机问世时，它们就已受到专利保护；后来每发明一代新电子计算机，也都分别受到了专利保护。至于这类专利的国际保护，则已经通过《保护工业产权巴黎公约》解决了，因此不是《建议》要讲的。

（2）计算机软件的法律保护。软件一般指计算机的控制程序（即系统程序）、实用程序、程序说明书及计算机使用指南等等。前面讲过，世界知识产权组织曾颁布过一个“示范法律条文”来解决这个问题。此外，一九八三年，该组织又单独召集过一次政府间专家会议，专门讨论了软件的版权问题。但那次讨论会只提出了“应该建立新的国际合作来保护软件”，并没有拿出具体建议。

（3）计算机作为储存手段，必然会储存一些本来由别人享有版权的作品；在提供用户使用时，就会发生如何保护这些作品的版权问题。这属于《建议》中的一项内容。

（4）在使用计算机时，会产生出人们常说的“输出信号”。把计算机可读文字转换为人们可读的一般信号后，这种输出信号显然属于两个基本版权公约中所讲的“作品”，因此也会发生是否享有版权、版权的归属及版权的保护问题。这也属于《建议》中的一项内容。

不过,《建议》中对两种“输出信号”进行了区分：输入原作而又输出原作的信号，等于对储存资料的复制，它属于“计算机利用作品”；输入原作而输出新作，才算作“计算机创作作品”。

《建议》共提出了三条原则性意见及七大项（共十八条）具体建议。

三条原则性意见是；

（1）使用计算机系统去利用受保护的作品，或创作出新的受保护的作品,主要应由现有的国际版权公约中的一般原则去调节（当然，并不排除用其他公约的原则作为辅助调节）；从目前情况看，现有的国际版权公约的一般原则无需经过修改，就可以起到调节的作用。

（2）各国在立法中应当兼顾作品的版权所有人与使用人双方的利益，即应当作到既鼓励了创作人的创造性劳动，又不妨碍用计算机储存及创作的作品向公众传播。

（3）各国按现有的国际版权公约中的一般原则去考虑国内立法时，应当以下面的七项建议为指导。

七项建议是：

（1）计算机系统用于利用作品时，应当保护的对象可包括用计算机储存的一切原已享有版权的作品（这种作品的全文或带实质性的部分,作品的改编形式、演绎形式或简写、缩编形式）,情报资料集，供计算机化的数据库使用的词典或类似的作品。这最后一类作品(机用词典)，在许多国家被列为计算机软件之一。

但原已享有版权的作品的书目资料（例如作者姓名索引、书名索引、出版社或出版年份索引等）不在受保护对象之列。

（2）凡属上述受保护的对象，在通过计算机被别人利用时，其作者应享有的权利至少要包括现有国际版权公约或（和）有关国家国内法所授予的演绎权（包括翻译权）、复制权、向公众直接传播权，以及精神权利。

（3）对使用计算机去利用作品时的“输入”与“输出”必须下明确的定义。《建议》中认为，向计算机系统输入受保护作品的活动，应包括：在机器可读的物质客体上复制该作品，在计算机系统的储存器中固定该作品。这种活动应当被看作是受《伯尔尼公约》第九条第（一）款及《世界版权公约》第四条之二第（一）款的制约，同时也受各国国内相应立法的制约。所以，在任何人从事输入活动时，如果涉及受保护作品，均须得到版权所有人的事先许可。以计算机利用有版权的作品而从事的输出活动，包括用计算机复制某种作品（把一个数据库的内容转而输进另一计算机系统的储存器，也属于这类“复制”活动），或以图像或其他可感知的形式使某种作品能够与公众见面。

《建议》要求各国国内立法起码要规定输入活动或输出活动二者中的一个，必须经原作品作者的许可。当然，也可以规定二者都必须经过许可。但一般的理论认为：作者只要在输入活动上行使了自己享有的专有权，也就在实际上控制了输出活动。

（4）现有版权国际公约及各国有关立法中关于保护精神权利的一般规定，也应适用于在使用计算机时的受保护作品。

（5）对权利的限制。应参照《伯尔尼公约》第九条第（二）款、第十条、第十条之二，《世界版权公约》第四条之二第（二）款的规定去制定国内法。发展中国家涉及计算机产生的版权的立法，还可再参照《伯尔尼公约》附件及《世界版权公约》第五条之二到第五条之四去制定。

（6）权利的管理与权利的行使。使用计算机系统储存及取出受保护作品，应以个人或集体之间的合同、许可证为依据。《建议》中要求各国采取措施建立有效的计算机系统利用作品的许可证制度。

由于现代世界上许多计算机系统的终端都越出了一国国界，各国应允许自由签订的许可证协议具有跨国性质。但是，强制许可证只能在发证国境内有效。

（7）对于使用计算机系统创作出的新作品的保护，各国应遵循下面的原则去立法：

甲、不能因为保护这类创作品的版权立法而影响原有的保护计算机软件的立法（无论原有立法是版权法，还是专利法、商业秘密法或不公平竞争法）。

乙、各国应当把使用计算机创作作品，看作人们为了达到人类的预期目的而将技术手段用于创作的过程。这项建议实质上是暗示：不应把利用计算机创作的作品看作是由机器的“智力”创作的作品。也就是前面讲过的，反对把机器人当成“作者”对待。

丙、使用计算机所创作的作品，只有达到了现有的国际版权公约及各国国内法关于一般有版权作品所达到的标准，才能享有版权。例如，把原作品输入计算机，通过机器运转后，“创作”出与原作大同小异的作品，则只能算复制品或抄袭品，不能享有版权。

丁、使用计算机创作的作品，其版权所有人只能是在作品创作过程中缺之不可的原作品的作者。创作作品时所使用的计算机程序的设计人也可以是作品的共同作者之一。但使用设计人的程序必须有助于特定作品的最后创作成功，该设计人才被视为共同作者。按照这条建议，在一般情况下，只有实用程序的设计人才可能成为共同作者。

戊、至于用计算机创作的作品属于“职务作品”时，该作品的版权归谁所有，文件建议各国依照自己传统的版权制度去决定。因为英美法系国家与大陆法系国家在这方面差异较大，不便建议遵循某个固定的原则。

# 《在电缆传播的节目中保护作者、表演者、录制者及广播组织的注释原则》*

早在一九七五年十二月，《伯尔尼公约》的执行机构“伯尔尼联盟”（设于世界知识产权组织内，该联盟总干事亦即世界知识产权组织总干事）在日内瓦举行的执行委员会与版权委员会的例会上，提出一项建议：成立一个工作小组，专门研究电缆电视节目传播中的版权问题。一九七七年，这个小组成立并开始工作。后来，联合国教科文组织与国际劳工组织也参加了这项工作，并与原工作小组一道组成了新的“专家组”。这时研究的范围也扩大了，不限于电缆电视节目的版权，而是延及一切电缆节目的版权。

一九八〇年，专家组提出一份“电缆节目保护的示范法律条文”，它类似于世界知识产权组织一九七八年颁布的保护计算机软件的示范法律条文。

一九八三年三月，专家组又召开了一次咨询会，有澳大利亚、加拿大、智利、法国、联邦德国、以色列、意大利、日本、墨西哥、

---

* 编者注：该文收录自郑成思著：《版权国际公约概论》，中国展望出版社 1986 年版，第 114-120 页。

荷兰、挪威、瑞典、瑞士、英国、美国的代表参加。按照会上多数人的意见，专家组决定改变过去的示范法律条文的形式，而只制定出一些保护原则，供各国在立法和订立双边或多边协定时选用。专家组提出的原则共有五方面，其中包含三十八条细则，并对每一条都作了详细注释，形成了《在电缆传播的节目中保护作者、表演者、录制者及广播组织的注释原则》。①

五方面的原则是：

（1）作者权利（包括十条细则）；

（2）表演者权利（包括十七条细则）；

（3）录制者权利（包括八条细则）；

（4）广播组织权利（包括两条细则）；

（5）上述四种权利之间的关系（包括一条细则）。

这里不打算逐条介绍各项原则的内容，仅就其中反映出的新技术对版权领域的影响作一些介绍和评论。

《注释原则》开宗明义就指出：在世界范围正迅速推广着用电缆传播音、像节目的技术，电缆传播又确实是一种利用知识创作成果的重要的现代化手段，因此许多国家已经准备在立法中增加因电缆传播引起的版权问题；但各国之间的理论与实践都存在较大差别，需要统一认识；促进各国统一认识，就是文件的出发点。

《注释原则》分析了电缆节目的两种含义。最初，一些电缆公司为用户装接电缆，只是为了使用户更清晰地收听、收看一般电视或无线电广播中的节目，它实际上属于一种有线“转播”。后来，越来越多的电缆公司开始传播自己制作的节目。因此，与电缆相联系

---

① 以下简称《注释原则》，这份建设性文件刊登在一九八四年四月号版权月刊上，由世界知识产权组织出版。

的节目就分成了两种:（1）通过电缆转播的“广播节目”;（2）通过电缆传播的“电缆节目”。后一类节目不仅涉及作者、表演者的权利，还产生了电缆公司的版权问题，这是迄今为止任何国家的国内成文法或任何国际公约均未涉及的问题。《注释原则》在对各项原则作注释时，特别注意把这两种不同节目所产生的不同版权区分开。

在新技术的应用过程中，“电缆”这个概念也产生了新的含义。以往，电缆一般仅仅指用来传播信号的单股导线及同轴多股导线;现在，它的范围则广得多了。《注释原则》给文件中所说的“电缆”下的定义是：电子产生的载有节目的信号可赖以作远距离传播的导线、电子束或任何其他设备。在目前，可以称为文件中的电缆的，起码有下面五种:（1）单股导线;（2）同轴多股导线;（3）光导纤维;（4）用于定向传播的激光电子束;（5）用于定向传播的微波。后两种“电缆”，根本不附着在任何有形物上，与传统含义的电缆已相距很远了。将来，随着新传导技术的进一步发展，肯定还会有新的内容增加到电缆的行列中。正如“版权”这个概念最初只与印刷出版相联系，而后各种直接与间接传播知识成果的技术出现，才不断扩大了这个概念的含义。以至于到了今天,已经完全不能从“出版之权”这个本义上去理解版权了。

自从20世纪七十年代以来，用卫星传播节目的方式已越来越广泛地被采用。广播组织与电缆公司都采用了这种方式。电缆公司主要是通过收取卫星的转播信号（而不是直播信号）来传播节目的。版权问题主要发生在这种传播上。如果电缆公司收取直播信号的节目然后向用户传送，就属于前面讲过的电缆转播的“广播节目”，在这种情况下，很少产生什么新的版权问题。

当电缆公司收取卫星上的转播信号所载的特定节目向用户传播时，它就等于该卫星的地面转播站，所播出的节目应属于前面讲过的“电缆节目”。但有时，卫星节目的地面发射站与电缆公司不是一家，该地面发射站可能一方面通过卫星把特定节目交电缆公司传播，另一方面自己不通过卫星而直接广播着同样的节目。在这种情况下，有关节目属于“电缆节目”还是“转播节目”呢？《注释原则》认为这是一个目前还难以明确回答的问题。

在作者权利方面，《注释原则》认为：对于电缆转播的“广播节目”，作者享有不依赖于原广播组织的专有权，即有权许可或禁止电缆公司通过电缆转播他的作品；如果作者许可这种转播，则有权向电缆公司再次收一笔使用费（第一次使用费系由原广播组织广播时支付）。这种重复收取使用费的主要依据是：最初之所以有必要用电缆来转播“广播节目”，是由于地理环境常常造成一些电波的“盲区”（例如，在四面环山或在四面都是高层建筑的地方，很难收看到清晰的电视节目）。这样，在实际上通过电波直接收到信号的人，与通过电缆收到信号的人，基本上是不相重叠的两部分人。向不同用户（通过广播组织与电缆公司）分别收取使用费，是合理的。

当然，也有人认为上述理由站不住脚。他们提出：所谓“盲区”，在实际生活中是个不固定的区域。随着电台发射机功率的增大或接收机灵敏度的提高，“盲区”就会缩小。作者有可能从同一部分人身上收到两次使用费。《注释原则》对这种意见的回答是两点：（1）广播组织与电缆公司使用作者的作品，属于两种不同的版权利用途径，即使不存在“盲区”问题，作者也理所当然地应对不同的利用形式分别收取不同的费用。（2）备有电视机而又装了电缆的用户，已经向广播组织及电缆公司交过了两次钱（西方国家有电视的人家，每年要通过税收机关向广播组织交一笔电视收看税；安装电缆的人家还要向电缆公司交服务费），所以作者向两种组织都收使用费是合情合理的。为了避免人们产生“作者收了双份使用费”的误解，《注释原则》提议：把两种组织应向作者支付的使用费合并为一项，但分成“广播组织应付额”与“电缆公司应付额”。

《注释原则》对作者权利提出了较多的专门限制。第一是实行强制许可证制度,但只适用于“广播节目”的作者,而不能适用于“电缆节目”的作者。第二是如果在同一建筑物内或相邻的一组建筑物内，用一架高敏天线接收了广播信号后，通过一台设备用电缆向该建筑物或建筑群内的其他用户传送“广播节目”，虽然也属于电缆传播“广播节目”，但无需获得作者的许可，也无需支付使用费。在这种情况下传播节目必须是非营利性的。这条权利限制也不适用于“电缆节目”的作者。

至于表演者、广播组织、录制者，他（它）们在“广播节目”被电缆传播时所享有的权利，以及权利受到的限制，与其作品被制成“广播节目”的作者基本相同。

除上述两条专门的权利限制外，在一般版权法中适用于一般版权的那些权利限制（如“合理使用”），统统适用于电缆传播的“广播节目”中的作者、表演者、录制者及广播组织所享有的权利。“电缆节目”的作者、表演者、录制者及广播组织所享有的权利，则只受到适用于一般版权的那些权利限制，而不受上述两条专门限制。

由此可见，对“广播节目”的权利限制比对“电缆节目”的权利限制要更广些。这主要是因为作者、表演者等权利主体在“广播节目”中享有的权利是随着新技术的应用而在原有权利之上附加的，它实质是作者将广播权第二次发放许可证，而不是在版权总的项下增加的什么新权利。而“电缆节目”中的权利，则是由于应用新技术而产生的新权利，它并不是任何原有权利的附加——作者在许可用电缆传播其作品之前，未向别人发放过广播权许可证（当然“电缆节目”有可能是对某作品的“第二次利用”，例如将已发表的小说改编为电缆电视剧的剧本，原作者即发放过出版权许可证及电缆传播权许可证；但这与作者就同一项“广播权”发两次许可证的性质不相同）。

《注释原则》中所规定的、关于因电缆传播的节目而引起的各种新权利之间的关系，是比较原则的。因为这种关系非常复杂，很难作出什么具体规定。这份文件强调要注意到各种权利主体的利益平衡，不要因照顾一部分人而损害了另一部分人。

与电缆传播的应用相联系而产生的（或涉及的）权利起码有以下这些：（1）作者权利。这包括：“广播节目”原作品的作者；（如果“广播节目”系由原作改编，则为编者）；“电缆节目”原作品的作者及（可能存在的）改编者。（2）表演者权利。这包括“电缆节目”的表演者与“广播节目”的表演者。（3）录制者权利。这包括为广播目的而录音、录像的录制者；将电缆传播的“广播节目”录制下来的录制者；为电缆传播目的而录音、录像的录制者；将已播出的“电缆节目”录制下来的录制者。（4）广播组织权利。这包括“广播节目”的原编排和播放组织；“电缆节目”的编排和传播组织，等等。所以，人们在电缆问题上遇到的版权，是迄今为止最复杂的版权。

《注释原则》在第三十八条（最后一条）所作的原则性规定如下：（1）如果上述各种权利中的一种（或几种）在联系到电缆传播的节目时受到限制，则不应影响其他权利在同样情况下依旧有效。（2）法律如果承认上述各种权利，则不论它们属于不同的权利人还是属于同一个权利人，这些权利本身都是彼此独立的、互不牵制的。不过，对于第2点有一个例外：如果电缆传播者使用了某个录音节目，这种录音节目是由某个广播组织专为本组织广播之用而录制的，那么这个广播组织就只能以“广播组织”的身份向电缆传播者（电缆公司）收取一次使用费，而不能再以“录制者”的身份向电缆传播者收二次使用费了。

# 我国与基本公约之外的版权公约可能发生的关系*

在上面介绍的九个版权公约[①]中，非洲与欧洲的四个公约是地区性的，与我国不会有多少关系。由于汉字的独特之处及以汉字排版的国家极为有限，所以在将来我国参加《印刷字体保护及其国际保存协定》的必要也不大。

《避免对版税收入重复课税的多边公约》则与我国会有一些关系。目前，在对外开放，吸引外国技术和吸收外资的过程中，我们已经同一些国家订立了避免重复课税的双边协定。将来我国一旦参加了版权国际保护的行列，一旦中外合作出版发展起来（我国从一九七九年开始，已经同外国出版公司开展合作出版业务，到一九八四年已同包括美、英、日在内的十几个国家订立了一百二十多个合作出版合同），避免版税的双重征收就会提到日程上来。

《卫星公约》也可能要与我国发生关系，特别是一九八四年四月，

---

* 编者注：该文收录自郑成思著:《版权国际公约概论》，中国展望出版社 1986 年版，第 106–107 页。

① 此为原文中的说法，本书收录时打乱了原文中的收录内容和顺序，这里“上面介绍的九个版权公约”仅是为了尊重原文，并非指本书上面所列的公约。——编者注

我国成功地发射了通讯卫星之后，已经进入了这一领域的先进行列，通过卫星向其他国家的广播组织转让有版权的节目、避免未经许可的第三者截收和播放我们的节目，在将来也会是我国的广播组织所关心的事。

将来与我国关系最密切的，也许要算是《罗马公约》与《录制品公约》了。

实际上，由于不同的（可能享有版权的）作品目前在我国是由不同部门管理的，所以在我国尚未颁布版权法之前，一部带有邻接权法性质的“暂行规定”倒先出现了。一九八二年十二月，国务院批转了广播电视部的《录音录像制品管理暂行规定》（公布在一九八三年第一期《国务院公报》上）。这个规定的第六条指出：“音像制品的出版单位应保障作者、表演者的合理权益”，“音像制品出版单位根据与作者和表演者的协议，对录制的音像资料享有出版权利。没有原音像制品出版单位的授权，其他任何单位不得翻录复制，或擅自删节、改头换面另行出版。作者和表演者已授权给某一音像制品出版单位的节目，其他音像制品出版单位不得用提高酬金、重复发给酬金或其他不正当手段另行录制出版。违反者，原音像制品出版单位可以向司法机关控告。”

这里提到了表演者权、录制者权，还提到了保护措施。以往还没有任何涉及这类权利的文件提出诉诸司法机关解决的。

在表演者权方面，将来我们需要得到的保护，可能比我们要给外国演员的表演的保护多。仅仅在一九八四年七月与九月，在维也纳及赫尔辛基的两次国际音乐比赛会上，我国歌唱演员张建一、詹曼华、梁宁、迪里拜尔、傅海静等人就都夺得了桂冠，以致比赛的一位评委说：“再过二十年，欧洲的歌剧舞台将被中国歌唱家占领。”[①] 其他诸如杂技、魔术等表演者的权利，也已被越来越多的国家列入邻接权的保护范围。在这些领域，我国的表演者历来都有很高的水平。将来，我国在世界文艺舞台上的地位也会越来越重要。在国际上保护我国表演者的利益，迟早是我们要考虑的。

① 参看《北京晚报》一九八四年八月十八日第五版。

知识产权文集

# 国际公约与外国法卷（二）

刘丽娟　编

**图书在版编目（CIP）数据**

郑成思知识产权文集·国际公约与外国法卷．一、二 / 刘丽娟编．—北京：知识产权出版社，2017.1

ISBN 978-7-5130-4656-5

Ⅰ．①郑… Ⅱ．①刘… Ⅲ．①知识产权法—中国—文集 ②知识产权法—世界—文集 Ⅳ．①D923.404-53 ②D913.404-53

中国版本图书馆CIP数据核字（2016）第296537号

**内容提要**

本卷收录了郑成思教授著述中有关国际公约和外国法方面的内容。与其他各卷不同的是，为了阅读方便，本卷按照公约的性质、名称以及国别进行编排，而未采取其他各卷依著作或论文以及出版时间的编排体例。在公约部分，则进一步按照：TRIPS、版权与邻接权、工业产权、地区性公约进行排列。郑成思教授亲自翻译的公约译文也一并收录，附于该公约的评述之后。

**责任编辑**：龙　文　龚　卫　　　**责任校对**：潘凤越

**装帧设计**：品　序　　　　　　　**责任出版**：刘译文

郑成思知识产权文集

《郑成思知识产权文集》编委会

# 国际公约与外国法卷（二）

Guojigongyue yu Waiguofa Juan

刘丽娟　编

| | | | |
|---|---|---|---|
| 出版发行：知识产权出版社有限责任公司 | | 网　　址：http：//www.ipph.cn | |
| 社　　址：北京市海淀区西外太平庄55号 | | 邮　　编：100081 | |
| 责编电话：010-82000860转8123/8120 | | 责编邮箱：longwen@cnipr.com | |
| 发行电话：010-82000860转8101/8102 | | 发行传真：010-82000893/82005070/82000270 | |
| 印　　刷：三河市国英印务有限公司 | | 经　　销：各大网上书店、新华书店及相关专业书店 | |
| 开　　本：880mm×1230mm　1/32 | | 总 印 张：37.125 | |
| 版　　次：2017年1月第1版 | | 印　　次：2017年1月第1次印刷 | |
| 总 字 数：950千字 | | 总 定 价：270.00元（本卷二册） | |

ISBN 978-7-5130-4656-5

# 编辑体例

《郑成思知识产权文集》共分《基本理论卷》(一册)、《版权及邻接权卷》(两册)、《专利和技术转让卷》(一册)、《商标和反不正当竞争卷》(一册)、《国际公约与外国法卷》(两册)以及《治学卷》(一册),总计六卷八册,基本涵盖郑成思教授各个时期的全部重要著作和文章。

为了便于读者阅读,《郑成思知识产权文集》每卷都是在照顾学科划分的基础上,将之前的各部专著和论文适当集中、重新编排而成;除对个别文字错误有校改以及由编者对因时代发展带来的变化加注外,文集全部保持作品原貌(包括原作注释),按照先著作、后论文的顺序并按发表时间排列。

《郑成思知识产权文集》各卷之间除个别文章具有多元性而有同时收录的情况外,尽量避免内容重复;一卷之中,为了体现郑成思教授学术思想的演进,个别内容会有适当重叠;每一部分著作和论文均由编者注明出处。

为方便读者阅读,《郑成思知识产权文集》每卷均由执行编委撰写本卷导读,介绍汇编的思路,并较为详细地梳理郑成思教授在该领域的学术脉络、特点和贡献。

为便于检索,各卷附有各个主题的关键词索引,可以快速查阅郑成思教授的相关论述。

# 序

郑成思教授逝世于2006年9月10日。那天是中国的教师节。在纪念他逝世一周年的时候，中国社会科学院知识产权中心委托周林教授汇编出版《不偷懒　不灰心——郑成思纪念文集》，该书收录了诸多友人和学生纪念他的文章。在纪念他逝世三周年的时候，中国社会科学院知识产权中心组织召开学术会议，出版了郑成思教授逝世三周年的纪念文集《〈商标法〉修订中的若干问题》，收录论文25篇。在纪念他逝世五周年的时候，中国社会科学院知识产权中心再次组织召开学术会议，出版郑成思教授逝世五周年的纪念文集《实施国家知识产权战略若干问题研究》，收录论文30篇。

当郑成思教授逝世10周年的纪念日来临的时候，他的家人与几位学生商定，汇编出版《郑成思知识产权文集》，以志纪念。顾名思义，称“知识产权”者，应当是只收录知识产权方面的文字，而不收录其他方面的文字。至于称“文集”而非“全集”者，则是因为很难将先生所有的有关知识产权的文字收集齐全。经过几位汇编者的辛勤劳动，终于有了这部六卷八册的《郑成思知识产权文集》。其中《基本理论卷》一册，《版权及邻接权卷》两册，《专利和技术转让卷》一册，《商标和反不正当竞争卷》一册，《国际公约与外国法卷》两册，《治学卷》一册，约500万字。再次翻阅那些熟悉的文字，与浮现在字里行间的逝者对话，令人感慨良多。

郑成思教授的文字，反映了他广阔的国际视野。他早年酷爱英文，曾经为相关单位翻译了大量的外文资料，包括有关知识产权的资料。正是在翻译、学习和领悟这些资料的过程中，他逐渐走上了知识产权法学的研究之路。知识产权法学是一门国际性的学问。由于从外文资料入手，他一进入知识产权法学的研究领域，就站在了国际化的制高点上。1982年，他前往英伦三岛，在伦敦经济学院师从著名知识产权法学家柯尼什教授，系统研习了英美和欧洲大陆的知识产权法学。在随后的学术生涯中，他不仅着力向中国的学术界介绍了一系列知识产权保护的国际条约，而且始终站在国际条约和欧美知识产权法学的高度，积极推进中国知识产权制度的建设。

从某种意义上说，中国的知识产权学术界是幸运的。自1979年开始，郑成思教授发表和出版了一系列有关《巴黎公约》《伯尔尼公约》及TRIPS协议等国际公约的论著以及有关欧美各国知识产权法律的论著。正是这一系列论著，不仅使得与他同时代的一些学人，而且也使得在他之后的几代学人，很快就站在了全球知识产权法学的高度上，从而免去了许多探索和弯路，有幸不会成为只见树木不见森林的“井底之蛙”。从某种意义上说，中国的知识产权制度建设也是幸运的。当中国的《商标法》《专利法》《著作权法》和《反不正当竞争法》制定之时，包括这些法律修订之时，以郑成思教授为代表的一批学人，参考国际公约和欧美各国的法律制度，为中国相关法律的制定和修改提出了一系列具有建设性的建议。这样，中国的知识产权立法，从一开始就站在了国际化的高度上，并且在短短三十多年的时间里，完成了与国际知识产权制度的接轨。

郑成思教授的文字，体现了他深深的民族情怀。与中国历代的优秀知识产权分子一样，他始终胸怀天下，以自己的学术研究服务于国家和民族的利益。自1979年以来，他在着力研究和介绍国外知识产权法学的同时，积极参与了我国《商标法》《专利法》《著作权法》《反不正当竞争法》的制定和修订，参与了上述法律的实施条例和单行条例的制定和修订。在从事学术研究的同时，他还依据国际知识产权制度的最新动向，依据科学技术的最新发展和商业模式的变迁，向国家决策高层提出了一系列调整政策和法律的建议。例如，适时保护植物新品种，积极发展电子商务，重视互联网络安全，编纂中国的知识产权法典，等等。随着研究视角的深入，他并不满足于跟随国外的知识产权法学，而是结合中国和广大发展中国家的需要，积极推动民间文艺、传统知识和遗传资源的保护。他甚至以“源和流”来比喻民间文艺、传统知识和遗传资源与专利、版权的关系，认为在保护“流”的同时，更要注重对于“源”的保护。

或许，最能体现他深深的民族情怀的事情，是他在生命的最后时期，满腔热情地参与了国家知识产权战略的制定。一方面，他是国家知识产权战略制定领导小组的学术顾问，参与了总体方案的设计和每一个重要阶段的工作。另一方面，他又参与了中国社会科学院承担的“改善国家知识产权执法体制”的研究工作，为课题组提出了一系列重要的建议。2006年8月底，在国家知识产权战略制定领导小组向国务院汇报的前夕，他还拖着沉重的病体，逐字审阅了中国社会科学院的汇报提纲。这个提纲所提出的一系列建议，例如知识产权的民事、行政和刑事案件的三审合一，专利复审委员会和商标评审委员会转变为准司法机构，设立知识产权上诉法院等等，最终纳入了2008年国务院发布的《国家知识产权战略纲要》之中。仍然是在生命的最后时期，他在2006年5月26日为中共中央政治局的集体学习讲授“国际知识产权保护”，针对国际知识产权保护和科学技术发展的新动向，提出了我国制定知识产权战略应当注意的一系列问题。党的十七大提出的建设创新型国家的战略，党的十八大提出的创新驱动发展战略，都显示了他所提出的建议的印迹。

郑成思教授的学术研究成果，属于中华民族伟大复兴的时代。中国自 1978 年推行改革开放的国策，开启了新的历史进程。其中的对外开放，一个很重要的内容就是与国际规则（包括知识产权规则）接轨，对于当时的中国而言，知识产权法学是一个全然陌生的领域。然而，就是在这样一个蛮荒的领域中，郑成思教授辛勤耕耘，一方面将国际上最新的知识产权理论、学说和制度引进中国，另一方面又结合中国知识产权立法、司法的现实需要，撰写了一篇又一篇、一部又一部的学术论著。这些论著的发表和出版，不仅推动了中国知识产权法律制度的建立及其与国际规则的接轨，而且推动了中国知识产权学术研究与国外知识产权学术研究的对话和接轨。特别值得一提的是，郑成思教授不仅将国际上的知识产权理论、学说和制度引入中国，而且还在中国现实需要的沃土之上，创造性地提出了一系列新的理论和学说，例如工业版权和信息产权，反过来贡献给了国际知识产权学术界。

中国的经济社会正处在由传统向现代的转型过程中。随着产业升级和发展模式的转变，“知识产权”四个字已经深入人心，走进了社会的各个层面。人们不再质疑，人的智力活动成果对于社会经济发展发挥着巨大的作用。当我们谈论知识经济的时候，当我们谈论创新型国家建设的时候，当我们谈论创新驱动发展的时候，我们不得不庆幸的是，在以郑成思教授为代表的专家学者的努力之下，我们已经对“知识产权”的许多方面进行了深入而细致的研究，我们已经在2001年加入世界贸易组织之前，建立了符合国际规则的现代知识产权制度。加入世界贸易组织之后，面对一系列我国知识产权保护水平过高、保护知识产权就是保护外国人利益的喧嚣，郑成思教授明确指出，在当今的时代，知识产权保护的水平不是一个孤立的问题，而是与国际贸易密切结合的。如果降低知识产权保护的水平，就意味着中国应当退出世界贸易体系，就意味着中国在国际竞争中的自我淘汰。郑成思教授还特别指出，一个高水平的知识产权保护体系，在短期之内可能对我们有所不利，但是从长远来看，一定会有利于我们自身的发展。这真的是具有穿透时空力量的论断。

郑成思教授的文字，充满了智慧和情感。初读他的文字，深为其中的渊博学识所折服。对于那些深奥的理论和抽象的原则，他总是以形象的案例、事例或者比喻加以阐发，不仅深入浅出，而且令人难以忘怀。阅读他的文字，那充满了智慧的珍珠洒落在字里行间，我们不仅可以随时拾取，而且忘却了什么是空洞的说教和枯燥的理论。初读他的文字，也为那处处流淌的真情实感所吸引。在为国家和民族建言的时候，他大声疾呼，充满了赤子之情。在批评那些似是而非的论调时，他疾言厉色，直指要害并阐明正确的观点。在提携同事和后进的时候，他总是鼓励有加，充满了殷切的期望。毫无疑问，那位中气十足的学者，不仅在演讲时让人感受到人格的魅力和学识的冲击力，而且已经将他的人格魅力和学术生命力倾注在了我们眼前的文字之中。阅读他的文字，我们是在与他进行智慧和情感的对话。

郑成思教授离开我们已经10年了。遥想当年，那位身形瘦弱的青年伏案疾书，将一份份有关知识产权的外文资料翻译成中文，并最终走上了知识产权法学的研究之路。遥想当年，那位即将走进中年的“老学生”，专心致志地坐在伦敦经济学院的课堂上，汲取国际知识产权学术的丰富营养，以备将来报效祖国之用。遥想当年，那位意气风发的中年学者，出入我国知识产权立法、行政和司法部门，以自己扎实的学术研究成果推动了中国知识产权制度的建设和发展。遥想当年，那位刚刚步入花甲之年的学术泰斗，拖着久病的躯体，参与国家知识产权战略的制定，为中共中央政治局的集体学习讲授知识产权的国际保护，并为此而付出了最后的体力。遥想当年，遥想当年，有太多、太多值得我们回顾的场景。

秋日的夜晚，仰望那浩瀚的星空，我们应当以怎样的情怀，来纪念这位平凡而伟大的学者？

李明德

2016 年 8 月

# 导 读

刘丽娟[*]

郑成思先生最引人注目的贡献之一，是他对于知识产权国际公约和外国法的翻译和介绍，这应该是早期他在专业领域的主要工作。在不长的几年时间里，他几乎逐条阅读、翻译并研究了所有的知识产权国际公约，其中不仅包括《巴黎公约》《伯尔尼公约》《马德里协定》等重要公约，还包括非洲的《班吉协定》《哈拉雷协定》、南美洲的《安迪斯协定》、早期的经互会组织的《莱比锡协定》这样不太受关注的公约。不仅如此，先生终生保持着对这些公约后续发展的关注，并在自己的著作中及时更新。

在先生数量庞大且包罗万象的著述中，有五本书可说是其在国际公约领域的主要成就，值得向读者重点推荐，也是本卷国际公约部分的主要收录来源。

---

[*] 法学博士，2004年师从郑成思教授，北京外国语大学法学院副教授，知识产权法中心执行主任。

1985 年出版的《工业产权国际公约概论》，是先生第一次全面介绍工业产权的专著，该书写于我国第一部《专利法》（1984 年）刚刚颁布之后，先生收集了“1984 年 1 月为止缔结的全部世界性工业产权公约及一些主要地区性公约”，其中“对于较有影响的公约讲的详细些，对于刚刚生效或尚未生效的公约讲的简略些”。[①]书中引用的公约条文，基本是先生本人译自世界知识产权组织的公开出版物。

1986 年先生出版《版权国际公约概论》，当时我国《著作权法》尚未制定，该书详细介绍了《伯尔尼公约》和《世界版权公约》的内容，并且对它们进行了比较分析，帮助我们的政策制定者了解并选择参加。在这本书中，先生重新翻译了上述两个版权公约，并附于书后。自此，先生逐渐着手翻译一些主要公约，并随时附于出版的著作中，这些译文作为先生的独创性成果，也都收录于本书。在这些译文中，很多专业词汇从未出现于中文中，无前人成果可供遵照借鉴，先生根据自己对公约的理解加以明确，这些译法，现大多已成为通行的中文称谓。

1992 年出版《版权公约、版权保护与版权贸易》时，我国第一部《著作权法》已经颁布，虽然仍主要是关于版权公约的著作，但先生的关注点已有所变化，从单纯的介绍转向了比较，对比我国的《著作权法》相关规定与主要的版权公约的不同，以及我国应采取的态度。

1995 年出版的《知识产权与国际贸易》一书中的亮点，是对一些地区性公约的介绍，主要包括欧共体的一些知识产权公约、北美自由贸易协定、非洲的《班吉协定》、安迪斯组织的《卡塔赫那协定》，

---

① 原文引自郑成思：《工业产权国际公约概论》，北京大学出版社 1995 年版，前言部分。

这些内容基本被本卷收录。

1996 年出版的《世界贸易组织与贸易有关的知识产权》是先生关于 TRIPS 协议论述的集大成著作，在本卷中也全书收录。先生对 TRIPS 协议的关注是最多的，关于 TRIPS 协议的专著前后共出版了三部以上。较早的 TRIPS 协议专著是《关贸总协定与世界贸易组织中的知识产权——关贸总协定乌拉圭回合最后文件〈与贸易有关的知识产权协议〉详解》(以下简称《详解》)，该书按照条目详尽介绍分析了新出现的 TRIPS 协议。但仅在 2 年之后，即 1996 年，先生有感于参加国际会议时新的发现和心得，对《详解》一书进行了大范围的修改和增补，同时保留了《详解》一书的精华内容，撰写了《世界贸易组织与贸易有关的知识产权》一书。这本书是先生关于 TRIPS 协议最全面、最深入的论述，在本卷中全文收录。虽然 2001 年又出版了《WTO 知识产权协议逐条讲解》一书，且影响巨大，但由于该书是为了方便人们理解 TRIPS 协议，按照协议条目逐条重新编排，基本内容都已出现在 1996 年书中，而未予收录。

出于对国际公约的特殊兴趣和关注，先生在其撰写的一般性知识产权著述中，往往也会附上相关的国际公约，并不断修改自己的认识。因此，先生对于公约的论述，还散落在各个时期不同的著作中。这些先后发表的著述中，对同一个国际公约的论述，随着时间的推移，会有所不同，有些观点会被保留，有些观点有所修改。这使得文集的汇编工作变得比较棘手。作为汇编者，我经常在对于同一内容的先后的几个版本的论述中反复琢磨，究竟应该收录哪些，而哪些内容，需要放弃。也是因此，本卷虽然尽力寻找先生所有的相关论述，但并不敢自称“全集”。

外国法部分，郑成思教授 20 世纪 80 年代初留学英伦，深入学习并研究了英国知识产权制度，这方面的著述比较丰富。在他第一部知识产权体系性著作《知识产权法通论》（1986年）中，对美、英、德、法、日、苏联这些主要国家的知识产权制度进行了介绍。同时期出版的论文集《知识产权法若干问题》（1985年）中，收录了他这段时间撰写的研究外国知识产权制度的许多文章。这些文章，连同后来撰写的一些研究外国制度的文献，都收录在本卷的外国法部分。

《国际公约与外国法卷》部分的编辑体例，与文集的其他部分有所不同。本部分以公约性质和名称、国别编排，而未采取其他部分的以著述形式和论文编排体例，这主要是为了方便读者的理解。公约译文，也附在该公约的相关著述之后。

先生原在中国社科院法学所的国际法室工作，最初接触知识产权是因其杰出的英语水平，被委以翻译一些从国际知识产权会议中带回的资料，这些资料是当时急需加入国际体系的我国迫切需要了解的。正是缘于对这些材料的艰难翻译，郑成思先生萌发了对知识产权这种当时国人非常陌生的学科的兴趣。可以说，先生对知识产权的研究，始于对国际公约和外国法的翻译和研究，后来才逐渐转向对于知识产权一般性问题的研究上来的。这样的研究路径，意味着先生的学问从一开始，且自始至终，都是一种为国家利益服务，面对现实问题、实用主义的研究范式，也在很大程度上决定了我国知识产权学科诸多与众不同且意味深长的现象。

先生的研究兴趣和关注点，具有明显的前瞻性，而这种前瞻性缘于先生对国际公约新发展的关注。以TRIPS协议为例，早在我国“入世”近十年前，先生就早早觉察到“乌拉圭回合”将知产议题纳入WTO框架的新形势，并马上开始深入研究，拿出了翔实且令人信服的研究成果。当决策者开始考虑“入世”时，对其中的知识产权这个WTO中的新问题，已经心中有数。

先生治学，从来都是以问题导向、即通过关注国际前沿领域的发展，以及我国立法的需要、司法的疑难问题、实业的需要等等，确定自己的研究方向。从另一方面看，先生很少进行抽象概念和理论的探讨。这种治学方式,倒是暗合了胡适先生提出的“多研究些问题，少谈些主义”的主张，也体现了一种英美式的“实用主义”研究偏好。正是因为这种研究思路，先生总是能够及时地了解实务部门和社会中出现的问题，并迅速深入研究，拿出解决方案，客观上成为立法机构、司法机关、甚至很多新型的企业的可以依靠、值得信任的支持者和求助对象，这是他所以产生一般学者难以达到的巨大社会影响力的重要原因。

作为一名深谙国际规则的学者，先生还表现出明显的国家利益、民族利益至上的情怀，这可能是他那一代学人的共同意识。在他的心中，虽然全球联结越来越紧密，相互交流变得越来越重要，但主权和民族利益仍是决定对一切制度的态度的基本出发点，不能脱离民族利益抽象讨论知识产权制度的价值。正是因此，先生始终坚定地站在发展中国家立场，在晚年，他明确表示支持发展中国家倡导的对传统知识、遗传资源进行保护的倡议，因为发展中国家在现有知识产权体系中处于劣势，而传统知识、遗传资源这些客体，是发展中国家蕴含丰富、可以拿来与发达国家进行抗衡和谈判的砝码。[①]

然而，先生的民族情怀是建立在理性和长远的考虑之上。在他最后的论著中，面对“入世”后越来越热闹的认为我国知识产权保护过高，从而要求“弱化”知识产权保护的呼声，先生却一再呼吁我国一定要坚持留在国际体系，我国的问题绝不能靠降低知识产权

① 郑成思:“国际知识产权保护与我国面临的挑战”，原载于《法制与社会发展》2006 年第 6 期，本文集已收录。

保护，或“退出”世贸组织等高标准保护体系来解决，因为时代已经改变，新的时代是以经济全球化、技术领先进行国际合作的时代，20世纪40年代的美国或20世纪60年代的日本那种通过压低知识产权保护水平，从而使本国获得一段自由发展时间的做法，在新的时代不但无法实现，而且会使我国在国际竞争中“自我淘汰”。[①]先生特别对所谓“盗版有助于发展我国经济”的观点进行了批评，他说：“我认为恰恰相反：盗版直接妨碍了我国经济的发展。第一，盗版者的非法收入，绝没有上缴国家以用来发展经济；而且对这一大笔非法收入是无法去收税的。从这里漏掉的税款，对国家就是个不小的损失。第二，盗版活动的主要受害者是国内企业。仅仅以软件盗版为例，它是我国自己的软件产业发展不起来的直接原因”。“对音像制品、图书等的盗版如果不给予有力打击，结果也是一样”。

这番话，是当时已身患重病的先生，对我国当权者和理论界、实务界最后一次提醒。

---

① 郑成思：“国际知识产权保护与我国面临的挑战”，原载于《法制与社会发展》2006年第6期，本文集已收录。

# 目录

## 概　述


国际知识产权制度与我国知识产权法 / 002

知识产权国际公约概述 / 014

国际知识产权保护和我国面临的挑战 / 022

世界贸易组织与中国知识产权法 / 044


## 与贸易有关的知识产权协议


《世界贸易组织与贸易有关的知识产权》 / 074

前　言 / 074

绪　论 / 077

第一章　TRIPS 的基本原则 / 105

第二章　版权与有关权 / 163

第三章　商标与地理标志 / 202

第四章　外观设计、专利及拓扑图 / 255

第五章　反不正当竞争 / 290

第六章　知识产权的执法 / 331

第七章　TRIPS 的后四个部分 / 358

公约译文 / 385

世界贸易组织协定中《与贸易有关的知识产权协议》 / 385

## 版权和邻接权公约


《保护文学艺术作品伯尔尼公约》 / 422

评述部分 / 422

第一章 《伯尔尼公约》（1986） / 422

第二章 《伯尔尼公约》（1992） / 458

公约译文 / 491

《保护文学艺术作品伯尔尼公约》 / 491

《世界版权公约》 / 534

评述部分 / 534

第一章 《世界版权公约》(1986) / 534

第二章 《世界版权公约》（1992） / 568

第三章 版权公约对发展中国家使用作品的优惠 / 581

公约译文 / 585

《世界版权公约》（1992） / 585

《保护表演者、录音制品制作者与广播组织罗马公约》 / 604

评述部分 / 604

第一节 《罗马公约》（1986） / 604

第二节 《罗马公约》（1992） / 609

公约译文 / 615

《保护表演者、录音制品制作者及广播组织罗马公约》 / 615

《录音制品日内瓦公约》 / 627

评述部分 / 627

第一节 《录音制品公约》（1986） / 627

第二节 《录音制品公约》（1992） / 630

公约译文 / 634

《保护录音制品制作者防止未经授权复制其制品公约》 / 634

《印刷字体的保护及其国际保存维也纳协定》 / 640

第一节 《印刷字体保护及其国际保存协定》（1986） / 640

第二节 《印刷字体保护及其国际保存协定》（1992） / 642

《卫星公约》 / 644
第一节 《卫星公约》（1986） / 644
第二节 《卫星公约》（1992） / 646
《集成电路知识产权条约》 / 650
评述部分 / 650
公约译文 / 651
《集成电路知识产权条约》 / 651
《视听作品国际登记条约》 / 664
《避免对版权使用费收入重复征税多边公约》 / 665
《解决计算机系统用于利用作品或创作作品引起的版权问题的建议》/ 672
《在电缆传播的节目中保护作者、表演者、录制者及广播组织的注释原则》 / 678
我国与基本公约之外的版权公约可能发生的关系 / 684

## 工业产权公约

《保护工业产权巴黎公约》 / 688
《专利合作条约》 / 721
《专利国际分类协定》 / 733
《国际承认用于专利程序的微生物保存条约》 / 736
《保护植物新品种国际公约》 / 740
《国际技术转让法》及其他有关技术转让的国际惯例 / 744
《科学发现的国际登记条约》 / 766
《保护计算机软件示范法条》 / 769
《工业品外观设计国际备案海牙协定》 / 778
《工业品外观设计国际分类协定》 / 784
《国际商标注册马德里协定》 / 786
《商标注册条约》 / 794
《为商标注册目的而使用的商品与服务的国际分类尼斯协定》 / 799
《制裁商品来源的虚假或欺骗性标志协定》 / 802

《保护原产地名称及其国际注册协定》 / 804
《商标图形国际分类协定》 / 807
《商标法条约》 / 809
《保护奥林匹克会徽条约》 / 810
《反不正当竞争示范法》 / 812

## 地区性国际公约

欧共体——欧盟 / 818
《北美自由贸易协定》 / 877
《班吉协定》 / 887
非洲工业产权组织的《哈拉雷议定书》 / 921
《中美洲工业产权协定》 / 924
安第斯组织的《卡塔赫那协定》中的工业产权条例 / 928
经互会国家的《莱比锡协定》 / 936

## 外国法

美　　国 / 940
英　　国 / 969
德　　国 / 1030
法　　国 / 1056
西 班 牙 / 1072
瑞　　典 / 1083
日　　本 / 1086
新 加 坡 / 1106
澳大利亚 / 1110
苏　　联 / 1113
东　　欧 / 1122

学术索引 / 1129

# 工业产权公约

# 《保护工业产权巴黎公约》*

《保护工业产权巴黎公约》一般简称为《巴黎公约》。它是工业产权国际公约中缔结得最早、成员国最广泛的一个综合性公约。它对其他许多世界性和地区性的工业产权公约的影响很大。绝大多数"闭合性"的工业产权公约都规定:"要求参加本公约的国家,必须首先是《巴黎公约》的成员国。"从这个意义上讲,《巴黎公约》可以称得上是工业产权领域的基本公约,是其他许多公约的"母公约"。它的基本原则与最低要求制约着许多其他公约。正因为如此,绝大多数国家在工业产权法齐备而考虑参加工业产权的国际保护活动时,首先就是考虑参加《巴黎公约》(但并非任何国家均如此。例如,印度就是一个工业产权法齐备但至今未参加该公约的国家)。

## 第一节　历史与现状

### 一、财产的三种类型与工业产权

在产权法学中,资产阶级很早就把财产分为不动产、动产与无

* 编者注:此部分收录自郑成思著:《工业产权国际公约概论》,北京大学出版社 1985 年版,第 1–37 页。

形财产。无形财产中又包括债券、商业票据、合同文件、股份以及能够在工商活动中得到利用的专利、商标、商号、商誉等。人们在最后这类无形财产上所享有的独占权利，就是现在我们讲的“工业产权”。社会主义制度在一些国家中建立起来之后，“工业产权”这个术语仍被沿用下来，但对它以及它包括的内容赋予了不同的含义。例如，我国专利法中就把专利权分为“持有”与“所有”两种不同的占有形式，这是在任何资本主义国家都找不到的。不过我国的法律中，仍旧使用着“工业产权”这个术语。《中外合资经营企业法》等法律的条文中都有“工业产权”的提法。

作为工业产权的专利权，它可能指发明专利，也可能指小发明的专利（这在许多国家称为“实用新型专利”），还可能与技术性发明根本无关，而是指新颖美观的工业品外观设计专利。但是，如果不是特指某种专利，只是泛谈“专利权”时，则仅仅指的是发明专利。所谓专利权，顾名思义，就是权利人对它的“利”享有的独占权，任何单位或个人未经权利人许可，都不得实施专利中包含的技术，不得为生产经营目的而制造、使用或销售专利产品。有些国家还规定，未经权利人许可，不得进出口专利产品。如果有人违反了这类规定，就构成侵犯专利权，权利人就可以到专利管理机关或法院提出专利诉讼。在诉讼中，权利人的独占权如果被肯定，侵权人将被判中止侵权行为和赔偿权利人的损失，这样，权利人的“财产权”在诉讼中就充分地显示出来。因此，西方国家从一开始就把专利权（及其他知识产权）称为“在诉讼中体现出的财产权”（Choses in action）。专利权一般是发明人搞出（或即将搞出）发明时，向专门主管机关申请、经过审查后被授予的。它有一定的有效期（在不同国家，有效期的长短是不同的，从十年到二十年不等，起算日也不尽相同），有一定的权利限制。从我国新颁布的专利法第四十五条、

第六十二条等条款中，可以看到我国对专利权的这些内容所作的具体规定。

商标权具有与专利权相似的独占特点。它主要表现为：权利人就其经销的某种或某些商品享有专用某个商标的特权。商标权一般是商标所有人在工商管理部门履行注册手续后而获得的，但并不是所有国家都要求必须通过注册来取得商标权。有些国家的法律规定，仅仅在贸易活动中使用某个商标并建立起了信誉，也可以得到商标权。不过，一般说来，在国外经销某种商品（即经营出口商品业务）时，经销人都会主动在有关国家申请商标注册（即使这些国家规定商标不注册也能获得独占权）。主要原因有二：一是在外国经销商品不像在本国那样容易取得“建立了信誉”的证据、一旦自己的商标尚未取得这种证据，其他人抢先以同一商标注册，就可能把自己排挤出该国市场；二是即便在不要求必须注册的国家里，注册商标所有人在诉讼中也往往比未注册的商标所有人的地位要优越些。

## 二、工业产权的地域性与《巴黎公约》的产生

工业产权的主要组成部分——专利权与商标权——起源于欧洲国家封建社会晚期。最初，它们是以君主通过敕令而恩赐的特权出现的。所以，它们只可能在有关君主的管辖地域内有效。资本主义社会取代了封建社会，依法产生专有权的形式也取代了君主赐予特权的形式。但工业产权法也只能在颁布它的那个国家内才有效。因此，“地域性”作为工业产权的主要特点之一，继续保留了下来。时至今日，除去在西欧及法语非洲国家的有限地区外，工业产权都仅仅在其依法产生的某个特定国家内才有效。

近、现代的工商业在一国境内的发展，是与国际市场密切联系着的。在资本主义前期，一些西方国家为了吸引外国的先进技术，

允许外国人在本国依照本国法律申请专利。但是，第一，这些外国人在取得专利与行使专利权的过程中，未必能够享有与该国国民同等的待遇；第二，对于外国人在外国所取得的专利权或其他工业产权，任何国家都不会予以承认，也不会给予任何临时性保护。这样，在国际技术市场与商品市场上，都会发生一些冲突。例如，一个德国的发明人在德国获得了专利，他就此而享有的专有权，在英国是得不到承认的。因此，另一个人如果了解到这项发明的内容，就可以到英国去以自己的名义抢先申请专利，如果获得了专利，就可以禁止真正的发明人的产品进入英国市场。发明人如果想避免这种不合理的情况发生，就必须同时在一切可能利用这项发明的国家里，都分别申请专利，这在实践中是办不到的。商标的情况也是如此。如果一个厂商不同时在他想去经销产品的所有国家都申请商标注册，就有被别人拿他的商标抢先注册的危险。

这些潜在的（以及在小范围内已经出现的）冲突，在 1873 年被公开提到许多国家的面前。这一年，当时的奥匈帝国邀请一些西方国家在维也纳举办一个国际发明展览会。但接到邀请信的多数国家都不愿意参加，其原因就是担心本国的发明受不到保护，被外国人拿去作为抢先申请专利的对象。

世界展览会反映出来的问题在当时产生了两个实际反应：一是奥匈帝国在当年就通过了一项特别法，为参加展览会的外国发明、商标及外观设计提供临时保护；二是在维也纳召开了第一次国际专利会议，呼吁在发明专利的保护方面缔结一个国际性协议。作为第二项反应的继续，1878 年在巴黎举办的另一次国际展览会期间，召开了第二次国际专利会议，会议决定组成一个专门委员会，负责起草一份保护工业产权的国际公约。1880 年，21 个国家的代表在巴黎讨论了这份公约的草案。1883 年 3 月，由法国、比利时、巴西、危地马拉、意大利、荷兰、葡萄牙、西班牙、萨尔瓦多、瑞士和塞尔维亚（今南斯拉夫的一部分）发起，在巴黎缔结了《保护工业产权巴黎公约》。这个公约于1884年生效时，英国、突尼斯及厄瓜多尔也宣布参加。

## 三、《巴黎公约》的主要作用及其发展情况

《巴黎公约》与知识产权领域的其他基本公约（如《保护文学艺术作品伯尔尼公约》）一样，是一种“开放性”公约。参加它的程序比参加联合国这种国际组织简单得多，既不需要原有的成员国对新要求参加的国家的资格进行审查，也不需要原有成员国表决是否同意接纳，而只要参加国声明本国批准或参加这个公约，并向“巴黎联盟”总干事呈交了批准书或加入书，就可以了。在一般情况下，参加国应当首先具备工业产权立法，并按照《巴黎公约》的最低要求调整国内立法，如果这个步骤暂时没有进行，也不妨碍一个国家参加该公约。例如，荷兰、瑞士、印度尼西亚等国在成为《巴黎公约》成员国时，都连专利法还没有制定。

《巴黎公约》的缔结，基本上解决了前面讲到的国与国之间在工业产权保护上的两个大问题。公约中规定了“国民待遇”与“国际优先权待遇”两条基本原则和其他一些对成员国国内立法的最低的统一要求，这就保证了一个成员国的国民可以在所有其他成员国内享有某些统一的、最低限度的权利。同时，它为一个成员国的国民在其他成员国申请工业产权提供了便利，有助于产品的出口和技术的交流。这种统一的保护还阻止了一个成员国中未经许可的仿制品（如果系仿制其他成员国国民所有的专利品）向其他成员国出口。但是，《巴黎公约》还起不到跨国实体法的作用，它既不能批准任何跨国工业产权，也不保护任何跨国工业产权。此外，它也不起工业

产权示范法的作用，相反，它是以保持各成员国国内工业产权法的独立和有效为基础的。正因为如此，世界上不同经济制度和不同法律制度的国家，都可以参加。到 1985 年 3 月为止，公约的成员国已经达到 96 个。这些国家是阿尔及利亚、阿根廷、澳大利亚、奥地利、巴哈马、比利时、贝宁、巴西、保加利亚、布隆迪、喀麦隆、加拿大、中非、乍得、刚果、古巴、塞浦路斯、捷克斯洛伐克、朝鲜、丹麦、多米尼加、埃及、芬兰、法国、加蓬、民主德国、联邦德国、加纳、希腊、海地、梵蒂冈、匈牙利、冰岛、印度尼西亚、伊朗、伊拉克、爱尔兰、以色列、意大利、象牙海岸、日本、约旦、肯尼亚、黎巴嫩、利比亚、列支敦士登、卢森堡、马达加斯加、马拉维、马耳他、毛里塔尼亚、毛里求斯、墨西哥、摩纳哥、摩洛哥、荷兰、新西兰、尼日尔、尼日利亚、挪威、菲律宾、波兰、葡萄牙、南朝鲜、罗马尼亚、圣马利诺、塞内加尔、南非、苏联、西班牙、斯里兰卡、苏里南、瑞典、瑞士、叙利亚、坦桑尼亚、多哥、特立尼达和多巴哥、突尼斯、土耳其、乌干达、英国、美国、上沃尔特（现改名为“布基纳法索”）、乌拉圭、越南、南斯拉夫、扎伊尔、赞比亚、津巴布韦、卢旺达、几内亚、马里、巴巴多斯、中国、苏丹。

《巴黎公约》缔结以后，一共修订过六次，每次修订都产生一个新的文本，它们是：1900 年的布鲁塞尔文本、1911 年的华盛顿文本、1925 年的海牙文本、1934 年的伦敦文本、1958 年的里斯本文本、1967 年的斯德哥尔摩文本。虽然每个文本出现后，新参加国必须承认最新文本的效力，但新文本产生之前已经参加公约的原成员国，却可以依旧遵循原文本，而不一定受新文本中增加的条款的约束。例如，如果某个仅仅承认里斯本文本的成员国的专利法，拒绝对另一个成员国的国民所申请的“发明者证书”的优先权予以承认，那么谁也不能指责这个国家违反了公约。因为对“发明者证书”

给予同专利权一样的国际保护，只是在制定斯德哥尔摩文本时，才增加到公约第四条最后一项中的。现在，上述文本中只有布鲁塞尔和华盛顿两种文本已不再有它的成员国。其他各种文本都多少还有几个国家承认。到 1984 年 1 月为止，仅承认海牙文本的国家还有多米尼加、巴西；仅承认伦敦文本的国家还有冰岛、黎巴嫩、新西兰、圣马利诺、叙利亚；承认伦敦文本的实体条文与斯德哥尔摩文本的行政条文的国家有加拿大、印度尼西亚、斯里兰卡、土耳其；仅仅承认里斯本文本的国家有塞浦路斯、伊朗、尼日利亚；承认里斯本文本的实体条文与斯德哥尔摩文本的行政条文的国家有阿尔及利亚、巴哈马、马耳他、菲律宾、坦桑尼亚、赞比亚。其他国家，亦即大多数国家,都已经批准了斯德哥尔摩文本。现在人们讲起《巴黎公约》，除特别指明别的文本外，通常是指斯德哥尔摩文本。本书中，一般也以这个文本为依据。

《巴黎公约》的条文分为实体与行政两大部分。从第十三条到第三十条是行政条文，主要规定参加公约应履行的手续、公约各次修订本的生效日期、执行公约的国际机构的状况等。这些对成员国国内立法没有多大影响，本书不打算介绍和论述。从第一条到第十二条是实体条文，它们明确地规定了各成员国的专利法、商标法、不公平竞争法等法律所不能违背的一些共同准则。这是本部分要详细介绍和论述的。

## 第二节　国民待遇

### 一、“国民待遇”的定义

在 1878 年酝酿工业产权国际公约的巴黎会议上，就存在两种意见。一种意见认为，公约应当成为一部强制性的跨国实体法，用来统一所有成员国国内的工业产权制度。这样做的结果必然使许多国内立法差距较大的国家不愿加入，难以保证公约的广泛性。另一种意见则认为，只能把公约搞成一个纯粹的法律冲突的解决方案，就像一切涉外民事冲突产生时要选择某一国法律作为适用法一样，在涉外工业产权保护问题上，选择专利或商标所有人所在国的法律为适用法——即以此作为该所有人在任何成员国获得的相应权利的适用法。这更是大多数国家所难以接受的。在管理本国的工业产权时大量适用外国法，实质上比适用跨国实体法更不容易办到。最后，与会的代表们认为，出路只有排除上述两种意见，而求助于"国民待遇"这样一个可能行得通的方案。

在《巴黎公约》中，"国民待遇"包括两方面的含义：一是在工业产权的保护上，各成员国必须在法律上给予其他成员国的国民以本国国民能够享有的同样待遇，这反映在公约第二条中；二是即使对于非公约成员国的国民，只要他在某一个成员国国内有住所，或有实际从事工、商业活动的营业所，也应当享有同该成员国国民相同的待遇。这反映在公约第三条中。对于公约成员国的国民来说，则不能要求他们必须在成员国国内有居住地或营业所。例如，一个居住在新加坡（非《巴黎公约》成员国）的英国国民，在申请和获得专利及维持专利权方面，均应在各个《巴黎公约》成员国国内，享有国民待遇。

"国民待遇"原则，在《巴黎公约》以及其他工业产权国际公约中，都是放在首位的。一个成员国的国民在其他成员国中获得国民待遇，正是缔结《巴黎公约》所希望达到的主要目的。今天，一国的自然人或法人就工业产权问题对他国国家机关（对专利局、工商行政局，等等）提出的诉讼，往往是由于被告一方违反了"国民待遇"原则。但国民待遇原则并不妨碍成员国的国内法给予外国国民以高于本国国民的待遇。例如，对于同样违反商标使用规定的行为，对本国使用人给以撤销注册的制裁，对外国人则只处以罚金或通报。在这种情况下，后者得到的虽不是国民待遇，但显然优于国民待遇。当然，一般说来，成员国是不会这样制定国内法的。

但有时为了特殊需要或出于本国传统的法律制度中的原因，有的国家对国内可能采取某些“推广专利技术”的措施，由于与《巴黎公约》的最低要求及一般的国际惯例不相符，所以往往不能适用于外国人。《巴黎公约》第二条第一款规定：虽然各国可以按照国内法确定本国的国民待遇是什么样的水平，但不能少于本公约所专门规定的应享有的权利。在这种情况下，也可能使外国人享有的保护高于本国国民。这样制定国内法，从效果上看，却起到了吸引外国先进技术和推广、应用本国发明的作用，总的讲对一个国家发展经济是有益的，因此是可取的。我国在尚未参加《巴黎公约》时颁布的专利法中，即有一个这样的实例。我国专利法第六条把专利权人分为所有人与持有人两种；中国企业可以是所有人，也可以是持有人，外国企业、个人或中外合资企业则只能是所有人。专利法第十四条又规定了仅仅适用于中国企业和个人的推广其专利的条件。这些都反映了外国专利权人在我国享有的权利在某些方面高于我国专利权人。

从理论上讲，国民待遇保护原则是排斥互惠保护原则的。前者的内容是：你的国民享有什么水平的保护，我就应当享有什么水平的保护。后者的内容则是：你给我的国民什么样的保护，我就给你的国民什么样的保护；如果我的国民在我国享有的保护水平高于你的国内法给予你的国民的权利，那么高出来的这个差额将是你的国民在我国享受不到的。

## 二、“国民”“住所”“营业所”“国内法律”的具体含义

所谓“国民”，既包括自然人，也包括法人。自然人的国民，指的是根据一国的国籍法所承认的享有该国国籍的人。对于具有双

重或多重国籍的人来讲，只要其中一国是《巴黎公约》成员国，这个人就符合“国民”的条件。至于法人，它的具体含义在各个国家还不太一致。国家或国家机关在工业产权的保护方面能否作为享受国民待遇的法人，至今还有争论。不过在一般国家里，凡被法律承认的具有民事权利及行为能力的社会组织，都可以作为法人而享有国民待遇。

对于非成员国国民在成员国内的“住所”，一般并不要求是法律认可的住所（即不一定非具有户籍不可），只要是较长期的住所就够了。对“营业所”的要求是：必须是实际从事工商业活动的处所，而不能是伪称的或虚设的。例如，仅仅设了一个企业的“信箱”，或设了几个不从事工商活动的办事人员，都不能算作在该国有营业所。

按照《巴黎公约》第二条第一款的规定，国民待遇原则适用于各成员国依自己国内的法律给予本国国民的各种待遇。这里讲的“国内法律”，不仅包括成文法，而且包括法院判例，还包括工业产权管理部门在行政管理上的惯例。此外，如果这个成员国还参加了别的国际公约，那么该公约的基本原则也将构成这里所指的国内法律的内容之一。至于那些跨国工业产权公约（如非洲知识产权组织的《班吉协定》、西欧国家的《欧洲专利公约》）、跨国工业产权法（如《比荷卢统一商标法》），则更是有关国家国内法的一部分了。当然，如果仔细分析起来，《班吉协定》及《比荷卢统一商标法》取代了其成员国国内相应的工业产权法；《欧洲专利公约》则是与成员国国内专利法同时有效的。我们在这里只是从总的原则上来讲的。

## 三、对“国民待遇”原则可保留的范围

在《巴黎公约》第二条第三款中，划出了一个在实行国民待遇原则时允许保留的范围。该款规定，各成员国在涉及工业产权保护的领域中，凡是有关司法及行政程序、司法管辖权问题的法律，以

及有关文件送达地址、代理人资格问题的法律，都可以声明保留，即不给外国人以国民待遇。事实上，按照国际法的原则，外国人在任何国家要享有不折不扣的国民待遇，都是不可能的。例如，在任何国家，都不会让外国人享有选举权。在工业产权的国际保护上也是如此。大多数国家的法律，都不允许外国人在本国充当专利代理人。绝大多数国家都要求外国人申请专利时必须在本国有通信地址，或指定一个由本国国民充当的代理人。多数国家的民事诉讼法，都要求外国人在提起某些诉讼时要预先交付诉讼保证金，等等。在这些方面，国民待遇原则就被保留，不予实行了。这都是合理的，因此被《巴黎公约》所承认。

## 第三节　优先权

### 一、申请日与优先权

在讲《巴黎公约》中规定的国际优先权之前，应当首先谈一谈工业产权的申请日问题。许多人、许多著作常常把“申请日”与向专利局或商标局提交专利申请案或商标注册申请案的那个日子完全等同起来，这是不全面的。提交申请的具体日期，在许多场合对于权利的产生是无关紧要的。这主要是由于从《巴黎公约》生效后，就产生了“优先权日”这样一种关键日。《巴黎公约》第四条规定了优先权所包括的具体内容，这就是：如果某个可享有国民待遇的人以一项发明首先在任何一个成员国中提出了专利申请，或以一项商标提出了注册申请，自该申请提出之日起的一定时期内（对发明专利和实用新型来讲是十二个月，对商标和外观设计是六个月），如果他在别的成员国也提出了同样的申请，则这些成员国都必须承认该申请在第一个国家递交的日期为本国的申请日。这就是“国际优先权”。优先权原则的作用主要是使发明人或商标专用人在第一次提出申请后，有充裕的时间考虑还要在哪些成员国再提申请，并有时间选择在其他国家的法律代理人，办理必要的手续。他不必担心在这段时间里有其他人以相同的发明或商标在其他国家抢先申请专利或商标注册，因为他的第一次申请日是“优先”的。这样看来，申请人仅仅在第一次申请时，申请日与申请案提交日才是相同的；而在后来的更多的场合，二者就不同了——申请日的确定被提前。后来各场合中的申请日与优先权日却是相同的。在工业产权公约及许多国家的立法中，使用“法定申请日”这个比较严格的概念。它既包括第一份申请案的实际提交日，又包括继后的申请案依法享有的优先权日。

就专利而言，在法定申请日确立后，申请人起码就能够享有三种权利了。第一，实施权。如果一项发明的个人实施不被法律所禁止，那么法定申请日一经确定，申请人就可以开始实施自己的发明，甚至出售所生产的产品。因为大多数国家对发明的新颖性所下的定义都是“在申请日前未于国内（或国外）公开使用”。这就是说，在申请日之后，即使公开使用，也不会因此否定自己的发明的新颖性。第二，优先权，即前面讲到的《巴黎公约》的优先权。第三，转让权。申请日确立后，对于申请案的所有权，就可以作为一种财产权转让了。许多国家的专利保护期并不始于批准专利之日，却始于申请专利之日。所以，申请日被认为是取得工业产权的一个“关键日”。

## 二、“优先权”的其他含义

“优先权”这个词，在有些国家的工业产权法中还有其他的含义。例如，近年来许多国家的专利法中规定，如果专利申请人在本国曾经提交过一份专利申请，在十二个月内他又改进了同一项发明，准备在本国提交一份新的申请案而撤回原来的申请案。那么，他可以凭借着原来的那份申请案的提交日期，在本国享有优先权。联邦德国1981年专利法第四十条就是这样规定的。这种优先权的含义显然与《巴黎公约》所指的优先权不同。为了避免混淆，这种优先权常常被称为“内优先权”，以区别于《巴黎公约》的国际优先权。另外，美国、加拿大等国的法律以搞出发明的先后而不是以提交申请的先后来决定专利权的归属。在这些国家内，发生专利权的权利冲突诉讼时，就要参考搞出发明（即完成发明）的日期，以此作为优先权的基础。《巴黎公约》显然不是在这个含义下使用优先权的。

## 三、《巴黎公约》的优先权原则的适用范围

《巴黎公约》中的优先权原则，也不是对一切工业产权都适用。对于商号（厂商名称）、商誉、产地名称等，它就不适用。由于该公约没有把服务商标的注册作为对成员国国内法的最低要求（见公约第六条之六），所以，优先权一般也不适用于服务商标。当然，这并不妨碍对服务商标提供了注册保护的国家决定对这种标记适用优先权原则。在《巴黎公约》第四条中，仅仅明确规定了优先权原则适用于发明专利、实用新型专利、工业品外观设计专利与用于商品上的注册商标。

《巴黎公约》关于优先权的享有时间（十二个月与六个月）的规定，并不妨碍它的成员国或以它作为基本公约的其他公约，延长这种时间。例如，必须参加了《巴黎公约》的国家才能够参加的《专利合作条约》，就允许在其成员国内享有国民待遇的申请人，在按该条约提出国际申请案之后，有二十个月（或二十五个月）的时间进一步选择自己打算在哪些国家取得专利保护，这实际上大大延长了

《巴黎公约》的优先权时间。

优先权日取决于在公约成员国中申请案的第一次提交日，这在《巴黎公约》中是一条不容变通的原则。公约第四条A项第四款规定，如果在国际上出现了本书前文中所讲的联邦德国专利法第四十条中提到的那种情况，即改进后的同一项发明再次提交申请，它一般是被当作同一份申请案的第二次提交来看待的，它不能被当作一份新的申请，可以享有第一次申请日的优先权（联邦德国“内优先权”的情况是，第二次申请能够被当作新申请案，同时又能享有第一次申请日的优先权）。只有在一些条件(即:(1)申请人撤回了原申请案，或放弃了原申请案，或专利局驳回了原申请案;(2)在从原申请日到撤回日，或放弃日、驳回日的整个过程中，该申请案没有被公布过;(3)申请人没有以原申请日为优先权的依据在其他国家提交过申请;(4)原申请案未遗留下任何未决的权利)都满足的情况下，申请人的第二份申请才可以被当作一份新申请，同时确立新的优先权起始日。这也与“内优先权”不同。“内优先权”是在撤销原申请的前提下，以原申请日为优先权日；公约第四条A项四款则是在撤销原申请（及其他条件）的前提下，以新提交申请之日为优先权日。这些区别，是研究工业产权国际公约与各国工业产权法时应当留心的。

优先权日必须是在那些已经成为《巴黎公约》成员国的国家中第一次提交工业产权申请案时才能确立。如果某国现在虽然是该公约的成员国，但在某申请人提交申请案时该国尚未参加公约，那么这个申请人就不能享有《巴黎公约》的优先权。同样，如果某个申请人在公约的某成员国第一次提交申请时，另一个国家尚未参加公约，则这个国家后来即使参加了公约，该申请人也不能在这个国家享有《巴黎公约》的优先权。

优先权作为一种权利，可以连同专利申请案、商标注册申请案等，或连同专利权、商标权等一同转让。只要有关优先权的期限尚未届满。申请案或有关专有权的合法受让人同样可以享有优先权。所以，优先权的享有人可能在某些场合并不是申请人或专有权人自己。

## 四、确立优先权与请求享有优先权时的注意事项

优先权属于工业产权中依照公约享有的一种“初期权利”。它在任何实际权利都还没有确立或没有被批准时，就首先产生了。优先权的产生，只要求有关申请案合乎格式、文件齐备和交付了申请费，而不需要任何其他审查。这里要注意的是，“文件齐备”很重要。例如，一般国家的专利法或专利法的实施条例都规定，如果专利说明书需要附图，那就只有在呈交附图后，才能产生优先权。

即使优先权所借以产生的那份专利申请案（或商标注册申请案）被驳回，已经产生出的优先权仍旧在十二个月内（或六个月内）继续有效。由于它的这种“皮之不存，毛将仍附”的特点，它虽然对于已被驳回的申请案本身没有多大意义了，但却仍旧能够阻止其他人在优先权期内以同一发明或同一商标在公约成员国国内申请工业产权，它仍旧有助于原申请人在其他国家申请工业产权。由于不同国家的工业产权实体法非常不同，申请人虽然在第一个申请国被驳回，却仍可能在其他申请国被批准。因此，尽早地提交第一份申请案，尽早地确立优先权，对于任何申请人来讲，都具有重要意义。但在这里要注意的是，第一份申请案的申请人在后来向其他成员国提交第二份以及以后的各份同一项发明或商标的申请时，并不是自动地就产生了优先权。这些继后申请案的受理国也不会主动赋予优先权。申请人从第二份申请开始，都必须另附一份“优先权请求书”。这种请求书中要说明自己就同一发明或商标，已经在何时、向哪一个成员国递交过第一份申请，要注明第一份申请案的申请号码及受理国为它确认的申请日。有的国家还要求附上第一份申请案的影印件。

作为专利申请来说，这种优先权请求书一般必须与继后的申请案一道提交，即使因特殊理由不能一道提交，也不得迟于申请案提交后三个月。如果申请人在继后申请案中忘记附上优先权请求书，那么就享受不到优先权。在这种情况下，如果从提交第一份申请到提交继后申请之间，有某个第三者在其他国家抢先就同一发明或商标提出了申请，或在这个期间某公开出版物上登载了申请案中的发明内容，该申请人的继后申请就会遭到驳回。

## 第四节　对成员国工业产权法的其他共同要求

### 一、临时性保护

《巴黎公约》第十一条是关于临时性保护的规定。如上文所说，这种保护是 1873 年在奥匈帝国的国际展览会上首次出现的。临时保护的作用与优先权有某些类似之处，即在一定时间内避免他人不合理地抢先申请某种工业产权，或不合理地公开某种发明，从而使本应获得专有权的人丧失权利。它与优先权的不同之处是，它并不靠第一次提交申请而产生。临时保护的具体内容是，公约各成员国必须依本国法律，对于在任何一个成员国内举办的经官方承认的国际展览会上展出的商品中可以申请专利的发明、实用新型或外观设计以及可以申请注册的商标,给予临时保护。临时保护期,对于发明、实用新型一般也是十二个月，对于商标、外观设计是六个月。在此期间内，不允许展品所有人以外的第三方以展品申请工业产权。如果展品所有人在临时保护期内申请了专利或商标注册，则申请案的优先权日就不再从第一次提交申请案时起算，而要从展品公开展出之日起算，这就使临时保护与优先权有了某种联系。

正是由于临时保护与优先权有相似之处，又有某种联系，近年来，有些介绍工业产权国际保护的著述就把二者混为一谈了，这显然是不对的。首先，二者产生的依据不同。其次，也是更需要注意的，有些国家并不给展品以类似优先权期的临时保护，而只是在法律中承认展品所有人系有关发明或商标的“在先使用人”，以使他们有权利对于展出之后抢先申请的第三方提出权利争讼。《巴黎公约》第十一条并没有具体规定临时保护应采取什么方式，也没有具体规定临时保护期应当为多久。所以，给予展品十二个月（或六个月）的临时保护，仅仅是公约的多数成员国所采用的，而不是一切国家都如此。而优先权原则却是一切成员国必须遵循的。

临时保护也不是自动产生的。要求得到临时保护的展品的所有人，必须取得举办国际展览会的那个成员国的有关当局的书面证明。所要证明的，一是公开展出的日期，二是有关产品是否确属该展览会展出的物品。

临时保护有两个条件，一是展览会必须是国际性的，二是展览会必须是官方承认的。对这两个条件一直存在不同的理解，有的国家认为，必须是按照1928年签订的（1972年最后一次修订的）《国际展览会公约》登记过的世界性展览会，才符合条件。西欧不少国家的专利法就是这样要求的。另一些国家则认为，只要展览会上的展品来自两个以上国家，而展览会又是由政府举办的，就符合条件。目前这两种意见还没有统一。因此，某些展品可能在一部分国家中能够受到临时保护，在另一部分国家中却受不到这种保护。

## 二、宽限期

《巴黎公约》第五条中作出了关于“宽限期”的规定，它涉及交纳工业产权年费或续展费的期限。在大多数国家里，要维护专利在整个保护期内有效，就必须每年交一次年费，年费的数额随着专利保护期的推移而逐年递增。有时，专利权人认为自己的专利付诸工商业利用（如发放许可证）所获收入还不够交年费的数额，就可能自愿放弃专利权。放弃的途径之一就是到时不再交纳专利年费。有些专利权人则可能由于手续上的延误、邮政上的延误而没有按时交年费。但专利局对二者是视同一律的，只要到期未收到年费，就可能按照权利人放弃权利处理。注册商标的情况也是这样，一般每过十年或二十年都要交一次续展费，否则也可能被撤销注册。为了照顾交费时的合理延误情况，避免把合理延误者当成弃权者处理，《巴黎公约》要求各成员国起码要给工业产权的权利人六个月的宽限期。就是说，在交费期限过后的六个月内，只要权利人补交了原定费和延误手续费，仍应维持他的工业产权有效。另外，在公约第五条C项中还规定，如果有些成员国的商标法规定商标必须在商业活动中使用，才能维持注册有效，那么因未使用而撤销注册时，也必须给予一定宽限期。有些国家的商标法规定，"连续中断使用三年（或五年）"的商标，撤销其注册，就反映了这种宽限期。

就工业产权的费用上的宽限期而言，它只适用于年费或续展费，不适用于其他费。例如，专利、商标申请时的申请费和专利审查时的审查费，如果没有按期交纳，则申请案必定遭到驳回。

对于专利权，《巴黎公约》还专门规定了因未交年费而失效后应有的恢复权利的程序。这项规定虽然同宽限期规定在同一条中，但它们的作用是不同的。宽限期的作用是防止权利失效，而不是失效后的恢复。对于权利的恢复，成员国的国内法或成员国的地区性统一公约还可以规定更宽的适用范围。例如，非洲知识产权组织的《班吉协定》规定，无论发明专利权，还是实用新型专利权、外观设计专利权、商标权，只要是因为没有交纳年费或续展费而失效的，都可以请求恢复。

### 三、其　他

《巴黎公约》中针对成员国对各种工业产权的保护，还提出了一些共同要求。例如，第五条 D 项规定，各成员国在保护工业产权时，不得要求专利产品或使用注册商标的产品上必须标明受保护标志（如该产品的专利号码、商标的注册号码等）。因为有些产品体积很小，要在上面注明任何标记都是不可能的。而且，各国所要求的标示形式与内容各不相同，产品的经销人很难对各国的要求完全照办。如果以标明某些标志为保护工业产权的前提，实质上就会把一些产品排除在保护范围之外。

## 第五节　成员国的工业产权专门机构

如果一个国家不设立专门机构来负责工业产权申请案的受理、审查、批准、注册及批准后的产权的管理，那么无论是本国国民还是外国人，都将无从申请和获得有关的产权，因此也就谈不上什么国际保护了。所以，《巴黎公约》第十二条规定，每个成员国都必须设有国家的专门的工业产权服务机构，办理上述事宜，以及公布专利说明书与注册商标。公约还要求这样的机构必须出版官方期刊，用于发表获得专利的发明的内容、专利权人的名称、注册商标的复制品和商标所有人的名称，以便希望取得有关专利或商标的使用许可证的人，能找到谈判的对象。此外，虽然公约中没有要求，但多数国家还在上述期刊中公布有关工业产权的转让情况、专利失效的情况、商标注册的续展或撤销的情况等。

近年来，随着地区性跨国工业产权公约的缔结，产生了一些跨国工业产权服务机构，取代了这些地区内的国家的国内相应的机构。

例如，本书中将要讲到的比荷卢统一商标局、非洲知识产权组织雅温得总部，就属于这类机构。它们都被看成是《巴黎公约》第十二条所规定的“国家机构”。另外，有一些较小的国家的一些工业产权服务工作由邻国代管。例如，列支敦士登的专利申请案的受理及审查，均由瑞士专利局代管。代管国的有关机构，对于委托它管理的那个国家来说,也属于《巴黎公约》第十二条所说的“国家机构”（虽然它本身并不是该国的一个机构）。

## 第六节　对专利保护的最低要求

《巴黎公约》针对各成员国的专利法，提出了五点专门要求。这些要求中所讲的“专利”，并不是统指发明专利、实用新型专利和外观设计专利，而仅仅指发明专利。

### 一、专利的独立性

在《巴黎公约》成员国内有资格享有国民待遇的人，就其同一项发明而在不同成员国内享有的专利权，彼此应当是独立的，互不影响的。这是公约第四条之二中提出的要求。这项要求也适用于有上述资格的人在非公约成员国获得的专利。这就是专利的独立性原则。它包括三个方面的含义：第一,一个成员国（即使是专利申请人的所在国）批准了一项专利，并不能决定其他成员国是否对同一发明的申请案也批准专利；第二,一个成员国（即使是专利申请人的所在国）驳回了一项专利申请，并不妨碍其他成员国批准同一发明的专利申请；第三,一个成员国（即使是专利权人的所在国）撤销了一项专利或宣布它无效，并不影响其他成员国就同一发明已经批准的专利继续有效。

规定专利的独立性原则，首先是因为不同国家的专利制度很不相同，无论是专利程序法还是专利实体法，都会有很大差别。例如，有的国家的专利保护期为十五年，有的国家则为二十年。不能因为同一发明的专利在前一类国家保护期届满，就使它在后一类国家正在继续的保护期被砍掉五年。规定独立性原则的第二个原因是申请人或专利权人在不同国家申请专利与维护专利权的活动也往往不同。例如，某申请人在甲国没有及时请求实质审查和交纳审查费，甲国专利局就会认为申请人撤回了申请案；而他在乙国却及时请求了实质审查并交了费，或者乙国根本不要求进行实质审查，所以，甲国对申请案的撤销绝不应当影响申请人在乙国取得专利的可能性。再如，专利权人在甲国忘记交纳年费而专利被判无效，但他在乙国却交了年费，如果因甲国判无效而将其专利在乙国也判无效，显然是不合理的。

从表面上看，申请人在其第一次提交申请的那个国家所确立的申请日，必须被继后的申请案受理国承认为优先权日，这似乎反映出不同成员国之间的专利并不独立。为了排除这种误解，公约第四条之二中的第二款与第五款，专门就优先权与专利独立性的关系作出规定和解释。第二款指出，承认第一次提交申请之日为优先权日，并不意味着在优先权期限内就同一发明申请到的不同国家的专利之间，在撤销、失效及正常有效期的延续方面存在任何联系。第五款又规定，各成员国在承认优先权日的同时，不得把它作为在本国计算专利保护期的起算日，就是说，不得因为专利申请案享有在外国确立起的优先权日，而缩短了专利权人在本国应享有的保护期。

## 二、发明人的署名权

《巴黎公约》第四条之三中规定，发明人有权要求在专利证书上写明发明人的名字。这是为了保护发明人的“精神权利”而做的规定。在各种工业产权（以至全部知识产权）中，只有商标权和同它联系着的权利不涉及保护精神权利的问题。专利权人与发明人往往并不是同一个人，所以，发明人的署名权就显得格外重要。目前，世界各国的独立的私人发明者比较少，大多数发明都属于职务发明、雇佣发明或委托发明。在这些情况下，发明的专利权一般属于单位、雇主或委托人所有。在发明人本身即是专利权人的情况下，也会发生专利权的转让，作为受让者显然也不再是发明人了。规定发明人具有在专利证书上的署名权，就保证了“知识产权中的精神权利不可转让”原则。现在，越来越多的国家的专利法，不仅要求在专利证上注明发明人的名字，而且要求在申请专利时就在申请案中写明谁是发明人、发明人的通信处以及发明人把申请专利的权利授予申请人的证据。在美国，专利法甚至规定，专利申请人必须是发明人本人，即使是职务发明，也要由发明人申请专利后，再通过劳动合同将专利权转给单位。这与大多数大陆法系国家的版权法规定的“版权的第一个所有人只能是作者本人”非常相似。

除发明人的署名权外，还有另一种署名权，这在《巴黎公约》中并没有规定，但为了避免二者的混淆，这里也讲一讲。许多国家的专利法在列举专利权人的权利时，都有这样一条：专利权人有权在其专利产品或者该产品的包装上，标明专利标记和专利号。如前所述，这不是一条义务，各国专利法不能要求产品上非有这种标记不可。但专利权人，而且唯有专利权人，有权作这种标记。这就是专利权人的“署名权”。不过他署的不是本人的名称，而是专利号，或“专利产品”字样。我国新颁布的专利法第十七条与第十五条就分别规定了这两种不同的署名权。

## 三、对驳回专利申请和撤销专利的三点限制

（1）《巴黎公约》第四条之四规定，如果某成员国的法律禁止或限制销售某些商品，则该国不得以此为理由驳回就生产这类商品

的发明所提出的专利申请，或宣布已取得的有关专利无效。这条规定的依据是，许多商品（如枪支、无线电通信器材）可能在一国销售为非法，而在另一国销售则为合法。被判为非法的原因一般是影响该国的社会治安。但仅仅取得专利和向该国国家机关发放实施许可证，就不会发生影响治安的问题，因此不应成为获得专利的障碍。

（2）公约第五条 A 项第一款规定，经专利权人本人（或经其同意）把专利产品从公约的某个成员国输入批准该专利的另一成员国，不应成为后一个国家宣布该专利无效的理由。这条限制的目的在于，保证专利产品的销售活动不至于影响专利本身的效力。

（3）公约第五条 A 项第三款规定，只有在颁布了强制许可证仍不足以制止专利权人滥用权利的情况下，才可以宣布该专利无效。同时，要宣布一项专利无效，必须等到对该专利颁发的第一个强制许可证满两年之后。这是为了防止专利管理机关滥用宣布专利无效的制裁方法。

## 四、颁发强制许可证的权力及其限制条件

《巴黎公约》第五条 A 项的第二款、第三款规定了各成员国针对专利权人不实施、也不允许他人实施专利的情况，或某项专利必须借助于他人的专利才能实施的情况，有权颁发强制许可证。强制许可证的意思，就是由国家的专利管理机关指定专利权人之外的人去实施其专利，而不再征得专利权人的同意。颁发强制许可证应当符合一定条件，这就是：第一，必须是专利权人在其专利被批准后三年内（或申请专利后四年内——以最迟届满的期限为准）未实施专利，才可以对他的专利采用强制许可证；第二，强制许可证只能是非独占许可证，就是说，在管理机关颁发了强制许可证之后，专利权人自己仍旧有权向别人再发许可证；第三，强制许可证是不可转让的；第四，强制许可证的被许可人仍应向专利权人支付使

用费。

对于“强制许可证不能是独占的”这一点，许多发展中国家是不同意的。它们认为，这不足以制裁专利权人不实施专利的行为。1981 年 10 月，在内罗毕召开的《巴黎公约》成员国外交大会上，一些发展中国家提出了修改《巴黎公约》第五条的议案，要求允许发展中国家颁发独占性强制许可证，但发达国家对此持反对意见。所以，1982 年再次召开成员国外交大会时，又搁置了这项议案，现在争论还在继续。要求颁发独占性强制许可证的主要目的，不在于使取得许可证的一方有独占实施权，而在于剥夺专利权人向其他人发放许可证的权利。在现代的专利中，人们已越来越多地保留了关键性的技术秘密，如果强制许可证的持有人仅仅实施专利中所包括的技术，就不可能收到最好的或较好的效益。强制许可证并不能强迫专利权人交出他保留下来的秘密，所以他在向别人发放许可证时，可能附带上技术秘密，使未持有强制许可证的人反倒能获得好的实施效果，这样一来，强制许可证的作用就落空了。

## 五、对专利权的限制

各个国家的专利法中，既规定了专利权的行使范围，又规定了对专利权的限制。不同国家所规定的限制内容很不一样。《巴黎公约》第五条之三对各成员国都必须实行的权利限制作了规定，这就是：暂时进入或通过某个成员国的领土（包括领水与领空）的其他成员国的交通工具上，如果使用了某项该国的专利技术所制的产品，该国不能以侵犯专利权论处。在这个问题上要注意的是：所谓交通工具上使用的产品，仅仅指那些构成有关交通工具的不可分的部件，为使该交通工具运转而必不可少的机械装置。如果交通工具上装载着别国的专利产品或以别国的专利技术制成的产品，而又未取得专利权人的许可，那就必定要以侵犯专利权论了。

## 第七节　对商标保护的最低要求

《巴黎公约》专门针对成员国的商标保护所提出的最低要求，也有五条。

### 一、商标的独立性

商标的独立性原则反映在公约第六条中，它指的是，如果一项商标没有能够在本国获得注册，或它在本国的注册被撤销，不得影响它在其他成员国的注册申请被批准（对于在其他国已经批准了的注册商标来讲，不能影响它的注册效力）。这个原则与上一节中讲的专利的独立性原则基本相同。

### 二、商标独立性原则的例外

商标独立性原则有一个特殊之点，这就是商标所有人本国的商标注册，对于他就同一商标在其他成员国的注册虽不能有否定性的影响，但却可以有肯定性的影响。《巴黎公约》第六条之五规定，如果一项商标在其本国已经获得了合法的注册，那么在一般情况下，它在其他成员国的注册申请就不应当被拒绝。商标独立性的这种例外，是由商标不同于专利的性质决定的。商标的作用是标示商品，以使来自一企业的产品与来自他企业的同类产品有所区别。以同样的商标标示来源相同的商品，既符合商标所有人的利益，也符合消费者的利益。由于各国商标注册制度的差别很大，如果使商标在不同国家具有像专利那样的完全的独立性，就会使不少在本国可以注册的商标，在外国得不到注册。那么，就可能导致在不同的国家里，来源相同的商品以不相同的商标作标示。《巴黎公约》规定了商标独立性的例外，有助于减少这种情况的发生。

在第六条之五中，对于商标独立性的例外，又附加了不少具体条件。例如，如果一项商标的原注册国实行的是“不审查制”，而另一个国家则实行“实质审查制”，那么商标所有人虽然在本国获得了注册，在后一类国家也未必能获得。又如，某个商标在本国使用，不会产生什么不良后果，但由于传统、社会制度或其他原因，它在另一国使用就可能与该国的公共秩序相冲突，或可能在该国产生欺骗性后果。那么，该商标即使在本国已获得注册，在另一国的注册申请也肯定会被驳回。

### 三、不得因商品的性质而影响商标的注册

《巴黎公约》第七条规定，在任何情况下，都不允许成员国以商品的性质为理由，拒绝给有关商品所使用的商标以注册。这条规定的作用，也在于避免因商品的销售活动而影响工业产权的获得。例如，在有的国家里，食品卫生法规定了某种食品必须经检验合格之后，才可以销售。在检验完成之前，这种食品就具有“不能销售”的特殊性质。但这种性质可能只是暂时存在的，它不应当影响该食品所用的商标获得注册。如果拒绝这种商标的注册申请，就可能为第三者以相同商标取得注册创造条件，从而使原商标所有人在其商品通过检验之后，反倒失去了商标权，这显然是不合理的。

### 四、对驰名商标的特别保护

《巴黎公约》第六条之二规定，各成员国的国内法，都必须禁止使用与成员国中的任何驰名商标相同或近似的标记，并拒绝这种标记的商标注册申请；如果已获得注册，则应当予以撤销。应受到特别保护的驰名商标，不仅是注册商标；即使未注册的，也同样受特别保护。就是说，按照特别保护的要求，未注册的驰名商标，可以阻止与其相同或近似的商标获得注册。至于撤销已注册的与驰名

商标相同或相似的商标，则要依不同情况而定。如果它的注册不是以欺骗手段获得的，也不是用于欺骗的目的，那么驰名商标所有人只有在其注册后五年内对它的注册提出争议，才可以予以撤销；如果争议是在其取得注册五年之后提出的，则不能再撤销了。如果该商标属于“非善意注册”，即采取了欺骗手段，或使用于欺骗目的，那就不论驰名商标所有人何时提出争议，都将予以撤销。

在这个问题上要注意的是，只有当某个商标与驰名商标相同或相似，而所标示的商品又与驰名商标所标示的商品属于同一类时，各成员国才有义务不给予注册。如果申请注册的商标虽与驰名商标相同，但是用于不同商品，同时该驰名商标也没有作为“防护商标”取得注册，那么该相同商标的注册申请就不应被拒绝。所谓“防护商标”，指的是在某些国家中，驰名商标虽然只用在一种商品上，却可以在两种以上甚至所有的商品上都取得注册，以制止其他人在其他商品上使用与之相同或相似的商标。目前多数国家的商标法并不保护“防护商标”。

## 五、禁止当作商标使用的标记

各国商标法中所开列的禁止作为商标使用的标记也是各不相同的。有的国家禁用带有民族或种族歧视性质的标记，有的国家禁用作为王权象征的标记，多数国家都禁用带有欺骗性或可能在公众中引起混淆的标记，等等。《巴黎公约》第六条之二中，要求成员国必须一致禁用两种标记：一是外国（仅仅指成员国）国家的国徽、国旗或其他象征国家的标志；二是政府间（仅仅指成员国政府）国际组织的旗帜、徽记、名称及其缩略语。但这两条禁例要服从下面这些前提。

（1）如果某个成员国的法律允许将本国的国徽、国旗等或与它们相似的图案当作商标使用，则不适用上述禁例。在这种情况下，即使这个国家的有关标志与另一个成员国的有关国家标志相似，另一个国家也不能指责前者国内的商标注册违反了《巴黎公约》。

（2）“政府间国际组织”，仅仅指国家一级政府之间的组织。像加拿大的省、美国的州、苏联的某些加盟共和国等之间的国际组织，或一般国家省、市政府与其他国家相应一级政府间的组织，所用的标志，都不是《巴黎公约》禁例所适用的。

（3）已经受到某个现行的国际协定保护的商标，即使它与上述两种禁用的标记中有相同情况，也不在被禁止之列。

（4）某国成为《巴黎公约》成员国之前已经在该国善意使用的商标，即使与上述两种禁用的标记有相同情况，也不在被禁止之列。

（5）某些商标虽然与上述两种禁用的标记有相似的情况，但在商业中使用它们时，显然不会使人误认为它标示的商品与有关国家或国际组织有什么联系的，则不在被禁止之列。

（6）由于禁用其他国家之国旗为商标的规定是于 1925 年 11 月 6 日生效的《巴黎公约》海牙文本中增加的禁例，所以，在此之前已经注册的商标，不在禁止之列。

（7）各成员国必须把本国不允许作为商标使用的象征性标记列出清单，交巴黎联盟国际局，以便转达给其他成员国，否则其他成员国不予禁用（但由于各国国旗是互相都清楚的，所以国旗不必列入清单）。

## 第八节　对外观设计保护及其他方面的最低要求

《巴黎公约》没有把实用新型作为成员国必须保护的工业产权。但工业品外观设计则是必须保护的，这规定在公约第五条之五中。不过，这一条的内容十分简单，没有指出应当以什么方式去保护。

所以，无论成员国以专利法、外观设计注册法、版权法或不公平竞争法给予保护，都能符合公约的要求。

公约第六条之六要求各成员国对服务商标也提供保护，但不一定要提供注册保护。所以，即使成员国的成文商标法中根本没有服务商标这项内容，只要它们靠不公平竞争法，或仅仅靠普通法（即判例法）去保护它，也符合公约的要求。保护服务商标的要求，是在1958年的公约的里斯本文本中才增加的。同样，厂商品称（商号）也是各成员国必须保护的，但不一定提供注册。当然，如果商号构成商标的一个组成部分，就必须随商标一道注册。

使用产地标记虽然不属于一种专有的产权，但成员国对于使用虚假产地标记的商品，都必须予以扣押。此外，公约还要求成员国禁止其他不公平竞争行为，不过这些都不一定要见诸专门的立法了。

公约第七条之二要求成员国必须为“集体商标”提供注册保护。在决定是否给某个集体商标注册时，只过问使用该商标的不同企业的集合体是否存在，而不过问该集合体是否在国内。

## 第九节 “自由条款”及违反最低要求的现象

### 一、“自由条款”

《巴黎公约》的最低要求仅仅限于对成员国的工业产权法应保障哪些起码权利作出规定。至于通过什么样的程序获得这些权利，怎样行使这些权利，对侵犯权利的行为作何处理，等等，大部分都没订在公约中。没有订入公约的，可以算是一些暗示性的“自由条款”，等于告诉成员国有权自己酌定。同时，也有一些可以自由酌定的内容明文写在公约中。例如，第六条之四的第一款规定了对商标转让的限制，这种限制的前提是“各成员国依照本国的法律”行事。

同一条的第二款又专门说明，在某些情况下，成员国可以不承认上款所规定的限制。这就给成员国国内法留有很大余地。这一类条款，就属于公约中的“自由条款”，而不是最低要求。

不过，公约所允许的“自由”不是无限的。例如，在程序上，各成员国有自由决定在批准专利之前，是否审查发明的新颖性。但是，在不审查新颖性的国家，也不能把专利批给已有他人先提出了专利申请的相同发明。在这种情况下，问题不仅涉及新颖性（在后的申请与在先的申请相比，显然已经不新颖了），而且涉及优先权，而“优先权原则”是公约的最低要求之一。又如，成员国有自由规定在批准商标之前，对一个商标是否与已经注册的其他人的商标相冲突不加审查。但即使在这种国家里，如果驰名商标的所有人提出争议，商标管理机关也必须审查它是否与驰名商标冲突，否则就违背了为驰名商标提供特别保护的最低要求。

这样看来，公约中的“自由条款”（无论明文的还是暗示的）留给成员国在立法上的自由酌定权只是相对的、有限的，这个限度正是公约的最低要求——任何自由都不能违背这些要求。

## 二、违反《巴黎公约》最低要求的现象

那么,《巴黎公约》的最低要求就是绝对的吗？可以这样说:《巴黎公约》提出这些要求,在理论上是绝对的——成员国只有遵守它们，才称其为“成员国”；但成员国的国内立法与司法实践对这些要求的遵循却只是“大体上”的——许多国家的国内法与它们并不符合，而这些国家仍旧是成员国。事实上,不仅成员国的国内法中,而且《巴黎公约》所派生的其他工业产权保护公约中，都存在一些与公约的最低要求相冲突的规定。

在《巴黎公约》之后缔结的《马德里协定》中规定，按照该协定在成员国内获得的商标注册，在最初五年内将是不独立的——商

标的本国注册将对它在其他国家的注册有否定的影响。就是说，如果商标在本国五年内被撤销注册，则它在其他成员国中的注册也将随之被撤销。这与《巴黎公约》中关于商标独立性的要求显然不符，而《马德里协定》的成员国统统是《巴黎公约》的成员国。

按照《美国专利法》第一一二至一一九条的规定，只有当外国国民的专利申请案符合美国法律关于发明说明书的写法要求时，美国专利局才承认该申请案在其他国家第一次提交时所获得的优先权。这样就否定了很大一部分申请人本应享有的优先权，显然不符合《巴黎公约》中的优先权原则。

按照《墨西哥工业产权法》第一二八条的规定，外国商标所有人如果将商标转让或许可给墨西哥的企业使用，则该商标必须与受让人或被许可人自己的商标相结合，才能够保持它的效力。这就使外国商标所有人在利用商标权方面享受不到与墨西哥国民同等的权利，显然不符合《巴黎公约》的国民待遇原则。

这种成员国国内法在一定程度上不符合国际公约的现象，同样存在于知识产权的另一个领域——版权法中。例如，《保护文学艺术作品伯尔尼公约》第一条明确规定，该公约所保护的是“作者的权利”，只有《世界版权公约》才宣布保护“作者和其他版权所有者的权利”。但《伯尔尼公约》的成员国中，大多数英美法系国家的版权法，都规定版权可以不属于作者本人，而属于雇主、委托人、电影制品厂等。

## 第十节　巴黎联盟与世界知识产权组织

1883 年缔结《巴黎公约》之后，缔约国就成立了负责管理公约的巴黎联盟。在不召开联盟大会期间，联盟的事务以及与公约有关的行政事务，由它的国际局承担。1886年，另一个知识产权领域的主要公约——《保护文学艺术作品伯尔尼公约》缔结后，又成立了伯尔尼联盟，也有一个国际局主持它的日常工作。1893年，这两个联盟的国际局合并，成立了“保护知识产权国际局”（简称BIRPI）。此后七十多年里所缔结的许多以《巴黎公约》为基础的其他保护工业产权的国际公约，都有相应的联盟，这些联盟的国际局也都并入BIRPI，统一管理。

1967年在斯德哥尔摩召开的外交会议上，缔结了一个《建立世界知识产权组织公约》，这个公约在1970年生效。按照这个公约的规定，包括巴黎联盟在内的、原先由保护知识产权国际局管理的各联盟，都转归新成立的世界知识产权组织管理。一旦巴黎联盟、伯尔尼联盟等联盟的成员国全部参加了世界知识产权组织，相应的联盟即自动消失。就巴黎联盟来说，它的成员国至今还没有全部参加世界知识产权组织，例如马达加斯加、特立尼达和多巴哥等巴黎联盟成员国，尚未加入世界知识产权组织。

世界知识产权组织从1974年起，成为联合国的一个办事机构，它的国际局设在日内瓦。它除了管理所有的工业产权公约及《伯尔尼公约》之外，还同联合国教科文组织及世界劳动组织一道，管理一些其他的世界性版权公约、版权邻接权公约等。参加世界知识产权组织，并不需要以参加任何工业产权或版权国际公约为前提，只要一个国家是联合国的成员，或批准了国际法院章程，或受到世界知识产权组织全体大会的邀请，都可以参加这个组织。参加这个组织要向它的总干事递交批准文件。而巴黎联盟的成员国只要批准了《巴黎公约》的斯德哥尔摩文本中的行政条文，就可以参加世界知识产权组织。

我国于1980年6月参加了《建立世界知识产权组织公约》，成为该组织的第九十个成员国。到1985年1月为止，已经有109个国家参加了这个组织，它们是阿尔及利亚、阿根廷、澳大利亚、奥地利、巴哈马、巴巴多斯、比利时、贝宁、巴西、保加利亚、布隆迪、白俄罗斯、喀麦隆、加拿大、中非、乍得、智利、中国、哥伦比亚、刚果、哥斯达黎加、古巴、捷克斯洛伐克、朝鲜、丹麦、埃及、萨尔瓦多、斐济、芬兰、法国、加蓬、冈比亚、民主德国、联邦德国、加纳、希腊、危地马拉、几内亚、梵蒂冈、海地、洪都拉斯、匈牙利、印度、印度尼西亚、伊拉克、爱尔兰、以色列、意大利、象牙海岸、牙买加、日本、约旦、肯尼亚、利比亚、列支敦士登、卢森堡、马拉维、马里、马耳他、毛里塔尼亚、毛里求斯、墨西哥、摩纳哥、蒙古、摩洛哥、荷兰、尼日尔、挪威、巴基斯坦、巴拿马、秘鲁、菲律宾、波兰、葡萄牙、卡塔尔、南朝鲜、罗马尼亚、卢旺达、塞内加尔、索马里、沙特阿拉伯、南非、苏联、西班牙、斯里兰卡、苏丹、苏里南、瑞典、瑞士、坦桑尼亚、多哥、突尼斯、土耳其、乌干达、乌克兰、阿拉伯联合酋长国、英国、美国、上沃尔特、乌拉圭、越南、也门、南斯拉夫、扎伊尔、赞比亚、津巴布韦、塞浦路斯、新西兰、委内瑞拉。

由于本书中所讲到的与各个世界性工业产权公约相应的国际联盟，目前都由世界知识产权组织管理（而不论该联盟的成员是否都已加入这个组织）。所以，本书中只对有关的公约本身作介绍和论述，不再介绍与公约同时存在的各国际联盟。在讲到批准或参加了有关公约因而成为相应的国际联盟的成员国时，也只提“某某公约的成员国”，不再使用“某联盟的成员国”这种表达方式。这样可以使论述的重点更突出一些。

# 《专利合作条约》*

《专利合作条约》是在《巴黎公约》的原则指导下产生的一个国际专利申请公约。它完全是程序性的，即对专利申请案的受理及审查程序作出某种国际性统一规定。它不涉及专利的批准问题，因此不影响它的成员国的专利实体法。但是，参加它的国家应当依照它的原则调整国内专利申请的程序。

在 1966 年 9 月巴黎联盟执行委员会会议上，美国提议签订一个在专利申请案的接受和初步审理方面进行国际合作的条约。有人认为，这是受到西欧国家专利合作尝试的启发（西欧国家用以统一专利制度的《斯特拉斯堡公约》签订于 1963 年）。根据这个提议，1970 年 5 月在华盛顿召开的《巴黎公约》成员国外交会议上，缔结了《专利合作条约》，35 个国家的代表签了字，但在 1978 年条约生效时，只有 18 个签字国批准了它。到 1985 年 1 月为止，共有 39 个国家参加了这个条约，它们是澳大利亚、奥地利、比利时、巴西、喀麦隆、中非、乍得、刚果、朝鲜、丹麦、芬兰、法国、加蓬、联

* 编者注：该文收录自郑成思著:《工业产权国际公约概论》，北京大学出版社 1985 年版，第 38-50 页。原书标题为“《专利合作条约》及其实施条例”。

邦德国、匈牙利、日本、列支敦士登、卢森堡、马达加斯加、马拉维、毛里塔尼亚、摩纳哥、荷兰、挪威、罗马尼亚、塞内加尔、苏联、斯里兰卡、瑞士、瑞典、多哥、英国、美国、巴巴多斯、保加利亚、苏丹、意大利、马里、南朝鲜。

缔结《专利合作条约》的目的，在于减少专利申请人及各国专利审查机关的重复劳动，简化一项发明在两个以上国家申请专利时的手续，减少费用，加快国际科学技术情报的交流，为专利保护的国际化创造条件。

## 一、《专利合作条约》的内容及其优点

### （一）总述

《专利合作条约》共有八章，主要内容体现在第一章、第二章和第三章。第一章是条约的成员国都必须批准执行的。第二章则是不同成员国可按照本国专利制度的特点决定批准还是不批准的。第三章是对前两章的情况统一适用的“共同规则”（我国出版发行的《专利合作条约》中文译本，把“共同规则”译成了“一般规则”，容易使读者误解第三章的作用）。条约的实施条例，也是针对这三章而制定的。了解《专利合作条约》的优点及其适用范围，只要介绍前三章就够了。条约的第四章是关于技术情报服务与技术援助的规定。第五章是条约的行政条文，包括成员国大会、执行委员会、国际局以及财务方面的规定。第六章中指出：如果对条约的解释发生争议，应当交国际法院解决。第七章规定了修订条约的方式。第八章是关于参加条约的程序及条约的生效日期。从第八章中可以看出，《专利合作条约》是一个“闭合性”公约，就是说，并不是任何国家都可以参加的。只有《巴黎公约》的成员国才可以参加这个条约。

按照该条约第九条的规定，可以依据条约提交国际专利申请案的人是条约的成员国国民或居住在成员国的居民、经过条约成员国

大会准许提交国际申请案的任何《巴黎公约》成员国国民或居民。条约的实施条例第十八条，对这里所讲的“国民”与“居民”的具体含义进行了解释。

根据条约的规定所提出的国际专利申请案，必须包括申请书、专利说明书、权项请求书、附图与摘要；如果曾经就同一项发明在《巴黎公约》任何成员国中提交过第一次专利申请，那就还要有享受优先权的请求书。申请书的内容必须包含申请人请求将其申请案作为按《专利合作条约》程序处理的声明，以及申请人希望在哪些国家（或跨国专利法所适用的地区）取得专利保护。要求专利受保护的这些国家，在条约中被称为“指定国”。指定国必须是条约的成员国。根据条约第二十二条和第二十三条的规定，申请人不一定要在提交申请案时就最后确定指定国，可以在优先权日之后的二十个月（或二十五个月）内最后确定。申请书中当然还要有申请人的名称，如果申请是由代理人代办的，那就必须再加上代理人的名称。申请书中还应包括发明的名称、发明人的名称。如果发明人与申请人不是同一个人的话，还应有发明人授权申请人提出专利申请的证明文件，诸如雇佣合同、委托书或劳动合同等。

### （二）《专利合作条约》的五个优点

《专利合作条约》的第一个优点是，大大简化了成员国国民在成员国范围内申请专利的手续，使原先必须在各国分别、重复履行的申请程序（而且各国在申请格式上还有许多差别）简化为提交一份格式相同的申请案一次完成。按照该条约，提交国际申请案的具体程序是:（1）将规定的申请案必备的文件呈交“国际申请案接收局”。条约的每个成员国的专利局或跨国专利组织的管理机关，就起这种接收局的作用。（2）国际接收局收到申请案后，先进行形式审查，看它是否合乎《专利合作条约》及其实施条例对申请案的要求。

（3）对于符合要求的申请案，由接收局复制两份，一份送交“国际申请案登记局”，即世界知识产权组织在日内瓦的国际局，以备登记和作为“国际公布”时的材料；另一份递交任何一个“国际申请案检索局”。根据条约成员国大会的决定，澳大利亚、美国、日本的专利局，欧洲专利局，苏联国家发明与发现委员会，在目前起这种检索局的作用。此外，奥地利与瑞典的专利局，对于有限国家的申请案也起这种检索局的作用。为了便于检索，向相应的国际检索局送交的复制件，应当使用英语、俄语、法语、西班牙语、德语及日语中的一种文字。如果某个接收局的工作语言不是上述语言中的一种，则在提交检索局之前应将文件译成英文。当然，规定的语种不是一成不变的，如果今后某个不使用上述语种的重要国家参加了《专利合作条约》，条约的成员国大会还可能讨论增加新的语种，作为检索申请案用语。（4）国际检索局对照“现有技术”的资料，即该局能收集到的、至申请案提交为止时公开出版物上公布的技术情报，对申请案中的发明进行检索，以衡量它是否具有“新颖性”。（5）国际检索局将检索结果写成“检索报告”，并复制两份，一份送达申请人，另一份呈送世界知识产权组织国际局。按照实施条例第四十七条的规定，该国际局应当把原已登记的申请案同后来收到的检索报告一并复制若干份，转交申请人希望受到保护的指定国的专利局。（6）由各个指定国的专利局分别按照本国专利法的要求，参照检索报告，决定对有关申请案是否授予专利。

《专利合作条约》的第二个优点是，减轻了条约各成员国专利局的工作量。过去，申请人就同一发明每向一个国家递交一份专利申请，这个国家的专利局就要进行一次检索。而这种检索在许多时候是重复了其他国家（即申请人先已经申请专利的那些国家）已经搞过的检索。现在，由国际检索局统一检索，检索结果被复制后转送各指定国，这就避免了重复劳动。

条约的第三个优点是，有些国家的专利法要求对申请案进行实质审查，但本国专利局又缺乏审查能力，参加条约后可以依靠“国际初审局”进行审查。《专利合作条约》第一章规定的是国际申请的呈交与检索程序，这是一切成员国都必须遵守的。第二章规定了国际初步审查的程序，这只是为那些要求对专利申请进行实质审查的国家规定的，这些国家可以按照这一章，借助国际初审局的力量。条约第三十二条规定，国际初审局也由条约成员国大会指定。目前起这种局的作用的机关有苏联国家发明与发现委员会，日本、澳大利亚、英国、奥地利、瑞典等国的专利局，以及欧洲专利局。国际初审局将初审结果写成“审查报告”,呈送世界知识产权组织国际局，该国际局再把报告复制若干份，转送那些要求对专利申请进行实质审查的国家。最后，由这些国家根据本国专利法的要求，参照检索报告与审查报告，决定是否对有关申请授予专利。条约允许成员国只批准第一章，是出于两方面的原因：一方面，有些国家的专利法中并没有初审程序，它们仅根据检索结果就可以决定申请案的批准与驳回；另一方面，有些国家的专利法中虽有初审程序，但这些国家不愿参照外国专利局的审查结果。在实际上，大多数《专利合作条约》的成员国都同时批准了条约的一二两章。

条约的第四个优点是，延长了申请人原先按照《巴黎公约》可以享有的优先权期限。条约第二十二条规定，从申请人取得优先权之日算起的二十个月内，申请人应当向指定国专利局提供使用该国文字的申请案译本（如果届时世界知识产权组织尚未将申请案的原文复制本转送指定国，那么申请人还应当提供原文的复制本），向该指定国专利局交纳规定的手续费，以及在该指定国指定专利代理人。条约第三十九条又补充规定，对于要求从国际初审局得到初审结果的指定国，办理上述手续的期限可延长到从优先权日算起二十五个月。这样一来，申请人的优先权期限就比《巴黎公约》规定的期限多了八个月（或十三个月），申请人就有更多的时间考虑指定哪些国家保护自己的专利权。优先权期限的延长对申请人往往起着重要的或决定性的作用。因此，有些工业产权法学家认为，这一点是《专利合作条约》最主要的优点。

条约的第五个优点是，它所实行的专利申请案的"国际公布"，一方面使有价值的技术情报能尽快被世界上有关技术领域的人了解到，这就促进了实用技术的研究工作与发展；另一方面又使相同领域内从事发明创造的其他人尽早了解到自己的创造成果与现有技术相重复的可能性，以减少重复研究工作。条约第二十一条规定，从优先权日算起的第十八个月后，由世界知识产权组织国际局公布专利申请案与国际检索报告。所公布的文件基本上是英文的，但由于《专利合作条约》的工作用语有英、俄、法、西、德、日六种，所以，有些文件也以其他五种文字公布。在不用英文公布的情况下，公布时也附加英文摘要。这样做的目的，主要是使专利情报的传播速度更快、传播范围更广。

## 二、《专利合作条约》的成员国不及《巴黎公约》广泛的原因

既然《专利合作条约》具有这么多优点，为什么参加它的国家至今只有《巴黎公约》成员国的三分之一强呢？我认为主要原因有四点。

第一，《专利合作条约》涉及专利申请及审查的具体程序，不像《巴黎公约》那样，仅仅限于原则性的最低要求。世界上建立了专利制度的国家，对于专利申请要准备些什么文件、申请的具体程序、专利审查的具体程序等，规定得很不一致。总的讲，各国专利

法关于专利从申请到批准之前的程序，可以分为三类，即审查制、部分审查制、注册制（亦即“不审查制”）。

实行审查制的国家又可分为三种。一种是以美国为代表的审查过程中不公布申请案的制度。这种制度审批专利的时间不受外界（第三方）的影响，不征求外界是否有不同意见，整个审查处于保密状态。因此，在审批时间上伸缩性较强。审批快的也许不到两年，慢的则可能六七年或更长时间。在这种制度下，即使专利申请案被驳回，申请人仍可将有关技术作为“商业秘密”发放许可证，因为审查机关一直替申请人拥有的技术保着密。再一种是目前多数国家实行的“早期公开、经请求方审查”的制度。按照这种制度，在一项申请案的申请日确立后十八个月后，专利局即主动将其公布，以征求外界的意见；同时，申请人在申请日确立后的三年内，可随时请求专利局对其申请案进行实质审查。这种制度的优点是，可以借助外界的作用，减少专利局的工作量；缺点是，申请人一旦得不到专利，他拥有的技术也无从保密了。我国专利法中采用的就是这种审查制。还有一种是以日本、联邦德国与荷兰为代表的“早期公开、延迟审查”制度。这种制度基本与上一种相同，只是申请人请求审查的期限是从申请日确立后五年到七年、甚至更长的时间。这种制度的优点是，它所授予的专利大都是高水平的（因审查时间很充分），缺点是，专利审批周期过长，申请案积压太多。实行这三种审查制度的国家，在参加《专利合作条约》时，都要考虑在国内法中增添与该条约程序相一致的内容，起码要增加一些规定，以承认按该条约进行的“国际审查”的结果有效，避免本国程序与该条约程序不尽一致的地方可能给授予专利带来的问题。

实行部分审查制的国家以法国为代表。近年来，西班牙、葡萄牙等国也陆续实行了这种制度。这种制度与审查制相比，减少了一些审查程序，例如它只要求对申请案的新颖性进行检索，但并不要求进一步搞技术先进性审查。这种制度的优点是，批准专利的周期较短。这种制度与《专利合作条约》第一章建立的制度基本相同。当然，这类国家考虑参加《专利合作条约》时，也要相应调整国内法，减少在某些细节上与该条约的程序冲突的可能。

与上述两类制度相关的国家，有些在修改本国专利法时，会遇到国会或政府行政部门的阻碍，这就造成这些国家一时尚不能参加《专利合作条约》。但总的说来，这些国家的专利审批程序与该条约之间的差距还不是很大的。

实行注册制（也称为“不审查制”）的国家就不同了。它们的“不审查”并不是指不进行实质审查，而是连新颖性检索报告也不需要。收到申请案后，只要合乎格式和其他申请形式，在专利局登记，就可以颁发专利证。至于这项专利是否具有新颖性，是否与他人的已有权利相冲突，则要等官司打到法院之后，由法院去判定。有些实行这种制度的国家（大都是拉丁美洲国家）很可能要在修改注册制之后，才会考虑参加《专利合作条约》的问题。

第二，《专利合作条约》的原工作用语，及其规定的国际检索局或国际审查局，都把西班牙语及西班牙语国家排除在外了。世界知识产权组织的一些专家认为，这是拉丁美洲国家中一直极少参加该条约的另一个重要原因。从 1985 年 1 月开始，西班牙语已成为该条约的工作用语，人们估计一旦西班牙参加这个条约，一些拉丁美洲国家会相继参加。

第三，条约所开创的专利国际申请程序既然大大简化了申请手续，必然也大大减少了各国专利律师的生意，这就使一些国家的律师组织反对本国参加该条约。

第四，《专利合作条约》的生效毕竟还不到十年，不像《巴黎公约》已经有一百年历史。有些国家还要看一看这个条约的实际效果，以考虑加入或不加入的利弊得失。

## 三、《专利合作条约》实施条例

从《专利合作条约》生效以来，它的实施条例几乎每年要修订一次（1978 年 10 月、1979 年 5 月、1980 年 6 月、1981 年 7 月、1982 年 9 月、1984 年 6 月，分别作了修订）。所以，无论现在和将来，在研究该条约的具体实行方式时，都要注意取得最新的实施条例的文本。

条约的现行实施条例共 101 条。下面对它的几点重要内容作些介绍。

实施条例第十八条是对条约第九条关于申请人资格问题的详细解释。第十八条指出，某一申请人如果虽然居住在条约的某个成员国内，但并未取得该国国籍，那么他是否属于条约第九条所指的“居民”，要取决于该成员国国内的有关法律，并由申请案的受理局最后决定。但不论各国的法律是怎样规定的，只要申请人在该国内已经设立了实际的工商业营业所，都必须被当作第九条所指定“居民”。申请人在某个成员国是否属于条约第九条所指的“国民”，也取决于该成员国的国内法律，并由申请案的受理局最后决定。但不论各国法律是怎样规定的，凡是已经按照该成员国的法律形成了法人实体（公司、企业、组织等等），都必须被视为“国民”。如果一份国际申请案由几个申请人共同提交，则只要其中有一个人符合条约第九条规定的资格，所有的共同申请人就都被视为具备了资格。另外，一份国际申请案指定了几个国家为专利保护国（即指定国）时，可以就每个指定国指定不同的申请人。在这种情况下，如果被指定的某个申请人对于某相应指定国来说，是不具备申请资格的人，那么这份申请案在这个指定国就成为无效的了。

实施条例第三十三条对于各个国际检索局应当使用的资料，在原则上作了统一规定。用来检索一项发明专利申请案的新颖性及创造性的“现有技术”资料，必须是在该国际申请案提交到接收局之前，（在世界上任何地方）已经存在的形成了文字（包括图、表）的能够被公众所利用的情报材料。如果在国际申请案提交之前，有某些口头的披露、公开使用、展出或其他未形成文字的东西也足以否定该申请案的新颖性，那么有关的国际检索局必须在检索报告中予以特别注明。如果某个后提交的国际申请案的提交日之前，有另一个先提交的申请案的说明书中存在否定后一申请案的新颖性的技术资料，但该说明书尚未公布，那么国际检索局也必须在检索报告中特别注明。此外，实施条例还规定，具体检索时使用的资料，不仅要包括申请案中的发明所属技术领域的现有技术，而且要包括相邻技术领域的现有技术。

当然，按照实施条例规定的范围进行检索之后写成的报告，对于各个指定国的专利局只有参考作用，而没有决定作用。因为，各个国家的专利法对“现有技术”的构成范围，其划分各不相同。例如，有的国家专利法规定，先提交的申请案如果尚未公布，那么只有其中的“权项请求”部分所包括的技术内容，可以用来否定后提交的申请案的新颖性。这些国家就可能不采用国际检索局的上述“特别注明”中的意见。这种国家为“现有技术”范围所作的规定被称为“部分内容”制，即只有在先申请案中的部分内容可以当作“现有技术”。而《专利合作条约》实施条例中的规定叫作“全部内容”制，即申请案说明书中的全部内容都可以当作“现有技术”。

实施条例第三十四条中，规定了各国际检索单位所使用的检索资料的最低限度，即不得少于自 1920 年（包括该年在内）以来，法国、当时的德国及 1945 年后的联邦德国、日本、苏联、瑞士、英国、美国已经公布的专利情报，以及法国的实用证书及苏联的发明者证书的技术情报。

由于实施条例中作了这一类详细规定，就既能减少各成员国在实行《专利合作条约》时可能产生的分歧，又能保证各成员国国内法的独立性。

## 四、《专利合作条约》管理机关出版的主要情报资料

《专利合作条约》的作用之一，是加快技术情报的交流与扩大交流范围。这种作用主要通过国际专利申请案的转递中心,亦即《专利合作条约》的管理机关（世界知识产权组织国际局）公开出版的几种文件反映出来的。

在从优先权日算起的第十八个月后，世界知识产权组织国际局对申请案实行“国际公布”。公布的方式是把有关的申请案刊登在《〈专利合作条约〉公报》上。这份公报从条约生效起开始出版，一般每月出版两期。如果某一时期申请案多，则可能超过两期。例如，1984 年 3 月底即已出版了该年的第 9 期公报。公报是 16 开本，每期 100 页左右。其中百分之九十的篇幅是国际专利申请案，但只包括申请号、申请人名称、发明名称、发明人名称、代理人、指定国，以及专利说明书的摘要与附图。专利说明书的全文另行发表。公布的申请案均采用国际专利分类法。除此之外，公报还公布国际申请案的撤回或申请案中撤销某个指定国的声明，公布关于国际申请案的权项请求或其他内容的更改情况。公报中还有为了便于检索而刊登的四种索引号码，即国际申请号及相应的国际公布号、按指定国字母编排的国际公布号、按申请人姓名编排的国际公布号、按专利国际分类法编排的国际分类号。利用第一种索引可以很快找出有关技术的国际公布情况，利用第二种索引可以了解为哪个指定国公布了哪些专利申请案，利用第三种索引可以在已经知道申请人是谁的

情况下，迅速找到有关的技术情报，利用第四种索引便于在同一领域查找有关技术。

上述公报中的四种索引，每年累计出版一次，形成另一份出版物——《〈专利合作条约〉年度索引》。

世界知识产权组织国际局还按照统一格式，出版全部国际申请案的内容完整的专利说明书。如果在公布申请案时，为它进行的国际检索已经完毕，则在说明书后面附有检索报告。说明书与公报不同，不是以期刊形式出版，而是每份说明书印成一个小册子，一般在10页以上。

# 《专利国际分类协定》*

## 一、协定的产生及成员国情况

公布专利申请案，对于专利申请人来讲，是取得专利保护的前提之一，也是向第三者表明自己的专有权在哪些技术与产品上有效，以阻止第三者侵犯自己的权利；对于公众来讲，则起到公开传播先进技术的作用；对各国的专利管理部门来讲，则便于它们收集用于检索的“现有技术”。所以，从近代专利制度开始后不久（大约在十八世纪初），就实行了专利申请案的公布。专利申请随着现代科学技术的发展而逐年增多。到20世纪七十年代以后，一百多个建立了专利制度的国家，平均每年共计公布一百万份左右的专利文件（其中不仅有专利申请案，还包括实用证书、发明者证书申请案）。无论是专利管理机关还是从事实用技术研究或实施的人，要从这样浩如烟海的文件中寻找与自己有关的技术资料，都会感到十分困难。长期以来，各国都使用自己的专利分类法，这就更增加了查找资料的困难。

1954年，几个西欧国家（荷兰、法国、英国、联邦德国等）在

---

* 编者注：该文收录自郑成思著:《工业产权国际公约概论》，北京大学出版社1985年版，第50-52页。

欧洲委员会主持下，缔结了一个《发明专利国际分类欧洲公约》。这个公约所确定的分类法，经过多次修改，直到1968年才生效。这样，世界上第一次产生了由几个国家统一使用的专利分类法。与此同时，世界知识产权组织的前身（BIRPI）与欧洲委员会一起，着手准备一个世界性的统一专利分类法。这是因为西欧国家签订的上述公约，虽然规定其他国家也可以参加，但限制欧洲委员会成员国以外的国家参加修改国际分类法，所以许多国家不愿参加上述公约。这就使重新制定一个不加上述限制的公约显得很有必要了。

1971年，在法国的斯特拉斯堡召开的《巴黎公约》成员国外交大会上，终于缔结了一个世界性公约，即《专利国际分类协定》。这个协定于1975年生效。协定中所规定的国际分类法，按照科学技术的发展和新技术领域的增加，每隔一段时期修订一次。从1980年到1984年底使用的是第三次修订本。目前则使用第四次修订本。这个协定的行政管理工作，由世界知识产权组织负责。协定非常简单，只有十七条。协定第十二条规定，参加协定的国家，必须首先是《巴黎公约》的成员国。参加协定后所享有的权利与负有的义务也都比较简单，其权利主要是有权参加修订国际分类法的委员会；其义务主要是保证本国在专利管理上使用国际分类法。到1985年1月为止，有27个国家参加了这个协定，它们是澳大利亚、奥地利、比利时、巴西、捷克斯洛伐克、丹麦、埃及、芬兰、法国、民主德国、联邦德国、爱尔兰、以色列、日本、卢森堡、摩纳哥、荷兰、挪威、意大利、葡萄牙、苏联、西班牙、苏里南、瑞典、瑞士、英国、美国。

## 二、协定的内容及实行情况

按照协定建立起来的国际分类法现行文本共有一千余页，分英文、法文两种版本。一般提到这个分类法时，采用它的英文字头缩略语“IPC”作为简称。分类法由9卷组成。第1卷是导言，其内容是指导人们如何使用国际分类法。此外，导言指出国际分类法所起的作用是:（1）作为有效的检索手段，便于专利管理部门和其他利用专利文件的人查找现有技术;（2）作为收集、储存专利文件的最恰当的方式;（3）作为传播专利情报的有效方式。其余 8 卷把全部技术分为 8 个部，即 A 部——人类的必需品，如农业、食品业等；B 部——操作与运输；C 部——化学与冶金；D 部——纺织与纸张；E 部——固定建筑物；F 部——机械工程、照明、加热、武器与爆炸物；G 部——物理；H 部——电。8 个部下又分为 20 小部。例如，A 部之下分为农业小部、食品与烟草小部、个人与家庭物品小部、卫生与娱乐小部。在所有的小部之下又总共开列了 118 个类。例如，在“食品与烟草”小部下，包括食品、食品制作、烘烤、香烟、雪茄烟等类。在所有的类下又开列了 621 个小类，所有小类之下又开列 58 454 个组，组下面按不同情况分为小组。

在历史上，各国使用的传统专利分类法有两种，一种是按照有关发明所适用的工业领域来分，另一种是以发明本身所具有的功能来分。国际分类法主要采用第二种方法，只在某些地方参考使用第一种方法。

为了在实际中使专利的国际分类法真正起到其“导言”中所说的几种作用，1975 年，世界知识产权组织与国际专利文件中心（简称为 INPADOC）在维也纳签订了一项《按照国际分类法对专利文件重新分类的计算机化管理协定》，并建立起相应的“计算机化重新分类系统”（简称为 CAPRI）。这个系统将要开展的工作是：把英国、法国、德国（及 1945 年后的联邦德国）、美国、日本、苏联、瑞士等国 1920 年以来的全部专利文件（也就是《专利合作条约》实施条例中统一要求的最低限度文件），按照国际分类法输入计算机，储存起来，以便有关国家的专利局选用。到 1982 年为止，这个系统的电脑中已经储存了 1500 万份专利文件。

# 《国际承认用于专利程序的微生物保存条约》*

## 一、条约的产生及成员国情况

在许多建立了专利制度的国家，微生物发明可以获得专利。由于“生物工程”已构成新技术革命的一项重要内容，所以准许以微生物发明申请专利的国家也越来越多。即使某些不授予动、植物新品种发明以专利的国家，也往往在专利法中注明，对微生物发明可授予专利。人们讲到的“微生物专利”，指的是两种发明的专利：一种是以已有的微生物为基础研究出的新的使用法；另一种是研制出某种新的微生物。前者属于“方法专利”，后者属于“制品专利”。例如，以新的方法使用某种已有的霉菌，从而加速了某种食品的发酵过程，即属于前一种。如果培育出了某种新霉菌而加快了发酵过程，则后果虽与前者一样，却属于后一种。所谓微生物的备案，多数是针对后一种发明而言的。

大多数国家的专利法，都要求专利申请人必须在申请案的说明

---

* 编者注：该文收录自郑成思著:《工业产权国际公约概论》，北京大学出版社 1985 年版，第 53–56 页。

书中对其发明作出清楚的、完整的说明，使得同一技术领域的普通专业人员能够按照该说明书去实施发明。在一般情况下，“说明”是靠文字与附图来体现的，但对微生物发明来讲，只有文字是不够的，附图也往往说明不了问题，而必须有活的微生物标本，才能够达到使说明书清楚和完整的要求。因此，越来越多的国家和地区性专利组织，都要求微生物发明的专利申请案必须附有活标本。美国、日本等国专利法的实施条例中，都提出了这种要求。《欧洲专利公约》的实施条例中，更明确地规定：微生物专利的申请人必须在提交申请之日，将微生物的培育标本提交备案；在申请案公布之后，这种标本必须能够被他人所使用。

微生物的标本既然是活物，就不像纸张文件那样易于保存，它的保存需要某些特殊的技术条件。专利局内一般不具备这种条件，所以，要设立保存这种标本的专门机构，以便接受微生物标本并备案。在国际上，如果申请人以同一项微生物发明在几个国家申请微生物专利，就需要将活标本提交几个国家的专门保管机构备案。参加《专利合作条约》的国家的申请人，可以将一份申请案经世界知识产权组织国际局复制后转送各个指定国，却不可能通过该国际局“复制”出微生物的活标本。这是国际上的申请人遇到的第一个麻烦。

更为麻烦的是，在向其他国家送交微生物标本时，可能受到该国的进口限制；在申请人本国，则可能遇到出口限制。即使没有这些限制，向距离很远的外国申请微生物专利（例如英国申请人向日本特许厅申请），微生物标本在旅途中也很难存活。

再有，微生物标本所起的作用，相当于一般专利申请案中的附图。多数国家的专利法都规定，在附图未提交到申请受理机关之前，申请人不能确立自己的优先权日。由于微生物进出口的限制与路途上保存的困难，往往会使标本迟于申请案到达。如果申请案提交的那个国家是申请人选择的第一个申请国，就必然推迟申请人的优先权日。这对申请人是十分不利的。

加之不同国家的微生物保存机关，对于提交备案的微生物标本的质量、形式等的要求也会有所不同。即使申请人通过了前面讲的重重难关，还可能因为不符合有关国家特定的质量或形式要求而被拒绝。

在世界知识产权组织成立后不久，英国首先提出了由该组织考虑微生物在一国备案而取得其他国家承认的问题。1977 年，该组织在布达佩斯召开了有 31 个《巴黎公约》成员国和 12 个组织的代表参加的外交大会，在会上缔结了《微生物备案取得国际承认条约》，并制订了条约的实施条例及附件。这些文件都于 1980 年生效。条约缔结时，有 18 个国家的代表签了字，但到 1985 年 1 月为止，批准与参加这个条约的只有 15 个国家，它们是比利时、保加利亚、法国、联邦德国、匈牙利、日本、列支敦士登、菲律宾、苏联、西班牙、瑞典、瑞士、英国、美国、奥地利。

此外，“欧洲专利局”也参加了这个条约。

## 二、条约的内容及实行情况

条约的本文共有二十条，生效之后还没有修订过。它的实施条例有十五条,实行之后已在 1981 年修订过一次。条约第十五条规定，参加该条约的国家，必须是《巴黎公约》的成员国。

条约的前九条是实体条文。

实体条文中规定，根据条约及实施条例所要求的条件，建立一些得到世界知识产权组织国际局承认的“国际微生物备案机构”；条约的成员国必须承认，在任何一个这种机构备了案的标本，均对本国有效，而不能再要求有关申请人在本国另提交标本；负责备案的国际机构必须对收到的标本进行审查，对不合乎要求的，应拒绝接收备案。这样一来，微生物专利的申请人只要在一个机构中备案，交纳一次手续费，就可以取得两个以上国家的承认。

实体条文中还规定，任何一个成员国的专利局为了专利审查程序的需要，都可以向国际微生物备案机构索取有关标本。

为了使申请人有可能提交国际备案，条约第五条中还规定，成员国只有在极个别的情况下（例如对本国的卫生、安全等有危害的情况），才可以限制是交备案之用的微生物进口或出口。

但微生物的备案标本与一般专利文献不同，第三方无权自由索取。这个道理很简单，微生物标本已不仅仅是对发明的一种说明，而且也是发明物本身，任何国家都不会允许第三方无偿取得发明物。

到 1985 年 1 月为止，被世界知识产权组织国际局承认为“国际微生物备案机构”的单位有美国的“农业研究培育收集处”“美国标本培育收集处”“国际试管培育有限公司”，英国的“藻类与原生物培育中心”“英联邦微生物研究所培育收集处”“国家工业细菌收集处”“国家标本培育收集处”“国家酵母收集处”，设在新西兰的“霉菌培育中心局”（系联邦德国的机构），联邦德国的“微生物收集处”，日本的“酵母研究所”，荷兰的“霉菌培育中心”，法国的“国家微生物收集处”等。

# 《保护植物新品种国际公约》*

## 一、公约的产生、特点和成员国情况

按照我国专利法第二十五条第一款第六项的规定，植物品种本身不能获得专利，但培育植物品种的方法可以获得专利。其他许多国家的法律则为植物新品种提供保护。这类法律中有专门的植物品种保护法，也有专利法。有的国家还兼有这两种法。例如，美国的现行法律中有一部《植物新品种保护法》，在专利法中也把“植物专利”作为一个部分。仅仅以专门法保护植物品种的国家，其专门法所提供的保护一般也与专利相类似。无论以什么形式保护，受保护的对象都只能是在非自然生长环境中培育出的植物。至于那些在自然状态下生长、但新近才被某人发现的植物，则不在保护之列。植物保护专门法或专利法中植物专利所保护的主体，即发明人，实际上是新品种的培植人。

为了在国际市场上给扩大本国植物新品种的保护创造条件，一些西方国家于 1961 年在巴黎缔结了一个《保护植物新品种国际

---

* 编者注：该文收录自郑成思著:《工业产权国际公约概论》，北京大学出版社 1985 年版，第 56-60 页。

公约》，并组成了相应的“保护植物新品种联盟”（简称 UPOV）。这个公约与前面讲到的几个专利保护的专门公约不同，它不是以《巴黎公约》为基础而产生的，也不受《巴黎公约》原则的约束。参加它的国家不一定是《巴黎公约》的成员国。只要 UPOV 的委员会认为这个国家的法律与本公约不相冲突，然后由 UPOV 的总干事批准，就可以参加了。按照公约的规定，它的总干事由世界知识产权组织总干事担任，联盟的事务也由世界知识产权组织代管。从公约的条文看，它是同《巴黎公约》平起平坐的。公约中规定了自己特有的国民待遇原则，并规定了享有国民待遇者应受到的最低限度保护的内容。与《巴黎公约》相比，这个公约有个突出的不同之处，即它的实体条文规定得更具体，对成员国立法的限制也更严格。例如，它规定成员国必须对保护对象实行审查，并且要符合公约中规定的一定审查条件，对于最低限度的保护期也作了限制。这些都是《巴黎公约》中所没有的。

这个公约于 1972 年和 1978 年先后修订过两次。到 1985 年 1 月为止，已经有 17 个国家参加了公约，它们是比利时、丹麦、法国、联邦德国、匈牙利、爱尔兰、以色列、意大利、日本、荷兰、新西兰、西班牙、南非、瑞典、瑞士、英国、美国。

## 二、公约的内容

在保护形式方面，公约允许成员国自由选择专门法或专利法，或两种法并用。但是，对同一个植物新品种，只能用一种法保护，不能使之同时受双重保护。

公约在国民待遇问题上，采用的是国民待遇与互惠兼而有之的原则。它规定，任何在公约成员国有居所或有实际营业所的自然人或法人（因此包括了住在成员国的成员国国民），以及任何不居住在成员国境内的成员国国民，均享有国民待遇。但是，任何成员国都有权限制其他成员国国民（或没有本国国籍的非成员国居民）在本国可以享受的权利——不过不能完全取消他们的权利。这就是说，虽然每个成员国都有义务为可享受国民待遇的人提供保护，但可以按照互惠的原则，降低非本国国民的受保护标准。

公约规定可以受到保护的植物不限种类，但不同类的植物保护期可以有所不同。一般植物品种的保护期不得少于十五年，藤本植物、果树、造林植物、观赏植物的保护期不得少于十八年。

受保护植物的培植人所享有的专有权包括为商业目的生产该植物、出售或提供出售该植物。这是公约规定的专有权最低标准。各成员国的国内法可以规定培植人享有更多的专有权。同时，各成员国也可以规定除本国国民外的享有国民待遇者，所享有的专有权少于本国国民，但不得少于公约中所规定的上述两项内容。

公约规定，取得植物品种保护，必须经过一定程序，即培植人必须在有关成员国的主管部门提出保护申请，经主管部门对申请进行审查，然后才确定是否给予保护。成员国可以依照本国的法律，要求申请人不仅提交申请文件，而且提交培植物的种子。主管部门在批准保护前的审查内容不得少于下列几项:（1）确认有关植物是否具有任何现存植物都不具备的突出特点;（2）确认有关植物在提交申请保护之前是否在国内外市场上出售过（但第三方未经培植人同意而出售，不在此列）;（3）确认该品种的基本性质是否稳定不变;（4）确认按照该品种培育出的植物是否与该品种同属一类（如果是同源异性体，则不能取得保护）;（5）确认该植物是否具有自己的名称。

公约规定，申请人在任何一个成员国内第一次提出保护申请后，于十二个月内可在其他成员国享有优先权。请注意不要把按这个公约取得的优先权同《巴黎公约》的优先权相混淆。这个公约的优先权仅仅在 17 个国家有效。在优先权期间，申请人有权排斥其他人以相同的植物品种在成员国内申请保护。这种优先权也不是自动产生的。申请人在第二次以及后来的各次申请中，都要申明第一次申请日，并要求享有按本公约产生的优先权，有关受理国才会予以承认。

与《巴黎公约》相似，这个公约也规定了同一个植物品种在不同成员国所受保护互相独立的原则。这种保护如果在某一国（即使是培植人所在国）失效，不应影响在其他国的保护继续有效；在一国的申请被驳回，不应影响其他国批准保护申请。

公约还允许它的成员国在该公约的原则指导下，订立其他保护植物新品种的专门公约。

# 《国际技术转让法》及其他有关技术转让的国际惯例

## 第一章　技术转让活动与国际统一法

### 第一节　技术转让活动

在现代，企业就发明或商标取得工业产权的主要目的之一，就是向第三方转让使用权，以便获得使用费。尤其是发明专利及其他专利，权利人自己去实施的情况很少，大都是许可给他人实施，自己从中获得收入。这就是人们常说的“出售工业产权”。“出售”这个术语一般只使用于有形物，对于无形的工业产权，多年来国际上已习惯于使用“转让”。

工业产权的主要转让方式是由权利人与第三者签订许可证合同，而不是真正把全部产权转让给对方。许可证合同一般都被简称为许可证。

---

* 编者注：该文收录自郑成思著:《工业产权国际公约概论》，北京大学出版社 1985 年版，第 175-190 页。

许可证有许多类型，如被许可人授权较少的“非独占许可证”，授权被许可人排斥权利人在内的一切人的“独占许可证”，只在部分产权有效区内或仅就产权的部分权项授予被许可人的“部分独占许可证”，授权被许可人不排斥权利人本人，但排斥其他一切人的“独家许可证”，两个权利人互相许可对方使用自己产权的“交叉许可证”，由独占被许可人再度发出的“从属许可证”等。前文中讲过的“当然许可证”也是一种转让形式，但“征用许可证”或“强制许可证”，一般不包括在工业产权的转让合同中。

技术转让活动是工业产权转让活动的综合反映。技术转让一般不仅包括得到使用专利技术的许可，而且包括得到使用挪号（即技术秘密——Know-How）的许可，同时往往包括得到原企业专用的商标的使用许可。那种由一方向另一方提供全套设备，包括建设厂房在内的“交钥匙合同”中，必然也包含提供者的工业产权的综合转让，所以，也具有技术转让许可证的性质。

技术转让合同要具备一般贸易合同中的一些条款，如双方的权利义务条款、不可抗力条款、免除责任条款、仲裁条款、法律适用条款等，更要具备一些自己特有的条款，如地域性条款、专有性条款、产权有效性担保（或不担保）条款、保密条款、权利回收条款等。在这里不可能对所有这些条款作详细说明，仅以地域性条款以及与它有关的法律适用条款为例，作些说明。

工业产权仅仅在它所依法产生的那个地域内才有效。拿专利来讲，除去在《欧洲专利公约》或《班吉协定》的成员国地域之外，不存在什么“国际专利”，只存在具体的“美国专利”“日本专利”等。因此，在引进技术的国家中，如果没有专利法（或专利法尚未生效），那么它就只可能进口技术，而不可能进口专利。因为一切在外国批准的专利，在这个国家地域内都是无效的。但是，如果这个国家的某企业利用外国人的专利技术所生产的产品目的在于出口，而作为出口对象的国家则是该专利权人依法取得了专利的地域，那么这个企业就非购买该外国专利权人的专利许可证不可。这种许可证并不是为了取得对方的专利技术（因为从各国公布的专利说明书中往往可以得到这种技术），而是取得对方的销售专利产品的专有权。如果专利权人在不止一个国家中获得了专利，那么，专利权人有可能允许被许可人在某几个国家销售，而禁止他在另外几个国家销售。这种“许可”与“禁止”的地域划分，就作为一种地域性条款订立在许可证合同中。

不论本国是否已有专利法，本国企业要取得外国专利所有人的挪号，就非与他签订许可证合同不可。因为挪号技术并不随着专利说明书而公布。虽然挪号并不是一种具有地域性的工业产权，但专利权人可以把它同专利联系在一起，在许可证合同中允许被许可人在权利人取得了专利的某些国家制造和销售（使用挪号的）专利产品，而不允许在另一些国家制造或销售。这是另一种地域性条款。

世界上绝大多数国家都建立了商标注册制度。一个专利权人可能在许多国家已经就他的专利产品所使用的商标获得了注册，任何想要使用这种商标来销售自己产品的人，都必须同该专利权人订立许可证合同。许可证中也会对被许可人有权去使用的地域进行限制。这是又一种地域性条款。

在同一个幅员较广的国家，专利权人取得专利后，可能在某个省（或州、邦等）里只允许被许可人在该省（或州、邦等）使用自己的技术，而在另外的省里，专利权人再把同一个专利通过许可证而交给另外的企业使用。这种许可证合同中的地域性条款指的是对一国之内的不同地区所作的限制，它的含义就与上述合同有所不同了。

在技术转让的双方不属于同一个国家的情况下，订立合同时必然会提出这样的问题：将来一旦发生了合同争端，双方在解决争端时应当适用哪国的法律来解释合同？于是就要订立“法律适用条款”。在许多国家，法律或惯例允许合同双方自由选择适用任何国家的法律。但是，工业产权的地域性又限制了这种选择的自由。如果合同选择了转让一方的国家的法律，而合同中涉及的专利与注册商标却是依受让一方国家的法律产生的，又当作何处理呢？因此，任何技术转让合同中的工业产权，只能适用授予这些产权的那个国家的法律；只有合同中的其他内容，才可以适用别的国家的法律。这样，在技术转让合同的法律适用条款中，就常常会出现选择两种以上不同国家的法律作为适用法律的现象。

由于国际上的技术转让活动是非常复杂的贸易活动，它不仅涉及各国的工业产权法，而且涉及各国的合同法、外汇管制法、投资法、税法，等等。对技术转让合同的各种条款应不应当限制，或限制到什么程度为合理，也都依上述不同法律、在不同国家而有所不同。所以虽然在工业产权保护的各个领域中已经缔结了许多国际公约，但在技术转让领域缔结某种国际公约的尝试，还一直没有成功。

不过，这样一个公约（或国际统一的准则）正在积极准备之中。

## 第二节　联合国贸易与发展大会的《国际技术转让法》总述

20 世纪六十年代，一些西欧国家在海牙缔结了一项《国际货物买卖统一法公约》和一项《国际货物买卖合同统一法公约》。这两个公约于 1972 年生效，到目前为止，已有比利时、意大利、荷兰、联邦德国、英国、希腊、圣马利诺、冈比亚等国参加（以色列参加了前一项公约）。以这两个公约为基本内容，联合国贸易法委员会又于 1980 年发起缔结了《联合国国际贸易货物买卖合同公约》。我国代表也在公约上签了字。

国际上的货物买卖公约的缔结，推动了技术贸易公约的准备工作。1975 年联合国贸易与发展大会（简称“贸发会”）第七次特别会议时，一些国家的代表提出了起草一部《国际技术转让行为统一法》，简称《国际技术转让法》。大会组成了专门工作小组进行这项工作。该小组前后已经向大会提出三次草案，但至今没有在大会代表中取得一致意见。

《国际技术贸易法》的最后一份草案是在 1981 年 4 月贸易与发展大会第十七届全体大会第四次会议上拿出的。这份草案不仅本身就是几种分歧意见的综合，而且在会议之后也在不同国家引起不同评论。了解综合在这份最新草案中的各种意见，有助于我们认识不同类型国家对国际技术转让合同的不同要求。同时，草案中也归纳了在各种国家之间意见比较一致的一些内容，这有助于我们了解多数国家已经在技术贸易中承认的国际惯例，以便我国企业、单位引进外国技术和向外转让技术时参考。

在讨论《国际技术转让法》时，贸易与发展大会的各国代表基本分为三种意见，由发展中国家组成的“七十七国集团”持一种意见；由西方发达国家组成的“B 集团”持另一种意见；东欧一些国家和蒙古组成的“D 集团”在有些问题上倾向于七十七国集团，在另一些问题上倾向于 B 集团。① 对起草《国际技术转让法》的主要分歧，体现在七十七国集团与 B 集团之间。

《国际技术转让法》草案由一个序言和十章组成。

“序言”一开始，就对将来怎样称呼那些批准这部国际转让法

---

① 贸发会成立时，把不同国家的代表按地区分为 A、B、C、D 四组，其中 A、C 两组大都是发展中国家，共有 77 国，由于在意见上比较一致，故形成所谓 77 国集团。目前，这个集团实际已有一百二十多个国家，但仍称为 77 国集团。B、D 两组则分别为西方国家及东欧国家集团。

的国家出现了分歧。七十七国集团认为应称为“缔约国”或“成员国”，它认为这部法律应当与国际公约是相同的，应当对于批准了它的国家的政府具有约束力，应当成为批准国政府之间或私人之间开展国际技术贸易时统一遵守的准则。而B集团则只同意称批准国为“参加国”，它认为这部法不能作为一种具有约束性的公约存在，只能作为一种指导性准则，由参加国自愿决定是否遵守它。对于这样一部法应当起到怎样的作用，各国代表在总原则上达成了一致意见，反映在序言中，就是促进国际技术转让活动，加强各国（尤其是发展中国家）的科学技术力量，以建立起国际经济新秩序。序言中特别强调发达国家在转让先进技术时，应当给发展中国家以“特殊待遇”。B集团原则上也没有对此表示反对。

草案第一章对《国际技术转让法》的适用范围作了规定。对于技术转让活动的主体，这部法将适用于一切从事国际技术贸易的自然人与法人。“法人”既包括私营企业，也包括国营企业，还包括从事贸易活动的地区性国际组织；既包括母公司，也包括子公司，还包括合资企业。对于转让活动的客体,这部法将适用于一切作为“技术”存在的制造方法、服务方法的转让活动，但不适用于货物的买卖或租赁。对于包括货物买卖内容的“交钥匙合同”，这部法也适用于其中的设备功能、工程指标等技术因素。该法第一章指出：转让行为的客体虽然包括一切工业产权在内，但其中的商标、商号等非技术因素，只有作为与有关技术不可分割的一个部分转让时，才是本法的适用对象。这部法所适用的“技术”，包括发明专利、实用新型专利、外观设计专利以及一切挪号技术。对于以上规定，贸易与发展大会的各国代表没有什么分歧。

至于转让活动的双方不在同一个国家和在同一个国家这两种情况是否视同一律，各国代表就发生了意见分歧。七十七国集团认为，对于转让活动的双方不在同一个国家的情况，本法无疑是适用的；如果双方同在一个国家，但其中一方是外国公司的子公司、分公司或通过其他方式直接或间接受外国公司控制的，则其转让活动也应适用本法。B集团对前一种情况，也同意适用本法；对后一种情况，则认为应当参照《国际技术转让法》的原则，适用转让活动双方所在国的国内法。

草案第二章规定了《国际技术转让法》的具体作用及各国应遵循的转让活动原则。该法的具体作用是禁止限制性贸易活动，即禁止在转让合同中要求技术受让一方接受某些限制性条款，使转让活动双方在公平的基础上达成协议，增强双方及双方政府间的信任，以推动国际技术贸易的开展。转让活动的原则是，承认各国的主权、政治上的独立与平等；为促进各国（尤其是发展中国家）经济发展而实行技术转让方面的国际合作；把转让活动双方的责任与未参加该活动的政府的责任区分开；转让方与受让方互利；保证发展中国家按各国一致同意的合理条件不断获得技术；对一切依法产生的工业产权给予保护；转让活动双方订立合同的自由要以尊重受让一方国家的主权与法律为基础，并服从于上述诸原则。对此，各国代表基本上没有分歧。此外，七十七国集团还认为，各国应当采取适当措施，把本国在转让活动中的国际义务体现在本国法律中，B集团与D集团对此没有表示同意。

草案第三章主要是规定各国应采取哪些司法措施或行政措施，以促进国际技术转让活动。例如，建立外汇管理制度、信贷制度、税收制度、一定的价格政策、情报交流网等。在这些方面都应当有相应的主管部门，都应制定必要的法规。对此，各国代表没有多少不同的意见。

草案第六章是关于给发展中国家特殊待遇的规定。这种待遇包括三方面：第一，为发展中国家提供价格合理的技术；使发展中国家能够最充分、最方便地获得那些不属于私人企业支配的技术；尽可能使发展中国家得到私人支配的技术，帮助发展中国家选择和估价国际技术市场的现有技术；与发展中国家协作发展科学技术；帮助发展中国家提高技术能力；建立相应的国内的、地区性或国际性机构（包括技术转让中心），以帮助发展中国家获得自己所需要的技术；促进发展中国家的实用技术研究；采取措施更充分地发挥发展中国家在特别经济领域中的人才的作用，等等。第二，发达国家的政府应当根据发展中国家的要求，为其提供专家；在发达国家内为发展中国家培训科研、技术与设计人才；协助发展中国家制定和实行技术转让法规；协助发展中国家采用新技术；为技术转让目的，向发展中国家提供优于商业贷款的贷款；协助发展中国家制定和实施避免技术引进的副作用（例如污染环境、损害健康、不利于安全等）的法规，等等。第三，发达国家应根据本国的法规与政策，提高发展中国家中具体企业的技术能力；与发展中国家的企业及科研机构开展合作，等等。由于这三方面都规定得比较原则，不涉及具体义务，所以对此也没有什么分歧意见。

草案第七章是关于各国间技术情报交流、对转让合同中不合理条款的解决方法的交流、技术转让立法的情况交流，以及避免技术转让的收益人双重纳税等国际合作的规定。各国代表对此也没有什么分歧意见。

草案第八章是关于建立技术转让的国际机构问题，它并不涉及实体法。

草案第九章是技术转让合同中的法律适用与争端的解决。对这一章的分歧比较大，以至在草案的本文中尚未形成书面意见，只是在草案的附件四中，有一份贸易与发展大会执行主席为这一章内容提出的参考意见。这个附件指出：国际技术转让合同的双方当事人，可以协议选择与他们的合同关系最密切的法律为适用法律，但要服从当事人所在国的国内法律与政策对于“法律选择自由”所作的限制。关于合同争端的解决，附件四提倡通过“再谈判”或调解解决；这两种方式不能奏效时，才求诸仲裁。在仲裁时，提倡使用《联合国贸易法委员会仲裁规则》；各国应当通过法律及国际协定，承认仲裁裁决的效力，并协助执行有关裁决。此外，大会代表分成的三个集团都分别提出了对如何起草这一章的意见。意见中的主要分歧有两点：第一,七十七国集团认为在法律适用上，国际技术转让合同只应选择技术受让国的法律；B 集团的意见与执行主席相同；D 集团认为，在合同关系到受让国主权时，应适用受让国法；关系到转让国主权时，则应适用转让国法。第二,七十七国集团认为，如果合同争端是由于合同中关系到受让国公共秩序与主权的问题而引起的，则只能在受让国的仲裁机关仲裁；B 集团认为仲裁地应当允许合同当事人自由选择；D 集团回避了仲裁问题。在贸易与发展大会第十七届会议结束后，许多西方法学者纷纷表示，法律适用与仲裁的问题根本就不应当列入《国际技术转让法》中。

草案的第十章是为该法留有余地的“其他条款”。目前，它还没有具体内容。

## 第三节 《国际技术转让法》的重点部分

草案的第四、五两章是整个草案的重点部分，也是不同国家的代表在会上争论最集中的部分。这两章都是关于技术转让合同的具体条款应怎样订立才合理的规定。

第四章的标题一直没有定下来。七十七国集团认为这一章应当是一切技术转让活动的通用规则；B 集团则认为它只应当是适用于限制性贸易活动的规则；D 集团认为它应当是为排除政治歧视以及限制性贸易活动的适用规则。第五章是使合同能够成立的保证条件，亦即关于合同双方的义务及违约责任的规定。它与第四章的内容是密切联系着的。

## 一、一致同意禁用的限制性合同条款

第四章中列出了在国际技术转让合同中存在的二十种限制性条款及合同条件，各国代表一致同意禁止使用的，只有下列三种。

（1）限制受让人下列行为的合同条款：从事与转让的技术相同的技术或与转让人有竞争可能的技术或产品的研究与生产；从其他的技术供应人那里取得与原转让人有竞争可能的技术。

（2）限制技术受让人的销售行为的合同条款。这类条款的内容一般是转让人要求受让人把出售产品的独占权或代理权全部交给转让人或交给转让人所指定的第三者。

（3）支付使用费方面的限制性合同条款。这指的是技术转让人要求受让人在前者的工业产权保护期届满之后，仍旧继续支付使用费。

下面对上述三种合同条款再作一些解释。

对限制受让人从其他技术供应人那里取得技术，从各国国内法律来看，不仅仅发展中国家把它看作一种阻碍本国经济、技术发展的无理要求，就是发达国家的“反垄断法”也把它判为违反公平竞争原则。在国际技术市场上，发展中国家作为先进技术的买方，总是要“货比三家”,才可能在许可证的价格及条件上不吃亏或少吃亏。如果干涉买主在相同技术的不同卖主之间进行选择，就如同在购买商品时，商店把“不得购买其他人的同类商品”作为条件一样。同时，发达国家作为先进技术的卖方，也都要竞相在国际市场上推销自己的技术；限制买方购买其他人的技术，整个讲也就等于减少了卖方出售技术的机会。因此，不同类型国家在国内与国际技术贸易方面，都反对这种限制性合同条款。过去有的外国公司在与我国进口技术的企业谈判许可证合同时，确曾提出过这种不合理的条款，对这种条款在任何时候都可以无保留地拒绝。只是在已经购买了某外国公司的许可证，而其中又包含挪号的情况下，买方有义务为卖方的技术资料保密，不得在国际市场上“货比三家”时泄露卖方的挪号。

至于限制受让人销售行为的合同条款，禁止使用它往往有一定前提条件，那就是技术受让人应保证尽最大努力去销售使用该技术制出的产品。之所以应作这种保证，是因为许可证合同所规定的使用费一般是以受让人实际出售产品所得净销售数额为基础来计算的。如果产品出售得太少，技术转让一方的经济收入就会受到损失。

本书在前面已讲过，任何工业产权过了保护期，都要进入公有领域。工业产权一旦进入公有领域，权利人即无权要求人们为它们再支付使用费。这是各种国家都一致同意的。但是有两点要注意。第一，B集团在贸易与发展大会上提出，在某些情况下，过了保护期的工业产权仍应受到某种程度的法律保护。例如，有些国家的商标法规定，注册商标因在限定时间内未办理续展手续而失去保护期后，在数年之内仍不允许其他人以相同商标申请注册，就属于这种法律保护。B集团对于过期工业产权不应继续取得使用费则是没有异议的。因此，在许可证合同的谈判中可以无保留地拒绝这种不合理的支付条款。第二，有些技术转让人并不一定要求明确地在许可证合同中订立“工业产权过期后仍须为它们支付使用费”的条款，但他们可能变换方式。例如，合同有效期为十年，有关的工业产权只剩下五年保护期了，转让方却要求“在整个合同有效期内，为一切有关工业产权支付使用费”。这样，就把上述不合理条款“暗示”在合同中了。此外，专利权人因未按时交专利年费，也可以使专利在中途失效，要求在中途失效后仍按整个专利保护期交付使用费，也同样是不合理的。在许可证合同谈判中，受让一方应全面研究与合同有关的工业产权的法律地位，防止订入暗示的或变相的不合理条款。

## 二、基本同意禁用的限制性合同条款

在贸易与发展大会上，各国代表的意见基本一致，认为应当禁用的限制性合同条款有八种。之所以说“基本一致”，是因为七十七国集团认为这些条款在任何情况下都应禁用，B 集团则认为只有当这些条款不公平、不合理或不适当时，才应禁用。这些条款是：

（1）技术转让人为受让人的产品或服务项目规定价格的条款。这是指有些转让人要求受让人使用其技术所制作的产品（或所经营的服务项目），都必须按照转让人规定的价格向市场提供。他们往往以这种要求作为向受让人提供先进技术的前提条件、并写入转让合同中，后果是限制受让人日后在销售上的主动权。

（2）搭售条款。它是指强迫技术的受让人在接受技术的同时，接受转让人（或由转让人指定的第三者）提供的与该技术的实施无关的附加技术或零部件、原材料。有时，这种条款也可能是强迫受让人接受那些虽与转让的技术有关，但在受让人本国能够买到的附加技术或零部件、原材料。这种合同条款实质上是通过供给无形的工业产权而把受让人购买有形物的自由全部限制住了。

（3）限制技术受让人开展研究工作的条款。有的转让人在转让技术时要求受让人不得对有关技术作进一步的研究或改革。实际上，所转让的如果是专利技术，那么其中基本的内容都是公布过的，任何人本来都可以自由研究这种公开的东西。如果受让人一旦获得了技术的使用权，反倒失去了人人皆有之的研究权，显然是不合理的。

（4）限制技术受让人使用本地人员的条款。这是指转让人只允许受让人使用由他所指派的外国技术人员来实施所转让的技术，这是不合理的限制。如果受让一方人员还不能掌握有关技术时，暂时由外国技术人员实施，一般不属于不合理的限制。

（5）限制技术受让人因地制宜地使用有关技术的条款。这类条款也包括以相反的形式限制受让人的自由的情况。例如，要求受让人必须按转让人的意图对有关技术或设计进行不必要的修改。

（6）限制技术受让人作广告的自由，或为销售产品而进行其他宣传的自由的条款。

（7）反馈条款。这种条款一般都规定技术受让人如果在转让人提供的技术的基础上研究出了新的技术并取得了工业产权，必须以独占许可证的形式再回过来转让给原转让人。这实质是限制受让人利用自己的工业产权的自由。在总的一致反对转让合同中订立反馈条款的前提下，不同国家的代表仍存在一些具体的分歧。例如，七十七国集团认为，一切反馈条款都是非法的，都属于不合理的限制性条款；B 集团认为，只有既要求受让人反馈自己的工业产权，又不向受让人支付使用费（即无偿反馈）的条款才是不合理的。七十七国集团认为，受让人在所引进的技术的基础上研究出的新技术，应当归受让人所有；B 集团认为，这种技术应当归受让人与转让人双方共有。

（8）限制技术受让人出口产品活动的条款。总的讲，各国代表都认为这种限制性条款是非法的。但具体讲起来，七十七国集团认为，受让人应当有自由（应当在技术转让合同中得到许可）向任何国家出口产品；B 集团则认为，如果转让人在某些外国享有有关技术的专利权，他就可以限制受让人向这些国家出口。

## 三、对于是否禁用尚未取得一致意见的条款

此外，七十七国集团与 D 集团还建议把另外一些条款也作为限制性合同条款予以禁止，但 B 集团对此没有表示同意。这些条款包

括：限制技术受让人的生产量及经营范围的条款；对受让人的产品进行（受让人认为不必要的）质量控制的条款；要求技术受让人必须使用某种商标的条款；要求允许转让人参加受让人的企业管理的条款；对技术转让合同有效期规定过长的条款；限制受让人引进技术之后的使用自由的条款，等等。

## 四、对技术转让双方的义务的不同意见

第五章是关于技术转让合同双方的义务的规定。七十七国集团、D 集团与 B 集团对这一章的意见基本不一致。七十七国集团与 D 集团认为，这一章所规定的义务是合同当事人“必须”遵守的；B 集团则认为它们仅仅是当事人“应当”遵守的。七十七国集团与 D 集团认为，转让人必须保证受让人按照合同的规定实施有关技术后，能够达到预期的效果；转让人必须担负培训受让人的人员，使之掌握有关技术；转让人必须在特定时期内按照一般价格为受让人提供必需的附件、配件、零件或其他设备；转让合同中所规定的使用费和其他价格不能带歧视性，即不能高于同样技术的其他受让人所支付的费用；转让人在受让人的要求下提供商品或服务时，不得收取高于国际市场同类商品或服务的价格；转让人从受让人那里取得商品或服务时，不得低于国际市场的价格；按照合同的要求实施有关技术时，发生物质损害或人身伤害事故，必须由转让人负责赔偿，等等。对于这些，B 集团都表示不同意。

只是在一些一般原则问题上，不同集团的代表取得了一致意见。这包括国际技术转让活动的当事人都应当遵守“公平贸易”的国际惯例；合同的条件应当合理；转让人有义务向受让人提供必要的技术服务，提供必要的技术情报并说明技术对环境、安全、人体健康的影响；转让人必须保证所提供的技术合乎合同的规定；转让人必须保证他的技术如果付诸实施不会侵犯任何第三方的工业产权；受

让人有义务向转让人说明本国的实施条件和本国的有关法律规定；受让人有义务按时交纳使用费；受让人有义务为转让人的秘密情报资料保密；受让人如果使用了转让人的商标，则有义务保证产品质量不低于转让人企业生产的同类产品，等等。

在国际技术转让活动中，发达国家的政府、法人或自然人经常是转让一方，发展中国家的政府、法人或自然人经常是受让一方。所以，联合国贸易与发展大会上对《国际技术转让法》草案的争论，体现了技术转让合同双方的不同地位与不同利益，实质上也是一场不同国家在联合国谈判一项以公约（国际统一法）形式出现的大“合同”。1983 年 5 月和 1985 年 5 月，贸易与发展大会又召开了两次会议讨论这个草案，都未取得任何进展。由于分歧意见太大，估计这项国际公约不可能在短时期内缔结。

## 第四节 《国际技术转让法》（1986）*

随着国际技术贸易的发展，许多国家都感到需要有一个统一的国际协定来调整发生在不同国家之间的技术转让活动。国际货物买卖方面的各项统一法的订立，也推动了无形产权转让法走向统一的活动。继一九六四年二月海牙国际会议通过了《国际货物买卖统一法公约》及《国际货物买卖合同成立统一法公约》之后，联合国国际贸易法委员会（简称“贸法会”—UNCITRAL）也于七十年代初开始了《国际货物买卖合同公约》的起草。在这种形势下，一九七五年联合国国际贸易与发展大会（简称“贸发会”—UNCTAD）的第七次特别会议上，一些国家的代表提出了起草一个

---

* 编者注：该部分论述收录自 1986 年出版的《知识产权法通论》，与前三节内容有交叉，但并不完全相同，为完整再现郑成思先生的思想，此处仍予以收录。

《国际技术转让法》(也称为国际技术转让活动的准则，即International Code of Conduct on the Transfer of Technology)的问题。但由于"贸发会"成员国之间在这个统一法的内容上分歧比较大，所以草案经多次修改，至今仍未取得比较一致的意见。不过，对这个统一法的内容作个总的介绍，有助于我们了解目前国际技术转让中的一些惯例。

一九八一年四月"贸发会"第十七届大会第四次全体会议拿出了一份最新草案。这个草案由十二部分组成：十章本文、一个前言和一个附录。

"贸发会"上不同国家的代表对草案的分歧意见首先表现在如何规定这个转让法的效力。许多发展中国家代表认为：这个统一法对它的参加国都应当具有约束力，应当具有国际公约的性质。而许多发达国家则认为：应当由各个国家自愿选择是否接受这个转让法的约束。换言之，它的作用只应相当于一个"示范法"，而不是一个国际公约，它对各国国内法的影响不应当是强制性的。显然，这个问题如果不能取得一致意见，其他就都还谈不上。

在具体问题上，代表们对草案的前言与第一、二章的意见比较一致。第一章是"定义与适用范围"，第二章是"目的与原则"。按照比较一致的意见，国际技术转让应包括下列内容。

(1)一切工业产权的转让、出售及许可；但商标的单独转让(即不作为技术贸易合同的一个部分而转让)的情况不在此列。

(2)提供Know-How技术、技术专家、技术人员以及技术培训。

(3)提供为实施工程、安装设备之类所必需的技术情报。

(4)提供使用和维护设备所必需的技术情报。

(5)经济与技术合作协议中的有关部分。

《国际技术转让法》应当管辖这些范围内的国际买卖活动。

在第三章“技术转让贸易活动的国内规则”中，代表们对下述原则达成了一致意见：“各国根据自己的经济与社会发展的需要，采取立法形式对本国法律所承认的工业产权及其他有关权利给以有效的保护。”

草案中比较重要的是第四章与第五章，即关于技术转让合同的限制规则与合同内容。第四章中开列了二十种有关技术贸易中的惯例的问题，代表们对其中的十四个问题取得了比较一致的意见。这些问题是：

（1）返授问题。对于技术转让合同中是否准许订立返授条款（即被许可人或受让人在原有技术的基础上搞出新发明并获得工业产权，必须转让给原技术提供人的条款），基本一致的回答是否定的。有所不同的是，发展中国家代表认为：无论返授采取独占许可证形式、返授方可以取得一定报酬，还是采取返授一方得不到任何报酬的形式，都是不准许的。而发达国家代表认为：只有在返授采取独占许可证形式得不到任何报酬的情况下，才是不准许的。

（2）对转让人的工业产权所有权能否提出争议。有些西方国家始终在技术贸易中要求受让一方不得对转让人的权利提出争议。在转让合同中一般准许订立一种 No-Challenge Clause（不争议条款）；但代表们在讨论草案时一致认为：如果实际上出现了争议，则要依不同的合同所适用的不同法律来决定争议的后果。

（3）排他性使用条款一般应视为无效。不允许技术受让一方的企业使用与进口技术有竞争的其他技术或生产有竞争性的产品，叫作“排他性使用”（Exclusive Dealing）。代表们一致认为这种条款不合理地限制了受让方的活动，是无效的。只有因为保密或保证受让方履行销售义务而不能不订立这种条款时，它才作为一种例外而有效。我国目前有不少部门在与外国企业签订技术引进合同时，遇到对方提出订立“排他性使用条款”的要求。我们就有必要看看是否属于上面讲的这两种例外。如果不属于，则可以拒绝对方的要求。

（4）转让方不应以任何方式限制受让方利用转让合同中提供的技术搞科学研究。

（5）转让方不应强求受让方雇用转让方所指定的人员，而应允许后者尽可能使用本地人员。但如果受让方自己要求雇用转让方人员不可，则不在此限。

（6）由转让方对受让方使用转让的技术制造出的产品规定价格的条款，一律无效。

（7）关于是否允许改造原技术的问题。代表们的一致意见是：如果受让方不使用转让方的商号或商标，则转让方不得限制受让方对有关技术进行任何改造或改革。同时，转让方也不得要求受让方进行后者所不想进行或不需要进行的改造或改革。无论对原技术改造还是不改造，都不能影响签订进口技术合同时预期达到的目标。

（8）专卖权与代表权。在一般情况下，转让方不得强求受让方的产品由前者或前者指定的人专卖，也不得强求由转让方或其指定的人代表受让方进行贸易活动。

（9）关于牵制条款。规定由转让方独家供应受让方所需要的原材料的合同条款，叫牵制条款（也叫“搭卖条款”）。代表们一致认为这种条款一般应视为无效，但如果为保证产品质量而非订立这种条款不可，则另当别论。

（10）关于出口限制条款。一致的意见是认为转让方不得限制受让方的出口活动。发展中国家认为应该将一切出口限制条款视为无效，发达国家则认为只能在一般情况下视为无效，如果受让方向转让方享有工业产权的那些国家出口，仍应受到限制。

（11）关于专利垄断与交叉许可。通过转让方与受让方之间的交叉许可（Cross-Licensing）而达到双方共同垄断某项专利的实施权的目的，是不准许的。除了双方各自研究出的发明专利有主、从关系可互相颁发交叉许可证之外，一般在专利使用权上，本来不互相影响的双方，不得颁发这种许可证。

（12）转让方一般不得限制受让方作广告或出版其他说明产品的出版物。但如果技术转让中包括有转让方的商标、商号使用许可证，那么为保护转让方的信誉，为了安全与保密目的，以及为了保护消费者的利益，则可以允许对广告与出版物作某些限制。

（13）转让方不得要求受让方在合同中的工业产权保护期届满之后，仍缴纳使用费。

（14）工业产权过期后与其相关联的 Know-How 的使用是否应受到限制，代表们对此比较一致的意见是：在一般情况下，不应再受限制。发展中国家认为不应受任何限制，而发达国家则认为：如果专利期已过，而 Know-How 尚未进入公有领域，那就还必须对 Know-How 的使用给予限制。

草案第六至第八章均系国际技术合作方面的一般性规定。第六章“对发展中国家的特别待遇”，如同《伯尔尼公约》与《世界版权公约》中的这类“特别待遇”一样，没有多少实际的价值。第七章“国际合作”讲的是平等互利等一般原则。第八章“国际执行机构”，即指联合国“贸发会”。

第九章“适用法律与解决争端”。在这一章中比较一致的意见是：在技术转让的国际仲裁中，适用一九五八年制定的《纽约仲裁公约》与一九七六年通过的《贸法会仲裁规则》。但发展中国家强调技术转让合同应当适用受让方国家的法律；发达国家则强调由合同双方自行选择，实际上即是要求适用转让方国家的法律或第三国法。

第十章目前还只有一个标题——“其他”——而无实际内容。

上述发展中国家与发达国家意见基本一致的内容，一般也就是国际上通行的惯例。

## 第二章　世界知识产权组织的《示范法》*

一九六五年，由世界知识产权组织的前身“巴黎联盟”的国际局主持起草了一部《发展中国家专利示范法》(*Model Law For Developing Countries on Invention*〔*Patent*〕)。其中第三十三条规定：在许可证合同或类似的合同中，如果许可人在商业方面强加给被许可人专利权所赋有的权利之外的任何限制，则该合同条款被视为自始无效。一九七四年之后，世界知识产权组织国际局又对该法作过多次修订。在一九八〇年的修订本中，已将有关技术转让的内容另立了一个单行示范法，叫作《技术秘密及技术转让合同登记示范法》① (*Model Law For Developing Countries on Invention*〔*Know-How, Registration of Contracts on Transfer of Technology, etc*〕)。参加后一个示范法的起草工作的，有来自21个国家的知识产权法专家。这些国家是：阿尔及利亚、阿根廷、喀麦隆、古巴、埃及、法国、联邦德国、匈牙利、印度尼西亚、以色列、肯尼亚、墨西哥、波兰、苏联、西班牙、斯里兰卡、突尼斯、英国、美国、南斯拉夫、扎伊尔。当然，作为一部示范法，它不可能对任何国家有约束力。但这么多不同制度的国家的专家们的意见，总会在一定程度上反映出这些国

---

* 编者注：该部分论述收录自郑成思著：《知识产权法通论》，法律出版社1986年版，第198–200页。

① 从原“示范法”中单立出的《专利示范法》的最新修订文本为1981年文本；技术转让部分的示范法则只修订到1980年。

家的法律及贸易活动惯例中所承认的一些共同准则。

这部示范法不像一九七七年世界知识产权组织为发展中国家编写的《技术贸易手册》（*Licensing Guide*，已译为中文），后者对许多国际技术转让中的合同条款仅仅提出疑问或提供几种选择，而没有表示它们应被判为有效还是无效。《技术转让合同登记示范法》第三〇五条第一款，开列了十七种条件不合理的、因而被视为无效合同的条款，规定有关的政府主管部门有权要求签约人予以修改，否则不准登记。这十七种条款中的大部分，与上面讲过的“贸发会”的《国际技术转让法》第四、五章中开列的条款相同或相似。它们是：

（1）进口在本地即能以相同或更低代价得到的技术的合同条款。

（2）强求技术进口方支付高昂的与有关技术不相称的转让费的合同条款。

（3）强求技术进口方从出口方或出口方指定的厂商那里购买原材料的合同条款（但如果为保证产品质量、同时出口方定价合理，则该条款有效）。

（4）用其他方式限制技术进口方购买原材料的自由的合同条款（但如果产品质量要求原材料出自特定厂商，则该条款有效）。

（5）限制技术进口方使用那些并非购自出口方或出口方指定的厂商的原材料（但如果产品质量要求作这种限制，则该条款有效）。

（6）强求技术进口方把制作的产品之全部或大部卖给出口方或其指定的第三方的合同条款。

（7）强求技术进口方以不合理的低代价将其对有关技术的改进成果返授给出口方的合同条款。

（8）限制技术进口方产品之产量的合同条款。

（9）限制技术进口方产品出口自由的合同条款（但如果技术出

口方在某些国家拥有工业产权，向该国出口会构成侵权，或出口方自己已经向某国市场投放了足够的相同产品，则可以按实际情况考虑这种限制性条款的有效性）。

（10）强求技术进口方雇用出口方所指定的、并非实施有关技术必不可少的人员的合同条款。

（11）限制技术进口方研究和改进技术的活动的合同条款。

（12）限制技术进口方使用除合同中的技术之外的其他技术的合同条款。

（13）把合同的有效范围扩大到与合同标的无关的技术，并强求进口方为这种无关技术付酬的合同条款。

（14）为技术进口方的产品定价的合同条款。

（15）在因合同中技术产生失误而造成损失时，免除技术出口方的责任或不合理地减少其责任的合同条款。

（16）在合同届满后，限制技术进口方使用合同中的技术的自由的合同条款（但如果合同期满时专利保护期未满，则合同中的专利技术不在此列）。

（17）不合理地将合同有效期订得太长的合同条款（但只要不超过合同中专利技术的保护期，就不能视为“太长”）。

# 《科学发现的国际登记条约》*

严格讲起来，科学发现不应算工业产权的一项内容，大多数国家的专利法也都特别指出，科学发现不能获得专利。在实践中，如果把科学发现作为一种专有的财产权对待，不仅会妨碍科学技术的发展，也是根本行不通的。例如，发现相对论的爱因斯坦、发现元素周期律的门捷列夫，都不可能禁止别人在科研中应用他们的成果，他们自己也不可能以他们的成果为基础去发许可证、收使用费。

但是，如果通过承认科学发现者的科研成果而给他以某种精神上的鼓励，或再附之以一次性的物质奖励，却是有利于促使人们开展科学研究的。所以，有些国家长期以来就以立法的形式奖励科学发现者,对他们的“发现者”身份予以承认。我国 1979 年颁布的《自然科学奖励条例》，就属于这一类法规。

《建立世界知识产权组织公约》第二条第八款中，规定了促进各成员国开展科学发现活动是该组织的一项任务。为了使一国科学发现者的身份取得国际上的承认，以及促进新的科学发现情报的传

---

* 编者注：该文收录自郑成思著:《工业产权国际公约概论》，北京大学出版社 1985 年版，第 60–62 页。

递，1978 年 3 月，由保加利亚与捷克斯洛伐克发起，在日内瓦缔结了一项《科学发现的国际登记条约》。这个条约第十七条规定，至少有十个国家参加条约后，它才能够生效。但至今只有四五个国家参加，所以它尚未生效。

条约要求在世界知识产权组织国际局内建立起一个“科学发现国际登记簿”，对条约成员国的科学发现者、科学发现的内容等进行登记，并由该国际局出版《科学发现公报》，公布所登记的内容。

申请登记的科学发现者只能是自然人，不能是法人，但可由发现者委托某个法人办理申请手续。如果以一个发现者为主，有其他人参加，共同发现了某个自然现象或自然规律，那么在登记主要发现者时，必须注明其他人所做的工作。申请案直接呈送世界知识产权组织国际局。申请案中要包括有关的科学发现的详细说明书。如果发现者的本国政府或科研机关已经给予奖励，也应在申请案中有文件证明，提出登记申请的时间不得迟于科学发现完成后 10 年。国际局收到申请案后，只进行形式审查，然后予以登记并颁发“科学发现证书”。在登记的内容公布之后，任何自然人或法人都可以向国际局提出不同意见，有关的发现者也可以对不同意见提出相反的意见或作出回答。这些意见均应交世界知识产权组织国际局，国际局将根据这些意见公布对有关科学发现登记的修正案。

条约规定，任何人都可以在支付手续费的前提下，向世界知识产权组织索取科学发现的国际登记的情报资料。

按照这个条约第一条第一款的规定，凡“对物质世界的现象、物体或规律的发现”，均可以申请登记。过去有些介绍这个条约的书，错误理解了这项规定，以为只有对物质世界中的物质（物体）的发现才能申请登记，而对现象及规律的发现则不能登记，这是片面的。应该指出，这个条约之所以缔结，主要目的恰恰是使一些规律或现象方面的科学发现活动得到国际上的承认。

最后还需要作些说明的是，近年来我国有些介绍美国专利法的著述提到似乎美国例外地为科学发现提供专利保护。这是对美国宪法及专利法中 Discoveries 这个英文单词的误解。这个词不仅当“发现”讲，而且当“发明物”讲。美国法律是在后一种意义下使用这个词的。美国专利局的现任主审官彼得·罗森堡在他 1984 年版的《专利法基础》中，用了整整一节专门对此作了说明，指出美国从来没有，也绝不可能为“科学发现”提供专利保护。实际上，爱因斯坦、杨振宁、李政道等大家所熟悉的科学家们，虽然在美国发现了“广义相对论”、发现了“弱宇称不守恒”等原理，但都未申请过什么“专利”，美国的法律也从没有（同时也不可能）禁止这些发现者之外的人去自由运用上述被发现的原理。即使对于前面讲到的那个《科学发现的国际登记条约》，美国也并不赞成，认为它有可能妨碍人们对科学发现的自由应用。

此外，还有人认为科学发现可以受版权法的保护，这也是一种误解。版权法可以保护陈述科学发现的某部著作，即保护对该发现的陈述方式，而绝不会去保护科学发现本身。版权的最基本的特征是，只保护知识产品的表达形式，而不保护产品的内容。

总之，科学发现不能作为一种经济权利而存在，科学发现者至多可以因自己对某种原理第一个作出了阐述而得到人们的承认，从而享有一定“精神权利”。科学发现在任何国家都不会是“专有”的，不可能由一部分人去禁止另一部分人思考、研究或应用某个科学原理。这是我们在了解知识产权时必须注意的。

# 《保护计算机软件示范法条》*

到目前为止，究竟采取什么法律保护计算机软件，在国际上还没有基本一致的意见。因此也就没有产生出专门为保护计算机软件而可以称为国际公约的文件。但是，世界上正进行着的"新技术革命"的一个突出特点，正是在许多领域广泛采用电子计算机。这种情况决定了计算机软件迟早要作为一种受保护对象出现在知识产权领域的国际公约中。至于将出现在工业产权国际保护公约中，还是在版权国际保护公约中，那就要看科学技术的发展而定了。1953 年，世界上只有 45 台电子计算机，到 1983 年，则发展到了 40 万台，在短短二十年中增加了九千倍。而且，一台计算机的不同终端，目前已跨出了国界。计算机的飞速发展以及不同国家使用着同样的程序的状况，也已经使计算机软件的国际保护问题日益突出。

## 第一节　计算机的硬件及软件受工业产权法保护的现状

电子计算机的机体从 20 世纪 40 年代出现之后，在大多数国家就一直受到专利法的保护。计算机属于某种"产品发明"，这在专利

* 编者注：该文收录自郑成思著:《工业产权国际公约概论》，北京大学出版社 1985 年版，第 191–200 页。

制度中是“可以申请专利的基本主题”之一。

不过，在第一代电子计算机问世后很长一段时间里，并没有伴随产生机体之外的“软件”受什么法律保护的问题。1949年，在英国的剑桥第一次设计出了计算机的管理程序，但在很长时期内只是在研究工作及教学中才应用它。1959年，计算机程序第一次走出科研领域而投入商业性使用时，第二代电子计算机已经问世了。在开始的较短一段时间内，程序仅仅是作为构成计算机的一个部分去申请和获得专利保护的。从20世纪60年代初开始，编制计算机程序的工作与设计计算机机体的工作分开，成为互相独立（虽然也有联系）的不同部门。于是，以什么法律保护计算机的软件，就成为一个问题了。随着第三代与第四代电子计算机的应用，软件的编制工作更加复杂，它的法律保护问题也日渐成为非解决不可的了。

一般讲来，可以受法律保护的计算机软件，包括下列内容：（1）控制程序，也称为系统程序或管理程序，即英文中的Control Program；（2）实用程序，也有人称为应用程序（这二者实际上略有差别），即英文中的Application Program；（3）程序说明书，即英文中的Program Description；（4）使用指导材料，即英文中的Supporting Material；（5）输入信号（及储存数据）；（6）输出信号。（5）（6）两项仅被部分国家列为保护对象。上述（3）（4）（5）（6）各项内容，即使在一些国家受到保护，也都无例外地是受版权法保护，工业产权法的保护，主要是对（1）（2）两项内容而讲的。

控制程序是使计算机充分发挥功效的程序，它所起的作用可以、也应当从计算机的电路设计中体现出来。所以较先进的计算机设计者与它的控制程序的设计者必须是互相配合的。一台计算机（或一种类型的许多计算机）一般只有一个或几个最有效的控制程序。在一般情况下，计算机投放市场出售时，是连同控制程序一道出售的

（虽然往往分别计价）。这种程序往往同机体（硬件）一起受专利保护。

实用程序是各种专门领域的人，为解决各种不同的技术问题，在使用同一台计算机时各自编制的不同运算程序。因此，一台计算机可以有无数个实用程序。这种程序与计算机机体是完全各自独立的，它不可能同机体一道受专利保护。因此，法律保护问题在实用程序上显得更加突出。

不同的人为解决同样的技术问题而使用计算机时，可能分别编制出不同的实用程序，而其中必有一种或少数几种实用程序是编得比较好的；使用它们来运算，就比较省工、省时间，运算结果也比较精确。这样的实用程序当然就成为同一领域的科研或技术人员都希望得到的了。而编制较好的实用程序的人，由于在编制中花费了较多的“社会必要劳动”，他就会要求其他人在取得他的程序的使用权时支付相应的报酬；也可能希望其他人在使用中不要把它泄露给未曾付酬的第三者；还可能希望由自己把这种程序公布于众，并取得在一定时期内的专利权，以便公开向一切使用它的人收取使用费。这就是实用程序法律保护问题的中心内容。

在多数为实用程序提供保护的国家，目前仅仅使用“商业秘密法”保护它。由于每个程序的编制人都使用一套只有自己才懂得的语言与公式去表达它，所以只要他不加解释，其他人即使获得了他所编写的程序（文件、磁带或孔洞卡片），也无法使用它。这样，编制人就可以凭保密而享有实际上的专有权，他能够迫使希望使用它的人同他签订使用合同，以使对方负有支付义务与保密义务。但这种权利与一般的工业产权不同。第一，它没有“地域性”限制，程序的所有人可以在任何地方同任何希望使用它的人订立合同；第二，它没有可靠的法律保障——一旦合同的对方失了密，程序所有人虽可以依合同取得赔偿，但不再可能制止其他人自由使用其程序，他的专有权因一次性失密而永远进入了公有领域。

但也有少数国家开始对实用程序使用专利法保护。

1978 年，美国联邦关税与专利上诉法院在一个判例里，第一次肯定了程序本身在特定条件下可以受专利法保护。所谓“特定条件”，主要有两条：（1）有关的程序不是单纯的数学运算方式；（2）有关程序在应用时确实能够在使用同一台计算机的情况下，增加解决问题的效率。这两个条件既适用于实用程序，也适用于控制程序。如果某个控制程序不是单纯的运算方式，它的使用可以改善原机体的使用状况（如减少机器的噪音等），则该控制程序就可以不依赖机体而单独取得专利。这两个条件中，第（1）个条件是使程序成为“可保护对象”，因为数学运算方式被排除在专利主题之外；第（2）个条件是使程序具有“技术先进性”。从 1978 年到 1984 年，美国的联邦法院又在一系列判决中肯定了上述判例所确立的原则。美国专利局因此成为第一个受理计算机程序（不连同机器一道）的专利申请案的专利管理机关。

除美国外，其他国家也曾以间接方式给计算机程序以单独的专利保护，但保护对象一般只限于控制程序。例如，英国高等法院中的专利法院，曾判决某个复制控制程序的行为“侵犯专利权”，原因是该程序所适用的机器获得了专利。英国法学家推论说，这等于从反面肯定了程序可以不依赖于机器而单独受专利保护（因为复制程序者并没有同时仿制该计算机）。

更多的国家则与美国正相反，在专利法中明文规定计算机程序不受专利保护。

为了解决计算机程序的法律保护问题，国际上很早就展开了讨论。1973 年，“保护工业产权国际联盟”（简称 AIPPI，属于民间组织）在布达佩斯召开的大会上，有人提出了对计算机软件采取“注册保护”方式。取得这种注册必须符合两个条件：一是新颖性，二是独创性。前者是对专利发明的要求，后者是对版权作品的要求。所以，这是一种混合保护方式。但是，计算机程序的编制在大多数情况下比搞发明创造简单些，花费也少些。所以，世界上每年出现的新程序（主要是实用程序）不可胜数。这使得要检索一个程序是否具有新颖性非常困难。因此，这个建议至今未被任何国家采纳。

在国际技术贸易中，计算机软件的使用许可证合同，与挪号（Know-How）许可证合同或附带挪号的专利许可证合同相似。合同中一般都订立保密条款，要求被许可人承担保密义务。这种合同的授权范围条款，往往并不限制被许可人的使用地域，而是限制他在某一种或两种计算机（合同中称为“专用单元”）上使用。

在新技术革命中，计算机软件的发展总是落后于硬件的发展，这同软件一直缺乏固定的法律保护方式，不能不说有一定关系。

## 第二节　世界知识产权组织的《保护计算机软件示范法条》

1971 年，根据联合国大会的要求，由世界知识产权组织召集一些国家的专家组成专门工作小组，研究计算机软件的国际保护问题。1976 年，工作小组提出了以缔结国际公约的方式保护计算机软件。他们设想建立公约成员国统一的软件国际注册或备案制度，对成员国国内有关法律提出一些最低要求，以此作为公约的主要内容。不过，这样一个公约的前提，是各成员国国内要有相应的计算机软件保护法。

为了促成这一前提条件，世界知识产权组织于 1978 年颁布了九条《保护计算机软件示范法条》。仅仅把它们称为法条，是因为它们并不能构成一部独立的“示范法”，而只是可供各国在增订自己的工业产权法、版权法或制定保护计算机软件专门法时，参考选用的法律条文。这些示范法条中体现的保护方式，兼有商业秘密法、合同法、专利法、版权法及不公平竞争法的特点，但又没有专利法所规定的那些实质性审查所要求的条件（即新颖性、技术先进性、实用性）。

示范法条中所指的计算机软件，包括程序、程序说明、使用指导等三项内容。法条为“程序”下的定义是：在与计算机可辨认的文字混合后，能够使计算机作信息处理的、表明一定功能的、解决一定问题或产生出一定结果的指令。按照这个定义，20世纪50年代后期所产生的计算机语言FORTRAN的程序，不属于法律保护对象，因为这种程序还要经过程序编制人再编制为计算机数码后，才能通过计算机去解决问题。凡需要经过“再编制”过程的程序，均被排除在保护之外。法条对“程序说明”下的定义是：用文字、图解或其他方式，对构成有关计算机程序的指令所作的足够详细、足够完整的说明，它必须包括对使用一项程序的全部步骤所作的说明。法条对“使用指导”所下的定义是：除了程序及程序说明之外的用以帮助理解及实施有关的程序的其他资料（例如对难点的具体解释），必须包括怎样准备有关数据，程序可使用于哪一类或哪些类计算机等的具体说明。

示范法条还规定，法律只保护“独创的”软件。就是说，受保护的软件必须是创作人自己的智力成果，而不是复制品、仿制品之类。法律也不保护构成软件所用的概念、文字、符号等。但法条并不要求受保护软件是“首创的”，即不要求它具备新颖性。

示范法条规定软件所有人享有的专有权包括：（1）在软件成为公众所知的材料之前，有权禁止其他人公布该软件或为公布它创造条件；（2）在软件成为公众所知的材料之前，有权禁止他人取得、储存或复制有关的软件制品;(3)在任何情况下，均有权禁止他人通过任何方式或采取任何形式复印或录制有关软件;(4)有权禁止他人利用有关程序制作相同或相似的程序，或者制作相同或相似的程序说明;(5)有权禁止他人利用有关的程序说明制作相同或相似的程序说明;(6)有权禁止他人使用在上述(3)至(5)条的情况下制作的程序或程序说明来操纵计算机，或将所制作的软件储存于计算机中;(7)有权禁止他人为出售、出租、进出口或发放许可证之目的而提供或存放在上述(3)至(5)条的情况下制作的软件;(8)有权禁止他人为出售、出租、进出口或发放许可证之目的而提供或存放用来储存或复制有关软件的物品。对程序的保护，适用上述除第(5)条之外的各项专有权；对程序说明的保护，适用除上述第(4)条之外的各项专有权；对使用指导的保护适用上述除(4)(5)(6)条之外的专有权。

在这八条专有权中，第(1)(2)两条属于商业秘密保护方式中的专有权；第(3)条属于版权保护中的专有权；第(4)(5)(6)三条类似专利保护中的专有权；第(7)(8)两条则是不公平竞争法及版权法中都可以见到的专有权。其中第(7)条中提到的进出口的专有权，在现代社会中有较重要的意义。因为，现代许多计算机系统都是跨国的。如果一部计算机在甲、乙两国均设有终端，则也许同一个软件在甲国受到专门法律保护，在乙国却不受这种保护。在这种情况下，甲国的软件所有人就可以凭借其出口权，禁止乙国使用其软件；或只有乙国使用人通过合同承担保护义务，方允许使用。

示范法条规定，非软件所有人违反上述八条中任何一条，都将以侵权论处。但独立的创作者编制出相同或相似的软件并使用这种软件，不以侵权论处；在临时通过软件所有人的国家领土的交通工具上使用了有关软件，也不以侵权论处。这些都适用于一般的对工业产权领域的专有权的限制。

示范法条规定，计算机软件一经创作人编制成功，就应当开始享有法律保护。保护的有效期应当是二十年到二十五年。有效期并不从软件编制成功开始计算，而从下列两种行为之一（以先发生者为准）的发生日开始计算：（1）经软件所有人或经所有人许可，将有关软件在任何一个国家的计算机上付诸应用之日（但研制或实验过程中的应用不在此列）；（2）经软件所有人或经其许可，将有关软件在任何国家出售、出租或发放许可证之日。有些国家的法律允许专有权人发放"将来许可证"，即在软件尚未编制成功之前就预先通过许可证合同把使用权交给了别人。这样的将来许可证发放之日，并不能当作软件保护期的起算日。

示范法条规定，在软件所有人发现了侵权行为，或发现即将发生侵权时，有权请求法院或其他主管机关下达禁令，并有权就已经造成的损失要求赔偿。

示范法条还规定，软件所有人应当是编制出软件的创作者本人；职务编制人所创作的软件，则归雇主或该人所在单位所有（在工作合同或雇佣合同中另有规定者除外）；法条中对委托编制的软件的所有权未作规定，委托与受托双方可以在委托合同中自行商定软件归属问题。所有人所享有的专有权，可以通过合同部分或全部转让；在所有人死亡时，专有权可以通过法定继承或遗嘱继承方式转移给其他人。

最后，示范法条指出，即使采用这些法条的国家把它们增订到某一部法律中，也不排除这些国家同时使用其他法律保护计算机软件。

世界知识产权组织的示范法条颁布后，还一直没有得到广泛的响应，也没有任何国家在法律中选用了全部法条。有些法学者指出这些法条存在两个主要缺点：第一，法条中对于计算机输出信号的所有权未作回答，而在实际上，使软件的应用能得到具体结果（即输出信号）的作者，与软件本身的编制者，常常并不是同一个人。第二，这些法条并没有为促进或鼓励人们公布自己编制的较好软件起任何作用，它们只是“为保护而保护”；而专利法却鼓励发明人将先进技术公开，版权法也鼓励作者将作品出版，这些法律都在保护一种专有权的同时，对科学文化的发展起了某种推动作用。

为了改进计算机软件的国际保护方案，世界知识产权组织又组织了一个成员国政府间的专家委员会，1979 年 11 月及 1983 年 6 月在日内瓦举行了两次会议，对于以工业产权国际公约保护软件问题展开了进一步的讨论。在第二次会议上提出了一个保护计算机软件的专门公约的草案，并就下列四个问题进行了讨论:（1）缔结保护计算机软件的国际公约的必要性;（2）软件的国际保护所适用的基本原则;（3）集成电路（主要指晶片上的平面电路设计）的保护问题;（4）建立计算机软件的国际备案制度问题。从目前状况看，有些专家倾向于缔结一个类似于工业品外观设计国际备案公约的计算机软件公约。但也有专家认为，一些国家已采取版权法来保护软件,而版权保护一般不要求履行任何手续(包括备案手续); 因此,“备案”式国际公约可能会妨碍这些国家参加。

多数国家至今仍认为版权法比工业产权法保护软件更合适些。1983 年 12 月,《伯尔尼公约》与《世界版权公约》的两个委员会已正式提出一份《使用计算机加工或创作的作品的保护建议》，并已在一些国家产生反响。当然，这份建议并未直接涉及软件本身，而只谈到对于以软件为中介物而创作的作品。至于对软件本身的保护，在国际版权公约领域同样没有明显的突破。

# 《工业品外观设计国际备案海牙协定》*

## 第一节　外观设计保护的现状

外观设计专有权，可以说是工业产权中保护方式最多和最不统一的一种。可以通过专门的外观设计法保护它，也可以在专利法中保护它，还可以作为艺术品在版权法中保护它，也可以用“不公平竞争法”保护它。1958 年在里斯本修订《巴黎公约》时，在第五条之五增加了外观设计，作为公约成员国必须保护的一种工业产权。但该条中并没有限制成员国的保护方式。所以，至今各成员国对外观设计的保护仍是五花八门。虽然版权法不是《巴黎公约》过问的领域，但如果成员国仅仅用版权法来保护外观设计，也被看作符合《巴黎公约》的最低要求。

对外观设计的保护，比发明专利要迟许多年。尽管目前大多数建立了工业产权制度的国家都保护它，但对于究竟什么是“外观设计”，各国的答案并不一致。例如，英国的外观设计法认为，受保护的外观设计，是以工业方式应用于产品上的新形式、新结构、新

* 编者注：该文收录自郑成思著:《工业产权国际公约概论》，北京大学出版社 1985 年版，第 82–88 页。

样式或新装饰中的具有某种特点的设计，它只能是“应用于”产品、用于美化产品的那部分内容，而不能是产品本身。日本法律给外观设计下的定义与英国上述定义的前半部分相同，但没有指明受保护对象是否包括被装饰的产品本身。法国与联邦德国的法律则认为，受保护对象是应用于工业品上的新样式或新装饰，“以及”工业品本身。但法、德的法律又补充规定，工业品自身所具有的实用功能不得与外观设计一道受保护。比利时、荷兰、卢森堡的法律却强调只有具备实用功能的工业品上所应用的装饰，才能受外观设计法保护。在多数国家里，如果某个外观设计的独到之处只有通过工业品的功能才可以体现出来，那么这项设计就不能取得外观设计专利，而挪威、澳大利亚等国的有关法律却规定这类设计照样可以取得外观设计专利。在多数国家里，虽然不是一切能受版权保护的外观设计都能达到获得专利的水平，但凡是获得了专利的外观设计肯定都能受版权保护，而意大利的版权法却规定，只有那些不能受到外观设计专利保护的外观设计，才能受版权保护。

在各国各有特点的保护制度中，这里选择美、英、苏、法四国作为典型来作一个概述。

美国是较早就开始使用专利法保护外观设计的一个国家，它的版权法中也不排除把外观设计作为保护对象。美国 1980 年的专利法（即现行法）规定，外观设计必须具备新颖性与装饰性，但它的版权法只要求外观设计是独创的（而不是模仿的）。外观设计专利的保护期比发明专利短，而且其保护期是“可选择”的。外观设计专利申请人在申请案里可自行选定三年零六个月或七年或十四年中的任何一种，作为保护期，选择较长的保护期，就要交较多的申请费及（专利批准后的）年费。

苏联以双轨制（发明者证书及专利）保护发明专利权，也以双轨制保护外观设计。1982 年生效的现行《工业品外观设计法》规定，设计人既可以申请外观设计专利，也可以申请“设计者证书”。对取得证书或专利的外观设计的要求是要具有新颖性和艺术性。这与美国专利法中的要求基本相同。但苏联版权法（亦即《苏联民法典》中的“版权章”）并没有把外观设计列为保护对象。

英国的专利法本身不保护外观设计，但它却另有《外观设计注册法》《外观设计版权法》与《版权法》三种成文法共同保护外观设计。这三种法的保护方式可以综述如下：（1）一般的外观设计都受版权保护，保护期为作者有生之年加死后五十年。（2）享有版权的外观设计一旦付诸工业应用，则原先享有的版权就自动灭失，转而受“特别工业版权”保护。这是英国特有的、把工业产权与版权相结合的保护形式，保护期十五年，十五年后失去任何保护。（3）按照《外观设计注册法》取得注册的设计，受到专利与特别工业版权双重保护，保护期也是十五年，十五年后也失去任何保护。所谓“付诸工业应用”的标准是：以有关的外观设计作装饰或作式样的产品的生产量超过50件，并已投放市场。

法国的外观设计保护方式与英国很相似，只是有下列三点重要区别：（1）法国版权法中没有保护外观设计的专门条文，如果想受到保护，外观设计所有人必须向国家工业产权局请求备案。（2）法国外观设计专利的保护期比发明专利长，为二十五年。如果获得专利的设计原先享受版权保护，则专利期满后继续受版权保护，直到版权保护期满。（3）英国正考虑将来改革外观设计保护制，仅仅提供版权保护；法国则考虑将来仅仅提供专利保护。

由于对外观设计的解释以及对它的保护在各国的差别较大，外观设计方面的国际公约就较难缔结。本章中讲到的两个公约，仅仅是采用了注册专利制保护外观设计的国家缔结的。就连这样的公约，也必须分别不同的国家制定不同的适用文本。

## 第二节 《工业品外观设计国际备案协定》

为外观设计提供专利保护的国家中，许多实行不审查制，即注册制。在传统的术语使用上，外观设计注册往往并不都使用“注册”（Register），而是使用“备案”（Deposit）这个词，尤其法语和西班牙语国家是如此。本章所讲的两个国际公约，原文正式文本都使用的是“备案”，它在外观设计保护上，与“注册”的含义基本相同。

早在20世纪初，一些国家就提议在外观设计的保护上实行国际合作，以减少为获得不同国家的外观设计专利而重复履行备案手续的麻烦。1925年，《工业品外观设计国际备案协定》在海牙缔结。这个协定的条文虽然不长，但它的实施却是十分复杂的。它分别于1934年在伦敦、1960年在海牙修订过，又于1961年在摩纳哥、1967年在斯德哥尔摩增订过。1975年，在日内瓦又为该协定制定了一份“日内瓦议定书”。1960年的海牙文本一直没有生效，其原因是这个文本的行政条文中，关于财政开支的分摊、加入及退出该协定文本的条件等，成员国尚未达成一致意见，因此，大多数成员国尚未批准这个文本。此外，该文本的实体条文中关于国际备案的手续及备案有效期的规定，也尚未得到一些成员国的赞同。不过，该文本中的某些实体条文已经收入了1979年生效的该协定的日内瓦议定书（待该协定的1960年文本生效后，议定书即自动失效）。

参加这个协定的国家，必须是《巴黎公约》的成员国。到1985年1月为止，共有19个国家参加了协定，它们是比利时、埃及、法国、民主德国、联邦德国、梵蒂冈、印度尼西亚、列支敦士登、摩纳哥、摩洛哥、荷兰、西班牙、苏里南、瑞士、突尼斯、越南、卢森堡、匈牙利、塞内加尔。

按照协定的日内瓦议定书的规定，管理协定行政事务的“海牙联盟”并入世界知识产权组织，联盟总干事由世界知识产权组织总干事担任；地区性跨国外观设计机构可以代表所有组成国参加协定，并被作为一个成员国的主管机构对待。比、荷、卢三国就被协定当作一个国家对待。

协定的有些成员国批准了日内瓦议定书，有的还没有批准。所以，成员国就分成了两类，第一类是未批准日内瓦议定书的国家，它们是埃及、民主德国、梵蒂冈、印度尼西亚、摩洛哥、西班牙、突尼斯；第二类为批准了议定书的国家，即剩下的国家（但不包括越南，因为它只宣布参加这个协定，却既未表示批准，也未表示不批准议定书）。在第二类国家中，联邦德国及摩纳哥是1981年以后才批准议定书的，现有的某些中译本统计资料中，仍未把它们的类别纠正过来。

对于第一类国家，申请和获得国际备案的过程是：申请人直接向世界知识产权组织国际局提交申请案。如果申请案被接受，那么取得了国际备案的工业品外观设计的专有权就在第一类国家普遍有效。保护期为十五年，分为第一期五年与第二期十年。在批准国际备案时，可以不公布申请案，但在第二保护期则必须公布。

对于第二类国家，申请人既可以直接向世界知识产权组织申请备案，也可以依照本国的规定，通过本国主管部门向世界知识产权组织提出国际备案申请。批准了国际备案后，有关的外观设计专有权就在这类国家普遍有效了。这种申请案在取得国际备案时即公布在世界知识产权组织的公报上。专有权的保护期不得少于五年，应允许续展一次，展期也不得少于五年。

无论哪一类国际备案，一份申请案都可以包括不止一项外观设计。这就打破了传统专利制度的“一项发明一项申请”的原则。协定规定，一份申请案中最多可以包括一百项外观设计。

对于任何一类国家，有资格申请国际备案的人，只能是协定成员国的国民、居民或在成员国有实际营业所的人。

无论哪一种国际备案，都不要求申请人先在国内就同一外观设计取得保护。

对于任何一种国际备案，享有专有权的人，在不同成员国中只能是同一个人，而不能由不同的人就同一份国际备案在不同国家成为受保护主体。在几个人共同享有一份国际备案的情况下，则在各成员国中的有关外观设计专有权也要由这些人共同享有。

如果申请人在提交国际备案申请之前六个月内，曾经就同样的外观设计在某个《巴黎公约》成员国申请过专利，或在官方认可的国际展览会上展出，则可以请求享有《巴黎公约》中规定的优先权。

《工业品外观设计国际备案协定》的实施条例是在 1979 年 6 月颁布的，同年 7 月生效，至今未修订过。需要这样的条例，主要是因为 1975 年后产生了批准与不批准日内瓦议定书的两类国家，所以要对国际备案的程序及类型相应作出不同规定。条例第三十三条规定，即使日内瓦议定书失效之后，如果一时未制定新条例，本条例依旧有效。

在协定的 1960 年文本生效之前（亦即日内瓦议定书失效之前），这个协定将一直是工业产权国际公约中比较特殊的一个——在同一个公约中实行两种保护程序。这实质上是差异太大的各国外观设计制度在国际合作中遇到障碍时的一种过渡现象。

# 《工业品外观设计国际分类协定》*

外观设计同发明一样，可以应用到不同的工业领域中。申请外观设计专利时，一般都要注明本设计应用于哪一类工业品；申请案的受理部门，也要按不同领域将其归类。各国外观设计分类法的差别，不利于各国的经济交往，也不利于外观设计国际保护公约的实施。

在《工业品外观设计国际备案协定》的成员国 1960 年修订协定的外交大会上，通过决议成立了一个专门委员会，负责起草外观设计国际分类法。1966 年，巴黎联盟的执行委员会认为，只有一个国际分类法还不够，应当缔结一个相应的国际协定。1968 年，《巴黎公约》成员国在瑞士的洛迦诺举行的外交大会上，缔结了《工业品外观设计国际分类协定》，协定于 1971 年生效。参加这个协定的国家，必须是《巴黎公约》的成员国。没有参加协定的国家，也有权使用按照协定建立的国际分类法，但无权派代表参加修订这个分类法的专家委员会。到 1985 年 1 月为止，有 15 个国家参加了这个

---

* 编者注：该文收录自郑成思著:《工业产权国际公约概论》，北京大学出版社 1985 年版，第 88–89 页。

协定，它们是捷克斯洛伐克、丹麦、芬兰、法国、民主德国、匈牙利、爱尔兰、意大利、荷兰、挪威、苏联、西班牙、瑞典、瑞士、南斯拉夫。

该协定曾有 16 个成员国，原成员国美国于 1982 年 7 月退出了协定。

工业品外观设计的国际分类法，不是按照外观设计本身的形式或样式分类，而是按照它们所应用的不同领域的产品分类。分类法把能够用外观设计装饰的不同产品分为 31 个大类，下分 211 个小类，所有的小类下又分为 6000 个项。

# 《国际商标注册马德里协定》*

## 概　述

正如讲到专利，一般仅仅指发明专利一样，讲起商标，往往也仅指用来区别一个企业的产品与其他企业的同类产品的专用标记。但讲到商标法，就是另一回事了。许多国家列入商标法保护范围的，不仅仅包括产品使用的商标，而且包括服务项目使用的商标、厂商名称（或称为商号）、产地标记等。前一种商标的用法是狭义的，后一种用法则是广义的。本处所讲的国际商标保护的专门公约，是从广义上讲的。

《巴黎公约》第十九条规定，成员国可以在该公约的基本原则下，订立一些保护工业产权的专门公约。在《巴黎公约》缔结八年之后，第一个这样的专门公约产生了。它并没有产生在专利领域，而产生在商标领域。这说明在十九世纪，商标保护的国际合作显得比专利更为迫切。但是，从另一方面看，商标保护的专门公约的成员国的数量，大都没有专利保护的专门公约的成员国那么多。此外，商标保护从一开始就有普通法与注册法两个起源，注册法又是法国十八

---

* 编者注：该文论述源自郑成思著:《工业产权国际公约概论》，北京大学出版社 1985 年版，第 63-68 页。

世纪末十九世纪初大革命时期的产物，后来才逐渐被多数国家所接受。像英国、美国等以普通法为商标保护起源的国家，至今也未参加任何国际性的商标注册协定。

## 第一节 《马德里协定》(1985)

### 一、协定的产生、发展和成员国情况

当商标注册制度在越来越多的国家建立起来之后，工业产权的地域性特点就开始显示出它在国际交往中的阻碍作用。商标所有人要在不同国家获得注册保护，就要分别在每个国家都履行一遍注册手续，寻找一次代理人，交付一次注册费。在分别向不同国家申请注册时，又要以不同文字，按各国的不同格式准备申请案。十九世纪末，随着国际市场的扩大，许多国家的厂商都感到履行重复注册手续的不便。因此，通过某种国际合作，减少和简化注册手续并减少费用的问题，就提到日程上来了。1891 年，由当时已经实行商标注册制度的法国、比利时、西班牙、瑞士、突尼斯等国发起，在马德里缔结了一个《国际商标注册协定》，后来一般称它为《马德里协定》。它在 1892 年 7 月生效，生效以来经过了六次修订，产生出 1900 年布鲁塞尔文本、1911 年华盛顿文本、1925 年海牙文本、1934 年伦敦文本、1957 年尼斯文本、1967 年斯德哥尔摩文本。目前只有尼斯文本与斯德哥尔摩文本是有效文本。参加这个协定的国家，首先必须是《巴黎公约》的成员国。现在，这个协定也是由世界知识产权组织负责管理的。到 1985 年 1 月为止，参加协定的国家共有 26 个，它们是阿尔及利亚、奥地利、比利时、捷克斯洛伐克、朝鲜、埃及、法国、民主德国、联邦德国、匈牙利、意大利、列支敦士登、卢森堡、摩纳哥、摩洛哥、荷兰、西班牙、葡萄牙、瑞士、

罗马尼亚、突尼斯、圣马利诺、越南、苏联、南斯拉夫、苏丹。

以上国家中，只有葡萄牙、圣马利诺与突尼斯三国还仅仅批准了尼斯文本，其他国家都已经批准了斯德哥尔摩文本。

从 1974 年开始，由世界知识产权组织代管的“马德里联盟”制定了《马德里协定》的实施条例，每一至两年修订一次。

## 二、按照协定进行国际注册的程序

《马德里协定》的保护对象是商标与服务商标。按照这个协定的规定，商标注册的申请人只要使用一种文字——法文——向一个主管部门递交一份按统一格式书写的“国际注册申请案”，并且交付一次申请费，就有可能取得在两个以上国家的注册。有资格提交国际注册申请案的人是《马德里协定》成员国的国民和在成员国中有住所或有实际营业所的非成员国国民。

按照《马德里协定》申请和取得国际注册的程序是：首先，申请人以自己的商标在本国商标主管部门取得注册。然后，向本国主管部门提交国际注册申请案（不能直接向世界知识产权组织国际局提交），同时向本国主管部门交纳注册费，其中包括国际注册基本费、应向其他指定国交纳的有关费、附加费（如果一种商标在三种以上商品上申请注册，则须交纳附加费）。本国主管部门审查核实，确认国际申请案中的商标与申请人在国内已经获得注册的商标完全一致，然后转呈世界知识产权组织国际局。国际局进行形式审查，看申请案是否符合协定及其实施条例的要求。如果申请案未能通过形式审查，国际局将通知申请人所在国主管部门，要求在三个月内修改申请案，否则将予以驳回。如果通过了形式审查，申请案就获得了国际注册。

不过，到取得国际注册为止，申请人还没有得到实际权利，只享有潜在权利。这是因为，第一，国际注册对申请人在本国已取得的权利不发生任何影响。第二，也是更重要的，国际局把国际注册公布并通知申请人所指定的请求保护的国家后，各个指定国有权在一年之内，根据本国法律的规定，向国际局声明拒绝保护该商标。只有当指定国于一年内未作出拒绝保护的声明时，国际注册才转变为指定国的国内注册，从而使商标专用权在该国生效。不过，一旦某个指定国承认了国际注册的效力，那就不管该国的法律所规定的商标注册有效期为多长，该国也必须遵守《马德里协定》的统一规定，为有关商标提供二十年保护期，并可以不限次数办理续展。

从这一点上看，按照《马德里协定》取得的国际注册，与按照《比荷卢统一商标法》或按照非洲知识产权组织的《班吉协定》取得的国际注册，性质是完全不同的。前者的专有权要按照各指定国自己的法律去最后落实，后者则是在取得国际注册时专有权即已经落实。

## 三、商标在国内注册中的状况对国际注册的影响

《马德里协定》的作用与《专利合作条约》有些相似，它仅仅是一个专有权的申请公约，而不是专有权的批准公约。在有的方面，《马德里协定》还不如《专利合作协定》在国际合作上迈出的步伐大。这主要表现在国际注册在产生前及落实后的“非独立性”。国际注册以取得本国注册为前提，这在前面已经讲过了。在国际注册于一年后已经变为各指定国的国内注册时，它们也还不是完全独立的。《马德里协定》规定，从国际注册日算起的五年内，如果商标在本国的注册被撤销，则它在其他各指定国的注册也将随之撤销。只有在五年之后，商标（如果在本国的注册未被撤销）在各指定国的注册才算是独立了。要注意的是，商标的注册在本国的撤销虽导致在指定国随之被撤销，但却不能自动导致其在世界知识产权组织国际局的国际注册被撤销。只有商标所有人本国的主管部门要求国际局撤销

其国际注册，国际局才会撤销它。即使在不要求国际局撤销它的情况下，任何成员国对申请过国际注册的本国商标所作的判决（包括撤销注册判决），也都必须通知国际局及时备案。

《巴黎公约》第六条之五规定，在一个成员国已经获得合法注册的本国商标，其他成员国一般不能拒绝其注册申请，《马德里协定》不能违反这条基本原则。所以，协定的成员国在一年内如果表示拒绝保护某个已取得国际注册（因此肯定也取得了本国注册）的商标，只能以《巴黎公约》第六条之五中开列的几个特殊理由为依据，即：（1）该商标的注册将与本国已经确立的其他人的专有权相冲突；（2）该商标在本国市场上缺乏“识别性”；（3）该商标违反本国公共秩序（主要指可能产生欺骗性后果而言）。

## 四、对取得国际注册后的有关规定

任何申请到了国际注册的商标所有人，可以在任何时间，通过本国主管部门向国际局请求扩大指定国的范围（即增加原先未要求在该国注册的国家为指定国），国际局则把扩大地域的请求转达有关国家的主管部门。这些国家也有权在扩大地域的请求于国际局备案之日起的一年内，向国际局声明拒绝保护，拒绝的理由也只能是上面讲过的三条之一。如果一年内未声明拒绝，则该商标的国际注册也将自动变为有关被扩大国的国内注册。

申请到国际注册的商标所有人，有权转让或部分转让他在一国或几国的注册所有权。

取得国际注册的商标如果到期办理续展手续，还必须再向国际局交纳一笔续展费，其中包括续展基本费（即指在一国就一种商品或服务使用的商标，在办理续展时应交的费额）、指定国费，以及商品（或服务）在三种以上时需交的附加费。向国际局交费后，就无需在各指定国办续展手续了。

取得国际注册的商标不许可更改图案，也不许可增加用它所标示的商品（或服务）的项目，如要更改图案或增加项目，必须另行申请新的国际注册。

### 五、协定的主要缺点

《马德里协定》虽然具有办理一次手续而在两个以上国家取得注册的优点，但也存在一些重大的缺陷。第一，协定规定使用的工作语言只是法语一种，这就限制了许多不使用法语的国家参加协定。第二，国际注册在指定国变为国内注册后，其有效性在五年之内仍旧不是独立的，这对于各成员国保持本国商标保护制度的独立性是不利的，因此也使一些国家不愿参加协定。第三，由于取得本国注册是取得国际注册的前提，诸如英、美等靠商业活动中使用商标也能确立专有权的国家，就不大可能参加协定了；另外有些国家仅仅靠普通法保护服务商标，却未建立服务商标的注册制（亦即仅仅靠法院的判例，而未形成成文法，许多英联邦国家目前都属于这种状况），因此在本国取得服务商标注册这个前提不可能实现，也妨碍这些国家参加协定。

## 第二节 《马德里协定》（1986）*

《巴黎公约》在商标保护上同专利方面一样，虽然为成员国的国民的商标权在两个以上的国家受到保护提供了方便，但商标所有人在一个个具体国家取得商标注册，也必须一个个地履行注册手续。

---

① 编者注：该文收录自郑成思著:《知识产权法通论》，法律出版社 1986 年版，第 178–180 页。与前文内容有交叉，但也有不同。为完整展现郑成思先生的思想，此处仍予以收录。

希望在几十个国家注册，就要重复履行手续几十次，那是很不方便的。《巴黎公约》一开始就规定：公约成员国有权在不与公约抵触的前提下，进一步缔结保护工业产权的专门协定。按照这项规定，在一八九一年，由法国、比利时、西班牙、瑞士及突尼斯发起，缔结了《商标国际注册马德里协定》（*Madrid Agreement Concerning the International Registration of Marks*，简称《马德里协定》），作为对《巴黎公约》中关于商标的国际保护的补充。参加这个协定的国家，必须首先是《巴黎公约》的成员国。到一九八四年一月为止，有二十五个国家参加了这个协定。协定缔结后共修订了六次，所以也有六种文本，即一九〇〇年的布鲁塞尔文本，一九一一年的华盛顿文本（注意：美国从未参加过《马德里协定》），一九二五年的海牙文本，一九三四年的伦敦文本（英国也从未参加过该协定），一九五七年的尼斯文本，一九六七年的斯德哥尔摩文本。本书所介绍与论及的，仅仅是斯德哥尔摩文本。

《马德里协定》共有正文十八条，《实施细则》三十二条。按照协定第三、第四、第五条，其成员国的商标所有人只要在世界知识产权组织驻日内瓦的国际局呈交一份注册申请案，就有可能在参加该协定的所有成员国中都获得商标注册。之所以说“有可能”，也是因为最终在各成员国中能否获得注册，还要由各国依自己的国内法去定。在国际局提出申请以及在各国待批的具体规定是：

（1）商标所有人必须是《马德里协定》的成员国之一的国民，或是在某成员国有居所或设有从事实际商业活动的营业所的人。同时该所有人必须首先在其本国获得商标注册。

（2）该所有人获得本国的注册后，再通过本国的商标管理部门或代理组织，向世界知识产权组织国际局提交一份“按照马德里协定的国际注册”申请案。申请案必须是法语写成的，其他语言也必须一律译成法语——这也许是英、美等国始终不参加的原因之一。

（3）国际局对申请案进行形式审查。审查通过之后，就算是获得了“国际注册”。但这种注册到这一步为止还是空的，并未在其他任何成员国生效。然后，国际局把“国际注册”予以公布，同时把申请案、审查结果及“国际注册”复印后分送申请人申请要在那里得到保护的国家。

（4）有关国家的商标管理部门接到上述文件后，有权在一年之内，在说明理由的前提下拒绝为该商标提供保护。如果一年内未表示拒绝，那么该商标的“国际注册”就在该国自动生效，转变为该国的国内注册了。

（5）按照《马德里协定》获得的“国际注册”在任何国家生效后，保护期都是二十年，可以无限制续展，每次展期也是二十年。

《马德里协定》存在的主要问题是：

（1）按照协定第六条的规定，商标的“国际注册”在各成员国生效之后的五年内，还会随着它在其本国的注册被撤销而失效。就是说，只有在五年之后，由“国际注册”转变成的各国国内注册，才具有独立性。

（2）按照协定的程序而产生的“国际注册”，并不过问商标是否已付诸商业使用，也不过问是否将付诸商业使用。这是与那些把使用作为注册的前提的国家的国内法不相容的。

（3）审查过于简单。一些国家担心这么简单的审查，有可能使许多根本无意使用的商标进入本国的商标注册簿，从而使本国注册簿很难成为本国市场上实际使用着的商标的真实记录。至于在批准注册前实行严格审查制度的国家，就更难参加这个协定了。

由于这些问题，该协定的成员国一直不多；有的国家参加不久就又退出了。

# 《商标注册条约》*

## 一、条约的产生与成员国情况

在商标保护的国际合作上，为了弥补《马德里协定》的不足，一些国家开始酝酿另一个国际注册公约。1973 年，在维也纳召开的外交大会上，奥地利、丹麦、芬兰、联邦德国、匈牙利、意大利、摩纳哥、挪威、葡萄牙、罗马尼亚、圣马利诺、瑞典、英国、美国等 14 个国家，缔结了《商标注册条约》，国际上常用这个条约的英文字头缩略语 TRT 来称呼它。条约于 1980 年 8 月生效。它规定了使用英、法两种语言作为工作用语，目的是使尽可能多的使用英语的国家参加。但从目前它的成员国现状看，这个目的基本上没有达到。不仅当初参加缔约的国家尚没有一个批准它，目前已参加的国家也没有一个是以英语为官方用语的。到 1985 年 1 月为止，共有 5 个国家参加了条约，它们是刚果、加蓬、多哥、苏联、上沃尔特（现改名为“布基纳法索”）。

---

* 编者注：该文收录自郑成思著:《工业产权国际公约概论》，北京大学出版社 1985 年版，第 68-73 页。

## 二、条约的主要内容

《商标注册条约》的性质同《马德里协定》一样，是一种注册申请公约，不产生任何跨国专有权，它只是为在两个以上国家申请注册减少一些手续和费用。这个条约也由世界知识产权组织管理。

《商标注册条约》为商标、服务商标、证明商标提供国际注册。证明商标是指不能由商品经营者本人所有或使用，而只能被其他人或部门所用的一种证明商品的质量、功能或性质的商业标记。

这个条约对国际注册申请人的资格作了比较特殊的规定。它允许条约成员国国民、居民，以及在成员国有实际营业所的人申请。此外，在条约的“过渡条款”（即第四十条）中又规定，在一定条件下，允许某些暂时还不是条约成员国的发展中国家的国民或居民申请国际注册。对于后一类人规定的具体条件是：凡是参加了《巴黎公约》同时又被联合国大会确认为发展中国家的，可以向世界知识产权组织总干事声明本国准备在两年之内参加《商标注册条约》，声明之后，该国的国民或居民就可以申请国际注册了。这条“过渡条款”的效力最多延续到《商标注册条约》生效后十五年（即到1995年）。

按照条约提交的申请案及国际注册中所使用的商品与服务项目的分类法，是《尼斯协定》中的国际分类法。

按照条约提出的申请案可以不经过本国商标主管部门，直接提交世界知识产权组织国际局。因此，在申请案中必须指定同国际局进行联系的代理人。申请案既可以用英文书写，也可以用法文书写。条约及其实施条例还规定了统一的申请格式。申请费也取决于申请案中所指定的注册国的数目及商标所标示的商品（或服务）的项目。在提交申请案时，须将申请费一并提交国际局。

国际局留一部分作为手续费，其余分别转交各指定国的商标注册部门。

国际局收到申请案后，进行形式审查，看申请案是否符合规定格式，是否使用了英、法文中的一种，申请人是否具有申请资格，是否签了字，是否指定了代理人，等等。通过了形式审查的申请案，将在国际局的公报上公布，同时在国际注册簿注册，并由国际局通知各指定国主管部门。在一般情况下，从申请案送达国际局到获得国际注册，只需要几天时间。对于不符合形式审查要求的，国际局将通知申请人于三个月内修改完毕，否则视为撤回。同《马德里协定》一样，如果申请人在取得国际注册后希望增加指定国，可以再向国际局提出。

各指定国在收到国际局关于商标已获得国际注册的通知后，有权在十五个月内（如果是证明商标，则在十八个月内）声明拒绝给予保护。拒绝的理由也只能是《巴黎公约》第六条之五中开列的几条。指定国无权额外要求申请人提供译成该国文字的申请案，或额外要求交纳手续费。在十五个月（如果是证明商标，则在十八个月）内，如果未发出拒绝声明，国际注册就自动变为指定国的国内注册。

已经取得国际注册的商标，无论在一个指定国内还是在全部指定国内转让，无论是部分转让还是全部转让，都必须通知世界知识产权组织国际局备案。

《商标注册条约》第二十一条规定，按照条约程序取得的国际注册，不影响同一个商标的所有人在其他国家已经获得的注册专有权。第二十二条又规定，按照本条约取得了国际注册之后，也不影响商标所有人就同一商标按《马德里协定》取得的国际注册，不影响在各个指定国已经转变成的国内注册。

## 三、《商标注册条约》与《马德里协定》的不同之处

《商标注册条约》与《马德里协定》相比，有七个重要不同点。

（1）为申请人资格所划的范围不同，《商标注册条约》比《马德里协定》范围稍宽一些。这在上面已经讲过。

（2）《商标注册条约》使用的工作语言比《马德里协定》多一个英语。从理论上讲，这保证了它可能有更广泛的成员国。

（3）按照《商标注册条约》申请与获得国际注册，不再以申请人就同一商标在本国取得注册为前提。

（4）按照《商标注册条约》所获得的国际注册在指定国转变为国内注册后，具有自己的独立性，不再受商标所有人本国注册的影响。

（5）按照《商标注册条约》程序申请时，既可以将申请案交本国主管机关，也可将申请案直接交给世界知识产权组织国际局，而不是像《马德里协定》申请案那样，强制性地规定必须由本国主管机关转呈。对这一点要稍加说明。《商标注册条约》第五条第三款，也允许成员国按照自己国内法的规定，强制性地要求本国国民或居民提交国际申请案必须通过本国商标主管部门。例如该条约成员国苏联的国内法，就是这样规定的。就是说，各国国内法是否作出强制性要求，可以自行决定，但《商标注册条约》本身不作这种强制性要求。

（6）《商标注册条约》第十八条规定，成员国收取（实际是通过国际局转手收取）申请费可以自行选择下列两种方式之一，①按照条约成员国统一的标准注册费收取；②按照本国专门规定的、国际注册转为本国注册情况的收费额收取。如果采取第二种方式，其国内专门规定的收费额不得超过成员国统一标准额。《马德里协定》

则只采取一种统一收费额，没有选择余地。

（7）《商标注册条约》增加了“使用要求”。这是越来越多的国家20世纪以来在商标法中普遍增加的新内容。条约第十九条规定，申请人在国际注册申请案中必须申明本人将在指定国使用获得注册的商标；国际注册在指定国变为国内注册后，商标所有人每隔一定时间就要向世界知识产权组织国际局声明自己在指定国内确实使用了有关商标，国际局把声明转交指定国主管部门，作为维持其注册有效的条件之一。这里说的“使用”，必须是在商业活动中使用。如果仅仅在出版物中刊登商标、在艺术展览会上把商标作为图案展出，则不成其为“使用”（但如果在商品展销会上与商品一道展出了商标，则构成“使用”）。而《马德里协定》中没有这种关于“使用要求”的规定。

# 《为商标注册目的而使用的商品与服务的国际分类尼斯协定》*

大多数国家的注册商标法中，都规定在受理注册申请时采取"申请在先者优先"的原则。就是说，如果同一个商标有不同的所有人申请在同样的商品上获得注册，那么注册机关初步审定接受先申请者的申请案。为此，一般国家的商标注册主管部门就需要建立一套注册商标的检索制度，把那些在某类商品（或服务项目）上已经获得（或已经申请）注册的商标，按商品（或服务项目）的类别归档或储入计算机，以便在接到新的申请案时，查看是否已经有人先提出了同样的申请或已有人获得了有关注册权。另外，申请人在商标注册申请案中也必须注明自己的商标要求就哪些商品（或服务项目）注册。所以，正如对专利技术所适用的不同工业领域需要作很细的分类一样，对商标所标示的不同商品与服务项目也需要有很细的分类。过去，各国往往都有一套自己的商品与服务分类法。

不同国家在商品与服务的分类上的差异，给国际商品交易以

* 编者注：该文收录自郑成思著:《工业产权国际公约概论》，北京大学出版社 1985 年版，第 76–79 页。

及商品经销人在外国取得注册带来许多不便。为了解决这个问题，1957年6月，一些国家在法国的尼斯市缔结了《为商标注册目的而使用的商品与服务的国际分类协定》，国际上把它简称为《尼斯协定》。它在1961年4月生效，后来于1967年在斯德哥尔摩、1977年在日内瓦分别作了修订。至于根据协定建立起的商标与服务国际分类法，则由成员国的专家委员会经常修订着。参加《尼斯协定》的国家，必须首先是《巴黎公约》的成员国。到1985年1月为止，已经有33个国家参加了这个协定，它们是阿尔及利亚、澳大利亚、奥地利、比利时、贝宁、捷克斯洛伐克、丹麦、芬兰、法国、民主德国、联邦德国、匈牙利、爱尔兰、以色列、意大利、黎巴嫩、列支敦士登、卢森堡、摩纳哥、摩洛哥、荷兰、挪威、波兰、葡萄牙、苏联、西班牙、瑞典、瑞士、突尼斯、英国、美国、南斯拉夫、巴巴多斯。

目前，成员国中只有黎巴嫩、突尼斯等国批准了协定的尼斯文本，只有阿尔及利亚、比利时、以色列、列支敦士登、摩洛哥、苏联、瑞士、南斯拉夫等国批准了协定的斯德哥尔摩文本，其余国家都已经批准了日内瓦文本。

与《专利国际分类协定》一样，《尼斯协定》并不禁止没有参加它的国家使用依照它建立起的商品与服务分类法，只是成员国以外的国家无权派代表参加修改分类法的专家委员会。目前除上述成员国之外，还有三十多个国家也使用协定所建立的国际分类法。此外，《马德里协定》《商标注册条约》、非洲知识产权组织《班吉协定》、不久前通过的《欧洲共同体统一商标条例》等国际公约，也都宣布采用《尼斯协定》所建立的分类法。

《尼斯协定》的分类法把所有的商品分为34类，把所有的服务项目分为8类。在类下又把具体的商品与服务项目分为10 000个项。商品与服务的项都是按拉丁字母A、B、C、D的顺序排列的，以便查找。例如，按字母顺序排列的前 7 项是这样的：

10 A 0001 Abdominal bets（腹带）

10 A 0002 Abdominal corsets（胸衣）

10 A 0003 Abdominal pads（腹垫）

08 A 0004 Abrading instruments（hand）（手工摩擦用具）

03 A 0005 Abrasive cloth（砂布）

03 A 0006 Abrasive paper（砂纸）

01 A 0007 Abrasives（磨蚀剂）

上列纵向第一排是商品所属的 34 类中某一类的编号。上面第七项即属于第一类（化工产品类），五、六两项属于第三类（摩擦制品类），第四项属于第八类（手工工具类），前三项属于第十类（医用卫生品类）。第二纵排是商品项目顺序号，第三纵排是按字母排列的商品名称。

国际分类的正式用语是英、法两种文字，同时还备有荷兰文、德文、意大利文、葡萄牙文与西班牙文几种文本。

《尼斯协定》第二条规定，成员国的商标公报、官方商标注册簿、检索档案等，都应当使用国际分类法。协定并不限制成员国自行划定具体商标的可注册范围。协定允许成员国不把国际分类法作为唯一适用的分类法，成员国有自由选择把它作为国内注册的“主要分类法”，还是作为“辅助分类法”来使用。这就使一些在参加协定之前使用着自己的特有分类法的国家，不一定对国内的已有体系做过多的调整。

在贸易活动中，可能会出现一些尚未列入国际分类法的“项”之中的商品或服务项目。《尼斯协定》规定，这样的商品或服务在取得注册的过程中，不应受国际分类法的影响（即不能因为国际分类法中暂时没有这个项目，就拒绝给予注册）。这种新出现的商品或服务可暂列于某个项下，作为“分项”存在。

# 《制裁商品来源的虚假或欺骗性标志协定》*

《制裁商品来源的虚假或欺骗性标志协定》有时容易被人与《马德里协定》混为一谈，或认为它是《马德里协定》的一个部分。之所以如此，主要是因为这个协定也是1891年在马德里缔结的，它的历次修订时间及修订地点中，也有一些与《马德里协定》相同。事实上，它与《马德里协定》是互不包含的两个独立的协定。

这个协定分别于1911年在华盛顿、1925年在海牙、1934年在伦敦、1958年在里斯本修订过，最后又于1967年在斯德哥尔摩增订一次。现在除华盛顿文本之外，其余修订及增订文本都还有效。到1985年1月为止，有32个国家参加了协定，它们是阿尔及利亚、巴西、保加利亚、古巴、捷克斯洛伐克、多米尼加、埃及、法国、联邦德国、民主德国、匈牙利、爱尔兰、以色列、意大利、日本、黎巴嫩、列支敦士登、摩纳哥、摩洛哥、新西兰、波兰、葡萄牙、圣马利诺、西班牙、斯里兰卡、瑞典、瑞士、叙利亚、突尼斯、

---

* 编者注：该文收录自郑成思著:《工业产权国际公约概论》，北京大学出版社1985年版，第73–74页。

土耳其、英国、越南。

其中仅批准了海牙文本的国家有巴西、多米尼加、波兰，仅批准了伦敦文本的国家有黎巴嫩、新西兰、葡萄牙、圣马利诺、瑞典、叙利亚、土耳其、突尼斯。其他国家都批准了里斯本文本与斯德哥尔摩增订本。

这个协定不要求成员国在程序上或商标保护方式上与它保持某种一致，而只是要求成员国都要采取有效措施阻止不公平竞争行为。所以，一些不愿参加国际商标注册协定的国家（例如英国）却很早就参加了这个协定。

这个协定规定，它的成员国具有下列义务：如果发现任何商品上标示着涉及某成员国或成员国国内企业或地方的虚假标志或欺骗性标志，无论是间接的还是直接的，都必须禁止该商品进口或者在进口时予以扣押，或采取其他制裁措施。例如，不是日本生产的商品却标着“日本制造”字样，或附有富士山图案，都可以判为欺骗性标志，应予以制裁。协定还规定，禁止在广告上或广告性质的宣传物上，使用欺骗公众的有关商品来源的标记。此外，协定还允许各成员国的法院在确定哪些标记或名称不适用本协定方面，保留自己的酌定权。但协定明确指出：一切有关产品来源的地名，只要是虚假的或欺骗性的，就适用本协定的规定，不在各国法院的保留权限之内。

# 《保护原产地名称及其国际注册协定》*

在商品上经常可以看到产地标记，它有时是作为商标的一个组成部分附在商品上的。产地标记不能作为一种独占的专有标记而存在，因为于一定的产地内，从事某种商品的生产或经销活动的企业或个人，往往不止一个。不能因为一人取得了产地标记专有权而剥夺其他人标明自己的产品产地的权利。不过，在每个国家里，都会存在一些特别产品（通常说的“特产”），它们的产地所具有的自然条件、人力条件或其他特有条件，与产品的特点及优点密切联系着。从国家主管部门的角度（而不是从私人独占权的角度）来保护与限制这种产地的名称在商品上的使用，则是可能的。可以举几个我国的例子，来说明产地名称的作用。青岛产的啤酒之所以特别可口，与崂山水（自然条件）是分不开的；天津杨柳青产的年画，则与当地画工们（人力条件）的传统绘画风格分不开。这一类产地名称如果被其他地方出产的同类商品的经销者使用，就会在消费者中造成混淆，也会给生产、销售与该产地有特殊联系的商品的人造成经济

---

* 编者注：该文收录自郑成思著:《工业产权国际公约概论》，北京大学出版社 1985 年版，第 74–76 页。

损失。所以，给这类产地名称以必要的保护是合理的。

在国际市场上，同样存在着保护这种产地的名称问题。1958年，在里斯本召开的外交大会上，缔结了《保护产地名称及其国际注册协定》，凡是《巴黎公约》的成员国，都可以宣布参加它。到1985年1月为止，有16个国家参加了这个协定，它们是阿尔及利亚、保加利亚、刚果、古巴、捷克斯洛伐克、法国、加蓬、海地、匈牙利、以色列、意大利、墨西哥、葡萄牙、多哥、突尼斯、上沃尔特（现改名为“布基纳法索”）。

这个协定第二条指出，本协定所保护的是“国家、地区或地点的地理名称，这种名称所标示的产品所具有的特点，完全或主要由该地的地理环境（包括自然因素和人的因素）所决定”。

需要受到国际保护的产地名称，由该产地所处的那个成员国的工业产权主管部门，向世界知识产权组织国际局申请国际注册。申请案必须用法文书写，其中至少要包括申请国国名、申请国主管部门名称、希望得到保护的产地名称的使用人（可以是一个企业，也可以是许多企业）、该产地的地理名称、使用该产地名称的商品项目、生产该商品的地区、申请国为该产地名称提供保护的起始日等内容。世界知识产权组织国际局在收到申请案后，只要经审核认为它符合协定所要求的格式，就批准给予国际注册，并向申请国的主管部门颁发“国际注册证书”。

批准了国际注册后，由世界知识产权组织负责在专门的公报中公布有关的注册，并把注册结果通知协定各成员国的工业产权主管部门。各成员国收到通知之后，有权在一年之内，在提出合法理由的前提下，声明本国不保护该产地标记。如果没有作出这种声明，那么成员国就必须在该产地名称所在国保护它的整个期间，为它提供保护。具体保护措施是禁止本国的任何产品的经销者不经许可而使用该产地名称。

这个协定生效后曾经于1967年在斯德哥尔摩修订过一次。1976年颁布了协定的实施条例（1977年1月生效）。目前，协定的成员国中，海地、墨西哥、葡萄牙三国尚未批准斯德哥尔摩文本。

# 《商标图形国际分类协定》*

《尼斯协定》是关于商标注册时所涉及的商品与服务项目的分类。在检索商标注册申请案时，如果除去有按商品分类法储存的原有商标档案，还有按商标本身的文字、图案的不同类型储存的档案，就更有助于避免接受相同或相似商标的注册申请，避免商标所有人之间的权利冲突。所以，有的国家认为，建立起一个统一的商标图形国际分类法，也是必要的。1973 年，由巴西、奥地利、比利时、丹麦、法国、民主德国、联邦德国、匈牙利、意大利、卢森堡、摩纳哥、荷兰、挪威、葡萄牙、罗马尼亚、圣马利诺、瑞典、瑞士、南斯拉夫等国发起，在维也纳缔结了《商标图形国际分类协定》。协定规定只有《巴黎公约》的成员国可以参加它。协定还规定，参加国至少达到 5 个时，它才能生效。目前只有法国、荷兰、瑞典批准了这个协定，所以它还没有生效。

这个协定中的多数条款与《尼斯协定》很相近。参加协定后，成员国即有权派代表参加修订商标图形分类法的专家委员会。虽然

---

* 编者注：该文收录自郑成思著:《工业产权国际公约概论》，北京大学出版社 1985 年版，第 79–80 页。

协定还没有生效，但世界知识产权组织国际局在管理《马德里协定》和《商标注册协定》时，已经在国际注册程序中使用了按照协定建立起的商标图形分类法。

这个国际分类法把所有商标的图形分为29个类，300个支和3000个分支。例如，第五类是“植物”，下面的支是树木、灌木支，阔叶、针叶、带叶枝条支，花支，蔬菜支，等等。在“花”支下，又分为玫瑰分支、牡丹分支、独花分支、多花分支，等等。

协定的成员国都应当在商标的正式注册文件、商标公报等上面使用这个国际分类法。

# 《商标法条约》*

为使各国商标保护逐步走向统一，世界知识产权组织从20世纪80年代后半叶开始，不断进行各国商标法的协调工作。20世纪90年代初，曾起草并讨论过几个《商标法协调条约》的草案。1994年10月，在多年讨论的基础上，于日内瓦缔结了《商标法条约》。商标法条约在1996年生效。到2003年1月为止，共有31个国家参加了该条约。

这个公约内容较简短。原讨论的协调草案中，未达成基本一致意见的，均未写进去。例如，"在先权"的具体权项，等等。公约主要对商标注册的申请、变更及续展程序，作了大致统一的规定，并禁止成员国对申请人附加更多的形式上的要求。公约还规定了成员国行政主管机关不得过多干预注册权利人在贸易活动中转让商标权或许可他人使用等事项。中国政府代表于该条约缔结时已在条约文本上签字。

---

* 编者注：该文收录自郑成思著:《知识产权论》，社会科学文献出版社2007年版，第360页。

# 《保护奥林匹克会徽条约》*

这个条约不是依据《巴黎公约》的原则而产生的，参加的国家不一定必须是《巴黎公约》的成员国。凡是参加了联合国的国家，都可以参加这个条约。批准条约的文件要向世界知识产权组织总干事呈交。这个条约不仅仅涉及工业产权领域，而且还涉及版权领域。就工业产权方面讲，条约的作用是禁止人们不经允许而用奥林匹克会徽作商业性标记使用。

1981 年 9 月，在世界知识产权总干事主持召开的内罗毕外交大会上，由 21 个国家缔结了《保护奥林匹克会徽条约》。条约第六条规定，如果有 3 个缔约国批准了它，或有 3 个缔约国之外的国家参加了它，则从第三个国家参加之日起三个月内，条约即生效。这个条约于 1983 年 1 月生效，到 1985 年 1 月为止，已经有 23 个国家参加，它们是：智利、刚果、埃及、赤道几内亚、埃塞俄比亚、希腊、危地马拉、印度、肯尼亚、卡塔尔、多哥、突尼斯、乌干达、阿尔及利亚、巴西、保加利亚、古巴、萨尔瓦多、牙买加、塞内加尔、

---

* 编者注：该文收录自郑成思著:《工业产权国际公约概论》，北京大学出版社 1985 年版，第 80–81 页。

斯里兰卡、叙利亚、乌拉圭。

“奥林匹克会徽”，是由蓝、黄、黑、绿、红五个相互交叉排列的彩环从左至右排成，其中蓝、黑、红三个颜色的环稍高一些。条约规定，即使使用其他颜色或使用一种颜色，将五个圆环按上述方式排列，也构成条约所禁止自由使用的对象。

条约规定，成员国均有义务拒绝为任何包含奥林匹克会徽图形或相似图形的标记提供注册，并采取有效措施禁止在商业活动中（以及其他活动中）不经允许而使用这种标记。不过，在一个国家参加条约之前，已经在该国取得注册的或已经在商业活动中使用的标记，不在禁用之列。为了报道奥林匹克运动会或其他有关活动而使用的宣传手段中，也可以使用这个会徽。得到奥林匹克国际委员会的特别许可，也可以使用这个会徽。在奥林匹克委员会与条约的成员国国家奥委会就禁止使用会徽的条件达成协议之前，有关的成员国可以暂时不履行条约所规定的义务。

条约的工作用语为英文、法文、俄文、西班牙文。

得到国际奥委会许可而将会徽作商业性使用时，必须向该委员会支付使用费。使用费的一部分拨给会徽使用国的奥委会，其余部分由国际奥委会用作发展各国体育活动的基金。

# 《反不正当竞争示范法》*

在 20 世纪 80 年代初，世界知识产权组织曾颁布过《反不正当竞争示范法》。随着时间推移，该法已显得不能适应形势的发展。而 1996 年底该组织重新制定的示范法，则更加系统和全面。它虽然不是个国际公约，但对我们认识何谓“不正当竞争”很有帮助，故在这里做些介绍。

世界知识产权组织新的（即 1996 年）示范法把应该纳入不正当竞争的行为，仅仅归为五种。

第一种是在消费者中引起混淆的行为，一般指直接的假冒。世界知识产权组织认为，不仅仅是注册商标，不仅仅是冒别人的装潢，只要冒别人的，如厂址、厂标、吉祥物、广告词等，就都应该管起来。中国《反不正当竞争法》没有规范“未注册商标”。当初立法时曾想管过。现行商标法只管注册的，中国既然是注册制度，就该去注册。不注册别人注了，从严格执行现有打算专用法律角度，应该说不受保护。但是，有很大一部分未注册商标，有的是没有来得及注

---

* 编者注：该部分收录自郑成思著:《知识产权论》，社会科学文献出版社 2007 年版，第 390–392 页。

册，有的是不懂，有的的确是别人抢先注册，也还有属于我们管理过程中的纰漏造成未注册。如前文讲的武松打虎图商标，属于地方的纰漏。景芝酒厂先取得了原作者刘老先生继承人的许可使用“武松打虎图”。它于20世纪80年代初申请商标注册，未予核转。过了近十年，景阳岗酒厂又拿了同一图案申请注册，结果就注上了。于是诉景芝酒厂侵权。这说明有的人没有注册，不是不想注册，而是由于某种原因被挡住了。《反不正当竞争法》管的力度比较大，所以注册和未注册的，按照世界知识产权组织的示范法，都应该管起来。未注册只要它在市场上已经取得了一定信誉就应保护。《反不正当竞争法》就是反对未经许可“搭便车”。企业的市场信誉已经创出来，下一步该获利，没有企业的许可，别人去获利，就叫不正当竞争。

世界知识产权组织讲的五种不正当竞争行为，最前面有一条，对这五种不正当行为无需原告，或者无需行政主管部门来证明你是否采取了不是诚实信用的方式，只要有事实。比如有人从来就不知道青岛啤酒，自行出产“青岛啤酒”，工商局可以制止住。至于赔偿是另外一回事。因为这在事实上已构成不正当竞争，不管主观如何。这也是世界知识产权组织的要求。但是，中国《民法通则》第一百零六条要求在侵权与非侵权认定上，认定侵权要有过错，无过错不能认定侵权，除非该法有专门规定。世界知识产权组织这一条要求，只有在中国修改了该法以后才能实施。现在工商局要作处罚，还得证明当事人有过错、有失误或者明知。

第二种属于损害有竞争的另一方的信誉、商誉、声誉等，淡化他人的标示。这种行为并不直接指向对方的产品或服务。如对对方的商标、厂商名称、商号、对方已经成名的商业形象等等进化淡化。如乐凯和柯达竞争，柯达要整乐凯，它弄一个国内出版公司或者收买一国内的文人也好，写书时，特别是写统编教材，解释乐凯是什么，他写成“乐凯是胶卷的别名”。以后别人上商店买胶卷，可说成我买一卷乐凯，买柯达牌的乐凯，逐渐把你的商标淡化了。采取这种方法，是比较“高级”的不正当竞争方式，国内还比较少，但是很快会出现，特别是在网络开通以后。

第三种就是一般讲的误导公众。“误导公众”和“混淆”，世界知识产权组织是把它们从法理上分开的。因为产生混淆是双面的情况。误导公众主要是使公众对不正当竞争者的产品产生误认，与不正当竞争者的产品、产品的来源、质量、功能、售后服务或者和服务有关。比如，某航空公司在广告中说，他是国内第一家对于因误点造成的损失，可以给顾客以什么补偿的公司。实际上它根本没有这种补偿，使顾客对它提供的服务产生误解，然后去接受他的服务。又如大哥大的销售，现在有的服务公司称大哥大可以和计算机联网，要发传真，有这一套系统。现在的大哥大有很大一部分后面有一插孔，插上一根线就可以和计算机联网。但国内现在不可能有这项服务。这就是对自己的产品或服务给公众以误导。要特别补充说明的是，《反不正当竞争法》《消费者权益保护法》《产品质量法》，在很大一部分是重合的。这三个法的第一句话里都有“为了保护消费者权益”。这并不奇怪，国内有些民法学家到现在还争论，说这三个法都立错了。怎么说了同样的话？其实这话不是中国先说的。1931 年时，哈佛大学的学刊上已经有文章论证了这三部法在保护消费者这一点上是竞合的，因为有的行为既侵犯权利人的权益，又侵犯消费者的利益。有的行为好像只侵害了消费者权益，而消费者又不可告诉，就要想一想是不是对正当竞争者也造成了损害。

第四种是损害竞争者、诚实竞争者、诚实经营者的产品或服务以抬高自己的产品。这是误导公众的另一方面，直接对准产品或服务而未针对对方的名称、标志等。这里讲的损害对方的产品和服务，也就是贬低对方的产品和服务，也就是从产品来源上贬低对方。

这和第一个混淆直接针对对方的商标名称、广告形象没有直接联系。但是它搞的行为使顾客对对方的产品或是进而对对方的商誉造成损害。

第五种是保护商业秘密。这一点与TRIPS中的商业秘密保护相同。

# 地区性国际公约

# 欧共体——欧盟

## 第一章 《关于建立欧洲经济共同体条约》及其对共同体知识产权保护的影响

在知识产权领域，欧洲经济共同体（EEC）是统一各成员国法律起步最早的地区。

欧洲经济共同体主要由四个机构组成，即设在布鲁塞尔的经济委员会（也称“共同体委员会”）与部长理事会，设在斯特拉斯堡的欧洲议会，以及设在卢森堡的欧洲法院。在知识产权的保护方面，欧洲法院起很重要的作用。欧洲法院有时并不仅仅行使司法职能，而且也行使行政职能。它监督各成员国对共同体有关条约的执行，并对共同体委员会作出的决定进行复审。在知识产权各个领域的“跨国法”制定出来之前，共同体范围的知识产权保护往往要以欧洲法院的有关判例为据。从对外贸易的成交额来看，欧洲经济共同体是世界上最大的贸易集团。早在一九七五年我国就同它建立了贸易联系，并于一九七八年同它签订了双边贸易协定。一九八三年十一月我国又进一步同欧洲煤钢共同体及原子能共同体建立关系，从而把关系扩大到整个欧洲经济共同体。了解它的知识产权保护制度，对于与该共同体本身以及与共同体的成员国的经济、技术、文化交往，都是很重要的。①

## 第一节 欧共体跨国法的立法体系*

在1957年缔结（1986年修订）的《关于建立欧洲经济共同体罗马条约》(Rome Treaty）的基础上，欧洲经济共同体建立起的立法及与立法有关的机构有：

**欧共体委员会（EC Commission）**

这是个对跨国法的制定提出建议的机构。该委员会有17名成员，由欧洲经济共同体各成员国政府任命；每个成员国至少有一名成员参加该委员会。

**欧共体理事会（EC Council）**

这是欧共体内在立法上作出最后决定的最高机构。它在欧共体委员会提出的跨国法建议的基础上，通过（或否决）有关跨国法。欧共体理事会不仅包含各成员国部长理事会，而且包含工作小组及各成员国派驻欧共体的长期代表。

**欧洲议会（European Parliament）**

这是一个由共同体直接选举的代表（而不是成员国政府任命）组成的机构。按照罗马条约的规定，欧共体理事会在通过任何跨国法之前，均须听取欧洲议会的意见。该议会经常对欧共体委员会提出的跨国法议案发表修改性意见；而理事会往往接受这种修改意见。当然，作出立法最后决定的仍旧是理事会（而不像在一般欧洲国家

---

① 编者注：以上两段论述收录自郑成思著:《知识产权法通论》，法律出版社1986年版，第263-264页。

* 编者注：该文收录自郑成思著:《知识产权与国际贸易》，人民出版社1995年版，第481-483页。

那样是议会）。

**欧洲法院（European Court of Justice）**

该法院又称“欧共体法院”（Court of Justice of European Community），都指同一个机构（过去有个别专著把它们误解为两个不同的机构）。欧共体成员国凡对罗马条约以及对欧共体理事会发布的跨国法产生不同解释而导致冲突或纠纷，一般均要由欧洲法院最后裁决。欧洲法院的决定、裁决或判决，在欧共体各成员国往往形成相当于原英美法系“判例法”的内容。例如，1992 年欧洲法院关于英国广播公司（BBC）的广播电视节目时间表不享有版权的裁决，以及关于 BBC 禁止他人转载这类时间表的行为将构成“不正当竞争”的裁决，已经被欧共体各成员国法院（乃至国内立法）所承认和遵照执行。

由欧共体理事会发布的跨国法，分为两种性质。一种是地区性公约（Conventions）或指令（Directives）。这种性质的跨国法通过并颁布后，还要由各成员国自己再以实施条例把它们转为国内法去实施。有关公约或指令一般都规定了成员国将其转化为国内法的最后期限。另一种则是地区性条例（Regulations）。这种性质的跨国法，要求成员国直接适用，而不必再由各国立法机关将其转为国内法。

在知识产权领域，欧共体的绝大多数跨国法是地区性公约或指令，只在涉及地理标记等少数问题时采用了条例形式。而在欧共体的跨国关税法、反倾销法、农产品进口税法等方面，一般均采用条例形式。

欧共体跨国法的通过与颁布程序大致是这样的：

首先，由欧共体委员会提出立法建议的“绿皮书”（Green Paper）。然后，在内部议论后，形成正式的建议草案提交欧共体理事会。在欧共体中，其他任何机构（或个人）均无权提出跨国法议案。

第二步，由欧共体理事会将立法的建议草案提交欧洲议会讨论，称为“一读”（First Reading），与此同时，理事会也将同一草案交欧共体“经社委员会”（Economic and Social Committee）听取意见。这一步不是可有可无的，而是法定的必经程序。

第三步，“一读”后的草案交回欧共体委员会进行修改。

第四步，修改后的草案再交欧共体理事会，该理事会可以（不是“必须”）经投票表示对有关草案是否已一致同意，然后理事会再将草案提交欧洲议会，议会将对理事会已取得一致意见的草案进行“二读”（Second Reading）审议。

第五步，欧洲议会“二读”审议后的草案交还欧洲委员会，该委员会根据二读中提出的修改意见进行修改。当然，如果“二读”时，议会否决了理事会的一致意见，则有关跨国法议案就此中止，不可能再出台了。

第六步，欧共体委员会把修正后的议案最后提交欧共体理事会，由理事会通过、颁布并形成跨国法。

## 第二节 《关于建立欧洲经济共同体条约》对共同体知识产权保护的影响 *

一九五七年缔结的《关于建立欧洲经济共同体条约》对于共同体的知识产权保护起主要的作用，欧洲法院的绝大多数有关知识产权的判决，也都是以这个条约为依据的。因为这个条约是在罗马缔结的，故下文将其简称为共同体《罗马条约》。

共同体《罗马条约》第三十条至三十六条，是关于在共同体成员国之间商品自由流通的规定，其主要原则是“不允许以任何方式

---

* 编者注：本处论述收录自郑成思著:《知识产权法通论》，法律出版社 1986 年版，第 264-267 页。

限制或妨碍成员国之间的商品进出口”。条约的第八十五条至九十条是关于在成员国的企业之间实行“公平竞争”的规定，其主要原则是“不允许以任何方式限制或妨碍在共同市场范围内的自由竞争”。这两条原则目前也适用于同欧洲经济共同体签订了免除关税的双边协定的国家。

这两条原则与一般商品的进出口并无太大矛盾。但如果进出口的是专利产品、版权产品（图书、录音带、影片等），或如果在一般商品进出口中涉及同一个商标在不同被许可人手中使用，矛盾就产生了。就是说，它们与知识产权是矛盾的。知识产权的特点是“专有性”，“专有”是“垄断”的同义词，而与“自由竞争”是抵触的；知识产权的特点是“地域性”，这又与“自由流通”是抵触的。

专利产品的进出口与共同体《罗马条约》的原则之间的冲突还比较好解决。

第一，多数共国体成员国的国内法或司法实践，不同程度地承认“专利权穷竭”的原则，即专利商品经专利权人同意而付诸流通领域后，专利权人无权再去控制它的进一步流通，因此它们就可以“自由流通”了。共同体《罗马条约》所要求的，仅仅是把原先只适用于一国范围的“穷竭”原则，扩大到整个共同体范围。

第二，按照共同体《罗马条约》，原则上不允许发放任何独占性的专利许可证（理由是以某种方式妨碍了自由竞争），尤其不允许发放售销专利产品的独占许可证。但如果真的不许发这种许可证，又会影响了专利权人对自己的产权的充分利用——只有独占许可证能使他收取更高的使用费。所以，共同体《罗马条约》的反垄断原则使用到专利许可证上，就不仅限制了被许可人，而且不合理地限制了专利权人，而这个矛盾目前已基本上解决了。共同体委员会在一九七九年草拟了一个法案，允许签订某些“对国际贸易有积极影响的独占性销售许可证合同”，并且对不同产品进行了分类，规定对于某些类产品，可以发放独占许可证。这个法案的英文名称是 *Draft Block Exemption Regulations for Patent Licences*。过去国内一些出版物对它曾有过各种译法，有些是因为不知道它的来源与内容，所以译得不够确切,它应当译为《专利许可证垄断责任免除条例草案》。“免责”在这里不是合同法所指的当事人责任的免除，而是指合同本身不构成违反共同体《罗马条约》中所禁止的那种妨碍商品自由流通的责任。这个法案直到一九八四年七月才形成正式文本（共十四条）并定于一九八五年一月生效。但在这之前欧洲经济共同体各成员国就一直遵行其中的基本原则处理专利许可证的有关案件。

版权产品的进出口与共同体《罗马条约》的矛盾，就比较难解决了。共同体各成员国在版权立法中，对“版权穷竭”的规定上的差异太大。联邦德国的版权法明确地承认“版权穷竭”的原则；法国与比利时的版权法不承认版权会穷竭，相反倒是规定了版权在任何情况下都不穷竭；北欧国家以及英国（英国唱片除外）则在法律中恰好对外国印制品在本国流通作了明确的限制。对此，欧洲法院在一九七一年到一九八二年这十多年里，就一些有影响的案件作出判决,宣布共同体《罗马条约》的原则适用于一切有形的版权商品(即不包括转播、表演等服务项目）的流通，各成员国必须在共同体范围内以及在成员国同某些与共同体订有免除关税双边协定的国家的贸易交往中，取消国内法原有的限制。例如，在一九八〇年英国阻止葡萄牙（与共同体订有上述双边协定）印制的书籍入口的诉讼案提交欧洲法院时，该法院判决英国现行版权法第十六条（限制外国印制品进口的条款）在这里不能适用。

不过这种解决矛盾的方法又会引起新的矛盾。例如，依照英美两国传统上对世界英文图书市场的划分，美国占有北美洲图书市场，英国占有除加拿大之外的英联邦国家图书市场，同时两国都有权进入欧洲大陆图书市场。按照欧洲法院对上述一九八〇年那种诉讼的判决，如果美国出版商先把图书向葡萄牙出口，再从葡萄牙向英国“自由流通”，就间接占领了英国的传统市场。正是出于这种担心，英国出版商协会已经向共同体委员会提交了一份备忘录，要求修改共同体《罗马条约》，或起码对这个条约的上述两原则作出不能被共同体外国家所利用的合理解释。

而在这个条约的两个原则与知识产权发生的各种矛盾中，最难解决的还要算商标问题。在共同体的不同国家中，可能同时存在着一些持有相同或相似商标的不同经营人。在一般的国家之间的贸易交往中，这是容易处理的。如果甲国已经有人获得了某商标的专有权，他就不仅有权阻止其他国持有相同或相似商标的人来取得注册，而且有权阻止他们的带有这种商标的商品进口。但在共同体成员国之间，商标所有人的这种“阻止”权就与共同体《罗马条约》不相符了。

在长期以来办理商标诉讼案的过程中，欧洲法院及一些共同体成员国的法院把不同的成员国中的不同企业持有相同商标的情况分成三种。

（1）不同企业持有的相同商标具有同一个来源，而它们之间的联系又是比较容易找到的。例如，一个商标所有人在三种商品的使用上注过册，后来他把商标权分别转让给了三个企业，这三个企业可能又进而向更多的企业发放了商标使用许可证。这就属于具有“同一来源”的情况。

（2）不同企业持有的相同商标虽然具有同一个来源，但这些企业之间已不存在任何联系。例如，一个公司在不同国家的分公司分别就其总公司的某个商标获得注册后，其中某些国家的分公司因该国政府的干预（如国有化、国家没收外国资本等等）而商标不再属于原公司所有。

（3）相同商标的专有权是被不同国家的毫无联系的企业分别独立地获得的。

对于前两种情况，欧洲法院已经在联邦德国与比利时的两家企业商标冲突的“黑格商标案”中作出过判决：共同市场内一国商标所有人无权阻止他国相同商标所有人的商品进口。[1] 对于第三种情况，至今尚没有妥善办法处理。当然，对于“黑格商标案”的判例，一些共同体成员国也不认为是合理的。大多数人认为：要妥善处理商标专有权与共同体《罗马条约》的矛盾，最好是建立统一的共同体商标权保护制度。

# 第二章　欧洲专利制度

## 第一节　欧洲专利制度（1985）*

人们经常把《欧洲专利公约》与欧洲统一专利法或欧洲专利制度等同起来，原因是只有这个公约，才已经在实践中产生了较大的影响，发挥了较突出的作用。事实上，目前与《欧洲专利公约》共同存在的，还有一个虽然在实践中没有起什么明显作用，但在统一许多欧洲经济共同体成员国的专利法方面起了较大作用的公约，以

① 参见《欧洲共同体判例报告集》，1974 年第 731 页，冯·左兰·弗莱斯诉黑格案（Van Zuylen Freres V.Hag）。

* 编者注：该文收录自郑成思著:《工业产权国际公约概论》，北京大学出版社 1985 年版，第 130–150 页。

及另一个将要起作用的公约。所谓欧洲统一专利法或欧洲专利制度，应当包括这三个公约。这三个公约是以欧洲共同体国家为主，并有其他一些西欧国家参加缔结的。具体说，就是1963年在法国的斯特拉斯堡缔结的《统一发明专利实体法公约》（简称《斯特拉斯堡公约》）、1973年在联邦德国的慕尼黑缔结的《欧洲专利权授予公约》（简称《欧洲专利公约》，英文简称EPC）、1975年在卢森堡缔结的《共同市场欧洲专利公约》（简称《共同体专利公约》，英文简称CPC）。参加后两个公约的国家，必须是《巴黎公约》的成员国。

由于《欧洲专利公约》生效较早，它还附有一个关于承认该公约的程序的议定书、一个保证在行政管理上有效地实施该公约的议定书以及一百多条的实施条例。

## 一、《斯特拉斯堡公约》

《斯特拉斯堡公约》在构成欧洲专利制度的三个公约中虽然是最早缔结的，但到1980年8月才生效。比它迟十年才缔结的《欧洲专利公约》倒在它前面生效了。到1985年1月为止，有9个国家参加了《斯特拉斯堡公约》。它们是联邦德国、法国、意大利、列支敦士登、卢森堡、瑞典、瑞士、英国、爱尔兰。此外，比利时、荷兰及丹麦也即将参加。

这个公约之所以生效较晚，原因之一是，在三个公约中，唯有它强制性地要求成员国国内专利法的实体条文与它完全一致。《欧洲专利公约》及《共同体专利公约》则建立起一套与各成员国国内专利制度并行的跨国专利制度，它们并不要求成员国国内实体法或程序法与之完全一致。例如，《欧洲专利公约》规定专利有效期为二十年，奥地利（该公约成员国）的专利法则规定有效期为十八年。《欧洲专利公约》实行“早期公开、请求审查”程序，联邦德国的专利法则实行“早期公开、延迟审查”程序。

但是，如果没有《斯特拉斯堡公约》，实体法差异太大的西欧国家要想有效地实施另外两个公约，也是比较困难的。《斯特拉斯堡公约》与拉丁美洲国家的安第斯组织缔结的《卡塔赫那协定》中的有关规定的作用比较近似。它本身虽不产生跨国专利，但为实行跨国专利制度扫除了障碍。

《斯特拉斯堡公约》中的某些条文,已被吸收到另外两个公约中。例如，这个公约第四条第一二两款关于新颖性的定义，与《欧洲专利公约》第五十四条第一二两款的内容是完全一样的。

《斯特拉斯堡公约》比较简单，一共只有十四条，其中仅仅第一至八条是要求成员国国内法依照修改或调整的条文。

公约第一条对取得专利的条件，即“三性”作了原则规定。按照这一条的要求，成员国如果原先实行专利注册制（即不审查制），则必须改为审查制或部分审查制。

公约第二条规定,对两类发明不能授予专利,即违反“公共秩序”的发明和动、植物新品种发明以及用来培植动、植物新品种的生物方法。但是微生物发明不在此列。

公约第三条到第五条对“三性”下了较明确的定义。其中特别指出“工业实用性”包括有关发明在工、农、商、渔、林等等各个领域的实用性；“新颖性”是要求“绝对新颖”；“技术先进性”即对相同领域的技术人员不是显而易见的。公约成员国均按照这些标准调整了国内法。例如，英国传统的专利法一直只要求“相对新颖”，也就是只要与本国五十年内的现有技术相比是新颖的，就够标准了，而在最新文本的专利法中，第一次改为要求“绝对新颖”。

公约第六条规定了与《巴黎公约》的优先权原则相同的原则。这并不是无意义地重复《巴黎公约》。前面讲过，《斯特拉斯堡公约》

并没有要求参加它的国家必须是《巴黎公约》成员国，因此有必要申明这个公约的成员国都应遵守优先权原则。

公约第七条是对第四条及第六条在特殊情况下如何处置而作的规定。例如，这一条规定，“秘密专利”（亦即不公布专利申请案的专利），也照样可以构成否定在后申请案的“现有技术”;“秘密专利”的申请日一旦确定后，照样可以使申请人享有优先权。

公约第八条是对专利申请案提出的具体要求，规定申请案中必须有发明的说明书，如果有必要以图说明，就必须有附图。说明书的内容必须“足够请楚，足够完整，以同一领域的技术人员能够实施为限”。

这八条对专利法的实体部分的要求，影响是比较大的。不但已经参加了公约的 9 个国家的专利法依照它们调整了，许多并未参加公约（特别是那些并未准备参加公约）的国家也都参照它们调整了本国的专利法。

## 二、《欧洲专利公约》

《欧洲专利公约》于 1977 年 10 月生效，到 1985 年 1 月为止，已有 11 个国家参加。它们是奥地利、比利时、联邦德国、法国、意大利、列支敦士登、荷兰、卢森堡、瑞典、瑞士、英国。此外，爱尔兰、丹麦、希腊、葡萄牙、西班牙也即将参加。有的文章介绍《欧洲专利公约》时，曾说到 1984 月 1 月它已经有了 16 个成员国，这是把“签约国”与成员国数目弄混淆了。在签订这个公约时，确有 16 个国家签了字，但后来（直到 1985 年为止）只有 11 个国家实际批准并参加了它。这是应予以注意的。

这个公约及《斯特拉斯堡公约》的成员国，并不都是欧洲经济共同体国家。拿这个公约来说，非共同体国家瑞士、列支敦士登、奥地利参加了，共同体国家爱尔兰、丹麦、希腊都还没有参加。这个问题经常被一些人忽视。尤其是一讲起《欧洲专利公约》时，就认为它是欧洲经济共同体的跨国专利公约。

《欧洲专利公约》是发达国家间发展地区性工业产权保护合作的产物。由于目前世界上大多数的专利还是由发达国家的国民申请和获得的，而且大多数是发达国家的专利管理机关颁发的。所以，实施《欧洲专利公约》在国际工业产权保护中所产生的影响，比非洲知识产权组织的《班吉协定》要大一些。

按照这个公约，在慕尼黑、海牙等地建立了一套受理跨国专利申请案、审查申请案和颁发跨国专利证的机构。但这些机构的作用基本上到此止步，它们并不负责维护专利权或撤销专利的工作。在一项跨国专利被批准后，还有 9 个月由第三方提出异议的期限。在异议程序结束后，欧洲跨国专利机构只负责收取各成员国专利所得税的一定份额，保留一个注册簿，登记跨国专利的转让与许可证贸易，除此之外，不再负任何责任。正因为如此，这个公约才称为“专利颁发公约”。

根据公约建立的“欧洲专利局”（简称为 EPO）的总局设在慕尼黑，同时还有两个分局，一个在海牙，另一个在西柏林。两个分局主要负责欧洲专利申请案的初审程序，即形式审查与新颖性检索。除此之外，这两个分局还受委托为法国、荷兰及瑞士的国内专利申请案进行新颖性检索。它们平均每年共检索申请案五万件。

提交给欧洲专利局的欧洲专利申请案必须用英文、法文或德文书写。在申请案中，必须指明申请人希望在公约的哪些成员国受到专利保护。这种国家也称为“指定国”——与《专利合作条约》所使用的术语相同。《欧洲专利公约》并不主动为申请人提供在所有成员国都有效的跨国专利。因为，这样也许反倒违背了申请人的意愿。

在一切成员国都有效的专利，在交纳年费时，负担就比仅仅在三五个成员国有效的专利高许多，申请人不一定愿意在他的发明得不到适当利用的那些成员国受到保护。不过，一般在选择“指定国”时，也不宜少于3个国家，否则，申请人所花的手续费及专利年费将与分别申请各国的国内专利大致相当，起不到节省开支的作用。根据最新的统计，每一份欧洲专利申请案的平均“指定国”为5个。

申请案在欧洲专利分局通过初审之后，就会予以公布。一般讲，公布时间不会超过申请案向欧洲专利局实际提交日（而不是优先权日）之后的十八个月。由于欧洲专利局肯定要承认申请人的优先权日，所以，如果第一份申请案不是在欧洲专利局提交的，那么公布申请案的时间最长可以是从优先权日算起的三十个月内。初审后，分局仅仅拿出“检索报告”，即使从报告中可以明显看出申请案缺乏新颖性，这个结论也不由分局作，而要在实质审查程序中由总局去作。这就是完全审查制的特点，即检索虽在初审中进行，但对“检索报告”的审查，则属于实质审查的内容。在初审中可以驳回的，仅仅是形式不符合要求的申请案（例如没有附图，成员国之外的申请人没有委托代理人，未交申请费，等等）。

在申请案公布之后的6个月内，如果没有第三方提出反对意见，或反对意见不能成立，同时申请人又请求给予实质审查，并交付了实质审查费，申请案将转到慕尼黑总局，进行实质审查。无论申请案在初审时被驳回，还是在实质审查时被驳回，如果申请人不服，均可以向欧洲专利局申诉委员会提出申诉。这个委员会虽然是欧洲专利局的一个组成部分，但它在行使行政权力方面是独立的，不受欧洲专利局局长的制约。

目前，慕尼黑总局平均每年能够完成对1.6万份专利申请案的实质审查。通过了实质审查的申请案，总局将“初步批准”专利并予以公告。在公告后的9个月内，任何第三方都可以提出异议。异议只能以3条理由为根据:（1）有关专利的主题不属于可以获得专利的内容;（2）有关专利的说明书没有对发明进行充分的、清楚的披露，以至同一领域的技术人员无法实施该专利;（3）有关专利的权项请求超出了专利说明书的范围。欧洲专利局内设有“异议处”。如果该处认为异议成立，就会撤销已批准的专利；如果驳回了异议，则宣布维持有关专利的“初步批准”决定。这时，“初步批准”就自动变为“最终批准”了。

上面讲的是《欧洲专利公约》中的程序部分。下面再讲一讲它的实体部分。

**1. 专利保护期**

公约规定，欧洲专利的保护期从申请案提交到欧洲专利局算起二十年。但各成员国可以根据发生战争的情况，或对本国有重大影响的其他情况，适当延长这个保护期。在1988年之前，各成员国也可以根据本国国内专利法对保护期的规定，缩短这个保护期。

**2. 可获得专利的发明主题**

公约对于哪些发明主题可以获得欧洲专利，并没有作什么特殊限制。在多数国家一般可以获得专利的发明，也都可以获得欧洲专利。不过公约中特别指出计算机程序不能获得欧洲专利（虽然它在美国已经可以获得专利），对人及动物所施行的诊断及治疗方法也不能获得欧洲专利。对这条实体内容，公约也允许成员国予以保留。公约第一六七条规定，成员国在1988年之前，可以依照本国专利法的规定，拒绝对某些欧洲专利的保护主题提供保护。例如，欧洲专利可以授予药物发明、食品发明，奥地利则宣布不保护这些发明。如果一项这类发明的专利权人把奥地利作为一个“指定国”，他的专利在那儿就得不到保护。公约允许成员国不予保护的其他发明还有化学制品发明、应用于农业和园艺的发明。

**3. 取得专利的发明应具备的性质，亦即“三性”**

这方面的规定与《斯特拉斯堡公约》完全一样，前面已讲过。

一项欧洲专利被批准之后，将由各“指定国”依照本国的法律去维护。各“指定国”也有权判决该专利是否有效，有权在本国撤销经本国法院判决为无效的欧洲专利。但这必须遵守《欧洲专利公约》第一三八条的规定，即第一，如果一项欧洲专利申请案与一项成员国国内申请案是同一天提交的，则只能宣布该国内专利无效；第二，依照（上文讲过的）欧洲专利批准后异议程序中的三条理由之一，“指定国”可以宣布该专利无效；第三，如果欧洲专利的权利人不属于有资格享有专利者，“指定国”可宣布其无效。关于专利权人的资格，见公约第六十条第一款，即欧洲专利应属于发明人或发明者的继承人；如果系职务发明，则依各成员国国内法确定其属于雇员或雇主。

关于欧洲专利申请案的利用方式，公约第七十一条到七十四条作了规定。前面讲过，公约基本上只过问到专利批准为止的事，所以，专利证的所有人怎样转让自己的专有权或发放使用许可权，不是公约所能管的，这一般要按一项欧洲专利的各“指定国”的国内专利法或国内合同法行事。但由于专利保护期从提交申请之日算起，所以申请案也可以作为一种专有产权加以利用。公约规定，欧洲专利的申请案可以就指定国范围转让，也可以构成在指定国内的财产权；转让行为必须通过书面文件并有转让双方的签字；欧洲专利申请案也可以在部分或全部“指定国”内发放许可证；除公约中有专门规定外，申请案在各“指定国”付诸利用时，其法律地位等同于有关“指定国”的国内专利申请案。

在申请欧洲专利时，申请案可以向慕尼黑总局提交，可以向海牙分局提交，也可以通过公约成员国专利局转交。在成员国中无居所、无营业所的外国人，必须授权成员国中的代理人代办申请。

欧洲专利局从1978年6月开始接受第一份专利申请案，以后每年收到的申请案都有增加。在前三年中，其数目约为《专利合作条约》国际申请案的五至六倍。1982年,该局收到申请案2.8万多份。如果按“指定国”数目统计（因为一份欧洲专利申请案相当于几份单独申请案），它们等于17.6万份单独申请案。现代专利在大多数国家中，都主要是掌握在外国人手里。对于《欧洲专利公约》的成员国来说，也是如此。据统计，1982年的欧洲专利申请案的分布情况如下：联邦德国提交的欧洲专利申请案占25%，美国提交的占24%，日本提交的占13%。除联邦德国外,《欧洲专利公约》成员国中没有任何其他国家提出的欧洲专利申请案超过美国或日本。

与《班吉协定》相同,《欧洲专利公约》也规定了与《专利合作条约》相配合的条款。《欧洲专利条约》的两个以上成员国,在依《专利合作条约》提出的国际申请案中，可以被当作一个“指定国”来对待。公约成员国国民或参加了《专利合作条约》的非公约成员国国民，都可以通过向世界知识产权组织国际局提出国际申请案的途径，申请欧洲专利。公约第一五〇条规定:“将欧洲专利局作为指定国专利局的国际申请案,应被作为欧洲专利申请案同样对待。”同时,《专利合作条约》第四十五条也有与此相应的规定。而且，欧洲专利局本身，正是《专利合作条约》第二条所指的“国际检索局”之一，也是该条约第三十二条中所指的“国际审查局”之一，也是条约所指的“国际申请案接收局”之一。在通过国际申请案申请欧洲专利的情况下，该申请案的“国际检索报告”（无论是由欧洲专利局作出的还是由其他几个“国际检索局”作出的），就起到代替欧洲专利申请的初审程序中要求的检索报告的作用。

由于公约的各成员国仅仅以本国法律为依据来维护欧洲专利，所以各国法院对于侵犯欧洲专利的侵权判决，或前面讲的对该专利在本国的有效性的判决，都只在本国有效，而对其他成员国没有约束力。其他成员国法院在判同类案件时只有义务“参考”别国的判决。这与《班吉协定》中关于成员国法院判决效力的规定是完全不同的。

欧洲专利局从受理申请案后，就开始出版作为技术情报交流之用的刊物。其中主要有下列五种。

《欧洲专利局公报》。这个刊物中没有发明的具体技术内容，只是报道国际专利保护的现状与动向，国际工业产权合作组织的活动情况。此外，也刊登一些新出现的与专利有关的双边及多边协定，等等。它是研究专利法的重要材料，但对于各技术领域的专业人员没有太大用处。

《欧洲专利公报》双周刊。它与《专利合作条约公报》的内容及作用大致相同。不过它的索引种类只有三种，没有按照国际专利分类编排的申请案号码索引（因为这种索引专有一个出版物另行刊登）。

《欧洲专利年度索引》。这是按照申请人的姓名编排的申请案号码索引汇编。专利说明书（及相应的检索报告）。这是以一份申请案为一本小册子的形式出版的，是刊登具体发明技术的主要材料。

《欧洲专利分类文摘》双周刊。它刊登每两周内经欧洲专利局公布的专利申请案的摘要及附图。这个刊物按专利国际分类法把摘要分为二十一节，便于专业人员查找有关技术。

缔结《欧洲专利公约》的同一年，欧洲专利组织委员会颁布了公约的实施条例（共计一百零六条）。自 1977 年后，这些条例几乎每年都要修订。研究欧洲专利制度时，要注意选用条例的最新文本。

## 三、《共同体专利公约》

1975年缔结《共同体专利公约》时规定，只有当时的9个欧洲经济共同体成员国都批准之后，公约才能生效。目前，荷兰、爱尔兰、丹麦三国还没有批准它。

《共同体专利公约》的作用，从产生跨国专利权这点上，与《班吉协定》是相同的。在这个公约生效后，《欧洲专利公约》自动成为实施它的一个步骤，即批准跨国专利。批准后的专利靠一部统一实体法（即《共同体专利公约》）来维护或撤销。所以，那时的专利权不再称为“欧洲专利”，而是称为“共同体专利”了。但从另一点讲，《共同体专利公约》又与《班吉协定》不同。这个公约生效后，共同体各成员国自己的专利法依然有效。除了共同体专利之外，各国仍旧存在着单独的专利，如英国专利、法国专利，等等。非洲知识产权组织的成员国都以《班吉协定》附件一作为统一的专利法，各国并没有独立的专利法，并不存在单独的多哥专利、中非专利、尼日尔专利等。发达国家毕竟与发展中国家不同，用统一专利法取代各发达国家有几百年历史的专利制度，还是比较远的将来的事。

申请共同体专利，以及审批这种申请案的程序，与前面讲到的欧洲专利的相应程序完全一样。共同体专利也不是自动在一切成员国中有效的，也要由申请人在申请案中写明哪些国家为“指定国”。

《共同体专利公约》第四十条规定，共同体专利可以作为产权转让；第五十条规定，这种产权也可以由专利权人宣布放弃。不过转让与放弃的总原则不再受各国法律支配。各国专利法中关于部分转让或部分放弃的规定，都不能适用于共同体专利。例如，某个共同体专利权人选择了英、法、意三国为“指定国”，他就无权只转让或只放弃他在英国的专有权，而保留他在法、意两国的专有权。公约第三十九条明确规定，每项共同体专利都必须作为一个整体转让或放弃。但发放许可证就没有这种限制了。公约第四十三条规定，每项共同体专利，都可以在其有效的地域内，发放整体的或部分的许可证，许可证既可以是独占性的，也可以是非独占性的。

转让或发放专利许可证，是实施专利的方式之一，也是共同体专利权人的义务。公约第四十七条规定，维持共同体专利有效的条件之一是实施专利。“实施”并不要求一项共同体专利在它的一切“指定国”内都实施。例如，一项以英、法、意为“指定国”的专利，只要在英国实施，就满足了实施条件；法、意两国一般不能因未在本国实施而对它颁发强制实施的许可证（只有在特殊情况下，即为本国公共利益而必须实施某项共同体专利时，才容许因仅仅未在本国实施而颁发强制许可证）。

为了鼓励实施专利，公约规定采取“当然许可证”制度。第四十四条规定，专利权人可以向欧洲专利局声明：任何希望实施其专利的人，都可以不经特别允许而加以实施（但要交付使用费）。如果专利权人发出了这种“当然许可”,欧洲专利局将减收其专利年费。但是，已经发出了独占许可证的专利权人，无权声明发放“当然许可证”。已发出“当然许可证”的人，在任何时候都可以书面通知欧洲专利局收回该许可证。

公约实行一条不容变通的跨国专利法原则，即只有欧洲专利局或欧洲经济共同体的欧洲法院有权宣布撤销一项共同体专利。公约第七十六条明确规定，公约的任何成员国的法院在处理涉及共同体专利的诉讼案时，都只能把这种专利当作有效专利对待。公约第五十六条到第六十三条，是对共同体专利提出无效诉讼的程序，以及受理与判决程序、不服上诉程序。起诉人可以向欧洲专利局中的专利撤销处提出撤销某项共同体专利的请求；即使对于已经过了保护期的共同体专利，也可以提出撤销请求，即要求追溯判决该专利原不应被批准。无效诉讼的依据可以是公约第五十七条中列出的6项中的任何一项，即（1）有关专利的主题不符合《欧洲专利公约》所划的范围；（2）有关专利未在说明书中作充分、明确的披露，同一领域的技术人员无法实施；（3）有关专利中的权项超出了申请案所申请的范围；（4）有关专利超出了受保护的范围；（5）按照《欧洲专利公约》第六十条的规定，有关专利权人无资格享有共同体专利；（6）在某个成员国中，有未曾发表的“在先申请案”否定了共同体专利的新颖性。这里对第（6）点作些说明。前面讲到过，专利一般都是公开的，在审查中一般要公布专利说明书。但有些国家为了国家安全等目的，规定可以批准某种“秘密专利”，不公布其说明书。在初审一项共同体专利申请案时，“现有技术”资料里不会存在这种专利的说明书，因此在检索中可能肯定了该共同体专利的新颖性。但在行使专利权时，就可能发现已经有别人的相同发明在某成员国中，先申请了该国专利（只是没有公布），共同体专利与它相比就不新颖了。在这种情况下，将撤销有关的共同体专利。这也就是前面提到的，在先的“秘密专利”可以成为否定在后申请案的“现有技术”。只不过这种秘密的现有技术只在发生权利冲突时（而不是在检索时）才显示出它的作用。

可以提出无效诉讼的人，是任何有利害关系的第三者。如果诉讼人在公约成员国内既无居所，也无营业所，则不论他是不是成员国民，都要先交纳诉讼保证金。

专利撤销处经过审查后可以决定维持专利有效、判专利无效或部分无效。被判无效的专利将予撤销；判为部分无效的专利则将重新公布有关的修改后的专利说明书及权项请求。如果当事人对撤销处的决定不服，可以向欧洲专利局的申诉委员会申诉，对申诉后的决定再度不服，可以向欧洲法院上诉，欧洲法院的判决为终审判决。

《共同体专利公约》中关于各成员国无权撤销共同体专利，无权宣布其无效的规定，将来可能在实践中产生一个问题：如果在某个成员国发生了对某项共同体专利侵权的诉讼案，成员国法院经审理（这种法院无权受理无效诉讼，但有权受理侵权诉讼）认为侵权行为不能成立，倒是自称被侵权的那项共同体专利的有效性值得考虑，那么这个案件就无法由该法院判决了，唯一的出路是被控为侵权的人向欧洲专利局提出无效诉讼。在一般情况下，被告既然没有被本国法院定为侵权人，他也就不会再自找麻烦去欧洲专利局起诉（因诉讼的花费是很可观的）。这样一来，这种侵权诉讼案就只能不了了之。自前，西欧的专利法学家们还没有找到较妥善地解决这个问题的方法。

将来公约生效后，它虽然与各国专利法并行，两种专利制都有效，但它在某些关键问题上对各国国内专利法仍起到制约作用。公约在第三十二条与第八十条到八十四条中，对几个问题作了以下专门规定。

（1）各成员国都必须承认在整个共同体地域内的“专利权穷竭”原则。许多国家的专利法中都规定，专利产品经专利权人自己或他的被许可人制造并投入流通领域后，专利权人对销售或使用这些产品所享有的独占权就算“穷竭”了。此后其他人怎样分销、转销这些产品，怎样使用这些产品，专利权人均无权过问。但共同体专利怎样适用这条原则，就产生了两个问题：一是并非所有共同体国家的专利法都规定了这条原则。二是有史以来只有专利产品在一国地域内投入流通后有关专利权才在一国穷竭；专利产品在甲国投入流通，并不能导致同一专利权人在乙国的专利权穷竭。而共同体专利则是“跨国专利”。为此，公约第八十一条规定，对于公约成员国国内专利来讲，不论专利权人在其本国还是在其他成员国将有关的专利产品投入流通，均导致专利权人在本国对有关产品的专有权穷竭。第三十二条规定，对于共同体专利来讲，只要经专利权人将有关专利产品在一个成员国投入流通，就导致他对有关产品的专有权在整个共同体内穷竭。最后再补充说明一点，专利权穷竭原则仅适用于具体的、已出售的专利产品，并不适用于专利权人的发明技术。

（2）如果有的成员国国内专利申请案与共同体专利申请案同一天提交，申请对象为同一项发明，则共同体专利申请案优先。这与《欧洲专利公约》中的有关规定相同。

（3）无论各成员国原先是否实行强制许可证制度，在《共同体专利公约》生效后，它们都必须对本国专利实行这种制度。

（4）上面三条，对于为实用新型提供保护的成员国来说，也都适用于它们的本国实用新型专利（注意:《共同体专利公约》并不产生跨国实用新型专利）。

《共同体专利公约》既与各国专利法并行，在某些方面又制约各国专利法。但在另一些方面，它却又需要以各国国内法作为补充。公约第三十六条规定，共同体专利的效力，由《共同体专利公约》支配，如果其成员国的涉外民法规定不能适用其他成员国法，则该国法院在处理侵犯共同体专利的诉讼时，应适用本国关于专利侵权的法律规定。公约第三十九条规定，在把共同体专利当作产权加以利用时，它在各“指定国”内的法律地位，除公约有专门规定的方面外，相当于专利权人本国财产法所规定的产权。就是说，作为产权，共同体专利在各国统一适用专利权人本国法。如果专利权人并非共同体成员国国民，在共同体内又无居所或营业所，则其专利作为产权利用时，适用联邦德国财产法。

最后，公约对于跨国诉讼案的司法管辖权也作了一些规定。公约第七十三条规定，对于公约成员国国民或在公约成员国有居所（或营业所）的人之间的涉及共同体专利的诉讼案，不论由哪个成员国受理，只要它关系到如何解释《欧洲专利公约》或《共同体专利公约》的条文，欧洲法院均有预审权。对于诉讼双方在成员国中无居所（或营业所）的、涉及共同体专利的诉讼案，由联邦德国法院受理。

## 四、西欧的三个公约对西欧国家专利法的影响

虽然上述三个公约中，只有《斯特拉斯堡公约》明确要求成员国专利法条文与它相一致，但大多数参加后两个公约的国家，都同时按照三个公约的内容调整了国内专利法。而且，一些还没有参加三个公约中任何一个公约的国家，也开始按照三个公约的有关规定修改本国专利法。这样的国家既有共同体成员国（但未参加三个公约），如希腊，也有非共同体成员国，如芬兰、挪威。从这点上看，三个公约确实起到了统一西欧各国专利法的作用。当然，在各个国家，这种“统一”的程度是不一样的。芬兰、挪威、瑞典、丹麦、联邦德国等，在近年修改专利法时，尽量做到使许多条文逐字逐句与三个公约的相应条文一致。而英国、瑞士等则只是从总的专利制度上进行调整，以与三个公约相一致。

综合大多数西欧国家的专利法，可以看到它们在下面五点上已经基本统一了。

### 1. 保护期

在20世纪七十年代之前，西欧国家的专利保护期是很不一致的。意大利是十五年，英国是十六年，联邦德国是十八年，法国是二十年。现在则大都将本国专利法改为二十年保护期，以与《欧洲专利公约》一致。奥地利的例外情况也将只持续到1988年。专利保护期的一致，有助于在同一专利权人就同一发明在不同国家取得专利的情况下，以及在一项欧洲专利有几个“指定国”的情况下，避免专利在一国

届满之后几年中，在另一国却依旧有效而产生的冲突，有利于技术交流和专利商品的进出口。

### 2. 专利保护客体

过去西欧国家对于可以受到专利保护的客体，规定得也很不同。例如在多数西欧国家可以申请专利的药品发明，在意大利则长期受不到保护。现在大多数国家也都按照《欧洲专利公约》中的规定作了调整。奥地利的保留也只是暂时的。

### 3. 专利保护条件

各国专利法中对于“新颖性”“技术先进性”和“实用性”这三个取得专利的基本条件，大都按照《斯特拉斯堡公约》及《欧洲专利公约》作了调整。尤其是发明必须具有“绝对新颖性”这一条，西欧各国专利法已经全部一致了。对于确定新颖性时需要检索的“现有技术”包括哪些内容，大多数国家都已采取了“全部内容制”（即已有的专利说明书的全部内容均构成“现有技术”），只有瑞士等极个别国家仍保留“权项请求内容制”（即只有已有的专利申请案中权项请求所涉及的技术资料，才构成“现有技术”）。过去，西欧只有联邦德国、荷兰、英国等少数几个国家要求专利发明具有技术先进性，现在则是所有西欧国家都要求这一条件了。按照联邦德国马克斯·普兰克专利学会 1983 年底的统计，原原本本地按照《斯特拉斯公约》及《欧洲专利公约》规定本国“三性”条件的专利法起码有法国 1978 年专利法、联邦德国 1981 年专利法、意大利 1979 年专利法、荷兰 1978 年专利法、瑞典 1980 年专利法、瑞士（及列支敦士登）1976 年专利法、英国 1977 年专利法。

### 4. 专利的审查程序

过去，法国、西班牙等一些国家实行“专利注册制”，批准专利前不实行任何实质性审查。这样批准的专利水平是不会高的。现在，这些国家也都按照《欧洲专利公约》的审查程序改成了审查制或部分审查制。

5. 撤销专利的依据

西欧大多数国家的专利法，已经按照《共同体专利公约》中关于撤销专利的依据（除了仅适用于跨国专利的条文外），调整了本国专利法的有关规定。

下面再以英国及联邦德国这两个不同法系的国家的现行专利法为例，进一步说明三个欧洲专利公约对西欧国家统一专利制度的影响。

英国过去的专利法，允许申请人的专利说明书分两次提交，在提出专利申请时提交“初步说明书”，此后的十二个月内再提交完整的说明书。这样做的好处是使那些把英国作为第一个申请国的人，能够尽早地确立自己的优先权日。但由于《欧洲专利公约》第一二三条实质上不容许这种“两步制”，英国在1977年专利法的条文中取消了“两步制”，并在该法第七十六条中作出了与公约一二三条完全一致的规定，即申请人只可以在提交说明书之后，要求作某种修改，修改幅度不得超出原说明书的说明。

关于英国对“新颖性”要求进行修改，使之完全符合《斯特拉斯堡公约》的情况，上文已经讲过了。

英国过去传统的专利法对专利说明书应当将发明披露到什么程度，从来没有明确要求。1977年专利法第十四条则按照《欧洲专利公约》第八十三条，第一次修改为说明书必须对发明作足够完全、足够明确的披露，以同一领域的技术人员能够实施为限。

英国1977年专利法第七十二条中关于判定专利无效的依据，与《欧洲专利公约》中规定的异议诉讼依据及《共同体专利公约》中规定的无效诉讼的依据是完全相同的。

英国原专利法中，对于侵权行为的划分是不够明确的，对于怎样构成“间接侵权”并没有任何规定。1977年专利法第六十条则完全按照《共同体专利公约》第二十九条及第三十条进行了修改和充实，第一次明确了间接侵权人的责任。

英国专利法一直不承认“专利权穷竭”的原则，但1977年专利法第六十条第四款声明：一旦《共同体专利公约》生效，在英国地域内，无论是以英国为“指定国”的共同体专利，还是英国颁发的本国专利，都将适用“专利权穷竭”原则。

自七十年代以来，联邦德国为了使自己的专利法逐步与三个欧洲专利公约一致，曾三次作了全面修订。它的1981年专利法基本上达到了与三个公约一致的目的。

传统的德国专利法对发明的“技术先进性”这一条件的规定比较特别。第一,在使用术语上,它要求的是“具有发明高度”(德文即：Erfindungshöhe)；第二，在审查是否达到了这种高度时，还要参考搞出发明时的具体条件。1981年专利法中,“发明高度”已改成了“技术先进性”，同时取消了参考搞发明的条件的规定。这样，就与《斯特拉斯堡公约》及《欧洲专利公约》完全一致了。

联邦德国过去的专利法虽然对新颖性条件也要求“绝对新颖”，但在检索“现有技术”的范围方面规定以“一百年内公开发表的文件”为限。而《斯特拉斯堡公约》第四条第一二两款及《欧洲专利公约》第五十四条第一二两款，则要求检索“申请日之前的任何公开技术”，就是说，哪怕3000年前曾有过的技术，也可以否定现在的申请案的新颖性。1981年联邦德国专利法第三条已经完全照上述两公约的条文作了修改。此外，对不能获专利的发明、动植物发明、微生物发明等如何处理的问题，1981年专利法也同上述两公约的有关条文逐字相同。

同英国一样，联邦德国也按照《欧洲专利公约》及《共同体专利公约》的条文，逐条修改和充实了本国专利法关于无效诉讼的依据，关于间接侵权人的责任（这也是传统德国专利法中一直没有的内容）。

1981 年之前，联邦德国专利申请程序中一直采取“批准专利前的异议程序”，即与日本现行特许法，我国新颁布的专利法第四十一条到四十四条相同的异议程序。这种程序是专利局完成实质审查后，即公告结果，征求第三方异议，无异议或异议不成立，才批准专利。但《欧洲专利公约》所实行的是“批准专利后的异议制”。联邦德国 1981 年专利法第二十一条中，也完全改成了“批准专利后的异议制”。

联邦德国过去的专利法中对专利权人有一条特殊的限制，即不允许发放独占性专利许可证。德国专利法学家一直认为独占性许可证是违反“反垄断法”原则的。但共同体国家早在六十年代末就认为，如果不允许专利权人发独占许可证，就是不合理地剥夺了他应有的权利。因为“专利”本身就是“垄断”的意思，专利权人已经用公开其发明的内容为代价，换来了对利用发明的垄断权。这种思想作为统一法订入了《共同体专利公约》第四十三条，该条允许专利权人发放独占许可证。1981 年联邦德国专利法第十五条也相应取消了传统的限制。许多人认为，这是联邦德国专利法中的一个重大突破。

历史上立法差异一直很大的英国与联邦德国，作为不同法系的两个典型国家，它们的专利法能够通过三个欧洲专利公约而趋向于一致，这足以说明三个公约对西欧国家的影响之深。

## 五、专利的地域性与《共同体专利公约》*

专利权的地域性特点一般反映在三个问题上：（1）向谁申请专利？（2）按照什么法律批准专利？（3）靠什么法律保护专利？答案是很清楚的，即发明要向求得保护的国家的专利局提出申请，并

* 编者注：该文收录自郑成思著：《知识产权法若干问题》，甘肃人民出版社 1985 年版，第 59-63 页。

按照该国专利法得到批准保护。某一国的专利，决不可能是在其他国申请并获得的，也不可能不按该国法律去保护它。在20世纪七十年代之前，可以说这些都是常识。

于1978年1月和6月先后生效的《专利合作条约》及《欧洲专利公约》，给专利权严格的地域性画了问号，使人感到地域性这一特点已经被突破了。但如果仔细研究一下上面所提的三个问题，我们又会看到：严格地讲，地域性虽然已经不那么“严格”，但至今也还没有被突破。

《专利合作条约》仅涉及上面讲的第一个问题。它只起到简化申请和审查手续的作用，但究竟申请案能否批准及在哪些被申请国得到批准，还是要由各参加国按自己的专利法去决定。就是说，这个条约不仅没有突破，倒反而肯定了专利权的地域性。

《欧洲专利公约》走得较远一些。它不仅规定可以向欧洲专利局申请专利，而且对怎样审查及批准，也作出了统一规定，这涉及到前面讲的第二个问题。它一次批准的专利，对成员国都有效。所以可以说它才真正动摇了专利的地域性。

但地域性的核心问题是专利权的行使，即靠什么法律保护专利。《欧洲专利公约》的全称是《关于授予欧洲专利的公约》，它只过问批准的事，下一步的保护问题，仍旧要靠缔约国各自的专利法去定。于是，我们又回到“地域性”上来了。

要突破地域性这个特点，有关的国际公约就不仅要在申请程序和批准它的法律上打破一国界限，而且（也是最重要的）要在保护专利权的法律上打破一国界限。目前走到这一步的国际公约只有一个，即1975年共同市场国家制定的“共同体专利公约”。不过迄今还没有生效。

为什么有了《欧洲专利公约》还不够，又要再订一个共同体专利公约呢？

原来，共同市场国家的《罗马条约》第85条早有规定：不允许在共同市场内以任何方式限制商品的自由流通。这条规定是与专利权的本质相矛盾的。专利权人有权在其权利范围内控制专利商品的销售和使用，他可以通过行使专利权的方式，限制专利商品的自由流通。这样一来，按《罗马条约》成立起来的欧洲共同体法院就常常在专利案件上与参加国的国内法院闹矛盾。按国内法侵犯了专利权的，按《罗马条约》则恰恰符合商品自由流通原则。于是共同市场国家感到需要订一个统一的原则，规定只要经专利权人同意，其专利商品曾投放到共同市场任何一国市场的，他的专利权在整个共同市场内就"用竭"（Exhausi）了，即不再有权控制商品的继续销售和使用。这就要涉及专利保护法。

再有，共同市场各国对于可以获得专利的主题，规定是不相同的。比如，有些国家对医药制品不授予专利，在另一些国家则可以授予。这就会产生两个问题，一是就医药发明申请了欧洲专利的权利人，所得到的不是名符其实的欧洲专利，它只在部分成员国受到保护。二是专利权人是否能在他享有保护的国度内，凭借他的专利权限制医药专利商品向不保护医药专利的国家出口。如果可以限制，则违反了商品自由流通原则；如果不能限制，则专利商品进入不受保护国家，等于进入了"公有领域"，专利权人的权利就有名无实了。

还有，共同市场各国的专利保护期也不一致。发明人获得欧洲专利后，有可能在一些国家仍受到保护时，在另一些国家则已失效了。

这样看来，在专利的保护上也需有一个统一的法律，对共同市场国家是十分必要的。《共同体专利公约》正是要起这样的作用。它在"前言"中指出：为了消除地域性专利保护对共同体内自由竞争的不利影响，建立共同体专利制度是最有效的途径。

《共同体专利公约》生效后，并不取消现存的《欧洲专利公约》，后者将自动成为前者的一部分，作为批准专利的条款继续存在，与《共同体专利公约》中行使专利权的条款互为补充。同时，它也不会取消成员国自己的专利制度。发明人如果不打算得到全共同体范围的专利权，仍然可以单独申请一国或几国的专利。

自《共同体专利公约》订立后，共同市场国家都在逐步修改本国专利法，使之符合公约的总原则。例如，英国 1977 年修订的专利法，有些条文几乎原封不动地照搬公约条文（可对照英专利法第 60 条与公约第 29 到 31 条）。联邦德国 1981 年修订的专利法基本上也与该公约一致了。该公约签订至今，共同市场 9 国中已有 6 国修订了专利法。

从递交的申请案数目来看，《欧洲专利公约》是很受欢迎的（在同一时期，欧洲专利局收到的申请案是《专利合作条约》有关机构收到的 5 倍）。那么为什么比它“更上一层楼”的《共同体专利公约》却一直未能生效呢？

古语说：“曲高和寡”；又说：“有一利必有一弊”。这两句话可以恰当地反映《共同体专利公约》的另一面。专利地域性保护的突破，要影响到成员国的立法及司法管辖权。而任何国家在符合任何国际性公约的问题上，都要有个限度（有时是“前提”），即不影响本国利益。这是一些共同市场国家正在考虑的问题。

以英国为例，人们从版权商品的销售上预见到的问题，已经给突破地域性的后果蒙上了一层阴影。版权商品也有个保证“自由流通”的问题，所以也要求共同市场国的版权所有人在 9 国范围内不能始终控制销售权。而这样一来，美国就可能挤入英国图书市场。英、美在历史上对英文图书市场是有划分的：美国占有北美市场；英国占有除加拿大之外的英联邦市场；但二者均可进入欧洲大陆市场。如果在共同市场内实行版权商品“自由流通”，美国出版公司就可以先把它的商品运到它在欧洲大陆任何一个共同市场国的子公司，然后向英国出口。美国经济实力与出版实力优于英国，结果将把英国出版商挤出本国市场。英国出版商协会已为此向欧洲共同体委员会提交备忘录，要求修改共同体条约。目前，英国专利法仍赋予专利权人控制商品继续销售的权利。可以想见，《共同体专利公约》一旦生效，英国在国内法方面就必须实行“专利权用竭”原则（参看《共同体专利公约》第32条和第81条）。那么其他技术及生产能力更强的国家就不会进一步占领英国的工业品市场吗？

按照《共同体专利公约》第73条，在某些侵权诉讼或权利冲突诉讼中，如果涉及公约条文的解释，则欧洲法院有权对缔约国法院审理的案件作预审裁决。第69条又规定，如果专利诉讼的原告及被告在缔约国境内均无住所或营业所，则案件由西德联邦法院受理。在这种情况下，该法院对所有缔约国境内发生的侵权行为，均有司法管辖权。这是英国一直没有表示同意的。众所周知，英国是共同市场内唯一的英美法系国家，即它的判例是对其后的司法程序具有约束力的。在专利问题上由外国法院或国际性法院判决在本国发生的冲突，并将约束本国将来的司法活动，这是很难接受的。

此外，其他一些国家对待《共同体专利公约》也不同程度地存在一些问题。例如，已经是《欧洲专利公约》成员国的比利时、荷兰、卢森堡，至今尚未修订专利法。准备参加《欧洲专利公约》的爱尔兰，如果要使本国专利法符合《共同体专利公约》，就首先要修改宪法。

专利的申请及批准超出一国范围，会给技术发达国家的专利申请人带来不少便利，因此也会出现进一步的要求，即在专利保护法上也超出一国范围，以使专利权人在更大范围内行使自己的权利。但这样的跨国专利法同时就会给某些国家带来不便。《共同体专利公约》能否得到所有签订国的批准，进而生效施行，还要在实践中再看。

## 第二节　欧洲专利制度（1986）*

虽然在专利产品的销售问题上，有“专利权穷竭”原则；在专利权的利用上，有垄断责任免除条例，有助于解决共同体成员国的专利权与共同体条约的矛盾，但共同体成员国的不同专利保护方式，仍旧为成员国之间的商品自由流通造成许多其他障碍。例如，不同的专利保护期就会使这种障碍明显地反映出来。如果一个人的发明分别在两个共同体成员国获得了专利，一个国家的专利保护期是十六年，另一个国家却是二十年。那么，如果在第十六年之后、第二十年之前，在两国市场上就会出现完全一样的既是专利产品，又是非专利产品的商品，这实际就使为期二十年的那项专利权在后四年中名存实亡了。此外，各国对受保护客体的范围规定得不一致，也会出现与上述类似的问题。所以，人们认为，建立统一的欧洲共同体专利保护制度，才是更理想的解决矛盾的途径。

从一九五九年开始，共同体内就成立了一个专门的小组，考虑建立一个统一的专利制度问题。一九六三年，当时的共同体成员国曾签署过一个《斯特拉斯堡公约》，作出了统一专利制度的第一步尝试，但这个公约当时对各国专利制度的影响并不太大，它的生效时间也比《欧洲专利公约》迟许多年（一九八〇年生效）。一九七三

---

* 编者注：该文收录自郑成思著:《知识产权法通论》，法律出版社 1986 年版，第 267–272 页。内容与本书前一部分有交叉，但也存在很多不同，是郑成思先生对同一问题在不同时期的不同表述，为了全面反映郑先生的观点，此处仍予收录。

年，成员国们在慕尼黑缔结的《欧洲专利公约》，则是对共同体统一专利制度有巨大影响的。到目前为止，已有十一个国家参加了《欧洲专利公约》，它们是：奥地利、比利时、联邦德国、法国、意大利、列支敦士登、卢森堡、荷兰、瑞典、瑞士、英国。我国曾发表过有关资料将其成员国计为十六个，是把签约国与批准国相混淆了。这个公约在订立时有十六个国家的代表签字，但后来只有十一个国家批准了它。

按照《欧洲专利公约》，第一次建立起了统一管理"跨国专利"的"欧洲专利局"。按照这个公约规定的程序，一次申请并获得的"欧洲专利"，可以同时在公约的所有成员国中生效（当然，也可以按申请人的指定，只在某几个成员国生效）。欧洲专利，亦即第一个"跨国专利"的产生，大大简化了一切国家的专利申请人在《欧洲专利公约》成员国中申请专利的程序（该公约对于"申请人"的规定，没有日本、法国等国专利法的互惠要求，所以一切国家的人一般均可申请）。如果申请人所指定的国家在三个以上，则申请费也比逐个申请各国专利时要低。"欧洲专利"在绝大多数成员国中享有的保护期是一致的，均为二十年（只有奥地利暂时保留十八年保护期）；在不同国家受到保护的范围也是基本一致的，除科学发现、计算机程序、资料记录、对人及动物施行的诊断、治疗法之外，一切能付诸工业应用的发明，均可以申请专利（只有奥地利暂时保留对药物发明不予保护）。对发明实行先申请获优先权原则。在审查程序上实行"早期公开、请求审查"制度。申请案可以向设在慕尼黑的"欧洲专利局"总局提交，也可以向设在海牙的分局提交，还可以通过公约成员国的专利局提交。在提交申请时，申请人必须指定他希望自己的发明所获得的"欧洲专利"在哪些国家生效；申请案可以撤回，但不可以增添内容。如果发明是一项"共同发明"，而两个以上的

"共同专利权人"又不在同一个国家，则可以为一项专利颁发不止一份专利证；在其他情况下，对一项专利只能颁发一份证书。专利批准后的、限定的第三方可提出异议的期限届满以后，欧洲专利局除收取各国的专利税收份额，并由一个注册处对转让、许可证合同进行登记外，不再负有任何责任。《欧洲专利公约》并不取代各个成员国自己的专利制度。因此，申请人如果不申请"欧洲专利"，仍可像公约未生效之前一样单独申请各国的专利。

这个公约在一九七八年生效。在此前后，大多数公约的成员国都按照它所规定的专利审批程序、专利保护期、受保护客体等等，调整了国内专利法，从而使欧洲经济共同体向统一的专利制度又迈进了一步。

但是，仅有这个公约，还不能令人满意地最终解决专利保护与共同体《罗马公约》原则的矛盾。第一，《欧洲专利公约》的成员国与共同体的成员国并不是完全重合的。爱尔兰共和国、丹麦、希腊等共同体国家至今尚未参加这个公约；而参加了这个公约的瑞士、瑞典、奥地利、列支敦士登等国却又不是共同体国家。这是许多人经常忽视的一个问题，他们往往一讲起《欧洲专利公约》，就把它当成全体共同体成员国的公约。第二，《欧洲专利公约》只解决一次申请并获得在几个国家同时有效的专利的问题，它仅仅是一个"专利权授予公约"，而专利权的具体含义，权利的行使方式，对侵权的诉讼及制裁，又仍旧是要由各成员国自己的法律去调整的。

要使专利制度进一步统一起来，除了"专利权授予公约"外，就还需要有一个"专利权行使公约"。这后一种公约也确实产生了，它就是一九七五年在卢森堡缔结的《欧洲共同体专利公约》。现在讲起"欧洲专利制度"，一般应包括权利授予公约与权利行使公约两方面的内容，就是说：由这两个公约一道，构成所谓的"欧洲专利制度”。

按照共同体专利公约第六条，该公约生效后，各成员国仍旧继续有权颁发本国的专利。这样，将来就会在成员国内存在靠本国法维护的本国专利及靠该公约统一维护的“共同体专利”。因此，每个成员国都必须把本国专利法修改得与该公约尽量一致。由于“共同体专利”也是靠《欧洲专利公约》中规定的程序申请和审批的，所以，同“欧洲专利”一样，申请人也必须在申请案中指定该专利将在哪些成员国生效。

“共同体专利”的特点是：它必须作为一个整体来进行所有权的转移。一项“共同体专利”的权利人只有一份专利证，他不可能把它在某国的权利转让给一个人而把它在另一国的权利转让给另一个人。这是在公约第三十九条中规定的。同样，根据公约第五十条，放弃一项“共同体专利”，也必须整个放弃，而不允许保留一部分而放弃另一部分。由于这种专利是一个整体，所以它的“实施”也有特殊含义。可能某项“共同体专利”有三个指定国，它仅仅在其中的一国实施了，而在其余两国从未实施，这两国却无权以它未实施为由颁发强制许可证。因为作为一个整体，它在其他国实施了。不过，专利权人可以部分地发放专利使用权的许可证，这是在公约第四十三条规定的。在第四十四条中，为了鼓励实施，公约也规定了“当然许可证”制度，即专利权人可在颁发专利时声明任何人均有权在交付使用费的情况下利用其专利。对发表了这项声明的专利权人可减收专利年费。

公约第八十条至八十四条，规定了共同体专利公约同公约成员国专利法的关系。这主要是：1）所有公约成员国均必须承认在共同体地域内“专利权穷竭”的原则；2）如果就同一发明同时存在一项共同体专利及一项成员国专利，两项专利的法定申请日又在同一天，那么成员国专利被视为无效；3）一切成员国专利法都必须像公约一样，对本国专利也实行强制许可证制度；4）如果成员国的某项专利因国内法关于不公布某些保密发明的规定而未公布，其后发现了某项“共同体专利”与它系同一发明的专利，则如果该国内专利的申请日在先，有关的“共同体专利”视为无效；5）公约中规定的公约对国内法的影响及“共同体专利”与国内专利的相互关系，同样适用于保护实用新型的国家中的实用新型。

公约还规定了在处理侵权及对待产权利用时，国内法可以作为公约的补充而起作用（但不能与公约冲突）。公约第三十六条规定："共同体专利”的效力，仅仅由公约决定和支配；但在处理侵权诉讼时，可以适用国内法（如果该国的国际私法不要求适用外国法，则可以仅造用本国国内法）。公约第三十九条又规定：在把“共同体专利”作为产权来利用时，它将在专利证中指定的所有国家内，被作为一个整体，像利用专利权人所在国的产权那样得到利用。这里讲“所在国”，指专利权人有长期住所或营业所的那个国家。如果专利权人在共同体成员国中没有住所或营业所，那么他获得的“共同体专利”在利用中就将被视同于一项联邦德国产权。这就是说，一切共同体国家之外的申请人（包括我国申请人）获得的“共同体专利”，在利用中的性质等同于联邦德国专利的性质。这一点是共同体之外的人们都应注意到的。第三十九条实际上暗示的是:《共同体专利公约》中并不包含合同法的内容（它仅仅在第四十三条讲了许可证的原则），专利的许可证合同仍旧要由成员国的合同法去调整。此外，公约还规定，如果为了“公共利益”而必须在本国实施某项指定了本国为有效国的“共同体专利”，该国仍可以按本国法律颁发强制许可证。

人们预计共同体专利公约可能在20世纪八十年代中后期生效。它在缔结后未生效的原因有两个：第一，有些共同体国家还有待于调整国内立法，以便同该公约一致起来。第二，该公约在司法程序上规定欧洲法院有权预审成员国中发生的“共同体专利”侵权案（如果专利侵权案涉及怎样解释公约），联邦德国的联邦法院对这种侵权案也有受理权（如果被告在任何共同体成员国既无居所也无营业所）。这种跨国诉讼程序是某些共同体国家一直未表示接受的。

# 第三章　欧洲商标制度

## 第一节　《比荷卢统一商标法》*

1958 年，比利时、荷兰及卢森堡三国成立了经济联盟。为了发挥联盟的作用，有利于三国境内的商品流通，三国决定先建立一套跨国商标制度。1962 年，三国在布鲁塞尔签署了一项《商标公约》。按照这个公约，三国于 1968 年制定了《比荷卢统一商标法》（以下称“统一商标法”），1970 年又制定了该法的实施条例。统一商标法于 1971 年 1 月生效，1975 年最后一次修订。按照《商标公约》，三国还在海牙建立了统一的“比荷卢商标局”。这三个国家的法院虽然有权受理“比荷卢商标”的诉讼案，但如果案件涉及对统一商标法的解释，就必须提交到“比荷卢法院”。这个法院成立于 1965 年，它不仅仅是为统一商标法而建立的，它还负有解释其他的三国统一法及受理有关案件的责任。

统一商标法在三个国家范围内突破了传统商标权的“地域性”

---

* 编者注：该文收录自郑成思著：《工业产权国际公约概论》，北京大学出版社 1985 年版，第 151–153 页。

特点，而且三个国家各自不再维持与它并行的本国商标法。在这一点上，统一商标法的作用与《班吉协定》附件三的作用是一样的。

统一商标法的保护对象仅仅是商品使用的商标，不包括服务商标。商标的专有权只能通过注册获得；不注册的商标可以合法使用，但无专有权。申请注册时，可以按照统一商标法向比荷卢商标局申请，也可以按照《马德里协定》向世界知识产权组织国际局提出国际申请，而把“比、荷、卢”作为一个“指定国”对待。统一商标法的实施条例，把比荷卢商标注册簿分为“比荷卢申请案注册簿”与“国际申请案注册簿”两部分，以适应两种申请方式。

除了《巴黎公约》规定的不可以作为商标使用的标记之外，凡违反比、荷、卢任何一国的公共秩序的标记，或有可能产生欺骗性后果的标记，都不能获得比荷卢统一商标注册。商品本身的外形反映商品质量及效用的标记，也不能获得注册。

比荷卢商标局对于注册申请案只进行形式审查。凡通过形式审查者，即在比荷卢商标注册簿上登记。注册的有效期是十年，届满后可以不断续展，每次展期也是十年。如果商标从注册之日起三年内没有使用（包括所有人自己没使用，也没有许可他人使用，或虽发出了许可证，但被许可人没有使用），或者如果注册后连续五年中断了使用，都会导致撤销注册。如果使用注册商标会造成欺骗性后果，也可能导致撤销注册。但比荷卢商标局并不主动检查注册商标是否使用及其使用后果。撤销注册要有人起诉才由法院给予考虑。这种诉讼可以由利害关系人或检察机关向法院提出。如果法院判决某个商标的注册被撤销，则判决将在比荷卢三国都有效。

在行使商标专有权方面，统一商标法规定，对侵犯商标权者应负的民事赔偿责任，可以适用各国自己的民法。同时，统一商标法本身也在第十二条、十三条及二十六条中，规定了一些维护商标专有权的程序，但这些程序不能妨碍各国民法的实施。

比荷卢商标的注册专有权可以转让。转让协议也必须采取书面形式，并有双方当事人签字，才能对第三方有效。转让行为必须在比荷卢商标局登记。注册商标所有人可以发放许可证，许可证协议可以事后提交比荷卢商标局备案。已发放了许可证的商标所有人如果要放弃注册专有权，必须征得被许可人的同意。

事实上，只有在维护跨国工业产权的民事法律方面达到一定程度的统一，这种产权才会真正具有跨国性质。统一商标法虽然规定了适用各国自己的民法，但也同时在一些方面开始尝试达到统一。1973 年，三国在一项多边协议中同意在下达强制执行令这种民事判决上，共同使用荷兰民法中的有关规定。这个协议在 1980 年生效。在其他方面，三国之一的法院的某些习惯做法，也逐渐被其他两国的法院接受。总之，在保护工业产权上，三国在民法及民事诉讼法方面的差异正日趋缩小。

## 第二节 《共同体商标条例》*

早在一九六四年，共同体委员会就起草了一部《欧洲经济共同体统一商标条例》，简称为《共同体商标条例》。一九八〇年，该委员会再次提出建立共同体统一的商标保护制度的方案，并在一九八一年组成了有各成员国代表参加的工作小组，对原条例最后修改定稿，并研究了如何实施等问题。但由于成员国的商标法差异太大，这个条例的生效日还无法预见。如前面所说，现在共同体内的商标保护还是由欧洲法院的判例来调节。

---

* 编者注：该文收录自郑成思著:《知识产权法通论》，法律出版社 1986 年版，第 272–273 页。

这个条例如果生效，它的作用与《共同体专利公约》很相似，即：各国在共同体地域内从事贸易活动的人，既可以依照一国的商标法申请并获得一国的商标注册，也可以按照《共同体商标条例》申请并获得“共同体商标”的注册。后一种商标专有人将按该条例在各成员国内行使专有权。各国法律在与该条例发生冲突时，必须以该条例为准。

《共同体商标条例》的主要内容是：

（1）“共同体商标”的专有权，只能通过注册，而不能通过使用获得；但要维持注册商标的效力，则必须不间断地在贸易活动中使用有关商标。

（2）“共同体商标”只能一次注册而同时在所有的共同体成员国中都生效，而不能仅仅指定在其中的一部分成员国生效。这一点与“共同体专利”是不同的。

（3）“共同体商标”的注册所有人，不能排斥原先已经在某个有限地区使用相同商标而未注册的人继续使用其商标（但该在先使用人无权以转让、许可等方式利用该商标，也无权扩大自己的使用范围）。

（4）“共同体商标”可以作为产权进行转让或许可等活动。但一切转让或许可活动，都必须经过“共同体商标局”的批准并在该局登记，方能有效；如果该局认为某个转让或许可活动有可能在市场上引起混淆或产生欺骗性后果，有权不予批准。

这个条例尚未回答的问题是：第三方能否依据某个成员国的国内法对“共同体商标”的所有权或对其在该成员国的有效性，提出“无效诉讼”？虽然该条例的草案曾经对此作过否定的回答，但一些共同体成员国随即指出：这样将严重损害各国的本国商标权，因为本国商标权在同样情况下就可能被同样的无效诉讼所撤销。以此还可以推论出：各成员国所制定的阻止不公平贸易活动的法律也将无法继续使用了。因此，一些国家已要求修改条例对上述问题的否定答案。但另一些成员国又指出：如果允许依照各国自己的法律对统一的“共同体商标”提出无效诉讼，那岂不等于拆掉了“统一”商标条例的主要支柱，使条例有名无实了。这是一个尚未解决的矛盾。

## 第三节 《缩小成员国商标法差异的理事会一号指令》*

1988 年 12 月 21 日，欧共体理事会通过了《缩小成员国商标法差异的理事会一号指令》，即 89/104 号指令。在这个指令的标题上，使用的是“Approximate”。它既不同于世界知识产权组织有关“协调”各国商标法的“建议性”用语，也不同于“统一”各国商标法的“强制性”用语。这个用语带有“阶段性”或“过程性”。它反映出该指令仅仅是统一欧共体成员国商标法的第一步。指令要求，可予注册保护的商标应包括：

· 商品商标；

· 服务商标；

· 个体商标（Individual Trade Mark）；

· 集体商标（Collective Mark）；

· 证明商标。

可作为商标使用并获得注册的标记，除传统确认的文字、图形及其结合外，还应包括商品本身的形状或商品包装的形状。就是说，应允许立体商标取得注册保护，这一点在我国还做不到。我国商标

---

* 编者注：该文收录自郑成思著：《知识产权与国际贸易》，人民出版社 1995 年版，第 487–489 页。

局曾以不给立体商标注册为由，驳回过“可口可乐”特殊瓶装作为商标的注册申请。

指令规定：凡不具备“识别性”（也称“显著性”）的标记，仅仅指明商品质量、数量、功能、地理来源等的标记，专门与商品本身的性质相关联的形状，违背社会公德的标记，等等，以及《保护工业产权巴黎公约》中禁用的标记，均不能获得注册。另外商标法之外的欧共体成员国法或欧共体跨国法所禁用的标记，作为宗教象征的标记，恶意申请注册的标记等也应被成员国注册机关驳回。最后，与他人的“在先权”相冲突的标记，也不应予以注册。这些在先权至少包括：在先注册的欧共体成员国商标以及“比荷卢商标”（比利时、荷兰、卢森堡自 1971 年起，就统一进行商标注册与保护）；按照某个国际条约已经注册的商标（而该国际条约适用于欧共体成员国）；涉及他人姓名权、肖像权、版权及工业产权的标记，等等。

指令要求将下列行为确认为侵犯商标权的作为：

（1）未经许可将有关标记（包括已注册商标及与之近似的标记）固定在商品或商品包装上；

（2）未经许可提供、仓储带有侵权标记的商品，或提供带有侵权标记的服务；

（3）进出口带有侵权标记的商品；

（4）在商业文件或广告上，未经许可使用有关标记。

指令规定下列行为如果是善意的，那么即使使用了有关标记，也不视为侵权：

（1）在商业活动中使用自己的姓名或地址（该姓名或地址的文字可能正好与他人注册商标相同或近似）；

（2）为标明有关商品或服务的种类、质量、数量、使用、价值、地理来源、生产日期等，而使用了有关标记；

（3）为标明商品零部件的作用而不得不使用该产品的注册商标；

（4）经商标权人许可而投放到欧共体市场的商品上，任何人均可再度使用有关注册商标（这一条也可视为商标权领域的“专有权穷竭”或“专有权一次用尽”原则）。

指令要求注册商标注册后即必须使用。如果五年在贸易活动中未使用某一注册商标，则有关商标权人不再有权禁止与之相同的商标由他人申请注册；同时管理机关将有权撤销该不使用人的注册。此外，如果某商标已变成其所标示的商品的通用名称，或在使用中被发现有能使公众产生误解或混淆，则管理机关也应撤销其注册。

指令要求欧共体各成员国应当在 1991 年 12 月 28 日之前，使其国内法律、条例及行政规定与指令相符，并将转为国内法的指令内容付诸实施。

在欧共体各国均按指定调整了或即将调整国内商标法的 1993 年 12 月，欧共体委员会正式通过了《共同体商标条例》，给酝酿了二十年的欧共体商标法统一进程画上了一个句号。该条例已于 1994 年 2 月实施。其内容与指令的实质内容基本相同。只是按条例一次注册的商标，可以在整个共同体成员国中均有效。这是一部实实在在的“跨国商标法”。

## 第四节　《农产品与食品地理及货源标记保护条例》*

1992 年 7 月 14 日，欧共体理事会通过了《农产品与食品地理及货源标记保护条例》，即 2081/92 号条例。该条例于同年 7 月 2 日已发表在《欧共体官方公报》（*Official Journal of the European*

---

* 编者注：本节收录自郑成思著:《知识产权与国际贸易》，人民出版社 1995 年版，第 489-490 页。

*Communities*）上。条例规定：在发表后 12 个月，即应在欧共体一切成员国直接地、完全地得到实施。

这个条例只涉及人用的农产品与食品；而且不包括酒类（但啤酒除外）的商品。所以，这是个适用范围很窄的条例。依照条例进行了地理标记或货源标记注册的个人、法人或其他团体，不仅有权禁止他人在相同产品上使有关标记，而且有权禁止他人使用已注册的地理标记加"式""型"等用语。例如，"慕尼黑啤酒"中的"慕尼黑"如果作为地理标记注册后，注册人可禁止他人在自己生产的啤酒包装上注以"慕尼黑式啤酒"。可获注册者只能是其产品的质量、特点确实与某地理环境紧密相关，其原料也来自该地，制作也在该地进行。在有些场合，"地理标记"与"货源标记"是重合的。而在大多数场合，前者专指与产品的功能、质量、特点等有密不可分之联系的地理名称，后者则泛指一般产品来源的国家名称。

# 第四章　欧洲版权制度

## 第一节　西欧地区的三个版权协定*

20 世纪五十年代末和六十年代初，西欧国家在努力进行专利合作尝试的同时，也开始了版权保护方面的合作。这后一方面的合作在有些领域已经跨出了西欧范围。不过，当时作为合作成果的三个

* 编者注：本节论述收录自郑成思著:《版权国际公约概论》，中国展望出版社 1986 年版，第 97-101 页。

版权协定，已经由于国际上的更广泛的版权邻接权公约的出现而降低了作用（但均未因此失效）。目前，欧洲经济共同体国家正积极酝酿更全面的版权合作。

下面谈一谈现有的三个西欧地区版权协定。

## 一、《通过电视电影交换节目的欧洲协定》

这个协定中所指的电视电影，不是“电视或（和）电影”，而是电视中播放出的音、像。协定中规定电视电影包含的内容包括电视镜头，电视播出的音响，以及为电视广播而使用的音、像录制品。

一九五八年，由“欧洲委员会”（European Council）主持，在巴黎缔结了《通过电视电影交换节目的欧洲协定》。它于一九六一年七月生效，到一九八五年一月有十五个成员国，它们是：

| | | |
|---|---|---|
| 比利时 | 塞浦路斯 | 丹麦 |
| 法国 | 希腊 | 爱尔兰 |
| 以色列 | 卢森堡 | 荷兰 |
| 挪威 | 西班牙 | 瑞典 |
| 突尼斯 | 土耳其 | 英国 |

从成员国状况可以看出，这个名为“欧洲协定”的公约，实际上包括亚洲及非洲国家。因为协定中规定：在本协定生效后，任何非欧洲委员会成员的国家，只要事先经过欧洲委员会部长会议的同意，就可以参加协定。由此可知该协定是一个“开放式”公约。

这个协定在序言中指出：“鉴于《伯尔尼公约》第二十条允许在不违背该公约原则的前提下，缔结各种保护版权的专门公约，特达成本协定。”这就表明：该协定与《伯尔尼公约》的关系是：后者的原则是制定前者的基础。这在实际上又应理解为该协定暗示：不承认《伯尔尼公约》原则的国家，不可能参加这个协定。

这个协定规定：在协定的任何成员国管辖范围内的广播组织，有权授权设在其他成员国的广播组织，通过电视广播来使用前一组织所制作的电视电影。各成员国应采取措施保证：未经这种授权的广播组织，不能随便广播别人制作的电视电影。从这点上看，这个协定可以算是国际上第一个保护广播组织权的公约（不过仅限于电视广播上的权利）。

这个协定声明：它不干预任何电视电影作品的精神权利，不干预作为电视电影之蓝本的文学、戏剧或艺术作品的版权，不干预电视电影中所用的音乐的版权，不干预除电视电影之外的其他电影的版权，也不干预那些不在电视台播放的电视电影的版权。

此外，从协定的条款中可以分析出：如果一部电视电影的制片人（法人）并不同时是一个广播组织，他制片的目的是向外国广播组织出租或出售电视电影，那么他就不能享有这个协定所赋予广播组织的专有权。因为，虽然这也属于一种“通过电视电影交换节目”的活动，但协定的目的是保护广播组织的权利，而不是保护制片人的权利。

## 二、《保护电视广播的欧洲协定》

这个协定与上一协定的作用基本相同，只是它的保护范围更广一些。它也是在欧洲委员会主持下缔结的。它于一九六〇年六月在法国的斯特拉斯堡缔结，一九六一年七月生效，到一九八五年一月有十个成员国，它们是：

| | | |
|---|---|---|
| 比利时 | 塞浦路斯 | 丹麦 |
| 法国 | 联邦德国 | 挪威 |
| 西班牙 | 瑞典 | 土耳其 |
| 英国 | | |

一九六五年一月，上述国家又为协定增定了一份协定书。上述十个国家也都批准了议定书。在这个协定的原文本缔结时，国际上还没有一个世界性的邻接权公约出现。因此，协定原先规定：一旦世界性邻接权公约出现并对欧洲委员会的多数成员国生效，“本协定即自动失效”。在议定书中，又把这一规定改为：“本协定无限期有效”，“但从一九七五年起，任何非《罗马公约》成员国的国家，不得参加本协定”。这样一来，这个协定成为一个范围更窄的“闭合性”公约——《罗马公约》以两个基本版权公约为闭合前提；《保护电视广播的欧洲协定》则以《罗马公约》为闭合前提。

这个协定的实质性内容，是为成员国内的广播组织提供如下保护：

（1）在其他成员国中享有该国依法给予本国广播组织的国民待遇。

（2）在一切成员国中许可或禁止他人重播本组织的电视广播；许可或禁止他人用有线途径（如使用电缆）传播本组织的电视广播；许可或禁止他人用其他任何设备传播本组织的电视广播；许可或禁止他人录制或用摄影机摄制本组织的电视广播，以及复制或出售这种录制品或照片。

对于受保护的电视广播提供的保护期为十年，从广播组织首次播出节目的次年一月一日算起。

这个协定允许其成员国作较多的保留。

自从《罗马公约》、《卫星公约》等邻接权公约出现后，《保护电视广播的欧洲协定》已没有什么实际作用了。

## 三、《阻止国境外发射台广播的欧洲协定》

一九六五年一月，由欧洲委员会发起，在斯特拉斯堡缔结了《阻止国境外发射台广播的欧洲协定》。它于一九六七年十月生效，到一九八五年一月已有十六个成员国，它们是：

| | | |
|---|---|---|
| 比利时 | 塞浦路斯 | 丹麦 |
| 法国 | 联邦德国 | 希腊 |
| 意大利 | 爱尔兰 | 列支敦士登 |
| 荷兰 | 挪威 | 葡萄牙 |
| 瑞典 | 瑞士 | 土耳其 |
| 英国 | | |

这个协定中所说的国境外的发射台，指设在本国境外飞机、船舶等交通工具上的广播电台。这种电台发出的广播节目可以在成员国国境内全部或部分接收到；同时，这种广播又对成员国境内的正常广播产生有害的干扰。

由于协定针对的对象设在成员国境外，所以肯定不是成员国的版权法能约束得了的。因此，协定要求成员国承担的义务是：对于在境外设上述电台或协助在境外设上述电台者，按触犯刑律予以制裁。在参加协定前，国内刑法没有规定这种制裁的，要增订有关的刑法或条款。以英国为例，它在一九六七年参加协定的同时，就颁布了《广播法》，以规定境外设干扰电台者应负的刑事责任。

协定所说的“协助”设电台的犯罪行为包括：存放或维修有关设备；提供有关设备；传递有关设备；提供广播内容；为这类电台作广告，等等。构成犯罪的关键是有关行为者“明知”上述设备、广播内容等是用在境外干扰电台上。对于因“不知”而维修或提供有关设备等行为，不能以犯罪论处。

由于这个协定基本不涉及版权法问题，所以有些法学家不认为它是一个“版权”协定。但世界知识产权组织则一直把它划在版权协定的范围内。

## 第二节 《半导体产品布图法律保护》指令*

欧共体理事会在1986年通过了《半导体产品布图法律保护》指令，即87/54号指令。

在欧共体指令之前，有些国家使用了“Mask Works”——“掩膜作品”这个术语；也有的国家使用了“Layout”——“布图设计”这个术语。欧共体指令中的用法近于后者，译为“布图”为宜。至于有些译文采用音义并译的“拓扑图”，也未尝不可。这些均指保护半导体或其他集成电路布图设计创作中的知识产权。

这个指令要求欧共体成员国均须在1987年11月7日之前，以国内法律、条例或行政规定的方式，将指令中要求达到的保护标准，转化为国内法。

指令要求：可以受到保护的半导体产品，不仅应包括最终产品（Final form of Product），而且应包括中间产品（Intermediate form of Product）。要求授予布图的知识产权权利人以复制权、出售权、出租权、进口权等专有权利。但对于“反向工程”（Reverse Engineering），则视为“合理使用”，不在权利人“复制权”的禁止范围内。

指令允许成员国把“注册”（或“登记”）作为布图专有权产生的前提，即在首次投入商业性使用后两年内注册，方予以保护。同时，最低保护期不得少于10年（从首次投入商业性使用三年年终算起）。从这两项规定看，这种保护带有明显的类似商标保护性质。故严格

* 编者注：本节论述收录自郑成思著：《知识产权与国际贸易》，人民出版社1995年版，第484–485页。

地讲，它属于一种“特别工业版权”保护。如果布图创作完成后 15 年仍未付诸商业性使用，则专有权也不再产生了。

指令允许成员国要求半导体产品带有标记，以便予以保护。但加注标记不应是强制性的，即不能像《世界版权公约》那样，对不加标记者不予保护。欧共体要求的共同标记为“T”（即布图——Topographies 的字头）。而美国所要求的标记则是“M”（“Mask”的字头）。

指令要求在成员国内实行布图“专有权穷竭”原则。即“如果经权利人同意而在某一成员国销售或发行带有其布图的产品，则该产品即可在欧共体各国继续流通而不再受专用权控制。这也称为发行权一次用尽原则。

对于不知（或有理由推定其不知）而未经许可获得有关受专有权控制之产品的人，权利人不能禁止其将产品付诸商业性使用。这类似美国芯片保护法中有关对“善意侵权人”免除责任的规定。

指令还规定：这部跨国法不影响成员国依专利法、实用新型法或有关国际公约而使权利人可享有的权利，也不影响这些法律及公约在成员国原有的效力。

## 第三节　《计算机程序法律保护指令》*

1991 年 5 月 14 日，欧共体理事会通过了《计算机程序法律保护指令》，即 91/250 号指令。

这个指令要求欧共体成员国在 1993 年 1 月 1 日之前，必须将

---

* 编者注：本节论述收录自郑成思著：《知识产权与国际贸易》，人民出版社 1995 年版，第 485–486 页。

其转化为国内法并实施。从后来的实际情况看，对这一指令的执行，显然不及布图指令那么顺利。例如，德国直到 1993 年 2 月之后，才宣布它将把执行 91/250 号指令作为一个特殊章节，增加到德国版权法中。这也难怪，对计算机软件的法律保护，要比对半导体布图的保护复杂得多；各国间原有法律的差别也大得多。

指令规定：在一般情况下，计算机程序版权人应系创作者个人或共同创作者群体。但对于职务程序作品（即雇用作品）来讲，若非合同另有规定，则一律视雇主（而不是创作者）为行使经济权利的版权人。这与法国、德国等传统大陆法系国家版权法中的原规定是有基本冲突的。

指令要求成员国均须将计算机程序作为《保护文学艺术作品伯尔尼公约》中涉及的“文字作品”，给予保护，并且应保护程序的一切表达形式（即包括仅机器可读的目标程序）。

指令并未对程序作品创作者的“精神权利”问题作任何规定。在这点上，该跨国法照顾到了共同体成员国原有立法上的重大差异。例如，法国 1985 年版权法对计算机软件创作者的精神权制定出了专门规定；而 1988 年的英国版权法却把计算机程序创作者的精神权利完全排除。在这一点上，严格地讲，不可能要求所有成员国都把程序作为伯尔尼公约中的一般文字作品去保护。因为，按照伯尔尼公约，文字作品的作者均享有（非特殊规定的）精神权利。

指令在经济权利方面特别强调了复制权、改编权、翻译权与发行权。作为对权利的限制，指令规定：制作程序备份（Backupcopy）及反编译（Decompiling），均视为合理使用。对这后一点，美国律师界及软件产业界曾表示不满。因为，在指令颁布的 1991 年，美国联邦上诉法院关于允许反向工程的几个判例尚未出现。美国当时一般均引用1986年“威兰”一案的上诉法院判决，即把反向工程视为侵权，而不是合理使用。

指令要求成员国采用有效的法律救济措施及制裁措施，制止侵犯程序版权的行为。指令作出一项不可变通的规定：当事人之间不得通过合同更改指令中，有关经济权利与权利限制的条文，否则合同无效。此外，指令还要求给予计算机程序的保护期，应当与伯尔尼公约给予一般文字作品的保护期相同，即：如果可找到创作者，即为该人有生之年加死后50年；如果难以确认创作者，即为有关程序向公众提供（Available to the Public）之年起50年。

## 第四节　其他版权指令*

到1993年中（6月）为止，已经作为欧共体指令颁布的版权领域跨国法，还有92/100号指令，即1992年11月19日通过的《与版权有关的租赁权及某些权利保护指令》。

此外，1993年4月，已经“一读”通过《与卫星广播及电缆广播有关的版权及邻接权指令》。同月，欧共体理事会还讨论了《统一版权保护期指令》并在“70”年不是“50”年问题上，已达成一致统一为“70”年。已经通过的指令还有:《数据库法律保护》《精神权利保护》《家庭录音录像》等。这些指令的讨论及最后通过，都不同程度受到了伯尔尼公约附加议定书（即修正伯尔尼公约1971年巴黎文本的附件）的谈判影响，以及受到了关税与贸易总协定乌拉圭回合谈判最终结果的影响。

---

* 编者注：原为论文，收录自郑成思著:《知识产权与国际贸易》，人民出版社1995年版，第486–487页。

# 第五章　比荷卢统一外观设计法*

为了进一步实行工业产权保护的合作，比、荷、卢三国于 1966 年 10 月在布鲁塞尔签订了《外观设计公约》，并在海牙设立了“比荷卢外观设计局”。与公约签订的同时，三国拟定了一部《比荷卢统一外观设计法》(下称“统一外观设计法”)，该法从 1975 年 1 月起生效。

统一外观设计法共有四章。第一章是对一般的工业品外观设计作的统一实体规定，第二章是对某些具有艺术性的、因而也可以受到版权保护的外观设计所作的专门规定，第三章是过渡条款，第四章是关于司法管辖权的规定。

这部统一法第一条对于受保护对象所作的规定，就与许多欧洲国家的国内法不太一样。它指出，必须具有实用功能的产品的新颖外观设计，才是本法保护的对象。而英国、法国、联邦德国、意大利等欧洲国家的外观设计法，都只为纯粹作装饰用的产品（无实用功能的产品）的外观设计提供保护。统一外观设计法第二条第一款，又从另一个侧面对第一条作了补充说明，如果外观设计的美威只能通过产品的技术效果才能体现出来，那么它也不是本法的保护对象。

统一外观设计法实行注册保护制度。取得注册的条件是具备“新颖性”。“新颖”的定义是，在外观设计注册申请案第一次提交之前

* 编者注：本节收录自郑成思著:《工业产权国际公约概论》，北京大学出版社 1985 年版，第 153–157 页。。

15年内，在比、荷、卢三国的工商业领域没有出现过与之相同或相似的、工业品使用的外观设计；在比荷卢外观设计局公布的注册申请案中，没有出现过与之相同或相似的外观设计。此外，与三国之中任何一国的公共秩序相违背的外观设计，或在申请案中没有对特点进行充分说明的外观设计，都不能获得注册。

统一外观设计法规定了“批准注册后的异议制”。该法第五条规定，在注册申请案公布后的五年内，任何第三方如果认为自己是合法的设计人或设计的所有人，可以向比荷卢外观设计局请求由自己享有该注册专有权。

统一外观设计法对于职务设计与委托设计的专有权归属问题规定如下：除劳资双方在雇佣合同中另有协议外，工作人员或雇员在完成本职工作过程中搞出设计，“设计人”应判定为雇主；除委托人与受托人另有协议外，在受托人搞出设计的情况下，委托人应依法被判定为“设计人”。

由于比、荷、卢三国都是《工业品外观设计国际备案协定》的成员国，所以，按照该协定第二类型的制度履行了国际备案手续的外观设计，与在比荷卢外观设计局注册的外观设计具有同样的专有权。

申请获得比荷卢外观设计注册，可以直接向海牙的比、荷、卢外观设计局提交申请案，也可以通过三国之中任何一国的有关管理机关提交。申请案中必须包括下列内容：（1）平面设计的照片或立体设计的产品样品；（2）制作有关设计的方法说明；（3）设计特点的说明；（4）如果第一份申请案是在其他《巴黎公约》成员国提交的，则要有优先权请求书。形式审查可以由比荷卢外观设计局负责，也可以由三国自己的受理申请案的机构负责。通过了形式审查即可以在比荷卢外观设计局注册。注册前并不对新颖性进行审查。统一外观设计法中关于新颖性的条件，只在无效诉讼或异议诉讼中由法院去依法衡量。比荷卢外观设计局统一公布获得注册的外观设计。注册后取得的专有权的有效期从申请案第一次提交之日（包括享有优先权的申请案的优先权日）算起。如果提交的是国际备案申请，则从申请案在世界知识产权组织国际局备案之日算起。

比荷卢外观设计注册的有效期分为三段，第一段为5年；可以续展两次，每次展期各为5年。前两段届满后，只要交纳了续展费，保护期就自动顺延。无论在各段保护期内，还是在办理续展时，都不允许对原申请案作更改。在一份申请案包含几项可以分割的外观设计时，允许部分续展。如果到期没有交纳续展费，就以自动放弃权利论处。比荷卢外观设计局对放弃注册的情况将予以公布。

比荷卢外观设计可以作为一种产权转让或发放使用许可证。统一法对转让的限制比较严格。转让协议必须采取书面形式，必须把比荷卢当作一个整体，不能转让在一国的权利而保留在其他国的权利。对发许可证的要求是，许可证合同本身必须规定出有效期限。无论是转让协议还是许可证协议，如果没有在比荷卢外观设计局登记，就只能约束协议双方，对第三方无效。

比荷卢外观设计的专有权包括禁止其他人非经许可而制造、进口、销售、提供销售、租用、提供租用、展出、转交、使用、储存以有关的外观设计或相似的外观设计所装饰的产品。但对于比荷卢外观设计的权利人取得注册之前，已经在比荷卢境内合法流通的、带有该外观设计的产品，上述专有权不能适用。

任何有利害关系的人或检察机关，都可以向民事法院对已经注册的比荷卢外观设计提出无效诉讼。宣布一项注册无效，只能是全部无效，而不能部分无效。

对于可以受到统一外观设计法与三国各自的版权法双重保护的

外观设计，统一法在第二十一条中作了明确规定。这种设计必须具有"明显的艺术性"。版权保护期比外观设计注册的保护期长得多(为作者有生之年加死后50年)。在注册保护期全部届满后，有关的外观设计的专有权有两种归宿：如果届时权利人声明保留自己享有的版权，则该设计继续享有版权保护；如果权利人没有作这种声明，则该设计进入公有领域，丧失一切保护。

统一外观设计法第四章中对司法管辖权的具体规定是：一切比荷卢外观设计的诉讼案，都适用"被告所在地法"，或适用诉讼中涉及的义务的"履行地法"。这是许多国家都承认的国际私法原则。比荷卢外观设计的"注册地"不能作为确定管辖权的依据。比荷卢中的某一国法院已受理的争端，如果当事人之一要求转交另外两国之一的法院处理，而后一法院更适于处理该争端或该争端与后一法院已受理的其他争端有根本联系，则前一法院必须把争端交后一法院。不过这种转交只可以在初审阶段进行。

# 第六章　欧洲联盟有关电子商务的立法状况——国际电子商务立法动向*

从全球电子商务立法的角度看，欧盟的电子商务立法无论在立法思想、立法内容还是立法技术上都是很先进的。其立法进程虽然比美国稍慢，但是立法实施的速度与美国相当，甚至稍快于美国。

欧洲议会于1999年12月通过了《电子签名指令》，于2000年5月通过了《电子商务指令》。这两部法律文件构成了欧盟国家电子商务立法的核心和基础。其中《电子商务指令》全面规范了关于开

---

* 编者注：原为论文，与薛虹合著，撰于2000年，收录自郑成思著：《成思建言录》，知识产权出版社2011年版，第127-130页。

放电子商务市场、电子交易、电子商务服务提供者的责任等关键问题。欧盟成员国将在自2000年5月起的18个月内，将《电子商务指令》制定成为本国法律。欧盟的“指令”与一般的国家法不完全相同，它们具有地区性国际条约的性质。

从上述两个法律文件看，欧盟电子商务立法的主要内容有：

**1. 立法目的**

欧盟意图建立一个清晰的和概况性的法律框架，以协调欧盟统一市场内部的有关电子商务的法律问题。考虑到电子商务固有的全球性质，欧盟还愿意与其他国家和地区（尤其是申请加入欧盟的国家、发展中国家以及欧盟的其他贸易伙伴）加强合作，共同探索全球性电子商务的法律规则。

**2. 信息社会服务**

信息社会服务一般是指在接受服务的用户要求下，通过处理和存储数据的电子装置远程提供的服务。信息社会服务涵盖的范围很广，包括通过计算机网络进行货物买卖、在计算机网络上提供信息或者商业性宣传等行为。有些服务在本质上不能以远程电子方式提供，例如法定的公司账目审计，或者需要对病人进行现场检查的医疗服务，因此不属于信息社会服务。欧盟法律协调的范围只包括在线信息、在线广告、在线购物、在线签约等通过计算机网络进行的经贸活动，不涉及安全、标识、产品责任、货物运输和配送等网下的活动。

**3. 适用的法律**

电子商务跨国界流通的性质使法律的适用成为一个难点。欧盟的法律规定，为了保证法律适用的确定性，信息社会服务应当受服务提供者机构所在国法律的管辖。

服务提供者机构所在国是指在一段时间内实际从事经济活动的

固定的机构所在国，例如，公司总部所在国或者主要营业机构所在国。一个公司通过互联网站提供服务的所在地不是指支持网站运行的技术所在地或者网站可以被访问的地点，而是指网站从事经济活动的地点。例如，一个公司不论将其网站服务器设在哪个国家，也不论其网站能够在多少个国家被访问，只要其主要营业地设在欧盟某个成员国国内，就要受该国法律的管辖。

如果某个从事信息社会服务的公司为了规避欧盟某个成员国的法律，故意选择将营业机构设在另一成员国内，那么前一成员国有权对设立在他国但其全部或大部分活动是在本国实施的服务提供者适用本国法律，以制裁该服务提供者规避本国法律的行为。

4. 商业性宣传

亦即网络广告。为了保护消费者利益，保障公平竞争，商业性宣传（包括价格打折、促销优惠、促销竞争或游戏）必须符合透明度要求，让服务接受者有充分的选择自由。通过电子邮件擅自发送商业性宣传，可能干扰交互性网络的正常运行，造成网络阻塞或者通讯速度缓慢，信息接受者还要支付网络费和通讯费。因此，欧盟要求在任何情况下，擅自发送的商业性宣传材料都必须被明确标明，并且不应导致接受者通讯费用的增加。

5. 电子形式的合同

欧盟要求成员国应当保证其法律系统允许合同以电子形式缔结，保证其法律规则不给采用电子形式的合同制造障碍，也不仅仅因为这些合同采取了电子形式就剥夺其有效性和约束力。欧盟还要求成员国承认电子签名具有同亲笔签名同样的效力。

6. 服务提供者的责任

欧盟要求成员国不能给服务提供者施加一种一般性的监控义务，因为服务提供者没有能力保证通过其计算机系统的无数信息的合法性。欧盟法律还规定，服务提供者在作为纯粹的信息传输管道时或者进行信息缓存时，享受责任豁免的地位，即不因其传输或者存储的信息中含有违法内容而承担法律责任。这是因为在上述情况下，服务提供者对信息的传输和存储是技术性的、自动的和暂时的，服务提供者并不知道被传输或存储信息的内容，也不对被传输或存储的信息内容作任何修改。但是，服务提供者故意与其服务接受者合谋从事违法活动，则不属于责任限制之列。

# 《北美自由贸易协定》*

从1991年年初到1993年年底，正当关税与贸易总协定的"乌拉圭回合"多边贸易谈判几起几落，牵动着世界上大多数国家时，"北美自由贸易区"建立的设想、协定的达成及被成员国批准，则几乎没有经过太大的风波和周折。不少人对照上述一个世界性多边谈判及一个区域性三边谈判的不同进程，理所当然地感到美国一是在给多边贸易谈判"添了乱"，二是给当年迟迟未达成协议的多边谈判中农产品出口补贴问题上的其他谈判方"加了压"。幸好在北美自由贸易协定实施前半个月，关贸总协定的乌拉圭回合总算有了结局。否则，区域性的自由贸易被过分强调，并以此贬低多边自由贸易作用的后果，是很有可能产生的。那样一来，对国际经济关系（乃至进而对国际政治关系）的影响，真有可能是消极多于积极了。北美自由贸易区的三个成员国，在20世纪80年代末和90年代初，对外直接投资累计额及国民生产总值，均分别占到世界直接投资累计总额及国民生产总值的1/4及近1/4，出口额则占世界出口总额1/5。这一自由贸易区的形成如此引人瞩目，也就不足为怪了。

---

* 编者注：该文收录自郑成思著:《知识产权与国际贸易》，人民出版社1995年版，第491-499页。

建立北美自由贸易区的建议是在1991年年初提出的。1991年6月，美国、加拿大与墨西哥的高层贸易官员在多伦多开始谈判签署《北美自由贸易协定》（简称NAFTA）。1992年8月，三国就该协定的最终文本达成了协议。以后，各国又按照自己国内立法程序使该协议转化为国内法，这个时间就不是统一的了。例如，美国几乎在该协议即将实施之前，才于1993年11月17日至20日，分别由国会及参议院通过了《北美自由贸易协定实施法》，并由总统于1993年12月8日签字颁布。1994年1月1日，《北美自由贸易协定》开始实施。

缔结《北美自由贸易协定》的主要作用包括下列几个方面。

（1）取消三国间的贸易壁垒，促进商品与服务的跨国流通；

（2）创造更好的公平竞争环境；

（3）增加投资机会；

（4）为知识产权提供适当的和有效的保护；

（5）为共同解决争端、实施协定提供有效的程序；

（6）为进一步扩大三边乃至多边合作创造条件。

可见，"保护知识产权"是缔结该协定的主要目的之一。

这个协定的第6部分第17章，集中对成员国保护知识产权的义务作出了具体规定。当然，在其他章节条文中（例如追溯力条款中），也有与知识产权保护关系密切的内容。本文仅就与知识产权有关的条文作一介绍。

## 一、版权保护

协定的第1705等条，是有关版权保护的规定。

### 1. 关于受保护的作品

协定要求北美自由贸易区的成员国，必须按照《保护文学艺术作品伯尔尼公约》第2条所划的范围，为有关作品提供版权保护。

在《北美自由贸易区协定》缔结时，伯尔尼公约第2条以“未穷尽”方式列出的受保护作品包括：以任何形式所表现的文学、科学与艺术领域的成果，诸如图书、小册子及其他文学作品；讲课、演讲、讲学及其他口述作品；戏剧或音乐——戏剧作品；舞蹈艺术作品和哑剧；配词与未配词的乐曲；电影作品及以类似摄制电影的方法表现的作品；图画、油画、建筑、雕塑、雕刻及版画作品；摄影作品及以类似摄影方式表现的作品；实用艺术作品；与地理、地形、建筑或科学有关的插图、地图、设计图、草图及立体作品。此外，汇编作品、演绎作品，也均受保护。

当时的伯尔尼公约，尚未明确计算机程序及数据库是否应纳入受保护作品范围。但拟议中的伯尔尼公约议定书已在保护这两种作品上取得了基本一致的意见。所以，《北美自由贸易区协定》在指出须按伯尔尼公约划定保护范围时，专门指出：“特别应包括各种类型的计算机程序，以及在选择及编排中付出了智力创作的数据及其他资料——不论它们以机器（如计算机）可读形式还是以其他形式表现”。

**2. 有关版权中的经济权利**

协定在原则上要求成员国必须承认伯尔尼公约中原已经明文开列的各种经济权利。除此之外，协定还专门强调了原始版权人及后继版权人有权禁止下列未经许可的行为：

（1）进口权利人的作品及其复制品；

（2）首次将作品原件或复制件公开发行；

（3）将作品传播给公众；

（4）商业性出租计算机程序的原件或复制品。

这里面，实际包含着带有精神权利性质的“发表权”。

协定还特别强调了版权权利人有权通过签订合同的方式，分别转让自己的经济权利、行使自己的经济权利并从中获得报酬。

**3. 保护期**

协定规定了不少于工作者有生之年加死后 50 年的保护期。

其他有关强制许可的规定，对严重侵权加以刑事制裁的规定，等等，均与关贸总协定中的《与贸易有关的知识产权分协议》相同或相近。

按照这些规定，北美自由贸易区的现有三个成员国及日后可能加入该贸易区的国家，均必须相应地修订本国的版权法，以使之不违背协定的要求。下面将谈到的《北美自由贸易区协定》中有关工业产权保护的规定，也是一样，也将要求成员国相应修订本国工业产权法。这些应有的修订，甚至包括不少细节。例如，协定在第 1706 条（2）款规定：录音制品的保护期应当从录制有关制品当年年底起算 50 年。而加拿大在加入贸易区时，其版权法规定为：自录音制品录制完成当日起，推算 50 年。如果某个录音制品在加拿大于某年 1 月 1 日制作完成，则其受保护期将比协定要求少几乎整整一年。日后若正好在这一年里发生未经许可的使用，则加拿大有义务依照协定，而不是依照其现行法，确认该行为构成侵权。因此，加拿大必须采取措施修订其法律，使之在这个细节上与协定一致。

这个协定中，除了规定所有成员国均须履行的知识产权保护义务之外。还单项规定了一些某一国应尽的特殊义务。

例如，在协定第 334 条中，对美国应当实施的为其他两国提供的追溯保护，作出了专门规定。按照 1976 年的美国版权法，如果某个作品在出版发行时未加“版权标记”（即:（1）版权保留标记;（2）出版年份;（3）版权人名称），则在美国境内视为“进入公有领域”。按照这一规定已进入美国公有领域的加拿大与墨西哥作品不在少数。协定第 334 条指出：凡 1978 年 1 月 1 日后（至 1989 年 3 月

1 日前）因未加版权标记而在美国进入公有领域的加拿大或墨西哥作品，美国有义务从 1995 年 1 月 1 日起，恢复对它们的保护。

由于这个“追溯力”条款只适用于美国对加、墨的义务，所以如果美国自己的电影作品在上述期间因未加版权标记而进入公有领域的，反倒无权依追溯力条款要求恢复保护了。

再如，协定第 1701 条规定，专门要求加拿大必须依照伯尔尼公约 1971 年巴黎文本，全面修订本国版权法。因为，直至北美自由贸易区成立为止，加拿大还仅仅承认了伯尔尼公约的 1982 年罗马文本。

在知识产权保护方面,协定也给成员国的一些特殊领域开了“免责”的绿灯。例如，协定第 2005 条，规定了加拿大的“文化产业”，可以依据协定附件第 2106 条，免除协定要求成员国履行的（包括有形商品贸易的）普遍义务。例如，加拿大有权决定禁止美国的某些作品及录音制品向加拿大进口。虽然依整个“自由贸易”区的成立原则，这样做可能构成违约。但依“免责”条款，这样做将不视为违约。

## 二、商标保护

《北美自由贸易区协定》的第 1708 条，集中对成员国在商标保护方面的义务作出了规定。

### 1. 注册保护的前提

该条规定：虽然在贸易活动中已经使用了某个商标，可以作为获得商标注册的依据，但成员国不应把注册前的“实际使用”作为申请注册的前提条件。

在自由贸易区的三个国家中，加拿大一直采取注册获得商标专有权的原则。美国则在相当长的时间内，采用靠实际使用获得专用权的原则。在多年之前，美国的商标注册，仅仅是对使用中已获得的商标专用权给予的行政确认。不过，1988 年美国修订《兰哈姆法》（即美国联邦商标法）时，已作了根本性改变，其原则已与《北美自由贸易协定》基本相符。墨西哥则在其 1976 年的《工业产权法》中，还强制性地要求将“使用或意图使用”某个商标，作为取得注册的前提。但仅注册方能获专有权，使用则不能获专有权。1991 年墨修订其《工业产权法》时，已放弃了上述前提条件。

**2. 使用要求**

注册后的商标，必须持续使用，方能维持其注册有效。这是大多数国家商标法的要求，也是《北美自由贸易区协定》的要求。协定同时规定：如果政府明令禁止某种商品或服务进口，则该商品或服务所使用的商标，不应被视为没有满足使用要求。

**3. 强制许可**

协定禁止对商标权采用任何形式的强制许可制度。这也是多数国家的惯例。

**4. 商标权的转让**

协定规定商标的注册所有权人，有权转让自己的商标；有权把商标连同经营（business）一道转让，也有权仅仅转让商标本身。

**5. 合理使用**

协定允许对带有“说明性词语”的商标，进行“合理使用”。这是多数国家商标法中尚未作出规定的，但又是合理的。所以，已经在关贸总协定中有了类似规定。例如，“顶好”被作为清香油的商标取得注册后，他人使用“顶好”来称谓自己的商品（包括油类），应视为“合理使用”。

**6. 禁止注册的标记**

除巴黎公约明文禁止作为商标使用或注册的标记之外，协定还专门指出：至少以英文、法文或西班牙文（自由贸易区现有三国使用的文字），对商品或服务进行命名的词语，不允许作为该种或该类商品或服务的商标去注册。

## 三、专利保护

协定的第 1709 条，集中规范了专利保护。

### 1. 无歧视专利保护

规定要求成员国在专利保护方面，不应当因技术领域的不同、搞出发明的地域不同或有关发明产品是本地的或是进口的等差异，而给予不同的保护。

这一点对美国专利法有明显的修正。按照美国专利法第 104 条的规定，凡在美国之外搞出的发明，只能以“申请日”确认“发明日”，而不能以“发明概念化为实际”之日，亦即发明实际完成日来确认“发明日”。而美国至今一直与绝大多数国家不同，坚持接受专利申请时以“发明在先”为原则。最近美国仍声明不准备更改这一原则。加拿大原先也实行过较长时间的“发明在先”原则，1987 年修订专利法时，已改为“申请在先”原则了。墨西哥则一直实行“申请在先”原则。在没有《北美自由贸易协定》的情况下，在加、墨两国搞出的发明，依美国专利法第 104 条，必然受到“歧视待遇”。而按照协定，美国则有义务把确认发明日的本国适用范围，扩大到至少加、墨两国。

### 2. 对医药、农业化工产品的特别保护

协定规定，如果在 1991 年 7 月 1 日之前，成员国中有任何国家尚未为医药、农业化工产品提供专利保护，则只要在原已提供专利保护的成员国获得了专利的权利人，在未保护该专利的成员国提出保护请求，只要在请求之前，该专利产品在该国尚未投放市场，

则该国必须给该产品以整个应有专利保护期时间内的特别保护。这一点，很类似美国在《中美知识产权谅解备忘录》（1992 年 1 月）中，要求中国一方承担的对外国专利的“行政保护”义务。这项义务又称为“管道保护”，以示区别于传统的正常专利保护。

### 3. 对“方法专利”的特别保护

协定要求成员国必须保护“方法专利”（也称“工艺专利”，是与“产品专利”相对而言的）。保护的范围不仅应及于方法本身，而且应及于使用有关方法而直接生产的产品。

一旦有人被诉侵犯了他人的“方法专利”，则被告有义务举证，证明他的产品不是使用原告的方法专利生产的。这样，在一般诉讼中的“原告举证”原则就转移了。这也是对“方法专利”的一种特别保护。

### 4. 有关动、植物新品种的专利保护

协定允许成员国不为动、植物新品种提供专利保护（但对微生物发明必须提供专利保护）。不过协定也没有禁止为这两类新品种提供专利保护。这是与美国专利法与专利审查实践的传统相联系的。美国专利法一向给部分植物新品种以专利保护。在审查实践中，美国专利局已批准了“哈佛鼠”等动物新品种的专利。这曾引起过其他国家（尤其是西欧国家）的强烈反对。

但协定要求：如果成员国确实不以专利法保护微生物之外的植物新品种，则应另以专门法保护这类客体。当然，也可以用专利法及专门法共同保护这种客体。协定不允许在植物新品种保护法领域留下空白。

### 5. 专利保护期

协定规定专利保护期不得少于自申请日起 20 年或自批准日起 17 年。这后一个最低时限，也是照顾了美国专利制度的传统做法。

而“20 年”则是关贸总协定乌拉圭回合最终文件及世界上多数国家采用的保护期。

协定中的第 1713 条，对工业品外观设计的保护作了集中规定。

**1. 新颖性问题**

协定对外观设计专利（或类专利）的保护客体，要求具有“世界范围”的新颖性。即凡在世界任何地方的公开出版物上已经出现过的外观设计，不应再受到专利或类专利保护。

这项要求至少改变了墨西哥及加拿大缔约时的工业产权法。按照墨西哥《工业产权法》（1991 年）第 31 条或加拿大《工业品外观设计法》（1985 年）第 CI—8 条，外观设计均只需要具有“本国范围”新颖性就够了。而美国专利法却无须因协定改动。它一直要求外观设计专利应具有“世界范围”新颖性。

协定要求，对主要由技术因素或功能性因素而构成的“外观设计”，不应给予“工业品外观设计”意义下的保护。

**2. 保护外观设计的其他法**

协定允许成员国在专利法或单行的外观设计法（即“类专利”法）之外，以版权法保护部分外观设计。

**3. 专利或类专利保护期**

如果某一外观设计受到专利或类专利保护，协定要求保护期不少于 10 年。对于这一要求，墨西哥法及美国法均已达到了（前者 15 年，后者 17 年）。只是加拿大法原来仅仅保护注册外观设计 5 年，可以申请续展 5 年。协定生效后，外观设计的保护在加拿大就应改为无需续展而自动延伸为 10 年。

**4. 外观设计专有权范围**

协定要求成员国法律应赋予外观设计专用权人以制造权、销售权及商业性复制权。其中，“复制”不仅仅包括全面复制，而且包括“实质性复制”。就是说，如果为商业目的，仅仅复制了他人某一外观设计中的一部分（例如一画面设计中的某一造型）但已构成该设计的实质性部分，也将被判为侵权。

此外，《北美自由贸易区协定》在第 1701 条中，要求其成员国均至少批准《保护工业产权巴黎公约》的 1967 年斯德哥尔摩文本。对这一点，美国与墨西哥已经作到了。而加拿大到缔约时为止，仅仅批准了巴黎公约斯德哥尔摩文本的行政条款（第 13~30 条）。至于实体条款（第 1~12 条），加拿大只批准了 1951 年的伦敦文本，这样看来，加拿大又必须修订其工业产权法，以达到协定的要求了。

# 《班吉协定》*

随着1623年英国颁布的垄断法规，产生了近代意义的专利权。从那之后的三百多年里，专利与其他工业产权都是以“严格的地域性”为显著特点的。在20世纪后半叶，这种情况开始有了变化。工业产权的地域性在一些有限区域内被突破了。这些地区的国与国之间，缔结了某些跨国工业产权公约。从广义上讲，大多数国际公约的效力都是跨国的。但本篇中所讲的“跨国”，是就突破了一国地域，产生了在两个以上国家有效的工业产权而言的。

在西方法学者的著述中，跨国商标权，一般首先介绍《比荷卢统一商标法》，而跨国专利权，则首先介绍“欧洲专利制度”。然而，综合性跨国知识产权首先出现的地方，却在非洲，在发展中国家。只是由于技术与经济落后，这里的跨国知识产权制度在实践中不那么引人注目，影响也不是很大。

20世纪60年代初，一些新独立的法语非洲国家为了加强在工业产权保护方面的合作，于1962年9月在加蓬首都利伯维尔缔结

---

* 编者注：该部分收录自郑成思著：《知识产权与国际贸易》，人民出版社1995年版，第499–532页。

了一个《建立非洲——马尔加什工业产权局协定》，简称为《利伯维尔协定》。当时的缔约国有 13 个，它们是马尔加什、喀麦隆、中非、加蓬、象牙海岸、毛里塔尼亚、上沃尔特（现改名为“布基纳法索”）、乍得、刚果、贝宁、多哥、尼日尔、塞内加尔。

这个协定的成员国于 1963 年通过并实行的《统一商标条例》，是在实践中第一次出现的跨国工业产权公约。依照它获得的商标注册，不仅在 13 国有效，而且靠同一部跨国法维护有关权利。这个条例中的基本规定都纳入了后来的《班吉协定》中，被沿用至今。

1976 年，马达加斯加（原马尔加什）宣布退出《利伯维尔协定》。所以，非洲——马尔加什工业产权局也于同年更名为“非洲知识产权组织”（法文字头的缩略语为 OAPI）。这个组织于 1977 年 3 月在中非首都班吉举行了修改《利伯维尔协定》的大会，并通过了《班吉协定》，它的全称是《关于修订〈建立非洲——马尔加什工业产权局协定〉及建立非洲知识产权组织的协定》。1984 年，马里加入了这一组织。所以该组织成员国当时仍是 13 个。

《班吉协定》第 31 条及第 33 条中规定，本协定生效之后，新的参加国只能批准本协定，而不能再批准《利伯维尔协定》；非洲知识产权组织成员国的关系由本协定协调，但尚未批准本协定的原《利伯维尔协定》成员国仍旧适用原协定；除了非洲知识产权组织的成员国之外，凡是参加了世界知识产权组织、参加了《巴黎公约》以及《保护文学艺术作品伯尔尼公约》（或《世界版权公约》）的非洲国家，都可以申请加入《班吉协定》。协定第 32 条中规定，只要有三分之二的缔约国批准了《班吉协定》，它就可以在两个月内生效。到 1981 年底，喀麦隆、中非、加蓬、象牙海岸、毛里塔尼亚、尼日尔、塞内加尔、多哥等八国相继批准了该协定，所以，该协定已于1982年2月生效。到1985年1月，仅乍得一国尚未批准该协定。[①]

《班吉协定》是世界上第一个产生全面跨国工业产权与版权的地区性公约。与它相比，产生跨国“共同体专利”的欧洲《共同体专利公约》虽比它的缔结要早两年，但至今尚未生效，缔结得更早的比、荷、卢《商标公约》并不涉及更重要的工业产权——专利；而且后二者都仅限于工业产权范围，并不延及版权。所以，研究《班吉协定》的条文及其实施的实践，对于了解现代知识产权国际保护制度及其发展趋势，都是十分必要的。

## 一、《班吉协定》总述

《班吉协定》由本文部分和九个附件组成。协定本文第三条第四款指出，本协定中的九个附件均构成本协定的不可分割的内容。确实，《班吉协定》的大部分实体法内容，都体现在附件中。这九个附件是：

附件一　专利

附件二　实用新型

附件三　商标与服务商标

附件四　工业品外观设计

附件五　商号与不公平竞争

附件六　产地名称

附件七　版权与文化遗产

附件八　专利文件与情报中心

附件九　成员国对附件条文可保留的范围

---

① 乍得于1988年批准了该条约。此外，几内亚在1990年加入该条约。故班吉协定到1995年为止已有14个成员国。

此外，在1979年，非洲知识产权组织还通过了《班吉协定》的实施条例，不过到1985年条例还没有生效。

《班吉协定》的总则中规定，为了有利于履行协定中的义务，成员国都应当参加下列国际公约及批准有关的公约新文本，这些公约是《巴黎公约》（1967年斯德哥尔摩文本）《保护文学艺术作品伯尔尼公约》（1971年巴黎文本）或《世界版权公约》（1971年巴黎文本）《工业品外观设计国际备案协定》（1960年海牙文本及1967年斯德哥尔摩增订本）《保护产地名称及其国际注册协定》（1967年斯德哥尔摩文本）《建立世界知识产权组织公约》《专利合作条约》《商标注册条约》。

《班吉协定》第28条规定，将非洲知识产权组织总部设在喀麦隆首都雅温得（本文为简洁起见，凡提到"非洲知识产权组织总部"处，均称为"雅温得总部"）。按照协定第1条第3款的规定，雅温得总部起两种作用：第一，它相当于各成员国自己国内的工业产权服务部门；第二，它是所有成员国的工业产权服务中心及专利文献与情报中心。协定第5条又规定，凡是在非洲知识产权组织成员国地域内有住所的人，申请发明专利、实用新型注册、外观设计注册、商标注册等，都可以通过自己所在国的主管部门提交，也可以直接向雅温得总部提交，但如果系按照《专利合作条约》提交国际申请案，则必须直接向雅温得总部提交。如果申请人在非洲知识产权组织成员国没有住所，那就必须在某个成员国中指定代理人，由代理人将申请案直接提交雅温得总部。

协定第2条规定，依照本协定各附件的规定而产生的跨国专有权，在各个成员国中应当按照各国的立法被作为独立产权对待。非洲知识产权组织并没有设立一个相当于欧洲共同体国家那样的"欧洲法院"来统一处理一些有影响的专有权争端。在《班吉协定》的附件中，也没有对各种工业产权作为财产权利用时的具体内容作出详细规定。协定第7条中倒是指出了：经非洲知识产权组织批准的跨国发明专利与实用新型专利，在各个成员国中所产生的效力，依各国自己的民法而定。那么，这又怎么能体现出“跨国”工业产权的性质呢？这种性质主要通过协定第15条体现出来，它规定，任何一个成员国依照本协定附件一至九对工业产权（及版权）所作出的最终司法判决，对其他成员国都具有约束力。同时，协定第23条还规定，非洲知识产权组织有行使司法审判权的职能，各成员国必须承认它的法律地位，该组织负责协定中各种附件及其实施条例的实施。

协定第2条中规定了服从世界性国际公约的原则。如果《巴黎公约》及两个世界性版权公约的现行文本或将来的修订文本中，对工业产权与版权的保护提供了高于《班吉协定》提供的待遇，那么任何获得非洲知识产权组织的跨国专有权的所有人，都可以要求享有上述公约的待遇。同时，协定第14条还规定，如果协定或附件的任何条文与世界知识产权组织所管理的国际公约不一致，则前者必须服从后者。

雅温得总部负责对发明专利、实用新型注册专利及外观设计注册专利的申请案的审查、批准及公布，负责对商标、商号、产地名称的注册及公布，并负责对商标注册申请案的审查。总部所公布的一切文件的复制本，均送达各成员国工业产权主管部门（在这些国家中一般都称为“工业产权部”）。此外，在非洲知识产权组织中成立一个“高级申诉委员会”。任何人如果对总部关于驳回申请案的决定不服，都可以向这个委员会申诉。

按照《班吉协定》的规定，非洲知识产权组织由各成员国的代表组成的“行政委员会”来管理，该委员会由一名总干事领导。

## 二、发明专利

《班吉协定》的附件一，相当于成员国的一部统一专利法。按照附件一第69条、第70两条的规定，在《班吉协定》生效后，1962年的《利伯维尔协定》中有关专利的规定随即废止，但按照原协定批准的专利继续有效。

### 1. 专利的获得

由于附件一申明了它将与《专利合作条约》相配合，所以它所规定的专利申请程序以及对申请案必备内容的要求，都与该条约（第一章）的规定没有多大区别。如果申请案是通过成员国的工业产权部转交的，那么该部在收到之后5天内必须转给雅温得总部。转交的文件中除了申请案必备的内容外，还要附有已经交付了申请费的证明、专利代理人委托书（也称为“权力转移证书”）等。

雅温得总部在收到申请案及其他文件后，将在12个月内拿出两份审查报告，并决定批准或驳回申请。第一份审查报告的作用是确定:（1）有关发明的内容是否违背公共政策或公共道德;（2）发明的主题是否在可获得专利的主题范围内;（3）权项请求是否与发明的说明书相一致;（4）是否符合“一份申请案包含一项发明”的规定;（5）是否使用了规定的工作语言（法文）。第二份审查报告要初步确定:（1）申请案是否与其他人的在先申请案有权利冲突;（2）发明是否具备新颖性、技术先进性与实用性。

从两份审查报告（特别是第二份）要确定的内容看，似乎这部统一专利法实行的是实质审查制。但综观整个附件一，就可以看出，它实际上仅仅是一种初审制，而且不一定达到法国式的部分审查制所要求的高度。上面讲的对“三性”的确定，都只是初步确定，以一年为限完成的审查也不可能是实质审查。再有，在审查过程中并没有公布申请案与征求第三方意见的程序，也没有批准前或批准后的异议程序。附件一第 17 条规定，在提出审查报告后，只要从形式上看，申请案符合要求，则“无须进行实质审查，即予批准专利”。附件一还规定，凡由非洲知识产权组织所颁发的专利证，应由专利权人自己承担该专利的风险，颁发者不担保该专利的新颖性价值或先进性价值，也不担保专利说明书的真实性或可行性；如果任何专利权人在自己的专利产品上标示“专利品”的同时，没有标明“未经政府担保”字样，则处以五万到三十万非洲金融共同体法朗（CFA）的罚金。这些，甚至可以说是“注册专利制”的特征了。

附件一第 19 条规定，雅温得总部有权在下列情况下驳回专利申请案：有关的发明不属于可获得专利的发明，或申请案中文件不齐备，或申请案不符合“一项发明一份申请案”的原则，而申请人又未按照限定的时间修改申请案。

附件一对申请案不进行实质审查，并不表明这部统一专利法不要求它所管辖的跨国专利应达到实质审查制要求达到的高度。但这种高度并不是由雅温得总部在批准专利前去衡量，而是在第三方提出无效诉讼时，由司法机关去衡量。从这点上看，非洲知识产权组织的跨国专利的可靠性，不如跨国的欧洲专利（或将来的欧洲共同体专利）。

附件一对新颖性的具体要求是：在申请案第一次提交之日前，有关的发明未曾以任何形式（口头、书面或公开使用），也未曾在任何地方为公众所知晓。对技术先进性与实用性的要求也与大多数国家的专利法相同。

依照附件一的规定，不能获得专利的发明包括：（1）违反公共秩序或公共道德的发明（但附件中又补充指出，被法律或行政条例禁止的发明，不能被看作是违反公共秩序或公德）；（2）科学理论与数学理论;（3）动、植物新品种，以及培育动、植物新品种的方法（但微生物制品及其制法除外）;（4）商业经营方法、智力活动或游戏的方法、计划等等;（5）对人或对其他动物的诊断法与治疗法;（6）科技情报的记述;（7）计算机程序;（8）纯粹装饰性的物品。在这里要加以说明的，只是第（1）项括号中的内容，在多数西方国家的专利法中，以及在世界知识产权组织主持起草的《发展中国家专利示范法》的历次文本中，都能见到这一项。它指的是，有些发明虽然可能被本国或本地区的法律所禁止，但它获得专利后如果只许可给国家实施，却并无害处。例如，在许多国家中，私人或非特别企业制造枪支，都是违法的。但新式武器发明或制作武器的新方法发明在取得专利后，可以单独许可给国家指定的国防企业实施。而且，在本国尽早申请专利，有助于确立优先权和在外国也申请专利，从而阻止外国自由使用有关技术。因此，有些国家认为，被法律所禁止的发明有时并不违反社会公德或公共利益。我国新颁布的专利法中，没有采用这种规定，而是申明对违反国家法律、社会公德或妨害公共利益的发明创造，均不授予专利权。

附件一规定，在申请专利后和批准它之前，如果申请人感到自己的发明更符合《班吉协定》中对实用新型保护的要求，则可以向雅温得总部请求把专利申请案转为实用新型注册申请案。在这种情况下，原专利申请案就被认为是自动撤回了。

在专利的整个保护期内，专利权人有权要求修改或补充原申请案。如果雅温得总部经审查认为可以增补，则向专利权人颁发“增补专利证书”，这时专利权人的原专利证即为“主专利证书”。如果在无效诉讼中主专利被判无效，增补专利不一定随之无效，而要依不同情况分别判定。在主专利被判无效而增补专利继续有效的情况下，增补专利的保护期从颁发“增补专利证书”之日算起，到主专利应届满之时为止。如果在专利保护期内增补了新的内容，但没有请求颁发“增补专利证书”，而是把增补的权利合并到原专利证中，那么原专利的保护期就改从增补之日算起，往后顺延，这就等于延长了专利保护期。这些规定在一般国家的专利法中并不常见，这是《班吉协定》中较特殊的内容。

附件一关于专利保护期的规定也比较特别。从专利申请案正式提交之日算起 10 年，可以续展一次，展期 5 年。能否给予续展，取决于专利在前 10 年中是否实施了。在特殊情况下，第一次续展期届满后，专利权人可以申请再次续展，如果雅温得总部认为符合条件（即在展期内仍旧实施了），可能再次批准续展 5 年。这样，专利就有了 20 年保护期。

关于专利实施的具体含义，附件一规定为在跨国专利有效的所有国家中的一个国家，付诸了应用或许可他人付诸应用。这一点与欧洲的《共同体专利公约》中关于实施的含义是一样的。但附件一特别强调了“进口专利产品不构成实施专利”，这却是欧洲的《共同体专利公约》中没有的。从这一点区别，可以反映出发展中国家保护发明专利，重在引进技术，而不是引进产品；重在将有关技术应用于本国，而不是让外国人以有关技术制成的产品充塞本国市场。

附件一规定，专利权人就其专利所享有的专有权包括：（1）如果有关专利是“产品专利”，则专利权人有权禁止其他人制造、进口、提供出售、出售或使用该产品，有权禁止其他人为出售或使用目的而存放该产品；（2）如果有关专利是“方法专利”，则专利权人有权禁止其他人使用该方法。

在这里，附件一把“进口权”列为专利权的一项内容。我国（及其他有些发展中国家）的专利法与此不同。我国第一部专利法对专利权人不授予进口权。是否授予专利权人进口权的问题，是发展中国家专利立法中经常遇到的。授予进口权对发展中国家有益的一面是便于吸引外国先进技术。先进技术的所有人在发达国家与发展中国家申请专利，都是为了在当地出售许可证，取得收入。而就同一项技术出售许可证后，发达国家被许可人的生产能力往往高于发展中国家被许可人。前者生产之后很可能向后一类国家销售。如果专利权人在后一类国家中不享有进口权，就无法阻止这种销售。如果他事先考虑到这种后果，就可能认为在后一类国家申请专利没有必要了。授予进口权不利的一面是，外国专利权人可能行使自己的权利，垄断专利授予国市场，阻止外国质高价低的同类产品进口。

附件一中关于专利权的权利限制问题的规定，与《巴黎公约》中的要求及大多数国家专利法中的相应规定是一致的。

附件一对于职务发明的专利权归属问题，作了比较具体的规定。在一般情况下，职务发明的专利权归雇主而不归雇员，但如果双方在劳动合同中有相反的规定，则服从合同规定。雇员在完成本职工作之外搞出的发明，如果所利用的设备或数据等是由雇主提供的，那么专利权也归雇主所有，但雇主必须给发明人合理的补偿，补偿的数额由法院确定，任何劳动合同或其他合同都不得降低法院定的补偿标准。

附件一中缺少一项重要的内容，即对外国专利申请人的地位与某些应特别规定的程序，没有作出专门规定，只是在第 10 条中简单提了一句："外国人可以依照本附件所规定的条件获得专利"。这意味着《班吉协定》在专利方面实行不折不扣的"国民待遇"，甚至延及《巴黎公约》许可成员国保留的行政与司法程序。在包括西方国家在内的大多数国家，对外国人申请专利时的特别程序，外国人提起专利诉讼的专门受理法院，都会有一些规定。拉丁美洲的一些国家甚至认为，如果为发达国家的国民在工业产权上提供完全的国民待遇，就会造成实际上的不平等，使本国国民蒙受损失。

2. 专利权的利用

附件一在四个不同的地方分别对专利权的不同利用途径作了规定。这就是：第 20 条到第 31 条的“专利转移、转让及许可证合同”；第 44 条到第 53 条的“强制许可证”；第 54 条的“当然许可证”；第 55 条到第 57 条的“国家征用许可证”。

按照附件一的实体法取得的跨国专利，与按照欧洲《共同体专利公约》取得的跨国专利，在转让方式上将是很不相同的。共同体专利只允许作为一个整体、在整个专利有效地域内（可能从两个国家到十几个国家）全部转让。而《班吉协定》附件一第 26 条规定，专利权既可以全部转让，也可以部分转让。在附件中并没有规定专利权必须作为一个整体在整个有效地域内（目前可能从 2 个国家到 14 个国家）转让。

对于转让权利所作的特殊规定仅仅可见于第 9 条“在先使用人”问题中。该条规定，在某项发明取得专利权之前，如果有第三者已经在独立地、合法地使用着同一项发明，则该第三方有权继续使用，如果这个人想转让他的有关发明，那么只能连同自己的整个企业一道转让。不过这里的转让问题并不涉及专利权，而是未取得专利的第三者的“先有权”。

附件一要求，无论转让合同还是许可证合同，都必须采取书面形式表达，否则无效。合同成立后 12 个月内，必须在雅温得总部的特别注册簿上登记，否则合同只能约束签约的双方当事人，对第三方无效。如果合同双方都不是非洲知识产权组织成员国国民，在成员国中也没有住所，或者在一方当事人是成员国国民时，如果合同签订后将由成员国国民一方向居住于非成员国的另一方支付使用费，那么，合同的成立、修改或合同期的延长，都必须经过有关成员国的主管部门批准，然后在雅温得总部的特别注册簿上登记。

之所以对转让合同及许可证合同规定批准及登记程序，主要是为了审查那些导致从非洲知识产权组织成员国向外国支付费用的合同中，是否包含歧视受让人或被许可人的“限制性合同条款”。这主要指的是以下四种条款：（1）强迫受让人或被许可人为不能实施的发明支付使用费，或强迫他们在尚未实施专利时就预先支付使用费；（2）强迫受让人或被许可人从专利权人那里进口原材料、成品或设备（但为保证被许可人产品质量而不得不进口，则不在此列）；（3）阻止按转让的专利所生产的产品向某个或某些非洲知识产权组织成员国出口，或要求被许可人为取得这种出口权而增加使用费；（4）限制受让人或被许可人在本国的竞争力。附件中对于哪些属于合理的限制性条款也作了规定。例如，对专利使用范围或使用期所作的限制；为阻止被许可人从事有损于专利效力的活动所作的限制，等等。

附件一规定，专利的受让人在履行了登记手续后，就有权发放许可证了。许可证本身不可转让；被许可人也无权发放“从属许可证”。如果签订许可证合同时，一方允许另一方转让许可证或发放“从属许可证”，则附件一的上述规定服从合同。发出了“独占许可证”的专利所有人，无权再发其他许可证，自己也无权在该许可证有效期内实施专利。如果独占许可证合同的双方有相反的协议，可以不受这项规定的限制。

在雅温得总部批准专利3年后内，或该专利的申请案提交后四年内，任何第三方都可以依据下列理由中的一种，向专利权人所在的成员国（如果是外国人享有专利，则向其代理人所在的成员国）的民事法院请求颁发强制许可证：（1）该专利在这个时期内一直没有在任何一个非洲知识产权组织成员国实施；（2）该专利虽在某个成员国实施了，但没有能够满足市场对该专利产品的合理需要量；

（3）由于专利产品的进口而使实施该专利的成员国的实施活动受到阻碍；（4）因专利权人拒绝按合理条件发放许可证，从而使某个成员国的工、商业发展受到不应有的损失。如果专利权人能够对上述问题找到合理的辩解证据，法院也可以考虑不颁发强制许可证。

附件一规定，有关的民事法院对颁发强制许可证的请求审查之后，如果作出颁发的判决，则在判决中应当规定该强制许可证的授权范围、有效期以及使用费的金额。如果专利权人与强制许可证持有人不能在使用费问题上达成协议，那么由法院所决定的使用费金额，必须与相同情况下的其他许可证的使用费相当。法院对强制许可证问题所作的判决必须是书面的，作出判决后必须向雅温得总部交付一份，进行登记，并且将判决公布。如果专利权人对判绝不服，可以在公布后的一个月内向作出判决的法院的上级机关上诉。到期没有上诉，或上诉被驳回，专利权人就必须执行判决，即允许强制许可证持有人实施他的专利。强制许可证不是独占性的，专利权人仍旧有权向其他人发放其他许可证。但附件一第 48 条对此补充规定：向其他人发放的许可证，其中的条件不得优于强制许可证。这一条实际上是暗示：如果专利权人没有向强制许可证持有人提供挪号（即英文中的 Know-How，也称“技术秘密”），那么也不许向他自己选择的被许可人提供挪号，这是发展中国家希望增补到《巴黎公约》中的一项内容。虽然它至今未增补进公约中去，但发展中国家已经在自己的立法或地区公约中开始实行了（只是稍微改变了一下形式）。

强制许可证持有人无权允许第三方实施专利，但经过民事法院同意后，可以把强制许可证整个转让给第三方。在颁发了强制许可证之后，专利权人也还可以根据下列理由之一，请求民事法院予以撤销：（1）当初颁发强制许可证的理由现在已不复存在；（2）强制许可证持有人的活动超出了原判决所划定的范围;（3）强制许可证持有人没有按照判决按期支付使用费。

为了鼓励专利的实施，附件一规定了"当然许可证"的颁发程序。专利权人可以请求雅温得总部公布他的如下声明：任何愿意实施其专利的第三方，均有权自行实施（但要支付使用费）。雅温得总部将把这一类专利也列入特殊注册簿。在专利权人想要收回他的这种当然许可证时，可以向雅温得总部请求，但只有在所有的被许可人都同意收回时，总部才会批准收回请求。当然许可证的使用费额一般也由专利权人与被许可人协商确定，如果达不成协议，则由民事法院决定。

对于在某个成员国的国防、公共卫生、国民经济等方面有极重要作用的专利，有关成员国的工业产权部有权颁发"征用许可证"。在这里要提起注意的是,《班吉协定》附件一第五部分中把"当然许可证"称为"Licenses of Right",而在第六部分中,把"征用许可证"称为"Ex officio Licenses"。如果仅从字典上看，会把后者误译为当然许可证。但从条文的内容看，后者与其他国家专利法中的国家征用制度是完全一样的。

在规定征用许可证的条款中特别指出，如果出于国防需要，可以专门针对专利中的"进口权"颁发征用许可证，以限制专利权人控制专利产品进口的权力。这是附件一中特有的一条权利限制。有了这条限制，就可以避免前面讲到的授予"进口权"的不利的一面，免得专利颁发国自己捆住自己的手脚。这一点很值得那些授予"进口权"的发展中国家参考。

当然，附件一也要求在颁发征用许可证时要经过非常慎重的考虑，并经过合理的程序，以免因此妨碍引进先进技术。附件一规定，请求颁发征用许可证的主管部向工业产权部提出申请后，工业产权部应当先要求专利权人主动按照有关的国防、公共卫生或其他需要实施自己的专利。只有过了12个月期限，专利权人仍未采取措施执行这一要求时，工业产权部才可以按照合理的条件颁发征用许可证。

### 3. 专利的撤销与无效诉讼

在专利第一期保护（10年）到期时，如果不符合续展条件，就导致专利的撤销。在任何保护期尚未届满时，如果没有按时交纳专利年费，也会导致专利的撤销。“按时交费”也包括在超过法定期限6个月内补交年费。在这些情况下撤销专利，都由雅温得总部主动进行并公布，不必等第三方要求撤销。对于因为未能及时续展而撤销的专利，如果权利人从应续展之时开始的两年内，能够证明自己已经能够符合续展要求，还可以请求恢复其专利。

附件一规定，任何对某专利有利害关系的第三方，都可以向有关成员国的民事法院对该专利提出无效诉讼。无效诉讼的依据可以是有关专利不具备新颖性，不具备技术先进性，无实用性，或不属于可获专利的发明，等等。经过无效诉讼而被判无效的专利，与被撤销的专利不同。专利的撤销是从撤销之日起无效，法院判其无效则是“自始无效”。法院对于无效诉案涉及的专利,要进行实质审查，必要时还应送达检察机关。凡法院所作的专利无效的判决，都必须通知雅温得总部，然后由总部从有关的专利登记簿上将其注销。前面已经讲过，一个成员国法院的最终司法判决，在工业产权问题上，对其他成员国都有约束力。

### 4. 对侵权行为的制裁

附件一中关于如何保护专利权的规定，也是比较特殊的。对于侵犯专利权应当负什么样的民事赔偿责任，没有作什么具体规定。而对于侵权行为的刑事制裁，则规定得很细。所以，这部跨国专利法给人的印象是：对专利侵权虽不排除由专利权人提起民事诉讼，但侵权行为将主要构成违反刑法，应由检察机关提起公诉。

附件一规定，凡通过生产或使用的途径侵犯了专利权者，除没收其侵权产品或用品外，还将处以五万到三十万非洲金融共同体法郎的罚金。如果明知系侵权物品而接受、出售、为出售而展出或向其他成员国出口，也必须没收有关物品和处以同样的罚金。对于既生产侵权品又出售侵权品的人，上述罚金只罚一次而不处以双重制裁。如果专利权人无正当理由而在获得专利后 5 年内未予实施，则第三方虽有上述行为，也不受罚。

侵权人如果在 5 年内犯有两次以上上述行为，则除了处以罚金外，还将处以 1 至 6 个月的监禁。附件一允许各成员国除进行上述制裁外，还可以追加适用本国刑法。此外，《班吉协定》附件九又规定，各成员国对于罚金的最低限额，有权依国内法更改（以下各部分中的侵权罚金最低限额，成员国也都有权更改，下文中不再重复）。

附件一规定，上述刑事诉讼及其他刑事诉讼，都只能由公共检察机关依据被侵权人的控告向刑事法院提出。刑事法院受理时，首先要审查被告的辩护词（如有关专利已无效、有关专利应判无效等）。只有在辩护理由不成立时，才能对被告加以刑事制裁。

专利权人发现侵权行为后，也可以自己向民事法院起诉，以请求扣押有关侵权物品，但必须预交诉讼保证金。在法院判决没收侵权物时，将把物品转交被侵权人，如果不足以补偿损失，被侵权人仍可要求获得进一步赔偿。

## 三、实用新型

《班吉协定》附件二中规定的实用新型保护制度，与联邦德国的相近。

附件二给实用新型所下的定义是：具有新轮廓、新构造或新式样的实用器具或器具的部件。对受保护对象的新颖性要求，低于附件一中对专利的要求。它规定，只要未曾在任何公开出版物上公开过，未曾在成员国地域内公开使用过，就算是具备了新颖性。对技术先进性的要求同专利一样。至于实用性，则没有规定。因为“实用”新型本身自然要实用，是无须另行规定的。对于不能取得保护的主题作了两条明确规定:（1）违反公共秩序或公共道德的实用新型;（2）已经获得了专利的相同发明物。这后一点与联邦德国的规定不同。在联邦德国，同一个专利申请人可以就同一项发明申请和获得专利附加实用新型两种专有权。

附件二为实用新型提供的保护形式是“注册证书”。取得了注册证书的人，也享有上一节中介绍的、专利权人所享有的第一类专有权，即禁止他人制造、使用、进口、销售及储存有关产品。注册证书的有效期是五年，从申请案提交之日算起，可以续展一次，展期是三年。能否续展要由雅温得总部决定，条件是看保护期内有关的实用新型是否实施了。注册证书的申请、审批程序，都与附件一对专利的规定相同,注册证书的效力不受批准机关担保,也与专利相同。只是对实用新型的形式审查要更加简单些，在审查程序中也不要求专利审查中所要的两份审查报告。这是一种纯粹的不审查制，即注册制。

注册证书的利用方式，以及对它们的形式要求、登记制度等，也与专利一样。不过对实用新型不实行当然许可证、强制许可证或国家征用许可证的制度。

注册证书的撤销程序及无效诉讼程序，与专利也基本相同。

附件二的侵权制裁条款也与附件一相似，但是量刑稍轻一些。例如，对初次侵权者处三万到十八万非洲金融共同体法郎罚金，对两年内重犯者，加处十五天到三个月的监禁。如果注册证书所有人在三年内未实施其实用新型，则使用、制作或出售有关专有物的人，不能视为侵权人。

## 四、商标与服务商标

《班吉协定》的附件三是关于商标的统一法。前面讲过，它基本沿用了法语非洲国家原统一商标条例中建立的商标制度，即注册商标与不注册商标都可以合法使用，但只有通过注册才能获得专有商标权。附件三第 1 条又规定，任何成员国都可以按照本国的特别需要，对某些商品或服务项目所使用的商标，要求强制注册。

可以取得注册的商标有商品商标、服务商标。这两种商标在特定条件下都可以作为集体商标注册。“特定条件”分对内、对外两种情况。对于非洲知识产权组织成员国，各种国家机关、从事公共事业的企业、被官方承认的合法工会、行会或生产者、商店的联合会等集体为发展工商业目的而使用的商标，均可以注册为集体商标。对于成员国之外的国家，按照互惠的原则，如果该国相应的国家机关、企业或组织在本国已经合法取得了集体商标的注册，也就可以按附件三在非洲知识产权组织成员国中取得注册。但附件对于集体商标的责任者的规定不很明确，它只是指出在集体商标所有人违反商标管理制度时，由“有关集体的成员”负民事或刑事责任，而没有指明由谁负主要责任以及如何分摊连带责任等。

凡是违反公共道德或公共秩序或违反法律的标记以及《巴黎公约》第 6 条之 2 中禁用的标记，无论其注册与否，都不准当作商标使用。含有欺骗内容的商标、缺乏识别性的商标和已成为某类商品的通用名称的商标，都不能再当作商标使用。

### 1. 商标注册程序

《班吉协定》的附件三规定，在一般情况下，商标专有权属于第一个申请注册的人。但有一条例外，即如果有证据表明某人在申请注册时，已知有人在他之前开始使用同样的商标，那么这个在先使用人在第一个申请注册人提交申请后 6 个月内，有权请求将商标专有权转归他所有。对这种例外情况的处理，其目的是防止有人用不正当手段抢先注册。

为了同《巴黎公约》第 6 条之 1 的最低要求相一致，附件三规定对驰名商标的特别保护。任何非洲知识产权组织成员国的驰名商标所有人，如果认为某个依照附件三取得的跨国商标注册在本国地域内可能同自己的驰名商标相冲突，就可以请求在本成员国一国之内撤销该跨国商标的注册。如果这个注册商标所有人在该国使用商标属于“善意使用”（即不是故意欺骗公众，故意造成与驰名商标的冲突），那就只有在驰名商标所有人提出请求的 5 年之后，方能在有关成员国撤销该跨国商标的注册。

接受跨国商标注册申请案的机关，是申请人或其代理人所居住的那个成员国的民事法院。申请案中必须有向非洲知识产权组织总干事提出的商标注册请求、商标的图形或模型。如果由代理人申请，则还要有商标所有人向代理人发出的授权证书。有关法院收到上述文件后，必须在五日内转呈雅温得总部。此外，申请人还可以通过《商标注册条约》的程序，提交包括非洲知识产权组织成员国在内的国际注册申请案。在成员国地域内的居民，必须通过雅温得总部向世界知识产权组织提交这种申请案。

《班吉协定》的附件三还规定，非洲知识产权组织在注册中，采用《尼斯协定》建立起的商品与服务分类法。

雅温得总部对申请案只进行形式审查，看申请案中的文件是否齐备，申请费是否已交付，有关标记是否属于可以作为商标使用的标记。在决定驳回申请案前，必须首先听取申请人或代理人的意见（但申请人的相反意见不妨碍雅温得总部作出驳回决定）。申请人如果对驳回决定不服，可以在收到驳回通知后30天内，向非洲知识产权组织申诉委员会申诉。如果批准了申请案，则由雅温得总部予以公布，并向商标所有人颁发注册证明书。商标的注册有效期从申请案提交之日算起10年，可以重复续展，每次展期也是10年。续展时不再需要任何审查，但要符合两个条件，即：（1）交纳续展费；（2）商标在某一成员国的商业活动中得到使用（无论是商标所有人自己使用还是许可他人使用）。这两项条件都要有证据证明。

在商标的注册公布后6个月内，任何有利害关系的第三方都可以采取书面声明形式，向雅温得总部提出异议。总部将把异议声明的副本送达原申请人，限其在一定时间内给予答复，如果到期未收到答复，则判定申请人已撤回申请案，总部将撤销已公布的注册。

《班吉协定》的附件三对商标的专有权规定了两条限制：（1）注册商标的所有人无权阻止其他人善意使用自己的姓名、笔名、地址，无权阻止其他人使用地理名称，也无权阻止其他人在非欺骗和不会产生混淆的情况下，标明自己的商品或服务的种类、质量、功用、价值、产地、出厂日期等；（2）注册商标所有人无权阻止在成员国内从事商品分销活动的人，自己在分销商品上加用商品本身所使用的商标（但如果分销人变换了商品，则不在此列）。

**2. 商标权的利用**

注册商标所有人除了自己在商业活动中使用商标外，可以部分或全部转让商标，也可以发放商标的使用许可证。转让商标时，可以连同企业，也可以不连同企业一起转让。“部分转让”的意思，指的是一项商标在两种以上的商品上取得注册的情况下，转让该商标在某些商品上的专用权，而保留它在另一些商品上的专用权，并不是指将一项跨国商标在部分成员国的专用权交给别人，而自己保留在另一部分成员国的专用权。附件三的第25条第3款专门指出：只有注册商标的许可证，才可以将成员国分为不同地域来发放；注册商标的转让则只可以将所有成员国作为一个整体对待。《班吉协定》对于专利、实用新型等其他工业产权的转让，并没有作出类似的强制性规定。从对转让的限制上看，按《班吉协定》获得注册的跨国商标，与按照《比荷卢统一商标法》获得注册的跨国商标，性质基本是相同的。

在注册商标的转让及许可证的形式要求方面，在禁止使用限制性合同条款方面，附件三的规定与附件一基本相同，仅仅对集体商标作了一些特殊规定。在一般情况下，集体商标不得转让。在拥有集体商标的企业与其他企业合法合并或被其他企业合法兼并时，经过有关成员国工业产权部的同意，可以将集体商标转让给合并后新成立的企业或兼并它的企业。

**3. 注册的撤销**

注册商标的所有人到期没有办理续展手续，或未能证明自己的商标没有停止使用，将导致注册被撤销。对这种情况，也可以认为是所有人主动放弃注册权利。如果由于没有办理续展而被撤销注册，商标所有人仍可以在两年内请求给予恢复。只要该所有人向雅温得总部交一份恢复注册申请，其中有文件能证明先前未办手续是出于自己无法控制的原因。与恢复注册的申请一起，要补充一笔手续费。如果申请被批准，则恢复注册的商标的展期，仍旧从原先应办续展之日算起。如果在注册恢复前有第三方开始使用相同或相似的商标，那么他仍有权继续用下去。

在商标获得注册的 5 年之后，如果它停止使用或没有在任何一个成员国内使用过，那么任何有利害关系的第三方都可以请求法院撤销它的注册；如果商标所有人提不出正当理由说明为什么没有使用，法院就将判决撤销。法院作出最终判决后，必须通知雅温得总部。如果商标从一开始获得注册就没有使用，法院将判其注册为“自始无效”。如果注册后使用过一段时间又停止了使用，那么将判该注册自停止使用起无效。

在商标注册的整个有效期内，任何有利害关系的第三方或公共检察机关，均可依据下列三种理由之一，请求法院判其无效：（1）有关商标属于不可以作为商标使用的标记；（2）有关商标不具备“识别性”，或者虽然曾经具有“识别性”，但后来在使用中已经变成了它所标示的商品的通用名称；（3）有关商标的注册应当属于某个享有优先权的人。依据第（1）条理由被宣判无效的商标为“自始无效”。提出第（3）种理由、要求宣判无效的人，只能是享有优先权者本人。法院在最终判决一项商标无效时，也必须通知雅温得总部。

如果获得注册的集体商标的所有者团体已经解散，或者主管部门认为该商标违反公共秩序或公共道德，或者商标所有者没有按照集体商标的使用规定去使用，法院都可以判其无效。如果集体商标的注册被判无效，此后一般不再允许任何企业用同样标记在同类商品或服务上取得注册。但在宣布这种注册无效满 10 年之后，商标的原所有者、组织或团体仍可重新以它申请注册。

**4. 对侵权的制裁**

《班吉协定》附件三对于商标侵权诉讼的时效没有作出规定，但规定了诉讼权的起始日。只有当注册商标在成员国之一的地域内付诸使用之后，它的所有人才有权对侵权行为起诉。

对侵权行为虽然可以提出民事与刑事两种诉讼，但附件中只具体规定了刑事制裁的量刑标准。凡伪造商标或使用伪造商标者，凡假冒他人的商标者，凡明知商品上的商标系伪造或假冒而出售或提供出售有关商品者，凡把注册商标使用于它未曾注册的商品或服务项目者，均处以五万到三十万非洲金融共同体法郎罚金，或处以三个月到三年监禁，或二者并处。凡制造或使用与他人商标相似的商标，从而可能在公众中造成混淆者或有意出售带有这种商标的商品者，均处以五万到十五万非洲金融共同体法郎罚金，或处以一个月到一年监禁,或二者并处。此外,对于不使用政府强制注册的商标者,也将处以一定刑罚，但这不属于侵权制裁。

对于使用伪造的假冒的或相似的商标，法院除按上列规定制裁侵权人外，还可以没收侵权人的有关商品，然后转交被侵权人。如果没收物不足以补偿被侵权人的损失，还将要求侵权人进一步赔偿。

《班吉协定》附件三中关于民事及刑事诉讼程序的规定，均与附件一中的规定相同。

## 五、工业品外观设计

《班吉协定》附件四是一部保护工业品外观设计的统一实体法。它在许多地方与前面几个附件一样，对于这些就不再重复了。这里只举出一些与前面附件不同的规定，并对这部统一法与其他国家外观设计法相比而反映的特点，作一些必要的论述。

《班吉协定》附件四第5条第2款规定，工业品外观设计的专有权，属于设计的创作者本人或他的合法继承人，但确定创作者的依据，是看谁首先以有关的设计申请注册。专有权的内容包括在工业品上使用有关的设计，以及出售有关的工业品。但外观设计专有权中，没有发明专利所赋有的“进口权”。

至于外观设计获得注册的条件，附件中只要求“新颖性”一项。这种新颖的程度与对实用新型的要求相似，而低于对发明专利的要求。如果要求得到保护的对象既是一项新设计、又是一项发明，而设计中的新颖性只能通过发明的功能体现出来，那么这种对象就只能依据附件一去申请发明专利。同一个对象不能受到附件一与附件四的双重保护，但可以受到附件四与附件七的双重保护（即外观设计注册与版权双重保护）。

不能取得外观设计注册的内容是违反公共秩序或公共道德的设计。

工业品外观设计注册的申请程序与商标注册相同，在申请人或代理人居住国民事法院提交申请案，法院在 5 日内转交雅温得总部。批准注册前不进行任何审查，只要申请案所要求的文件齐备就可以了。注册有效期从雅温得总部批准注册之日算起为 5 年，可以续展一次，展期也是 5 年。

附件四例外地没有规定无效诉讼程序，也没有规定异议程序。

如果设计在注册后 3 年内未曾实施，则将对有关设计颁发强制许可证，颁发的程序与发明专利的强制许可证相同。

## 六、不公平竞争法与商号的保护

把禁止不公平竞争行为作为保护工业产权的一种方式，已经被越来越多的国家所采用。有些工业产权法学家认为，不公平竞争行为只不过是有意侵犯商标权行为的继续和扩大。所以，有些国家把商标法包括在不公平竞争法中，商号又作为商标法所包括的一项内容。但《班吉协定》附件五却把不公平竞争法与商号保护法列入同一部统一法中，这是比较独特的。这主要是出于历史的原因。1962 年缔结《利伯维尔协定》时，以及随后订立非洲—马尔加什工业产权组织《统一商标条例》时，都还没有提出保护商号或禁止不公平竞争的问题。《班吉协定》附件三基本照搬了原有的商标条例，而商号与不公平竞争则是新增添的问题，所以单独列入了另一个附件。

附件五要求它的成员国必须承认下列行为系不公平竞争行为，并依法予以禁止。

（1）直接或间接地使用虚假标志，以指示商品或服务的来源，指示其制作者、加工者或提供者的身份。这里所说的“来源”，不是指产地（附件六是专门保护产地标记的），而是指制造厂商或服务公司。从这一条可以看出不公平竞争法与商号的密切联系。

（2）旨在使自己的商号、商品种类或服务种类与竞争者的商号、商品种类或服务种类发生混淆的一切行为。

（3）在贸易活动中毁伤竞争者的企业或其商品与服务的声誉的行为。

（4）在贸易活动中欺骗公众，使之对商品或服务的质量、性质或特点产生误解的行为。

（5）一切其他与公平贸易行为相违背的行为。

至于对不公平竞争行为如何起诉，作何制裁等，附件中未作具体规定，这要依照成员国自己的法律去决定。

《班吉协定》附件五第 1 条对商号所下的定义是：工业、商业、手工业或农业企业所使用的，使本企业为人所知的名称。只要是不会在本行业中（以及在公众中）产生欺骗性后果的名称，都可以当作商号作用。

商号的专有权可以通过两种途径获得，首先使用某个商号，或首先就某个商号获得注册。因此，商号是《班吉协定》中唯一的可以通过使用建立专有性的工业产权。但首先使用者，必须有书面文件加以证明。同时，靠注册取得的商号专有权比靠使用取得的专有权多两条优越性。第一，注册商号公开使用的 5 年之内，如果没有遇到第三方的权利争议或争议不能成立，则它成为“不可再争议”的商号。在英、美等许多国家的商标法中，存在着使注册商标在一定年限后成为“不可再争议”商标的制度。《班吉协定》缔结时显然参考了这种制度，但却没有把它引进传统的非洲商标保护中去，而是订入了商号保护制度中。第二，按照附件五第 15 条的规定，在商号专有权受到侵犯时，只有注册商号的所有人才有权依本成员国的民法起诉，也只有侵犯了注册商号，侵权人才负刑事责任（即处以五万到三十万非洲金融共同体法郎罚金，或三个月到一年监禁，或二者并处）。

注册商号专有权的有效期与注册商标相同，申请注册及续展的程序、受理机关等均与商标相同。对商号权所加的权利限制也与商标相同。

但《班吉协定》附件五规定，商号一般不能像商标那样加以利用，尤其不能发放“商号许可证”。如果商号所有人转让商号，只能连同有关的企业或服务公司一起转让。转让行为必须通过书面文件，并有双方签字。无论是转让注册商号还是未注册商号，都必须在转让合同签订后的 12 个月内，提交雅温得总部的特别登记簿登记，否则转让行为对第三方无效。

## 七、产地名称

附件六对于产地名称的保护，与世界知识产权组织所管理的《保护产地名称及其国际注册协定》的有关规定基本相同。它所保护的，只是那些与一定产品的性质、质量或特点有特殊联系的地理名称。但附件六所保护的主体，与上述国际协定中的规定是不同的。

附件六第 5 条规定，任何自然人、法人或任何主管当局，只要在一定的地区从事产品生产，就可以申请注册，以取得将产地标记用于产品的权利（但不是专有权）。注册申请案一般应向各成员国自己的工业产权部提交，然后转呈雅温得总部，但成员国也可以自行规定将申请案直接提交总部。总部收到申请案后，将对有关地理名称是否符合注册条件加以审查。由于注册的产地名称不是一种专有权，所以没有限定的保护期，也没有限定的权利范围。

在商品首次投放市场时，仅产地名称的注册使用人有权在其商品上使用该名称。但他的商品一旦进入流通领域后，任何人也都有权在同样商品上使用同样的产地名称了。在这里，"同样商品"仅仅指的是产地名称的注册人所投放（或经其同意而由第三者投放）市场的商品，而不指其他人所经销的同一类，但来源不同的商品。使用注册产地名称的商品必须保证质量。如果质量降低，主管当局可以宣布其继续使用产地名称为非法。

对于违法使用注册产地名称的人，任何有利害关系的人或任何买主都有权起诉。

## 八、《班吉协定》的实施条例

为了更有效地实施《班吉协定》，非洲知识产权组织于 1979 年 2 月，在上沃尔特[①]首都瓦加杜古通过了《班吉协定》本文及其各附件的实施条例，不过这些条例至 1985 年尚未生效。

条例第 4 条规定，除了非洲知识产权组织执行委员会另有规定外，《班吉协定》的各种程序都必须使用法语。

此外，条例还规定了非洲知识产权组织执行委员会及其总干事在处理一些具体问题时的权限，雅温得总部所设的各种注册簿应当具备的内容，各种工业产权申请中的特殊程序（如涉及成员国国防的保密专利申请程序），等等。

条例的结构是 7 个部分，共 27 条。

第一部分是一般条款。其中对《班吉协定》中及非洲知识产权组织总部文件中常用的一些术语下了明确定义。例如，凡文件提到

---

① 上沃尔特于 1985 年更名为"布基纳法索"。

“附件”二字，若不另加解释，则指《班吉协定》的九个附件（或九个附件中的某一个或某几个）；凡提到“总干事”，若不另加解释，则指非洲知识产权组织总干事（而不是指世界知识产权组织或其他国际组织总干事）。由于非洲知识产权组织是目前在各大洲中独有的，与某些世界性组织名称相似、管理的范围相当（包括专利、商标、版权三个主要领域）的跨国组织，所以在术语上有必要尽量避免同其他国际组织发生混淆。

条例的第二部分是关于如何实施《班吉协定》附件一的条款，其中涉及如何处理“保密专利”的问题。专利的特点之一是“公开性”，即专利申请人必须同意将他的有关技术公诸于世，目的是促进实用科学技术的发展。这是从专利制度出现以来各国都一致遵守的一种“惯例”。但由于个别发明可能同一个国家的国家安全有关，因而需要保密，许多国家在专利法或实施细则中也就规定了处理这类特殊申请案的程序。《班吉协定》实施条例中规定，如果《班吉协定》的某成员国的工业产权部长认为某项专利申请案中的技术与该国国防有关，需要保密的，则可以通知雅温得总部在审查中及审查后均不得将该申请案公布。但是，一般发达国家都注意到这样一个问题：某个专利的申请案如果未曾公布过，则其他人一旦以相同的发明随后申请了专利，后者的申请案却公布了，该国公众及其他国家就将只承认后者的专利有效。为了避免这种情况发生，大多数在专利法中对“秘密专利”有所规定的发达国家，往往都补充规定，如果在秘密专利之后有人以相同发明公开申请专利，则专利局有责任主动公布前一申请案，并指出后一申请案的新颖性将被前者否定从而不可能获得专利。但《班吉协定》实施细则第一部分中却没有这种补充规定，因此如果发生秘密专利的在先申请人与公开专利的在后申请人发生权利冲突时，就可能“无法可依”，这不能不说是一个缺陷。我国在《专利法》第4条中也涉及了秘密专利问题，而我们在准备实施细则时已注意到了上述补充规定的必要性。

《班吉协定》实施细则的第三部分是关于附件二（即实用新型附件）的实施条款，第四部分是关于附件三（即商标附件）的实施条款，第五部分是关于附件四（即工业品外观设计附件）的实施条款，第六部分是关于附件五的一部分（即商号部分）的实施条款，第七部分是关于附件六（即产地名称附件）的实施条款。由于这几部分中没有值得专门介绍或评述的问题，就不再详谈了。

## 九、第一部跨国版权法

《班吉协定》附件七是迄今世界上出现的第一部跨国版权法。它是协定的不可分割的一部分。

知识产权的特征之一是地域性，过去人们常称之为“严格的地域性”。近年来，这个特征一再被一些跨国实体法所改变。随着欧洲专利制度的出现,专利的地域性在西欧一些国家内已显得不那么“严格”。比（利时）荷（兰）卢（森堡）统一商标法产生得更早，它也在小范围内突破了商标权的地域性。最后，在知识产权的三个主要领域中，只剩下版权还单独地以其“严格的地域性”存在着。

不同国家之间，尤其是建立版权制度较早的发达国家间，版权法的差别确实比较大，以至产生跨国法是比较困难的。欧洲经济共同体已经起草了统一商标条例，但在版权领域还未敢尝试，主要是英美法系制度（体现在英、荷两国版权法中）与大陆法系制度的某些传统特点很难一致起来。即使在经济上早已高度统一的比荷卢三国，想要统一版权法，也还要走相当长的路程。看来，跨国版权法只可能出现在建立版权制度较迟的发展中国家了。事实也正是如此。

1982年2月,《班吉协定》生效，于是出现了世界上第一部跨国版权法。

《班吉协定》附件七即是跨国版权法的主要组成部分。不过它比一般的版权法包含的内容更多一些，这从附件的全称“版权与文化遗产”就可以看出来。它之所以被看作是一部跨国法，而不仅仅是一个一般的地区性多边公约，主要有两个标志：第一，它不仅像《伯尔尼公约》等公约那样，规定了权利人具有哪些权利，而且具体规定了怎样行使这些权利；第二，它的实体法中的大多数规则，并不是为成员国国内法画一个起始线（即“最低要求”），而是对成员国规定出明确无疑的具体要求。关于第二点，只能说“大多数规则”是如此。因为侵犯版权的民事诉讼中的赔偿及刑事诉讼中的量刑，还要依各成员国自己的民法或刑法去处理。但这只说明一部跨国法不能在一切问题上都作出过细的规定，却不能推翻它本身的“跨国法”的性质。因为《班吉协定》的总则第 15 条中有一段明确规定：“在任何一个成员国内，依照本协定附件一至附件九所作出的最终司法判决，对其他成员国均具有约束力。”即使已经大大突破了专利地域性的欧洲经济共同体的《共同体专利公约》（尚未生效），在对专利诉讼的司法管辖权方面的规定，也没有这样突出的“跨国”特征。所以，可以说《班吉协定》的版权附件的跨国法性质，是确实无疑的。下面就这个附件的一些较有特殊性的内容作简要的介绍。

附件七第 2 条第 1 款规定，作品受版权保护的起始日，不是作品的出版日或以其他方式公开传播日，而是作品创作完成之日。对于受保护的客体，并不要求它们必须体现在有形物上，就是说，口头作品也同样受版权保护。除了一般有版权法的国家普遍保护的主题之外，附件七还专门把“民间传说”也列为一项主题。除此之外，作品的标题（或书名）也是受保护对象，而且保护期可以无限长。附件七第 2 条第 4 款规定：作品的标题享有与作品本身同样的保护；即使作品的保护期已过，如果在别的同类作品上使用原作品的标题有可能在公众中引起混淆，就不得随意使用该标题（以往多数国家的知识产权法学界认为，对标题的保护应当是商标法或不公平竞争法所管辖的事）。附件中还规定：法律、司法与行政判决，以及这些文件的译文，均不受版权保护，时事新闻也不受版权保护。

附件七规定，不论在任何状态下进行创作，包括按雇佣合同进行创作，作品的版权首先归作者本人所有（如果合同双方有相反的规定，该合同又不属于违法合同，则不在此列）。作者对作品享有精神权利与经济权利。但精神权利中不包含许多大陆法系国家版权法中规定的“收回权”。艺术作品的作者对自己的作品享有追续权，一切文学、音乐作品的作者对自己的手稿也享有追续权，但对于建筑学作品、实用艺术品，则没有追续权。

附件七从第 10 条到第 19 条都是对版权的权利限制的具体规定，其中包括“个人使用”“合理引用”“图书馆为非商业目的而复制”等八项内容。《伯尔尼公约》与《世界版权公约》中对发展中国家发放翻译权强制许可证的“优惠条件”，也作为一项权利限制的内容列在该附件中。

这个附件对版权的转让活动作了十分具体的规定，比大多数国家版权法中的相应规定更特别一些。这包括转让活动的总原则、电影作品的创作参加者转让权利的规则、签订出版合同的规则、签订转让表演权合同的规则。附件七第 20 条规定，版权（仅指其中的经济权利）可以部分转让，也可以全部转让，但“将来作品”的版权却不可以转让，即使有转让合同，也视为无效。第 21 条对作品的直接传播权（如表演权、广播权）与间接传播权（如复制权）专门进行了区分，以防止误解（如防止获得了广播权的受让人以为自己有权印制该作品）。第 22 条又对有形物的转让与无形权利的转让专门作了区分，也在于防止误解，例如防止购买了某个出版物的买主以为自己因此获得了出版权。关于电影作品，附件中的规定与多数大陆法系国家的规定相同，即电影作品的参加创作人各自享有独立的版权，但整个电影作品的利用，则必须按作品创作开始前已缔结的合同履行；每个作者可以自由利用属于自己的那部分创作成果，但必须以不妨碍整个电影作品的利用为限。在第 27~30 条关于出版合同的规定中，列出了在三种不同的情况下应遵守的规则。三种情况是一般出版合同、由作者自己承担经济风险的出版合同、合作出版合同。一般出版合同按各成员国自己的民商法的规定缔结和履行。作者自担风险的出版合同按照附件七的有关规定以及各成员国自己的民商法惯例与法律条文缔结和履行。合作出版合同构成合资经营，按照合资经营法缔结和履行。表演权转让合同与多数大陆法系国家的规定差别不大。

附件七对于不同作品的版权保护期分别作了几种不同的规定。（1）一般作品的保护期为作者有生之年加死后 50 年（自作者死亡之年年底算起）。（2）电影作品、广播、电视作品的保护期，自经作者同意播放起 50 年；若在 50 年内未曾播放，则自创作完成之日起 50 年。（3）摄影作品或实用艺术品，自开始创作该作品（而不是创作完成后）之日起 25 年。（4）合作作品的保护期，为最后一个死亡的作者有生之年加死后 50 年。（5）版权属于法人所有的作品，保护期为该作品被合法发表之年年底算起 50 年。（6）匿名、假名作品，保护期自该作品被合法发表之年年底算起 50 年。（7）作者死后方才发表的作品，保护期自该作品被合法发表之年年底算起 50 年。（8）民间传说，保护期无限长。

附件七第 30 条采用了近年出现的“公有作品收费使用制度”。

附件七在第八章（即诉讼章）中规定，一切有关版权的民事诉讼均应由民事法院受理。如果某个诉讼仅仅关系到向国家纳税的问题，则可以由行政机关受理。

整个附件七是由两编组成的，第一编是关于一般版权作品的规定，第二编是关于文化遗产的规定。这个附件的效力对于这两编来讲并不相同。第一编对于一切作品都没有追溯力，就是说，凡在1982年2月之前已经属于公有领域的作品，均不受附件七的约束与保护；但在1982年2月之前已缔结、却尚未生效的版权合同，仍要受它约束。第二编对它所管辖的主题均有追溯力。

第二编中的条文，对“文化遗产”下了一个很宽的定义。它不但包括民间传说，而且包括历史遗址、纪念碑，以及民间传说中涉及的某些宗教性质的文物，还包括与科学史、技术史、军事史、社会史有关的物品，包括历史仅仅在25年以上的硬币、图章、度量衡用具等，甚至还包括稀有动物标本、植物标本、矿物标本等。为了保护这个范围内的有关文化遗产，由国家负责建立明细目录，加以分类。附录中规定，禁止损坏、出口、买卖、非法转让被国家列入目录的任何物体，但国家可以授权某主管机关为商业目的而复制其中的某些物体，或以其他方式利用这些文化遗产。利用它们而获得的收入，将由国家使用在文化事业或其他公共事业上。

附件七第二编中的有关规定，曾经招致发达国家中一些学者的反对。例如，联邦德国的孔茨·哈斯坦博士评论说：“用版权立法来解决民间传说的保护问题是否合适，早有人提出了疑问。而非洲知识产权组织的统一版权法（搞出这么宽）的保护范围，使我也倾向于同意人们的疑问了。”① 他还认为，正是由于这种疑问，才使得联合国教科文组织与世界知识产权组织共同组成的“民间传说的知识产权保护工作小组”在1981年起草出《以国内法保护民间传说表

① 见《国际工业产权与版权》双月刊，1982年第6期，英文版，第702页。

达方式的示范条例》（注意，《班吉协定》虽然于 1982 年生效，却是 1977 年底就已颁布的）。他认为，上述联合国两个组织的条例并没有把保护民间传说作为版权法的一个部分，而是作为一部独立的单行法。他认为，保护民间传说只应限于避免它非法被利用，避免它受损害，而只要取得了主管部门的同意，就应当允许出版、复制和出售民间传说的表达形式，甚至允许以广播等直接传播方式利用它。

其实，如果说《班吉协定》附件七（尤其是其中第二编）的保护面太宽，那么上述西德学者的反对意见涉及的面也太宽了。他从反对版权法中把“历史遗址”等文物包括进去出发，走到了反对把民间传说作为版权法保护的内容的另一个极端。

附件七第二编中除去民间传说的其他内容，有很大一部分与我国 1982 年《文物保护法》，以及中华人民共和国成立以来对文物保护的许多规定及做法很相似。但由于《班吉协定》把民间传说与文物（以及一些并不属于文物的东西）放在一起，又把这些统统列入一部版权法中，就引起了一些人的不安（也有可能引起另一些人的误解）。我国将文物问题与版权问题分别处理，则显得更有利、更可取。至于民间传说，它从一般的口头流传而化为公众可以得到的表达形式，必然有整理人以及素材的提供人，这些人当然应该享有合理的权益。所以，将民间传说列入版权法中，是无可非议的。

# 非洲工业产权组织的《哈拉雷议定书》*

1976年12月，英语非洲的加纳、肯尼亚等七个国家，在赞比亚首都卢萨卡签署了一项《关于建立英语非洲国家工业产权组织协议》，并于1978年2月起生效。根据该协议建立了非洲工业产权组织（按英文字头缩写，简称为ESARIPO）。到1985年1月为止，这个组织共有11个成员国。它们是加纳、肯尼亚、马拉维、赞比亚、冈比亚、塞拉利昂、索马里、苏丹、乌干达、津巴布韦、坦桑尼亚。

卢萨卡协议的宗旨是加强英语非洲国家在工业产权的立法与司法方面的合作与协调。该协议规定，非洲工业产权组织将与联合国非洲经济委员会和世界知识产权组织建立密切联系。参加这个组织的国家，都必须首先是非洲经济委员会的成员，其次要经过非洲工业产权组织委员会的同意。但参加国不一定必须是任何国际性工业产权公约的成员，也不一定要先参加任何国际性知识产权组织。例如上述11个国家中，塞拉利昂就既不是世界知识产权组织的成员国，也没有参加过任何其他工业产权国际公约。

---

* 编者注：该文收录自郑成思著:《工业产权国际公约概论》，北京大学出版社1985年版，第158–160页。

这个工业产权组织的成员国在地理位置上比较分散，不像《欧洲专利公约》成员国或非洲知识产权组织成员国，也不像拉丁美洲的《卡塔赫那协定》的成员国那样基本连成一片。因此，在协定的行政管理及进一步发展上，都面临一些困难，致使该组织建立后并没有在统一各成员国的工业产权保护制度上迈出关键性的步伐，只是在1982年12月，该组织的加纳、肯尼亚、苏丹、赞比亚、津巴布韦以及乌干达，在津巴布韦的哈拉雷市签署了一份议定书，其中包含比较简单的、意在统一非洲工业产权组织成员国的实体专利法的条文。这个议定书称为《哈拉雷议定书》，已于1984年4月生效。生效时，加纳、苏丹、乌干达、津巴布韦四国已批准了该议定书，马拉维则宣布接受该议定书。

议定书仅仅涉及发明专利与外观设计专利两种工业产权的统一保护问题。它规定，由非洲工业产权组织所组建的工业产权总局，代表各成员国初步批准（或驳回）以其成员国为“指定国”的地区性国际申请案。具体程序如下：各成员国的工业产权局接收地区性国际申请案，接收后统一转交工业产权总局审查处理。议定书中要求发明专利必须具备绝对新颖性、技术先进性和工业实用性。总局一般只对申请案进行形式审查，只在某些成员国特别要求时，才进行实质审查。如果申请案通过了必要的审查，总局将把批准专利的通知及审查报告送交各“指定国”（即申请人所指定的在非洲工业产权组织内的专利保护国）。有关“指定国”在收到通知和报告后，有权在6个月内决定拒绝给予保护，并将决定通知总局。拒绝保护的理由可以是两种：一种是认为有关专利不符合《哈拉雷议定书》中的规定；另一种是认为有关专利不符合本国国内法的规定。如果6个月之内，“指定国”未作拒绝的声明，则有关专利就在该国生效，总局即在公报中公告该专利已在某某国生效。生效后，各“指定国”

有权根据国内法颁发强制许可证，实行“国家征用”制，直至判某项专利无效。

从议定书规定的专利审批程序上，我们可以看出它具有类似商标国际注册的《马德里协定》的性质。正是这种性质，使该议定书不能产生出任何跨国专有权。而且，《马德里协定》对于“指定国”拒绝保护的理由，作了基本统一的规定，而这个议定书则允许各国依照国内法去决定。从这点上看，它尚未达到《马德里协定》的统一程度，当然更不能与《班吉协定》或《欧洲专利公约》相比。从一定程度上可以说，它只相当于一个地区性的“专利合作条约”。

《哈拉雷议定书》对外观设计专利采取注册保护制。申请程序与发明专利基本相同，总部仅仅对申请案进行形式审查，对通过了形式审查的申请案即批准地区性国际注册，并通知各个“指定国”。“指定国”也可以在6个月内声明拒绝保护。拒绝的理由可以有三种：（1）有关的外观设计缺乏新颖性；（2）有关的外观设计依照本国法律不应当受到保护；（3）有关的外观设计系应用于纺织品的设计，依本国法应受“纺织设计注册法”的专门保护。如果6个月内未声明拒绝保护，则有关的注册即在该“指定国”生效。有关的成员国有权依照国内法对生效的外观设计颁发强制许可证或实行国家征用，但无权撤销其注册。

非洲工业产权组织委员会将另行颁布《哈拉雷议定书》的实施条例。

议定书中规定由津巴布韦政府负责受理有关国家批准或参加该议定书的文件，负责受理要求退出该议定书的文件。任何参加该议定书的国家，都必须接受1976年的《卢萨卡协议》。

# 《中美洲工业产权协定》*

1968 年 6 月，拉丁美洲国家哥斯达黎加、萨尔瓦多、危地马拉、洪都拉斯与尼加拉瓜，在哥斯达黎加首都圣约瑟缔结了一项《中美洲工业产权协定》。这个协定一直没有生效。

当初缔结这个协定的目的在于统一上述几个缔约国在商标、商号、广告、不公平竞争等方面的管理法规。这个“工业产权”协定，实际上并不包括工业产权的主要内容——专利。同时，在该协定所涉及的本来已经很窄的范围内，又有一些在大多数国家中并不属于工业产权法所保护的内容，如广告的管理等等。所以，这个协定的有关条文，不仅其他国家不会采用，就是几个缔约国自己的国内法也未采用过。但是，由于它毕竟不失为一部工业产权国际公约，而且其中对商标的分类，对不公平竞争的解释，对侵犯商标权、商号权、广告权的制裁等的规定，有些是值得参考的，所以，应当做些必要的介绍。

《中美洲工业产权协定》并不要求产生出任何相应的跨国机关

---

* 编者注：该文收录自郑成思著:《工业产权国际公约概论》，北京大学出版社 1985 年版，第 161–164 页。

去管理它。协定中所涉及的工业产权，均由各成员国的经济部门或这种部门所属的“工业产权注册处”参照协定加以管理。

协定规定，各成员国的商标注册有效期应为10年，可以连续办理续展，每次展期也是10年。商号一经注册之后，就应享有无限长的保护期，直到它所代表的企业终结为止。有关的广告经过注册后，保护期以它所附属的商标及商号的保护期为转移。按照协定中的程序条文取得注册的权利人，在使用及处置自己的商标、商号或广告方面，均享有独占权。此外，协定对于如何合法使用产地名称，也作了一些规定。

协定把可以获得注册的商标分为工业商标、贸易商标、服务商标、集体商标。工业商标是指用来区分不同企业所制作的同类产品的标记。贸易商标是指用来区分不同的商品流通经营单位所经营的相同商品的标记；如果某种产品的制造厂与经销商不属于同一个企业，则后者有权不依赖前者而使用自己的贸易商标。服务商标与集体商标的含义与一般国家同类商标的含义相同。

协定规定，商标独占权的内容包括禁止其他人以相同或相似的标记取得注册；禁止其他人非法使用自己的商标；请求有关当局阻止带有相同或相似标记的商品进口；对于其他人非法使用自己的商标而给自己造成的损失要求赔偿；对已构成犯罪行为的侵犯商标权者提出刑事诉讼。商号独占权的内容包括禁止其他企业使用相同商号；禁止其他人非法使用自己的商号；对于其他人非法使用自己的商号而给自己造成的损失要求赔偿；对已构成犯罪行为的侵犯商号权者提出刑事诉讼。广告在与有关商标相联系而存在时，它的独占权包括商标独占权的全部内容；在与有关商号相联系而存在时，它的独占权包括商号独占权的全部内容。

有下列行为的侵权人或违法人，除了对被侵权人负民事赔偿责任外，还将按各成员国的刑法予以制裁，并按照协定处以 300 到 1000 中美洲比索的罚金。（1）伪造或仿造注册商标、商号或广告，或者未经许可而使用他人所有的注册商标、商号或广告；（2）有意转让或参与转让伪造或仿造的注册标记；（3）将他人的注册标记用于非注册商品、服务品种或非注册的企业上；（4）使用虚假产地名称或在其他方面违反不公平竞争法；（5）使用违反公共秩序或公共道德的标记，或使用毁谤个人、毁谤宗教的标记；（6）并非注册标记，而假冒为“已注册”；（7）并非有关企业的分公司、子公司或代理人，而假冒为分公司、子公司或代理人；（8）注册标记的所有人将自己的标记使用于非注册商品、服务或非注册企业。

被协定列为“不公平竞争”的行为，共有以下九种。

（1）不论是否非法使用了其他人的注册商标、商号或广告，只要是有意将自己的商品或服务直接或间接地展示得与别人的商品或服务相似（例如通过使用相似的包装或装潢），以至能够在公众中造成混淆的，即构成不公平竞争行为。

（2）在商品或服务所使用的商标、标签或包装上附加对产品或服务的质量、功能、用途、制法或价值等方面的欺骗性说明。

（3）冒称自己的商品或服务项目曾经获得某种奖、曾经通过某种鉴定，等等。

（4）未经许可而部分仿制或套用属于其他人所有的标记中包含的图形或文字，足以造成混淆的行为。

（5）修改自己的商标、商号或广告，目的在于使人误认为自己的商品或服务系他人所提供。

（6）注册商标、商号或广告的独占权所禁止的一切行为。

（7）使用某种虽不同于他人所有的商品包装，但足以给买主造成错误印象，使之对所包装的商品的制造人、用料、质量或功能等等产生误解的行为。

（8）转让带有上述属于不公平竞争内容的标记，或出售以上述标记（或包装）所标志（或包装）的商品，或经营有关的服务项目。

（9）一切其他直接或间接地损害了他人的工业产权的行为，一切滥用自己所有的工业产权的行为。

从上面第六种不公平竞争行为，可以看出，从广义上讲，协定的不公平竞争法原则实际上已经把商标法原则作为一个部分包括进去了。这与大多数西方国家对不公平竞争法的理解是一致的。同时，在分别规定注册商标、商号及广告的独占权内容的章节中，协定并没有明确权利人通过什么样的诉讼程序维护自己的独占权。这些也都统一地规定在“不公平竞争”一章里。这一章第 67~71 条规定，任何人如果认为自己是不公平竞争行为的受害人，都有权按照各成员国国内法律的规定，向法院或向有关行政管理机关起诉；公共检察机关也有权对任何不公平竞争行为提起公诉。在个人起诉之后到最终判决之前，如果交付了诉讼保证金，就可以请求法院或行政管理机关对其诉讼的有关行为下达暂时禁令。如果法院判决或行政机关裁决认定有关的行为确属不公平竞争行为，则可以下达永久禁令，并令被告赔偿损失。对兼负刑事责任者，除赔偿外还将处以罚金或监禁。

# 安第斯组织的《卡塔赫那协定》中的工业产权条例*

1969年5月，拉丁美洲国家玻利维亚、哥伦比亚、厄瓜多尔、秘鲁、委内瑞拉及智利，在哥伦比亚的港口城市卡塔赫那，缔结了一个经济合作条约，即《卡塔赫那协定》，由于参加缔约的国家都分布在安第斯山脉一带，故该协定又称为《安第斯协定》，参加协定的国家即构成了“安第斯组织”。智利于1976年退出了协定。

根据这个协定，安第斯组织成立了协调其成员国事务的委员会。这个委员会于1974年5月发布了一项“85号决议”，它的名称是《工业产权适用规则统一条例》（以下简称“统一条例”）。这个条例的作用是初步统一安第斯组织成员国的工业产权法，主要是发明专利法、外观设计法与商标法。厄瓜多尔于1977年通过1257号法令、哥伦比亚于1978年通过1190号法令、秘鲁于1979年通过22532号法令，先后批准了统一条例。所以，迄今为止，统一条例实际上仅仅基本统一了上述三个安第斯国家的工业产权法。三国之中只有秘鲁在批准统一条例时声明以条例的全部条文取代本国原有的工业产权法，

---

* 编者注：该文收录自郑成思著:《知识产权与国际贸易》，人民出版社1995年版，第533-540页。

并宣布本国其他法律中凡与统一条例有冲突的条文一律作废。

玻利维亚在批准统一条例时，宣布本国原先实施的 1916 年工业产权法仍旧有效。委内瑞拉也宣布本国原先实施的 1955 年工业产权法仍旧有效；不过委内瑞拉同时宣布本国法律凡与统一条例有冲突的内容，一律作废。

统一条例第八十四条规定，凡本条例中未包含的问题，均由各成员国国内法处理。因此，秘鲁原有的技术秘密保护法，哥伦比亚、秘鲁原有的商号保护法，三国原有工业产权法中的专利、商标诉讼程序，都是统一条例中没有的，也都与统一条例共同起作用。从这些情况可以看出，即使就这三个批准国的工业产权法而论，该统一条例的"统一"作用也是十分有限的。

## 一、发明专利

统一条例并不像大多数国家的专利法那样，要求获得专利的发明必须具备"三性"，它仅仅要求"两性"，即新颖性与实用性。它为新颖性下的定义是：未在任何地方以口头或书面形式或以实施有关技术的形式，使发明被公众所知。这种新颖性实质是"绝对新颖性"。

统一条例把以下五种发明排除在专利保护之外，即：①违反公共秩序或公共道德的发明；②动、植物新品种发明，或培育动、植物新品种的方法；③药品、食品（包括饮料）发明；④在外国第一次申请专利后、超过 12 个月又在统一条例成员国申请专利的发明（条例在第十条中还规定，即使在条例成员国中，优先权时间也不能超过 12 个月）；⑤影响条例的成员国发展经济的发明，或被成员国政府宣布为不受保护的发明。

统一条例对不同申请人以同一项发明申请专利的情况，采取"先申请者获专利"的原则。如果申请者采取了非法手段从发明人或发明人的继承者那儿获得发明，那么发明人或其继承者可以在专利申请案公布后的90天内，向专利局提出自己是发明的真实所有人；如果不通过这种行政程序，也可以在90天内向法院起诉。即使靠非法手段获得的发明的有关专利已经被批准，发明人或其继承者也可以在两年之内向专利局或法院提出同样的诉讼。

条例规定，职务发明的所有权归雇主所有，委托发明的所有权归委托人所有。

按照统一条例办理专利申请时，在成员国中并不发生任何简化手续的结果。申请人如果希望获得在三个成员国中的专利，就必须分别向三个国家的专利局提交申请案，专利局应当在收到申请案之后的60天内，完成形式审查，并将通过了这种审查的申请案公布。任何人都可以在申请案公布后90天内对申请人的资格或发明是否达到了专利条件，提出不同意见。如果在90天内没有反对意见或反对意见不能成立，专利局即开始审查申请案中发明的新颖性、实用性及发明主题是否属于不能授予专利的五类之一。如果这次审查通过，专利局将批准专利。

从审查程序上看，统一条例中实行的是与法国、西班牙现行专利法相同的“部分审查制”。这与这些安第斯国家原先实行的专利注册制相比，是一个进步。

统一条例规定专利有效期为10年，从批准专利之日算起。保护期分为初期与展期两段，每段各为五年。在请求续展时，专利权人必须向有关成员国的专利局证明自己在初期充分实施了专利。统一条例将保护期分为两段的主要目的，在于保证专利的充分实施，不符合充分实施条件的专利得不到续展。

专利权人所享有的独占权包括使用权、制作权、销售权等，但不包括“进口权”。统一条例只明确指出了这一点，并未解释进口权的具体含义。迄今为止，三个成员国的法院也还没有遇到因进口权问题引起的诉讼，所以在判例中也找不到对进口权的解释。

为了保证专利的实施，统一条例还对颁发强制许可证的条件作了较宽的规定。在批准专利之后三年内，如果有关专利未曾实施，或虽然曾付诸实施，但中断了一年以上，或虽已付诸实施，但有关产品的数量、质量或价格不符合国内市场的要求，或专利许可证所规定的使用费或其他条款不合理，则任何人都可以向批准专利的成员国主管当局申请颁发强制许可证。对于关系到成员国的公共卫生事业或国家经济发展的专利，主管当局也有权根据需要，颁发强制许可证。在专利保护期的“展期”内（即批准专利满五年之后），专利批准国的主管当局就不必再提出任何理由，可以不受任何限制地颁发强制许可证了。

把强制许可证的颁发条件放得这样宽，在发展中国家是极为少见的。有人认为，近年来在哥伦比亚、委内瑞拉与秘鲁的外国人的专利申请案大大减少，与这种强制许可证制度是有关系的。

统一条例对侵犯专利权及违反专利法的制裁规定得比较简单。专利侵权及违法被分为三种情况：①未经专利权人许可而擅自使用有关发明，除了要按照各成员国自己的侵权法判侵权人赔偿之外，还将处以罚金，罚金收归国库。②强制许可证的持有人没有按照规定使用有关专利，则撤销该强制许可证。③专利权人与第三方签订的许可证合同若未经有关当局批准而履行，则对合同双方同时处以罚金。最后这种情况显然属于专利侵权之外的其他违法行为，但统一条例却把它列为“专利权的保护”中的内容。这反映了条例在行文上缺乏严密性。

从目前情况看，《卡塔赫那协定》中的工业产权统一条例，对拉丁美洲国家或其他国家的工业产权制度产生的影响不太大。

## 二、工业品外观设计

多数西班牙语国家对“工业品外观设计”使用“dibujos y modelos industriales”这样一个词组来表示。过去不少中文译本把它误译为“工业设计与工业新型”，这就容易使读者误认为这些国家在同一部法律中既保护了外观设计，又保护了实用新型。实际上，上述词组仅仅相当于英文中的Industrial design，只不过西班牙文把平面外观设计称为dibujo，把立体外观设计称为modelo，而后面的industriales（工业品的）是这两个词的定语。西文中真正与英文的“实用新型”（Utility model）相应的，是modelo de utilidad。这是研究和翻译外文公约时应当特别注意的。

统一条例仅仅为工业品外观设计提供保护。安第斯组织的国家与绝大多数拉丁美洲国家一样，并不保护实用新型。

统一条例中采用的保护方式是外观设计注册制。对于平面设计的要求是线条组合或色彩组合，它们能使工业品或手工制品具有特殊外观，却又不改变产品原有的功能。对立体设计的要求是：使工业品或手工制品具有特殊的外型，但并不产生任何技术效果。凡应用于服装的设计，均不能获得外观设计注册。凡违反公共秩序或公共道德的设计，也不能获得注册。

在外观设计的注册申请案提交有关成员国的专利局后，将审查有关的设计是否符合上述要求，以及是否符合条例中关于申请格式的要求。审查机关并不主动审查外观设计是否具备新颖性（虽然条例也要求外观设计必须具备新颖性），只是在第三方对新颖性提出异议后，才予以审查。专利局在初步审查后即公布申请案，公布后30天内任何人均可以提出异议。如果异议成立，即驳回申请案。无异议或异议不能成立，专利局才开始主动审查外观设计的新颖性。通过了审查的，即准予注册。

外观设计注册的有效期为5年，自批准注册之日算起，不能续展。

统一条例规定，获得外观设计注册的人可以对其他人发放使用许可证。任何许可证都必须在有关成员国的主管部门登记。

统一条例对于外观设计不实行强制许可制度，也未要求在注册有效期内必须实施。

## 三、商　标

统一条例要求各成员国为商品商标、服务商标与集体商标提供注册保护。

对于不能取得注册的标记，条例沿用了《巴黎公约》第6条之二中的有关规定。除此之外，条例还规定，如果商标中包含外国文字，或包含有并非商品实际产地的地理名称，则在商标之外必须另以醒目的标记指明商品的实际产地，否则，该商标不能注册。

商标注册的申请案提交到成员国的主管部门后，该部门只进行形式审查。通过了审查的申请案即予公布。公布后30天内，任何第三方都可以提出异议。无异议或异议不能成立，则批准注册。统一条例要求成员国均使用1957年《尼斯协定》中建立起的商品与服务项目的国际分类。

统一条例规定的商标注册的有效期为5年，可以连续办理续展，每次展期也是5年。这在各国及各种地区性组织的商标保护中，算是续展最频繁的保护期了。

统一条例规定，转让注册商标者，必须在注册国主管部门登记。注册商标的许可证合同，必须经过注册国主管部门的批准。条例中特别强调商标许可证合同中不得含有任何“限制性条款”。至于安第斯组织认为哪些合同条款属于“限制性条款”，并不见诸统一条例中，而见诸安第斯组织委员会第24号、25号两份决议中。

对于商标（及外观设计）的侵权行为的制裁问题、侵权诉讼程序等等，在统一条例中都未作任何规定。

统一条例还要求，无论是专利许可证、外观设计还是商标许可证，都必须包含被许可人保证产品或服务的质量的条款。条例还要求成员国与任何非成员国或国际组织在工业产权保护上达成的协议，均不能与条例相冲突。

## 四、安第斯组织知识产权保护的新发展[①]

随着国际上工业产权法逐步走向统一的趋势，尤其是随着关贸总协定的乌拉圭回合多边谈判把知识产权国际保护纳入关贸体系，原《卡塔赫那协定》中的工业产权条例显得越来越不能适应形势的需要了。

1992 年 2 月，管理《卡塔赫那协定》的安第斯组织委员会通过了一项“313 号决议”，全面更新了原“85 号决议”的内容。这项决议现已适用，或将适用于玻利维亚、哥伦比亚、厄瓜多尔、秘鲁与委内瑞拉五国。个别国家已要求有个准备时期，然后再适用。

“313 号决议”第一次在该五国建立起了保护实用新型的制度，同时也对“85 号决议”中的商标保护内容稍作了修改。而改动最大、又最引起国际上注意的，还应算是有关发明专利保护的内容。

关于不可以获专利的智力成果问题，“313 号决议”首先推定下列成果不属于“发明”（因而不可能获“发明专利”）。

（1）计算机程序；

（2）对人及其他动物的诊疗方法；

（3）重现或重制自然界原已存在的物质。

下列内容则可能虽然属于“发明”，但不能获得专利：

---

① 《安第斯协定》的前三部分，与 1985 年《工业产权国际公约概论》中的相关内容相同。第四部分内容，系 1993 年写作《知识产权与国际贸易》时补写的。——编者注

（1）违反公共秩序与道德的以及有证据表明有碍环境发展的发明；

（2）与动物品种有关的发明或生成该品种的方法发明；

（3）与人体器官或人体本身有关的发明；

（4）被世界卫生组织列为“必需药品”的有关药物发明；

（5）与原子核裂变有关的物质的发明。

从这些项目中可以看到，原有些在“85号决议”中未明确的（如计算机程序），被明确了；原有些普遍不可能取得专利的成果（如药品、食品发明）放宽了取得专利的范围。在排除动物品种获专利的同时，“313号决议”并没有像过去那样排除植物品种。安第斯组织还宣布了它准备依照《保护植物新品种国际公约》（1991年修订文本）建立起全面的保护植物品种制度。此外，“313号决议”还表明了“微生物”发明是可以获得专利的。

专利保护期从原来的10年增加为15年；如果在有效期内实施了有关专利，则还可以再续展5年，即实际为20年。这样，就与关贸总协定中的要求基本相符了。

在专利权人享有的权利中，增加了“进口权”。此外，进口某种专利产品，也将被依法视为“实施”了有关专利。

从这些变化中，可以看出“安第斯”国家也正尽力使自己的知识产权保护与国际保护“接轨”；同时又可以看出其变化的幅度及与国际保护接轨的速度，远远不及同时代其他一些发展中国家（例如墨西哥、中国等等）。

1993年底，乌拉圭回合结束后及1994年4月《世界贸易组织协定》缔结后，安第斯组织又曾几次修订其卡塔赫那协定，并且增加了版权保护的内容。

# 经互会国家的《莱比锡协定》*

为了统一“经济互助委员会”的成员国在申请发明专利及发明者证书方面的主要程序，1975 年 7 月，苏联、古巴、保加利亚、捷克斯洛伐克、民主德国、匈牙利、波兰、蒙古等国，在民主德国的莱比锡缔结了一个《统一发明申请案提交程序协定》，简称为《莱比锡协定》。同时还通过了协定的实施条例。

《莱比锡协定》及其条例，不产生任何跨国工业产权，不简化任何申请手续，也不对成员国工业产权实体法发生任何影响。它仅仅要求成员国的发明申请程序达到一定程度的统一。

协定要求，凡是为自己的发明请求法律保护的申请案，必须具备下列内容。

1. 请求法律保护的申请。
2. 发明的说明书。
3. 专有权的权项请求书。
4. 为发明说明书所必备的附图。

---

* 编者注：该文收录自郑成思著:《工业产权国际公约概论》，北京大学出版社 1985 年版，第 172–174 页。

5. 说明书的摘要。

6. 对发明者身份加以确认的请求书。如果申请人并非发明人，则还要将申请人取得申请权的证明附在申请案中。

7. 如果成员国国内法要求出示代理人证明文件，则申请案中要有申请人给代理人的“授权证书”。

8. 有关发明的新颖性、技术效果与经济效果的初步考察数据。

9. 如果申请人要求享有优先权，则应有优先权请求书。

10. 如果系微生物发明，则应有经官方承认的微生物备案文件。

上述项目中的1、2、3、4、5、9诸项都必须在申请时一次提交，其他诸项则可以在提交申请案之后的两个月内补齐。

在实施条例中，又对以上各项作了进一步的规定。例如，在第1项中必须包括：（1）请求保护的方式（专利保护、发明者证书或其他方式）；（2）发明的名称；（3）申请人或发明人的详细情况（姓名、长期住所与现在住所、通信地址、国籍等）；（4）搞有关发明时的工作条件（是否系职务发明），等等。

对于代表国家，代表社会主义企业或单位（包括全民与集体两种所有制单位）申请发明保护者，各成员国不得要求申请人提交上述第6项中的“申请权证明文件”。

协定的成员国有权依照本国法律向申请人收取申请费。除了成员国所参加的其他双边或多边国际条约中另有规定外，发明申请案所使用的文字都应当采用申请案接收国的官方文字。

在每一份申请案中，只能对一项发明的专有权提出申请；如果两项以上的发明能够共同达到一个特定效果，也可以把它们结合起来，作为一个受保护对象申请保护。

如果在申请案中有优先权请求书，受理机关应当要求申请人在三个月之内提出证明其能够享有优先权的文件（例如，在外国第一次提交同一发明的专利申请案的复制本，等等）。

《莱比锡协定》本身的有效期也不是一成不变的。它的一次有效期为五年。每一期届满后，将自动延长，每次延长期也是五年。成员国如果要求退出协定，可以在每次有效期届满之前六个月作出书面退出声明。该协定只有在全体成员国协商一致的情况下才能修订。但它的实施条例，只要经成员国协商组成的“发明总局”同意，就可以修订了。

# 外国法

# 美　国

## 第一节　美国的知识产权法 *

### 一、专利法

美国是实行专利制度较早的一个国家。它于一七九〇年颁布了本国的第一部专利法，从一八三六年开始允许外国国民申请美国专利。它的现行专利法是一九五二年颁布、一九八〇年修订的，载于《美国法典》第三十五编（35USC）。

美国专利的保护期是十七年，从专利证颁发之日算起。在美国，专利证颁发之日、专利权产生之日、对专利侵权的起诉权产生之日在同一天。② 我们曾讲道：许多国家的专利有效期从申请案实际提交日或"法定申请日"开始，而起诉权是自申请案的"早期公开"之日开始。三个日期在同一天，表明美国不实行"早期公开"制度。美国不实行这种制度的理论是：在审查中不公布发明的说明书，申

---

* 编者注：该处收录自郑成思著:《知识产权法通论》，法律出版社 1986 年版，第 209–223 页。

② 见美国专利法第 154 条。

请人在一旦得不到批准时，其发明虽不受专利法保护，还可以退一步受普通法保护，而不至于进入公有领域。[①]

美国专利的十七年保护期是不能延长的。在美国专利法的历史上，仅仅在二十世纪三十年代延长过一项专利的保护期，原因是它在有效期内曾被法院错误地判为无效。这种延期不过是一种补偿措施。[②]

取得美国专利要经过形式审查及实质审查。美国专利的主题不像一般国家那样，分为产品专利与方法专利两类，而是分为机器专利、制品专利、合成物专利（这三类实际都是“产品专利”）、方法专利、植物专利与外观设计专利六类。[③]除了与核裂变成核聚变有关的发明外，一般发明均可以获得专利。药品、化合物、食品等方面的在一些国家被排除在专利保护之外的发明，都可能在美国取得专利。美国还是世界上仅有的三个对施行于人的治疗法也授予专利的国家之一（另外两个国家是比利时与南非）。在申请案及检索的专利分类细目方面，美国采用《专利国际分类协定》中的分类法。其外观设计专利则采用《工业品外观设计国际分类罗迦诺协定》的分类法。

美国专利制度最突出的一个特点，就是不同人都以同一项发明申请专利时，其原则是发明在先者（而不是申请在先者）获专利。但在技术发达、经济交往空前发展的现代，要想确定发明日期的先后，有时是很困难的。因此世界上只有三个国家还实行这个原则。但美国的“发明在先获专利”原则，又不是对一切发明都一视同仁

① 见美国专利法第 122 条、第 153 条。

② 参见美国《第二巡回法院判例集》，1938 年第 834 页，曼顿诉美国案（Manton V.United States）。

③ 见美国专利法第 101 条、第 161 条、第 171 诸条。

的。第一，美国专利法规定：仅仅对于在美国搞出来的发明才实行“发明在先”原则，而对于在外国搞出之后再向美国专利局申请专利的发明，仍是实行“申请在先”原则。第二，对于在美国国内搞出的发明，专利法又规定：在确定优先权时，必须考虑发明人付出的劳动代价，即专利法中所说的 Diligence。这个词是什么意思呢？原来，美国专利制度把一切发明活动归纳为两步：第一步叫作形成（发明）概念的过程，即 Conception，第二步叫作实现概念的过程，即 Reduction to Practice。完成第二步的日期即是法定的“发明日期”，也就是借以确定优先权的日期。有的人虽是完成第二步在后，但他不仅是首先提出发明概念的人，而且在实现概念中付出了更多的劳动，专利局就不能完全排除由他取得专利（而不是由先完成发明的人取得专利）的可能。[①] 第三，有些人虽然是先完成发明的，但他的发明概念是从别人的成果中引申出来的，专利局与法院将不对他适用“发明在先”原则,这称为“引申原则”。这条原则在《专利法》条文中见不到。美国一九七八年的一个判例指出，适用“引申原则”，是一个应当由司法机关按实际情况去掌握的问题。

在美国，提交专利申请的人必须是发明人本人（除非发明人已死亡或已丧失行为能力）。这也是美国与许多国家（尤其是欧洲国家）在专利制度上的一个不同点。即使是雇员搞出的职务发明，也必须以雇员的名义申请专利之后，再转让给雇主，而不能直接由雇主去申请。[②]

美国“关税与专利上诉法院”[③] 于一九七三年，美国一些联邦

---

① 参见美国 1980 年专利法第 102 条（g）项。

② 参见美国 1982 年专利法实施细则第 1.41 到 1.48 条。

③ 即 Court of Customs and Patent Appeals，原为美国专门受理专利上诉案的法院，它已于 1984 年被撤销，它原受理的案件现由美国联邦巡回上诉法院受理。

巡回法院于一九七三年及一九七四年在一系列判例中，从专利法推导出一个结论：凡是外国申请案不符合美国专利法关于披露发明的具体要求者，一律不得按《巴黎公约》在美国享有优先权。[①] 美国要求专利说明书的披露程度，原则上也是"足够完全、足够明确，以同一领域的技术人员能实施为限",但在其专利法实施细则（载《美国联邦惯例条例汇编第三十七编》—37CFR）中又另有不少特别规定，所以外国申请案往往不能符合这些具体要求。例如，规定专利说明书中要求提供"最佳实施方案"，否则要遭驳回。这一点是大多数国家的专利法所不要求的。

美国专利法中只规定了专利权转让的一般原则，对于专利许可证则未作任何规定。因为许可证在美国属于合同法调节的范畴，而合同法在美国又是由各州依自己的普通法去制定的（路易斯安那州除外），联邦并没有统一的合同法。所以，专利许可证就成为各州法律所管辖的内容了。但在国际许可证贸易方面，美国却有一套统一的规定。在进口的技术乃至商品中，是否包含侵犯美国专利的因素，或虽不侵犯美国专利，但是否存在对美国工商业的"不利影响"等，均要由"美国国际贸易委员会"决定。这个委员会决定之后，美国总统有权在六十天时间内表示同意或反对。对于该委员会的决定不服，可以向"关税与专利上诉法院"（一九八四年后，则向巡回上诉法院）上诉。这些并不是见于专利法中，而是见于关税法（《美国法典》第十九编）。对于出口技术，首先在专利法中就把了关。按该法第一八四条规定：任何在外国申请专利的人，首先要取得美国专利商标局的许可。该局长要首先考虑该申请案在国外申请后对美国经济利益有何影响，然后还必须将申请案送"原子能委员会"、国防部

---

① 参见《美国专利季刊》1973 年第 180 页，1974 年第 182–183 页。

以及美国总统指定的作为美国国防机关的其他部门进行审查。而未能获准在国外申请专利，自然就谈不上向国外出口专利许可证了。

专利权的转让及许可证发放所得的收入，在美国要缴纳所得税。按照国内税法的规定，专利被某个所有人占有一年以上时间后，只要是作为"资产"转让的，就可以在纳税上取得"长期资本利得税"待遇，即低于一般所得税缴纳额。

在许可证方面，美国还有一个特点：它的专利法并不要求专利权人必须实施或许可他人实施专利。就是说：专利权人可以垄断实施权。获得专利后不实施不会导致专利被撤销，也不会导致专利局颁发强制许可证。美国是世界上极少的几个不实行专利强制许可证的国家之一。

在美国，专利行政管理机关与司法机关的权力范围划分得较明确：专利局只过问授予专利之前的事；专利证一旦颁发，任何纠纷的解决，都只能诉诸法院。不过专利局的这种职权范围有两个例外：一个是前面讲到的一切向外国申请专利的人，即使已获得了美国专利证，也要回到专利局去申请在外申请专利的许可证。另一个是（从一九八一年七月一日开始）任何第三方均可在专利颁发后向专利局提出"复审请求"。同时，专利权人自己想要修改专利权项，也可以向专利局提出"复审请求"。法院的职权范围也有一个例外，即颁发专利证之前对专利局的审查决定不服的，可以向法院起诉。专利局与法院权限的划分，永远排除了在专利局提起任何权利冲突诉讼或侵权诉讼等行政诉讼的可能（在下文中，我们将看到英国的完全不同的情况）。

在法院对专利诉讼案的管辖上，也各有不同的权力划分。按照《美国联邦民事诉讼条例》第 73 条，一般的国内专利诉讼均由联邦地区法院受理（即州法院无权受理专利诉案）。当事人对这一级法院的判决不服，可以向联邦在该地区的“巡回上诉法院”上诉。巡回上诉法院的判决一般即终审判决。只有那些对联邦立法有影响（或可能有影响）的专利案件，最高法院才会受理其再次上诉。据统计，每年向美国最高法院提交的案件为五千件左右，实际被受理的仅为一百五十件左右。对于在专利局审查中的申请案来讲，申请人的诉讼程序也大致如此。如果申请案在审查中被驳回，申请人既可以修改原申请权项重新申请,也可以在驳回后六个月之内向专利局的“申诉委员会”申诉。如果“申诉委员会”维持审查员的原决定，申请人可在一个月内向“关税与专利上诉法院”起诉（在一九八四年后，向联邦巡回上诉法院起诉）。如果该法院推翻专利局的意见，则专利局必须批准该专利申请；如果该法院同意专利局的意见，申请人可继续向最高法院上诉。不过最高法院是否受理，又要看诉案是否对联邦立法有影响了。

对外国人在美国提起的专利诉讼的初审管辖权，是在哥伦比亚特区的联邦区法院。

美国在一八八七年参加《巴黎公约》，目前它尚未批准公约最新文本的程序部分，但批准了实体部分。美国也是《专利合作条约》以及《为专利批准程序呈送微生物备案以取得国际承认布达佩斯条约》的成员国。

我国与美国一九七九年签订的《中美贸易关系协定》第六条里，有关于双方按照自己的法律给对方工业产权以有效保护的规定。这是我国的第一个（也是至今唯一的）涉及专利权双边保护的协定。我国的“中国种子公司”于一九八〇年六月曾在美国专利局申请了“强优势杂交水稻”制种技术专利，并于一九八一年十二月获得专利证（美国专利号第 4305225 号）。该专利获准后，已经与美国园环公司、美国卡捷尔粮食公司、澳大利亚卡捷尔种子公司等企业分别签订了许可证合同。此外，中国国际贸易促进委员会法律部还在一九八一年十月代理中国长城工业公司向美国专利局申请了关于三通阀的发明专利，申请号为320123，现正待批。至一九八三年六月，我国有关单位及个人已在美国提交了八份专利申请。

## 二、商标法

法学家们一般都认为：虽然美国的第一部专利法沿用了英国一六二四年的《垄断法规》，但美国商标法却完全是在自己的判例法基础上发展起来的。美、英两国的商标制度走着各自不同的道路。虽然这两个国家中仅使用而不注册的商标都能获得专有权，但权利的实质在两国是完全不同的。

美国于一八七〇年颁布第一部联邦商标法。从一九〇五年开始，美国把注册商标与虽未注册但其使用超出了一州地域的商标，都纳入了联邦商标法调节的范围。美国的现行商标法是一九四六年颁布的《兰哈姆法》，载于《美国法典》第十五编，这部法律的最后一次修订是在一九八二年十月。

美国商标制度有一个显著的特点：各州都有商标立法权，有商标的"州级注册权"，并设有州级注册机关。这是美国的专利与版权制度上都没有的。所以，商标权的"地域性"特点在美国就不仅反映在国家地域范围，而且会反映在以州为界的范围。不过要对几十个州的商标制度一一介绍，在这里是不可能的；不超出州界的商标使用与国际贸易关系又不大，所以这种介绍也是不必要的。这里只需要指出：各州商标局均无权接受外国人的商标注册申请；外国人即使在美国仅仅以一个州为限从事其贸易活动，想获得商标注册也只能向联邦专利商标局申请。下面讲的美国商标制度，主要以《兰哈姆法》与美国联邦法院判例为准。

美国的商标制度除上述之外，还有下列一些特点。

（1）商标法中包含制裁不公平竞争活动的规定（例如，《兰哈姆法》第四十三条第一项）。

（2）联邦专利商标局的注册簿分为“主簿”与“附簿”两部分。这与英国及一些英联邦国家的商标注册簿分为A、B两部分很相似。这里讲讲分为两簿的主要理由。

美国商标法规定有五种标记不准注册：①不道德的或违反“公共秩序”的标记；②与国际公约及美国法律所禁用的一些国旗、国徽、国际组织标志相同或相似的标记；③未经同意而以在世人的姓名或肖像作商标使用的标记；④可能在市场上引起混淆的标记；⑤说明性的标记或该说明与商品内容不符的标记（后者的例子如“肥皂牌”牙膏），地名或与产地不同的地名标记（如纽约出产的“芝加哥牌”收录机），美国常用的姓（如“华盛顿”“约翰逊”等）。前面四种标记是绝对排斥在注册簿之外的，但第五种标记如果经审查认为它具有将一企业的产品与其他企业的产品相区别的功能，则可以批准它在“附簿”注册。在附簿注册后，如果经一定时期证明它完全具备注册商标条件，则有可能上升到主簿中去。所以，附簿很有些“准注册簿”的性质。

获得注册的商标，必须在商标图案上加“注册商标”字样或“®”标记。对于商标局不批准注册的决定不服或对商标所有权有争议而要起诉，既可以按照民事诉讼法选择在联邦区法院起诉或在“巡回上诉法院”上诉的程序，也可以按商标法实施条例选择在专利商标局的“商标审定及申诉委员会”申诉，而后在“关税与专利上诉法院”上诉的程序。不过，在权利冲突诉讼中，如果当事人的任何一方选择了按民事诉讼法起诉的程序，另一方就不得再按商标法实施条例的程序起诉或应诉了。也就是说，民事诉讼法的程序是优先的。

（3）服务商标、集体商标与证明商标在法律上的受保护地位均与商品商标相同。[①] 美国是第一个在成文法中把服务商标与商品商标等同对待的国家。

（4）对商标有“使用要求”，即不使用则将失去商标权。但“使用”的含义不限于在经销的产品上使用，而且包括在与商品有关的标签上与商品有关的展览、陈列或广告中使用。在商标注册的申请案中，要求写明“首次使用”日期，以及“首次在贸易活动中使用”的日期。注过册的商标要维持注册有效，也必须使用。在美国，商标注册人每隔五年就要向专利商标局提交一份“使用誓词”，保证自己一直在使用该商标。这并不是说注册人要保证一天都不间断地使用它。除了注册后的第一个五年之外，在其他任何五年中，只要未曾连续两年不在贸易活动中使用，就视为符合“使用要求”。[②]

（5）对于侵犯商标权所判的赔偿金额，可以高出受侵人实际损失的三倍。这规定在《兰哈姆法》第三十五条中。从这里我们可以看出，美国（及英美法系）法律关于赔偿额与实际损失额应该相当的原则，仅仅适用于合同法领域，而不适用于侵权法领域。

（6）凡依据《兰哈姆法》提出的侵权诉讼，不论涉及的金额高低，均不能由州法院受理，而要由联邦法院受理。

（7）在联邦商标局“主簿”中注过册的商标，在权利冲突的诉讼中地位优于未在该簿注册的商标，在一般情况下均判定在“主簿”的注册人为商标权当然所有人。

（8）承认具有“第二含义”的商标有效。“第二含义”是商标法中的术语，指的是一个地名或一个说明性的词汇，在某企业生产

---

① 见《兰哈姆法》第45条。

② 见《兰哈姆法》第1条、第8条、第9条、第45诸条。

的商品上作为商标使用一段时间后，产生了除其原义之外的新含义，用户看到这个词，就会自然地把它和某商品联系起来，于是它作为商标就具有了识别性。原获准在“附簿”注册的标记，如果产生了第二含义，则能够上升到“主簿”中。这是“地名及说明性词汇不能注册”原则的一个例外。

（9）在“主簿”注过册的商标，即使仅仅在一州或数州地域内使用，也享有在全国地域内的专有权。如果注册人同时又是第一个贸易活动中的使用人，他就有权在全国范围排斥其他任何人使用相同或相似的商标；如果在注册人之外还另有在贸易活动中先使用了相同或相似商标的第一个使用人，他就有权把第一个使用人的使用范围限制在其原使用地域而不准扩大，同时有权排斥其他人使用。

（10）在“主簿”注册之后，商标五年内从未间断使用，也未受到争议或争议不能成立，则商标权视为永远确立，该商标成为“无争议商标”。

（11）在“主簿”上注册的商标所有人，有权制止其他人的带有相同或相似标记的商品进口。

（12）如果商标在任何注册簿（即不论主、附）中注册后，连续两年无正当理由不使用商标，就视为自动放弃商标的注册。这是在《兰哈姆法》第四十五条中规定的。我国曾有的介绍美国商标制度的文章忽略了这个“两年”的关键时间，使人觉得好像每五年中只要使用了很短时间，也能符合“使用要求”，是不确切的。

（13）商标注册的有效期为二十年，展期也是二十年，可无限续展。[①]

① 见《兰哈姆法》第8条、第9条。

（14）商标权在美国可以转让或许可给他人使用。商标转让必须连同企业本身或企业信誉一道，而不能单独转让。同时，美国的判例法还规定：如果企业倒闭或结业，其经营信誉即不复存在，企业的有形财产可以转移给第三方，但商标权不得转让，即使转让了也视为无效。凡在联邦注册的商标，转让时都必须在联邦专利商标局登记，否则转让无效。①

美国国内税法把商标转让及许可证的收入的所得税作为“长期资本利得税”对待。但对于发放许可证或特许证的情况，如果许可人有权通过控制被许可人的产品质量而控制后者的生产经营活动，则许可证或特许证的使用费的税收就不能再作为资本利得税对待了②。

除上述之外，《兰哈姆法》还规定：美国所参加的有商标保护内容的国际公约成员国国民或与美国订有双边商标注册协议的国家国民，如果在其本国已经申请了商标注册，则在半年之内享有在美国就同一商标注册的优先权。外国人在美国申请商标注册，可以依据其在本国申请或获得注册的证件副本，也可以依据其在美国已经在贸易活动中使用该商标的事实。如果在其本国已获得商标注册，则同一商标在美国的注册申请一般不会被拒绝；如果尚未在本国注册，但在该国与美国之间的贸易活动中已经使用了该商标，那就也符合美国“靠使用获专有权”的要求，可能被批准注册。③

美国至今尚未参加任何保护商标权的专门的国际条约。它虽是《商标注册条约》的发起国，自己却没有参加。但它参加了《巴黎公约》，就足以使他为其他成员国国民提供“国民待遇”保护了。在商

① 见《兰哈姆法》第 5 条、第 10 条、第 45 条。

② 见《美国国内税法》第 1253 条。

③ 见《兰哈姆法》第 1 条、第 44 条。

标注册所使用的商品及服务项目的分类上，美国采用了《尼斯协定》中的国际分类。

## 三、版权法

美国在一七七六年独立之后，对版权已经开始靠各州的法律保护。一七九〇年，美国颁布了第一部联邦版权法。人们普遍认为这部法律的基本内容均出自英国一七〇九年的《安娜法》。第一部联邦法仅仅对书籍、地图、插图等“书面作品”给予版权保护。许多年之后，版权保护才延及戏剧表演、音乐、照片及其他一些艺术品。美国的现行法是一九七六年颁布、部分条文一九七八年生效、部分条文一九八〇年生效的版权法，载于《美国法典》第十七编。

美国现行版权制度在很多基本方面仍旧与英国相同。例如，不保护作者的精神权利；不保护版税追续权；一部分“委托作品”的版权归委托人而不归作者（在美国，这部分作品的范围比英国大得多）[①]；雇佣作品的版权一般都归雇主所有，等等。但由于传统的原因，美国版权制度又有两个区别于包括英国在内的大多数国家的特点。

第一是其版权法中的“印制条款”。[②]

从一八九一年美国宣布开始保护外国作者的版权时，就提出两个先决条件：①该作者所在国也同样保护美国作者的版权；②该作者的作品必须在美国排版、印刷及装订。第一个条件是国际上通行的互惠原则。第二个条件即是美国所特有的“印制条款”的前身。一九〇九年美国颁布的版权法，把这个条件正式作为条款列入，成为沿用至今的“印制条款”。不过，在纳入成文法律后，它已不限

---

① 参见美国 1976 年版权法第 101 条。

② 见美国 1976 年版权法第 601~603 条。

于要求外国作者的作品，而且要求一切美国作者的作品也必须在美国（或在加拿大）印制，否则即丧失版权。一九五五年美国参加了《世界版权公约》，它不可能继续对外国作者适用这项强制条款，但仍旧适用于美国作者。美国作者的作品至今必须在美国（或加拿大）印制。即使有些作者的作品第一版是在国外出版的，他也必须在半年之内向美国国会版权局申请“临时保护”，然后在五年之内在美国（或加拿大）也印制和出版一版，否则即丧失版权。除非该作者在国外印制的作品没有超过两千册，他才能不受“印制条款”的约束。迫于国外舆论和美国作者的压力，美国颁布一九七六年版权法时，曾预定在一九八二年七月废除“印制条款”。但到了一九八二年七月，美国国会却又通过一项议案，继续延长这个条款的有效期（暂定延长四年）。它至今并未被废除。

第二是版权注册制度。[①]

美国现行版权法在表面上废除了美国一直实行的版权注册制度,规定了只要作品出版后带有“版权标记”(即标记“©”,出版日期，作者姓名)，就可以受到保护。但在版权法的侵权诉讼程序中却又规定：①只有在美国国会版权局注过册，并呈交了两本样书的作者，在其版权受到侵犯时才有权在美国法院起诉；②美国作者只有遵守“印制条款”，才有权起诉；③一切版权转让合同的双方只有将合同在版权局注了册，才有权对第三方的侵权行为起诉。

美国版权的保护期目前与西方多数国家相同，即作者有生之年加死后五十年。雇佣作者的作品、匿名作者的作品，保护期为作品发表之日起七十五年，或作品创作完成之日起一百年。共同作品的保护期，为最后一个去世的作者有生之年加死后五十年。

---

① 参见美国 1976 年版权法第 407 条、第 411 条、第 412 条。

对于国际贸易活动中的版权作品，美国在版权法第六章里作了一些专门规定。下列三种物品的进口均构成对美国版权的侵犯：①未经许可而翻印的作品；②虽然在国外属于合法出版或印制，但在美国属于非法出版或印制的作品（例如在发展中国家按该国颁发的强制许可证翻译出版的美国版权所有人的制品）；③虽在美国国内国外均属合法出版或印制，但美国版权所有人或独占被许可人禁止其进口的作品。在发现上述三种物品进口时，美国版权所有人或独占被许可人都可以向法院起诉。对于前两种作品，美国海关有权在进口时予以扣押，然后没收或销毁。但进口经营人如能证明自己确实不知其进口将构成侵权，则经美国财政部长批准之后，可将物品退回出口国。对于第二种和第三种物品，如果属于下面几种情况，将不以侵权论处：该作品系美国政府部门进口的；该作品系仅为私人使用目的而由私人携带进口的（一般一种作品不超过一册）；该作品系为学术、教育或宗教使用而进口的（一般一种作品不超过五册）。

在美国，版权诉讼案只能由联邦法院受理。侵权诉讼中民事诉讼的时效为三年，从受侵害人知悉侵权行为之日起算。侵权的刑事诉讼也有为期三年的时效，但从侵权行为发生之日起算。在民事诉讼中，法院可以向侵权人下禁令令其停止侵权行为，令其赔偿受侵人的实际损失或要求交出从侵权活动中获得的利润（如果这二者都难于计算，则按法定赔偿额赔偿）。此外还要求侵权人支付双方的诉讼费。对于为营利目的而有意侵犯他人版权，有意在作品上作出欺骗性版权标记，有意篡改他人作品的版权标记者以及在版权注册中作虚假陈述者，都将处以刑罚。刑罚种类有罚金（从二千五百美元到一万美元）、监禁（一年以下），或二者并处。

版权在美国可以作为动产部分转让或全部转让，也可以由权利人发放许可证。美国版权许可证的被许可人享有比较独立的权利，只要他持有书面的许可证，只要许可证是在版权所有人转让版权之前签发的，只要被许可人在转让登记之前一直合法使用着许可证，那么他就不受同一项版权的转让活动的影响。[①]而且，美国的判例法还允许共同作品的任何一个版权所有人在不与其他人协商的情况下，单独发放许可证。这也是美国版权制度中比较特殊的地方。[②]

由于表演权的许可证往往牵涉面较广（有时既涉及表演权，还涉及广播权、录制权、表演者权等等），所以一般由“美国作曲家、作家及出版商协会”及“广播音乐公司”共同签发“一揽子许可证”。

如果利用某些作品时，不是根据版权所有人签发的许可证，而是根据版权法中规定的“法定许可证”，那么在利用中应交付的法定版税必须交给“版权结算中心”。

作者或其他版权所有人通过版权转让及许可而获得版税收入后，也要向政府缴纳所得税。对此的课税比例比专利与商标的要高。因为，按照美国国内税法的专门规定，版权利用的收入不能作为“资本利得”对待。在另一些国家（如爱尔兰共和国），利用版权所取得的收入可以完全不纳税。美国作者即使居住在这些国家里，也必须向美国政府纳税。因为美国国内税法适用于居住国外的美国人。

美国是《世界版权公约》的成员国，批准了公约的一九七一年巴黎文本。美国还参加了《保护录制者公约》。

## 四、一九八〇年《技术革新法》

在一九八〇年修订专利法的同时，美国颁布了一部全称为《一九八〇年史蒂文森——维德拉技术革新法》的法律（简称《技术革

---

① 参见美国1976年版权法第201~205条。

② 参见《美国专利季刊》，1978年第198页，美国第9巡回上诉法院判例——培依诉米奇尔（Pye V.Mitchell）。

新法》)。其中所讲的“技术革新”,与我们通常理解的稍有不同。它包括鼓励工、商企业全面采用新技术和促进科研部门及实际部门改革技术两个方面。该法律从资金的支持、技术及技术人员的交流、物质奖励等方面,规定了一系列保证技术革新的措施。

颁布这样一个法律的一个出发点是:美国的许多大学及联邦的研究机关是产生新技术成果的主要地方,而工、商企业是实施这些成果的主要地方,因此需要在这两种不同的部门之间增强合作、扩大交流,使已有的技术得到充分利用,不断促进科学技术研究工作的发展。

这部法律有以下内容。

(1)建立有关的组织机构。

由商业部长领导和建立“工业技术局”。这个局的任务是:判断技术的发展以及国际技术转让对生产、就业、美国企业及外国企业在国际市场上的地位的影响;判断工业体制及管理方法以及国家的政策对国际技术发展的影响;判断对美国经济有重大意义的技术问题;判断资本、技术等等的利用途径是否与经济发展的需要相符合;与其他政府部门一道研究对美国技术革新有决定性作用的问题,并提供有关政策的试点,等等。

除此之外,还建立起“全国技术委员会”“工业技术中心”等组织。

(2)促进技术发展。

由商业部及“全国科学基金会”资助而建立起来的“工业技术中心”,将与大学及非营利性研究机关直接联系,促进它们同工、商企业通过合同在研究和利用新技术上挂钩。在这种“中心”主持下取得的研究成果,如果获得了专利,将归“中心”所有,但它必须向资助它的商业部与“全国科学基金会”发放各种许可证。

（3）促进对国有技术的利用。

在国家所有的每个研究机关内设立“研究与技术应用处”，其作用是应政府部门提出的要求，提供技术协助，以及为国有及私营企业提供技术情报。在商业部内建立一个“联邦技术利用中心”，主管所有的国有技术的实施、转让，情报交流等。

（4）设立“国家技术勋章”。

在技术革新方面作出了突出贡献的企业或个人，由总统定期颁发“国家技术勋章”。所谓“突出贡献”的标准是:“改进了美国的经济、环境或社会福利状况”。

（5）科技人员交流。

由商业部长与“全国科学基金会”一道拟订方案，促进学术单位与企业之间的科技人员交流。这种交流分两类，一类是由国家出钱资助的交流，另一类是由企业自己资助的交流。

## 第二节 知识产权及其在美国的特殊情况 *

一九七九年签订的中美贸易协定以及中美高能物理协定都涉及根据各自的法律及规章保护对方知识产权的问题。美国在这方面的法律制度同大多数国家差异较大，我们有必要在一般了解知识产权的同时，对美国的特殊情况进行一些分析和研究。

---

* 编者注：原为论文，收录自郑成思著:《知识产权法若干问题》，甘肃人民出版社 1985 年版，第 1-10 页。本部分论述与前一节内容有交叉，实际上本部分写作时间早于前一节，是郑成思先生在不同时期对同一主题的先后论述，为了完整呈现先生的思想，仍予以收录。

## 一、知识产权

版权、专利权及商标权通称知识产权（intellectual property），也有人曾译为“精神产权”，因为这三项内容都属于无形的财产权利。小专利（即实用新型）及外观设计专利（即日本所称的“意匠”）都归入专利一类，服务商标、防护商标、产地标记等都归入商标一类。

知识产权的三个方面在法律上的共同特点是专有性和地域性。从国际私法的角度来讲，这是它们与其他涉外民事权利的根本不同之处。所谓专有性，指的仅仅是权利人自己享有版权、专利权或商标权，仅他自己可以利用或可以准许他人利用这些权利。地域性指的是这些权利仅仅在一国法律的管辖范围内可以受到保护。专有性也叫作独占性或垄断性，比较容易理解，而对地域性则要多讲几句。一个国家对外国知识产权给予的保护，是以本国法律为准的，它所保护的已不再是依外国法律产生的那种专有权。例如，我国对美商的商标给予的保护，是以我国现有的商标管理条例及有关的规章为依据的，并不以美国商标法为依据。美商要在我国就其商品享有商标权，必须在我国另行注册，注册后他享有的权利已不同于商标在美国产生时所赋有的那种权利了。到目前为止，地域性这个特点仅被《欧洲专利公约》开创了一个例外。根据这个公约，申请人在一个与约国申请了欧洲专利并获得批准后，就可以同时在所有与约国内部享有专利权。即使如此，《欧洲专利公约》也并没有取代各个与约国自己的专利制度，而是二者并存，申请人既可以按公约申请欧洲专利，也可以按某一国专利法申请该国专利。参加国更为广泛的《专利合作条约》则只在程序上起简化专利审查手续的作用，并不涉及各国专利法的实体，所以它毫不影响专利权的地域性。

知识产权的三个方面在法律上的不同点主要有：

受保护的对象不同，这是显而易见的，毋庸赘言。

获得保护的条件及程序不同。版权要求独创性，专利权要求新颖性、实用性、非显而易见性，德国、日本专利法称之为“技术先进性”，苏联专利法称之为“实质区别性”。商标权则要求商标有识别性。在大多数国家，版权在作品创作完成后就自然产生。专利权须经发明人申请，专利局批准并公布后产生，商标权经商标注册或经商标付诸商业使用而产生。

保护期不同。版权保护期一般是作者有生之年加死后二十五年到五十年不等，极个别几个国家（西班牙、巴拿马等）为作者死后八十年。专利权保护期一般不超过二十年。商标权的保护期几乎是无限的，只要不间断商标的使用并按时办理续展手续即可。

## 二、美国与大多数国家知识产权的差异

过去，一部作品在美国必须到国会图书馆中的版权办公室登记并交送样本，才能享有联邦版权，而在大多数国家，作品获得版权并不需要在管理部门作任何登记，只要其创作是合法的（非抄袭的），就自然享有版权。新的美国版权法虽不再硬性规定必须登记，但仍规定了只要作品已出版，就必须在三个月内向国会图书馆交送样本，否则将处以罚金。

美国 1976 年版权法仍旧保留了美国实行多年的“印制条款”，即美国作家的作品必须在美国出版印行其第一版，方能受到正常的版权保护。在新法中原定将这个条款于 1982 年 7 月废除。但在 1982 年 6 月，美国国会却又通过议票，继续实行这个条款。美国新版权法中第一次明确了计算机程序受版权保护，同时第一次系统地提出衡量“合理使用”的标准问题，这些已受到各国版权法学者们

的注意。

在美国，不同人就同一项发明申请专利时，其原则是发明在先者获专利权。而在技术发达、经济交往空前发展的现代，要想确定发明日期的先后，有时是相当困难的。所以世界上除美国以及专利制度受美国影响的加拿大、菲律宾之外，几乎所有国家都规定申请在先者获专利权。但如果有人认为美国的“发明在先获专利”的原则对一切发明一视同仁，那就错了。美国专利法有一条规定：不能抛开在国外的专利申请日来确定国外发明的完成日。这就是说，仅仅对于在美国搞出来的发明才实行“发明在先”原则，而对于在外国搞出后提交美国专利局申请专利的发明，实际上仍适用“申请在先”原则。同时，对于在美国国内搞出的发明，专利法中又规定：在确定优先权时，必须考虑发明人付出的劳动代价，即专利法中所说的“diligence”。这是什么意思呢？原来，美国专利法把一切发明活动归纳为两步：第一步叫作形成（发明）概念的过程（conception），第二步叫作实现概念的过程（reduction to practice），完成第二步的日期即是法定的“发明日期”，也就是借以确定优先权的日期。有的发明人虽然实现某个发明概念在后，但他不仅是首先提出发明概念的人，而且在实现概念的过程中付出了更多的劳动，所以就不能完全排除他获得专利权的可能性。这就使美国的“发明在先”原则受到上述两个方面的修正，即对国外搞出的发明和对付出劳动代价的后发明人不适用。于是本来就不太好掌握的“原则”变得更加不确定了。七十年代，大多数发达国家都根据经济和科技的发展修订了专利法，美国虽在八十年代初修订了专利法，但基本保留了上述特点。

在美国，商标只要在商业活动中被使用、又不曾无故间断使用，就自然产生商标权。而在大多数国家，则必须在政府的工商行政管理部门或专利商标局注册之后，才能享有商标权。当然，在美国已经使用的商标也可以在联邦注册，不过这种注册仅仅是对已经存在的商标权给以官方的承认，注册后在诉讼中可以处于有利地位，但并不靠注册使商标权得以产生。美国关税与专利上诉法院一九七九年的一则判例最能说明这个问题。这个判例指出：司法执行的结果只能撤销某个商标的联邦注册，但不可能撤销商标本身。此外，美国商标法所使用的许多术语也与其他国家不同。比如，在美国虽然允许向第三方发放使用商标的许可证，但从商标法中却找不到“许可证”（license）或许可人及被许可人（licensor and licensee），凡使用这些词的地方，它都代之以“有关法人”（related company）这个词组，往往使人乍一看摸不着头脑。而一般国家称呼“服务商标”（service mark）的场合，美国商标法中都代之以“为服务而使用的商标”（trademark for services）这种烦琐的表达方式。

美国联邦专利商标局的商标注册簿分为“主”与“附”两个注册簿。有些商标（例如说明性商标，地理名称商标）如果具有“第二含义”，则虽不能在主簿注册，却仍能在附簿注册。商标在主簿注册后，五年之内若无第三方提出争议，则成为“无争议商标”，即此后任何人不得再对其有效性提出争议。美国至今尚未参加任何专门的商标保护的国际协定，只是在它参加的《保护工业产权巴黎公约》中，包含商标保护条款。

## 三、美国知识产权三个方面的共同点

在美国，知识产权的三个方面除了前文中讲过的专有性和地域性之外，还有一个特有的共同点，那就是它们都受到州普通法和联邦法的双重保护。已发表的作品、已获专利的发明、已在联邦专利商标局注册的商标受到联邦立法的保护；未发表的作品中的一部分、未申请专利（或虽申请但没批准）的发明、没在联邦注册的商标，受到州普通法的保护。

美国新版权法（1976年颁布、部分条文1978年生效、部分条文1982年生效）虽试图取消对版权的双重保护制度，但仍对州普通法的保护范围作了保留，使之对未发表而又不能在联邦登记的创作如讲演、表演等提供保护。

美国法学家经常把未公布的发明与未发表的作品相提并论，因为它们都是公众无法利用的，都受州法律保护。一项发明要获得专利，先决条件之一就是发明人同意将其内容公布，使公众能利用它，这里指的是利用其中的专门知识，随便复制发明物则是法律禁止的，作为公布的"代价"或报酬，就是作者得到专利权。未公布的发明在美国称为商业秘密（trade secret），以与专利相对。发明者对于未曾公布的发明所享有的权利被称为"普通法商业秘密权利"。在一般国家，未申请专利（未公布）的发明不受法律保护，只能由发明人自己凭保密而享有实际上而不是法定的独占权。如果发明人泄露了秘密，那么他的发明就从此进入了公有领域（public domain），他不能再享有任何权利。如果与发明人订了合同、有义务为他保密的人泄露了发明秘密，后果也是一样。只是在后一种场合，发明人可以对泄密人起诉，要求得到赔偿，但却不可能要求已进入公有领域的发明重新成为自己的独占产权。

1946年之前，美国联邦法几乎对商标权的保护不起什么作用。但1946年联邦的商标法规定：商标若经主管部门注册，则五年之后将成为无可争议的。这就是说，虽然商标一经使用就受到州法保护，但若在联邦注册后，它就受到双重保护，就有权在美国境内排斥与之有冲突的其他商标。比如，注册人原先并没有在某个州从事商业活动，那个州有个使用相同商标的人，凭普通法享有自己的商标权；但注册人的商标成为无可争议之后，可以宣布自己“有可能”在那个州经商，宣布后者的商标“有可能”与自己的注册商标混同，在这种情况下，后者只能偃旗息鼓。所以，虽然美国除联邦设有专利商标局外、各州均有商标管理部门，但在州里申请注册的人却很少，外国人更是大多只在联邦注册。因为在联邦注册后所受的保护已经高于并包括了在州注册应受的保护，所以如果在联邦和州两级都注册，就无异于画蛇添足了。

## 四、美国知识产权三个方面的不同点

在美国，知识产权的三个方面除第一部分中讲过的不同点之外，还有一个特有的不同点，那就是联邦政府及联邦法留给州及州普通法行使管辖权的范围对三者各不相同。州及州普通法在商标权方面的管辖范围较广，在版权方面稍窄，在专利权方面更窄。有人认为，从发展趋势看，联邦在这三方面的管辖权都将越来越大，而留给州的权力将越来越小。一百多年前，有的美国发明人满足于获得一州或数州范围内的专利权，而不打算费心去弄到美国专利，现在这种现象业已绝迹。1946 年之前，美国的联邦商标法中甚至没有任何条文涉及服务商标，只是由法院根据普通法对服务商标的存在给予确认。1976 年美国新版权法产生之前，联邦对于未发表的一切作品均无能为力，现在则只对其中不能登记的部分不予保护。但总的说来，在可预见的时期内，还不可能设想州普通法的权力被缩小到零。

州普通法对商标权管辖范围较广，是由于商标不同于发明，也不同于作品。不会有什么未发表的商标或秘密商标，所以商标不存在公布前后的两种性质问题，它的产生完全凭借州普通法。而且，商标即使在联邦注册之后，商标权所有人仍旧可以在州法院对侵权人起诉。

对于版权，州法不仅仍旧起着一定作用，而且州还对涉及版权问题有立法权，如加利福尼亚州的刑法就把未经许可而转录演出的唱片以用于出售的行为定为犯罪。

至于专利权，因为只有向美国专利局提交申请案并获批准之后才产生，除专利法之外，其他法均不产生专利权。专利法则是联邦法，所以严格地说，专利权只受联邦法保护，州法保护的仅仅是商业秘密。这点对我们却很重要，因为我国尚未建立专利制度，我们不可能向任何国家（包括美国）申请专利权。国内报刊有关的报道，严格来说是不正确的，例如，1979 年 11 月《人民日报》报道说杭州制氧机厂向联邦德国出售一项“专利权”，而正确的说法应是出售了一项“技术秘密”。我们对美国进行技术出口，就不可能受到美国的专利保护，只可能以许可证方式或其他方式受到美国对技术秘密或商业秘密给予的保护。我国有的农业技术已经在向美国出口，所以了解到这一点是十分必要的。

美国各州用于保护部分未发表作品、未公布的发明及商标中的权利的法律，来源于法院的判例，所以普通法有时也称判例法。在美国，除受法国影响较深的路易斯安那州以及其他一两个州将判例法编纂成典之外，绝大多数州并没有民法典，与知识产权有关的民事权利均靠判例来调节。

知识产权诸方面在美国也还有一些其他不同点，例如，《美国国内税法》规定，专利权的出售或转让，所得收入可以按资本收益对待，而版权的转让则不能。

从前文中我们可以看到，美国在知识产权的保护方面与大多数国家存在着重大差别，主要的原因之一，就在于州和联邦两种司法管辖权及立法权的并存。在整个法律体系上，英美法系不同于大陆法系；而在有关知识产权这种地域性很强的权利方面，美国又具有连英国也没有的更为独特的地方，这是因为英国不存在独立性很大的几十个州。我们有时把国际私法称为冲突法或比较法，但在美国州际的法律差异也称冲突法，美国的比较法学则不仅比较国与国的法律，而且比较本国州与州的法律。州际法律的差异，在一定场合会起关键作用。例如，签订合同时，对于其中“法律适用条款”如何订，各州的法律就不一样（美国没有联邦合同法），有的州规定可以适用第三国法律，有的州则规定不可。而在我国尚未制定许多法律的情况下，我们同美国有关公司打交道往往要协议适用第三国法律，以免适用对方法律对我不利。这样我们就有必要对有关的州的法律或判例有所了解。

在日益发展的中美经济文化交往中，我们会越来越多地遇到知识产权方面的问题。例如，商品进出口中必然会遇到商标权问题，合作出版会遇到版权问题，在技术进出口中会同时遇到专利权（技术内容）、版权（技术资料的表达形式）以及商标权问题。了解美国知识产权的特殊情况将有助于我们增进交往，促进我国的“四化”建设。

## 第三节　美国的电子商务法<br>——国际电子商务立法动向*

从全球范围看，美国的电子商务开展得最早，发展也最快，90年代中期就开始了有关电子商务的立法准备工作。其许多内容已经被欧陆法系国家所借鉴。

* 编者注：原为论文，与薛虹合作，收录自郑成思著:《成思建言录》，知识产权出版社2011年版，第122–126页。

美国系联邦制国家，联邦和州两级均有立法权。虽然美国国会有权规范跨州的商贸活动，但是传统上交易法的规则（尤其是合同法）一直属于各州立法的范围。为了避免各州立法之间的冲突和矛盾过大，影响正常的商业活动，美国法研究所等联邦的政策咨询机构制订了一套交易法规则，作为协调各州合同法的“模范法”，推荐各州逐渐将这一套法律规则制定在本州的法律中。在这些“模范法”中，最成功的一部就是《统一商法典》（UCC）。

由于电子商务的发展呈现出与传统的商贸活动不同的特点，因此《统一商法典》在电子商务领域已显过时。为此，美国法研究所等机构于几年前着手修订《统一商法典》，在其中增加有关调整电子商务的法律规则的内容，这就是所谓《统一商法典》第 2 条 B 项的由来。在草拟的《统一商法典》第 2 条 B 项的基础上，形成了 1999 年 7 月公布的《统一计算机信息交易法》（UCITA）。《统一计算机信息交易法》也属于“模范法”，并没有直接法律效力，其能否转化为生效法律，取决于各州是否通过立法途径对其予以采纳。截至 2001 年 6 月，已经有弗吉尼亚州和马里兰州立法采纳了《统一计算机信息交易法》，另有华盛顿特区、俄克拉荷马州等六个州立法机构准备采纳该法。

该法的主要内容有：

**1. 立法特点和适用范围**

电子商务的核心内容仍然是“商务”，即以合同形式表现的交易活动。因此，《统一计算机信息交易法》调整的主要是包括合同成立、解释、担保、转让、履行、违约和违约责任在内的合同关系。与以往合同法律规则不同的是，该法突出了电子商务的特点，即利用网络媒体和数字技术进行的交易活动（尤其是无形财产的交易活动）的特点。

知识产权贸易非常适宜电子商务的环境，其全部交易过程都能够在计算机网络上直接完成，不涉及“网下”的物流配送问题，因此知识产权贸易必将在电子商务占据主要的位置，其重要性甚至将超过有形财产的贸易。

《统一计算机信息交易法》主要调整的是无形财产贸易，更确切地说是包括版权、专利权、集成电路权、商标权、商业秘密权、公开形象权等在内的知识产权贸易。

所谓“计算机信息”是指能够直接被计算机处理或者从计算机获取的电子信息。所谓“计算机信息交易”是指有关创作或开发计算机信息，以及提供访问、获取、转让、使用、许可、修订或发行计算机信息的合同，不包括印刷出版的信息。因此，该法主要适用于创作或发行计算机软件、多媒体及交互性产品、计算机数据以及在线信息发行等交易，不适用于有关印刷出版的书籍、报纸、杂志等的交易。

**2. 电子代理人**

在计算机信息交易合同的成立和效力方面，《统一计算机信息交易法》引入了“电子代理人”这一非常重要的概念，正式承认了借助网络自动订立合同的有效性。

电子代理人是指在没有人检查的情况下，独立采取某种措施或对某个电子信息或者履行作出反应的某个计算机程序、电子的或其他的自动手段。电子代理人的出现使合同的缔结过程可以在无人控制的情况下自动完成。

该法规定，合同可以通过双方电子代理人的交互作用而形成，也可以通过电子代理人和自然人之间的交互作用而形成。在自然人与电子代理人的缔结过程中，自然人应当以作出声明或者行为的方式表示其同意缔结的意思。例如，当用户申请注册免费电子邮件地址时，网页会出示一份很长的格式合同，详细规定了用户使用电子邮件的条件和要求，最后则是一个表示“同意”的图标，如果用户点击了这一图标，就表示同意注册电子邮件的全部合同条件，并将这一同意的意思表示发送给对方的电子代理人，用户与电子邮箱提供者之间的合同就成立了。

### 3. 格式许可合同

根据《统一计算机信息交易法》的规定，格式许可合同是指用于大规模市场交易的标准许可合同，包括消费者合同及其他适用于最终用户的许可合同。计算机信息的提供者拟定的这类合同面向广大公众，基于基本相同的条款提供基本相同的信息。这类合同的最大特点是具有非协商性，一方提供了格式条款之后，对方要么全部接受，要么全部拒绝，没有讨价还价的余地。由于网络上的计算机信息交易大量采用自动的格式许可合同的形式，因此为了保护格式合同相对人（即用户和消费者）的利益，该法规定，格式许可合同的对方当事人只有在对合同条款表示同意的情况下，才受合同约束。如果有些格式条款不易为人所察觉（例如字体过小，含义模糊），或者相互冲突，则不对格式合同的相对人具有约束力。在这种情况下，如果格式合同的相对人已经付了款，支付有关费用或者遭受了损失，格式合同的提供方应当予以合理补偿。

### 4. 计算机信息提供者的担保义务

由于网络上的交易活动从缔约到履行基本上是自动完成的，有些不法之徒便借机从事违法或欺诈活动。《统一计算机信息交易法》规定，计算机信息的提供者对其提供的计算机信息负有担保的义务，即担保其提供的计算机信息不侵害任何第三方的权利，在许可期间被许可人的利益不会因为任何第三方对计算机信息主张权利而受到损害。具体而言，计算机信息提供者应当担保其许可的专利权或其他知识产权在其所属国的领域内是合法、有效的。如果计算机信息提供者不想承担担保义务，它必须向接受者作出清楚的说明。例如，在计算机信息的网上自动交易中，标明“在您享用信息之时，如受到干扰，提供者不承担担保责任”。当然，一旦计算机信息提供者不承担担保义务，其信息的市场价值就降低了。

《统一计算机信息交易法》为美国网上计算机信息交易提供了基本的法律规范。美国国内曾经在是否需要对电子商务立法这一点上进行过激烈的争论。有人认为，对电子商务立法就是对其发展的束缚，但是多数人认为，立法的根本目的不是约束电子商务，而是保障电子商务的发展，让所有的交易者能够预见其交易行为的法律后果，使合法的交易行为得到法律的保护。因此，尽管《统一计算机信息交易法》有不足之处，例如，美国学术界和实务界很多人指责该法对消费者权益保护不利，过于偏袒商业组织的利益，但是该法仍然将美国电子商务立法推进了一大步，预计《统一计算机信息交易法》最终会成为调整美国电子商务的基本法。

# 英　国

## 第一节　英国的知识产权法 *

### 一、专利法

#### 1. 历史与现状

英国虽然是颁布专利法最早的国家，但直到一九七七年专利法产生之前，它的专利制度一直比较陈旧，也一直以保守著称。例如，英国直到一八八三年才开始对“现有技术”进行检索，而颁布专利法比它迟一百五十多年的美国，则早在一八三六年就开始专利检索了。英国早期的专利审查程序也是以烦琐和收费高昂而著称的。英国小说家狄更斯在其作品《穷人的专利权》中，曾对那种程序作过辛辣的讽刺。

20 世纪以来，英国分别于一九〇二年、一九四九年及一九七七年对它的专利法进行了几次较大的改动。其中又以一九七七年的修订对英国的专利制度影响最大。英国的知识产权法学者们认为：这

---

* 编者注：该文论述收录自郑成思著:《知识产权法通论》，法律出版社 1986 年版，第 223-242 页。

次修订之后，英国的专利法“现代化”和“国际化”了。一九七七年专利法中对原先传统的英国专利制度作了下列几点主要改动。

（1）法律条文第一次分为“国内”与“国际”两部分。在“国际”部分，规定了相当详细的、用以协调英国所参加的几个新国际公约的内容。这几个公约是:《欧洲专利公约》《共同体专利公约》《专利合作条约》。①

（2）专利保护期从原先的十六年延长为二十年，这样就与世界上多数国家，尤其是欧洲经济共同体中的其他国家相一致了。②

（3）第一次实行了“早期公开、请求审查”的制度。③这样，第一是能使公众尽早了解新技术的内容，使第三者有可能提出异议，第二是与《欧洲专利公约》的专利审批程序相一致。

（4）将原先在新颖性检索中要求的相对新颖性（即只检索英国五十年之内的“现有技术”），改为要求绝对新颖性（世界范围的新颖性）。④

（5）第一次要求“说明书必须将发明作足够完整、足够清楚的披露，使本技术领域的技术人员能够实施”（这项要求在许多工业发达国家专利法中已规定了多年）⑤。

（6）在高等法院中成立了“专利法院”（Patent Court），以受理有关专利争议及专利侵权的案件。⑥而传统上这类案件一直由“工业仲裁庭”（Industrial Tribunal）受理。在英国，Tribunal 与 Court

① 参见英国 1977 年专利法第 77~95 条。

② 参见英国 1977 年专利法第 25 条。

③ 参见英国 1977 年专利法第 14~16 条。

④ 参见英国 1977 年专利法第 2 条。

⑤ 参见柯尼施著《知识产权：专利、版权、商标及有关权利》，1981 年伦敦版，第 5 章第 5 节。

⑥ 参见英国 1977 年专利法第 96 条。

是性质完全不同的机关（虽然中文有时均译为“法庭”）。Tribunal并不是由法官主持的，而是由上诉法院院长所指定的律师主持，这种律师必须是有十年以上实际工作经验的庭外律师（即 Solicitor），也可以由上诉法院院长指定的其他有相当经历的人主持。诉讼人不需要请律师出庭代理。Tribunal 的工作由高等法院予以监督。专利法院则是高等法院的组成部分，它由职务法官主持，出庭的必须是出庭律师（即 Barrister）。成立专利法院标志着英国在专利诉讼方面的“正规化”。

（7）进一步明确了专利侵权的定义与界限。这将在下面再讲。

（8）对雇员的职务发明的权利归属及雇员与雇主的关系作了更加明确的规定。①

一九七八年，在新专利法生效时，英国又颁布了该法的实施细则。

**2. 英国现行专利制度的特点**

（1）分两步提交专利说明书。

英国专利法也同大多数国家对申请案的要求一样，即提交的申请案必须包括：请求颁发专利的申请书，申请费，说明书（包括专利请求权项）及附图，说明书摘要。但英国为了使申请人尽早确立自己的申请日，以便尽早获得优先权，并不要求把上述文件及费用一次提交，而只要求第一次提交的申请中包括请求颁发专利的申请书，申请费及简要说明与附图，就可以确立申请日了。然后，申请人可以在十二个月内再补交详细说明书、专利请求权项和说明书摘要。过去的专利法明文规定说明书可以分两步提交。一九七七年专利法取消了这一规定，目的是与英国参加的《欧洲专利公约》一致起来。但现行法第五条与第十五条第一款又都暗示：申请时不提交

① 参见英国 1977 年专利法第 39~43 条。

详细说明仍可以确立申请日。说明分两步提交说明书依旧合法。与过去不同的是：过去明文规定了详细说明可对第一次提交的说明作一些修改；但现在的详细说明只能对第一次说明作解释而不能修改。还有两点要注意的：一是现行专利法虽未指出第一次交说明书必须带附图，但如果一份申请有必要用图示说明，则专利局只有在收到附图时才确认其申请日；二是如果在英国专利局呈交申请“欧洲专利”的申请案，就必须一次把所有文件备齐，不能再分为两步了。

（2）不承认“拼图式”的“现有技术”能否定新颖性。

英国上议院（即最高法院）在一八八〇年处理一起专利诉讼案时，留下了一个至今有效的判例[①]，即不允许专利审查机关在衡量发明是否具有新颖性时，将两个以上的“现有技术”资料合并在一起，作为参照物。当时的上议院议长、大法官詹姆斯使用于 Mosaicing 这个词，人们在词典上找不到它（因为 Mosaic 是个名词，不可能加 -ing）。他使用这么个“不可能存在的词”，正是为了说明拼图式的审查方法是不能允许的，是不合理的。因为不仅外国人研究英国专利法时，而且连英国的非知识产权领域的人们接触到这个词时，都感到难于理解，而它却又反映了英国专利审查中的特点，所以在这里作一些解释。

（3）不保护实用新型。英国虽然曾经是世界上第一个保护实用新型的国家，但只实行了四十年就把这种保护制度取消了。时至今日，英联邦国家中除澳大利亚外，均不保护实用新型。

（4）“合理使用”。现行专利法第六十条第五款，对于他人不经专利权人同意而合理使用专利，划出了明确的、比某些国家稍宽的

---

① 参见《英国大法官法院判例集》，1880 年第 126–128 页，冯·海登诉诺伊斯特案（Von Heydon V.Neustadt）。

范围：甲、为私人而不是为工、商业目的而使用；乙、为非商业的实验目的而使用；丙、已经获得医生或药剂师资格的人为治疗病人而使用；丁、在临时进入英国的交通工具上使用。

（5）“女王使用”。这个术语实际上是强制许可证或国家征用的代名词。在专利法第五十八条、五十九条中有具体规定。其使用范围主要是国防方面所需要的技术。除这个范围之外的强制许可证，在英国很少颁发。因强制许可而引起的专利诉讼案，在英国几乎没有。从法律条文上看，除“女王使用”之外，仅对医药发明还另有强制实施的规定。

（6）“当然许可证”。在英国，专利权人可以自愿在专利证上注明：“任何希望实施它的人均有权实施。”这种不经权利人允许即可以实施其专利（但要付使用费）的“注明”，被称为“当然许可证”。凡在专利证上作此注明的人，可减半缴纳专利年费。按“当然许可证”实施时，在使用费金额上若达不成协议，则由专利局长决定。实行这种许可证在于鼓励新技术的实施和采用。

（7）专利局的特殊地位。英国专利局的权力范围比许多国家（尤其是刚刚介绍过的美国）要广。它除负责接收申请案、批准专利权外，还可以受理许多专利冲突诉讼案，乃至专利侵权诉讼案。一九八三年十二月，英国政府提出了修改英国专利法的建议，其中重要的一项内容是把专利局的权力范围进一步扩大，使之可以受理一切专利诉讼案[①]。

### 3. 英国的专利诉讼

一九七七年的专利法与原有专利制度相比，在侵权范围的划法上有一增一减。一增：增加了“共同侵权”的定义。那些虽未非法

---

① 参见英国国际法学会出版的《法律动态公报》，1984 年第 2 号，第 16 页。

使用别人的专利，但为非法使用者提供了条件的人，也必须以侵权论处了。这在过去的专利法中是没有的。一减：过去在英国，不存在专利权“穷竭”的问题。就是说，虽然某些产品经专利权人同意而投放市场了，但如何分销它，还要再取得专利权人同意，否则就构成侵权。新法为了与共同体的《罗马条约》不相冲突，就必须允许专利商品的自由流通，因此必须承认专利权“穷竭”原则。在新法颁布后，分销那些已经由专利权人同意后上市的物品，再也不会构成侵权了。其他关于对专利侵权及专利违法及相应的诉讼与制裁的规定，均与大多数英美法系国家相同。

英国的专利诉讼受理制度，是与美国完全不同的另一种类型。现行法律给专利局赋予了较宽的管辖权。同时，法院与专利局在受理诉讼上并未作明确的权限划分。专利局不仅在审查专利申请案过程中有受理争议的权力，而且在专利证颁发之后，仍有受理任何冲突诉讼或无效诉讼的权力。专利法为英国的诉讼人提供了两种选择：在专利局诉讼或在法院诉讼。不仅如此，按专利法第六十一条的规定，只要诉讼当事人双方同意，侵权诉讼也可以提交专利局处理。在原专利法中曾有一条限制：赔偿额超过一千英镑的侵权诉讼，不得在专利局提起。现行法取消了这条限制。当然，专利局长在处理诉案时的权力还是有一定限制的，例如，他只有权判侵权者赔偿受侵人，有权判定某项被诉为无效的专利是否有效，但却无权对侵权行为下任何禁令，或下令扣押、销毁有关物品等。希望下禁令的原告，只能在法院去起诉。在英国有权受理专利诉讼的法院，仅是“专利法院”一家。

英国为诉讼人提供在专利局诉讼的选择，主要是从诉讼费用的角度考虑的。英国法院诉讼的费用很高，请律师的费用就更高。当事人不能直接出庭诉讼，而要由他的出庭律师代理；当事人又不能直接同出庭律师打交道，而要由庭外律师当中间人。而在专利局诉讼，则无论是诉讼人自己还是他的专利代理人都可以“出庭”。在对他人的专利权提出的“无效诉讼”中，在一些赔偿额不很高的侵权诉讼中，起诉人如在法院起诉，结果就会得不偿失。

除前面提到的国际公约外，英国还参加了《保护工业产权巴黎公约》《为专利批准程序呈送微生物备案以取得国际承认布达佩斯条约》《专利国际分类协定》。

## 二、商标法

### 1. 两种商标权及对注册商标的双重保护

英国商标法的来源与欧洲大陆的多数国家不同，它来自侵权法。法国的系统的商标保护起自一八五七年的注册商标法，德、奥等国从一开始就引进了法国的注册制度。

英国现行商标法是一九三八年颁布的。这部法突出地反映出它来自侵权法这个特征。该法第二条，逐字照搬了英国上诉法院一八九六年对一个侵权案的判决[①]，判决说：“任何人都无权拿自己的商品假冒别人的商品”。这是在英国建立了商标注册制度之后，对商品作为一种有形财产被侵犯而不是对商标作为一种知识产权被侵犯而作出的判决。

英国从十七世纪开始用普通法及衡平法保护商标专用权之后，在二百多年里一直以禁止假冒他人商品的方式间接地保护商标权。英国一八六二年颁布的第一部成文商标法并没有引进注册制。一八七五年引进注册制后，对于未注册的商标仍旧靠禁止假冒商品（即靠普通法）保护；对已注册商标则同时给以传统保护及成文法

---

① 参见《英国上诉法院判例集》，1896 年第 199 及 204 页，瑞得维诉本哈姆案（Reddaway V.Banham）。

保护，即双重保护。这样，未注册商标与注册商标所有人在待遇上的根本区别就在于：前一种商标所有人只有当别人假冒他的商品时，才有权起诉；而后一种所有人在任何情况下，只要其商标被非法使用，无论使用效果是假冒了他的商品，还是其他情况（如在广告中使用、未经许可而进口带其商标的商品，等等），都有权起诉。英国下议院商标法修改委员会最近提出的报告表明，英国即使将来修改了商标法，也会保留对注册商标的双重保护制度。

在英国，“使用”商标是维持商标注册有效的必要条件，却不是取得注册的先决条件。[①] 就是说，未曾使用过的商标，只要其所有人表明自己“意欲使用”,就可以申请注册。这是与美国所不同的。外国人在英国申请商标注册，也只要表明其“意欲使用”即可以。在商标注册处看来，至于该商标是否在该国与英国的贸易中使用过，甚至该商标是否已在外国取得注册，都是无关紧要的。按照商标法第三十条第二款，任何注册的联合商标中，只要有一个商标在贸易活动中未中止使用，整个联合商标就都符合“使用”要求，都能保持有效。注册商标在七年之中未中止使用，也未受到争议（或争议不能成立），就会成为“无争议商标”。未注册商标永远也不能确立其无争议的商标权，而且它一般只在自己被使用的一郡或数郡内有效。

注册商标有这么多有利条件，又能受到双重保护，英国却至今存在着大量未申请注册的商标，这又是什么原因呢？原来，英国对注册申请的审查比多数其他国家都更严格，也更费时间，能够取得注册的标记的范围也比较窄，例如，至今服务商标尚不能取得注册。英国在审查注册申请时，首先要确定商标是否具有识别性，以及确

---

① 参见英国 1938 年商标法第 3 条、第 26 条。

定识别性的程度，其次确定商标是否不具有欺骗性，此外还要看它与法律、"公共秩序"、在先权利等等是否有冲突。其中，仅仅对"欺骗性"一项审查里就分为十多个审查项目，如：是否对产品质量有欺骗性提示，是否对产品产地有欺骗性提示，是否对产品的经营范围有欺骗性提示，是否对商标所有人的法律地位或其他专有权有欺骗性提示，是否会同原使用人的商标相混淆而产生欺骗性后果，等等。

英国注册商标有效期为七年，可以无限续展，每次展期为十四年。

**2. 注册簿中的 A 部与 B 部**

英国商标注册簿分为 A、B 两部，究竟能够获得在哪个簿中的注册，是由商标本身的识别性及识别程度决定的。商标法第九条规定：能够在 A 部注册的，必须是以特殊方式表示的公司名称、人名或商号，或是创新的词或字及其他具有识别性的标记，但不能是直接提示商品质量或特征的标记。能够在 B 部注册的，识别性可以差一些。有些字或词虽然在注册审查时被判为无识别性，但鉴于它在使用中可能产生识别性，也可以先在 B 部注册。这样注了册的商标在使用七年后（即第一次续展时）如果被认为已具备了识别性，则可以上升到 A 部。所以，许多商标在通不过 A 部注册审查时，申请人可以请求在 B 部注册（若无此请求，商标局将驳回申请，而不会主动将其转至 B 部）。但也有一些商标（如证明商标）按规定只能在 A 部注册，如不获准，则将驳回。

获得 A 部注册的商标，专有权比 B 部中的范围要广。例如，某人在贸易活动中把他人在 B 部注过册的商标当成自己的商标使用，但同时又注明了自己的真正厂商名称，英国法院就会判决这种使用方式不会欺骗消费者，因此不构成侵权。这样判决的理由是：原在 B 部注册本身就表明其不具有明显的识别性，而标明了真正厂商名称则能使用户识别产品的不同来源。但如果在上述同样条件下使用他人的 A 部注册商标，就必定被判为侵权。所以注册申请人首先都会力争在 A 部注册。但通不过 A 部审查时，人们也不会轻易放弃转向 B 部的机会。因为 B 部注册毕竟还有下面四点益处：第一，注册人有权制止他人未经许可而又未注明自己的厂商名称而自由使用其商标；第二，注册人有权制止其他人的相同或相似的商标再度注册（无论在 A 部还是 B 部）；第三，注册人有权制止相同的未注册商标的使用人越出自己原使用地区使用其商标；第四，注册人在七年后有可能获得 A 部注册，从而在十四年后可能变为“无争议商标”所有人。

英国商标法中虽规定了地名与直接提示商品质量或特点的文字不能作为商标去注册，但英国的判例法已接受了美国商标制度中关于“第二含义”的原则。已在使用中产生第二含义的地名，不仅能在 B 部注册，而且（如果识别性很强）能在 A 部注册。英国的大地名如“利物浦”“约克雪”等等，都获得了在某些商品上的商标注册。

据英国专利商标局长说，英国将来修订商标法时，可能会取消 A、B 两部的划分，而采取一个统一的注册簿；注册审查时适用的标准将是目前 B 部注册所适用的标准。

**3. 英国商标权利用的特点**

在英国，注册商标可以根据商标法的规定转让或许可他人使用；但无论转让合同或许可证合同，都必须在专利商标局登记并获准，才能有效。未注册商标，可以按照普通法转让或许可，无须在任何部门登记；转让中的受让人与原所有人的权利范围一样，仅仅有权对假冒其商品的人起诉①。

---

① 参见英国 1938 年商标法第 22~28 条。

注册商标可以连同企业信誉一道转让，也可以单独转让。在后一种情况下，根据商标法第二十二条规定，为避免在市场上引起混淆，专利商标局必须在转让后的六个月内在《商标公报》中公告该商标的所有权已经转移，并通知注册处。未注册商标必须连同企业信誉一道转让，方能有效。如果未注册商标和与它共同使用的注册商标同属于一个所有人，在转让中一起转让了，那就可以不连同企业信誉一道，但公告商标权的转移时，要连同未注册商标一并公告。

对于注册商标的转让与许可，专利商标局决定批准或不批准的主要依据，是看会不会产生欺骗性后果或引起混淆。[①] 当事人若对于不予批准的决定不服，可以在高等法院起诉。

**4. 英国现行商标制度的缺陷**

（1）靠使用和靠注册都可以获得商标权的制度，存在一个最大的缺陷：国家不可能对市场上使用着的商标有个全面的统计，因此没有可供新的商标使用人参考的全面记录。这样，新的商标使用人事先无法知道他会不会在贸易活动中同其他商标权利人相冲突。英国商标法修改委员会已感到这是个应解决的问题。它在一九七四年提交议会的一份报告中，已建议由有关部门建立起全国商标目录。但由于实际上的困难，这个建议一直未实行。

（2）按照英国商标法第十二条，用于同样商品的相同或相似商标的在先使用人，不能排斥在他之后的使用人获得注册；已注册的所有人，则不能排斥在先使用人在原有范围内继续使用。在其他一些国家也是如此。但英国还不止如此，只要经过法院或专利商标局长同意，在先使用人还可以在别人已就同一商标注册后，在商标注册处注册成为“共同使用人”。所以，英国不仅存在共同使用

① 参见英国 1938 年商标法第 22 条、第 28 条。

（Concurrent Use），而且存在共同注册（Concurrent Registration）。这样的商标“专有权”，只能是“所有权”了。

（3）英国批准一项商标注册的时间很慢，有时竟长达数年，相当于（或长于）批准专利的时间了。

在商标国际保护方面，英国只参加了两个专门的国际公约，即《制裁商品来源的虚假或欺骗性标示马德里协定》及《尼斯协定》。

## 三、版权法

现行英国版权法颁布于一九五六年。由于科技的发展和文化领域中许多新问题的出现，这部法律已显得很不适用了。一九七七年，英国版权法修改委员会向议会提交了修改版权法的报告，其中指出修改版权法的目的在于使法律更现代化，使英国能批准《伯尔尼公约》的巴黎文本以及《卫星公约》。一九八一年，英国政府发表了一份绿皮书，综合了政府与版权法修改委员会的意见。从这份文件看，政府与修改委员会的意见分歧还比较大，如何修订版权法，还未最后定局。

### 1. 英国版权法的特点

英国版权法首先反映出英美法系的特点。它认为版权是一种在商业利用中反映出价值的产权，而不是（像法国认为的）一种“天赋的人权”。所以，英国版权法中不存在关于保护作者的精神权利的规定。但英国认为它的衡平法已经能够在原则上起到保护精神权利的作用了。一九七一年的《伯尔尼公约》巴黎文本明确要求成员国版权法中要列入“精神权利”这项保护内容，所以英国已考虑在修订版权法时加上。但它仍作了保留，即在修改后也将不会承认精神权利中的“收回权”。同样，英国现在的版权法不承认艺术作品的作者可以享有版税追续权。

英国版权法还另有一些与其他英美法系国家不同的地方。

在英国，工业品外观设计有一套极复杂的法律来保护它。总的说，它受版权法保护。但同时又有一部《外观设计注册法》和一个很简短的《外观设计版权法》。过去我国一些介绍英国保护外观设计的文章，往往只抓住了其中一个法介绍，不太全面。把这三个法综合起来，可以把英国对外观设计的保护概述如下：（1）外观设计一般均受到版权保护，保护期与其他版权作品一样，为作者有生之年加死后五十年。（2）凡享有版权的外观设计，若付诸工业应用之后，其版权保护自然丧失，转而受"特别工业版权"保护，保护期为十五年。在十五年中，享有类似于专利的权利；十五年之后，即不再享有任何保护（也不再享有版权保护）。（3）按照《外观设计注册法》注过册的外观设计，受"外观设计专利"与"特别工业版权"双重保护，保护期也是十五年，十五年之后该设计也永远丧失版权保护。在这里，"付诸工业应用"的标准是：以该设计生产的产品超过五十件并且已投放市场（如果生产出来后尚在库存中，则不视为"付诸工业应用"）。英国已意识到其外观设计保护制度过于复杂。版权法修改委员会建议：将来废除《外观设计注册法》与《外观设计版权法》，仅由一部统一的版权法为外观设计提供保护。

在英国，受版权保护的作品分为两个部类。第一部类作品包括一切可以找到"作者"的文学艺术作品，如文字作品、音乐作品、绘画。雕塑等艺术作品，等等。第二部类包括一切不易确定"作者"或根本没有作者的制品，如录音、录像制品，电影作品，广播及电视节目，印刷版面，等等。英国版权法学者们认为：第二部类是英国的"邻接权"作品；而在国际上，邻接权只包括表演者权、录制者权与广播组织权。在理论上，两个部类的主要区别在于：保护第一部类作品，是对作者创造性的精神劳动的承认；保护第二类作品，是对第一类作品的传播者的传播技巧的承认。在版权利用的实践中，两个部类的主要区别在于：对版权作品的“合理使用”，仅仅适用于第一部类作品。例如，为个人学习而携带一份未经许可而复制的文字作品，是“合理使用”；而为个人学习而携带一份未经许可而复制的录音带，则将构成侵权了。

即使在文字作品范围，英国准许“合理使用”的限制也比别的一些国家要多。例如,《版权法》第六、七、八、九条划“合理使用”范围时，只把“为科研或个人学习之目的”划在内；而在其他国家，这个范围则是“为科研或个人目的”。就是说，为个人娱乐目的而使用某个版权作品，在其他国家可能是“合理使用”，在英国则必定构成侵权。

英国还存在着一种特殊的国有版权，即所谓“女王版权”。[①]它包括的范围很广。凡是政府部门或由政府部门直接指导及控制而制成的作品，版权都归女王。在许多国家，法律条文不受版权保护；在英国，它们也享有女王版权。在修改版权法的绿皮书中，已经提出缩小女王版权的原有范围。例如：目前申请到英国专利的人，其专利说明书的版权也归女王所有了。绿皮书还建议在新版权法中规定：在专利有效期内，专利权人应被看成是专利说明书的版权的“法定许可证”持有人，即可以不征得有关部门同意而利用自己的说明书；但专利有效期过后，说明书的版权仍由女王独占。[②]

**2. 英国版权制度在贸易活动中反映出的特点**

英国及大多数英联邦国家的版权法中都没对版权“穷竭”原则作出明确规定。有些法学家认为版权“穷竭”原则是不言而喻的，

① 参见维多利亚等著《现代版权法》。

② 参见考宾杰等著《论版权》，第19章第1节。

不用规定；但有时司法机关却不承认这个原则。在英国现行版权制度中有两点是明确的：第一，版权法第八条规定：音乐作品一经作者同意而制成唱片出售，则作者无权再控制其他人进一步录制和出售其作品（但要向作者支付版税）。这条规定是从一九一一年《版权法》中照搬过来的。当时英国唱片业刚刚兴起，为促进唱片业的发展，作出了这种使音乐作者的版权部分“穷竭”的规定。英国政府在绿皮书中已建议取消这一规定。第二，按照欧洲经济共同体罗马条约，英国必须承认共同体成员国之间版权作品的进出口适用版权“穷竭”原则。

英国版权法第二十二条第二款，对进口版权物品构成侵权的标准作了专门规定，这与美国的有关规定相同，即不论进口物品在原产地是不是合法印制的，如果它在英国以同样方法印制即属侵权物，那么就将把该进口物作为侵权物对待。这样，向英国销售有版权的物品，就从四个方面增加了构成侵权的机会：（1）在外国通过强制许可证而翻译出版的英国版权作品。（2）未经许可而复制的第二部类英国版权作品；即使为科研、教育等目的而复制，在外国属于“合理使用”，但在英国“合理使用”不适用于第二部类，所以也将构成侵权。（3）为个人娱乐使用而复制的第一部类作品，在外国可能不构成侵权，携入英国则构成侵权。（4）英国版权所有人在外国的被许可人，将在外国印制的作品或从英国出口的作品销往英国或返销英国，如果该被许可人所在国不是欧洲共同体成员国，则因为版权“穷竭”原则的不适用，也将构成侵权。

此外，英国版权法第四条及其他一些条款中，都有这样的条文：“在无相反协议的情况下，适用本法。”其含义即是允许版权合同的当事人双方以合同条款改变某些法律规定。不过，这种以合同改变法律规定的情况一般出现在出版合同里，很少出现在贸易合同里。

### 3. 英国的版权诉讼

英国的版权行政管理部门是贸易部的专利商标局。这并不像多数国家由某个文化部门管理（如美国由设在国会图书馆中的版权局来管）。但专利商标局不受理任何版权诉讼案。这种案件都由法院受理。版权诉讼一般不像专利诉讼那样有专门法院受理。只是对表演权的侵犯有一个专门的“表演权法庭”受理。这种法庭如“工业仲裁庭”一样，不是法院的组成部分，其主持人的指定则与“工业仲裁庭”不同，是由上议院议长（即大法官）指定的。在政府公布的绿皮书中，提议将来组成专门的“版权法庭”，受理所有的侵犯版权（包括表演权）的诉讼案。

按照英国的现行法律，只有版权的原所有人或转让中的受让人，有权对侵犯版权的行为起诉，独占许可证的被许可人则不享有起诉权，这是与专利诉讼不同的。

法院处理侵犯版权的诉讼时，在行使权力上受到一定限制。例如版权法第十七条第三款规定：对于无意的侵权，法院只有在确实认为除赔偿之外无其他方法弥补受侵害人的损失时，才有权判侵权人赔偿。该条第四款又规定：在建筑物已经按照某个有版权的设计进行施工时，法院无权下中止令；在建筑物已经建成时，法院无权下令将其作为侵权物销毁。在一般情况下，法院仅仅有权判侵权人将所得利润中的一部分合理份额交付受侵害人。对于有意的侵权，法院的权限就宽得多了。它甚至可以判侵权人将一切侵权制品、连同制作它们用的一切设备，都交付给受侵害人。这种制裁法见于版权法第十八条，是英国版权诉讼中特有的。但绿皮书中认为这种制裁过重，将来应予取消；同时认为在处理无意侵权方面加给法院的限制不必要，也应予取消。

### 4. 其他一些将要改变的版权保护方式

（1）“合理使用”范围。这个范围在将来的新法中的趋势是要缩小。有些原来的有关条文要废除；有些则将增加限制条件，如有些虽可以仍不经允许而使用，但要向版权所有人付酬；有些则将进一步明确原适用范围，如为研究而使用属于合理使用，将来要增加“但为商业目的而研究，不在此列”。现行法律允许免费有线转播“英国广播公司”及“独立电视局”的广播，绿皮书建议在新法中规定：如果所转播的不是这两个组织自己创作的节目，仍要向原作者付酬。绿皮书还建议在新法中增加“公共借阅权”之类的权项。

（2）版权保护期的计算法。为了与《伯尔尼公约》的巴黎文本一致，绿皮书建议新法规定电影作品的保护期不再从影片登记或公开发行之日起算，而从“公众可以利用之日”起算。除发行之外，出售、出租等等都可以算作“公众可以利用”；如果这些都未发生，则从影片制成之日起算。为了参加保护印刷版面的国际协定，绿皮书建议新法把原先对版面实行的十五年保护期延长为二十五年。另外，现行法中保留的一七七五年版权法关于大学中的某些作品享有“永久保护期”的规定，新法将予以取消。同时还将取消任何作品所享有的“永久保护期”的规定。

（3）受保护主体将扩大。雇员对职务作品所享有的权利，将比目前多一些。在表演者权项下，将增加杂技演员、魔术师等等一些并不表演有版权的作品的人。

英国是两个主要的国际版权公约的发起国和参加国，此外还参加了《罗马公约》和《保护录制者公约》。

## 四、拟议中的《保护秘密权利法》

对 Know-How 及商业秘密等秘密权利，大多数国家还没有专门的单行法去保护。一九七三年三月，英国议会中的法律委员会着手研究改进过去靠普通法对秘密权利的保护。一九八一年十月，该委员会向上议院议长提交了一份“保护秘密权利立法报告”，并拟定了一份《保护秘密权利法》的条文纲要。下面从五个方面对这个报告及拟议中的法律作一些介绍。

**1. 新法的保护范围**

报告认为，“秘密”一般包括两种含义不同的内容，一是工、商性质的技术情报和其他情报，二是私人生活中的秘密。新法将不排除对第二种秘密的保护。所以，它的保护范围将包括：技术秘密，包括化学配方、机械工艺等；商业记录，包括客户名单、经营或销售额等；政治秘密；私人秘密。但报告中为说明问题而举的例子，实际上仅涉及技术秘密；报告也认为这应当是受保护的主要内容。一切受保护的主题必须具备三个条件：（1）它必须是秘密的，而不是“公有领域”中的对象；（2）它必须不是个人在工作中获得的知识或经验；（3）它必须不与公共利益相冲突。但法律并不要求技术秘密具有新颖性、先进性或实用性。

**2. 新法比普通法更明确的几点**

（1）迄今为止，普通法仅仅对有义务保密而泄了密的人以侵权论处。新法除此之外还对一切以不正当手段（如窃听、偷盗）获得秘密或利用秘密的人以侵权论处包括可以追究其他法律责任。

（2）新法将强调公共利益高于秘密权利。对危害公共利益的秘密，任何人都有权予以公开。这里的“任何人”，包括原先按照合同有义务保密的人。

（3）普通法对雇员作了过于苛刻的要求。雇员为工作而从雇主那儿得到Know-How之后，即使它进入了公有领域，雇员也不能擅自使用。报告认为：法律只应保护权利人，而不应无故“惩罚”秘密权利的接受人。所以新法将宣布：原则上凡进入公有领域的秘密，包括雇员在内的一切人都可自由利用。

（4）对于不知其为秘密而无意间得知的情况（例如发明人储存在计算机中的数据被后来使用计算机的人无意间发现），普通法中没有适用的判例。新法将明确宣布：无意得之者不究；但得之后擅自利用或予以泄露者，追究其民事赔偿责任；若得之者不知其为秘密而加以利用，并在利用中已付出代价，难以挽回，则可不究法律责任，但要向秘密权利所有人补交使用费。

（5）新法还将规定：法院，保安部门，公共服务部门的人在执行任务中得知秘密后，有义务为权利人保密。如擅自泄露，要追究法律责任。

**3. 新法与其他法的关系**

（1）与其他产权法的关系。报告强调，新法与产权法保护的对象不同。产权法保护的对象在转让之后不再属于原物主；秘密权利转让后，权利人仍可继续占有它，实际上成为转让人与受让人共有发明人不会完全忘掉自己搞出的技术秘密，所以即使法律规定了转让后权利完全归受让人，在实践中也将行不通。

（2）与合同法的关系。新法的法定义务对于接受秘密的一方来讲，具有相当于合同法的约束力。不履行义务者，按侵权加不履约并处。如果保密合同所规定的义务范围比新法规定的还要宽，同时又合乎合同法的规定，则该义务不受新法的限制。

（3）与欧洲经济共同体法的关系。英国普通法保护 Know-How 的做法是：Know-How 许可证到期后，如果它仍处于秘密状态而未进入公有领域，则被许可人起码还须为它再保密十年，并在十年中不准擅自利用。这样做的理由是：如果许可证一到期即可以自由使用 Know-How，那岂不等于将 Know-How 转让了。但欧洲经济共同体的“欧洲法院”，却曾经依照《罗马条约》作出判决，认为在许可合同到期后限制被许可人利用 Know-How 的任何条款，都属于“不公平合同条款”。如何与后者取得一致，在报告中尚未拿出可行的意见。

**4. 司法救济**

（1）已发生的侵权。法院将按照新法判侵权人将侵权中获得的利润交付权利人。此外，法院还可以根据不同情况酌定侵权人应付多少“精神损失”的赔偿责任。

（2）可能发生的侵权。法院有权依新法下达暂时禁令或永久禁令；也可以要求可能侵权的人预付使用费，并确定他今后可以使用的范围；还可以命令可能侵权的人交出为侵权活动准备的一切物质材料。

**5. 新法的条文纲目**

报告初拟新法将由二十三条组成，即：

（1）对秘密权利所负的法定义务；

（2）本法适用范围；

（3）在承担保密义务情况下接受的秘密；

（4）在司法程序中得到的秘密；

（5）以非正当手段得到的秘密；

（6）第三者获得的别人负有保密义务的秘密；

（7）在工作中获得的、仅用于提高个人技术的、不负有保密义务的秘密；

（8）由秘密权利的义务中产生的债务；

（9）对秘密权利所承担的义务的中止；

（10）对侵犯秘密权利的诉讼；

（11）诉讼人证实其秘密权利与公共利益无冲突的义务；

（12）辩护；

（13）秘密权利人获得的司法救济总则；

（14）赔偿；

（15）调处规则；

（16）对于将来使用届时已不再负保密义务的秘密的司法救济；

（17）对地方法院的专门规定；

（18）秘密权利的转让；

（19）行使本法与履行合同的关系；

（20）各种术语的含义；

（21）附则；

（22）对“皇家秘密权利”的适用；

（23）本法的名称、生效日期及适用地域。

## 第二节 英美法系国家的版权合同*

大多数英美法系国家的版权法中，没有集中规定版权贸易合同的订立原则；对合同内容的要求则更无具体规定。例如，美国现行版权法第 2 章是唯一管辖权利转让的一章。但其中仅在第 203 条对转让及许可的中止条件作了规定，在第 204 条对转让必须采用书面形式作了规定，在第 205 条为转让提供了登记制度（但不是强制登记）。其他方面，则仅靠调整一般贸易活动的合同法去规定了。而美国的合同法，各州是不同的。只是美国《统一商法典》为我们了解大多数州合同法的原则提供了一个示范。英国的情况也大致相似，即仅从版权法中找不到更多的有关版权贸易的规定。乃至英国版权

* 编者注：该文收录自郑成思著：《版权公约、版权保护与版权贸易》，中国人民大学出版社 1992 年版，第 189-200 页。

法学家戴弗里塔斯在总结美、英、澳大利亚三国版权法中有关版权合同的规定时，只能得出两条：

第一，三个国家都要求版权转让[①]必须有书面合同。

第二，除精神权利[②]外，版权既可全部转让，也可部分转让。

至于其他方面，则均是权利人与使用人自己订合同的自由了。[③]

因此，在谈及英美法系国家有关版权合同的规定（或说得更确切些："有关版权合同的实际做法"），我们只能参考一些大公司的标准合同，辅之以有关法律的规定，加以说明了。

## 一、英美法系国家的出版合同

在许多英美法系国家，为版权诉讼及版权进一步利用上的方便，出版公司往往要求作者签版权转让合同，方能同意承担出版义务。谈判地位强的作者（例如其知名度极高、作品以其他非出版形式被利用的可能性极大、并能以其他语种发行并畅销的等等）可以不接受这种合同。谈判地位尚不很强而必须接受这种合同的作者也应当注意到：这种带转让版权性质的出版合同，实质上同样带有版权许可证性质。就是说，它不同于版权的一次卖绝。只有一次卖绝性的出版合同，才是在绝大多数情况下不应签的；而非一次卖绝性的出版合同，即使带有版权转让性质，在一般情况下可以谈判和签订。[④]

说它带有版权转让性质，主要因为它一般包含下列内容：（1）出版者要求享有该作品在全世界的出版发行权；（2）出版者要求享有作品出版后的翻译权、摘编权、出租权、报刊连载权、广播权、录

---

① 这里指的只是所有权转让，不包含使用许可。

② 三个国家中，至今仅澳大利亚版权法中尚无明文保护精神权利。

③ 参见世界知识产权组织《版权》月刊，1991 年第 11 期。

④ 这种版权合同，可称为版权“准转让”合同。

制权、制片权、缩微复制权、输入计算机权等等。说它带有许可证性质，并非一次卖绝，则主要反映在下列内容上：（1）在规定上述权利授予出版者的同时，会另有条款规定：作品的版权作为财产权仍属于作者；（2）在支付条款中，除规定签合同时的首次支付额外，另要详细规定在首次印制的作品复制本之后另印时，应再支付作者多少提成费（Royalty）；（3）在授予出版者各种权项的同一条款中，要具体规定出版者在利用（自己利用或许可他人）各项权利时，应将收入的多少比例支付作者；（4）规定明确若出版者未履行上述义务，则作者有权中止合同；（5）图书“版权页”上，将作者标示为“版权人”。

按照英、美一些大出版公司的惯例，首批复制品之后再复制时，应再支付作者实际市场销售值的5%至15%不等（最高可达25%）。[①] 这里讲的“售销值”并不是技术转让许可证中常用的“净销售值”，而是实实在在的销售值（相当于一般货物买卖中的“毛销售值”）。

而大陆法系国家一般均在版权法中对出版合同作出具体规定，出发点一般是保护作者利益。有些在合同中本应是双方通过谈判来确定的事，这些国家仍作了有利于作者的硬性规定。除西班牙之外，如日本版权法第 81 条（1）款，要求出版者必须在接到原稿后 6 个月内予以出版。

英美法系国家一些大公司签订出版合同（主要指出版权许可使用合同，但不排除对其他权利的许可，乃至转让或“准转让”，这要看下述第（3）种条款是怎样订的），一般均会要求至少在合同中明确下列问题：

---

① 首批复印数，一般由作者与出版者谈判确定。按照英国斯维特—麦克斯韦尔出版公司的格式合同，首批一般定为 1000 册。属于大陆法系的多米尼加版权法第 73 条的规定，在作者与出版者未定下具体数额的情况下，首批也视为 1000 册。不同法系国家所归结的这个相同数额可供读者参考。

（1）作者或其他版权人与出版者各自的身份，居住地（或公司设定地、公司总部所在地）。明确这一点的用意，主要避免将来一方不履约而另一方打官司却找不到了“对方”。

虽然英美法系国家允许非作者成为原始版权人，但大多数出版合同仍是在作者与出版者之间签订的。故下面将只提“作者”，不再复述“其他版权人”。

（2）交付出版的有关作品，过去是否曾在其他出版公司出版过，或是否在报刊上已连载过。这一点，对于出版者确定支付什么样的报酬十分重要（虽然从理论上讲，图书出版前的“连载权”，也应由作者充分享有）。

（3）作者授予出版者的出版权（以及可能附带的其他权利）是专有性（即独占性）的，还是非专有性的。或者，作者是否同意把其出版权（乃至全部版权）转让给出版者。在过去，英国与美国的出版公司均要求作者转让版权。原因之一是：在发生侵权时，仅版权人才有权单独起诉，维护版权。但1988年的英国版权法与1976年的美国版权法，均已规定了独占许可合同的被许可人（出版者），有权单独对侵权人起诉。所以，应当说这已经使要求转让版权的理由已不复存在。即使如此，仍有些出版公司（尤其是美国、澳大利亚、加拿大等国的出版公司）在多数合同签订时，可能会要求作者转让版权，或至少签订前文所说的那种“带有版权转让性质”的独占许可合同，即“准转让”合同。

英美法系国家出版公司的这种转让要求（或“准转让”要求），也是从日后便于进一步使用有关作品考虑的。至少，在出书后，其他使用人（如制片公司、广播公司）与出版公司联系准备将有关已出版的作品摄制成电影，或在广播节目中使用，出版公司就可以自己“说了算数”，而不必再度取得作者的许可了。

但是，作为我国的出版社，要翻译出版一部美国或英国作品，则一般只需要从作者（或外国出版公司）那里取得使用许可（而且仅仅是翻译成中文及出版发行中文文本的许可）就够了。除非我国出版社认为某书出版后，还很可能有价值再出中文缩微版、再度被改编成中文话剧、电视剧、电影，或被使用到中文广播中去。只有在这种情况下，出版社才有必要与外国版权人签订版权转让（或“准转让”）合同。在进行涉外版权合同谈判时，尤其是外国版权人拿出他们的标准合同与我们谈判时，取得多大范围的使用权才是必要的，我方谈判人应事先“心中有数”。

参考英、美几个世界性大出版公司的标准合同，在这第（3）种条款（即“授权性质及使用方式条款”）中，还可能涉及其他许多翻译权与复制权项下的分项权利及其他权利。这里举一个版权“准转让”合同中，就日后出版公司还有权（不再经许可）而使用某交稿作者的哪些权利，以及使用后的再付酬标准，作一下列举，以供读者参考：

①翻译权。[①] 如果出版公司在出原文后，翻译出版或许可他人翻译出版该书，将把扣除成本后收入的66%支付作者。

②选编与摘编权。如果出版公司出原文后，选编与摘编使用或许可他人选编与摘编使用，将把扣除成本后收入的50%支付作者。这种使用中包括出书后再出“缩编本”。

③出版活页本权。如再出版活页本，将把扣除成本后收入的50%支付作者。[②]

---

① 这份标准合同是“图书出版合同”，而不是“翻译出版合同”，故在已确认以原文出版之外，还须明确翻译权在出版后的使用。

② 以下支付均指出版公司自己使用或许可他人使用有关权利；支付额均指扣除成本后的百分比，各款中不再重复。

④出书后连载权。出书后首次连载，支付 90%；二次及以后各次连载，支付 75%。

⑤报刊转载权。出书后报刊转载，支付作者 50%。注意，英国一般称“One Shot Rights”为“报刊转载权”。

⑥电视使用权。如出书后在电视广播中使用，支付作者 75%。

⑦广播使用权。如出书后在非电视（即声音）广播中使用，支付作者 75%。

⑧微缩权、影印权及类似使用权。以这类技术复制发行已出的图书，均支付作者 50%。

⑨制作录制品权。出书后制作录音制品或录像制品（包括摄制电影片），支付作者 75%。

⑩输入计算机及纳入数据库系统权。将已出版的图书纳入数据库系统并发行有关数据库软件，支付作者的数额可另行谈判；但本合同确定，必须支付[①]。

⑪出版全文本（即非“缩编本”）、重印全文本、以硬皮书（精装本）出版、软皮书（普通平装本）出版，等等权利，则属于“出书前”商定的权利，即算入合同本身的首次支付条款中。

应注意，上述支付的百分比数额，都是在假定作者许可出版公司在全世界范围内出版其作品的情况下预定的标准。而在实际版权贸易中，英、美在传统上，各大公司各有自己的势力范围，要求获得某作品的全世界出版发行权的情况并不很多。

（4）作者交稿日期。这对出版者很重要。有时，拖延了交稿日期有可能妨碍图书的顺利发行，给出版公司带来巨大损失。

---

① 我国现有一些行政部门、大专院校的开发公司，或其他事业部门，在数据库软件中纳入他人作品（包括国内外作品），均不取得作者许可，也不支付报酬。而其发行数据库软件的价格却并不低。这种做法是违反我国著作权法与版权公约的，应引起重视。

在今天，多数大的英美法系国家出版公司均要求作者不能以手写稿交付付印，而必须以计算机文字处理系统打印稿，或至少以打字机打印稿交付。

（5）校清样日期，校清样人，及校清样时的可修改程度。这方面的要求，均与大陆法系国家要求相似。

（6）出版日期及合同有效期。对出版日期，一般大公司的标准合同均规定不超过交稿后一年。有些公司的合同规定是交稿后两个月（如澳大利亚 CCH 国际出版公司）。还有的公司在“标准合同”中根本不规定出版日期。这种“忽略”是不利于作者的。我国作者如在国外出书，应注意合同中是否缺少“出版日期”条款。而我国出版社如出版外国作品，则不宜主动提出确定出版日期。如对方也不提，对我国出版社并无不利。

英国及多数英联邦国家目前全部转让版权的图书出版合同已不多见。它们对版权转让合同未做法定期限规定，就是说，可以无限期转让（亦即到版权失灭为止）。在实践中，“准转让”及许可合同，一般有效期不超过 20 年。

美国版权法强制性规定了自图书出版后，35 年版权自动返回作者。所以，在美国，任何合同期超过出版后 35 年的出版合同，都是无意义的。

（7）首批出版数量。这要以书的类型不同而定。英美均无类似西班牙的硬性规定。而且，合同中也只规定出版数量，一般不规定出售价格。

（8）作者担保条款。与大陆法系国家法律的有关规定相似。

（9）出版者担保条款。与大陆法系国家法律有关规定相似。

（10）查账条款。双方应在这种条款中确认由出版者定期（至少一年一次）向作者提供出售状况，确认是否同意由作者或由双方同意的第三者检查出版者的有关账目。

（11）首批复制本销完后，重印或再版的期限。对此，英美法系国家与大陆法系国家承认的原则也基本相似。

（12）在积压、滞销时，出版者的处理权与作者的优先权。在这点上，也与大陆法系国家法律中规定的原则相似。[①]

（13）合同中止条款。英美法系国家少数出版公司的标准合同中并没有这一条款。我国作者在国外出书时也应注意补足这一缺陷。

在美国，保护作者利益的组织（如作者协会）认为作者有权在下列情况下中止合同：

①出版者违约，尤其是未按合同规定保证使图书不长期脱销。

②出版者破产。

作者协会认为，在这两种情况下，合同均"自动中止"，全部权利返归作者。

美国维护出版者利益的组织则认为：

①如果出版者认为图书的重印或发行已完全无利可图（no longer profitable），则出版者可以中止合同。

②如果作品首次印制出版后，5年内未曾重印，作者在通知出版者的前提下，可以中止合同；即使首版后不满5年，作品确已脱销但出版者拒绝重印，则合同自动中止。

英国作者协会对此的态度则比较原则，即任何一方违约，另一方均有权要求违约方在30日内作出补救，否则可通知对方中止合同。在出版公司破产或公司解散（Wind up）的情况下，合同中止；在两年时间里，作品印制的图书平均每年售量低于250册，则出版者有

---

① 英美有些大公司的"格式出版合同"上，甚至订有完全类似西班牙"出版合同"部分第"8"点的条款，即出版者如打算销毁库存，则必须通知作者，使之免费获得其所需数量：但作者获得后不得用于出售。

权中止合同。合同中止后，一切权利也自动回归作者。但英国出版公司在谈判合同时，往往会要求规定：如果出版者未能重印作品系由于“不可抗力”，则不得中止合同及返还权利。出版者还会要求作者在中止合同时，返还其已经获得的部分报酬。但作者一般不会轻易同意这些条件。

（14）样书册数、报酬的支付。“样书”也如同我国出版惯例，即赠送作者的复制本。但英美出版公司赠送样书册数均很少，一般在5~7册，极少有像我国那样赠20册的可能。我国出版社出版外国图书，也可考虑参照这个数目。“报酬”则可以是一次支付、提成支付（即版税）等方式。支付条款中必须写明币种、具体的被支付人及汇款方式。

（15）地域范围。在英美出版公司的出版合同中，地域条款比较被看重。一般讲，英国出版公司均会要求享有在绝大多数英联邦国家的专有出版权（如果是许可合同而不是转让合同），以及在其他国家非专有出版权。美国出版公司则会要求享有在美国、加拿大（有时还加上菲律宾）的专有出版权，以及在其他国家的非专有出版权。

（16）合同纠纷解决方式，法院地（或仲裁地）。这在英美法系国家，纯属合同法管辖的问题。我国作者或出版者在与外国出版公司或版权人签版权贸易合同时，应先设法争取在中国解决合同纠纷。

## 二、英美法系国家的摄制影片合同

在美国，一般讲，专门为制片厂或广播电视公司制片而创作的作品，即归入“雇佣作品”，不仅其全部版权归制片人或广播公司，创作人连“作者”身份也不再具有。在美国，雇佣作品（亦即“职务作品”）的权利归属，在通常情况下，与委托作品一样，即全部归雇主或委托人。但委托作品在订合同时，可以确认某些权利或全部权利，日后归受委托人。[①] 雇佣作品则不可以通过合同改变归属。[②]

不过，美国作者协会与美国影视制作者协会（AMPTP）及美国广播公司（ABC）、哥伦比亚广播公司（CBS）及全国广播公司（NBC）曾达成过协议，对于专为制片及电视广播创作的作品，作者仍可享有一部分权利。

如果不是在雇佣或委托状态下创作的作品，则制片厂或广播公司在使用时，就要与作者签订使用合同了。这种合同中除出版合同中已讲过的一些普遍规定（如双方各自的名称、设定地或居住地，合同纠纷的解决，等等）外，还有下面一些可能特别纳入的内容。

（1）授权条款中的特别规定。在这种条款中，一般会特别指出作者授予使用人哪些权利，自己保留哪些权利。授出的权利一般包括：

①摄制电影片权（无声或有声电影，对白或音乐电影均在内）以及电视片权。

②为广告目的而在无线电广播中的使用权。

③为广告目的而复制有关文字权，但从作品中摘用的文字不得超过 7500 字。

④其他必要的权利。

作者自己保留的权利一般包括：

①除上述③中已授出的为广告目的而复制之外的出版权。就是说，作者把作为电影剧本的作品交制片厂拍电影之后（或之前），自己仍有权以图书、报刊登载等形式，全文印刷出版自己的剧本，也有权输入出售的数据库软件，制成出售的缩微胶卷，等等。

②舞台表演权。就是说，如果创作的是剧本，授权制片厂制片

① 这一点与我国著作权法的规定相似。

② 这一点与我国著作权法的规定完全不同。

后，并不妨碍作者再授权某剧团作为戏剧在剧院上演。因为制片权与表演权是分别属于作者的两项不同权利。

③除授权原使用人为作广告目的而广播之外的无线电广播权。

④创作该作品续篇权。这是一项英、美版权法中均未明示存在的特殊权利。往往一部电影或电视受观众欢迎之后，再创作续篇也会有较好的销路。例如美国作品《飘》，即如此。如果原作者的作品受欢迎，却由制片厂或制片厂另找人创作续篇，在实际上就可能侵犯作者原作品的“演绎权”。从保留创作续篇权这一签订合同中的实际做法，我们也可以再次看到，版权不仅仅保护“形式”，也时而要进一步保护到内容。

除此之外，在授权条款中，作者与使用者可能就下列权利是否授予进行谈判：

①是否授予制片人（或其他使用人）为制片目的而修改、增、删作品之权。使用人一般要求尽量扩大这种授权；作者则将尽量限制。通常美国制片人要求获得这项权利是不容过多限制的。而英国制片人则不强调获得修改作品的权利。

②制成的影片的翻译权（译成外文影片）、改编权，等等。制片人一般也会坚持获得这些权利。在过去有限的版权贸易实践中，我国“中影公司”取得英美等国影片的“配音复制”及在中国发行的权利，均是从英美等国影片公司那里，而不是从作者那里取得的。这就说明当初作者已经把这些权利一并授予制片人了。

（2）合同期。英美在制片权的合同期上，各大公司几乎是一致的，即在英国，要求整个版权保护期内将制片权授予制片人；美国要求在至少 35 年内将制片权授予制片人。[①]

---

① 专为制片而创作的作品，在美国一般是雇佣作品。这时制片人事作者及版权人，无真正创作人的版权可言。

（3）地域范围。英美制片人一般均要求获得一部作品在全世界范围的制片权。

## 三、英美法系国家的作品录制权合同

这种合同指的主要是音乐作品的作者（或其他版权人）授权录音制片公司（相当于我国的“唱片公司”“音像出版社”）将其作品录成录音制品（磁带、唱片等）并发行的合同。

这种合同除一般合同应有的条款外，还可能纳入下面一些特别内容：

**1. 授权条款中的特别规定**

英国录音制品出版公司几乎无例外地要求作者将录制权转让给它，而不接受许可合同（即使是独占许可合同）。如果作者未曾授权某集体组织代理其作品中表演权的许可，则出版公司也将要求作者同时将作品的表演权转让它。因为在英美及大多数国家，“表演”均不限于自然人的“活表演”,而且包括在收费场所播放录音带之类。在美国，则至少要求作者在35年内将上述两种权利转让给录音制品出版公司。在美国，如果作者与出版公司双方都未曾委托集体版权代理组织行使表演权或交付表演权版税，则出版公司应将其日后许可他人使用该录音制品于收费播放（即“表演”）所得收入的50%，支付给作者。

**2. 合同期**

这种合同期在英国一般订为“与版权期（即经济权利保护期）等同”。在美国则为“首批录音制品发行起35年”。

**3. 合同中止条件**

在英国，如果录音制品出版公司破产或解散，则作者有权中止合同；如果任何一方不按合同规定履约，另一方可在通知其30天内补救的前提下，中止合同。美国则一般是：如果录音制品出版公司在合同缔结后一年未出版制品，作者可给其另外 6 个月宽限期。届时仍未出版，则可以中止合同。在有些合同中，规定了如果出版公司在接到作者明确要求得到“收入状况报告”（Financial Statements）后，60 日内仍不向作者提供，或在接到要求查账的通知后 60 日不予答复，或在收到要求按期支付报酬的通知后 30 日内仍不支付，均可以中止合同。

4. 地域范围

英美公司均无例外地要求获得作品在全世界范围的录制权。

5. 支付条款

在美国，支付条款中一般不仅包含作者有权查录制公司账的规定，还附加规定：如果录制公司向第三方发出从属许可证，则在与第三方签订的版权合同中，还必须规定原作者也有权查该第三方的账；如果在查账中发现被查人向作者支付的实际款额少于应支付额，并且少支的部分占应支部分百分比超过 5%，则一般应当由被查人支付查账费用。

## 第三节　谈谈英国版权法*

版权包括文学及艺术作品的作者所享有的精神权利与经济权利，它与专利权、商标权等一起，被称为知识产权。

版权形成的历史，与专利有惊人的相似之处。它们都最先出现在中世纪末商业发达的威尼斯，而后又都在资本主义经济发展较早的英国形成最早的法律。

---

* 编者注：原为论文，收录自郑成思著:《知识产权法若干问题》，甘肃人民出版社 1985 年版，第 17–28 页。

十五世纪中叶，由于德国印刷商古登堡（Johann Gutenberg）在西方首次采用了活字印刷术，印书的风很快在欧洲盛行起来。于是，“复制的权利”（copyright），亦即现代含义的“版权”出现了。1495年（也有的历史学家认为是1476年）威尼斯城第一次授予出版商曼利求斯（Aldus Manutius）印刷特权。此后，欧洲的许多国家就争相仿效，由政府授予出版的专利权。在英国，则由皇家向出版商颁发许可证。这种做法一直沿袭到十六、十七世纪的整整二百年间。不过，当时这种“授予”方式，仅仅涉及政府与商人之间的关系，作者本人则一直被排除在受益人之外。

1709年，英国颁布了一项版权法，历史上称为《安娜法》。它废除了由皇家颁发许可证的制度，第一次承认了作者是版权保护的主体。这部版权法被称为版权史上的一次“革命”，它对后来世界上许多国家的版权立法都有重大影响。继英国之后，丹麦于1741年、美国于1790年、法国于1793年都制定了自己的版权法。

一个国家的版权法仅仅在本国境内有效。随着资本主义工商业的发展，出版商们为把对图书市场的控制权扩大到国外，开始着手建立国际性的版权保护。1886年，在伯尔尼由十个国家发起签订了《保护文学艺术作品伯尔尼公约》，即第一个国际版权公约。英国是发起国之一。

由于美国未参加伯尔尼公约，而伯尔尼联盟国家希望能把美国拉入国际版权组织；美国于第二次世界大战后成为头号资本主义大国，美国出版商也希望能控制更多的世界图书市场。两个方面都要求有一个新的国际公约来协调它们之间的关系。于是，1952年，由联合国教科文组织出面，在日内瓦召开政府间代表会议，讨论和通过了一项新的公约即《世界版权公约》（UCC）。英国是最早批准参加这个公约的国家之一。

由于英国是颁布第一个版权法的国家，又是两个国际版权公约的参加国，所以总的看来，英国的版权制度与世界上多数国家现行的版权制度之间不存在很大的差异。

但从整个法律体系上看，英国毕竟是英美法系的国家，这个法系与大陆法系存在许多重大差别。此外，在版权制度的理论上，大陆法系国家一般奉行“天赋版权”说，认为版权是作者自然的权利（正因为如此，一些大陆法系国家并不使用“版权”这个词，而代之以“作者权”或“著作权”），而英美法系国家则一般奉行“商业版权”说，即认为版权的实质是为商业目的而复制作品的权利。这样一来，又使得英国版权制度不仅从法律条文上，而且从司法实践上，都具有一些自己的特点。

## 一、英国版权法的特点

英国现在实行的是1956年颁布，1957年6月1日生效的版权法。它给人的第一个印象就是篇幅长，除五十一条正文之外，还有附则，共七万多字。这主要是因为英国没有一部系统的民法典，凡涉及版权问题的民事权利及责任，都必须写进版权法。除版权产生的条件、受保护对象等一般规则外，有关版权合同、版权转让、版权继承、版权馈赠、发生版权冲突时的诉讼程序、诉讼时效等等，在英国版权法中应有尽有。以继承而论，什么资格的配偶才有继承权；以诉讼而论，各种法庭由什么样的人组成，许多细节都规定在内，这就大大增加了法律条文的篇幅。相比之下，法国版权法只有一万多字，法国版权法中的“诉讼”一章，仅仅讲了扣押侵权物品的程序，其他内容则仅规定“适用《法国民法典》”的某条某款。英国版权法包罗万象，似乎使人们在版权诉讼中可以免去征引其他法律的规定，但实际上却难以回避英国司法制度引证判例的麻烦。

1956 年的英国版权法有追溯力，在版权冲突关系中处理 1957 年 6 月 1 日前创作完毕的作品时，不能忽视这一点。同时，这部法规又在“保留条款”中声明某些旧法对于某些作品依然有效，它不一般地宣布新法生效后旧法立即失效。

英国版权法规定只对于一种版权利用方式实行强制许可，即复制原已录过音的乐曲唱片，制造商取得这种许可证的条件是保证出售（零售）所制造的唱片并向版权所有人交付版税，版税规定为零售额的 6.25%。确定强制许可对象及颁发强制许可证的部门，是英国特有的“表演权法庭”。版权法第四章专门对它的组成及权力范围作了详尽规定。

在一般国家，工业品外观设计（industrial design）属于专利权保护范围，并不列入版权法中。英国版权法第十条则专门为外观设计作出规定。在实际生活中，确有许多艺术作品与外观设计紧密联系，例如，图画转化为工业品图案的情况，这是经常遇到的。在英国受版权保护的作品享受的保护期是在作者有生之年加死后五十年之内，受外观设计专利保护期则只有十五年。而从另一方面看，受版权保护的作品在冲突诉讼中不能对抗其他人独立创作的相同作品,受外观设计专利保护的作品则可以对抗一切在它之后产生的（不论独创的还是仿制的）作品。所以划清这二者的界线，在司法实践中非常重要。从英国版权法的条文上看，它规定享有版权的艺术品如果经作者同意而付诸工业应用，其版权即应丧失、转而受专利保护。但怎么才算“付诸工业应用”呢？英国曾为解决这个问题于 1974 年组成一个委员会。对于各种不同的工业品不可能有个统一的标准，这里仅举一例：如果一幅受版权保护的图画被用作地毯的图案，则地毯生产满五十条之后，即划入“付诸工业应用”的范围了。

英国版权法规定了一些特殊版权，最突出的是女王的版权。女王的版权包括的范围很广，凡是在政府部门控制下或按政府部门的指示而产生的“作品”，版权都归女王所有（就连政府各部向地方机构发出的指示也在内，在大多数国家，法律、法令的文本都不享有版权。但这些在英国则都属于“女王版权”的保护对象。这种作品的版权保护期，是自发表算起的五十年。此外，英国广播公司（BBC）和英国电视局（ITA）也享有特殊版权。英国不像许多资本主义国家那样，国内有大大小小的广播公司、电视公司。英国皇家授予上述 BBC 和 ITA 独家经营广播和电视广播的特权。它们均对自己的广播享有版权，以制止别人不经允许转播、转录（包括录音及录像）。不过，现在已有人提出女王享有的特殊版权应在新修订的版权法中有所改变，认为皇家享有特殊版权是不合理的。

英国版权法把一切文学艺术作品分为两类：一切文学作品，戏剧作品、音乐作品、艺术品，都属于第一类；一切录制品（包括录音、录像）、电影作品、电视作品以及排印版面，属于第二类。在各个国家，法律都划定了一个“合理使用”的范围。例如，为科研、为私人学习等目的而利用版权作品，无须取得作者同意。在英国，“合理使用”的原则仅仅适用于第一类作品，而不适用于第二类作品。这与大多数其他国家（包括英美法系国家）是不相同的。就连很有经验的版权律师或知识产权法学者，也有时忽略了英国版权法所作的这种特殊分类。

在大陆法系国家，版权最初一般只能授给作品的作者，而在英美法系国家，则能够授给作者或“其他所有人”。尤其电影作品，在英美法系国家一般是授给“制片负责人”或“制片厂”，而不是授给参加电影创作的编导、演员等。为完成雇佣劳动的任务而创作的作品，在英美法系国家，其版权在很大程度上也属于雇主，而不属于作为雇员的作者。英国在这方面是较为典型的。近年来，国际知识产权法的学术界及律师界越来越多地提出意见，反对将最初版权授予作者之外的任何人。但英国似乎不打算根本改变它的一贯做法。

英国（及大多数英联邦国家）与其他国家版权法不同的又一个特点是：它基本不承认“版权穷竭”的原则。许多国家的法律规定：如果版权所有人本人（或别人经其许可）出版发行了某部作品，则该所有人就不再享有该作品继续销售方面的独占权，就是说，他的版权中的销售权已经“穷竭”了。但英国法律则规定：版权所有人始终享有销售方面的独占权。不过，英国法的这个特点存在两个例外。第一，由于英国参加了欧洲经济共同体，必须服从共同体内自由竞争原则。版权作品销售权不应当始终由版权所有人控制，是一条由共同体自由竞争原则中引申出来的规定，英国必须遵守。这样，英国在与其他共同体国家发生版权作品的进出口时,不得不承认“版权穷竭”原则。第二，在 20 世纪初制定版权法时，英国的唱片业还刚刚兴起，为利于唱片制作商之间的竞争，当时的版权法规定：凡作者本人（或别人经其许可）已经录制发行了自己的作品，他就无权对其作品进一步被录制实行控制。这实质上也算一种“版权穷竭”。这条规定在 1956 年版权法中被沿用，至今尚未改变。

由于现行的英国版权法是 25 年前制定的，这期间出现了不少版权方面的新问题。例如，随着现代科学技术发展而出现了卫星通信，一些发达国家在 1974 年于布鲁塞尔签订了《关于播送由人造卫星传播的载有节目的信号公约》，而英国版权法中缺少相应规定，所以英国无法参加这个公约。又如，伯尔尼公约 1971 年于巴黎修订后，在对待舞蹈、建筑、电影、民间传说、外观设计及作者精神权利等方面，与英国版权法也有矛盾，使英国不能批准这个修订文本。目前，英国已成立了一个修改 1956 年版权法的委员会。1977 年，贸易大臣（英国版权属于贸易部专利局主管）把这个委员会关于修改版权法的报告提交了议会。据说修改的主旨在于使英国版权法“更现代化”，以便能批准伯尔尼公约的巴黎文本和参加布鲁塞尔卫星公约。

## 二、判例法、衡平法的影响

英美法系国家重视判例的作用，在司法实践中，判例对以后的案子审理具有约束力，这是它与大陆法系国家在司法实践中的主要区别点。在立法上，英美法系国家各部法典中的许多条文，可以在著名的判例中找到依据，也曾出现判例与立法相矛盾的情况。第一个版权法《安娜法》一出现，就跟着产生了一个问题：假如作者根据英国习惯法（即判例法）的原则，一向享有其未发表之著作应得的利益，那么在作品发表后又应怎样对待呢？也就是说：是把《安娜法》并入早已通行的习惯法的保护原则之中，还是废除全部习惯法规定的权利，而仅仅适用“安娜法”所规定的保护出版物的办法呢？这个问题也是按照英国历史上著名的两个判例解决的，这两个判例划分了习惯法与《安娜法》各自的管辖范围，即作品未发表前，享有习惯法赋予的权利，发表后则适用《安娜法》的规定而取消其习惯法的权利。

到现在为止，判例法仍旧在版权保护上起着重要作用。凡版权法中没有明确规定的冲突情况，都以判例为依据去处理。例如：出售唱片的商店为了推销商品，未经作者同意就公开播放了唱片，是否要向作者支付使用费。这在有些国家是不会成为问题的。例如，在我们中国几乎所有出售唱片的商店无例外都可以自由播放它要推销的唱片。再如在联邦德国，法律明文规定可以播放。而英国版权法对此没有明确规定，只规定了凡“公开表演”作者的作品，必须向作者支付版税（royalty，它与“使用费”是一个词）。1979 年 7 月英国高级法院（它是组成最高法院的一部分，不同于我国地方上的高级法院）受理的表演权协会诉哈里津唱片社一案（Performing Rights Society V.Harlequin Records）就属于这种情况。法院的判决是：被告应向作者支付使用费，因为在商店播放一部作品，构成了“公开表演”行为。而被告没有上诉，说明同意判决。这个判例先见于《金融时报》，后又见于英国官方的法律公报，它将成为今后遇到这类案子时审理的准绳。

即使法律条文中有明确规定，怎样解释它，也要靠判例。而判例改变了现行法律条文的情况在英国也是有的。

十五世纪前后，为适应商业发展的需要，在英国逐渐形成了与普通法互为补充的衡平法，即衡平法院按“公平”原则，而不是按原有法律判案的案例。虽然衡平法院在十九世纪七十年代已撤销，但衡平法的作用并未消失。在版权方面，英国没有关于作者精神权利的规定，而在大陆法系国家看来，作者的精神权利是比其经济权利更高、更长久、更不可剥夺的。在 1928 年修订伯尔尼公约时，有人提出必须在立法中充分肯定作者的精神权利而英国缺少这一项。英国代表则声称英国衡平法已对这种权利提供了充分保护，而且一直是这样保护下来的。

衡平法在土地法与信托法方面影响最大，而版权保护有时也要牵涉信托问题。英国现行版权法中专有这样一条：“衡平法中对于违反信托或信用的行为所制定的一切规则，均不受版权法影响。”这就清楚地表明，版权法在信托问题上要为衡平法让路。

## 三、版权诉讼

英国版权法大量的条文涉及如何制止他人无偿复制作者的作品，如何制止抄袭行为，等等，好像版权法的作用就是如此。正如有人指出的，这不过反映出英国法律与实际的脱节。在实际生活中，一国之内的版权冲突很少发生在抄袭、无偿复制的问题上，也很少因此引起诉讼。法院受理的版权冲突案件大都是发生在权利的转让、许可证的发放之类的问题上。

按英国版权法的规定，版权是可以自由转让的，可以全部转让，也可以部分转让。不过有两点必须注意：第一，转让必须有书面凭证（一般指转让合同）；第二，转让与同意转让是后果完全不同的两件事。第一点无需多说，在 1956 年版权法第三十六条中有明文规定。这里对第二点作一些说明。例如，某个作者在与出版商签订出书合同时，同意出版商对作者采取一次付酬，然后取得作者的版权。这看起来似乎作者已经转让了版权，在一般情况下，这样理解也不会发生什么问题。但如果有人侵犯了这项版权，出版商要向法院起诉，问题就来了。由于他只能出示早先的出书合同，而拿不出转让合同，他就得自己交付诉讼费，而又必须以作者的名义起诉（即必须征得作者同意方能起诉）。再有，如果同一个作者后来又把同一项版权出售给了另一个出版商，那么作者只对第一个出版商负毁约的责任，他的出售行为却是合法的、有效的。法院判决时也会把版权的归属判给第二个出版商。第一个出版商只能要求作者归还原先得到的有关报酬，却不能要求第二个出版商归还他版权。理由是：作者在出书合同中仅仅“同意”把版权转让给第一个出版商，而在签定出书合同时，一般作品尚未完成，版权尚未真正产生，还不可能正式转让这种不存在的版权，而仅仅是“同意转让”。懂得这种利害关系的出版商就会要么要求作者事后补办正式的转让手续，要么在出书合同中要作者正式声明作品问世后放弃自己对该作品的权利，该权利归出版商所有（不能仅仅表示“同意”以后转让该权利）。这种版权的转让与同意转让的区别，来源于英国财产法中的出售与同意出售的重要区别。英国曾有个法学家比喻说：在出售一所房屋这类实物的交易中，买主会很清楚，别人同意把房屋卖给他，与他真正将房屋买到手，是完全不同的两回事。但由于版权是无形的，不是一个实体物，所以人们往往忽视了这种区别，以致在冲突中吃亏。

版权所有人如果打算保留自己的权利，可以不必采取转让的方式，而发放允许他人利用其版权的许可证。这里要注意的也同转让中要注意的一样：第一，必须采取书面形式；第二，许可证与准许他人做某些事是完全不同的。许可证的持有人在诉讼中、在其被许可范围内能够对抗作者本人及版权转让的受让人。独占许可证的持有人还可以不征得作者同意而以自己名义起诉。而仅仅得到作者允许、有权在一定范围内利用其版权的人，只是在利用版权的正常过程中享有与上述人相同的权利，一旦发生版权冲突，他就没有上述人的那些优势了。

英国版权法与实际又一个脱节的地方是：版权法规定，在控告侵权人出售侵权物品（如非法印制的书籍）的诉讼中，原告可以请求获得被告因出售所得的利润。但在实际中，这个利润额很难确定，特别是有的书籍属于“部分侵权物品”（书中只有一部分是未经允许而照搬了原告的作品），利润额就简直确定不了。于是，这项合法的权利在实际中就难以实现。英国论述版权的著作上也告诫作者：“一般不要提出利润赔偿，这太冒险；实际上也几乎没有人提出过这种请求”。英国版权法与实际最为脱节之处，恐怕还在于英国太高的诉讼费使得依版权法去法院起诉已成为被侵权人尽量避免的事。所以，版权所有人一般是采取措施事先防止侵权行为发生，即使发生了，也尽量付诸仲裁或调解。

侵犯版权的诉讼，在表演权与广播权方面，表现得比较复杂。例如，一部有版权的音乐作品如果公开上演并进行电视（或无线电）转播，版权利用人就要同时获得作者的表演许可证与广播许可证。作者发放涉及表演权的许可证以及维护自己的作品的表演权，一般是通过表演权协会统一办理的。凡涉及侵犯表演权的诉讼，也是由统一的“表演权法庭”来受理的。关于“表演权法庭”的组成及程序的规定，在英国版权法中占整整一章，足见其重视。

最后，在英国，什么程度的复制（即使为科研或私人使用）才是合法的，而超出这个限度就可能引起诉讼，也有一个明确规定。不过它并未订在版权法中，而是由“英国版权协会”的声明来体现的。这个规定是：在不超过全文（或全书）篇幅的10%的前提下，可允许连续复制4000字的内容，如果复制一本书中不相连接的各个部分，每部分不得超过3000字，全部不得超过8000字。但由于这项规定未见诸法律，又由于复印机在英国十分普遍，所以事实上每年都有人为研究或学习而成本成本地复印版权作品，却很少听说有人因此而提起诉讼。许多英国出版商及一些作者现在希望通过“一揽子许可合同”（即增加复印费，而由出版商或作者从复印费中抽取版税），而不是通过规定复印限额与诉讼来保护自己的经济收入。

## 第四节　英国修订版权法的绿皮书评介*

1981年7月15日，英国政府发表了修订1956年版权法的绿皮书，它的全称是:《关于修订版权、外观设计和表演者保护法征求意见的文件》。这份文件综合了英国政府以及为修订版权法而于1977年专门组成的威特福得委员会（以其主席Witford法官命名的委员会，下称“委员会”）对增删及修改哪些条文、怎样修改的建议与设想。从文件内容看，政府与委员会取得一致的建议不很多（约占25%到30%）；在许多问题上意见分歧较大；在更多的问题上双方都未拿出自认为恰当的解决方案，只是把问题摆出来，以引起讨论。文件在一开始就说明：发表它的目的在于征求公众的意见，希望能就文件内容展开积极的争论。从这种情况来看，英国修订版权法的

* 编者注：原为论文，收录自郑成思著:《知识产权法若干问题》，甘肃人民出版社1985年版，第28-38页。

草案在短期内还很难形成提交议会的白皮书，在一两年内很难通过新版权法。

这份绿皮书为32开本，61页，除前言之外共分18章，其中包括：

（一）工业品外观设计

（二）复印

（三）录音录像

（四）法定的录制许可证

（五）表演权

（六）表演者权利

（七）无线广播与有线传播

（八）计算机

（九）字型

（十）版权所有权

（十一）继承利益

（十二）版权保护期

（十三）复制权的例外

（十四）司法救助及有关事项

（十五）版权法庭

（十六）版税延续权

（十七）法定备案的图书馆

（十八）其他（其中包括精神权利、舞蹈动作作品、建筑学作品、民间传说、法律适用地域、专利说明书的版权等）

1981年7月16日的英国《金融时报》评论说：绿皮书中提出的问题及建议，无论是一致的还是有冲突的，目的都在于使英国版权法能够跟上25年来发展了的现代技术及变化了的国际文化交流情况，能尽量符合某些国际公约（如伯尔尼公约的1971年巴黎议定书、1974 年国际卫星通讯公约、欧洲经济共同体文化公约等）的规定，以使英国政府能批准这些公约。

下面对绿皮书作一些具体介绍。

### （一）政府与委员会意见基本一致的建议

#### 1.增订有关保护作者精神权利的条文

政府及委员会一致认为，为使联合王国批准伯尔尼公约的巴黎议定书，有必要在新版权法中增加关于作者的精神权利的条文，这主要应包括四方面的内容。

第一，声明作品来源的权利，即作者有权申明自己系某作品之创作人，有权坚持这个身份。特别是对于那些非专职作家，更要提供有效的司法救助，以防止其作品被人假冒或抄袭。

第二，坚持作品的完整性的权利，即作者有权反对别人对其作品进行任何更改。

第三，仅作者本人（在作者死后，仅其法定代理人）有权行使精神权利。作者的精神权利不可转让（但可放弃）。

第四，精神权利的保护期与经济权利一致。

一般大陆法系的版权法中都将“作者有权决定是否发表自己的作品”列入精神权利中，但英国 1956 年版权法对此已有相应规定，新法中将不再重复。

政府与委员会都认为不能（像多数大陆法系国家那样）规定作者（主要指艺术品的作者）享有版税追续权（即某个贵重的艺术品在第二次及其后每次高价转卖时，出售人要将所得利润的一定比例交付原作者）。绿皮书说：到目前为止，还无法认为这样的权利是合逻辑的、公平的。

#### 2.加重对侵权行为的制裁

由于现代化技术的发展，现在盗印、非法录制有版权的作品及侵犯表演者权利，比起1956年时要方便得多了，所以新版权法将加重对侵犯版权行为的制裁，以期加强控制。例如，原先对于侵犯表演者权利只规定了刑事处罚，新版权法将增添民事赔偿的措施，对侵权人将二者并处。新版权法还将废除原先对法院酌处权的某些限制性条文（如1956年版权法第17条第3和4款），扩大法院的司法管辖权。

为了这些目的，以及为了对"合理使用"的范围予以限制（下面将谈到），政府及委员会都建议把原有的"表演权法庭"改为"版权法庭"，处理一切与版权有关的争端。不过，这牵涉经费问题，所以政府在原则同意的前提下，认为还应慎重考虑。

**3.对"合理使用"予以限制**

新版权法将对原有的有关"合理使用"的多数条文作必要的改动，有些是增加限制条件，有些将废除，有些则是原定不收费的要增加收费的规定。如1956年版权法第6条中所规定的"为研究及个人学习之目的"而使用有版权的作品，不以侵权论，新法将加上"但商业组织为商业目的而开展的研究不在此例"一条。1956年版权法规定拍照电视镜头中的静止照片不以侵权论，新法将取消这一条。原规定可免费有线转播BBC及ITA（独立电视公司）的广播，新法将规定，如果所转播的作品不是BBC或ITA本公司所制作的，则要向原版权所有人交付版税。新法还将规定出租的房屋中为房客娱乐而播放音乐，在某些情况下也要加收版税。此外，新版权法将明文规定增加一项版权内容，即"公共借阅权"（PLR）。作者可以按其作品在公共图书馆中被借阅的次数，收取一定版税。但这项版税，不是由读者直接交付，而是由政府从税收中支付。

**4.增订保护计算机软件的条文**

法院在司法实践中已经按1956年版权法中的一些条文保护

计算机程序，但原法对于程序作者身份，保护期等均无具体规定。新法将把计算机软件与其他享有版权的文字作品视同一律，加以保护。

5.限制英王的特殊版权

政府及委员会都认为 1956 年版权法第 39 条第 2 款所规定的英王享有的版权范围太广（该款规定：凡在英王或英国的任何政府部门指示或控制下创作的作品，版权均归英王所有），应予以取消。委员会还进一步建议从根本上废除英王版权，但政府不同意。政府建议除取消第 39 条第 2 款之外，还可作一些其他附加规定。例如，按照 1956 年版权法，专利权人的专利说明书的版权是归英王所有的，政府建议在新法中规定：专利有效期内，专利权人应被认为是持有专利说明书版权的许可证的人，以使他可以分享这项版权。

6.保护期的更改

政府与委员会都认为 1956 年版权法中规定的各种版权保护期基本合理，多数可保持不变。但为了适应伯尔尼公约的 1971 年巴黎议定书，新法将规定电影的保护期不再从影片注册或发行时起算，而从“公众可以利用之日”起算，影片出售、出租或公映之日，均被认为是“公众可利用之日”，如果这几种行为均未发生，则从影片制成起算。为批准保护字型的 1973 年维也纳协议，新法将把字型保护期由原先的 15 年改为 25 年。1956 年版权法保留了 1775 年版权法关于大学及学院中某些作品享有永久保护期的规定，新法将予以取消，并将取消一切其他作品曾享有的永久保护期。

除以上六个方面外，政府及委员会还对一些个别条文的修订取得了一致意见，如交存不列颠图书馆及五所大学图书馆备案的新出版书籍中，将包括微缩胶卷的作品，并将增加有权取得备案新书的大学图书馆的数目；取消了一些原有的不合理的制裁措施（如取消

1956年版权法第18条第1款，该款规定将侵权人全部侵权物品移交受侵人）；在表演者权利项下增加杂技演员、魔术师（虽然这类演员并不表演享有版权的作品）。

### （二）政府与委员会分歧意见较大的几个问题

#### 1.复印许可证及灌制唱片许可证

委员会认为，由于近年光电复印技术的发展，学校、图书馆、公共组织及个人为学习及研究而复印的有版权的作品的数量，已大大超过了合理限度，侵害了版权所有人的利益，因此有必要在新法中增加一条关于复印作品的一揽子许可证（Blanket license）的条文，使版权所有人能够事先就其作品日后可能被复印而取得一定版税。委员会还认为，应当取消原先对图书馆复印作品的优惠待遇，应当取消原先允许的为研究及个人学习而复印有版权的作品。政府的意见则相反：第一，一揽子许可证的设想在实际上行不通；第二，原规定的图书馆及个人复印的限度是合理的，不能取消。

1956年版权法第8条规定了将音乐作品灌制唱片的法定许可证制度，即一部音乐作品一经作者同意制成唱片并已出售，该作者就无权控制别人进一步利用他的作品（如灌制乐曲汇集时将其作品包括进去）。委员会建议保留这项规定。政府则认为这项规定是1956年版权法对1911年版权法同一规定的沿用，而在1911年，英国唱片工业刚刚兴起，为扶助它的发展作出原先的规定是恰当的，现在仍保留它则不恰当，建议取消这项法定许可证制度，以使作曲家和音乐出版商获得更合理的利益。

#### 2.有关“合理使用”的定义

委员会认为，“合理使用”这个概念的范围不易掌握，在新法中应对它下这样的定义：凡不与作品及其他受保护主体的正常利用相抵触、凡未侵害版权所有人合法利益的使用，均属合理使用。但政府认为：对于“合理”本身，版权所有人与版权利用人就各有极不相同的理解，在这个概念上作文章是无益的，委员会的建议不过是把原先以使用目的来衡量是否合理，改为以使用效果来衡量，这种改动没有意义。

在“合理使用”的一些细节上，政府与委员会的意见也不一致。如 1956 年版权法第 6 条第 7 款规定，被授权广播某一部作品的人，为广播的目的，可将作品录制下来，可保留 28 天。委员会认为既允许录制就不应限制保留日期，政府则认为若不限制保留日期就会与伯尔尼公约第 11 条第 3 款相冲突。

**3.有关表演权与表演者权利的一些问题**

委员会认为，将 BBC 或 ITA 的广播节目录制后，使人用收音机或电视机将其公开扩放者，应像公演原节目一样交费（1956 年版权法第 40 条第 1 款规定这种情况不必交费）。政府则认为原规定是合理的，否则娱乐场所的音乐播放人既须取得政府广播机构的许可证，又须取得灌制唱片企业的许可证，那将是不合理的。

1956 年版权法规定非法公演别人的有版权的作品的场所的占有人要负侵权责任，委员会认为，社会上存在着为上述公演提供设备及录音、录像制品的企业，虽然这些企业没有直接参与上述公演，也应当被看作共同侵权人之一。政府认为这种意见不合理，合理的途径应当是要求上述企业事先从版权所有人那里得到公开播放的许可证，而不应在发生侵权后硬把它算作侵权人之一。不过政府同意：如果上述企业明知上述场地占有人意图侵犯版权而仍向他提供设备，则应负共同侵权责任。

在保护表演者权利方面，英国从 1958 年到 1972 年曾颁布过一系列法规，其中都规定必须在“明知”某行为侵犯表演者权利而为之的情况下，方能治罪。委员会认为，有时“明知”这样的证据很难取得，新法应取消这种先决条件。政府则认为刑法的基础就是证据无误，若没有证明是否“明知”就加以惩处，将违反刑法的基本准则。

### （三）由政府及委员会各自提出的、留待听取公众意见后再定的建议

这项内容在绿皮书中占的分量最大，下面仅就主要方面作一些陈述。

在录音、录像方面，委员会认为，由于近年来录制磁带的推广，使唱片制作商蒙受了很大损失。某个唱片的内容录到磁带上之后，人们就可互相转录，唱片再也卖不出去了。所以它提议凡用空白磁带录唱片的内容时，均要交费。但人们私下的录制是很难控制的，所以委员会又建议发展侦听技术，建立侦听系统，监督未交费的录制行为。但从现有技术来看，这项建议很难实行。委员会还提出另一项建议，即把一定的附加税加到录音录像设备及空白磁带上，这些商品销售后，附加税交付唱片制作商以弥补损失。目前联邦德国已经在实行这种附加税，英国是否实行，政府认为还应听听企业及消费者两方面的意见。

在无线广播及有线传播方面，政府建议在新法中增加对卫星与卫星之间、卫星与地面之间的无线电广播及地面接收后通过电缆进行的有线传播的保护。

在版权所有权方面，委员会提出：虽然雇员的作品的版权一般都按照协议归雇主所有，但如果作品的版权被利用时比原预料的获利要多，则即使原协议中没有规定，雇主也应向雇员追加报酬。

在控制盗印作品的进口方面，政府建议在应控制的作品项目中增加唱片及影片（1956 年版权法第 22 条未将这两项列入），还建议增加一些保证海关查缉进口盗印作品的措施。

在法律适用范围方面，政府建议版权法应像专利法的适用范围一样，除适用于固定的地区，还应适用于暂时进入该地区领空及水域的飞机及船只。

在外观设计方面，政府提出是否有必要继续实行工业品外观设计的注册制度问题。

### （四）我们了解绿皮书有什么意义

英国是第一个建立版权保护制度的国家，它的版权制度曾在一百多年前对许多西方国家的版权立法产生过重大影响。它这次修订版权法用了很长的准备时间（至今仍未结束），修订的幅度将是很大的，等于制定一部新的版权法。

我国目前也正在着手作建立版权保护制度的准备工作，我国与英国社会制度不同，历史及文化的发展也不同，但我们所处的国际环境是相同的。英国在几年修改旧法的准备中提出的一些建议和设想，有我们可以借鉴的地方。比如，英国考虑新版权法的一个出发点，是如何维护本国及国民的经济利益，如何加强英国在国际市场上的竞争能力。这在绿皮书的第一章中有突出的反映。又如，在版权立法过程中要顾及本国刑法及其他民法法规的原则，而不能相冲突，这在绿皮书的第六章及第十四章中都能反映出来。再如，作为文化领域的立法，要广泛考虑到现有科学技术的发展程度及其对实施版权法可能产生的影响，这点也很值得我们参考。最后，民事立法要照顾到国际惯例，但又不能受它的限制，尤其不能为符合某些惯例而严重损害本国利益。绿皮书中有保留地承认作者的精神权利、坚持不维护版税延续权，这些都是实例。

另外，当前我国与英国文化交往比较频繁，出版、广播等文化部门可以通过绿皮书了解英国版权保护方面的动向，有利于我们的工作。

## 第五节　英国“保护秘密权利的立法报告”简介*

在工业发达国家，商业秘密（trade secret）及技术秘密 Know-How 一直作为与专利并行的秘密权利受到保护。西方法学家认为，这种权利是对专利权的补充，是不愿申请专利的发明人的另一种选择，在法律上为这种权利提供保护是必要的。但与专利权受到的保护不同的是：多数国家没有专门的立法对秘密专有权施行保护。英国一直是靠判例法来保护的。1973 年 3 月，英国国会曾授权法案委员会（Law Commission）着手研究如何改进对秘密权利的保护，并提出具体意见。经过长达 9 年的研究和征求意见，法案委员会于 1981 年 10 月向大法官提交了一份 15 万字的关于“保护秘密权利的立法报告”，大法官已将它提交国会。

报告首先肯定了有必要通过一项保护秘密权利的法律（下称“新法”），以取代目前仅仅依靠判例法的状况，然后就立法中的具体问题及立法后可能产生的问题作了详细说明。下面从五个方面对该报告作一简要介绍。

### 一、新法的保护范围

报告认为，“秘密”一般包括两种含义不同的内容，一种是工、商业性质的技术情报和其他情报，另一种是私人生活中的秘密。法案委员会的意见是：不应把后一种秘密排除在保护之外，所以立法将对二者都适用。它保护的范围将包括：技术秘密（technological

---

* 编者注：原为论文，收录自郑成思著：《知识产权法若干问题》，甘肃人民出版社 1985 年版，第 38-43 页。

secrets)，诸如化学配方、机械工艺等；商业记录(commercial records)，诸如客户名单、销售数额等；政治秘密；私人秘密。但报告中为说明问题所举的例子，实际上仅涉及技术秘密(认为这是受保护的秘密的主要内容)。一切受保护的主题必须具备三个条件：(1)它必须是秘密的，而不是“公有领域”中的对象；(2)它不是个人在工作中获得的知识技术或经验；(3)它与公共利益不冲突。但法律不要求技术秘密必须具有新颖性、技术先进性或实用性。

## 二、新法在几个问题上比判例法更加明确

迄今为止，判例法仅对有义务保密而泄密者以侵权论处。新法将除此之外还对一切以不正当手段(如窃听、偷盗)获得或利用秘密的人追究法律责任。新法将强调“公共利益”高于秘密权利，对危害公共利益的秘密，任何人都可以公开揭露(包括按合同有义务保密的人)。过去的判例法对雇员作了过于苛刻的要求，雇员从雇主那儿得到的Know-How，即使在它进入公有领域之后，也不准擅自利用。报告认为法律只应保护权利所有人，而不应无故地“惩罚”秘密的接受人。所以新法将宣布：原则上一切进入公有领域的秘密，任何人都可以利用。对于不知其为秘密而无意得之的情况(例如发明人储存在计算机中的数据被其后使用计算机的人发现)，过去的判例法没有规定；新法将宣布：无意得之者不究，但得之后擅自加以利用或予以泄露者，追究其民事赔偿责任。如果得之者不知其为秘密而已经利用，并付出了代价(例如：已按秘密中的流程设计了生产线)，则新法将规定在他知悉其为秘密后，仍可继续使用，但要补交使用费(royalty)。法庭、保安部门、公共服务部门的人在执行任务中，(如小范围审判、监听，等等)得到秘密，有义务为权利人保密，如擅自利用或予以泄露，均要受法律制裁。

## 三、新法与其他法的关系

### 1. 与财产法的关系

报告强调，新法与财产法保护的对象不同。财产法保护的对象在转让之后不再属于原物主；新法虽将规定秘密权利可以转让，但转让后权利人仍继续占有它，它这时成为转让人与受让人同时共有的权利。

### 2. 与合同法的关系

新法的法定义务对于接受秘密的一方来讲具有相当于合同法的约束力，不履行义务者按侵权加毁约并处。如果保密合同所涉及的义务范围宽于新法的规定，但合乎合同法的要求，则该义务不受新法限制。

### 3. 与欧洲共同体法的关系

英国保护 Know-How 的一贯做法是：许可证接受人在许可证到期后，有义务继续为许可证发放人保密十年（或更多时间），并在此期间不能擅自利用。这样做的理由是：如果许可证一到期，受方即可随意利用或公开，则这种许可证合同与转让合同的后果就没有区别了，而发放许可证的权利人获得的只是许可合同的收益，比转让收益要低得多。不过，法案委员会预见：如果新法按照英国的惯例作出规定，势必与欧洲共同体《罗马公约》第 85 条第一款相冲突，该款规定不得以任何方式限制共同市场内的自由竞争。而且欧洲共同体法院已曾几次干预过英国关于 Know-How 许可证的规定。这个问题如何处理，还有待进一步研究。

## 四、司法救济

新法将规定司法救济包括两方面内容：（1）如果权利已受到侵犯，法院将判侵权人将侵权中所获利润交付权利人；此外，法院还可以根据不同情况酌定侵权人应对权利人的“精神损失”负多少赔偿责任。（2）对于可能发生的侵权行为，法院有权下达暂时禁令或最终禁令；法院也有权要求可能侵权的人为其行将利用的秘密权利预先支付使用费，并确定今后允许他利用的具体范围；法院还可以命令可能侵权的人交出侵权所必备的一切物质材料（原料、器具、资料等）。

## 五、新法法律条文的初步设想

报告粗拟新法将由以下的 23 条组成，即：

（1）对秘密权利所负有的新的法定义务；

（2）本法适用于哪些情报；

（3）在承担保密义务条件下接受的情报；

（4）在司法程序中得到的情报；

（5）以非正当手段得到的情报；

（6）第三者获得的别人负有保密义务的情报；

（7）在工作中获得的、仅用于增进个人技术的、不负有保密义务的情报；

（8）由秘密权利的义务中产生的债务；

（9）对秘密权利所承担的义务的终止；

（10）对侵犯秘密权利的起诉；

（11）诉讼人必须证实其秘密权利与公共利益无冲突；

（12）辩护；

（13）秘密权利受到侵犯的司法救济总则；

（14）赔偿；

（15）调处规程（adjustment orders）；

（16）对于将不属于秘密的情报在将来被使用时的司法救济；

（17）对地方法院的专门规定；

（18）秘密权利中利益的转移；

（19）本法的行使与合同的履行的关系；

（20）各种术语的含义；

（21）附则；

（22）对皇家秘密权利的适用；

（23）本法的名称、生效日期及适用地域。

## 第六节　英国的专利申请程序*

英国专利制度中对于可以申请与获得英国专利的人，没有国籍、居住地等方面的特别要求。因此，即使一个国家没有参加《保护工业产权巴黎公约》，与英国也没有专利申请方面的互惠协定，这个国家的在英国既无居所、又无实际营业所的国民，仍可以申请及获得英国专利。

英国目前所实行的专利申请程序，主要规定在它的 1977 年专利法第十四条到第二十一条，第九十七条，第一一八条，以及 1978 年《专利法实施细则》第十六条到第三十七条中。整个程序由五个步骤构成，其中要填写十几种固定格式的请求表格。这五步是：

### 一、提交申请案

申请专利的第一步，是按照“请求颁发专利”的申请表向专利局提交申请。同时要附上：（甲）申请费六英镑；（乙）发明的技术

① 编者注：原为论文，收录自郑成思著:《知识产权法若干问题》，甘肃人民出版社 1985 年版，第 43–48 页。

说明书，其中包括详细说明、必要的附图及权项；（丙）文摘。为了使申请人尽早确立自己的申请日，以便获得尽可能早的优先权，英国法律并不要求申请人把上述文件及费用一次交清。只要提交了请求颁发专利的表格、申请费及简要说明与附图，就算确立了申请日。然后申请人可以在十二个月内补交详细说明书以及权项与文摘。在过去，英国专利法明文规定说明书可以分两步提交，先交简要的，再交详细的。1977 年专利法的条文中取消了这项规定，为的是与英国所参加的《欧洲专利公约》相一致。但在专利局的管理实践中，仍允许分两步提交，以使申请人尽早取得优先权。这也通过专利法第十五条第一款的暗示，获得了合法性，因为这一款中并未把提交详细说明书作为确立申请日的必要条件。现行法律与做法同过去的做法不同之处在于：现在第二步所提交的详细说明书，只能是第一步简要说明书既定范围之内的详述，而不能像过去那样，扩大或修改原范围。不过，如果想申请在英国有效的“欧洲专利”，则必须在首次申请时就提交完整的、详细的，包括专利请求在内的说明书。

关于第一个步骤，还要对四个问题作一些说明。第一，按过去英国的传统做法，文摘是由专利局审查员来写的，但新专利法第十四条第七款已把它作为申请人的义务之一了。第二，一切外国人提交的申请案，必须有原文与英译文（包括任何一种文件）。第三，微生物发明必须寄有菌种。第四，法律条文中虽未讲首次申请必须有附图，但如果在实际审查中发现未交附图，则将要求申请人补交，并把申请日推延至交附图之日起算。

同许多国家一样，如果在首次提交申请后，申请人又将原申请分为数案，则只要没有增加新内容，所有这些申请案都可以享有首次申请的优先权申请日。

## 二、形式审查与新颖性检索

在首次提交申请后的十二个月内，申请人必须再提交一份“形式审查与检索申请”，并附五十英镑申请费。专利局收悉后，即开始初步审查。现行专利法把过去的在英国五十年内的技术资料中进行新颖性检索的范围扩大到检索世界范围的公开出版物。至于新颖性的具体要求，见于专利法第 2 条。因其不属于程序问题，而是实体法，这里就不多讲了。对不符合形式要求的申请案，将限期改正；到期未改则驳回申请。

## 三、申请案的早期公开

在提交首次申请后十八个月内，无须申请，专利局即主动将申请案公开，以征求第三者的反对意见。这次公开必须是在通过了形式审查与检索之后。专利局将把它所承认的“法定公开日”刊登在《专利局公报》上，因为这个日子在法律上十分重要，在该日之后，一切未经申请人许可而对申请案中的发明技术或相同技术加以利用的行为，都要视为侵权行为了。

## 四、实质审查

在“早期公开”之后的六个月内，申请人再交一份“实质审查申请”及五十英镑申请费，专利局才开始实质审查。对于可以批准的申请案来说，实质审查是最后一道程序，如果通过，就颁发专利证了。在四个步骤中的任何一步进行时，申请人都可以主动撤回申请案。在第二步与第四步程序开始之前，如果申请人不打算继续申请，则可以不再提出形式及实质审查的请求。过期而未提出这类请求，申请案也会被视为自动撤回。

对于被驳回的申请案，还要经过一步，这一步只有在申请人不服时，才会发生。

## 五、不服上诉

对专利局的驳回意见不服，可以向英国高级法院中设立的“专利法院”上诉；对“专利法院”的判决继续不服，可以向“上诉法院”上诉。不过，并不是一切被驳回的专利申请案都可以向“上诉法院”上诉的。哪些可以，哪些不可以，在专利法第九十七条第三款中作了详细规定。

英国法学家们认为：英国的专利制度由于1977年的专利法及其实施细则而变得“现代化”和“国际化”了。说它“现代化”，是因为以往的专利法都是比较陈旧和保守的，这一次则修改得比较能适合现代专利制度的要求了。例如，关于说明书必须“明确得足以使本行业具有中等技术水平的人实施”为限，这一条多数国家早就实行了的规定，英国只是在1977年法中才增加的。说它“国际化”，是指它与英国所参加的一系列国际专利保护公约更合拍、也更便于外国人取得英国专利了。专利法条文分为两个主要部分：国内部分与国际部分；同时，专利法的很大一部分有关申请程序的条文，都几乎是逐字与《专利合作条约》及《欧洲专利公约》相同。而《欧洲专利公约》的有关申请程序的一些条文在制定时，又是为了对抗美国在专利申请上给外国申请人的不公平待遇。例如，美国专利法要求：外国申请人的专利说明书只有符合美国专利局对说明书提出的具体要求，其申请案在外国首次提交时所确立的优先权日才能得到承认。而《欧洲专利公约》及英国专利法均没有这一类要求。

可以向英国专利局提交的申请案，不限于英国专利申请，还有“欧洲专利”申请。这后一种申请也是一切国家的人都可以提交的。向英国专利局提交的“欧洲专利”申请，将由该局转送“欧洲专利局”在海牙的分局进行初审，再转由慕尼黑的总局进行实质审查，最后由慕尼黑总局决定批准或驳回。另一方面，想要获得英国专利的人，也不一定非向英国专利局呈送申请不可。如果他是《专利合作条约》的任何成员国的国民，他还可以按照该条约向世界知识产权组织国际局（一般是通过本国专利局）提交包括申请英国专利的“国际申请案”。这种申请案在条约指定的国际审查单位审查后，审查报告经世界知识产权组织国际局复制转交英国专利局，再由英国专利局决定是否批准专利。由于英国承认《专利合作条约》第二章（即规定实质审查程序的条文），所以，如果在“国际申请”中包括了英国，就需要在申请案于国际局公开后的六个月内，提出由国际审查单位进行审查的请求。如果“国际申请”中只包括了那些仅仅承认《专利合作条约》第一章的国家，则申请案在“早期公开”阶段就由国际局转送有关国家的专利局了。中国尚未参加《专利合作条约》，所以这些程序对中国申请人关系不大。

申请英国专利的事宜虽然可由申请人自己办理，但一般却都是授权某个专利代理人去办的。英国的专利代理人可以是专利律师，也可以不是，但必须是在英国专利局登记后被承认为“专利代理人”的人。对专利代理人的具体要求，规定在专利法第一一四条、第一一五条，以及实施细则第九十条中。在英国登记过的代理人的名单，可以在专利局内设的“科学资料图书馆”找到。英国专利局不直接同任何在国外的申请人联系，也不同他们通信。所以，自行办理专利申请事宜者，必须在英国有通信地址。申请人在国外，则必须向专利局提供其代理人在英国境内的地址。

专利申请案可以亲自送交专利局。英国专利局每星期一到星期五上午十时至下午四时办公；但新的专利申请案接收办公室为上午十时至次日凌晨零时办公：不要求优先权日的申请案，除上述时间外，还可以在星期六上午十时至中午一时呈交。申请案的收件人必须写“专利局长”（The Comptroller）。具体地址（呈交或邮寄一样）是:“伦敦中西2A区，1Ay分区，南哈姆顿大楼25号，英国专利局”（The Patent Ottice ot U.K，25 Southampton Buildings London WC2A，1Ay），但是，附交的申请费及其他费用，则不能交给或邮给专利局长，而要交上述同一地址的“出纳员”（The Cashier）收。

# 德　国

## 第一节　联邦德国的知识产权法[*]

### 一、专利法

历史上德国的第一部专利法是在一八七七年德意志帝国时期颁布的。现行的联邦德国专利制度主要由三部法律组成:（1）一九八〇年颁布、一九八一年生效的专利法（它取代了一九七七年的《专利法》，亦即目前在我国被翻译过来的《联邦德国专利法》）;（2）一九七六年的《国际专利条约法》，它的作用是规定联邦德国如何履行它所参加的各种有关专利国际保护公约;（3）一九六八年的《实用新型法》（一九八〇年最后一次修订）。联邦德国在世界上是专利法规修订得非常频繁的国家之一。仅从一九六一年之后，它的专利法就重新颁布过三次。联邦德国司法部长克利格认为，一九八一年生效的新专利法，使该国完成了改革专利制度的进程；此后联邦德国的专利法也就与《欧洲专利公约》及《共同体专利公约》基本

---

* 编者注：该文收录自郑成思著:《知识产权法通论》，法律出版社 1986 年版，第 242–255 页。

一致了。[①]

联邦德国是个技术发达国家，它的专利局每年收到专利申请案五六万份，实用新型申请案一万四千份左右。联邦德国不要求在申请专利问题上与其他国家“互惠”，所以即使未参加《巴黎公约》的国家的国民，也可以在该国申请专利。只是按照联邦德国现行法的第二十五条，任何外国人申请该国专利时，应指定一名在联邦德国专利局登记为合格的“专利代理人”的人办理一切手续。按照联邦德国法律，这种合格的代理人只能是联邦德国人（即有联邦德国国籍的人）。我国近年来与联邦德国的技术交往较频繁，除了我国的某些企业曾向它出售过技术秘密许可证外，我国的浙江大学、清华大学、中国科学院等单位和一些个人，已经在我国专利法颁布之前向联邦德国专利局提交了十多份专利申请。

联邦德国采取“早期公布、请求审查”制度。不过它的专利制度虽然与欧洲专利制度、英国等欧洲国家专利制度有某些共同点，却也有不少不同之处。

联邦德国专利制度有如下特点。

（1）它的一九八一年专利法采用了“延迟审查制”，这种审查制的主要规定是：自提交申请之日起七年之内，经过申请人提出请求或第三方提出请求，专利局才进行新颖性检索及实质审查，但检索并不是实质审查的前提条件，就是说：可以不提出检索请求而只提出实质审查请求；只有七年内未提实质审查请求，申请案才被视为自动撤回。无论申请人是否请求审查，申请案提交十八个月后，专利局即将其公开（即早期公开）。这一点是与英国及欧洲专利制度相同的。不同的是：按英国及欧洲专利制度，申请案提交后十二个月

① 参见“马克斯·普朗克学会”《国际工业产权与版权》杂志，1982 年第 1 期克利格的文章《与欧洲专利法统一之后的德国新专利法》。

内，申请人即必须提交一份“形式审查与检索请求”，专利局即开始检索（如到期未提交该请求，申请案将视为撤回）；“早期公开”后的六个月内，申请人必须提交“实质审查请求”，专利局即开始实质审查；从申请到最后决定批准（或驳回）专利申请案，不超过四十二个月，即三年零六个月，这比联邦德国的审查周期要快一倍以上。

（2）在联邦德国，批准专利的权限仅在专利局。如果申请案遭驳回而当事人不服，可在一个月内在专利局申诉；对申诉结果再度不服，可向联邦专利法院起诉；对专利法院的判决仍旧不服，仍可向联邦最高法院上诉，最高法院的判决则为终审判决。但任何一级法院如果判专利局应当授予专利而不应驳回，则必须将申请案转回专利局，由专利局重新审定，法院是无权授予专利的。联邦德国的专利法院与英国的专利法院所不同的是：它仅仅受理专利批准前的不服诉讼案；专利授予之后，任何冲突诉讼、无效诉讼或侵权诉讼，都应向州法院提起了。①

（3）联邦德国批准专利分为两步。实质审查被通过后，专利局“临时批准”专利，并予以公布；公布后三个月内，任何第三方均有权提出异议，如果无异议或异议不能成立，则“正式批准”专利。不过，即使有了这种批准后的异议制，专利法第二十一条又仍旧允许任何第三方在整个专利有效期内，以过去未提出过的依据对专利提起无效诉讼。联邦德国有些司法工作者认为：对“临时批准”专利后的异议给“三个月”的期限，这会因为第二十一条准许任何

① 联邦德国现行专利法第 143 条第（2）款规定：由于专利诉讼往往涉及很高的技术性问题，故不是所有的州法院都能受理的，各州可以指定某一个州的法院受理附近几州的专利案件。目前，全联邦德国可受理专利案件的州法院共有 9 个，分别位于不伦瑞克（Braunschweig），杜塞多夫（D ü sseldorf），法兰克福（Frankfurt），汉堡（Hamburg），曼海姆（Mannheim），慕尼黑（Munich），尼恩贝格 - 富尔特（N ü nberg–F ü rth），柏林（Berlin），萨尔布吕肯（Saarbr ü cken）。

时间提无效诉讼而变得无意义了。

在联邦德国，如果无效诉讼是在最高法院提出的，那么当事人双方均无权出庭，而要由专利律师代为出庭。

（4）联邦德国一九八一年专利法增加了关于“国内优先权”的规定。[①] 按照联邦德国传统的专利法，只是在外国（《巴黎公约》成员国）就同一发明在十二个月内曾先申请过专利，才可以在联邦德国请求享有先申请时的申请日（即优先权）。现行专利法在第四十条中规定：如果同一个申请人原在联邦德国就同一发明申请过专利，现在他改进了该发明，要想提交一份包括了原发明在内的新的申请案，那么他也可以请求享有他的原申请案的申请日，这就是所谓“国内优先权”。国内优先权的请求，可以在后一份申请提交后的两个月之内提出；如果国内优先权请求被接收了，那么前一份申请案就被视为自动撤回。

（5）联邦德国专利法第六十四条与美国一九八一年开始实行的“复审制”的有关规定相似，但又不完全相同。联邦德国的这种复审叫作“Self-Restriction Procedure”，即自愿对专利权加以限制的复审程序。在联邦德国专利生效后任何时候，如果因为发现了原未发现的“已有技术”，或原未发现的其他原因，专利权人自己认为专利请求中的某些权项不符合法律的要求，可以自动请求专利局通过复审来取消这些权项，也就是对已经得到的权利“自我限制”。美国的复审制则不仅允许专利权人，而且（主要是）允许第三方在专利生效后请求专利局复审。这是因为联邦德国专利在颁发前已公布一次，征求第三方意见，临时批准后又公布一次，征求第三方异议，故没有必要允许第三方再请求复审了。而美国则是直到专利正式批准之

---

① 参见联邦德国 1981 年专利法第 40 条。

前，绝不公开申请案的任何内容的，故有必要在以后允许第三方请求复审。

（6）联邦德国专利保护的范围比较宽。在专利法第二条第一款与第五十条中，规定了“不能以某项发明涉及国家机密为理由而拒绝批准其专利”。即使有些明列在专利法中属于不受保护的主题，也可能被另一些规定或专利局的实践变通为可受保护的主题。例如，专利法规定动植物新品种及其培育方法均不受专利保护；但实际上，只要某个植物新品种不在联邦德国《植物品种保护法》中所列的植物品种表中，就仍可以受专利保护，其培植方法也可受专利保护。除去传统的受保护主题外，联邦德国保护对象包括《欧洲专利公约》第五十二及第五十三条的全部内容。

联邦德国专利法中强调专利权人所占有的权利是“否定权利”。在法律条文中也仅仅规定了权利人有权制止别人所为的行为。这就是第九条所规定的：任何第三者未经专利权人允许，不得制作、提供、销售或使用专利产品，也不得为制作、提供、销售或使用之目的而进口或库存专利产品；不得使用专利技术、制法；不得提供、销售或进口及库存用专利技术或制法制成的产品。联邦德国专利法中关于专利侵权、共同侵权的定义以及关于权利的限制的规定，都与英国现行专利法相同，这里就不重复了。

在以往联邦德国的专利法条文中，仅仅包含对强制许可证的规定，而没有对于贸易活动中利用专利的一般许可证的规定。新专利法第十五条增加了这一内容。它规定：联邦德国专利可以在其有效地域内，部分或全部（不是指发明专利的请求权项的“部分”与“全部”，而是指全部使用权、销售权或只包括其中之一，以及在部分有效期或全部有效期内）许可给第三者；许可证可以采取独占形式或非独占形式；如果被许可人违反许可证合同所规定的限制，专利权人有权给予制裁，等等。在过去很长时间里，联邦德国司法机关一直以“违背反垄断法”为理由，不承认专利权人与第三者达成的任何独占许可证协议有效。而新专利法第一次宣布了这种许可证的合法性。该国法学界与经济界都认为这是联邦德国专利制度中一项“特别重要”的改革。

联邦德国一九八一年《专利法》的实体条文，大多数都完全是照《欧洲专利公约》《共同体专利公约》的有关条文规定的，还有些条文则沿用了《斯特拉斯堡公约》中的有关规定。

联邦德国参加了《巴黎公约》《专利合作条约》《欧洲专利公约》《共同体专利公约》《为专利批准程序呈送微生物备案以取得国际承认布达佩斯条约》《专利国际分类协定》《工业品外观设计国际分类罗迦诺协定》。

## 二、实用新型法

联邦德国是保护实用新型的较有代表性的国家。实用新型在日本的审批程序与专利相似，是比较严格、也比较费事的。但在联邦德国及大多数其他国家，则实行“注册制”，即不审查制。

联邦德国在批准一项实用新型的注册前，只作两步形式上的审查。

（1）看申请注册的文件是否齐备。按照法律，申请案中必须有说明书、附图或样品，还要有新型专利的权项请求书，说明书与请求书又都要合于法定的格式，这种格式是联邦德国在一九六八年七月三十日颁布的《实用新型申请细则》（简称 FR）中规定的。例如，对说明书的要求是：必须叙述新型的形状、装置或设备的工作或使用目的，对所申请的要求保护的主题必须讲解得足够明确，以同一领域的技术人员能够按说明书再现该新型为限。从这里我们可以看到，新型说明书要达到的目的，与专利说明书是一样的。

（2）看申请注册的新型发明是否在法定的受保护范围之内。世界上其他一些保护实用新型的国家，保护范围都比较宽。例如澳大利亚，那儿受保护对象称为“小专利”，它保护“一切能受专利保护的主题”，就是说，即使没有“形”的制法发明，也可能受“小专利”保护。日本的保护对象虽也称为“新型”，并不保护制法发明，但保护范围也比联邦德国宽。

在联邦德国，下列九类主题是不受实用新型保护的：A. 制法；B. 不可移动的物体（如建筑物）；C. 图、表（包括图案、图画）；D. 无固定形态物体，如流体、粉末等；E. 动、植物品种；F. 珠宝；G. 食品、药品；H. 电路（包括电子电路）；Ⅰ. 完整的工艺流程装置（Complete Systems）。而对可受保护主题未作具体规定，仅仅规定了两条总的原则，即：A. 可移动；B. 具有立体形态。例如，虽然电路本身不能获得实用新型注册，但由电路组成的电子设备，只要具有立体形态，就可以获得注册。[①]

在联邦德国取得实用新型的保护，可以通过两种方式，一是提交单独的实用新型申请案，一是就同一项发明提出专利申请与“附加实用新型”申请。不论以哪种方式获得的保护，有效期均为三年，可续展一次，展期也是三年。附加实用新型的保护期不是与它所依附的专利同时起算，而是从有关的专利被批准（或被驳回）之日算起。有时以第二种方式申请的实用新型，其所依附的专利申请虽被驳回，但它本身因合乎受保护主题、申请案也合乎形式要求，就也会被准许注册而受到保护。

联邦德国对于实用新型的专有权十分强调一点，即它的效力没有经过政府行政机关（专利局）的任何验证。专利局绝不主动对任何实用新型申请案实行检索或实质审查；申请人可自己请求并出钱检索，但检索的结果不起保证该新型的效力的作用。一项新型的效

① 见联邦德国1968年实用新型法第1条。

力，往往是在侵权诉讼中由法院听取某个（或某些）专家的意见，而不是参看检索结果（即使权利人自己请求并实行了检索）。所以说，联邦德国实用新型的效力与该国专利的效力是完全不同的：新型的效力是权利人“自己认为”有哪些哪些，这需要由法院给予确认或否认；专利权则是专利局审查了专利请求之后所认可的那些权项，它不需要再经过谁确认，侵犯了它就构成侵权。但从另一方面看，联邦德国实用新型比该国专利优越的地方是：新型注册的批准只要几个月，而专利的批准则要七八年，所以对于很可能发生侵权的那些发明来讲，新型的保护是见效较快的。

联邦德国对新型的注册要求，仅仅是合乎格式及属于可保护主题就行了；但新型在实践中要想确实具有“专有性”，仍必须是新颖的、技术先进的和实用的。不过，如上所述，这三点只有在无效诉讼或侵权诉讼中，经权利人或第三方的请求时，方才予以审查。这属于“确定新型的效力”的内容，一般是法院的任务了。

## 三、商标法

历史上德国第一部商标法于一八七四年德意志帝国时期颁布。现行的联邦德国商标法于一九六八年颁布，一九七九年又作过重大修订。一九七七年之后，世界上对商标法规作重大修订的只有很少几个国家，如联邦德国、南斯拉夫、美国、中国。

按照现行商标法，联邦德国商标权在绝大多数情况下只能通过注册取得。但如果商标在贸易活动中的使用获得了公众的承认，亦即变成了驰名商标，则不注册也能够取得专有权。联邦德国的商标注册程序，与实行实质性审查的国家相同。对于申请注册的商标，专利商标局将对其申请格式是否包含禁用标记、是否与已注册商标或未注册驰名商标冲突等进行审查，还要对它是否具备一定“识别性”进行严格审查。

联邦德国商标权所有人在行使权利时，必须服从一九六五年《不公平竞争法》（即《反垄断法》）的总原则。例如，在侵权诉讼中，如果被指为侵权的人能够拿出证据证明原告行使商标权时违背了公平竞争原则，那就可以免除侵权责任。同时，联邦德国还不允许把履行商标注册手续当作一种垄断商标权的手段，即不允许只注册而不使用。在注册后连续五年未在贸易活动中使用，则将撤销注册。不过，专利商标局并不主动检查注册商标是否使用了，也不会去主动撤销其注册。仅仅在第三方以未使用为理由对商标的有效性提出争议时，专利商标局才查核其是否使用，而决定是否予以撤销。

《不公平竞争法》还起到超出《商标法》的适用范围给商标权以保护的作用。例如，有时第三方虽然显然是仿制了注册商标所有人的标记，但又未仿制到“相同或相似”的程度。按照商标法就还不够制裁条件，所以被仿制一方无法依据它来起诉。但如果被仿制人能够证明对方违背了“公平贸易”的原则，则可以依《不公平竞争法》起诉，并可能请求法院给对方的活动下禁令。又如，商标法只能禁止在相同商品上使用属于其他商标所有人的相同商标，而不能禁止在并非商品的其他物品上使用与别人商标相同的标记。《不公平竞争法》却能起到后一种作用。曾有过这样一个禁例：联邦德国科隆市有一家公司的门牌是“4711”号，后来这个号码成了该公司产品的驰名商标，乃至向该国其他市镇投寄的信件上一旦出现4711这个号，信件就常常会寄到这个公司来。所以依照《不公平竞争法》就可以禁止其他任何门牌号码也是4711的公司或单位，在使用这个号码时，不同时以更明显的标志指示出它们的有区别性的具体地址（如市、区、街，等等）。

联邦德国过去并不承认商标权“穷竭”的原则，但在一九七九年修订商标法之后承认了它。现在，只要联邦德国商标所有人自己或经其同意而将带有其商标的商品投放市场，他就不再有权继续控制流通中的商品；按照联邦德国现行商标法，即使带有该商标的商品在国外被投放市场，联邦德国的商标所有人也同样对商品的销售失去了控制权。而且，如果某个联邦德国厂商的商标权的外国被许可人或获得许可证的外国子公司，从外国把带有该商标的商品向联邦德国出口，该厂商也无权制止。在一九八三年联邦德国的联邦最高法院的一项判决里，对相反的另外一种情况也作出了与上述结果相同的判决。一个外国厂商授权联邦德国某公司代理该厂在联邦德国申请并获得了商标注册后，又成为该厂的联邦德国商标权的独占许可证持有公司，而最高法院判决这个公司无权制止该外国厂商将带有其商标的产品向联邦德国出口。

商标权“穷竭”的原则目前在联邦德国只有一个例外：如果商品在流通中改变了质量或改变了其他重要特征，那么商标所有人就有权制止在这些商品上继续使用他的商标了。

一九七九年修订的商标法在联邦德国历史上第一次给服务商标以注册保护，在实行注册后第一年，专利商标局就收到一万多份服务商标的注册申请。此外，商标法对证明商标也提供注册保护。

联邦德国参加了《商标国际注册马德里协定》《制裁商品来源的虚假或欺骗性标示马德里协定》《保护产地名称及其国际注册里斯本协定》《尼斯协定》(从一九八二年起,联邦德国才批准《尼斯协定》并使用其中的商品、服务的国际分类法)。

## 四、版权法

德国在十九世纪中期之前还不是一个统一的国家，很多邦(即现在的州)在当时已有了自己的版权法。一般人认为，一八三七年的《普鲁士版权法》是德国第一部现代版权法。联邦德国的现行版权法于一九六五年颁布、一九七四年最后一次修订。

联邦德国版权制度具有比较典型的大陆法系的特点。它只承认作者本人可以享有原始版权。即使作者是某个雇主的雇员，其职务作品的原始版权仍旧归自己所有，雇主只能通过雇佣合同中所规定的版权独占许可或其他许可方式，获得版权的利用权。[①]联邦德国保护作者的精神权利，也保护艺术作品的版税追续权。[②]法律条文与政府文件虽不享有版权，但使用它们时必须注明出处，不得任意修改。[③]

联邦德国的技术发展比较快，对版权法的影响也比较突出。最早在版权法中对家庭录音及录像的法律地位作出规定的，正是联邦德国。

其现行版权法第五十三条规定：家庭中用录音或录像设备复制有版权的作品（以一份为限）为私人使用（即不能出售或散发），只有向版权所有人支付报酬之后，才是合法的。那么，怎样掌握分散在千家万户中的录音录像设备，又怎样去征收这份“报酬”呢？联邦德国作出了许多人当时都认为“十分新奇”的规定，现行法第五十三条第五款规定的征收报酬方式是：“如果鉴于一部作品的性质，它的作者认为它可能被用于无线电广播或电视广播，从而可能被家庭录音或录像，则该作者有权向录音录像设备的制造商索取报酬，因为制造商提供了这种复制机会。”可见，它之所以新奇，是因为并不像传统方法，不是由版权所有人向版权作品利用人收费。按照这项规定，制造商必须把这种特殊“版税”（按照设备原出厂价的百分之五）加到设备的零售价上。设备（包括磁带）的消费者在购

---

① 参见联邦德国 1974 年版权法第 1 条、第 7 条。

② 参见联邦德国 1974 年版权法第 12~14 条，第 26 条、第 42 条、第 46 条。

③ 参见联邦德国 1974 年版权法第 5 条。

买时就间接地一次付清了“版税”。然后由版税总协会与有关设备的制造商及进口商订立合同，收取这笔“版税”，最后再分配给作者。所以，打算享受这笔“版税”的作者，必须首先申请加入版税协会。

为了征收这种以及其他种名目繁多的版税，联邦德国共组织了四个版税协会。一个是文学艺术作品版税协会，一个是音乐作品版税协会，一个是邻接权版税协会，以及一个版税总协会。总协会收到上述“版税”后如何向三个分协会分配，分协会再如何向作者分配，都有一套很复杂的方法。

现在人们已经不再感到联邦德国的做法新奇，而是感到它最可靠了。联邦德国版税总协会征到的钱也一年比一年多。一九六六年度（即开始实行家庭录制的版税制的第一年）共收了四百万马克，一九七八年度则增加到两千四百万马克。

不过联邦德国的做法还是存在问题的。第一，把版税附加到设备上，使得“合理使用”的规定在录制方面不复适用。无论你的录制活动是否合理，你都事先交费了。而联邦德国版权法本来与英国不相同，没有把作品分为两大部类，“合理使用”原则，在理论上应当适用于无线电及电视广播节目。第二，并不是一切电视节目与无线电广播节目都享有版权。那些主要录制无版权节目的人，尤其那些为学习外语、练习发音而购买录音设备的人，都事先向与他们无关的“版权所有人”交了费用。第三，从作品来讲，作者认为“有可能被录制”的作品，也许实际上永远也没有上广播。这样，有的作者就可能在其作品未被利用的情况下也享受了版税。最后，录音录像设备的进口商和制造商对这种版税制度一直坚决反对。联邦德国的这种制度在其他国家也曾引起过强烈的反对意见。例如，英国政府建议引进联邦德的做法之后，英国“全国消费者委员会”一九八二年三月发表了一份文件，指责政府的建议毫无道理。它指出：

版权所有人在将作品交电台广播时，就已经收取了他们应得的版税，在此之外又收一笔“家庭录制”费，就危害了广大消费者的利益。

联邦德国的版权保护期是欧洲经济共同体国家之冠，一般作品为作者有生之年加死后七十年。①

在版权作品的利用方面，联邦德国不仅靠版权法，而且还靠一部出版合同法。前者主要是调节一般的版权许可证交易。后者则专门调节作者与出版者之间的版权许可证交易。在该国版权法的法律条文中，见不到“转让”及“许可证”这类通用术语，而是使用“授予某种（或某些）权利”来表达与转让及许可相同的意思。法律不允许转让精神权利，也不允许全部转让经济权利，而仅仅允许版权的部分转让。获得了部分版权的受让人，如果打算向第三方再次转让这部分权利，必须首先征得作者的同意。当然，如果作者无正当理由而不同意，原受让人或第三方可以向法院起诉。从作者那儿获得了独占许可证（用联邦德国版权法的术语说——独占使用权的授权）的人，可以发放从属许可证，甚至可以转让其使用权，同时还有权限制作者本人利用作品的自由，也有权单独对侵权行为起诉。这一点与英国不同。英国的专利与商标独占被许可人都有起诉权，唯版权的独占被许可人不享有这种权利。所以，联邦德国的版权独占被许可人的地位，与受让人没有很大区别。

对于一切版权许可证合同（即联邦德国所谓的授予某种使用权的合同），无论是不是独占性的，都必须有时间、地域或权项上的限制，不允许在整个版权保护期内，把全部版权权项向某个人发放在全联邦德国行之有效的许可证。原因是这种许可证与版权的全部转让就没什么区别了。

---

① 参见联邦德国 1974 年版权法第 5 条。

在许多西方国家，作者与出版者订立出版合同时，可以选择采取一次总付的稿酬方式。如果选择了这种方式，日后如果该书成为畅销品，作者应得报酬高于实得报酬，则作者自认倒霉；如果书成为滞销品，出版商得不到足够利润，则出版商自承风险。但在联邦德国，出版者或任何其他利用版权的人都往往不愿选择一次总付的方法，因为担风险的永远不会是作者。联邦德国版权法第三十六条规定：对于出版时未预见到、而后来变为畅销书的作品，作者有权分享因畅销而获得的利润。

联邦德国在版权利用上实行“合同自由”原则，法律允许合同双方在某些情况下自定与法律不一致的条款。例如版权法第七十九条规定：“除双方在合同中另有规定外，均依照本条。”在签订任何类型的许可证合同时，法律都为作者保留了下列权利：演绎权（包括翻译与改编），录制权，使用现代技术进行转播的权利。这就是所谓的“法定权利保留”。另外，报纸、期刊的出版商即使获得了出版某作品的独占许可证，联邦德国法律也不承认在作品首次发表逾一年之后，他们仍享有独占权。这称为“法定的独占权收回”。所有这些，都是联邦德国从保护作者精神权利出发引申出的特别规定。[①]

联邦德国版权法对版权“穷竭”的原则规定得比较明确，也比较有代表性。该法第十七条第二款规定：“一旦作品的原本或复制品，经过有权在本法律适用的地域内销售该物品之人同意，通过转移所有权的方式进入了流通领域，则该物品的进一步销售即被法律所认可。”

在对外国人的版权保护方面，联邦德国保护经济权利是要求互惠的，即对方国家也须保护联邦德国作者的版权。但对于保护精神

① 参见联邦德国 1974 年版权法第 31~40 条。

权利，则是无条件适用于一切国家的作者。

联邦德国是《伯尔尼公约》与《世界版权公约》的成员国，另外还参加了《罗马公约》《保护录制者公约》和《卫星公约》。

## 第二节　德国版权法*

在为精神权利提供保护的版权法中，分为两种不同的保护原则。一类国家认为精神权利的保护（至少在保护期方面），应与经济权利一致，否则二者均不便行使。这种原则称为版权保护上的"一元化"。它以德国版权法为典型。另一种则认为应当把精神权利与经济权利完全区分开；在经济权利不复存在之后，精神权利仍旧存在，其保护期不应受到限制。这种原则称为"二元化"。目前多数保护精神权利的国家，都采用"二元化"原则。中国版权法基本采用了这后一种原则。伯尔尼公约允许这两种原则并存。下面我们介绍德国版权法，着重介绍一下其"一元化"原则，使读者对这一类型的国际惯例有所了解。

德国现行版权法是1965年制定，1985年修订的原西德版权法，其德文名称的原意是"创作者权利法"。

德国版权法所保护的作品包括：

（1）语言文字作品，包含：

A. 文学作品；

B. 口述作品；

C. 计算机程序；

---

* 编者注：该文论述收录自郑成思著:《版权国际惯例》，贵州人民出版社1994年版，第57–69页。

（2）音乐作品；

（3）舞蹈艺术作品；

（4）造型艺术作品；

（5）摄影作品；

（6）电影作品；

（7）科学、技术图表。

在上述第4项中，包含绘画、雕塑、建筑作品及实用艺术品；上述第7项中，包含地图、设计图等。

德国版权法特别强调：只有自然人才能被看作是“作者”。这一点，与英美法系国家中的美国，与日本及与我国版权法中，将法人也视为作者，是完全不一样的。在大多数国家，包括美国、日本及我国，专利法中所称的“发明人”，只能是自然人，而不能是法人。从这点上看，德国在作者与发明人的概念上，也采用了“一元化”，而不像美、日及我国采用的“二元化”。

德国版权法所保护的精神权利（德国法中称为“人身权”）包括：

（1）发表权；

（2）署名权；

（3）保护作品完整权；

（4）收回权。

德国版权法中所保护的经济权利（德国法中称为“使用权”或“利用权”）包括：

（1）复制权；

（2）传播权；

（3）展览权；

（4）朗诵、表演、放映权；

（5）广播权；

（6）出租权。

此外，德国还是为数不多的保护“追续权”的国家之一。

德国版权法规定：如果造型艺术作品的原件从作者手中卖出后，其再度转售及其后的各次转售比第一次售价高出 100 马克以上者，转售人应当将所得收入差额的 5%，付给原作者。这项权利的保护期仅为 10 年。同时，追续权不适用于建筑艺术作品或实用艺术品。

德国版权保护期集中体现了“一元化”原则。除上述追续权之外，其所有精神权利与经济权利的保护期，在一般情况下均为作者有生之年加死后 70 年。就是说，一旦作者及其继承人享有的经济权利保护期届满，有关的精神权利就也不再受版权法的保护了。

但这并不等于说，作者死后 70 年，任何人都可以更改其作品原有的署名，或对原有作品进行篡改，等等。如果发生这类事，则对社会对公众仍旧有欺骗性后果或其他不良影响。这时，包括作者后人在内的任何人，以及有关主管机关，都可以要求禁止有关的更改活动。不过，这时所提出的要求，已经不同于权利人所提的“权利主张”。即使是作者后人提出，他们的地位也不再是权利行使人，而是与其他公众一样。这时禁止更改或篡改原作，不再具有版权保护的性质。

德国版权法“一元化”的原则，还表现在：为了使经济权利的行使不受妨碍，在许多场合，法律限制作者以行使自己精神权利的形式阻止其他人合法使用作品。就是说，虽然精神权利与经济权利有所不同，虽然前者不可以在贸易活动中转让而后者却可以，但对两种权利加以保护要达到的目的应是一致的。不应使这两种权利的不同，导致在贸易活动中无法解决的冲突。

所以，德国版权法特别对“电影”这种许多作者参加创作、每个人又都有精神权利及经济权利体现于其中的作品，作了较详细的规定。具体如下：如果一个作者允许他人将其作品制成电影，则法律认为，作者已经把下列权利授予他人，10 年内作者不能主张它们：

（1）在制作电影时，改动或不改动原作品；

（2）复制和传播制出的电影；

（3）公开放映该电影；

（4）通过电台、电视台播送该电影；

（5）以上述（2）（3）（4）方式使用该电影的翻译本。

德国虽然是大陆法系国家，但近年在知识产权领域，开始较多地强调判例的作用。在国际版权保护中，尤其在欧洲经济共同体不同国家间发生版权纠纷时，德国的一些判例也开始引起人们的重视。下面介绍德国在涉外版权保护中的三个案例。①

**案例 1　法属地域作者在法国出版的作品如何在德国保护**

1968 年，法属波利尼西亚的塔希堤岛上的作家 A，在该岛民歌歌词的基础上创作了名为《布拉·布拉牛》的一首诗，其中部分使用了当地民歌歌词的原文。1973 年，该岛上的作曲家 M 为这首诗谱了曲，并于 1974 年将《布拉·布拉牛》作为 A 与 M 共同创作的歌曲，在波利尼西亚版税征收协会登记，以便向使用（演唱或复制、广播等）这首歌的人征收版权使用费（版税）。1975 年，两位作家又将《布拉·布拉牛》歌曲在法国音乐作品版税征收协会登了记。这首歌的首次出版是在塔希堤岛，时间是 1973 年；再次出版是在法国。

1979 年，这首歌曲被收入一部歌曲集在欧洲出版（在此之前，欧洲已发行过该歌曲的录音磁带，发行人是作词者 A）。

1985 年，联邦德国作曲家 N，将《布拉·布拉牛》歌曲稍加改编后，更换名称为《布拉·布拉》，并将后一歌曲作为自己的创作成果

---

① 此处所举的案例，均系作者自己选择、翻译及评析的，故均为受版权保护的作品。请读者注意，引用时不至违反我国著作权法的有关规定。

在联邦德国音乐作品版税征收协会（GEMA）及法国音乐作品版税征收协会同时登了记。但在登记时，作曲家N注明："根据传统民歌改编"。

A与M在联邦德国法院对N起诉，提出：按照联邦德国版权法第10条，A与M是歌曲的合作作者，N的行为侵犯了他们作品的版权。A与M要求：（1）N必须被确认为侵权人；（2）N必须撤销其在德、法两国版税协会的登记；（3）N不得许可其他人使用其"改编"的歌曲；（4）N必须向A与M赔偿损失。

但N认为A与M的作品首次发表不发生在联邦德国，该二人又非联邦德国国民与居民，故不能依联邦德国版权法享有版权。同时，N认为A与M的歌曲与原已存在的塔希堤岛上传统民歌没有区别，应属于"公有领域"中的作品，本来即无"版权"可言，改编这种作品也不会构成什么侵权。

一审法院驳回了原告的请求。A与M向联邦德国上诉法院上诉。上诉法院认为：在《布拉·布拉牛》这首歌曲中，A与M各自创作量有多少难以确认；同时，A与M是否能够享有版权，他们自己所举的证据尚不足。所以，上诉法院也驳回了A与M的请求。A与M进而向联邦德国最高法院提出上诉。

1986年7月，联邦德国最高法院将该案发回上诉法院重新审理。最高法院在决定中写道：由于塔希堤岛适用法国版权法，而法国与联邦德国都是伯尔尼公约成员国，所以，首次在塔希堤岛出版的作品，按《伯尔尼公约》第3条规定，其作者在所有成员国中均应享有版权。上诉法院关于"作者的权利难以确认"的判决是错误的，因为《伯尔尼公约》第15条（1）款规定：为使文学艺术作品的作者受到本公约保护，只要作者的姓名以通常的方式出现在作品上，又无相反证据证明其不实，则应将其视为真正的作者而使其有权在公约成员国对侵犯其版权的行为起诉。A与M在1973年至1979年每次发表作品时，都明白无误地写明了自己是作者。这已是足够的享有版权的证据。合作作品中，有许多本来就是分不清每个合作者的创作量的，不能以这一点为理由否认 A 与 M 的版权。至于联邦德国版权法第 10 条，其原则也完全与《伯尔尼公约》第 15 条相同，应服从《伯尔尼公约》第 15 条。A 在歌词中部分使用了公有领域中的成果（原有民歌歌词），并不能使整个 A 与 M 的创作成果进入公有领域。所以，最高法院要求上诉法院重新确认 N 是否负有侵犯版权的责任。①

上述案例是一国法院直接引用国际公约的有关条款处理版权纠纷的典型。当然,《伯尔尼公约》第 15 条本身,并没有涉及“合作作者”版权的确认问题。但最高法院根据德国版权法学家冯·迦姆( Von Gamm）所著的《版权法》一书，对《伯尔尼公约》第 15 条及联邦德国版权法第 10 条，均作出了“适用于合作作者”的解释。

这一案例中有两点可能仅仅在大陆法系国家才能见到。第一，国际公约在法院被直接引用来判案。在大陆法系国家，某国参加了某公约后，该国最高权力机关批准该公约，该公约从而在该国生效，公约中的条款（除该国宣布保留者外）即自动成为该国国内法的组成部分，法院在判案时可直接引用这些条款。在多数英美法系国家，某国批准参加某公约后，国内还必须另外制定和通过使该公约在该国生效的法律。这些国家的法院在判案时，可能也会引述公约条文，但一般只起“参考”作用；只有“另立”的国内法，才能作为判案依据。例如，英国参加伯尔尼公约后，英国法院处理类似上述联邦德国法院受理的国际版权纠纷，就只能引用《关于英国版权法实施伯尔尼公约法案》及其他有关国内法，而不能直接引用公约。第二，

① 案例载联邦德国最高法院公告（Rundesgctichtshof）1986 年 7 月 10 日（Bora Bora）第 IZR 128/84 号。

援引学者对公约及本国法的解释，虽然在各国法院都会存在，但英美法院一般也只能引作“参考”，而不能作为依据。

**案例 2　法国作者设计、意大利厂商制作的制品，在德国如何受版权保护**

法国设计师莱考布希自 20 世纪 20 年代末就开始设计家具样式。在 70 年代，他的一些设计，许可给意大利一家家具厂商，该厂商取得的是在全世界独占生产与销售有关家具的许可证。1985 年，一家联邦德国家具厂商购买了该意大利厂商的一些样品后，即依照样品批量复制，并在联邦德国销售。意大利厂商认为无论按照联邦德国、法国还是意大利的版权法，实用艺术品都受到保护，而家具样式属于实用艺术品，联邦德国厂商的复制行为构成了对设计者版权的侵犯，从而也侵犯了意大利厂商的独占被许可权。于是意大利厂商在联邦德国法院起诉，要求联邦德国厂商停止侵权活动并赔偿损失。联邦德国一审法院与上诉法院的判决均认为：联邦德国法律虽然保护实用艺术品，但具体保护规定中又有两个前提：第一，有关客体必须具有一定艺术水平，方能构成“艺术品”；第二，有关客体的受保护部分必须不仅仅反映出其“实用”性，而且应反映出其“艺术”性。这两级法院都认为意大利厂商的家具是为家庭及办公使用而设计制作的，故不具备德国法中受保护客体的两个前提，不享有版权，因此判被告行为不构成侵权。意大利厂商进而向联邦德国最高法院上诉。

1986 年 12 月，联邦德国最高法院宣布撤销一审法院与上诉法院判决，令其重审。最高法院认为：意大利厂商按法国设计人的设计制作出的家具是否应被视为艺术品，这不是（或主要不是）如何适用联邦德国版权法的问题，而是一个如何认定事实的问题。如果认定了有关争议对象是艺术品，才进而可以考虑如何适用版权法。在这一事实的认定上，一审法院与上诉法院不应当仅仅考虑有关家具的设计与制作目的，还应当考虑到消费者及有关专家对家具的印象（即这些人是否认为该家具是艺术品）。此外，还应当考虑到这些来自意大利的家具曾经在联邦德国的博物馆及“艺术品展览会”上展出这样一个事实。最高法院要求一审法院把所有这些因素重新考虑后，认定有关家具究竟是否属于艺术品，然后再重新判决。①

在一向坚持作品只有具备一定艺术水平时才能称为艺术品、才享有版权的联邦德国，最高法院的这一批复可以说是别开生面。至少，它说明并非以实用为目的而创作的作品就不能被称为艺术品。这个处理中更重要的内容是：它提出了几个确定是否属于艺术品的较客观的标准，即公众与专家的意见。

从国际私法的角度来讲，各国确认法律与确认事实的程序，在诉讼过程中是不相同的。在英国及许多英联邦国家，就连律师甚至也依照寻找法律依据与事实依据这两种不同责任而分为出庭律师（Ba rister）与庭外律师（Solicitor），只有前者有责任为当事人的辩解寻找法律依据，后者责任则仅在于收集事实证据。当然，这里指的“法律”依据仅仅包括本国法，不包括外国法。因为，这些国家的法院在判案时均只能以本国法律为准。当某一案件确实牵涉有关的外国法律时，外国法律将不被等同于本国法律，而是被当作某种特殊的“事实”来对待。②当事人或其代理人有必要像举出事实那样，去证明某项有关外国法律的内容。不过，这些国家的法院并不是从根本上认为只有本国法才是法，外国法就统统不是法了。只是法院在判案中所依的“准绳”是本国法；而外国法这时只能是准绳之外的因素，亦即事实因素了。

大陆法系许多国家在涉外诉讼中对外国法律的看法，则与英美

---

① 案例载联邦德国《最高法院公告》1986 年（File No. 1，ZR 15/85），（Le Corbuaier Case）。

② 在英美法系国家，把外国法当作特殊事实对待的主要判例，可参看杰斯艾尔与诺斯（Cheshire and North）著《国际私法》（英文）第五章。

法系国家不同。它们的法院认定事实的程序，一般不包括对外国法律的认定。从上面举的联邦德国案例中也可以看到：联邦德国最高法院要求下级法院重新认定的，都仅仅是纯粹的事实问题。

**案例 3　广播电视作品中的导演可否同时享有两种权利**

某甲（原案例中未具体指明原告、被告姓名）一向是电视作品的作者、导演与演员。某乙是一家依法成立的版权使用费（版税）征收协会，专门为作者征收版权使用费，也为表演者征收邻接权（表演者权）使用费。[①]

1974 年前，某甲曾参加导演了一部电视连续剧《摄影机旁》和一部广播连续剧《民间英雄的经历》。这两部连续剧由某乙从使用人那里收取版税后，一直把某甲当作作者之一（联邦德国版权法认为电影或电视剧的导演均系该作品的合作作者，对“广播剧”未专门作出规定，但可比照电视剧类推），支付一部分使用费给某甲。

1981 年，某甲又另与某乙签订了一份“表演艺术保护合同”。通过该合同，某甲将自己的一切邻接权（主要是表演者权）委托某乙行使，某乙按合同承担义务在许可他人使用某甲的表演者权后，收取使用费，并（在扣除佣金等费用后）转付某甲。

在这份合同签订后，上述电视连续剧与广播连续剧又多次上演。此时，某甲要求某乙向其同时支付两笔使用费：首先，将其视为电视剧与广播剧的作者之一支付版权使用费；其次，将其视为该两种剧的表演者，支付邻接权使用费。某甲的主要理由是，依照联邦德国版权法，他是该两种剧的作者；而这两个系列剧的演员们又主要

---

① 联邦德国的“版权集体合同制”比较发达。作者或表演者很少有直接、单独与版权（或邻接权）使用人签订许可证合同的。一般均是作者　表演者金权委托某一版税征收协会为其作这项工作；该协会与使用人（一般也是某种协会）订立许可证合同，使用人将各种使用费交付版税征收协会，协会再分别支付有关作者或表演者。尤其音乐作品中的表演权，是通过这种方式行使的。

是在他的指导下演出的，所以他自己也实际上是表演者之一，某乙有义务按双方1981年另签的合同再向他付一笔费。某乙则不承认某甲在这两个连续剧中同时具有表演者与作者双重身份。此外，由某甲导演的资料影片《运转》放映后，某乙也未转付某甲版税，理由是该资料片根本不享有版权。

为此，某甲在联邦区法院起诉，要求被认定为上述电视剧、广播剧的表演者及电影《运转》的版权人之一，并要求某乙补付使用费。区法院判某甲应被视为电影《运转》的版权人，但驳回其作为两个连续剧表演者的请求。某甲不服，向联邦上诉法院上诉。上诉法院也判决某甲不能成为两个连续剧的表演者，同时认定电影《运转》不享有版权。于是某甲向联邦德国最高法院上诉。

1983年11月，联邦德国最高法院作出判决：（1）电影《运转》享有版权，某甲系版权人之一；（2）某甲只能被视为电视剧与广播剧的作者，不能被视为表演者。

最高法院在判决中写道：上诉法院在否认电影《运转》享有版权时的主要理由，是这部电影的编、导工作仅限于对资料的选择、安排与合成。但仅从这一点并不能否认一部作品享有版权。只要有关的“选择”与“安排”不是单纯按原始资料的原有时间顺序，不是按实际发生的事件简单排列的，就应看作加进了编、导者的“创作性”劳动成果，也就应受到版权保护。

该判决用主要篇幅说明了为什么电视作品、广播剧作品（乃至电影作品）的导演，不能被同时视为表演者（除非他“自导自演”——如卓别林制作的大多数电影）。①

① 这里举卓别林为例，只是为说明联邦德国作者权与表演者权之间的区别与联系。由于美国版权制度一直没有保护表演者权，故卓别林实际上就他的大部分影片只享有作者权。

判决中写道：电视与无线电广播都是传播与再现表演者“活的表演”的方式，故通过电视连续剧也好，广播连续剧也好，传播演员的表演活动，都属于表演者权所控制的内容。一个“亲身”参加了这种活动的表演者，即享有这种控制权。在电视作品或广播作品中反映自己的创造性精神成果，则是作者作出的贡献。表演者是以活的表演传播这种创造性成果。这两种贡献是互相独立的，就两种贡献享有的权利也是互相独立的。不能因为一个人享有前一种权利就类推出他也应享有后一种权利。否则，作者权（德文中对“版权”的确切表达术语，亦即 Urheberrecht）与相关权（德文中对“邻接权”的确切表达术语，亦即 VerwandteSchutzreche）就分不清楚了。当然，如果作者在完成电视（或广播）作品时的创作活动，与他参加电视（或广播）剧表演时的传播活动（即表演活动）可以分得开，则并非绝对不能把同一个作者视为表演者。但某甲在《摄影机旁》及《民间英雄的经历》这两部作品中，作为导演的创作活动与“参加表演”的传播活动是分不开的。就是说，把其导演活动单独取出后，就不再存在任何其他表演活动；而如果把导演活动视为表演活动单独取出，又不复存在任何其他创作活动了。所以，某甲在“作者权”与“表演者权”中只能享有一种。从他参加的这部电视作品与广播作品的具体情况来看，判定他仅享有作者权较为恰当。①

关于资料电影片的版权是否存在的问题，只是该案的一个小插曲。联邦德国最高法院的判决已非常清楚，也很正确。尽管法律体系不同，在版权保护上遵循的基本原则大都相同。

在电视作品及广播作品中，作者与表演者的划分、作者权与表

① 案例载联邦德国马克斯·普朗克学会 IIC 杂志，1985 年第 1 期，第 119 页（联邦最高法院判例）。

演者权的划分，是个非常重要的问题。尤其在那些承认导演为作者之一的国家（大部分参加了《保护文学艺术作品伯尔尼公约》的国家，都依照该公约第 14 条之 2，把导演或主要导演视为影、视作品的作者），这种区分更为重要。这种区分有利于防止一部分参加作品创作的人员所享有的权利，不合理地多于另一部分人员。在划清作者与表演者的界线时，应注意不能“一刀切”地排斥作者同时又是表演者的可能性。自编歌曲又自己演唱的人肯定既是作者又是表演者。因为他（她）们分别付出了两种不同的创造性劳动，于是分别作为两种权利（作者权与表演者权）的主体出现。这与上述案例中的某甲只做了导演这一项工作，并未分别付出两种不同创作性劳动，却又要求分别作为两种权利的主体出现是完全不同的两回事。

此外，联邦德国最高法院的这一判例，在实际上也反驳了把表演者视同作者、把表演者的活表演视为“演艺作品”这种立法方式的失当（我国台湾省 1985 年“著作权法”就是采用的这种方式）。因为这种立法方式很容易使人们（特别是司法机关）在实践中分不清两种创作活动（作品原创中的创作活动与作品传播中的创作活动），分不清两种不同的权利（作者权与表演者权），尤其容易使导演在参加一种活动后，不合理地享有两种权利。日本在过去尚未保护表演者权时，也是把“活的表演”当作某种“演艺作品”对待的。后来日本立法者看到了其中的缺陷，修改了立法。中国台湾地区“版权法”虽然至今仍沿用日本过去的方式，该省的版权法学家也已提出这种方式容易混淆实质不同的创作过程与传播过程，应予修改。①

① 参看肖雄淋著《著作邻接权与日本著作权法》一文，载台湾《中兴法学》1986 年第 22 期。

# 法　国

## 第一节　法国的知识产权法*

### 一、专利法

法国现行专利法是一九六八年颁布、一九七八年修订的《发明专利法》，专利的主管部门是国家工业产权局。

为了适应《欧洲专利公约》与《共同体专利公约》，法国在一九七八年把传统的注册制改为部分审查制，这是近年法国专利制度最大的变动。专利注册制是法国十八世纪末大革命的产物。这种制度所依据的理论是：行政机关的审查可能损害发明人的权利，权利应当依法产生，所以它是否有效，也应当由司法机关判定，而不是由行政机关去审批。专利申请人原先在工业产权局所要做的事，仅仅是履行一个注册手续，只要合乎规定的手续，就必须发给专利证。至于一项专利究竟是否有效，是否会同其他人的已有权利相冲

* 编者注：该文述收录自郑成思著:《知识产权法通论》，法律出版社 1986 年版，第 255-263 页。

突等等，都要等到行使专利权过程中与第三方发生争端时，在诉讼中由法院去判决。法国实行部分审查制后，认为它的制度是目前世界上最优越的，原因是这种制度既避免了注册制使专利的有效性不确定的缺点，又避免了完全审查制使申请案拖得时间过长、行政机关工作量过大的缺点。但事实上，部分审查制给专利主管机关减轻下来的负担，还会以各种形式又加到司法机关身上。按照法国的现行法，法院在确定专利是否有效方面，仍旧具有比实行完全审查制的多数国家更多一些的权力。这既表现在专利申请案的审查过程中，也表现在专利批准后行使权利的过程中。

法国在一部《发明专利法》中，同时保护发明专利与实用证书两种产权。发明专利的保护期为二十年，实用证书的保护期为六年。无论在申请发明专利还是在申请实用证书之后，都还可以再申请附加发明专利或附加实用新型专利，附加产权的开始与终止日期与它们各自的基本权利相同。①

在法国，并不是一切外国人都有权申请专利。《发明专利法》第五条规定：在法国既无居所又无营业所的外国人，如果要享受该法所赋予的权利，要有个先决条件，即该外国人所属国也给法国人以对等的权利。这样，未建立专利制度的国家，已建立了专利制度但未参加《巴黎公约》、又未与法国订立专利保护双边协定的国家，其国民若在法国无居所或营业所，就无权在法国申请专利。参加《欧洲专利公约》的其他国家的专利法以及《欧洲专利公约》本身，均未提出这种互惠要求。

法国对专利的要求是绝对新颖性、技术先进性及工业实用性。但工业产权局只对其中的新颖性一项进行审查，在审批过程中也仅仅

① 参见法国1968年《发明专利法》第62~66条。

公布一个检索报告。[①]法国在一八四四年的专利法中，曾经对新颖性的检索范围实行过“全部内容制”，即一切已提交的申请案（包括尚未公布的），均构成“现有技术”。在后来的一百多年里，专利法改为“部分内容制”，即未公布的申请案中，只有权利请求部分才构成“现有技术”。一九七八年修订专利法时，才又恢复了原来的“全部内容制”。

工业产权局按照现行法可以提出下列理由中的任何一条，驳回申请案：（1）申请手续不完备；（2）未缴纳申请费；（3）所申请的发明不属于法定的受保护对象；（4）所申请的发明缺乏新颖性；（5）发明不属于工业上能应用的；（6）专利权项请求与专利说明书不符，申请人又拒绝修改。

从法定申请日（即同一项发明在任何国家第一次提交之日或其后在其他国家申请时享有的优先权日）算起，在十八个月内，工业产权局公布检索报告；公布后三个月内，任何第三方均有权对该申请案是否合乎取得专利的条件提出意见。工业产权局将依据检索报告、申请人最后提出的专利权项请求以及第三方的意见，提出最后的审查报告，在报告中即确定批准或驳回申请。

按照现行专利法，专利申请人、专利权人或其他当事人如果同工业产权局之间发生了争端，大都在行政法院起诉。在有的情况下（如申请案遭到驳回而申请人不服），则向巴黎上诉法院起诉。至于当事人之间的专利诉讼，无论是侵权诉讼还是无效诉讼，都在各地方的初审法院（即 The Court of First Instance，过去国内发行的法国专利法中译本均译为“大审法院”，不一定恰当）。在过去，将一项被判无效或因故失效的专利恢复效力，仅仅是巴黎上诉法院的权限。

---

① 参见法国 1968 年《发明专利法》第 12~27 条。

一九七八年修订的专利法，在保留该法院的原有权限的同时，又规定了工业产权局也有这项权力。

法国专利制度对专利权的限制包括五个方面。

（1）一般限制。这是指与大多数国家相同的规定：仅为实验目的利用他人专利，私人为非营利目的利用他人专利，医生临床治疗时少量使用或仿制他人获得专利的药品等等，均不构成侵权。

（2）专利权的“穷竭”。这是指经专利权人同意而把专利产品投放法国市场后，在法国领土上使用（但不包括制造）及销售该专利品的任何行为，均不构成侵权。这是一九七八年修订专利法时才增加的内容，按照传统的法国专利法，专利权是不会因商品流通而穷竭的。

（3）在先使用权的保留。这是指在专利申请之前，在法国已经“善意使用”着相同发明的其他人，仍有权以自己的名义继续使用。

（4）“当然许可证”。这种限制是由专利权人自己选择的，它同英国的有关规定完全相同。

（5）强制许可证。这指的是在一定时期内，如果专利权人未实施、也未许可他人实施其专利，则任何有能力实施的第三者均可向当地的初审法院申请获得强制许可。强制许可证的使用费如果在专利权人与使用人之间达不成协议，也由当地的初审法院确定。但卫生部门要求获得利用药品专利权的强制许可证时，如果在使用费问题上与工业产权管理部门达不成协议，则专由塞纳（Seine）初审法院确定。

在法国，如果假冒专利号或专利申请号，或违反了专利法中关于为国家安全而保密的规定，要负刑事责任，一般是处以罚金，或判一至五年监禁。过去的专利法仅仅对侵犯产品专利的处罚作出了规定，而对侵犯“制法（或方法）专利”并未置一词。一九七八年修订专利法时，明确了未经许可而用他人的专利方法从事生产活动，也构成侵权。对于侵权的责任，传统专利法中规定除负民事赔偿责任外，还要负刑事责任。但长期以来，法国的司法部门并未对任何专利侵权处过刑罚，所以一九七八年从法律条文中删除了原有的对侵权处以刑罚的规定。

专利与实用证书在法国也可以用一般许可证或独占许可证的形式加以利用。一般许可证只能按被许可人实际营业额的一定百分比每年的提成支付使用费。而独占许可证可以采取一次总付的方式支付使用费，这就使独占许可证与转让的支付方式很相似。

## 二、商标法

法国虽然是历史上第一个建立起商标注册制度的国家，但在一九六四年之前，它的商标制度是比较自由放任的。[①] 当时制度的特点是：（1）商标注册与不注册一律可获得专有权，但不允许相同商标的专有权在不同人手中同时存在，只允许最先使用人或最先注册人享有专有权。如果权利冲突的双方一方系最先使用人，另一方系最先注册人，而最先使用与最先注册的时间又相同，那么专有权就判给最先使用人。（2）对注册申请不进行任何审查，商标注册的有效性要在与第三方的冲突中由法院去判定。（3）商标获得注册之后，使用与不使用一律有效。这三个特点，决定了当时的商标保护制度并不能对商标提供有效的保护。真正从事贸易活动的人，并不希望“在诉讼中”才确定自己的商标权，而是要求在商标注册时就明确自己的权利。

一九六四年之后新的商标制度主要作了三项重大改革：（1）规定了商标专有权仅仅通过注册才能获得。不注册的商标虽未被宣布

---

① 参见贝尔（Beier）著《英、法、德商标制度比较》，载《国际工业产权与版权》杂志 1975 年第 6 期。

为非法，但受到侵犯时，商标所有人无权起诉。有人把这叫作“实际上的强制注册”。[①]（2）对一切申请注册的商标均要进行形式审查，但不进行实质审查。[②]（3）注册商标必须在贸易活动中使用，连续五年不使用者，丧失商标权。[③]不过商标权不会自动丧失，只是在第三方对其效力提出争议时，才被撤出注册簿；如果无人提出争议，则该商标仅仅被“视为撤出”注册簿，并未实际撤出。

法国现行商标制度虽然一般不保护未注册商标，但为符合《巴黎公约》最低要求中关于保护驰名商标的规定，它相应规定了一切尚未注册的驰名商标，可以成为相同或相似的其他商标取得注册的障碍。但另一方面，驰名商标的所有人如果想对侵权行为起诉，仍旧要以取得注册为先决条件。否则，驰名商标所有人也只能阻止其他人就相同商标注册，却无权对使用相同商标的人提起民事诉讼（如要求赔偿或下禁令等）。

法国现行商标法是一九六四年颁布的《商标及服务商标法》（简称《商标法》），在一九七五年及一九七八年曾修订过两次，但基本内容并无改动。

在法国，商品使用的商标、服务商标、集体商标等，都可以申请注册。法定的不能作为商标申请注册的文字或图案的范围较窄。一般的地理名称、商品本身的外形或盛装商品的容器，都可以作为商标注册。《商标法》第三条中，仅规定四种标记不能作为商标使用：（1）违反公共秩序及公共道德的标记；（2）违反《巴黎公约》第六条之三的标记；（3）对商品或服务项目的内容或质量带有说明性质

① 参见法国 1964 年《商标法》第 4、25 条。

② 参见法国 1964 年《商标法》第 5、10、12 条。

③ 参见法国 1964 年《商标法》第 11 条。

的标记；（4）有欺骗公众之虞的标记。[①]

在法国申请商标注册，既可以在巴黎的国家工业产权局提交申请案，也可以在申请人住地的商业法院商标注册处提交。但一切居住在法国之外的人，只能在国家工业产权局提交，同时必须选择一个在法国境内的通信处和指定一名在法国的代理人。

法国商标注册的每届保护期为十年，届满可以续展，每次展期也是十年，续展次数不限，只要未在贸易活动中连续五年未使用，就可以永远保持有效。每届期满后半年内未办理续展的，商标注册仍是有效的，但再办时要补交“追加费”；如果过了半年期限仍未办的，商标就得被视为撤出注册簿了。法国商标法对注册商标必须使用的要求，包括以转让或许可方式交他人使用。所以，所谓“五年不使用”，指的是权利人自己未使用，也未转让或许可他人使用，只有在这种情况下，商标的注册才被视为撤销。

法国对侵犯注册商标权实行的刑事制裁是比较严厉的，对于假冒他人注册商标、储存或出售或提供带有这种商标的商品、未经许可而使用他人注册商标、仿造他人商标，都将追究当事人的刑事责任。刑罚按情节不同，可以处罚金或监禁，或二者并处。有上述侵权行为的人，除负刑事、民事责任外，还将在一定时期内被剥夺参加工商会、农会及工商仲裁厅选举的权利。[②]

商标的转让合同或许可证都必须采取书面形式，而且都必须是独立的合同，不能与企业的其他合同有连带关系。在商标转让合同中，转让人必须转让他在整个法国的有关商标权，只是在许可证中才允许把法国分为不同地区而分别把商标使用权授予不同的被许可

---

① 见法国 1964 年《商标法》第 3 条。

② 参见法国 1964 年《商标法》第 25~34 条。

人。[①]集体商标则不得转让，也不得许可给别人使用。[②]

在进出口贸易中,法国不承认“商标权穷竭”原则。法国《商标法》规定：经过商标所有人许可而在国外出售的某种商品，如果带着同样的商标返销回法国，或如果该所有人在国外的被许可人将带有该商标的商品销往法国，法国的该商标所有人都有权阻止。法国是西方国家中很少的几个不承认商品进出口中商标权“穷竭”的国家之一。

法国目前是《商标国际注册马德里协定》《尼斯协定》的成员国。

## 三、版权法

法国在一七九一年颁布过一部《表演权法》，在此之后两年，才颁布了它的第一部版权法。从那时至今的近二百年中，法国虽多次修订版权法，但从来未作过很大的变动，这在西方国家也是少有的。[③]法国的现行版权法（按法文直译应当是《作者权法》）是一九五七年颁布的，尚未修订过。

法国的版权制度是大陆法系国家中的典型，这主要表现在:（1）版权的原始所有人（即并非受让人或继承人）只能是作者本人而不能是其他人；只能是自然人而不能是法人。即使电影作品一类版权较难分割的作品，版权也分别属于参加摄制影片的各个自然人，而不能属于制片厂。[④]（2）承认对精神权利保护的全部内容。[⑤]（3）承认对艺术作品版权的追续权的保护。[⑥]除此之外，法国版权制度还有以下一些特点。

---

① 见法国 1964 年《商标法》第 13~14 条。

② 见法国 1964 年《商标法》第 20 条。

③ 参见斯普尔等著《欧洲大陆版权中的复制权》，1980 年荷兰版，第 33~47 页。

④ 参见法国 1957 年《文学艺术产权法》第 8、14 条。

⑤ 参见法国 1957 年《文学艺术产权法》第 6、19、32 条。

⑥ 见法国 1957 年《文学艺术产权法》第 42 条。

第一，法国是世界上较少的几个不承认“版权穷竭”原则的国家之一。法国版权法学家至今认为“穷竭”原则是无论如何不能接受的。不过，无论在商标权还是在版权问题上，法国作为欧洲经济共同体的成员国，在其他成员国同法国之间的贸易交往中，必须承认“穷竭”原则，因为这是共同体《罗马条约》规定的。只是在法国国内的贸易活动以及在法国与除开共同体国家及与共同体定有双边免关税协定的国家的贸易交往中，才能够不承认“穷竭”原则。

第二，法国把保护表演权放在很突出的位置。在历史上它是首先保护表演权，然后才保护一般版权的。在法国的版权法理论中，作品的复制权属于一种“非直接传播权”，而表演权则属于“直接传播权”。

第三，法国与联邦德国不同，它的版权可以转让，只是“将来版权”不可转让。所以，它的版权利用方式既不同于英、美（在这些国家，“将来版权”可以转让），也不完全与其他大陆法系国家相同。法国版权法中对于转让与许可合同，都有比较具体的规定。此外，在《法国民法典》中，也有适用于版权转让的规定。对于出版合同，法律规定：不论它是否采取了转让合同的形式，都以转让对待。就是说，作者不能通过订立许可证合同方式出版自己的作品。法国允许有偿转让版权，也允许无偿转让版权。版权受让人如果向第三方进行版权的再转让，则必须事先征得原作者的同意。[①] 上面讲的转让，均系经济权利的转让，精神权利则是不可转让的（但可以转移给法定继承人）。[②]

第四，法国保护精神权利中的全部内容。精神权利中的“收回

① 参见法国 1957 年《文学艺术产权法》第 31 条、第 34~40 条、第 43~63 条。

② 见法国 1957 年《文学艺术产权法》第 6 条。

权”，在许多大陆法系国家是不予保护的，法国虽然宣布保护这项权利，但在实践中真正行使收回权的例子是很少见的，因为法国版权法第三十二条规定：作者如果因观点改变而收回已发表的作品，必须赔偿出版人、发行人等等因其收回行为而受到的一切损失。这种赔偿金额一般都高得难以支付。

第五，法国版权法中虽然没有直接提到保护外观设计，但在目前，外观设计实际上可以作为艺术品的一部分受到版权保护。不过外观设计享受版权保护时要履行一定手续，即把要求保护的设计的创作完成时间并证明该时间的证件等文件，放入特定的档案袋（即法文中称为 Soleau 的档案袋）中，提交工业产权局备案。到一九八三年为止；外观设计的版权保护备案已有七万四千余份。法国另外专有一部《外观设计法》，它于一九〇九年颁布、一九七九年修订。根据这部法律，外观设计还可以通过在工业产权局或地方商业法院申请注册，取得为期二十五年的工业产权保护。这样看来，法国对外观设计实行的双重保护与英国又十分近似。不过，这两国有两点区别：第一，在法国，某个外观设计取得《外观设计法》保护后，在二十五年保护期届满时，如果版权保护期未满，则还可以继续受版权保护；在英国，前一种保护期一旦届满，有关设计即不再受任何保护了。第二，法国这种保护制度的发展趋势与英国的发展趋势正相反。英国正在考虑取消外观设计的注册保护，仅仅保留版权保护；法国则正在考虑取消对它的版权保护，仅仅保留注册保护，保护期也将减少为十年（但可以续展一次，展期也是十年）。

法国版权法或其他有关法律中，均没有保护版权邻接权的条文；法国也没有参加保护表演者、广播组织及录制者权的《罗马公约》。但法国分别参加了《保护录制者公约》与《卫星公约》。法国也是《伯尔尼公约》及《世界版权公约》的成员国。

## 第二节　法国版权法*

法国现行版权法是1992年颁布的《知识产权法》。这部法与西班牙的“知识产权法”不同。它是一部真正的包含专利法、商标法、禁止不正当竞争法及版权法在内的综合法。

这部法的第一篇，是“文学艺术产权”，亦即版权。[①]从立法形式上看，法国现行版权法与英国1988年版权法很相似。但从法律内容上看，法国仍旧沿袭它重在保护“作者权”，把精神权利放在首要位置的传统。

法国版权法所保护的作品有：

（1）文字作品；包含：

A. 图书；

B. 小册子；

C. 文章，等等；

（2）口头作品；包含：

A. 会议讨论发言；

B. 讲演；

C. 宗教仪式上的布道、讲经；

D. 法院的辩论，等等；

（3）戏剧作品；

（4）舞蹈作品；

---

* 编者注：该文论述收录自郑成思著：《版权国际惯例》，贵州人民出版社1994年版，第80-85页。

① 法国过去的单行版权法，均称为“文学艺术产权法”。

（5）音乐作品；

（6）电影作品；

（7）美术作品；其中包含：

A. 单色画；

B. 彩色画；

C. 建筑艺术品；

D. 版画；

E. 石版画；

F. 雕塑，等等；

（8）摄影作品；

（9）实用艺术品；

（10）地图、图示作品；

（11）与科学有关的图形及模型；

（12）计算机软件。

法国版权法所保护的精神权利包括：

（1）发表权；

（2）署名权；

（3）保护作品完整权；

（4）收回权。

法国所谓“收回权”的含义，与德国大致相同。它指的是：作者在改变观点的情况下，可以收回他已经同意出版或以其他形式传播的作品。

法国版权法所保护的经济权利包括：

（1）表演权；

（2）复制权；

（3）公开朗诵权；

（4）展览权；

（5）传播权；

（6）公开放映权；

（7）广播权。

法国之所以与上述几个介绍过的国家，乃至与大多数国家不同，把“表演权”放在首位，是因为在历史上，法国是先有“表演权法”，然后才有全面版权法的。大多数国家是从保护印刷出版权开始，广而及于保护其他权利。

法国精神权利的保护期不受限制。而且，法国版权法明文规定了精神权利不可放弃、不可转让，但可以转移给作者的继承人。

法国版权法中，十分强调“作者权”，有比我国著作权法中详细得多的、有关版权合同的规定。其规定与西班牙版权法不同的是：第一，它把表演权合同放在首位，其次才是出版合同，此外还对电影制片合同作了专门规定；第二，也是更重要的，它在合同规定中，并不一般地主张“合同自由”，而是强调保护作者的权益。即使某个版权合同是作者自愿与使用者签订的，但如果不合理地损害了作者权益，法律也将视之为无效合同。

有关表演权合同的规定。法国版权法总的原则是：不允许作者将其尚未完成的作品，预先许可他人使用。但对于表演权则例外。版权法允许戏剧作品、音乐作品或舞蹈等作品的作者，通过合同，在合同期内许可演出单位表演其现有的和未来的作品。

版权法规定戏剧作品的表演权合同，有效期最多5年；5年届满，作者自然收回权利，可再许可其他单位演出。如果合同另一方在5年中连续中断两年表演，作者也自然收回权利，可再许可其他单位演出。

版权法中专门规定：“演出单位必须在确保尊重作者精神权利的

条件下”，表演其作品。这与德国法中强调作者的精神权利不能影响经济使用，并应受到一定限制，形成鲜明的对照。而德国版权法在保护作者精神权利方面，与其他许多国家相比，已经显得水平很高了。

有关出版合同的规定。法国版权法规定：出版合同在一般情况下，不受民法中有关合同原则规定的约束。

出版合同必须规定第一版的最低印数。合同必须采取书面形式，并有作者本人的签字，方能生效。在一般情况下，即使作者无行为能力，也应事先征得其本人同意，除非作者出于健康原因无法表示是否同意。当然，这项规定不适用于作者死后，其继承人在版权有效期内签订的出版合同。

版权法专门规定：作者交付出版的手稿或其他原件，作为“物”的所有权，仍在作者手中，出版者出版完毕 1 年内，应将该原件返还作者。

出版者必须在每一出版物上标明作者的真名、笔名或其他能表明其为作者身份的标志，除非合同中另有规定。出版者应在其行业惯例规定的期限内，按约定的形式出版有关作品。

作为作者一方，则应向出版者按照合同提交合于出版要求的原件，保证出版者行使有关出版权。

出版者必须向作者按年报告版次、印数、库存数，及向作者提供所有账目。

未经作者同意，出版者不得把出版权转而许可第三方使用。

如果作品印制本脱销而出版者在 3 个月内未重印，则出版合同自动失效（即出版权回归作者；作者可再许可其他人出版）。

法国版权法专门涉及了如我国近年来一些出版社要作者包销或作者先出资、再出书的情况。该法中规定，如果出版者要求作者自费印制或包销部分印刷品，则版权法中关于作者义务及出版者权利的规定不复适用。版权法把这种情况视为“合伙合同”。日后如果出版该作品有利可图，则出版者必须与作者分享其利。

有关电影制片权合同的规定。法国在 1985 年之后，于修订的版权法中，专门增加了电影、电视等制作合同，亦即“视听制品的制作合同”一章。其中讲的“视听制品”，即已投入批量生产并发行的（伯尔尼公约中所称的）电影作品，其中也包括电视、录像。该法对这种合同作出如下规定：

（1）若无相反约定，在不损害作者其他经济权利的情况下，视听制品制作人与视听作品的作者之间的合同，应规定由作者向制作人转让[①]有关专有权。在这里，“视听作品作者”相当于我国著作权法第十五条所列出的、参加一部电影作品的创作，并构成作者的导演、编辑、摄影师等等。在法国的实际版权贸易中，这类作者还可能包括主要演员。但在法国，无论带词还是不带词的音乐作品的作者，均不包含在这类作者中。

（2）上一条所讲的“转让”，不得解释为包含作者就作品享有的剧场表演权与制作幻灯权的转让。合同中应当就作品的构成要素与作者所保留的部分，作出详细规定。

（3）制作人应当就每种对作品的使用方式，均向作者付酬。制作人应按照版权法的规定，按照其制品分别向公众传播时收费的一定比率（减去传播中的费用），向作者支付报酬。制作人至少每年向作者提供一次收入情况汇报，并依照作者的要求，提供建账的原始凭据，以及向第三方转让财产的合同凭据。同时，作者享有法国民法典中规定的优先求偿权。

---

① 英文本在这里也用的是 assignment。这说明法国也未排除允许经济权利的部分转让。当然，这里也可以指独占（专有）许可。

（4）作者必须保证制作者行使所授权利时不受干扰。这里包括作者保证其作品中不包含侵犯其他人权利的内容，等等。

（5）制作人则必须保证其使用作品的方式符合视听领域的惯例。

（6）制作人被法院判决清结、更换公司所有人等等，均不能自动导致合同中止。如果原制作企业清结，则接收人或破产管理人应对作者担负合同义务。如债务人或破产管理人打算转让或部分转让，或拍卖有关作品（应是“有关作品的专有使用权”，但法国法原文为“作品”），则作者有先买权。在法院判决清结 3 个月后，作者可以要求中止合同。

（7）用于作广告的委托（视听）作品，合同应规定作品的使用权转让给制作人，但对于付酬方式、使用期限、载体类型等，均应在合同中详细规定。

（8）视听制品制作合同有效期不能超过 5 年。

# 西班牙*

## 西班牙版权法

西班牙现行版权法是1987年颁布的《知识产权法》。该法虽然名称为“知识产权”法，但其中只含版权及邻接权。国际上曾在相当长的一段时间里，把专利、商标等权利称为“工业产权”，而把版权称为“知识产权”。70年代后已大都改为把“知识产权”概括所有专利、商标、版权等智力成果专有权。只有西班牙、菲律宾等少数国家，仍旧使用“知识产权”来表示“版权”。

西班牙版权法对拉丁美洲国家一直很有影响。1987年的这部版权法，又进一步向多数国家的保护方式靠近，故具有一定代表性。西班牙版权法中关于版权合同的规定，尤为详细。

在西班牙，对受保护的作品的称谓，有时指向载体（如“图书”），有时又指向作品本身（如“音乐作品”）。这点与法国相同，也与伯尔尼公约原有规定相同。但今天许多版权法学者认为这样混淆载体与作品本身的行文方式，是不可取的。西班牙版权法所保护的作品有：

---

* 编者注：该文论述收录自郑成思著:《版权国际惯例》，贵州人民出版社1994年版，第70–80页。

（1）图书、小册子、论文等；

（2）讲演、演说等；

（3）音乐作品；

（4）戏剧作品；

（5）电影作品及其他视听作品；

（6）平面或立体的、实用或非实用的艺术作品；

（7）科技工程作品；

（8）科技图形作品；

（9）计算机程序。

西班牙版权法还专门强调了演绎作品也必须与原始作品一样给予保护。其明文规定的受保护演绎作品有：

（1）翻译作品与改编作品；

（2）评论、编辑与注释；

（3）摘录、摘要；

（4）音乐作品的改写；

（5）其他对原作的演绎而形成的作品；

（6）作品的汇编。

西班牙版权法所保护的精神权利包括：

（1）发表权；

（2）署名权；

（3）保护作品完整权；

（4）修改权；

（5）收回权；

（6）在独有的作品原件从作者手中转移后，作者接触原件权。

这最后一项精神权利，是一部分国家在版权保护中实际施行的，但明文写到版权法中，则非常少有。还有一部分国家不同意授予作者这项权利。这项权利具体指的是这样一类情况：如果一个画家卖掉了自己的一幅精品，日后他又打算出版自己的画集，即应有权利到买主那里拍摄下自己的原作。当然，不止这类情况。在版权领域，物权（作品载体）与版权（无形）何者优先的问题，至今在国际上仍有争论。

西班牙版权法所保护的经济权利有：

（1）复制权；

（2）发行权；包含：

A. 出售权；

B. 出租权；

C. 散发权；

（3）传播权；包含：

A. 表演权；

B. 朗诵权；

C. 电影及其他视听作品放映权；

D. 无线广播权；

E. 电缆等有线广播权；

F. 展览权；

G. 以联网等方式传播计算机数据权；

（4）演绎权；包含：

A. 翻译权；

B. 改编权；

（5）许可他人使用权；

（6）获酬权。

西班牙版权法不仅对各项经济权利列得十分详细，而且对每项权利如何行使也规定得十分具体。例如，对于发行权中的出售权与散发权，法律规定权利人就其某一部分特定作品，只能行使一次。如果一个作者已经授权某出版社将他的4000本图书在西班牙发行，则其他书店、书摊如何分销、转售这4000本图书，就不再是该作者的“发行权”所能约束的了。而在法国、比利时一类国家则不然。那里强调“作者权”几乎走了极端，作者将一直有权约束分销、转销人的活动。

西班牙精神权利保护期不受限制；经济权利保护期为作者有生之年加死后70年。

西班牙版权法中有关出版合同及表演权合同的规定是很有特点的。

有关出版合同的规定。西班牙在这方面的规定在迄今为止各国版权法中，是较为详细的。它们在该国1987年版权法第58~73条，具体包括如下内容。

（1）“出版合同”总的概念，应解释为：作者或其继承人，将其版权中有关复制与发行作品之权有偿转让给出版者；由出版者自行投资、自担风险，在遵守版权法的前提下，按与作者的协议条件出版。

（2）作者将来的作品如何处置，可以不在出版合同中涉及。委托创作作品行为，可以不包含在“出版合同”一类中。向报纸杂志投稿，也不包含在“出版合同”类（但不排除对出版合同的有些规定可适用于向报纸杂志投稿）。这一点，与我国“图书出版合同标准式样”及《著作权法》第四章第一节的有关规定（即区分图书出版与其他出版）也很类似。只是西班牙的规定有选择余地，使用了“可以”一词。

（3）出版合同必须采用书面形式，并且在任何情况下，都必须将下列事项规定明确：

A. 作者对出版者的授权是专有（独占）性的，还是非专有性的；

B. 授权的地域范围；

C. 每次印刷或制作的复制品的最高与最低册数；

D. 出版物的销售方式，以及作者所指定的对其作品的评论方式与广告宣传方式；

E. 根据版权法的规定向作者支付的报酬；①

F. 将作品第一版印制完毕并投放市场的时限；不论双方的意思表示如何，这一时限依法不得超过 2 年，从作者以适于复制的形式向出版者交稿之日起计算②；

G. 作者向出版者交稿的时限。

如果合同不是采用书面形式，或虽然采用了书面形式但缺少上述 C、E 两条，则合同被视为无效合同。如果合同中缺少上述 F、G 两条，则合同仍旧有效，但各方均可通过诉讼迫使对方补偿自己因对方的拖延可能造成的损失。在双方于履行合同中对此（时限）达不成协议的情况下，法院可参考合同缔结时的具体情况，以及双方执行合同的状况，并依据惯例，决定有关时限。

（4）如果所出版的作品仅指以图书形式出版，则合同条款中除上述（3）所指内容外，还须规定下列内容：

A. 作品出版所使用的某种或某些种文字；

B.（如有必要）出版者应向作者预付的报酬数额；

C. 出书的某种或某些形式（诸如精装本、平装本、活页本，等等），以及是否可将该作品收入某选集中，等等。

如果图书出版合同未写明出版语种，则依法推定出版者有权仅以作者交稿时稿子所用的一种语言文字出书。如果合同规定以不止

① 西班牙版权法在前几章中，明确规定了版权合同不可逾越的、向作者付酬的许多原则。这二点比我国著作权法更详细，也更合理。我国《著作权法》第二十七条后半部，虽允许了“合同自由”，但却缺少具体限定，因此有可能“自由”到损害某一方的利益。

② 这一点也是我国著作权法及标准合同中都缺少的。但西班牙的这一规定，在该国不适用于：作品选集、辞典、百科全书、汇编作品，与作品有关的序与跋、导言、注脚、评论、插图等等。

一种西班牙官方用语出版，则以其中一种语文出版了作品，并不妨碍作者以其他语言再出版该作品。如果作者交稿后5年内，出版者尚未以合同所规定的多种语文出齐该书，则作者有权中止出版者尚未出的诸语种的出版权。

这些规定也适用于将外文译成西班牙文后出版图书的合同。

（5）出版者必须承担下列义务：

A. 以约定的形式出版作品，未经作者同意不得作任何修改，出版物上均带有标明谁是作者的署名或签名；

B. 除另有约定外，将清样交作者校读；

C. 按约定的时间及条件发行出版物；

D. 确保不间断对作品的使用（即指只要市场还有需求，就须重印已销售完的作品，等等），确保其商业性发行合乎出版界惯例；

E. 按规定向作者支付报酬；如报酬系按出版物销售比例支付，则至少每年结算一次；向作者提供有关印制、发行、库存该作品出版物状况的证明文件；

F. 出版事宜结束后，返还作者原始稿件。①

（6）作者必须承担下列义务：

A. 在约定时限内，以适于复制的形式向出版者提交作品；

B. 回答出版者对有关其作品作者真实身份及作品原创性提出的询问；保证使用该作品不会侵犯其他人的权利；

C. 除另有约定外，负责校对清样。

（7）作者在校对清样时，有权对他认为非修改不可之处进行修改。但这种修改不得构成对原作性质及创作目的的修改，也不得因

---

① 这一条原在我国《图书期刊版权试行条例》中也有明文规定。目前国家版权局认为根据著作权法的原则，这一条仍然适用。只是许多出版社并未执行。

此明显增加排版费用。在出版合同中，可以规定整个作品在校对时允许修改的幅度。

（8）未经作者同意，出版者不得在出版物首次投放市场两年内，廉价处理库存的有关出版物。两年过后，如要处理，也须先书面通知作者，使作者可优先以优惠价购买或作其他选择。出版者在两年后如打算销毁库存，则也应通知作者，使之在销毁前可以免费获得其所需的数量。但作者免费获得后，不得自行投入商业性使用。

（9）作者可以在下列情况下中止出版合同（但不妨碍其得到损失赔偿）：

A. 出版者未按约定的条件与时间出版作品；

B. 出版者未履行上述（5）中的 B、D、E 三项义务中的任何一项（但经作者要求而不履行除外）；

C. 出版者未按（8）中所规定的条件处理或销毁作品的复制品；

D. 出版者未经作者许可而将授予他的权利转移给第三方；

E. 如作品出版了不止一版，最后一版复制品已售罄，在作者提出再版要求后 1 年内，出版者仍未再版；①

F. 在作品的印制尚未开始，应预付作者的报酬业已预付的情况下，如果出版公司清产或公司所有人变更。

此外，如果因出版者停止营业而使作品的使用搁置，或因出版者破产而使作品的使用停止，有关司法部门可以根据作者的要求，确定一段可以使该作品恢复使用的日期，以使出版合同像未发生停业或破产的情况那样被中止。

（10）除法律关于合同完结的一般规定外，出版合同在下列情况下完结：

---

① 西班牙版权法规定，如果尚未售出的复制品已不足印制出的全部数量的 5%，则视为“售罄”。在任何情况下，尚未售出的绝对数量如不足 100 册，均视为“售罄”。

A. 约定的合同期届满；

B. 合同约定的销售册数已全部售完；

C. 如约定报酬的支付方式为一次总付，并已付齐，则出版权与发行权授予出版者满 10 年时，合同告完结；

D. 无论合同怎样约定，从作者授权出版者出版作品的“授权日”起 15 年，出版合同均须依法告完结。

（11）在合同完结后 3 年内，除非另有规定，出版者均有权以任何方式（包括非约定方式）处置其尚未发行完的作品复制品。作者则在此期间有权以公开销售的零售价的 60% 购买，也可以按专家确定的其他价，或作其他选择。究竟作者怎样选择，应在原出版合同中规定明确。

（12）如果出版合同中的出版物属于音乐作品或戏剧—音乐作品[①]，则应遵循下列特殊原则：

A. 即使合同中未明确复制品的数量，合同仍旧视为有效；但出版者必须按照音乐出版界的已有惯例，印制及发行足够数量的复制品；

B. 交响乐或戏剧—音乐作品的出版时限不应是两年，而应是 5 年；

C. 上述（9）中的 C，（10）中的 B、C、D 均不适用于音乐作品或戏剧—音乐作品的出版合同。

有关表演权合同的规定。“表演权”指的是作者作品（主要是戏剧及音乐作品）中的权利。“表演权合同”指的是作者授权他人表演其作品的合同。西班牙有关这类规定，集中在它的 1987 年版权法第 74~85 条，具体包括以下内容：

---

① 一般指歌剧作品及性质相同的作品，含义与伯尔尼公约中所指的“戏剧—音乐作品”相同。

（1）“表演权合同”的总概念，应解释为作者或其继承人，将其文学作品、音乐作品、戏剧作品、戏剧—音乐作品、哑剧作品或舞蹈作品版权中的公开表演权，有偿转让[①]给其他自然人或法人。[②]权利受让一方有义务按照合同约定，并依据版权法的规定，将有关作品传播给公众。

（2）合同双方既可以按照一定时限、也可以按照商定的演出次数去订合同。但无论合同怎样订，合同有效期（即作者授权表演者[③]使用表演权的期限）均不得超过5年。合同中应明确表演者独家公开表演或首次公开表演该作品的期限。该期限一般不应超过自合同成立起2年，或不超过作者已授权有关的表演者表演其作品之日起2年。如果合同中没有明确规定独家公演或首演时限，则法律推定该时期为1年。

（3）如果合同中没有专门指明授权表演的方式，则推定只允许在剧院、娱乐场或其他收费入场的场合朗诵与表演有关作品。

（4）作者必须承担下列义务：

A. 如果作品尚未以印刷形式出版，则作者须向表演者提供包括完整乐谱在内的作品；

B. 回答表演者对有关其作者真实身份及作品原创性提出的询问；保证表演该作品不会导致侵犯其他人的权利。

---

① 这里的英文及西文，与出版合同相应规定中的用词相同，既可以指所有权的转让，也可以指使用权的许可。

② 在这里我们看到，同一个音乐作品的作者在出版其音乐作品时，应按“出版合同”中的规定授予出版者以出版权；在准备上演其作品时，则应另按“表演权合同”中的规定向表演者授出其表演权。另外，西班牙不承认“表演者”可以是法人。本书以作者自己语言论述时，“表演者”可能是法人。

③ 为表述方便，自此以下，本节中所说“表演者”，均指负责表演活动的自然人或法人团体，而不指演员本人。这不是西班牙法律中的原文用法。

（5）表演者必须承担下列义务：

A. 在约定时限内，向公众传播有关作品；

B. 保证未经作者同意，在传播中不对作品进行修改、增补或删节；在不得不进行技术处理时，也不得损害作者的精神权利；

C. 允许作者（或作者的代理人）[①] 免费进入表演现场，以检查有关表演；

D. 按时向作者支付依法商定的报酬；

E. 向作者（或作者的代理人）提供公演的准确节目单；如付酬方式系按版税方式（而不是一次总付方式），则定期向作者提供收入账目；还应允许作者检查有关节目与账目。

（6）公共娱乐场的表演者应按收入比率提成的版税制向作者支付报酬，并应每周向作者或其代理人支付一次。

（7）除非双方另有约定，双方在履行合同时均应遵守下列规定：

A. 为演出而必需的作品复制本，应由表演者负责制备，这些复制本必须与作品无异；

B. 由表演者及作者共同协议选择主要演员；如果是集体演奏、合唱、集体舞或相同性质的表演，则由表演者及作者共同协议选择指挥或导演；

C. 由表演者与作者共同协议决定演出广告的内容。

（8）作者有权在下列情况下中止合同：

A. 取得表演权专有使用权的表演者，在既已开始公开表演后，又停顿了有关表演达 1 年；

B. 表演者未能履行上述（5）中 A 项义务；

C. 在经过作者催促后，表演者仍未能履行上述（5）中的 B、C、

---

① 这里的"代理人"，一般指作者（尤其是音乐作品作者）所委托的集体代理组织。

D、E 项义务中的任何一项。

（9）应当在合同中规定：如果有关作品的唯一传播方式仅仅是舞台表演，而首次舞台表演的结果又表明该作品不被公众所接受，则表演者也有权中止合同。

（10）除上述（8）中之 A 外，上述规定也适用于作者授权以广播方式表演其作品的合同。

西班牙的版权立法及修订，在拉丁美洲国家有较大影响。西班牙有关版权贸易合同的规定，也被许多拉丁美洲国家效仿。诸如委内瑞拉等一批国家，版权法中也有与西班牙类似的、对版权贸易合同的规定。

# 瑞　典

## 瑞典版权法关于三种合同的规定*

北欧国家 1989 年修订版权法时，对出版、表演、制片三种合同的要求都作了简明的、集中的规定。其中，又以瑞典版权法中的规定最有代表性。过去在我国的涉外有形货物贸易、涉外技术贸易中，许多合同在不得不选择第三国为仲裁地时，也多选瑞典的斯德哥尔摩国际仲裁院。所以，了解一下瑞典的有关规定，是必要的。

### 1. 有关出版合同的规定

除上述西班牙版权法中提到的一些原则外，瑞典版权法还规定：

（1）无论合同如何约定，出版者用以复制出版的、由作者提交的原稿及其他材料，其作为有形财产的产权仍旧归作者所有。

（2）作品每出“一版”，意味着印制一次；而每次印制，对文学作品来讲，册数应在 2000 册以内；对音乐作品来讲，应在 1000 份以内；对艺术作品（如绘画）来讲，应在 200 件以内。

---

① 编者注：该文论述收录自郑成思著:《版权公约、版权保护与版权贸易》，中国人民大学出版社 1992 年版，第 187–189 页。

（3）如出版者不履约，作者有权宣布合同作废[①]，但不返还已获取的报酬，并有权要求出版者赔偿损失。

（4）对文学作品的出版时限也为2年；但音乐作品为4年。

（5）出版者如在首版1年之后出新版，则应给作者修改其作品的机会；但作者的修改幅度不应给出版者造成不合理的成本增加，也不应改变作品的性质。

（6）合同中必须规定明确：作者在此期间内不得以同样形式自行或交第三者出版同一作品。但不论此期间在合同中规定为多长，15年之后，作者仍有权以出选集的形式将该作品纳入自己的选集中。这种作品仅限于文学作品。

（7）对出版合同的规定，不适用于报刊对作品的使用。

**2. 表演权合同**

瑞典对表演权合同的强制性规定只有一条：表演权无论作为权利转让还是专有使用许可，合同仅在3年内有效，3年后自动返归作者。如果作者与表演者协议同意将表演权授予后者3年以上，则只要表演者在连续3年中未行使此项权利，作者仍有权自己行使或再许可（或转让）给第三方。但这条规定不适用于电影作品及其作者。

**3. 摄制电影合同**

（1）无论文字作品或艺术作品的作者，一旦通过摄制电影合同而许可[②]制片人使用该作品，则将依法推定已许可在电影、电视及其他视听制品上使用该作品，并推定已许可为翻译而配音复制或加字幕。

---

① 这里使用的是Rescind，也有“中止合同”的含义。

② 英文本这里使用transfer，既包含许可，也包含转让。

（2）作者授权后，制片人（受让人或被许可人）必须在约定时间内使影片与公众见面。否则，作者有权撤销合同，并且不返还已得到的付酬。如果已得到的付酬仍不足以补足作者的损失，作者仍有权要求赔偿。

（3）即使不是由于制片人的过失，如果影片在作者授权后 5 年内仍未制出，作者也有权撤销合同，并且不返还已获得的付酬。

# 日　本

## 第一节　日本的知识产权法

### 一、专利法

虽然日本实用技术的水平在世界上是名列前茅的，但它仍旧自称为“技术进口国”。日本认为衡量进口国与出口国的标准，是看技术出口的收入与技术进口的开支之间是顺差还是逆差。日本技术出口量虽然逐年增加，但技术进口量却增加得更快，到一九八二年止尚未出现过顺差。日本自己搞出的技术发明与引进的技术，都对其经济发展起了巨大的作用。近年来，日本在引进外国先进技术时，越来越多地用提供本国技术作为交换，而不是支付外汇。日本本国专利制度的重要作用，已经不仅在于直接服务于本国工商业，而且在于适应国际技术贸易活动了。所以，了解日本专利制度时，有必要研究两方面的法律：直接保护发明创造的专利法与涉及利用专利的技术转让管理法。

---

① 编者注：该文论述收录自郑成思著:《知识产权法通论》，法律出版社 1986 年版，第 275-285 页。

日本专利制度始于一八八五年；一八八八年开始实行专利审查；一八九九年参加《巴黎公约》；一九二一年从类似于目前美国的“先发明者获优先权”制度改为多数国家实行的“先申请者获优先权”制度，并实行公布申请案、征求第三方的意见；一九七〇年开始实行“早期公开、请求审查”制度；一九七一年参加《专利国际分类协定》（但从一九八〇年才开始使用该协定中的专利分类法）；一九七八年参加《专利合作条约》。日本的专利法修订得也很频繁，从一九四五年以后，它已经先后十八次修订了自己的专利法。日本现行的专利法是一九五九年颁布、一九七八年最后一次修订的《特许法》。此外，日本还有一部《实用新型法》及一部《意匠法》（即外观设计法），均是一九五九年颁布、一九七八年最后一次修订的。

日本多年来一直重视以专利制度鼓励和促进发明活动，一般的大企业中都设立了“专利部”，为本企业下属的工厂、研究单位或个人代行专利申请、提出权利争议及诉讼等事宜。从一九五八年起，日本的专利申请案与实用新型申请案的数量就一直在世界上占首位，世界上每年发行专利情报一百万份，其中日本的专利说明书约占百分之四十。

日本专利申请与审批程序与多数审查制国家差不多，即提交申请案、形式审查与检索、早期公布、实质审查、决定批准或驳回；但从细节上看，日本也具有一些自己的特点，这主要有：

（1）《特许法》第二十五条规定：对外国申请人的资格，要求互惠原则，即与前面介绍过的法国的规定相同。在日本无居所、无营业所、又非《巴黎公约》成员国国民或与日本签订过专利保护双边协定的国家的国民，就无权在日本申请专利。我国发明人过去曾以我国驻日人员名义，或由日本企业作为申请人代为申请，向日本特许厅申请过专利。

（2）希望按照《巴黎公约》享有优先权的申请人，必须在提交专利申请案时，将优先权请求与专利权项请求同时提出。而在英国及其他一些欧洲国家，优先权请求可以在提交专利申请案之后再提出。另外，在日本，如果首次申请是在外国提出的，那么在提优先权请求时，必须附上经过公证的外国申请案的复制本，公证书还必须译成日文（但外国申请案的复制本则不必译）。

（3）日本虽实行早期公开[①]，但同时又实行延迟审查制[②]。在早期公开申请案后，从在日本实际提交申请案之日算起的七年之内，申请人可请求审查。这一点与联邦德国相同，而与英国不同。

（4）日本在新颖性检索上实行前面讲过的“全部内容制”，即凡是已提交的申请案，即使尚未公布，其内容也均构成“现有技术”。但《特许法》第二十九条之二又补充规定：一个申请人先前申请专利或实用新型专有权的申请案，不能用以否定其本人后来就相同发明再度申请时的新颖性；即使后来的申请人与原申请人不是同一个人，但如果前后两个发明是同一个人搞出的，那么前一个申请案也不能否定后一个申请案的新颖性。所以，日本的“全部内容制”实际上是一种“改良的全部内容制”。[③]

（5）日本对新颖性要求虽然是“绝对新颖性”，但规定只有那些在日本国内已经被公众所知或公开使用过的发明，以及在国内外公开出版物上有记载的发明，才丧失新颖性。而多数要求绝对新颖性的国家，均规定在国内或国外已经被公众所知，就将丧失新颖性。所以日本要求的实际上是一种“混合新颖性”。[④]

（6）在最终批准专利之前，特许厅将公告批准决定并征求第三方异议。目前许多国家则都像联邦德国一样，把这项异议程序移到

---

① 参见日本 1978 年特许法第 65 条之 2。

② 参见日本 1978 年特许法第 48 条之 2 ～之 5。

③ 参见日本 1978 年特许法第 29 条之 2。

④ 参见日本 1978 年特许法第 29 条。

“临时批准”专利之后了。

（7）在申请案被审查的过程中，申请人既可以请求把专利申请改为实用新型申请，也可以请求把实用新型申请改为专利申请；[①] 但许多保护实用新型的国家只允许前一种改变，不允许后一种改变。

日本的专利审批由特许厅负责，厅内设有“审判部”，它相当于美国专利局中的专利申诉委员会。如果申请人因申请案被驳回而不服，可以向审判部请求再审查；再审查的结果即为特许厅的最终决定；如果申请人仍不服，可向东京高等法院起诉；对高等法院判决再度不服的，可以向日本最高法院上诉。专利批准之后，任何第三方仍旧可以在专利有效期内，提出具体理由，向特许厅请求“无效审判”，即请求判该专利自始无效。这是现行专利法对传统专利制度所作的一项重大改革。在过去，一旦专利被批准，仅仅利害关系人在五年之内有权请求特许厅进行“无效审判”。

至于专利批准之后的冲突诉讼、侵权诉讼等程序，日本与联邦德国差别不大。日本的民事诉讼法完全是以《德意志民事诉讼法典》为范本的，其中有些章节完全是全文照译该法典。专利权人遇到侵权行为发生时，可向地方法院起诉；对地方法院判决不服，可向高等法院上诉。

据日本特许厅原厅长岛田春树说，钢铁、汽车、计算机等工业是日本经济的重要支柱，而这些工业全都是靠引进技术发展起来的，在引进的技术中半数是专利技术。据日本“公平贸易委员会”统计，日本企业每年交政府主管部门审批的外经、外贸合同约四五千件，其中技术进口合同占的比例最大。

过去，日本调节技术进口的法律主要是《外汇管理法》《外国投资法》与《反垄断法》。一九八〇年底日本修订了其中的《外汇管

---

① 见日本 1978 年特许法第 40 条。

理法》，同时废止了原有的《外国投资法》。

按照现在的《外汇管理法》，无论签订技术进口合同还是续订或修订，都必须在签字前三个月内，向大藏大臣及有关的工业主管大臣呈交签合同的说明报告，同时在日本银行备案。如果有关的合同内容可能危及国家安全，影响公共秩序，或对国内相同领域的贸易活动有不利影响，或对日本经济稳步发展有严重影响，大藏大臣及有关的工业主管大臣都可以要求当事人修改或缓签合同。对于十二种指定的技术〔即航空、武器、爆炸物、原子能、宇宙空间开发、计算机、第二代计算机的电子零件、激光与电通信、新发明的物质（如合成物）、无汞盐化学分析、海底石油生产、皮革及革制品〕，如果有关技术进口合同的使用费超过一亿日元，日本银行收悉备案文件后必须请求大藏大臣与工业主管大臣对合同进行实质审查。

从上述情况可以看到，《外汇管理法》是从费用的支出及经济效益方面控制技术进口。《反垄断法》则是从对合同条款的法律要求方面控制进口。《反垄断法》要求：任何国际技术贸易合同，都必须在签订后的三十天内，报日本公平贸易委员会备案。如果该委员会发现合同中有违法的条款，有权要求当事人删除或修改。衡量是否违法的标准，是该委员会颁布的《国际许可证合同的反垄断法准则》。按照准则的规定，有九种限制性合同条款是非法的，即：（1）对被许可人的产品出口地区予以限制的条款（但如果许可人在有关地域内占有有关的工业产权，或许可人已向某第三方发放了独占许可证，则不在此列）；（2）对被许可人的出口价格、数量以及由谁承揽出口业务方面予以限制的条款；（3）限制被许可人购买或使用与许可证中的技术有竞争力的产品或技术的条款（但如果已经授予被许可人独占许可证，许可证中对于已经购买的产品或已经使用的技术未加限制，则不在此列）；（4）对被许可人向谁购买原材料或零部件等权利予以限制的条款;(5)对被许可人销售产品的口岸加以限制的条款;(6)对被许可人确定转卖价格的权利予以限制的条款;(7)“反馈”条款(但如果合同中规定许可人自己改进了原技术后，也只能继续向被许可人发放许可证，亦即规定许可人与被许可人负有同样义务，则不在此列);(8)强求被许可人为其并未使用的技术交付使用费的条款;(9)对被许可人所使用的原料与零件的质量加以限制的条款(但如果许可证中包括了许可人的商标，则为维护许可人的信誉，可作这种限制；为保证被许可的技术的应用效果，也可作此限制)。

在同一个准则中，还规定了有四种限制性条款是合法的，即:(1)对有关的权利利用的性质加以限制的条款(如该许可证限于许可技术进口方制造产品，或限于许可该方制造及销售产品，等等);(2)对适用的技术领域的限制条款(如只许可将有关技术用于轮船制造，而不准用于飞机制造，等等);(3)在专利权的有效范围内对时间或地域的限制条款(如规定许可证在三年内有效，或仅在日本某一地区有效);(4)对转让技术的数量上的限制。

日本在对技术进口严格审查的同时，还积极鼓励本国技术的出口(只要不影响自己的经济与国防)。例如，鼓励和从资金上支持申请外国专利，就是其中的一项措施。日本从一九五五年开始，就制定了一系列的法规，补助在外国申请专利的人，补助范围包括外国专利局所收的手续费，申请人在国内外花的代理费、翻译费等。补助额一般为所需费用的百分之五十。

## 二、实用新型法

日本实用新型的申请与审批程序以及申诉、诉讼程序，均与发明专利申请大体相同，只是在审查中对“技术先进性”的要求低于一般专利。近年来，在日本申请实用新型的申请案数目已接近(有些年份甚至高于)专利申请案。实用新型已成为日本知识产权中一项重要内容。

日本在一九〇五年按照德国一八九一年《实用新型法》的样子，建立起自己的保护制度。但经过几十年的发展变化，它已经与目前的联邦德国的制度有很大不同了（当然也还保留了一些相同的地方）。

日本实用新型制度的一个突出特点是实质审查制。在一份实用新型申请案提交特许厅后，十八个月内特许厅将其公布。在日本实际提交申请日算起的四年之内，申请人或任何第三方可请求特许厅开始实质审查；如果四年内无人请求审查，则申请案视为自动撤回。实质审查一旦通过，就公布审查结果，在公布后两个月内如果无人提出异议或异议不成立，即颁发实用新型证书。所以，日本的实用新型与联邦德国等实行注册制的国家主要不同点是：它经过了政府行政机关（特许厅）对专有权效力的确认；在日后的侵权诉讼中，法院无须去确认这种效力，而只消对于是否侵犯了有关专有权作出判断。实用新型证书颁发之后的三年内，任何第三方仍可以向特许厅对它提起无效诉讼。

在日本，当一项专利申请达不到专利条件时，可以退一步申请实用新型，也可以就一项发明直接申请实用新型，但不可以就一项发明像联邦德国一样获得“专利附加实用新型”的双重保护。从专利申请退到实用新型申请，可以在收到专利申请案被驳回的决定后三十日内，或在提交专利申请后四年内的任何时间，向特许厅提出改变所申请的产权内容的请求。同一个申请人从专利申请退到实用新型申请，仍可以享有原申请案的优先权日。

在日本，实用新型受保护的主题比较宽。像电路、不可移动的物体、完整的工艺流程装置等等包括在内，而这些在联邦德国是不能得到保护的。

由于日本的实用新型专有权较难获得，其有效性较为可靠，所以保护期也规定得比较长，它是从特许厅公布申请案之日算起十年。这个保护期是不可续展的。

## 三、商标法

日本现行的商标法是一九五九年颁布、一九七八年最后一次修订的。

商标法第七十七条是与特许法第二十五条完全相同的、对外国人申请商标注册要求“互惠”的规定。我国很早就同日本订立了商标保护双边协定，所以我国向日本出口商品的任何企业，均可以用本企业名义在日本申请商标注册。按照该法第七十七条第二款的规定，如果我国企业在日本无营业所，那么申请注册时必须找一个在日本的代理人代理；在发生权利冲突或发生侵权时，也只能通过在日本的代理人诉诸法院。

日本商标的专有权仅能通过注册获得；两个以上相同或相似商标由不同所有人申请注册时，先申请者获准注册。对申请案要实行形式审查与实质审查。[①] 日本不允许作为商标获得注册的标记，除《巴黎公约》最低要求中的一般规定外，还有：与一切非营利社会团体所使用的名称、标示相同或相似的标记；与按照《农业种子法》登记的名称相同、并且使用于种子或类似商品上的标记。一般讲，日本不允许把地名作为商标申请注册，但偏僻、少见的地名，在贸易活动中已取得“第二含义”的地名，或江河名称，则可以注册。不过，如果有关的江河的流域正好是注册中的商品的产地，则特许厅不会批准其注册。

商标法第三十七条对于哪些行为构成侵犯商标权，作出了规定，即：（1）未经许可而使用他人的注册商标或与其相似的商标，（2）为分销、提供分销等目的而占有带侵权商标的商品；（3）出售带侵权商标的商品；（4）为其他人使用侵权商标创造条件（即共同

---

① 见《日本商标法》第15条。

侵权）;（5）为他人出售带有侵权商标的商品创造条件（也属于共同侵权）;（6）专门为制作带有侵权商标的商品而制造、进口或销售其他产品（也属于共同侵权）。侵权人不仅要负民事赔偿责任，还可能被处以达五十万日元的罚金或五年的“惩役”（即监禁加强制劳动），最严重的可判十年“惩役”。这在世界各国的商标法中，量刑是较重的。商标诉讼的程序与受理机关，与专利诉讼完全相同。

日本注册商标可以作为产权转让。如果商标注册时指定使用的商品有两种以上，商标权可以按不同商品分别转让。[①] 但联合商标中的任何部分均不能单独转让，而只能把联合商标作为一个整体转让；[②] 防护商标也不能单独转让，而必须同与之相关的“主注册商标”一道转让。[③] 除了作为遗产继承的情况外，商标转让活动如果不在特许厅登记则无效。在特许厅登记之前三十天，转让人必须在报纸上公开刊登转让声明——可以在一般报上，也可以在《通产省公报》上，但如果在一般报上则必须是日报，而不得是周刊或其他定期出版物。为公共福利而设立的非营利企业的商标，只有同企业本身一起，才许转让。

注册商标的使用许可证也必须在特许厅登记后才有效，但不必登报。按照商标法第三十一条的规定，非独占许可证的被许可人如果在特许厅登过记，就有权排除在他之后获得独占许可证的人对自己使用商标的权利造成的任何妨碍。

日本是《商标国际注册马德里协定》的成员国，此外还参加了

---

① 见《日本商标法》第 24 条（1）款。

② 见《日本商标法》第 24 条（2）款。

③ 见《日本商标法》第 66 条。防护商标注册的目的不是为了商标所有人使用，而是为了阻止其他人注册。所以，作为防护商标而取得注册的标记，虽然与商标所有人为使用于某种商品而取得注册的标记是一样的，但二者实质并不一样。该标记在同一个国家的商标局中要履行两次不同的注册手续，并获得两种不同的注册。不为使用而注册的标记即是防护商标，为使用而注册的同一标记即商品商标，亦即“主注册商标”。

《制裁商品来源的虚假或欺骗性标示马德里协定》《尼斯协定》。

## 四、版权法

日本现行版权法是一九七〇年颁布、一九七八年修订的。

日本现在的版权制度与传统的大陆法系版权保护并不完全相同。第一，日本在版权归属上总的原则是：在一般情况下，版权的原始所有人只能是作者本人。这是与大陆法系相同的。不过版权法第十五条又补充规定：如果作者是个雇员，他的作品又是为职务而创作，该作品又是以雇主名义发表的（或该作品并未发表），那么该作品的版权就归雇主所有了（如果雇佣合同中规定版权仍属雇员，则依合同）。这又与英美法系相同。第二，在保护作者的精神权利方面，日本不承认作者享有“收回权”。第三，日本不承认艺术品的作者享有版税追续权。第四，日本版权既可以部分转让，也可以全部转让，前面讲过，在联邦德国则不允许后一种转让。

日本版权的获得不要求任何固定形式或标记，所以，口头作品也能获得版权。但一切法律的条文，一切法院的判决文件、命令、训令，以及中央与地方政府发出的一切文件、通告等等，均不享有版权，这些“作品”的译文也不享有版权。纯时事新闻不作为“作品”看待，因此也不享有版权。

日本为繁荣本民族的文化和提高教育水平，在版权保护上实行了涉及面较宽的强制许可证制度。日本版权法第六十七条到第七十四条，规定了在三种情况下，希望利用某种作品的人，都可以取得强制许可证。这就是：（1）不知道版权所有人是谁而要利用有关作品；（2）广播（包括有线广播与无线广播）已经发表过的作品；（3）将已经发表过的作品录音、录像或灌制唱片。此外，版权法第三十三条还规定了“法定许可”制：如果为了印制供教学使用的课本，则可以不经过作者同意而复制任何已经公开的（但不一定是发表过的）作品（使用后要向作者付酬）。

日本对版权邻接权依法给予保护。表演者权、录制者权与广播组织权都享有二十年保护期，保护期从有关的表演、录制和广播行为发生之日算起。

在出版权的转让与许可方面，日本法律中作了与联邦德国的“法定独占权收回”很相似的规定：如果出版合同中未订立相反的条款，则作者将出版权转让给出版商之后，受让人只能享有三年，到期时权利自然回归作者（但如果合同中规定了超过三年的转让期，则不受“法定收回”的约束）。法律还规定：在出版商得到作者的手稿之后，必须在半年内将其出版。

在西方发达国家中，日本版权制度对翻译权的保留是比较特别的。由于日本科技、文化教育等领域使用翻译作品很普遍，日本是发达国家中仅有的几个在版权法中作了“翻译权十年保留”的特殊规定的国家之一。所谓“翻译权十年保留”指的是：作者虽然对其作品享有其有生之年加死后五十年的版权，但对于其中的翻译权则只能享有作品发表之日起十年的保护期。该期内若无译本发表，任何人均可以不经作者许可即翻译其作品。但已从外文译成日文的作品，却仍可享有译者有生之年加死后五十年的保护。这样，在日本利用一本日文的译著，无论广播它、转译它、转载它等等，如果原著发表已超过十年，就都只消取得日译本译者的许可就行了，而不必像在其他多数国家那样，必须取得译者及原作者的双重许可。如果以日文译本为蓝本改编原著，则必须取得双重许可，因为原著版权中的“改编权”依旧有效。

正是由于翻译权方面的这种特殊制度，日本虽然参加了《伯尔尼公约》并批准了它的一九七一年巴黎文本，但一九八一年前对其中关于翻译权的最低要求一直声明保留。此外，日本还参加了《世界版权公约》的一九七一年巴黎文本，参加了《保护录制者公约》。

## 第二节 日本推动电子商务发展的政策性文件——国际电子商务立法动向*

为实现“数字化日本”的目标，日本政府于2000年6月推出了《数字化日本之发端——行动纲领》(以下简称《行动纲领》)。

《行动纲领》将与信息产业革命有关的政策问题分成三类，并分别从日本国家战略的高度提出了方向性的意见。第一类是与网络基础设施有关的政策，建议更彻底地适用市场竞争的原则，促进接入网络的多元化，促进上网资费的下调，推动带宽服务的发展。

第二类是与技术平台有关的政策，建议日本加大在移动通讯、图像网络等在世界上处于领先地位和具有巨大潜力的技术领域的投资，在与美国既合作又竞争的双重原则之下占领技术标准或者事实上的技术标准。

第三类是与电子商务有关的政策，核心内容是建立高度可信赖的网络商业平台，其中对电子商务的发展趋势、构筑电子认证系统、明确网络服务提供者的责任、推进跨国界电子商务以及网络域名等问题进行了详尽的分析和论述，并对比美国和欧盟的做法，提出了适合日本国情的建议。这一类政策对我国电子商务立法特别具有参考价值。下面对此作较具体的介绍和分析。

**1. 电子签名及其认证系统**

1999年11月，日本邮政省、通产省及法务省联合草拟和公布

---

* 编者注：原为论文，与薛虹合作，收录自郑成思著:《成思建言录》，知识产权出版社2011年版，第131–134页。

了题为《与电子签名和认证有关的法律条款——促进电子商务并为基于网络的社会和经济活动奠定基础》的政策性文件。该文件提出，日本现行法律对电子签名及认证系统的法律地位及效力没有作出明确规定，因此需要制定新的法律规则使电子签名与传统的签名一样能够保证交易的安全，进而使公众对电子商务及其他基于网络的社会和经济活动建立信心。该文件还指出，日本有关电子签名的立法应当考虑到互联网的国际性质，注意与美国及欧盟的相应立法相协调，以使日本公司提供的电子签名认证服务能够打入外国市场，外国公司提供的服务也能在日本得到承认。

《行动纲领》建议有关立法的要点包括：明确电子签名的法律地位，保障电子签名所使用技术的中立性和认证组织活动的自由，保障用户选择认证服务的自由，保护个人隐私及公司及其他组织数据的安全，保持与国际通行做法相一致。日本的《电子签名与认证服务法》将于2001年4月起生效，该法对电子签名的定义、适用范围和效力的规定与欧盟、美国的规定基本一致，但对电子签名认证组织的管理采取了非常严格的立场，规定只有经官方委任的组织才能从事这类服务。

**2. 网络服务提供者的法律责任**

网络服务提供者的责任风险主要包括侵犯知识产权的责任，传播诽谤他人信息的责任，传播非法和有害信息（例如色情信息）的责任，提供咨询服务产生的责任，以及提供中介服务产生的责任。“行动纲领”在分析了美国和欧洲国家在处理网络服务提供者责任的做法之后指出，不应使网络服务提供者承担过重的责任，否则将阻碍日本网络业的投资，对日本股市也会产生消极影响。

为了减少网络服务提供者的责任风险，《行动纲领》提出了以下建议：（1）鼓励网络服务提供者采取自愿的规则和措施以减少纠纷，避免责任。例如，网络服务提供者事先向用户说明其服务的性质和责任的范围，以合同形式限制网络服务提供者可能承担的责任。(2) 制定有关网络服务提供者责任的法律规则，必须充分参考和研究日本国外的有关法律、法规，将网络产业作为一个全球性的整体来考虑。(3) 鼓励网络服务提供者采用技术措施（例如信息过滤），防止知识产权侵权责任（尤其是版权侵权责任）的发生。

**3. 跨国界电子商务的法律问题**

《行动纲领》提出，为了发展跨国界电子商务，除了要解决语言（很多非英语国家和地区需要借助自动语言翻译系统才能进行网上商贸活动）、汇率、税收等问题外，关键是使电子合同具有法律认可的效力，使合同纠纷得到合理的解决。《行动纲领》建议，为了克服在语言、司法管辖、适用法律等方面的障碍，草拟出适宜跨国界电子商务的格式合同文本，并且尽快建立司法审判之外的其他更迅速、廉价的纠纷处理程序。

## 日本的技术转让管理法规 *

（日）涩谷达记①

郑成思译

20世纪60年代以来，日本经济发展显著。过去20年到30年的技术革新取得成果。这些技术革新以引进先进工业技术为起步、又靠它维持。国内技术得到发展，主要在化工、汽车制造、钢铁及

---

* 编者注：原为论文译文，论述收录自郑成思著:《知识产权法若干问题》，甘肃人民出版社1985年版，第10–17页。

① 作者系东京大学法律教授。

电子等工业部门。但是，1979 年国家从国内技术的出口中获得的年收入为 120 亿日元，而从国外引进技术却花了 192 亿日元。这说明日本仍然是个技术进口国。

各国对技术的进口一般都有行政上的限制。日本的限制主要体现在控制外汇使用及反垄断法中。

## 一、在外汇管理方面的限制

### （一）法律的发展过程

从 1980 年 12 月 1 日起，技术进口外汇管理有很大改变。从前，原则上禁止自由引进外国技术。特殊情况的引进还必须取得通产大臣签发的许可证。1946 年颁布了《外汇及外贸管理法》（下称《外汇管理法》）。1950 年颁布了《外国投资法》，该法规定：技术援助合同的有效期及报酬的支付期限为一年或不满一年（即《B 型技术援助合同》），签订之前须取得通产大臣同意。该法对上述期限超过一年的《A 型技术援助合同》也有规定。《外汇管理法》能促使国际收支平衡、外汇基金使用恰当。该法要求通产大臣对《B 型合同》申请案逐个进行专门审查后决定批准与否。《外国投资法》旨在积极引进优越的外国技术，使政府有机会从进口的技术中选择出路，以达到战后经济复苏的积极政策要达到的目标。

很幸运，上述两法颁布后，日本经济的恢复取得了稳步的进展，外汇状况越来越好，日本商业的国际竞争力也加强了。1963 年，日本被“国际销售联合会”定为该会第八条范围的国家，这就要求日本取消以国际收支平衡为理由对一般国际贸易中的支付与基金的流通所作的限制。1964 年，日本加入了“经济合作发展组织”。这样，上述两法所规定的许可与批准手续就增添了特殊内容。

1968 年，《外汇管理法》对审查程序一项进行了修改：审查目标应集中在技术的进口对国民经济是否会产生不利影响的问题上。某些技术的进口，可以免去审查程序。几年后，一切类型的进口技术原则上都免予审查：合同申请书两周内若遭到主管大臣反对，日本银行就有权代表主管大臣发放许可证或给予批准。事先向日本银行提交有关合同的实质内容的说明，申请书在日本银行备案，许可证或批准书就自动发放。这样，日本的技术进口在 1968 年、1972 年、1974 年分几步走向自由化。

虽然技术进口实际上已经自由化，但法律中仍保持禁令。为此，外国指责日本“没有开放市场”。政府在 1979 年废除了“外国投资法”，修改了《外汇管理法》以便调整法律的结构，使之适应改变了的现实。原有的禁令原则被取消，取而代之的是新的自由原则。1980 年 12 月 1 日颁布了新《外汇管理法》。

### （二）现行法律—1980 年《外汇管理法》

新《外汇管理法》规定，签订技术进口合同无需取得主管大臣的许可或批准。但必须在签合同前的三个月内，向大藏大臣及有关工业主管大臣呈交按指定格式对即将签订的（或将续签的，将修订的）合同加以说明的报告，同时在日本银行进行备案。只要格式合乎要求，主题在银行职权范围内，合同可立即生效。对属于必须专门决定的主题，大藏大臣及有关工业主管大臣要进行实质审查。对涉及 12 种特定技术（航空、武器、爆炸物、原子能、宇宙空间爆炸探索、计算机、第二代计算机的电子零件、莱塞技术及光电通信设备、新发明的原料、无汞盐化学分解，海底石油生产、皮革与皮革制品）中任何一种，报酬超过 1 亿日元的合同，银行必须将报告呈请大藏大臣及有关工业主管大臣进行实质审查。从前，按旧《外汇管理法》进口技术涉及上述 12 种之一，报酬超过 10 万美元或按《外国投资法》进口技术涉及炼铝，报酬超过 3 万美元的规定，虽然日本银行已被授权履行批准手续,但主管大臣还须根据需要另行审查。而新《外汇管理法》规定的审批手续变了，报酬数额的关卡放宽了。当然，特定技术的进口尚未真正达到自由化，审批手续也没有根本性的改变。

如果所签订、续签或修订的合同可能危及国家安全、影响公共秩序的维持、影响居民的安全、对国内同种贸易活动及对日本经济稳步发展有严重不利影响，大藏大臣及有关工业主管大臣可以要求对合同的全部或部分进行修改，或要求合同暂缓签订。禁止这类技术进口，能保护国内工业的竞争力。这一切表明了新法对技术进口采取了更加积极的态度。但是，究竟能否在实质上、而不仅仅在条文的形式上采取这种积极态度，还有待在实践中证实。

如果合同双方按照规定达成了协议，则技术引进合同的签订、续签或修订即可根据规定的原则生效。而如果在指定时间内未按规定达成协议，则大藏大臣及有关工业主管大臣可以指示合同双方修改合同，或暂缓签订。

## 二、根据“反垄断法”作出的规定

《关于禁止私人垄断及保持公平贸易方式的法律》(即《反垄断法》)第六条第一款，规定禁止在贸易中签订包含不合理限制商业活动及不公平贸易活动的条款的国际协定或合同。为便于“公平贸易委员会”对违法行为进行检查，第六条第二款规定：如果就某项贸易活动签订了国际合同，必须在30天内报“公平交易委员会”备案，并须附上合同的复制本(如系口头合同,则附上对合同内容的陈述)。

与《外汇管理法》所要求的报告不同，这里提到的有关合同是在签订之后才上报备案的。按这种先斩后奏的方式，有可能使贸易过程中的已实行的合同，被迫改变其实质内容，以便合乎“公平贸易委员会”的意见。以往一直是根据交易的方式去确定不公平贸易活动的非法性，对是否产生阻碍竞争的后果，并没有必要作严格检查。

“公平贸易委员会”可以指令任何未交合同报告的人提交报告。当然，它要求提交的不限于技术进口合同，还有技术出口合同及其他合同。技术进口合同数量最多。每年上报的国际合同有 4~5 千件。根据 1980 年的《公平贸易委员会年度报告》记载，1979 年 4618 件，其中技术进口合同 1499 件（商标许可合同 209 件，进口代理合同 912 件，贷款合同 629 件，合资经营合同 71 件，其他合同 1298 件）。

报告递交后，委员会即对合同的实质进行审查。如果经审查确认有关合同中含有阻碍商业活动或不公平贸易的条款，委员会可令其删去，或采取其他必要措施。当然，在实际执行时，委员会于采取法律措施前都先运用所谓“行政诱导”即要求合同双方删掉违法条款，而合同双方一般都是照办的。

1968 年 5 月 24 日公布的涉及专利发明、注册实用新型及挪号的技术进口合同的《国际许可合同的反垄断法准则》（以下简称《准则》），是“公平贸易委员会”的国内审查准则。在 1968 年技术进口自由化的第一步进程之前，是根据《外国投资法》来确定合同因不公平或违法而不予批准的。“公平贸易委员会”的审查事实上不是独立的审查。随着技术进口自由化的进程，合同条款的不公平或不合法已不再是不予批准的理由，“公平贸易委员会”就有必要独立地依照《反垄断法》的规定进行审查了。委员会须向商业界阐明其审查的准则及对用《反垄断法》作一些事先通告。上述《准则》就是为此而制定和颁布的。

《准则》条款列出了 9 种在技术进口合同中构成不公平贸易的活动和 4 种被认为符合《反垄断法》的活动。《准则》的实质性法律基础来源于《反垄断法》第 23 条。按《版权法》《专利法》《实用新型法》《外观设计法》（即《意匠法》—译者注）《商标法》行使其权利的行为，不属本法之规定。

从实际应用中起到的作用看，第 23 条并没有什么意义。制定《准则》所参照的是西德《公平贸易法》第20、21条，以及1962年12月24日的《欧洲共同体委员会关于专利许可合同的通告》（即《圣诞节通告》）。但这两条法律及通告在目前已经不再符合实行竞争原则的实际需要了。所以《准则》中大概也存在着不再适用的部分。

下列合同条款被《准则》视为非法：

（1）在出口方面的地域限制条款（如果许可人在有关出口地域内占有专利权，或已向第三方发放了独占许可证，则不在此例）；

（2）在出口价格、数量或由哪家出口商出口方面的限制条款；

（3）在购入或使用竞争产品或竞争技术方面的限制条款（如果已授予被许可人独家许可证，而且该许可证对于已经购入的产品或已经使用的技术并未加限制，则不在此例）；

（4）在原材料、零部件来源方面的限制条款；

（5）对所使用的销售口岸予以限制的条款；

（6）对转卖价格的限制条款；

（7）“反馈”条款（如果许可人也必须负同样义务，其义务实际上与被许可人的义务相当，则不在此例）；

（8）对于不属于被许可之技术的使用强征使用费的条款；

（9）对原材料、零部件及产品的质量加以限制的条款（如果为维护注册商标的信誉，或保持被许可技术的应用效果而进行必要的限制，则不在此例）。

符合《反垄断法》的条款有：

（1）对贸易性质的限制（例如：制造、使用、销售等）；

（2）对技术领域的限制；

（3）在专利权的权利范围内对时间及地域的限制；

（4）数量限制。

在《准则》中，并没有用来调整独占性条款的规定，这也许是个问题。

在“公平贸易委员会”认为根据《准则》应删去的或应修改的条款中，不合理的反馈条款占大多数。1979 年委员会对技术进口合同给予行政诱导的 320 件事例中（包括对同一个合同进行了两次及两次以上的行政诱导），有 149 件是有关不合理的反馈条款的（占 40.6%）。这些反馈条款被视为非法的主要原因，不在于它要求被许可人必须将原发明的技术改进反馈给许可人，而在于它强求被许可人转让改进了的技术所附有的权利，以及许可证双方之间在合同条款上的不平等（例如：对一方是专有的，对另一方则不专有，对一方是无偿赠送，对另一方则要报酬，以及许可证期限、地域方面的不平等，等等）。由于其他原因进行诱导的事例有：在经营竞争性产品方面的限制条款 44 件（占 13.8%）；在所使用的销售口岸方面的限制条款 39 件（占 12.3%）；转卖价格限制条款 22 件（占 6.3%）；质量限制条款 15 件（占 4.7%）。

## 三、结　论

1979 年修改《外汇管理法》的主要目的在于使全世界看清日本已经开放经济这一事实。新法使得日本技术进口自由化，但新法又规定对合同签署阶段的特殊情况，政府仍保留进行干预权。这种措施究竟是否真的只作为特殊手段保留、只使用于紧要关头，这还要在法律的实际应用中再看。

至于怎样按照《反垄断法》对技术进口合同进行管理，“公平贸易委员会”已经颁布了《准则》。由于委员会只是在合同缔结之后才进行审查，合同双方就必须事先参照《准则》中的规定，对合同内容仔细检查。

# 新 加 坡

## 新加坡的电子商务立法
## ——国际电子商务立法动向（2000）*

在发展中国家里，新加坡是发展电子商务较早、较快的国家。在联合国贸易法委员会于1996年颁布《电子商务示范法》之后，新加坡即开始了相关的立法研究与立法起草工作。

1998年新加坡颁布了第一部有关电子商务的综合性法律文件，即《电子商务法》。由于这部法律颁布时间较欧盟的《电子商务指令》及美国的《统一计算机信息交易法》和《电子签名法》都早，而且在内容和体例上具有独到之处，因此在世界范围内产生了较大影响，为我们研究新兴工业国家的电子商务立法提供了很好的材料。

《电子商务法》主要涉及与电子商务有关的三个核心法律问题，即电子签名问题、电子合同的效力和网络服务提供者的责任。其中，有关电子签名的法律规定是该法最核心的内容。

**1. 电子签名**

是电子商务立法必须首先解决的问题，否则网上交易的安全和

---

* 编者注：该文是与薛虹合著，收录自郑成思著:《成思建言录》，知识产权出版社2011年版，第139–144页。

交易的信用都无从建立。电子签名需要借助一定的加密技术，并需要一定的认证体系与之配合。这些都需要以法律的形式明确和固定下来。《电子商务法》详细规定了电子签名的一般效力、特定类型的“安全”电子签名技术及其法律意义、使用电子签名者的义务、电子签名安全认证机构的义务等重要问题。其中有三个方面值得我们注意。

（1）立法模式。

电子签名的原理在传统贸易中就曾采用过。例如，交易双方对于涉及房地产买卖等巨额或大宗的交易文件，为了确保盖章的真实性，用印一方需在盖章之前将印章提交公证机关登记，并申请印章证明，再将印章证明与盖过章的文件一起送交对方，收到的一方将印章证明与文件印章相对比，在认定两者一致的情况下，方确认文件的真实性。同理，以采用公共密匙技术（PKI）的电子签名为例，在使用电子签名之前，签名一方须将其公共密匙交由一个可信赖的第三方（即安全认证机构 CA）登记，并由该机构签发电子凭证。签名一方在用私人密匙在文件上签名之后和电子凭证一起交给接收文件的对方。接受方通过电子凭证用公共密匙验证电子签名的正确性。

有关电子签名的法律文件是否要把电子签名技术特定化是两难的问题。一方面，如果确定了一种电子签名技术，安全认证等所有制度都必须围绕着这种技术设置，虽然使电子签名制度清楚和简明，但是忽略了技术不断发展、日趋多样化的事实。虽然公共密匙技术现在被普遍适用，但是已经有了生物测量法、动态电子签名等新技术问世。如果法律只承认公共密匙技术的效力，那么就可能与商务实践相脱节，被技术发展所淘汰。另一方面，法律完全不涉及电子签名技术也是不可能的，因为电子签名的问题不是法律简单地规定“电子签名与手书签名具有相同的法律效力”就能解决得了的，承认电子签名的效力就必须建立相应的认证机制，而一定机制总是与特定技术联系在一起的。

为了解决这个两难问题，《电子商务法》采取了折中的办法，一方面，规定了电子签名的一般效力，保持技术中立性，适用于以任何技术为基础的电子签名；另一方面，又对“安全电子签名”（即以公共密匙技术为基础的电子签名）作出了特别规定，并建立了配套认证机制。这一立法模式受到美国、欧盟等发达国家和地区的充分肯定。

（2）电子签名安全认证机构的审核。

从世界范围看，安全认证机构的设置主要有两种途径：一种是由政府组建的或者授权的机构担任，以政府信用作为担保；另一种则是通过市场的方式建立，在市场竞争中建立信用。《电子商务法》采取的是后一种方式，即政府并不组建或授权安全认证机构，有能力的组织都可以进入安全认证的市场（境外的安全认证机构要进入其市场必须经新加坡政府管理机构的批准）。

安全认证市场管理方面规定非常严格。首先，规定政府任命一个安全认证机构的管理机构，负责许可、证明、管理和监督安全认证机构的活动。其二，规定所有从事安全认证业务（例如签发电子凭证）的机构都必须遵循的统一标准。其三，安全认证机构可以自愿向管理机构申请许可，管理机构的许可并不妨碍安全认证机构进入市场，但是得到许可的安全认证机构可以享受某种“优惠”，尤其是可以享受法律规定的责任限制。其做法是明松暗紧，既不把安全认证市场管死，又能把市场管住。

（3）安全认证机构的责任。

安全认证机构在从事签发电子凭证，证明电子签名正确性的业务活动中，承担着很大的法律责任风险。例如，如果申请电子凭证的一方提供了虚假的身份信息，而安全认证机构没有发现，没有及时告知接收电子签名文件的一方，就需要承担责任。又如，当某个电子凭证已经失效，安全认证机构又没有及时告知对方，也需要承担责任。因此，各国电子商务立法基本都考虑到对安全认证机构的责任需要加以适当限制。《电子商务法》虽然没有为安全认证机构规定一般的责任限制，但是规定经政府管理机构许可的安全认证机构可以在其签发的电子凭证中说明其承担责任的限额，被许可的安全认证机构的责任风险实际上受到了限制。

2. 电子合同

《电子商务法》对电子合同的有效性作出了一般性规定，即合同成立的要约和承诺可以通过电子形式表达，合同的有效性不应仅仅因为合同采用了电子形式就受到影响。此外，该法还对电子合同的一些具体问题作出了规定，包括电子形式信息的发送，对信息接收的承认，以及发送和接收的时间和地点的认定等问题。这些问题在我国《合同法》中已有所涉及，但是《电子商务法》的规定更为详细。

3. 网络服务提供者的责任

《电子商务法》规定，网络服务提供者不应因其无法控制的第三方的电子形式的信息而承担民事的或者刑事的责任，即便第三方利用网络服务提供者的系统和网络传播了违法或者侵权的信息。这一规定与欧盟、美国等的立场完全一致，与国际发展潮流也完全一致。新加坡认为对网络服务提供者的法律责任风险加以限制非常必要，否则会损害本国新兴网络业的发展。新加坡的法律向来以严厉而著称，但是在保护网络服务提供者利益方面也顺应了国际潮流，采取了比较和缓的政策。

总之，《电子商务法》是一部开创性的较为成功的法律。新加坡勇于在美、欧立法之前颁布这样一部比较完备的电子商务法，说明新加坡在学习先进国家和地区的立法经验的同时，还具有敢为天下先的勇气。新加坡这部法律对我国规范和健全我国的电子签名机制尤其具有借鉴意义。

# 澳大利亚

## 澳大利亚的电子商务立法
## ——国际电子商务立法动向之四 *

自 1998 年起，澳大利亚在立法改革中，比较注意使英联邦过长的传统立法形式趋向简化。该国的电子商务立法正是在这种大环境下起草的，因此比较简明，适合一向立法行文偏简的我国借鉴。

1999 年 12 月澳大利亚议会颁布了《电子交易法》。该法不仅是澳大利亚全国性的调整电子商务的基本法律文件，而且为各州及其他属地的电子商务立法提供了基础和框架。其立法目的为了消除阻碍电子商务发展的法律障碍，保障交易的安全和可预见性。但是，在与其他国家电子商务立法的共同之处外，《电子交易法》也具有自身的特点。

**1. 媒体中立性和技术中立性**

《电子交易法》以所谓媒体中立性和技术中立性作为基本原则。媒介中立性的原则，是指法律对于不论是采用纸质媒介进行的交易

---

* 编者注：该文与薛虹合著，收录自郑成思著:《成思建言录》，知识产权出版社 2011 年版，第 135–138 页。

还是采用电子通信形式进行的交易，都采取一视同仁的态度，不因交易采用的媒介不同而厚此薄彼。根据这一原则，《电子交易法》虽然支持和鼓励经营者采取电子通讯的形式进行交易，但是并不强制推行这种交易媒介。

技术中立性的原则，是指法律应当对交易使用的技术手段一视同仁，不应把对某一特定技术的理解作为法律规定的基础，而歧视其他形式的技术。不论电子商务的经营者采用何种电子通讯的技术手段，其交易的法律效力都不受影响。技术中立性原则在各国电子商务立法中都有所体现，但是《电子交易法》将这一原则贯彻得更为彻底，使之有关电子签名的规定显得与众不同。由于有关电子签名的法律规定与技术手段有密切的联系，《电子交易法》为了保持技术上的中立性，在对电子签名作出规定时只能采取“最简化”的方法，不对电子签名及安全认证技术作任何具体的规定，只在法律上承认电子签名的效力。由市场，而不是由法律，来决定某种技术手段的安全水平和可信程度。《电子交易法》对电子签名采取的这种“最简化”的做法能否保障交易安全，还有待实践的检验。

**2. 电子通讯**

《电子交易法》是以“电子通讯”为核心，对电子商务的法律效力作出规定的。该法规定，某个交易不应因其采用了电子通讯的形式而无效。具体而言，澳大利亚法律所规定的以书面形式提供信息、签署文件、制作文件或者记录和保存文件都可以通过电子通讯的方式进行，但是需要满足法律规定的最低标准。需要说明的是，《电子交易法》并不免除任何法定义务，只不过让使用电子通讯的人可以此方式履行法定义务。例如，某类交易必须采取书面形式是一项强制性法律要求，《电子交易法》并没有免除这项要求，只不过规定电子通讯也符合书面形式的法定要求。

认定发送和接收电子通讯的时间对于判断交易成立和生效的时间具有重要意义。

该法规定，在双方没有相反约定的情况下，某个电子信息进入了某个发送人无法控制的信息系统就视为该信息已被发送。如果信息先后进入了多个信息系统，则信息发送时间以最先进入的系统为准。因此，如果某人通过电子邮件发送的信息最先进入其网络服务提供者的服务器，再发送到接收人的计算机系统，那么该信息被发送的时间就是最先进入的网络服务提供者的服务器的时间。在判断信息接收时间方面，如果电子信息的接收人指定了一个信息接收系统，则电子信息进入该系统的时间即为信息接收时间；如果接收人没有指定信息接收系统，则信息引起接收人注意的时间就是信息接收时间。但是信息何时引起接收人的注意应当有客观的标准，一般并不要求接收人实际阅读该信息，只要接收人知道或者应当知道该信息到来即可。例如，接收人明知其电子邮件信箱中有他人发来的邮件，但拒不阅读该邮件，该邮件仍然被视为已被接收。

电子信息的发送和接收地点的认定对于判断司法管辖地、纳税义务地等具有重大意义。为了保证电子交易的成立和生效地点具有稳定性，不受多变而且多重的信息传输系统所在地的影响，《电子交易法》规定，电子信息的发送或接收地均为发送人或接收人的经营地。如果发送人或者接收人拥有不只一个经营地，则以与特定交易联系最密切的经营地为准；如果无此最密切联系地，则以发送人或者接收人的主营业地为准。如果发送人或者接收人没有经营地，则以其居住地为准。

# 苏　联

## 苏联的知识产权法*

### 一、专利法

苏联现行的有关法律是一九七三年颁布、一九七八年最后一次修订的《发现、发明与合理化建议条例》。

苏联的专利制度被称为“双轨制”，即发明者证书与专利并行的制度。无论苏联国内还是国外的申请人如果申请并获得了苏联发明者证书，有关发明的专利权即归苏联国家所有，发明人取得一次性报酬或按使用效果计算的报酬；此后发明的推广（在国内）以及利用（对外国人发放许可证）的权利，就都属于国家了。从理论上讲，如果发明人不愿申请发明者证书，也可以选择申请专利保护的途径。不过，苏联的法律在实际上从多方面限制人们申请专利，而鼓励申请发明者证书。例如，法律规定：发明者证书的申请案不能由申请人单方面撤回，而专利申请案却可以在审查过程中的任何时

* 编者注：该文论述收录自郑成思著:《知识产权法通论》，法律出版社 1986 年版，第 285-292 页。

候撤回；申请人不得把发明者证书申请案改为专利申请案，但可以把专利申请案改为发明者证书申请案，等等。

发明者证书过去在国际公约中未得到承认。在一九七九年的《巴黎公约》成员国代表大会上，增订了公约的斯德哥尔摩文本，把保护发明者证书与保护专利同等对待。苏联是《巴黎公约》的成员国，还参加了《专利合作条约》《为专利批准程序呈送微生物备案以取得国际承认的布达佩斯条约》《专利国际分类协定》。

申请发明者证书，可以由发明人本人，也可以通过发明人的代理人或发明人所在单位以发明人的名义提交申请案。苏联国民的职务发明则只能由发明人单位提交申请案，但发明人有权建议其单位提出申请。如果单位在接到建议后一个月内未提出，则发明人有权自行提出申请，但要说明该发明系职务发明。申请发明者证书的审批程序与实质要求与申请专利基本相同，而且发明者证书的申请案也可享有优先权日。不过，申请发明者证书时，不实行早期公开、请求审查，也不征求第三方意见。无论发明者证书申请还是专利申请，都向"苏联发明与发现委员会"提交。如果经审查（在苏联法律中称为"鉴定"）后申请案被驳回，申请人不服，则可以向该委员会中设的监察委员会申诉。监察委员会的决定是最终决定，在此之后不得向任何机关（包括法院）上诉。

获得发明者证书的发明人有取得一次性报酬的权利，还享有其他一些精神上及物质上的权利。这包括：（1）创作权（精神权利）。即只有发明者证书上的署名人可以被视为创作人，其他任何人不能享有这种身份；创作权不可转让；发明人有权要求在有关发明的任何有形体现物上（例如发明技术文件上、产品上或包装上）注明自己的姓名或专门称号；发明人有权获得奖章、勋章或奖金。（2）取得发明报酬权（即经济权利）。对于因使用发明而在生产中节约的资金，由首次实施发明的单位从采用之日起，按年度节约金额的百分之二十支付发明人，共支付五年；对于不产生节约效果的发明，采取一次总付形式；但任何发明所获得的报酬总额不得超过二万卢布；报酬不超过一千卢布的，不征收所得税。（3）起诉优待权。发明者证书的持有人在向法院提出涉及其发明活动或发明报酬的诉讼时，不支付任何费用。（4）其他。扩大住房面积权，免试接受高等教育权，等等。

发明者证书作为一种荣誉证明，是没有期限的；专利保护期则为十五年，自专利申请案提交到苏联发明与发现委员会之日算起。

苏联的现行条例中对专利诉讼，尤其是侵权诉讼的程序未作具体规定，只是从原则上规定了侵权人“必须按照苏联及有关加盟共和国的民法，向受侵害人赔偿损失”。

一九八二年四月，苏联开始实行新的《苏联发明向外国申请专利规定》。按照这个规定，苏联人的发明向外国申请专利只能由发明人所在单位提出和上报全苏发明与发现委员会。获得批准后，再由苏联工商会具体办理。而且该发明必须首先申请“国内保护”。为了避免发明失去新颖性，凡经过批准而将要向国外申请专利的任何技术情报，在国外提交带有《巴黎公约》优先权请求的申请案之前，不允许在公开报刊上发表，不允许广播，不允许公开展览，也不允许作为学位论文发表，但可以交付国内有关企业，作生产、经营性使用。在苏联实施了发明，并不会使发明在那些采用“混合新颖性”制度的国家丧失新颖性。外国人如果要在苏联申请专利或发明者证书，必须以自然人名义，苏联的上述条例不承认法人可以作为合法的申请人在苏联申请专利或发明者证书。苏联在外国申请人的资格上，不要求“互惠”，所以一切国家的发明人均可申请。办理申请手续时，也必须通过苏联工商会。

专利权的利用，在苏联是个比较特殊的问题。无论苏联国民还是外国发明人，申请苏联专利的情况是极少见的（专利申请案与发明者证书申请案的比例是一比一万五千到两万），获得批准的更是寥寥无几。而发明者证书使有关发明的专利权归国家之后，在苏联国内，国营与集体企业使用国有专利技术是无偿的；个人非商业目的的使用，从专利权的限制角度，也是无偿的。所以，对内，专利权的利用基本不存在许可证、使用费等问题；而对外，利用专利技术，都是由苏联外贸部与苏联经济联络委员会及其下属的“专利许可证总局”统一办理。但这些机构只有具体办理买卖许可证的权力，至于决定哪些苏联专利技术可对外国发放许可证，哪些外国技术的许可证可以购买，为苏联所用，则都属于“国家科学技术委员会”的权限。办理许可证业务的机关，是按照苏联发明与发现委员会一九七九年一月发布的《关于许可证贸易及工程技术服务工作程序》中的规定行事的。此外，在东欧国家及“经互会”内部，还订有关于转让 Know-How 技术的格式许可证合同。

苏联在技术贸易方面，购买外国许可证并不多，更多的是向国外出售许可证。即使在购买许可证的场合，苏联也一般不用外汇支付，而是要求在许可证合同中订立“返销条款”，即利用对方的技术而制成的产品，将被销售到对方国家，以抵偿许可证使用费。

采取与苏联相似的发明者证书及专利的“双轨制”的国家，还有保加利亚、捷克斯洛伐克及朝鲜民主主义人民共和国。

此外，还有另一种与苏联式的发明者证书名称相似但实质不同的墨西哥式的发明证书。它们的主要不同点在于：第一，墨西哥的发明证书不是为申请人提供的，与申请专利并行的另一种选择，而是为某些不能获得专利，但仍有一定创造性的发明提供的保护。它是专利保护的补充。从这个角度看，它倒有些像澳大利亚的“小专利”。第二，这种证书有十年的保护期。第三，发明人获得发明证书后，发明的专有权并不转移给国家，发明人可以允许其他人使用其发明，收取使用费，也可以自己实施有关发明。

## 二、商标法

苏联现行商标法是苏联发明与发现委员会一九七四年批准的《商标条例》。苏联在商标的国际保护方面，参加了《商标国际注册马德里协定》《商标注册条约》及《尼斯协定》。

苏联实行的商标制度是全面注册制，也叫强制注册制。按照《商标条例》第二条的规定，一切在贸易活动中使用的商标，都必须首先获得注册，使用才合法；如果使用未注册的商标，则要受到行政处分乃至刑事处分（一般处以罚金）。

在苏联，商品商标与服务商标都可以申请注册。商标注册的国内申请者必须是社会主义组织；外国申请者可以是法人，也可以是自然人。外国申请人的所在国必须是《巴黎公约》成员国，或与苏联订有商标保护双边协定。申请注册时须将申请案一式三份，提交“全苏国家专利鉴定科学研究所”。受理申请的研究所在一个月内进行形式审查，根据《尼斯协定》的国际分类将申请案中指定的商品或服务项目加以分类，并寄给申请人一份受理证明书。然后，该研究所鉴定有关商标是否符合苏联法律对商标的要求，审查该商标是否与在苏联已申请注册的商标相同或近似。最后，由苏联发明与发现委员会根据鉴定与审查的结果，作出准予注册或驳回申请的决定。一切外国的申请者，均须通过苏联工商会办理注册手续。

从注册公布起五年之内，任何企业或个人都可以对注册提出异议。商标取得注册后，如果五年内未在贸易中使用，苏联发明与发现委员会有权撤销其注册。不过该委员会一般不主动审查商标是否使用了，而要在第三方提出请求后，才行使审查与撤销的权力。

苏联注册商标的有效期为十年，可以办理续展，续展期也是十年。

对于侵犯商标权，《商标条例》中仅作了民事赔偿的规定。

苏联允许拥有注册商标的企业转让商标权或许可第三方使用其商标，但有两个前提：（1）受让人（或被许可人）必须保证其产品质量不低于原商标所有人的同类产品的质量；（2）转让协议与许可证必须事先在苏联发明与发现委员会登记并获得批准。

## 三、版权法

苏联版权制度是由一些分散在民法中的有关章节构成的。其基本法是《苏联和各加盟共和国民事立法纲要》中的第四章。这部法典是一九六一年颁布的，其中第四章最近一次修订是在一九七六年。苏联各加盟共和国民法典中的版权章，又都构成各共和国的版权制度，这些制度在细节上并不完全相同，但总原则都未超越民事立法纲要第四章的规定。苏联参加了《世界版权公约》，但至今只批准了该公约的一九五二年日内瓦文本。

苏联版权制度突出的一个特点，是法律所划的“合理使用”与免费使用的范围比较宽，这也是苏联未批准《世界版权公约》巴黎文本的主要原因。按照苏联民法，以他人的一部作品为基础而重新创作另一部作品，将他人的已发表的作品拍摄电影、广播或播放电视，都不需要征得版权所有人同意，也不需要付酬，只要注明原作品的出处及作者的姓名就可以了。还有一些利用版权作品的方式，虽然事后要向版权所有人付酬，但事先不必取得他的许可，例如，公演已发表的作品（如果公演时不向观众收费，则不必向版权所有人付酬，也不必取得他的许可），录制已发表的作品，为已经发表的文字作品谱曲，将雕塑作品付之工业应用，等等。翻译外国作品，在参加《世界版权公约》前，在苏联是不受任何限制的。现在则要取得原著的版权所有人同意并付酬。苏联翻译出版外国作品的数量在世界上占第一位，到一九八三年九月，苏联已出版外国作家的作品五万七千余种，总发行量超过二十二亿册。

苏联版权的保护期较短，一般作品为作者有生之年加死后二十五年。但苏联民法规定国家可以购买某些作品的版权，也可以把某些版权已过保护期的作品收归国有，这些作品的版权保护期在实际上被无限延长了。

苏联民法规定，版权的第一个所有人一般必须是作者本人。杂志上的文章的作者，百科全书的编纂参加者，电影作品创作的参加者，都能够享有自己所创作的那一部分的版权，但同时杂志社、编辑部或制片厂等单位又享有着整个作品的版权。在这种情况下，个人的版权可以由单位代行；如果个人自己行使版权，则不得妨碍单位版权的行使。个人的版权如果受到侵犯，在苏联不采取个人起诉的形式，而一般要由苏联作家协会中的版权保护局或艺术家协会中的版权保护局向法院起诉。

在苏联，版权在利用时，无论是以转让形式还是许可证形式，都必须是书面的。各加盟共和国的民法典中，还专为出版权的利用规定了“格式合同”。在除出版权之外的其他权利利用的场合，也必须遵照“格式合同”中规定的原则行事，否则转让活动将被视为非法。苏联版权的外国受让人或外国继承人，如果未按苏联民法的有关规定取得版权，则他们取得的版权将被视为无效。版权在苏联的主要利用方式是出版作品，即转让出版权。在苏联出书的稿酬数额由各加盟共和国的法律规定，总的原则是不按作品发行量，而按印张（诗歌则按行）计酬。例如，俄罗斯共和国规定：四万个印刷符号为一印张，散文体裁的文艺作品每印张稿酬为一百五十卢布、一百七十五卢布……直至四百卢布，在签订出版合同时由作者与出版者协商，参考作品质量，选择其中一个标准。这是苏联版权制度与西方的不同之处。在西方，一是稿酬按作品的市场效果计算，二是稿酬数额或提成百分比均由版权利用的合同当事人自行商定，法律并不作具体规定。

苏联的民法或其他法律中，尚未涉及保护版权邻接权的问题。

一九七三年，苏联在参加《世界版权公约》的同时，成立了“全苏版权代理公司”，代表苏联的文学作者、剧作者、作曲家、艺术家、建筑工作者、新闻工作者、摄影工作者等等专业协会并代表苏联科学院，在国外保护苏联作品的版权，推销苏联作品。该公司已经同七十多个国家的一千多家出版机构、版权协会、戏剧及音乐代理机构建立了联系。至一九八一年底，共经手签订了三万多个取得外国作品的出版权及表演权的合同，以及向国外转让出版权、出售出版权或表演权许可证的合同。

## 四、外观设计法

苏联从一九六五年开始对外观设计实行专门保护，颁布了《工业品外观设计条例》。一九八一年，苏联进一步制定了《工业品外观设计法》，并于一九八二年一月开始实行。

工业品外观设计也实行“双轨制”保护，既可以申请外观设计专利，又可以申请设计者证书，而国家则采取措施鼓励人们申请证书。获得证书的效果与获得发明者证书相同，即设计人得到一定报酬及名誉，设计的专有权转归国家所有。

一九八一年的法律中所规定的对外观设计申请案的审查制，要求设计要具有绝对新颖性（而在过去，只要在法定申请日之前，有关设计未在苏联公开过，就能够符合新颖性条件）。现行法律要求外观设计具备实用性，同时又要求不能仅仅实用。就是说，一方面，它要求受保护对象必须具有在工业上利用的价值；另一方面，它又要求外观设计的艺术感不能仅仅以它的功能表现出来。

在一九八一年法律生效之前，一切服饰品、缝纫与针织品、鞋、帽、纺织品等等，都不能申请外观设计证书或专利。但新法已扩大了受保护对象的范围，包括了上述内容。

苏联外观设计专利的保护期是十年。受理申请与审批机关也是苏联发明与发现委员会。外国人提交有关申请，也必须通过苏联工商会。

苏联是《建立工业品外观设计国际分类罗迦诺协定》的成员国。

# 东　欧

## 东欧国家特有的专利许可证的概念及其使用程序*

（美）莱维斯·兰姆①

郑成思译

在东欧做生意与在美国做生意是差别很大的。例如，那儿没有反托拉斯法来给贸易活动找麻烦，实际上连令人担心的商业法也几乎没有。不过，那儿却有许多经常变动的管理条例。但所有合同的签署人，也正是那些法律和条例的制定人。有一次在苏联我评论到：“你们的法律不允许出租设备。”他们回答说：“那不要紧，我们可以开放一个不受我们法律约束的自由区。”某个保加利亚的官员曾对我说：“凡属于合法签订的合同，都是你们同我国政府，而不是同任何

---

* 编者注：该文论述收录自郑成思著:《知识产权法若干问题》，甘肃人民出版社 1985 年版，第 187–194 页。

① 作者系美国克拉克公司货易开发及许可证贸易方面的顾问。

外贸组织之间签订的合同。”

在东欧做生意，我们都必须记住这个问题，即我们是在同一个政府做生意，而不是与个别的贸易机构或专利许可机构做生意，即使合同是由这些机构签署的。

本文准备先讨论一下东欧在专利许可程序方面的不同点，然后再逐个国家地探讨这方面的一些特征。

## 各种不同的专利许可证

所有东欧国家都有专利法、商标法及贸易秘密法。所有的贸易公司都是垄断公司，它们不受反托拉斯法或禁止转卖被许可的产品的法律的约束。参加专利许可合同谈判的人，也就是在政府中制定法律和条例的人，所以任何签了字的专利许可合同都是合法的，因为都得到了政府的批准。但正如温斯顿·丘吉尔所爱讲的话一样：在最后签字之前，许多“精力、汗水乃至血和泪”都要花在谈判中。在东欧国家更是如此，因为在签字之前必须使所有的有关政府部门统统满意。

## 交钥匙工厂

早在 1971~1972 年，东欧热衷于购买成套设备。但由于西方设备造价上涨，同时东欧自产机床的数量不断增加，故对成套设备的需求正逐渐减少。目前，除去工艺流程与设备之间关系密切、不可分割的那种加工工厂之外，成套设备已经不吃香了。不过，如果所需要的加工设备是必不可少的，而又可从一个单独供货人那儿获得全部货源，那么这时的成套设备交易仍旧具有吸引力。

当然，在成套设备的交易中，就包括有制造产品的专利许可协议。这种协议一般相当于在美国建造一个工厂的协议。但东欧的被许可人对专利许可协议条款的理解可能与我们差别很大。在一个东欧国家里，只要没有专门规定，人们就把专利许可协议理解为：可以在全国范围内，在所有政府管辖的其他企业中，使用该项技术。虽然被政府指定参与协议的法人实体只有一个。

要想解决这个问题，可以经过协商把专利许可使用的限制条件写进协议中去。在协议中可以专门指明该工厂扩大生产不能超出被许可产品的额定数量，指明如果协议未经更改则不能按照协议中的工厂的样板再建其他工厂。在谈判中，应当把每个东欧国家都看作是一个大公司。

## 专利许可证

在东欧国家里，当地居民是很少获得专利的。大多数专利都是外国公司的。大多数居民只取得“发明者证书”，凭证书从政府那儿领奖金。发明人可以从该发明被利用而产生的成果中取得一定比例的报酬，还可以得到一些其他好处，诸如度假机会、新公寓、“发明家”头衔等。

东欧的专利几乎没有什么约束力，因为法院绝不会判决说政府在授予专利时有什么差错。然而，专利权也很少被判决受到什么侵犯，因为政府所管辖的企业是不可能侵犯政府所颁发的专利的。专利请求项目的范围（在东欧）是非常狭窄的。

一项无条件的专利许可，只能使人在使用它时免于被起诉，对于大多数将接受专利许可的人来讲，这种专利许可往往不能提供足够的“挪号”（Know-How）以制成产品。因此，东欧很少购买单纯的专利许可证。事实上，美国企业从东欧购买的单纯专利许可证比向东欧出售的至少要多一倍。美国每年卖给东欧的单纯专利许可证大概平均还不到六个。当然，它包括有“挪号”在内，则这种专利许可证买卖的数目字就完全两样了。

## 带有“挪号”及其他附加内容的专利许可证

最理想的合同是专利许可加“挪号”合同。如果一个专利许可证中包含美方许可人提供的“挪号”或其他附加内容，或包含许可人与被许可人搞商业合作的款项，这种合同（在东欧）就要由外贸组织联同被许可的工业企业一道负基本责任了。

参加专利许可证贸易的外贸组织很少在谈判桌上露面，它总作为谈判中的被许可人的幕后顾问进行活动。虽然有关工业企业、有关部及其法律顾问都参加谈判，但谈判以商业性外贸组织为主。这种外贸组织是代表某种叫作联合会的部门的。就机器制造业而论，这样的联合会负责机床、建筑设备、汽车式升降机，等等。一切对外合同都由这种联合会下属的外贸组织经手。外贸组织由上述联合会的头头领导，而他同时又是有关工厂的头头，有关工厂又由有关部领导。而从事专利许可证贸易的专门机构，如苏联的“专利许可证总局”（Licensintorg），波兰的“波兰服务公司”（Poleservice），捷克的“工程技术局”（Polytech）等等，往往居于幕后。

“挪号”许可证实际上就是技术秘密许可证，其中包括按许可人的制做法制造产品所必需的“挪号”，这是最常见的专利许可证。它通常授权被许可人利用许可人所改进的技术。“挪号”一般可能只限于使用在被许可的产品上，这种限制条件是必须履行的。

在东欧，技术秘密（商业秘密）与国家机密的联系相当密切，所以，只允许在参加交易的有关部门予以透露的范围内、承认和实施它。

由于绝大多数在东欧成交的专利许可证都带“挪号”，因此本文着重谈谈带有制造产品的“挪号”合同。

社会主义国家的政府拥有该国全部的工业产权，包括工业系统中的全部“挪号”。因此，如果不是在合同中专门限制了“挪号”的使用，政府就会把“挪号”用到别的工厂中去，这是不言而喻的。虽然许可人不能限制仅仅由某一个工厂生产被许可产品，但他可以坚持：不论这种产品在哪儿生产，许可人都要取得专利权使用费。许可人还可以专门指出：不准把“挪号”用到任何其他产品上。

东欧国家需要什么样的技术呢？他们愿意从美国公司那儿得到所需要的技术吗？他们想得到的是名牌公司的技术。同时，可能接受专利许可的人，愿意直接从美国的母公司，而不是从它在欧洲的子公司，购买技术。即使技术内容完全一样，即使地理位置使子公司进行技术转让还更经济些，他们也不愿从子公司购买。

在美国专利许可谈判中，看重公司的信誉。在东欧则几乎完全依赖参加谈判的那个具体人的信誉。道理很清楚，如果合同中有差错，东欧的国家仍旧按合同办事，而制定合同的那位先生则不再出场了。所以，东欧的谈判人一定要先感到外国一方的谈判人可以信赖或对他的谈判活动之外的事有更多了解，才肯同他谈判。

在美国，谈判人出了大差错会被解雇，然后他无非另谋个更好的职位。在东欧，出了大差错的谈判人如果没有被安排到别的岗位上，就会从此下野了。

东欧国家对签订合同没有什么法律限制，没有反托拉斯法，没有包含禁止转卖限制条件的法律。另外，东欧国家不承认罢工或停工属于不可抗力。他们认为罢工或停工是发放许可证的公司可以控制的，可以通过满足罢工者的要求来避免罢工发生。在东欧，地方工会被工厂的纪律约束着，所以罢工几乎是没有的事。不过最近波兰发生的为政治目的的罢工是一种例外。但是，却有个很简单的办法把罢工与停工包括在不可抗力条款中。所有的东欧国家都接受在中立的西方国家进行仲裁。罗马尼亚愿意在法国仲裁，苏联愿意在瑞典，而大多数东欧国家愿意在瑞士。所以，不必在不可抗力条款中写出罢工或停工的字眼，只要合同双方对合同解释不一，这种不可抗力就适用了。因为解释不一致，就得在中立的自由世界国家仲裁，就要以这个国家的法律为准而抛开合同签署国的有冲突的法律（西方国家法律都承认罢工与停工属于不可抗力——译者）。这是一种被认为可行的合法途径，借以越过不准把罢工与停工解释为不可抗力的法律障碍。

可能接受专利许可证的人会要求得到一项保证，即保证所转让的“挪号”是发放专利许可证的公司所使用的最佳“挪号”。还会有个要求，即如果合理使用该“挪号”，所生产的产品一定要与许可人的产品一样。他们往往坚持要在（合同）预定违约金条款中包括这些保证项目。

在出售被许可的产品时，买方将支付不兑换的货币或实物，所以计算使用费不能以当地售价为准，而要以美国的或国际的价格为准，或以所出售的单位数量为准。因为对转让使用费所抽的税，可能不作事先通知就大幅度上涨，所以专利许可证的收费应在美国银行支付美元。

整个东欧的政策是以莫斯科的指挥棒为转移的。因此可以想象到，有些合同条款可能完全相同。虽然各地的不同情况决定了很不相同的合同内容，但许多条款则如出一辙。例如，罚款条款就相似得出奇，一律是每周1%，最高限10%。还有一个共同问题是：这些国家西方外汇短缺，所以它们总试图要求30%的返销或回购。苏联有大量的钻石、黄金及木材来源，事实上它不存在钱的问题。但为了让人承认它是优质产品的制造商，苏联也往往坚持要许可人至少回购它的部分产品。苏联一般对被许可产品不做过量生产，所以被许可人会要求订立灵活性很大的返销条款，以便在产品满足苏联需要后无力返销，使许可人得不到应得的罚款。但如果某项技术是亟需的，而在五年计划中已算进了这项开支，那就可能不再坚持返销了。

在过去，谈判几乎完全由外贸组织经手，没有机会同最终使用人交谈。现在，这种状况已经改变。外贸人员、最终用户及其工程技术人员及律师，可能都出席谈判会。在最近五六年中，谈判及观点的交换及互相理解有了很大改善，但由于社会主义政治制度要在资本主义环境中运转，所以很多事情还是混淆不清的。

## 商标特许使用权

东欧看重商标的地位。谈判人将坚持商标特许使用权要连同被许可产品一道进行交易；但同时又会要求订立一项条款，使他们有自由不使用该商标。商标是保证用户得到优等产品的销售工具，它标志着产品的来源。在东欧，多数贸易活动是在国与国之间进行的，所以外国商标并不能促进销售。这就是要求订立“不使用”条款的原因。购买国并不是以商标，而是以从哪个国家买进来决定取舍。

然而，在消费性商品的市场，许多商品（诸如可口可乐、百事可乐、莱维·施特劳斯、马尔波罗，及其他美国商标）非常受欢迎。没有人会想要出售这种消费品并又不获得这些驰名商标的使用权。情况之所以往往如此，并不是因为消费者了解有关的外国公司，而是因为商标是对西方产品质量的一种担保。

# 学术索引


A

奥林匹克会徽 iv, 019, 111, 148, 172, 810, 811

B

《巴黎公约》(《保护工业产权巴黎公约》) II, VII, iii, 005, 010, 012, 015, 016, 017, 021, 029, 030, 048, 049, 052, 053, 067, 077, 078, 084, 085, 091, 102, 106, 108, 109, 113, 122, 123, 124, 125, 126, 127, 128, 129, 130, 131, 142, 143, 144, 147, 148, 151, 166, 203, 204, 205, 206, 208, 209, 213, 214, 215, 216, 223, 225, 248, 250, 251, 256, 257, 264, 273, 275, 280, 288, 290, 291, 292, 293, 299, 356, 360, 374, 381, 384, 387, 388, 392, 393, 394, 403, 414, 432, 433, 437, 440, 456, 462, 463, 467, 549, 569, 571, 576, 581, 608, 641, 642, 643, 651, 652, 659, 674, 688, 690, 692, 693, 694, 695, 696, 697, 698, 699, 700, 701, 703, 704, 705, 706, 707, 708, 709, 710, 711, 712, 713, 714, 715, 716, 717, 718, 719, 721, 722, 723, 725, 726, 734, 738, 741, 743, 778, 781, 783, 784, 786, 787, 790, 791, 792, 795, 796, 800, 805, 807, 810, 826, 827, 855, 859, 871, 882, 886, 888, 890, 891, 896, 899, 904, 905, 933, 943, 945, 950, 960, 975, 1024, 1031, 1033, 1035, 1057, 1061, 1087, 1093, 1114, 1115, 1117

《班吉协定》VII, VIII, iv, 020, 112, 124, 320, 321, 552, 697, 705, 745, 789, 800, 829, 833, 834, 835, 855, 887, 888, 889, 890, 891, 892, 894, 895, 896, 897, 900, 902, 904, 905, 906, 907, 908, 909, 910, 911, 912, 913, 914, 915, 916, 920, 923

版权合同 086, 087, 094, 919, 983, 989, 990, 993, 1001, 1003, 1068, 1072, 1076

版权限制 140, 185, 187, 613

版权注册 536, 545, 952, 953

《保护奥林匹克会徽条约》iv, 810, 811

《保护表演者、录音制品录制者与广播组织的国际公约》(《罗马公约》) ii, 019, 020, 048, 051, 052, 106, 111, 112, 136, 137, 138, 139, 140, 141, 143, 147, 148, 151, 155, 156, 157, 182, 183, 188, 198, 199, 200, 319, 387, 388, 389, 392, 604, 605, 606, 608, 609, 610, 611, 612, 613, 614, 615, 627, 628, 629, 630, 631, 632, 633, 635, 641, 645, 647, 685, 851, 864, 985, 1022, 1044, 1065

《保护计算机软件示范法条》iii, 769, 773

《保护原产地名称及其国际注册协定》iv, 018, 110, 804

《保护植物新品种国际公约》iii, 019, 111, 147, 569, 740, 935

保留 IX, 012, 021, 031, 046, 053, 070, 071, 080, 085, 102, 113, 119, 124, 139, 140, 141, 148, 150, 166, 170, 186, 188, 189, 193, 201, 214, 222, 266, 303, 317, 336, 339, 340, 377, 384, 392, 419, 429, 436, 439, 443, 454, 455, 456, 457, 458, 465, 466, 487, 488, 498, 500, 507, 509, 512, 520, 521, 522, 536, 537, 538, 539, 540, 542, 543, 550, 561, 563, 564, 572, 573, 575, 578, 580, 581, 587, 600, 606, 612, 613, 614, 622, 624, 627, 630, 632, 633, 638, 652, 657, 660, 664, 690, 697, 698, 711, 754, 803, 829, 831, 835, 841, 850, 852, 864, 872, 873, 880, 889, 896, 906, 958, 959, 961, 976, 980, 985, 998, 999, 1004, 1009, 1015, 1016, 1017, 1019, 1043, 1049, 1059, 1065, 1070, 1092, 1096, 1105

《北美自由贸易协定》VIII, iv, 083, 224, 877, 878, 882, 883

比荷卢 020, 112, 233, 234, 697, 707, 854, 855, 856, 859, 870, 871, 872, 873, 887, 907, 915

《比荷卢统一商标法》(《统一商标法》) 233, 697, 789, 854, 855, 856, 887, 907, 915

《比荷卢统一外观设计法》(《统一外观设计法》) 870, 871, 872, 873

《避免对版权使用费收入重复征税多边公约》iii, 019, 112, 666

边境措施 031, 058, 350, 351, 352, 354, 355, 357, 358, 386, 410

表演者权 013, 118, 119, 137, 138, 139, 141, 156, 157, 182, 183, 185, 198, 199, 200, 379, 389, 392, 417, 445, 605, 607, 610, 611, 612, 614, 619, 634, 679, 683, 685, 954, 981, 985, 1012, 1014, 1016, 1017, 1052, 1053, 1054, 1055, 1096

《伯尔尼公约》(《保护文学艺术作品伯尔尼公约》) II, VII, VIII, ii, 016,

019, 021, 025, 030, 041, 042, 048, 049, 050, 051, 052, 053, 055, 066, 076, 077, 078, 081, 087, 091, 093, 102, 106, 108, 111, 113, 131, 132, 133, 134, 135, 136, 137, 138, 143, 144, 145, 147, 148, 149, 150, 151, 155, 163, 164, 166, 167, 168, 171, 178, 180, 181, 182, 183, 184, 185, 186, 188, 191, 196, 198, 203, 261, 277, 288, 304, 371, 374, 379, 380, 384, 387, 388, 389, 390, 391, 392, 417, 422, 423, 426, 428, 429, 430, 431, 432, 433, 434, 435, 436, 437, 438, 439, 440, 441, 442, 443, 444, 445, 446, 447, 448, 449, 450, 451, 452, 453, 454, 455, 456, 457, 458, 459, 460, 461, 462, 463, 464, 465, 466, 467, 468, 469, 471, 472, 473, 474, 480, 481, 483, 484, 485, 486, 487, 488, 489, 490, 491, 501, 522, 535, 536, 537, 538, 539, 540, 541, 543, 546, 547, 548, 549, 550, 552, 553, 554, 555, 556, 557, 559, 560, 561, 562, 563, 564, 565, 566, 567, 568, 569, 570, 571, 573, 574, 575, 576, 577, 579, 580, 581, 583, 586, 599, 600, 605, 607, 608, 609, 610, 628, 631, 642, 652, 659, 665, 673, 676, 678, 692, 718, 719, 762, 777, 862, 868, 869, 878, 879, 881, 888, 890, 916, 917, 980, 985, 1002, 1006, 1007, 1008, 1012, 1013, 1015, 1017, 1044, 1048, 1049, 1055, 1065, 1070, 1072, 1079, 1096

伯尔尼联盟 016, 077, 091, 108, 429, 449, 489, 492, 564, 600, 678, 719, 1002

C

厂商名称 005, 006, 067, 202, 203, 206, 647, 648, 700, 786, 813, 977, 978

程序条款 099, 151, 245, 283, 332, 333

驰名商标 005, 034, 039, 041, 070, 075, 129, 130, 208, 211, 213, 214, 215, 216, 217, 218, 219, 220, 221, 222, 223, 224, 225, 256, 360, 381, 393, 713, 714, 717, 905, 1037, 1038, 1061, 1128

出版合同 086, 094, 444, 684, 917, 918, 983, 990, 991, 992, 993, 995, 996, 997, 998, 1042, 1043, 1064, 1068, 1069, 1075, 1076, 1078, 1079, 1080, 1083, 1084, 1096, 1120

传统知识（遗传资源）III, XI, 028, 030, 033, 038, 039, 040, 041, 042, 043, 292, 295, 296, 297, 298, 464, 579

D

德国（联邦德国）iv, 004, 007, 008, 009, 027, 030, 051, 054, 070, 077, 080, 083, 086, 087, 088, 094, 097, 104, 116, 156, 158, 171, 172, 174,

175, 177, 185, 217, 218, 219, 221, 229, 237, 238, 246, 258, 264, 273, 305, 306, 338, 354, 356, 422, 423, 428, 438, 439, 456, 461, 467, 473, 476, 477, 480, 535, 561, 568, 570, 605, 628, 631, 641, 642, 645, 667, 678, 691, 693, 700, 701, 720, 722, 727, 730, 733, 734, 735, 738, 739, 741, 747, 763, 779, 781, 782, 785, 787, 794, 800, 802, 807, 823, 825, 826, 828, 833, 839, 840, 841, 842, 843, 844, 847, 850, 853, 854, 863, 865, 868, 870, 902, 903, 919, 936, 958, 963, 1002, 1007, 1018, 1030, 1031, 1032, 1033, 1034, 1035, 1036, 1037, 1038, 1039, 1040, 1041, 1042, 1043, 1044, 1045, 1046, 1047, 1048, 1049, 1050, 1051, 1052, 1053, 1054, 1055, 1064, 1067, 1069, 1088, 1089, 1092, 1095, 1096

地理标志（产地名称、原产地标记、货源标记）i, iv, 005, 006, 018, 027, 039, 043, 110, 115, 125, 202, 203, 248, 249, 250, 251, 252, 253, 254, 255, 256, 301, 359, 380, 385, 394, 395, 396, 397, 700, 804, 805, 806, 860, 861, 889, 890, 891, 912, 913, 915, 925, 926, 1039

电子商务 III, 041, 045, 046, 058, 065, 873, 874, 964, 965, 966, 968, 1097, 1098, 1099, 1106, 1107, 1108, 1109, 1110, 1111

独立性 126, 128, 129, 133, 438, 439, 440, 466, 467, 468, 573, 668, 707, 708, 712, 713, 718, 731, 789, 791, 793, 797, 964

F

发明人 024, 052, 124, 127, 267, 285, 363, 399, 425, 433, 553, 689, 691, 699, 708, 709, 723, 731, 740, 777, 832, 846, 847, 896, 929, 930, 937, 942, 958, 959, 961, 962, 987, 1020, 1021, 1045, 1056, 1087, 1113, 1114, 1115, 1116, 1117, 1124

发展中国家 III, XI, ii, 004, 011, 012, 022, 023, 025, 028, 029, 032, 033, 034, 035, 039, 042, 056, 058, 076, 082, 085, 086, 092, 096, 104, 135, 136, 145, 146, 162, 186, 241, 311, 374, 375, 382, 384, 415, 416, 430, 431, 454, 456, 457, 458, 459, 460, 469, 471, 487, 496, 498, 499, 512, 524, 525, 526, 532, 533, 538, 547, 550, 551, 552, 556, 557, 558, 559, 562, 563, 564, 565, 566, 567, 568, 569, 574, 580, 581, 582, 583, 590, 600, 657, 658, 676, 711, 748, 749, 750, 751, 753, 758, 759, 760, 761,

762, 763, 764, 795, 835, 874, 887, 894, 895, 896, 899, 900, 915, 917, 931, 935, 953, 1106

《发展中国家专利示范法》763, 894

法国 iv, 003, 004, 008, 009, 010, 014, 026, 027, 034, 051, 054, 077, 081, 082, 083, 088, 089, 095, 104, 122, 155, 156, 158, 179, 213, 217, 218, 232, 236, 249, 251, 257, 258, 273, 291, 332, 422, 423, 426, 427, 428, 435, 436, 438, 439, 449, 461, 462, 464, 465, 472, 481, 485, 489, 508, 520, 524, 535, 554, 570, 577, 628, 631, 641, 642, 666, 667, 678, 691, 693, 720, 721, 727, 730, 731, 733, 734, 735, 738, 739, 741, 763, 779, 780, 781, 785, 786, 787, 792, 800, 802, 805, 807, 823, 826, 828, 829, 835, 840, 841, 850, 862, 863, 865, 868, 870, 892, 930, 963, 975, 980, 1002, 1003, 1047, 1048, 1050, 1056, 1057, 1058, 1059, 1060, 1061, 1062, 1063, 1064, 1065, 1066, 1067, 1068, 1069, 1070, 1071, 1072, 1075, 1087, 1127

反不正当竞争 002, 006, II, III, i, iv, 070, 078, 116, 221, 227, 230, 231, 246, 250, 255, 270, 290, 291, 292, 293, 294, 295, 296, 297, 298, 299, 300, 301, 359, 403, 812, 813, 814

《反不正当竞争示范法》iv, 812, 813, 814

反垄断 025, 278, 295, 296, 325, 327, 328, 329, 629, 753, 822, 844, 1035, 1038, 1089, 1090, 1100, 1102, 1103, 1104, 1105

反向假冒 070, 246

《泛美版权公约》535, 536, 537, 538, 569, 571

非洲知识产权组织 006, 106, 320, 321, 549, 552, 697, 705, 707, 789, 800, 829, 835, 888, 890, 891, 893, 897, 898, 904, 905, 906, 913, 914, 919, 922

非自动保护 139, 571, 572, 606, 612, 632

服务商标 021, 066, 113, 204, 213, 214, 215, 223, 237, 360, 374, 414, 700, 716, 788, 791, 795, 855, 858, 889, 904, 925, 933, 948, 957, 960, 962, 976, 1039, 1061, 1117

G

工业版权 IV, 116, 256, 257, 258, 286, 643, 780, 867, 981

《工业品外观设计国际备案协定》(《工业品外观设计国际备案海牙协定》) iii, 017, 110, 778, 781, 783, 784, 871, 890

《工业品外观设计国际分类洛迦诺协定》(《洛迦诺协定》) 018, 110

共同使用 215, 240, 241, 394, 517, 856, 979

《共同体商标条例》026, 856, 857, 860
《共同体专利公约》826, 835, 838, 839, 840, 842, 843, 844, 845, 846, 847, 848, 849, 851, 852, 853, 857, 889, 895, 897, 916, 970, 1030, 1035, 1056
《关贸总协定》IX, 040, 048, 049, 052, 074, 082, 083, 085, 090, 091, 092, 095, 096, 097, 098, 099, 100, 101, 102, 103, 105, 107, 114, 115, 116, 131, 145, 148, 150, 154, 160, 163, 167, 181, 182, 198, 203, 230, 241, 248, 249, 251, 252, 255, 260, 290, 336, 337, 368, 370, 371, 384, 615, 634, 877, 880, 882, 885, 934, 935
《关于建立欧洲经济共同体条约》(《罗马条约》) 080, 316, 317, 318, 319, 320, 818, 819, 820, 821, 822, 823, 824, 825, 846, 974, 983, 987, 1064
《国际承认用于专利程序的微生物保存条约》iii, 016, 736, 737, 739
国际法 X, 021, 044, 045, 079, 080, 090, 092, 095, 114, 141, 290, 291, 368, 430, 457, 458, 487, 498, 523, 549, 581, 598, 614, 624, 629, 632, 637, 645, 669, 698, 719, 722, 973
《国际技术转让法》(国际技术转让) iii, 294, 309, 311, 314, 328, 390, 744, 747, 748, 749, 750, 752, 753, 757, 758, 759, 764, 955
国际私法 045, 088, 089, 090, 462, 464, 465, 466, 577, 646, 853, 873, 957, 964, 1051
国民待遇 010, 047, 049, 050, 052, 087, 122, 123, 124, 126, 132, 133, 136, 137, 138, 142, 144, 146, 148, 149, 150, 151, 152, 154, 155, 157, 337, 375, 388, 389, 428, 429, 430, 432, 433, 434, 435, 436, 437, 438, 448, 454, 460, 462, 463, 464, 465, 466, 487, 493, 536, 539, 540, 547, 560, 561, 562, 563, 571, 576, 577, 605, 606, 609, 610, 615, 616, 617, 628, 630, 631, 632, 633, 651, 654, 692, 694, 695, 696, 697, 698, 700, 707, 718, 741, 742, 864, 896, 950
过渡条款 016, 108, 162, 358, 372, 373, 374, 375, 383, 495, 499, 795, 870

H

《哈拉雷议定书》iv, 921, 922, 923
合同 041, 058, 063, 071, 086, 087, 088, 094, 106, 120, 193, 194, 195, 196, 202, 227, 230, 231, 232, 233, 234, 235, 238, 241, 247, 268, 269, 276, 278, 283, 284, 294, 302, 303, 304, 306, 307, 308, 309, 310, 311, 313, 314, 315, 316, 318, 319, 320, 321, 322, 323, 324, 325, 326, 327, 328, 329, 330, 399, 400, 403, 444, 455, 466, 491, 510, 581, 618, 644, 676, 684, 689, 709, 723, 744, 745, 746,

747, 748, 749, 750, 751, 752, 753, 754, 755, 756, 757, 758, 759, 760, 761, 762, 763, 764, 765, 771, 773, 774, 775, 776, 823, 832, 851, 853, 868, 869, 871, 872, 875, 879, 896, 897, 898, 907, 912, 917, 918, 919, 931, 933, 943, 946, 948, 952, 955, 961, 964, 965, 966, 967, 978, 983, 986, 987, 988, 989, 990, 991, 992, 993, 994, 995, 996, 997, 998, 999, 1000, 1001, 1003, 1009, 1011, 1021, 1022, 1024, 1034, 1040, 1041, 1042, 1043, 1052, 1053, 1062, 1064, 1068, 1069, 1070, 1071, 1072, 1075, 1076, 1077, 1078, 1079, 1080, 1081, 1082, 1083, 1084, 1085, 1089, 1090, 1091, 1095, 1096, 1098, 1099, 1100, 1101, 1102, 1103, 1104, 1105, 1106, 1109, 1116, 1119, 1120, 1122, 1123, 1125, 1126, 1127

互惠 011, 014, 015, 051, 148, 149, 150, 155, 156, 275, 389, 425, 426, 434, 448, 487, 500, 526, 560, 562, 563, 696, 741, 742, 850, 904, 951, 1024, 1031, 1043, 1057, 1087, 1093, 1115

J

即发侵权 059, 062, 063, 064, 337, 354, 358

集成电路（集成电路布图设计、拓扑图、掩膜作品、半导体芯片）iii, 019, 048, 052, 053, 059, 106, 111, 115, 142, 143, 157, 172, 249, 255, 256, 275, 285, 286, 287, 288, 289, 345, 359, 366, 380, 385, 387, 388, 402, 403, 650, 651, 652, 653, 654, 655, 656, 657, 662, 777, 866, 966

《集成电路知识产权条约》(《集成电路知识产权华盛顿条约》) iii, 019, 048, 106, 111, 142, 287, 387, 388, 402, 650, 651

计算机（计算机软件、计算机程序）iii, 025, 026, 028, 034, 041, 050, 061, 082, 085, 086, 088, 090, 097, 136, 155, 165, 169, 179, 181, 182, 189, 216, 265, 266, 287, 288, 298, 302, 339, 341, 381, 390, 391, 441, 442, 472, 481, 490, 548, 554, 558, 582, 672, 673, 674, 675, 676, 677, 678, 735, 769, 770, 771, 772, 773, 774, 775, 776, 777, 799, 814, 831, 850, 867, 868, 869, 874, 875, 879, 894, 934, 935, 958, 965, 966, 967, 968, 987, 991, 994, 995, 1012, 1014, 1015, 1021, 1044, 1067, 1073, 1074, 1089, 1090, 1101, 1106, 1112

技术转让 I, iii, 006, 116, 269, 294, 302,

307, 309, 310, 311, 313, 314, 316, 321, 322, 323, 324, 325, 326, 327, 328, 330, 375, 390, 416, 670, 006, 744, 745, 746, 747, 748, 749, 750, 751, 752, 753, 754, 755, 756, 757, 758, 759, 760, 762, 763, 764, 955, 991, 1086, 1099, 1126

价值评估 229, 235

《解决计算机系统用于利用作品或创作作品引起的版权问题的建议》iii, 673

进口权 050, 051, 052, 054, 056, 057, 058, 084, 085, 154, 156, 159, 256, 260, 266, 267, 268, 289, 490, 866, 879, 895, 896, 900, 909, 930, 931, 935

精神权利 043, 048, 051, 088, 093, 115, 127, 134, 138, 143, 144, 146, 156, 161, 166, 167, 285, 305, 376, 430, 442, 448, 449, 450, 453, 460, 464, 468, 469, 470, 471, 493, 508, 553, 554, 560, 562, 563, 564, 574, 585, 611, 676, 708, 709, 768, 863, 868, 869, 879, 917, 951, 980, 990, 1001, 1006, 1008, 1012, 1013, 1019, 1040, 1042, 1043, 1044, 1045, 1046, 1063, 1064, 1066, 1067, 1068, 1069, 1073, 1075, 1081, 1095, 1114

K

《卡塔赫那协定》(《安第斯协定》) VIII, iv, 216, 226, 228, 827, 922, 928, 931, 934, 935

科学发现 iii, 019, 021, 098, 111, 113, 176, 177, 262, 478, 479, 766, 767, 768, 850

宽限期 126, 162, 704, 705, 1001

L

《莱比锡协定》VII, iv, 936, 938

利益平衡 162, 683

邻接权（有关权）I, i, ii, 002, 006, 021, 051, 113, 115, 116, 136, 137, 138, 139, 140, 141, 142, 144, 147, 155, 156, 157, 163, 182, 183, 185, 186, 187, 188, 189, 190, 198, 270, 288, 379, 380, 382, 385, 390, 410, 421, 445, 462, 465, 505, 576, 584, 604, 605, 607, 608, 609, 611, 612, 613, 614, 618, 627, 632, 642, 645, 647, 648, 685, 686, 719, 760, 862, 864, 869, 888, 970, 981, 993, 1041, 1052, 1054, 1055, 1065, 1072, 1096, 1120

临时保护 125, 248, 333, 691, 703, 704, 952

临时措施 031, 350, 351, 352, 353, 354, 357, 358, 386, 409, 410, 412

《录音制品公约》(《录音制品日内瓦公约》《保护录音制品制作者防止

未经授权复制其制品公约》）ii, 019, 078, 111, 147, 148, 183, 184, 340, 379, 627, 628, 629, 630, 631, 632, 633, 634, 645, 649, 664

录制权合同 1000

录制者权（录音制品、录像制品）ii, 013, 019, 020, 021, 048, 078, 111, 113, 136, 137, 138, 139, 140, 141, 143, 147, 148, 163, 182, 183, 184, 188, 198, 340, 379, 381, 388, 389, 391, 392, 417, 446, 490, 558, 583, 604, 605, 606, 607, 608, 609, 610, 611, 612, 613, 614, 615, 616, 617, 618, 619, 620, 621, 622, 627, 628, 629, 630, 631, 632, 633, 634, 635, 636, 637, 644, 645, 649, 664, 679, 683, 685, 880, 881, 981, 994, 1000, 1017, 1065, 1096

## M

《马德里协定》(《商标国际注册马德里协定》）VII, 017, 030, 078, 081, 106, 109, 147, 647, 648, 717, 718, 786, 787, 788, 789, 790, 791, 792, 793, 794, 795, 796, 797, 798, 800, 802, 808, 855, 923, 980, 1039, 1063, 1094, 1095, 1117

美国 XII, iv, 003, 004, 007, 008, 009, 011, 022, 023, 024, 025, 026, 027, 028, 030, 035, 036, 037, 038, 040, 050, 051, 057, 068, 075, 076, 079, 081, 082, 083, 084, 085, 087, 088, 091, 094, 096, 097, 099, 100, 104, 115, 121, 122, 124, 131, 133, 135, 142, 156, 158, 159, 167, 170, 171, 176, 177, 179, 181, 182, 192, 193, 194, 195, 196, 198, 201, 212, 213, 219, 220, 221, 224, 225, 227, 228, 229, 236, 237, 239, 240, 242, 245, 246, 249, 250, 258, 259, 261, 262, 263, 264, 265, 266, 267, 271, 273, 275, 279, 280, 281, 286, 287, 288, 295, 298, 301, 302, 304, 329, 330, 332, 336, 337, 339, 340, 343, 349, 377, 378, 379, 380, 383, 384, 385, 425, 426, 428, 441, 461, 467, 473, 479, 480, 481, 485, 520, 535, 536, 537, 538, 540, 555, 557, 560, 568, 569, 570, 571, 574, 577, 605, 628, 631, 633, 634, 644, 645, 650, 663, 665, 666, 667, 671, 679, 693, 700, 709, 715, 718, 720, 721, 722, 724, 727, 731, 734, 735, 737, 738, 739, 740, 741, 745, 763, 768, 772, 779, 780, 785, 787, 792, 794, 800, 823, 824, 831, 833, 847, 848, 867, 868, 873, 877, 878, 880, 881, 882, 883, 884, 885, 886, 940, 941, 942, 943, 944, 945, 946, 947, 948, 949, 950, 951, 952, 953, 954, 955, 956, 957, 958, 959, 960, 961, 962, 963, 964,

965, 968, 969, 973, 974, 976, 978, 983, 984, 989, 992, 993, 995, 996, 997, 998, 999, 1000, 1001, 1002, 1027, 1033, 1037, 1045, 1053, 1087, 1089, 1097, 1098, 1106, 1108, 1109, 1122, 1125, 1126, 1127, 1128

民间文学 030, 039, 041, 042, 043, 098, 384, 483, 484

N

《尼斯协定》(《为商标注册目的而使用的商品与服务的国际分类尼斯协定》) 018, 078, 110, 795, 799, 800, 801, 807, 905, 933, 951, 980, 1039, 1063, 1095, 1117

O

欧共体（欧洲经济共同体、欧洲、欧盟） II, VIII, iv, 007, 008, 020, 024, 025, 026, 027, 035, 050, 055, 056, 057, 070, 075, 080, 083, 084, 085, 096, 097, 100, 102, 104, 106, 112, 117, 118, 123, 154, 159, 182, 216, 225, 226, 227, 228, 231, 240, 247, 265, 269, 271, 280, 287, 316, 320, 357, 423, 426, 427, 428, 537, 549, 641, 642, 684, 685, 690, 697, 724, 725, 734, 737, 738, 745, 800, 818, 819, 820, 821, 822, 823, 824, 825, 826, 827, 828, 829, 830, 831, 832, 833, 834, 835, 836, 837, 838, 839, 840, 841, 842, 843, 844, 845, 846, 847, 848, 849, 850, 851, 852, 854, 856, 858, 859, 860, 861, 862, 863, 864, 866, 867, 869, 870, 873, 874, 875, 887, 889, 890, 893, 895, 897, 915, 916, 922, 923, 942, 957, 970, 971, 972, 975, 983, 987, 1002, 1006, 1013, 1022, 1025, 1027, 1030, 1031, 1034, 1035, 1042, 1047, 1056, 1057, 1063, 1064, 1088, 1097, 1098, 1104, 1106, 1108, 1109, 1126

《欧洲专利公约》007, 026, 123, 265, 271, 549, 697, 737, 745, 825, 826, 827, 828, 829, 831, 832, 833, 834, 835, 837, 839, 840, 841, 842, 843, 844, 845, 847, 848, 849, 850, 851, 852, 922, 923, 957, 970, 971, 1025, 1027, 1030, 1034, 1035, 1056, 1057

P

平行进口 050, 054, 056, 057, 058, 084, 154, 228, 229, 352

Q

强制许可 011, 127, 136, 140, 145, 186, 188, 225, 230, 231, 260, 261, 275, 276, 277, 278, 279, 288, 289, 294, 308, 382, 394, 431, 443, 444, 446, 459, 469, 471, 487, 490, 491, 494, 495, 541, 544, 550, 551, 552, 560,

574, 581, 582, 583, 584, 585, 608, 613, 620, 629, 633, 636, 645, 677, 682, 710, 711, 745, 836, 839, 852, 853, 880, 882, 897, 898, 899, 900, 903, 910, 917, 923, 931, 933, 944, 953, 973, 983, 1004, 1034, 1059, 1095

权利穷竭 054, 055, 056, 057, 058, 157, 158, 159, 164, 227, 228, 229, 275, 389, 656

权利限制 046, 055, 057, 071, 140, 185, 186, 187, 188, 189, 190, 196, 211, 225, 226, 227, 256, 260, 274, 275, 288, 289, 301, 380, 470, 471, 495, 608, 613, 629, 633, 636, 682, 689, 711, 869, 896, 900, 912, 917

R

日本 XII, iv, 002, 008, 023, 025, 027, 028, 030, 034, 036, 038, 043, 056, 057, 070, 075, 077, 081, 082, 085, 086, 087, 100, 104, 122, 133, 142, 170, 179, 213, 218, 219, 226, 232, 249, 264, 284, 287, 288, 327, 328, 329, 351, 352, 380, 383, 384, 385, 423, 428, 454, 455, 461, 473, 481, 487, 535, 570, 578, 601, 628, 631, 650, 667, 669, 670, 678, 693, 720, 722, 724, 725, 727, 730, 734, 735, 737, 738, 739, 741, 745, 779, 802, 803, 833, 844, 850, 957, 958, 991, 1035, 1036, 1045, 1055, 1086, 1087, 1088, 1089, 1090, 1091, 1092, 1093, 1094, 1095, 1096, 1097, 1098, 1099, 1100, 1101, 1102, 1105

S

《商标法条约》iv, 819

《商标注册条约》iii, 018, 111, 549, 794, 795, 796, 797, 798, 800, 890, 905, 950, 1117

商品化权 068, 116, 122

商业秘密（未披露过的信息、Know-How、挪号）034, 041, 046, 077, 115, 116, 122, 255, 256, 267, 282, 291, 292, 293, 294, 295, 296, 297, 298, 299, 300, 301, 302, 303, 304, 305, 306, 307, 308, 314, 315, 316, 317, 318, 319, 320, 323, 325, 328, 329, 330, 332, 359, 380, 381, 385, 402, 403, 404, 668, 671, 677, 727, 745, 746, 749, 754, 759, 762, 763, 771, 773, 774, 775, 815, 899, 961, 963, 966, 985, 986, 987, 988, 1020, 1021, 1022, 1103, 1116, 1124, 1125, 1126, 1127

摄制影片合同 997

生物多样化 040, 041, 042, 043

实用新型 021, 028, 098, 113, 124, 125, 243, 256, 260, 261, 263, 264, 276, 282, 328, 334, 335, 363, 364,

365, 377, 654, 689, 698, 700, 703, 705, 707, 715, 749, 839, 853, 867, 889, 890, 891, 894, 902, 903, 904, 907, 909, 915, 932, 934, 957, 972, 1030, 1031, 1035, 1036, 1037, 1057, 1087, 1088, 1089, 1091, 1092, 1103

实用艺术品 197, 198, 257, 430, 451, 471, 472, 474, 488, 492, 493, 502, 506, 542, 543, 556, 561, 575, 578, 588, 917, 918, 1045, 1046, 1050, 1067

使用要求 068, 069, 239, 240, 242, 393, 656, 798, 882, 948, 949

《世界版权公约》VIII, ii, 020, 078, 112, 136, 137, 138, 139, 147, 148, 304, 340, 384, 431, 432, 437, 458, 462, 520, 534, 535, 537, 538, 539, 540, 541, 542, 543, 544, 546, 547, 548, 549, 550, 552, 553, 554, 555, 556, 557, 559, 560, 562, 563, 564, 565, 566, 567, 568, 569, 570, 571, 572, 573, 574, 575, 576, 577, 578, 579, 580, 581, 585, 586, 597, 600, 602, 607, 608, 609, 610, 612, 622, 623, 628, 630, 631, 642, 665, 673, 676, 718, 762, 777, 867, 888, 890, 917, 952, 954, 1002, 1044, 1065, 1096, 1118, 1119, 1120

世界贸易组织（WTO）V, IX, X, i, 016, 022, 023, 024, 025, 026, 027, 029, 030, 031, 033, 035, 036, 041, 042, 044, 045, 046, 047, 049, 051, 065, 074, 075, 076, 084, 090, 091, 099, 100, 101, 102, 103, 104, 105, 106, 114, 115, 131, 143, 144, 145, 150, 154, 155, 156, 157, 160, 161, 162, 163, 180, 184, 185, 188, 189, 198, 209, 213, 222, 224, 225, 231, 243, 244, 254, 265, 277, 279, 280, 281, 282, 287, 293, 299, 300, 307, 311, 333, 336, 337, 354, 358, 366, 367, 368, 371, 374, 375, 376, 377, 378, 380, 381, 382, 383, 385, 387, 388, 389, 396, 397, 399, 415, 418, 419, 615, 935

世界知识产权组织（WIPO）VIII, 006, 016, 017, 018, 019, 020, 021, 022, 031, 032, 042, 044, 047, 048, 052, 062, 067, 076, 078, 086, 097, 098, 105, 108, 109, 110, 111, 112, 113, 114, 115, 122, 131, 136, 137, 142, 144, 147, 148, 149, 150, 151, 154, 157, 167, 171, 178, 221, 252, 287, 291, 293, 294, 299, 301, 310, 371, 374, 376, 378, 387, 389, 414, 417, 430, 442, 446, 455, 472, 473, 480, 483, 484, 489, 491, 492, 497, 498, 505, 513, 514, 515, 516, 517, 518, 519, 521, 525, 551, 564, 577, 584,

598, 605, 608, 609, 610, 629, 631, 635, 637, 638, 639, 641, 642, 645, 646, 647, 650, 653, 657, 658, 661, 664, 666, 667, 672, 673, 674, 678, 679, 718, 719, 720, 724, 725, 726, 728, 731, 732, 734, 735, 737, 738, 739, 741, 763, 764, 766, 767, 773, 776, 777, 782, 787, 788, 789, 792, 795, 796, 797, 798, 805, 808, 809, 810, 812, 813, 814, 833, 855, 858, 865, 872, 888, 890, 891, 894, 905, 912, 914, 919, 921, 990, 1028

世界专利 032

署名权（署名）093, 127, 134, 166, 167, 246, 285, 449, 469, 470, 473, 507, 553, 560, 708, 709, 1045, 1046, 1067, 1073, 1077, 1114

《斯特拉斯堡公约》721, 826, 827, 828, 832, 840, 841, 842, 843, 849, 1035

## W

外观设计（工业品外观设计）i, iii, 006, 017, 018, 020, 021, 044, 048, 062, 067, 068, 108, 110, 112, 113, 114, 115, 122, 124, 125, 154, 167, 171, 172, 206, 226, 243, 255, 256, 257, 258, 259, 260, 261, 262, 274, 282, 286, 334, 335, 359, 360, 363, 364, 365, 366, 367, 376, 377, 380, 385, 397, 398, 411, 425, 474, 488, 492, 502, 561, 641, 642, 643, 654, 689, 691, 698, 700, 703, 705, 707, 715, 716, 749, 777, 778, 779, 780, 781, 782, 783, 784, 785, 870, 871, 872, 873, 885, 886, 889, 890, 891, 909, 910, 915, 922, 923, 928, 932, 933, 934, 941, 957, 981, 1004, 1006, 1011, 1012, 1019, 1035, 1065, 1087, 1103, 1120, 1121

《卫星公约》(《布鲁塞尔卫星公约》) iii, 019, 112, 147, 148, 641, 644, 645, 646, 647, 648, 649, 684, 864, 980, 1007, 1044, 1065

乌拉圭回合（入世）V, IX, X, XI, 016, 017, 022, 023, 036, 040, 044, 045, 046, 047, 049, 050, 051, 065, 071, 074, 082, 083, 085, 090, 091, 092, 095, 096, 097, 099, 099, 100, 101, 102, 103, 105, 108, 109, 114, 115, 154, 160, 161, 162, 163, 181, 189, 203, 224, 248, 262, 277, 288, 307, 330, 336, 368, 381, 382, 385, 392, 396, 489, 538, 564, 569, 615, 719, 782, 869, 877, 885, 934, 935

无过错责任（归责原则、侵权四要件）059, 060, 063, 064

## X

西班牙 iv, 009, 023, 051, 077, 083, 086, 104, 155, 156, 201, 423, 428, 461, 466, 467, 491, 520, 524, 527, 531, 535, 551, 570, 578, 591, 598, 602,

603, 606, 628, 631, 662, 692, 693, 720, 724, 727, 728, 734, 738, 741, 763, 781, 782, 785, 787, 792, 800, 801, 802, 811, 828, 841, 862, 863, 883, 930, 932, 958, 991, 995, 996, 1066, 1068, 1072, 1073, 1074, 1075, 1076, 1077, 1078, 1079, 1080, 1082, 1083

西欧 020, 083, 087, 112, 142, 161, 179, 198, 221, 265, 277, 287, 295, 439, 481, 491, 650, 690, 697, 704, 721, 733, 734, 747, 826, 827, 838, 840, 841, 842, 844, 861, 862, 884, 915

限制性贸易条款（限制性合同条款） 294, 308, 309, 310, 311, 312, 313, 321, 324, 327, 329, 753, 754, 755, 756, 898, 907, 1090

新颖性 009, 142, 169, 171, 172, 259, 263, 264, 272, 273, 397, 643, 650, 699, 717, 724, 728, 730, 772, 773, 774, 779, 780, 827, 829, 830, 837, 841, 842, 843, 870, 871, 885, 892, 893, 901, 903, 909, 914, 922, 923, 929, 930, 932, 937, 958, 970, 972, 986, 1021, 1026, 1031, 1057, 1058, 1088, 1115, 1120, 1121

形象权（商品化权）068, 116, 117, 118, 119, 120, 121, 122, 966

许可证 009, 011, 103, 127, 136, 140, 145, 165, 193, 194, 195, 196, 229, 230, 234, 235, 238, 239, 268, 277, 278, 283, 289, 300, 308, 309, 310, 311, 312, 314, 315, 316, 317, 318, 319, 320, 321, 322, 323, 324, 325, 326, 327, 328, 329, 330, 382, 385, 399, 401, 403, 404, 405, 424, 431, 443, 444, 446, 447, 455, 459, 471, 487, 491, 494, 495, 500, 526, 527, 528, 529, 530, 531, 532, 541, 544, 550, 551, 552, 559, 560, 574, 581, 582, 583, 584, 585, 589, 590, 591, 592, 593, 594, 595, 596, 608, 613, 629, 633, 636, 645, 655, 656, 676, 677, 682, 683, 705, 706, 710, 711, 727, 744, 745, 746, 753, 754, 755, 756, 760, 762, 763, 766, 773, 775, 776, 822, 823, 824, 829, 832, 836, 839, 844, 851, 852, 853, 855, 856, 872, 896, 897, 898, 899, 900, 901, 903, 906, 907, 910, 912, 917, 923, 931, 933, 934, 943, 944, 946, 950, 953, 954, 955, 960, 963, 973, 978, 982, 983, 984, 987, 990, 991, 1001, 1002, 1004, 1008, 1010, 1012, 1015, 1016, 1017, 1022, 1031, 1034, 1035, 1039, 1042, 1043, 1050, 1052, 1059, 1060, 1062, 1064, 1090, 1091, 1094, 1095, 1100, 1101, 1104, 1105, 1113, 1116, 1118, 1119, 1120,

1122, 1123, 1124, 1125, 1126, 1127

遗传资源（传统知识）III, XI, 028, 030, 033, 038, 039, 040, 041, 042, 043, 292, 295, 296, 297, 298, 464, 579

## Y

《印刷字体保护及其国际保存协定》ii, 641, 642, 684

印制条款 011, 081, 426, 538, 951, 952, 958

英国 IX, iv, 003, 008, 009, 023, 025, 026, 029, 030, 042, 056, 080, 089, 095, 101, 144, 167, 171, 185, 186, 212, 234, 235, 242, 244, 246, 250, 258, 280, 286, 298, 305, 323, 343, 356, 380, 423, 424, 425, 426, 427, 428, 429, 431, 436, 438, 439, 448, 449, 456, 461, 464, 467, 468, 473, 474, 484, 485, 490, 535, 542, 546, 550, 561, 566, 568, 570, 605, 628, 631, 641, 642, 666, 667, 679, 691, 692, 693, 695, 720, 722, 725, 730, 733, 734, 735, 737, 738, 739, 741, 747, 763, 770, 772, 778, 779, 780, 787, 792, 794, 800, 803, 820, 823, 824, 826, 827, 828, 835, 836, 840, 841, 842, 843, 844, 847, 848, 850, 862, 863, 865, 868, 870, 887, 944, 946, 947, 951, 963, 969, 970, 971, 972, 973, 974, 975, 976, 977, 978, 979, 980, 981, 982, 983, 984, 985, 987, 989, 991, 992, 993, 994, 995, 996, 997, 999, 1000, 1001, 1002, 1003, 1004, 1005, 1006, 1007, 1008, 1009, 1010, 1011, 1012, 1013, 1015, 1016, 1017, 1018, 1019, 1020, 1022, 1024, 1025, 1026, 1027, 1028, 1029, 1031, 1032, 1034, 1041, 1042, 1049, 1051, 1059, 1065, 1066, 1087, 1088

优先权 009, 124, 125, 152, 209, 247, 248, 273, 280, 360, 363, 364, 399, 418, 437, 692, 693, 698, 699, 700, 701, 702, 703, 704, 708, 717, 718, 723, 725, 726, 731, 737, 738, 742, 743, 783, 827, 828, 830, 842, 850, 871, 872, 894, 908, 929, 937, 942, 943, 950, 959, 971, 996, 1024, 1025, 1027, 1028, 1033, 1058, 1087, 1088, 1092, 1114, 1115

《与贸易有关的知识产权协议》（TRIPS）II, IX, X, i, 002, 016, 022, 023, 024, 025, 030, 031, 032, 033, 037, 041, 045, 046, 047, 048, 049, 050, 051, 052, 053, 054, 055, 057, 058, 059, 061, 062, 063, 064, 065, 066, 067, 068, 069, 070, 071, 072, 074, 075, 076, 085, 090, 097, 098, 099, 100, 101, 102, 103, 105, 115, 116, 122, 143, 147, 148, 161, 162, 163,

164, 167, 168, 181, 183, 185, 188, 189, 190, 196, 198, 199, 200, 201, 203, 209, 212, 213, 215, 216, 217, 221, 222, 224, 225, 231, 235, 241, 245, 246, 247, 252, 255, 256, 261, 264, 265, 266, 268, 277, 279, 281, 282, 306, 307, 308, 311, 330, 337, 349, 350, 358, 366, 375, 376, 377, 378, 380, 381, 382, 385, 387, 615, 815

Z

争端解决 026, 029, 031, 035, 148, 324, 358, 368, 370, 371, 372, 385, 389, 415, 417

知识产权战略 I, III, IV, VI, 027, 029, 033, 034, 039

知识产权执法 III, 031, 060, 090, 336, 337, 344, 349, 360, 386, 405, 406, 416

植物新品种 III, iii, 019, 039, 111, 147, 148, 265, 382, 399, 569, 736, 740, 741, 743, 827, 884, 894, 929, 935, 1034

《制裁商品来源的虚假或欺骗性标志协定》iv, 017, 109, 802

中美知识产权谅解备忘录 079, 383, 884

《中美洲工业产权协定》iv, 924

中医药保护 039

《注释原则》(《在电缆传播的节目中保护作者、表演者、录制者及广播组织的注释原则》) iii, 678, 679, 680, 681, 682, 683

专利的权利限制 274

《专利合作条约》iii, 018, 078, 080, 106, 110, 125, 147, 549, 700, 721, 722, 723, 724, 725, 726, 727, 728, 729, 730, 731, 732, 735, 737, 789, 829, 833, 834, 845, 847, 890, 892, 923, 945, 957, 970, 1027, 1028, 1035, 1087, 1114

专利申请权 244, 283, 284, 383

自动保护原则 133, 139, 437, 438, 463, 465, 466, 539, 571, 572, 606, 612, 632

自由条款 716, 717

最低保护标准 161, 189, 436

最惠待遇 047, 049, 050, 051, 052, 053, 065, 102, 148, 153, 154, 155, 156, 157, 182, 375